中国河湖大典

ENCYCLOPEDIA OF RIVERS AND LAKES IN CHINA

《中国河湖大典》编纂委员会 编著

Compiled by : Editorial Committee of
Encyclopedia of Rivers and Lakes in China

【珠江卷】

SECTION OF ZHUJIANG
RIVER BASIN

中国水利水电出版社
China Water & Power Press

封面题字　敬正书

图书在版编目（CIP）数据

中国河湖大典 = Encyclopedia of Rivers and Lakes in China Section of Zhujiang River Basin. 珠江卷 /《中国河湖大典》编纂委员会编著. -- 北京：中国水利水电出版社，2013.1
　　ISBN 978-7-5170-0561-2

Ⅰ. ①中… Ⅱ. ①中… Ⅲ. ①河流－概况－中国②湖泊－概况－中国③珠江－概况 Ⅳ. ①K928.4

中国版本图书馆CIP数据核字(2013)第008364号

审图号：GS（2012）221号

书　名	中国河湖大典　珠江卷 ENCYCLOPEDIA OF RIVERS AND LAKES IN CHINA SECTION OF ZHUJIANG RIVER BASIN
版　权	《中国河湖大典》编纂委员会 中国水利水电出版社
出版发行	中国水利水电出版社 （北京市海淀区玉渊潭南路1号D座　100038） 网址：www.waterpub.com.cn E-mail：sales@waterpub.com.cn 电话：（010）68367658（发行部）
经　售	北京科水图书销售中心（零售） 电话：（010）88383994、63202643、68545874 全国各地新华书店和相关出版物销售网点
排　版	中国水利水电出版社微机排版中心
印　刷	北京新华印刷有限公司
规　格	210mm×285mm　16开本　34.75印张　1681千字　5插页
版　次	2013年1月第1版　2013年1月第1次印刷
印　数	0001—3000册
定　价	**298.00元**

凡购买我社图书，如有缺页、倒页、脱页的，本社发行部负责调换
版权所有·侵权必究

《中国河湖大典》编纂委员会

主　任： 敬正书

副主任： 矫　勇　　周　英　　陈小江

委　员：（按姓名笔画排序）

于　睿	于丛乐	王文珂	王世江	王仕尧	王扬俊	王全胜
王孝忠	王宏江	王忠法	王晓东	戈　锋	文　明	邓　坚
叶建春	叶勇义	史会云	白玛旺堆	吕振霖	仲　刚	朱开茗
朱芳清	朱宪生	任宪韶	庄　先	刘　震	刘水在	刘兰育
刘伟民	刘雅鸣	汤鑫华	许文海	孙砚方	孙晓山	孙继昌
孙雪涛	纪　冰	杜昌文	李代鑫	李英明	李国英	李洪波
李清林	杨志英	肖　友	吴存荣	吴洪相	冷　刚	宋光禄
宋继峰	张红兵	张志彤	张拓原	张金如	张绮文	张嘉毅
张德新	陆　兵	陈　川	岳中明	金俊杰	周日方	周运龙
周学文	郑连第	赵　伟	赵文元	钟想廷	段安华	袁进琳
耿福明	顾　浩	党连文	钱　敏	高　波	高而坤	黄柏青
盛维德	康国玺	宿　政	董克义	蒋尊玉	韩乃义	程　静
焦志忠	谢承彧	蔡其华	谭策吾	黎　平	滕胜叶	潘军峰
戴军勇						

主　编： 敬正书

常务副主编： 顾　浩　　郑连第

副主编： 蔡其华　李国英　钱　敏　邓　坚　任宪韶　岳中明　党连文
　　　　　叶建春　刘雅鸣　匡尚富　汤鑫华　戴定忠　胡昌支

《中国河湖大典》专家组

组　　长：郑连第

副组长：焦得生

成　　员：陆孝平　窦以松　李文埏　窦鸿身　赵魁义　徐根才　张卫东

《中国河湖大典》编纂委员会办公室

主　　任：胡昌支

副主任：穆励生　王　丽

成　　员：（按姓名笔画排序）

　　　　　马爱梅　王可欣　王海琴　王德鸿　冯红春　纪　红　吉鑫丽
　　　　　曲大鹏　杜丙照　李忠胜　李金玲　吴　娟　崔志强　程　锐

《珠江卷》终审专家：（按姓名笔画排序）

　　　　　丁泽民　冯广志　张卫东　陆孝平　郑连第　赵广和　顾　浩
　　　　　涂能文　黄朝忠　焦得生

珠江分支编纂委员会

主　任：岳中明

副主任：黄远亮

委　员：陈　坚　黎　平　钟想廷
　　　　黄柏青　戴卓勇　孙晓山
　　　　杨志英　李洪波
　　　　易越涛　朱起茂　蔡荣陛
　　　　香靖宇　莫介环

主　编：岳中明

副主编：黄远亮

执行主编：谢　宝

执行副主编：张宇明　张孝南（常务）

审　稿：张孝南　谢　宝　张宇明

统　稿：张孝南　朱起茂　蔡荣陛
　　　　香靖宇

撰　稿：张孝南　朱起茂　蔡荣陛

制　图：莫介环

制　表：张孝南　莫介环　郑志伟

摄　影：李广阔　徐　雁　等

组织照片：张孝南

珠江分支编纂人员名单

云南省水利厅

《珠江卷》云南编纂委员会

主　任：周运龙

副主任：陈　坚　李　林　李苦峰

委　员：王长青　傅　骅　申华东
　　　　伍立群　朱远高　潘一学
　　　　王红鹰　曹矿君　肖　林

审　稿：伍立群　朱远高　潘一学
　　　　王红鹰

统　稿：朱远高　潘一学

撰　稿：潘一学　朱远高　黄　军
　　　　胡林凯　叶　旭　赵金梅

摄　影：卢维前　潘一学　黄　军

编　图：张应亮　郎学友　包艳飞

制　表：张应亮　曹矿君　杨志泉

贵州省水利厅

《珠江卷》贵州编纂委员会

名誉主任：朱开茗

主　任：黎　平

副主任：涂　集　杨朝晖　王　扬

委　员：李　晋　高永春　黄法苏

　　　　　杨春友　杨　怡　张显书　　　　　绘　图：孙　波　黄秋强
　　　　　王继辉　　　　　　　　　　　　　摄　影：蔡华频　等
撰　稿：王继辉　韦连元　董祖培　　　　　提供照片：杨　明　黄秋强
　　　　万凤章　郭履维　刘周祥　　　　　工作人员：喻兴铸　梁　铭　马荣宇
审　稿：黄法苏　李　晋　杨　明　　　　　　　　　石　鹏　陈红梅　詹　蚁
统　稿：韦连元　万凤章
制　表：孙　波　黄秋强

广西壮族自治区水利厅
《珠江卷》广西编纂委员会

主　任：钟想廷　　　　　　　　　　　　　李必元　阮川平　覃路玲
　　　　　　　　　　　　　　　　　　　　黄慧玲　黄立爵　黄　乾
副主任：魏文达　黄卫平　　　　　　　　　梁书承　江京沅　张柳钢
成　员：莫付雄　蒋晓军　赵木林　　　　　沈淑云　廖文凯　曹裕州
　　　　梁才贵　涂龙桂　　　　　　　　　陈玉坤　张令彪　甘春远
审　稿：徐国琼　周也茹　刘冬明　　　　　王小琼　张　钢　江　泽
　　　　王小琼　林红梅　张祖汉　　　　　朱凌锋　陈　文　冯万里
　　　　李创生　张建洪　江京沅　　　　　王　巧　覃飞妮　蔡师华
　　　　曾兴琪　王　珍　梁可雄　　　　　曾兴琪　冯时永　宁雪英
　　　　霍钦超　陈　春　陈其名　　　　　欧芳兰　潘建远　张桂宏
统　稿：周也茹　　　　　　　　　　　　　叶　青　谭庆梅　李创生
　　　　　　　　　　　　　　　　　　　　刘佑锋　韦柱森　韦泽松
撰　稿：梁才贵　徐国琼　周也茹　　　　　江冬新　庞海燕　姚　凌
　　　　潘仁红　韦　洁　傅邕江　　　　　谢金记　程新年　甘经国
　　　　兰电洋　陈　锐　胡清凤　　　　　刘润良　方志凭　杨捷辉
　　　　梁　湄　刘冬明　王庆婵　　　　　刘明杨　袁紫忠　杨新旺
　　　　程文虎　黄坤安　王小明　　　　　梁少莲　韦启峰　陈英香
　　　　蒋杨明　罗运辉　秦玉强　　　　　黄清仕　韦翔双　张焕娇
　　　　廖建强　骆艳珍　李勇军　　　　　许　露　黄金妮　石梅红
　　　　钟　婷　黄联锋　罗春玲　　　　　骆祖亮　韦志梅　蓝敏峰
　　　　黄文疆　林红梅　黄小翠　　　　　谢　涛　戴　新　李　焱
　　　　杨通进　张建洪　陆尚旭　　　　　郭竞举　谭志方　冯兆光
　　　　韦延厚　莫国珍　韦明飞　　　　　余孔光　姚太申　谢基曙
　　　　韦细姣　陆修金　张祖汉　　　　　朱汝琨　刘显彪　林少伟

詹德和　吴海渊　马志联
杨志强　邓文艺　陈　辉
梁勇军　岑　燕　梁彩成
李　海　唐传林　黄振华
黄伦军　卢世佳　陈顺天
钟　灵　覃善辉　邓崇鹏
何仁庆　凌文华　廖卫华
罗仕锋　张　喆　梁西明
陆明德　龚玉春　甘克荣
韦绵峰　黄　宇　韦玉标
李启格　邓素平　朱　伟
黄军农

摄　影：徐国琼　黄立爵　张柳钢
　　　　江京沅　李耀光　林红梅
　　　　李创生　王小琼　曾兴琪
　　　　郭日晶　覃建强　黄生毅
　　　　莫国珍　韦明飞　韦泽松
　　　　韦柱森　余　林　江冬新
　　　　廖贤平

提供照片：周也茹　陈　春

编　图：徐国琼　周也茹

制　表：徐国琼　周也茹

广东省水利厅
《珠江卷》广东编纂委员会

主　任：黄柏青

副主任：彭泽英　王建成　林旭钿

成　员：朱福暖　卢华友　黄　涛
　　　　林进胜　刘志标　黄　尧
　　　　林叔忠　李海燕　钟如权
　　　　郑道贤

　　　　严辉武　梁煜新　王云峰
　　　　黄树辉　郑树佳　李金旺
　　　　刘达煜

统　稿：黄红明　易淑珍　宋立荣
　　　　邓良斌　王　祝　吴　甜
　　　　高可华　徐　靖　李湘姣
　　　　严远玲　陈康凡　邹石莲

审　稿：潘剑中　卢俊昌　叶乃虎
　　　　刘艳红　刘德峰　窦永强
　　　　苏耀光　曾保友　李大标
　　　　林奕岳　张珠穆　陆国雄
　　　　熊绪伟　叶东平　邹志鹏
　　　　朱德平　曾贞巧　何东宜
　　　　李志宏　黄庆福　郭其浅
　　　　毛新春　魏培基　蔡家和
　　　　刘伟全　张国麟　苏植锐
　　　　李达明　康穗明　夏均超
　　　　陈国忠　许　昂　龙　汉
　　　　陈　雄　洪晓东　徐　锋
　　　　梁信芬　何国龙　陈越远
　　　　陈　滇　林桂标　张树波

撰　稿：黄坚华　吴少平　李向荣
　　　　刘艳红　王若兵　王昭礼
　　　　侯卫东　唐卫宁　林兴茂
　　　　王先壮　邱淑标　林燕锋
　　　　倪文伟　黄伟文　麦文东
　　　　黄友波　黎汝辉　温伟坚
　　　　胡连声　文小平　韩学军
　　　　陈静文　丘蔚天　张勇健
　　　　李　俊　王贵妹　钟宇云
　　　　林常清　杨新奎　周志芳
　　　　谢房青　涂联章　蔡　峄
　　　　曾祥勇　黄文军　江楚发
　　　　毛新春　曾曹晖　林连峰
　　　　徐伟权　叶新明　黄伯金

梁荣爱	李忠贤	叶云晋		何之浩	梁石云	何国龙
林乔生	杨黎明	钟志明		陆松生	蔡国平	苏怀忠
梁　健	梁剑喜	黄　晶		陈伟萍	杨少忠	张树波
梁乃强	李炳钢	陈碧华		黄斌泉	曾春香	王雅静
陈世俊	曾黄锦	曹基富		李飞华	祁得强	
陈红宏	黄其叙	郎喜白				
罗和平	肖子平	黎瑞达				
伍培光	利汉军	冼秋华				
李瑞佳	曾剑锋	梁石云				

制　　表：易淑珍

摄　　影：胡耀均　等

海南省水务厅
《珠江卷》海南编纂委员会

名誉主任：李洪波　　　　　　　　统　稿：王　坚　陈小康
主　任：王　强　　　　　　　　　撰　稿：王　坚　陈小康
副主任：韩香丰　张祥云　陈　武　制　表：王　坚
　　　　李龙兵　　　　　　　　　编　图：李龙兵
委　员：陈小康　王　坚　　　　　摄　影：吴文生
审　稿：陈　武　李龙兵　　　　　提供照片：海南省水务厅

湖南省水利厅

审　稿：刘和平　许泽东　　　　　撰　稿：巢中根　李复太
统　稿：巢中根　　　　　　　　　摄　影：罗湘华

江西省水利厅

审　稿：刘政民　　　　　　　　　撰　稿：徐伟成
统　稿：陈福春　　　　　　　　　制　表：杨荣清

福建省水利厅

审　稿：林邦树　郑东文　　　　　撰　稿：任宇祥　王向工
统　稿：陈静霞　　　　　　　　　制表、绘图：任宇祥

编修当代水经　服务千秋伟业
——《中国河湖大典》序

　　水是人类和一切生物生存的物质基础，是发展经济、保护环境、改善民生的基础性自然资源和战略性经济资源。我国幅员辽阔，地形多样，气候复杂，河湖众多，流域面积超过1 000平方千米的河流有1 500多条，湖水面积在1平方千米以上的湖泊达2 939个。先民逐水而居，以水为伴，既享受江河湖泊的恩惠，也遭受洪魔旱魃的侵扰。从大禹治水开始，中华民族始终在同水旱灾害作斗争。上下5 000年，一部中国历史，从一定意义上讲，也是中国人民兴水利、除水害的历史。

　　"善治国者先治水"。新中国成立以来，党和政府带领全国人民开展了大规模水利建设，初步形成了防洪、排涝、灌溉、供水、发电等比较完整的水利工程体系，全国已建成江河堤防28.69万千米，是新中国成立之初的7倍，相当于环绕地球赤道7圈多；各类水库数量从1 223座增加到2008年的86 353座，总库容从约200亿立方米增加到6 924亿立方米；供水量从1 031亿立方米增加到5 828亿立方米；农田有效灌溉面积从新中国成立之初的2.4亿亩扩大到目前的8.77亿亩；累计解决了2.72亿农村人口的饮水困难和1.65亿农村人口的饮水不安全问题，以及3亿多无电人口的用电问题；治理水土流失面积101.6万平方千米。我国以占世界6%的淡水资源、9%的耕地养育了占世界21%的人口并向全面小康社会迈进，这是中华民族5 000年文明史上前所未有的伟大成就，也是中国人民对世界发展作出的巨大贡献。

　　当前和今后一个时期，我国正处于全面建设小康社会、加快推进社会主义现代化的关键阶段。人多水少，水资源时空分布不均、水土资源与生产力布局不相匹配，是我国将要长期面对的基本水情。特别是受全球气候变化影响，近年来我国极端水旱灾害事件呈多发频发突发趋势，洪涝灾害、干旱缺水、水体污染和水土流失等水问题更加复杂。党和政府高度重视解决水问题，把节约资源、保护环境作为基本国策，大力倡导并深入落实科学发展观。水利部门结合实际提出了可持续发展治水思路，坚持以人为本，坚持人与自然和谐，以民生水利发展为重点，以节水防污型社会建设为途径，以水资源可持续利用为目标，对水资源进行合理开发、高效利用、综合治理、优化配置、全面节约、有效保护和科学管理，推进传统水利向现代水利、可持续发展水利转变，以水资源的可持续利用保障经济社会的可持续发展。我们期望并且坚信，到2020年我国全面建设小康社会目标实现之时，人民群众的防洪安全将得到可靠保障，城乡居民普遍享有安全清洁的饮用水，水环境和水生态状况显著改善，祖国的山更绿、水更清、天更蓝。

盛世修典是中华民族的优良传统。作为水资源主要载体和水旱灾害的地表源头，河流和湖泊历来受到高度重视，描述河湖的文献成为中华民族文化宝库中的重要典藏。公元6世纪郦道元所著的《水经注》，以更早记载我国江河水道的古书——《水经》为纲，溯源探流，访渎搜渠，以辞约意丰、情韵悠然的笔触，记述了1500多年前我国自然地理、人文地理、历史地理面貌，成为后世人们了解全国水资源、水环境及其开发利用状况的主要依据。其后，历代也出现过一些描述河湖的文献，但其内容的广度和深度都无法与《水经注》相比。今人为此作出过很多努力，出版了一些有关中国河湖及水资源的书籍，但仍未能反映我国河湖水系的全貌。新世纪以来，随着经济社会发展和水资源条件变化，随着治水思路调整和水利实践深入，编纂出版《中国河湖大典》(以下简称《大典》)，全面、准确地反映我国江河湖泊的历史和现状，弘扬、传承中华水文化，引导社会科学治水，维护河流生态健康，自然成为水利人和各界有识之士的迫切愿望与神圣使命。

水利部党组高度重视《大典》的编纂出版工作。2004年3月，水利部原部长汪恕诚同志作出批示，请时任水利部党组副书记、副部长的敬正书同志担任全书编委会主任兼主编，组成了由有关司局、流域机构及有关各省、市、自治区水利(务)厅(局)等单位负责人为委员的编委会，下设编委会办公室，组织有关专家成立全书专家组；各流域机构和地方水利部门也成立了相应的工作机构，组织了精干力量。敬正书同志不仅亲自著书、审稿，还多次深入各地指导编纂工作，协调处理编纂过程中遇到的各种困难，创造性地解决了大量关键难题，付出了巨大辛劳。各地撰稿人员和有关专家孜孜不倦、辛勤耕耘，或埋头著述，或字斟句酌，或旁征博引，或探幽发微，奠定了《大典》的基础。全书编委会办公室(中国水利水电出版社)和各地编纂办公室工作人员上下沟通，多方协调，充分发挥了桥梁和纽带作用。《大典》涉及编纂人员数千人，既有水利系统领导干部，也有系统内外专业人才，既有水利水电专家，也有地理学科权威。作者阵容之强大，组织工作之繁复，我国水利出版史鲜见。编纂工作不仅要对已有资料进行系统梳理与整编，还要对许多无人区进行开创性勘探、调查与研究；不仅要纠正历史讹误，明辨是非曲直，努力正本清源，还要秉持科学理念，描绘崭新实践，充实时代元素；不仅要善于突破地理盲区，还要勇于超越思想藩篱。可以说，《大典》不仅是我国江河湖泊面貌和水利实践过程的真实写照，也是"献身、负责、求实"水利行业精神的具体展现。借此机会，谨向参与编纂出版工作的同志们表示由衷的敬意和诚挚的感谢!

《大典》以我国河流湖泊的当代水文水资源状况为主、水利工程建设情况为辅,涉及地理、历史、环境、生态、农业、文化、经济和社会等领域,以现有权威水文资料、史志资料为依托,借鉴《水经注》的行文方式,通过图文并茂的装帧版式,对我国河流湖泊的基本资料进行系统收集、整理、加工和提炼,客观描述当今中国河流湖泊的基本状况,反映21世纪初人类对江河湖泊利用、保护、治理的新理念,是一部具有重要存史价值和重大现实意义的权威工具书,可为水利部门、社会各界乃至国际人士提供新颖、系统、准确、便捷的参考信息,为我国水利事业和经济社会的可持续发展服务。

中华民族悠久灿烂的文明史,中华大地多姿多彩的水景观,孕育了具有鲜明特色的水文化。新中国成立以来波澜壮阔的治水实践和举世瞩目的治水成就,又极大地丰富和发展了水文化。在新的历史时期,我们既要充分认识传统水文化的历史意义和现实价值,对传统水文化进行科学梳理、深入挖掘和系统总结,传承和发扬先进水文化;也要从广泛生动的水利实践中汲取时代精神,在人民群众的治水行动中丰富水文化,在水利事业的发展进步中创新水文化,引导社会建立人水和谐的生产生活方式,促使水文化更好地适应经济社会健康发展的需要。《大典》的编纂是一项浩大的水文化工程,它的问世是水文化建设结出的硕果。《大典》以其所载信息的科学性、准确性、实用性、丰富性和系统性,确立了其在中国水利史册中的权威地位,堪称当代中国的《水经注》。希望广大水利干部职工珍爱《大典》,用好《大典》,使《大典》更好地服务于水利这一千秋伟业,更好地推动社会主义文化大发展大繁荣。

我相信,在科学发展观的引领指导下,在水利部门和社会各界的共同努力下,我国的水利事业必将取得更加辉煌的成就,我国的河流湖泊必将变得更加绚丽多彩、永葆生命健康。

是为序。

中华人民共和国水利部部长 陈雷

2009年9月27日

编 纂 说 明

《中国河湖大典》（以下简称《大典》）是一部全面、科学、客观描述中国河流湖泊体系，重要河流湖泊自然、人文状况的大型典籍，由中华人民共和国水利部及其派出的流域管理机构组织各省、自治区、直辖市水行政主管部门负责人、水利系统内外相关专家学者组成的《大典》编纂委员会及其执行机构编纂完成，以供各界人士和有关方面了解或研究河流、湖泊之用。

中国幅员辽阔，不同地域气候、水文千变万化，地形、植被千差万别，河流、湖泊自然面貌千姿百态。中华民族悠久的历史又赋予这些河流湖泊深厚多彩的文化内涵。如何全面真实、深浅适度地将这些信息综合表述在统一的文本之中，现存的文献典籍鲜有可借鉴的先例。因此，编纂《大典》可以说是一项具有挑战性的工作。

《大典》编纂工作在启动伊始就受到社会各方的关注，财政部为此立项，新闻出版总署将其列入"十一五"重点图书出版规划。为保证编纂质量，编纂委员会组织水利、地理、历史等学界专家成立了专家组，各流域机构也组建了编纂机构与工作班子，广揽各方熟悉相关河湖的专家学者、工程技术人员、研究和关心河湖的人士作为撰稿人和审稿人，以使本《大典》更真实、更全面、更权威。

《大典》由序、编纂说明、分卷前言、总论、条目、插图、附表和索引等部分组成，其中条目即全书的正文，是《大典》的主体。各部分的编纂规则如下。

一、条目的含义、选列及编号

1. 含义

条目是《大典》的基本叙述单元，一般一个条目表述一条河流或一个湖泊，所指河湖包括天然河流、天然湖泊、著名的人工河流（包括运河、灌溉水系、引水渠道等）和人工湖泊（水库）。

2. 选列标准

中国河流和湖泊数量巨大，规模和影响差异悬殊，为使全书条目的总数合理，做到各地域间条目数量的大致平衡和内容相称，选列条目时河湖分为两类：第一类是在主要技术参数上达到一定规模的，第二类是规模以下但有特色或重要价值的。

（1）《大典》选列条目标准

达到一定规模的选列条目标准为：

天然河流，流域面积达到或超过1 000平方千米者（包括各级支流）；

天然湖泊，水面面积达到或超过10平方千米者；

水库，总库容达到或超过1亿立方米者；

人工渠道，限规模大、历史悠久或社会影响独到者。

规模以下河湖数量众多，其中一些在自然、社会、经济、科技、环境、历史、文化、军事等领域具有突出价值或特殊影响，因此也被列入，称为规模以下列条河湖。这类条目入选的数量控制在第一类条目数量的1.0~1.5倍之间。

（2）其他问题处理原则

1）泉源、瀑布、湿地、水渠和水闸的列条问题。泉源、瀑布一般在相应的河流或湖泊中予以阐述；个别著名或特色突出者单独列条，但严格控制数量；各类湿地因与相关河流、湖泊不可分割，除极个别者外，没有单独列条，其内容在相关的河流、湖泊中阐述。我国水渠和水闸所形成的水域数量很大，它们都是开发治理河湖的工程，故在相应的河湖条目中给予表述。

2）"双源"或"多源"河流的列条问题。由于自然或社会的原因，少数河流没有公认的单一的主源头，而是有两个（例如，松花江有嫩江和第二松花江等）或多个并列的源头（例如，海河有潮白河、永定河、大清河、子牙河、漳卫南运河等）。此类河流通常既从整体上列选一个条目，在撰写释文时，概述部分以全河流域为撰写范围，说明此河有两个或多个并列的源头；纪实部分则从两源或多源的汇合处写起，直至入河（湖、海）口止；此外，又把两个或多个源头分别作为这条河流最上游的两条或多条支流另列条目。

3）河网或河口的列条问题。平原河网地区，河流的干支关系与一般水系不同。《大典》把一定区域内有水流联系的水网作为一个水系列为条目；而水网中的水流如符合列条要求，就列为该水网的下一级条目。一些河流的河口，水流比较复杂，这一区域也作为一个河网予以列条。

3. 条目篇幅分档

为保持全书内容的分布均衡、繁简适当，《大典》在编纂过程中将条目按其篇幅分为7个层次：①特长条；②长条；③中长条；④中条；⑤中短条；⑥短条；⑦短短条。特长条用于极少数特别重要、内容特别丰富的河流，如长江、黄河；长条用于其他重要干流、特别重要的湖泊，如松花江、辽河、淮河、珠江、太湖、洞庭湖、鄱阳湖等；中长条用于七大流域下的重要支流、重要独流入海河流、重要内陆河流、重要湖泊和特大水库，如汉江、汾河、钱塘江、雅鲁藏布江、塔里木河、洪泽湖、三峡水库等；中条用于比较重要的河流、湖泊和水库，如文峪河、白洋淀、密云水库等；中短条用于一般的河流、一般的湖泊；短条用于其他内容偏少的河湖；短短条用于内容最少的河湖。

4. 条目编号

（1）编号的表达形式

为便于读者阅读，《大典》对选列的河湖条目进行统一编号。每个条目都有唯一的编号，读者根据编号可以方便地查找条目在书中的准确位置。所有编号组成的体系，体现了本书列条的全国河流、湖泊的存在状况及相互关系。

条目编号的表达形式为×.×.×.×.×，其中每个"×"标示水系的一个干支层次，即几级支流。其具体编法是：

1）从左侧开始，第一位×为流域分片的编号，也是该流域干流（一级列条河湖）的编号。水系和水系群体之间的排号顺序以东北为先，后续按顺时针方向依次排列。黑龙江及其流域片为1，辽河及其流域片为2，海河及其流域片为3，黄河及其流域片为4，淮河及其流域片为5，长江及其流域片为6，七大江河之外的独流入海河流为7，珠江及其流域片为8，海岛河流水系为9，内陆水系为10。

2）前两位×.×为二级列条河湖编号。在相应的流域范围内，按二级列条河湖入河口在一级列条河湖干流上从上游到下游的顺序排列。湖泊水系编号与河流水系相同。

3）前三位×.×.×为三级列条河湖编号。在相应的二级列条河湖流域范围内，按三级列条河湖入河口在二级列条河湖干流从上游到下游的顺序排列。其余依此类推。

4）条目编号示例

6　长江	表示长江水系在全国水系中的编号为 6
6.133　洞庭湖水系	表示洞庭湖水系在长江水系中的编号为 133
6.133.5　湘江	表示湘江在洞庭湖水系中的编号为 5
6.133.5.18　春陵水	表示春陵水在湘江水系中的编号为 18
6.133.5.18.3　欧阳海水库	表示欧阳海水库在春陵水水系中的编号为 3

（2）独流入海河流、内流河湖编号

《大典》把位于一个特定地区的七大江河以外的独流入海河流或内流河湖作为一个群体（例如东南诸河、广东沿海诸河、羌塘高原内流河湖等）当作一级水系进行编号，其中的河湖按上述原则依次进行编号。

（3）条目编号与条目总表

全书各卷条目按上述原则编成的条目编号体系形成《大典》条目总表，收录于《综合卷》。

5. 分卷安排

依据前述条目编号体系及各水系的地理位置，全书共分下列 10 卷：综合卷，黑龙江、辽河卷，海河卷，黄河卷，淮河卷，长江卷（上、下），东南诸河、台湾卷，珠江卷，西南诸河卷，西北诸河卷。

二、条 目 的 结 构

条目由条题、释文、示意图、照片等组成，释文是条目的主体。

1. 条题

条题由汉字条题和外文条题组成，外文条题是汉字条题对应的外文译名。

（1）一河多名

一河多名的情况甚多。《大典》规定：以国家明文规定的名字为条题，没有国家明文规定名称的河湖则以一个应用最广、在社会上影响最大的名字作为条题，其他名字则在释文中一一列出。

（2）一河分段异名

一条河流上下游可能存在不同名称。对此，《大典》只选择权威认可的或在社会上最具影响的名字作为条题。如果不具备上述条件，则选择最下游一段河名作为条题。为使读者阅读和检索方便，有必要时，在条题后加括弧注明自上而下的河段名称。

（3）多河或多湖同名

多河或多湖同名者很多。由于在正文和附录中所有条目都是按条目编号排列的，在索引中所有河湖名称后面都注有其所在页码，故同名不会出现混淆问题。少数同名者在条题后面加注了所在地区。

2. 释文

释文是条目的核心内容，其主旨是介绍中国河流、湖泊的基本情况，重点是河湖的自然状况，有关经济、工程、文化、社会、历史的内容力求简洁明了，且紧扣人与河湖的相互关系。

释文一般由三部分组成：①题解，②概述，③纪实。

（1）题解

题解是对条题的概括说明。内容包括：河湖名称、别名、少数民族语言称谓、古名，河湖类型，河系关系，河湖发源地、入河（湖、海）口，流域所处经纬度（字数少的条目省略），干流行经及支流伸展所及省、自治区、直辖市。

（2）概述

概述是对河流、湖泊宏观情况的记述，主要包括下述内容：

1) 河湖要素。

①天然河流：所在水系、自然环境概要、河道历史变迁、河长、流域面积、多年平均入海（河、湖）水量、输沙量。

②天然湖泊：湖河关系、自然环境概要、历史变迁、湖面面积及其丰枯变化、水质及其变化等。

③人工河流：功用及开发目标、水系关系、自然环境概要、河长、设计规模、建成时间等。

④水库：位置、自然环境概要、功用及开发目标、坝型、坝体主要尺寸、库容、库面面积及其丰枯变化、淤积情况、建成时间等。

2) 气候水文。气候、降水、蒸发、多年平均流量、冰情、历史洪水等。

3) 减灾兴利。旱涝灾害、水利史概述、水资源开发、防洪、灌溉、治涝、发电、航运、城市供水、水土保持等。

（3）纪实

自源头至入河（湖、海）口，依次记述流经地段、自然状况、人与河湖相互影响，属于微观情况描述。包括：

1) 自然状况。地质地貌、水流（流态、变化、特殊洪水、断流、泉源、瀑布、地下河等）、沼泽、环境与生态（植被覆盖、生物资源及其多样性、珍稀动植物）等。

2) 水事工程和遗迹。重要堤防、不列条水库、渠道、灌区、灌排设施等。

3) 自然资源和社会经济概况。

4) 与河湖相关的自然景观与文化遗存。城邑聚落、历史事件、民族文化、风景名胜（世界文化遗产和自然遗产、国家重点文物、国家风景名胜区、国家水利风景区等）、名人胜迹（历史人物在此地值得记忆的与河湖相关的遗迹）等。

5) 与条目相关的不列条河湖的特色内容的简要表述。

3. 示意图

在《大典》条目的释文中，附加了一些平面布置图或河流水系示意图、湖区示意图、库区示意图等。

4. 照片

部分条目配有照片，与释文相互印证和烘托。多数照片反映自然生态，也有部分照片反映人文和工程面貌。

5. 其他

（1）水利工程本身的描述原则

《大典》不只是水利著作，故对水利工程不作专业详述，主要记述工程在人与河湖关系中的作用，扼要地反映工程的科学技术水平。

（2）水库的描述原则

水库是作为人工湖泊而列条的。《大典》主要描述其形成、规模、形状，人与水库的关系，经济社会效益，以及相关生态、环境情况。

（3）条目与行政区划的关系

条目撰写以水系为单元，不受行政区划的分割。

三、《大典》的其他组成部分

1. 地图与水系图插页

地图与水系图分为3个层次：

（1）全国地图

包括中国政区图、中国地形图、中国河流水系及水资源分区图等。

（2）大流域和大地区水系图

1）大流域水系图包括七大江河的水系图。

2）大地区水系图包括七大江河水系以外由大地区联系的河湖水系图，涉及东南诸河、西南诸河、西北诸河等。

3）七大江河以外无法划入大地区的河湖，根据水资源分区和流域管理范围，分别划入大流域或大地区。

（3）重要支流水系图

一些大流域或大地区水系图比例尺较小，所展示的内容有限。因此，把大流域、大地区按大支流、干流区间或独立的小流域群分片，绘制若干支流水系图，显示相应范围内的列条河湖的流向及干支关系。

根据《大典》的宗旨，所附地图或水系图与一般的地图不同，其核心内容是河湖水系。除标出居民点等必要信息外，其他内容尽量简化。

2. 附表

（1）全国水系一览表

列条河湖数量有限，为了更全面展示我国河湖总体情况，在《综合卷》中编列了"全国水系一览表"，把收录范围扩大为：河流流域面积100平方千米，湖泊水面面积1平方千米，水库库容100万立方米及其以上规模。

（2）其他附表

为使读者更方便、清晰地了解各列条河湖要素及相关事项，《大典》在各卷之末增列一些附表，如"列条河流一览表"、"列条湖泊一览表"、"列条水库一览表"、"灌溉面积在2万公顷以上的灌区一览表"。

3. 索引

《大典》中河湖数量众多，相互关系错综复杂，为方便读者查阅，每卷后设"条题汉字笔画索引"、"条题外文索引"和"内容索引"。内容索引中的河湖名有黑体和宋体两种，黑体为列条河湖，宋体为列条河湖的别称、又称和未列条河湖。内容索引中宋体的河湖名在释文中用楷体标示，以方便检索。释文中标示为斜体的为列条河湖名，表示读者可在专条查阅该河湖的知识，此处不赘述。

《珠江卷》前言

珠江，是中国七大江河之一，流域片涉及滇、黔、桂、粤、湘、赣、琼、闽8个省（自治区）及香港、澳门特别行政区。它背靠五岭，濒临南海，位于我国热带和亚热带地区，自然条件得天独厚，民族民俗博大厚实，河湖景观多姿多彩，在我国经济社会发展中具有十分重要的战略地位。

千百年来，珠江奔流不息，哺育着我国南方的炎黄子孙，在记载珠江儿女的光荣与梦想的同时，也曾留下许多惨痛的记忆，由此产生的珠江水利事业和开放、包容、多元的珠江文化丰富多彩，独树一帜。

《中国河湖大典 珠江卷》（以下简称《珠江卷》），是一部全面反映珠江江河湖泊自然状况，真实记录珠江开发利用、治理保护历史以及珠江文化遗存的重要基础性文献。它的编纂出版，为广大读者提供了系统、全面、准确的珠江河流湖泊信息和人文史实，为人们认识珠江、了解珠江、研究珠江、建设珠江提供借鉴。

本卷所列条目总计778条，其中河流536条、湖泊12条、水库230条，规模以上河流188条，规模以上水库96座。本卷所列附表共4种，即"珠江卷列条河流一览表""珠江卷列条湖泊一览表""珠江卷列条水库一览表""珠江卷灌溉面积在2万公顷以上的灌区一览表"。本卷附图共有地图14幅，水系示意图55幅，彩色照片1002幅。

根据水利部办公厅的部署和要求，按照《中国河湖大典》编纂任务分工，水利部珠江水利委员会（以下简称珠江委）组织开展了《珠江卷》的编纂工作。2004年7月，成立由珠江委主任、分管副主任和流域片各省（自治区）水利（水务）厅领导以及委内有关单位组成的编纂委员会，下设编委会办公室和专家组负责具体的编纂工作。2005年7月，经商流域片8省（自治区），先后确定了各自入典条目和任务分工。2006年1月，正式组织开展条目编写。2007年7月至2008年10月，各省（自治区）先后按照任务分工要求，分别对所撰条目进行了初审验收。此后，编委会办公室和专家组根据编纂的统一要求，对所撰条目进行了多次审改、修订、增删，在充分征求意见的基础上，形成送审稿上报总编委会审查。

本卷所涉及各流域各水系复杂多样。既有珠江流域这样的大河流，也有许多东南沿海单独入海的小河流；既有海岛水系，也有网河水系，还有元江—红河等国际河流。而且由于语言、风俗、民族各异，造成一河多名的情况十分普遍。这些都给《珠江卷》条目的列选、条题总表的排列编号、条题撰写工作增加了难度。本着存真求实的原则，编纂人员克服各种困难，按规范要求完成了《珠江卷》的编纂任务。

在本卷编纂过程中，水利部办公厅、中国水利水电出版社给予了及时指导，顾浩、郑连第、胡昌支、谢良华等专家倾注了大量心血，流域片8省（自治区）水利（水务）厅给予了大力支持，委属有关单位给予了积极配合，编委会办公室和专家组人员矢志不渝，在此，谨向他们致以最诚挚的感谢。

由于资料多，工作量大，编者水平有限，难免疏漏之处，敬请批评斧正。

编者

目　　录

编修当代水经　服务千秋伟业——《中国河湖大典》序
编纂说明
《珠江卷》前言

珠 江 水 系
Zhujiang River Basin

8　珠江（Zhujiang River，Pearl River） ·· *1*

一、西 江 水 系
Xijiang River Basin

8.1　西江（Xijiang River） ························· *6*	8.1.12.2　太平水库（Taiping Reservoir） ·········· *29*
8.1.1　花山水库（Huashan Reservoir） ········· *13*	8.1.12.3　白马河（Baima River） ··················· *29*
8.1.2　潇湘江（Xiaoxiang River） ················· *13*	8.1.12.4　花口河（Huakou River） ················· *30*
8.1.3　龙淌河（Longtang River） ·················· *14*	8.1.13　中和营河（Zhongheying River） ········· *30*
8.1.4　麦田河（Maitian River） ···················· *14*	8.1.14　六郎洞河（Liulangdong River） ········· *30*
8.1.5　柴石滩水库（Chaishitan Reservoir） ···· *14*	8.1.15　小江（Xiaojiang River） ···················· *31*
8.1.6　獐子坝河（Zhangziba River） ············· *15*	8.1.16　补党河（Budang River） ···················· *31*
8.1.7　贾龙河（Jialong River） ····················· *15*	8.1.17　设里河（Sheli River） ······················· *31*
8.1.7.1　汤池河（Tangchi River） ················· *16*	8.1.18　清水江（Qingshui River） ················· *32*
8.1.7.1.1　阳宗海（Yangzonghai Lake） ······· *16*	8.1.18.1　北门河（Beimen River） ················ *33*
8.1.8　海口河（Haikou River） ····················· *17*	8.1.18.1.1　普者黑湖（Puzhehei Lake） ········· *33*
8.1.8.1　星云湖（Xingyun Lake） ·················· *17*	8.1.19　黄泥河（Huangni River） ·················· *34*
8.1.8.2　抚仙湖（Fuxian Lake） ···················· *18*	8.1.19.1　牛街河（Niujie River） ··················· *35*
8.1.9　巴江（Bajiang River） ······················· *20*	8.1.19.2　九龙河（Jiulong River） ················· *36*
8.1.9.1　黑龙潭水库（Heilongtan Reservoir） ·· *20*	8.1.19.2.1　独木水库（Dumu Reservoir） ······· *36*
8.1.10　华溪河（Huaxi River） ····················· *21*	8.1.19.2.2　响水河（Xiangshui River） ·········· *37*
8.1.10.1　东风水库（Dongfeng Reservoir） ···· *22*	8.1.19.3　小黄泥河（Xiaohuangni River） ······ *37*
8.1.10.2　杞麓湖（Qilu Lake） ····················· *22*	8.1.19.4　鲁布革水库（Lubuge Reservoir） ···· *37*
8.1.10.3　龙洞河（Longdong River） ············· *23*	8.1.19.5　多衣河（Duoyi River） ··················· *38*
8.1.11　泸江（Lujiang River） ······················ *23*	8.1.20　古障河（Guzhang River） ·················· *38*
8.1.11.1　异龙湖（Yilong Lake） ··················· *25*	8.1.21　红染河（Hongran River） ·················· *39*
8.1.11.2　跃进水库（Yuejin Reservoir） ········· *26*	8.1.22　马别河（Mabie River） ······················ *39*
8.1.11.3　沙甸河（Shadian River） ················ *26*	8.1.22.1　猪场河（Zhuchang River） ·············· *40*
8.1.11.3.1　长桥海（Changqiaohai Lake） ····· *27*	8.1.22.2　木浪河（Mulang River） ················· *41*
8.1.11.3.2　大屯海（Datunhai Lake） ············ *27*	8.1.22.2.1　木浪河水库（Mulanghe Reservoir） · *41*
8.1.12　甸溪河（Dianxi River） ····················· *28*	8.1.22.3　围山湖水库（Weishanhu Reservoir） · *41*
8.1.12.1　板桥河水库（Banqiaohe Reservoir） · *29*	8.1.22.4　兴西湖水库（Xingxihu Reservoir） ··· *42*

8.1.23 天生桥一级水库（Tiansheng qiao Ⅰ Reservoir） …… 42
8.1.24 天生桥二级水库（Tianshengqiao Ⅱ Reservoir） …… 43
8.1.25 白水河（Baishui River） …… 43
8.1.26 平班水库（Pingban Reservoir） …… 44
8.1.27 新州河（Xinzhou River） …… 44
8.1.27.1 冷水河（Lengshui River） …… 44
8.1.27.1.1 卡达水库（Kada Reservoir） …… 45
8.1.28 秧坝河（Yangba River） …… 45
8.1.29 百乐河（Baile River） …… 46
8.1.30 北盘江（Beipan River） …… 46
8.1.30.1 亦那河（Yina River） …… 49
8.1.30.2 拖长江（Tuochang River） …… 49
8.1.30.3 可渡河（Kedu River） …… 50
8.1.30.3.1 八道河（Badao River） …… 51
8.1.30.4 乌都河（Wudou River） …… 51
8.1.30.4.1 乌图河（Wutu River） …… 52
8.1.30.5 巴浪河（Balang River） …… 52
8.1.30.5.1 玉舍水库（Yushe Reservoir） …… 52
8.1.30.6 月亮河（Yueliang River） …… 53
8.1.30.7 西泌河（Ximi River） …… 53
8.1.30.8 光照水库（Guangzhao Reservoir） …… 53
8.1.30.9 麻沙河（Masha River） …… 54
8.1.30.10 打邦河（Dabang River） …… 54
8.1.30.10.1 油菜河水库（Youcaihe Reservoir） …… 55
8.1.30.10.2 王二河水库（Wangerhe Reservoir） …… 56
8.1.30.10.3 六枝河（Liuzhi River） …… 56
8.1.30.10.3.1 桂家河（Guijia River） …… 57
8.1.30.10.3.1.1 桂家湖水库（Guijiahu Reservoir） …… 57
8.1.30.10.4 坝陵河（Baling River） …… 57
8.1.30.11 红辣河（Hongla River） …… 57
8.1.30.11.1 羊架河（Yangjia River） …… 58
8.1.30.12 大田河（Datian River） …… 58
8.1.30.12.1 鲁沟河（Lugou River） …… 59
8.1.30.12.2 庆坪河（Qingping River） …… 59
8.1.30.13 者楼河（Zhelou River） …… 60
8.1.30.14 望谟河（Wangmo River） …… 60
8.1.31 乐康河（Lekang River） …… 61
8.1.32 桑郎河（Sanglang River） …… 61
8.1.33 罗苏河（Luosu River） …… 61
8.1.34 濛江（Mengjiang River） …… 62
8.1.34.1 猫营河（Maoying River） …… 63
8.1.34.2 摆所河（Baisuo River） …… 64
8.1.34.2.1 猛坑水库（Mengkeng Reservoir） …… 64
8.1.34.3 涟江（Lianjiang River） …… 64
8.1.34.3.1 翁吟河（Wengyin River） …… 65
8.1.34.4 坝王河（Bawang River） …… 66
8.1.35 牛河（Niuhe River） …… 66
8.1.35.1 京舟河（Jingzhou River） …… 68
8.1.35.2 曹渡河（Caodu River） …… 69
8.1.35.2.1 龙塘水库（Longtang Reservoir） …… 69

8.1.36 穿洞河（Chuandong River） …… 70
8.1.37 布柳河（Buliu River） …… 70
8.1.37.1 谐里河（Xieli River） …… 71
8.1.38 龙滩水库（Longtan Reservoir） …… 71
8.1.39 吾隘河（Wuai River） …… 72
8.1.39.1 拉希水库（Laxi Reservoir） …… 73
8.1.40 大拉河（Dala River） …… 73
8.1.41 盘阳河（Panyang River） …… 73
8.1.42 岩滩水库（Yantan Reservoir） …… 74
8.1.43 良岐河（Liangqi River） …… 75
8.1.43.1 燕洞河（Yandong River） …… 75
8.1.44 平治河（Pingzhi River） …… 76
8.1.44.1 达洪江水库（Dahongjiang Reservoir） …… 76
8.1.44.2 那乐河（Nale River） …… 77
8.1.45 大化水库（Dahua Reservoir） …… 77
8.1.46 清坡河（Qingpo River） …… 77
8.1.47 地苏河（Disu River） …… 78
8.1.48 百龙滩水库（Bailongtan Reservoir） …… 78
8.1.49 澄江（Chengjiang River） …… 79
8.1.50 刁江（Diaojiang River） …… 79
8.1.50.1 仁寿河（Renshou River） …… 80
8.1.51 乐滩水库（Letan Reservoir） …… 80
8.1.52 古蓬河（Gupeng River） …… 81
8.1.53 奇庚河（Qigeng River） …… 81
8.1.53.1 都乐河（Dule River） …… 82
8.1.54 清水河（Qingshui River） …… 82
8.1.54.1 大龙洞河（Dalongdong River） …… 83
8.1.54.1.1 大龙洞水库（Dalongdong Reservoir） …… 84
8.1.54.2 清平水库（Qingping Reservoir） …… 84
8.1.54.3 南河（Nanhe River） …… 84
8.1.55 北之江（Beizhi River） …… 85
8.1.55.1 思练河（Silian River） …… 85
8.1.56 止马河（Zhima River） …… 86
8.1.56.1 三利水库（Sanli Reservoir） …… 86
8.1.57 凤凰河（Fenghuang River） …… 86
8.1.58 穿山河（Chuanshan River） …… 87
8.1.59 柳江（Liujiang River） …… 87
8.1.59.1 马场河（Machang River） …… 91
8.1.59.2 排调河（Paidiao River） …… 91
8.1.59.3 坝街河（Bajie River） …… 91
8.1.59.4 寨蒿河（Zhaihao River） …… 92
8.1.59.4.1 瑞里河（Ruili River） …… 92
8.1.59.4.2 平江河（Pingjiang River） …… 93
8.1.59.4.2.1 平永河（Pingyong River） …… 94
8.1.59.5 孙览河（Sunlan River） …… 94
8.1.59.6 平正河（Pingzheng River） …… 95
8.1.59.7 双江（Shuangjiang River） …… 95
8.1.59.7.1 口江河（Koujiang River） …… 96
8.1.59.7.2 双江水库（Shuangjiang Reservoir） …… 96
8.1.59.7.3 四寨河水库（Sizhaihe Reservoir） …… 96

条目	名称	页码
8.1.59.8	杆洞河（Gandong River）	96
8.1.59.9	独洞河（Dudong River）	97
8.1.59.10	大年河（Danian River）	97
8.1.59.11	水口河（Shuikou River）	97
8.1.59.12	古宜河（Guyi River）	98
8.1.59.12.1	三门河（Sanmen River）	100
8.1.59.12.2	平等河（Pingdeng River）	100
8.1.59.12.3	四甲河（Sijia River）	101
8.1.59.12.4	林溪河（Linxi River）	101
8.1.59.13	麻石水库（Mashi Reservoir）	101
8.1.59.14	泗维河水库（Siweihe Reservoir）	102
8.1.59.15	浪溪河（Langxi River）	102
8.1.59.15.1	甫上河（Fushang River）	103
8.1.59.16	浮石水库（Fushi Reservoir）	103
8.1.59.17	贝江（Beijiang River）	103
8.1.59.18	红岭河（Hongling River）	104
8.1.59.18.1	石门水库（Shimen Reservoir）	105
8.1.59.19	古顶水库（Guding Reservoir）	105
8.1.59.20	阳江（Yangjiang River）	106
8.1.59.20.1	洞坎水库（Dongkan Reservoir）	106
8.1.59.21	大埔水库（Dapu Reservoir）	107
8.1.59.22	沙浦河（Shapu River）	107
8.1.59.23	龙江（Longjiang River）	107
8.1.59.23.1	黄江（Huangjiang River）	110
8.1.59.23.2	台村河（Taicun River）	110
8.1.59.23.3	樟江（Zhangjiang River）	110
8.1.59.23.3.1	水东河（Shuidong River）	111
8.1.59.23.4	小七孔河（Xiaoqikong River）	111
8.1.59.23.5	大环江（Dahuan River）	112
8.1.59.23.5.1	古宾河（Gubin River）	112
8.1.59.23.6	拉浪水库（Lalang Reservoir）	113
8.1.59.23.7	小环江（Xiaohuan River）	113
8.1.59.23.8	东小江（Dongxiao River）	114
8.1.59.23.9	土桥水库（Tuqiao Reservoir）	115
8.1.59.23.10	洛东水库（Luodong Reservoir）	115
8.1.59.24	大桥河（Daqiao River）	116
8.1.59.25	红花水库（Honghua Reservoir）	116
8.1.59.26	洛清江（Luoqing River）	117
8.1.59.26.1	相思江（Xiangsi River）	118
8.1.59.26.2	堡里河（Puli River）	118
8.1.59.26.2.1	板峡水库（Banxia Reservoir）	119
8.1.59.26.2.2	金鸡河水库（Jinjihe Reservoir）	119
8.1.59.26.3	西河（Xihe River）	119
8.1.59.26.4	古尝河（Guchang River）	120
8.1.59.26.5	石门河（Shimen River）	120
8.1.59.26.6	石榴河（Shiliu River）	121
8.1.59.27	运江（Yunjiang River）	121
8.1.59.27.1	滴水河（Dishui River）	122
8.1.59.27.2	水晶河（Shuijing River）	122
8.1.59.28	石祥河水库（Shixianghe Reservoir）	122
8.1.60	马来河（Malai River）	123
8.1.60.1	达开水库（Dakai Reservoir）	123
8.1.61	郁江（Yujiang River）	123
8.1.61.1	那劳河（Nalao River）	127
8.1.61.2	那门河（Namen River）	127
8.1.61.3	八中河（Bazhong River）	128
8.1.61.4	西洋江（Xiyang River）	128
8.1.61.5	那马河（Nama River）	129
8.1.61.6	谷拉河（Gula River）	129
8.1.61.6.1	者利河（Zheli River）	130
8.1.61.7	者仙河（Zhexian River）	131
8.1.61.8	乐里河（Leli River）	131
8.1.61.9	百色水库（Baise Reservoir）	131
8.1.61.10	澄碧河（Chengbi River）	132
8.1.61.10.1	澄碧河水库（Chengbihe Reservoir）	133
8.1.61.11	福禄河（Fulu River）	134
8.1.61.12	扁村河（Biancun River）	134
8.1.61.12.1	那音水库（Nayin Reservoir）	135
8.1.61.13	田洲河（Tianzhou River）	135
8.1.61.13.1	百东河水库（Baidonghe Reservoir）	135
8.1.61.13.2	磺桑江（Huangsang River）	136
8.1.61.14	龙须河（Longxu River）	136
8.1.61.14.1	岜蒙水库（Bameng Reservoir）	137
8.1.61.14.2	通怀河（Tonghuai River）	137
8.1.61.14.3	龙须河水库（Longxuhe Reservoir）	137
8.1.61.15	古榕江（Gurong River）	138
8.1.61.16	新圩河（Xinxu River）	138
8.1.61.16.1	布见水库（Bujian Reservoir）	138
8.1.61.17	濑江（Laijiang River）	139
8.1.61.18	那降水库（Najiang Reservoir）	139
8.1.61.19	渌水江（Lushui River）	139
8.1.61.19.1	天等河（Tiandeng River）	140
8.1.61.20	武鸣河（Wuming River）	140
8.1.61.20.1	仙湖河（Xianhu River）	141
8.1.61.20.1.1	仙湖水库（Xianhu Reservoir）	142
8.1.61.20.2	香山河（Xiangshan River）	142
8.1.61.20.3	锣圩河（Luoxu River）	143
8.1.61.21	左江（Zuojiang River）	143
8.1.61.21.1	水口河（Shuikou River）	147
8.1.61.21.1.1	峒桂河（Donggui River）	148
8.1.61.21.2	明江（Mingjiang River）	148
8.1.61.21.2.1	那板水库（Naban Reservoir）	150
8.1.61.21.2.2	驮林河（Tuolin River）	151
8.1.61.21.2.3	公安河（Gong'an River）	151
8.1.61.21.2.4	派连河（Pailian River）	151
8.1.61.21.2.4.1	板墩河（Bandun River）	152
8.1.61.21.3	岜阳河（Yuyang River）	153
8.1.61.21.4	黑水河（Heishui River）	153
8.1.61.21.4.1	下雷河（Xialei River）	155
8.1.61.21.4.2	向水河（Xiangshui River）	155

8.1.61.21.4.3　明仕河（Mingshi River） …………… 156
8.1.61.21.5　左江水库（Zuojiang Reservoir） ………… 156
8.1.61.21.6　客兰河（Kelan River） ………………… 157
8.1.61.21.6.1　客兰水库（Kelan Reservoir） ………… 157
8.1.61.21.6.2　派关水库（Paiguan Reservoir） ……… 158
8.1.61.21.7　驮卢河（Tuolu River） ………………… 158
8.1.61.21.8　汪庄河（Wangzhuang River） ………… 159
8.1.61.21.9　双侠河（Shuangxia River） …………… 159
8.1.61.22　天雹水库（Tianbao Reservoir） …………… 160
8.1.61.23　良凤江（Liangfeng River） ………………… 160
8.1.61.24　八尺江（Bachi River） ……………………… 160
8.1.61.24.1　屯六水库（Tunliu Reservoir） ………… 161
8.1.61.24.2　凤亭河水库（Fengtinghe Reservoir） … 161
8.1.61.24.3　大王滩水库（Dawangtan Reservoir） … 162
8.1.61.24.4　那岳河（Nayue River） ………………… 163
8.1.61.25　沙江（Shajiang River） …………………… 163
8.1.61.25.1　西云江水库（Xiyunjiang Reservoir） … 163
8.1.61.26　东班江（Dongban River） ………………… 164
8.1.61.27　马峦河（Maluan River） …………………… 164
8.1.61.28　沙坪河（Shaping River） …………………… 164
8.1.61.29　西津水库（Xijin Reservoir） ………………… 165
8.1.61.30　蒙江河（Mengjiang River） ………………… 165
8.1.61.30.1　北滩水库（Beitan Reservoir） ………… 165
8.1.61.31　罗凤河（Luofeng River） …………………… 166
8.1.61.32　镇龙江（Zhenlong River） ………………… 166
8.1.61.32.1　六兰水库（Liulan Reservoir） ………… 167
8.1.61.33　武思江（Wusi River） ……………………… 167
8.1.61.33.1　武思江水库（Wusijiang Reservoir） …… 167
8.1.61.34　瓦塘江（Watang River） …………………… 168
8.1.61.35　仙衣滩水库（Xianyitan Reservoir） ……… 168
8.1.61.36　鲤鱼江（Liyu River） ……………………… 169
8.1.61.36.1　平龙水库（Pinglong Reservoir） ……… 169
8.1.61.37　画眉河（Huamei River） …………………… 170
8.1.61.38　大洋河（Dayang River） …………………… 170
8.1.61.39　独流江（Duliu River） ……………………… 170
8.1.61.40　马骝滩水库（Maliutan Reservoir） ……… 170
8.1.62　社坡河水库（Shepohe Reservoir） ……………… 171
8.1.63　大湟江（Dahuang River） ……………………… 172
8.1.63.1　紫荆河（Zijing River） ………………………… 173
8.1.63.1.1　金田水库（Jintian Reservoir） …………… 173
8.1.64　田贵水库（Tiangui Reservoir） ………………… 174
8.1.65　东平水库（Dongping Reservoir） ……………… 174
8.1.66　白沙江（Baisha River） ………………………… 174
8.1.66.1　六陈水库（Liuchen Reservoir） ……………… 175
8.1.67　蒙江（Mengjiang River） ………………………… 176
8.1.67.1　茶山水库（Chashan Reservoir） …………… 177
8.1.67.2　大同江（Datong River） ……………………… 178
8.1.67.3　平福河（Pingfu River） ……………………… 178
8.1.67.3.1　大任水库（Daren Reservoir） …………… 178
8.1.68　北流河（Beiliu River） …………………………… 179

8.1.68.1　杨梅河（Yangmei River） …………………… 181
8.1.68.2　宁冲水库（Ningchong Reservoir） ………… 181
8.1.68.3　泗罗河（Siluo River） ………………………… 182
8.1.68.4　黄华河（Huanghua River） …………………… 182
8.1.68.4.1　白石水（Baishishui River） ……………… 183
8.1.68.5　义昌江（Yichang River） …………………… 183
8.1.68.5.1　大㳖河（Daban River） …………………… 184
8.1.68.5.2　赤水水库（Chishui Reservoir） ………… 184
8.1.68.5.3　糯垌河（Nuodong River） ……………… 184
8.1.68.5.3.1　塘坪水库（Tangping Reservoir） …… 184
8.1.69　长洲水库（Changzhou Reservoir） ……………… 185
8.1.70　下小河（Xiaxiao River） ………………………… 185
8.1.71　桂江（Guijiang River） …………………………… 186
8.1.71.1　灵渠（Lingqu Canal） ………………………… 189
8.1.71.2　甘棠江（Gantang River） …………………… 191
8.1.71.2.1　青狮潭水库（Qingshitan Reservoir） …… 191
8.1.71.3　奇峰河（Qifeng River） ……………………… 192
8.1.71.4　潮田河（Chaotian River） …………………… 192
8.1.71.5　田家河（Tianjia River） ……………………… 193
8.1.71.6　荔浦河（Lipu River） ………………………… 193
8.1.71.6.1　马岭河（Maling River） …………………… 194
8.1.71.6.1.1　大江水库（Dajiang Reservoir） ……… 194
8.1.71.7　恭城河（Gongcheng River） ………………… 195
8.1.71.7.1　西岭河（Xiling River） …………………… 196
8.1.71.7.1.1　峻山水库（Junshan Reservoir） ……… 196
8.1.71.7.2　兰洞水库（Landong Reservoir） ………… 196
8.1.71.7.3　榕津河（Rongjin River） ………………… 197
8.1.71.7.3.1　平口水库（Pingkou Reservoir） ……… 197
8.1.71.8　昭平水库（Zhaoping Reservoir） …………… 198
8.1.71.9　思勤江（Siqin River） ………………………… 198
8.1.71.9.1　花山水库（Huashan Reservoir） ………… 199
8.1.71.9.2　珊瑚河（Shanhu River） ………………… 199
8.1.71.9.2.1　龙潭水库（Longtan Reservoir） ……… 200
8.1.71.10　富群河（Fuqun River） …………………… 200
8.1.71.10.1　九龙河（Jiulong River） ………………… 201
8.1.71.11　京南水库（Jingnan Reservoir） …………… 201
8.1.71.12　思良江（Siliang River） …………………… 202
8.1.72　贺江（Hejiang River） …………………………… 202
8.1.72.1　龟石水库（Guishi Reservoir） ……………… 205
8.1.72.2　马尾河（Mawei River） ……………………… 206
8.1.72.3　大宁河（Daning River） ……………………… 206
8.1.72.3.1　大滩河（Datan River） …………………… 207
8.1.72.4　合面狮水库（Hemianshi Reservoir） ……… 207
8.1.72.5　金装水（Jinzhuangshui River） ……………… 208
8.1.72.6　渔涝河（Yulao River） ……………………… 208
8.1.72.7　东安江（Dong'an River） …………………… 209
8.1.72.7.1　大平河（Daping River） ………………… 209
8.1.72.7.1.1　爽岛水库（Shuangdao Reservoir） …… 210
8.1.72.7.1.2　六堡河（Liubao River） ………………… 210
8.1.73　罗旁河（Luopang River） ……………………… 211

8.1.74	罗定江（Luoding River）	211	8.1.77	大迳水（Dajingshui River） 215
8.1.74.1	罗镜河（Luojing River）	212	8.1.78	新兴江（Xinxing River） 215
8.1.74.2	罗光水库（Luoguang Reservoir）	212	8.1.78.1	合河水库（Hehe Reservoir） 216
8.1.74.3	金银河水库（Jinyinhe Reservoir）	213	8.1.78.2	南河（Nanhe River） 216
8.1.74.4	泗纶河（Silun River）	213	8.1.78.2.1	共成水库（Gongcheng Reservoir） 216
8.1.74.5	罾滨河（Tanbin River）	213	8.1.78.3	小河（Xiaohe River） 217
8.1.74.6	围底河（Weidi River）	213	8.1.79	宋隆水（Songlongshui River） 217
8.1.74.7	白石河（Baishi River）	214	8.1.80	星湖（Xinghu Lake） 217
8.1.75	马圩河（Maxu River）	214	8.1.81	九坑河水库（Jiukenghe Reservoir） 218
8.1.76	悦城河（Yuecheng River）	214		

二、北江水系
Beijiang River Basin

8.2	北江（Beijiang River）	219	8.2.14.5	空子水库（Kongzi Reservoir） 239
8.2.1	孔江水库（Kongjiang Reservoir）	222	8.2.14.6	烟岭河（Yanling River） 240
8.2.2	凌江（Lingjiang River）	222	8.2.14.7	长湖水库（Changhu Reservoir） 240
8.2.3	墨江（Mojiang River）	223	8.2.15	连江（Lianjiang River） 240
8.2.3.1	罗坝水（Luobashui River）	224	8.2.15.1	潭岭水库（Tanling Reservoir） 242
8.2.4	百顺水（Baishunshui River）	224	8.2.15.2	黄桥水（Huangqiaoshui River） 242
8.2.5	锦江（Jinjiang River）	225	8.2.15.3	保安水（Bao'anshui River） 243
8.2.5.1	锦江水库（Jinjiang Reservoir）	226	8.2.15.4	东陂河（Dongpi River） 243
8.2.6	枫湾河（Fengwan River）	226	8.2.15.5	三江河（Sanjiang River） 243
8.2.6.1	小坑水库（Xiaokeng Reservoir）	227	8.2.15.6	洞冠水（Dongguanshui River） 244
8.2.7	武水（Wushui River）	227	8.2.15.7	七拱河（Qigong River） 244
8.2.7.1	长河水库（Changhe Reservoir）	229	8.2.15.8	青莲水（Qinglianshui River） 244
8.2.7.2	长乐水（Changleshui River）	230	8.2.15.9	波罗河（Boluo River） 245
8.2.7.3	宜章河（Yizhang River）	231	8.2.15.10	黄洞河（Huangdong River） 245
8.2.7.4	章水（Zhangshui River）	231	8.2.15.11	竹田河（Zhutian River） 246
8.2.7.5	田头水（Tiantoushui River）	231	8.2.15.12	水边河（Shuibian River） 246
8.2.7.6	廊田河（Langtian River）	232	8.2.16	飞来峡水库（Feilaixia Reservoir） 246
8.2.7.7	杨溪河（Yangxi River）	232	8.2.17	浈江（Pajiang River） 247
8.2.7.8	新街水（Xinjieshui River）	233	8.2.18	滨江（Binjiang River） 248
8.2.7.9	西牛潭水库（Xiniutan Reservoir）	233	8.2.18.1	龙须带水库（Longxudai Reservoir） 249
8.2.8	孟洲坝水库（Mengzhouba Reservoir）	233	8.2.19	源潭河（Yuantan River） 249
8.2.9	南水（Nanshui River）	233	8.2.19.1	迎咀水库（Yingzui Reservoir） 249
8.2.9.1	泉水水库（Quanshui Reservoir）	234	8.2.19.2	银盏水库（Yinzhan Reservoir） 250
8.2.9.2	南水水库（Nanshui Reservoir）	234	8.2.20	漫水河（Manshui River） 250
8.2.9.3	龙归水（Longguishui River）	235	8.2.21	绥江（Suijiang River） 251
8.2.10	马坝河（Maba River）	235	8.2.21.1	马宁水（Maningshui River） 252
8.2.11	濛里水库（Mengli Reservoir）	236	8.2.21.1.1	下竹水库（Xiazhu Reservoir） 252
8.2.12	罗坑水库（Luokeng Reservoir）	236	8.2.21.2	凤岗河（Fenggang River） 253
8.2.13	白石窑水库（Baishiyao Reservoir）	236	8.2.21.2.1	桃花水（Taohuashui River） 253
8.2.14	翁江（Wengjiang River）	237	8.2.21.3	诗洞水（Shidongshui River） 253
8.2.14.1	贵东水（Guidongshui River）	238	8.2.21.4	古水河（Gushui River） 254
8.2.14.2	周陂水（Zhoupishui River）	238	8.2.21.5	龙江（Longjiang River） 254
8.2.14.3	青塘水（Qingtangshui River）	239	8.2.21.5.1	江谷水库（Jianggu Reservoir） 254
8.2.14.4	横石水（Hengshishui River）	239		

三、东 江 水 系
Dongjiang River Basin

8.3　东江（Dongjiang River） …………… 256
8.3.1　龙图河（Longtu River） …………… 259
8.3.2　斗晏水库（Douyan Reservoir） …… 260
8.3.3　篁乡河（Huangxiang River） ……… 260
8.3.4　定南水（Dingnanshui River） ……… 260
8.3.4.1　礼亨水库（Liheng Reservoir） … 261
8.3.4.2　老城河（Laocheng River） ……… 262
8.3.5　枫树坝水库（Fengshuba Reservoir） … 263
8.3.6　浰江（Lijiang River） ……………… 264
8.3.6.1　贝墩水（Beidunshui River） …… 264
8.3.7　黄村河（Huangcun River） ………… 264
8.3.8　康禾河（Kanghe River） …………… 265
8.3.9　新丰江（Xinfeng River） …………… 265
8.3.9.1　连平河（Lianping River） ……… 267
8.3.9.2　大席河（Daxi River） …………… 267
8.3.9.3　船塘河（Chuantang River） ……… 268
8.3.9.3.1　忠信河（Zhongxin River） …… 268
8.3.9.4　新丰江水库（Xinfengjiang Reservoir） … 268
8.3.10　柏埔河（Baibu River） …………… 269
8.3.11　古竹水（Guzhushui River） ……… 270
8.3.12　秋香江（Qiuxiang River） ………… 270
8.3.13　公庄河（Gongzhuang River） …… 270
8.3.13.1　黄山洞水库（Huangshandong Reservoir） … 271
8.3.14　西枝江（Xizhi River） …………… 271
8.3.14.1　白盆珠水库（Baipenzhu Reservoir） … 273
8.3.14.2　安墩河（Andun River） ………… 273
8.3.14.3　梁化河（Lianghua River） ……… 274
8.3.14.4　淡水河（Danshui River） ……… 274
8.3.15　惠州西湖（Huizhouxihu Lake） …… 275
8.3.16　稿树下水库（Gaoshuxia Reservoir） … 275
8.3.17　潼湖（Tonghu Lake） ……………… 276
8.3.18　石马河（Shima River） …………… 276

四、珠江三角洲河网
River Net in Zhujiang Delta

8.4　珠江三角洲（Zhujiang Delta） ……… 277
8.4.1　西江干流入海水道（Watercourse Diverting Main Stream of Xijiang River to the Sea） … 281
8.4.1.1　高明河（Gaoming River） ……… 283
8.4.1.2　沙坪河（Shaping River） ………… 284
8.4.1.2.1　四堡水库（Sibao Reservoir） … 284
8.4.1.3　甘竹溪（Ganzhuxi River） ……… 284
8.4.1.4　东海水道（Donghai Watercourse） … 285
8.4.1.4.1　小榄水道（Xiaolan Watercourse） … 285
8.4.1.4.2　鸡鸦水道（Jiya Watercourse） … 286
8.4.1.4.3　横门水道（Hengmen Watercourse） … 286
8.4.1.4.3.1　长江水库（Changjiang Reservoir） … 286
8.4.1.5　海洲水道（Haizhou Watercourse） … 287
8.4.1.6　江门水道（Jiangmen Watercourse） … 287
8.4.1.6.1　新会河（Xinhui River） ……… 288
8.4.1.7　石板沙水道（Shibansha Watercourse） … 288
8.4.1.7.1　荷麻溪（Hemaxi River） ……… 289
8.4.1.7.2　泥湾门水道（Niwanmen Watercourse） … 289
8.4.1.7.3　鸡啼门水道（Jitimen Watercourse） … 289
8.4.1.8　螺洲溪（Luozhouxi River） ……… 290
8.4.1.9　大镜山水库（Dajingshan Reservoir） … 290
8.4.2　北江干流水道（Beijiang Main Stream Watercourse） … 291
8.4.2.1　南沙涌（Nanshayong River） …… 293
8.4.2.2　潭洲水道（Tanzhou Watercourse） … 293
8.4.2.2.1　佛山水道（Foshan Watercourse） … 294
8.4.2.2.2　平洲水道（Pingzhou Watercourse） … 294
8.4.2.3　李家沙水道（Lijiasha Watercourse） … 295
8.4.2.4　洪奇沥水道（Hongqili Watercourse） … 295
8.4.2.4.1　容桂水道（Ronggui Watercourse） … 296
8.4.2.4.2　桂洲水道（Guizhou Watercourse） … 296
8.4.2.5　陈村水道（Chencun Watercourse） … 297
8.4.2.6　蕉门水道（Jiaomen Watercourse） … 297
8.4.2.6.1　榄核涌（Lanheyong River） …… 297
8.4.2.7　沙鼻涌（Shabiyong River） ……… 298
8.4.2.8　流溪河（Liuxi River） …………… 298
8.4.2.8.1　流溪河水库（Liuxihe Reservoir） … 299
8.4.2.8.2　黄龙带水库（Huanglongdai Reservoir） … 300
8.4.2.8.3　白坭河（Baini River） ………… 300
8.4.2.8.3.1　新街河（Xinjie River） ……… 301
8.4.2.9　前航道（Qianhangdao River） …… 301
8.4.2.9.1　后航道（Houhangdao River） … 302
8.4.2.9.1.1　三枝香水道（Sanzhixiang Watercourse） … 302
8.4.2.10　狮子洋（Shiziyang River） ……… 302
8.4.2.10.1　莲花山水道（Lianhuashan Watercourse） … 303
8.4.2.11　虎门水道（Humen Watercourse） … 303
8.4.3　东江北干流（Dongjiangbeiganliu River） … 304
8.4.3.1　东江南支流（Dongjiangnanzhiliu River） … 304
8.4.3.1.1　寒溪水（Hanxishui River） …… 305
8.4.3.1.1.1　同沙水库（Tongsha Reservoir） … 306

8.4.3.1.2　中堂水道（Zhongtang Watercourse） …… 306	8.4.4.4.1　狮山水库（Shishan Reservoir） …… 316
8.4.3.1.3　厚街水道（Houjie Watercourse） …… 307	8.4.4.5　镇海水（Zhenhaishui River） …… 317
8.4.3.1.3.1　横岗水库（Henggang Reservoir） …… 307	8.4.4.5.1　镇海水库（Zhenhai Reservoir） …… 318
8.4.3.2　沙河（Shahe River） …… 307	8.4.4.5.2　开平水（Kaipingshui River） …… 318
8.4.3.2.1　显岗水库（Xiangang Reservoir） …… 308	8.4.4.5.2.1　大沙河水库（Dashahe Reservoir） …… 318
8.4.3.2.2　联和水库（Lianhe Reservoir） …… 309	8.4.4.6　新昌水（Xinchangshui River） …… 319
8.4.3.3　增江（Zengjiang River） …… 309	8.4.4.7　虎坑水道（Hukeng Watercourse） …… 319
8.4.3.3.1　天堂山水库（Tiantangshan Reservoir） …… 311	8.4.4.7.1　劳劳溪（Laolaoxi River） …… 320
8.4.3.3.2　永汉河（Yonghan River） …… 311	8.4.4.7.2　虎跳门水道（Hutiaomen Watercourse） …… 320
8.4.3.3.3　派潭河（Paitan River） …… 311	8.4.5　茅洲河（Maozhou River） …… 321
8.4.3.4　西福河（Xifu River） …… 312	8.4.6　深圳河（Shenzhen River） …… 321
8.4.3.5　倒运海水道（Daoyunhai Watercourse） …… 312	8.4.6.1　深圳水库（Shenzhen Reservoir） …… 322
8.4.4　潭江（Tanjiang River） …… 313	8.4.7　西丽水库（Xili Reservoir） …… 322
8.4.4.1　锦江水库（Jinjiang Reservoir） …… 315	8.4.8　铁岗水库（Tiegang Reservoir） …… 323
8.4.4.2　宝鸭仔水库（Baoyazai Reservoir） …… 316	8.4.9　船湾淡水湖（Chuanwandanshuihu Reservoir） …… 323
8.4.4.3　西坑水库（Xikeng Reservoir） …… 316	8.4.10　万宜水库（Wanyi Reservoir） …… 324
8.4.4.4　白沙水（Baishashui River） …… 316	

独 流 入 海 水 系
Rivers Flowing Directly into the Sea

7.11　韩江（Hanjiang River） …… 325	7.11.2.9　梅潭河（Meitan River） …… 345
7.11.1　梅江（Meijiang River） …… 327	7.11.2.9.1　双溪水库（Shuangxi Reservoir） …… 346
7.11.1.1　华阳水（Huayangshui River） …… 330	7.11.3　丰良河（Fengliang River） …… 346
7.11.1.2　周江水（Zhoujiangshui River） …… 330	7.12　粤桂沿海诸河（Rivers in the Coast Area of
7.11.1.3　五华河（Wuhua River） …… 330	Guangdong and Guangxi） …… 347
7.11.1.3.1　益塘水库（Yitang Reservoir） …… 331	7.12.1　黄冈河（Huanggang River） …… 348
7.11.1.4　宁江（Ningjiang River） …… 332	7.12.1.1　汤溪水库（Tangxi Reservoir） …… 349
7.11.1.4.1　合水水库（Heshui Reservoir） …… 333	7.12.2　榕江（Rongjiang River） …… 349
7.11.1.5　程江（Chengjiang River） …… 333	7.12.2.1　横江水库（Hengjiang Reservoir） …… 351
7.11.1.5.1　梅西水库（Meixi Reservoir） …… 333	7.12.2.2　五经富水（Wujingfushui River） …… 351
7.11.1.6　石窟河（Shiku River） …… 334	7.12.2.2.1　龙颈水库（Longjing Reservoir） …… 351
7.11.1.6.1　差干河（Chagan River） …… 335	7.12.2.3　北河（Beihe River） …… 352
7.11.1.6.2　长潭水库（Changtan Reservoir） …… 336	7.12.2.3.1　新西河水库（Xinxihe Reservoir） …… 352
7.11.1.6.3　柚树河（Youshu River） …… 336	7.12.2.3.2　枫江（Fengjiang River） …… 352
7.11.1.6.3.1　黄田水库（Huangtian Reservoir） …… 337	7.12.3　河溪水库（Hexi Reservoir） …… 353
7.11.1.7　丹竹水库（Danzhu Reservoir） …… 337	7.12.4　练江（Lianjiang River） …… 353
7.11.1.8　松源河（Songyuan River） …… 338	7.12.4.1　红场水库（Hongchang Reservoir） …… 354
7.11.1.9　蓬辣滩水库（Penglatan Reservoir） …… 338	7.12.4.2　秋风岭水库（Qiufengling Reservoir） …… 355
7.11.2　汀江（Tingjiang River） …… 339	7.12.4.3　大龙溪二级水库（Dalongxi Reservoir Ⅱ） …… 355
7.11.2.1　濯田河（Zhuotian River） …… 341	7.12.5　龙江（Longjiang River） …… 355
7.11.2.1.1　陂下水库（Pixia Reservoir） …… 342	7.12.5.1　龙潭水库（Longtan Reservoir） …… 356
7.11.2.2　桃兰溪（Taolanxi River） …… 342	7.12.5.2　石榴潭水库（Shiliutan Reservoir） …… 356
7.11.2.3　金山水库（Jinshan Reservoir） …… 342	7.12.6　鳌江（Aojiang River） …… 357
7.11.2.4　旧县河（Jiuxian River） …… 342	7.12.7　乌坎河（Wukan River） …… 357
7.11.2.5　黄潭河（Huangtan River） …… 343	7.12.8　螺河（Luohe River） …… 357
7.11.2.6　棉花滩水库（Mianhuatan Reservoir） …… 343	7.12.8.1　南告水库（Nangao Reservoir） …… 358
7.11.2.7　永定河（Yongding River） …… 344	7.12.9　黄江（Huangjiang River） …… 359
7.11.2.8　漳溪（Zhangxi River） …… 345	7.12.9.1　公平水库（Gongping Reservoir） …… 359

7.12.9.2 青年水库（Qingnian Reservoir） …… 360
7.12.10 赤石河（Chishi River） …… 361
7.12.11 大隆洞河（Dalongdong River） …… 361
7.12.11.1 大隆洞水库（Dalongdong Reservoir） …… 361
7.12.12 那扶河（Nafu River） …… 362
7.12.13 漠阳江（Moyang River） …… 362
7.12.13.1 西山河（Xishan River） …… 365
7.12.13.1.1 大河水库（Dahe Reservoir） …… 366
7.12.13.1.2 北河水库（Beihe Reservoir） …… 366
7.12.13.2 潭水河（Tanshui River） …… 366
7.12.13.2.1 乔连河（Qiaolian River） …… 367
7.12.13.3 那龙河（Nalong River） …… 367
7.12.13.3.1 东湖水库（Donghu Reservoir） …… 367
7.12.14 洋边河（Yangbian River） …… 368
7.12.15 儒洞河（Rudong River） …… 368
7.12.15.1 陂底水库（Beidi Reservoir） …… 369
7.12.16 鉴江（Jianjiang River） …… 369
7.12.16.1 尚文水库（Shangwen Reservoir） …… 371
7.12.16.2 北界河（Beijie River） …… 371
7.12.16.3 大井河（Dajing River） …… 372
7.12.16.3.1 高州水库（Gaozhou Reservoir） …… 372
7.12.16.4 曹江（Caojiang River） …… 373
7.12.16.5 罗江（Luojiang River） …… 374
7.12.17 袂花江（Meihua River） …… 375
7.12.17.1 罗坑水库（Luokeng Reservoir） …… 376
7.12.17.2 黄沙水库（Huangsha Reservoir） …… 376
7.12.17.3 梅江（Meijiang River） …… 377
7.12.18 遂溪河（Suixi River） …… 377
7.12.19 湖光岩（Huguangyan Lake） …… 378
7.12.20 城月河（Chengyue River） …… 379
7.12.21 南渡河（Nandu River） …… 379
7.12.22 大水桥水库（Dashuiqiao Reservoir） …… 380
7.12.23 龙门河（Longmen River） …… 380
7.12.24 乐民河（Lemin River） …… 381
7.12.25 杨柑河（Yanggan River） …… 381
7.12.26 九洲江（Jiuzhou River） …… 382
7.12.26.1 鹤地水库（Hedi Reservoir） …… 383
7.12.26.2 武陵水库（Wuling Reservoir） …… 384
7.12.26.3 沙铲河（Shachan River） …… 385
7.12.26.3.1 长青水库（Changqing Reservoir） …… 385
7.12.27 大坝河（Daba River） …… 386
7.12.28 白沙河（Baisha River） …… 386
7.12.28.1 老虎头水库（Laohutou Reservoir） …… 387
7.12.29 牛尾岭水库（Niuweiling Reservoir） …… 387
7.12.30 南流江（Nanliu River） …… 387
7.12.30.1 大容山水库（Darongshan Reservoir） …… 391
7.12.30.2 苏烟水库（Suyan Reservoir） …… 391
7.12.30.3 定川江（Dingchuan River） …… 391
7.12.30.3.1 江口水库（Jiangkou Reservoir） …… 392
7.12.30.4 丽江（Lijiang River） …… 392

7.12.30.5 罗田水库（Luotian Reservoir） …… 392
7.12.30.6 合江（Hejiang River） …… 393
7.12.30.6.1 火甲水库（Huojia Reservoir） …… 393
7.12.30.7 马江（Majiang River） …… 393
7.12.30.7.1 小江水库（Xiaojiang Reservoir） …… 394
7.12.30.8 旺盛江水库（Wangshengjiang Reservoir） …… 394
7.12.30.9 张黄江（Zhanghuang River） …… 395
7.12.30.10 武利江（Wuli River） …… 395
7.12.30.11 清水江水库（Qingshuijiang Reservoir） …… 396
7.12.30.12 洪潮江（Hongchao River） …… 396
7.12.30.12.1 洪潮江水库（Hongchaojiang Reservoir） …… 396
7.12.31 大风江（Dafeng River） …… 397
7.12.32 金窝水库（Jinwo Reservoir） …… 397
7.12.33 钦江（Qinjiang River） …… 398
7.12.33.1 灵东水库（Lingdong Reservoir） …… 399
7.12.34 茅岭江（Maoling River） …… 399
7.12.34.1 石梯水库（Shiti Reservoir） …… 400
7.12.34.2 那蒙江（Nameng River） …… 400
7.12.34.3 大寺江（Dasi River） …… 401
7.12.34.4 滩营河（Tanying River） …… 401
7.12.35 防城河（Fangcheng River） …… 402
7.12.35.1 小峰水库（Xiaofeng Reservoir） …… 402
7.12.36 东兴水库（Dongxing Reservoir） …… 403
7.12.37 北仑河（Beilun River） …… 403
7.13 元江（Yuanjiang River） …… 404
7.13.1 福庆水库（Fuqing Reservoir） …… 408
7.13.2 南涧河（Nanjian River） …… 408
7.13.3 苴力河（Juli River） …… 408
7.13.4 一街河（Yijie River） …… 409
7.13.4.1 鹿窝河（Luwo River） …… 409
7.13.5 三街河（Sanjie River） …… 410
7.13.6 马龙河（Malong River） …… 410
7.13.6.1 白衣河（Baiyi River） …… 410
7.13.7 绿汁江（Luzhi River） …… 410
7.13.7.1 西河（Xihe River） …… 412
7.13.7.2 舍资河（Shezi River） …… 412
7.13.7.3 沙甸河（Shadian River） …… 412
7.13.7.3.1 瓦拖河（Watuo River） …… 413
7.13.7.4 扒河（Bahe River） …… 413
7.13.7.5 克田河（Ketian River） …… 414
7.13.8 黄草坝水库（Huangcaoba Reservoir） …… 414
7.13.9 清水河（Qingshui River） …… 414
7.13.10 小河底河（Xiaohedi River） …… 415
7.13.10.1 化念水库（Huanian Reservoir） …… 415
7.13.10.2 平甸河（Pingdian River） …… 416
7.13.10.3 大桥河（Daqiao River） …… 416
7.13.10.4 五郎沟河（Wulanggou River） …… 416
7.13.11 七星河（Qixing River） …… 416
7.13.12 者那河（Zhena River） …… 417
7.13.13 新现河（Xinxian River） …… 417

7.13.14 南溪河（Nanxi River） 417	7.13.15.6.2 三家河（Sanjia River） 428
7.13.14.1 庄寨水库（Zhuangzhai Reservoir） 419	7.13.16 盘龙河（Panlong River） 428
7.13.14.2 五里冲水库（Wulichong Reservoir） 419	7.13.16.1 丰收水库（Fengshou Reservoir） 430
7.13.14.3 四岔河（Sicha River） 420	7.13.16.2 稼依水库（Jiayi Reservoir） 430
7.13.14.4 鱼塘河（Yutang River） 420	7.13.16.3 岔河（Chahe River） 431
7.13.15 李仙江（Lixian River） 420	7.13.16.4 德厚河（Dehou River） 431
7.13.15.1 勐野江（Mengye River） 423	7.13.16.5 马鹿塘水库（Malutang Reservoir） 431
7.13.15.2 阿墨江（Amo River） 423	7.13.16.6 畴阳河（Chouyang River） 431
7.13.15.2.1 布龙河（Bulong River） 424	7.13.16.7 八布河（Babu River） 432
7.13.15.2.2 他郎河（Talang River） 424	7.13.16.8 斋河（Zhaihe River） 432
7.13.15.2.3 泗南江（Sinan River） 425	7.13.16.8.1 白河（Baihe River） 432
7.13.15.2.3.1 坝兰河（Balan River） 425	7.13.16.8.2 大梁子河（Daliangzi River） 432
7.13.15.3 坝渡河（Badu River） 425	7.13.16.8.2.1 响水河（Xiangshui River） 433
7.13.15.4 土卡河（Tuka River） 426	7.13.16.9 南利河（Nanli River） 433
7.13.15.5 小黑江（Xiaohei River） 426	7.13.16.9.1 达马河（Dama River） 434
7.13.15.5.1 喳吗河（Zhama River） 426	7.13.16.9.2 百南河（Bainan River） 434
7.13.15.6 藤条江（Tengtiao River） 426	7.13.16.9.2.1 百合河（Baihe River） 434
7.13.15.6.1 茨通坝河（Citongba River） 428	

海 南 岛 诸 河

Rivers of Hainan Island

9.2 海南岛诸河（Rivers of Hainan Island） 436	9.2.8.1 大隆水库（Dalong Reservoir） 451
9.2.1 南渡江（Nandu River） 436	9.2.9 望楼河（Wanglou River） 452
9.2.1.1 松涛水库（Songtao Reservoir） 441	9.2.9.1 长茅水库（Changmao Reservoir） 452
9.2.1.2 龙州河（Longzhou River） 442	9.2.9.2 石门水库（Shimen Reservoir） 453
9.2.1.2.1 南扶水库（Nanfu Reservoir） 442	9.2.10 陀兴水库（Tuoxing Reservoir） 453
9.2.2 福山水库（Fushan Reservoir） 442	9.2.11 高坡岭水库（Gaopoling Reservoir） 453
9.2.3 龙虎山水库（Longhushan Reservoir） 443	9.2.12 昌化江（Changhua River） 454
9.2.4 万泉河（Wanquan River） 443	9.2.12.1 南圣河（Nansheng River） 455
9.2.4.1 牛路岭水库（Niululing Reservoir） 445	9.2.12.2 大广坝水库（Daguangba Reservoir） 456
9.2.4.2 定安河（Dingan River） 446	9.2.12.3 石碌河（Shilu River） 456
9.2.5 太阳河（Taiyang River） 447	9.2.12.3.1 石碌水库（Shilu Reservoir） 457
9.2.5.1 万宁水库（Wanning Reservoir） 447	9.2.13 珠碧江（Zhubi River） 458
9.2.6 陵水河（Lingshui River） 448	9.2.13.1 珠碧江水库（Zhubijiang Reservoir） 458
9.2.6.1 小妹水库（Xiaomei Reservoir） 449	9.2.14 春江水库（Chunjiang Reservoir） 458
9.2.7 藤桥河（Tengqiao River） 449	9.2.15 北门江（Beimen River） 459
9.2.7.1 赤田水库（Chitian Reservoir） 450	9.2.15.1 沙河水库（Shahe Reservoir） 459
9.2.8 宁远河（Ningyuan River） 450	9.2.16 文澜河（Wenlan River） 460

附　录

Appendix

附表一　珠江卷列条河流一览表 461	附表三　珠江卷列条水库一览表 485
附表二　珠江卷列条湖泊一览表 484	附表四　珠江卷灌溉面积在2万公顷以上的灌区一览表 494

索 引
Index

条题汉字笔画索引 ·································· 495　　内容索引 ·································· 505
条题外文索引 ···································· 500

插 页 目 录

西江红水河黔江干流区水系图　　　　　　东江水系图
浔江和西江下游水系图　　　　　　　　　珠江三角洲水系图
北盘江水系图　　　　　　　　　　　　　韩江及粤东诸河水系图
柳江水系图　　　　　　　　　　　　　　粤西桂南诸河水系图
郁江水系图　　　　　　　　　　　　　　元江—红河水系图
北江水系图

图 例

符号	含义	符号	含义
北京市 ★	首都		伏流河
南宁市 ◉	省级行政中心		运河
珠海市 ◎	地级市行政中心		渠
金湾 ◦	县级行政中心、外国主要城市		流域界
安化 ○	乡、镇		大中型水库
新铺 •	村庄		小型水库
	国界		闸
	省级界	▲	水文站
	特别行政区界	△	水位站
梅花山 1778	山峰	✤	国家级自然保护区
	常年河、湖泊		国家级风景名胜区
	时令河		国家水利风景区

珠 江 水 系

Zhujiang River Basin

8 珠江
(Zhujiang River, Pearl River)

珠江是我国七大江河之一，是西江、北江、东江和珠江三角洲河网诸河的总称。主干流西江发源于云南省曲靖市沾益县马雄山东麓，在广东省佛山市三水区思贤滘（jiào）与北江相汇后入珠江三角洲河网区，经**西江干流入海水道**注入南海，干流长2 214千米。珠江流域位于东经102°14′~115°53′、北纬21°31′~26°49′之间，流经中国云南、贵州、广西、广东、湖南、江西6省（自治区）和越南社会主义共和国的东北部。

流域范围 流域北面以五岭和苗岭与长江流域分界，西以乌蒙山脉与红河流域的元江和长江流域的牛栏江分界，南以云雾山、云开大山、六万大山、十万大山等与广东、广西沿海诸河分界，东以莲花山脉和武夷山脉与韩江流域相隔。流域面积45.37万平方千米，其中44.21万平方千米在中国境内，1.16万平方千米在越南境内。

地质地貌 流域地层岩性多样，沉积岩、岩浆岩、变质岩均有分布，以前两种为主；流域地质构造体系分为纬向构造带、经向构造带、"山"字形构造带、巨型的"多"字形体系等，自西向东划分为滇东陷区、黔桂准地台区、黔东南—桂北地盾区、南岭准地槽区、粤东南准台区5个地质区域。

流域北靠南岭和苗岭山地、南临南中国海，西部为云贵高原，中部为两广丘陵、盆地，东南部为三角洲平原，东部为丘陵地带，总的地势是西北高，东南低。上游处在云贵高原及黔桂高山峡谷地区，海拔超过1 000米；中游为山地与丘陵相间；下游为珠江三角洲冲积平原。流域内山地面积超过60%，以海拔1 000~1 500米的褶皱山脉为主。众多山脉中，以南岭山脉规模最大，东起武夷山南端，西至八十里大南山，东西绵延600千米，南北宽约200千米。丘陵占流域总面积的20%以上，主要分布于流域的东南部，多在山前地带或盆地周边和河谷两侧。代表性的丘陵类型有郁江丘陵区、丹霞丘陵和花岗岩丘陵区。郁江丘陵区包括左右江下游地区和南宁盆地一带，顶面高程低于300米，是珠江流域最大的丘陵区；丹霞地貌分布不广，北江上游的丹霞丘陵为其典型代表；花岗岩丘陵在流域东部较多，主要分布在广州北部、东江下游及西江德庆一带。流域的平原既有数量不多的云贵高原坝子、岩溶盆地小平原，又有中下游河谷平原，以及著名的珠江三角洲平原。流域碳酸盐岩广布，岩溶发育，有大量岩溶景观。

河流水系 珠江由西江、北江、东江和珠江三角洲河网组成。西江、北江在广东省佛山市三水区思贤滘，东江在广东省东莞市的石龙分别汇入珠江三角洲河网区，经虎门、蕉门、洪奇门、横门、磨刀门、鸡啼门、虎跳门及崖门八大口门注入南海。

西江是珠江的主要水系，发源于云南省曲靖市沾益县乌蒙山余脉的马雄山东麓，自西向东流经云南、贵州、广西、湖南、广东5省（自治区），至广东省佛山市三水区思贤滘西滘口，长2 075千米，平均比降0.58‰，流域面积35.31万平方千米，约占流域总面积的77.8%，其中我国境内34.15万平方千米。西江支流众多，流域面积大于1万平方千米的一级支流有**北盘江**、**柳江**、**郁江**、**桂江**及**贺江**5条。

北江干流浈水发源于江西省信丰县油山镇，涉及湖南、江西、广东3省，干流在思贤滘与西江汇合后流入珠江三角洲，长468千米，平均比降0.26‰，流域面积4.67万平方千米，流域面积1 000平方千米以上的支流有**武水**、**㵲江**、**连江**、**滃江**、**滨江**和**绥江**等。

珠江下游广州段

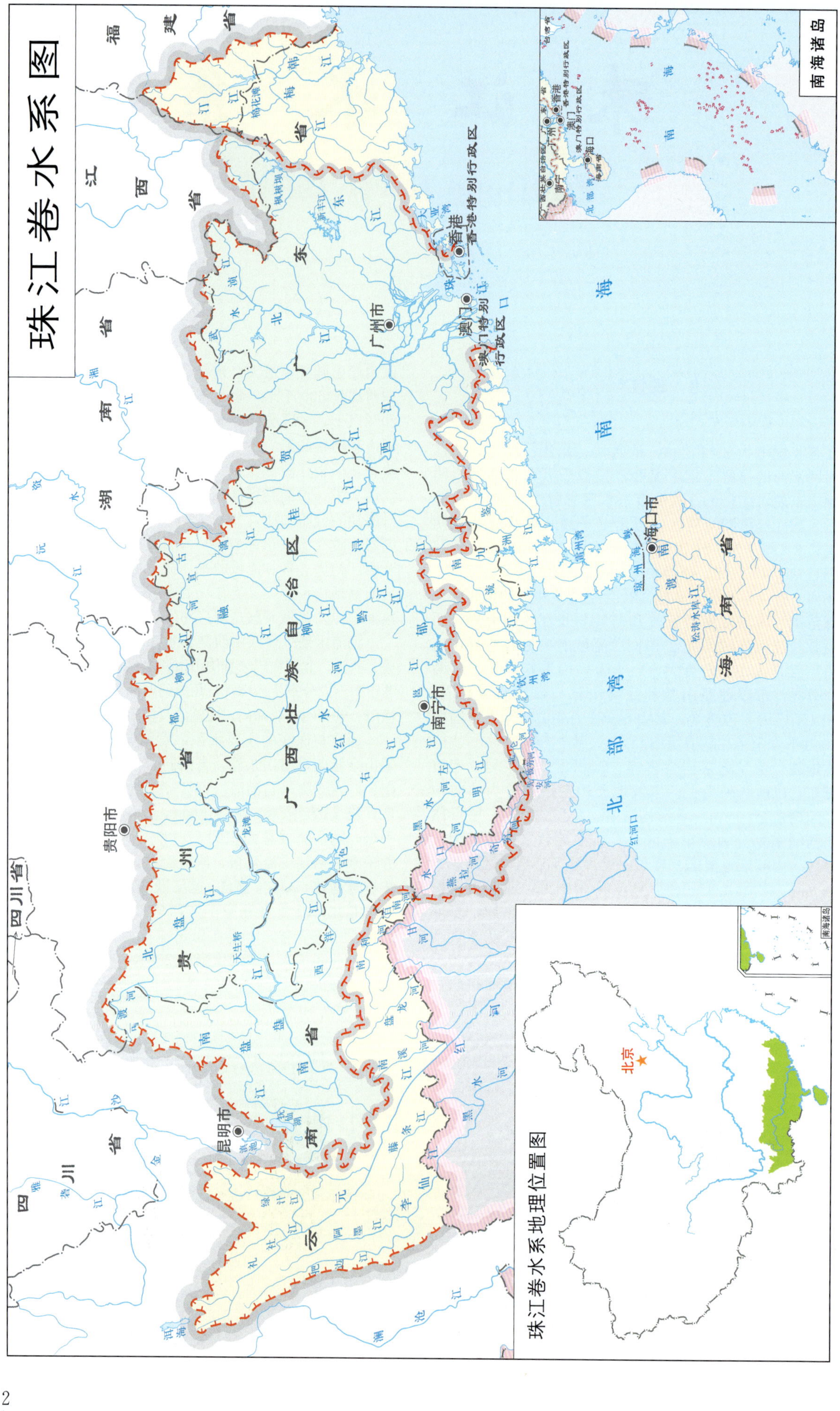

珠江卷水系图

马雄山俯瞰

东江干流发源于江西省寻乌县的桠髻钵,由北向南流至广东省东莞市石龙镇进入珠江三角洲,长520千米,平均比降0.39‰,流域面积2.70万平方千米,较大支流有**定南水**、**新丰江**、**西枝江**等。

珠江三角洲河网区包括西江、北江思贤滘以下和东江石龙以下河网水系及入注三角洲的**高明河**、**沙坪河**、**潭江**、**流溪河**、**增江**、**茅洲河**、**深圳河**等中小河流,包括香港和澳门,总面积2.68万平方千米,其中,西江、北江三角洲河网区8 370平方千米,东江三角洲河网区1 380平方千米,其他中小河流17 070平方千米。三角洲地区河道纵横交错,相互贯通,通过八大口门入海,形成"诸河通汇,八口分流"的格局。

韶关的北江大桥

流域支流众多,流域面积在10 000平方千米以上的支流有8条,其中一级支流6条,二级支流3条;1 000～10 000平方千米支流125条,其中一级支流49条,二级支流58条,三级支流14条,四级支流4条。

气候水文 流域气候温暖多雨,不同地区的多年平均气温14～22摄氏度,多年平均湿度71%～82%,多年平均日照时数1 282～2 243小时,多年平均风速0.7～2.9米每秒,多年平均水面蒸发量900～1 400毫米,多年平均年降水量1 470毫米。降水量年内分配不均,由东向西递减,汛期4～9月降水量超过1 000毫米,占全年降水量的80%以上。流域属少沙河流,年均含沙量0.28千克每立方米,多年平均年输沙量9 210万吨。

流域年降水总量6 535亿立方米,水资源总量3 384.8亿立方米,其中地表水3 380.7亿立方米,地下水824.7亿立方米;出海河川径流量3 264亿立方米。径流的地区分布与降水的空间分布基本一致。

自然资源 流域土壤种类繁多,黄壤、石灰土、砖红壤、赤红壤、红壤等地带性土壤,主要分布在各水系的中上游地区;风沙土、滨海盐土和水稻土等非地带性土壤,主要分布在台地、阶地、河谷平原及三角洲一带。

流域地处亚热带,有利于植物生长,森林覆盖率为28%。以常绿阔叶林为主,其次为针阔叶混交林。流域内有许多特有、珍稀和濒危植物,其中活化石多歧苏铁、望天树、云南穗花杉、金花茶、董棕、桫椤等均为国家级保护植物。

流域水力资源理论蕴藏量32 236.7兆瓦,技术可开发装机容量31 288.0兆瓦,年发电量1 353.75亿千瓦时。截至2001年,已开发或正开发电站数957座,总装机容量18 100.7兆瓦,年发电总量785.78亿千瓦时。

七目嶂中的桫椤

流域水环境适合鱼类生长,水产资源丰富,有鱼类380多种,经济鱼类100多种,主要有青、草、鲢、鳙、鲤、鳊、鲫、鲈、鲚、鳗等,还有珠江鲥、北江唇、云南倒刺鲃等20多种珍贵鱼类。珠江三角洲网河区是我国主要的淡水鱼类产区之一。

金花茶

流域矿产资源丰富,主要矿藏有煤、铁、硫、锡、钨、铝、磷、锰,还有金、铀、钛、铌、钽等珍贵矿藏。著名的矿区有云南个旧锡矿、贵州六盘水煤矿、广西南丹煤矿、平果大铝矿、大新下雷锰矿、象州重晶石矿、德保钴磷矿、岑溪钛铁矿和梧州东南金矿、广东云浮硫铁矿等。

穗花杉

流域旅游资源丰富,自然景观千姿百态,名山、秀水、奇峰、异洞等自然风光和文化遗址及名胜古迹众多,漓江的桂林山水、南盘江的路南石林、陆良的彩色沙林、北盘江的黄果树瀑布群、马别河的马岭河峡谷风光、红水河大化的红水河百里画廊、西江的肇庆七星岩和鼎湖山、北江的丹霞山、东江的万绿湖和惠州西湖等,各具特色,名扬中外。

社会经济 流域涉及滇、黔、桂、粤、湘、赣6省(自治区)48个市(地区、州)和越南的东北部,香港、澳门特别行政区也在其范围内。各省(自治区)在流域内所占的面积比重分别为:云南占13.09%、贵州占13.3%、广西占44.62%、广东占24.52%、湖南占1.13%、江西占0.7%。

陆良彩色沙林

按 2000 年统计，流域总人口 10 854 万，其中，云南 955 万、贵州 936 万、广西 3 620 万、广东 5 197 万、湖南 97 万、江西 49 万。流域内少数民族约占流域总人口的 25%，以壮族最多，瑶族次之，还有苗族、布依族、毛南族、彝族、哈尼族、土家族、白族、侗族等民族。流域内侨眷人口超过 2 300 万。

流域大部分地区四季如春，宜林、宜农、宜牧，加上"三江汇集，八口出海"的独特水系特征，造就了大片肥沃富饶的网河平原，工农业昌盛，经济繁荣。

流域耕地面积 809.07 万公顷，农田有效灌溉面积约 282 万公顷，粮食年产量 2 874 万吨。农作物以水稻为主，其次为玉米、小麦和薯类。经济作物主要有甘蔗、烤烟、茶叶、蚕桑、龙眼、荔枝、芒果、柚、橙等。

2000 年流域地区生产总值 9 732.86 亿元，工业总产值 15 624 亿元，产业分布以第二、第三产业为主，占 90% 以上。区域经济发展不平衡，主要工业城市有广州、深圳、佛山、东莞、韶关、江门、南宁、柳州、梧州、开远、安顺等市，涉及冶金、化工、机械、煤炭、电力、食品、纺织、建材、家用电器、电子、医药、玩具、服装、造船等工业。

流域内水路与陆路、空中运输四通八达，已形成多层次全方位的"水（海）陆空"立体交通运输网，对内通达各省（自治区）、各地区、各市（县）和大部分乡镇，对外通达全国和全世界。流域内河道水量充沛，含沙量少，河道稳定，终年不冻，具有良好的航运条件。通航河流 1 088 条，长年通航里程 15 146 千米，货运量约占全国内河运输货运量的 20%，是仅次于长江的黄金水道。

水旱灾害 流域的水资源时空分布不均，水旱灾害比较突出。流域东部水多，西部水少；沿海水多，内陆水少；下游水多，上游水少；夏秋水多，冬春水少。中上游山区旱灾频繁，局部受山洪危害；下游三角洲洪涝较多，也常遭台风暴潮的侵袭。据统计，自汉代至 1949 年，流域发生过大水灾 408 次，大旱灾 77 次。1949—2000 年，发生流域性大洪水 14 次，平均每两年发生一次小洪水。1950—2000 年，流域发生洪水受灾面积 4 842 万公顷，平均每年受灾面积 96.2 万公顷；受灾总人口 4.94 亿，平均每年受灾人口 968 万；死亡 2.59 万；倒塌房屋 921 万间。1986—2000 年，登陆热带气旋影响流域中心风力在 8 级以上的 68 个。

1915 年 6 月下旬至 7 月上旬，流域发生 200 年一遇的大洪水，是有记录以来的最大洪水。珠江三角洲受灾农田面积 43.2 万公顷，失收 30 万公顷，灾民 382 万人，死伤 10 多万人，广州市受淹 7 昼夜，粤汉铁路中断 1 个多月。

1988 年，发生流域性旱灾，贵州省、广东省和广西壮族自治区旱情严重。广东省受灾面积 129.04 万公顷，其中绝收面积 6.13 万公顷；广西 71 个县受灾面积 140.85 万公顷，受灾人口 884.91 万，粮食减产 134.48 万吨；贵州省受灾面积 114.08 万公顷，成灾面积 80.05 万公顷。

1994 年 6 月，西江、北江同时发生 50 年一遇洪水，广东、广西受灾人口 1 776.5 万，受灾农田面积 114.4 万公顷，直接经济损失 282 亿元。

1998 年 6 月，西江发生 100 年一遇洪水，梧州、桂林等沿江市县和西江下游珠江三角洲部分河道出现约 100 年或超 100 年一遇洪水。广东、广西受灾人口 1 555.53 万人，受灾农田面积 88.87 万公顷，直接经济损失 160 亿元。

2005 年 6 月，西江中下游发生超 100 年一遇的特大洪水，北江出现约 10 年一遇洪水，东江出现近 20 年来最大洪水，珠江三角洲遭遇特大洪潮，广东、广西受灾人口 1 263 万人，受淹城市 18 个，直接经济损失 136 亿元。

治理开发 流域的治理开发始自秦代，由最初进行的为统一控制岭南以交通为主的航运水利的开发，逐步发展到农田水利、灌溉、防洪，主要代表工程有沟通长江与珠江两大水系的灵渠，沟通桂江与柳江两大水系的相思埭。

近代，民国政府于 1914 年设立珠江流域水利机构——督办广东治河事宜处，引进近代西方治水技术和设备，流域的治理开发被提上议事日程。新中国成立后，国家非常重视珠江的治理开发，先后设立珠江水利工程总局（1949 年 10 月）和珠江水利委员会（1956 年 12 月设立，1958 年撤销），逐步系统地建立了从中央到地方的各级水利行政和事业管理机构，设立了勘测、规划、设计、科研院（所），流域内从事水利建设的队伍逐步发展壮大。各级水利部门多次对流域水资源进行普查和规划，开展了有计划的大规模的治理开发工作，建设了为数众多的大、中、小型水利工程，流域治理开发得到较快发展。

珠江堤防——广州大堤防

改革开放后，国家重新成立水利部珠江水利委员会（以下简称珠江委）（1979 年 8 月），强调要宏观地按流域水系进行综合治理、开发、利用与保护，科学治水，团结治水，依法治水。珠江委会同流域内各省（自治区）的水利、电力、航运、水产等部门，编制完成了《珠江流域综合利用规划》，于 1993 年国务院批准实施，开展了重点工程的勘测、可行性研究等前期工作，使流域治理开发有了科学依据。国务院于 2002 年和 2007 年先后批准《珠江流域近期防洪建设的若干意见》和《珠江流域防洪规划》，加强以防洪工程为重点的水利建设。迄今已初步形成北江中下游、南盘江中上游、红水河和东江等堤库滞洪区相结合的流域防洪工程措施，形成以流域为单元、防洪工程措施与非工程措施相结合的防洪体系，保障了广州、南宁、柳州、梧州、深圳等重要城市和珠江三角洲、浔江、郁江等重要经济区和粮油生产基地的防洪安全。对干支流还进行了大规模的水电梯级开发，建成新丰江、西津、大化、岩滩、天生桥一、二级、龙滩等一大批大型水电站，促进了能源和交通事业的发展。为满足城乡社会经济的发展需求，大力兴建蓄水、引水和提水工程，建成东深供水工程和对香港供水、对澳门供水等城市供水工程。以预防为主，依法防治，大力推进水土保持生态环境建设，对南盘江、北盘江中上游水土流失重点防治区进行综合治理，加强了水资源保护，有效地改善了生态环境。流域内各级政府领导各族人民兴利除害，投入大量的人力、物力、财力，开展了有计划的、大规模的水利建设，对中小江河实行综合治理，修筑江海堤防2.28万千米，水闸8 500座；修建水库1.7万座，总库容862.69亿立方米；解决1 717万人和776万头牲畜的饮水困难，促进了供水事业的发展；建成农村水电初级电气化县128个，单站装机容量0.5兆瓦及以上的水电站957座，总装机容量1 810万千瓦，年发电量785.77亿千瓦时；除涝面积53.3万公顷，固定排灌站装机容量200万千瓦，万亩以上灌区784处，有效灌溉面积446.8万公顷；蓄水、引水、提水工程年供水931亿立方米；治理水土流失面积5万平方千米。还兴建了大批航运和水源保护等工程。这些水利基础设施发挥了防洪、灌溉、供水、发电、航运等综合效益，使流域免除了一般洪、涝灾害的威胁，重点城市和重要工业区得到了可靠的保护，耕地得到有效灌溉，水能资源得到较好开发，初步改变了珠江水利事业落后的面貌。

一、西 江 水 系
Xijiang River Basin

8.1 西江
(Xijiang River)

珠江的主干流，发源于云南省曲靖市沾益县马雄山东麓，在广东省佛山市三水区思贤滘与北江汇合后进入三角洲网河区，最后经广东省珠海市的磨刀门注入南海，干流长 2 075 千米，平均比降 0.58‰，流域面积 35.31 万平方千米，位于东经 102°14′～112°47′、北纬 22°14′～26°49′之间，涉及云南、贵州、广西、广东和湖南 5 省（自治区）。

概　　述

流域范围　流域北以南岭、苗岭山脉为界，西北以乌蒙山脉为界，西以梁王山脉与长江流域分界，西南以哀牢山余脉与红河流域分界，南以十万大山、六万大山、云开大山、云雾山脉等与桂、粤沿海诸河分界，东以湘桂交界的萌渚岭与北江分界。

西江流域面积占珠江流域总面积的 77.8%，其中我国境内面积 34.15 万平方千米，越南境内面积 11 590 平方千米。

地质地貌　总体地势是西北高，东南低。上游南盘江位于云贵高原和高原斜坡区，主要地层为古生界和中生界三叠系地层，碳酸盐岩占本区的 57.5%，岩溶发育，形成古溶原—峰丘和溶洼—丘峰。红水河和黔江位于高原斜坡和中低山丘陵盆地区，地层以石炭系、二叠系和三叠系出露最广，碳酸盐岩占该地区的 61.1%，岩溶发育成溶洼峰丛、峰林洼地和峰林平原。浔江、西江位于低山丘陵盆地区，广泛出露下古界碎屑岩，碳酸盐岩仅占 15.1%，岩溶化为孤峰溶原，中生界、新生界红层分布于山间盆地，燕山期花岗岩以基状产出。西江下游河床冲积层厚达 30～40 米。西江流域上游云南通海、玉溪、石屏、宜良地区，中游广西横县及灵山以南一带地震活动剧烈，烈度为Ⅶ～Ⅹ度，其余地区为Ⅵ度或低于Ⅵ度。

云贵高原区峰顶高程 1 800～2 500 米，黔西最高，滇东南较低；黔桂高原斜坡区属云贵高原与桂粤中低山丘陵盆地之间的过渡地带，西部峰顶高程 1 600～1 800 米，向东递减至 1 000～1 200 米；桂粤中低山丘陵盆地区中山峰顶高程 800～1 500 米，最高 1 700～2 141 米，低山丘陵峰顶高程多在 1 000 米以下，盆地主要分布在中下游沿河一带。

河流水系　西江从源头至与北江汇合口，自上而下分为南盘江、红水河、黔江、浔江和西江 5 个河段。流域面积大于 10 000 平方千米的一级支流有**北盘江**、**柳江**、**郁江**、**桂江**和**贺江**，流域内分布有**抚仙湖**、**星云湖**、**阳宗海**、**杞麓湖**、**异龙湖**等高原湖泊。

自源头至贵州省望谟县蔗香村双江口为南盘江，区间集水面积 56 880 平方千米，长 914 千米，河道平均比降 1.74‰。流域面积大于 1 000 平方千米的一级支流有**海口河**、**巴江**、**华溪河**、**泸江**、**甸溪河**、**清水江**、**黄泥河**和**马别河** 8 条，最大支流为黄泥河，其次为清水江。

自蔗香村双江口至广西象州县石龙镇三江口为红水河，区间集水面积 52 699 平方千米，长 659 千米，河道平均比降 0.38‰。区间集水面积超过 1 000 平方千米的一级支流有北盘江、**濛江**、**牛河**、**布柳河**、**清水河**、**盘阳河**（赐福河）、**良岐河**、**平治河**、**刁江**、**北之江**，较大支流依次为北盘江、濛江和牛河。

自三江口至广西桂平县郁江口为黔江，区间集水面积 2 210 平方千米，长 122 千米，河道平均比降 0.06‰。流域面积在 100～1 000 平方千米的支流有新江、旺村河、东乡河、濛江、墟武赖水、**马来河**，以马来河为最大。

自郁江口至梧州市桂江口为浔江，区间集水面积 20 570 平方千米，长 172 千米，河道平均比降 0.1‰。流域面积 1 000 平方千米以上的一级支流有**北流河**、**蒙江**、**白沙江**等，以北流河为最大。

自桂江口至广东三水市思贤滘西滘口为西江，区间集水面积 43 860 平方千米，长 208 千米，河道平均比降 0.09‰。流域面积 1 000 平方千米以上的一级支流有桂江、贺江、**罗定江**和**新兴江**。

气候水文　流域属亚热带气候区，气候温和，雨量丰沛。多年平均气温 14～22 摄氏度，年际变化不大。流域多年平均年降水量 1 370 毫米，区域内降水量差别显著，上游 1 100～

珠江源区

1 300毫米，中游1 500～1 800毫米，下游1 600～3 000毫米。降水量年内分布相对集中：东北部3—7月最大，占全年降水量的55%～60%；中部及东南部降水量5—8月最大，占全年降水量的60%～70%；西部降水量6—9月最大，占全年降水量的65%～70%。流域多年平均年蒸发量900～1 600毫米，北部蒸发量小，东南部蒸发量大。

流域多年平均年径流量2 300亿立方米，约占珠江流域年径流量的68.5%。径流主要来自降水，年径流的地区分布与年降水量的地区分布基本一致。汛期径流量占全年的75%～85%。西江下游地区年平均径流深最大，一般为1 000～1 600毫米。多年平均年输沙量7 100万吨，占珠江流域年总输沙量的82.8%。汛期含沙量0.14～0.53千克每立方米，非汛期0.02～0.07千克每立方米。

自然资源 本流域是我国热量、降水和生物资源最丰富的地区之一。流域森林覆盖率24.63%，广东、湖南覆盖率较高，贵州覆盖率较低。林地植被以亚热带常绿阔叶林山地常绿混杂林为主，马尾松等耐寒耐旱林次之。树种以松、杉、桉、杂为主，辅以油茶、油桐、竹子、八角、茴香、五倍子等经济林，还有相当数量的野生贵重药材。南盘江、北盘江、红水河、柳江、郁江上游山区，尚有成片的原始森林。干流黔江、浔江和支流右江均在北回归线附近，有大片常绿阔叶林区。

流域已探明矿产资源近百种，其中锡、锑、锰的保有量分别占全国的41%、20%和38%，铝土和铅锌占全国的14%和9%，硫铁矿一级品储量占全国的60%，煤炭占西南和华南地区的40%，磷、金、银、膨润土、重晶石、稀有金属等矿产及建材资源也在全国占有重要地位。

西江干支流技术可开发水能资源量2 771.23万千瓦，年发电量1 219.80亿千瓦时，分别占珠江流域的88.6%和90.1%。干流南盘江下游、红水河及黔江河段的南盘江—红水河水电基地为全国十二大水电基地之一。

西江的通航里程和通航条件仅次于长江，是名副其实的黄金水道。旅游资源十分丰富，桂林山水、路南石林、黄果树瀑布、肇庆七星岩等都是闻名中外的旅游胜地。

社会经济 流域涉及云南、贵州、广西、广东、湖南5省（自治区），其中云南省涉及曲靖市、昆明市、玉溪市、文山壮族苗族自治州、红河哈尼族彝族自治州5个市（州）；贵州省涉及贵阳市、六盘水市、安顺市、毕节市、黔西南布依族苗族自治州、黔南布依族苗族自治州、黔东南苗族侗族自治州7个市（州）；广西壮族自治区涉及南宁市、柳州市、桂林市、梧州市、贵港市、玉林市、钦州市、防城港市、百色市、贺州市、河池市、来宾市、崇左市13个市；广东省涉及佛山市、肇庆市、云浮市、清远市、茂名市、阳江市6个市；湖南省涉及邵阳市、永州市、怀化市3个市。

2000年本流域总人口6 132万，占珠江流域人口的63.9%。其中农业人口5 092万人，非农业人口1 040万。流域内少数民族占总人口的20%以上，主要分布在西江中上游地区，壮族人口最多，约占全流域少数民族总人口的70%；其次是瑶族、彝族、苗族和布依族。流域内耕地面积666万公顷，有效灌溉面积187万公顷，以种植粮食作物为主，年产量2 025万吨；其次是油料、甘蔗、麻类、烤烟、茶叶、水果等经济作物。经过多年发展，上游已成为我国主要的有色金属和烤烟产地，也是南方最大的煤炭产区和铝、电基地；中下游已成为我国第二大蔗糖和亚热带水果基地，也是最大的松脂、肉桂和锰矿、硫铁矿产区，食品、制药、机械等工业也有较好的基础。

水旱灾害 流域自然灾害有洪、涝、旱、潮、风及水土流失等，其中洪、旱是主要灾害。上游地区多发山洪、干旱灾害，中游与丘陵地带多患旱灾、雨洪，中下游地区常遭洪涝。洪灾有流域性洪灾和山洪性洪灾两种类型。

流域水旱灾害频繁。据统计，宋代以来，大水灾平均16年一次，小水灾2～3年一次，每次大水灾都造成惨重的损失。1833年5月和7月，西江流域两次大水，遭遇东江、北江大水，造成流域性水灾，洪水历时长，广州、顺德洪水"十旬始退"，灾后"禾稼无收""民大饥"。1915年7月西江、北江同时发生200年一遇的特大洪水，下游数百万亩耕地受淹，死伤十余万人，灾情惨重。

1949年7月，流域大面积暴雨，广西各江泛滥成灾，"田园淹没，庐舍冲毁，到处难民遍野，惨状斑斑"，广东县城水淹，堤围溃决，灾情严重。1968年6月底，柳江、红水河先后发生洪水，两江洪水在黔江汇合后又与郁江洪水遭遇，形成西江较大洪水，浔江两岸3万公顷农田受淹。1978年7月，流域普降大雨，广西发生洪灾，红水河来宾至西江梧州、高要河段以及柳江柳州河段都出现了1949年以来的最高水位。1988年8月，红水河、柳江、洛清江、桂江、郁江等流域普降大到暴雨，柳江、红水河发生20年一遇大洪水，直接经济损失9.8亿元。1991年6月和7月，西江上游南盘江、北盘江发生大洪水，直接经济损失5.5亿元。1994年6月，西江、北江同时并发50年一遇大洪水，广西梧州、柳州、桂平、平南、藤县、苍梧等市（县）的城区及广东封开、郁南县城全部被淹，两广受灾农田125万公顷，受灾人口1 319万人，死亡446人。1994年7月中下旬，郁江、柳江、黔江、桂江又普降大到暴雨，局部大暴雨，西江中下游及三角洲出现大洪水。1996年7月14—17日，柳江下游发生超100年一遇洪水，直接经济损失101.26亿元。1998年6月15—27日，西江发生超100年一遇的大洪水，两广受灾县（市）94个，受灾农田79.64万公顷，受灾人口1 304万人，死亡156人，直接经济损失约154.7亿元。

流域的季风异常变动会造成旱灾，中上游地区雨季来迟发生春夏连旱。西江下游，春季和夏初常发生春旱。全流域性的大旱灾，自汉代以来有77次，1895年最为严重，1530年、1643年、1861年、1886年、1943年和1963年也很严重。旱灾人员、财产损失虽较洪灾为小，但发生频率很高，对农业生产影响也较大。1986—2000年的15年间，受旱较严重的有1987年、1988年、1990年、1991年、1992年等5年，中等旱情的年份有1989年、1994年、1996年、2000年4年。

治理开发 西江的治理开发始于秦代开凿的沟通珠江与长江的灵渠（湘桂运河），是导江水灌溉的"堰水溉田"工程。唐代修筑郁江分洪工程和桂江回涛堤堤防工程。宋元时期，西江治理开发进一步发展，兴建堤防和农田水利设施，建设港口。明清时期，逐渐开发上游地区，开始建设防洪、灌溉工程，航运扩展到上、中、下游主要河道。清末及民国时期，治理开发进入了近代发展阶段，设立治水机构和引进西方治水技术，更新治水观念，开始从全流域水系的角度考虑治理开发问题。自秦朝至1949年的漫长历史中，珠江治理开发进展缓慢，丰富的水资源未能很好地开发利用。

1949年以后，党和政府高度重视流域水利建设，对流域进行统一规划、综合开发，加强管理。开展了流域规划和一批中小河流规划等前期工作，完成了水文站网的布设，在干支流上建设独木、柴石滩、鲁布革、天生桥一级、天生桥二级、王二河、岩滩、大化、平班、龙滩、乐滩、红花、百色、

西津、长洲等一批大中型骨干水利水电枢纽工程等，治理水土流失，发展农田灌溉，初步改变了流域水利的落后面貌。南盘江中上游防洪保护区建成干堤长282千米，保护人口97万人、耕地3.8万公顷，堤防一般可防御5年一遇～10年一遇洪水，部分堤段达到20年一遇～30年一遇。郁江中下游防洪保护区建成堤防长97千米，保护人口135万人、耕地3.4万公顷，堤防一般可防御10年一遇洪水，部分达到20年一遇标准。柳江下游防洪保护区的堤防一般可防御5年一遇～10年一遇洪水。浔江防洪保护区建成堤防长349千米，保护人口199万人、耕地6.8万公顷，堤防一般可防御10年一遇洪水，部分县城区堤防达到20年一遇标准。西江防洪保护区建成堤防长101千米，保护人口49万人、耕地1.4万公顷，堤防一般可防御10年一遇～20年一遇洪水。至2001年，流域已建大中型水电站498座，装机容量205.49万千瓦，年发电量96.03亿千瓦时。

纪　　实

上游　南盘江至红水河为上游。南盘江河源位于沾益县北部马雄山，马雄山是乌蒙山的余脉，主峰高程2444米。马雄山东麓3千米处为珠江源出水洞口，海拔2145米，出水洞口高6米，宽约4米，分上下两层，丰水时两层均有流水，枯水时仅下层有水流出。洞前立着刻有《珠江源碑记》的石碑。1988年5月珠江源自然保护区被云南省政府列为省级风景名胜区，1993年5月被国家林业部列为国家森林公园，2002年被水利部列为国家水利风景区。景区占地面积12.5平方千米，区内森林茂密，森林覆盖率90%以上，生长有73科190种植物，其中滇玉兰、云南含笑、滇润楠、云南樟、滇朴、梁玉茶等为高原特有品种。

珠江源

水出源头后称花山河，花山河两岸石山波状起伏，河道坡陡流急，距源头27.6千米处注入**花山水库**，松韶至花山镇有326国道与贵昆铁路相随。出水库后于花山镇大树屯右纳白浪水（河长23.9千米，流域面积133.3平方千米）后向西流，经盘江镇转南流后始称南盘江。南流至沾益县城西，掉头北上环绕县城大半圈后继续南流。沾益县为珠江源头第一县，是云南省烤烟主产县之一和重化工业区。向南流入麒麟区，于珠街乡杨家圩右纳西河（河长39千米，流域面积202平方千米），至沿江乡南河口右纳**潇湘江**。两岸地形开阔，土地肥沃，盛产粮食、烤烟与蚕桑。麒麟区是曲靖市的中心城区，是一个以卷烟、汽车制造、机械、冶金、建材、纺织为主的新兴城市。

再向南于越州镇左纳**龙潲河**后，流经响水坝水库，水库总库容1980万立方米，2005年提供灌溉用水3405万立方米。出响水坝后流入陆良盆地，沿河多闸坝，于板桥镇小塘坝右纳板桥河（河长34.9千米，流域面积198.5平方千米），继西南流，过陆良县治中枢镇。陆良县是云南省最大的蚕桑、烤烟和生猪县，又是爨（cuàn）文化的发祥地之一，域内"爨龙颜碑"为国家重点文物保护单位，有五峰山国家森林公园和彩色沙林景点，设有西桥水文站。出县城继流至小百户镇大摆基西左纳永清河（河长35.4千米，流域面积172.1平方千米），坝子下游的干道上建有古宁中型水库，总库容1150万立方米。陆良盆地又称陆良坝子，是云南省最大的坝子，面积772平方千米，素有"滇东粮仓"之称。出古宁水库，于大莫古乡老马河西左纳阿油铺河（河长25.5千米，流域面积160.8平方千米），向西渐入峡谷，建有古宁、天生桥与大迭水电站。转北为石林县与宜良县界河，流入大型蓄水工程**柴石滩水库**，右纳**麦田河**。出水库建有柴石滩水文站，向西出峡谷于宜良县北古城镇转南，流经宜良坝，右纳**獐子坝河**与**贾龙河**。位于右岸的宜良县城，有"滇中粮仓"与"滇中商铺"之称，是国家商品粮基地县与瘦肉型商品猪基地县，境内设有高古马水文站。出狗街乡高古向西进入峡谷，转南为宜良县与澄江县界河，在澄江县海口村右纳海口河。海口河上游分布有抚仙湖与星云湖。折东流于青龙镇大革勒东右纳青龙河（河长36.7千米，流域面积173.3平方千米），于宜良县竹山乡左纳巴江转南流，成为弥勒县与华宁县界河。南流至华宁县盘溪镇左纳大沟边河（河长24.6千米，流域面积174平方千米），右纳华溪河，南流为弥勒县与建水县界河，于建水县岔科镇辽远村右纳岔科河（河长41.4千米，流域面积277平方千米），左岸弥勒县巡检司镇建有大型煤电厂，并纳野则冲河（河长19.9千米，流域面积119.1平方千米）。向南进入开远市小龙潭，建有小龙潭大型煤电厂，设有小龙潭水文站。右岸褐煤中发现有开远腊玛古猿化石遗址，为开远市文物保护单位。曲折向东流，于开远市乐白道乡右纳泸江，

腊玛古猿化石

河岸有滇越铁路相伴。经向北折东，成为弥勒县与开远市的界河，穿流于中山峡谷，于弥勒县朋普镇左纳甸溪河。流至开远市马者哨乡甸尾右纳老李冲河（河长26.3千米，流域面积141平方千米），在中和营乡绿水坛村右纳**中和营河**，向北至丘北县新店乡纳六郎洞河，河口附近建有中国第一座利用地下暗河发电的六郎洞水电站，并建有江边街水文站。西北流折东北，于东山镇水尾左纳洛那河（河长24千米，流域面积117.5平方千米），继西北流至丘北县新店乡甘塘子右纳拖底河（河长23.8千米，流域面积150.1平方千米），于泸西县三塘乡左纳**小江**。继流至丘

珠江南盘江小龙潭

北县官寨乡河口右纳禹乐河（河长34.9千米，流域面积292.2平方千米），继东流成为丘北县与师宗县界河，于师宗县高良乡先右纳**补党河**、继东北流至五龙乡纳得再左纳五洛河（河长24千米，流域面积176.2平方千米），右纳**设里河**，又于高良乡盘江大桥东右纳便柳河（河长33.4千米，流域面积189.4平方千米），出师宗县高良乡流经罗平县南部，于罗平县鲁布革

鲁布革国家森林公园

金钟山的黑颈长尾雉

乡八大河右纳清水江，折向北流至新寨河段为滇桂界河，左岸有鲁布革国家森林公园。于罗平县新寨三江口左纳黄泥河，向东流出云南省境，为黔桂界河。于广西田林县马蚌乡右纳**古障河**，向东北转，流经广西隆林各族自治县金钟山乡，于河口村右纳坡西河，金钟山乡建有广西金钟山黑颈长尾雉国家级自然保护区，总面积2.09万公顷，保护区内有野生维管束植物195科725属1 487种（含变种）、脊椎动物441种、国家一级重点保护野生动物黑颈长尾雉200多只，是黑颈长尾雉的重要栖息地。区内四季分明，云雾缭绕，绢溪细流，百花争妍，是避暑的胜地。

南盘江从开远小龙潭至新寨三江口，多为高山峡谷。局部地带呈丘陵地形，河谷较开阔，两岸山岭叠翠，森林茂密，是南盘江林区。

折北流至沧江乡坝达章左纳发源于仓更镇的达力河（河长27.4千米，流域面积148平方千米），继流至革步乡右纳**红染河**，于天生桥镇左纳马别河，干流自金钟山乡至天生桥镇为**天生桥一级水库**库区，亦称万峰湖，总库容为102亿立方米。向东北流经15千米至坝索村附近，有著名的雷公滩，长15千米，落差180米，两岸高山对峙，险滩相连，峡壁对峙，古树参天，水流飞溅，雾气升腾，瀑声轰鸣。在广西隆林县天生桥镇建有天生桥一级电站，在桠权镇建有天生桥二级电站。坝索以下建有平班电站。再流至贵州省安龙县德卧镇有**白水河**自左岸伏流注入，转向东南流至广西平班镇上游处有平班**水库大坝**，于下游处右纳**新洲河**。继东流至沙梨乡坝那幕村右纳那东河（河长42.5千米，流域面积283.48平方千米），继东南流至田林县于旧州镇板坚村右纳板坚河（河长31.5千米，流域面积119.24平方千米），继东流于册亨县八渡镇八达村左纳乃言河（河长36千米，流域面积151平方千米），继先东南弯转向东北，于贵州册亨县百口乡左纳**秧坝河**，于广西百乐乡右纳**百乐河**。至田林县八洞乡八洞村左纳八洞河（河长31.9千米，流域面积147.42平方千米），北流至乐业县雅长乡右纳百康河（河长33.1千米，流域面积180平方千米），继北流至黔桂交界处蔗香乡于左岸与北盘江相汇后，以下称红水河。南盘江从新寨三江口八达章至蔗香河段长190千米，有急滩跌水91处。

红水河从蔗香向东流至坝从村左纳**乐康河**，东流穿过渡

红水河

邑南亚热带沟谷季雨林自然保护区，于渡邑村左纳渡邑河（河长35千米，流域面积129平方千米），穿过昂武乡打乐村左纳**桑郎河**，于乐业县幼平乡渡口村右纳幼平河（河长63.9千米，流域面积189.63平方千米），继流至天峨县下老乡圭里村右纳圭里河（河长33.2千米，流域面积167.65平方千米），东北流至贵州罗甸县红水河镇左纳**罗苏河**，又东流于罗妥乡罗翁村左纳罗妥河（河长32千米，流域面积118平方千米），东转北流至贵州罗甸县大亨乡双江口左纳濛江，于下大湾左纳牛河，后折向东南进入广西，在天峨县坡结乡百有渡村纳**穿洞河**，至向阳镇八奈右纳布柳河。布柳河源头有广西岑王老山国家级自然保护区，主峰岑王老山海拔2 062.5米，保护区内有国家重点保护物种67种，兰科植物50种，其他珍稀濒危植物47种，特有种33种；国家一级保护植物有伯乐树、苏铁、掌叶木3种，国家一级保护动物有黑颈长尾雉、蟒蛇、云豹3种。布柳河与红水河交汇处建有龙滩超大型水电站。坝址以上为**龙滩水库**，以下为龙滩大峡谷，再下为大见夕风景区，以上景区合称为龙滩国家森林公园。公园总面积43.8平方千米，公园内山峰海拔高度480～1 010米；奇峰云绕，森林茂密，林相原始完好，动植物种类丰富，有掌叶木、金花茶、兜兰、任豆、喜树、见血清等近30多种国家一、二类重点保护植物；锦鸡、飞猫、猕猴、果子狸等多种珍稀动物。丰富的植物种类和岩溶地貌的有机结合构成了层次丰富、姿态万千的石山原始森林景观，被专家称之为"浮在城市上空的原始森林"。再下为天峨县城。天峨县城是一个依山傍水的江边小城，周围密布国家、省、地级风景区，境内红水河左岸有川洞河、三匹虎自然保护区，右岸为布柳河自然保护区。

岑王老山自然保护区

天峨上游河道，流经峡谷地带，河流两岸人烟稀少，交通极为不便。河床狭处约50~60米，最狭处为大沙莉滩，河面宽30米，而最宽处有200~300米，浅滩甚多，枯水期浅滩处水深小于1米，但也有缓流深潭，最深30米。天峨下游河道，仍穿流于山谷之中，两岸广泛出露石灰岩，岩溶发育，落水洞、地下暗河众多，河槽深切，枯水期水深超过10米，河床宽100米左右，两岸少有开阔地，耕地多分布在支流冲沟内。天峨以下河道，仍穿流于山谷之中，两岸广泛出露石灰岩，岩溶发育，落水洞、地下暗河众多，河槽深切，两岸开阔地较少，耕地多分布在支流冲沟内。

出天峨县城向东南流，穿过红水河农业观光带，于六排镇纳莫屯左纳拉细河（河长41.3千米，流域面积118.17平方千米），至南丹县吾隘镇，左纳**吾隘河**（清水河），继流至吾隘镇纳牙村左纳都牙河（河长27.7千米，流域面积170.19平方千米），向南流入东兰县境。

南流至东兰县长江乡板么右纳**大拉河**，继流至坡拉村左纳坡拉河（河长29千米，流域面积155平方千米），南流转东南流至东兰镇同拉村北右纳东兰河（河长29.6千米，流域面积349.37平方千米），东兰河上坐落有东兰县城。东兰县历史悠久，秦代属桂林郡，名木兰峒，后称东兰州，民国初年改为东兰县，沿用至今。境内红水河长115千米，河道蜿蜒曲折，百里河岸翠竹葱葱，两岸奇峰异谷，层恋叠嶂。于隘洞镇西南左纳隘洞河（河长28.1千米，流域面积153.56平方千米），继西南流至花香乡拉力村左纳波豪河（河长21.9千米，流域面积194.09平方千米），继流至板文村反向北流，绕一弧形弯，复南流入大化县，于圩乡右纳盘阳河。盘阳河口下游为岩滩峡谷，建有**岩滩水库**大（1）型水库，出岩滩，在大化县羌圩乡右纳良岐河后，向东南流至贡川乡上游处右纳平治河，下游处右纳**清坡河**，折向东流经**大化水库**，大化水电站建在县治大化镇，右纳九娘河（河长41.2千米，流域面积267.65平方千米）。大化县成立于1988年10月，由原都安、巴马、马山3县的部分地域组成，2002年起隶属于河池市。境内石山林立，洼地密集，有千山万库之称，水力资源丰富，是重要的水电基地之一。

出大化县城东流至马山县乔利乡大厚村右纳乔利河（河长31.2千米，流域面积143.58平方千米），东北流，成为马山县与安县界河，于都安县地苏乡南江村左纳北方伏流而至的**地苏河**，于左岸澄江乡红渡村北纳**澄江**，右岸于百龙滩镇南纳马山河，河口附近建有**百龙滩水电站**。马山河流域坐落有马山县，是1952年8月由隆山县和那马县合并而建，是以农业生产为主的县，气候宜人，多山地，水土流失较严重，210国道南北贯穿县境。继续东北流，在都安百旺乡左纳刁江，后折向东南入忻城县，流经**乐滩水库**，于忻城县红渡镇右纳**古蓬河**，至定南村左纳**奇庚河**后进入来宾市合山市，合山市成立于1981年6月，以合山煤矿为中心析出来宾县部分地区而建，是以煤电为主的新兴城市。

曲折南流至北泗乡合山矿农场左纳北泗河（河长21.7千米，流域面积212.07平方千米），继流至来宾县迁江镇那麦村右纳料村河（河长23千米，流域面积199.81平方千米），于来宾市兴宾区迁江镇右纳**清水河**，折向东北流，在来宾市桥巩乡左纳北之江，向东流经来宾市区，于兴宾区来宾镇桥桂村东北右纳龙何河（河长24.5千米，流域面积169.31平方千米），来宾市有"广西煤都""中国糖都""世界瑶都""中国创世神话盘古文化发源地"之称，境内水陆交通便捷，是中国大西南出海通道上的重要驿站和广西开发红水河产业经济带的重要组成部分，还是盘古文化重要发祥地。在来宾市西南麒麟山有"麒麟山人"头盖化石遗址。出市区后右纳**止马河**，红水河折向东北流，于来宾县蒙井乡白额村北右纳蒙村河（河长45.5千米，流域面积288.61平方千米），北流至大湾乡左纳**凤凰河**后流向象州县境，于石龙镇青凌村左纳**穿山河**，反向南流，于来宾市高安乡兴隆村右纳南泗河（河长24.7千米，流域面积157.48平方千米），于三江口村左纳柳江。以上流程为上游。

中游 黔江至浔江为中游。红水河与柳江在广西象州县石龙镇三江口汇合，进入中游河段。三江口至桂平郁江口河段称黔江，干流长122千米。其中三江口至武宣县城，

武宣文庙

黔江长50千米，人口稠密、耕地集中。河道穿流于石灰岩地区，两岸为宽阔的丘陵平原，地势较低，过马岭山峡，直至武宣平原。武宣，又称仙城，是广西重要的交通枢纽。境内有武宣文庙，占地面积4 760平方米，为广西现存最大文庙之一。

黔江

出武宣城于武宣镇陈家岭村左纳新江（河长40.65千米，流域面积159.33平方千米），于马步乡龙从屯右纳濠江（河长45.93千米，流域面积299.91平方千米），继流至马步雅村右纳武濑河（河长36.09千米，流域面积186.22平方千米），于武宣县二里乡古立村勒马左纳东乡河（河长42.85千米，流域面积247.98平方千米），过勒马后两岸高山夹峙，进入大藤峡谷，入谷后不远于桐岭乡马来村有马来河自右岸注入。大藤峡以桂平、武宣县交界的横石矶为入口，弩滩为出口，全长44千米，两岸奇峰耸峙，急流险滩时隐时现，陡坡、深谷、悬崖、峭壁、支流相间。著名地理学家徐霞客到此游历，曾作《大藤峡游记》一文。明武宗朱厚照曾敕赐为"永通峡"，存有大藤峡农民起义遗迹。大藤峡以险著名，最险处弩滩，因滩险水急如弩而得名。大藤峡左岸有太平山国家自然保护区，有被称为"活化石"的古热带植物树蕨、木莲、猪衍血本，有被列为国家保护珍贵植物的格木、紫荆、香花木等多种，有国家重点保护野生动物苏门羚、猕猴、林麝、小灵猫等。峡内枯季水深可达85米，是西江水深最大处。弩滩底有甘王分洪道，大藤峡水位32米以上洪水可分经分洪道流入大湟江，再汇入浔江。从郁江口至梧州桂江口称浔江，长172千米。

8.1 西江

大藤峡

西江干流与郁江在桂平市区相汇。桂平市旧称浔州，水陆交通便利，曾长期为州府驻地，秦汉时隶属桂平郡，自南北朝的梁朝始沿桂平建制，1994年设市，是国务院批准全国首批对外开放旅游市之一。境内有国家级西山风景名胜区、龙潭国家森林公园、国家重点文物保护单位金田起义旧址等，东塔水文站于1936年设立，1956年撤销。

浔江自桂平市向东北流，于石嘴镇河口村右纳社坡河（河长55.88千米，流域面积284.63平方千米），北流至江口镇江口街左纳**大湟江**，东流至桂平市江口镇望步村左纳思

桂平西山风景名胜区

旺河（河长54.21千米，流域面积331.79平方千米），在江口镇江口街上游2千米处设有大湟江口水文站。大湟江有一股水源是甘旺分洪，甘旺分洪水道沟通黔浔二江，有两头流现象。江口镇前称大湟江口镇，是广西三大名镇之一，手工业发达，手工艺编织品久负盛名，远销海外。浔江经江口镇转东南流7千米至木圭镇，木圭镇交通便利，矿产资源丰富，建有工业区2个，锰矿业享有盛名。

浔江向东南流入平南县境。于平南县环城镇乌江村左纳乌江（河长49.82千米，流域面积286.71平方千米），至平南县上渡镇下渡村右纳寺背河（河长38.21千米，流域面积163.62平方千米），继东南流至丹竹镇丹竹圩左纳秦川河（河长48.08千米，流域面积302.87平方千米），至武林镇右纳白沙江，折东北流至白马村左纳状元河，白马圩风景区立有明督师袁崇焕故里碑。东流入滕县县境，浔江出平南后向东流入藤县，于天平镇三益村江口屯右纳都榜河（河长29.61千米，流域面积113.32平方千米），在濛江镇左纳濛江，然后转向东南，于藤城镇丽新村蒙辽河口屯右纳蒙辽河（河长19.39千米，流域面积113.74平方千米），于藤县县城右纳北流河。藤县，南朝置石州，隋开皇九年（589年）石州改称藤州，今属梧州市。境内水土资源皆丰，森林覆盖率70%以上，矿产资源丰富，其中钛藏量2150万吨，且品位高。出县城津北镇河口村左纳泗培河（河长39.24千米，流域面积189.06平方千米），东流在为藤县和苍梧县界河，至苍梧县人和镇福传村左纳安平河（河长42.28千米，流域面积210.11平方千米），于藤县塘步镇南安圩右纳白石河（河长49.53千米，流域面积334.13平方千米），继流至于龙圩镇泗合村河口屯右纳上小河（河长56.28千米，流域面积311.41平方千米），过苍梧县城，苍梧，隋大业三年（607年）废猛陵和宁新改建苍梧县，现属梧州市，县境内水资源丰富；森林覆盖率74.3%，活立木蓄积量945万立方米。松、杉为主要树种。出苍梧县城，于人龙圩镇右纳**下小河**。

浔江河道两岸为广西最大一块残丘冲积平原区域——浔江平原，地势平坦，面积629平方千米，矿产资源丰富，重要矿产有38种，其中锰的储量居全国前列；还是广西的主要农、林、粮、糖生产基地，素有广西的"鱼米之乡"的美称。浔江干流上建有长洲水利枢纽。

下游 浔江与桂江在梧州交汇后始称西江，西江下游河段为广西梧州市桂江口至广东三水市思贤滘西滘口，长208千米。梧州市汉为南越王苍梧王治所，唐武德四年（621年）始称梧州，水陆交通发达，国道207、321在辖区内交会，南梧（梧州—南宁）、桂梧（桂林—梧州）、广梧（广州—梧州）3条高速公路从境内穿过，被列为国家重点防洪城市。

西江自桂江口向东流13千米进入广东省肇庆市封开县，封开县西汉时取名广信，谓"初开粤地宜广布恩信也"，后为交州府所在地。境内321国道穿城而过，是广东通往广西及西南诸省的咽喉之地，有"两广门户"之称；是岭南文化的发祥地之一，也是"西江走廊"经济区域的重要组成部分。

西江在封开县城所在地江口镇左纳贺江，折向东南流，于罗董镇水口村左纳罗董河（河长35千米，流域面积190平方千米），于平凤镇蟠龙口右纳蟠龙水（河长30千米，流域面积213平方

德庆孔庙

千米），流经郁南县城所在地都城镇。郁南县有"南江文化之都""绿色郁南""名果之乡""西江明珠"之称，森林覆盖率69.7%。西江在都城镇回折后调头向东南流，至罗旁镇右纳**罗旁河**，于德庆回龙镇渌水左纳渌水河（河长30千米，流域面积167平方千米），流经德庆县城所在地德城镇。德庆古称康州，境内名胜古迹众多，有全国重点文物保护单位德庆学宫（孔庙）和悦城龙母祖庙。县城西25千米陆水村与西江汇流处，有华表石，又称锦裹石、锦石山，是古代火山爆发时由地下喷出的岩浆凝聚而成的火山岩石山，存有"华表石"摩崖石刻。

西江东流至德城镇下游约8千米的南江口镇右纳罗定江，于马圩镇马圩上栏村左纳**马圩河**，经九市镇后转东南流经云浮市云安县城六都镇。云安县于1996年由云城区析出而建，三茂铁路、云六铁路通过县城，六都港设国家口岸，是广东省石料建材基地。于六都镇逢远村右纳逢远河（河长23千米，流域面积159平方千米），至云城区绛水村右纳大绛水（河长46千米，流域面积255平方千米），继流至悦城镇左纳**悦城河**。

顺流而下，江水折向北流，入高要市境，于禄步镇涌口左纳大榕水（河长23千米，流域面积100平方千米），于迳口左纳**大迳水**，折东南行，过肇庆市高要县的小湘镇、睦岗镇、

鼎湖山之鼎湖

大湾镇。大湾镇历史文化底蕴深厚，有五代十国时君主陈霸先之墓、千年古刹大鼎庙遗址、西江奇观龟蛇锁大江、十里黄金沙滩、圣旨石刻等。向南流，右岸为高要县城南岸镇。高要于汉武帝元鼎六年（公元前111年）建县，因高要峡（今羚羊峡）居高险要而得名，为广东省主要商品粮生产基地之一，盛产松香、桂皮、桂油、香粉等，广梧高速公路、321国道、324国道过境；有高要、禄步、金利等港口，境内设有高要水文站。

左岸为肇庆市端州区。端州地名始于隋朝，为端州府所在地，北宋时为肇庆府所在地，以位居"四大名砚"之首的端砚闻名于世。肇庆市是国家级风景旅游城市、历史文化名城，境内有国家级星湖风景名胜区、鼎湖山国家自然保护区。

西江向东流至高要县新江口，右纳新兴江，折向东北，于金渡镇水口左纳**宋隆水**，东北流穿过羚羊峡，于广利街道办事处左纳九坑河（河长33千米，流域面积153平方千米），九坑河上有九坑河水库。经沙浦镇，于平洲转南流，至佛山市三水区思贤滘，与北江交汇后向南流入珠江三角洲。

珠江新兴江口西江边的巽峰塔

西江河谷开阔，水流平稳，山峦起伏。南面有云开大山、云雾山、天露山，北面有连山的大雾山及肇庆的鼎湖山。肇庆市境内有三榕峡、大鼎峡、羚羊峡。西江下游流量大，两岸地势低，建有自三榕峡出口的桂林头至思贤滘口的景丰联围。

8.1.1 花山水库
(Huashan Reservoir)

西江南盘江段上游花山河上的中型水库，也是珠江干流上的第一座中型水库。位于云南省曲靖市沾益县花山镇附近，距曲靖市37千米。

1958年1月，工程开工；1959年10月，水库建成；1989年冬季，对花山水库进行扩建工程施工；1994年3月，扩建工程完工。水库属多年调节水库，开发目标为防洪、灌溉、发电和城市供水。总库容8 233万立方米，调洪库容1 836万立方米，兴利库容7 019万立方米。

花山水库

枢纽建筑物为1座主坝、2座副坝、3个输水洞及溢洪道。主坝为黏土斜墙坝，坝高33.5米，坝顶长175米，宽5米。两座副坝为均质土坝，最大坝高15.6米，总长947米。输水洞采用钢筋混凝土结构，低洞最大出流量7.5立方米每秒；中洞最大出流量28.7立方米每秒；高洞最大出流量1.5立方米每秒。溢洪道堰宽8米，最大下泄流量145立方米每秒。

水库兴建在石灰岩地区，水库集水面积225平方千米，多年平均年降水量1 017.0毫米，多年平均年径流量9 969万立方米，是曲靖市南盘江防洪的骨干工程之一。设计洪水标准为100年一遇，防洪保护下游人口6.5万，耕地面积0.93万公顷。水库灌区为沾曲坝子，有效灌溉面积0.87万公顷，城市年供水量1 200万立方米。坝后水电站装机容量1 000千瓦，年发电量200万千瓦时。2005年全年水质为Ⅰ类。水库淹没耕地面积28公顷，迁移人口310人。

8.1.2 潇湘江
(Xiaoxiang River)

西江南盘江段右岸支流，发源于云南省曲靖市麒麟区三宝镇耗子冲，于曲靖市麒麟区沿江乡南河口汇入南盘江，河长43千米，落差350米。流域面积380平方千米，涉及云南省曲靖市麒麟区和马龙县。

中上游为峡谷山区、半山区，岩性主要为砂岩、页岩；下游为平坝区，主要覆盖第四系冲洪积层。上中游无排污工矿企业，水质良好。2000年潇湘水库水质为Ⅱ类。出潇湘水库经红庙村后于曲靖南门外进入曲靖坝区，流经曲靖市城区左纳白石

潇湘江

江，同时接纳城市生活污水，水质较差，2000年冯家圩断面水质为劣Ⅴ类。白石江发源于马龙县王家庄镇半个山，于麒麟区城关镇史家村汇入潇湘江，集水面积141平方千米，河长25千米。

流域属亚热带季风气候，多年平均气温14.5摄氏度，多年平均年降水量838.7毫米，河流泥沙含量较小，水资源总量1.52亿立方米。流域内自然资源丰富，有磷、铁、大理石、石膏、石英砂、耐火黏土、石灰石等矿产资源。初步建立了粮食、烤烟、蔬菜、水产、畜牧等生产基地。

历史上发生的较大洪涝灾害有1997年7月15日洪灾，雨卜村处溃堤，淹没耕地面积200公顷，倒塌房屋3间，经济损失严重。

1999年3月编制完成云南省《南盘江流域主要支流防洪规划报告》，2002年10月开始对潇湘江进行治理，2003年4月竣工，完成河道支砌3.96千米，投资2 312万元；2003年10月开始对白石江进行治理，2004年4月竣工，完成河道支砌8.96千米，投资2 438万元。工程完工后，潇湘江、白石江中下游防洪标准达30年一遇，白石江上游防洪标准达到10年一遇，已成为曲靖城区的景观河道。

潇湘江穿过的曲靖市为云南省第二大城市，面积28 904平方千米，是云南连接内地的重要陆路通道，素有"滇黔锁钥""入滇门户""云南咽喉"之称，境内有贵昆铁路，昆曲、曲

陆良县爨龙颜碑

陆、曲胜高速公路和滇黔公路等。曲靖市还是爨文化发祥地，中国第一批11块重点文物保护碑文就有3块在曲靖市。其中，爨龙颜碑、爨宝子碑以其极高的书法艺术价值及史料价值被誉为"南碑瑰宝""神品第一"，在中国书法史上被康有为誉为"正书古石第一"。

流域已建成潇湘水库（中型）1座，石灰窑、白泥坡、上西山、面店、老西山、石板河等小（1）型水库6座，小（2）型水库22座，塘坝91座，拦河闸2道，交通桥、生产桥13座，抽水站4座，排涝站1座，滚水坝7座。

8.1.3　龙淌河

(Longtang River)

西江南盘江段左岸支流，又名龙潭河，地跨云南省曲靖市富源县与麒麟区，发源于富源县墨红镇营盘山西南麓，向西折南流经麒麟区茨营乡，于越州镇汇入南盘江。河长32千米，落差450米，流域面积376.8平方千米，多年平均年径流量1.63亿立方米。

流域属南温带山地季风气候，多年平均气温13.8摄氏度，沿途森林覆盖率高，水土保持较好。流域内主要经济作物为烤烟、油菜和蚕桑，主要粮食作物有水稻、玉米和豆类，经济发展水平较落后。地质灾害以滑坡最为突出，自然灾害主要以春旱为重。较大规模有计划的河道治理开发始于1950年，1977年对茨营至小河河段进行了裁弯取直，提高了河道的行洪能力。2000年茨营断面水质为Ⅰ类。

龙淌河位于中、低山河谷槽坝区，流域内暗河发育，泉水出路较多。有陡山、胡家坟小（1）型水库及胡家坟电站，支流上有水城水库，水城水库原为小（1）型水库，总库容235万立方米，1996年扩建为中型水库，总库容4 927万立方米，正常库容4 911万立方米，主要供沿途乡镇工业、农业和生活用水。团结河是茨营龙淌河槽子西边的主要灌渠，自海草坝起，沿龙淌河西边山脚，经太平桥、越州钢铁厂背后绕至三宝镇的张家营，全长27千米，引水流量1立方米每秒，灌溉面积93公顷。

8.1.4　麦田河

(Maitian River)

西江南盘江段右岸支流，地跨云南省曲靖市马龙县与昆明市宜良县。发源于马龙县纳章镇南部牛头山东，向北流经黄草坪水库，于纳章镇转西后向南流，于宜良县九乡小兑冲村汇入南盘江干流上的**柴石滩水库**。河长64千米，落差710米，流域面积517.9平方千米。设有小兑冲水文站，控制流域面积452平方千米，多年平均流量3.58立方米每秒，2001年水质为Ⅱ类。据洪水资料，最大洪峰流量724立方米每秒（1948年）。

流域属北亚热带气候区，气候温和，多年平均年降水量975.8毫米。上游建有黄草坪中型水库，总库容1 050万立方米，兴利库容907万立方米，2005年提供农业灌溉用水153万立方米，提供马龙县城生活用水400万立方米。下游河谷两岸山势陡峭、怪石嶙峋、溶洞四伏，是典型的喀斯特地貌区。干流有两段伏流，最长的暗河位于麦田村之南，入口与出口相距0.9千米。流域水力资源理论蕴藏量2.9万千瓦。在马龙县境内已建滴水、拖堵电站。在宜良县境内已建九乡电站与麦田河电站，总装机容量1 825千瓦。

下游开辟有九乡风景名胜区，是以溶洞景观为主的国家级风景名胜区。九乡溶洞发育于6亿年前的震旦纪，溶洞群拥有上百个大小溶洞，为国内规模较大、数量较多

九乡溶洞

的洞穴群落体系。众多溶洞类型齐全，风格多样，有"溶洞博物馆"之称。著名景点有荫翠峡、惊魂峡、雄狮厅、雌雄飞瀑与神田等，景区内明河、暗河、岩溶水与洞穴交融。在九乡溶洞的暗河中生长有盲鱼金线鲅，属世界珍稀鱼种，列为国家二级重点保护鱼类。

8.1.5　柴石滩水库

(Chaishitan Reservoir)

西江南盘江段干流上的第一座大型水库，地处云南省昆明市宜良县东北的古城镇柴石滩村，西南距宜良县城28千米。

地势西北高，东南低，水库库区内汇入的较大支流有**麦田河**。气候属北亚热带，为半湿润半干旱气候过渡带，多年平均气温16.3摄氏度，多年平均年降水量903.8毫米，多年平均年蒸发量2 123毫米。坝址以上控制流域面积4 656平方千米，多年平均年径流量15.3亿立方米，多年平均年输沙量

柴石滩水库

獐子坝河

75.2万吨。

水库属年调节水库,开发目标以灌溉为主,兼顾发电、防洪、工业供水与保护阳宗海环境等综合效益。水库总库容4.37亿立方米,调洪库容0.97亿立方米,兴利库容2.55亿立方米,死库容0.85亿立方米。正常蓄水位时水库水面面积为10.7平方千米,回水长度为33千米,1997年10月大坝枢纽工程正式开工,2002年6月完工。

枢纽主要建筑物为大坝、溢洪道、发电引水隧洞、坝后电站、灌溉输水隧洞。大坝坝型为混凝土面板堆石坝,坝顶高程1 648.80米,防浪墙顶高程1 650米,最大坝高101.8米,坝顶长310.20米。溢洪道位于大坝左肩,最大泄流量3 336立方米每秒。发电引水隧洞总长403.5米,最大引水流量111立方米每秒。坝后电站布设3台水轮发电机组,总装机容量6万千瓦。灌溉输水隧洞为无压洞,总长569.2米,输水流量5.2立方米每秒。

柴石滩水库为珠江流域综合利用规划确定优先开发的大型龙头水库,灌区为宜良坝区,设计灌溉面积1.40万公顷,其中有效灌溉面积1.28万公顷;坝后水电站年均发电量1.83亿千瓦时;水库设计防洪标准可抗御100年一遇洪水,防洪保护下游7.6万人,耕地0.28万公顷;年工业供水913万立方米。水库淹没耕地面积332.69公顷,淹没园(林)地372.25公顷,迁移人口3 665人。

柴石滩漂流河段

柴石滩水库地处峡谷区,2007年开辟有10千米的漂流河段,沿途可观赏峡谷险滩与田园风光。

8.1.6　獐子坝河
(Zhangziba River)

西江南盘江段右岸支流,又称小河槽子,发源于云南省曲靖市马龙县旧县镇烂泥冲,向南流经宜良县耿家营彝族苗族乡,于獐子坝村汇入南盘江。河长72.2千米,落差630米,流域面积586平方千米,涉及曲靖市马龙县与昆明市宜良县。

多年平均流量7.16立方米每秒。流域水力资源理论蕴藏量4.1万千瓦,技术可开发量0.5万千瓦。已开发阿路龙电站与羊街电站,总装机容量720千瓦。2005年水质为Ⅱ类。

流域多丘陵,地势北高南低,地形上宽下窄。河源段分水岭高程2 200米左右,河口高程约1 600米。上游有马龙万亩草场景区,草山延绵起伏,间有云南松林带。最大支流为右岸的马蹄河,河长40.4千米,流域面积246.9平方千米。

8.1.7　贾龙河
(Jialong River)

西江南盘江段右岸支流,发源于云南省嵩明县杨林镇五龙山,向北转东流经宜良县马街乡,向南于宜良坝汇入南盘江。河长51.8千米,落差620米,流域面积721.1平方千米,涉及昆明市嵩明县、宜良县、呈贡县及玉溪市澄江县。

贾龙河

流域地处滇东岩溶高原湖盆亚区,西南部最高峰高程2 738米。属北亚热带气候区,下游宜良坝多年平均气温16.6摄氏度,西部汤池多年平均年降水量906.1毫米。河源段称石子河,穿流于峡谷;入宜良县境称喷水洞河,坡陡流急;于马街坝子向南流至北羊街镇,河道顺直。

小白龙国家森林公园

下游河谷为U形，右纳**汤池河**，流入宜良坝区，河道已渠化。流域水力资源理论蕴藏量3.15万千瓦，技术可开发量0.8万千瓦。已建成永乐电站，装机容量640千瓦。截至2000年，流域共建有6座小（1）型水库，主要的引水工程包括和平渠、西河、英雄大沟、跃进大沟等。2005年水质为Ⅱ类。

流域内交通发达，有百年历史的滇越米轨铁路、电气化的南昆准轨铁路、昆石高速公路等，有阳宗海省级风景名胜区与小白龙国家森林公园。

8.1.7.1　汤池河
（Tangchi River）

贾龙河右岸支流，发源于云南省澄江县阳宗镇梁王山东北麓，在云南省宜良县蓬莱乡兰家营流入贾龙河。河长41.4千米，河道平均比降17‰，流域面积377.2平方千米，涉及玉溪市澄江县和昆明市呈贡县、宜良县。

流域地处滇东岩溶高原湖盆亚区，植被属云南高原北亚热带常绿针阔混交林，以云南松、桉树、栎树等为优势种。丘陵山地发育红壤，坝区多耕作土。

流域属亚热带高原季风气候，多年平均年降水量920.9毫米，其中夏季5—10月降水量较为集中，占全年降水量的86%，多年平均年蒸发量2 112毫米。流域降水具有年内分配不均、年际变化小的特点。在一定高程范围内，年降水量有随高程升高而加大的规律。2005年水质为Ⅲ类。

流域由于受小江断裂带影响，地热分布异常，有汤池桃源双龙潭，温度较高的有汤池温泉，水温达60~72摄氏度。

流域内交通发达，阳宗海西山具有百年历史的滇越米轨铁路、电气化的南昆准轨铁路、昆石二级公路，流域南部阳宗海南岸有昆石高速公路。

源流　从源地流经澄江县阳宗镇，在海晏村入**阳宗海**，汤池河为阳宗海的唯一出流口，出阳宗海后流经汤池镇，汤池河上段（可保村以上）河道纵比降相对平缓，下段为深山峡谷区。干流总落差1 198米。

汤池河

阳宗海原无出口，明洪武二十九年（1396年）开凿汤池渠（渠长4千米），上连阳宗海，下接摆夷河，汤池渠在下游永丰营村抽水站附近与摆夷河汇合后称汤池河，1941年汤池渠首建有汤池闸，引阳宗海湖水灌溉沿河两岸及宜良坝区农田。

流域内有著名的阳宗海风景区，并设立了汤池阳宗海流域保护区和汤池老爷山天然保护区，保护区面积分别为6 501.6公顷和2 400公顷。阳宗海流域内建有七星河、马家庄、石寨河3座小（1）型水库及2座小（2）型水库，总库容514.1万立方米，兴利库容404.0万立方米，实际灌溉面积587公顷。阳宗海环湖提水工程较多，主要用于工业用水、农业灌溉用水和少量生活用水。汤池河干流水力资源理论蕴藏量3.51万千瓦，技术可开发量1.1万千瓦，已建成水井坡电站、安家田电站、江头村电站，装机容量分别为1 000千瓦、1 600千瓦、1 000千瓦。汤池河主要引水工程有英雄大沟、跃进大沟、西河（文公渠）等引水渠引水灌溉下游农田或供发电用水，还有阳宗海引摆夷河的引洪沟等。

8.1.7.1.1　阳宗海
（Yangzonghai Lake）

汤池河上的淡水湖泊，为断陷溶蚀湖泊。南北朝时称大泽，元代称明湖，明代环湖为阳宗县属地，故名阳宗海。

概　述

阳宗海位于云南省昆明市呈贡县、宜良县以及玉溪市澄江县范围内，距昆明市35千米。主要入湖河流有南部的阳宗河、七里河，流域面积192.0平方千米。因来水量不足，北部建有摆夷河引洪沟，引水区集水面积95平方千米。出湖口位于东北隅，入汤池河。

流域地处滇东岩溶高原湖盆亚区，植被分布有常绿针阔混交林，以云南松、桉树、栎树等为优势种。湖区属亚热带高原季风气候，多年平均气温14.5摄氏度，多年平均年降水量963.5毫米，年蒸发量1 337毫米。

多年平均湖水位1 770.75米（海防高程），湖水面积31.9平方千米，湖水容积6.04亿立方米。湖体南北长12.7千米，东西平均宽2.5千米，最大水深30.0米，湖岸线长32.3千米。根据1997年12月公布的《云南省阳宗海保护条例》，阳宗海最高运行水位1 770.75米，最低运行水位1 767.00米。据汤池水文站观测，阳宗海历年最高水位1 771.32米（1954年），最低水位1 768.99米，多年平均出湖水量0.46亿立方米。

阳宗海湖水清澈，呈蓝绿色，1992年以前，阳宗海水质保持在Ⅱ类。1997年出现污染状态，1998年水质恶化为Ⅳ类。2000年阳宗海水质恢复为Ⅲ类，2005年水质为Ⅱ~Ⅲ类。2008年曾出现砷污染事件。

湖内有浮游藻类23种，其中绿藻15种，蓝藻4种，其他

阳宗海

藻类4种。有底栖动物16科19属12种,数量最多的有日本沼虾、中国圆田螺、阳宗海螺蛳和椭圆萝卜螺4种。有水生植物26种,其中沉水植物9种,挺水植物、漂浮植物和湿生植物各5种,浮叶植物2种,大多分布在南部原入湖口地带。鱼类有8科23种,其中引进8种,土著15种。捕捞鱼类以鲤科为主,约占年产量的60%,该湖特有的金线鱼、阳宗白鱼、阳宗云南鳅等经济鱼类约占年总产量的33.3%,年最高产鱼量60吨。

湖泊具有农业灌溉、工业供水、发电、城市生活用水与旅游功能,灌溉农田0.28万公顷,提供云南阳宗海发电厂(煤电厂)、云南铝厂、春城高尔夫球场、宜良县第四自来水厂以及下游小水电站用水。2005年阳宗海提供灌溉用水3 000万立方米、工业用水800万立方米、城市生活用水180万立方米、发电用水2 000万立方米。

纪　实

阳宗海形如南北向的巨履,两端略宽,中间稍窄。东西两岸为陡峭平直的基岩侵蚀湖岸,南北端湖滨平缓有耕作区。地势西南高,东北低,西南梁王山分水岭最高点高程2 820米,东西山体分水岭高程一般为2 100～2 400米。

北部隶属昆明市宜良县汤池镇,324国道与滇越铁路横贯湖岸东西,有始建于1959年的云南阳宗海煤电厂,2005年总装机容量100万千瓦。东部汤池镇以汤池温泉闻名,附近有小白龙国家森林公园。阳宗海设有海口闸,用于农田灌溉。沿汤池河东行10余千米为宜良坝,是云南省开发较早的粮食主产区,也是阳宗海的主灌区。

西部隶属于昆明市呈贡县七甸乡,湖岸陡峭。南部隶属于玉溪市澄江县阳宗镇,湖滨地势平坦为耕作区,昆石高速公路穿境而过。湖东南的龙泉寺,依山傍水,涌出清澈明净一泉。近旁小屯村相传为三国时随诸葛亮南征将领关索屯兵之处,村人至今仍演唱"关索戏"。村西南报国寺后有7块巨石,人称"七星北斗",附近的村子就叫"北斗村"。每逢夏秋季节,登高俯瞰阳宗坝子,各村寨均清晰可见,唯有北斗村烟雾罩笼,一片茫茫。古称"斗村烟雨",别具一番风光。

明代以前,阳宗海出湖河道是一条"广不盈尺"的小沟,流向下游汤池坝。明洪武二十九年(1396年),西平侯沐春令云南郡指挥王俊主持,"发卒万五千"开凿出湖口,建成汤池渠,引阳宗海水流入摆夷河,再引流分灌宜良坝农田。明嘉靖四十一年(1562年),临元道文衡委宜良知府于摆夷河下段江头村附近筑堤障水,修筑"环绕五十余里",凿洞72个,灌溉宜良坝子农田数万亩的干支沟渠,后人为纪念文衡开渠之功,将此渠命名为"文公渠"。新中国成立后,文公渠历经多次改建与扩建,至今仍为阳宗海的主要灌溉渠道。

8.1.8　海口河
(Haikou River)

西江南盘江段右岸支流,又名清水河,地跨云南省玉溪市江川县、华宁县与澄江县。发源于江川县雄关乡东部马鞍桥,向东折北流经云南著名高原湖泊**星云湖**与**抚仙湖**,于澄江县海口镇向东流,成为澄江县与华宁县的界河,汇入南盘江。河长66千米,落差1 110米,流域面积1 112.6平方千米。

抚仙湖出湖口设有海口水文站,控制流域面积1 053平方千米,多年平均流量2.91立方米每秒,2005年海口水文站水质为Ⅰ类。

流域内的星云湖与抚仙湖为姊妹湖,抚仙湖—星云湖风景名胜区为省级风景名胜区。据洪水调查,下游朱家桥断面以上集水面积1 101平方千米,最大洪峰流量166立方米每秒(1949年)。2007年底,星云湖—抚仙湖出流改道工程完工,上游两湖部分水量跨流域入玉溪市红塔区的玉溪大河,海口河的水量锐减。

习惯所称海口河,是指由抚仙湖出口至南盘江汇口的河段,河段长16千米,区间集水面积60平方千米。沿河曾建有六级水电站,总装机容量2.4万千瓦。

8.1.8.1　星云湖
(Xingyun Lake)

海口河上游的淡水湖泊,为断陷构造湖。亦称浪广海,又名江川海,唐代称星海或利水。因夜间星月皎洁,银河照映湖面得名。

概　述

星云湖位于云南省玉溪市江川县江川盆地,距县城2千米。入湖河流有东河、西河、侯家沟河等,出湖河道称隔河,下接**抚仙湖**。2003年于星云湖西岸打隧洞新增出湖水道,星云湖水于2007年12月跨流域注入玉溪市红塔区玉溪大河。

星云湖正常湖水位1 722.00米(黄海高程),南北长10.5千米,东西宽5.8千米,水面面积34.71平方千米,最大水深10米,蓄水量1.84亿立方米。根据2007年9月公布的《云南省星云湖保护条例》,星云湖最高蓄水位1 722.50米,最低蓄水位1 720.80米。据实测水位观测,历年最高水位1 723.11米,最低水位1 720.56米。

星云湖新出口景观瀑布

湖区气候属于中亚热带半干旱季风气候,冬春干旱,夏秋多雨,多年平均气温15.5摄氏度。多年平均年降水量879.1毫米,年蒸发量1 987.1毫米。2005年湖心水质为Ⅳ类,靠近隔河的海门桥水域水质为Ⅴ类,主要超标项目为总磷、总氮、化学耗氧量,营养化程度为富营养。

浮游藻类共有6门68属,最多的是绿藻门(38属),其次是硅藻门(16属)。浮游动物共有59种,水生维管束植物分别隶属2门16种。水深在2.5米以内的水面面积约333.3公顷,为水生植物植被区。土著鱼类主要有大头鱼(柏氏鲤)、小白鱼、杞麓鱼、鲤鱼、鲫鱼等,其中大头鱼以"鱼头大肉肥,味道鲜美"出名。1919年的《江川县志征集录》载,碌鱼(即大头鱼)年产三四万千克。1948年江川与华宁两县在星云湖捕鱼18.45万千克,其中大头鱼占50%。先后引进的外来鱼种有青鱼、草鱼、鲢鱼、鳙鱼、华南鲤、武昌鱼、短尾吻鱼等,大头鱼已难觅。

星云湖历史上水位曾高达1 772米以上,江川整个坝子沉没于湖水之中。唐代湖水位降至1 729米,明代湖畔江川县城还屡被湖水所淹。明崇祯年间,巡抚姜思睿率领沿湖村民疏挖星云湖泄水河道隔河,并疏挖下游的抚仙湖出口海口河。

清雍正八年（1730年），云贵总督鄂尔泰拨发银两，责成澄江府再次疏浚星云、抚仙两湖出口河道，减轻湖滨农田及村舍的洪涝灾情。自1923年冬至1935年夏，分两期治理修挖隔河、海口河（清水河），星云湖水位由1725.5米下降至1723米，湖面由42.5平方千米缩到38平方千米，涸出历年被淹民田及沙滩约4.5平方千米。

明清时期，环湖灌溉多采用龙骨水车提水。1988年，星云湖沿岸已建成电力抽水站58座，总装机容量1.2万千瓦，提灌面积0.2万公顷。北部建有茶尔山中型水库，总库容1075万立方米，有效灌溉面积800公顷。1985年在星云湖专事航运的有110千瓦三等客轮1艘、小型客货轮6艘、操舟机3艘。1987年，隔河船闸工程竣工，星云、抚仙两湖的水运更为方便。

纪　实

流域位于江川县境内，呈南北向展布，东西分水岭高程一般2000～2300米，北部东河、西河以及东南部的螺蛳铺河是星云湖的主要入湖河流。梁王山为流域最高点，高程2820米。湖体东北部与抚仙湖盆地相邻，由长2034米的隔河连通抚仙湖。湖滨南部地形平缓，为江川县城所

梁王山

在地江川坝子，隔老尖山与通海县*杞麓湖*相望。星云湖湖盆区缓坡湖积带高程一般1723～1780米，有江川县9个乡（镇）34个村（办事处）187个自然村，西岸有省级公路连通南北。

星云湖地处省级江川抚仙湖—星云湖风景名胜区，湖周有"星云月夜""奇峰叠翠""海门垂钓""云集晓钟""蟠坤古洞"等景观。在北部出湖水道隔河中段岩石上刻有"界鱼石"三字，星云湖的大头鱼、抚仙湖的鱇浪鱼游至此各自返回。民间素有"两湖相连、鱼不来往"之说。有诗云："星云日向抚仙流，独禁鱼虾不共游"，实为两湖水质不同和鱼的生活习性差异所致。

北部奇观有神鱼泉，井中生长有会嗑瓜子的鱼。据江川县志记载，村民们养这种被老百姓称作青鱼的云南倒刺鲃鱼已经有600多年的历史。当地自古就有着保护和尊重水井里的鱼的习惯，村民们不食用里面的鱼。自从发现了徐家头村水井里的鱼会嗑瓜子吃之后，井里的云南倒刺鲃鱼开始被视为神物。

西北岸以李家山古墓群遗址闻名，为全国重点

李家山古墓群遗址

文物保护单位。出土的文物中有兵器、乐器、礼仪器、生产工具等，其中绝大多数为青铜器，既与中原及西北青铜文化有着同一历史渊源，又具有鲜明的边疆民族特色，是国宝级的稀世文物。特别是1972年出土的牛虎铜案，是贵族祭祀时用的华贵器物，其造型与工艺水平堪称艺术珍品，代表着古滇国青铜文明的最高成就。

8.1.8.2　抚仙湖
(Fuxian Lake)

*海口河*上的断陷构造淡水湖，又称澄江海子。汉代至唐朝，抚仙湖称大池，宋、元时期称罗伽湖，明朝改称抚仙湖，因湖畔抚仙石而得名。抚仙湖最大水深157.8米，是中国第三深水湖泊。

概　述

抚仙湖地跨云南省玉溪市澄江、江川和华宁3个县，距昆明市60多千米，湖的东、南、西三面环山，北面与澄江坝子相连。处于金沙江和珠江两大流域分水岭地带，属珠江流域西江水系。入湖地表水源主要有梁王河、东大河、西大河和尖山大河，南面通过隔河接纳星云湖出湖水量。出湖河流为海口河。

抚仙湖南北向发育，水面中间窄，两端宽，水位1722.0米，湖面面积212平方千米，蓄水量191.4亿立方米。南北长31.5千米，东西最宽11.3千米，湖岸线长90.55千米。湖水北深南浅，最大水深达157.8米，其中，水深大于100米的区域占45.5%，小于10米的区域占4.1%。

据抚仙湖海口水文站观测，抚仙湖多年平均湖水位1721.23米，最高水位为1722.51米（黄海高程），最低水位1720.04米，多年平均出湖水量9192万立方米。20世纪90年代抚仙湖控制运行的最高蓄水位1722.0米，相应蓄水量191.4亿立方米，最低运行水位1720.5米，相应蓄水量188.3亿立方米。根据2007年5月公布的《云南省抚仙湖管理条例规定》，抚仙湖最高蓄水位1722.50米，最低运行水位1720.80米。

抚仙湖为上第三纪后期喜马拉雅山运动形成的地堑式断陷盆地，湖盆北面和南面为冲积平原，东西侧为断层崖或断块山地，相对高差100～200米。流域地形总体为中低山与断陷盆地、湖泊构成，地形起伏相对较缓。流域最高处为北部的梁王山山脉，高程为2820米，最低处为抚仙湖湖底，高程为1566.78米。湖区地貌大致分为构造—剥蚀地貌和堆积地貌。构造—剥蚀地貌按山体岩性不同，分为石灰岩、砂页岩、砾岩山体和玄武岩；堆积地貌面积较小，主要有湖积—冲积平原、阶地和冲积扇。

抚仙湖地处亚热带低纬度高原，太阳辐射量大，全年日

抚仙湖玻璃质水感

照时数2 172.3小时,日照百分率50%。多年平均年降水量953毫米,多年平均气温15.6摄氏度,多年平均年蒸发量1 274.8毫米,多年平均湿度74%,多年平均风速1.7~2.3米每秒,最大风速34米每秒。抚仙湖于1947年设立水位站,1950年曾中断观测,1952年8月由西南军政委员会水利部直属云南一等水文站恢复观测。

抚仙湖有浮游藻类6门36属45种,浮游动物26属30种,底栖动物21属14种,水生植物12科15属19种,鱼类5科19属36种。

抚仙湖湖水呈碧蓝色,水质较好,至今未受到有机物、重金属和有毒物的污染,水域之新河口、禄充、隔河与出湖海口河2004年全年水质均为Ⅱ类,孤山水质Ⅰ类。湖区营养化程度各时期均为中营养。

历史上抚仙湖、杞麓湖、星云湖相连称"古抚仙大湖"。到第四纪,湖泊处于边断陷边沉积的构造环节,从而三湖分离而有今日抚仙湖。抚仙湖初期水位在1 771米以上,比现在的正常水位1 721米约高50米。随着历代对湖泊出河口的疏浚和开凿,到明、清时期,湖水位降至约1 725米。

抚仙湖治理首先是疏浚河口清水河(海口河)和隔河,最早记载于元代。明朝崇祯年间,御史姜思睿率众疏浚海口河,制定"每岁孟冬,海口田夫同宁州、江川二州县委官疏浚,以防水患"的岁修条例。清代雍正、嘉庆、光绪年间,治理海口河及其北岸梅子箐和南岸牛舌箐两条支河。民国12年(1923年)冬至民国22年(1933年)夏,由澄江、江川、华宁三县联合,省府资助、地方筹款、私人捐款共耗资42万余元(旧滇币),对清水河、隔河进行全面治理,排除三县沿湖田地水患灾害,涸出田地7 000余亩,沙滩1 600余亩,其中澄江沿岸多属沙滩,可垦田地800余亩。新中国成立以后,继续疏浚清水河,排除湖口通道淤塞,建成海口闸,制定水位管理制度。20世纪90年代以后,采取截污治理、退耕还林、退耕还湖、湖滨湿地修复等措施。

抚仙湖的开发利用有农业灌溉、旅游与发电等形式。流域内有中型水库2座,小型水库68座,坝塘40个,总蓄水量约3 200万立方米;环湖建有120个抽水站,灌溉面积2 000多公顷。湖区水利化程度70%以上。2000年抚仙湖水资源量7 590.0万立方米,人均水资源量516.9立方米,供水量5 911.1万立方米,水资源开发利用率77.9%。旅游业发展迅速,2003年澄江风景区接待中外游客114.6万人次,旅游业直接收入4 936万元;2006年江川孤山景区接待游客突破100万人次。水力发电集中布置在出湖河道,共建成6座梯级水电站,总装机容量14 146千瓦,年发电总量7 092万千瓦时。

纪　实

流域位于云南省玉溪市的澄江、江川和华宁县境内,南连**星云湖**,西望滇池流域,北接**阳宗海**流域。抚仙湖以水质清澈著称,明代著名地理学家徐霞客游历抚仙湖时,称"滇山惟多土,故多壅流成海,而流多浑浊,惟抚仙湖最清"。1988年5月,抚仙湖—星云湖风景名胜区被列为云南省第一批9个风景名胜区之一。

抚仙湖出湖口**海口河**以北流域为澄江县属地,所辖湖面面积126平方千米,为抚仙湖东西最宽的水域,同时也是水深最大的水域。湖北岸地形开阔为澄江坝子,为澄江县城所在地,也是澄江县粮经作物主产区,以澄江藕粉著名。北部发育有抚仙湖最大的两条入湖河流,东为东大河,上游建有总库容1 064万立方米的东大河水库;西为梁王河,上游建有总库容1 100万立方米的梁王河水库,梁王山高程2 820米,为

抚仙湖流域最高山峰。东部帽天山发现有澄江动物化石群,再现了距今5.3亿年前寒武纪的海洋生物,提供了一个完整的古老海洋生态群落图。现今生活在地球上的各个动物门类在寒武纪生物大爆发时几乎都已存在,而且都处于一个非常原始的等级,只是在后来的演化中,不同类群才演化为一个固定模式。澄江动物化石群是举世罕见、保存完整、研究地球早期生命演化的动物化石宝库,为揭示地球早期生命演化的奥秘提供了极其珍贵的证据,被国际古生物学界誉为"20世纪最惊人的科学发现之一"。

抚仙湖绿充

西岸绿充为抚仙湖著名景点,景区由风光秀丽的抚仙湖,形如笔架的笔架山,状如金钟的玉笋山和绿树成荫的古榕树,以及古老独特的车水捕捞鱇浪鱼等景观构成。湖岸笔架山灰岩裸露,绿树成荫,顶部观音寺旁留有石刻的明代诗人杨升庵诗句:"澄江色似碧醍醐,万顷烟波际绿芜,只少楼台相掩映,天然图画胜西湖"。临湖石壁岩溶发育有众多石洞,曾为抚仙湖著名鱇浪鱼聚集之地,岸边晒满竹篾编成的鱼笼,鱼笼2米多高,直径约有1米,一端收拢成直径约17厘米的小口,使整个鱼笼呈圆锥形,犹如一顶尖尖的大帽子。当地渔民用湖边大大小小的卵石砌成两米多宽的倒三角形水池,将鱼笼放在水池的一侧,然后用古老的龙骨水车缓缓抽取湖水,抽上来的水通过鱼笼又流回到湖中,鱇浪鱼因有爱抢上水的特性,就顺着抽水的水流,进入了鱼笼。鱇浪鱼体形小而细长,体长约10~13厘米,银白色形体如箭,刺软,肉嫩味美,含脂量较高,鲜吃或加工晒干都别有风味。相传康熙皇帝品尝此鱼时,称赞"鱼小味香",指定为云南特定贡品,**鱇浪鱼**由此名声大振。

抚仙湖孤山

海口河以南湖区分属华宁与江川两县管辖。东部华宁县所辖水域面积19平方千米，沿岸地形较陡，耕地不多，植被稀疏。西部江川县所辖水域面积67.5平方千米，湖西南原有大孤山和小孤山两个小岛，明代曾建一座"饮虹桥"把两岛连接起来，后遭遇狂风暴雨把桥和小孤山荡尽，现仅存大孤山。清朝初年，孤山的古建筑遭到了毁坏。清康熙十七年（1678年），澄江知府王贞宇重建孤山寺，规模已不及当年宏伟。到民国时期，仅存一座破庙。孤山岛呈椭圆形，比湖面高出40多米，临水尽多断岩，险峻难攀登，岩下湖水激荡，幽深莫测。山势南高而陡，石壁如削，东北较平缓。风光绮丽，林木参天。改革开放以后，孤山辟为抚仙湖著名风景区。

抚仙湖入湖河道隔河长约2千米，为多次疏挖而形成的人工水道，建有拦河水闸北接星云湖。隔河中段有一堵伸到水面的赭色石壁，刻有"界鱼石"三个大字，据说抚仙湖生长的鱇浪鱼与星云湖栖息的大头鱼，至此各自返游，互不逾界，堪称奇观。为保证抚仙湖水质不受上游星云湖水质的影响，2003年启动抚仙湖—星云湖出湖改道工程，使星云湖水跨流域入玉溪市红塔区的九溪大河，工程已于2007年12月完工通水。

8.1.9　巴江
（Bajiang River）

西江南盘江段左岸支流。发源于云南省石林彝族自治县石林镇神庙峰，向南流经石林县城，于宜良县竹山乡下班庄汇入南盘江。河长69.6千米，落差700米，流域面积843.5平方千米。流域涉及石林彝族自治县、宜良县与弥勒县。

巴江地处滇东岩溶高原的腹心地带，地势起伏平缓。气候为低纬度高原季风气候区，多年平均气温15.6摄氏度，多年平均年降水量957.6毫米，多年平均流量12.5立方米每秒，水力资源理论蕴藏量4.8万千瓦。主要矿产有煤、铁、铜、铅、锌、硫磺和优质石灰石。石林县是全国烤烟生产基地与奶山羊基地县，有歌舞、摔跤与斗牛之乡之美誉。干流经过6次较大的河道治理。中型蓄水工程有**黑龙潭水库**与月湖水库，总库容3 568万立方米；建有小（1）型水库11座，总库容2 479万立方米。已建成5座水电站，总装机容量4 180千瓦。2000年板桥断面水质为Ⅱ～Ⅲ类。

巴江城区河段

河源段为扇形水系，上游出露地层以石灰岩为主。由于地下水的长期溶蚀，形成典型的岩溶地貌，岩溶洼地、石芽、高石芽、峰丛及孤峰等较普遍，局部地下暗河上有"天窗"，干流流淌于丘陵峰丛中。设有黄家庄水文站，控制流域面积365平方千米，实测多年平均流量5.41立方米每秒，历年最大流量164立方米每秒，有断流记录。据洪水调查，最大洪峰流量407立方米每秒（1939年）。下游最大支流为大可河，发源于弥勒县西二乡，全长48.8千米，流域面积230平方千米。巴江左纳大可河之后，向西流经落差88米的大叠水瀑布，转南进入宜良县竹山乡，流淌于U形河谷中，两岸山高坡陡。

流域内有著名的石林世界地质公园，1982年被列为中国首批国家级风景名胜区之一，也是世界闻名的喀斯特地区之一。大约2亿多年以前，这里是一片汪洋大海，沉积了许多厚厚的大石灰岩。经过了后来的地壳构造运动，岩石露出了地面。约200万年以前，由于石灰岩的溶解作用，石柱彼此分离，又经过常年的风雨剥蚀，形成了今天这种千姿百态的石林。2007年6月，第31届世界遗产大会将其列入世界自然遗产名录。当地撒尼人还创造出了以"阿诗玛"为代表的彝族文化，内涵丰富、影响深远。

石林

8.1.9.1　黑龙潭水库
（Heilongtan Reservoir）

巴江上游的中型水库，位于云南省昆明市石林彝族自治县鹿阜镇。

水库属年调节水库，功能以防洪、灌溉、发电与城镇供水为主。水库总库容2 434万立方米，调洪库容1 290万立方米。1966年10月开工兴建，1968年建成，总库容500万立方米。1978年10月开工扩建，1992年3月大坝出现裂缝，1993年2月开工进行除险加固处理，1996年10月竣工。

黑龙潭水库

枢纽建筑物有大坝、泄洪洞、输水洞、溢洪道。大坝为均质土坝，最大坝高34.1米，坝顶长340米，坝顶宽8.2米；副坝有东副坝与西副坝，与主坝顶部相连。两副坝总长899米，最大坝高22.3米。泄洪洞最大泄流量32.0立方米每秒，溢洪道最大泄流量 64.0 立方米每秒。水电站装机容量 520 千瓦，年发电量 200 万千瓦时。

库区为喀斯特地貌区，水库的水源主要靠黑龙潭地下泉水供给。水库控制流域面积为 199 平方千米。库区多年平均年降水量 962.5 毫米，多年平均年径流量 9 870 万立方米。设计洪水标准为 50 年一遇，防洪保护下游 7 万人，0.4 万公顷耕地。有效灌溉面积 0.16 万公顷，年供城镇水量 394 万立方米。2006 年水质为Ⅰ类。

黑龙潭泉水的开发利用始于明代，新中国成立初期，于现今水库坝址建成有坝引水工程，灌溉农田 333 公顷。水库淹没耕地 140 公顷，无迁移人口。

8.1.10 华溪河
(Huaxi River)

西江南盘江段右岸支流，又名曲江。发源于云南省玉溪市红塔区小石桥乡新铺村，于华宁县盘溪镇汇入南盘江。河长 193 千米，落差 1 097 米，流域面积 4 108 平方千米。流域涉及玉溪市红塔区、江川县、峨山县、通海县、华宁县、晋宁县、石屏县和建水县。

云南玉溪市红塔山

流域面积大于 100 平方千米的一级支流有九溪河、罗木箐河、西河、练庄河、石邑河、小里寨河、香木桥河、里山大河与龙洞河，其中最大者为龙洞河，流域面积 451 平方千米。

流域位于滇东岩溶高原湖盆亚区，西部高鲁山高程 2 614 米，东北部磨豆山高程 2 663 米，河口高程约 1 120 米。山脉走向多为南北向，中部镶嵌有多处宽谷盆地。区域位于地震活动剧烈带上。1970 年 1 月 5 日通海县发生了 7.7 级强烈地震，震中烈度达Ⅹ度。气候属中亚热带高原季风气候，峨山县多年平均气温 15.9 摄氏度，多年平均年降水量 920.6 毫米。多年平均年径流量 9.63 亿立方米，水力资源理论蕴藏量 13.1 万千瓦，技术可开发量 1.97 万千瓦。2005 年华溪河九溪河口断面水质为Ⅱ类，西山水文站水质为劣Ⅴ类。

北部红塔区为玉溪市中心城区，烟草工业为支柱产业，"红塔山"香烟为中国知名品牌。中下游河谷是粮经作物的主要产地，也是烤烟的主要生产基地。通海县为云南省重要的蔬菜生产县，华宁县柑橘曾在中国农业博览会上获得金奖。域内有玉溪九龙池、峨山锦屏山与通海秀山等省级

华溪河

风景名胜区，还有聂耳公园与象鼻山温泉森林公园等景区及云南九大高原湖泊之一的**杞麓湖**。建有 4 座中型水库，分别为**东风水库**、飞井

华溪河玉溪市内段

海水库、黄草坝水库（石屏县）与白龙河水库，总库容 1.26 亿立方米。

华溪河上游称董炳河，流淌于丘陵河谷中，向南折西流，于州城镇河口村左纳九溪河（发源于通海县四街镇大寨，河长 18.6 千米，集水面积 150 平方千米），经东风水库入玉溪坝子称州大河，河道渠化，于李棋镇金家边右纳发源于晋宁县宝峰镇的罗木箐河（河长 32.7 千米，流域面积 121 平方千米）。继流至春和镇徐百屯右纳西河（河长 24.3 千米，流域面积 141 千米），其间飞井海水库集水区坐落有九龙池省级风景名胜区，中心景点为池潭溪流，其中大龙潭底有泉穴 7 个，潭中游鱼戏水，周围有参天古树；"乱刺棚"潭中水如珍珠，游鱼头部向下对涌泉；麻龙潭中独泉翻滚，苔藻翠绿如丝带。干流向西转南经峡谷入宽谷，流入峨山县，称峨山大河。右岸坐落有峨山锦屏山风景名胜区，景观以高原中山林地自然风光为主体。设有峨山水文站，控制流域面积 1 225 平方千米。测验河道水面宽 12～43 米，多年平均流量 8.79 立方米每秒。据洪水调查，最大洪峰流量 389 立方米每秒（1918 年）。于双江镇大白邑右纳发源于石屏县的练庄河（河长 47.6 千米，流域面积 298 平方千米），经小街镇左纳石邑河（发源于玉溪市红塔区研和镇，河长 22.4 千米，流域面积 152.2 平方千米），成为峨山县与通海县界河，复入峨山县境经水车庄、小寨等村后出峨山县入通海县，多顺直河道与宽谷，两岸盛产粮经作物。经高大乡向东入建水县后称曲江，左纳由杞麓湖流出的水。于曲江镇欧营右纳小里寨河（河长 26.5 千米，流域面积 129.5 平方千米），于太平庄右纳香木桥河（河长 33.1

华溪河水系示意图

玉溪峨山向日葵

千米，流域面积197.5平方千米），后成为建水县与华宁县界河，入华宁县于华溪镇黑白牛村左纳最大支流**龙洞河**后转向北流，称为华溪河，于建水县盘龙乡清溪江村右纳新街小河（河长21.7千米，流域面积150.7平方千米），过华镇府，于盘溪镇热水塘汇入南盘江。区段峡谷与宽谷相间，秋季满山遍野的柑橘林中挂满金黄色的果实。

8.1.10.1　东风水库
(Dongfeng Reservoir)

华溪河上的中型水库。位于云南省玉溪市红塔区，距玉溪市中心2.5千米。

水库属年调节水库，开发目标为防洪、灌溉与城市供水。水库总库容9 025万立方米，调洪库容3 423万立方米，兴利库容6 129万立方米。1958年11月开工兴建，1960年完工时坝高42米，1976年扩建加高至47米。1964年以来，水库经历了3次除险加固，于1976年12月完工。

枢纽建筑物为大坝、输水洞、溢洪道。大坝为黏土心墙坝，坝高47.41米，坝顶长450米，宽9.8米。输水洞有2个，上洞最大出流量12.7立方米每秒，下洞最大流量14.8立方米每秒。溢洪道最大泄流量165立方米每秒。

水库集水面积309.5平方千米，较大的入库河流有董炳河、九溪河、赵园河3条。多年平均年降水量912.8毫米，多年平均年径流量5 258万立方米，多年平均年输沙量14.9万立方米。设计洪水标准为100年一遇，保护下游玉溪市区21万人，耕地1.07万公顷。有效灌溉面积0.33万公顷，城市年供水量2 630万立方米。

2004年水库中心的全年水质类别为Ⅱ类，取水口为Ⅲ类。水库淹没耕地面积167公顷，迁移人口3 875人，分4次进行搬迁安置。

库区属高原峡谷湖面，两岸青山叠翠，水波绮丽。水库大坝雄踞玉溪市区上游，是玉溪坝子最重要的防洪屏障，因城市规模扩大，坝下已成为市区的一部分，现已开辟为公园。1962年6月7日，朱德委员长亲临东风水库视察，赞颂当地人民立壁断水之丰功，立碑以示纪念。

东风水库

8.1.10.2　杞麓湖
(Qilu Lake)

华溪河左岸支流上的断陷构造湖泊，属高原浅水封闭型淡水湖，又名通海湖。唐代称海河，因湖三面环杞麓山，明代改称杞麓湖。清代除沿称杞麓湖之外，还有通海湖、海子之称。"杞麓"一词为蒙古语，意为"水里长出的石头"。

概　述

杞麓湖位于云南省通海县境内，属南盘江水系。湖区属中亚热带气候，多年平均气温15.6摄氏度，多年平均年降水量881.0毫米。湖泊集水面积359平方千米，主要入湖河流为中河、窑冲及大新河。无明流出湖河道，湖水于岳家营落水洞伏流入注曲江，落水洞泄流量6.73立方米每秒。

杞麓湖

湖泊形如葫芦状，北、西和南部湖岸线由大堤控制，东部紧逼山麓。湖水位1 797.25米（黄海高程），湖面积37.3平方千米，蓄水量1.68亿立方米。水域东西长10.4千米，南北平均宽3.5千米，湖岸线长32千米，湖体东部深，西部浅，最大水深6.8米，平均水深4米。根据1995年11月公布的《云南省杞麓湖管理条例》，杞麓湖最高蓄水位为1 797.65米，最低运行水位为1 794.25米。

据1993年10月实测，湖水透明度0.4～0.5米，pH值为9.38，总硬度12.18德国度。20世纪60年代以后，环湖兴建一批氮肥、染织、五金电镀、水泥等工厂，加之农田多，人口密度大，2005年杞麓湖水质为Ⅴ类至劣Ⅴ类，水质较差，主要超标项目为化学耗氧量、总磷、总氮等。

杞麓湖高等水生植物有21科28属，以狐尾藻、苔菜、篦齿眼子菜为优势种，多分布在水深小于2.5米的湖湾，分布面积约占全湖的23%。有鱼类10属19种。

元代以前,杞麓湖湖面宽阔。据《续河西县志稿》载,元至元二十一年(1284年)湖水位1 870米左右,相应湖面面积109.36平方千米。此后凿修杞麓湖落水洞,涸出湖滨土地垦殖。至明洪武十五年(1382年),水位降至1 801米,湖面面积减少至83.67平方千米。明末,水位再降至1 797.45米,湖面面积60平方千米。民国时期,湖水位相对稳定,湖面面积缩至48.24平方千米。新中国成立后,1956年建成17个抽水站,年提湖水量775.5万立方米。1957年冬,凿深扩宽落水洞,1958年竣工放水。因泄水过多,1964年水位曾降至1 795.5米。水草晒死,湖底开裂。1968年11月至1969年4月,再次治理落水洞,凿深扩宽3米左右。1969年10月,建落水口控制闸,至1980年,湖面面积为36.86平方千米。

杞麓湖盆地具有优越的农业生产条件和丰富的土地资源,耕地面积近万公顷,占通海县耕地总面积的78.5%,沿湖建有电力抽水站182座268台机组,总装机容量10 979千瓦,灌溉面积6 000公顷。杞麓湖盆地工农生产在通海县经济社会发展中具有举足轻重的地位,工业总产值占全县的84.48%,水稻、小麦等粮食作物和烤烟等经济作物产量占全县的80%~90%。因过量围垦造成湖泊调节洪涝和抵御旱灾的能力减弱,湖水涨落对农业生产影响甚大。

纪　实

流域呈柄端向西的东西横卧的勺状地形,东与华宁县接壤,西与玉溪市、峨山县毗邻,北与江川县相望,南与石屏县、建水县相连。分水岭高程一般为2 000~2 200米,西南部龙凤山高程2 441米,为流域最高峰,滨岸平缓地带高程一般为1 797~1 840米,最大入湖河流中河自西北向东南注入杞麓湖。环湖有省级公路相连,外接

普光寺

江川、华宁、建水、石屏、红塔等县(区)。通海县城位于杞麓湖南岸,背靠秀山公园。秀山为云南省省级风景名胜区,在明朝时曾与昆明金马山、碧鸡山,大理的苍山共称云南四大名山,素有"秀甲滇南"的美誉。园内古木苍翠,建有普光寺、清凉台、万寿宫、涌金寺、白龙寺等古建筑群,其中普光寺始建于元代,主殿为斗拱式屋架,呈典型蒙古建筑形式。

秀山公园

秀山公园寺院中所种宋柏、元杉、明玉兰被誉为"秀山三绝",至今保留的匾联碑刻有200余件,有"匾山联海"和"碑林"之称。

杞麓湖西部有兴蒙蒙古族乡,是云南省蒙古族保留传统较多的蒙古族聚居区。从民族源流上看,兴蒙乡的蒙古族与北方的蒙古族同源,是南宋末年随军入滇的蒙古族人以及镇守河西曲陀关落籍的官兵,已有700多年的历史。昔日的蒙古族将士从马背上下来后,改变了过往的生活习惯,开始捕鱼捞虾,从牧民变为渔民。后来,当地于杞麓湖沼泽滩上围湖造田,昔日马背上的民族又由渔民变成了农民。

每当风平浪静,天空一碧如洗之时,杞麓湖水面从东到西便出现一条长达数丈的湛蓝色带,古人称之为"湖水拖蓝",是通海八景之一。

8.1.10.3　龙洞河
（Longdong River）

*华溪河*左岸支流,地跨云南省玉溪市江川县和华宁县。发源于江川县雄关乡东北部其林山,向西流经雄关后转东入白龙河水库,流经华宁坝子左纳龙珠河,向南汇入华溪河。河长47.3千米,落差780米,流域面积450.8平方千米。多年平均年径流量1.35亿立方米。

象鼻山温泉度假村

上游建有白龙河中型水库,总库容1 200万立方米,兴利库容955万立方米;2005年提供农田灌溉用水348万立方米,工业用水43万立方米,城市生活用水169万立方米。中部坐落有华宁县城,多年平均气温15.7摄氏度。县城驻地宁州镇陶器历史悠久,建筑陶产品远销国内和东南亚。右纳集水面积146.9平方千米的白龙河后进入下游峡谷,流域内有象鼻山温泉森林公园。象鼻山温泉出水恒定、水质优良。

8.1.11　泸江
（Lujiang River）

*西江*南盘江段右岸支流,发源于云南省红河哈尼族彝族自治州石屏县宝秀镇西部高家山,向东流经石屏县城与建水县城,于开远市折向北流,汇入南盘江。河长111.6千米,落差847.2米,流域面积4 980平方千米。

概　述

流域西部和南部与*元江*相邻,北与*华溪河*毗邻。涉及红河哈尼族彝族自治州的石屏县、建水县、开远市、个旧市和蒙自县。

地处滇东岩溶高原湖盆亚区,东北部大黑山高程2 705.4

8.1.11 泸江

泸江

米,河口高程约1 020米。多丘陵盆地,岭谷高差一般500～1 000米。区域碳酸盐类岩分布广泛,多溶蚀洼地、溶洞与暗河。分布有**异龙湖**、**长桥海**、**大屯海**和三角海,形成滇南湖泊群。流域面积大于100平方千米的一级支流有7条,分别为旷野河、塔冲河、象冲河、南庄河、羊街河、磨衣河与**沙甸河**。

流域属亚热带季风气候,多年平均气温18.4～19.8摄氏度。流域多年平均年降水量911毫米;低值区为蒙自县的雨过铺,多年平均年降水量718毫米。多年平均年蒸发量1 180～1 560毫米。流域多年平均年径流量8.20亿立方米,水力资源理论蕴藏量1.82万千瓦。2005年泸江下游南桥水文站水质为劣Ⅴ类,主要超标项目为砷和铅。区域森林覆盖率较低,水土流失较为严重,多年平均年输沙量53.3万吨。

流域为红河州人口密集的区域,交通发达。分布有石屏、建水、蒙自、开远以及个旧市乍甸、蒙自草坝等诸多坝子,生产水稻、甘蔗等

建水县迎晖门

多种粮经作物,有"滇南粮仓"之称。上游石屏县与建水县有"文献名邦"之称,建水县是国家历史文化名城与国家级风景名胜区。下游的个旧市、开远市与蒙自县为红河州重要工业区,矿业、轻化工与建材并举,个旧有"锡都"之誉。2005年,个旧市、开远市与蒙自县城镇建成区面积达52.7平方千米,城镇人口达63.01万人,城市化率达60.77%,地区生产总值达121亿元。

自然灾害以旱灾与洪灾较为严重。1389—1983年,有史料记载的旱灾有60次,其中大旱48次。1966年7月至1967年4月,建水县、开远市、蒙自县持续干旱少雨。1979年和1983年,全流域大旱。1502—2004年,有水灾90次。1971—1982年发生过11次较大洪水。2004年6—9月,建水县发生过两次大暴雨和特大暴雨,县城大面积被淹。

已建成9座中型蓄水工程,分别为高冲水库、天华山水库、**跃进水库**、绵羊冲水库、北坡水库、五里冲水库以及湖泊型水库大屯海、长桥海与三角海,总库容达3.11亿立方米。因蒙自坝子缺水,从相邻红河流域的南溪河上庄寨水库跨流域调水入五里冲水库。流域内各主要支流均建有水库,汛期洪水已基本得到了控制。泸江下游河道已经过治理,达到了20年一遇防洪标准。

纪 实

泸江河源高程1 867.2米,流入石屏县宝秀镇,入赤瑞湖。南部郑营村为省级历史文化名村,中部有一条长700多米的青石板路,街坊流传有"耕读传家"思想。保留有明清民居建筑,其中陈氏宗祠与郑氏民居为省级文物保护单位。出湖向东称海河,流经石屏县城流入异龙湖。石屏县为泸江源头第一县,为省级历史文化名城。有清代云南唯一的状元袁嘉谷故居陈列馆,为省级文物保护单位。石屏又是有名的豆腐之乡,年产10万吨的"石屏豆腐"和豆制品。异龙湖南岸青鱼湾于1971年3月凿有隧洞,湖水排入**元江**的二级支流**五郎沟河**,异龙湖出口的泸江河道曾多次断流。后于1978年堵洞蓄水,并引元江支流**小河底河**水量经高冲水库入湖,补充异龙湖水量。

出异龙湖向东,流淌于U形河谷中,北岸多岩溶峰丛。于西庄镇正那左纳旷野河(河长37.9千米,流域面积233.1平方千米)。流域有跃进水库与绵羊冲水库,

建水文庙

其中绵羊冲水库附近的绵羊冲度假村为国家级水利风景区。至西庄镇水打营右纳塔冲河(河长28.7千米,流域面积118.2平方千米),入建水县进入盆地,向南流经建水县城称芦江河,复向东流,有铁路与323国道相伴。建水古称临安,建水古城为国家级历史文化名城,又为建水国家级风景名胜区的重要组成部分,历史上曾为滇南政治、经济、文化中心。建水孔庙仿山东曲阜孔庙的布局扩建,是除了山东曲阜之外的第二大文庙,为全国重点文物保护单位。建水

彝族土司府署

城中保留有全国重点文物保护单位彝族土司府署,有"滇南大观园"之称的清代大型民居朱家花园,及朝阳楼、双龙桥、指林寺与文笔塔等一大批古建筑,其中双龙桥位于泸江纳塔冲河处,有桥洞十七孔,是我国为数不多的优秀古桥之一,为省级文物保护单位。建水县城历史上以地下水为生活用水的主要水源,分布有众多古井。建水古井造型独特,有六大名井,有人曾用对联描述为"龙井红井诸葛井,醴泉渊泉溥博泉"。东门太史巷的醴泉因酿出的酒香醇而闻名,西门西正街旁的大板井甘甜润

塔冲河双龙桥

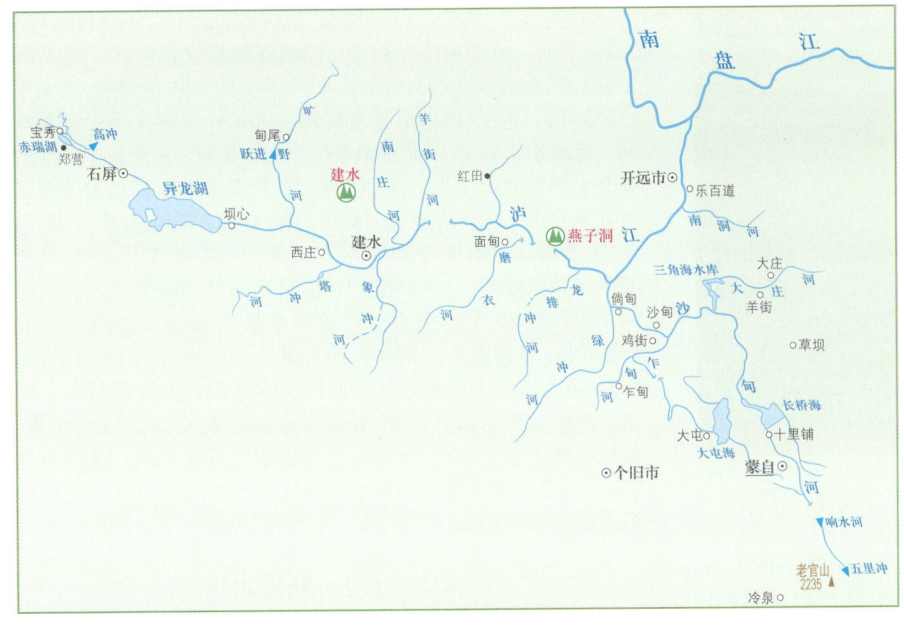

泸江水系示意图

口，至今仍是建水人做豆腐、烧开水与泡茶的首选。进入 21 世纪之后，仍有人将井水装在桶里拉到街上去卖。

出建水县城向北流，于东坝右所右纳象冲河（河长 21.4 千米，流域面积 186.5 平方千米）。设有严洞水文站，控制流域面积 1 562 平方千米。多年平均流量 3.22 立方米每秒；历年最大流量 168 立方米每秒，最高水位 1 296.80 米；有断流记录。向东流，于临安镇冯家左纳南庄河（河长 37.1 千米，流域面积 197.8 平方千米），于阿鹏寨左纳羊街河（河长 22.6 千米，流域面积 180.1 平方千米）后入落水洞，形成伏流。进口洞高 25 米，宽 30 米，洞长约 3 千米，分为前洞、中洞与后洞，古有"西南第一洞天"之说。出流后蜿蜒向东流，于面甸乡漏水洞右纳磨衣河（河长 25.9 千米，流域面积 180 平方千米），至面甸镇进入燕子洞。

燕子洞为大型石灰岩溶洞，属建水国家级风景区的重要组成部分。泸江于此奔流入洞，气势壮观。洞前古木参天，绿荫铺地，石芽丛生，石骨嶙峋。进口洞高 50 米，宽 30 米，长约 4 千米，有"洞锁三天"之称。洞内分为上下两洞，上为干洞，下为水洞，水洞的游览长度有 750 米。历经千百万年急流的冲刷和溶蚀，洞壁峭崖嵯峨，钟乳

泸江公园

建水燕子洞

垂悬。每年春夏之际，有数十万只雨燕从马来西亚、印度尼西亚等地飞聚于此筑巢孵卵。著名景观有古洞奇观、春燕云集、钟乳悬匾、采燕窝绝技等。

出燕子洞向东进入开远市境内，右纳泸江的最大支流沙甸河。于北东方向穿行于峡谷，流经开远坝。开远坝南麓的南洞出露有地下暗河，设有南洞口水文站，实测流量 1.34～44.1 立方米每秒，多年平均流量 8.72 立方米每秒。流经开远市称泸江，右岸建有公园，向北汇入南盘江。据洪水调查，开远市南桥断面以上集水面积 4 245 平方千米，最大洪峰流量 744 立方米每秒（1958 年）。建有泸江水文站，控制流域面积 4 980 平方千米。测验河道水面宽 30.9～46.6 米，多年平均水位 1 048.65 米，平均流量 20 立方米每秒。历年最大流量 288 立方米每秒，最小流量 0.8 立方米每秒。

8.1.11.1 异龙湖
(Yilong Lake)

又名石屏湖，彝语原名"邑罗黑"，意为"龙吐水形成的海"，"异龙湖"为其音译。泸江上游干流上的高原淡水湖泊，属溶蚀构造湖泊。

异龙湖

概 述

异龙湖位于云南省红河哈尼族彝族自治州石屏县。入湖主源称海河，其他支流多为季节性河流，有城南河与城北河等。注入南盘江。汇流面积 326.0 平方千米，北岸有高冲水库引元江支流水量补给湖区，引水区面积 183.8 平方千米。出湖河流为泸江。

湖面形似横卧巨虾，湖水位 1 414.2 米（黄海高程），湖面面积 34.0 平方千米，蓄水量 1.13 亿立方米。水域长 13.5 千米，最大宽 3.2 千米，平均宽 2.8 千米，最大水深 6.2 米，平均水深 2.4 米，根据 1994 年 9 月公布的《云南省红河哈尼族彝族自治州异龙湖管理条例》，异龙湖正常蓄水位为 1 414.2 米，相应水量 1.13 亿立方米；最低运行水位为 1 412.08 米，相应水量 5 000 万立方米。

区域地貌属滇东岩溶高原湖盆亚区，湖底湖积层深厚。湖区地处北回归线附近，属暖温性气候，夏季炎热，冬无严寒，多年平均气温 18 摄氏度，多年平均年降雨量 894.0 毫米，全年无霜期约 360 天。据 1998 年数据，异龙湖多年平均年来

异龙湖

水量 0.74 亿立方米,其中本区水量 0.54 亿立方米,引入元江小河底河上游支流水量 0.29 亿立方米。

异龙湖承纳石屏县城污水,是一个污染较严重的湖泊。据 1993 年调查,湖水透明度 0.25 米,pH 值 8.84,总硬度 13.5 德国度,矿化度 457.07 毫克每升。2005 年异龙湖水质为 Ⅳ 类至劣 Ⅴ 类,主要超标项目为化学耗氧量、pH 值、总氮等。湖中挺水植物以莞水葱和芦苇为主,沉水植物以篦齿眼子菜和亮叶子菜为优势种,海菜花因围垦灭绝,菱苡也极少见。鱼类有鲫、鲤、马口鱼、黄鳝、乌鳢、泥鳅、青将 7 种,以鲤鱼为优势种。自 1957 年起陆续向湖中投放青、草、鲢、鳙及鲤、非洲鲫、武昌鱼、尼罗罗非鱼、高背鲫等鱼苗,1984 年进行了网箱养鱼试验及推广工作,1993 年产鱼 1 250 吨。

纪 实

异龙湖为云南省省级风景名胜区,两岸分水岭高程一般 1 700~2 000 米,最高峰为西部笔架山 2 168.5 米。323 国道环湖南部通过,石屏县城位于湖之西岸,湖面呈东西向展布,东部稍窄,西部较宽,与上游赤瑞湖(宝秀湖)有海河连通。历史上湖周 20 里,遍植芙蕖。曾有大瑞城、小瑞城与马宝龙三岛,湖岛与湖湾相映成景,当地称"三岛九曲七十二弯"。因湖水位下降,大瑞城与小瑞城已涸为陆域小丘。湖的北缘紧倚乾阳山,湖岸线平直。南岸是五爪山脉,**系元江与珠江**分水岭,沟谷发育形如五爪伸入湖中,山水相间形成众多湖湾。较大的湖湾有大湾子、高家湾、杨家湾、蚂蟥湾、豆地湾、罗色湾、狮子湾、青鱼湾和白浪湾。风景以清晨与夜晚最为迷人,清晨湖面云烟朦胧,鱼鸟沉浮;夜晚湖水月相映,微风中有时挟带彝家儿女海菜腔的深情对唱,浪漫而缥缈。纵观异龙湖水域岛上花木茂盛,湖畔风景秀丽,湖四周良田绵延。近年来营建的万亩荷花园区位于异龙湖西岸浅水区,每年 6—10 月,大红、粉红、乳白、紫红四色荷花,竞相开放,清香远溢,有"接天莲叶无穷碧,映日荷花别样红"之意境,赏荷的人们络绎不绝。

异龙湖的形成时间,旧地方史志均无详载。据《中国历史地图集》所载,秦汉时已有此湖。又据乾隆《石屏州志》、民国《石屏县志》记载,唐代本地土著民族乌麽蛮到末央岛(小瑞城)筑城建屋。元末,异龙湖上曾发生大规模海战,"击沉敌艘三百余"。石屏学者袁嘉谷认为,石屏"城下之石系水成岩""建水之莲花池亦均有之,且其石之色之质同一,显系一水所成",由此可以推想到"湖水之度数在数千年以上必较高于今日而与建水坝成为一海"(民国《石屏县志》卷四十)。

历史上最高湖水位 1 419.78 米,湖容量约 4 亿立方米。1573 年、1732 年、1773 年与 1918 年湖水暴涨入东城,尤以 1918 年为甚,"水淹江门三尺深"。从明洪武十六年(1383 年)"明军平滇,留军屯田"开始,湖涸逐渐形成耕作区,至 1758 年曾 6 次疏浚海口河,湖水向泸江排放。从清乾隆三十年(1765 年)"邑绅赛玛凿青鱼湾洞"开始,又多次动工开凿隧洞以泄湖水。1952 年异龙湖水位 1 415.3 米,东西长 15 千米,南北平均宽 3.5 千米,水面面积 52 平方千米,蓄水量 2.0 亿立方米。1953 年疏挖海口河,至 1961 年湖水位下降至 1 412.2 米,蓄水量为 1.09 亿立方米。1970 年 1 月 20 日动工开凿青鱼湾隧洞,1971 年 3 月 10 日凿通并向红河流域的五郎河排放,至 1978 年平均每年放出水量 0.39 亿立方米。1979 年和 1980 年遭遇连续枯水,异龙湖于 1981 年 4 月 28 日干涸,历时 20 余天。湖涸后,从三岔河引水入湖,1983 年后雨水偏丰,湖水位逐渐回升,至 1985 年水位已恢复到 1 412.18 米。流域已建成大小水库 38 座,蓄水 2 387 万立方米,灌溉耕地 2 400 公顷。湖滨建有抽水站 57 座,装机容量 4 041 千瓦,灌溉农田 1 800 公顷。

8.1.11.2 跃进水库
(Yuejin Reservoir)

泸江左岸支流旷野河上的中型水库。位于云南省红河哈尼族彝族自治州建水县甸尾乡,距建水县城 30 千米。

水库属多年调节水库,功能以灌溉与防洪为主。总库容 5 370 万立方米,调洪库容 1 390 万立方米,兴利库容 3 910 万立方米。1958 年 1 月开工兴建,当年建成时坝高 27 米,1976 年将大坝加高 2 米,增建溢洪道,1978 年 6 月完工。

枢纽建筑物为大坝、输水洞、溢洪道。大坝为均质土坝,坝高 29 米,坝顶长 187 米,宽 6 米。有砌石无压输水洞 2 个,最大过水流量均为 6 立方米每秒。开敞式溢洪道,堰宽 20.6 米,最大泄流量 41.3 立方米每秒。

水库集水面积 180 平方千米,多年平均年降水量 851 毫米,多年平均年径流量 2 860 万立方米。有效灌溉面积 0.37 万公顷,年供水量 2 130 万立方米。设计防洪标准为 100 年一遇,防洪保护下游 10 万人,耕地 0.47 万公顷。2003 年水质为 Ⅲ 类。水库淹没耕地 20.67 公顷,迁移人口 4 760 人。

8.1.11.3 沙甸河
(Shadian River)

泸江右岸支流,亦称临安河。发源于云南省红河哈尼族彝族自治州蒙自县冷泉镇老官山一带,向北流经蒙自坝,于个旧市倘甸镇汇入泸江。流域面积 1 664.7 平方千米,多年平均年径流量 3.73 亿立方米。2002 年下游鸡街断面水质为劣 Ⅴ 类,涉及红河哈尼族彝族自治州蒙自县、个旧市和开远市。

流域属亚热带季风气候区。域内多年平均年降水量 840 毫米,年际变化大。多年平均年水面蒸发量 1 180~1 510 毫米。地处云南低纬高原岩溶湖盆区,地势南高北低,碳酸盐类岩广布,为不闭合流域。集水面积大于 100 平方千米的一级支流有 3 条,分别为大庄河、乍甸河与绿冲河。多溶蚀洼地,流域内分布有**长桥海**、**大屯海**和三角海等湖泊水库。

河源段称响水河,过响水河水库后称沙拉河。流经长桥海后,接纳大屯海余水称嘉明河,复纳蒙自县草坝镇黑龙河地下水称黑水河。于开远市羊街乡老燕子右纳大庄河(河长 24.9 千米,流域面积 177 平方千米)弃水,入个旧市沙甸镇称沙甸河,再于个旧市沙甸镇团坡右纳乍甸河(河长 20.3 千米,流域面积 133 平方千米),于个旧市倘甸镇坝头纳绿冲河(河长 28.6 千米,流域面积 150 平方千米)后向北流。流域内交通便利，工农业生产发达。蒙自县的石榴、米线与电池均为品牌产品，开远市是云南省重要的能源、化工、建材基地，个旧市以"锡都"闻名。中部有蒙开个大型灌区，有效灌溉面积2.44万公顷，2005年粮食总产量18.89万吨。

1937年前，中部的蒙自、开远与个旧的湖盆区域，遭遇大雨或暴雨易于淹涝，洪水只能靠零星落水洞下泄。1937年后凿通全长300米的黑冲山峡，将洪水引入沙甸河。中华人民共和国成立后，采取了拦蓄本区径流与跨流域调水等工程措施。1953年从**元江**流域的北溪河开挖水沟引水灌溉蒙自坝农田，1958年又在南溪河建庄寨水库，兴建60千米的工农大沟，跨流域引南溪河水北上。1993年兴建五里冲水库跨流域调水，基本解决了蒙自、开远、个旧坝区的用水问题。

沙甸河夕阳

流域内农产品以稻谷、玉米和牛奶为主，主要经济作物有甘蔗、烤烟、水果和蔬菜。

8.1.11.3.1　长桥海
(Changqiaohai Lake)

沙甸河支流犁江河上的淡水湖泊，位于云南省东南部红河哈尼族彝族自治州蒙自县十里铺乡，距蒙自县城7千米，北回归线在长桥海流域区穿过。

长桥海

主要入湖河流有从湖南侧入湖的沙拉河和犁江河，其余为小溪流。出水口为西北端的嘉明河（又名水丰渠），仅汛期流经黄草坝后，转向西北入沙甸河。集水面积167平方千米，水量不足时由五里冲水库跨流域引**元江**支流**南溪河**水和黑水洞引洪渠等工程补给。

1955年筑坝建闸使长桥海变成长堤海，成为人工湖，数次扩建后北东与西南方向的两道长堤将湖水面围成箭头向东的湖面，设计最高洪水位1 288.44米，总湖容量为4 488万立方米，水面面积为10.8平方千米。正常湖水位1 288.20米，湖容量4 000万立方米；最低湖水位1 284.05米，湖容量175万立方米。

长桥海地处云南省东南部岩溶高原湖盆区，属南亚热带高原季风气候，多年平均气温18.7摄氏度。地带性土壤为红壤，湖区四周已改造为耕作土。植被为亚热带雨林，因砍伐而由灌丛取代，森林覆盖率11%，耕作区主要种植水稻、甘蔗、蚕桑和蔬菜等。多年平均年降水量815.6毫米，多年平均年蒸发量1 428.2毫米，多年平均年径流量5 662万立方米。因污染2003年水质为劣Ⅴ类。水生植物以马来眼子菜和狐尾藻为优势种。有鱼类15种，以适应性强的土著鲤鱼、鲫鱼和放养鱼类草、鲢等为优势种。

长桥海为岩溶高原湖盆区低洼地积水而成的天然湖泊，历史上曾与西部的大屯海连成一片。明天顺三年（1459年）知县陆刚为沟通与草坝、开远陆上交通，曾在仁厚村西筑堤，并建有长桥一座，遂将湖泊一分为二，桥东部分名**大屯海**，桥西曰长桥海。清乾隆续修《蒙自县志》记载："长桥海在镇远哨，明天顺三年（1459年），知县陆刚建土堤，覆以木为桥，夏秋水溢以舟渡，后邑人魏之选、贡生杜华生等易木以石"。湖盆主要分布第四系湖积和冲积层，其下为第三系泥灰岩，东北部马街哨附近岩溶漏水。1937年，开蒙垦殖局主持围堵马街哨落水洞，兴建长桥海南岸长堤，引长桥海水灌溉草坝农田。20世纪50年代以前，水面面积20平方千米，每到枯季湖水消落甚至干涸。新中国成立后，进行一系列的工程建设，包括修筑东坝隔开落水洞，修筑南坝、新西坝以及坝外建排灌泵站，围垦湖滩地1 000公顷。1989年5月，长桥海建设项目竣工，灌溉草坝和蒙自坝农田0.38万公顷，城镇年供水量200万立方米。

8.1.11.3.2　大屯海
(Datunhai Lake)

彝语为"矣波黑"，意为"湖底有涌泉"。因盛产鲤鱼，又名鲤海。**沙甸河**流域的淡水湖泊，因紧靠古镇大屯得名大屯海。位于云南省红河哈尼族彝族自治州蒙自县城西北的蒙自县与个旧市接界地带，其北东与**长桥海**相邻，南部有国道326通过。

主要入湖河流有小新寨河等，出流经沙甸河入**泸江**，集水面积284.5平方千米，年引乍甸河、芦冲河水约500万立方米。1965—1966年筑坝围堤，大屯海成为人工控制蓄泄的湖泊。设计最高洪水位1 286.36米，湖面面积12.33平方千米，总湖容量4 470万立方米；正常湖水位1 285.55米，湖容量3 828万立方米；最低湖水位1 282.60米，湖容量20万立方米。

湖区属南亚热带高原季风气候，多年平均气温18.7摄氏度。多年平均年降水量717.6毫米，多年平均年蒸发量1 484毫米，多年平均年径流量2 674万立方米。湖水透

大屯海

明度0.78米，pH值8.85，总硬度9.6德国度。2002年水质为Ⅳ类。水生植物分布面积1.2平方千米，以马来眼子菜和狐尾藻为优势种。有鱼类14种，其中土著鱼类9种，主要经济鱼类有山白鱼、条纹刺鲃、华南鲤、无须鱼、草鱼、鲢鱼、鳙鱼、鲫鱼和胡子鲶等，以华南鲤鱼和鲫鱼为主，1993年曾经干湖，1994年恢复蓄水，水生生物资源比原先更为缺乏。

沿湖有耕地面积4 590公顷，其中围垦湖滩地面积195公顷，已建成抽水站10余处，装机容量3 965千瓦，年均抽水量1 630万立方米，其中个旧市和云南锡矿公司年用水量约1 000万立方米。大屯海主要灌溉大屯坝，有效灌溉面积0.17万公顷，设计防洪保护耕地507公顷，城市供水140万立方米。

大屯海原面积25.68平方千米，是一个自然吞吐型湖泊，历史最大湖容量约1亿立方米。其北部与长桥海相连，木船可通行于蒙自县碧色寨至个旧市大屯街（现为大屯镇）之间。《续蒙自县志》卷方舆山川十五记载："鲤海，旧名矣皮草海，在县西三十里为大屯海，千顷汪洋，海岸陂陀开田，曰海底田，屯人即海心处筑台建楼阁。其中产海菜，鱼肥美"。1910年，滇越铁路通车后，个旧锡矿所需物资由碧色寨火车站接运至马街哨下船经长桥海与大屯海直抵大屯街。1938年，开蒙垦殖局修建长桥海龙脖子西坝及闸门，隔开长桥海与大屯海。1958年以后，个旧市、蒙自县先后沿湖兴建泵站抽提水灌溉农田，云南锡业公司提水供云锡矿山工业用水，其后又开挖乍甸至蚂蟥塘引水沟引水入大屯。1966年修建大屯海围堤，水面面积由23平方千米缩小为12.4平方千米，又复经多次续建和加固，大屯海成为人工控制蓄泄的湖泊，因湖水损耗量大，一般年份已不泄水。

8.1.12　甸溪河
(Dianxi River)

西江南盘江段左岸支流。发源于云南省曲靖市师宗县雄壁镇沙石坡，向南流经弥勒坝子，于弥勒县朋普镇汇入南盘江。河长195.7千米，落差1 135米，流域面积3 272平方千米。地跨曲靖市师宗县、陆良县，昆明市石林县，红河哈尼族彝族自治州弥勒县和泸西县。

流域地处滇东南岩溶高原湖盆区，地势北高南低。北邻巴江，西邻南盘江。区域内碳酸盐类岩分布较广，有众多溶蚀洼地与漏斗。集水面积大于100平方千米的一级支流有白路村河、**白马河**、**花口河**、里方河与矣厦河沟。

流域属亚热带季风气候区，总体上干旱少雨，中部弥勒县城多年平均气温17.8摄氏度。多年平均年降水量793毫米，多年平均年蒸发量1 200～1 400毫米。多年平均年径流量9.49亿立方米。2005年尤家寨水文站断面水质为Ⅱ～劣Ⅴ类，主要超标项目是铅。下游锁龙寺断面水质为Ⅲ～Ⅴ类，超标项目为五日生化需氧量和氨氮。326国道纵贯南北。

甸溪河源头段称板桥河，多岩溶丘陵，流经**板桥河水库**。入泸西县，流经三河镇、旧城镇，至金马镇称

甸溪河

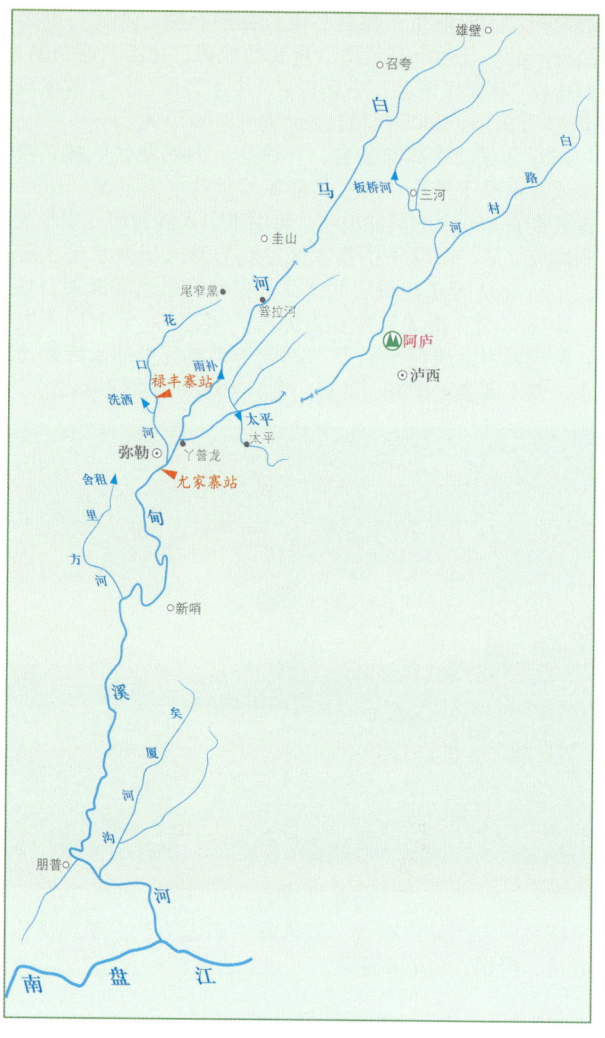

甸溪河水系示意图

金马河，东流至布白村左纳白路村河（河长35千米，流域面积150.8平方千米），经天生洞与大黑山有两处伏流段，入弥勒县称禹门河，进入弥勒坝子，经**太平水库**先后于弥阳镇丫普龙村右纳白马河，经弥勒县城弥勒镇于弥东哨右纳花口河后称甸溪河。弥勒坝子为世界知名的优质酿酒葡萄种植基地，北部锦屏山塑有弥勒大佛，中部为弥勒县城所在地。弥勒县盛产粮、烟、蔗糖与葡萄，"红河"牌卷烟与"云南红"葡萄酒蜚声中外。设有尤家寨水文站，控制流域面积1 856平方千米。测验河道水面宽13～48.3米，多年平均流量14.9立方米每秒。南流经章保、中以则、新发三个村，于新哨镇右纳里方河（河长21.6千米，流域面积205.9平方千米），出弥勒坝下流蜿蜒流淌于丘陵宽谷，两岸多柳树竹丛。向南经峡谷入竹园坝子，种植水稻与甘蔗等粮经作物，沿着326国道经矣果、那庵、庆来三个村，庆来村有熊庆来故居，为省级文物保护单位。至矣厦村左纳矣厦河沟（河长35.6千米，流域面积194.8平方千米），向东转南于朋普镇岭格汇入南盘江，河口高程约990米。据洪水调查，弥勒县点子寨至七孔桥下集水面积3 220平方千米，最大洪峰流量639立方米每秒（1915年）。

甸溪河的水利建设，始于明宣德元年（1426年），于竹园坝兴建小东沟引灌农田。1941年，云南省建设厅水利局在甸溪河上筑坝引水灌溉，设计引水流量1.5立方米每秒，称为"甸惠渠"。中华人民共和国成立后，上游兴建蓄水工程，下游修筑水渠灌溉，对甸溪河及其支流河道进行了整治，建有数座小水电站。流域共兴建有6座中型水库，分别为上游的板桥

河水库与阿味水库，中游的洗洒水库、雨补水库、太平水库与舍租水库，总库容 2.64 亿立方米。

8.1.12.1 板桥河水库
(Banqiaohe Reservoir)

甸溪河上游的中型水库，又称阿拉湖，位于云南省红河哈尼族彝族自治州泸西县旧城镇，距泸西县城 28 千米。

水库属多年调节水库，功能为灌溉与防洪。水库总库容 7 687 万立方米，防洪库容 656 万立方米，兴利库容 5 946 万立方米，死库容 1 085 万立方米。1957 年 11 月开工兴建，1978 年进行扩建，1985 年 12 月完工。

板桥河水库

枢纽建筑物为大坝、输水洞、泄洪洞、溢洪道。大坝为黏土斜墙坝，坝高 37.77 米，坝顶长 290 米，宽 8 米；开敞式溢洪道最大泄流量 63.4 立方米每秒。

水库集水面积为 81 平方千米，引入区集水面积为 171 平方千米，多年平均年降水量 989.3 毫米，多年平均年径流量 2 980 万立方米。主要灌溉泸西县金马坝农田，有效灌溉面积 0.45 万公顷。设计洪水标准为 100 年一遇，防洪保护下游 4.37 万人、耕地 0.25 万公顷。2001 年水质为 Ⅲ 类。

库盆为两条相互平行的河谷，其中东支回水长约 10 千米，最大水面面积为 530 万平方米。水库淹没耕地 185 公顷，迁移人口 4 704 人。

板桥河水库，于 2005 年被水利部批准为国家级水利风景区。阿拉湖之由来，其一说是彝族阿庐部大将阿拉镇守西部雄关，御敌战殁于板桥河上，部落将其葬于河畔的山坡上，称为阿拉垅，水库因之称阿拉湖；其二说是区域为古"阿拉"先民部落繁衍生息地。阿拉湖水域湖湾发育，湖周有天然林分布，春日杜鹃映山红，夏日雨后多野菌，秋来棠梨挂枝头，冬有山茶笑迎客，具有"山、水、花、木"相交融，"奇、古、野、绝"相辉映的自然景观和人文景观。

8.1.12.2 太平水库
(Taiping Reservoir)

甸溪河支流上的中型水库，位于云南省红河哈尼族彝族自治州弥勒县弥东乡，距弥勒县城 15 千米。

水库属多年调节水库，功能为防洪、灌溉与农村饮用水。水库总库容 8 589 万立方米，防洪库容 668 万立方米，兴利库容 7 368 万立方米。1956 年 12 月开工兴建，因地处岩溶地区分期加高大坝，1958—1965 年加高至 23.9 米；1976—1986 年两度加高坝体，1989 年 12 月完工。

枢纽建筑物为 1 座主坝、1 座副坝与 2 个输水洞。主坝为均质土坝，坝高 28.73 米，坝顶长 758 米，宽 6 米。副坝高 6 米，长 235 米。输水低洞最大泄流量 25.9 立方米每秒，输水高洞最大过流量 14.9 立方米每秒。

水库集水面积 48.9 平方千米，多年平均年降水量 971.7 毫米，多年平均年径流量 1 407 万立方米，引入区集水面积为 632 平方千米。设计洪水标准为 100 年一遇，防洪保护下游 15

太平水库

万人、耕地 1.3 万公顷。有效灌溉弥勒坝子农田 7 000 公顷，提供约 2 万人的农村饮用水。2002 年水质为 Ⅳ 类，总氮有超标现象。水库淹没耕地 800 公顷，迁移人口 1 548 人。

库区地处碳酸盐类岩地层，水库湖面开阔，水波清漪，四周青山叠翠，具有高原湖泊风光。灌区弥勒坝灌溉经济效益显著，现已发展成为"红河"牌香烟、"云南红"葡萄酒与竹园红糖的生产基地。

8.1.12.3 白马河
(Baima River)

甸溪河右岸支流，发源于云南省曲靖市的师宗县雄壁镇大堵杂村，于弥勒县弥东镇汇入甸溪河，干流全长 74.9 千米，河道比降 9.4‰，流域面积 445.3 平方千米。流域涉及曲靖市师宗县、陆良县，昆明市石林县，红河哈尼族彝族自治州的泸西县和弥勒县。

流域地处云南省东南部岩溶高原湖盆区，东部与甸溪河相邻，西部与花口河毗邻。地势东北高西南低，干流由东北向西南穿行，沿途大部为岩溶湖盆区，碳酸盐类岩分布较广，孤峰林立，溶蚀洼地、漏斗星罗棋布，溶洞、暗河屡见不鲜。河源高程 2 145 米。

流域属亚热带季风气候区。流域海拔在 1 450～2 200 米，多年平均气温在 16～20 摄氏度，属半湿润地区。流域由于处于高原岩溶湖盆区腹地，晴天日数多，年日照时数为 2 170～2 317 小时。

流域多年平均年降水量 980 毫米，年际变化大，年内分配不均，5—10 月降水量占年降水量的 85% 左右，连续最大 4 个

白马河

月降水量多集中在6—9月,占年降水量的67%左右。流域多年平均年水面蒸发量在1 200～1 400毫米之间。多年平均流量6.52立方米每秒,多年平均年径流量2.06亿立方米。2003年白马河雨补水库水质为Ⅱ类,大凹革断面水质为Ⅲ类。

白马河自源地由东北向西南流经陆良县召跨镇东南部后,河流为石林县与泸西县界河,此段以上又称矣维河,在石林县圭山镇汪家河村进入石林县境内,以圭山煤矿以南的暗河出口为分界,上游称汪家河,下游称普拉河,经普拉河电站、左溪电站出境进入弥勒县雨补水库,在弥勒县境内称白马河,入甸溪河汇口地高程1 450米,河流落差695米。路南县圭山一带有大量地下水汇入。上游泸西县境内开挖矣维河隧洞,引水入板桥河水库;下游雨雪坝大沟引白马河水灌溉弥勒坝区农田。

8.1.12.4　花口河
（Huakou River）

甸溪河右岸支流,发源于云南省石林彝族自治县圭山镇尾乍黑村,在弥勒县弥阳镇弥东哨汇入甸溪河,干流全长28.4千米,河道比降15.4‰,流域面积363.5平方千米,涉及云南省石林县、弥勒县。

流域地处云南低纬高原岩溶湖盆区,属亚热带季风气候区。由于西南季风和东南季风受西部和南部哀牢山的阻截而发生突变,区内降水较少。流域高程1 450～2 100米,多年平均气温16～21摄氏度,属半干旱半湿润地区。晴天日数多,年日照时数2 170～2 317小时。流域多年平均年降水量980毫米,年际变化大,年内分配不均,5—10月降水量占全年降水量的80%左右,连续最大4个月降水量多集中在6—9月,占全年降水量的60%左右。流域内多年平均年蒸发量1 370毫米。

源地高程1 910米,地势北高南低,上游为岩溶地貌,河源段多为地下暗河。进入弥勒县西三镇后称龙潭河,左纳千龙洞河后称为花口河。向南入弥勒坝,于弥勒县城附近汇入甸溪河。西三镇花口村开辟有锦屏山公园,山顶塑有19.99米高的弥勒大佛坐像,为弥勒县标志性建筑物。汇口地高程1 450米,落差460米。

据下游禄丰寨水文站实测资料,花口河多年平均流量2.97立方米每秒,多年平均年径流量0.94亿立方米。水质为Ⅱ类。

锦屏山公园弥勒像

流域内主要蓄水工程为中型的洗洒水库,引花口河蓄水,总库容1 604万立方米,主要供弥勒县城生活用水和部分农田灌溉用水。

8.1.13　中和营河
（Zhongheying River）

西江南盘江段右岸支流,发源于云南省红河哈尼族彝族自治州开远市碑格乡大黑山,向北于中和营乡绿水坛村以北流入南盘江。干流全长23.7千米,河道比降33.2‰,流域面积429平方千米,涉及开远市和砚山县。源地高程1 835米,汇口地高程985米。河道落差850米,流域东部与**元江**支流盘龙河相邻,西部和南盘江的二级支流火可河毗邻,北部为南盘江干流。中和营河流域地势西南高东北低,干流由南向北穿行。地处云贵高原的岩溶山区,碳酸盐类岩分布较广,溶蚀洼地、溶洞屡见不鲜。

流域地处云南低纬高原岩溶湖盆区,属亚热带季风气候区,多年平均气温16～20摄氏度。由于西南季风、东南季风受西南部哀牢山的阻挡,降水较少,多年平均年降水量876毫

中和营河

米,属半干旱半湿润地区。降水量年际变化大,年内分配不均,5—10月降水量占全年降水量的80%左右。流域多年平均年径流量0.86亿立方米。

中和营河由南向北流经中和营镇、飞鱼泽电站,河流水质为Ⅱ～Ⅲ类。流域内有汉、彝、苗、壮、回等民族,主要粮食作物有水稻、玉米、小麦和薯类,主要经济作物有烤烟、干果等。流域内有米朵溶洞、云窝寺、飞鱼泽瀑布等风景名胜。

8.1.14　六郎洞河
（Liulangdong River）

西江南盘江段右岸支流,位于云南省文山壮族苗族自治州丘北县西部。河源段地处岩溶山区,上游河段以地下暗河为主,下游出露于六郎洞,向西汇入南盘江。流域面积约973.1平方千米,其中明流区38.6平方千米,伏流区934.5平方千米。多年平均流量23.1立方米每秒,水力资源理论蕴藏量4.59万千瓦,技术可开发量2.5万千瓦。

流域地处滇东喀斯特高原,地势北高南低。最高峰高程2 128米,河口约970米。地形以喀斯特峰丛、洼地为代表,地下洞穴众多,以溶蚀性洞穴、裂隙性洞穴为主。明流区上游植被较好,有亚热带常绿阔叶林、落叶阔叶林及针叶林。暗流区为岩溶石山区,地表植被稀疏。据洪水调查,下游河口段集水面积939平方千米,最大洪峰流量126立方米每秒(1928年)。

下游六郎洞电站是中国第一座在岩溶地区直接利用地下水发电的水电站。工程于1958年开工兴建,于六郎洞出流洞口建造水坝形成地下水库,正常蓄水位1 092.94米,有效库

六郎洞河

容 4.88 万立方米。电站最大水头 118 米，最小水头 100 米；单机设计流量 13.7 立方米每秒，总装机容量 2×1.25 万千瓦。

8.1.15 小江
(Xiaojiang River)

西江南盘江段左岸支流，发源于云南省曲靖市师宗县彩云镇北部，向西南流经泸西坝子，于泸西县永宁乡西部汇入南盘江。河长 76 千米，落差 1 051 米，流域面积 857 平方千米。涉及师宗县与泸西县、弥勒县。

流域地处滇东南部岩溶湖盆区，地势西北高东南低。碳酸盐岩分布广泛，区域多溶洞伏流。属亚热带季风气候区，中部多年平均气温 15.1 摄氏度，多年平均年降水量 1 014 毫米。多年平均流量 9.1 立方米每秒，水力资源理论蕴藏量 5.95 万千瓦，技术可开发量 3.64 万千瓦。2000 年上游益谷坝断面水质为 V 类，五日生化需氧量超标。

东部建有五者水库，总库容 1 320 万立方米，兴利库容 1 101 万立方米，具有农田灌溉与乡镇供水功能。中部建有白水塘水库，总库容 3 350 万立方米，兴利库容 3 150 万立方米，2005 年农田灌溉供水 1 140 万立方米。兴建有多处小型蓄水与引水工程，开挖的工农隧洞保障了泸西坝有效排洪。主要粮食产区有白水坝子、泸西坝子与永宁坝子。下游梯级开发水电，建有 4 座水电站。

上游称师宗河，分布有龙潭泉水，流淌于缓丘平坝中。入泸西县境后于白水乡左纳五者河。设有益谷坝水文站，控制流域面积 254 平方千米。多年平均流量 1.28 立方米每秒，有断流记录；历年最大流量 61.2 立方米每秒，最高水位 1 796.59 米。向南流经泸西坝子与永宁坝子，又称西大河，有伏流河段。南下又入峡谷落水洞，于冒烟洞出流，伏流段长约 2 千米。向西称小江，进入峡谷，建有梯级水电站，河口高程约 925 米。

中部坐落有泸西阿庐古洞景区，属国家级风景名胜区，阿庐古洞号称"云南第一洞"。主要景点是一组地下溶洞群，为号称九峰十八洞的古老地下洞府，明代旅行家徐霞客曾两次入洞考察。洞内有长约 800 米的玉笋河，水流平缓而见底。生存有透明鱼，其骨骼与内脏清晰可见。

阿庐古洞

8.1.16 补党河
(Budang River)

西江南盘江段右岸支流，发源于云南省文山壮族苗族自治州丘北县官寨乡石场焰，向北流至师宗县高良乡梳轰汇入南盘江。河长 39 千米，河道比降 16.3‰，流域面积 496.5 平方千米，流域涉及文山州丘北县和曲靖市师宗县。

补党河丘北段

流域位于云贵高原东部，流域内多中山、低中山分布。喀斯特地貌较为发育，总体地势南高北低。自然落差 564 米，河口高程 786 米。中上游流经山丘，下游河道顺直，支流稀少。源头一带为长 6 千米、宽 400 米的东西向小坝子，坝子内村寨密集，有水头、石磨、田心等大小 12 个村寨，坝子西端有一小水塘。

流域区内多年平均年降水量 1 200 毫米，年际变化大，年内分配不均，5—10 月降水量占全年降水量的 80% 左右。多年平均流量 6.5 立方米每秒。多年平均年蒸发量在 1 200～1 400 毫米之间。

流域多年平均年径流量 2.05 亿立方米，水力资源理论蕴藏量 2.48 万千瓦。

8.1.17 设里河
(Sheli River)

西江南盘江段右岸支流，发源于云南省文山壮族苗族自治州丘北县温浏乡附近山丘，于盘江大桥下游汇入南盘江。河长 50.9 千米，河道比降 10.8‰，流域面积 348.3 平方千米，流域涉及丘北县和师宗县。

上段称凤尾河，向北流经师宗县高良乡的雨夏电站、南盘江林业局电站，之后转向东北，横穿高良乡政府所在地，多年平均流量 6.1 立方米每秒。落差 700 米。

流域内多为中低山分布，总体地势南高北低。岩溶地貌较为发育，溶隙、漏斗、孤峰、石林、盲谷、落水洞等各种岩溶形态齐全。常见的植被有针叶林思茅松、杉木和低矮灌木。

流域属南亚热带气候，干湿季明显，11 月至次年 4 月为干

设里河

季，常受来自西亚干暖气流控制，多晴少雨，日照充足。5—10月为雨季，主要受来自孟加拉湾和南海的西南暖湿气流和东南暖湿气流影响，水汽含量高，降水丰富，

高良水牛

降水的空间分布受地形影响，局部暴雨较为常见。气温年较差小，日较差大，多年平均气温13.7摄氏度，气候特性是"冬无严寒，夏无酷暑"。

设里河水力资源理论蕴藏量1.88万千瓦。已建成科白电站、雨夏电站和南盘江林业局电站。流域大部分集水区域位于师宗县境内，主要种植玉米、水稻、生姜等作物，草山分布广泛，适宜畜牧，高良水牛为优良畜种。

8.1.18 清水江
(Qingshui River)

西江南盘江段右岸支流，清朝称马别河，为流经云南省与广西壮族自治区的省际河流。发源于云南省文山壮族苗族自治州砚山县者腊乡，向北流经丘北县与师宗县后进入广西境内，于八大河附近汇入南盘江。干流长211千米，流域面积5 488平方千米，比降4.08‰。

概　　述

流域位于云南省东南部，东经104°11′~104°43′，北纬23°31′~24°39′。地跨云南省文山壮族苗族自治州砚山县、丘北县、广南县、曲靖市师宗县、罗平县以及广西壮族自治区西林县，北接南盘江干流，南部与红河流域的盘龙河、南利河水系相邻。

清水江

地处滇东南岩溶山原亚区，地势南高北低。最高峰为西部双人洞，高程2 320米，河口高程约725米。区域碳酸盐岩溶形态齐全，多孤峰、溶蚀洼地、落水洞与暗河。上游多丘陵峰丛，分布有**普者黑湖**泊群，周边为开阔盆地。中下游为中低山地貌，坡陡谷深。

集水面积大于100平方千米的一级支流有4条，分别为**北门河**、者莫河、石葵河与安歪河。

流域属中亚热带气候。夏秋之季的东南和西南暖湿气流活跃，暖湿多雨；冬春季节常为变性冷高压和干暖偏西气流控制，多晴少雨，光照充足。流域多年平均年降水量1 065毫米，降水量分布为山区大于丘陵，迎风坡大于背风坡。降水主要集中于7—9月，中下游多于上游。因流域内岩溶发育为不完全闭合流域，有少量地下水流入红河流域。2000年清水江上游听湖水质为Ⅲ类，中游的公革桥断面为Ⅰ类，下游那施大桥为Ⅱ~Ⅲ类。

森林植被主要是云南松、杉木，森林覆盖率25.8%。水力资源理论蕴藏量22.89万千瓦，技术可开发量6.35万千瓦。金属矿有锰、铅、锌、铜、铁、锑、铝等，非金属矿有沸石、玛瑙、冰洲石、铅土与煤矿等，斗南锰矿为全国八大锰矿之一。主要种植的农作物有玉米、水稻、小麦与豆类，主要经济作物有三七、辣椒与烤烟，中部的丘北大型灌区2005年粮食总产量9.32万吨。著名景区普者黑为国家级风景名胜区。

1688—2000年，流域内共发生旱灾20多次，水灾30余次。丘北县1957年6月16日与25日遭遇暴雨，造成锦屏镇小桂革水库与8座坝塘垮坝事故。1965年5月23日，洪水冲走18人。1979年大旱，丘北县舍得乡的耕牛焦渴数日，后有58头牛至河边猛饮水后胀死。

流域内中型蓄水工程有听湖水库和红旗水库，总库容7 158万立方米。中部分布有丘北大型灌区，每年灌溉、引提水量1.23亿立方米，有效灌溉面积2.04万公顷。2005年已开发水电站4座，总装机容量2.08万千瓦。

纪　　实

清水江有东西两源。东源出自砚山县者腊乡老毛山北麓，向西折北流经峡谷，至者腊右纳西源河流后称公革河，为清水江主源。西源上游有听湖水库，总库容1 758万立方米，兴利库容1 336万立方米，西南部毗邻砚山县城。砚山县生产的三七系列产品已达40余种，被命名为"中国三七之乡"。公革河向北蜿蜒流淌，经干河彝族乡入宽谷进峡谷后称南丘河，进入丘北县。

进入丘北县，干流穿流于峡谷中，左岸天星乡有中共滇桂黔边区工委扩大会议旧址，为省级文物保护单位。向北至法白村左纳北门河，改称革雷河。建有革雷一级水电

砚山三七

站，装机2×2 000千瓦。下游河床狭窄，有高40余米的革雷瀑布，内藏溶洞。水流从洞上飞降而下，响声如雷，具有"水帘洞"之壮美。利用落差建有革雷二级水电站，装机2×8 000千瓦。设有革雷水文站，控制流域面积3 186平方千米。测验河道水面宽20~70.8米，多年平均流量33.4立方米每秒。据洪水调查，最大洪峰流量503立方米每秒（1935年）。

向东折北入广南县，又称马碧河，至广南县者兔乡者莫村右纳者莫河。者莫河发源于广南县者兔乡郎老村，河长38.2千米，集水面积208平方千米。向北为广南县与丘北县的界河，改称清水江。两岸山高坡陡，河床深切，沿广南县与丘北县界河至丘北县温浏乡石别村左纳石葵河。石葵河发源于丘北县双龙营镇龙尾，河长42.1千米，集水面积285.4平方千米。向北至广南县者太乡安歪右纳安歪河。安歪河发源

清水江水系示意图

北门河

于广南县底圩乡坡格，河长 23.7 千米，集水面积 180.1 平方千米。干流区间河段有号称"十八里绿色长廊"的景区，两岸有榕树、毛麻楝、龟背竹与藤类及苔藓类等植物，猴爬岩有上百只红河猴群居。河床有三级瀑布，江面宽 30～70 米。河段鱼类品种丰富，有鲤鱼、草鱼、鲶鱼、白条鱼与猪嘴鱼。20 世纪 70 年代以前，区域森林密布。自 1970 年开始大规模采伐，1980 年以后广袤森林不再，河岸仅有残次林分布。

于丘北县羊街乡坝达村成为云南与广西界河，向北汇入南盘江，界河长 29.9 千米。云南省境内依次为丘北县、师宗县与罗平县，广西壮族自治区境内为西林县。沿河为中低山峡谷地貌，交通闭塞，耕地零星，河口高程约 725 米。

8.1.18.1　北门河
（Beimen River）

清水江左岸支流，位于云南省文山壮族苗族自治州丘北县境内，因流经丘北县城北门，故名。发源于丘北县八道哨彝族乡五家寨西部，向东流经普者黑湖，转向东南，于天星乡法白村汇入清水江。河长 61.5 千米，落差 727 米，集水面积 1 533.5 平方千米。

流域属低纬度高原季风区，气候温暖，多年平均年降水量 1 186 毫米，多年平均年径流量 5.11 亿立方米。地势总趋势西北高东南低，岩溶地貌较为发育。北门河中游曾设有北桥水文站，属国家基本站，控制流域面积 626 平方千米，实测多年平均年径流量 3.15 亿立方米。2000 年北门河红旗水库水质为Ⅱ类；螃蟹闸断面为Ⅳ类；鲁布桥、为民桥断面水质均为Ⅱ类。

源地高程 1 922 米，自源地东南流经八道哨彝族乡、平寨乡，上游建有红旗水库，又称摆龙湖，总库容 5 400 万立方米。中游**普者黑湖**为河道型湖泊群，已辟为国家级风景名胜区。中部的丘北坝子属大型溶蚀盆地，略呈北西—南东走向，面积 184.8 平方千米，坐落有丘北大型灌区，有效灌溉面积 2.04 万公顷。农经作物以丘北辣椒闻名，是国内外知名的辣椒品牌。下游山高陡陡，水流湍急，于丘北县平寨乡凉风洞左纳清平河（河长 25.9 千米，流域面积 164.6 平方千米）。

著名古代水利工程有象鼻岭输水工程，重要建筑物为象鼻岭隧洞工程与跨越北门河的石拱渡槽。工程始建于清乾隆九年（1744 年），1770 年于象鼻岭开凿 180 米长的隧洞，1785—1794 年建成 318 米长的石拱渡槽，其中跨越北门河段的交叉建筑物为三跨石拱桥，其余为地上砌石夯土所筑的宽 1 米有余的砌石槽，当地称此石拱渡槽段为"桥背水"。象鼻岭输水工程至今仍通水灌溉农田，1993 年 11 月被列为云南省级文物保护单位。

象鼻岭古代水利工程

8.1.18.1.1　普者黑湖
（Puzhehei Lake）

北门河上游湖泊，位于云南省文山壮族苗族自治州丘北县境内，"普者黑"为彝语，意为鱼虾多的地方，属云南东南部的高原溶蚀构造淡水湖。

流域地处云南省东南部岩溶高原湖盆区，地层以第三系、第四系的碳酸盐岩类为主，喀斯特地貌较为发育，孤山、湖泊、盆地、河流相间。普者黑湖泊群由多个大小相连的湖泊与河道组成，其中较大的湖泊有落水洞湖、普者黑湖和仙人湖，均为宽浅外流型湖盆。主水源为北门河上游河流，建有

普者黑湖

红旗水库（摆龙湖），北部入湖河流有东西向流淌的两条小河，出湖河流为北门河，流入**清水江**。多年平均年降水量1 218.7毫米，实测年均径流量4.26亿立方米，丁家石桥断面2006年水质为Ⅲ类。

普者黑湖为河道型湖泊，水域蜿蜒曲折，顺河道主流向长约21千米，宽度多为0.1～0.5千米，水面面积6.29平方千米。河道水深较浅，湖泊水深一般3～4米，水色透明，湖底、湖岸均为泥滩质。沿河道自上而下建有丁家石桥水闸、前进闸与螃蟹闸。根据2007年3月公布的《云南省文山壮族苗族自治州普者黑景区保护条例》，普者黑景区重要水位点实行黄海高程水位控制：摆龙湖最低水位1 471.44米，丁家石桥水库最低水位1 447.2米，前进闸常年洪水位1 446.7米，最低水位1 445.7米，螃蟹闸常年洪水位1 446.1米，最低水位1 445.5米。

普者黑为云南省省级自然保护区，主要保护内容为野生动植物、原生地貌、植被与高原湖泊，面积207.32平方千米。1993年国家旅游局将普者黑列为涉外景区，2004年被列为国家重点风景名胜区。景区内以高原湖泊群、星罗棋布的峰群、洞群以及喀斯特峡谷为主。夏日水上荷花面积近万亩，连天碧水荷叶，清香四溢。据武汉荷花研究所专家考证，生长在普者黑的两种野生荷花花朵直径40厘米，藕淀粉含量高，维生素含量多，属荷中珍稀品种。湖里水草茂盛，鱼类繁多，有鲫鱼、鲤鱼、草鱼、鲢鱼、猪嘴鱼、泉水鱼等鱼类，还有蚌与虾。水面飞翔有白鹭、野鸭与水鸟，湖滨生长有菱草、野生芦苇和野生稻。

普者黑湖畔田畴村落棋布，河流湖泊环绕，喀斯特孤山如黛，山水田园风光秀美，长幅画卷可于青龙山观景台尽收眼底。仙人湖畔著名景点有仙人洞彝族村，村民们保留有古老的民族服饰与习俗，编导表演有农耕舞蹈，收割水稻后先撑船水运，再搬上牛车转运回村。在著名的"花脸节"期间，人们手蘸锅烟水彩，互抹花脸，载歌载舞，祝福平安。每年的7—8月，为普者黑赏荷的最佳时节。

8.1.19 黄泥河

(Huangni River)

西江南盘江段左岸支流，为南盘江最大支流。地处云南省曲靖市和贵州省六盘水市、黔西南布依族苗族自治州，是滇、黔跨省河流。

概　况

流域地跨云南省曲靖市富源县、沾益县、麒麟区、陆良县、师宗县、罗平县与贵州省六盘水市盘县、黔西南州兴义市，北部和东部与北盘江相毗邻。

黄泥河发源于富源县中安镇西南部，流经富源县城，向南入罗平县为云南省与贵州省的界河，汇入南盘江。河长257千米，流域面积7 645平方千米，比降5.07‰。流域面积大于100平方千米的一级支流有响水河、海田小河、中安河、补木河、恩乐小河。舍打河、**牛街河**、**九龙河**、补龙河、**小黄泥河**与**多衣河**等10条，其中九龙河、小黄泥河流域面积大于1 000平方千米。2000年长底断面水质为Ⅱ类。

流域地处云贵高原，岩溶地貌较为发育。地势西北高东南低，最高点富源县营盘山高程2 748米。上游高原面较完整，地势起伏不大，中下游区多为中低山峡谷地貌，间有串珠状溶蚀盆地。属亚热带低纬高原季风气候区，多年平均气温13～16摄氏度，多年平均年降水量900～1 600毫米。下游罗平为滇东南多雨区，多年平均年降水量1 600毫米以上。

域内自然资源丰富。有煤、铁、铜、黄金、铅与锌等多种矿产，以煤炭资源最为丰富。上游富源县约1/4的面积地下含煤层，并与贵州省盘县与水城连片，构成我国南方最大的煤炭基地。下游景色秀美，有九龙瀑、多依河、

黄泥河

鲁布革峡谷等风景名胜区。云南省境内黄泥河多年平均年径流量50.41亿立方米，水力资源理论蕴藏量85万千瓦。2000年长底断面水质为Ⅱ类。

自然灾害主要有水旱灾害与地质灾害。1960—1989年，发生春旱、夏旱15次，以春旱最多；1952—1999年，发生洪涝灾害31次；地质灾害有滑坡、崩塌与塌陷，以滑坡最为突出。

流域为滇东能源基地，已建滇东煤电厂，一期工程总装机容量240万千瓦；建有鲁布革水电站，总装机容量60万千瓦。已建成**独木水库**与**鲁布革水库**2座大型水库，总库容2.16亿立方米。建成石坝、响水河、东风、溜子田、湾子、龙王庙等6座中型水库，总库容9 796万立方米。

纪　实

黄泥河发源于云南省富源县中安镇寨子口支锅石村，源地高程2 130米。向北入沾益县丘状高原，北流约7千米后入石坝水库。石坝水库总库容3 540万立方米，兴利库容2 625

鲁布革云雾

黄泥河水系示意图

万立方米，提供工业与农田灌溉用水。出水库北流至中安镇腰站左纳响水河（河长24.2千米，流域面积138.5平方千米）后流入响水河水库。响水河水库总库容1 895万立方米，兴利库容1 730万立方米；2005年提供灌溉用水170万立方米，城市生活用水265万立方米，是富源县城地表饮用水的水源地，坝后电站装机容量500千瓦。向东流出库后至多乐左纳海田小河（河长35.9千米，流域面积185.2平方千米），经富源县城中安镇左纳中安河（河长13.8千米，流域面积107平方千米）。富源，1695年建平彝县，1954年改称富源县，是以农业生产为主的山区县，为云南省粮食、烤烟、生猪、用材林等基地县，煤炭资源分布广泛。转南称为大河，左岸胜境关为滇黔咽喉关口，旧有中原进入云南的最重要的石砌通道，现已列为省级文物保护单位。向南迁曲于大河镇，右纳补木河（河长35

千米，流域面积199.6平方千米）。南岸有大河茨托古文化遗址，发现有大量石制品、动物化石、人牙化石和火塘、石铺地面等遗迹，为省级文物保护单位。向北流转南于营上镇茂河村左纳恩乐小河（河长34千米，流域面积137平方千米），继向南右纳舍打河（河长18.7千米，流域面积137.5平方千米）进入峡谷，两岸多绝壁，成为富源县与罗平县的界河，改称块择河。此区间的营上镇设有河边水文站，控制流域面积1 536平方千米。测验河道水面宽20～70.8米，多年平均流量21.9立方米每秒。据洪水调查，最大洪峰流量774立方米每秒（1935年）。

向南奔流于峡谷，建有新堡水电站，装机容量9 600千瓦。于罗平长底布依族乡马把山右纳**牛街河**，向东流于U形河谷，接纳右岸九龙河。九龙河上游称篆长河，曾被作为黄泥河的主源河流。干流向东称喜旧汗河，于长底乡补龙左纳补龙河（河长19.8千米，流域面积141.9平方千米），左岸山高坡陡，右岸丘陵延绵。左纳小黄泥河后，更名为黄泥河。其下为云南省与贵州省的界河，左岸为贵州省兴义县，右岸为云南省罗平县，界河至河口总长56.5千米。向南进入峡谷，两岸多岩溶石山，进入鲁布革峡谷风景名胜区。区间的格沙村曾设有乃格沙水文站，控制流域面积7 140平方千米，实测多年平均流量168立方米每秒。流经鲁布革水库，出水库有10余千米的减水河段，向南穿流于峡谷，于罗平县鲁布革布依族苗族乡右纳多衣河，汇入南盘江，河口高程约722米。

下游的鲁布革电站为改革开放后中国第一座利用世行贷款，采用国际招标方式营建的大型水电站。因工程建设采用了国际通用的FDIC条款，严格控制工程质量管理，节省了工程投资并缩短了工期，《人民日报》发表题为《鲁布革冲击波》的长篇通讯。"鲁布革冲击波"在社会上反响强烈，推动了中国建设市场与国际接轨，意义十分重大与深远。

8.1.19.1 牛街河
(Niujie River)

黄泥河右岸支流，位于云南省罗平县境内，发源于罗平县马街镇鸭格塘村，于大发贵村汇入黄泥河。河长57.3千米，河道比降12.0‰，流域面积414平方千米。

自源地向南流经铁厂、清平哨、小阿鲁、小非格等村后，于九龙镇（原牛街镇）境内转向东流，过九龙镇后转向东北，河流呈U形，落差769米，河床沿途支流稀少，金鱼塘村处有发源于马街镇鸭格塘日础娜河自左岸汇入（河长177.5千米，流域面积178平方千米）。

流域位于云贵高原东部（罗平县境中部），形状呈扇形，总体地势北高南低，孤山、盆地、沟谷相间。多中低山分布，喀斯特地貌较为发育，溶隙、溶斗、溶蚀洼地、断陷溶蚀盆地、石芽、石林、峰丛、峰林、溶洞等岩溶形态多样。

流域属南亚热带气候，多年平均气温15.1摄氏度，多年平均年降水量1743.9毫米，多年平均年径流量3.52亿立方米。

流域耕地面积3.29万公顷，种植水稻、玉米、旱稻、小麦、油菜、烤烟等，是云南商品粮、烤烟、油菜生产基地；养蜂业发达，年产蜂蜜800余吨、花粉20吨，是全国蜂产品基地之一。

8.1.19.2 九龙河
（Jiulong River）

黄泥河右岸支流，因传说九条黑龙和一条白龙争夺水源而得名，发源于云南省富源县墨红镇者竹山，于云南省罗平县长底布依族乡龙街子汇入黄泥河。干流长156千米，落差1498米，流域面积2304平方千米。流域涉及富源县、曲靖市麒麟区、陆良县、罗平县和师宗县。

流域位于云贵高原东部，总体地势西北高东南低。多中低山，喀斯特地貌较为发育，溶隙、溶斗、溶蚀洼地、断陷溶蚀盆地、瀑布、石芽、石林、峰丛、峰林、溶洞、暗河较为常见。主要支流有**响水河**，流域面积583平方千米。

九龙河

九龙瀑布

流域属北亚热带、中亚热带低纬高原季风气候，多年平均气温15.2摄氏度，年平均相对湿度85%。多年平均年降水量1230.7毫米，5～10月降水量占全年降水量的85%～88%，多年平均年径流量23.05亿立方米，妥者水文站多年平均年悬移质输沙量19.1万吨。

流域内建有**独木水库**（大型）、溜子田、东风中型水库。干流建有富源县独木电站、师宗县冒水洞电站、罗平县腊庄电站、九龙河电站、大寨电站。白腊山引水渠引九龙河水灌溉罗平县罗雄坝子，工程包括筑坝拦九龙河水，渠首沿九龙河北岸开挖，然后架渡槽过九龙河至南岸，打通白腊山隧洞（1148米），引水至龙王庙水库，全长14.24千米，引水流量7立方米每秒，灌溉面积1331.73公顷。

九龙河源地高程2720米，河流自源地向西南流经独木水库段称篆长河，在曲靖市麒麟区东山镇篆长河村转向东南方向，沿陆良县与罗平县界进入罗平县，在阿岗镇安吉村大落水洞处流入地下成伏流，于师宗县竹基乡小法土村复出地面转向南流，至师宗竹基乡响水右纳响水河后称九龙河，过他谷村后转向东流进入峡谷地段，设有他谷水文站，控制流域面积1910平方千米。测验河道水面宽38.8～69.8米，多年平均流量34.8立方米每秒；历年最大流量549立方米每秒，历年最小流量0.29立方米每秒。据洪水调查，最大洪峰流量825立方米每秒（1924年）。向东再入罗平县，流经著名景区九龙瀑布后，于罗平县长底布依族乡龙街子村汇入黄泥河，河口高程约1222米。

流域内的师宗县是一个多民族的山区农业县，交通方便，南昆铁路、324国道横穿县境，是全国重点产煤县之一。农业生产条件较好，生产烤烟、杉木、柑橘、蚕桑等。被誉为"摔跤之乡"，是全国体育先进县。九龙河流经的罗平县九龙镇，河道开阔、平坦，沿岸耕地集中，土地肥沃，气候温和，雨量适中，水源条件较好，有九龙河水灌溉之利。

位于中游罗平县城东北22千米处以堵勒村旁的九龙瀑布，被当地布依族称之为"大叠水"。瀑布群长4千米，最大一级瀑布高56米，宽112米，是云南省最宽、最大的瀑布，其次一级高43米、宽35米，其他瀑布高5～20米。十个瀑布间均有一潭相连。1993年9月，云南省政府将九龙瀑布列为省级风景名胜区，2004年1月，被国家旅游局评为AAAA级旅游区。

8.1.19.2.1 独木水库
（Dumu Reservoir）

九龙河上游篆长河上的大型水库，坝址位于云南省曲靖市麒麟区东山镇。

水库为年调节水库，正常蓄水位对应水面面积10.2平方千米，沿流程回水长度为7.95千米，总库容10560万立方米，调洪库容3383万立方米，兴利库容9943万立方米，死库容198万立方米。1958年1月开工，当年建成蓄水。1978年11月进行加固配套，1988年竣工。

枢纽工程由大坝、输水洞、溢洪道和电站组成。大坝为均质土坝，最大坝高36.3米，坝顶长156米，宽6米。大坝右肩有2个输水洞：高洞设计出流量6.4立方米每秒，低洞最大出流量30立方米每秒。溢洪道位于大坝左肩，最大泄洪量333立方米每秒。坝后式水电站装机容量500千瓦，利用尾水建有下一级500千瓦水电站。距溢洪道左岸6.5千米的输水道有卡基隧洞，设计出流量15.0立方米每秒。

库区多年平均气温11.0摄氏度，多年平均年降水量1257.1毫米。入库河流主源为墨红河，库区地处峡谷河段，北部水域分为东西两汊，合并后南下接纳左岸库汊至大坝。库周北部树木荫郁，有云南松与栎类树种混合的天然林，间有人工营造的柏树与合欢树。地下煤炭资源丰富，周边建有陆东煤矿、恩红煤矿、新村火电厂和数十个小煤窑。坝址以上集水面积196平方千米，多年平均年径流量1.41亿立方米，多年平均年输沙量3.0万立方米。2005年水质除锰超过生活饮用水标准值外，其余项目符合Ⅰ～Ⅲ类水标准。

淹没耕地467公顷，迁移人口2 300人，涉及曲靖市麒麟区与富源县。

独木水库是云南省境内南盘江流域最早建成的大型水库。水库设计洪水标准为500年一遇，保护下游30万人与耕地3.3万公顷。有效灌溉面积0.62万公顷，年发电量634万千瓦时，已接通管路准备向曲靖市城区供水。为保障曲靖城市生活、生产用水安全，2004年1月起施行《云南省曲靖独木水库保护条例》。

8.1.19.2.2　响水河
（Xiangshui River）

九龙河 右岸支流，位于云南省师宗县境内，发源于师宗县大同镇色从山，于竹基乡响水村汇入九龙河。河长37.7千米，河道比降72.2‰，流域面积583平方千米。

流域形状为狭长条形。自源地向东北流经大同镇长桥村、新村、小河口村，丹凤镇海晏村、小阿堵大寨、五家寨、山龙村、七排村，落差504.5米，流域内水系发达，河网密集，长桥村处有发源于色从山的子午河汇入；小河口村处有发源于山外村的支流汇入；小阿堵大寨有发源于丹凤镇的支流汇入；五家寨村处有发源于蒲草塘村的界桥河汇入。

流域位于云贵高原东部（师宗县境北部），喀斯特地貌较为发育。暗河、漏斗、溶洞、石林等各种岩溶形态多样。流域内地势南高北低，有中低山分布，高程在600～1 000米之间。

流域干湿季明显，11月至次年4月为干季，常受来自西亚的干暖气流控制，多晴少雨，日照充足。5—10月为雨季，主要受来自孟加拉湾和南海的西南暖湿气流和东南暖湿气流影响，降水丰富。降水的空间分布受地形影响，单点暴雨较为常见。春秋相连，四季不分。气温年较差小，日较差大，立体气候明显，多年平均气温13.7摄氏度。气候总特点为"冬无严寒，夏无酷暑"。

流域内建有东风、溜子田中型水库，已建小型水电站有竹基电站和响水电站。

8.1.19.3　小黄泥河
（Xiaohuangni River）

黄泥河 左岸支流，滇黔界河，又称新桥河。蜿蜒于云贵高原黄土区域，因河水常年浑浊而得名。发源于贵州省盘县石桥镇家竹箐，于云南省罗平县钟山乡岔江村汇入黄泥河。河长99.6千米，河道平均比降4.0‰，流域面积1 446平方千米，流域涉及贵州省盘县、兴义市和云南省富源县。

流域位于云贵高原中部，形状为狭长条形，总体地势北高南低。流域内多中山、低中山分布，喀斯特地貌较为发育，多伏流、溶洞、石林、溶盆、瀑布等，山地、峡谷相间，无大规模连片耕地。

流域属中亚热带季风湿润气候，多年平均气温15～18摄氏度，年均日照时数1 600小时，多年平均年降水量1 422.6毫米，多年平均年蒸发量650～700毫米。多年平均流量41.6立方米每秒，自然落差940米，水力资源理论蕴藏量7.0万千瓦。平均含沙量0.49千克每立方米。

小黄泥河自河源由西向东南流，经石桥镇折向西南，经红岩至岔河，沿滇黔界河段1.2千米，右纳乐民河，折转东南流，复入贵州盘县境，经威箐、中海子、伏流0.5千米，至上汤章村左纳雨打河，折南流，经响水镇、响水电站、车田、土

贵州盘县古银杏

龙潭至新桥转东南流，经老鹰岩至岔河右纳车田河，进入兴义市威舍镇境，经阿依、新坪田，至新村，再沿滇黔边界4.4千米，至杨家冲，再入云南省境，经黄泥河镇，右纳拖竹河（河长37千米，流域面积124平方千米），至小岔河右纳扎外河，再沿滇黔边界，右岸云南富源县境内有十八连山国家森林公园，也是云南省自然保护区。景区内的岩溶地貌险奇峻峭，林间花卉争香斗妍，山涧多溪流瀑布。经普梯，至上干石洞（界河段长16.2千米），再入兴义市境，左纳田坝河，至岔江汇入黄泥河。

十八连山国家森林公园

8.1.19.4　鲁布革水库
（Lubuge Reservoir）

黄泥河 上的大型水库，位于云南省罗平县与贵州省兴义市界河上，采用混合式开发，坝址距黄泥河口约18千米，厂址距黄泥河口约7.3千米，具有高坝、长引水系统，全地下厂区建筑物等特点。

鲁布革水电站开发任务主要为发电。水库为季调节，总库容1.22亿立方米，死库容0.37亿立方米，有效库容0.74亿立方米。

主坝为风化料心墙堆石坝，坝高103米，坝顶长217米。为排沙保库，汛期降低至死水位运行，设计规定运行3～5年空库冲沙1次。电站装有混流式水轮机4台，单机容量150兆瓦，多年平均年发电量28.49亿千瓦时。阿岗水库建成后，鲁布革保证出力可达162.7兆瓦，多年平均年发电量为29.48亿千瓦时。

坝址河段河道平直，枯水期水面宽28～35米。两岸山顶高出水面约500～600米，岸坡坡度一般30°～40°，局部为陡

鲁布革大坝枢纽

壁。地形较完整，河谷呈 V 形。

坝址控制流域面积 7 300 平方千米，多年平均流量 163 立方米每秒，多年平均年来水量 51.3 亿立方米，多年平均年输沙量 344 万吨，多年平均含沙量 0.68 千克每立方米。

水库处于云南山字形东翼反射弧南部雄武构造带西南端，构造断裂较复杂，地震基本烈度为Ⅶ度。引水隧洞沿线地质较复杂，出露地层多为中三叠统关岭组白云岩及石灰岩。隧洞埋深 150～200 米，地下水位一般都低于或接近隧洞底面高程。库区沿岸山坡陡峻，河谷狭窄，水库正常蓄水位时平均水面宽 203 米，回水长度 19.4 千米，水面面积 4 平方千米。水库淹没耕地 127 公顷，迁移人口 1 388 人。

鲁布革水电站是新中国水电建设中第一个利用外资的工程，电站设计与施工得到世界银行聘请的特别咨询团（SBC）、澳大利亚雪山公司（SMEC）、挪威咨询组（AGN）的技术咨询。电站引水系统通过国际招标，由日本大成

罗平布依族传统织布

公司中标承建，首部与厂房土建工程由水电十四局承建。主要机电设备及施工机械大多从国外引进。1976 年水电十四局开始进行部分施工准备工作。1984 年 3 月中国政府和世界银行签署了鲁布革工程贷款协议。1985 年 11 月大坝截流；1988 年 11 月水库下闸蓄水，12 月第一台机组发电；1991 年 6 月全部机组投产；1992 年工程完工并于当年 12 月通过竣工验收。

鲁布革小三峡

"鲁布革"是布依族语的汉语读音。"鲁布革"的意思就是山清水秀的布依族村寨。1990 年鲁布革被批准为省级风景名胜区，景区从威舍镇起至鲁布革镇的三江口止，总面积约 200 平方千米。其 76.8 千米长的河段，从上而下分为威舍、仙修桥、龙开河、三江口等景区。景区最负盛名的是小三峡，第一峡是雄狮峡，峡口宽约 30 米，左岸的峭壁上，几块巨石犹如雄狮从天而降，俯视着涟涟湖水；第二峡，称为滴灵峡，湖面很窄，仅 10 余米宽，在巨大的石壁上，突兀着一尊尊千姿百态的怪石，悬崖上森林密布，常有金丝猴出没；第三峡双象峡，因有两个山包似正在饮水的大象而得名。

8.1.19.5　多衣河
（Duoyi River）

黄泥河右岸支流，位于云南省师宗县和罗平县境内。发源于师宗县大同镇牛速村，在罗平县鲁布革布依族苗族乡新寨村汇入黄泥河。河长 71.4 千米，河道比降 16.1‰，流域面积 641.3 平方千米。

自源地向东北流经曲租村后，进入罗平县境，过湾子水库（中型）后进入罗平坝子。湾子水库 1958 年动工兴建，1960 年建成，由于水库库区漏水严重，1993—1996 年进行补漏工程，总库容 1 240 万立方米，有效灌溉面积 0.21 万公顷。多衣河出罗平坝子转向东南，过四方石村后进入山区，于鲁布革乡革来村南成为地下暗河，于腊者村处流出地表，从东北向流经多衣村，后转向东南汇入黄泥河，落差 1 038 米。

流域位于云贵高原东部，多衣河上游流经罗平坝子，地势平缓，罗雄镇为罗平县城所在地，由于地形等影响，阴雨日数多，多年平均日照时数 1 685.4 小时。下游进入峡谷山区，为低中山、中低山分布。水流湍急，落差较大。总体地势西高东低，岩溶地貌较为发育，中下游河段沿岸有十余万亩的杉木林。下游鲁布革布依族苗族乡位于滇、黔、桂三省（自治区）结合部，素有"鸡鸣三省"之美誉。

上游罗平坝子，有连片耕地 1.33 万公顷，种植油菜，每年春季油菜花开时节，蔚为壮观，被誉为"最大的天成花园"，于 2002 年入选上海大世界吉尼斯纪录。下游为著名的多衣河风景

多衣河钙化滩

名胜区，河水常年晶莹剔透，12 千米长的河床上有近 40 个瀑布，著名景点为"一目十滩"，十处流水漫滩尽收眼底，漫滩为水体中的碳酸氢钙累年沉淀形成的钙化滩，层层迭出，水流其上，错落有致，自然天成。

流域内建有湾子、龙王庙中型水库，多衣河景区下游有小型电站三江口电站，汇入黄泥河不远处即为黄泥河汇入南盘江的河口。

8.1.20　古障河
（Guzhang River）

西江南盘江段右岸支流，发源于广西壮族自治区西林县

古障镇水头村西 2.2 千米处,于马蚌乡红绸村汇入南盘江。干流长 54.7 千米,平均比降 7.52‰,流域面积 424.74 平方千米。

流域内崇山峻岭,山峦重叠,沟壑纵横,杂树交荫,植被良好,属中亚热带季风气候,冬无严寒,夏无酷暑。多年平均年降水量 1 230.8 毫米,年内分配不均,4—9 月降水量超过全年的 82%。有辉锑、水晶、磷、镁、黄金、大理石、冰渊石等矿产。古障河主要农作物是水稻、玉米,产量居西林县首位,有"西林粮仓"之称。

古障河自源地由南向北流,流经古障镇周约、古障、西舍村、马蚌乡。古障镇是西林县重点经济开发区。发源于西林县者乡那哈村北的央革河,于西林县古障镇甘坝子村东汇入古障河,河长 31.2 千米,流域面积 115.27 平方千米。王子山是西林县第一高峰,高程 1 883.3 米,山下茶场所产王子山白毫茶是名优产品"茉莉白毫茶"的主要原料,远销德国、摩洛哥等国。古障水牛、麻鸭也是西林名产,鹰嘴龟、山瑞、水鱼(甲鱼)为"西林三珍",古障云烟、火姜、香菇、云耳也很有名。

8.1.21 红染河
(Hongran River)

西江南盘江段右岸支流,又名领好河、清水河、革步河,干流长 40.2 千米,流域面积 470 平方千米。

流域气候属南亚热带气候,冬暖夏凉,四季如春,多年平均年降水量 1 189.8 毫米。沿河有小片平坝田,引水灌溉面积 1 113 公顷。干流建有水电站 3 座,总装机容量 820 千瓦。流域内地下河有新寨河、德娥河、者么河 3 条,总流程 18.5 千米,枯季出口流量 0.62 立方米每秒。新寨地下河出口下游,有引水式电站 2 座,总装机容量 570 千瓦。

红染河发源于广西壮族自治区隆林各族自治县金钟山乡王村西 500 米处,自源地东北流,经金钟山乡岩头村,猪场乡岩圩村,至革步乡挂白村有挂白河从右侧汇入,转向北流,经领好村,至红染村有蒙里河从右侧汇入,蒙里河发源于隆林县革步乡九腾村西北,于隆林县革步乡红染村汇入红染河,河长 30.1 千米,流域面积 207.19 平方千米。转向西北流,于革步村北 1.5 千米汇入南盘江。红染河的发源地有金钟山原始森林自然保护区和大哄豹林区。隆林县盛产黑山羊、黄牛优良畜种,油茶、油桐、烤烟、蜂蜜、烤姜、薏米、灵芝是出口传统产品。壮族的壮锦、苗族的蜡染及各少数民族的挑花、刺绣、纺织是民族工艺品中的精品。

隆林金钟山自然保护区

8.1.22 马别河
(Mabie River)

西江南盘江段左岸支流,又名清水河,汉代称桥水,明代称深溪河,发源于贵州省六盘水市盘县老厂镇西南,于安龙县万峰湖镇汇入南盘江天生桥一级水库库区。河长 142 千米,平均比降 9.7‰,流域面积 2 842 平方千米。

概 述

流域地处贵州省西南部,东南与南盘江,东北与**北盘江**,西与**黄泥河**分水。涉及贵州省盘县、普安、兴仁、兴义、安龙 5 个县(市)。

河源高程 2 010 米,河口高程 630 米,落差 1 380 米。源头至老厂镇黑土坡猪场河口为上游段;猪场河口至马岭镇为中游段;马岭镇以下至入南盘江口为下游段。马别河水系发育呈树枝状展布,河长 10 千米以上支流有 27 条,其中一级支流 18 条,最大支流为**木浪河**,次为**猪场河**。

流域多年平均气温 14~19 摄氏度,相对湿度 78%,年均日照时数 1 600~1 700 小时。流域多年平均年降水量 1 340 毫米。6—9 月降水量占年降水量的 67.6%。流域多年平均年蒸发量 950.0 毫米。多年平均流量 54.4 立方米每秒,多年平均年径流量 16.5 亿立方米,年均含沙量 0.98 千克每立方米。马别河盘县老厂镇以上河段为源头保护区,水质现状及目标为Ⅱ类;老厂镇至纳省河汇口,为普安、兴义保留区,水质现状及目标为Ⅲ类;纳省河汇口至南盘江汇口为马别河开发利用区,水质现状为Ⅴ类,水质目标为Ⅲ类。

流域地处云贵高原向广西丘陵过渡的斜坡地带,地势西北高东南低,属高原岩溶山区,山高坡陡,河谷下切较深,相对高差大,一般在 100~300 米之间。地质构造属南岭东西复构造带的西部,出露地层以三叠系为主。因地质构造运动,高原面切割强烈,构成高原山地、岩溶峡谷、峰林槽谷、山间平坝等多种类型的地貌。流域耕地面积 2.4 万公顷,其中水田 0.86 万公顷。农经作物主要有水稻、玉米、小麦、油菜、烤烟、蔬菜等并开展畜禽养殖。主要工业有煤炭、煤化工等。1997 年开通南昆铁路。

流域多年平均水资源总量 16.5 亿立方米。水力资源理论蕴藏量 310.2 兆瓦,技术可开发量 177.1 兆瓦。流域森林面积 8.5 万公顷,森林覆盖率 30%。矿产资源有煤矿、铁矿、高岭土、钼、重晶石等。流域内有马岭河风景名胜区及天生桥一级水库(万峰湖)和万峰林景区。

马别河兴义万峰林

自然灾害最严重的是春旱和夏旱,几乎年年都有发生,有"三年二头旱、不重也有轻"之说,致使农村人畜饮水困难和农作物受旱。局部地区常发生洪涝灾害和泥石流灾害,使农作物失收,交通、通信设施及民房被毁。

流域建有木浪河、兴西湖、围山湖中型水库 3 座,总库容 0.88 亿立方米;小型水库 4 处,有效灌溉面积 0.72 万公顷;

兴仁东湖风光

建成狮子山水电站,水冲口水电站,锅底河水库一级坝后水电站、二级凤洞水电站、三级柯沙坡水电站、隔界河水电站。在建电站有楼下河水电站、白马塘水电站、黑洞水电站,总装机容量 8 000 千瓦。规划兴建五嘎冲中型水库。

纪　实

源流向东北流,老厂镇北有大洞竹海风景名胜区,镇西有盘县大洞古人类文化遗址。至老厂镇梅子树进入普安县境,经地瓜镇哑巴山左纳歹苏河后折向南流,经岔河左纳木卡河转西南流,过黄家桥右纳猪场河。歹苏河口以上称鲁沟河,歹苏河口至猪场河口称平塘河。

自猪场河口折向南流,沿普安、盘县县界至石桥河(规划电站坝址)左纳青山石桥河(河长41 千米,流域面积265 平方千米),西南流,续沿普安、盘县县界于普安县楼

贵州兴义民居

下镇下屯折向东南,过楼下镇左纳红岩河(大麻冲)后为普安、兴义县(市)界河,称马岭大河,至兴义、兴仁县(市)界,左纳三海子河(河长36 千米,流域面积149 平方千米),穿过清水河长廊荟萃景区、清水河大桥七彩瀑布进入兴义市境,过依布鲁天坑折向西南流,于清水河镇卡敖右纳木浪河转向东南流,至兴义市马岭镇左纳纳省河。继续东南流,右纳木贯河。木贯河发源于兴义市坪东母奶,河长28 千米,流域面积103 平方千米流经兴义市区,于马岭镇汇入马别河,其支流锅底河上建有**兴西湖水库**。兴义,1789年置兴义县,1986年改县

马岭河峡谷

为市,为黔西南州府所在地。兴义市地处滇、桂、黔三省(自治区)结合部,历史上是三省(自治区)毗邻地区的商业集散地和通衢要塞,历来就是西南地区一个重要商贸中心,素有"黔桂锁钥"之称。马别河在猪场河口至楼下镇河段,称隔界河、楼下河。流程穿行于群山峡谷,经普安、盘县界28 千米,普安、兴义县(市)界16 千米,兴义市8 千米。

自马岭镇复东南流,过马岭公园、马岭水文站,于天星画廊右纳锅底河,穿过马岭河风景名胜区,于芭孟东左纳楼纳河,经赵家渡景点、红春景点,右纳纳灰河。纳灰河(又名大渡河)发源于兴义市白碗窑镇狗场,河长48 千米,流域面积265 平方千米,至红春注入马别河。马别河下游注入南盘江天生桥一级水库(万峰湖)。河流穿行于崇山峻岭,高山峡谷之间,河谷深切。

马岭河峡谷上的瀑布

马岭河峡谷,谷长74.8 千米,谷宽50～150米,谷深120～280米,谷底均低于地面200米,是一条在造山运动中的大裂谷地缝。峡谷内万峰环绕,峭壁撑云,千泉归壑,群瀑飞流,翠竹倒挂,溶洞相连;两岸古树名木千姿百态。东西峰林层峦叠嶂、点缀其间,是一个集雄、奇、险、秀为一体的国家级风景名胜区。

8.1.22.1　猪场河
(Zhuchang River)

马别河右岸支流,地处贵州省六盘水市盘县境内,河长37.6 千米,流域面积311 平方千米,流域涉及盘县大山镇、忠义乡、玛依镇、老厂镇、新民乡和普安县罗汉乡6个乡镇。

马岭河峡谷大桥

猪场河发源于盘县大山镇大桥河电站上游林场，上游称司寨河，由西向东经大山镇、玛依镇，于牛角山下游500米纳玛依河后，称猪场河，于新民乡猪场成为盘县、普

猪场河

安县界河，于普安县罗汉乡陇家桥汇入马别河楼下河段。

流域地处北亚热带温暖气候区，夏湿春干具有热量足够，雨量充沛，雨热基本同季，光照充足，作物有效生长期较长等气候特点。多年平均气温14.6摄氏度，年均日照时数在1 400～1 600小时之间。多年平均年降水量1 395毫米。年均流量4.58立方米每秒。

流域内降水量充沛，气候温和，耕地主要分布于沿河两岸河边坝子和缓坡地带，以新民乡和罗汉乡境内分布较广。主要种植农作物有玉米、水稻、小麦、杂粮等。

2005年末流域总人口12.07万，地区生产总值2.126亿元，耕地面积5 300公顷。

流域内现有水利工程较少，主要有大桥河水库、滑石板水库、洒坝水库，均为小（2）型水库，主要功能为灌溉。大桥河水库控制灌溉面积46.7公顷；洒坝水库控制灌溉面积44.3公顷；滑石板水库控制灌溉面积37.3公顷。

8.1.22.2　木浪河
（Mulang River）

马别河右岸支流，发源于贵州省六盘水市盘县保田镇鲁楚坡，于贵州省兴义市清水河镇卡敖汇入马别河。河长28千米，平均比降10.4‰，流域面积366平方千米。

流域地处贵州黔西南布依族苗族州西北部，呈狭长形展布，地跨盘县、兴义市，属云贵高原西南斜坡过渡带，地势西北高，东南低，落差290米。石灰岩地层广泛分布，呈喀斯特地貌特征，峰丛、峰林、槽谷、溶洞、漏斗、落水洞遍布流域内。土壤有山地黄棕土、黄壤土、红壤土、石灰土、水稻土等。植被覆盖率仅3.1%。木浪河全河段划分为源头水资源保护区及兴义市保留区，水质现状及目标均为Ⅱ类。

流域属亚热带季风气候，多年平均气温15摄氏度，年均湿度80%，多年平均年降水量1 520毫米，多年平均年径流深850毫米，多年平均年蒸发量1 000毫米。年均日照时数1 600小时，年均无霜期342天，年均风速1.5米每秒。自然灾害有冰雹、洪水等。水力资源理论蕴藏量11.2兆瓦，技术可开发量10.1兆瓦。已建成木浪河水库坝后水电站，装机容量2 500千瓦；响格水电站，装机容量7 000千瓦。

河流自源头鲁楚坡东南流，经大平地，沿兴义、盘县边界，至果迷寨西入兴义市境，经钱良地、**木浪河水库**，左纳阿郎河（又称双桥河，发源于盘县阿郎，东南流至普克入兴义市境，经三岔伏流，入木浪河水库，河长14千米），经响格、纳怀，于卡敖汇入马别河。

流域内有汉、布依、苗等民族，有耕地面积1.14万公顷。农业以水稻、玉米、烤烟、辣椒为主，工业以煤炭、水电、商运为主，流域内有南昆铁路、兴盘公路、212国道通过，建有威舍、品甸火车站，村村可通公路，通信网覆盖面达80%。

8.1.22.2.1　木浪河水库
（Mulanghe Reservoir）

木浪河上的中型水库，坝址位于贵州省兴义市清水河镇内，距兴义市城区40千米。

水库属年调节水库，功能以灌溉、供水为主，兼顾发电。水库总库容4 710万立方米，兴利库容4 095万立方米，调洪库容105万立方米，正常蓄水位1 225米，回水长度11.8千米，最大水面面积218.7万平方米。1992年12月兴建，2004年3月竣工。

水库枢纽由大坝、溢洪道、泄洪兼放空冲沙底孔、灌溉发电取水设施等组成。大坝为细石混凝土砌块石双曲薄拱坝，最大坝高70.5米，坝顶中心弧长120米，顶宽3米，底宽7.8米。表孔式溢洪道设在坝顶中部，最大下泄流量511立方米每秒。泄洪兼放空冲沙底孔设在右岸坝端，最大泄洪流量可达247立方米每秒。坝后电站装机容量500千瓦，年发电量3 000万千瓦时。

水库区域为三叠系个旧组地层，坝址处河谷狭窄，呈V形。库区两岸及上游植被较差，水土流失有加重趋势。坝址以上集水面积309平方千米，多年平均年降水量1 412.0毫米，多年平均流量6.25立方米每秒，多年平均年径流量1.97亿立方米，多年平均年输沙量15.6万吨。回水范围涉及清水河镇和威舍镇，淹没田地130.13公顷。移民25人，采取集中安置，按政策规定给予补偿。

水库有效灌溉面积1 760.67公顷，为灌溉渠道沿途农村8 000余人提供生活用水；向兴义市城区年供水3 240万立方米。

8.1.22.3　围山湖水库
（Weishanhu Reservoir）

马别河左岸支流纳省河上游的中型水库，原名围山田水库，地处贵州省兴义市万屯镇围山田村，距兴义市区43千米。

水库属年调节水库，具有灌溉、防洪、城镇供水、发电等功能。总库容1 350万立方米，防洪库容310万立方米，设计灌溉面积2 973.33公顷，回水长度1.7千米，水面面积1.36平方千米。水库始建于1958年，1960年大坝填筑至坝高15.2米，相应库容500万立方米，1962年兴建溢洪道，1966年大坝再加高，坝高达22.5米，总库容1 550万立方米，1986年配套工程竣工。

水库枢纽工程由主坝、副坝、溢洪道、放水设施和坝后

围山湖水库

电站等组成。主坝为均质土坝，坝高22.5米，坝顶长260米，顶宽5米，坝底长120米。副坝亦为均质土坝，坝高4.8米，坝顶长140米，坝顶宽4米。溢洪道最大泄洪流量101立方米每秒。放水设施位于右岸，设计流量5立方米每秒。坝后电站装机2台，总装机容量0.2兆瓦。

坝址以上流域面积38.2平方千米，多年平均年降水量1 174.9毫米，年最大来水量3 800万立方米，年最小水量2 500万立方米，多年平均年悬移质输沙量0.53万吨。

库区地处黔西高原剥夷面上的南盘江、北盘江分水岭地带，碳酸岩广泛分布，以三叠系灰岩为主；属溶蚀缓丘、峰丛洼地、槽谷地貌。河流地形为浅切河谷，仅在新寨为束窄河段。植被完好，水土流失轻微。围山湖水库有效灌溉面积近2 900公顷，为兴义市顶效开发区、万屯镇、郑屯镇及火车站提供生活及生产用水。

库区涉及兴义市围山田村和兴仁县纳利田村。水库淹没田地82.63公顷。移民81户266人，采取集中安置方式解决。

8.1.22.4　兴西湖水库
（Xingxihu Reservoir）

原名锅底河水库，**马别河**右岸支流锅底河上游的中型水库，位于贵州省兴义市坪东镇小店村，东南距兴义城区7千米。

兴西湖水库

水库属多年调节水库，以农田灌溉为主，发电为辅，兼顾城市供水及防洪。水库总库容2 750万立方米，正常蓄水位1 419米，相应库容2 280万立方米，回水长度11.3千米，最大水面面积1.65平方千米。1956年3月动工，1957年5月建成。

枢纽工程由拦河大坝、溢洪道、放水设施和坝后电站等组成。大坝为复式断面碾压式均质土坝，原坝高30米，后经1957年和1972年两次扩建加高，现最大坝高为42.1米，坝顶长208米，坝顶宽5米。溢洪道最大下泄流量95.9立方米每秒；放水设施位于大坝左岸，设计放水流量5.42立方米每秒。坝后电站装机3台，总装机容量530千瓦。

坝址以上控制流域面积36.12平方千米，多年平均年降水量1 548毫米，多年平均年来水量2 586万立方米，年均含沙量0.92千克每立方米，多年平均年输沙量2.38万吨。设计灌溉面积0.33万公顷，实际灌溉面积0.23万公顷。

流域属中低山丘陵半垦殖区，水土流失较严重。水库工程处在侵蚀剥蚀中山地貌区，河流为西北向狭长河谷地形，河谷地质为第三系砾岩及侏罗系砂岩地层，大坝坝基为侏罗系砂岩及页岩，库盆处于透水性较弱的砂泥页岩地层，地表水系发育，两岸冲沟较多。

水库位于兴义市城区上游，坝址高于城区170余米，担负着0.23万公顷农田灌溉及兴义市城区22万人生活供水及防洪任务。库区涉及兴义市坪东、乌沙、白碗窑三镇。水库建成后淹没土地15.33公顷。移民78户358人，多为就近搬迁后靠安置。

8.1.23　天生桥一级水库
（Tianshengqiao Ⅰ Reservoir）

又称万峰湖，因建设天生桥一级电站而形成，被誉为中国第五大淡水湖，万峰湖因北倚兴义万峰林、处在万峰丛峦之中而得名。坝址位于广西壮族自治区隆林各族自治县与贵州省安龙县交界的**西江**南盘江段上，为南盘江干流水库梯级开发中的第15级，距下游天生桥二级水电站首部枢纽7千米。

概　述

坝址以上集水面积50 139平方千米，多年平均流量612立方米每秒。洪水设计标准1 000年一遇，相应洪水流量20 900立方米每秒，多年平均年输沙量1 574万吨，多年平均含沙量0.81千克每立方米。

水库具有多年调节能力，以发电为主，兼有防洪、拦沙、航运及旅游等综合效益。正常蓄水位780米，总库容102.57亿立方米，调节库容57.96亿立方米。电站于

天生桥一级电站发电厂房外景

1991年6月正式开工，1994年12月大江截流，1998年底首台机组发电，2000年12月第4台机组发电。

枢纽工程由混凝土面板堆石坝、溢洪道、放空隧洞、左岸引水发电系统和地面厂房组成。最大坝高178米，坝顶长1 104米，坝顶宽12米，混凝土面板面积16万平方米。溢洪道布置利用右岸垭口的有利地形，由引渠、溢流堰、泄水槽、挑流鼻坎和护岸工程组成。电站装机容量1 200兆瓦，保证出力418.9兆瓦，多年平均年发电量51.46亿千瓦时。

库区地处云贵高原东南边缘斜坡，地势西北高，东南低，峰峦叠嶂，洼谷纵横。处于区域构造相对稳定区内，地震活动水平不高，除库尾部分地段地震基本烈度为Ⅵ度外，其余均小于Ⅵ度。坝址区为比较开阔的不对称Ⅴ形河谷，两岸冲沟比较发育，右岸有一垭口，高程约820米。地处中三叠系软弱层状岩体构成的纵向河谷地段，由薄至中厚层局部块状的泥岩、砂岩及灰岩组成。坝区水文地质条件较为复杂，结构面发育，围岩地质条件较差。河床冲积层厚0.68～25.6米。

水库淹没区涉及广西的隆林县和西林县、贵州的兴义市和安龙县、云南的罗平县和师宗县。淹没耕地5 357公顷、园地91公顷、林地4 367公顷，移民48 194人，拆迁房屋面积174万平方米，淹没三、四级公路长173千米，桥梁23座，总长813.8米。西江南盘江段支流黄泥河库段与鲁布革电站尾水重叠20米，对鲁布革电站的发电量稍有影响。

纪　实

水库高程778米，主航线长达144千米，水面面积176平方千米，蓄水量102.6亿立方米。内有30多个全岛，58个半

岛，82个港湾，其中有40多个深港湾，12个内湖，形成山中有水、水中有山的奇特景观。万峰湖烟波浩渺，重峦叠嶂，早、中、晚景致各异，有一日三景的美誉。万峰湖集航运、游船、漂流、垂钓于一湖。2007年起每年一次的"中国万峰湖野钓大奖赛"就在万峰湖的野钓乐园举行。湖畔还散布着布依村寨，古树参天、民风古朴。

万峰湖库湾多，湖面开阔，渔业资源丰富。最大的内湖库湾——歪染内湖在兴义市巴结镇，面积近30平方千米。湖中原生的鲢鱼、盘江鱼、鲫鱼、草鱼、武昌鱼、鲤鱼、罗非鱼远近闻名。

万峰湖

天生桥雷公滩峡谷

万峰湖是"金州十八景"之一，是兴义国家地质公园的重要组成部分。湖上景点有水上石林、神龟上山、猫鼠下棋、万宝归库、雄鹰展翅、双驼迎宾、水破山门、藏宝洞、老曹沟溶洞、野猴峡、手爬岩等。

万峰湖冬无严寒，夏无酷暑，雨量充沛。近年来，由于实施林业重点工程，使万峰湖畔的群山变得绿意盎然。库区内保存着完好的热带、亚热带植被，包括高大的榕树、油桐等乔木和茂密的灌木；林间出没着野猪、野羊、狐狸、刺猬、黑叶猴、猕猴、锦鸡、白鹇、野鸭、鹭鸶、鸳鸯等走兽飞禽。

天生桥一级水库下游有雷公滩，雷公滩地势险峻，水流湍急，左有坡马箐，右有白马山。再往下游是"小三峡"。小三峡水流舒缓，两岸常绿，丛林葱绿，环境幽深，景色迷人。

8.1.24 天生桥二级水库
(Tianshengqiao Ⅱ Reservoir)

西江南盘江段下游的中型水库，亦称坝索水库，为河道型水库。地属黔桂界河，左岸为贵州省安龙县，右岸为广西壮族自治区隆林各族自治县。

工程开发任务以发电为主，是"西电东送"工程的骨干电源之一。坝址以上集水面积50 194平方千米，多年平均年径流量194亿立方米，年均流量615立方米每秒；水库正常库容1 378万立方米，相应水面面积1.1平方千米，死库容800万立方米，水库回水长度7千米。防洪标准按100年一遇设计，1 000年一遇校核。1979年筹建，2000年竣工。

主体建筑物由拦河坝首部系统、引水系统、发电厂房系统组成。拦河坝为混凝土重力坝，最大坝高60.7米，坝顶全长470.97米。引水系统位于右岸，由进水口、渐变段、引水隧洞、调压井、钢筋混凝土岔管、压力钢管等建筑物组成。设计引用流量855立方米每秒，设计水头176米。发电厂房为岸边式，装机6台，总装机容量1 320兆瓦，多年平均年发电量82亿千瓦时。

库区处于亚热带湿润季风气候区，多年平均气温19.7摄氏度，年均相对湿度79%，多年平均年蒸发量1 170.5毫米，年均水温20.2摄氏度。

坝址地处云贵高原东南斜坡边缘向广西丘陵的过渡地带，地势西北高、东南低。左岸为中高山岩溶地貌，峰峦叠嶂，沟谷纵横，岸坡高差500~1 000米，出露岩层以灰岩、白云岩为主；右岸为中低山、丘陵，侵蚀、堆积地貌，岸坡高差300~500米，出露地层以砂岩、砂页岩为主。区域稳定性好，地震烈度小于Ⅵ度。库周林木植被良好，生态环境质量中等，2006年水质现状为Ⅲ类。

天生桥二级水库开发河段位于**天生桥一级水库**坝址下游天然落差最集中的25千米河段，其间有著名的"雷公滩"峡谷。尼拉至纳贡河长14.5千米，集中落差181米，平均比降12.5‰，由连续数十个急滩组成。水库淹没耕地13.4公顷，迁移人口115人。

8.1.25 白水河
(Baishui River)

西江南盘江段左岸支流，又称涡涡河，位于贵州省西南部。发源于贵州省安龙县海子乡庙弯，在安龙县德卧镇伏流注入南盘江，河长59千米，落差968米，流域面积444平方千米。

流域呈扇形展布，处于贵州高原向广西丘陵过度的斜坡地带，地势北高南低，呈阶梯状下降；出露地层以碳酸盐类岩石为主，石灰岩分布广泛，岩溶发育；属中低山岩溶地貌，沟谷纵横，相对高差300~500米，峰林、峰丛、槽谷、洼地、溶洞、漏斗、落水洞遍布流域内。地下河纵横交错，地表、地下水交替出现，有些地方地表水奇缺。土壤有红壤、黄壤、黄棕壤、石灰土、紫色土等。植被覆盖率4.8%。

流域属亚热带季风湿润气候区，多年平均气温15.6摄氏

白水河

度，多年平均年降水量1 256毫米，5—8月降水量占年降水总量的70%，相对湿度80%，年无霜期306天。主要灾害性天气有倒春寒、冰雹。

流域人口以汉、布依、苗等民族为主，少数民族人口占总人口的48%。耕地546公顷，农业以水稻、玉米、芭蕉、甘蔗、茶叶、烤烟、花生为主。工业主要有水力发电和煤化工，白水河一级、二级水电站总装机容量40兆瓦。通信网络遍布全流域，南昆铁路、324公路跨流域而过，村村通公路。

白水河自源头向东南流，经箐口、岩脚转向西南经柘嵛水库（库容200万立方米），折向南流，沿兴义、安龙县界2千米，至金银洞右纳鲁屯河，转东南流至科汪转东流，至坡革转向东南左纳新桥河，经新桥水文站至一步跳流入白水河一级水电站水库马鞭田海子，穿过水电站进入八光海子，于海尾落洞伏流6.5千米，至德卧镇马薅经白水河二级水电站汇入南盘江。海子乡箐口至德卧镇为水功能保护区，水质Ⅲ类。

8.1.26 平班水库

(Pingban Reservoir)

平班水库位于**西江**南盘江段桂黔交界处，上距天生桥二级水库坝址约50千米。水库具有日调节能力，工程开发任务为发电。水库正常蓄水位440米，总库容2.78亿立方米。设计洪水位441.7米。2002年12月工程开工，2003年11月大江截流，2004年12月并网发电，2005年3台机组全部投产发电。

平班水库

工程由拦河坝、发电厂房组成。拦河大坝为混凝土（或碾压混凝土）重力坝，最大坝高62.2米，坝顶总长395.5米。装机容量40.5万千瓦，保证出力12.69万千瓦，多年平均年发电量16.03亿千瓦时。

坝址控制流域面积51 600平方千米，上游与天生桥二级水库尾水衔接，相距约35.1千米，下游与龙滩水电站正常蓄水位衔接。坝址多年平均流量616立方米每秒，水库年悬移质入库沙量113.92万吨，多年平均年推移质入库沙量2.04万吨，年总入库沙量115.96万吨。

平班水库除上游库尾南岸安然一者保一带为峰丛洼地地貌外，其余绝大部分为中低山地地貌。库段河谷特点以者干村为界，上游22千米为纵向谷，下游13千米为斜向谷。库坝区地震烈度为Ⅵ度。

水库淹没土地总面积867.12公顷，淹没民房面积8.63万平方米。

8.1.27 新州河

(Xinzhou River)

西江南盘江段右岸支流，又名隆林河，发源于广西壮族自治区隆林各族自治县天生桥镇，在平班镇汇入南盘江，干流长73.5千米，平均比降4.49‰，流域面积904平方千米。

流域地貌复杂，重峦叠嶂，坡陡谷深，沟壑纵横，石山占34.92%，土山占65.08%，"地无三丈平，出门便爬坡；上下十余丈，气温大变样"。沿河有小片农田。水流平稳，河面宽窄不一，枯季最深约3.0米，枯水流量1.45立方米每秒。主要支流有播立河、**冷水河**、平南河、扁牙河。卡达地下河建有**卡达水库**用于发电。

流域属中亚热带季风气候，高海拔低纬度，光照充足，气候温和，雨量充沛。受地理环境、季风、森林植被影响，降水分布不均。雨季早，结束迟。多年平均年降水量1 186.5毫米，汛期降水量占全年降水量的80%左右，多年平均年径流量3.251亿立方米。

流域内易发洪涝、旱灾，冬春多干旱。矿产资源丰富，有锑、金、水晶、冰洲石、硅石、辉绿岩、石灰石等矿产。农民主要种植烤烟、板栗、油菜、茶叶、竹子，放养山羊。干流建有那隆小（1）型水库、千金拦河坝和数十处简易拦河引水工程，自流灌溉面积1 200公顷。

新州河发源于天生桥镇岩场村黄泥堡，源流向东南，穿过隆林县中部，自西向东流。上游称那隆河，至者浪乡有播立河（又称唐房河）从右侧汇入，转东流，称新州河，入隆林县城所在地新州镇。至隆林县城铜鼓桥下游，冷水河自右侧汇入。东北流至民福村东南，平南河从左侧汇入。东南流至扁牙乡，扁牙河（河长29千米，流域面积168.57平方千米）从右侧汇入。东北流，在平班镇管肖村平班屯注入南盘江。

隆林县奇山秀水，山环水绕，谷幽瀑泻，物产丰盈，田园似锦，有神秘的"金三角""土特产仓库"和"天然药材库"之称。民风古朴，风情多彩，民俗迷人。壮族的壮锦，苗族的跳坡节、蜡染与刺绣，彝族的火把节、赛马节和抹黑脸，仡佬族的尝新节、吃虫节、拜树节蜚声海内外。手工艺品工艺精湛，质量上乘。

壮锦

8.1.27.1 冷水河

(Lengshui River)

新州河右岸支流，因河水水温较低而得名。源头于广西壮族自治区隆林各族自治县克长乡卡达地下河出口，河长23.1千米，平均比降20.7‰，流域面积402平方千米，涉及隆林县者隘乡和新州镇。

流域地貌错综复杂，南北气候差异大。属低纬度海拔较高的中亚热带季风气候区，气候宜人，冬暖夏凉，四季如春。降水量年内分配不均匀，季节性缺水较突出，降水量集中在

5—8月，多年平均年降水量1 126.7毫米，多年平均年径流量3.25亿立方米。水的物理性质良好，pH值6.4～7.5。各种离子的含量一般不超过饮用水标准。易发生洪涝、干旱灾害。冬春干旱，十年九旱；水灾多在土山区；石山区多内涝，区域性缺水严重。

沿河两岸山高坡陡，水能资源较丰富，冷水河是隆林县水力资源的"富矿"和灌溉的"动脉"。已建冷水河引水灌溉工程，设计灌溉面积933公顷；**卡达水库**，总库容2 144万立方米；卡达水库坝后电站、梅达一级、梅达二级、者益、冷水、反虹管、泥浪等7处电站，装机19台，总装机容量1.71万千瓦，沿河可灌溉农田1 666公顷。

冷水河源头由隆林县克长乡的下寨河、科楼河和长发乡的播仁河、猴场河、长发河5条地下暗河组成，5条地下河流至达秋露出地表，明流1 300米后再潜入地下，至卡达洞口流出，形成明流，卡达建有卡达水库。地下河汇流面积303平方千米。西北流经者益乡统驻地及冷水村和新州镇大树脚村，于新州镇铜鼓桥下游从右岸汇入新州河，是新州河的主要支流。

卡达水库大坝

冷水河

冷水河被誉为隆林县的经济"命脉"，而隆林又是"西电东送"的重要基地之一。域内奇山秀水，峰峦叠嶂，山环水绕，山谷幽深。隆林八景之一的"龙岩吐雨势汪洋"的冷水瀑布，落差26米，是广西最大的瀑布，又称神龙喷水。丰水期水声隆隆，水汽濛濛。远观似几匹白练，天地相接，阳光照射，成七色彩虹，璀璨绚丽。由于上游梯级电站截流，枯水期现已干涸。

流域内物产丰富，蕴藏着丰富的锑、金、水晶、冰洲石、硅石、辉绿岩、石灰石等矿产资源，盛产烤烟、山羊、桐油、板栗、茶叶、竹子等。隆林山羊是岭南良种，烤烟可与"云烟"媲美，隆林桐油是有名的免检出口产品。

8.1.27.1.1 卡达水库
（Kada Reservoir）

冷水河上的中型水库，位于广西壮族自治区百色市隆林各族自治县克长乡梅达村卡达屯，距隆林县城23千米。

水库有年调节功能，以防洪、灌溉为主，兼顾城市供水和发电。控制流域面积301平方千米，原设计坝高38.5米，总库容1 010万立方米。工程于1975年动工兴建，1977年竣工蓄水。1986—1988年曾进行加固扩建，大坝加高15.1米，总库容增至2 144万立方米。

枢纽工程由大坝、溢流坝、放水压力管、坝后水电站组成。大坝为浆砌石重力坝。坝高53.6米，坝顶长148米，坝顶宽5米，坝顶筑有1.2米高的浆砌石防浪墙。大坝段中部设有3孔溢流堰，最大泄洪流量149立方米每秒。放水压力管最大泄水流量7立方米每秒。大坝左侧放水管出口设坝后引水式水电站，装机容量1 800千瓦。年均发电量465万千瓦时。

坝址以上河道长度约55千米，库区内的龙卡井河、官拱河、长发河3条地下河由南向北汇流于梅达村卡达屯后转为明流汇入库中。多年平均年降水量1 153毫米，多年平均流量6.04立方米每秒，枯水流量0.68立方米每秒。

库区位于隆林各族自治县中南部，包括克长乡的海长、和平、河马、新合、新华、后寨、猴场、联合等村。为高原大石山岩溶地形，群山林立，峰丛间分布有大小不等的洼地、谷地，并形成主要的农作物种植耕作区。地层岩性出露以泥盆系、石炭系的石灰岩为主，其高程大部分在1 200～1 500米，最高山峰斗烘坡高程1 950.8米。

库区内尤其东、南部的山坡上曾有茂密的原始森林覆盖，沟溪流水不断。1958年大炼钢铁时，任意砍伐林木烧炭炼铁。至20世纪80年代，库区内的原始森林已经砍伐殆尽。经过近年来开展水土保持工作，乱砍滥伐、毁林开荒现象有所收敛。近年，实施了退耕还林和封山育林等治理措施。

卡达水库兴建前，河道两岸曾经是一块肥沃的良田，水库建成后，库区内农田受淹，迁移村民2 047人。按照淹没补偿的有关政策，库区移民已得到相应补偿和安置。

建库以来，效益显著，保护下游沿岸20千米交通干线、城镇、厂矿、400公顷耕地、4.2万人口的供水和防洪安全，减少洪水对下游区域的威胁。水库是冷水河灌区主要供水水源，设计灌溉面积933.3公顷，有效灌溉面积800公顷。平均年供水量2 467.5万立方米，其中县城生活、工矿供水量912.5万立方米，农业灌溉用水量1 555万立方米。

8.1.28 秧坝河
（Yangba River）

西江南盘江段左岸支流，又名百口河，发源于贵州省册亨县秧坝镇昂令当，在册亨县东南百口镇汇入南盘江，河长90千米，平均比降12.1‰，流域面积618平方千米。

秧坝河水系发育，源头高程1 402米，河口高程316米，落差1 086米，多年平均流量9.85立方米每秒，一级支流7条，最大支流为弼佑河。

秧坝河自源头向东流，经秧坝镇右纳板用河，至干这左纳内弄河，经油左纳坝油河转向东南流，过秧拜左纳龙门河，经荣丁右纳弼佑河（河长40千米，流域面积174平方千米），于册亨县百口乡汇入南盘江。

流域呈扇形展布，地跨册亨县5个乡镇，地处贵州高原向广西低山丘陵过渡的斜坡地带。地势西北高东南低，属黔桂边境的中高山区，沟谷纵横，峰峦起伏，呈侵蚀切割强烈的山地地貌景观；出露地层为泥盆系至第四系。属亚热带温暖湿润季风气候，多年平均气温19.2摄氏度，冬无严寒，夏季炎热，年无霜期340天，春干夏湿、雨热同季；立体气候差异较大，俗称"十里不同天"。

流域少数民族人口占总人口的65%，以布依族人居多。耕地面积259公顷，其中水田71公顷、旱地188公顷。主要农作物有玉米、小麦、薯类、水稻。

流域建有伟帮、洞里、荣丁等水电站，总装机容量18.05兆瓦，年发电量8 300万千瓦时。规划有昂涛、坝赖水库，设计总库容298.5万立方米，设计灌溉面积543公顷。

流域内有金、锑等矿产资源，金矿资源尤为丰富。秧坝穹窿已探明的天然气储量595亿立方米，秧坝、百口和坝赖等乡镇有灵芝，市场年收购量10 000千克以上。

8.1.29 百乐河
（Baile River）

西江南盘江段右岸支流，干流长66.5千米，流域面积871平方千米，涉及广西壮族自治区田林、乐业2个县。

流域内崇山峻岭，山峦重叠，沟壑纵横，岩溶发育。干流自上游至下游，依次名为班村河、百乐河、板千河、小河。支流有5条，干、支流总长195.3千米。地下河有5条，汇流总面积272平方千米，总流程70.1千米，出口枯季流量1.87立方米每秒。

流域地处低纬度亚热带季风气候区，光热充沛，四季分明，冬季较冷。多年平均年降水量891.9毫米。多常绿落叶混交林，植被较好。1988年大旱，1—7月降水量仅152.0毫米，受灾农作物518.3公顷。

百乐河发源于广西壮族自治区田林县浪平乡大盖山东北600米处，河源高程1 350米。自河源西北流，经田林县平山乡巴映、香维、三川洞村，至百乐乡有发源于龙车乡交达村的百华河（河长27.7千米，流域面积128.3平方千米）从左侧汇入，经巴掌村，至白木寨村下游约2.0千米处有长麦河（为地下河，河长39.5千米，流域面积157平方千米）从右侧汇入。经板干、板劳村，至平合村附近有发源于板桃乡央布村的根标河（河长43.5千米，流域面积210.64平方千米）从左侧汇入，至百乐屯从右岸汇入南盘江。

长麦河发源于田林县平山乡平山村狮子口，流经乐业县城西南1千米处，乐雅公路旁有一天然岩洞——罗妹莲花洞，洞长1 000米，内有

百乐河

乐业罗妹莲花洞

莲花盆200多个，最大直径9.4米，称莲花盆王。洞内钟乳石悬挂，石帘、石瀑造型奇特，莲花盆发育数量及规模堪称世界之最。乐业县产广西优质薄壳核桃，果大、壳薄、质优、仁白、饱满、油多、味香，名贵珍果野生刺梨世界稀有。还有板栗、八角、苦丁茶、香菇、优质黑糯等土特产品。田林县平山乡金矿丰富，百乐、板桃一带多锑矿。

8.1.30 北盘江
（Beipan River）

西江上游左岸支流，发源于云南省沾益县，在贵州省望谟县汇入西江南盘江段。地理位置东经103°45′～106°10′，北纬25°00′～26°49′，地跨云南、贵州2个省。

概 述

流域范围 流域地处云贵高原东翼，其上源部分在云南省，大部分流域面积在贵州省，西临金沙江，北靠三岔河，南接南盘江，东入红水河。河长456千米，流域面积26 357平方千米。

地质地貌 流域呈狭长形展布，地势南、北、西三面高起，由西北向东南阶梯状降低。流域内地形起伏大，处处显示高原山区地貌景观，海拔一般在500～1 500米之间，最高山峰陆家营海拔2 763米。河道多穿行于峡谷中，河谷盆地甚少，河流坡降大。

流域地层以石炭系、二叠系、三叠系等碳酸岩类岩石为主，约占流域面积的60%。干流河段上，碳酸盐岩类约占42%，岩溶发育，类型繁多，地表形态从小的溶隙、溶沟、石芽、溶柱到大型洼地、谷地、峰林。地表水通过灰岩中的溶隙、节理、洼地等渗入地下汇集成泉水形态补给河流，而河水又通过暗洞（地下河出口）与地下水相通，互相补给。

河流水系 北盘江流域面积大于1 000平方千米的有**亦那河**、**拖长江**、**可渡河**、**乌都河**、**月亮河**、**麻沙河**、**打邦河**、**红辣河**、**大田河**9条。最大的为打邦河。

气候水文 流域属亚热带高原季风气候，受青藏高原季风影响明显。受大气环流和流域地形的影响，气候垂直变化十分明显。流域多年平均年降水量1 260毫米，年际间变化较小，流域内变化较大。5—10月降水量占全年的85.3%。流域多年平均气温14.8摄氏度，多年平均年蒸发量1 019毫米。流域年径流深537.8毫米，多年平均年径流量143亿立方米。

自然资源 流域内自然资源丰富，水力资源理论蕴藏量4 280兆瓦；矿藏丰富，中上游的六盘水煤储量大、质量好、品种全，保有储量达165亿吨以上，是贵州的大型煤矿基地；黔西南州已查明的煤矿点有27个，储量达75亿吨，多在本流域内；曲靖、宣威、富源是云南省的重要煤炭产地；重晶石、铝土、铁、锌、铅、锑等矿点不少，靖隆锑矿和水城铁矿已在开发，有相当规模。中下游的安顺、镇宁为主要工业基地。

流域内旅游资源丰富，有黄果树、龙宫等国家级风景名胜区。

社会经济 流域涉及云南、

龙宫

贵州2省5个地（州、市）区，19个县（市），其中云南省有1个地（市）3个县（市），贵州省有4个地（州、市）区16个县（市）。流域总人口538.93万，其中农业人口490万，人口密度215人每平方千米。居民以汉族为最多，布衣、苗、回等少数民族居民占总人口的43%，主要聚居在威宁、镇宁、贞丰、紫云、册亨、望谟等县。

20世纪末，流域耕地面积28万公顷，其中水田8万公顷，现有保证灌溉面积4万公顷，占水田面积的50%，占耕地面积的19%。西北部宣威、水城一带高寒山区，以种植小麦、土豆、烤烟和山区药材等经济作物为主，威宁一带是高原牧区。中部适宜农作物生长，主要种植水稻、玉米、油菜、烤烟、甘蔗、茶叶等。东南部除生产粮油作物外，还出产木材。流域耕地多为山坡地，干旱威胁最大；坡高水低，人畜饮水困难。

水旱灾害 流域田高水低，洪灾影响较小，仅支流伏流河段或岩溶洼地有局部洪涝灾害，流域洪涝面积15万公顷，主要分布在云南省。降雨偏少，蒸发量偏大，灌溉条件差，常发生旱灾。1924年旱灾，定番（今惠水县）、普安、关岭、兴义、安龙和册亨县"久苦亢旱，田土开裂，禾苗枯槁，人民饿毙成群。"1963年的旱灾，宣威"沟河断流，井泉干枯。"

流域一半以上为沙页岩地区，其次为石灰岩地区，山高坡陡田地少。岩溶分布较广，土壤耕作层薄，保水能力差，加上暴雨强度大，水土流失十分严重，流失面积35万公顷（其中云南11万公顷），主要为坡面流失，多发生于陡坡开荒的耕田，是珠江流域泥沙的主要来源地区。

治理开发 20世纪50年代以来，国家多次组织查勘和综合研究，提出水电为主，结合灌溉、航运、水土保持、水源保护、旅游、城乡供水、水产等综合利用的开发方针。

北盘江干流梯级开发规划定为石门坎、黄鹰洞、达开、万家口子、毛家河、响水、石板寨、善泥坡、盘江桥（光照）、板江（马马崖）、坝坪（董箐）11级方案。规划总装机容量2 445兆瓦，年发电量125.8亿千瓦时。可渡河口以上以发电为主，可渡河口以下发电结合航运综合开发。上游段安排六级电站，其中达开及万家口子两级为水库坝后式电站开发；石门坎、黄鹰洞和响水，河段落差集中，且地处弯曲河道末端，采用裁弯取直引水式电站开发。响水电站开发条件最好，技术指标也较优越，现已建成发电。万家口子水库除坝后电站外，另在坝内引水至毛家河电站。中游段安排四级电站。其中盘江桥控制流域面积大，成库条件较好，布置坝后式电站，能拦蓄北盘江洪水，分担红水河部分防洪任务；其他电站利用水头较大，属径流式电站。下游河段河道开阔平缓，坝坪以下为龙滩水库回水区，只布置坝坪级开发。

流域水利化程度较低，规划增灌面积3万公顷，规划重点是贵州安龙—贞丰—兴仁和镇宁—安顺片及云南宣威片。干流云南段建有中型水库3座，小水电站2座。即偏桥水库（总库容3 500万立方米）、东屯水库（总库容1 700万立方米）和新屯水库（总库容1 400万立方米）以及寨田电站（装机容量0.8兆瓦）和龙口电站（装机容量2.4兆瓦）。地处贵州的支流打帮河上建有中型水库4座，即**桂家湖水库**、八河水库（总库容1 100万立方米）、白沙水库（总库容1 200万立方米）和**油菜河水库**。响水水电站和天生桥水电站建有引水工程，分别灌溉田地433公顷和700公顷。

龙头寨至双江口航道长222千米，上段龙头寨至盘江桥49千米只能通行1~2吨木船，下段百层至双江口84千米，可季节性通航30吨机动船。为保障煤和其他矿产外运，百层至双江口近期疏浚整治标准为通行100吨级船队，远期待龙

北盘江上游革香河

滩、坝坪、板江、盘江桥梯级电站全部完建，全线渠化后可通航300吨级船舶。

纪　实

上游 源地至可渡河口为上游段。北盘江的发源地马雄山是乌蒙山的余脉，其沿西南—东北方向排列的四座主峰是北盘江与南盘江源头的分水岭，其北盘江一侧山势陡峭，林木茂盛，几条溪涧在山脚下汇成北盘江的上游——革香河。源地马雄山高程2 444米，离开马雄山主峰，地面逐渐开阔，西北3千米的磨脚村为北盘江第一村。往北流经北盘江第一库偏桥水库。偏桥水库总库容3 600万立方米，是云南省宣威市的骨干水库。出水库向北流称规沙河，源头至石缸河段长20千米，沿河两岸人烟稀少，过石缸后有伏流河段。北流入宣威坝后河谷宽浅，于落水镇野鸡凹左纳淥水河（河长22.1千米，流域面积278平方千米），于板桥镇电厂水库左纳西河（河长26千米，流域面积165.6平方千米），右纳车河（河长21.4千米，流域面积128.7平方千米），流经宣威电厂的钱屯水库。两岸分水岭地带为珠江源省级自然保护区，右岸滑石板主峰高程2 868米。继续北流经过宣威城区，称盘龙河。宣威市是云南省人口最多的县级市，是出省与入滇的重要门户，为云南旱粮、烤烟、商品猪、建材、化工生产基地县，全国100个重点产煤县市之一。土特产以宣威火腿驰名，被誉为"云腿之乡"。出城区北流至宣威市来宾镇盘龙村掉头转向东南流，石缸至盘龙村河段长50千米，沿河地形平坦，耕地集中，是北盘江沿岸最富裕的地区。出盘龙村后称来乐河，至来宾镇大屯左纳龙洞河（河长29千米，流域面积113.5平方千米），于龙场镇平川左纳龙场河（河长25.6千米，流域面积123.2平方千米），南流经旧营、隆庄至田坝镇米田右纳亦那河后称革香河。向东穿行于中山峡谷，于田坝镇万家口子右纳拖长江，成为云南省和贵州省的界河。在建万家口子电站，装机容量20万千瓦，盘龙村至拖长江口段长52千米，滩险多，河道狭窄。滇黔界河段，穿行于深山峡谷之中，两岸高山耸立，高出水面400余米。河谷成V形，水面宽7~40米，河道狭窄，岸边多乱石，滩多流急。耕田零星，人烟稀少，谷深坡陡，耕地距河水面超过200~300米。向东北穿流23.2千米后于贵州省水城县都格乡左纳可渡河，转向南入贵州省改称北盘江。

盘县坡上草原是珠江流域海拔最高的草原（平均海拔在2 500米左右）。草原内有佛光、水面面积1.5平方千米的长海子水库、2 667公顷高山杜鹃等景观。草原内瀑布成群、长年流水不断。

中游 可渡河口至打邦河口为中游段，河长188.7千米，

花江大峡谷

落差 563.4 米，平均比降 2.99‰。自可渡河口即进入贵州省水城特区，东南流，经响水电站、都格盆地，于发耳乡新民左纳法耳河（河长 31.9 千米，流域面积 178 平方千米），经新龙、罗多，折东流于龙场乡察尔岩右纳龙场河（流域面积 111 平方千米），东北流至红岩脚复东南流，至花嘎乡右纳乌都河，其间流经野钟黑叶猴保护区；折东北流至果布嘎乡肖坪村左纳**巴浪河**，续东流至六枝特区扁朝左纳月亮河，继东南流，沿六枝与普安、晴隆边界经牂牁（zāng kē）江省级风景名胜区、毛口盆地，左纳邦得河（河长 42 千米，流域面积 138 平方千米），右纳麻布河（河长 31 千米，流域面积 147 平方千米），至**光照水库**，于毛草坪渡口右纳**西泌河**，即沿关岭、晴隆县边界，经大小盘江盆地、盘江桥，于关岭县新铺镇猫猫冲附近右纳麻沙河，左纳落蟒河，再沿关岭与兴仁、贞丰县边界的花江大峡谷前行，于梭江村右纳龙弄河（河长 37 千米，流域面积 134 平方千米）经马马崖一、二级水电站，构皮滩，板江，贞丰畜牧场，高坎滩至关岭县板贵乡付家寨左纳打邦河。其间从岗乌镇毛草坪到板贵乡的三江口是花江大峡谷风景名胜区，全长 79 千米，平均宽 3.8 千米，面积 300 平方千米。景区内山高、峡深、水急，壮美的自然景观与古朴浓郁的民族风情、神秘久远的海百合、龙化石构成"雄奇、宏大、险峻、神秘"的鲜明特色。这里岩溶极为发育，形态类型多样，峰林、峰丛、孤峰、石林、溶洞、溶丘、瀑布、暗流、伏流、洼地、漏斗、奇石和千姿百态的石灰岩构造一应俱全，形成贵州喀斯特地貌类型最为齐全的亚热带岩溶景观博物馆。

中游河段河水面宽 20～60 米，两岸多悬岩绝壁，以高中山为主，高程 800～200 米，河谷束放相间，除都格、茅口、大小盘江为河滩盆地外，多为高山峡谷，有大小滩险 14 处，沿河耕地、人烟稀少。都格至茅口及盘江桥以下，多 V 形谷，湾多流急，水面宽 30～80 米，多乱石险滩。虎跳石峡长 1 300 米，河床深切，两岸石山高 500～700 米，有多级跌水，落差 16 米。

其余多为 U 形谷，水面宽 20～60 米，水流平稳，沿河有许多盆地，茅口盆地最大，有 3 万平方千米，耕地面积 200 公顷。

下游 打邦河口以下为北盘江下游，河长 107 千米，落差 69 米，平均比降 0.65‰。过打邦河口后河流转缓，河道沿镇宁、贞丰县边界东南流，至董箐（qìng）水电站坝址（距打邦河口 4.75 千米，坝址河床高程 366.1 米），右纳伏流而至的三岔河（河长 38 千米，流域面积 199 平方千米），三岔河上游有三岔河国家水利风景区，她以三岔湖为中心向四周辐射，景区内山峦、峰丛、石林、湖泊、岛屿、峡谷、暗河、泉潭、溶洞、生物化石等丰富多彩，千姿百态；古文化遗址、古墓群、古建筑、革命文物、摩崖石刻令人神往；民族风情、田园风光、古老的手工艺使人流连忘返。至坝草，右纳那郎河（河长 44 千米，流域面积 221 平方千米）。至白层，经白层大桥，右纳鲁贡河（河长 23 千米，流域面积 105 平方千米）；至望谟县坝若左纳红辣河，继东南流，于潭龙左纳者平河（河长 31 千米，流域面积 193 平方千米），经乐元镇，至册亨县岩架镇洛凡村浪界右纳大田河。继流至岩架镇右纳**者楼河**，流至望谟县油迈乡三滩左纳**望谟河**，至蔗香乡双江口汇入西江南盘江段，西江纳北盘江后称红水河。

下游河段以低山地貌为主，高程 400～800 米，高差 150～250 米；沿河山坡低矮，台地极少，冲沟发育；河道开阔，水流平缓，水面宽 50～150 米，水深 2.5～15 米，砂卵石河床，沙滩广布。百层村以上滩多流急，有摆龙滩等大小险滩 69 处。百层村以下河面开阔，水面宽 50～150 米，砂卵石河床，沙洲广布，有险滩 41 处。沿河山坡矮缓，台地极小，冲沟发育。

安龙、贞丰县一带有天然"海子" 20 多处，最大的水面有 2 平方千米。安龙县的绿海子，水量 240 万立方米，平均水深 6 米，风光绮丽，是游览胜地。

支流打邦河流域是典型的岩溶地区，其周围 280 平方千米内有较大的瀑布 18 个和 4 个地下瀑布。除著名的黄果树大瀑

三岔河国家水利风景区

布外,还有马蹄形的天生桥瀑布,高达130米的高滩瀑布,宽达百余米的陡坡瀑布,滩面长达300余米的螺丝滩瀑布,自云崖飞泻的连天瀑布,自悬崖绝壁上洞口喷吐的蜘蛛洞瀑布,云雾缭绕的冲坑瀑布,急流滚滚被暗河吞没的银链坠潭瀑布,还有汹涌澎湃的龙门、关脚峡瀑布及彩带飞舞的帘带瀑布等。

8.1.30.1 亦那河
(Yina River)

北盘江上游右岸支流,发源于贵州省盘县红果镇西,在云南省宣威市田坝镇米田汇入北盘江,河长67千米,流域面积1 022平方千米,涉及贵州省盘县和云南省富源县、宣威市。

流域属温带气候,年平均气温14.4摄氏度,最高气温33摄氏度,最低气温-13摄氏度。多年平均年降水量1 000毫米,多年平均年径流量4.19亿立方米。汛期河流泥沙量较大。多年平均流量15.2立方米每秒,水力资源理论蕴藏量4.56万千瓦。矿产资源主要是煤炭及铁矿,煤矿资源丰富。

亦那河地处岩溶地区,河段多深山峡谷,河水流量不大,无瀑布、少急流险滩。羊场河受上游羊场煤矿等开采煤炭的影响,水污染严重,水质为Ⅳ至Ⅴ类。

亦那河

2003年亦那河水质为Ⅲ类。

流域经济欠发达,有彝、回、白、苗等少数民族,农作物主要有水稻、玉米、薯类、荞麦,海岱槽子为宣威市水稻主产区之一。经济作物有烤烟、油菜。地方特色产品有驰名中外的宣威火腿。

河流沿岸植被损毁,生态环境恶化,水土流失严重,洪涝灾害频繁。亦那河上游富源县境内对嘉河的治理主要是修建了4座小(1)型水库、16座小(2)型水库,控制洪水,保障农田灌溉。羊场河先后进行过多次整治,裁弯改直、支砌险段等。1992年对羊场河进行小流域综合治理,治理主河道长12.2千米,保护农田753公顷,其中水田239公顷。2004年,羊场河划为珠江上游南北盘江水土保持综合治理试点工程。茨营河月亮田电站装机容量800千瓦,属引水式径流电站,引水流量4立方米每秒;亦那河尚可电站装机容量2 400千瓦;猫跳石水电站,装机3台,总装机容量3 600千瓦。

亦那河源头河段约4千米在贵州省境内,于富源县卜过河村流入云南。从源头向北至富源县邓家湾称为嘉河,进入宣威市羊场镇至关阳沟村进入地下伏流,在干洞村北面流出地面,此段称茨营河。茨营河在文阁左纳羊场河后称亦那河。羊场河发源于沾益县播乐乡,流经宣威市羊场镇、海岱镇,全长31.5千米。亦那河下游河段为田坝镇和东山镇界河,又称岔河。亦那河口高程1 605米。

8.1.30.2 拖长江
(Tuochang River)

北盘江右岸支流,发源于贵州省盘县红果镇上沙陀,于云南省宣威市田坝镇万家口子注入北盘江革香河段。上游称江上大河,中游称拖长江,下游称清水河,为滇黔界河,干流总长89千米,流域面积1 220平方千米。

流域处于乌蒙山东南,涉及贵州省六盘水市红果、火铺、断江、盘江、柏果、洒基、坪地、四格、鸡场、都格等乡镇及云南省宣威市田坝镇。流域面积100平方千米以上河流主要有鸡场河、大营河。地貌以高原山地为主,西北高,东南低,岩溶地貌发育,山峰陡峻,裸岩面积大,植被稀疏,地表水不发育。

拖长江属亚热带季风湿润气候,年平均气温12~15摄氏度,多年平均相对湿度在73%~79%之间,多年平均年水面蒸发量1 300毫米,

拖长江

多年平均年降水量1 100~1 300毫米,降水量分布由南向北逐渐递减,上游大,下游小,雨季一般自5月开始,9月底或10月结束。5—9月雨量占全年雨量的75%。流域多年平均年径流量8.18亿立方米,年径流深850.4毫米,径流年内分配不均,降水时空分布相同。实测多年平均含沙量1.67千克每立方米,年输沙量135万吨。2005年拖长江流域水质类别为劣Ⅴ类。

流域矿产资源有煤、铁、铅、锌、铜、油页岩等30余种,其中煤的蕴藏量最为丰富。沿岸有老屋基、火铺、月亮田、山脚树、土城等投产矿井,年产原煤能力315万吨,以生产气煤、肥煤为主。

流域内常有干旱,时间在3—5月,每年均有20天以上旱情。局部地区冬春季降雹成灾,灾情最重的为柏果等乡镇。流域内洪涝灾害常见,主要发生在5—9月。断江镇老屋基一带较为严重。流域内泥石流(滑坡)发生频繁,1973年山脚树矿南井巷道遇到滑坡下滑床小断层时,曾造成矿井暂时性水害,同年火铺选煤厂滑坡,1975年老屋基煤场竖井发生泥石流。

拖长江水力资源理论蕴藏量9.01万千瓦,技术可开发量2.28万千瓦。2006年,已建小型沙陀电站,装机容量500千瓦;建成小(1)型长子海水库,库容122万立方米;小(2)型水库4座,总库容113万立方米。

源头高程1 900米,源水出老黑山东麓1千米跌落为瀑布,称哮天龙瀑布,甚为壮观。由南向北流经沙陀火车站与铁道线向北并行,经断江、盘江镇,于柏果镇鸡场疗村右纳鸡场河(河长23千米,流域面积107平方千米),至土城右纳大营河(河长30千米,流域面积124平方千米),在宣威市田坝镇万家口子注入北盘江革香河段。河口高程1 240米,总落差660米,平均比降1.2‰。

拖长江沿岸受石漠化的影响较大,在石漠化的残酷进程中,生态环境被严重破坏,水土流失严重,水体也遭到严重污染。

沿岸有盘县电厂及众多的洗煤厂,多年来煤泥、煤矸石、混煤沿拖长江岸边大量堆放,遇雨冲下河中,和煤矿排放的工业废水一起,使拖长江水体受到严重污染,长期成棕黑色,枯水期甚至水体发黑,河床铺着厚厚一层灰黑色沉积物。

自然的破坏及人为的损害使拖长江变成一条浑浊的河流。2006年4月,盘县政府组织编制《盘县拖长江流域污染防治规划》,为拖长江污染治理提供了基本方法、措施及参考指标。

流域耕地面积10 570公顷,粮食作物主要有玉米、水稻、

马铃薯等。

8.1.30.3 可渡河
(Kedu River)

北盘江左岸支流，又称杨柳河、清水河、跨都河，发源于云南省宣威市龙潭镇，在贵州省水城县都格乡汇入北盘江。流域位于东经103°52′~104°41′、北纬26°20′~26°50′。流域跨云南省宣威市和贵州省威宁县、水城县。

概　　述

流域地处贵州省西部和云南省东北部，东与乌江上游三岔河相邻，南与北盘江上游革香河段相邻，西与牛栏江相毗邻，北与横江相邻。河长154.6千米，云贵界河长139千米，总落差1 247.6米，河道平均比降8.1‰；流域面积3 088平方千米，其中贵州境内1 330平方千米，云南境内1 758平方千米。

流域平均高程1 700米，属高原岩溶山地，主要为低中山坡和中中山坡地貌，相对高差大于200米。地势总体西北高，东南低。流域内山势陡峻，河流切割剧烈，局部河段谷深崖陡；局部河段开阔，如夸都段由于河流通过非喀斯特地段，河谷较宽，水流缓慢，形成宽阔的河床和一、二级阶地共存。

可渡河支流众多，自上而下，集水面积在100平方千米以上的支流有得禄河、麻乍河、八道河、泥依河、赶得河、底拉河、文兴河等7条，其中八道河为最大支流。

可渡河可渡村段

流域属亚热带季风湿润气候，年平均气温10~16.5摄氏度，光能资源丰富，年日照1 700~1 945小时。年平均相对湿度80%。多年平均年降水量1 063.5毫米。5—10月降水量占全年的80%，多年平均年蒸发量850~900毫米。多年平均年径流量11.38亿立方米，多年平均年输沙量726万吨，2006年水质评价为Ⅲ类。暴雨一般发生在5—10月，6—7月发生年最大洪水的频率为67.7%。小寨水文站实测最大洪峰流量1 150立方米每秒（2000年6月20日）。

流域森林种类繁多，高程2 400米以上的高原凉山地区，主要有常绿针叶和落叶杂灌木，有华山松、云南松、山杨、高山栎、麻栎、茅栗、映山红、杜鹃、箭竹；高程在1 900~2 400米的高原半凉山区，有云南松、华南松、滇杨、卷木、杉木、刺柏、刺楸、山杨、栓皮栎、麻栎、白栎、板栗、茅栗、苹果；高程在1 900米以下的河谷地区，除有高原凉山和半凉山地区的树种外，还有云南樟、油桐、油杉、黄杉、乌木、女贞、柑等，其中黄杉被列为国家三级保护的珍稀植物。流域水力资源技术可开发量8.59万千瓦，已开发量6.40万千瓦。矿产资源主要有煤炭、铜、铅、锌、石膏、泥炭、铁、锰、伊利石、高岭土、石英砂、瓷土等。土特产主要有烤烟、土漆、中药材、宣威火腿等。

流域居住有汉、彝、回、苗、布依等18个民族。盛产玉米、马铃薯、荞麦等粮食作物和烤烟、芸豆、魔芋等经济作物及苹果、黄梨、核桃、板栗等干鲜水果，中药材有党参、天麻、黄柏、三七、半夏、杜仲、厚朴等，其中马铃薯品质优良。

流域内交通运输全靠铁路和山区公路，贵昆（贵阳—昆明）铁路自东北向西南横穿流域；曾是抗日战争时期战略要线的326国道经过流域西部边缘；内昆（内江—昆明）铁路经过流域内的金钟镇。内昆铁路的建成，极大改善了流域交通条件。

流域冬春旱，夏雹涝，秋季阴雨连绵，遇上寒潮天气，又易造成冻害，尤以水旱灾害威胁最大。上中游河谷一带，山高坡陡，水流湍急，易形成洪涝灾害、泥石流和滑坡，洪水冲毁房屋、良田，携带泥沙淤积库塘、沟渠屡有发生。据记载，1987年水灾较为严重，龙场、金钟两地河水猛涨，河岸滑坡，倒塌房屋30间。

流域内旱灾以春旱为主，由于春季降水稀少，蒸发量大，故春旱频繁，且受害面积大。如1963年为特大干旱年，从上年11月至当年6月，总降水量101.7毫米，平均月降水量不到17毫米，而四五月份气温比历年同期高。高温暴晒，耗水量急增，许多河塘、山溪、井泉干枯断流。久旱不仅影响了农作物的栽种，还严重影响了人畜饮水，牲畜渴死、瘟倒比比皆是。

民国时期，由民众集资投劳，沿河自行兴建了一些堰塘、山塘和引水渠道等简单的水利工程，使用效率十分低下。1950年后，水利建设逐步加强。至2005年，流域内已建成有冒水、突山、新田、三岔、得宜、三连等6座小（1）型水库。

2005年2月，中水珠江规划勘测设计有限公司完成《可渡河猴子岩—石塔河段梯级开发补充规划报告》，规划从上游到下游的梯级布置为大桥、杨家、石塔三级开发。初拟大桥水电站装机容量1.4万千瓦、杨家水电站装机容量2.6万千瓦、石塔水电站装机容量4万千瓦，均为无调节水电站，梯级开发方案总装机容量8万千瓦，多年平均年发电量2.8亿千瓦时。

纪　　实

可渡河源于云南省宣威市龙潭镇白马梁子，源地高程2 363米，自源头到宣威市杨柳乡可渡村为上游。上游河段河谷深切，人烟稀少，傍河耕地甚少，河床多处坍岩堆积，水流湍急，有多处跌水。河水自源头沿东北向流至得禄镇小营有得禄河从左岸汇入。得禄河长24.7千米，平均比降20.1‰，流域面积139平方千米。东流至宣威市得禄乡火米古右纳龙潭河（河长31.8千米，流域面积168平方千米），两河汇合后即为滇黔界河。可渡河顺东北流至贵州省威宁县麻乍乡坝海左

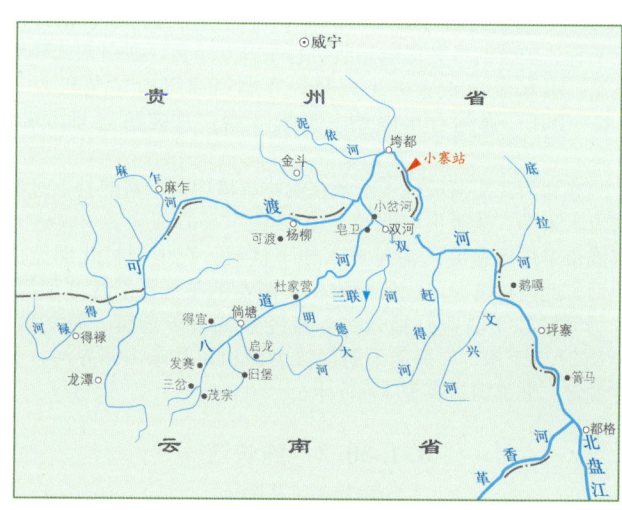
可渡河水系示意图

纳麻乍河，麻乍河长 16 千米，流域面积 111 平方千米。河流继续东北流至麻乍乡长梁子转向东南流。

可渡河东南流至可渡村进入中游。可渡村不仅有悠久的历史文化，还有旖旎的自然风光。可渡村距宣威市区 67 千米，这里群山起伏，沟壑纵横，素有"滇黔锁钥、入滇咽喉"之称，是古代兵家必争之地。早在 2 000 多年前，南丝绸之路的马帮铃声就响彻在这深山峡谷。现保存完好的可渡古驿道位于可渡村河段南北两岸，全长 5 000 米，宽约 2 米，用青石板铺成。可渡村还有"翠屏积雪""盘江峡谷""雄狮坐顶""飞泉喷雪"和沿河两岸的"摩崖石刻"等景观。

河流出可渡村境继续东南流至杨柳镇转东北流，左岸（威宁县境）为陡坡和峭壁，右岸（宣威市境）坡度稍缓。至宣威市双河乡右纳八道河。可渡河继续东北流至威宁县垮都村，进入垮都小盆地，至威宁县金钟镇狮子村左纳泥依河。泥依河长 21.5 千米，平均比降 30.7‰，流域面积 149 平方千米。垮都小盆地内河谷较宽，水流缓慢，形成宽阔的河床和一、二级阶地，河床内沉积较多的砂砾卵石，沿河两岸耕地集中，土壤肥沃，是威宁县水稻产区。河流过垮都村后折向东南流，在威宁县金钟镇新田村设有小寨水文站，至天生桥进入暗河。暗河长约 1.5 千米，暗河上面有贵昆铁路横穿而过。

可渡河古驿道

可渡河峡谷

可渡河出天生桥进入下游，沿河坡势陡峻，河谷深切，东南流至岩脚右纳赶得河转向东流。赶得河长 28.9 千米，平均比降 19.8‰，流域面积 162 平方千米。曲折东流至蟒虎洞折向东南流，在石塔左纳底拉河。底拉河长 24.7 千米，平均比降 36.8‰，流域面积 150 平方千米。继续流至宣威市文兴县谢家渡右纳文兴河（河长 26 千米，流域面积 132 平方千米）。河流东南流至鹅嘎转南流进入水城县与宣威市界河。界河总长度 22.5 千米，河水清澈，水量丰富，两岸植物生长繁茂，时有猕猴攀缘跳跃于峭壁树梢之间。河流顺南流至水城县坪寨乡境内进入峡谷，峡谷长约 10 千米，宽 40～60 米，两岸山峰高 300～400 米。可渡河继续南流至水城县都格汇入北盘江。

8.1.30.3.1　八道河
（Badao River）

可渡河右岸支流，发源于云南省宣威市龙潭镇龙树梁子，于双河乡大岔河村汇入可渡河。河长 51.1 千米，比降 9.7‰，流域面积 556.2 平方千米。

河流自源地向东北流经茂宗、发赛村、铺子村、倘塘镇、皂卫村、双河乡。源地至倘塘镇境称八道河，沿途有旧堡河、启龙河、得宜河等支流汇入。在杜家营村右纳明德大河（河长 27 千米，集水面积 102 平方千米），以下又称抱树河、八道河，在双河乡境内皂卫村小岔河右纳双河（河长 26 千米，集水面积 106 平方千米）。

流域位于宣威市北部，地势西南高东北低。岩溶地貌较为发育，溶隙、漏斗、孤峰、石林、盲谷、溶蚀洼地、坡立谷、落水洞、暗河、溶洞、溶盆湖等各种岩溶形态齐全。多中山、低中山分布。八道河在倘塘以上沿河有部分良田，以下多为峡谷，农田甚少。

属南温带气候，年平均气温 13.3 摄氏度。夏秋和冬春分别受海洋性和大陆性气团影响。干湿季分明，年平均湿度 71％，11 月至次年 5 月中旬为干季，降水量占全年的 17％，光照充足，积温偏低。5—10 月为雨季，主要受来自孟加拉湾和南海的暖湿气流影响，水汽含量高，降水丰富。降水空间分布受地形影响，局部暴雨较为常见。四季不分，气温年较差小，日较差大。气候总特性为"冬无严寒，夏无酷暑"。

流域多年平均年降水量 950 毫米，属半湿润地区。多年平均年径流量 1.67 亿立方米，水力资源理论蕴藏量 2.87 万千瓦。

流域内已建小型水库 8 座。其中三岔、得宜、三联水库为小（1）型工程，总库容 440 万立方米。1975 年建成色官电站，装机容量 150 千瓦；下游双河乡支流上建有背开柱三级电站，总装机容量 825 千瓦。

8.1.30.4　乌都河
（Wudou River）

北盘江右岸支流，发源于贵州省盘县水塘镇木龙村，由贵州省水城县花戛乡汇入北盘江，河长 106 千米，落差 820 米，流域面积 1 997 平方千米，涉及贵州省盘县、普安县、水城县。

乌都河水质清澈，鱼虾成群。100 平方千米以上一级支流有噜嘟河、卡舍河、小坝河、大桥河、**乌图河** 5 条。

流域地处云贵高原中段的过渡地带，由于地势较高和各支流的强烈切割，形成山峦叠嶂，谷岭相间，坡陡谷深，地面破碎的高原山地地貌。山地占 82％，丘陵占 9.22％，坝地只占 2.43％，是典型的山地区域。山峰海拔一般在 2 000～2 300 米，整个地形高低差异相当显著。区域地层，从泥盆系中统至第四系全新统都有出露，其中以三叠系分布范围最广。

流域属亚热带夏湿春干气候，流域多年平均气温 15～17 摄氏度。多年平均年降水量 1 360 毫米，5—10 月降水量占全年总量的 85％以上，多年平均年水面蒸发量 1 153 毫米，多年平均流量 38.5 立方米每秒。

流域水资源较为丰富，水力资源理论蕴藏量 19.53 万千瓦，技术可开发量 4.2 万千瓦。矿产资源有煤、铁、铜、铝、锌、大理石、冰洲石、白砂等。

流域有 19 个乡镇，其中彝、布依、苗、白等少数民族乡镇占 1/3。耕地面积约 21.3 万公顷，粮食作物有玉米、水稻、小麦、荞麦、马铃薯、豆类等。经济作物有油菜、茶叶、生姜、辣椒。

流域水、旱、冰雹、地震、泥石流、低温、凌冻等自然灾害时有发生，以水旱灾害为主。洪涝灾害主要发生在 6—9 月，暴雨强度大，次数多，植被破坏严重，常造成山洪，致使田地房屋被冲毁，人畜伤亡，交通电信中断等。春旱时间在 2—5 月，频率为 90％，常出现重旱，夏旱一般为中旱。局部地区有冰雹灾害,全年平均降雹日为2.8天,最多达9天,严重时造成人畜伤亡,房屋损坏,庄稼失收。

1950年以来,流域先后建成木龙、许家屯、松官等小(1)型水库和若干小(2)型水库,修建了乌都河水电站、乌都河二期水电站、马场水电站等30多座水电站。

乌都河源头高程1 570米,经盘县水塘、板桥称索桥河,于岔河左纳噜嘟河(河长41千米,流域面积188平方千米),于英武镇右纳卡舍河(河长32千米,流域面积153平方千米)后称罗细河,成为盘县、普安界河,于羊场乡小河口左纳小坝河(河长29千米,流域面积134平方千米)后称上寨大河,于普安县窝沿乡右纳大桥河(河长19千米,流域面积113平方千米)后称半川,入洞成伏流,于田边寨露出地面称格所河,至毛虫后又成为普安与水城界河,于水城县花戛乡鸡关岭左纳乌图河,于牛滚塘注入北盘江,河口高程750米。

8.1.30.4.1 乌图河
(Wutu River)

乌都河左岸支流,发源于贵州省盘县鸡场坪乡赵子河,上段称牛昌河,由西南向东北,经过戴家寨、天生桥、瓦房寨三段暗河,在舍烹鸡窝箐出露后由西折向东流,于贵州水城县花戛乡鸡关岭汇入乌都河。河长48.5千米,落差1 030米,流域面积472.2平方千米,多年平均流量9.4立方米每秒。

流域属亚热带夏湿春干温暖气候区,年平均气温15~17摄氏度,具有热量充足,雨水充沛,雨热同季,光照充足,作物有效生长期长等优越的气候条件。冬无严寒,夏无酷暑。

流域涉及盘县鸡场坪彝族乡、淤泥彝族乡、普古彝族苗族乡、水城县花戛布依族苗族彝族乡等4个乡镇,耕地面积5 578公顷。主要农产品有玉米、水稻、小麦、烤烟、油菜子、马铃薯、生姜、辣椒等。主要矿产是煤。流域内交通较为方便。

流域内水、旱、冰雹、地震、泥石流、低温、凌冻等自然灾害时有发生,春旱、冰雹是常见的自然灾害。春旱时间在2—5月,每年均有20天以上旱情。冰雹是流域内危害较大的自然灾害,很多年份均有局部地区降雹成灾。

流域建成的水电站有位于盘县淤泥乡的偏岩水电站、马场水电站、鱼洞坝水电站、嘎嗒河水电站和普古乡境内的六车河一、二级水电站。其中装机容量最大的是马场水电站,装机容量0.52万千瓦,年发电量2 600万千瓦时。

8.1.30.5 巴浪河
(Balang River)

北盘江左岸支流,发源于贵州省水城县玉舍乡滥坝村南格垃林场境,在果布嘎乡肖坪村大灯垭南麓汇入北盘江,河长53千米,流域面积611.1平方千米,涉及贵州水城县玉舍彝族苗族乡、勺米彝族苗族乡、米箩布依族彝族乡、果布嘎彝族苗族布依族乡等4个乡。

流域以山地为主,高程2 000~2 300米,石灰岩分布广,出露面积约300平方千米,出露层为块状灰岩。地表为峰丛槽谷地貌。属高原季风气候,年均气温13摄氏度,立体气候明显。部分地区冬季较冷,总体气候春秋相连,四季不明显。多年平均流量6.58立方米每秒。

巴浪河源头高程1 980米,向东流经玉舍乡、勺米乡,从勺米乡到阿嘎、保摩段称巴浪河。此段河流沿岸植被受破坏,水土流失严重。从保摩至果布嘎乡大垭口河段称底色河,干流经大垭口南流在果布嘎乡肖坪村汇入北盘江,此段称古牛河,汇口高程540米,总落差1 440米。巴浪河支流多为季节性山溪河流,水量少,主要有上游的玉舍河、舍嘎河,均以暗流汇入,暗河中下游无地表水补给,埋藏较深。1979年有关部门曾进行连通试验,测算岩溶地区暗河长约36千米,为全国罕有的长暗河。

巴浪河边的玉马公路

流域内煤储量丰富。米萝乡煤储量达6亿吨,位于格木底煤田中部,至今保持完整。流域人口以彝、苗族为主,农田面积4 117公顷,粮食作物有玉米、小麦、水稻、豆类;经济作物有茶叶、烤烟、生姜、油菜子等。

流域内自然灾害较为严重,主要有春旱、低温、晚霜、冰雹、暴雨、凌冻、滑坡、塌陷、地震等。其中以春旱、冰雹和暴雨出现频繁。1983年5月19—21日,流域内普降大雨,造成山洪暴发,致使所有乡镇均受洪涝灾害,损失惨重。

流域内建有位于玉舍乡的**玉舍水库**,总库容3 380万立方米,为多年调节的中型水库,是六盘水市城区的主要供水水源,日供水量10万立方米。建有龙家营水电站、王家寨水电站、聋就水电站、牙谷寨水电站、天生桥(古牛河一级)水电站、小龙潭(古牛河二级)水电站、干坝(古牛河三级)水电站,其中干坝水电站装机容量最大,为1.80万千瓦,年发电量7 380万千瓦时。

8.1.30.5.1 玉舍水库
(Yushe Reservoir)

巴浪河支流舍戛河上的中型水库。坝址位于贵州省水城县玉舍乡内,距六盘水市区22千米。1999年4月开工兴建,2005年11月建成蓄水。

玉舍水库

为多年调节水库,主要功能是供水及灌溉。总库容3 380万立方米,有效库容2 720万立方米,水库回水长度7 415米。水库的任务是向六盘水市中区供水,日供水10万立方米,缓解城区40万人口及工矿企业用水困难。

水库枢纽由细石混凝土砌石拱坝、坝顶溢流表孔、冲砂兼放空底孔等建筑物组成。坝型为变厚抛物线型双曲拱坝，最大坝高78.4米，坝顶弧长238.53米；坝顶溢流表孔最大泄洪量535立方米每秒；在右坝段设有底孔，进出口分别设有平板检修门及弧形工作闸门。

水库库区位于贵州西部高寒山区，耕地中旱地所占比重较大，农作物品种较单调，主要种植马铃薯。由于地势高，地形破碎，地表植被覆盖率低，坡耕地多，水土流失较为严重。水库周边分布有龙潭煤系，是水城矿务局玉舍煤田的一部分，基本未开采。

8.1.30.6 月亮河
(Yueliang River)

北盘江中游左岸支流，发源于贵州省水城县陡箐苗族彝族乡茨冲石门坎，于贵州六枝特区扁朝汇入北盘江，河长76千米，流域面积1 026平方千米，涉及水城县和六枝特区14个乡镇。

流域地处黔西北高原向广西丘陵过渡的梯级状大斜坡地带，地层为石炭系，以北西向构造占主导，在山坳、坡脚处有堆积土，上覆沙黏土，未见岩石出露。地形复杂，地貌种类多样，山峦层叠，谷岭相间，山高、坡陡、谷深，有山地、谷地、盆地，以中、低山为主，山地居多，分布有小型河谷盆地和岩溶盆地，海拔650～2 200米。

月亮河由北向南经陡箐、阿佐、塘上名木果河。于蟠龙乡店子右纳通仲河，通仲河发源于水城县夹沟乡，河长41.5千米，流域面积225.95平方千

月亮河月亮河村段

米。经猴场苗族布依族乡进入六枝特区中寨苗族彝族布依族乡，于长寨乡纳**花德河**，经兴隆于扁朝汇入北盘江。

流域属北亚热带湿润季风气候，冬无严寒，夏无酷暑，多年平均年降水量1 239.5毫米，年均气温12.3摄氏度，年均日照时数1 555.6小时，无霜期235天。多年平均流量18立方米每秒，地下水丰富，上游多石灰岩区，岩溶、暗河发育，干支流上有多处跌水。

流域耕地面积12 151公顷，主要农作物有玉米、水稻、小麦、黄豆、茶叶、烤烟、甘蔗、花生、生姜等，其中木城茶叶颇享盛名，清代为贡品。

流域内每年均有不同程度的旱、涝灾害。旱灾以春旱为主，每年3—4月均有发生，以蟠龙乡为重。洪涝灾害多发生在6—9月，由于暴雨强度大，地面坡度陡，植被差，常引起水土流失，造成田土淹没，房屋倒塌，人畜伤亡。

流域已建加开营水库和中坝水库共2座小(1)型水库。白马洞供水工程日供水量0.8万立方米。已建凉风洞等大小水电站28座，总装机容量50 120千瓦。

8.1.30.7 西泌河
(Ximi River)

北盘江右岸支流，发源于贵州省普安县岗坡乡象鼻岭，在贵州省晴隆县毛草坪渡口汇入北盘江，河长53千米，河道比降18.1‰，流域面积431平方千米。流域地处贵州省西南部，形状呈窄长形展布，地跨普安、晴隆2个县。

自源地经白冲水库，至垭口田沿普安、晴隆两县边界北流至河边，东北流，左纳泗河（发源于普安县地泗乡新阶田，河长25千米，流域面积148平方千米），进晴隆县境，右纳孟寨河，汇入北盘江，落差960米。

流域地处亚热带湿润季风气候区，多年平均年降水量1 500毫米。5—10月降水量占年降水量的82%。流域多年平均水面蒸发量900～1 000毫米。河口多年平均流量8.91立方米每秒。多年平均年悬移质含沙量1.4千克每立方米。2006年水功能区划全河段为普安晴隆保留区，现状水质为Ⅲ类。

流域位于高原峡谷区，呈典型的喀斯特山区地貌形态。地形起伏大，相对高差1 400米左右，山高、谷深、坡陡，土地瘦薄，耕地散碎，林草植被覆盖率低，水土流失面积10.21公顷，生态环境质量差。

流域内有布依族、仡佬族、苗族等少数民族，耕地面积6 606公顷，其中水田面积2 678公顷，旱地面积3 928公顷，农作物有水稻、玉米、小麦等，经济作物有烤烟、花生等。野生药材有薏仁米、龙须草、杜仲、倒提壶、菌灵芝、大小黄草等。

流域水资源量2.8亿立方米，其中地下水资源量0.33亿立方米，水力资源理论蕴藏量1.37万千瓦，技术可开发量0.81万千瓦。已建麻田、西泌河小型水电站2座，装机容量1 000千瓦。林业资源有云南松、青冈栎、细叶青冈、黄杞、朴树、女贞等。稀有珍奇动物有竹猫、水獭、飞虎等。矿产资源有煤、锑、大理石、萤石、石灰石、铅、锌、铜、褐铁矿和硫铁矿等。

流域内建有小(2)型水库2座，总库容58.6万立方米，灌溉面积106.7公顷。晴隆县城（莲花镇）属封闭的岩溶凹地，四周群山环抱，径流汇集靠城边溶洞消水。暴雨后消水洞堵塞，泛滥成灾，洪涝灾害频繁。民国20年（1931年）8月"莲城水深丈余，受灾1.1万户，3.76万人"；1976年7月4日，一场暴雨，南街水淹3米深，滇黔公路交通中断18天。1985年建成晴隆排洪隧洞，隧洞长559米，城区排洪明渠1 140米，洞前排洪暗渠128米，排洪流量25.3立方米每秒，防洪标准达50年一遇。

8.1.30.8 光照水库
(Guangzhao Reservoir)

北盘江干流中游的大(1)型水库，位于贵州省关岭布依族苗族自治县和晴隆县交界地区关岭县岗乌镇毛草坪。库区涉及关岭自治县、晴隆县和六盘水市八枝特区，是北盘江干流最大的水电站；为北盘江毛口以下梯级水电站的"龙头"电站。

为不完全多年调节水库，以发电为主，兼顾航运、灌溉、供水等。总库容32.45亿立方米，正常库容31.35亿立方米，调节库容20.37亿立方米，水库回水长度69千米，库区总面积为51.54平方千米。

工程主要由挡水坝、坝身泄水、右岸引水系统、地面厂房系统、预留左岸通航建筑物组成。挡水坝为混凝土重力坝，最大坝高195.5米，坝底最大宽度163.3米，坝顶全长412米，坝基坐落在灰岩和泥质灰岩地层上。电站装机容量104万千瓦，年平均发电量27.54亿千瓦时。工程预留远景通航建筑物通航等级为5级，能通过300吨级驳船。

坝址以上集水面积为13 548平方千米，年平均流量为257

光照水库

立方米每秒，多年平均年径流量81.1亿立方米。正常蓄水位745米。

库区岩溶较发育，分水岭地带以垂直岩溶形态为主，河谷地带以水平岩溶形态为主。主要形态以峰丛洼地、峰丛谷地、溶丘洼地、岩溶盆地、峰丛峡谷以及侵蚀中山地貌为主。坝址河谷为基本对称的V形河谷，岸坡自然坡度40°～50°，正常蓄水位时河谷宽390米。

水库淹没耕地2 633公顷、林地463公顷、草地178公顷、房屋24.7万平方米、水电站3座、4级公路9千米、等外公路19.7千米、桥梁2座长260米、小集镇2个、小厂矿5个，搬迁人口16 452人。农村移民安置主要为后靠和集中两类方式，其中后靠安置5 717人，集中安置9 830人。河塘集镇迁至五里碑新建，毛口集镇迁至口棚新建。

1983年初勘，1989年初设；1991—1995年，贵阳勘测设计研究院开展了光照水电站的预可研，提出《坝址比较报告》和《北盘江光照水电站预可行性报告》；1995—1999年进行可行性研究；2000年被列为国家"西电东送"的重点工程建设项目，2003年5月正式开工建设，2008年8月建成并投产发电。

8.1.30.9 麻沙河
(Masha River)

北盘江右岸支流，地处贵州省西南部，发源于兴仁县新龙场镇三道沟，于兴仁、晴隆、关岭三县交界处猫猫冲汇入北盘江，干流长95千米，落差1 147米，比降12.0‰，流域面积1 434平方千米。涉及兴仁、晴隆2个县。

流域呈扇形展布，河源高程1 690米，汇口高程543米，100平方千米以上一级支流有巴铃河、水冲河、大桥河3条。

流域地势西南高、东北低，处于南、北盘江分水岭偏北地区。流域内主要分布石炭系、二叠系、三叠系地层的碳酸盐岩类，岩性为石灰岩、白云岩、泥砂岩、角砾岩、黏土岩等。属中山、低中山岩溶地貌，呈现出峰林谷地、溶丘洼地、峰丛峡谷及河谷盆地、山间坝子等多类型岩溶景观，植被覆盖率为13.7%，地下河系发育，出露泉井较多。麻沙河干流上游河段，地势平缓，河谷较开阔，耕地较集中，为砂泥岩剥蚀、侵蚀地貌，域内河系发育，支流小河密布，森林植被覆盖率达30%，集水面积750平方千米，占全流域的52%；中下游河段，河谷深切，山峰层叠，地势陡峭，两岸山岭高出河水水面500～600米，岩溶发育，植被稀少，水土流失严重，为典型的喀斯特峰林峡谷地貌，集水面积684平方千米，占全流域的48%。

流域属亚热带湿润季风气候区，多年平均年降水量1 325.2毫米，5—10月降水量占年降水量的75%，年均气温15.2摄氏度，年均相对湿度80%，年均风速2米每秒，年均日照1 500小时。河口年均流量26.2立方米每秒。

2004年，黔西南州政府批准《麻沙河干流水电开发修编规划报告》，拟定为下屯桥、打鱼函、天生桥、新桥、波秧、小麻山、黄家厂七级开发方案，总装机容量138.9兆瓦，年发电量5.63亿千瓦时。现已建下屯桥、天生桥、新桥水电站3座，总装机容量28.8兆瓦，年发电量1.2亿千瓦时。2006年水质现状及目标为Ⅲ类。流域主要矿产资源有煤、金、锑、铝、锌、锰、铜、萤石等。

麻沙河由西向东北流，经龙场镇，折北流至潘家庄，左纳高武河，转东流，经兴仁县农场、下屯桥水电站转东北流，至海马孔伏流2.5千米，于三块田豹子洞出流后，明流3.8千米，又伏流1.8千米，至高晏坪右纳巴铃河（亦称绿阴河，源于兴仁县向阳乡上咔嘎寨，河长24千米，流域面积144.2平方千米）；折北流，经天生桥水电站、水文站，至新桥水电站，进入中、下游河段（以下为兴仁、晴隆两县界河），左纳新寨河，经波秧至团坡，左纳紫马河（亦称团坡河，源于晴隆县紫马镇石头田，河长27.7千米，流域面积266平方千米）；折转东北流，经田坝、流水寨至小麻山左纳大桥河（河长31千米，流域面积172平方千米），至猫猫寨汇入北盘江。

8.1.30.10 打邦河
(Dabang River)

北盘江左岸支流，位于贵州省西南部，发源于贵州省安顺市西秀区塔墓山，在关岭县付家寨南部汇入北盘江，河长132千米，河道平均比降8.44‰，流域面积2 864平方千米，涉及安顺市西秀区、镇宁县、关岭县。

概　述

流域呈扇形展布，北邻乌江上游干流三岔河，西南与北盘江干流接界，东与**红辣河**、蒙江分水，总落差1 169米。

流域地处云贵高原斜坡面的北东向褶皱带，属平缓山原丘陵地貌，多峰丛洼地和河间盆地；出露地层有石炭系、三叠系，以三叠系为主。岩溶发育，多洞穴、井泉、漏斗、洼地及伏流，是世界上喀斯特地貌最发育的地区之一，水土流失面积37%，石漠化面积32%。生态环境质量综合评价为中等。

打邦河水系较发育，河长10千米以上支流有19条，其中一级支流9条，最大支流**六枝河**，其次是**坝陵河**。镇宁县募役以上为上游河段，河长58千米，落差465米，河道平均比降7.7‰；流域面积702平方千米，占全流域面积的24.51%。募役至坝陵河汇入口为中游，河长33千米，落差442米，河道平均比降9.43‰；流域面积1 520平方千米，占全流域面积的53.07%。坝陵河口以下为下游，河长41千米，落差262米，河道平均比降9.22‰；流域面积642平方千米，占全流域面积的22.42%。

流域属亚热带湿润季风气候，河谷具有典型南亚热带气候特点。冬春干旱，夏季湿润温和；河谷地带冬季温暖，夏季炎热。年平均气温19.7摄氏度。流域多年平均年降水量1 279.4毫米，年内分配不均匀，多集中在7—9月，占年降水量的41.4%。下游干流高车水文站多年平均流量48.1立方米每秒，多年平均年径流深673毫米。

流域地表水资源量15亿立方米，地下水资源量3亿立方米。水力资源理论蕴藏量36.7万千瓦，技术可开发量22.53万千瓦。矿产资源主要有煤、铁、铜、高钙石灰石、水晶、大理石、硅石、硫磺、锰、金等。流域内有黄果树瀑布、龙宫国家级风景名胜区，以及天星桥、坝陵河峡谷风景名胜区、木城河生态旅游区。

流域耕地面积2.4万公顷。主要农作物有水稻、玉米、小麦、豆类等；主要经济作物有油菜、烤烟、花生、茶叶等。交通以公路为主，通车里程863千米，已形成县（区）乡镇、乡镇间交通公路网络。

流域内曾多次发生严重水旱灾害。清光绪十八年（1892年），旱灾严重，从春至夏赤地千里，酿成奇荒。1933年干旱，"年斗米大贵，饿殍盈途"。1985年和1991年各发生一次大洪灾，其中1991年特大洪灾淹没农田1.5万公顷，倒塌房屋626间，淹死人口33人，铁路中断36小时，毁坏公路300千米。

流域水利开发历史悠久。1904年，镇宁县于锦屏乡桂家河建干砌大块石拦河坝，引水灌溉农田15公顷；1912年，扁担山区星拱乡从洋吉桥开引水沟3千米，灌溉偏坡村农田20公顷。

打邦河干支流水力开发规划16级方案。已建成桂家湖、八河、油菜河、王二河中型水库4座，总库容19 832万立方米；红岩、关脚水电站，总装机容量104兆瓦，年发电量5.08亿千瓦时。

贵州安顺油菜河

纪　　实

打邦河自源头向西南流，经虹山水库后折向东南，穿过安顺市西秀区、玉碗井、二桥、至五官（古汉墓群）转向西南流，左纳蔡官河；经下羊场，右纳啊浪河、挑水河。经火把洞伏流0.5千米至陇嘎后冲，于大革佬进入*油菜河水库*。至石头寨，左纳石头寨河（河长26千米，流域面积137平方千米），明伏流相间穿过龙宫镇龙宫国家级风景名胜区，至三岔河寨进入镇宁布依族苗族自治县境内，左纳朵卜陇河，过*王二河水库*，于募役乡折向西流。流程穿行于峰丛洼地、峰林槽谷、溶洞间，经西秀区43.6千米（其中伏流8.5千米），镇宁县14.4千米。

安顺市地处黔中腹地，是古代黔中文化的发祥地，战国时为夜郎国首郡，被称为"黔之腹，滇之喉，蜀粤之唇齿""商业之盛，甲于全省"。黄果树大瀑布、龙宫、格凸河等国家级风景名胜区都在其辖区内。安顺市的龙宫风景区，开放的有龙门、天池及龙宫，其中天池面积万余平方米，水深40余米，水清如镜，池周古木参天，百鸟争鸣，俨如世外桃源。

自募役乡复向西流至石汪寨转向南右纳*六枝河*，沿镇宁、关岭县界穿过天星桥风景名胜区、红岩水电站（装机容量40.0兆瓦，年发电量2.03亿千瓦时），左纳小河河，折向南流进入关岭县境，过郎宫右纳坝陵河转向东南流。流程穿过大山区，河谷深切，峡窄水急。经镇宁县境18.5千米，镇宁、关岭县界7.5千米，关岭县境7千米。

自坝陵河口续东南流，穿过木城河生态旅游区、那大天瀑布、孔明塘、关脚水电站（装机容量64.0兆瓦，年发电量3.05亿千瓦时）后，沿关岭、镇宁县界至打邦乡左纳许怀河（河长29千米，流域面积102平方千米）。折向南至关岭县板贵乡许凹右纳烙烘河（河长35千米，流域面积206千米），于坡蝉南面的付家寨高滩瀑布汇入北盘江。流程穿行于高山峡谷，坡陡流急。经关岭县境15千米，关岭、镇宁县界26千米。

云山屯财神庙

流域内保留有独特的屯堡（pǔ）文化。屯堡人是明代朱元璋时征守黔中军人的后裔，其文化有"明代古风，江淮余韵"的特点。

屯堡文化旅游节

屯堡人的语言经数百年变迁而未被周围方言同化，至今仍保存着北方语音的特点，屯堡妇女的装束沿袭了明代江南汉民族服饰的特征，屯堡人的花灯曲调带有江南小曲的韵味，原始粗犷的屯堡地戏被人誉为"戏剧活化石"，2001年国务院将至今仍保存较为完整的屯堡村落云山屯、本寨公布为全国重点文物保护单位。

8.1.30.10.1　油菜河水库
(Youcaihe Reservoir)

*打邦河*下游干流上的中型水库，坝址位于贵州省安顺市西秀区龙宫镇，距国家级风景名胜区龙宫7千米，库尾距西秀区城区13千米。

水库功能为灌溉、发电、防洪、旅游、水产等。坝址以上流域面积220平方千米，总库容5 960万立方米，水库正常蓄水位1 290米，相应水面面积0.85平方千米，防洪限制水位1 285米。1991年5月始建，1995年5月大坝竣工。

大坝建于地下岩溶洞中，坝型为四周嵌固的双曲三圆心浆砌石拱坝，最大坝高41.5米，坝顶弧长37米，坝顶宽5.5米。

库区地貌为峰丛洼地和峰林槽谷组成的梯级岩溶洼地，山势起伏，沟壑纵横，岩溶地下河发育，明流暗流交叉出现极为普遍。水库是在强岩溶地带堵洞筑坝而建，库区高程1 250～1 500米，两岸山顶与河谷相对高差300米，地下河埋深70～200米。水库地处亚热带湿润季风气候区，冬无严寒，夏无酷暑，气候宜人；多年平均气温14.0摄氏度，全年无霜期270天。库区位于龙宫国家级风景名胜区，库周岸边岭岗岩溶发育，地表峰林溶岩、峰丛溶洼及地下溶洞伏流密布。打邦河与其右支流挑水河于库尾上游伏流入库，水库出流经5千米伏流于龙宫内复明流。

水库建成后防护下游少受洪灾，解决龙宫、宁谷两镇近1 333.3公顷的农田灌溉用水。调节龙宫国家级风景名胜区的枯季景观用水量，改善旅游环境。

8.1.30.10.2　王二河水库
（Wangerhe Reservoir）

打邦河上游干流的中型水库，又名黄龙湖，位于贵州省镇宁县城关镇东15千米，距安顺市45千米。

水库具有年调节性，主要功能为灌溉、发电和旅游。水库总库容9 930万立方米，正常蓄水位1 103米，相应水面面积5.9平方千米，回水长度约15千米。工程于1999年12月始建，2004年11月大坝竣工。

水库枢纽由大坝、溢洪道、放水底孔、发电输水隧洞、防洪副坝、排洪隧洞及坝后电站等组成，装机容量0.5万千瓦。大坝为钢筋混凝土面板堆石坝，最大坝高51.5米，长294米，顶宽6.7米；2孔弧形液压式闸控溢洪道位于大坝左岸，采用挑流消能；右坝肩设发电输水隧洞；大坝下游13千米处建三岔湾引水式电站，装机容量3.2万千瓦。

坝址以上控制流域面积675平方千米，多年平均年降水量1 367毫米，多年平均年径流量4.13亿立方米，多年平均年输沙量65.9万吨。设计灌溉面积3 526.7公顷。水库建成后淹没土地345.13公顷，迁移人口3 434人。

水库地处低中山槽谷、峰岩向斜与水洞坝背斜过渡带内，两岸有砂页岩隔水层平行于两岸分布，倾向库内，其连续性未受大断层破坏，隔水条件较好。水库两岸边坡较缓，坡角在45°左右。坝址处为切向谷，缓倾角结构面不发育，两岸基本稳定。库区属亚热带湿润季风气候区，四季分明，年均气温20.0摄氏度，全年无霜期348天。

水库解决了镇宁县江龙、募役、城关、扁担山及安顺新场等乡镇农田的灌溉用水；提高下游红岩、关脚梯级电站发电能力，增加年发电量4 390万千瓦时；水库下游2.5千米处修建引水渠至黄果树瀑布上游，为黄果树瀑布枯季补给流量6.4立方米每秒。同时利用引水渠为三岔湾电站引水发电。

王二河水库

水库周边群山环绕；库岸岭岗上松、杉树密布；库内孤岛耸立，山清水秀；东侧与朵卜陇乡窑上村"仙人洞"（地下溶洞群）相连；库周边有土居的布依、苗、仡佬等少数民族村落；手工纺织、蜡染、纸伞加工工艺独特。布依族村寨民族节日的"丢花包""爱心泼水"等节目风情各异，多姿多彩。

8.1.30.10.3　六枝河
（Liuzhi River）

打邦河右岸支流，又名黄果树河、可布河、三岔河，发源于贵州省六枝特区平寨镇六枝乡，于贵州省镇宁布依族苗族自治县扁担山乡汇入打邦河，河长57千米，流域面积739平方千米，涉及六枝特区、关岭布依族苗族自治县及镇宁县。

流域内地质构造复杂，地貌组合多样，河谷深切，岸坡险峻，出水洞、落水洞、暗河星罗棋布。流域属亚热带季风气候，气候温和，光照条件较好，夏无酷暑，冬无严寒，雨量充沛，年平均气温15摄氏度，多年平均年降水量1 320～1 482毫米。

流域内耕地面积13 264公顷，粮食作物主要有玉米、水稻、小麦、马铃薯、大豆等，经济作物以油菜、蔬菜、茄果类为主。矿产资源主要有石灰石及优质白云砂、煤炭等，易于开采，六枝至纳麻的公路穿境而过，交通条件优越。

六枝河受沿岸煤化工企业排放污水的影响，河水污染严重，当地政府已对六枝河从上游往下游依次进行治理。

河流穿六枝城而过，流经平寨镇河湾、五龙，经落别布依族彝族乡长寨，于板煤古堡在纳纳麻河，经板照、长湾，穿过洒耳风景区，于可布左纳落别河（河长32千米，集雨面积127平方千米，落差565米），继流入关岭县坡贡镇坪寨、木赵，经镇宁县扁担山乡，至黄果树镇石头寨左纳**桂家河**，穿过黄果树镇及黄果树瀑布景区，于石汪寨汇入打邦河，入河口高程1 070米。

流域内六枝特区落别布依族彝族乡，被称为"民族歌舞之乡"，每逢三月三等传统节日，布依族同胞欢聚表演铜鼓舞、搬麻舞等各种传统民族舞蹈。

黄果树瀑布

黄果树瀑布距落别乡15千米。黄果树瀑布高77米，宽101米，是我国最大的瀑布，瀑布奔腾倾泻于10余米深的犀牛潭中，奔腾浩荡，吼声震天，瀑布激起的水珠、飞溅一百多米高，云漫雾绕，洒落在黄果树街市上，即使是晴天，也要撑伞而行，故有"银雨洒金街"的称誉，瀑布半腰有水帘洞，全长134米，六个洞仓，五个洞厅，三个洞泉和六个通道穿越水帘洞，从各个洞仓中观赏犀牛潭上的彩虹，彩虹不仅是七彩，并随你的走动而变化和移动，古人说"天空的虹以苍天作衬，犀牛潭之虹以雪的瀑布衬"，故曰"雪映川霞"，是我国第一批国家级风景名胜区，也是我国首批获得国家评定的 AAAA 级风景名胜区之一。现为 AAAAA 级风景名胜区。

流域已建成六枝特区坝湾水电站，装机容量 1 200 千瓦，年发电量 488 万千瓦时；小（2）型水库 5 座，总库容 173.9 万立方米。

8.1.30.10.3.1　桂家河
（Guijia River）

六枝河左岸支流，又称安西河，发源于贵州省安顺西秀区么铺镇凉水井，在贵州省镇宁县黄果树镇石头寨汇入六枝河，河长 39 千米，河道平均比降 8.34‰，流域面积 308 平方千米，涉及西秀区、镇宁县。

流域呈扇形展布，落差 517 米，多年平均流量 6.07 立方米每秒，多年平均年降水量 1 368.8 毫米，降雨多集中在 6—8 月。水力资源理论蕴藏量 7 220 千瓦，技术可开发量 5 270 千瓦。

沿河两岸气候温和，耕地面积 4 217 公顷，主要农作物有水稻、玉米、小麦、油菜等，经济作物为西瓜、地萝卜、生姜、花生、芋头等。流域内森林稀少，植被较差，岩石裸露；沿河两岸以红壤土、黄壤土、石灰土为主，流域内矿产资源以煤和石灰石为主。水质为Ⅲ类。

自源头向西南流，经安顺么铺镇至河清进入镇宁县蜜蜂水库，经重阳坎至洞口，伏流入**桂家湖水库**；折向西流经丁旗镇转向南，行过雨窝桥左纳白马河、保宁河，于"蜡染艺术之乡"石头寨汇入六枝河。保宁河发源于镇宁县城东北面的石板村，自源头向西南流，穿过镇宁县城，经袁总堡注入桂家河。支流白马河自源头向西北流，穿过白马湖森林公园折向西，经石柱湾转向西南注入六枝河。流程经西秀区境约 8 千米，镇宁县境近 31 千米。丁旗镇以上两岸地势较平坦，有溶丘、峰林、谷地，丁旗镇以下河流蜿蜒穿行于群山之中。镇宁县地处"黔之腹、滇之喉"的要塞，古为夜郎国领地，元代名镇宁州，1913 年镇宁州改为镇宁县。

8.1.30.10.3.1.1　桂家湖水库
（Guijiahu Reservoir）

桂家河上的一座多年调节的中型水库，坝址位于贵州省镇宁县丁旗镇桂家村，距县城 10 千米，距安顺市西秀区 26 千米。

水库以灌溉为主，兼有防洪、供水等功能。总库容 2 854 万立方米，兴利库容 550 万立方米。水库始建于 1958 年 8 月，1961 年 4 月因工程勘测设计不周和施工质量等原因停工。1965 年续建，1966 年 8 月完成大坝和干渠主体工程，建成主坝和 6 座副坝，形成总库容 1 830 万立方米。1994 年扩建，大坝加高 5 米，至 2001 年完工，总库容增至 2 854 万立方米，并改造溢洪道，进行主副坝坝基防渗处理。增大有效灌溉面积 733 公顷。

水库枢纽建筑物由主坝和 6 座副坝、溢洪道等组成。大坝为黏土斜墙堆石坝，最大坝高 25 米，坝顶宽度 4 米，坝顶长度 440 米。水库正常蓄水位 1 271.50 米，相应水面面积 2.46 平方千米，水库设计最大泄流量 157 立方米每秒。

水库坝址以上流域面积 94.7 平方千米，多年平均年降水量 1 360.7 毫米，多年平均年径流量 4 689 万立方米，多年平均流量 1.5 立方米每秒。水库地处镇宁县北部低中山、丘陵河谷盆地区，岩溶地貌发育，多溶丘、峰林、峰丛谷地和洼地。库区属亚热带湿润季风气候区，年均气温 17.4 摄氏度。

水库建成后，有效灌溉镇宁县幺铺镇、丁旗镇、城关镇 3 328 公顷农田，防洪保护面积 20 平方千米。水库水质达到Ⅱ类标准，满足周边城镇生活及工业用水。水库建设淹没土地 247 公顷，已迁移人口 2 000 多人。

2002 年桂家湖水库被规划为黔中水利枢纽工程供水的中转库，在六枝境内建平寨龙头水库引水入桂家湖，经桂家湖水库建的输水站，分别经桂松干渠和桂安干渠，向长顺县、贵阳松柏山和安顺片区供水，两干渠沿途所引水部分可作为城镇、村寨的生活饮用水源。

8.1.30.10.4　坝陵河
（Baling River）

打邦河右岸支流，地处贵州省西南部，发源于贵州省六枝特区中寨苗族彝族布依族乡抱木菁，在贵州关岭县断桥镇东南汇入打邦河，河长 56 千米，河道平均比降 20.2‰。流域面积 550 平方千米。涉及六枝特区郎岱镇、关岭县。

流域地势西北高，东南低。地貌复杂多样，上中游为高原低中山盆谷区。下游为喀斯特地貌，天然落差 708 米，有多处奇特的岩溶洞穴景观，石灰岩分布面广，岩溶发育。

流域属中亚热带季风湿润气候，气候温和，年平均气温 15 摄氏度。雨量丰沛，多年平均年降水量 1 300～1 400 毫米，降水量上游大于下游。多年平均流量 16.9 立方米每秒，多年平均年径流量 5.33 亿立方米。

自源头向东南流，经白岩脚水库、郎岱头塘，穿过坝陵河峡谷风景区，在伍家坟折向东流汇入打邦河。坝陵河主要支流有坡贡河及断桥河。坡贡河发源于六枝特区折溪彝族乡播改，伏流 2.0 千米，经坡贡、大树岩瀑布，至滴水滩瀑布汇入坝陵河，河长 21 千米。断桥河发源于关岭县永宁乡养马洞，伏流 1.0 千米，经断桥汇入坝陵河，河长 32 千米，集水面积 269 平方千米，落差 764 米。

流域水力资源理论蕴藏量 5.87 万千瓦，规划开发坝陵桥电站，装机容量 2 000 千瓦，年发电量 1 000 万千瓦时。

滴水滩瀑布

坝陵河上的滴水滩瀑布，又称关岭大瀑布，是在 1 千米河段内产生多级跌水构成的瀑布群中的最后一级。瀑布群自上而下共有 6 级，总落差达 410 米，宽约 63 米，高约 130 米，比黄果树瀑布高约 43 米。黔中第一奇迹——红崖天书就在坝陵河畔。

8.1.30.11　红辣河
（Hongla River）

北盘江左岸支流，又名清水河、红纳河。发源于贵州省紫云苗族布依族自治县猫营镇老凹坡，至贵州省望谟县坝若汇入北盘江。河长 140 千米，河道平均比降 8.67‰，流域面积 2 049 平方千米，涉及贵州紫云、镇宁、贞丰、望谟 4 个县。

概　述

流域地处贵州西南部，呈近似扇形展布，西邻**打邦河**，东与蒙江接界,南至北盘江干流。地势北高南低,岩溶地貌比较发育,北部多为溶丘、峰林、峰丛谷地和洼地;中部和南部由于河流侵蚀切割,地势急剧降低,多为峰丛峡谷和山地,地面崎岖,局部河谷相对高差达600~700米。出露地层有泥盆系、石炭系等。

流域有支流23条,其中一级支流12条。主要支流有白石岩河、六志河、洗鸭河、简嘎河(又名坝营河)、**羊架河**。

流域内多年平均气温15.0摄氏度,年平均相对湿度80%,年平均无霜期302.2天,多年平均年降水量1 151.1毫米,降雨多集中在5—10月,占年降水量的80.9%。多年平均流量46.0立方米每秒,最大年平均流量76.5立方米每秒。

流域地表水资源量14.5亿立方米,水力资源理论蕴藏量14.57万千瓦,技术可开发量4.47万千瓦。矿产资源有锑、铅、铁、大理石、煤等。

水旱、泥石流等自然灾害时有发生,多为水旱灾害。清光绪十八年(1892年),自春徂夏赤地千里,酿成奇荒。1944年,"岁大饥,饿殍载道,填沟壑者不可胜数",上游"各县饥民逃荒,来者甚夥"。1950—2005年发生较大水灾5次,较大旱灾4次。

流域为贵州省的贫困地区,以农业为主,人口以布依族和苗族居多,占总人口的90%以上。耕地面积1.52万公顷,粮食作物有玉米、稻谷、小麦、马铃薯、红薯、豆类等,经济作物主要有黑葵花、辣椒、樱桃、茶叶、烟叶、油菜、柑橘和各种药材,还有本地黑毛猪、肉用黄牛、黑山羊等。

纪 实

源头至洗鸭河口为上游河段,河长50千米,流域面积667平方千米,占全流域面积32.5%。洗鸭河口至简嘎河口为中游河段,河长51千米,流域面积542平方千米,占全流域面积26.5%。简嘎河口以下为下游河段,河长39千米,流域面积840平方千米,占全流域面积41.0%。总落差1 081米。

自源头向西南流,至紫云县猫营镇箐口进入镇宁县境,经革利、本寨乡左纳白石岩河(河长30千米,流域面积234平方千米)。至张家坝折向西北,张家坝以上称座马河,于坝扛右纳六志河(河长23千米,流域面积93.8平方千米),河上建有装机容量0.96兆瓦的河头水电站。转向南流,穿过六志、下弄贯、关山三级水电站(总装机容量0.78万千瓦)。经弄染红军会址,沿镇宁、紫云县界左纳洗鸭河(河长48千米,流域面积158平方千米)后折向西南。穿行于峰丛峡谷,穿过落务、落凹、发艾、安定和板母四级水电站(总装机容量2.03万千瓦)。右纳乐纪河后进入镇宁县境,经八大、乐运两级水电站(总装机容量1.1万千瓦)。转向东南流,过板岩水电站(装机容量0.5万千瓦);至翁解折向东北,进入镇宁、望谟县界左纳简嘎河(河长34千米,流域面积152平方千米)。乐纪河口至板岩河段称乐运河。

自简嘎河口折向东南流,沿镇宁、望谟县界左纳羊架河,于羊架河口转向西进入镇宁翁元水电站(装机容量0.96万千瓦)。沿望谟、贞丰县界转向西南流,至望谟县坝若汇入北盘江。简嘎河口以下称清水河。

流域水土流失面积占流域面积的46.8%,喀斯特地貌面积占53.1%,森林覆盖率24.52%,石漠化面积22.39%。自然生态环境恶劣。河道穿行于崇山峻岭之间,河谷深切,水流湍急。河床纵坡较陡,陡滩多,河段蜿蜒曲折。

8.1.30.11.1 羊架河
(Yangjia River)

红辣河左岸支流,又名打羊河、磨安河。发源于贵州省紫云苗族布依族自治县猴场镇岩克寨,在贵州望谟县打尖乡平屯汇入红辣河,河长75千米,河道平均比降8.05‰,流域面积685平方千米,涉及紫云、望谟2县。

流域位于贵州省西南部,呈扇形展布,流域内为中低山盆谷区,以石灰岩峰丛山地为主,岩溶地貌发育。落差1 051米,最大支流为打嘎河。

流域属亚热带湿润季风气候区,气候温和,多年平均气温15.3摄氏度,多年平均相对湿度79%,多年平均年降水量1 297毫米,多年平均年输沙量718万吨。

自源头向西北流,经紫云县噜羊、经山、江纳,至拉岩折向西南;经喜湾、交坪至经星沿紫云、望谟县界5千米入望谟县境,至九羊左纳翁道河;经观文至落水洞左纳打嘎河(河长30千米,流域面积154平方千米),于播东伏流1.2千米后复明流,穿行于猕猴保护区,至边牙左纳边牙河。过羊架左纳行洞河,于平屯汇入红辣河。

8.1.30.12 大田河
(Datian River)

北盘江右岸支流,发源于贵州省兴仁县四联乡大丫口,在贵州省册亨县岩架镇洛凡村浪界汇入北盘江。河长142千米,平均比降9.4‰,流域面积2 220平方千米,涉及贵州兴仁、贞丰、安龙、册亨4个县。

概 况

流域地处贵州省西南部,近似扇形分布,东邻北盘江干流,北与**麻沙河**、西与**马别河**、南与**西江**干流南盘江段分水。地势西北高东南低,出露地层有石炭系、侏罗系等,石灰岩分布广泛,呈峰丛槽谷岩溶地貌,多溶洞、井泉洼地、海子和伏流河段。

明伏流相间,落差1 331米。鲁沟河口以上为上游河段,鲁沟河口至绿海河口为中游河段,绿海河口以下为下游河段。水系发育,呈树枝状分布,河长10千米以上支流有12条,其中一级支流有9条,较大支流有**鲁沟河**、**庆坪河**、挽澜河。

流域属亚热带温暖湿润季风气候区,年平均气温15.6摄氏度,多年平均年降水量1 260毫米,5—10月降水量占年降水总量的81%。河口多年平均流量48.8立方米每秒,多年平均年输沙量6.68万~121万吨。2006年地表水质为Ⅲ类。

大田河干流水力资源理论蕴藏量24.5万千瓦,技术可开发量20.7万千瓦。矿产资源有煤、黄金、铁、石灰石等。旅游资源有一级支流挽澜河上游的龙头大山水源林自然保护区、绿海河上游(安龙县城)的招堤省级风景名胜区及绿海景区、笃山溶洞等。

流域内少数民族有布依、苗、侗等,占总人口的42.47%。耕地面积2.36万公顷,其中水田7 800公顷。农作物有水稻、玉米、小麦、油菜、烟叶、花椒、砂仁、金银花、油桐、茶叶、早熟蔬菜和甘蔗等。流域内各县区乡镇有国道、县道、公路通达。

流域内主要自然灾害有春旱、洪涝、冰雹、特大暴雨、大风等。1997年5月27日,坡妹等地遭受特大暴风灾害和冰雹袭击,最大风力9~10级,瞬时最大风速25米每秒;1999年4月14日凌晨3—5时,洛凡等地遭受特大冰雹和大风灾害,瞬时风力8~9级,冰雹一般粒径1~2厘米。

流域内已建有筏子河、纳盘、庆坪、大地、落生、丰发等水电站,总装机容量10.4万千瓦,有中型、小(1)型、小(2)型水库39座,总库容5 822万立方米,灌溉面积5 158公顷;水泵站6座,供水量119万立方米,灌溉面积131公顷;

引水工程 37 处，供水量 1 704 万立方米，灌溉面积 2 386 公顷。

纪　实

自源头向东北流，穿过马家屯水库，经兴仁县四联乡折向东南，至李关乡右纳鸬鹚园河，过罩脚镇老马路转向西南流，进入安龙县境，经山背后伏流两段 1.3 千米，至戈塘镇秧地折向南，过大窝转向东 3 千米又折东南流，于尖山坡右纳鲁沟河。上游河段流程穿行于丘陵、河谷盆地及岩溶山地，河长 61 千米，落差 534 米，平均比降 4.72‰。

上游地区少数民族主要有布依族、苗族。耕地面积 7 250 公顷，其中水田 2 396 公顷。矿产资源丰富，已探明无烟煤储量 8 529 亿千克，黄金远景储量超过 22.88 吨，稀有金属铊的储量约 1 250 万千克。

安龙县十里荷塘

安龙绿海景区

自鲁沟河口复东南流，经筏了河水电站至普坪镇新寨北面折向东流，于坡落进洞伏流，左纳巧岭河（大坡河），右纳钱相河，再左纳龙山河，穿过笃山溶洞群，至贞丰县四方洞复明流，左纳挠澜河（河长 47 千米，流域面积 278 平方千米），转向东南流，沿贞丰、册亨县界经大田河水文站，右纳绿海河。绿海河发源于安龙县新安镇巧家洞沙锅山，经安龙县城东北有安龙招堤十里荷花省级风景名胜区及绿海景区，于册亨县坡妹镇岜达汇入大田河，河长 31 千米，流域面积 117 平方千米。中游河段流程穿行于岩溶山区，河长 42 千米，落差 395 米，平均比降 6.45‰，流域面积 887 平方千米，占全流域面积 40%。有耕地面积 9 429 公顷，其中水田 3 116 公顷。笃山溶洞群地处溶山幽谷，自然状况保存完好，在方圆 5 平方千米的范围内，隐藏有四方洞，内有 9 个大洞和众多的小洞，洞内有长达百余米的卷石飞瀑，有雾气蒸腾的温泉，有飞流直下的大瀑布，还有可通小舟的地下河流，洞内钟乳石千姿百态，绚丽多彩，备受中外洞穴科学家、探险家关注。在四方洞出口河段，建有大田河落生、大地跨河引水式水电站 2 座。

笃山溶洞群

自绿海河口东南流，经贞丰县沙坪乡这年，右纳庆坪河，至沙坪乡者跃左纳沙坪河，穿过庶年海子伏流 5 千米，于燕子洞出流，右纳冗渡河，至册亨县岩架镇浪界汇入北盘江。下游河段河长 39 千米，落差 402 米，平

落凡村燕子洞

均比降 8.46‰，流域面积 651 平方千米，占全流域面积的 29.3%。干流穿行于岩溶山区，河谷深切，经贞丰、册亨县界 39 千米。有耕地面积 6 921 公顷，其中水田 2 287 公顷。

洛凡村燕子洞，洞深 1 500 余米，因洞内钟乳石林、燕巢密集，洞口常年有成千上万只燕子翩然翻飞而得名，洞内外景观奇特。

8.1.30.12.1　鲁沟河
（Lugou River）

大田河右岸支流，发源于贵州省安龙县海子乡烂滩，在安龙县普坪镇罗卜桥尖山坡汇入大田河。河长 41.4 千米，平均比降 15.2‰，流域面积 426 平方千米。

流域地处贵州安龙县境内，呈扇形展布，地势西高东低，岩溶发育，多溶洞、井泉洼地、海子和伏流河段。源头至鲁沟河段，植被良好，鲁沟以下河段，植被较差。流域上游海子乡、大坝、二龙口等地有金矿、煤、硫磺等矿藏。

鲁沟河源头高程 1 748 米，河口高程 1 120 米，落差 628 米。年均气温 15 摄氏度，多年平均年降水量 1 250 毫米，河口年均流量 6.70 立方米每秒，多年平均年径流量 2.13 亿立方米。水力资源理论蕴藏量 6 423 千瓦。

鲁沟河自源头向东北流，至海子乡背后伏流进入铁厂海子，经平桥左纳罩脚河折东南流，经戈塘镇右纳大坝河、洒雨河，至普坪镇天帽坡转东北流，于罗卜桥汇入大田河。

流域已建有引水工程 2 处，年供水量 94.4 万立方米，灌溉面积 110 公顷。少数民族以苗、侗族为主，占总人口的 42.5%。耕地面积 4 529 公顷，其中水田 1 497 公顷，农业以小麦、水稻为主，经济作物有香蕉、甘蔗。

8.1.30.12.2　庆坪河
（Qingping River）

大田河右岸支流，发源于贵州省安龙县兴隆镇大山脚，在贵州省册亨县庆坪乡这年汇入大田河，河长 35 千米，平均比降

23.1‰，流域面积319平方千米，涉及安龙、册亨2个县。

流域地处贵州省西南部，落差810米，地势西南高东北低。出露地层有石炭系、二叠系、三叠系、侏罗系等，以三叠系为主，岩溶发育。土壤主要为黄红壤和石灰土。多年平均年降水量1200毫米，最大流量146立方米每秒，平均流量0.67立方米每秒，多年平均年径流量0.21亿立方米。2006年全河段划为安龙、册亨保留区，水质现状Ⅴ类，水质目标Ⅳ类。

庆坪河自源头向东北流，经安龙县木城、纳马入册亨县境，过纳坪至林家洞伏流3千米，于旧田湾复明流，经庆坪乡、庆坪水电站汇入大田河。

流域森林覆盖率低，耕地面积3391公顷，其中水田1121公顷。粮食作物有水稻、玉米、小麦等，经济作物有油菜、烟叶、金银花、油桐、甘蔗、水果等。

流域内建有庆坪水电站，装机容量1000千瓦；建有小型水库3座，总库容699万立方米，灌溉面积548.8公顷；山塘2处，灌溉面积4.67公顷；引水工程1处，灌溉面积110公顷。

8.1.30.13 者楼河
(Zhelou River)

北盘江右岸支流，又名**册亨河**。发源于贵州省安龙县兴隆镇仙鹤坪，于贵州省册亨县岩架镇岩架村汇入北盘江。河长72千米，河道平均比降16.4‰，流域面积486平方千米。涉及安龙县和册亨县。

者楼河

流域由西向东呈椭圆形展布，源头高程1500米，从安龙县兴隆镇仙鹤坪南流3千米入册亨县境，至兴安转东北流，经巧马村、册亨县城（者楼镇）于册亨县岩架村汇入北盘江，汇口高程320米，落差1180米。上游河系发育，有支流12条，主要支流有板陈河、花冗河。

流域属中亚热带向亚热带过渡地带，为夏湿春干温暖气候区，多年平均年降水量1350毫米，汛期降水量占全年总量的80%。多年平均气温19.1摄氏度，年最高气温39.0摄氏度，年最低气温1.0摄氏度，无霜期长达350天，年均相对湿度77%。下游册亨水文站多年平均年径流量1.02亿立方米。2006年划为安龙、册亨保留区，水质现状Ⅳ类，水质目标Ⅲ类。

流域洪灾常有发生。1996年5月2日，册亨县内发生大暴雨，持续5小时，导致山洪暴发，城关镇降水量149.6毫米，者楼河洪水位涨至8.8米，超警戒水位0.3米，洪灾造成县城停水停电2天，通信中断，多处公路严重塌方，人员伤亡、经济损失严重。册亨县上游无水库，县城建有防洪堤工程750米，防洪标准为20年一遇。

流域处于云贵高原向广西丘陵过渡的大斜坡地带，属高原岩溶山区。者楼河多堆积河滩、冲沟、台地，两岸山高坡陡，相对高差大，河谷下切较深。耕地分布零星分散，约占流域面积的10%。林木稀少，植被差，水土流失甚为严重。流域内有布依、苗、壮、仡佬等少数民族，农作物主要有水稻、小麦、玉米等。

者楼河河口年均流量7.69立方米每秒，年均水资源量2.43亿立方米。水力资源理论蕴藏量2.41万千瓦，已建小水电站1座，装机容量400千瓦。

册亨，清雍正五年（1727年）设置册亨州同。清道光十六年（1836年），册亨州同改称理苗州，清光绪二十二年（1896年），又改称理民州。民国3年（1914年）废州制，设置册亨县。册亨县旅游资源丰富，有独具特色的民族民居和民俗风情，布依戏、民族舞蹈、民歌对唱，另有溶洞景观和文物古迹等。

8.1.30.14 望谟河
(Wangmo River)

北盘江左岸支流，位于贵州省望谟县内，发源于望谟县打易镇东北，在油迈瑶族乡三滩汇入北盘江，河长74千米，河道平均比降14.2‰，流域面积558平方千米。

流域位于望谟县中部，东与**乐康河**为邻，北以跑马坪为中心与**羊架河**分水，南入北盘江与册亨县隔江相望。河系发达，主要支流有两条，一为平洞河，发源于望谟县石屯镇达耸，于复兴镇坝垭汇入望谟河，河长26千米；二为平土河，发源于望谟县石屯镇交界村，于油迈乡乐绕汇入望谟河，河长44千米，流域面积144平方千米。

流域属亚热带温湿季风气候，具有明显的春早、夏长、秋晚、冬短的特点。年平均气温19摄氏度，年平均相对湿度75%。多年平均年降水量1222.5毫米，年径流深432毫米。无霜期339天，冬无严寒，雨热同季，利于农作物生长，中部和南部地区农作物一年三熟，其他地区一年两熟，是贵州的"天然温室"之一。

流域内多年平均年地表水总量2.4亿立方米，有56处泉水出露，常年涌水总量1.75亿立方米。2006年望谟河水质评价为Ⅳ类。

油桐之乡油桐花

2006年6月12日，望谟县东南部以外人部分地区遭短历时强暴雨袭击，暴雨中心区6小时降水量250毫米，流域发生特大洪水，干流城区段洪峰流量793立方米每秒，重现期为40年一遇。洪水造成供电、供水、公路、通信全部中断，死亡30人，失踪20人，受灾人口16.53万，直接经济损失严重。

水力资源理论蕴藏量2.53万千瓦，可开发量1.23万千瓦，年发电量3959.97万千瓦时。境内生物资源丰富，经济林木有油桐籽、木姜子、板栗、柑橘、龙眼、荔枝、香蕉等，其中油桐林面积7万公顷，是原国家林业部命名的"中国油桐之乡"。中草药材主要有独脚莲、穿心莲、黄草、黄柏、杜仲、首乌等；国家重点保护植物有贵州苏铁和兰类及榉木等；野生动物有岩羊、蟒蛇、穿山甲、水獭、野猪等。矿产资源有金、煤、萤石、磷铁、硫磺、石英、大理石和冰洲石等。

流域内建有纳过、祥乐两座小型水库，对望谟县城防洪有一定作用。县城建有防洪堤875.7米，按防御20年一遇洪水标准建设。

8.1.31　乐康河
(Lekang River)

西江红水河段左岸支流，发源于贵州省望谟县霸王山，在望谟县蔗香乡坝从汇入红水河，河长67千米，平均比降19.5‰，流域面积366平方千米。

流域位于望谟县境内，水系呈扇形展布，地处云贵高原向广西丘陵过渡的斜坡地带，地势北高南低，为侵蚀地貌及石灰岩峰丛山地，小型沟壑及冲沟发育，地层岩性以二叠系统灰岩为主。

乐康河落差1 351米，多年平均流量1.60立方米每秒，2006年水质评价为Ⅴ类。有一级支流5条，最大支流纳亮河流域面积131平方千米。

流域属于亚热带季风湿润气候区，四季分明，春早秋晚，夏长冬短，多年平均气温19摄氏度，相对湿度82%，年平均无霜期340天。多年平均年降水量1 232毫米，最大年降水量1 743.1毫米（1968年），最小年降水量898.7毫米（1963年），降水量年内分布不均，多集中在5—9月，占全年雨量的75.2%。

流域现有耕地1.05万公顷，其中水田1 069.1公顷，望天田974.4公顷，属国家级扶贫区域，经济发展滞后，农产品及经济林有水稻、玉米、小麦、油菜子、大豆、蔬菜、水果、油桐等。乐康河干流水力资源理论蕴藏量13 830千瓦，矿藏资源有金矿和辉绿岩矿。

乐康河自源头向南流经纳当转向东南，于大观乡下伏开入洞伏流2.1千米，在纳上复明流，至者仁折向西南，经蔗香乡乐康河右纳纳亮河后转向南流，于坝从汇入西江。上中游流程穿过群

辉绿岩

山峻岭，河流滩多水急，河宽一般为8～15米，下游穿行于丘陵峡谷区，河床宽28～42米。

8.1.32　桑郎河
(Sanglang River)

西江红水河段左岸支流，位于贵州省望谟县内，发源于望谟县打易镇山王庙，在望谟县昂武乡雅品汇入红水河，河长95千米，平均比降7.3‰，流域面积906平方千米，涉及紫云、望谟2个县。

流域呈窄长形展布，西南邻**望谟河**、**乐康河**，西北与羊架河接界，东北邻水塘河，东南与**罗苏河**分水，界河长3.5千米。流域地处贵州高原向广西丘陵过渡的斜坡地带，地势西

北高东南低，地形复杂多样，以中低山侵蚀、溶蚀地貌为主，峰峦起伏，山脉连绵，沟谷纵横；地层出露石灰系、泥盆系碳酸盐类夹碎屑岩，岩溶发育，漏斗、落水洞广布。流域地表水系发育，河长10千米以上的一级支流有8条，最大支流为昂武河。

流域属亚热带湿润季风气候，多年平均气温19.1摄氏度，多年平均相对湿度79%，无霜期为348天，多年平均年降水量1 083.8毫米，5—10月降水量占全年总量的76.2%，多年平均年径流量4.54亿立方米，多年平均输沙模数为500吨每平方千米。2006年水质评价为Ⅲ类。

流域水力资源理论蕴藏量131兆瓦，技术可开发量36.7兆瓦，规划7个梯级开发。流域耕地面积5 200公顷，其中水田1 066公顷。粮食主要有水稻、

桑郎河桑郎村段

玉米等，经济作物有油菜、甘蔗等。自然灾害常有旱灾，次为水灾，旱灾一般发生在冬、春两季，亦有间歇性夏旱，水灾发生在夏、秋两季。

桑郎河源头高程1 718米，于打易镇至望谟、紫云县界左纳打羊河（纳降河），在郊纳乡大堰右纳长田河，经纳怀左纳郊纳河；经乐旺乡毛哄左纳八步河，至乐旺镇折向东流，穿过巴艾水电站、贵州苏铁保护区，左纳乐宽河，于乐旺消水洞伏流1.5千米（今为排洪隧洞）复明流，转向东南，经六里再伏流1.7千米出洞，穿过桑郎水电站，于昂武右纳中亭河（河长35千米，流域面积108平方千米），至望谟县东南边界的雅品汇入西江，汇口高程275米。流程穿行于溶蚀侵蚀盆地、峡谷区及山间盆地，贵州苏铁保护区以上河段两岸山势陡峭，桑郎电站以下河段两岸较开阔，人口、耕地较集中。

8.1.33　罗苏河
(Luosu River)

西江红水河段左岸支流，地处贵州省罗甸县西南部，发源于罗甸县纳平乡，于罗甸县红水河镇的八羊汇入红水河，河长29千米，流域面积298平方千米，河道十分弯曲，落差592米。

流域地势北高南低，最高峰1 197米，河谷深切狭窄，为低中山、低山地貌。泥盆、石炭系地层均有出露，以石灰岩为主，夹有砂页岩。下游有燕山期辉绿岩，喀斯特地貌面积占流域面积70%以上。土壤主要是红壤，其次是石灰土和水稻土。植被为灌木草丛，局地夹有云南细叶松林和落叶阔叶林。

流域为南亚热带半湿润半干旱气候，多年平均气温19.6摄氏度，年平均无霜期334天，相对湿度75%。多年平均年降水量1 125毫米，降水多集中在5—8月，占全年降水量的75%。多年平均年水资源量1.43亿立方米。水力资源理论蕴藏量0.2万千瓦。红水河龙滩水电站二期工程正常蓄水位400米时，回水淹没罗苏河12千米河道。

流域属国家级贫困地区，为布依、苗、壮等少数民族聚居区，少数民族人口总人口91%，其中布依族占总人口的82.3%。有耕地1 791公顷，其中稻田640公顷。耕地田高水低，干旱严重，人畜饮用水困难。有罗甸至册亨公路经过。辉

绿岩是本地区特产。

8.1.34 濛江
(Mengjiang River)

西江红水河段较大支流，发源于贵州省长顺县马路乡吴家堡，在贵州省罗甸县双江口汇入红水河。流域位于东经106°02′～107°02′，北纬25°13′～26°25′。地跨贵州省贵阳市花溪，安顺市西秀、紫云、长顺、惠水、罗甸、平塘、龙里、望谟等9个县（区）。

概 况

流域范围 流域地处贵州省中南部，呈扇形分布，东邻**曹渡河**，西与打那河、**桑郎河**接界，北邻猫跳河、南明河，南至红水河干流。流域面积8 733平方千米。

地质地貌 流域地处云贵高原向广西丘陵过渡的斜坡带，地势北高南低，向南逐渐倾斜呈梯级降低，最高点位于龙里县民主乡毛竹查大坡，高程1 713米，最低处在罗甸县双江口，高程246米。北部多为丘陵，有宽谷平坝分布；南部以山地为主，间有峡谷及山间盆地。地貌为溶蚀侵蚀型地貌，其组合形态为峰丛洼地、峰林谷地、垄脊槽谷、切割中山四类。出露地层自古生代泥盆系中统至第四系，以碳酸盐类岩石分布最广；流域喀斯特地貌面积为总面积的59.5%～85.5%。森林加草地覆盖率为44.6%～63.9%。

河流水系 濛江属西江水系，干流长253千米，河流弯曲系数1.86，河道平均比降4.61‰。紫云县新场（坐马河）以上为上游，新场至罗甸县双河口为中游，双河口以下为下游。双河口以上河段称格凸河。

濛江水系发育，河长10千米以上支流有64条，其中一级支流22条。流域面积小于200平方千米的有53条，大于200平方千米的有11条，主要一级支流有左岸支流**摆所河**、**涟江**、**坝王河**，右岸支流**猫营河**、水塘河（猴场河）。濛江水系呈不对称的树枝状。

气候水文 流域属亚热带季风气候区，但南北地域有差异。上游靠北为中亚热带冬春半干旱、夏季湿润型气候；多年平均气温15.7摄氏度，年平均相对湿度81%，多年平均风速2.1米每秒，全年无霜期292天。下游靠南系南亚热带半湿润半干旱型气候，夏季漫长炎热，冬季温暖少雨；多年平均气温19.6摄氏度，年平均相对湿度71%，全年无霜期346天，多年平均风速0.8米每秒。

流域多年平均年降水量1 238.9毫米。但降水量时空分布不均，具有季节性和地域性。降水量年内分配多集中在5—10月，占年降水量的70%～80%。流域多年平均年蒸发量，上游为1 062.5毫米，下游为863.3毫米。干旱指数为0.7～0.8。多年平均含沙量0.4千克每立方米，多年平均输沙率64.9千克每秒，2004年濛江上游干流格凸河新场（坐马河）、支流涟江、坝王河克度河段的水质均为Ⅱ类；下游干流河段水质为Ⅲ类。

自然资源 濛江八茂水文站多年平均年地表水资源量52.89亿立方米，地下水资源量10.7亿立方米。干流水力资源理论蕴藏量101.34万千瓦，技术可开发量66.4万千瓦。地下矿藏主要有煤、铁、石英砂、辉绿岩矿、硅矿、大理石及水晶石等，以煤、硅矿、辉绿岩矿、大理石最有名。探明的煤储量达8 440万吨以上，石英砂储量约1亿吨，大理石储量452余万立方米，辉绿岩矿储量在3 000万吨以上，硅矿储量为3 000余万吨。

流域有格凸河国家级风景名胜区，长顺县杜鹃湖—白云山、惠水县境内涟江燕子洞省级风景名胜区；涟江上游有青岩镇的明清风格古建筑群，下游罗甸县境内坝王河下游有享

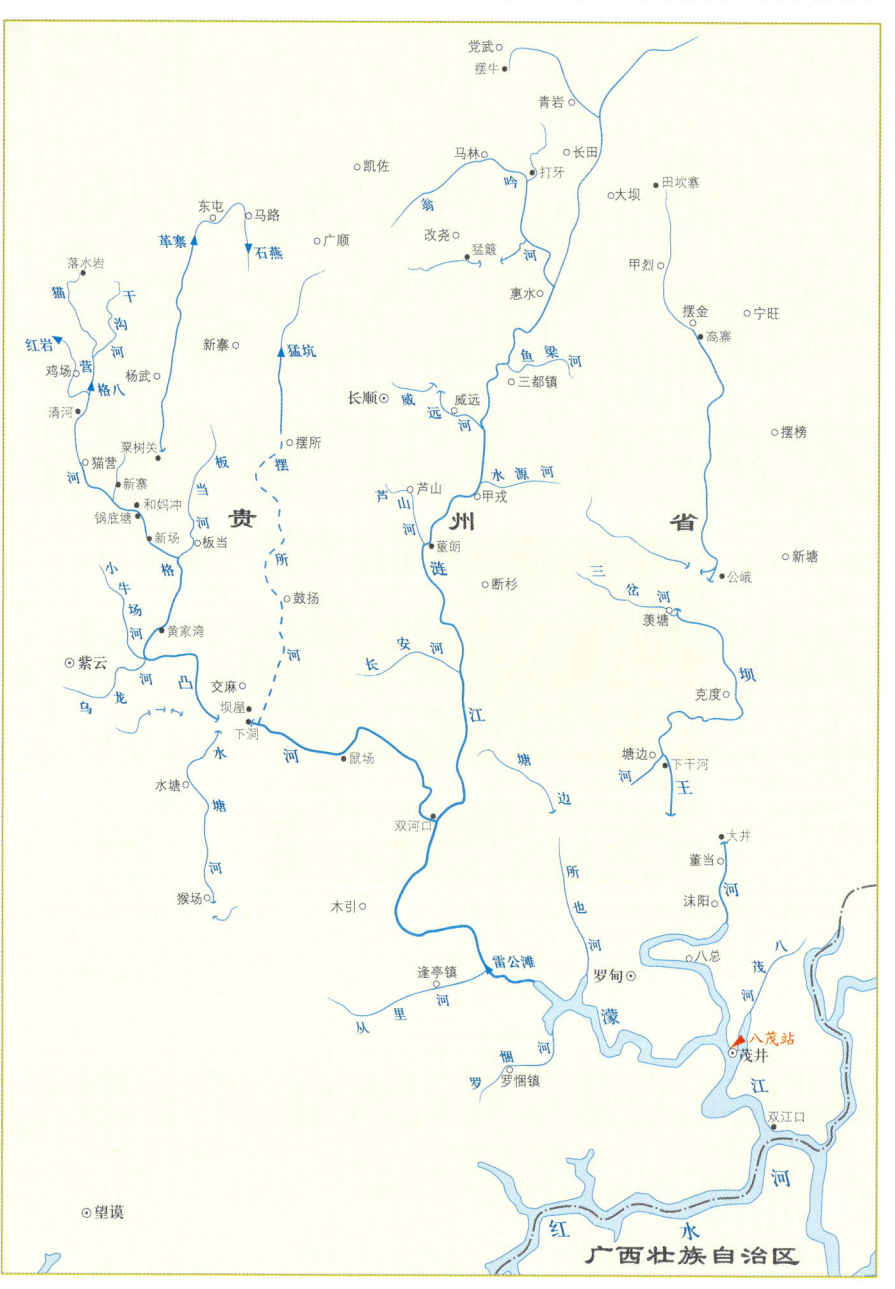

濛江水系示意图

有"东方洞穴博物馆"之称的大小井风景区。

社会经济 流域内有汉、布依、苗等民族，少数民族以布依、苗族为主，占总人口54%；耕地面积9.02万公顷，其中水田3.28万公顷，旱地5.74万公顷。干流上游及支流涟江中上游地域为经济较发达地区，其余属贫困地区。农业以水稻为主，经济作物主要有油菜、蔬菜、烤烟、水果等。流域林草地覆盖率44.6%～63.9%。交通以公路为主，通车里程约2 867千米，已形成县乡（镇）、乡镇间互通公路网络。

水旱灾害 据历史记载，明洪武元年（1368年）至1949年的582年间，流域发生大小洪灾43次。1950—2005年发生洪灾14次。灾情重的如清宣统二年（1910年）"惠水大雨，涟江水溢，淹没禾苗"。1931年7月，紫云县"连日大雨，7 528户、4.41万人受灾，发生山崩压死农民十余人，淹死6人"。

自明崇祯十年（1637年）至1949年的313年间，发生旱灾45次。新中国成立后至2005年，发生旱灾9次。明崇祯十六年（1643年），惠水县自3月至10月"无滴雨，斗米值白金二两四钱"；1924年，长顺、惠水县"久旱不雨，饿殍遍野"。

治理开发 濛江上游的干支流，历代曾修建有一些"蓄以灌一家"的小山塘河坝，几村寨联合筑坝引水"灌一片"的引水工程。清道光二十五年（1845年），安顺县（今西秀区）、双堡区（今双堡镇）双子村民在大屯河支流上修建山嘴坝、石坝、土坝3座，称双子坝，蓄水每年春季"打秧田"。清咸丰三年（1853年），安顺县双堡区唐山乡（今属双堡镇）的曾家院、唐山、下窝、唐左四村联合在大屯河梅旗修建石坝，命名四旗坝，引水灌田26公顷。1939—1946年，贵州水利部门在濛江支流涟江上游洞口及其支流鱼梁河、冷水河修建引水工程3处，灌溉面积600余公顷。1950年后，贵州水利部门组织对涟江上游三处工程实施维修和续建，灌溉面积增至1 300余公顷。

1950—2004年，流域建成中小型水库79处，小型引水工程54处，小型提水工程34处，有效灌溉面积共4.19余万公顷。1956年，在涟江上游灌溉干渠姚家哨跌水处兴建贵州第一座小型水电站，称为姚家哨电站，装机容量100千瓦，供惠水县城及城郊6个电灌站用电。1970—2006年，建成水电站15处，装机容量共20.64万千瓦，占技术可开发量的31.1%。

纪　　实

上游 源头至紫云县新场（座马河）为上游河段，河长65千米，落差375米，平均比降3.65‰。流域面积786平方千米，占全流域面积9.0%。有支流7条，其中一级支流4条。

自源头由南向北流，经长顺县石燕水库、马路乡后，折向西进入西秀区东屯乡。转向南穿过革寨水库，经杨武乡至水落洞伏流进入紫云县境内，于粟树关复明流。经天星桥、马落坑伏流，穿过黄鹤营旅游区的自然型彩色溶洞，于洞边复明流。折向西至打扒河转南，在锅底塘右纳*猫营河*，至新场折向东南流。流程经长顺县境12.2千米，西秀区境内36.9千米，紫云县境15.9千米，河段两岸地势较平坦，耕地多、人口较集中，是贵州产粮区之一。

中游 紫云县新场至罗甸县双河口河段，河长91千米，落差565米，平均比降6.21‰；流域面积4 037平方千米，占全流域面积的46.2%。有支流29条，其中一级支流7条，主要支流有摆所河、涟江。

干流自新场折向东南流，经板当镇的小河左纳板当河

格凸河国家级风景名胜区

（河长34千米，流域面积148平方千米）；转南流经大河边至狗塘冲折向西，穿过紫云县城东的格凸河国家级风景名胜区，经黄家湾转南流，右纳小牛场河、乌龙河；折向东至青梨转东南流。格凸河风景名胜区包括大穿洞、小穿洞、大河、妖岩景区，总面积56.8平方千米。复东南流，经关口寨伏流入长顺县干代后，转进紫云县境内，穿过穿洞水电站、穿洞风景区，右纳水塘河。水塘河发源于猴场镇打纳沟北面，河长36.1千米，流域面积237平方千米。复东南流，于水淹坝进入伏流至长顺县境下洞复明流，于交麻乡坝屋左纳*摆所河*。复东南流，沿长顺、紫云县界至紫云县鼠场折向东北，进入长顺县境转回东南流，经黄花寨、坡里水文站，穿过河边、摆东水电站进入罗甸县境内；过灰洞至双江口左纳*涟江*。流程穿过高山峡谷，河槽窄深，水深一般4.0～13.8米，河宽46～95米。

下游 罗甸县双河口以下为下游河段。河长97千米，落差268米，平均比降为4.53‰；流域面积3 910平方千米，占全流域面积的44.8%。有一级支流13条。

干流自双河口转西南流，经双河口至木引乡折向东；过冗各至石门坎峡谷转向东南流，穿过石门坎、雷公滩二级水电站，于雷公滩右纳从里河（河长28千米，流域面积113平方千米），至河亭乡边外河村右纳罗悃河（河长25千米，流域面积128平方千米），左纳所也河，至茂井镇蚂蚁寨左纳*坝王河*。继至茂井镇左纳八茂河（河长22千米，流域面积105平方千米），于罗甸县双江口汇入红水河。坝王河入口以下河段亦称油拉河。红水河干流龙滩水电站第一级工程，蓄水达正常高水位375米时，濛江下游受顶托回水长度约为60千米；第二期工程蓄水达正常高水位400米时，回水长度约为68千米，与雷公滩水电站尾水位相接。下游河段穿过崇山峻岭，峡谷浅滩，水流湍急。经罗甸县境97千米。罗甸县属贵州的电力富裕县，有水电站5处，总装机容量3.09万千瓦。

8.1.34.1　猫营河

(Maoying River)

*濛江*干流上游格凸河段右岸支流，地处贵州省西南部。发源于贵州省安顺市西秀区鸡场乡甘堡落水岩，在贵州省紫云县猫营镇东南面注入格凸河，河流全长41千米，平均比降4.84‰，流域面积398平方千米，涉及安顺市西秀区和紫云县。

流域地貌为中低山及丘陵地貌，河道两岸为山间地块，较平坦，主要岩性为块状灰岩，其次为灰岩夹泥岩，灰岩与硅质页岩等，落差170米。属亚热带季风湿润气候，多年平均

年降水量 1 125 毫米，多年平均流量 2.74 立方米每秒。2004 年河流水质为Ⅲ类。水力资源理论蕴藏量 4 300 千瓦。矿产资源有大理石、煤、方解石、陶土、石灰石。

流域内有汉、布依、苗等民族，少数民族人口占总人口 52%，耕地面积 3 700 公顷。两岸居民以农业为主，农作物主要有水稻、玉米、小麦，经济作物多为油菜、花生、茶叶等。流域内有安顺—紫云主干公路通过。

猫营河由北向南流，穿过安顺九龙山国家森林公园，左纳干沟河，右纳鸡场河，于鸡场乡清河进入紫云县境，过格凸坝水库折向东南流。经猫营镇、牛场坡，左纳新寨河，至锅底塘

九龙山国家森林公园

注入格凸河。流程穿行于中低山、岩溶盆谷区，经西秀区境 24 千米，紫云县境 17 千米。上游右岸支流鸡场河自源头向东南流，穿过红岩水库，于鸡场乡水淹坝南注入干流；下游左岸支流新寨河，自北向南流，穿过猫营镇高寨溶洞群景区，经牛场坡汇入干流，河长 11 千米，天然落差 238 米。

8.1.34.2　摆所河
（Baisuo River）

濛江 格凸河段左岸支流，位于贵州省长顺县境内，发源于长顺县广顺镇格浪，穿过杜鹃湖折向南，经摆所、鼓扬镇后，伏流两段共 3.7 千米，于交麻乡坝屋汇入濛江。河长 84 千米，平均比降 4.93‰，流域面积 470 平方千米。

摆所河流域呈窄长形展布，源头高程 1 400 米，河口高程 840 米，落差 560 米，下游营盘镇至河口 20 多千米河段是季节性河流，汛期过洪水，中枯水期河水潜入地下成干河。

流域地势北高南低，为中山、低中山、低山地形，喀斯特地貌。出露地层有泥盆、石炭、二叠系，碳酸盐类岩石广为分布。土壤有石灰土、水稻土、黄壤，中下游石漠化严重。植被有马尾松、落叶阔叶林、碎屑岩灌丛、石灰岩灌丛、灌草丛，森林覆盖率 25%。

摆所河

流域属中亚热带湿润季风气候，多年平均气温 15 摄氏度，无霜期 278 天，相对湿度 81%。多年平均年降水量 1 250 毫米，5—8 月降水量占全年降水量的 65%。水资源量 3.302 亿立方米。水力资源理论蕴藏量 20.5 兆瓦，技术可开发量 600 千瓦。在各种自然灾害中，旱灾最严重，其次是风暴灾。

流域内有中型和小（1）型水库各一座，小（2）型水库 5 座，总兴利库容 1 238 万立方米，设计灌溉稻田 1 566 公顷。中型水库**猛坑水库**（杜鹃湖）兴利库容 970 万立方米。

流域为自然生态环境比较恶劣的贫困地区，少数民族人口占总人口 51.4%，其中布依族占总人口的 37.8%。有耕地 4 131 公顷，其中稻田 1 768 公顷，农业生产主要是水稻、玉米、油菜。基本无工业，公路交通方便，新寨镇杜鹃湖是省级风景名胜区，亦是国家级水利风景区。

8.1.34.2.1　猛坑水库
（Mengkeng Reservoir）

摆所河 上的中型水库，又名杜鹃湖。地处贵州省长顺县新寨乡，距长顺县城 18 千米。

属年调节水库，以灌溉与防洪为主，兼有水产养殖、乡镇供水、旅游等功能。正常蓄水位 1 210 米，总库容 1 339 万立方米，设计洪水标准为 50 年一遇。水库始建于 1978 年，1980 年停建，1989 年续建，1998 年建成后开始蓄水。

枢纽建筑物主要由拦河坝、坝顶溢洪道、二道坝、坝后电站和取水系统组成。主坝为浆砌石双曲拱坝，最大坝高 46 米，坝顶弧长 121.7 米，坝顶宽 3 米。坝顶溢洪道布置在大坝河床段偏右，溢流坝段净宽 40 米。在距下游 90 米处设二道坝，以形成较深的水垫层。工程等级为三等。

坝址以上集水面积 80 平方千米，多年平均年径流量 4 640 立方米，设计灌溉面积 1 653 公顷。库区岩溶十分发育，喀斯特地貌构成了整个自然景观中最为醒目的主体。区内地貌形态多种多样，以密集的峰丛山地、峰丛洼地和峰丛谷地为代表，其间峰丛峰林、溶洼谷地、溶洞伏流、溶沟石芽以及飞瀑景区随处可见，锥峰尖削而密集。河流常出现伏流，明暗流相间在层峦叠嶂的喀斯特地貌上，呈现出千姿百态的自然景观。1999 年贵州省政府批准水库为省级风景名胜区，2001 年水利部批准水库为国家级水利风景区。

杜鹃湖

8.1.34.3　涟江
（Lianjiang River）

濛江 左岸支流，位于贵州省中南部，发源于贵州省贵阳市花溪区党武乡摆牛，在贵州省罗甸县双河口汇入濛江。河长 142 千米，流域面积 2 335 平方千米。

概　　况

涟江流域呈窄长形展布，东邻坝王河，西与**摆所河**、格凸河接界，北与南明河相邻，南接濛江干流。地跨贵阳花溪、惠水、长顺、龙里、罗甸等 5 县（区），地势北高南低，为中山、低中山、低山间河谷坝子地形，喀斯特地貌。出露地层有泥盆、石炭、二叠、三叠系。碳酸盐类岩石遍布全流域，洼地、漏斗、落水洞、溶洞、地下河发育。土壤有石灰土、黄壤、水稻土。植被有马尾松、落叶阔叶林、石灰岩灌丛、灌草丛，森林覆盖率 30%。

流域面积大于 20 平方千米的一级支流 17 条，较大支流为**翁吟河**、长安河、威远河。

属中亚热带季风气候，多年平均气温 15.8 摄氏度，极端

涟江

最高气温35摄氏度，极端最低-7.3摄氏度，无霜期282天，相对湿度80%，年日照1318小时。多年平均年降水量1200毫米，5—8月降水量占全年降水量的63.8%。思京、长顺、惠水县都出现过特大暴雨。惠水水文站多年平均流量17.7立方米每秒，最大年径流量8.8亿立方米。水质Ⅱ～Ⅲ类，年输沙模数180吨每平方千米。流域水资源量14.48亿立方米。水力资源理论蕴藏量22.8万千瓦，技术可开发量19.72万千瓦，下游水力资源量占全流域98%。

涟江下游是贫困地区。少数民族以布依族和苗族为主，占总人口52.7%，耕地面积21 284公顷，其中稻田9 682公顷。农业主要种植水稻、玉米、油菜、烤烟、蔬菜和养殖畜禽。主要工业有铁合金、基础化学原料、电力、建材、医药、食品等。有黑糯米酒、牛肉干、金钱橘等名特产。

自然灾害有旱、洪、冰雹等，旱灾占各种灾害发生概率的70%，其次是冰雹灾。1930年6月和1999年6月涟江发生特大洪水，惠水水文站的洪峰流量分别为1 690立方米每秒和1 160立方米每秒，沿河两岸低处民房和农田被淹。

流域已建成小（1）型水库5座，小（2）型水库18座，总兴利库容1 600万立方米，设计灌溉稻田2 712公顷。涟江和鱼梁河小龙引水工程设计灌溉稻田3 133公顷。水力资源已开发装机容量2万千瓦，年发电量1.02亿千瓦时。

纪 实

源头由南向北流至七板桥转向南流经历史文化名镇青岩镇后进入惠水县长田镇，右岸有上黄漂流风景区，经高镇于惠水县城旁右纳翁吟河。惠水，明时先后建立程番府、定番州，1914年设立定番县，1941年更名为惠水县，为贵州著名的稻粟之地，桔果之乡。穿过燕子洞风景名胜区，于二都镇金田左纳鱼梁河（河长40千米，流域面积154平方千米），于好花红乡打冉右纳威远河（河长30千米，流域面积204平方千米），于甲戎乡水源村左纳水源河（河长25千米，流域面积100平方千米），继西南流至芦山镇董朗右纳芦山河（河长27千米，流域面积121平方千米），在断杉镇境内伏流三段共1.2千米，于打引乡打场寨右纳流经长安乡的长安河（河长35千米，流域面积221平方千米）进入罗甸县，在双河口汇入濛江，落差734米，河口多年平均流量45.9立方米每秒。支流翁吟河口（和平镇）以上为上游，翁吟河口至芦山河口为中游，以下为下游。

河源至翁吟河口高程1 240～965米，落差275米，河长52千米，比降5.29‰，河床为砂卵石，河宽5～30米，流域面积907平方千米。耕地面积8 821公顷，其中稻田2 438公顷。

已建有2座小（1）型和13座小（2）型水库，总兴利库容578万立方米，设计灌溉稻田647公顷。涟江引水工程和支流翁吟河的濛江引水工程引水流量2.73立方米每秒，有效灌溉面积共1 387公顷。青岩古镇古建筑群属省级文物保护单位，也是省级古镇旅游观光景区。

翁吟河口至董朗芦山河口高程965～910米，落差55米，河长48千米，比降1.15‰。流域面积926平方千米。河床为砂卵石夹泥沙，上段水草生长茂盛，河宽30～50米。高镇至毛家苑长27千米，宽2.5千米的涟江大坝3 000多公顷农田连片，水利条件好，是贵州省主要产粮基地之一。耕地面积7 989公顷，其中稻田4 641公顷。惠水是金钱橘主要产地。已建小（2）型以上小型水库5座，总兴利库容817万立方米，设计灌溉稻田1 520公顷。支流鱼梁河小龙引水工程设计灌溉稻田1 600公顷，有效灌溉1 387公顷。

惠水野梅林为省级森林公园，辉岩布依寨有"中华布依第一堂屋"，涟江燕子洞系省级风景名胜区。

进入深山峡谷落差404米，河长42千米，比降9.62‰。河床为砂卵石，河宽30～40米。流域面积502平方千米，耕地面积4 474公顷，其中稻田2 603公顷。

已建小型水库3座，总兴利库容205万立方米，设计灌溉稻田545公顷。支流长安河水电站装机容量640千瓦，干流规划四级开发水力资源，总装机容量19万千瓦。流域内长顺县睦化乡的"睦化泥盆—石炭层型剖面"为省级文物保护单位。

8.1.34.3.1 翁吟河
（Wengyin River）

涟江右岸支流，位于贵州省中南部，发源于贵州省长顺县凯佐乡南，河长51千米，流域面积381平方千米，流域涉及长顺县、贵阳花溪区及惠水县。

流域地势西北高东南低，为低中山和中低山地形，喀斯特地貌。出露地层有泥盆、石炭系碳酸盐类岩石广为分布。土壤有黄壤、石灰土和水稻土。植被有马尾松和石灰岩灌丛，森林覆盖率40%。

翁吟河属濛江水系，落差435米。有面积20平方千米以上的支流4条，较大支流为打牙河、猛簸河。自源头向东北流经长顺摆桑伏流0.8千米进入贵阳花溪区马铃乡，转向东南左纳打牙河后折向南流，沿花溪区和惠水县界至惠水县翁吟河村，又沿惠水、长顺县界进入长顺县改尧镇边境。该镇北部有明清古建筑群，风格典雅。河流出镇后右纳猛簸河进入惠水县，至和平镇从右岸注入涟江。

流域属中亚热带湿润季风气候，多年平均气温15.8摄氏度，无霜期282天，相对湿度80%。多年平均年降水量1 220毫米，降水多集中在5—8月，占年降水量的64%。流域西部思京属多雨区和暴雨中心，1985年7月1日实测特大暴雨量260毫米。水资源量2.44亿立方米，2004年水质为Ⅱ类。水力资源理论蕴藏量6 400千瓦，技术可开发量1 330千瓦。花溪区已开发革楼等电站3座，总装机容量715千瓦，年发电量239万千瓦时。长顺县已修建小型水库6座，总库容233万立方米，灌溉面积280公顷，其中花牙水库总库容108万立方米。惠水县在翁吟河下游修建濛江引水工程，集水面积319平方千米，引水流量1.0立方米每秒，以补充涟江引灌工程水量。

流域是少数民族聚居的贫困山区，少数民族占总人口54.7%，以布依族和苗族居多。有耕地2 610公顷，其中稻田1 191公顷。农业以种植水稻、玉米、油菜和养殖畜禽为主，工业主要是煤炭和建材。

8.1.34.4 坝王河
(Bawang River)

濛江左岸支流，亦称摆金河、巴盘江。发源于贵州省惠水县大坝乡田坎寨，在贵州省罗甸县茂井镇汇入濛江，河长121千米，流域面积2576平方千米。涉及贵阳花溪、惠水、平塘、罗甸四个县（区）。

概 况

坝王河流域位于贵州省中南部，呈窄长形展布，东邻**曹渡河**，西与**涟江**接壤，北邻瓮城河。

流域地势北高南低，地形为中山、低中山、低山及河谷坝子组成，喀斯特地貌。出露地层有泥盆、石炭、二叠、三叠及白垩系。碳酸盐类岩石广为分布，溶洞、洼地、漏斗、地下河发育。土壤有石灰土、水稻土、黄壤，罗甸有红壤。植被有马尾松、常绿和落叶阔叶林、石灰岩灌丛、灌草丛，森林覆盖率为30%。流域面积在20平方千米以上一级支流有16条，较大支流为蛮纳河、塘边河。

中上游为中亚热带湿润季风气候区，多年平均气温15摄氏度，无霜期284天，相对湿度80%。下游为南亚热带气候，多年平均气温19.6摄氏度，无霜期341天，相对湿度75%，年日照1475小时。多年平均年降水量1174毫米，年降水量多集中在5—8月，占全年降水量的67%。多年平均年径流深567毫米，水面蒸发量800～850毫米，南部大于北部。输沙模数为180吨每平方千米。2006年水质Ⅱ类。

流域水资源量12.76亿立方米，水力资源理论蕴藏量21万千瓦，技术可开发量14.85万千瓦，年电量6.166亿千瓦时。矿产主要有煤、石灰石、石英砂、大理石、辉绿岩、高岭土、铁、硅等。旅游资源有惠水县羡塘燕子洞和罗甸县大、小井溶洞。

流域是少数民族聚居的贫困山区，有布依、苗等20多个少数民族。其中布依族和苗族分别占总人口的35.9%和22.4%。耕地面积14295公顷，其中稻田8471公顷。农业以种水稻、玉米、油菜、烤烟、蔬菜和养殖畜禽为主。流域有都匀至惠水、独山至册亨公路干线经过，乡村公路交通便利。

自然灾害有旱、洪涝、冰雹等，旱灾最严重，占各种自然灾害发生概率的70%左右。

惠水县有小（2）型水库9座，总库容271万立方米，灌溉稻田477公顷。平塘县天生桥引水灌溉工程渠首集水面积1160平方千米，灌溉克度、塘边两镇稻田1400公顷，附属白纸厂电站装机容量740千瓦，年发电量330万千瓦时。罗甸县霸王河电站装机容量2000千瓦，年发电量1210万千瓦时；柏林电站装机容量2500千瓦，年发电量1240万千瓦时。

纪 实

坝王河河源高程1528米，自北向南流过甲定场后两次伏流4.8千米入惠水县甲戎乡，过摆金镇至平塘县新塘乡公峨村伏流3.5千米又入惠水县羡塘乡，右纳三岔河（河长24千米，流域面积133平方千米），经兴安转进平塘县克度镇，至塘边镇马鞍寨附近进入地下伏流3段共10千米，在罗甸县董当乡的大、小井出流，过沫阳镇至茂井镇蚂蚁寨注入濛江，河口高程283米，落差1245米。

河源至平寨为上游，河源高程1528米，平寨高程960米，落差568米，河长35千米，河床为砂卵石，河面宽5～30米。已建成小（2）型水库6座，总库容221万立方米，灌溉稻田390公顷。规划梅家田和平寨2座堤坝式水电站，总装机容量1.0万千瓦，年发电量0.43亿千瓦时。

少数民族以苗族为主，占总人口的40.9%。稻田面积2988公顷。宁旺乡产煤，摆榜乡是黑糯米主要产地。摆金镇是惠水县东部最大农贸市场，石头寨附近的棺材洞有崖葬棺木数百具，为省级文物保护单位。摆金原始森林已列为国家级自然保护区。

平寨至下干河为中游，河段长43千米，落差155米，河床为砂卵石，河面宽20～50米。有小（2）型水库3座，总容50万立方米，灌溉稻田87公顷。天生桥引水灌溉工程在此河段内。规划羡塘和雨落寨两座引水式电站，总装机容量2.25万千瓦，年电量0.93亿千瓦时。

少数民族以布依族为主，占总人口29.7%。稻田3226公顷，有惠水县羡塘燕子洞风景名胜区。

下干河至河口为下游，河段长43千米，落差522米，河床为砂卵石，河面宽20～50米。当红水河龙滩电站二期工程高水位400米时，罗甸县城和已建成的霸王河电站将被淹没。规划小井引水式和柏林坝后式电站，装机容量分别为11.0万千瓦和0.5万千瓦，其中柏林电站已建成装机容量2500千瓦。

少数民族以布依族为多，占总人口的58.2%。有稻田2257公顷。沫阳、龙坪两镇农民利用当地光热资源大力发展早熟蔬菜。拉来寨崖墓为省级文物保护单位，董当大、小井溶洞为省级风景名胜。龙滩水库建成后，罗甸将成为贵州省重要水运区。

8.1.35 牛河
(Niuhe River)

西江红水河段左岸支流，又称六硐河。发源于贵州省独山县兔场镇大坡头村，至黔桂交界处罗甸县大亨乡下大湾注入红水河，流入龙滩水库回水区。地理位置为东经106°54′～107°38′，北纬25°11′～26°21′，位于贵州省南部和广西壮族自治区北部。

概 述

流域范围 牛河流域呈扇形展布，西邻**坝王河**，东与都柳江、打狗河接界，北邻清水河，南至红水河干流。地跨贵州省独山、都匀、平塘、贵定、惠水、罗甸6个县（市）及广西南丹、天峨两个县，流域面积5582平方千米，其中贵州省境内4860平方千米，广西境内722平方千米。

地貌 流域地处贵州高原南斜坡向广西丘陵过渡地带，地势由北向南逐渐倾斜，最高点在贵定县千盆山，高程1725米，最低点位于河口，高程242米。

流域内碳酸盐岩约占总面积80%，其余为碎屑岩，地表与地下分水岭基本吻合。岩溶地貌组合类型以峰丛槽谷、峰林槽谷为主。个体岩溶类型有落水洞、洼地、岩溶槽谷、坡立谷、岩溶盆地及岩溶盆穴。土壤以黄壤土、水稻土为主。

河流水系 牛河长231千米，弯曲系数2.71，平均比降4.61‰。水系发育，中上游呈树枝状分布。河长10千米以上支流有28条，其中一级支流16条。左岸主要支流拉旺河、谷里河、麻鲁河（月里河），右岸支流墨冲河、**京舟河**、摆茹河、**曹渡河**。河中河口以下牛河河谷深切，地下河系复杂，支流发育。

气候水文 流域纬度低，海拔高，有亚热带高原山地湿润季风气候特征，冬无严寒，夏无酷暑，雨量充沛，雨热同季，湿度大，日照少，立体气候明显，上中游与下游有地域差异。上中游为中亚热带冬春半干旱、夏季湿润型气候，多年平均气温 15.0～17.0 摄氏度，年无霜期 276～310 天。下游属南亚热带半湿润半干旱型气候，夏季漫长炎热，冬季温暖少雨，多年平均气温 16.9～19.6 摄氏度，年无霜期 340～346 天。

流域多年平均年降水量，上中游为 1 300～1 400 毫米，下游 1 100 毫米。多集中在 5～9 月，占年降水量 65% 以上。多年平均年径流量 42.57 亿立方米。平均年输沙量 130 万吨每年每平方千米。平均年相对湿度 75%～83%，多年平均年蒸发量 800～900 毫米。夏季常发生"洗手干"和伏旱、冰雹，秋季常见低温和阴雨连绵天气。

平塘县城郊的平湖水文站建立于 1959 年，是牛河流域内唯一有长期观测资料的水文测站。控制流域面积 1 441 平方千米，多年平均流量 29.37 立方米每秒。

流域植被多为次生的阔叶、针叶混交林及一些次生的灌木林，植被较好，森林覆盖率 45%。

水旱灾害 2000 年 6 月中旬，平塘县连降暴雨，遭特大洪灾，河水猛涨，流经县城的京舟河水超警戒水位 1.81 米，流量达 1 910 立方米每秒。平塘县城 2/3 被淹，六硐坝子 4 个村，850 余户被洪水淹没，直接经济损失 1.19 亿元。

旱灾一般发生在每年的春季和秋季，一旦发生，波及面广，影响范围大，农业减产严重。

社会经济 流域总人口 81.77 万人，其中农业人口 65.93 万人，布依、苗、水族等少数民族人口 50.68 万人。有耕地面积 3.15 万公顷，其中水田 1.37 万公顷。流域上中游涉及都匀市境内地域为经济较发达地区，其余属省级或国家级贫困地区。经济以农业和小型手工业为主，农产品主要有粮食、油料、烟叶、茶叶、水果等，2005 年末粮食总产量 21.98 万吨，农林牧渔业总产值 14.09 亿元。工业产品主要有原煤、硅矿、陶瓷、水泥等，2005 年末，工业总产值 18.36 亿元。农民人均纯收入 1 649～2 482 元。

流域上游东北部有黔桂铁路过境，210 国道、312 省道和贵新高等级公路网络，横跨流域上中游或并行南北。县（市）与乡（镇）已形成公路网络，交通便利。

治理与开发 1988 年都匀市列入"珠江专项工程重点自治县"，加快了水土流失区的治理步伐，累计治理面积已达总水土流失面积的 15.7%。流域内生物种类繁多，森林植被良好，风景秀丽，岩溶地貌发育，多溶洞，有天生桥等岩溶景观，平塘的甲茶是贵州省级风景名胜区，都匀市是国家级优秀旅游城市。

每年流入牛河的泥沙约 48 万吨，水土流失状况属中等。平塘县规划为珠江重点防护林带后，封山育林与植树造林进展较快。河流水质属Ⅲ类。

牛河干流只在汛期中下游个别河段可行小木筏或人渡小舟；沿河两岸台地狭窄，没有发展大片传统农业的潜力。

纪　　实

牛河河源高程 1 598 米，上游又称拉平河，自东南向西北流，经独山县长田入都匀市境，过良亩乡右纳墨冲河（河长 25 千米，流域面积 179 平方千米）。穿行于中山、低中山山地及串珠状河谷盆地，两岸地势较平缓。农作物以种植水稻、玉米为主，经济作物多为油菜、烤烟等。

墨冲口至平塘者密镇天生桥伏流入口为中游河段，长 99 千米，平均比降 2.1‰。自墨冲口折向南流，蜿蜒流经都匀市境，沿都匀、独山县（市）界进独山县境转向东后折西南流，经甲摆沿独山、都匀县（市）界转入都匀市境折西流，穿过风转河漂流景区，再沿都匀、平塘县（市）界，经擦耳

牛河水系示意图

岩、马蹄岩进平塘县境，流经平塘县平湖镇米寅纳京舟河后称六硐河，向南蜿蜒环绕过平塘县城平湖镇、平湖水文站，入六硐坝、六硐峡谷至平地左纳河中河（河长 25 千米，流域面积 126 平方千米）。再穿过打密河峡谷、甲江，至者密镇天生桥，转向西入洞成伏流，于暗河入口处左纳拉旺河（河长 44 千米，流域面积 484 平方千米），中游河段支流发育，河道比降较缓，地势较平坦，现状水质Ⅱ类。

六硐河蜿蜒环绕平塘县城，成三面环水似"玉水金盆"。平塘，民国 30 年（1941 年）七月一日，撤平舟、大塘两县，改置平塘县，平塘县风景资源较为丰富，有峡谷类、奇峰异石类、溶洞类、气象类、摩崖石刻类和民族风情类景区，总体上分为 4 个景区，共 130 多个景点。牙舟陶器产品设计选择汉代工艺造型艺术图案，蜡染、刺绣、桃花等民族民间图案用浮雕加刻线的手法体现，夸张而不繁琐，极富装饰性，具有浓厚的出土文物神韵。

六硐坝有喀斯特地形，属河道冲积平原，面积 36.8 平方千米。打密河峡谷长 8 千米，危崖高耸，陡峭巍峨，壁如刀削。者密镇甲青村天生桥，高 80 米，宽 40 米，深 70 米，四周环境幽深神奇，溶岩山洞布满绝壁，景观奇特。

甲茶风景名胜区位于平塘县摆茹镇甲茶村，面积 45.1 平方千米，高程 402 米，低纬度温湿气候形成了独有的亚热带风光。景区包括瀑布、燕子洞、九曲十八湾、拉七峡谷等，甲茶

玉水金盆——贵州平塘县全景

风景名胜融山、水、瀑、洞、竹、石为一体，汇俊、秀、奇、幽、美于一身，各自有鲜明特点。掩映在苍翠欲滴竹林中的布依村寨和浓郁的民族风情，更给甲茶这片神秘的热土增添着迷人的魅力。

奇石干河位于者密镇甲青村南部，长4千米，河谷两岸奇峰高耸，原生植被茂密，谷中遍布大大小小、奇形怪状的奇石。桃源洞距干河寨仅800米，是通往干河寨进入干河的必经之洞。洞上岩壁有诸多古树，造型优美，洞中洞壁和洞顶布满钟乳石。

流域上中游是主要农耕区，河网呈树枝状发育，地势开阔，河道比降缓，以种植水稻为主，旱地主要种植玉米，小季作物以油菜、小麦为主，经济作物为烤烟、油菜。沿河两岸灌木丛生，抑制了两岸水土流失。有国家二级保护动物穿山甲、娃娃鱼，无珍稀植物。

天生桥伏流入洞口以下为下游河段，河长97千米，平均比降3.84‰。自天生桥落水洞向西伏流4千米，至干河南出洞复明流，折西南流，经四寨镇羊角洞景点转西北二次伏流约1千米出洞明流；折向西南，于甲茶村右纳经国家级甲茶风景名胜区、甲茶规划水电站、拉七峡谷、交末规划水电站入黔桂界河。转向东南进广西南丹县境，经月里镇黄港折西南左纳者龙河；入天峨县境，经里旦至黔桂边界贵州省罗甸县雅里右纳曹渡河。桂境南丹、天峨两县内之河段称拉平河、百龙河。经曹渡河口向南流，于三堡乡红谷村左纳红谷河（河长23.5千米，流域面积111平方千米），至罗甸县大亨乡下大湾注入红水河（龙滩水电站库区）。

下游河段河谷深切，两岸悬崖峭壁。滩多，水流湍急，人烟稀少，耕地分布在两岸台地上。水力资源理论蕴藏量为18.83万千瓦。水功能区划为黔桂缓冲区，水质现状为Ⅱ类，水质目标为Ⅱ类。

8.1.35.1 京舟河
(Jingzhou River)

甲茶风景区

牛河右岸支流，又称沙拉河，地处贵州省南部。发源于贵州省都匀市石龙乡，在贵州省平塘县米寅汇入六硐河，河长48千米，落差205米，流域面积599平方千米，地跨都匀市、平塘县。

流域呈扇形展布，西邻**曹渡河**，北与平浪河、水碾河（拉内河）接界，东南抵六硐河干流。地势北高南低，为中山、低山地形，喀斯特地貌。出露地层有石炭、二叠、三叠系，碳酸盐类岩石广为分布，岩溶洼地、漏斗、落水洞、地下河发育。土壤有石灰土、黄壤和水稻土。植被为马尾松、薪炭林和碎屑岩灌丛，森林覆盖率30%。

流域属中亚热带湿润季风气候，多年平均气温17摄氏度，无霜期312天，相对湿度80%。多年平均年降水量1 200毫米，降水多集中在5—8月，占全年降水量61.5%。最大日暴雨量163.9毫米。年水资源量3.59亿立方米，2004年河流水质Ⅱ类。水力资源理论蕴藏量1.463万千瓦，技术可开发量2.7兆瓦，已开发装机容量0.21兆瓦。

贵州平塘浣仙裙瀑布

流域内是都匀市和平塘县交界的贫困山区，交通不便。少数民族占总人口79.9%，布依族占总人口的57.4%。耕地面积2 625公顷，其中稻田1 747公顷。有3座小型水库，总库容102万立方米。主要自然灾害是夏旱和洪涝灾害。域内凯口镇因消水洞在暴雨洪水时排泄不畅常造成涝灾淹没农田，1954年淹没农田233公顷。2005年采取工程措施扩大消水洞进口过水断面，基本消除涝灾。

源头自南向北流至湾寨转向东南，经石龙至凯口镇的拉若寨折向南进入消水洞，伏流约3千米进入平塘县境右纳沙拉河，过白龙乡京舟坝右纳兔场河（拉桃河），左纳苗攀河（都匀市境内称蒙平河），于米寅汇入六硐河。上游经石龙乡河段称石龙河，进入凯口镇河段称凯口河。流域面积在20平方千米以上的支流有6条，最大支流兔场河流域面积217平方千米。

京舟河从京舟大坝中蜿蜒穿过，河道宽敞，水面平静碧绿，两岸古树浓荫蔽日，翠竹簇拥，百花争艳，云雾缭绕，布依村寨依山傍水，错落有致，岸边原始水车悠悠旋转，动静相间，民族风情十分浓厚。

8.1.35.2 曹渡河
(Caodu River)

牛河右岸支流，发源于贵州省都匀市摆忙乡烂木山，河源高程1 408米，西北流进贵定县境，折西南流入平塘县境，转向南沿黔桂边界至罗甸县雅里注入牛河，流域面积2 079平方千米。河长164千米，平均比降8‰。地跨贵州省都匀、贵定、龙里、惠水、平塘、罗甸县和广西壮族自治区天峨县。

概　述

流域地处云贵高原向广西丘陵的过渡地带，自北向南缓缓降低，最高点都婆蓬山高程1 961米，河口高程588米，出露地层以石炭系为主，岩溶发育，多峰林、洞穴、井泉和伏流。

曹渡河水系较发育，上中游呈树枝状展布。河长10千米以上支流有19条，其中一级支流13条。下游河段，河谷深切，平里河峡谷切割深度超过900米，地下河系较发育。

流域纬度低，海拔高，属亚热带高原山地季风湿润气候。冬无严寒，夏无酷暑，雨量充沛，雨热同季，湿度大，日照少，立体气候明显。多年平均气温14～20摄氏度，年无霜期270～317天。流域内年降水量916～1 430毫米，日照年平均827～1 384小时，年平均相对湿度75%～83%。夏季常发生"洗手干"和伏旱、冰雹，秋季常有低温和阴雨连绵天气。曹渡河多年平均流量32.1立方米每秒。洪水主要由暴雨形成，一般出现于每年的4—10月，大暴雨多在6—7月。流域水土流失严重，流失面积570平方千米，占总面积的25.8%。河道水质较好，属Ⅱ类水质。

流域属亚热带阔叶林带，多为次生的阔叶、针叶混交林及一些次生的灌木林，森林覆盖率45%。

流域黔南都匀市、贵定县和平塘县，是黔南布依族苗族自治州的中枢地带。广西河池市天峨县和南丹县，居民主要是布依族、苗族等少数民族，汉族人口仅占40%。人口密度152人每平方千米；现有耕地18.6万公顷。流域经济以农业和初级工业为主，有粮食、油料、烟叶、茶叶和水果等农副产品，原煤、硅矿和水泥等工业产品，产量不高。黔南州探明煤炭储量4.59亿吨，矿点分散。

1988年后都匀市被列入"珠江专项工程重点自治县"，水土流失治理加快，累计治理面积现达15.7%。生物种类繁多，国家一级、二级、三级保护的珍稀植物有25种。都匀市的剑江、平塘的甲茶是贵州省级风景名胜区，都匀市是国家级优秀旅游城市。

黔桂和湘黔铁路环绕曹渡河流域东北部，321国道和210国道以及312省道和新增的贵新高等级公路网络，横跨流域中上游或并行南北。

曹渡河水力资源理论可开发量4.6万千瓦。规划河湾、浪马、龙塘加高、坪岩和岜令五级开发。干流已建的龙塘水库电站装机容量4 800千瓦。

纪　实

曹渡河自源头向西北流，经都匀市摆忙乡姊妹岩入贵定县境称横河，过猴场堡乡高坡称瓮树河，至下寨折向南经黄兰岩左纳剪刀河（河长19千米，流域面积126平方千米）后称迷河。折向西行至长寨折向西南蜿蜒流经山脚寨进入贵定、平塘县界，右纳甜茶河（河长37千米，流域面积186平方千米），沿都匀、平塘县（市）界入平塘县境称摆浪河，于掌布乡河湾村右纳掌布河（河长28千米，流域面积135平方千米，天然落差930米）。掌布河发源于惠水县宁旺乡龙泉村，向东南流经祥摆沿惠水、平塘县界入平塘县境，经烂马折南流，穿过平塘国家地质公园——掌布峡谷风景名胜区、浪马规划电站，至河湾注入曹渡河。掌布峡谷风景名胜区范围6平方千米，集奇石、奇洞、奇山、奇水、奇竹、奇树、奇鱼"七奇"景观为一体，地质奇观在此集相辉映。南流至下山村右纳上莫河（河长22千米，流域面积125平方千米），继续南流经龙塘旅游景区，于龙塘右纳打贵河（河长23千米，流域面积117平方千米），河水继续南流入平里河峡谷风景名胜区，经过拉安旅游景点，景区的特色是滩多湍急的峡谷，以及保持完整的原始森林。过拉安后称摆金河，沿黔桂边界自北向南，至罗甸县大亭乡雅里注入牛河。流经穿行于山原中低山山地，入群山峡谷，河道深切狭窄，急流险滩多；下游黔桂界河段两岸悬岩陡立，河谷狭窄。

掌布峡谷

流域岩溶地貌发育，风景秀丽，溶洞、天生桥等岩溶景观随处可见。但上中下游河谷深切，河道比降大，急流险滩多，交通不便。随着曹渡河水能资源的合理开发利用，整治急流险滩，经济发展逐渐加快，交通条件不断改善，景区品位不断提高。

8.1.35.2.1 龙塘水库
(Longtang Reservoir)

曹渡河中游的一座中型水库，地处贵州省平塘县通州镇龙塘村。

水库为年调节水库，以发电为主，兼顾旅游。坝址以上集水面积1 321平方千米，多年平均流量27.2立方米每秒。

龙塘水库

正常蓄水位 638.3 米，总库容 3 220 万立方米。正常蓄水位时水库面积 3.06 平方千米，回水至掌布河口下游约 2 千米处，回水长度 15 千米。龙塘水库始建于 1977 年，一期工程 1983 年完工，1989 年工程全面完工。

枢纽工程由大坝、压力管、发电厂房、溢洪道等组成。砌石重力坝高 34 米，长 180.5 米，坝顶宽 11.7 米。大坝右端为开敞式溢洪道，中间设 8 扇弧形闸门。坝后电站厂房在大坝左端，发电引用流量 25.5 立方米每秒，3 台机组总装机容量 4.8 兆瓦，年发电量 2 600 万千瓦时。

水库电站解决了平塘县西关、牙舟、摆茹、通州、者密 5 个乡的地方工业和农副产品加工用电负荷 1 950 千瓦，发展农电灌溉面积 3 100 公顷，向独山县供电 400 兆瓦时，缓和了平塘和独山两县当时用电紧张的局面。

龙塘水库地处贵州高原向广西山地过渡地带，地势北高南低，中低山地形，喀斯特地貌。库区深山狭谷，呈对称 U 形斜横谷。坝基为砂砾石夹大块石、角砾状泥灰岩、泥质灰岩。库区河谷深切，两岸坡陡，河道比降大，急流浅滩多。水库建成后形成河道型库区。库周森林植被良好，风景秀丽，岩溶地貌发育，溶洞、天生桥等岩溶景观随处可见。森林覆盖率 40%，水质Ⅱ类。

曹渡河水电开发规划，加高龙塘水库大坝，正常蓄水位提高到 646 米，可新增电站装机容量 1.02 兆瓦，年发电量 0.35 亿千瓦时。大坝加高后，水库回水 17 千米至支流掌布河口，龙塘风景区与国家地质公园——掌布风景名胜区连成一线。

8.1.36 穿洞河
(Chuandong River)

西江红水河段左岸支流。

穿洞河发源于广西壮族自治区南丹县六寨镇银寨村麻孔屯东北 800 米，西南流，经巴定乡，于八贯村右纳甲尧河（河长 29 千米，流域面积 106 平方千米），入天峨县境，穿坡结乡境，纳坡结河至百友渡汇入红水河。在南丹县境内穿洞河称八贯河，在穿洞屯旁穿洞而过，入天峨县境称穿洞

穿洞河

河，至坡结乡后称纳益河。干流长 76.7 千米，平均比降 7.51‰，流域面积 664 平方千米。

流域地形由北向西南倾斜，群峰连绵，高山台地丘陵相间，属亚热带季风气候，夏无酷暑，冬无严寒，多年平均气温 19.0 摄氏度，多年平均年降水量 1 200 毫米。

沿河居住着壮、汉、瑶、苗、仫佬、水、布衣等 11 个民族。经济以农业为主，主要农作物有水稻、玉米和豆类。拉增水库、拉

穿洞河水帘洞

增天坑、河口岩洞风景如画。穿山河洞是天峨县八大风景之一，夏季常有游客到此观赏。洞口高约 60 米，宽 25 米，洞口上方与左右是陡峭崖壁，洞长 200 米，洞顶呈穹隆状，钟乳石多姿多彩，蝙蝠、燕子成群。

8.1.37 布柳河
(Buliu River)

西江红水河段右岸支流，发源于广西壮族自治区凌云县北部力洪瑶族乡尾利村东南 1.3 千米，在天峨县向阳镇八奈村汇入红水河。干流长 183 千米，平均比降 2.80‰，流域面积 2 775 平方千米，涉及田林、凌云、乐业、凤山、天峨 5 个县。

流域地处桂西北山区，峰丛连绵起伏，台地丘陵相间，由西南向东北倾斜，有支流 12 条。有地下河 5 条，总补给面积 270 平方千米，流程 80 千米。

流域属亚热带季风气候，多年平均年降水量 1 200～1 400 毫米，年径流深 400～500 毫米，洪水暴涨暴落，实测最大流量 3 270 立方米每秒。

流域居住有壮、汉、苗、瑶等民族，有耕地 0.84 万公顷，种植水稻、

布柳河

玉米、豆类。洪涝频繁，灾情严重。1963 年 6 月下旬，凤山县水灾，金牙、中亭乡受灾，淹没农田 1 200 公顷，倒塌房屋 21 间。1989 年 6 月下旬，天峨县燕来乡洪灾，毁坏房屋 214 栋、农田 428 公顷、经济林 133 公顷、水电站 2 座、公路 27 千米、水利设施 70 处。

河源地为岑王老山国家级自然保护区，主峰岑王老山海拔 2 062.5 米，绿树成荫。保护区内国家重点保护物种有 67 种、兰科植物有 50 种，其他珍稀濒危植物有 47 种、特有种有 33 种；国家一级保护植物有伯乐树、苏铁、掌叶木 3 种，国家一级保护动物有黑颈长尾雉、蟒蛇、云豹 3 种。经力洪和玉洪乡治所，于百洞折向北流，经磨里进入布柳河大峡谷，布柳河大峡谷是乐业县大石围天坑群的一部分。两岸悬崖陡峭，山峦重叠，植被茂盛。树木盘根错节，大型藤蔓植物悬荡其中，种类繁多。河水清澈见鱼，两岸野猴成群，百鸟争鸣。经新人桥进入天峨县境布柳河自然保护区，于更新乡新林村左

布柳河仙人桥

纳**谐里河**，于更新乡巴朝村右纳安亭河（河长28千米，流域面积196平方千米），于更新乡那里村左纳大马河（河长53千米，流域面积304平方千米），于向阳镇八南村左纳板隆河（河长44千米，流域面积142平方千米），于向阳镇板力村左纳向阳河（河长34千米，流域面积142平方千米），于八奈村汇入红水河。天峨县与乐业县交界巴满屯有"天生桥"，俗称"仙人桥"，桥高145米，桥宽20米，厚10米，拱孔高67米，跨度177米。大山塌陷成天然石桥，形如彩虹飞架河面，桥下水声哗哗，波浪起伏，岸上翠竹晴岚，倒影生辉。

流域水力资源丰富，开发条件优越，有小型水库2座，总库容145.5万立方米；小型灌区1处，有效灌溉面积667公顷；小型机电泵站108座；小水电站2座。

8.1.37.1 谐里河
(Xieli River)

布柳河左岸支流，又称甲里河、加六河、加里河。发源于广西壮族自治区乐业县甘田镇九洞村老高山，流向东北，经乐业县新化镇的连篆、仁里、谐里、百泥、中合，至天峨县更新乡加里、新林等村，于新林村巴岩屯东1千米从左岸汇入布柳河。干流长83千米，平均比降4.93‰，流域面积506平方千米，涉及广西凌云、乐业、天峨3个县。

流域峰丛林立，山脉连绵，山高树茂，原始森林植被覆盖率高。属亚热带季风气候，雨热同期，气候宜人，雨量充沛，多年平均年降水量1 300毫米，多年平均气温19.2摄氏度。1911年、1977—1988年有大洪灾。有百逢河、加里河2条支流。河网密度0.22千米每平方千米。

流域水力资源丰富，水能储量大，可建多级小型水电站，开发条件优越。有水轮泵站8座，渠道278米，拦河坝2座。居住有壮、汉、瑶、苗、布依、彝、仫佬、仡佬、京、水、侗等11个民族。经济以农业为主，主种玉米、水稻及豆类。矿产资源丰富，矿种有金、锑、铁、煤、硫等，开采价值高。

主要土特产为木薯、木耳、桐果、板栗、油茶和药材。

8.1.38 龙滩水库
(Longtan Reservoir)

西江红水河段的大（1）型水库，坝址位于广西壮族自治区河池市天峨县境内，距天峨县城15千米。

概　　述

龙滩水库蜿蜒于云贵高原边缘的群山峡谷中，属峡谷型水库。库区内较大的支流有**布柳河**、**穿洞河**、**曹渡河**、**濛江**、**清水江**等。龙滩水库库区多为山区地形，以侵蚀地貌为主。区域出露的地层以中泥盆至二叠系为主，岩性多为沙质岩。库区地质断裂带发育，坝址地震裂度为Ⅷ度。

库区地属亚热带季风气候区，既受西南暖气流影响，又受云贵高原气候控制，气候温暖，雨量丰沛，干湿季明显，热量充足，四季分明，夏热冬寒；地势高低悬殊，气候垂直变化明显，具有区域小气候和立体气候特征。

坝址处多年平均流量1 610立方米每秒，多年平均年径流量508亿立方米。泥沙以悬移质为主，主要来源于云贵高原北盘江流域。龙滩水库坝址多年平均输沙率1 660千克每秒，多年平均年输沙量5 240万吨。悬移质沙量多集中在5—10月，占全年输沙量的98.2%。

水库有多年调节功能，以发电为主，兼顾防洪、航运等综合利用。控制流域面积为98 500平方千米，占红水河流域面积的71%。水库正常蓄水位为400米时，总库容273亿立方米，兴利库容205亿立方米，防洪库容70亿立方米（防洪标准为50年一遇），水面面积535平方千米。水库正常蓄水位为375米时，总库容162亿立方米，兴利库容111亿立方米，防洪库容50亿立方米（防洪标准为20年一遇），水面面积360平方千米，建库后水库回水（20年一遇洪水）长约255千米。工程于2001年7月动工兴建，2003年11月实现大江截流，2006年10月下闸蓄水，2007年5月首台机组发电，2008年12月一期7台机组全部投产。工程规划总装机容量630万千瓦，年均发电量187亿千瓦时，装机容量占红水河可开发容量的35%～40%。总库容162亿立方米，库盆面积377平方千米。

工程由大坝、地下发电厂房和通航建筑物组成。大坝为碾压混凝土重力坝。最大坝高216.5米，坝顶长849.44米。左岸设地下发电厂房。右岸设通航建筑物，全长1 800米，升船机最大提升高度179米，可通行500吨级船只。

龙滩水电工程建成后，效益显著：①对下游梯级电站有着巨大的补偿效益，按正常蓄水位400米计算，龙滩水电站蓄水调节后，龙滩以下的岩滩、大化、百龙滩、乐滩、桥巩、大藤峡六级电站的总保证出力由138.79万千瓦提高到221.97万千瓦，总发电量由213亿千瓦时提高到237亿千瓦时；②龙滩水电工程发挥效益后，可拦蓄8 500立方米每秒洪水，加上下游的岩滩可拦蓄10 000立方米每秒以上的洪水，使下游的防洪能力提高到50年一遇；③龙滩水电工程建成后，将淹没红水河2/3主要险滩，库区干流约180～220千米范围内将形成深水航道，枢纽设置升船设备可沟通上、下游航运，实现红水河全面通航，并确保500吨级船直达广州，红水河因此成为沟通黔、桂、粤三省（自治区）通江达海的黄金航道，为云、贵两省煤炭及其他矿产资源外运开辟新通道。

纪　　实

按水库正常蓄水位375米，龙滩水库淹没涉及广西和贵州

龙滩电站全景图

2个省（自治区）的10个县、47个乡（镇）、232个行政村、847个村民小组，淹没土地总面积377平方千米（含水面75平方千米），搬迁人口为8.05万。工程占地移民通过耕地有偿划拨、耕地种植结构调整，受工程影响的部分耕地的复垦，对原有耕地、林地的改良，以及发展二、三产业等安置措施，使移民的经济收入和生活水平不低于搬迁前的状况。

施工区的植被状况较好，森林覆盖率77.7%，具有较强的水土保持功能。但由于地处红水河谷地，基岩主要为砂页岩，坡面地表多为红砂土壤，土层薄，石砾含量高；而沟谷为冲积红壤堆积土，土质疏松，含砂量大，土壤呈中性至微酸性。施工区存在水土流失的潜在危险性，尤其在人为破坏地表的森林植被等覆盖物后，易产生水土流失。

植被逆向演替规律明显。现状主要植被类型为常绿针叶林、常绿阔叶林、落叶阔叶林、季雨林、竹林、灌草丛等。森林面积（包括灌木林）107万公顷，森林活立木蓄积量3840万立方米，平均森林覆盖率（包括灌木林）35%。

库区及库区周围土壤共有10个土类，26个亚类，主要土壤为砖红壤性红壤、红壤、黄壤等。土壤侵蚀类型以水力侵蚀为主，重力侵蚀次之，土壤侵蚀面积约62万公顷，占本区土地面积的20%。侵蚀强度以轻度侵蚀为主，贵州较广西水土流失严重。

库区周围10个县范围内主要分布有煤、砷、水晶、硫、铁、磷和汞矿等，但分布较分散。龙滩库区及库区周围为砷、汞的高背景区。

龙滩泄洪

龙滩水库

建成后的龙滩水电站施工区，将作为天峨县城的一部分，通过水土保持措施的实施，改善县城居民生产生活环境，形成以大坝、水库、沿岸林（草）所组成的崭新的人文景观，为当地发展旅游等二、三产业提供了条件，也为县城居民的休闲提供了条件。

龙滩水电站是西江上游红水河水电基地中一个具有巨大蓄能、调节、补偿作用的龙头水库和战略性骨干工程，同时也是西江堤库结合防洪工程体系中的一个关键工程。龙滩水电站与大藤峡水利枢纽和下游堤防配合，共同承担红、柳、黔三江汇流地带、浔江和西江两岸以及珠江三角洲的防洪任务。

随着西江流域的经济发展和人口增加，上中游的工业污染和中下游的面源污染、生活污染日益加重。现洪水期经水库调洪一般可以大大削减中下游的洪峰流量，减轻中下游沿岸淹没造成的面源有机污染；枯水期经水库调节可增加梧州站流量约1150立方米每秒，改善中下游的枯季水质，大大节约了污水处理费，水环境效益亦十分显著。

龙滩水库建成后，库区干流平水期长度216～286千米，库区险滩被淹没，形成深水航道。下游河道通过电站调节，保证率为95%的调节流量可达1100立方米每秒以上。因此坝址上下游的河道通航条件将得到根本改善。龙滩枢纽设置升船设备，可沟通上、下游航运，实现红水河全面通航，为西南有关省区提供一条廉价的水上通道。

电站蓄水后，上与百色乐业的大石围天坑风景旅游区联成一片，红水河支流风景秀丽，库区内将有1000多个岛屿，旅游开发价值可观。

龙滩水库库区及周围植物区系属于喜马拉雅区云贵高原地区。该区共有维管束植物1306种，其中栽培植物101种，非栽培植物1205种。本地区有珍稀植物15种，其中属国家一级保护的1种，二级保护植物4种，三级保护植物10种。这些珍稀植物多分布在淹没线以上。库区及周围地带性植被类型为季风常绿阔叶林，但保存完好的原生性天然林已很少。

目前，经济以农业为主，工业基础薄弱。农业以种植为主，其产值约占农业总产值的59%，林牧业次之，渔业很少。

8.1.39 吾隘河
(Wuai River)

西江红水河段左岸支流，又名清水河、南丹河，发源于广西壮族自治区南丹县六寨镇者来村，于南丹县吾隘镇同贡村汇入红水河。干流长100千米，平均比降5.19‰，流域面积1078平方千米，有较大支流11条。

流域地处云贵高原外缘，平均高程711米，地势西北部高，东南部低，地表以黄壤土、砂土、黏土为主。属亚热带气候，夏无酷暑，冬无严寒，雨热同季，气候温和，多年平均气温16.9摄氏度。多年平均年降水量1300～1500毫米，年内分配不均，6—8月占年降水量的70%以上，多年平均年径深550毫米。有**拉希水库**（中型），小型水库3座，总库容3651.2万立方米，控制全流域面积的10%。有泵站3处，有效灌溉面积15.33公顷。有中小型电站4处，总装机容量18.175兆瓦。

1999年7月1日，上游强降雨导致唐仙电站垮坝，下游吾隘镇同贡村、吾隘村一带受灾严重。

自源地向南流，经甲亚、拉益、七丘等村屯，至拉里村右纳向河，继南流至纳巴村右纳龙腊河，转东南流，经林麦、灰轮等村屯。至黄黑村左纳打牛河（河长35千米，流域面积235平方千米），打牛河上游有拉希水库。经罗更、玉兰等村后，于罗富乡坑桥村左纳罗富河（河长23千米，流域面积101平方千米），转向西南流，至同贡村左纳牛桥河（河长35千米，流域面积247平方千米），经平畴、所洋、平隘等村屯，至吾隘圩从左岸汇入红水河。沿河山峰林立，绿树林茂，河水长年清澈见底，又称清水河。

现有耕地 6 160 公顷，占全县总耕地面积的 38.09%，居民有壮、汉、瑶、苗、布衣、苗、毛南、水等 13 个民族，主要农作物是玉米、谷子和豆类，矿产有银、锡、铅、锌、锑、汞等。

8.1.39.1 拉希水库
(Laxi Reservoir)

吾隘河支流打牛河上游的中型水库。坝址在广西壮族自治区河池市南丹县芒场镇拉希村，南距南丹县城 33 千米，北距芒场镇 22 千米。

水库有多年调节功能，以发电为主，兼顾防洪、灌溉、养鱼。水库控制集水面积 47.5 平方千米，引洪面积 12.3 平方千米。工程于 1970 年兴建，1974 年竣工蓄水。1988—1991 年扩建成双曲拱坝，水库正常高水位 740.0 米，总库容 3 224 万立方米。

拉希水库

工程由大坝、溢洪道、输水隧洞、坝后电站等组成。大坝为混凝土埋石双曲拱坝，最大坝高 55.2 米，坝顶长 141 米，坝顶宽 2.5 米；溢洪道最大泄洪量 158 立方米每秒；输水隧洞为圆形有压式；最大泄量 3.70 立方米每秒；输水隧洞出口处设坝后引水式水电站，装机容量 1 兆瓦，年发电量 240 万千瓦时。水库保护下游 3 000 人、466.7 公顷耕地，灌溉 233.3 公顷。还调节下游电站发电用水，增加下游梯级电站发电量和保证出力。

库区出露地层以泥盆系碎屑岩层为主，地处云贵高原边缘低山丘陵地带，北高南低，河流大体由北向南流，河谷狭窄，横向谷、纵向谷交替出现，纵向谷河段较长，河床平均比降 11.7‰。属亚热带气候，雨量充沛，多年平均年降水量 1 355.3 毫米，多年平均年径流量 2 248 万立方米，多年平均年蒸发量 1 008.2 毫米。多年平均气温 19.9 摄氏度，年平均相对湿度 80%，最大风速 24 米每秒。库区淹没田地 14 公顷，房屋 1 680 平方米，搬迁 21 户 89 人，政府已妥善解决淹没搬迁及移民安置。

库区树木茂盛，杂草多，植被良好，自然景观秀丽，风景宜人。水库所属土地已全部植树造林，涵养水源，防止水土流失。水库远离大山矿区，无水土流失，水源保护较好。库区生产以农业为主，农民收入靠粮食、烟叶、桑蚕、蔬菜和养殖业。

8.1.40 大拉河
(Dala River)

西江红水河段右岸支流，又名巴英河、岩牙河。

大拉河发源于广西壮族自治区凤山县长洲乡郎里村南 4.0 千米的更拉坡，于东兰县长江乡板么屯汇入红水河。干流长 57.0 千米，平均比降 5.33‰，流域面积 663 平方千米，涉及凤山、东兰、天峨 3 个县。

有板均河、那乐河 2 条主要支流，多年平均年降水量 1 500 毫米，多年平均年径流深 700 毫米。建有小型水库 3 座，总库容 493.5 万立方米；水电站 6 处，总装机容量 2 185 千瓦；岩牙水电站待开发，设计装机容量 3 000 千瓦。水轮泵站三处，灌溉农田 38.7 公顷。1949—2005 年，全流域水旱灾害 11 年次，1983 年 6 月 20—22 日大雨，山洪暴发，洪水冲垮巴英、拉吉电站水坝，淹没厂房，沿河有 3 个乡 26 个村受灾。

自源地北流至巴岗古寨折向东南，于廷拥村转北流，经长洲、岩牙两乡入东兰县长江乡，过板加村，于板么屯东南 1.5 千米处汇入红水河。沿河崇山夹峙，多森林，自然林树种有香樟、大叶樟、楠木、山苍子、枫树、毛桐、乌桕等，人工林以杉、松为主。农作物以水稻、玉米、旱谷和黄豆为主，经济林主要有八角、油茶、板栗。巴岗古寨建于宋代，是保存较完整的古建筑遗址，古寨地势险要，土石结构营墙高 3 米、宽 1 米、长 4 千米，面积近 2 公顷。宋仁宗皇祐年间，壮族首领侬智在此安营扎寨，聚兵反宋，山顶有山墙，山腰有壕沟和土墙保护，寨内有太太泉、棹印及大、小衙门。可谓"苍苍古砦居高山，八面悬崖未可攀；底事营门忧记认，唤来只许白云关"。

8.1.41 盘阳河
(Panyang River)

西江红水河段右岸支流，又名赐福河，发源于广西壮族自治区天峨县纳直乡拉里村西北 400 米处，于大化县乙圩乡汇入红水河。干流长 137 千米，流域面积 2 550 平方千米，流域涉及凤山、天峨、巴马和大化 4 县。

流域上游为石山区，植被较好，中下游为土坡丘陵区，时有岩石裸露。峰丛高大峻峭，群山连绵，洼地点缀其间。地势由东向南倾斜，属亚热带气候，多年平均气温 18.8～21 摄氏度。多年平均年降水量 1 400 毫米，6～9 月的降水量占全年 80%。经济以农业为主，主要种植水稻、玉米、豆类，农民收入靠粮食、蔬菜和养殖业。主要经济作物有黄豆、饭豆、猫豆、火麻、甘蔗、八角、油茶、油桐。硅、钛等矿储量丰富，那环的硅矿含量高，储量大。

洪涝灾害较严重。1949—2005 年，多次发生水旱灾害。1968 年 6 月下旬，巴马县普降大雨，日雨量 177.5 毫米，禾苗受灾上万亩，房屋倒塌上百间，冲毁小型水利工程几百处。1962 年 12 月至 1963 年 6 月发生严重旱灾，冬春夏三季连旱，溪涧断流，水库干涸，田地龟裂，林木枯萎，受旱田地几万亩。

流域水力资源丰富，有金边水电站，装机容量 500 千瓦。正在建设良湾、百雄山水电站，装机容量分别为 21 兆瓦、6.75 兆瓦。盘阳河下游段如游龙蜿蜒，河水绿如明镜，两岸翠竹婷如玉帝，土山浑圆隆起，连绵起伏。盛产的银鱼、蚌螺、小虾，是水鸭的天然饲料，养鱼和养鸭已成为当地乡村品牌产业。红水河**岩滩水库**蓄水后，水库水面面积 67 平方千米，可开发利用 47 平方千米，现已有网箱养鱼 500 多箱，河汊养大头鱼、白鲢鱼 1 300 多公顷。

盘阳河自源地向南流经凤山县乔音水库、乔音乡，东南流至乔音乡平朝村右纳平朝河后流入凤山县城凤城镇。凤山，清雍正七年（1729 年）置凤山州，民国 8 年（1919 年）改归

百鸟岩

百魔洞

流建凤山县，出县城至京里村东南3千米潜入地下，于巴马县甲篆乡坡月村露出地表成明流，过巴马县甲篆镇、巴马镇，至巴马镇那来村左纳洪龙河（河长42千米，流域面积263平方千米），至大化县乙圩乡那当村东南2.3千米汇入红水河。上游河段沿岸有土山、石山、丘陵，土层深厚，山高林密，森林广阔。丘陵间台地、梯田和谷地长有林木、杂草。沿岸岩溶地貌，洞穴众多，造型奇特。有"天下第一洞"百魔洞和"水上芦笛岩"百鸟岩。百魔洞分三层，下层为水洞；中层为近水旱洞，内有天窗、深潭、集水、洞、厅于一体的大溶洞；上层为玉洞，有扁体石笋群、大片石珍珠、细密雪白石瀑布三绝。盘阳河上，良湾、百雄滩、金边、盘中滩和赐福水坝造就五个水库，放舟平湖，绮丽风景尽收眼底，但见两岸稻浪起伏，秀峰突起，异石穿空。

盘阳河有多种动物资源和水产，是巴马县"绿色长寿食品"主要产区，著名的有蛤蚧、黑山羊、七里香猪、瑶乡麻鸡，甲篆油鱼是盘阳河特有珍稀鱼类，产于坡月村至百马村一带，为美味佳肴"一家煎油鱼，十家闻鱼香"，其药用价值很大，被誉为"水下人参"。盘阳河边石龟和武圣宫，景色秀美，绮丽怡人。近年来，巴马长寿探秘旅游吸引了大量国内外旅客。"霞光潋滟青龙跃，翠峦叠嶂百魔舞。玲珑鱼戏清涟底，武圣宫前神龟伏。百鸟暮归涤碧水，玉流萦回缀五湖。秀竹隐婀娜影，龙泉厚润仁寿殊"是盘阳河上游段独特风景的写照。

8.1.42 岩滩水库
(Yantan Reservoir)

西江红水河段中游干流上的一座大（1）型水库，坝址在广西壮族自治区河池市大化瑶族自治县，距南宁市约200千米。

岩滩水利枢纽

水库有不完全年调节功能，以发电为主，兼顾航运。总库容33.8亿立方米；正常库容26.1亿立方米，水面面积112.5平方千米。水库为河槽式，回水长166千米，1985年动工兴建，1995年建成。

水库工程有拦河坝、发电厂房、开关站和垂直升船机。拦河坝为混凝土重力坝，坝顶总长525米，最大坝高110米，溢流坝最大泄洪能力33 400立方米每秒；坝后式厂房设于右岸，一期装机容量1 210兆瓦。龙滩电站正常运行后，岩滩电站扩建后装机容量可达1 810兆瓦；船厢下水式垂直升船机，最大提升高度68.5米，最大过坝船舶250吨。

坝址距西江河源1 200千米，控制流域面积106 580平方千米，属亚热带气候，高温多雨，多年平均年降水量1 508.8毫米，5～9月的雨量占全年80％，多年平均年蒸发量1 456.1毫米。多年平均气温20.4摄氏度，最高38.4摄氏度，最低-3.3摄氏度。年来水量558亿立方米。库区沿岸岩溶发育，两侧支流多是地下暗河，有罗富河、九曲河、**盘阳河**等支流流入。

岩滩水库是目前红水河中下游调节性能最好的水库，上接**龙滩水库**电站，下游接**大化水库**库区。能为下游梯级电站改善发电环境，至2005年底，累计发电627亿千瓦时。在防汛抗旱、西江下游"压咸补淡"应急调水方面也有突出贡献。

库区淹没涉及大化、巴马、东兰、南丹及天峨五个县26个乡（镇），共83个村、905个村民小组。淹没耕地3 966公顷，淹没开荒地、河滩地1 187.8公顷。淹没迁移43 176人（至1992年），生产安置62 430人。库区5个县总人口183万，农业人口占93.7％。有壮、汉、瑶、苗、仫佬、回、毛南等民族，少数民族占87.2％；库区耕地总面积10.7万公顷，库区内生活水平低于广西平均生活水平。

岩滩水库库区是右江革命根据地的一部分，是广西壮族农民运动领袖韦拔群的故乡，邓小平、张云逸、韦拔群、李明瑞等革命家留有光辉足迹。有东兰武篆魁星楼、列宁岩、韦拔

田东七里香猪

甲篆油鱼

群牺牲地香刷洞、东兰革命烈士陵园等历史名胜和古迹。

岩滩湖区为国家"八五"重点工程，岩滩水电站建成后形成的56平方千米的湖面水库，水色清绿，烟波浩渺，一百多个半岛和岛屿，错落有致，千姿百态，景色迷人。众多的水湾畔，瑶、壮村寨星罗棋布，家家面湖，户户泊舟，遍布水湾的养鱼网箱，组成"水上人家"。16千米长的红水河三峡，峰险山峻，谷幽崖奇，还有睡美人山、雄狮守水城和神鹰护峡等象形山栩栩如生，形态动人。

东兰武篆魁星楼

红水河三峡

上游龙滩水库和其他航运设施配合，红水河可全线通航，云贵的煤炭经岩滩库区运往两广，比北煤南运缩短里程2/3。

8.1.43 良岐河
(Liangqi River)

西江红水河段右岸支流，又名灵奇河、灵岐河，发源于广西壮族自治区巴马县所略乡，于大化县羌圩乡古龙村汇入红水河。干流长173千米，流域面积1 930平方千米，地跨河池市巴马、大化县及百色市田东、田阳、平果5个县。

流域地处丘陵土山地带，山峦起伏重叠、森林茂密，山高谷深、溪沟纵横。两岸高山对峙，沿岸有少量农田。流域东北部石山地区，高程800～1 000米，山峰林立，耕地少而分散。地下

良岐河岸群峰连绵

河发育，雨后渗入快，人畜饮水困难。西南部丘陵山地，土层肥厚。

良岐河河道弯曲，有流域面积100平方千米以上支流2条，干、支流总长355.7千米，年降水量1 200～1 500毫米，年径流深500～600毫米，水资源较丰富。

流域水利建设始于元朝，清乾隆年间就筑坝引水灌溉，历史悠久。1949年后，建小型水库11座，引水工程355处，水轮机泵站57处134台，灌溉面积1 273公顷。建有福星、朔良水电站，装机容量500千瓦。

流域内水旱灾害交替。1949—1997年49年间，洪灾淹没农田1 581公顷，冲毁水利设施1 160处，冲毁水塘、库坝100多处，水车71架，倒塌民房880间。1935—1990年的56年间，有较大旱灾7年次，1963年河水断流，塘库干涸，沿河350多架竹筒水车无水可汲。

田东县北部四镇，2—5月冰雹频繁。1973年4月1日、1980年5月2日、1983年3月义圩、那荷、朔晚、安东、班龙、甲冠、符桃、朔良、林逢均遭冰雹袭击，总计受灾16 884人，毁损民房358座，毁坏农作物594.5公顷，损失粮食105万千克。

流域主要有壮、汉、瑶3个民族。农民收入靠粮食、蔬菜、养殖业和林业。农作物以水稻、玉米、红薯、木薯、花生以及豆类为主。田东、巴马县是流域粮食主产区之一，1999年，田东香米品质为广西早稻第一，远销区内外。油茶种植已有二三百年历史，巴马县成为油茶重要基地，年产油茶超过2 000吨，有"油茶之乡"之称。近年来，所略乡重点饲养香猪，繁殖大牲畜马、牛，培育草食肉兔等特色品种。有杉、松杂木等用材林及油茶、油桐、板栗等经济林。有柑、橙、柚、桃、李、枇杷、酸梅、芒果等水果。巴马"香猪"，田东"七里香猪""那拔香鸭""香油茶"、田阳"香芒"驰名区内外。盛产鲤鱼、鲢拐鱼、桂花鱼，水产资源丰富。有金、锰、铁、硅、钛等矿藏。

良岐河自源地向南流，自所略乡料乡村入百色市田阳县玉凤镇，流经那床、巴庙、六惠、作里，左岸纳华彰河。经玉凤镇折向西，至那恒曲折流至那算村附近入田东县境。于那拔镇福蛋折向东南流，经那拔镇，于那拔镇龙地村东左纳那荷河，继续东南流。途经那拔镇、朔良镇的11个乡村。至朔良镇北右纳朔良河（河长29千米，流域面积200平方千米）。过朔良镇，转北流，经巴鲁、南立村，于义圩镇甲分村左纳**燕洞河**，转东流，于那兰屯左纳那兰河，从灵龙村入巴马县百林乡。田东县境棋盘滩，景似棋盘，风景秀丽。义圩镇西南部的莲花山高1 022米，风景优美。田东北部那拔镇福星村原始森林有四方竹，更是风景丽。干流继流出百林乡入大化县境，在羌圩乡六洪村左纳羌圩河（河长21千米，流域面积129平方千米），于羌圩乡古龙村东1.5千米处汇入红水河。

8.1.43.1 燕洞河
(Yandong River)

良岐河左岸支流，又名东宫河。

燕洞河发源于广西壮族自治区巴马县那社乡那廷村西北2.1千米处，源流东南至巴马县所略乡干楼村潜入地下，纳地下河所略河，潜流17千米，至燕洞乡赖满村西北3千米处出露成明流，经田东县义圩镇于甲分村从左岸汇入良岐河。干流长77千米，平均比降5.50‰，流域面积574平方千米，流域涉及巴马、田阳、田东3个县。

流域属土山和石山相间地形，支流有所略河、赖满河。属热带季风气候，多年平均年降水量1 400～1 600毫米，多发灾害。1968年6月下旬大暴雨，引发山洪，冲毁小型水利工程，禾苗严重受灾。

流域耕地面积981公顷，占巴马县总耕地面积的10%。经济以农业为主，主要种植水稻、玉米，盛产木薯和旱藕，近年蔬菜种植发展迅速。主要矿产资源有金、铜、锑。水力资源理论蕴藏量10兆瓦，有车斗电站，装机容量2.555兆瓦；小型灌区1处；小型机电泵站13处。

8.1.44 平治河
(Pingzhi River)

西江红水河段右岸支流,发源于广西壮族自治区平果县同老乡那高村,上游称达洪江,至大化县贡川乡陇眼村潜入地下,汇入红水河。涉及广西平果、田东、大化、巴马4个县。

概 述

平治河干流河长81千米,平均比降2.80‰。流域面积1 258平方千米,主要支流有3条,流域内有地下河4条。

流域地处低纬度亚热带气候区,光热充足,四季分明。多年平均年降水量1 441.6毫米,5—9月的降水量占全年70%以上。4—6月山区偶有冰雹灾害。多年平均年径流量5.2亿立方米。流域以种植水稻、玉米为主,少量种植黄豆和红薯。榜圩、凤梧、海城、旧城是平果县的主要产粮区和林区,流域农业产值占全县的50%以上。

1949年6月大暴雨,平治河沿岸农田大部受淹,粮食严重减收。1979年6月30日,24小时降雨,榜圩272毫米,黎明295毫米,农田受淹,部分民房倒塌。1990—2004年有9次洪灾。1998年7月下旬,海城、榜圩、黎明暴雨,下游百丰村倒塌民房100多间,都阳至巴马省级公路冲断12小时。2003年6月20日24小时降雨,榜圩220毫米,凤梧257毫米,凤梧古理村、百丰村民房受淹倒塌。流域石山区、低洼地区农作物,雨水过多受淹、过少受旱,粮食减产以致绝收。

流域水资源丰富,平果县有49座中小型水库,26座在平治河流域,总控制流域面积368.7平方千米,占全流域面积的30%,总库容1.08亿立方米。灌溉面积666公顷以上的有达洪江灌区,333公顷以上的有达赛河灌区和凤梧灌区。有18处水轮机泵站,100多处小型机电泵站;大于1立方米每秒的引水灌溉工程有3处,小于1立方米每秒的有多处。水力资源理论蕴藏量11.37兆瓦,现已开发4.1兆瓦。20世纪60—70年代末,达洪江干渠灌溉已达凤梧山环村,灌溉面积近1 600公顷,此后,因无人管理渠道,灌溉面积现剩几百公顷。

纪 实

平治河发源于平果县西北部同老乡那高村东南1.8千米处,上游称达洪江,建有**达洪江水库**,至榜圩镇附近左纳乐圩河(河长28千米,集水面积161平方千米)后称平治河。在凤梧乡仕仁村右纳**那乐河**,于堆圩乡百丰村潜入地下,至百色县界黑岩洞流出地表入大化瑶族自治县,在贡川乡陇眼村再潜地下,从右岸汇入红水河。

流域范围植被较好,主要植被为常绿落叶混交林,岩溶地区多灌木、杂木、竹林。地下河、溶洞、漏斗、落水洞等岩溶地貌发育。

平治河上游黎明乡有敢沫岩,下游有甘河,形成甘河—敢沫岩风景区。景区水流平缓,水色晶莹,绿竹成带,群峰竞秀,山水相映。有山体崩塌形成的空门,似一面巨镜的天镜山;有高30多米,宽100多米,穿山而过的天生桥;有东宽西窄,光线奇特的黑岩;还有景致优美的神仙洞、戈峰洞、联珠洞等。敢沫岩是国内外罕见的大型岩溶洞穴,洞高97米,洞内钟乳石琳琅满目,许多石瀑布、石梯田、边石坝及巨石笋形状奇特。高大的棕榈石笋巍然耸立,"金银双塔""彩色瀑布""千手观音"妙笔难描,鬼斧神工雕琢,顾盼左右皆奇趣,俯仰之中尽美景。洞内陆道长3.2千米,水道长2.2千米,已开通河段1.75千米。竹筏缓行在地下河上,不仅可以观赏两岸峰丛林立的壮丽景观,还可以欣赏地下河中千奇

敢沫岩

百态、隐隐约约的石钟乳,经灯光映照,如梦如幻。敢沫岩又名"红军岩",百色起义后,红七军21师62团的部分战士在师参谋长黄大权的领导下,在敢沫岩与敌人进行了长达36天的攻守战。弹尽粮绝之时,红军战士找到了新出口,在夜幕的掩护下安全撤离了。洞内至今还留有红七军生活、工作过的石凳、大石板。

8.1.44.1 达洪江水库
(Dahongjiang Reservoir)

平治河中游的中型水库,坝址位于广西壮族自治区百色市平果县榜圩镇春德村境内,距平果县城85千米。涉及平果县黎明、同老、榜圩3个乡镇。

水库有多年调节功能,以灌溉为主,兼顾发电。控制流域面积234平方千米,总库容6 560万立方米。水库正常水位265米,相应水面面积3.81平方千米,回水长度17千米。工程于1958年动工兴建,1961年竣工蓄水。1973年曾对大坝进行培厚、加高,续建第二溢洪道。2001年又对第一溢洪道的二、三消力池进行加固,修通上坝公路,2002年10月完工。

工程由大坝、溢洪道、输水隧洞和水电站4部分组成。大坝为均质土坝,最大坝高43.43米,坝顶长167米,宽5.4米;溢洪道最大泄洪能力1 188立方米每秒,非常溢洪道泄洪能力547立方米每秒;输水隧洞最大输水流量5立方米每秒;大坝水电站平均年发电量230万千瓦时。

水库灌区地处平治河峡谷两岸,灌区包括2个乡镇15个村,灌溉面积1 580公顷。新建水厂日供水量2 000吨,给榜圩、黎明2个乡镇2.5万人供水。水库防洪标准100年一遇,调蓄洪水,削减洪峰,保护下游2.55万人和673.3公顷耕地。

库区两侧有2条支流,多年平均年降水量1 350毫米、年来水10 209万立方米、平均气温21.5摄氏度、年日照1 682.7小时,相对湿度81%。

平治河上游地处平果县西北部与田东县交界的丘陵沟壑区,库区村庄星散,两岸有缓坡梯田,农户坡地开荒,砍烧杂草灌木,造成水土流失,经由大沟、溪流汇入库中。群众以自力为主,县政府投入扶贫资金引导,修水利,架电线,整田地,营造水保林(材用林、果园林),较大的有原国营海明林场。保障了库区原居民和移民的生产和生活。

库区淹没区搬迁4个村的17个自然屯、454户、2 293人,淹没耕地371.9公顷,其中水田116.2公顷,旱地255.7公顷。绝大部分移民就近安置在当地乡、村。多年来,重点扶持移民农业生产,架接供电线路24.2千米,建电灌站4处,使库区移民村屯都用上了电。

8.1.44.2 那乐河
(Nale River)

平治河右岸支流，又称达西河、达赛河，发源于广西壮族自治区平果县海城乡伏山村，在凤梧乡汇入平治河，河长44千米，落差36.4米，流域面积417平方千米，涉及平果、田东、大化3个县。

流域内山高谷深，石山丘陵、平地土坡纵横交错，连绵起伏，南岸为石山，北岸为土山丘陵，岩溶地貌，地下河、溶洞发育，植被较好。农作物主要有玉米、水稻，是平果县的一个主要产粮区，经济作物有甘蔗、八角、茶油等。

流域属亚热带季风气候，气候温和，夏长冬短，雨热同季。多年平均年降水量1 350毫米，5—9月占全年的70%以上，多年平均流量7.24立方米每秒。常出现洪灾，1989年6月和1998年6月，平果县海城乡连降暴雨，山洪暴发，损失惨重。

水力资源丰富，水力资源理论蕴藏量2.59兆瓦，已开发200千瓦，有蓄水工程10处，总库容720万立方米。计划建设敢朋、六达电站，总装机容量1兆瓦。

8.1.45 大化水库
(Dahua Reservoir)

西江红水河段中游的一座大（2）型水库，红水河梯级开发的第六级水电站，坝址位于广西壮族自治区河池市大化瑶族自治县大化镇，距南宁、河池和百色的直线距离不超过150千米。

水库有日调节功能，以发电为主，兼顾防洪、航运、灌溉。坝址以上控制流域面积11.22万平方千米，年平均流量1 990立方米每秒。年来水量约620亿立方米。电站投产发电以来发生的最大洪水是在1988年8月31日，最大洪峰流量19 100立方米每秒，接近20年一遇洪水。正常蓄水位155米，库容3.56亿立方米。1975年动工，1986年竣工验收。

枢纽工程由河床式厂房、溢流坝、左右岸重力坝、左右岸土坝、船闸组成。最大坝高74.5米，坝长1 052米，最大泄洪能力31 400立方米每秒，电站4台机组装机容量456兆瓦，平均年发电量21亿千瓦时，船闸可通行250吨级船舶。

红水河梯级水电站全部建成后，经水库联合调度，大化水库电站发电量可达30亿千瓦时每年，并提高防洪标准。

水库上游距**岩滩水库**83千米，下游距**百龙滩水库**27.6千米。库区淹没涉及都安、马山、巴马3个县，搬迁居民343户、1 688人，淹没耕地489.3公顷，主要在都安县，移民大部分在原生产队范围内就地后靠，部分远迁。

库区两岸植被茂密，水土保持良好。库区有**清坡河**、**平治河**两条河流汇入，两岸有公鸡报晓、月亮山、马鞍山、金字山、犀牛饮水、古猿望日、情人湾、贡川翠竹等风光。库区古河乡、百马乡和江南乡，均隶属于大化县。

随着大化电厂的建成，1988年10月，国务院批准成立大化瑶族自治县，昔日红水河畔鲜为人知的大化小山村，成了"水电之乡"和大化瑶族自治县政治、经济、文化的中心。大力发展经济，实行开发性移民，移民生活水平有所提高，部分移民已经脱贫致富。

8.1.46 清坡河
(Qingpo River)

西江红水河段右岸支流，又名达香河、永州河。发源于广西壮族自治区马山县州圩乡渌落村西，流经德育、俊龙、永州、台山、双联等地，向东北流入大化县贡川乡贡川圩西南，从右岸汇入红水河。干流长58千米，流域面积427平方千米，涉及马山、大化两县。

流域峰丛洼地、峰林谷地、丘陵山地地貌，溶岩发育，喀斯特地形约占总面积的90%。石灰岩大面积裸露，石峰林立，峰峦叠嶂，洼地密布，形如锅底，大部分耕地"碗一块，瓢一块"，零星分布洼地中，人均耕地面积仅0.50亩。

多年平均气温21摄氏度，多年平均年降水量1 517毫米。流域主要有壮、汉、瑶3个民族，农民收入靠种植和养殖，作物以谷子、玉米以及花生、木薯、豆类为主，有山羊、麻鸭、米酒等土特产。

清坡河水资源丰富，干湿季明显，雨季暴雨集中易引发涝灾，旱季严重缺水，人畜饮水困难。流域石灰岩溶洞发育，干流穿过11座石山，有多处伏流，洪水时下游伏流段极易阻塞，洪水泛滥成灾，永州、台山一带严重受淹。

马山题诗岩

大化水库

水资源总量3.42亿立方米,水力资源理论蕴藏量2.98兆瓦,已开发2.07兆瓦。有中小型水库15座,总库容1 239万立方米,控制流域面积158平方千米,占全流域的38%。引水工程2处,引水流量各1.5立方米每秒。题诗崖是重要的文化和自然景观。

8.1.47 地苏河
(Disu River)

西江红水河段左岸支流,地处都安县西南部,发源于广西壮族自治区都安县东庙乡东庙村,至地苏乡南江村分流成两支,一支往东纳拉棠河后汇入**澄江**,另一支向南潜入成暗河,于青水村出露地表后,从左岸汇入红水河。明河段总长29千米,平均比降5.49‰,流域面积1 080平方千米。

流域地处云贵高原向广西盆地过渡的斜坡地带,岩溶种类繁多,地下、地表溶痕、溶沟、溶槽、石芽、石林、石海、残峰、溶洞、溶井、落水洞、漏斗、塌陷、崩塌、干谷、盲谷、溶蚀洼地、谷地、溶潭、伏流、地下河及天窗齐全。

流域属亚热带季风气候,雨量充沛,雨热同季,多年平均年降水量1 700毫米,平均气温21.3摄氏度。河中有浆砌石坝14处,水轮泵33台,设计灌溉面积226公顷。有耕地5 323公顷,其中水田1 860公顷,旱地3 463公顷,农作物以水稻、玉米、豆类为主。

地苏河明暗间流。每年5—10月有水,11月至次年4月断流,平水期平均流量18.1立方米每秒,洪水期最大流量300立方米每秒。

都安县的保安、东庙、地苏、三弄及大化县的雅龙、六也、流水等乡镇区域内地下河系发育,是广西已探明的最大地下河系,干流全长约29千米,自西向东,多次直角状转弯,支流多由西侧正交入干流。洪水期,巴丁、刁冲、吞榜、九楞、九没、犬怀、枯桐7处冒水,溢流经谷地、干沟东流,汇成地苏河明流。平水期,仅刁冲、吞捞、九楞、大定4处溢流。枯桐以南的出水点,仅洪水期短暂有水,顺谷地南流,潜入地下,成地苏河暗河段。

地苏街外地苏河中有小洲"古松洲",洲上环境幽静,宛如仙岛。曾有古庙,庙前古松高大葱茏,庙中塑有数尊佛像,悬一口大铁钟。落日时分,焚香燃烛,悠悠钟声,声闻四里。常有游人撑筏登洲,到庙中游玩。有诗古松晚钟:"天生地成一小洲,回环水绕景清幽,衔山落日钟声晚,四邻乡里该翘头。"1949年后拆庙种地,1993年台胞覃鼎英回乡重建。

八仙公园

地苏乡八仙山腹部有"八仙古岩",洞口清康熙十三年(1674年)筑石城,高3.5米,长30余米。洞内宽敞平坦,多石笋,下斜坡60米有湖,直径20米,湖水澄清,长年不竭,沿湖边入第二层洞,石柱林立,钟乳晶莹。有诗云:"八仙去后洞留名,中有棋盘片石枰,王质烂柯曾到此,清风一带半山横。"安定土官潘如禄为避司民谋反曾在此"炼丹"。

8.1.48 百龙滩水库
(Bailongtan Reservoir)

西江红水河段中游的大型水库,红水河梯级开发的第七级。坝址位于广西壮族自治区河池市都安、马山两县交界处,距都安县城12千米,距马山县城17千米,距南宁市147千米。

水库上距大化水库27.6千米,下游距**乐滩水库**76.2千米,无调节性能,是以发电为主兼顾航运的综合利用工程,水电站为低水头河床式。控制流域面积11.25万平方千米,总库容3.4亿立方米。正常水位时水面面积4.58平方千米,回水长27.6千米,库区地处马山县、都安瑶族自治县、大化瑶族自治县境。1993年动工,1996年竣工蓄水,1999年6台32兆瓦机组全部投产发电。

枢纽工程有大坝、河床式厂房、开关站、船闸。大坝由溢流坝和接头坝组成,主坝为碾压混凝土溢流坝,大坝长664米,最大坝高26米,工程设计洪水泄流量23 400立方米每秒,电厂总装机容量192兆瓦,年平均发电量9.4亿千瓦时。船闸为单级集中式输水船闸,最高通航流量3 500立方米

古松洲

百龙滩水库全景图

每秒。

建库以来，缓解了广西电网供电紧张，改善了红水河大化—百龙滩—乐滩的通航条件。

库区河段主要为碳酸盐岩分布，两岸基岩裸露，岸坡稳定，并覆盖有一定的植被，开发情况主要是种植农作物和经济林，两岸村落较少，主要以耕种为主。岩溶发育，水文地质条件较复杂，岩溶地下水系发育，地下暗河均排向水库，不存在岩溶渗漏。库区无塌岸问题。枢纽两岸低山丘陵，坡度平缓。

属亚热带气候，高温多雨，多年平均年降水量1 717.6毫米，多年平均年蒸发量1 204.4毫米，多年平均年径流量637亿立方米，多年平均气温21.3摄氏度。多年平均流量2 020立方米每秒，实测最大流量18 700立方米每秒，调查到的历史最大流量21 800立方米每秒。水库年平均输沙量5 528万吨，年平均含沙量0.87千克每立方米。水库洪枯水位变幅大，除支沟有少量淤积外，未发现明显淤积。

库区无大支流汇入，淹没涉及都安、大化、马山3个县8个乡镇、11个村公所、34个村委会、68个村民小组，迁移人口784人，淹没水田11.5公顷，旱地47公顷，淹没小水电站2座，挡水坝5处，四级公路0.58千米，机耕路6.8千米，人行路4.41千米，桥梁7座，桥涵2处。移民安置以后靠为主，在确保以土地为依托的基础上，充分利用剩余资源，因地制宜，广开生产门路。

8.1.49 澄江
(Chengjiang River)

西江红水河段左岸支流，又名兰堂河。

澄江发源于广西壮族自治区都安县大兴乡九顿村地下河出口处，向南流经大兴、高岭、安阳、澄江4个乡镇，至红渡村汇入红水河。干流长44千米，平均比降2.57‰，包括地下河在内的流域面积926平方千米，地处都安县境。

澄江永济桥

喀斯特地貌，群峰林立，山间有洼地，山中有溶洞。岩溶洞穴交错，河谷深切，岩石裸露。中下游狭长平坦，高程150～750米，耕地、山脉、洼地和谷地星罗棋布，土层薄。

支流有板巴河、大兴河、拉摆河、板六河、帮祖河、板巴河、弄内河6条地下河，地下河总补给面积669平方千米，中上游河宽50～80米，水深5～10米，比降1.55‰，下游比降0.1‰～1.2‰。

属亚热带季风气候，热雨同季，雨量充沛，多年平均年降水量1 600～1 800毫米，年径流深800毫米，地表径流少，地下水埋藏深，洪涝干旱频生。已建百拉、响水关、地丁、龙颈等小水电站，总装机容量1 265千瓦，电灌站188处，总装机容量3 970千瓦，灌溉农田2 587公顷；沿河有拦河坝29处，水轮泵坝20处，设计灌溉面积472公顷。

澄江两岸山水景色秀丽，都安县城河段有"澄江大桥"和"永济桥"，同建于清同治六年（1867年），是高岭镇与大兴乡之间的"百关"，两岸山峰对峙，石峡横锁澄江流水，蓄滞后倾泻，宛如瀑布，隆隆飞溅，数里外可闻响声，又名"响水关"。潘泉肪诗曰："关锁碧水水拍天，幽谷琼浆孕经年，明月山头看胜景，失足跌落江中眠。"红渡村澄江河口有一潭，形似巨龙张嘴吞噬澄江水，潭口半里外有怪石横跨，似"石峡"横锁。汛期河水上涨穿流峡口，激石飞溅，白如银花，光灿夺目，涛浪四起，声闻数里，称作"银涛"。秋冬平水时水位下降，流速放缓，日光辉映，潭内流水绚丽秀美，犹如水晶龙宫，潘泉肪赋诗："威龙盘坐昂高首，揽住清波颈下流，虎啸龙吟山岳动，十里惊退打鱼舟"。

澄江响水关段

用清澈甘甜的澄江水酿造的都安"瑶岭"牌野生山葡萄酒，曾获国际名酒香港博览会金奖，被誉为"中国人头马"。

8.1.50 刁江
(Diaojiang River)

西江红水河段中游左岸支流，发源于广西壮族自治区南丹县城关镇川马村，流经南丹县、河池市、都安县3个市（县）10个乡镇，至都安县板依村南汇入红水河。干流长220千米，平均比降1.07‰，流域面积3 632平方千米。

流域位于云贵高原南缘，西北高东南低。西系凤凰山脉和都阳山脉，北与**龙江**干流相邻，南与红水河相伴，呈狭长带状。有较大支流17条，流域面积超过85平方千米的支流有三合河、长老河、九圩河、古郎河、保平河、板旺河、板岭

刁江拉利乡段

刁江水系示意图

河、**仁寿河**。地下暗河17条，总补给面积1 083平方千米。

流域多石灰岩大石山区，上中游属凤凰山脉，最高峰龙王山高程1 189米。沿岸崇山峻岭，石山壁立，山峦起伏。上中游石山重叠，下游有狭长谷地，土地肥沃。岩溶发育，多潜流，有天窗、漏斗、洼地和溶洞。

属亚热带季风气候，光照充足，雨量充沛。夏长冬短，多年平均年降水量1 494.2毫米，5—8月降水量占全年的66%，多年平均年水面蒸发量600～1 000毫米。多年平均气温16.9～22.5摄氏度，流域多年平均年径流量23.39亿立方米，多年平均年水资源量27.17亿立方米，中上游（河口水文站以上）多年平均年径流量7.078亿立方米。植被良好，地表水质为Ⅲ类。流域地处大石山区，水利工程稀少，水旱灾害频发。旱灾多发生在春季和夏季，水灾多发生在6月。

矿产丰富，南丹县有锡、锑、锌、金、银、铜、铁、铟、钨等20多种有色金属矿，总储量1 100万吨，锡储量144万吨，居全国首位，有"有色金属之乡""中国锡都"之称。

源流自发源地向东南，经南丹城关镇、车河镇入河池市，于长老乡金洞村西右纳**三合河**，继流至拉谐村右纳长老河（发源于大厂镇龙化屯村西北，河长30.9千米，流域面积142.6平方千米），继流经下考乡，至九圩镇六万村右纳九圩河（河长31.9千米，流域面积142.59平方千米）。沿岸岩体裸露，沿河高山峡谷，坡陡壁徒，水流湍急。城关镇是南丹县政府所在地，历史悠久，经济以矿产业为主。东南流至五圩镇洛水村左纳古郎河（河长14.1千米，流域面积106.32平方千米），至保平乡纳老村右纳保平河（河长14.5千米，流域面积126.19平方千米），刁江在三只羊乡拉显村入都安县，于下坳乡尚智村右纳板旺河，河口处有河口水文站，九圩至河口水文站河段，有九圩和六翁2个水电站。至板岭乡庙神村右纳板岭河（河长19.5千米，流域面积174.31平方千米），河流折向东，经永乐、永仁、乐富、二潭，至拉仁乡仁寿村左纳仁寿河后又转东南流。在大山中穿行，落差大。两岸多大山土岭，也有裸露或半裸露岩系，森林覆盖率超过50%，是木材产地。经九渡、拉烈、百旺乡，至板依村南1.8千米汇入红水河。河道狭长，两岸多峰林谷地，裸露的石灰岩地区过渡至拉烈乡以下为丘陵区，河床逐渐变宽，距拉烈乡政府所在地上游5千米，设有马陇水文站。

流域内居住有壮、汉、苗、瑶、水、毛南、仫佬等13个民族，民风民俗多姿多彩。南丹白裤瑶人总数不足3万，他们执著豪迈，风情古老，与世无争，妇女服饰别具特色。经济以农业为主，种植稻谷、玉米、豆、薯类等粮食，沙田柚、柑橘、橙、梨、柿、李、枣、葡萄等水果，种桑养蚕，栽种油茶。流域有古丹和大龙2座小型水库，灌溉面积20公顷。

8.1.50.1 仁寿河
(Renshou River)

刁江左岸支流，又名仁政河、拉仁河。发源于广西壮族自治区宜州市北牙乡六下村，于都安县东北部拉仁乡汇入刁江。河长42千米，平均比降3.78‰，流域面积518平方千米，涉及宜州市和都安县。

仁寿河上游地势南高北低，属南向西倾斜地形；下游北高南低，属向南偏西倾斜地形。南部石质山区，呈峰丛洼地状，北部多土坡土山，较平坦。属南亚热带季风气候，多年平均气温20.3摄氏度。多年平均年降水量1 518毫米，多年平均年径流量2.74亿立方米。流域内无工业污染源，多数水源经地下河出露，水质良好。有大龙小型水库，灌溉面积180公顷。

1950—2000年共发生旱灾26次，其中较大的6次。1985年旱灾最严重，200多公顷农田颗粒无收。

源头森林少，汛期雨多有水，非汛期干枯，属季节性河流。源流向西北流，在大安村下游附近潜入地下约1千米。两岸高山峻岭，山峦起伏。潜流在羊角山土景出露地表，西北流至北牙乡入丘陵区，两岸渐开阔，趋于平坦。过拉汪、拉近、龙头，在新建屯又潜入地下，至拉利乡马朝屯再次出露地面，于板兆屯附近纳大龙河后折向西南流，经板门、都良，入都安瑶族自治县境，过拉仁乡在久、拉浦、王岐，于江甫村西北300米汇入刁江。板门至王岐间，河流两岸较为宽阔。王岐村至江甫村河段，高山峡谷，森林茂盛。

8.1.51 乐滩水库
(Letan Reservoir)

西江红水河段干流上的大型水库，坝址位于广西壮族自治区来宾市忻城县红渡镇上游3千米处，距南宁市192千米，柳州市137千米。

乐滩水库在原恶滩电站坝址上扩建而成，水库有日调节能力，以发电为主，兼顾航运、灌溉。控制流域面积118 000

乐滩

平方千米，占红水河流域面积的90.2%，水库总库容9.5亿立方米。水库正常蓄水位112米，相应库容4.02亿立方米。2001年11月动工兴建，2006年11月完工。

大坝为混凝土重力坝，工程自右至左由右岸重力坝、溢流坝、河床式厂房、冲砂闸、船闸、左岸重力坝、左岸土石坝组成，坝顶总长586.3米，最大坝高63米，坝顶最大宽度24.4米，最大泄洪能力为31 900立方米每秒。电站总装机容量600兆瓦，年平均发电量35亿千瓦时。2000年，船闸设计过坝船只吨位250吨，年货运量180万吨。水库改善了红水河部分河段通航条件，为库区提水灌溉农田6 253公顷。

库区低山间夹低矮丘陵地貌，主要是岩溶峰丛洼地或峰林谷地，峰顶高程400～900米，洼地高程300～550米，其次为由砂泥岩形成的侵蚀低山丘陵，山顶高程180～400米。沿河岸发育四级阶地，一级基座阶地发育较连续，高程120～150米，其余三级阶地残缺不全。

上游的百龙滩电站至乐滩坝址，为乐滩库区，长76.2千米，落差30米，坡降0.4‰，河槽深切，河道狭窄，滩多水急。水库淹没险滩22处，可达四级通航标准。库区入库河流较少，主要河流刁江口距坝址24千米，两岸多林地、耕地，是都安县的"鱼米之乡"。刁江淹没回水51.89千米，影响较大，均在都安县境。

乐滩水库库区为亚热带季风气候，干湿季节明显。多年平均气温27.7摄氏度，多年平均年降水量1 421.8毫米，4—9月雨季降水量占全年的78.6%。冬季盛行东北风，夏季盛行偏南风，年平均相对湿度77%，多年平均年蒸发量1 636毫米，日照时间长，霜日较少。

库区植被覆盖率超过85%，但森林覆盖率仅14.33%。河谷阶地主要为人工植被玉米、桑、竹等；山脚地带主要为黄荆灌丛，山腰是藤本刺灌丛，虎刺为主；山峰主要是石山灌木林，有越南榆、细叶楷木、石山巴豆、紫弹树、小叶山柿等。

库区淹没忻城县、马山县、都安瑶族自治县的9个乡（镇）34个村民委员会312个村民小组。淹没土地总面积1 847公顷，其中耕地面积889公顷，安置12 647人。

8.1.52 古蓬河
（Gupeng River）

西江红水河段右岸支流，又称潦江、周安河，发源于广西壮族自治区上林县桥贤乡贤按村板樟屯，于枝林村板林屯进入忻城县，于忻城县古蓬镇龙利村王呈屯左纳凌王河后称古蓬河。干流地表河道自古蓬镇俭湾坳脚地下河出口至红渡镇西江村人甫屯北汇入红水河。干流长38千米，流域面积402平方千米，流域涉及马山县里当乡、上林县桥贤乡和塘红乡，忻城县遂意乡、北更乡、古蓬镇和红渡镇等3县7乡（镇）。

流域河道坡陡，水浅流急；流域沿途接纳大小支流4条。上游山高坡陡，中游古蓬河王呈坝至东河村大横山屯桥头，河床相对平缓。东部自北向南有一岩溶洼地带，还有部分岩溶洼地零星分布在流域中部。地势西南高东北低，东西两侧分水岭地势高峻，群峰林立，山峦重叠。南部被厚度不均的红黄土层所覆盖，东西两侧石山高差沿途递增，东山山脊与洼地河流海拔相差约500米。

流域地处南亚热带气候，气候温和，多年平均气温20.7摄氏度，多年平均日照1 578小时。夏季多暴雨及高温天气，秋冬季节易旱，夏季易涝。春季有低温寒害，偶受大风冰雹

古蓬河上浪村段

灾害。多年平均年降水量1 440毫米，降雨多集中在5—8月。多年平均年径流量3.5亿立方米，年蒸发量在1 075～1 610毫米间。

流域内有耕地面积1 633公顷，境内居住着壮、汉、苗、瑶等民族，人口3.32万。农民收入主要靠甘蔗、桑蚕、蔬菜和养殖业。农作物以玉米、谷子、豆类为主。沿河两岸分布有古蓬枝林红铁矿和龙利、凌头煤矿。

流域内建有渠道10处，小型水库2座，泵站10处，提水工程8处，总灌溉农田面积2 136.3公顷。农村小水电站7座，总装机容量1 200千瓦。人畜饮水工程2处，供水人口9 073人，日供水量5 119立方米。

8.1.53 奇庚河
（Qigeng River）

西江红水河段左岸支流，又名小清水河，发源于广西壮族自治区宜州市福龙乡落春村西南，在忻城县城关镇汇入红水河，干流长52千米，流域面积1 035平方千米，涉及广西河池市宜州、来宾市忻城2个市（县）。

流域岩溶地貌发育，主要地层是石炭系，出露齐全，主要成分是浅海相碳酸盐。地势北高南低，以峰丛石山为主，间有土山丘陵交错。西有自北向南延伸的梅子山脉，梅子山、朝公山、龙头山、马鞍山主峰，高300～500米；东是北南走向的人仔山脉，高500～800米。

主要支流有**都乐河**、龙图河、忻城河，多年平均年径流量5.93亿立方米。地下河有怀放河、福龙河、观音井河、板县河、鸡叫河、板河，地下河补给面积773平方千米，枯季出口流量3.91立方米每秒。

流域气候温和，霜期短、雨季长，光照充足。春季多阴雨低温，夏季多暴雨高温，春秋易旱，夏易涝，春有低温寒害，偶有大风冰雹灾害，寒露风常影响秋稻。多年平均年降水量1 450毫米，集中在4—9月，年际变化较大，最大相差1 200多毫米。

流域内广布封闭洼地，地下洞穴纵横，降水通过石缝岩洞潜入地下，日降水量超过100毫米或月降水量超过300毫米时，谷地排水不畅，溢出地下水，易引发洪涝灾害。1954年6月16—21日连降大雨，大塘、思练、马泗、古万、城关等区41个乡647公顷农作物失收。1972年4月18日，城关（忻城）、红渡、古蓬等乡镇刮大风下冰雹，损毁玉米、早稻秧田5 333公顷。

1949—2005年，在河道和有地下水出口处建引水渠道6条，引水流量2.5立方米每秒，建有电灌站7处，装机容量

53.5千瓦；水轮泵5处，灌溉面积753公顷。

源流向东北，至石别乡三寨村转向南流，经忻城县城关镇的加仁、高塘、尚宁村，至范团村板寨屯左纳**都乐河**，经古尧、隆光村，于龙舞屯西北200米处汇入红水河。

奇庚河两岸山谷狭窄，山地低矮，灌木、杂草丛生，河谷有少量农田。宜州村附近还是季节性河流，在三寨屯转90°急弯南流，左是龙怀大山，寸草不生，高程554米，至涌水桥村附近方长年流水。河谷两侧山崖溶洞随处可见，两岸山脚农户稀疏。拉见屯东北有两股山泉，泉水汇成小溪在思连屯附近汇入干流。

奇庚河经福龙乡大乐屯入忻成县宁江乡。宁江乡是少数民族聚居地，有壮族、瑶族等5个少数民族，壮族最多，占乡总人口的96%。以农业为主，产水稻、玉米，森林覆盖率20.4%。宁江乡加仁村建有加仁渠，流量0.1立方米每秒。至板六屯附近，河中有大洲，南北向长2千米，东西宽1千米。忻城县城关镇西南1千米有西山岩，又名西山龙隐岩，龙隐洞南北两洞贯通，曾有亭阁、寺院、佛像。宋绍圣年间（1094—1098年）建碑记，现楼基塌坏，碑记尚存，为县级文物保护单位。头歪屯至红水河入口段，零星分布着由封闭洼地形成的小水塘。

忻城西山岩

8.1.53.1 都乐河
(Dule River)

奇庚河左岸支流，又名果苏河，发源于广西壮族自治区忻城县欧洞乡永合村下塘屯，经城关镇思耕、黄宜、黄金、泮水、都乐村，于范团村西南约1.5千米汇入奇庚河。

流域地形以低矮石山为主，高程300~600米，坡度较缓的丘陵土岭镶嵌其中，下游有分散的小块沉积平原，流域面积514平方千米。干流长41千米，其中季节性河段20千米，平均比降6.64‰。

属亚热带季风气候，多年平均气温19~20.5摄氏度，多年平均年降水量1 393.2毫米。落差较大的河段多建有石坝引水和水车提水，欧洞乡下塘屯至范团寨上村边有大小石坝22座，灌溉面积233公顷。

干流思耕以上为上游段，石山陡峭，岩石裸露，土层稀薄，山间偶有稀疏低矮的灌木，土壤涵养水分能力极差，汛期成河，枯季干涸。思耕以下植被较好，河道长年流水。支流支江从后朝屯入忻城县政府所在地城关镇，是县城主要饮用水源。城关镇土司衙门占地9 281平方米，建于明万历十年（1582年），明清时期曾为忻城县衙门，历经战乱破坏严重。东侧20米有莫氏祠堂，建于清乾隆十八年（1753年），清道光二十七年（1847年）重建。1963年被列为省级文物保护单位，拨专款维修，1985—1990年按原样重建。翠屏山公园位于城关镇中和街南侧，山上林木苍翠，如天然屏障。东连麒麟山，西至西宁街，主峰高程289米，山势陡峻，中有垂露岩，山上"有窟涌不歇，夜中有鸟来浴，鸣如凤声，触之立毙。"都乐河下游宁江乡三堆屯附近有3座古墓，出土有石铲、螺壳等新石器晚期石器。

8.1.54 清水河
(Qingshui River)

西江红水河段右岸支流，又名李依河、思览江。发源于广西壮族自治区上林县西燕乡大明山，在来宾市迁江镇刘家村汇入红水河。河长187千米，流域面积4 215平方千米，平均比降0.93‰。涉及武鸣、马山、上林、忻城、宾阳、来宾、贵港7个县（市）。

概 述

流域地处红水河下游右岸，流域上游为石灰岩山区，中下游为低山丘陵和冲积平原，地势平坦，相对高差低于30米，土壤以黏土为主，局部有壤土，两岸有小面积沙土，黏土呈砖红色—黄红色，成土母质是经植物和人工改造的次生土壤。植被较好，水土流失少，枯水和平水期，河水清澈见底，含沙量小，得名"清水河"。

流域面积100平方千米以上的一级支流有亭亮河、**大龙洞河**、玉峰河、狮螺河、沙江、**南河**、合江河、龙降河8条，南河最大，大龙洞河次之。

流域属亚热带气候，气候湿润，雨量充沛，阳光充足，年平均气温20.9摄氏度，相对湿度大。1月最冷，7月最热。春季冷空气活动频繁，常有低温阴雨或倒春寒天气，雨水少，常有春旱，春末常有局部冰雹。夏季高温多雨，7—8月常有台风、低涡雨，降雨集中，伴随暴雨灾害。秋季天高气爽，气温渐降，雨量减少，10月多寒露风，易引发秋旱。冬季雨量少，气温多超过10摄氏度，偶有霜冻。

多年平均年降水量1 599毫米，集中在汛期（4—9月），降水量占全年的75%左右，多年平均年蒸发量864毫米，多年平均年径流量35.57亿立方米。水质良好，优于Ⅲ类标准。

1802—2005年的204年间，流域发生较大洪水和特大洪水31次，中下游河段1915—2005年间，发生较大和特大洪水14次。

1949年以前，流域就有干砌石、土木混合、竹笼石筑成的拦河滚水坝558座，灌溉面积7 733公顷。20世纪50年代末至60年代初，建成了**大龙洞水库**、东敢水库、清光坝、大龙洞总干渠等水利工程。运行几十年后，工程老化、渗漏严重，实际灌溉面积减少。经除险加固、灌浆堵漏等工程措施，解决大坝渗漏，进行渠道防渗，提高了蓄水灌溉能力。

现有大龙洞大型水库、东敢水库、桃源水库、**清平水库**、六佑水库4座中型水库，小型水库75座，水库控制流域面积468.7平方千米，总库容3.54亿立方米。水电站23座，总装机容量15.75兆瓦。

纪 实

清水河发源于上林县西燕镇大明山望兵山峰东北1.6千米处，向北流，至西燕镇寨鹿村铁象屯附近折向东流，经上林县城和宾阳县邹圩镇，于来宾市迁江镇刘家村北1.2千米处汇入红水河。源地大明山有奇峰幽谷、高山草坪、深山飞瀑。甘南大河谷，烟雾缭绕，难以见底，奇峰陡峭，蔚为

清水河

清水河水系示意图

鼓岩书院遗址

壮观。群峰之顶有六片天然大草坪，周围古木环绕，中间长草不长树，人称天坪、山圩。"三滩龙尾瀑布"连跌三级，最大一级高60多米，如龙尾摆动。春季百花盛开，色彩斑斓；夏季烟雨蒙蒙，瀑布飞舞；秋季红叶满山，如霞似火；冬季下雪结冰，银装素裹。

大明山独特的地形和气候条件，造就了丰富的植物资源和各种珍奇动物，大面积的生态系统得以保留，成为国家级自然保护区。有植物1 800多种，有长苞铁杉、白豆杉、穗花杉、三尖杉等珍贵树种；有野生动物80多种，黑叶猴、懒猴为国家一级保护动物。河水飞流直下，经尖岭、岗楼峡谷（此河段称甘栏河），两岸悬崖峭壁，多处险滩、瀑布。清水河自源地向北流至甘栏河电站转向东南流，经东敢水库、西燕镇、大龙洞干渠，流入大丰镇。大丰镇是上林县县城所在地，城区面积8.5平方千米，常住人口2万多。县城下游1.5千米有上林水文站，控制流域面积354平方千米，水文站下游500米有清光坝，拦截河水向澄泰、白圩、宾阳等地供水。至大丰镇下塘狂村右纳亭亮河（河长25千米，流域面积113平方千米），转东北流至澄泰乡洋渡村左纳**大龙洞河**，汇口附近洋渡风景区山清水秀，奇峰竞姿，岩洞各异，钟乳石千姿百态。

清水河东流过白圩镇不孤村村边，不孤村青山绿水，村前有荷花塘30多公顷，村后屹立文笔山、金山和榜山，村中明末清初建有"鼓岩书院"，为省级文物保

三滩龙尾瀑布

洋渡秀峰

护单位。不孤村重教崇学，人口390多人，有180多人先后进大中专院校，82户中有"状元户"76户，被广西壮族自治区人民政府命名为"岭南状元村"，先后被评为"全国创建小康文明示范村""全国文明村镇创建工作先进单位""全国文明村"。有无数游人以及日本、泰国等十多个国家的专家、学者前来参观、考察。

清水河出不孤村转向北流，经长衫、瓦窑等村屯，在赵村折向东南，到坡桑村附近右纳玉峰河（河长25千米，流域面积117平方千米），再右纳狮螺河（上林、宾阳两县分界河，河长48千米，流域面积226平方千米），入宾阳县邹圩镇境。邹圩镇河段河岸低，河床比降小，河宽90～100米，水流缓慢。河中盛产鳗（白鳝）、鲶鱼、水鱼（鳖）、黄鲮、河虾，味道鲜美，尤以清蒸白鳝为绝。镇上游邹圩水文站，控制流域面积1 896平方千米。

邹圩镇下游，清水河于沙江新村右纳沙江（河长51千米，流域面积291平方千米），于同礼村右纳**南河**，转东北流，出宾阳县界，入来宾市兴宾区陶邓乡，于釉里村右纳合江河（河长37千米，流域面积333平方千米），入来宾市迁江镇境。于迁江农场东北左纳龙降河（河长14千米，流域面积124平方千米）后流进迁江镇。

迁江镇段迂回曲折，幽静水深，怪石嶙峋。有文辉塔、榜山石刻、昆仑关战役指挥部旧址等历史文化遗址，鸳鸯锦石、宝塔夕照、北府鸣滩、榜山朝晴、莲塘夜雨、古元零意、老梅清泉、印山书院为"迁江八景"。盛产水稻、玉米，是来宾市蔗糖产业基地。

过迁江镇，清水河在刘家村北1.2千米汇入红水河。

8.1.54.1 大龙洞河
(Dalongdong River)

清水河左岸支流，又名汇水河，发源于广西壮族自治区上林县镇圩乡怀固村岩桑屯，在澄泰乡洋渡村附近汇入清水河。

流域地势西北高、东南低，西南有大明山山脉，北有凤凰山脉。喀斯特地貌，石峰壁立，岩洞众多。流域面积760平方千米，干流长59千米，平均比降2.32‰。有地下河大龙

大龙洞河风光

洞、遐龙河、古春河3条，总补给面积269平方千米，枯季出口流量0.4立方米每秒。

地处低纬度，多年平均气温20.9摄氏度，多年平均年降水量1390～1560毫米，水资源总量6.08亿立方米。上游大龙洞水库是拦蓄地下水而成，高山平湖长17千米，是全国十大溶岩水库之一。

源流向东流至佛子圩，转东南流2千米入**大龙洞水库**，大龙洞库区以上为上游段。出大龙洞水库，越西燕镇北部，至三里镇双罗村左纳营高河，至三里镇左纳朝阳河（河长42千米，流域面积186平方千米），称汇水河，在澄泰乡洋渡村附近汇入清水河。大龙洞河下游段碧水萦回，群山翠竹倒影江中，奇峰竞姿，风光秀美，有"小桂林"之称。明代徐霞客曾到此留足观赏，写下1万多字的游记。

8.1.54.1.1 大龙洞水库
（Dalongdong Reservoir）

大龙洞河上的大（2）型水库，坝址在广西壮族自治区南宁市上林县西燕镇大龙洞村，距上林县城约30千米。

水库有多年调节功能，以灌溉为主，兼顾发电、防洪、养鱼。控制流域面积310平方千米，库容1.51亿立方米，正常水位182.13米，相应水面面积8.03平方千米。工程于1958年动工兴建，1960年竣工蓄水，1991—2005年共进行三期除险加固。

工程由大坝、溢洪道、输水隧洞、泄洪洞和水电站5部分组成，大坝为土石混合堵洞坝，主坝长470米，坝高25米；溢洪道为宽顶实用堰，泄流能力42立方米每秒，灌溉发电输水洞最大泄量40立方米每秒，为坝后引水式水电站。装机4台，装机容量2000千瓦。

水库是上林、宾阳两县灌溉的主要水源。设计灌溉面积3.8万公顷，平均年供水量2.07亿立方米，年发电量900万千瓦时。

坐落在石炭系和二叠系灰岩类岩层组成的长条形岩溶封闭坡谷之上。库内孤峰耸立，岩溶峰丛环抱，溶洞钟乳石风光秀丽。有6处地下河涌水的明显溶洞，俭凌最大，溶洞来水入库后汇成大龙洞河地表河。水库堵塞地下河使大型岩溶洼地成库，地势西北高东南低。四周峰丛、峰林发育，石山环绕。补给水源主要来自西部和北部的三条地下河，水量丰富。

库区属湿热多雨的亚热带季风性气候，夏季高温多雨，日照充足。多年平均年降水量1789.3毫米，多年平均年径流量3.13亿立方米。多年平均气温20.9摄氏度。库区降水量较充沛，受大面积水体影响，库区小气候冬暖夏凉，夏季温度比附近县城等区域低2～3摄氏度，舒适宜人。

库区无厂矿企业，空气清新，水质清澈，噪音极少，生态环境好。但库区的山峰多被杂灌覆盖，实施退耕还林、石漠化治理、封山育林等绿化措施，大龙洞的自然生态环境更加优良。库区植被类型复杂，种类丰富。以石灰岩区灌、藤、草本植物为主，多属亚热带喜钙耐旱树种，大的乔木很少，库区森林覆盖率21.19%。

水库淹没耕地650公顷，淹没拆迁房屋3.09万平方米，搬迁移民585户、3603人，涉及原西燕、镇圩、塘红3个公社的覃浪、岜独、望河、古春4个大队18个自然村屯。1980年库区和近库区自然村屯组建大龙洞大队，1984年改为大龙洞村，属西燕镇。

水库是蓄地下河水而成的人造高山平湖，长13千米，最宽处1千米，最窄处100米，已成上林县风景区。水库两岸石

山陡峭，峰尖直刺蓝天。库内众多独峰拔"水"而起，四面陡壁凌空，水绕山峰，峰立水中，青峰倒影浑然一体，秀丽灵动，"青山簇簇水中生"。水上峰丛奇特，山峰神形各异，形似狮子、鲤鱼、企鹅、大象。游船穿行库中，有峰回路转、柳暗花明之感。

8.1.54.2 清平水库
（Qingping Reservoir）

清水河支流沙江上的中型水库，坝址在广西壮族自治区南宁市宾阳县新桥镇。

清平水库有多年调节功能，以灌溉为主，兼顾防洪、发电、供水、养殖、旅游等。控制流域面积70.4平方千米，正常高水位相应水面面积3.8平方千米，总库容9710万立方米。工程于1958年兴建，1959年竣工蓄水。1976—1980年曾进行主、副坝加固。

清平水库

工程由大坝、输水压力隧洞、放水涵管、溢洪道、坝后电站组成。主坝和5座副坝都是均质土坝，坝顶长120米，最大坝高32.24米；溢洪道最大泄洪量172立方米每秒；压力隧洞最大输水流量15.46立方米每秒；放水涵管最大放水流量7.21立方米每秒；水电站装机容量720千瓦，年发电量150万千瓦时。灌溉面积1.1万公顷，年供水量55万立方米，防洪保护下游宾阳县城等22万人和1万公顷耕地。

水库流域呈扇形分布，涉及新桥、太守、河田三个乡镇。库区在高程200～250米的盆地中央，地形低矮平缓，第四系覆盖层较厚，周边为陡峭的大明山系，森林茂密，植被发育，是理想的储水盆地。

库区多年平均年降水量1730毫米，多年平均年径流量7030万立方米。多年平均气温20.9摄氏度，降水量时空分布不均匀，春、夏季节湿润多雨，秋、冬季节干燥少雨。降水量集中在4—8月，月均200～260毫米，其余月份降水量很少，月均不足50毫米。

水库蓄水淹没农田323公顷，迁移近4000人。流域植被多为灌木，森林较少。水库水源除来自沙江外，还拦截**武鸣河**的小支流来水，引水入水库。20世纪70年代前水质清澈碧绿，80年代污水入水库，污染库水，90年代经治理后，水质有所好转。

水库距宾阳县城5千米，交通便利，库区山清水秀，群山环绕，灌木丛生，空气清新宜人，水路环山婉转延伸，是观光旅游的胜地。

8.1.54.3 南河
（Nanhe River）

清水河右岸支流，地处广西壮族自治区宾阳县中北部，发源于宾阳县黎塘镇，在邹圩镇汇入清水河，干流长74千米，平均比降0.9‰，流域面积900平方千米。

流域东部与贵港市港北区、北部与来宾市、西部与上林县、南部与横县相邻，西南横亘勾漏山，与大明山相连，向下延伸为宾阳、横县交界的镇龙山。盆地地势开阔平坦，冲积层土质松软，土地肥沃。100平方千米以上的支流有驼山河、石狗江、大桥河3条。

广西第一镇——黎塘镇

气候高温多雨，夏长冬短，多年平均气温20.8摄氏度，多年平均年降水量1 450毫米，年水资源总量7.43亿立方米。河道比降平缓，河岸低，下游河段易受红水河洪水顶托，暴雨时大桥、黎塘两镇低洼田常受淹，大桥镇灾情较重。1949—2005年间，涝灾有24年，旱灾有31年。1618—1949年间，大旱灾16次。现有中型水库2座，小型水库39座，水坝70座，机灌、电灌站8座，灌溉面积1.25万公顷。

南河发源于宾阳县黎塘镇欧阳村果问屯后山，源流向西，在双桥乡附近转北流，于黎塘镇龙公村附近右纳驼山河（河长32千米，流域面积208平方千米），西北流，至王灵镇天马村左纳石狗江（河长27千米，流域面积118平方千米），继于圆岭村北左纳大桥河（河长35千米，流域面积230平方千米），继于大桥镇木官村左纳新罗河，西北流至邹圩镇地久村北1.6千米处汇入清水河。南河上游称新埠江，中游称龙龚江和中七江。1949年前，洋桥乡船埠以下河段可通小船，海盐从横县永淳沿东班江运抵甘棠，肩挑至船埠，船运入清水河，上达上林县城，下达红水河、桂中各地。

黎塘镇是全国重点镇、自治区小康示范镇，有"广西第一镇"之称。黎塘铁路客运是一级站，铁路货运为广西第二大编组站。有南梧二级公路、桂海高速公路和322国道、324国道穿过，是南宁、百色、河池通往玉林、梧州和云、贵、川，沟通粤、闽、琼的必经之地。

南河畔萍花烂漫

农业以种植水稻、玉米、糖蔗、莲藕、蔬菜为主，莲藕、萝卜、山药、苦瓜是名产。有锑矿、银矿、铝矿、石灰石、铅土、黏土等矿产资源。黎塘镇镇东龙岩公园有菩萨洞等20多处景点，黄茶村南三叉水库有大峡谷相思潭风景区，山清水秀，风光旖旎。

龙岩公园

8.1.55 北之江
（Beizhi River）

西江红水河段左岸支流，又名青水河，发源于广西壮族自治区柳州市柳江县，在来宾市来宾镇汇入红水河。干流长96千米，平均比降2.34‰，流域面积1 403平方千米。涉及广西壮族自治区柳州、来宾2个市。

流域岩溶面积广，地势西北向东南倾斜，主要土壤是红壤土、石灰（岩）土。上游为侵蚀溶蚀峰丛洼地谷地，下游为孤峰平原、平地，地下河发育，有平安河、维新河、七洞河、良塘河、古瓦河等地下河，流程110.7千米，地下河补给面积382.5平方千米，枯季出口流量1.77立方米每秒。

属亚热带季风气候，夏季高温多雨，冬季低温少雨，光热充足，雨热同季，无霜期长。多年平均年降水量1 400毫米，多年平均年径流深700毫米，多年平均气温20～22摄氏度。

1618—2005年间，流域水灾183次。常春旱连夏旱，夏旱连秋旱，易涝又易旱。

水力资源理论蕴藏量15兆瓦，1949年后，兴修水利，筑拦河坝、修渠道，现有干渠长75.2千米，电灌工程22处，装机容量213千瓦，灌溉面积967公顷。

北之江发源于柳州市柳江县西部土博镇黄甘村西200米，西南流至里高镇，域内多林草地，原生常绿、落叶阔叶混交林及刺灌丛。农业以旱地为主，水田较少，名产为生姜。入来宾市忻城县后转东南流，经大塘镇，至安东乡国辉村那朝屯潜入地下。安东乡壮族占98.5%，以农业为主，作物有玉米、水稻、甘蔗等。来宾市兴宾区七洞乡西北地下河出露地表，于古春village右纳**思练河**，西北向东南纵贯全乡，溪流纵横交错，水资源丰富，自流灌溉沿河良田。矿产资源有锰、白云石、大理石、水晶石。经良塘乡，于桥巩乡下料村右纳古塔河（河长19千米，流域面积184平方千米），继续东南流，在来宾镇磨东村西南1.5千米处汇入红水河。良塘乡地处兴宾区西北部，北之江横贯其中，水资源丰富，建有白爱水库。山清水秀，盛产果蔬，甘蔗是其经济支柱，蔗田占全乡总面积的22.1%。

8.1.55.1 思练河
（Silian river）

北之江右岸支流，发源于广西壮族自治区来宾市忻城县大塘镇木林村东北，在来宾市兴宾区汇入北之江，干流长43千米，流域面积388平方千米。

流域地貌为喀斯特峰丛，峰山石山为主，间有土山丘陵、小面积平地。峰丛间有岩溶洼地，多溶洞，地下河发育，旱季"地表滴水贵如油，地下河水滚滚流"，雨季"地

思练鸳鸯湖

下河水冒上来，地面洪水汇成灾"。属亚热带季风气候，夏长冬短，气候温和，多年平均气温20～22摄氏度，光照充足，雨量充沛，无霜期长，多年平均年降水量1 436毫米。

源流往南，经思练镇石龙、龙东等村，潜入九重岩在丁洞出露，流经安东乡桃源村入来宾市兴宾区七洞乡，折东南流，在古春村东注入北之江。经济以农业为主，有耕地8 480公顷，其中水田2 095公顷，旱地6 385公顷，种植有水稻、玉米、黄豆、佛手瓜、甘蔗。有锰、铁、白云石等矿产资源。上游左岸有322国道、323国道通过。

思练鸳鸯湖位于忻城县思练镇北，湖中有似鸳鸯的两座绿岛，总面积110公顷。四周青山连绵，湖水平静如镜，风光旖旎。双拱桥位于思练镇牌坊村头，始建于明万历年十一年（1583年），后坍塌。清乾隆十六年（1751年）按原样重建。民国初年，桥又坍塌。民国14年（1925年），按原样再次重建，仍保持明代桥梁建筑风格。桥下流水清澈，桥拱倒影，波光摇曳，有"双拱摇波"之称，为思练八景之一。

8.1.56　止马河
(Zhima River)

西江红水河段右岸支流，又称平洞河。

止马河发源于广西壮族自治区贵港市港北区古樟乡大旗村，源流向北，经来宾市兴宾区五山乡入**三利水库**库区，出水库继续北流，经三五乡、城厢乡，在城厢乡莆田村注入红水河。干流长60千米，流域面积512平方千米。

流域地处莲花山脉西北部，红水河下游盆地。地势南高北低，丘陵地貌，间有洼地、漏斗。属南亚热带季风气候，多年平均年降水量1 330毫米，4—9月降水量占全年的75%，多年平均年径流量3.41亿立方米。3—4月、9—10月较干旱。河道弯曲，河床浅，泥沙严重淤积，两岸农田常遭洪水淹没。

2000年，流域有耕地面积1.05万公顷，其中水田0.57万公顷。人口12万，种植水稻、甘蔗、玉米，农民收入主要靠粮食、蔬菜和养殖业等。

1949年前，用土、石、木建坝引水，或安装竹筒水车提水灌溉农田。1957年上游建三利水库。

8.1.56.1　三利水库
(Sanli Reservoir)

止马河上游的一座中型水库。坝址位于广西壮族自治区来宾市兴宾区五山乡境内，距来宾市区40千米。

水库有年调节功能，以灌溉为主，兼顾防洪、人畜饮水、养殖。水库控制流域面积183.6平方千米，总库容6 200万立方米，正常蓄水位时水面面积5.7平方千米。工程于1957年兴建，1958年竣工蓄水。1988年进行除险加固，1995年竣工。

工程由大坝、溢洪道、输水隧洞等组成。大坝为均质土坝，最大坝高23.88米，坝顶长150米，坝顶宽4米；溢洪道为宽顶堰，最大泄洪量505立方米每秒；输水隧洞为圆形有压隧洞，最大泄量7.481立方米每秒，出口接灌溉干渠。

库区呈梅花形，东起五山乡古转山，西至五山乡木问岭，南起五山乡田螺山，北至五山乡银波山，多高山峻岭，沟壑纵横，自南向北倾斜，南高北低。

库区坝址以上止马河干流河道长21千米，有8条季节性沟峪小溪汇入。多年平均年降水量1 370毫米，多年平均年径流量0.918亿立方米。多年平均气温20.7摄氏度，适宜水稻、甘蔗、玉米等粮食作物和经济作物生长。

水库淹没区为半平原半丘陵地貌，有村庄11个，淹没面积7.6平方千米，耕地665.2公顷，房屋2 897间，迁移人口678户3 285人。1961年基本完成移民安置，国家投入财力、人力、物力，使移民安居乐业，生活水平不断提高。

建库时库区植被稀疏，无林地，土壤贫瘠，水土流失严重，上段为峰林崟地，下段为丘陵、平地，树木很少。域内宜林面积9 618.77公顷，经多年努力，已绿化5 482.67公顷，占应绿化面积的60%，山清水秀，生态环境不断改善。

8.1.57　凤凰河
(Fenghuang River)

西江红水河段左岸支流。

凤凰河发源于广西壮族自治区柳州市柳江县百朋镇官塘（新坡）村，经根林村入来宾市兴宾区北五乡，至其林村转东南流，经凤凰镇至龙头东南右纳龙头河（河长20千米，流域面积106平方千米），至大湾乡王二村南1千米处汇入红水河。河长69千米，流域面积642平方千米，涉及柳州、来宾2个市。

流域喀斯特地貌发育，孤峰挺立，千姿百态，溶洞遍布。上游段为季节性河流，南流至其林村后成长年性河流，长年性河段长39千米。河道平均比降1.26‰。属南亚热带季风气候，

凤凰河凤凰镇段

日照充足，气候温暖，多年平均气温20.8摄氏度。雨量充沛，多年平均年降水量1 400毫米，集中在5—8月。多年平均年径流深约700毫米。地下河有1条，补给面积40.9平方千米，流程8千米，枯季出口流量0.135立方米每秒。

流域经济以农业为主，主要作物为水稻、甘蔗、玉米、花生。农民收入靠粮食、蔬菜和养殖业。沿河有少量的锰、铁等矿产资源。

凤凰河是兴宾区凤凰镇、大湾乡农业灌溉的重要水源，1949年前，河中建有一些干砌石坝或土、石、木混合坝，引水或安装竹筒水车提水灌溉农田。1949年后，先后建设白汗、桥等、新碑等坝桥和引水工程，以及古排、新安、罗沙、泗等、黄安、新桥、鸭江等电灌站及干桂水轮泵站。并进行固堤、疏浚治理河道、修路、绿化、治污和综合开发，现已建有富尧中型水库，那谷、根林小型水库，总控制流域面积70.39平方千米，总库容1 958万立方米，灌溉面积1 166.7公顷。有自流灌区2处，灌溉面积527公顷。有岑丹和鸭江电站，装机5台，总装机容量1 055千瓦，年发电量426万千瓦时。

清康熙年间，镇南河建高石坝，成一人工湖，蓄水灌溉，水从坝顶翻滚而下，瀑布震耳。坝一侧，嵌有建坝碑文，另一侧有泉，泉水清凉，常有人挑木桶取水食用。坝下游有一凸出河中的半岛，曾设"区公所"。岛上古木参天，泉水流淌，瀑布飞扬，林中参差散布的几个院落，黄昏时分随夕阳西下，隐入古坝。

镇北一小山无山坡，山崖直如笔筒，平顶。山内溶洞，自然镂空，曲折管径四通八达，大厅钟乳石千奇百怪，让人流连忘返。

8.1.58 穿山河
(Chuanshan River)

西江红水河段左岸支流，又名瓦泥河、青凌河、岭林水。

穿山河发源于广西壮族自治区柳江县里雍镇岸村西北，西北流，至穿山镇木困村山脚下折向南流，穿过大渡河水库，过穿山镇治，于根伦村右纳根伦河，继南流于板塘村左纳定吉河后入象州县境，于象州县石龙镇，至青凌村西南2.5千米汇入红水河，干流长60千米，流域面积509平方千米。

穿山河源地为溶蚀堆积孤峰平地，中下游侵蚀溶蚀峰林谷地地貌。土壤主要是红壤土、石灰（岩）土、水稻土，林地较多。属亚热带季风性气候，夏季高温多雨，冬季低温少雨。光温充足，雨热同季，无霜期长，多年平均年降水量1400毫米，多年平均年径流深700毫米。近河口处右岸有1条地下河青凌河，补给面积20平方千米，流程6.5千米，枯季出口流量0.322立方米每秒。

经济以农业为主，种植水稻、甘蔗、花生、龙眼、甜柚。穿山镇特产为辣椒，近年引种台湾珍珠番石榴，个大、形美、色鲜、皮薄、肉质细腻、香甜脆口。有锰、泥炭矿等矿产。建有大渡河、官塘2座中型水库。

8.1.59 柳江
(Liujiang River)

西江第二大支流，发源于贵州省独山县，在广西壮族自治区象州县注入西江（红水河段），地理位置东经107°27′～110°34′，北纬23°41′～26°30′，地跨贵州、广西、湖南3个省（自治区）。

概　述

流域范围　流域东以越城岭、架桥岭与**湘江**、**桂江**分界，西以凤凰山与西江（红水河段）分界，北以苗岭与贵州省内的**长江**水系分水。其上中游在贵州的东南部，下游在广西的北部，流域面积58 270平方千米，其中广西占72.1%，贵州占26.7%，湖南占1.2%。

地质地貌　流域地势北西高南东低，九万山位于流域中部，最高峰元宝山2 081米。岩性较为复杂，以碳酸岩类岩石为主，约占流域面积的60%。在干流河段上，碳酸岩类的分布约占42%，由于岩溶发育，种类繁多，地表形态既有小的溶隙、溶沟、石茅、溶柱，也有大型洼地、谷地、峰林。地表水通过灰岩中的溶隙、节理，洼地等渗入地下汇集成暗流，补给河水，而河水又通过溶洞与地下水相通，互相补给。

按地貌成因类型全流域分为两大区：自柳江源头到广西的丹洲，河长371千米，绝大部分是由远古期轻变质砂岩、千枚岩、板岩及片岩组成的中高山峡谷区，是长期隆起地块，受剧烈的风化作用，褶皱呈北东向，属贵州高原的南缘，处于贵州高原向广西盆地的过渡地带；干流经丹洲穿出峡谷，地势变开阔，多为低山丘陵，岩溶峰丛、峰林和孤峰平原地区。

河流水系　柳江发源于贵州省独山县尧梭乡里腊（里纳）西北九十九滩，分水岭高程1 333米，东流经贵州的三都、榕江、从江3县，在从江县八洛进入广西北部三江侗族自治县的富禄、洋溪、三都至老堡口称都柳江，至老堡口（三江口）与支流**古宜河**汇合后折向南流，经融安、融水、柳城县至支流**龙江**河口称融江，龙江河口以下称柳江，流经柳州、柳江、象州等市县，在象州县石龙镇汇入红水河。干流全长751千米，总落差1 297米，平均比降1.7‰。有较大的支流古宜河、**贝江**、龙江、**洛清江**等。其上游都柳江河段365千米，落差1 214米，平均比降3.3‰。中游融江河段182千米，落差47.5米，平均比降0.26‰，下游柳江河段202千米，落差35.5米，平均比降0.18‰。

柳江最大的支流龙江也发源于贵州独山县。流域面积1 000平方千米以上的支流还有**寨蒿河**、**平江河**（寨蒿河支流）、**双江**、古宜河、**浪溪河**、**阳江**、洛清江、**运江**、贝江等9条。

气候水文　流域属亚热带地区，气候温和，雨量丰沛。多年平均年降水量1 300～2 200毫米。雨量自西向东递增，中下游广西境内雨量丰沛，向贵州省境内逐渐减少，年内分配不均衡，汛期4—9月降水量占全年的75%～80%。年间变化很大，最大和最小雨量可差1倍以上，有的月份，仅几次暴雨就会引发流域洪峰。

上游海拔较高，受北方冷空气南下影响，冬季较寒冷。中下游丘陵平原区，夏季受海洋暖气团和内陆气团影响，气候炎热。

流域径流来自降雨，汛期4—9月径流量占全年的80%，枯水期占20%。柳州水文站实测多年平均流量1 280立方米每秒，多年平均来水量404亿立方米。汛期径流量占全年的81.8%，枯水期占18.2%。丰枯水年水量变化率为2.7倍。

流域森林植被较好，上游都柳江与古宜河、贝江等支流腹地是大面积林区，人类活动较少，水土流失少。柳州断面多年平均年输沙量425万吨，多年平均含沙量为0.11千克每立方米，属少沙河流。

自然资源　中上游流域大部分属山区，适宜林木生长，林业资源十分丰富，森林面积广，是黔桂两省（自治区）主要木材产地。全流域林业用地352.2万公顷，现有林地175.3万公顷。其中用材林114.8万公顷，木材蓄积量7 500万立方米，年产量60万～80万立方米。

流域水力资源丰富，贵州境内水力资源理论蕴藏量867.8兆瓦，年发电量76.02亿千瓦时，技术可开发量444.9兆瓦，年发电量21.07亿千瓦时。都柳江干流水力资源理论蕴藏量441兆瓦，年发电量21.11亿千瓦时，技术可开发量277.7兆瓦，年发电量13.3亿千瓦时。已建的水电站总装机容量62.4兆瓦，占技术可开发量的14%，开发潜力很大。广西境内水力资源理论蕴藏量3 413.3兆瓦，其中干流850.1兆瓦，占流域的24.9%，水力资源理论蕴藏量在10兆瓦以上的支流有57条，总理论蕴藏量为2 289.3兆瓦，占相应流域的67.1%，其余小支流（理论蕴藏量小于10兆瓦）为273.9兆瓦。

流域中贵州境内矿产资源丰富，品种较多，尤以铁、锌、铜分布较广，还有储量巨大的石灰石和黏土矿。有独山、八蒙、苗龙锑矿，丹寨汞矿，四相厂金矿，茂兰、平寨、甲良煤矿等重要矿山。特别是丹寨汞矿，是我国水银、朱砂的主产地之一，由于产品质量好，也是外贸出口产品的生产基地之一。贵州省境内煤的储量也大。腹地的瓮安、福泉磷矿是贵州的重要磷矿基地，储量达7.7亿吨。广西境内资源比较贫乏。

都柳江干流三都至榕江106千米河段可通行1~8吨木船，榕江至八格83千米河段可通行15~50吨机动船。柳江是广西主要通航河流之一，历史上融安（长安镇）以上河段，枯水期可通航20吨以下木帆船，中水期局部可通航60吨船舶，长安镇至柳州长年可通航80吨以下船只，柳州以下可长年通航120吨船队，麻石、浮石两电站兴建后，设置60吨级船闸，库区通航得到很大的改善。

8.1.59 柳江

柳江柳州城段

社会经济 流域涉及贵州、广西、湖南3个省（自治区）的34个县（市），其中广西壮族自治区涉及柳州、来宾、河池及桂林4个市。贵州省涉及都匀、独山、三都、荔波、雷山、丹寨、黎平、榕江、从江9个县（市）。湖南省涉及城步县和通道县。

流域是黔桂两省（自治区）少数民族聚居之地，以苗族、侗族、布依族为主，加上水、瑶、彝、土家等族共有12个民族。总人口593万人，流域内现有耕田50万公顷，其中广西40万公顷，贵州9.7万公顷，湖南0.3万公顷。

流域内柳州是广西的重工业基地，河池、宜州、鹿寨等地也有一定的生产规模，主要有钢铁冶炼、化工、化肥、机械制造、水泥、电力、制糖、食品、纺织、造纸等工业。农业生产以粮食为主，水稻、玉米居多，其次为薯类，年总产量350万吨。经济作物甘蔗年产量800万吨，还种植水果、花生、黄麻、烟叶等。

水旱灾害 流域洪水主要由暴雨所致，流域呈扇形展布，汇流时间短。上游都柳江流域是贵州的多雨区，中游的大苗山和九万山是广西的暴雨中心。洪水峰高量大，易成灾。柳江、红水河和黔江洪水遭遇的机遇在50%以上，柳江洪水是西江洪水的主要来源之一。

柳江上游的贵州省榕江县城及其城郊农田，处于都柳江、平水河、寨蒿河三河汇流处，因三河洪水遭遇经常发生洪灾。1833年6月，"榕江县大雨，三江之水陡涨，淹毙男妇一百余人"，全城淹没水深达1.5米，灾后发生瘟疫，死亡近千人。1945年洪灾，榕江县也被完全淹没，"死600多人，淹没农田1 400公顷，冲毁房屋169栋。"1949年以后，榕江县城9次被淹，以1996年洪灾为最大，受灾人口16.5万人，1970年次之，淹没耕地面积100公顷，受灾人口近12万人。

柳江中游的县城，濒临柳江，地势低，常遭洪水侵害。20世纪中期，融安竟有十次水淹县城。融水县城地势更低，洪水常淹县城。1970年发生20年一遇洪水，全县受灾农田2 000公顷；1983年洪水，仅大于10年一遇，受灾农田却达3 245公顷。

柳州市地处柳江下游，是广西最大的工业城市，柳江环城而过，地势也低。柳江水位，只要超过81米（珠基，下同），就能淹没沿江街道。1902年，柳江水位91.47米，1924年水位90.49米，1949年水位89.36米，1962年水位87.21米，1988年水位89.04米，淹没柳州城区和部分耕田，损失极大。

1994年6月，广西境内柳江多个洪峰连续而至，并呈阶梯状上升，主峰出现在最后。暴雨移动路径与洪水演进方向大体一致，洪水量级从上游向下游增大，柳州城区被淹。1996年7月14—17日，黔东南、桂中北地区出现强暴雨天气过程，柳江下游水位暴涨。柳州站19日20时洪峰水位92.43米，超警戒水位10.93米，洪峰流量33 700立方米每秒。此次超百年一遇洪水，直接经济损失101.26亿元。

治理与开发 1949年以后建成大量的灌溉工程，有水利设施灌溉的占全部耕地面积的51.3%。由于降雨时空分布不均，地形复杂，岩溶发育等原因，无水利设施的耕田有23万公顷，其中万亩以上的旱片有23处，面积6万公顷。

都柳江干流（贵州段）的水能资源开发方案为大河、榕江、板寨、永福、从江等5级，总装机容量277.7兆瓦，年发电量13.3亿千瓦时。目前仅开发了大河和永福两个小水电站，其装机容量分别为0.75兆瓦和7.5兆瓦。

柳江干流（广西段）的水能资源开发方案为洋溪、麻石、浮石、古顶、大浦、红花等6级，已建成麻石、浮石两座水电站，在建的有大埔水电站，3座电站总装机容量244兆瓦，年发电量11.99亿千瓦时。

纪 实

上游 都柳江发源于贵州省黔南自治州独山县尧梭乡里腊村。源头段又叫甲劳河，东南流，经发扬村，过湾河水库，穿过黔桂铁路，折向北流，经甲堡村大河水库（此段又叫甲堡河），左纳尧梭河（苦竹寨河），东北流，左纳银坡河（拉然河），银坡河上游从独山县城西南流过。独山县素有"贵州南大门"之称，多年平均气温15摄氏度，多年平均年降水量1 468.8毫米，全县喀斯特面积占84.8%。河流水量不大，暴涨暴落，河床深切，地表水常潜入地下，暗河井泉众多，地下水丰富，仅独山县城及郊外就有数百口井，故有"井城"之称。全县森林覆盖率42.05%。继东南流，经交林，于议寨村（石板寨）流入纪律洞，议寨村附近多溶洞暗河，干流暗河长1.5千米，暗河落差10米，出于响水洞，行0.5千米至王屯，左纳三岔河（河长32千米，流域面积111平方千米），东北流，右纳牟尼河，经建群、幸福（此小段又称拉钵河）、江寨进三都水族自治县境（此小段又称江寨河），经冷水沟，于合江镇左纳都江河（河长24千米，流域面积142平方千米），北流经大河电站左纳**马场河**，右纳甲洒河（河长31千米，流域面积142平方千米），继北流至猴场左纳交梨河，汇口处有猴场溶洞，穿过三都县城三合镇，三都水族自治县位于黔南自治州东部，是全国水族人口最多的县，也是全国唯一的水族自治县。年均气温18摄氏度。三都为贵州黔南州的重要林区。森林中有国家一、二类保护树种18种，如鹅掌楸、福建柏、南方红杉、柏乐杉、小叶红豆等。森林覆盖率43.37%，活立木积蓄量662.77万立方米。水族是一个古老的民族，有独立的语言和文字，每年农历8月底至10月初"借端"（水族新年）是水族最盛大的节日。出三合镇东流至拉缆、打鱼，左纳**排调河**，南岸的瑶人山森林生态自然保护区是国家级森林公园，也是天然植物园，据科学家考察，这里至今尚留存着第三纪古热带（距今约2 500万年）的古老树种。折向东南流经柳叠至都江镇左纳排长河（河长63千米，流域面积263平方千米），南流，在坝街镇处右纳**坝街河**，从三都到坝街为都柳江风景名胜区，其间溪流瀑布、峡谷沙滩兼容，峰峦绵延、梯田层层、林海苍茫。有小溪摩崖、布仰摩崖、城乡义冢之坟墓、都江古城垣、甲找水族石板墓、羊城福崖墓等文物古迹。

干流自坝街镇坝街河汇口以下东北流，再东南流进入榕江县境，于八蒙右纳略蒙河（河长36千米，流域面积133平方千米），于高旧左纳高旧河，流至定威乡治右纳牛长河（河长48千米，流域面积230平方千米），经格览、庙友、八开、都江、宰省于古州镇（榕江县城）左纳寨蒿河，出古州镇东南流经八吉、过永福电站，进入从江县境，经停洞镇至下江镇孖温右纳**孙览河**（又名孖温河），经下江镇至腊俄右纳**平正河**，曲折东北，经郎洞、小融、大融，于平毫左纳双江，折向东南，于平妹镇（从江县城）左纳高增河后进广西境。从江县1941年并永从、下江二县而立，是全国重点林业基地县之一，有国家一级保护树种佰乐杉等，全县森林面积16.90万公顷，森林覆盖率52.07%，活立木积蓄量675.23万立方米。旅游资源有侗寨鼓楼近200座，花桥100余座，增冲鼓楼为国家重点文物保护单位。古代部落遗风尚存的丙梅镇岜沙村对古树和太阳的崇拜以及古老的祭祀仪式等传统习俗一直传承至今，村民们至今仍保留着明、清时期的发型和服饰。"侗族大歌"蜚声海内外，被国家文化部命名为"中国民间艺术之乡"。境内有加鸠月亮山、孔明山原始森林保护区、太阳山森林生态自然保护区、翠里大山自然保护区。特产有从江香糯米、从江椪柑、从江香猪等。干流旁河城镇村寨多，有从江县、停洞镇、下江镇和21个村寨。

至三江县梅林乡石碑，右纳**杆洞河**，东北流经梅林乡府，于梅林村平力屯右纳坪寨河（河长63千米，流域面积291平方千米），至贵州省从江县洛香镇八洛左纳**独洞河**，转东南流沿黔桂边界，经广西三江县富禄乡下仁里，右纳**大年河**，于高安左纳**水口河**，东流经洋溪乡、良口乡，于产口村左纳苗江河（河长62千米，流域面积326平方千米），东南流至老堡乡老堡口左纳古宜河后称融江，老堡口有石门夜月景观。

柳江老堡口乡段

中游 老堡口以下中游河段称融江，岩溶残丘平原区主要分布在柳江两岸，有石芽、落水洞、漏斗等，地面多为红土层或冲积层。柳江两岸地带，一般高程150～140米，比高为80～300米。两岸广布一级阶地，阶地高程80～120米，自下游往上游增高。高出河面20米左右。水面一般宽度200～400米，呈开阔的U形谷，河道比降0.26‰，水量丰富，是干流水电开发的重点河段。柳城以下比降仅0.18‰，上游带来大量推移质，浅滩仍然较多。

与古宜河相汇后转南流与焦柳铁路并行至曲村有曲冷瀑

古宜河都柳江融江三条河交汇处

布，继流至西坡村左纳西坡河（河长29千米，流域面积153平方千米），于大浪乡河口村右纳白云河（河长45千米，流域面积330平方千米），续流至大浪乡麻石村建有**麻石水库**，出库后经丹洲流入融安县境，于长安镇珠玉村右纳泗维河（河长49千米，流域面积327平方千米），泗维河上建有泗维河民族风情区，至保江村左纳保江（河长54千米，流域面积232平方千米），于东圩村左纳浪溪河后流入融安县城，融安县隋开皇十八年（598年）改东宁州为融州，生物资源丰富，森林覆盖率70%，活立木蓄积量473万立方米，铅锌储藏量丰富。融安县历史悠久，文化底蕴深厚，南北朝前中原文化已传入县境。自20世纪80年代初至90年代末，融江河畔大巷乡安宁村、木樟村，城东乡红卫村，长安镇东圩村，浮石镇泉头村等地先后发现了南朝墓葬。发掘的10座古墓中有土坑墓、砖室墓。出土器物非常丰富，有十二乳足瓷砚、滑石买地券、滑石俑、滑石杯、滑石猪、瓷碗、鸡首壶、陶罐等物器。

红茶沟国家森林公园位于融安县长安镇西郊3千米处，是山岳型自然风景区，因溪旁长满红茶树而得名。公园总面积19平方千米，是一个以高山原始森林、次生林为主体植被的森林公园。主峰德胜峰海拔1千米。群峰连绵，树木参天，古藤缠绕，林海遮日，峡谷青溪潺潺、百瀑飞流。树种达2000多种，每立方厘米空气中负氧离子含量高达7万个。

红茶沟国家森林公园

出融安继南流经浮石镇，浮石镇泉头村九龙南朝墓反映出当时比较精湛的工艺水平，墓室砌筑有序，墓砖刻有花纹图案，排成一幅幅精美的壁画。花纹砖砌成的砖柱和壁龛，青砖、红砖相间，横竖讲究，砌筑完美。陪葬物做工精致，雕镂精美，工艺绝伦。

浮石下游2.5千米的牛崖滩建有**浮石水库**，出库后进入融水县境，至融水镇水利村江门屯右纳贝江后流过融水县城，融水县西汉元鼎六年（公元前111年）为潭中县，南齐建元三年（481年）置齐熙县，同时又置齐熙郡，郡县治所均在今融水镇，境内少数民族占71.8%，杉木、毛竹产量位居全国前列。水运上可通融安、三江，下可达柳州、梧州和广州。融水县城南1.5千米处有老子山，山有老君洞，宋绍兴年间，著名诗人、状元张孝祥游览此洞，赞叹不已，称之为"天下第一真

柳江柳城洛崖风光

仙之岩"，宋太宗颁御书120轴藏于洞内，并敕修此洞为"真仙岩"。该洞为道家三十六洞天之一，又称水月洞天。

出县城后至上罗村江门屯左纳**红岭河**，后流入**古顶水库**，于古顶出库后南流至和睦镇红星村右纳永乐河（河长48千米，流域面积184平方千米），经和睦至罗城县小长安镇牛鼻村右纳阳江，南流进入柳城县境。于龙头镇隆水村右纳大罗河（河长39千米，流域面积117平方千米），经龙头于洛崖乡同镜右纳邱歪河（河长19千米，流域面积103平方千米），至大埔镇杨柳左纳中回河（河长25千米，流域面积141平方千米）后进入柳城县城大埔镇，柳城县为宋景德三年（1006年）将柳岭与龙城合并，取名柳城，沿用至今，离柳州市仅48千米，屯秋、焦柳、分罗三条铁路线由县境穿过，209国道纵贯南北，宜柳高速公路连接东西部。大埔下游1.5千米处建有**大埔水库**拦水坝，拦蓄水主要供发电。出水库南流至凤山镇江门屯左纳**沙埔河**，后流经凤山。其右岸有开山寺，凤山开山寺始建于清朝嘉庆年间，是广西四大佛教名寺之一，寺内楼阁相连，雕梁画栋，诗词楹联，雄奇庄严，幽远典雅；寺外古榕参天，奇峰耸翠，龙船山、睡佛山左右相对，是佛教名寺之一。镇周还有南丹和凤山古城遗址。于柳州市区的石碑坪镇新维村左纳东泉河（河长75千米，流域面积325平方千米）于凤山对岸南丹村右纳柳江最大支流龙江。

下游 龙江汇合口以下为下游段，河长202.5千米。广西最大的工业城市柳州市和重工业基地都在柳江下游，支流龙江流域以岩溶峰丛地貌及柳州上、下游一带的岩溶峰林、岩溶残丘平原为主，岩溶峰林以柳州一带最为集中，高程300～500米，比高为200～400米，岩溶强烈发育，峰林密布。中下游河段水量丰沛，河床稳定，腹地宽广，物产丰富，历史上水运兴旺发达。

柳江汇龙江后南流经社冲成为柳江县与柳州市界河，于柳江县洛满镇江门屯右纳凤山河（河长27千米，流域面积206平方千米），折向东流入柳州市区。

柳州市于汉武帝元鼎六年（公元前111年）置潭中县，唐初改南昆州，贞观八年（634年）改称柳州，因柳江而得名。是广西最大工业基地，既是国家历史名城、文化名城，又是中国优秀旅游城市；是中南和西南地区的交通枢纽，湘桂、黔桂、焦柳三大铁路干线在此交会，209、322、323国道，桂海高速公路，宜柳高速公路在境内通过。水运可直达粤、港、澳。AAAA级旅游景区有龙潭都乐岩风景名胜区和柳侯公园。

都乐岩风景区位于柳州市南郊12千米处。整个景区由十二座山峰、一条清水河及两个人工湖构成。景区内的主要景点有盘龙洞、通天洞、水云洞、寿仙岩、石刻碑林、龙珠峰、龙珠湖、湖心岛等。在这里的艺术书法碑林区，有许多著名的书法艺术珍品。龙潭公园林木苍翠、群山环抱、自成屏障，卧虎山、美女峰、孔雀山等二十四峰形态各异，耸立于一湖（镜湖）二潭（龙潭、雷潭）周围。

柳侯祠位于柳州市文惠路北侧，是柳州著名的名胜古迹，为纪念唐代著名政治家、文学家、思想家柳宗元而建。柳侯祠初建于唐长庆二年（822年），名罗池庙。宋崇宁三年（1104年）改称柳侯祠。祠内陈列有著名的"三绝碑"（也称"荔子碑"），三绝是指韩愈的探文、苏东坡的手书、柳宗元的业绩，祠外不远处建有柳宗元的衣冠墓。祠内陈列有宋元以来历代石刻近40余方，其中最著名的是宋苏轼书、唐韩愈撰写的"荔子碑"为国家级珍贵文物。

三门江国家森林公园于1993年被国家林业部评为"国家级森林公园"。该公园位于柳州市东郊6千米的桂中第一高峰——古亭山下，柳江河畔，森林面积约9 300公顷，公园内已建成和待建的风景点有40余处，处处可见树木参天，绿意盈盈，鸟语花香。

柳州市南郊莲花山上的白莲洞，是旧石器时代的文化遗址。是中国第一座洞穴博物馆，陈列了大量的古人类和哺乳动物的化石。

另外还有位于柳州市北

三门江国家森林公园

郊10多千米处的沙塘森林公园，位于柳州市东郊离市区约9千米的响水风景区等。

柳州还被誉为"中华石都"，石文化历史悠久；食文化也很丰富，特产有沙田柚、金橘、椪柑、香菇等。柳州市境内还居住有瑶、苗、侗、回等33个民族。各民族在此繁衍生息、和睦共处，形成了各具特色的民俗文化。壮族的歌，瑶族的舞，苗族的节，侗族的楼，展示了少数民族丰富多彩的文化生活。

柳江如带，蜿蜒回流，把柳州半个市区拥抱其中，绕成一个巨大的马蹄形，古籍称其为"三江四合，抱城壶"，故又有"壶城"之称。出市区后北上至洛埠镇下游左纳浪江（河长21千米，流域面积116平方千米），复南流至柳州市区羊角山镇右纳**大桥河**后蜿蜒东流，于柳江县里雍镇里雍村右纳里雍河（河长21千米，流域面积105平方千米），继北流至龙头屯成为柳江与鹿寨县界河，流至距柳州市25千米处建有大型水库红花水库，东流至鹿寨县江口左纳洛清江，继流至导江乡治左纳导江（河长40千米，流域面积253平方千米），转南流至象州县运江镇治左纳运江，其间于新安村有新安东汉古墓群；继流至腊村左纳腊村河（河长45千米，流域面积140平方千米）后流向象州县城象州镇。象州县为三国吴于县境置武安县，隋唐置象州，民国改象县。是国家粮食基地和糖料蔗基地县。有桂中粮仓之称。重晶石储量大，矿泉水有较大开发价值。出象州后南流至薛仁贵衣冠冢处折向西南流，成为象州与武宣县界河至石祥村犁头嘴左纳石祥河（河长45千米，流域面积311平方千米），于象州县石龙镇右纳高龙河（河长38千米，流域面积345平方千米），最后于石龙镇三江口汇入红水河。

8.1.59.1　马场河
(Machang River)

柳江都柳江段左岸支流，河长41千米，落差1 029米，流域面积376平方千米，涉及都匀市、三都县。上游称阳和发源于贵州省都匀市奉合乡西南部，自西向东流经阳和水族乡，进入三都县的交然村转向南流，至丰乐镇马场左纳普安河（河长37千米，流域面积142平方千米）。流程8.6千米在大河镇注入柳江。

马场河流域呈扇形展布，西南与打建河接界，西北邻清水河，东邻交梨河，南至柳江干流，地势西北高东南低，为低中山、低山间河谷坝子地形。泥盆系地层出露，岩性为石灰岩、砂页岩。土壤有黄壤、红壤、水稻土。植被有马尾松、杉树、落叶阔叶林、灌草丛等，森林覆盖率35%。上游都匀市境内叫阳和河，24千米河道两岸山高坡陡，河谷深切，河床宽5~10米，落差963米，水土流失严重。下游交然至河口17千米河道落差66米，宽浅式河床15~40米宽，两岸成片农田常受洪水灾害。

流域内属中亚热带湿润季风气候，多年平均气温17.5摄氏度，无霜期320天，相对湿度80%。多年平均年降水量1 380毫米，降水多集中在每年的5~8月，占全年降水总量的61.1%。暴雨中心在东北部丹寨、杨勇关一带。年均水资源量2.73亿立方米，近年水质Ⅱ类。

流域内属国家级贫困地区，少数民族占总人口的96.7%，其中水族人口占总人口的52%。有耕地面积6 800公顷，其中稻田2 386公顷。1945年、1979年和2000年发生特大洪水，夏旱与洪涝灾害交替。流域内建有小型水库3座，总库容192万立方米。水力资源理论蕴藏量12 800千瓦，已开发装机容量545千瓦，年发电量110万千瓦时。

8.1.59.2　排调河
(Paidiao River)

柳江都柳江段左岸支流，也称打鱼河。位于贵州省东南部，因上游流经丹寨县排调镇而得名，又因下游经三都县打鱼乡，故下游入汇处河段又称打鱼河。属山溪性河流，干流河长87千米，平均比降4.6‰。流域面积783平方千米，流域涉及贵州丹寨、雷山和三都3个县。

流域面积大于100平方千米的支流有南勤河、乌早河、鸡家河3条。

流域属中亚热带季风湿润气候区，多年平均气温14.7摄氏度，多年平均年降水量1 434毫米，年平均水面蒸发量780毫米。多年平均年径流量5.96亿立方米，入河口处多年平均流量18.9立方米每秒。排调河水质状况为Ⅱ类水。

由于短历时暴雨较大，使得区内易发生山洪灾害，2001年6月、2002年6月流域内排调镇发生山洪灾害。

流域北东为断裂构造带，该区域著名的汞矿的生成和分布就是受此构造带的制约。岩溶地貌类型多为溶蚀低丘、溶蚀盆地和谷地，地表起伏平缓。主要山岭系雷公山扩展延伸，地势东北高，西南低。土壤类型主要有黄壤、红黄壤、石灰土、水稻土等。植被属中亚热带常绿阔叶林带、黔中灰岩山原常绿栎林、常绿落叶混交林和马尾松林区。海拔1 000米以上为常绿落叶混交林，但因人类活动的影响，原始林被次生自然植被所取代。排调河流域内矿产资源丰富，矿产资源有汞、金、铅、锌、锑、重晶石、石灰石、高岭土等。

流域水资源总量5.96亿立方米，水力资源理论蕴藏量3.04万千瓦，可开发量1.87万千瓦。

排调河发源于贵州省丹寨县兴仁镇乌寿村的班卓山，源头高程1 307米。东南流约5千米处折向北东流，经羊物村进雷山县境，沿雷山、丹寨县境曲折东南流，在丹寨县排调镇岔河（加配）村处左纳南勤河，折向南西流，穿过民族文化村、姐妹石、落天洞、狗仔岩瀑布等景区，于雅灰乡双尧山脚右纳乌早河，于马颈坳村右纳鸡家河后折向南东流，于三都县打鱼乡附近汇入柳江。汇口高程340米。

8.1.59.3　坝街河
(Bajie River)

柳江都柳江段上游右岸支流，位于贵州省三都水族自治县，河长49千米，落差397米，流域面积349平方千米。

坝街河发源于贵州三都水族自治县水龙乡北面，自源头向东南流，经伟寨、姑劳右纳立场河，至杨拱乡评报村转向东北流右纳姑成河，于坝街乡注入柳江。

流域地势南北高东西低，北部瑶人山高1 365米，属低中山、低山地形。地质构造为三都至荔波古陷褶断束，泥盆系地层出露，岩性为灰岩、变质页岩、砂质岩、砂岩、砾岩等。流域呈扇形展布，流域面积在20平方千米以上支流有3条，最大支流为立场河。

流域属中亚热带湿润季风气候，多年平均温度17摄氏度，无霜期326天，相对湿度80%。多年平均年降水量1 325毫米，年内分配不均，降水多集中在5—8月，占全年降水量的61%。暴雨中心在上游水龙乡，实测最大一日暴雨量178毫米。流域水资源量2.4亿立方米，无污染源，水质可以饮用。水力资源理论蕴藏量1.41万千瓦，尚无开发利用规划。据普查资料显示，坝街附近有汞矿。土壤有红壤、黄壤和水稻土。森林

瑶人山国家森林公园

覆盖率为50%以上，有马尾松、杉、常绿和落叶阔叶林、毛竹等。

流域内属国家级贫困地区，水族占总人口的98%，以农业为主，有耕地面积2 412公顷，其中稻田1 183公顷，多集中在上游，田高水低，无小（2）型以上水利工程。夏旱是主要自然灾害。有三都县城至荔波县城三级公路通过河源地带，流域中心交通闭塞，部分村未通公路。

三都县瑶人山是国家级森林公园和自然保护区，流域内南坡是一个生物种源较完整的典型生态系统。有世界上幸存的珍稀植物鹅掌楸和国家一、二类保护植物福建柏、南方红杉、小叶红豆树等12种珍贵树种，还有金钱豹、狝猴、大鲵（娃娃鱼）、乌龟、蛤蚧、白鹤、白山鸡等珍稀动物。

8.1.59.4 寨蒿河
（Zhaihao River）

柳江上游都柳江段左岸支流，干流河长 99 千米，平均比降 3.3‰，流域面积 2 326 平方千米。发源于贵州省剑河县南哨乡高定村老山界，至贵州省榕江县古州镇南门外汇入柳江，上游段又称育洞河，汇入支流瑞里河后称寨蒿河，因河流流经榕江县寨蒿镇而取名。

概　述

流域位于贵州黔东南州东南部，跨越剑河、黎平、榕江、雷山、三都等 5 个县。东与双江河分水，北与沅江上游清水江分水，西和南与柳江上游干流分水，流域形状近于扇形。

流域地处贵州高原向广西丘陵过渡的斜坡地带，位于雷公山主峰的东南部，流域西北高，南偏东低。地貌类型以中山、低中山、低山、丘陵和河谷盆地为主。出露地层主要为板溪群变质岩。流域对应地震基本烈度为Ⅵ度区。

大于 100 平方千米的一级支流有尚重河（下洋河）、**瑞里河**和**平江河** 3 条。

寨蒿河流域气候属中亚热带湿润季风气候区，有南亚热带气候特点，四季分明，冬季温暖，夏季炎热。多年平均气温 18.8 摄氏度，年日照时数 1 246 小时，年无霜期 337 天；相对湿度 82%左右，年内变化不大；流域多年平均年降水量 1 291 毫米，5—9 月占全年降水量的 64%；多年平均年水面蒸发量 770 毫米；多年平均径流深 653.4 毫米，多年平均年径流量为 15.2 亿立方米。

流域地面植被较好，含沙量较小，多年平均年输沙量 21 万吨，多年平均输沙模数 90 吨每平方千米。寨蒿河近年水质状况均为Ⅱ类。

流域年水资源总量为 15.2 亿立方米。寨蒿河干流水力资源理论蕴藏量 35.2 兆瓦，技术可开发量 2.5 兆瓦，年发电量 0.16 亿千瓦时。榕江县是贵州十大林业县之一，森林保存完好，以盛产优质杉木、松木为最。全流域森林面积 13.6 万公顷，森林覆盖率 59.08%，活立木蓄量 811 万立方米。主要野生动物有狗熊、野猪、山羊、猴、穿山甲、香狸等。

流域内有金、铜、铁、铅、锑等金属矿和硅石、高岭土、毒砂矿、石煤等非金属矿。

流域是榕江侗歌、侗戏和苗舞的主要发源地。品质优良的榕江西瓜、柑橘、黄牛、香猪、香菇、木耳都是寨蒿河流域的特产。

流域是侗、汉、苗、水、瑶等多民族聚居区，少数民族占总人口的 84.4%，耕地面积 11 715 公顷，其中水田 8 243 公顷，旱地 3 472 公顷。流域内盛产木材，农业主要生产水稻、玉米、油菜。流域内公路有 308 省道连接贵州省城与黎平县，并可进入湖南省，已形成县与乡、乡与乡之间的公路交通网。干流寨蒿镇以下汛期可通行木船和放运木排，支流平江河可通行 1.5～2 吨木船和放木。

流域内多发生洪灾及旱灾。干流发生大洪水的年份按洪水大小排列为 1996、1938、1962、1970 年。1996 年洪水使下游车江大坝子及榕江县城受灾严重，榕江县 16.5 万人受灾，损坏房屋 15 136 间，倒塌房屋 18 731 间，死亡 11 人，直接经济损失严重。流域多发生夏旱，有时夏秋连旱，使粮食生产和其他农作物减产，造成一定的经济损失。

至 2002 年末，寨蒿河干流已建小（1）型新城水库，总库容为 102 万立方米，设计灌溉面积 207 公顷；建车江引水工程，设计灌溉面积 793 公顷，有效灌溉面积 700 公顷。已建榕江县城 20 年一遇防洪堤 3.15 千米，干支流建成 90 座小水电站，总装机容量 0.5 万千瓦。建有断颈龙、忠诚、晚寨、乌懂等小型水库，有效灌溉面积 7 067 公顷。

纪　实

寨蒿河从剑河县南哨乡源头南流进榕江县境称育洞河，经卡寨、色边、岑最，左纳高洋河，沿黎平、榕江县界至下洋洞左纳尚重河，经育洞、寨蒿镇右纳瑞理河。在汇口下游 2 千米处有寨蒿水文站，此处高程 311 米，河长 56 千米，流域面积 857 平方千米，占全流域面积的 36.8%，平均比降 6.6‰。寨蒿以上为流域上游段，此段河流穿行于深山峡谷，河床深切，水流急，滩险多，冲沟发育，河网密集呈树枝状分布，森林密布；两岸多为侗、苗族居住地，民族风情浓郁，岑最村盛产苗族风情服饰，晚寨村的侗族琵琶歌甚具民族特色，是原生态旅游区。票寨的水晶石、上平堡的砷矿藏量丰富。

流经寨蒿镇后称寨蒿河，两岸山势渐渐开阔，水势亦趋平稳，河流弯曲较大，经干烈入忠诚镇。该段地势平坦，农林牧业较发达。有小型电站 1 座，装机容量 400 千瓦，忠诚镇的果树实验场是榕江县果树基地之一。

寨蒿河经忠诚镇、车江乡后，最大的支流平江河于榕江县城北汇入。榕江县，元至正二十年（1360 年）置古州八万洞总管府，民国二年（1913 年）改古州厅为榕江县，以县境有榕江得名，是贵州省十大林业县之一，森林保存完好，楠木、樟木等优质木材较多，以优质杉木、松木为最，享有"林海杉乡"美誉，被国家林业部定为山区综合开发示范

榕江古榕

县。全县森林面积 19.37 万公顷，森林覆盖率 59.08%，活立木积蓄量 1 155.93 万立方米。榕江是侗歌、侗戏和苗舞的主要发源地，素有"歌舞海洋"之称。至县城南门辣子寨处汇入柳江。汇口处高程 239 米；中下游段河长 43 千米，流域面积 1 469 平方千米，占全流域面积的 63.2%，中下游段是寨蒿河流域经济最活跃地段，有四季常青的榕江古榕风景名胜区，三宝鼓楼、车寨鼓楼被誉为侗族文化结晶。

8.1.59.4.1 瑞里河
（Ruili River）

寨蒿河右岸支流，位于贵州省榕江县，因流经八妹村，当地又称八妹河、油鱼塘河。干流河长 42 米，平均比降 8.0‰。流域面积 343 平方千米，涉及榕江县乐里、寨蒿两镇及仁里水族乡。

瑞里河发源于榕江县平阳乡之南 5 千米处的岭培村，曲折东南流，经乐里水库、乐里镇、大瑞，于八妹寨处右纳乃勇河，至寨蒿镇汇入寨蒿河。最大支流乃勇河河长 30 千米，流域面积 119 平方千米。

流域处于贵州高原向广西丘陵盆地过渡的斜坡地带，地势西北高东南低。地貌以中山、低中山、低山、丘陵河谷为主。

流域属中亚热带季风湿润气候区，多年平均气温 18.1 摄

氏度,年平均日照时数 1 313 小时,年无霜期 310 天,多年平均相对湿度 80%。多年平均年降水量 1 365 毫米,年平均水面蒸发量 770 毫米,年平均径流量 2.24 亿立方米。暴雨多发生在夜间,常造成局部地区的山洪暴发,洪水急涨暴落,易形成洪灾。1996 年 7 月 16 日,榕江县仁里水族乡山洪暴发,冲毁农田,损坏房屋,伤及民众。

流域内建有小(1)型乐里水库,总库容 186 万立方米,设计灌溉面积 66.7 公顷;还建有岑旁、寨蒿、仁里、太元、龙潭、俾沟 6 个小水电站,总库容 740.6 万立方米,总装机容量 3.36 兆瓦,年发电量 1 474 万千瓦时。

瑞里河两岸有乐里七十二寨,大瑞、本里侗族风情,有称为"爬窗探妹"的雕房古建筑保里侗族风情、太元瀑布等旅游景点;在乐里镇有香牛、香米基地,在仁里水族乡有香米、香鸡基地。

8.1.59.4.2 平江河
(Pingjiang River)

寨蒿河右岸支流,因河流流经平江乡而得名,又称榕江,发源于雷山县,上游段又称永乐河,支流**平永河**汇入后称平江河,在榕江县汇入寨蒿河。干流河长 91 千米,平均比降 4.7‰,流域面积 1 086 平方千米,涉及雷山、榕江、三都 3 个县。

概　述

流域位于贵州省黔东南州南部,东与寨蒿河干流分水,北与沅江上游清水江分水,西和南与柳江干流分水。流域形状近于扇形。大于 100 平方千米的一级支流有怎冷河、平永河两条,还有几条小支流汇入,河流呈树枝状分布。

平江河地处贵州高原向广西丘陵过渡的斜坡地带,位于雷公山主峰的南偏东,流域北、西高,南偏东低。地貌类以中山、低中山、低山、丘陵和河谷盆地为主。流域地震基本烈度为Ⅵ度区。流域属中亚热带湿润季风气候区,有南亚热带气候特点,四季分明,冬季温暖,夏季炎热。多年平均气温 18.8 摄氏度,年日照时数 1 246 小时,年无霜期 337 天,相对湿度 82% 左右,年平均风速 1.5 米每秒。多年平均年降水量 1 387 毫米,5~9 月降水量 888 毫米,占全年降水量的 64%。多年平均年水面蒸发量 770 毫米。多年平均径流深 693.0 毫米,多年平均年径流量为 7.53 亿立方米。植被好,含沙量较小,多年平均年输沙量约 10 万吨,多年平均输沙模数 90 吨每平方千米。平江河全年期各时段水质状况均为Ⅱ类水质。

流域 2005 年末总人口 6.87 万人,其中少数民族人口 5.98 万人,占总人口的 87.4%,是侗、汉、苗、水、瑶等多民族聚居区,耕地总面积 5 300 公顷,其中水田 3 700 公顷,旱地 1 600 公顷。流域内盛产木材,有木材加工厂、松蜡加工厂等。流域内有怎东瑶族风情、同溜水族风情,平江河流域是榕江侗歌、侗戏和苗舞的主要发源地。品质优良的榕江西瓜、柑橘、黄牛、香羊、香鸡、香猪、香菇、木耳都是平江河流域的特产。

流域内公路有 308 省道连接贵州省城与黎平县(可进入湖南省),省道里程为 98.2 千米,另有县道、乡道里程约 43 余千米,已形成县与乡、乡与乡之间的公路交通网。航运方面,平江河可通行 1.5~2 吨木船和放木。

流域水资源总量为 7.53 亿立方米。平江河干流水力资源理论蕴藏量 18.2 兆瓦。干支流水力资源理论蕴藏量 66.2 兆瓦,技术可开发的电站 2 座,装机容量 2 兆瓦,年发电量 0.089 亿千瓦时;已开发电站 1 座、装机容量 0.8 兆瓦,年发电量 0.043 亿千瓦时。

平江河干流发生大洪水的年份按大小排列为 1996、1938、1962、1970 年等。流域是贵州省最易发生夏旱的地区之一,有时夏秋连旱,使粮食生产和其他农作物减产,造成严重经济损失。

至 2002 年末,平江河干流无小(2)型以上水库。干支流建成多座小水电站,装机容量 1.28 兆瓦。建有乌懂水库等小型水库,有效灌溉面积 320 公顷。

纪　实

平江河发源于贵州省雷山县永乐镇乔洛村之西、雷公山南之次峰冷竹山东面,冷竹山高程 1 913 米,东流约 2.8 千米,经乔洛村转向南流,经大开屯、永乐镇,出雷山县境入榕江县的塔石乡,以上为上游段。雷公山,苗岭山脉主峰,地处雷山、台江、剑河、榕江四县之间,由十多个 1 800 米以上山峰组成。主峰在雷山县城东 32 千米处,高程 2 178.8 米,万山拱卫,岿然独尊,为黔东南第一高峰。这里景色优美,是观日出、望云海的好地方。清晨,旭日东边升起,犹如火红金球,光耀万峰,遍野金红。半山腰,茫茫白雾,填壑塞谷,缓缓涌动、升腾。雷公山气候独特,晴雨变化莫测,阴天较多,盛夏如秋,宜于避暑。雷公山国家级自然保护区,总面积 4.73 万公顷,是国内第一个以秃杉林为主体的自然保护区。区内保存完好的秃杉天然林有 35 片,面积约 15 公顷,最大一片面积约 2 公顷,主要分布在雷公山东南坡的沟谷地带。据初步统计,胸径在 10 厘米以上的现存 5 000 多株,树姿优美、挺拔,最大的高约 50 米,枝条呈弧形,弯曲向外伸展达七八米以上。平江河源头山高林密,河谷陡峻,常形成一道道瀑布,一遇雨天,犹如千军万马奔流而下。塔石是黔东南州著名的香羊基地,所产香羊美味可口,回味无穷。

雷公山国家级自然保护区

平江河自塔石乡曲折东南流,经怎东瑶族风情区、断颈龙水库、乔来,于冷衣村溪口寨,右纳怎冷河(三江河,河长 35 千米,流域面积 193 平方千米)。此段比降相对较缓,但两岸依然河谷深切,高山耸立,森林密布。该区有矿产资源锑矿分布,水族、瑶族、侗族杂居,民族风情浓郁。

平江河自溪口东南流,于双江口桥处纳平永河。平江河自溪口处水势变大,水力资源较为丰富。村寨较为密集,田、土变多,该区还保存有珍稀植物桫椤。地势渐开阔,台地增多,水库、引水工程、提水工程增多。人口分布较密,居住有侗、苗、汉、水、瑶等民族,该区工业不发达,居民主要为自给自足较原始的生产方式,森林覆盖依旧茂密,但相对上游已经少多了。平江河在这里河流弯曲较大,时而峡谷,时而台地交替出现,于榕江县城北注入寨蒿河。

8.1.59.4.2.1 平永河
(Pingyong River)

平江河左岸支流，位于贵州省榕江县，属山溪性河流。干流河长 59 千米，平均比降 6.0‰，流域面积 310 平方千米。涉及榕江县平永镇、塔石瑶族水族乡及仁里水族乡。因流经平永镇而得名，平永河发源于榕江县平阳乡西南约 10 千米处的高岳山，也属雷公山脉。曲折南流，经列辰、乔喜、平寨、于平永镇左纳龙塘河（也称上排河）、堆代河，经半岗，右纳油榨溪，经加会，于平江乡水西寨附近汇入平江河。

东与寨蒿河分水，东南及西与平江河分水，北与洞庭湖流域沅江水系南哨河分水。

流域地处贵州高原向广西山地丘陵过渡的斜坡地带，位于雷公山主峰的南偏东，流域北高南低。地貌以中

平永河

山、低中山、低山、丘陵和河谷盆地为主。平永河流域出露地层以青白口系下江群番召组变余砂岩、绢云母板岩及平略组绢云母板岩夹变质沉凝灰岩等组成。流域地震基本烈度为Ⅵ度区。

流域属中亚热带湿润季风气候区，多年平均气温 18.8 摄氏度，年无霜期 337 天，年日照时数 1 246 小时；年均风速 1.2 米每秒，多为东北风；年均相对湿度 83%。多年平均年降水量 1 382 毫米，5—9 月降水量占全年降水量的 64%；多年平均水面蒸发量 770 毫米，多年平均径流量 2.15 亿立方米。

流域洪水主要由暴雨形成，多发生于 5—7 月，一次洪水历时 2 天左右，洪水暴涨陡落，易形成洪灾。榕江县平永镇由洞河 1996 年 7 月 16 日 24 小时降水量 273.3 毫米，山洪暴发，冲毁农田，损坏房屋，经济损失严重。

流域建有大田电站、乌懂水库等，有列辰、俾友苗族侗族风情区和同溜、党扣水族风情及龙潭风景区。平永镇有畜禽良种香鸡基地。

8.1.59.5 孙览河
(Sunlan River)

柳江都柳江段右岸支流，中上游段叫污牛河，因下游汇入柳江处的村寨叫孖温，又称孖温河，属山溪性河流，发源于贵州省从江县光辉乡太阳山南麓，于下江镇汇入都柳江。河长 75 千米，平均比降 6.8‰，流域面积 871 平方千米，涉及贵州榕江、从江两县。

流域位于贵州省黔东南州南部，东和南与平正河分水，西和西南与打狗河分水，并与广西相邻，北与柳江干流分水。流域近于窄长扇形，汇入的主要支流有加勉河（污茂河）、宰便河。

孙览河地处贵州高原向广西山地、丘陵过渡地带，位于广西九万山山脉北西侧，地势西南高，东北低，流域内以高山、中山、低山地貌为主，最高点在西部太阳山，高程 1 508 米，最低点在汇入柳江处孖温村，高程 207.5 米。流域内出露地层以乌叶组砂质板岩夹变余砂岩含炭质板岩为主。流域地震基本烈度为Ⅵ度区。

属中亚热带季风湿润气候区，多年平均气温 18.4 摄氏度，年日照时数 1 284 小时，年平均无霜期 320 天，多年平均相对湿度 80%，多年平均年降水量 1 211 毫米，4—9 月降水量占全年降水量的 77%。多年平均年水面蒸发量 820 毫米。孙览河径流由降水补给，径流特性与降水一致，多年平均径流深 695 毫米，多年平均年径流量 6.05 亿立方米。流域植被较好，含沙量较小，多年平均年输沙量 10.45 万吨，多年平均年输沙模数 120 吨每平方千米。近年全年期水质状况为Ⅱ类。

流域水资源总量为 6.05 亿立方米，干流水力资源理论蕴藏量 25.4 兆瓦，干支流理论蕴藏量 36.3 兆瓦。从江县是全国和贵州重点林业基地县之一，主要树种有国家一级保护树种伯乐杉，二级保护树种柔毛油杉、福建柏、闽楠、马尾松、观光木等。流域内森林面积 4.54 万公顷，森林覆盖率 52.07%，活立木积蓄量 181.25 万立方米，草地面积 1.85 万公顷。主要野生动物有国家二级保护动物金猫和黑熊。主要矿产资源有银和硅。流域西部有太阳山自然保护区。

金猫

流域主要有苗、侗、汉、壮、瑶、水等民族，占总人口的 95%，耕地面积 4 480 公顷，其中水田 3 700 公顷，旱地 780 公顷。农业主要生产水稻、玉米、油菜。流域盛产木材和从江香猪。流域内无铁路，交通运输全靠山区公路。近年实现了乡乡通公路。

黑熊

流域的主要灾害是洪灾及旱灾。2000 年 6 月 21 日，从江县停洞至下江 24 小时降水量 207.1 毫米，山洪暴发，损失严重。流域是贵州最易发生夏旱的地区之一，有时夏秋连旱，使粮食和其他农作物减产，造成严重经济损失。

河流从源头西流经长牛村向北流约 5 千米折向东流，经新寨，右纳加牙河，曲折北东流进榕江县境，以下河段当地人称污牛河，经加旱村河边寨，东流，沿从江、榕江两县边界，右纳窝新河，经加退，进从江县境，在县界处有加鸠电站，至此，干流河长 34.6 千米，平均比降 12.9‰，以上河流穿行于深山峡谷，河床深切，水流急，滩险多，常有岩石伸向河心。进从江县境后，北东流，左纳污秋河，东流在摆易寨右纳加勉河（污茂河），加勉河流域面积 135 平方千米，河长 40 千米，经摆打、党都，曲折东南流，于下江镇摆仰村附近右纳宰便河（河长 56 千米，流域面积 298 平方千米），孙览河经摆仰村向东流 1 000 余米之后，转北流，于下江镇孖温村汇入柳江。全流域绝大部分河道流经深山峡谷，河床一般为岩石，

覆盖层多为卵石。

8.1.59.6 平正河
(Pingzheng River)

柳江都柳江段右岸支流,干流河长 75 千米,平均比降 6.2‰,流域面积 749 平方千米,涉及广西壮族自治区融水县和贵州从江县。

平正河发源于广西壮族自治区融水县同练瑶族乡黑冲寨,先南西流约 7 千米,经同练乡折向西北流,经八岗、英洞街进贵州从江县境,转向北东流,经刚边、平正,左纳加车河(河长 46 千米,流域面积 139 平方千米),经下江林场于下江镇腊俄村渡口汇入柳江,属山溪性河流。平正河源头至平正村称三百河,平正村以下称平正河。

流域地势南西高,北东低,河流沿岸山峦起伏,山势陡峻,岩石嶙峋,多悬崖峭壁。流域呈窄长形,最大支流为加车河流域面积 140 平方千米。

流域属中亚热带季风湿润气候,多年平均气温 18.4 摄氏度,最低月(1月)平均气温 7.6 摄氏度,最高月(7月)平均气温 26.9 摄氏度。年平均无霜期 320 天,年日照时数 1 284 小时,年平均相对湿度 80%,多年平均年降水量 1 545 毫米,由北向南递伸,多年平均年水面蒸发量 820 毫米。河流出口处多年平均流量 16.0 立方米每秒,多年平均年径流量 5.05 亿立方米。

流域地处广西三大暴雨中心区内,大暴雨或特大暴雨频繁发生,来势迅猛,强度大,持续时间长。洪水由暴雨形成,主要发生于5—7月,一次洪水历时两天左右,暴涨陡落,具有明显的山溪性洪水特点。流域内从江县刚边乡 1996 年 6 月、2002 年 6 月发生山洪灾害,并发生山体滑坡,死亡 3 人。毁坏农田 8.87 公顷,毁坏房屋百余间,经济损失严重。

流域内森林资源丰富,有秀塘、下江等多处国家林场。矿产资源有金、铝、锌、硅、花岗石及多种金属矿点。良种香猪、从江椪柑均是流域特产。流域目前已建有加平、平中、龙岩电站。

8.1.59.7 双江
(Shuangjiang River)

柳江都柳江段左岸支流,位于贵州东南部。干流长 93 千米,流域面积 1 377 平方千米,涉及贵州省黎平、榕江、从江 3 个县。发源于贵州省黎平县九潮镇高寅村,至贵州从江县丙妹镇平毫村汇入柳江。因流经黎平县双江乡而取名,又名四寨河。

概 述

东和南与柳江干流分水,西与**寨蒿河**分水,北与洞庭湖流域沅江水系清水江分水,流域近于扇形,流域面积 100 平方千米以上的支流有增冲河(贡寨河)、**口江河**、四寨河(平城河)3 条。

流域属中亚热带季风湿润气候区,有南亚热带气候特点,四季分明,冬暖夏热。多年平均气温 18.4 摄氏度,多年平均年日照时数 1 232 小时,年无霜期 350 天,年平均相对湿度 82%。多年平均年降水量 1 195 毫米,4—8 月降水量占全年水量的 70%。多年平均水面蒸发量 920 毫米,多年平均陆面蒸发量 630 毫米。

流域径流由降水补给,多年平均年径流量 8.23 亿立方米,多年平均径流深 598 毫米。流域地面植被较好,含沙量较小,多年平均年输沙量 11 万吨,多年平均输沙模数 80 吨每平方千米。双江近年各时段水质状况均为Ⅱ类水质。

流域地处贵州高原向广西山地丘陵过渡地带,地势北西、北东高,南部低,高程 181～1 358 米,最高处在干流发源地东北面的界焱坡(1 358 米),最低处在干流入汇处(181 米)。地貌以中山、中低山、低山丘陵峡谷为主,出露地层以前震旦系板溪群变质岩为主。流域地震基本烈度为Ⅵ度。

流域主要有侗、汉、苗、瑶、布依、壮等民族,其中侗族占总人口的 58.5%,汉族占 24%,苗族占 12.5%,其他民族只占 5%。耕地面积 7 760 公顷,其中水田 6 230 公顷,旱地 1 530 公顷。经济以农为主,农林牧结合,农产品中以水稻为主。

流域所在的黎平、榕江、从江均是全国和贵州重点林业基地县之一,森林保存较好,有国家一级、二级保护树种伯乐杉、秃杉、穗花杉、银杏、鹅掌楸、柔毛油杉等 20 多种。森林面积 7.22 万公顷,森林覆盖率 53.15%,活立木蓄积量 365 万立方米。主要野生动物有国家二级保护动物林麝、金猫和黑熊,以及狗熊、野猪、山羊、猴、穿山甲、香狸等。流域矿产资源主要有硅石、锰矿。

林麝

流域内主要灾害有洪灾、旱灾、山体滑坡。近期发生洪灾的年份有 1984、1993、1996、1998、2002 年。流域地处贵州夏旱最易发生地区,旱情严重时影响工农业生产和人畜用水,造成比较严重经济损失。滑坡灾害多发生在黎平县,2000 年 6 月,双江乡、口江乡滑坡 215 处,滑坡体积 2.51 万立方米。

流域水资源总量 8.23 亿立方米。干流水力资源理论蕴藏量 47.5 兆瓦,技术可开发的电站 4 座,装机容量 15.9 兆瓦。流域已建小(1)型半冲水库,总库容 191 万立方米,设计灌溉面积 360 公顷。已建双江、四寨河两座中型电站,总装机容量 13.9 兆瓦,年发电量 0.68 亿千瓦时。

纪 实

双江从源地北东流,经白寨转向南东流,经同腊,沿榕江、黎平县界和从江、黎平县界进从江县境,经孔寨右纳增冲河(贡寨河),进黎平县境至朝坪村,以上为双江上游。上游段河长 44 千米,平均比降 12.4‰,山高坡陡,河谷深切,同腊村以下有零星水田分布,流域内有高寅古民居,历史文物保存完好;有龙王潭瀑布风景名胜区,瀑布落差达 70 余米,雨季时颇为壮观。

汇入的主要支流增冲河(贡寨河)流域面积 163 平方千米,河长 26 千米,平均比降 15.8‰。

双江自曹坪

黎平侗寨

村曲折东南流，经江边寨，东北流经麻风寨，左纳口江河，再折向东南流，经虾子滩电站至双江乡，左纳四寨河（河长 41 千米，流域面积 264 平方千米），区间河长 25 千米，落差 117 米。该河段注入口江河后，水量渐大，水势渐趋平稳，两岸山势逐渐开阔。上游挟带而下的大小石块，大半停留沉积于此河段，开始出现众多石滩；也有两岸山体崩塌落入河中的岩石，阻滞流水。现建有双江电站，装机容量 7.5 兆瓦，年发电量 0.32 亿千瓦时。

黎平侗寨鼓楼

自双江乡曲折南流，进从江县境，经邦土小寨、八店，右纳谷坪小河（河长 24 千米，流域面积 139 平方千米），至从江县丙妹镇西北的平毫村之北汇入柳江。下游河段较缓，两岸多台地，农田、土坡较多，为丘陵河谷地貌。在汇口处上游 2.6 千米处是四寨河水电站。四寨河水上风光及原生态民族文化村、从江风景区，均是双江下游有名的民族风情景观。

流域内有别具一格的集侗寨鼓楼、花桥、戏台三大建筑于一体的鼓楼群数十个，其中增冲鼓楼为国家级重点文物保护单位；有"侗乡歌海""侗族大歌""中国民间艺术之乡"等淳朴的民族文化。流域内的黄牛、香猪以肉质细嫩味美著称，糯米饭、侗果、腌鱼为侗、苗族待客佳品。

8.1.59.7.1 口江河
（Koujiang River）

*双江*左岸支流，位于贵州省黎平县内，因流经口江乡而取名，属山溪性河流。干流河长 41 千米，平均比降 11.8‰，流域面积 335 平方千米，涉及黎平县德凤、岩洞、九潮 3 个镇及口江、双江、坝寨、茅贡 4 个乡。发源于黎平县德凤镇西南蒲洞村，源头以暗流出露，曲折向西流，经岩洞镇、铜关大寨，右纳述洞河，经铜关电站、口江乡，于新寨右纳双溪河、新寨河，在口江乡麻风病村附近汇入双江。

流域地处贵州高原向广西山地丘陵过渡地带，呈狭长形。地势北高南低，高程 273～1 150 米，相对高差 877 米；具有中低山、低山丘陵地貌特征，地形起伏，峰峦重叠，滩多流急，河谷多呈 V 形，山峰相对，阶地不发育，河网密集呈树枝状分布。

流域属中亚热带季风湿润气候区，多年平均气温 15.8 摄氏度，平均年日照时数 1 232 小时，年无霜期 350 天。年平均相对湿度 82%。多年平均年降水量 1 188 毫米，4—8 月降水量占全年降水量的 70%，多年平均水面蒸发量 780 毫米。多年平均年径流量约 2.0 亿立方米。

流域属贵州暴雨相对低值区，年最大 24 小时降水量均值为 90 毫米左右，洪水多发生在 5—7 月，一次洪水历时 2 天左右，暴涨陡落。口江河水质良好，近年水质属Ⅱ类水。

流域内建有铜关、定八水电站及登松、高榜、三八、生龙、联合等水库，有鼓楼之宗雅称的独柱鼓楼、新寨瑶族村等民族风情景点。

8.1.59.7.2 双江水库
（Shuangjiang Reservoir）

*双江*中游的中型水库，因地处黎平县双江乡而得名。坝址位于贵州省黎平县城南西面 38.6 千米处的双江乡。

具有季调节功能，以发电为主，兼有防洪、旅游、养殖等综合效益。水库正常蓄水位 280 米，死水位 270 米，总库容 3 050 万立方米，500 年一遇设计洪水位 283.5 米，500 年一遇校核洪水位 285.0 米。水库面积 1.12 平方千米，水库回水长度 13 千米，回水涉及到黎平县的双江、口江两乡镇。双江电站工期分两期，一期工程于 1987 年 3 月动工，1995 年 8 月开始发电。

大坝为混凝土埋石抛物线双曲拱坝，最大坝高 63 米，坝顶总长 205 米，其中溢流段长 56 米；溢洪道校核单宽流量 30 立方米每秒，消能方式采用鼻坎挑流，溢洪道校核洪水下泄量为 1 370 立方米每秒，设计洪水下泄量为 878 立方米每秒；进水口采用有压岸式，底板高程 265 米，进水口设工作闸门和检修闸门，启闭设备采用卷扬式启闭机；厂房为岸边式地面厂房，有 3 台机组，装机容量 7 500 千瓦，设计年发电量 3 243 万千瓦时。

双江水库控制流域面积 864 平方千米，多年平均气温 18.4 摄氏度，多年平均年降水量 1 198 毫米。水库多年平均来水量 5.298 亿立方米，多年平均流量 16.8 立方米每秒，多年平均悬移质输沙量 6.9 万吨、推移质输沙量 1.4 万吨，水质良好，为Ⅱ类水。

地处云贵高原向广西山地、丘陵过渡地带，为高原低山峡谷地貌。汇入的主要支流有栽麻河、贡寨河、*口江河*。

8.1.59.7.3 四寨河水库
（Sizhaihe Reservoir）

*双江*下游的中型水库，因当地习惯把双江叫四寨河而得名。位于贵州省黔东南州从江县，距从江县城 12 千米。

为缓解侗族、水族聚居的从江地区电力紧张状况而建，水库电站是从江县境唯一具有季调节功能的电站，以发电为主，兼有防洪、旅游、养殖等综合效益。水库正常蓄水位 222 米，总库容 3 830 万立方米，水库面积 138.7 万平方米，呈窄长形，库面宽度宽窄相间。水库设计洪水标准为 50 年一遇，设计洪水位 222.7 米。1984 年 4 月开工建设，1987 年 12 月开始发电。

水库由大坝、溢流坝、排沙孔及坝后电站组成。大坝为浆砌石重力坝，坝顶总长 193.56 米，最大坝高 40.7 米；溢洪道设计洪水下泄量 1 830 立方米每秒；进水口采用有压坝式，启闭设备采用卷扬式启闭机；厂房为坝后式地面厂房，2 台机组装机容量 12.8 兆瓦，年发电量 3 546 万千瓦时。

坝址距双江与柳江的汇合处 2.6 千米，控制流域面积 1 367 平方千米，水库回水长度 18.5 千米，回水从坝址处往北直到从江县内的邦土大寨，仅涉及到从江县谷坪乡。

地处云贵高原向广西山地、丘陵过渡地带，为高原低山峡谷地貌。汇入的主要支流有谷坪河；多年平均气温 18.4 摄氏度，多年平均年降水量 1 195 毫米。水库多年平均来水量 8.14 亿立方米，多年平均悬移质输沙量 11 万吨，推移质输沙量 2.2 万吨，水质良好，为Ⅱ类水。

8.1.59.8 杆洞河
（Gandong River）

*柳江*都柳江段右岸支流，又称雍里河或花秄河，干流全

长77千米，平均比降9.3‰，流域面积435平方千米，流域涉及广西壮族自治区融水县、三江县和贵州从江县。发源于广西壮族自治区融水县同练瑶族乡摩天岭十二坪，曲折北流，经杆洞乡、乌棍、高猫进贵州从江县境，东北流，经雍里乡、长寨村、宰戈又进广西三江县，于梅林乡石碑寨处汇入柳江。

流域呈弯月窄长形，主要支流有南岑河和水井河。

流域属中亚热带季风湿润气候区，多年平均气温18.4摄氏度，年平均无霜期320天，年日照时数1 284小时，年平均相对湿度80%。多年平均年降水量1 550毫米，由北向南递增；多年平均水面蒸发量800毫米，多年平均年径流量2.78亿立方米。

东与柳江支流西山河分水，南与融江分水，西与平正河分水，北为柳江干流。源头属九万山脉系，西南部为阿扣山山脉，有同心岭、南刀岭、党门坡等1 300米以上的高山群；东南部为庆林山脉、摩天岭、苗平岭、麻木岭等1 300米以上的高山群。地形支离破碎、沟壑纵横。最高峰元宝山，高程2 081米。是广西三大暴雨中心区之一，大暴雨或特大暴雨频繁发生，来势迅猛，强度大，持续时间长。

流域下游建有令里、雍里、长寨电站以及一些小型水库。在江边寨附近有花岗岩矿藏，在雍里下游有从江县林业综合试验场、柑橘研究所等林业基地。

8.1.59.9 独洞河
(Dudong River)

柳江都柳江段左岸支流，又名八洛河，或洛香河，为山溪性河流。干流河长43千米，平均比降9.0‰，流域面积425平方千米，涉及贵州黎平、从江两个县。

独洞河发源于贵州省黎平县永从乡上高懂村，从源地西南流经顿洞、管团，伏流1千米，经信洞折向南东流，经皮林左纳新平乡，进从江县境至洛香镇折向南西流，于得卡右纳龙图河（河长29千米，流域面积108平方千米），至八洛村汇入柳江。

流域地处贵州高原向广西山地丘陵过渡地带，地势北高南低，属中低山峡谷及低山丘陵地貌。上游山势较陡峭，相对高差600米左右，多峡谷，河谷深切，傍河台地零星分散；中下游地势平坦，有集中连片的山间坝子、坡旁耕地以及从江县著名的龙图椪柑基地。流域近于窄长扇形，主要支流龙图河发源于黎平县团村地转坡，流域面积112平方千米，河长36千米。

流域属中亚热带温暖湿润气候区，多年平均年降水量1 205.3毫米，5—9月降水量占全年降水量的65%，独洞站最大年降水量1 657.6毫米（1993年）是最小年降水量794.1毫米（1989年）的2.1倍。多年平均水面蒸发量约780毫米，多年平均年径流量2.68亿立方米。

流域所在黎平、从江两县均为全国和贵州的林业基地县，森林覆盖率52.07%，主要为亚热带常绿针叶林、落叶常绿阔叶林。低山地区以阔叶林为主，中山地区以针叶、针阔叶混交林为主。流域内矿产资源以白云石为主。在流域东部黎平县肇兴乡有中国最大侗寨民族风情区，北部有信洞坝、地扪洞、三珠洞等溶洞旅游景点，从江县贯洞镇腊全村是风光独特的农业观光旅游村。

流域水力资源开发量3 700千瓦，年发电量1 371万千瓦时，已开发电站1座，总装机容量400千瓦，年发电量105万千瓦时。流域内建有洛香、皮林、水丰、岜搞等小水库。

8.1.59.10 大年河
(Danian River)

柳江都柳江段右岸支流，干流长102千米，流域面积847平方千米。涉及广西壮族自治区融水县与贵州从江县。发源于广西壮族自治区融水县杆洞乡摩天岭，山涧泉水汇成小溪顺山谷而下，纳大磅河、文进河、洞树河、拱洞河（河长44千米，流域面积206平方千米）等支流，在富禄乡下仁里村汇入柳江。

流域山脉连绵，森林植被覆盖率高，雨量充沛，属桂北三大暴雨中心之一，多年平均年降水量1 400~1 900毫米，多年平均年径流深800~1 200毫米。聚居着苗、瑶、侗等少数民族。户户相连的木吊脚楼和水车群合成亮丽的景色。各族人民能歌善舞，悠扬的琵琶歌、和谐的蝉歌、悦耳的笛声，动人心魄。"多耶"和芦笙堂场面热烈，传统的花炮节、斗牛节和斗鸟节深深吸引着国内外游客。种植业以水稻为主，玉米、红薯次之。农民收入靠粮食、林业及养殖业。

上游河段窄、弯、陡，洪水期水势凶猛，两岸不少良田冲成河滩。水旱灾害年年有，只是程度不同。1567—1911年的345年中，有资料记载的水灾13次。民国期

侗族吊脚楼

间，有记载的水灾3次。1949—2004年54年间大洪灾9次，1996年7月18日百年一遇洪水，全流域45个村受灾，倒塌房屋608间，死4人，伤35人，淹死牲畜122头。1983年，罕见春夏连旱，小溪断流。

流域水力资源理论蕴藏量83.8兆瓦，技术可开发量63.7兆瓦，已开发33.7兆瓦。

8.1.59.11 水口河
(Shuikou River)

柳江都柳江段左岸支流，河长64千米，流域面积529平方千米，流域涉及贵州省黎平县、从江县和广西三江县。发源于贵州省黎平县雷洞乡培福村，于广西壮族自治区三江县高安村汇入柳江，因流经黎平县水口镇而取名。

流域位于贵州东南部。东与广西的苗江河分水，南与柳江干流分水，西与柳江支流独洞河分水，北与长江流域沅江支流渠水上游洪州河分水，属山溪性河流，流域呈窄长形。

流域面积大于100平方千米的支流有两条：南江河，流域面积163平方千米；龙额河，流域面积109平方千米。

流域地势北东高南低，山势绵延起伏，山顶高程800~1 200米，属侵蚀中山地貌。

流域属中亚热带季风湿润气候区，多年平均气温15.6摄氏度，多年平均无霜期279天，多年平均日照时数1 290小时，多年平均相对湿度80%，多年平均年降水量1 089毫米，上中游降水量大，下游小。多年平均水面蒸发量780毫米，多年平均年径流量3.3亿立方米，流域水资源总量为3.3亿立方米。

源流经牙双村转向西流，经金城村西南流，至雷洞乡西

流至水口镇，右纳龙额河（河长 23 千米，流域面积 108 平方千米），此河段又叫雷洞河。有侗族古典建筑鼓楼群，继向南流，流域东南面有黎平国家森林公园、弄相山自

弄相山自然保护区

然保护区，黎平县是贵州十大林业县之一，森林覆盖率 48.31%。至地坪乡有地坪风雨桥民族风情区，侗族生态博物馆，沿河两岸植被较好，河床深切呈 V 形。下游有壮观的马尾滩瀑布，水口河过地坪乡后南流，出贵州入广西三江县，于高安村汇入柳江。

黎平国家森林公园

8.1.59.12 古宜河
(Guyi River)

柳江左岸支流，又称寻江，发源于广西壮族自治区资源县，于三江县汇入柳江，地理位置东经 109°27′~110°33′，北纬 25°27′~26°16′，涉及广西、湖南两省（自治区）。

概　述

流域地势东北高，西南低，四周高山环抱，山峦重叠，山地与丘陵犬牙交错，盆地零星分布，地表覆盖层厚，土壤肥沃，植被茂盛，有"小云贵高原"之称。地处柳江中游，东临猫儿山，南隔天平山，西与柳江干流相邻，北以金紫山、南山为界，流域面积 5 083 平方千米，湖南省 656 平方千米，广西 4 427 平方千米。

古宜河是典型的山区性河流，河长 215.4 千米，平均比降 6.79‰，流域面积 100 平方千米以上的支流有大湾河、高桥河、芙蓉河、和平河、平寨河、**三门河**、**平等河**、**四甲河**、**林溪河** 9 条，以平等河最大，三门河次大。

属亚热带季风湿润气候，山地特征明显。气候温和，四季宜人，多年平均气温 16.4 摄氏度，平均日照时数 1 307.6 小时，年均无霜期 285 天。雨量充沛，年内分配不均，多年平均年降水量 1 783.4 毫米，多集中在 3—8 月，5—7 月占全年降水的 48.4%，多年平均年径流总量 63.62 亿立方米，水质达国家Ⅲ类水质标准。

1949 年以前，河道主要用于航船，瓢里至三江可通载货木船。1949 年后，对流域内大小河流进行了数次炸岩滩疏浚及河堤修建，疏通干流及三门、平等、和平、芙蓉等小溪共 28 条，总长 434 千米，炸礁石 8.73 万立方米，疏通干流和四大支流，载货木船可从三江溯江而上到泗水，部分溪流能放流竹木，改善了通航条件，提高了防洪安全。

干流水力资源理论蕴藏量 149 兆瓦，技术可开发量 118 兆瓦。有水利工程 2 130 处，其中引水工程 2 030 处，引水流量 0.01 立方米每秒以上的引水渠道总长 274.9 千米。马堤乡甘甲村红三四是最大的引水工程，干支渠高程超过 1 200 米，工程穿越风化砂岩地带，悬崖陡壁，十分艰巨。有小型水库两处和多处小型水利设施。干流规划 9 个梯级电站。

纪　实

古宜河发源于湘、桂交界的金紫山南麓，资源县车田苗族乡脚古冲村政冲山顶东 1.5 千米处，源流向南流，至车田乡转向西，过河口乡，左纳大湾河（河长 25.32 千米，流域面积 147.29 平方千米），资源县境干流称五排河（又名车田河），穿行于深山峡谷，河床深切，水流急，滩险多，常有岩石伸向河心，成天然石坝，开发成探险漂流段，有"漂流胜地"之称。五排河两岸多汉、苗、瑶杂居的村落，传统节日有农历四月八"红饭节"、六月六"半年节"、七月半"歌节"，民族风情浓郁。钨、石英等矿产丰富，盛产西红柿、辣椒、药材三木等农特产品。

古宜河龙胜县城段

古宜河经江底乡江底村贝子右纳源于湖南的高桥河（河长 43 千米，流域面积 193 平方千米），入龙胜县，县城以上称桑江，有罗房滩和羊额滩等险滩 18 处，河长 50 千米；县城以下称龙胜河，有险滩 28 处，河长 35 千米。两岸高山峡峙，多悬崖，少农田，森林密布，河床陡，险滩多。山高涧深，水流湍急，水源丰富，山地植被发育，无山不翠，植物种类多达 1 100 多种；野生动物有熊、豹、麝、獭、穿山甲、角雉、雪蛙等 600 余种，誉为天然动、植物园。有滑石、石棉、铅、锌、黄金等 17 种矿藏，滑石蕴藏量 890 余万吨，洁白细腻，品质优良，是主要出口产品。

汇入九江、三岔河后与矮岭河相会。矮岭河有龙胜温泉，誉为"天上人间""华南第一泉"，水质清澈纯净，幽谷周围碧峰耸立，云缠雾绕，是旅游、疗养胜地。继流至泗水乡三舍村右纳芙蓉河（河长 44 千米，流域面积 255 平方千米），经泗水乡流向龙胜县城。龙胜，民国元年（1912 年）改龙胜厅为龙胜县。1951 年 8 月设立龙胜各族自治区，1955 年 8 月改为龙胜各族自治县。境内以山地为主，主要河流均为柳江水系。森林覆盖率达 72.56%，活立木蓄积量为 458 万立方米。为全国生态示范县，矿产资源中滑石矿储量 6 600 万吨，居全国第

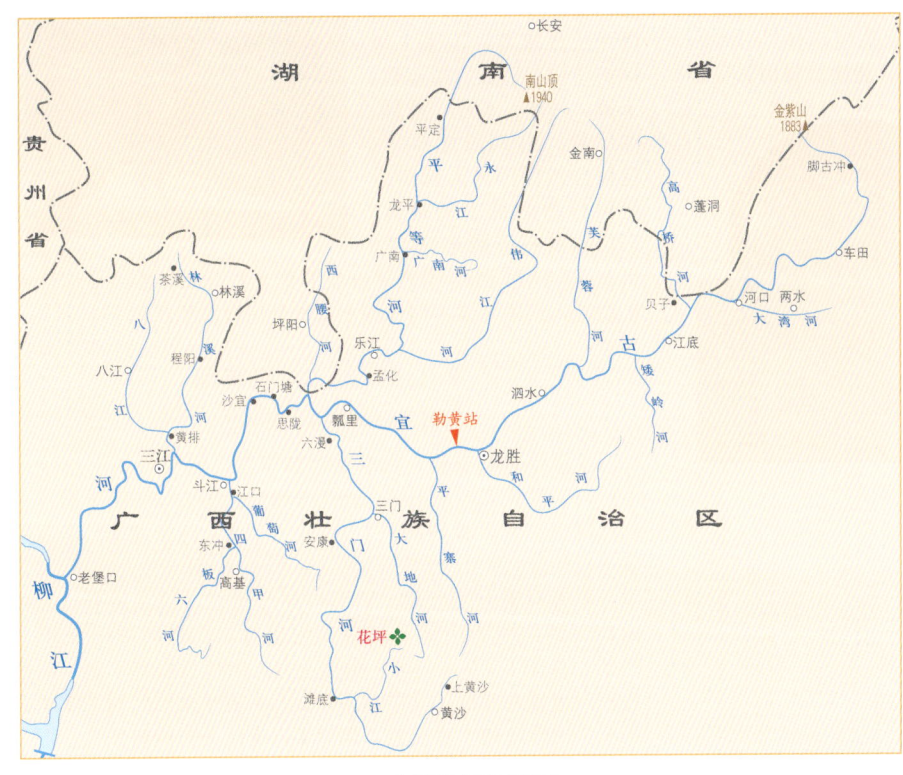

古宜河水系示意图

并列，宛如笔架，"晴烟迷锁香炉寨，皓月高悬笔架峰"。城西巨石巍峨，形如石门，建有勒黄水电站，电站下游设勒黄水文站，至都坪村左纳平寨河（河长39千米，流域面积169平方千米），继西流至瓢里镇。镇因周围山峦环抱，中部凹平，形如瓢状而得名。因有桑江之便，兼处县西北要塞，富商巨贾云集。建有粤东会馆、湖南会馆，两馆均为四合大院，亭台楼阁，雕龙画凤，瓢里是桂林"四大古镇"之一。

自瓢里向西流，到思陇有三门河、平等河两条支流先后汇入。三门河上游是国家级花坪自然保护区，覆盖层厚，古木参天。1955年首次发现成片生长的"活化石"——银杉。

思陇到石门塘，两岸突兀，石梁蜿蜒，形如石龙，汹涌的江水宛如一柄利剑，把石龙拦腰斩断，横断处像两扇石门向左右拉开，古宜河入三江侗族自治县境。石门下有碧波粼粼的深潭，两侧悬崖峭壁，无路可行。曾有小舟半边渡，经石门塘绕过石崖。1940年桂穗公路隧道凿通石崖，渡止船停。山形月影，倒映水中，"万壑千岩拥大川，东西屹立石苍然；舟行岸曲疑无路，月仰潭空别有天。"是"石门月夜"的真实写照。

二、品位列全国第一。

泗水到龙胜各族自治县城河弯多，滩险流急。于县城左纳和平河（河长43千米，流域面积322平方千米），与龙胜各族自治县城汇流处成"品"字形，上游是著名的龙脊梯田，层层梯田，高低错落，从山脚盘绕到山顶，为龙胜县主要风景旅游区。城区绿水绕流，山峦翠绿。城东山势高峻，形似轿顶，城东北松杉葱郁，四季常青，城北上尖下宽，形似观音坐莲花，城西土山高出云表，形如香炉，西北向数峰

黄洛瑶寨木建筑（寻江）

在三江侗族自治县古宜河干流转南流，过斗江，左纳四甲河，折向西，经三江县城古宜镇右纳林溪河后流向西南。除县城附近有平原外，沿岸高山峡峙，最窄处洪水河宽40米，枯水20米，河底布满岩、卵石，有铜锣滩和长滩等浅滩21处。林溪河上有雄伟壮观、闻名中外的程阳风雨桥又称永济桥，是国家重点文物保护单位。三江是广西唯一的侗族县，

银杉

龙脊梯田

民族风情、传统文化源远流长，民居吊脚楼、风雨桥、鼓楼吸引大量中外游客。也是广西最大的油茶基地，有"杉海油湖"之誉。沉积岩分布广泛，有残余山地、陡崖窄脊山、V形谷、河流谷地、丘陵、残余山前梯地地貌，主要矿产有锰、钒、钡、铜、金、石英石、铅锌等。盛产的"三江石"，多是沿河溪而下，经水沙的反复冲刷而成，品类众多、石质细密、外形秀丽且色彩斑斓，有"柳州奇石名中外，三江奇石甲柳州"之誉。

三江石

古宜河在老堡口汇入柳江。老堡口历史悠久，为明朝万历年怀远（今三江）县城旧址，居民有侗、瑶、汉等族，开发生态、民族风情旅游。

8.1.59.12.1 三门河
(Sanmen River)

*古宜河*左岸支流，又名六漫河，发源于广西壮族自治区临桂县黄沙乡黄沙村宽人槽东北1千米处，干流长91千米，平均比降5.36‰，流域面积570平方千米，涉及临桂县和龙胜县。

临桂县内流域高山绵延，沟壑纵横，植被茂盛，山地面积占99.8%，山顶高程多超过1 000米。夏季气温20～30摄氏度，冬季气温5～10摄氏度，气候宜人。多年平均年降水量2 097.8毫米，多年平均年水面蒸发量856.5～1 160.4毫米，多年平均年径流量8.992亿立方米，水资源总量12.65亿立方米。

从临桂县入龙胜各族自治县，在滩底村上游纳入小江，经同烈、古坪、双朗、安康村，到三门镇与右侧发源于花坪林区的大地河（河长28千米，流域面积107平方千米）汇合，过瓢里乡界泉村，于六漫村（交州河口）汇入古宜河。山区型河流，河道弯曲，河床呈V形，河谷坡度30～40度。上游河槽宽20～25米。中下游山丘地带，高程250～500米。两岸有阶地，多一级阶地，也有二级阶地，河滩高度1～3米，洪水时淹没。

上游棕树湾瑶族村有较为完整的木质结构木楼；中下游的大地河流域花坪林区是国家重点自然保护区，总面积1.51万公顷。地处广西东北部的临桂县与龙胜各族自治县交界处，距桂林市区直线距离45公里。森林覆盖率达98.91%，重点保护珍稀树种银杉树及常绿阔叶林，原始森林终年常绿，四季花妍。国家一级保护动物有云豹、金钱豹、黄腹角雉、白颈长尾雉等，国家二级保护动物有猕猴、短尾猴、水獭、林麝、水鹿、黑熊、苏门羚、白颈长尾雉等。花坪自然保护区入选为世界银杉数量最多的地区。

云豹

黄腹角雉

三门镇滑石矿藏丰富，20世纪70年代以来，滑石矿开发和景光石开采，使大量泥沙和矿渣流入河中，常年河水浑浊，部分河段淤积严重。

8.1.59.12.2 平等河
(Pingdeng River)

*古宜河*右岸支流，古名桑江独车溪，发源于湖南省城步苗族自治县长安乡南山顶以西1千米处，干流长101千米，平均比降16.5‰，流域面积1 031平方千米，涉及湖南、广西两省（自治区）。

平等河属山区河流，V形或梯形河谷，谷底狭窄。流域内90%的面积为山地，相对高度超过800米的中山面积占60%。森林4 000余公顷，植被茂盛，山地顶峰有草地。地处古宜河流域西北部，其中湖南省238平方千米，广西793平方千米。河道弯曲，水流急，深潭多，支流分布成树枝状。

四季分明，春季多北风，风大，有冰雹，夏季多雨，秋有雾，冬降雪，年有冰期十多天。多年平均年降水量1 530毫米，3—8月降水量占全年的76.3%，其中5—7月占48.9%。多年平均年径流量12.87亿立方米，水质达国家Ⅱ类。水力资源理论蕴藏量为38.1兆瓦，技术可开发利用量21.6兆瓦。建有平等、镜明、孟化等水电站。

源地主峰高程1 940米，为湘桂交界的高山台地，有"桌面山"之称，古时人迹罕至。20世纪50年代开辟农场，种植玉米、水稻、苹果、茶树、杉树、马尾松等；70年代更名为南山牧场，发展畜牧业，是中国南方最大的现代化牧场，有"南方呼伦贝尔"之称。源头长流溪水清澈，山水相间，风景如画，建有南山电站等水利工程。

干流自城步苗族自治县长塘村入广西壮族自治区龙胜各族自治县境平等乡平定村的平会，至龙坪村与左来的永江（又称平熬江，河长35千米，流域面积136平方千米）汇合。龙坪村村头古楼为龙胜名胜，长征时曾留宿红军，名"红军楼"。南流至平等，有"孟滩风雨桥"飞架两岸，桥高10米，长40米，建于清光绪年间，砌石桥墩，木结构桥身盖瓦，夏天河风清凉，雨天风雨不至。至广南与左来的广南河相会。广南石城是龙胜各族自治县文物保护单位，建于清乾隆八年（1743年），城墙"周长二百九十五丈四尺，高一丈，城楼高二丈，马道宽四尺"，曾有营房、练兵场、武圣庙、观音庙。1960年后，石城被逐渐拆除，建筑房屋和公路、桥梁，练兵场改种水稻，现仅剩北城一隅。

平等河在乐江乡河口村左纳伟江河。伟江古名太平河，发源于湖南城步大坪乡大坪村，河长62千米，流域面积338平方千米，是平等河最大的支流，上游是红三四水利工程的引水水源。平等、广南、乐江沿河有开阔的河谷小平原或盆地，为水稻、小麦、玉米种植区。

干流从乐江过孟化折向西流，入湖南省道县的堡头右纳西腰河（河长33千米，流域面积139平方千米），转南入龙胜各族自治县，至瓢里镇漫村田洞屯北1.5千米处汇入古宜河。

8.1.59.12.3　四甲河
（Sijia River）

古宜河左岸支流，又名斗江河，发源于广西壮族自治区柳州市融安县板榄乡水鸭村，入三江县向北流，经高基瑶族乡至东冲与板六河汇合，在江口纳葡萄河（河长 26 千米，流域面积 140 平方千米），经斗江镇汇入古宜河。干流长 44.41 千米，面积 419 平方千米，涉及龙胜、三江、融安 3 个县。

流域地处古宜河下游，河床深切，落差大。多年平均年降水量 1 913.5 毫米，暴雨强度大。水力资源理论蕴藏量 36 兆瓦，团结电站和九江电站装机容量各 1 兆瓦。

上游区东、南、北三面环山，林木茂盛，森林覆盖率 86.7%，植被保持好，水系发达。高基乡盛产罗汉果、茶叶和瑶家红薯酒，生产用材以松、杉、毛竹、阔叶林为主。龙塘原始森林区古木参天，峡谷纵横，是三江县保存最完整、面积最大的野生动植物原始森林区，也是广西一级风景旅游区。

四甲河地质独特，绿釉石、彩陶石、水冲石、釉卵石、黄蜡石等奇石藏量大、品种多、质地佳、外形秀丽。矿产资源丰富，铅锌、锰、铁矿蕴藏量最大，其中铁矿储藏量有 35 万吨。

8.1.59.12.4　林溪河
（Linxi River）

古宜河右岸支流，发源于广西壮族自治区三江县林溪乡茶溪村，干流长 51 千米，面积 427 平方千米，涉及广西三江县和湖南通道县。

流域地质地貌为土质低山和丘陵两部分，成片、成带出现，山岭连绵，高程 500～700 米。山地土质肥沃，土层厚。林溪河由北向南经林溪乡和古宜镇，中亚热带海洋性季风气候，多年平均年降水量 1 490.8 毫米。

洪涝灾害多在夏季，有冲毁、堆积、淹没三类。水资源丰富，开发利用程度很低。20 世纪 50 年代中期才建一些山塘小水库。

程阳风雨桥

源区林木茂密，山涧泉水随山势蜿蜒曲折，由北向南贯穿林溪乡，流经大田、坪铺、大寨、坪寨等村屯，过程阳永济桥，在三江县古宜镇黄排村在纳八江（河长 37 千米，流域面积 139 平方千米），于黄排村石眼屯汇入古宜河。程阳永济桥建于 1916 年，又名程阳风雨桥，为全国重点保护文物。侗家特色造型，大桥重瓴联阁，浑然一体，雄伟壮观。侗族建筑，杉木凿榫铆相接，上下吻合，纵横交错，不用钉铆，却非常牢固。显示了侗族人民非凡的才能，已符合现代桥梁工程技术要求。其精美图案曾印成纪念邮票，郭沫若题字并赋七律诗："艳说林溪风雨桥，桥长廿丈四寻高。重瓴联阁怡神巧，列砥横流入望遥。竹水一身坚胜铁，茶林万载苗新苗。何时得上三江道，学把犁锄事体劳。"

8.1.59.13　麻石水库
（Mashi Reservoir）

柳江融江段中游的大（2）型水库。坝址位于广西壮族自治区柳州市融水苗族自治县大浪乡麻石村，故得名麻石水库，地处三江、融安、融水三县交界。

麻石水库

麻石水库有日调节功能，以发电为主，兼顾通航。总库容 2.88 亿立方米。水库正常水位 134.0 米，相应水面面积 16.1 平方千米，相应回水长 44.6 千米。工程于 1970 年 6 月兴建，1976 年 9 月竣工。

工程主要由左岸接头重力坝、河床式厂房、溢流坝、船闸、右岸接头土坝组成，大坝为混凝土空腔坝，总长 442.2 米，最大坝高 30.6 米。溢流坝最大泄洪量 27 500 立方米每秒。河床式厂房电站装机容量 100 兆瓦，年发电量 3.8 亿千瓦时。船闸最大通航能力为 60 吨轮驳船。

坝址以上控制流域面积 19 940 平方千米，河道长 351 千米。水库正常水位 134.0 米，相应水面面积 16.1 平方千米，长 42.1 千米，宽约 400 米。河床较整齐，两侧呈阶梯形，岸坡较稳定。河道平均比降 0.5‰，流向东南。两岸崇山峻岭，有西山山脉、东山山脉相连，分水岭高度一般为 1 300～1 800 米。流域植被较好，盛产竹、木材。林地面积约占流域面积的 51%，是广西木材重要产地。

流域地处广西大暴雨中心，雨量充沛，多年平均年降水量 1 833 毫米，流量 575 立方米每秒。调查历史最大流量 25 300 立方米每秒，实测最小流量 45 立方米每秒。汛期洪水暴涨暴落，1996 年 6 月 23 日至 7 月 26 日麻石水库连续 34 天流量超过 1 000 立方米每秒，7 月 14—17 日更是连降暴雨 575.4 毫米，入库最大洪峰流量 23 300 立方米每秒，出库最大流量 22 600 立方米每秒，是建库以来最大洪水，达 200 年一遇。

水库左岸有枝柳铁路通过，下游距最近的程祥火车站约 3 千米，距融安县城 31 千米，距柳州市 150 千米。亚热带季风气候，冬季较冷，有霜雪，夏季炎热。年平均气温 19.0 摄氏度。

水库蓄水后，淹没耕地面积 301.2 公顷，房屋 20 908 平方米，迁移人口 3 841 人，改建公路 11 千米。

流域植被较好，绿色葱葱，满山草木，枝叶繁茂，水土得

8.1.59.14　泗维河水库
(Siweihe Reservoir)

柳江融江段右岸支流泗维河上中型水库。坝址在广西壮族自治区柳州市融安县城上游17千米，长安镇泗朗村。

水库有年调节功能，灌溉为主，兼顾发电。控制流域范围为融水县东部元宝山至融安县西北部，泗维河与柳江交汇处上游1千米，面积3.03平方千米。工程于1959年兴建，1960年建成主体工程。原库容5 551万立方米，水面面积3.03平方千米，回水长11.1千米。1963—1966年配套完成灌区工程和电站。1965年改建，1977年加固改造，库容增至6 710万立方米。

泗维河水库

工程由大坝、溢洪道、输水隧洞、水电站和灌溉渠系组成。大坝为黏土心墙土质坝，坝顶长178米，坝高39.2米，坝顶宽5米；溢洪道最大泄洪量3 005立方米每秒；输水隧洞最大流量28.7立方米每秒；坝后水电站装机容量4 700千瓦，年发电量845.24万千瓦时。

泗维河灌区是融安县粮食重点生产区，水库是其主要水源，灌溉面积1 153.3公顷，年供水量2 128万立方米，还向融安县蔬菜基地和县城供水。

库区位于融安县城北部，中低山陡坡地貌。峰丛林地，森林覆盖率高。山地高程600~1 000米，相对高差一般200~500米，局部达500~800米。地形切割较深，坡度较陡，多达35~45度，部分为悬崖峭壁，但山顶较平，有面积不大的平顶山。河谷深切，地形陡峭，山体多岩石裸露，冲沟、切沟发育，V形河谷，高差变化大。库区西山林场，植被良好。亚热带季风气候温和，元宝山是广西暴雨中心，雨量充沛。

水库淹没长安镇安宁村耕地面积25.3公顷，其他土地面积200公顷，房屋面积4 000平方米。长安镇内安置移民385人，划拨耕地给落户移民和坡上搬迁造田，给移民屯建房4 500平方米，营造水保林，发展果园，保障移民生产和生活。

库区两岸为杉木林，植被发育。以杉木和松木为主，兼有毛竹、楠竹以及水源林。水库景色美如画，乘船游览长湖，两岸峻岭连绵，茂林修竹，绿树山花倒映湖中。苗家木楼依山傍水、错落有致，阵阵笙歌，有诗云："西山观景物，泛棹泗维河；深谷溪流铮，苗家气象新。修篁垂两岸，青色映轻波；众岭森森树，云天试比高。"

库区大袍屯是融安县苗族聚居地，穿传统的苗族自织自染的藏青色窄幅布服饰，男子以2米长巾缠头，上身便服，扣布扣。夏天穿白色便服，下身穿大管长裤，脚穿草鞋。妇女穿便装，衣、裙、围裙、脚绑都不绣花。冬装上衣大体染成紫蓝色，右开襟，和尚领，略短，只在领口与袖口加点绿绸。住干栏吊脚木楼房，盖木皮或瓦，木板围壁。楼上住人，楼下关牲畜、堆放杂物。

8.1.59.15　浪溪河
(Langxi River)

柳江融江段左岸支流，因河床陡，滩多水急浪大而得名。发源于广西壮族自治区融安县板榄镇东岭村的翁古顶，至融安县城长安镇汇入融江。干流长100千米，面积1 228平方千米，涉及融安和永福两个县。

浪溪河两岸为山岭连绵的低山丘陵地区。山脉向北、东两边，呈"人"字形展开，南侧和西侧渐下降为高程500米左右的丘陵，浪溪河西侧中下游，高程降至200米以下。流域森林植被茂盛。

浪溪河风光

地处中亚热带海洋性季节气候，南方暖湿气流，因地势抬升，易成云致雨。温暖潮湿，年平均气温18.0~18.4摄氏度，3月下旬多发倒春寒，9—10月多寒露。北部和东部高寒，气温随高度递减，隆冬常有冰冻和雨凇，严重时压断竹木，影响交通。春、夏两季多大到暴雨，山洪常危害农业生产。多年平均年降水量1 800~2 000毫米，年际变化大，最大年降水量是最小年的2.27倍，年内降水分配不均，最大连续4个月降水量占年降水量的55%，多年平均年径流量7.1亿立方米。

地处桂北暴雨区，时有洪水灾害。1902、1970、1994、1996、1998年洪灾严重。1996年发生100年一遇特大洪灾，融安县城全城受淹，灾民避居高楼、高山，距河十里的乡村多受淹，7.7万人被困，死16人，毁坏房屋8.8万间，损失牲畜无数，3 874公顷农作物绝收，直接经济损失11.85亿元。

流域水力资源蕴藏量22兆瓦。1958年合理村建小拱水电站，装机容量600千瓦，年发电量210万千瓦时。1976年董滩

泗维河风光

屯建设淑姆水电站，装机容量2 400千瓦，年发电量1 268万千瓦，2002年在坝首右岸增建发电厂房，装机容量2 500千瓦。沿河村屯还建了一些小型水电站。

源地土质肥沃，森林覆盖广，水源丰富。山间泉水汇成小溪顺山谷而下，源流纳入里当河、里鸟河、四意河、江北河，在山尾村交界处入大将乡。大将乡盛产金橘，近年新品种滑皮金橘远销全国各地。在合里村左纳入黄金河（河长22千米，流域面积124平方千米），继流至龙妙村左纳雅瑶河（河长43千米，流域面积171平方千米）。经富乐水文站，大将县又纳入合里河、设洞河、古营河、板茂河、葵洞河、四季河，从雅仕村入长安乡祥多村。在甫上纳入**甫上河**后汇入柳江。

流域经济以农业、林业为主，农作物以水稻、油茶为主，林业以杉木、松木、毛竹居多。农民收入靠粮食、油茶、木材、养殖和加工业，经济作物以金橘、罗汉果、板栗、香菇、木耳为主。沿岸城镇、村庄有不少木材、竹席加工点。

浪溪河下游易受洪涝，1949年前，沿河仅用简易的石篓挡水，不能防止洪涝。20世纪六七十年代，爆破疏通干流穿针、双梁、董滩等险滩，将简易石篓、水挡改建成河坝。浪溪河曾

融安大将金橘

是融安县东北部水运要道，1958年后，河道中逐渐建了多处拦河坝发电、提水，航道受阻，已不通航。

8.1.59.15.1　甫上河
（Fushang River）

浪溪河左岸支流，又名岗伟河、南江河、李荻江。发源于融安县泗顶镇永福村，干流长47千米，平均比降4.05‰。面积430平方千米，为融安县境内河。

地形东高西低，地貌类型为土质低山，山岭连绵，丘陵起伏，高程多为500～700米，流域平均高程398米。中亚热带季风气候。多年平均年降水量1 805毫米，年内分配不均，5—8月降水量占全年降水量的60%，年际变化大，降水量年最大与年最小比值为2.1。河宽30～50米，河深1.5～7.0米，平均含沙量0.13千克每立方米。多年平均年径流量4.57亿立方米，水力资源蕴藏量8 120千瓦。主要支流有泗顶河、大坡河。

河源高程610米，源流向东6千米后至佳境村转向西北流，纳泗顶河转北流。泗顶镇北距县城40千米，是融安县的东南门，原镇政府所在地处马鞍山、白面山、蜡烛山和元宝山之间，三条溪水汇合处取名泗顶，意为三水四山之顶。铅锌、铁、硫铁、硫磺及炉甘石、重晶石等矿产丰富，铅锌矿储量最丰富，泗顶铅锌矿距镇政府仅2千米。在大坡乡江口从右岸纳入大坡河转西北流。于长安镇甫上村入浪溪河。大坡乡居民以壮族为主，占95%以上。经济以农业、林业为主，盛产板栗。摆竹山原始森林距乡政府20千米，山高1 250米，是自治区重点保护林区。森林莽莽如海，奇峰怪石，千姿百态，栖息着狗熊、黑叶猴，果子狸。摆竹山五宝

"竹海观雪""古松迎客""风摆石""娃娃鱼""双狮滚球"是主要景点。

8.1.59.16　浮石水库
（Fushi Reservoir）

柳江中游融江段上的大（2）型水库。坝址位于广西壮族自治区柳州市融安县浮石镇下游2.5千米的牛崖滩，距融安县城12千米、柳州市100千米。

水库以发电、航运为主，兼顾灌溉和水产养殖，上游是麻石电站，下游是古顶电站，水库控制流域面积21 870平方千米，回水长34.5千米。库容4.5亿立方米。工程于1993年兴建，2000年竣工蓄水。

浮石水库

工程由电站厂房、溢流闸坝、船闸3个部分组成。大坝为混凝土重力坝，坝长415.8米，坝高28.3米，装机容量54兆瓦，年发电量2.88亿千瓦时，泄洪闸最大泄洪量27 300立方米每秒，船闸设计年货运量73.76万吨。

库区涉及融安县西部长安镇、浮石镇，低山缓坡地貌，多为土山和丘陵。高程多低于500米，相对高度200～300米。北部及西北高，南部及东南低。

地处亚热带气候，温湿多雨。多年平均气温19摄氏度，流域多年平均年降水量1 300～2 200毫米，多集中在汛期，4—9月雨量占全年的75%左右，平均雨日180天。年平均流量为611立方米每秒，多年平均年径流量192.7亿立方米。多年平均年输沙量251万吨。水质较好，是良好的饮用水，供融安县城居民、工业用水。

库区少数民族聚居，矿产资源丰富，历史上曾林海茫茫，有大片原始森林，盛产木材。1958年以后，森林遭严重破坏。生产发展缓慢，生活比较贫困。

建库前，淹没区有田地、竹林及房屋，蓄水淹没212.9公顷耕地，安置人口1 099人。各个自然村内部调剂土地，安置费用于发展生产。多年来，整修梯田，营造水保林，发展经济林，解决移民村人畜饮水，使移民的生产和生活得到保障。

柳江水产丰富，鱼类繁多，主要有青、草、鲢、鲫、鲮等十余种，建库后每年可产鲜鱼232吨。

8.1.59.17　贝江
（Beijiang River）

柳江融江段右岸支流，旧称背江，发源于广西壮族自治区融水县汪洞乡，在四荣乡汇入柳江。干流长140千米，平均比降2.41‰，流域面积1 788平方千米，为融水县境内河。

流域地势西北向东南倾斜，群峰林立，沟壑纵横，坡陡谷深，谷坡30～60度。流域面积大于100平方千米的支流有平等河、河村河、民洞河、都朗河、香粉河5条。

中亚热带季风气候，四季分明，夏季最高气温低于30摄氏度，冬季最低气温高于−5摄氏度。多年平均年降水量1 800～2 200毫米，年内降水不匀，5—8月降水量占全年的

贝江风光

元宝山国家森林公园

70%，最大暴雨中心位于元宝山脚下再老雨量站，最大年降水量4 904毫米，最大24小时降水量779.1毫米。流域下游勾滩水文站（占流域总面积的93.8%），实测多年平均年径流量25.77亿立方米。

流域是桂北暴雨区，频降大到特大暴雨，常引发洪灾与泥石流。1996年，大苗山普降特大暴雨，最大1小时点暴雨量110.0毫米，24小时779.1毫米，3天1 335毫米，暴雨冲刷坡面，风化残积物冲到沟谷，形成泥石流。毁灭性洪灾使当地居民一贫如洗，惨不忍睹。

明万历四十五年（1617年）到清末（1911年）的295年中，有记载的旱灾9次。明万历四十五年的大旱，"民死过半，卖子女者数千"。民国时期1次。1950—1985年的36年中，有8年旱灾。1963年春夏大旱，70年罕见，中小河溪断流，水库干涸。

流域内农田较少，农民收入主要靠林业。盛产木材，多杉木和南竹。融水苗族自治县有林面积33.8万公顷，森林覆盖率75.8%，杉木产量位居全国第二。

农田灌溉多为自流，20世纪50—70年代兴修了一大批水利工程，现有引水式工程2 014处，提水式工程6处，水渠总长2 424千米。流域年供水4亿立方米，主要用于农田灌溉、水力发电和人畜饮水。水能蕴藏量126兆瓦，规划总装机容量116兆瓦，年平均电能2.59亿千瓦时。正在建设拉川、鱼窝、江门水电站，总装机容量21兆瓦。

贝江发源于环江、融水苗族自治县交界的九万大山东侧，融水苗族自治县汪洞乡卡马塘村头坪屯以西2千米处，源地北流10千米后转向东南流11千米至汪洞乡政府所在地，先后左纳结合河（河长23千米，流域面积120平方千米），右纳廖洞河。贝江河源区位于九万大山自然保护区的核心地带，保存有较完好的原始森林，绿荫遮天蔽日，桫椤沿岸而立，泉瀑在林海深涧中奔流环绕，有多处人迹罕至、雄伟壮观的瀑布，如通天瀑布和猴哭崖三级瀑布。汪洞乡地处桂西北的九万大山腹地，森林覆盖率78%，土特产品主要有"四香"（香猪、香鸭、香菇、香糯）、八角、中草药材和本地黄牛。农民收入主要靠杉木生产，是乡经济支柱。经汪洞乡向东流8千米至三防镇治所，寨群河由南向北汇入。三防"香鸭"是名产，三防镇河边，有一棵千年大榕树傍水而生，树根占地约一亩，旁有邓小平历史纪念台。贝江东流，于怀宝镇河村屯左纳河村河（河长33千米，流域面积217平方千米），西南流至怀宝镇民洞口右纳民洞河（河长31千米，流域面积102平方千米），怀宝镇两岸青山叠翠，群峰倒影如泼墨丹青，顺河漂流而下，河面时而平缓幽静、清澈见底，可数游鱼；时而滩陡水急、浪花扑面，有惊无险。春、冬时节细雨如烟，薄雾飘绕；夏、秋时节，清风拂面，凉爽惬意，似人间仙境，世外桃源。怀宝镇是革命老区，传统民族文化丰富多彩。苗、侗族有芦笙会，唱酒歌等；汉族有舞狮，唱彩调、唱山歌等。中游北岸有元宝山国家森林公园。元宝山最高峰高程2 081米，是广西第三高峰，位于融水县中部，攀登元宝山游览，可观赏奇峰怪石、名贵花木、珍禽异兽、青松翠柏、梯田胜景、日出日落、云海奇观、野人洞穴、古寨苗楼、神奇多姿的飞瀑流泉，有龙须潭仨兄瀑、坪龙冲飞龙瀑、龙女沟母子瀑、青山沟银珠飘落瀑、元宝沟玉帘瀑和培堤沟多级瀑。

经怀宝镇东南流25千米至四荣乡治所，于三江门村先后左纳都郎河（河长46千米，流域面积206平方千米）和香粉河（河长29千米，流域面积139平方千米）。四荣乡离融水县24千米，资源丰富，盛产杉木和毛竹，年产木材1.5万立方米，毛竹25万条。矿产主要有蛇纹矿、硅矿、宝石矿等。香粉乡地处融水县城北部33千米的元宝山南麓。清嘉庆二十三年（1818年），外地商人到此用香皮树制作香粉，故得名。农历正月十六、八月十六的古龙坡会，有芦笙踩堂、舞狮、对歌、赛马、斗马等节目，内容丰富多彩，享誉区内外。

贝江流过四荣乡政府后，南流9千米在四荣乡大湾村过勾滩水文站，经大湾村后折向东南流，于融水苗族自治县城上游7.5千米的水利村汇入柳江。

8.1.59.18 红岭河

(Hongling River)

柳江融江段左岸支流，又名石门河、石泯河、清流河。发源于广西壮族自治区融安县东起乡安太村，干流河长63千米，平均比降3.54‰。面积391平方千米，涉及融水和融安两个县。

流域地貌为岩溶峰丛谷地、孤峰平原，石山林立，成行排列，互相平行，行间峡谷成槽，走向南北。

地处中亚热带季风气候，多年平均气温19.5摄氏度。多年平均年降水量1 500毫米。卵石夹沙河床，宽30~40米，最大流量2 141.2立方米每秒，最小流量0.76立方米每秒。水力资源蕴藏量8.84兆瓦。建有石门中型水库1座，小型水库20座，电灌站5座，拦河坝12座，水轮泵站25座，灌溉农田2 600公顷。

自源地向南流，河东为土岭，河西多石山，南流10千米至东起乡政府驻地。东起乡是农业小乡，也是融安县仫佬族最集中的地区。松、杉、椎树、

石门仙湖景区

山图树、榕树是主要经济树种，板栗和李子产量占土特产产量一半以上，牲畜以山羊为主。南流12千米，有多处岸边石壁如削，直竖如石门，景色优美。大良镇石门村有**石门水库**，总库容4 940万立方米。水质清幽，湖面宽阔，水库景区有奇洞，分上、中、下垂直排列，通道相连。上洞宽敞明亮，洞壁有不少石刻。中洞能容数百人，洞内留有太平天国八块石刻，碑文共约3 000字。下洞宽敞阴暗，凉风习习。水库下游，曲折流至潭头乡，潭头乡林业资源丰富，有宜林、宜牧地11 621公顷，支柱产业为水稻、糖蔗。经潭头乡转向北流至浮石镇。浮石镇泉头村九龙有南朝墓，墓室砌筑有序，墓砖刻有花纹图案，排列成精美壁画。陪葬物做工精致，雕镂精美，工艺绝伦。过浮石镇入融水县，在融水镇上罗村注入柳江。

如削，门门直竖，名石门，流域面积135平方千米。两岸为杉木林，建库后营造水源林166.7公顷，以杉木和松木为主，兼有毛竹、楠竹以及荷木。

8.1.59.19　古顶水库
(Guding Reservoir)

柳江融江段下游大（2）型电站水库。坝址在广西壮族自治区柳州市融水苗族自治县和睦镇古顶村油榨屯，库区属融水苗族自治县辖区。距融水苗族自治县县城16千米，距柳州市区116千米。

古顶水库无调节性能，以发电、航运为主，兼顾灌溉和旅游，总库容3.25亿立方米，水面面积8.869平方千米。控制流域面积24 273平方千米，占柳江流域总面积的41.6%。回水长26千米。工程于2003年动工兴建，2006年竣工。

枢纽工程有溢流闸坝、土坝、发电厂房、船闸、变电站和上坝公路等。大坝为混凝土重力坝主坝坝高28.6米，坝顶长798米；电站装机容量80兆瓦，年均发电量3.33亿千瓦时；船闸为100吨级，设计年货运量110万吨。

水库位于融水苗族自治县境东南部属低山丘陵区，河段纵坡平缓，流速缓慢。沿河只有少量竹林和耕地，多杂草、灌木。上游少植被，水土流失严重。

8.1.59.18.1　石门水库
(Shimen Reservoir)

红岭河上的中型水库。坝址位于广西壮族自治区柳州市融安县大良镇石门村，距县城52千米。

水库有年调节功能，灌溉为主，兼顾养鱼与供水。1969年兴建，1977年竣工蓄水，1988年曾加固改造。正常蓄水位215.5米，相应库容4 940万立方米，水面面积2.72平方千米，回水长5.5千米。

融安县石门水库

工程由大坝、敞开式溢洪道、输水隧洞、放水塔和灌溉渠系组成。大坝为浆砌重力坝，长36.7米，坝高49.5米，坝顶宽2米；溢洪道最大泄洪量1 390立方米每秒；输水隧洞最大流量4.20立方米每秒，灌溉面积3 773.3公顷，年供水量4 217万立方米，并为大良镇城镇居民供水。

坝址位于融安县南部，石门村石泯河下游的岩洞进水口，U形峡谷，两岸陡峻，平面为喇叭形。库区呈狭长形，石泯河和支流都同河段，岩溶地貌，分峰丛谷地和孤峰平原。两河两岸基岩不同，山系不太对称。石泯河右岸较陡，冲沟不发育，左岸平缓，冲沟较发育；石门村上下河段各有石山横断，以岩洞伏流与河连通。

库区气候温和，多年平均气温21～24摄氏度，霜期短。多年平均年降水量1 455毫米，多年平均年径流量1.18亿立方米。

水库淹没耕地46.6公顷，其他土地133.3公顷，房屋面积4 300平方米。安置大良、东起、潭头3个乡（镇）移民68户357人。

水库上游石门河长10千米，宽20～30米，多处石壁夹岸

古顶水库全貌

库区多年平均年降水量2 094毫米，中部多，南北两侧少。多年平均温度为19.3摄氏度，历年最高38.6摄氏度，最低-3摄氏度。多年平均流量724立方米每秒，多年平均年径流量228.32亿立方米。

岩溶及侵蚀型地貌，零星分布有基岩，大部分为第四系冲堆积层覆盖，岩石结构致密，质较硬，主要是深灰及灰黑色泥灰岩夹泥质灰岩。地下含水层主要为孔隙性和裂隙性含水。

水库是柳江规划的第七个梯级电站，坝址以上河长462千米。上游是浮石电站水库，下游为大埔电站水库。自浮石电站往下，右岸3千米处有**贝江**汇入，8千米处有融水苗族自治县城。水库淹没耕地37.7公顷，其中水田11公顷、旱地为17.5公顷、菜地9.1公顷，涉及融水苗族自治县2镇7个村。为加快库区经济发展，国家投资修建农田，营造水源林，发展经济林，养鱼业，解决移民村庄的人畜饮水，保障移民的生活和生产的发展。

柳江河畔的融水苗族自治县是自治区一个旅游热点，也是全国少数民族重点旅游县，居住有苗、瑶、侗、壮等少数民族，有多彩古老的习俗和韵味独特的民族风情。库区湖光山

色，环境优美。但经济较落后，是国家级扶持贫困县之一。

8.1.59.20 阳江
(Yangjiang River)

柳江融江段右岸支流，又称牛鼻河，发源于广西壮族自治区融水苗族自治县三防镇池洞村甲岭屯东南 2 千米，干流长 77 千米，平均比降 2.96‰，流域面积 1 316 平方千米，涉及融水、罗城、柳城 3 个县。

阳江地处柳江流域下游，地势自西北向东南倾斜，盆地零星分布，表层多洪积及冲积砂泥层、砂砾层、黏土层，植被茂盛。

主要支流有 8 条，大于 100 平方千米的有武阳江、龙岸河、北源河 3 条，小于 100 平方千米、大于 50 平方千米的有拉朗河、板瓦河、地龙河、大山河、大镜河。干、支流总长 247 千米，河网密度 0.19 千米每平方千米。

属亚热带季风气候，夏长炎热，冬短暖和，多年平均气温 20 摄氏度。多年平均年降水量 1 705.4 毫米，年内分配不均，集中在 4—9 月，连续最大 4 个月的降水量占年总量的 64%。多年平均水资源总量 15.53 亿立方米。水质达国家Ⅲ类水标准。

1810、1842、1902、1914、1915、1930 年曾有较大洪水。1949 年以后，1962 年洪水最大，冲毁民房，淹没农田，灾情严重。近年严重干旱的有 1963、1974、1988、1992 年，旱灾致使作物枯萎，粮食减产，甚至绝收。

建有中小型水库 15 座，控制流域面积 103.4 平方千米，灌溉面积 3 496 公顷。还有水轮泵和拦河坝等灌溉工程，江口、江口东干电站 2 座。在建和规划的有地理、金猫、飞鹅、跌水寨等电站。

自源地南流 5 千米入河池市罗城县，穿行于九万山原始森林，山高林密，峡谷幽深。九万山国家级自然保护区位于融水苗族自治县、罗城仫佬族自治县、环江毛南族自治县 3 个少数民族县交汇处，总面积 25 212.8 公顷，原始森林覆盖面超过 98%，野生动植物资源十分丰富，国家一级保护植物有南方红豆杉、伯乐树，国家二级保护植物有香果树、马尾树、鹅掌楸、华南五针松等 17 种。属国家一级重点保护动物的有鼋、蟒蛇、熊猴和金钱豹 4 种，属国家二级保护动物的有大鲵（娃娃鱼）、小天鹅、林麝、水鹿、猕猴、穿山甲、红白腹锦鸡等 45 种。全球性珍稀濒危的动物有白眉山鹧鸪和仙八色鸫。罕见的元古代科马堤岩，具有历剌结构，对研究华南早期地球演变，寻找矿藏，有重大价值。

九万山国家自然保护区

伯乐树

南方红豆杉

阳江在宝坛乡西华村转向东南流，在维峒口村入黄金镇，以上亦称四堡河。在黄金镇寺门纳武阳江（河长 42 千米，流域面积 349 平方千米）。黄金镇地处罗城北部青明山山脚，主要种植水稻、玉米、豆、薯类。在上流村入小长安镇，于长安村塘头屯左纳北源河（河长 17 千米，流域面积 105 平方千米），流至落记村向东流，至木鸾折转南流，于守善村改向东，直至汇入柳江。

小长安镇地处阳江下游，土地平坦肥沃，是粮食主产区。小长安镇上游风光迷人，行船游览阳江两岸，可见千年古松、龙角山、神龟下水、犀牛山、马口山等景点。龙角山似蛟龙水底探头，龙角直立山上，龙身潜在水中。小长安镇上东岸与下东岸屯间台地有古人类遗迹，出土的石斧、石锛等，均以砾石磨就。

8.1.59.20.1 洞坎水库
(Dongkan Reservoir)

阳江支流北源河上游的一座中型水库。位于广西壮族自治区河池市罗城仫佬族自治县龙岸镇北源村，距罗城仫佬族自治县城约 50 千米。

水库具有年调节功能，以防洪、灌溉、发电为主，兼顾养鱼。控制流域面积 39 平方千米，总库容 1 640 万立方米。工程于 1972 年动工兴建，1980 年竣工蓄水，1983 年 10 月至 1987 年 5 月在坝顶溢流坝段加闸续建，使水库正常蓄水位提高 3 米，并使溢洪道高程降低 1 米。

工程由大

洞坎

阳江小长安段

坝、溢洪道、输水隧洞、坝后水电站组成。大坝为浆砌石重力坝，坝顶长109.7米，坝顶宽5.5米，最大坝高53.5米，水库无副坝；溢洪道最大泄洪量940立方米每秒；输水隧洞最大泄量8立方米每秒；坝后水电站总装机容量1 280千瓦，多年平均年发电量180万千瓦时。

建库以来效益显著，使下游龙岸镇及北源河沿岸村屯达到20年一遇的防洪标准，有效减缓了洪水对龙岸镇沿洞坎河一带的威胁。洞坎水库是洞坎灌区的主要供水水源，设计灌溉面积2 580公顷，实际灌溉面积667公顷。水库电站1980年建成使用后，年发电量180万千瓦时，年产生经济效益45万多元。

水库库区位于云贵高原和广西盆地的斜坡地带，库区地貌为构造剥蚀低山地貌，山体连绵起伏，沟谷深切，总体地势北西向南倾斜，库区山体雄厚，不存在单薄分水岭和低矮垭口。

水库建成蓄水后，沿河两岸淹没耕地7公顷，迁移人口69人。水库建成以来，为加快库区经济发展，国家对洞坎库区投入了一定财力、人力和物力，解决库区的生活生产用电和交通问题，目前，库区群众已全部用上了电，并先后修建了左岸交通便道至库尾，购买船只解决右岸群众的交通问题。

库区有人口675人，耕地面积34.5公顷，其中水田20.5公顷，旱地14公顷。历史上库区几乎全为森林覆盖，新中国成立后，特别是20世纪五六十年代，森林被砍伐严重，现有林地面积21平方千米，占流域面积的54%。这些问题，引起了林业、水利及当地政府的高度重视，多次派工作人员进入库区做群众工作，乱砍滥伐现象有了较大改善。

8.1.59.21　大埔水库
(Dapu Reservoir)

柳江融江段下游的大（2）型电站水库。坝址位于广西壮族自治区柳州市柳城县大埔镇下游1.5千米处，是柳江综合利用规划的第八个梯级电站，距离柳城县城3千米。

水库无调节性能，功能是径流发电、航运、兼顾防洪、灌溉、供水和养鱼。控制流域面积26 765平方千米，大埔水库坝址至库尾的古顶电站，回水长度60.5千米，库容5.78亿立方米，正常蓄水位93.0米时，相应水面面积23.17平方千米。工程于1992年动工，2004年竣工蓄水。

工程由溢流闸坝及挡水坝段、河床式水电站、通航船闸等组成。大坝为混凝土重力坝，溢流坝长314.2米，坝高35.3米，最大泄流量25 500立方米每秒；电站装机4台装机容量9.04万千瓦，年均发电量4.52亿千瓦时；通航船闸年过

闸船舶总载重吨位712.8万吨。

库区地处桂中盆地北部，岩溶地貌和低山丘陵地貌为主，柳城县城大埔镇周边有3条支流汇入大埔水库，杨柳河最大。

属亚热带季风气候温和，四季分明，光照充足，雨量充沛。多年平均气温20.2摄氏度，年无霜期334天，多年平均日照时数1 645小时，多年平均年降水量1 346毫米，集中于4～9月，占全年的72%～81%。多年平均年径流量249亿立方米。土地肥沃，种植水稻和甘蔗条件良好。

水库蓄水前，柳城县人民政府治理水库危险河段，用浆砌石护堤长2.842千米，护岸6.4千米，植树、种草保护易塌岸段。水库淹没耕地面积109.1公顷，迁移人口225人，主要在大埔镇登明小区。建库后淹没险滩14处，渠化航道60.5千米；是灌区的主要供水水源，库内提水灌溉1 993.3公顷，可大力发展养鱼业。

8.1.59.22　沙浦河
(Shapu River)

柳江融江段左岸支流，发源于广西壮族自治区融安县的桥板乡古益村，流经九垄乡金洞、纳尝、江头村，入柳城县太平乡，西出沙浦乡后，于凤山镇江门村汇入柳江。长74千米，流域面积695平方千米，涉及柳城、融安、鹿寨3个县。

流域为岩溶山地，地势东北高南低，干流在岩溶山地与丘陵穿行，亚热带季风气候，夏长冬短，多年平均气温20.2摄氏度，多年平均年降水量1 487毫米，多年平均年径流量3.22亿立方米。

流域经济以农业为主，农民收入靠粮食、蔬菜、甘蔗、养殖业。制糖是主要工业。

沙浦河中游有一引水工程，灌区有多处渠系，实际灌溉面积1 010公顷。河段水力资源理论蕴藏量8.31兆瓦，有九龙坝电站和皇后滩电站，总装机容量1.64兆瓦。泉水丰富，沙浦乡古仁村的古仁泉、大汶村的白头泉，流量0.6立方米每秒，可灌溉耕地面积40公顷，庙口村的虎头泉和二贤村的二贤泉汛期常有鲤鱼、鲇鱼从泉口游出。

8.1.59.23　龙江
(Longjiang River)

柳江一级支流，流经的宜州市在晋朝称龙刚县，唐朝称龙水县，唐宋时期为龙水郡治，都有龙字，故称龙江。发源于贵州省三都县，在广西壮族自治区柳城县汇入柳江。地理位置东经107°31′21″～109°34′01″，北纬24°15′24″～25°38′55″。

概　述

流域范围　流域位于云贵高原东南麓，地跨贵州省东南部和广西壮族自治区西北部，北以九万山与柳江（融江段）分水，南与红水河刁江相邻。流域面积16 878平方千米，其中贵州4 189平方千米、广西12 689平方千米。流经贵州省三都、荔波，广西南丹、河池、宜州和柳城等县（市）。

地质地貌　流域地形自云贵高原东南边缘，逐渐向桂南、桂中丘陵平原、低山盆地过渡。西北高，东南低，西部山地高程700～1 100米，东部喀斯特林峰高程400～600米。地形复杂，山岭绵亘，岩溶广布，以峰林谷地为主。

河流水系　龙江源头位于贵州省三都县恒丰乡扁豆，至广西壮族自治区柳城县入柳江，干流长367千米，穿行九万山脉与凤凰山脉之间，有大小支流63条，100平方千米以上的一级支流有黄江、台村河、樟江、小七孔河、拉电河、温平

大埔水库

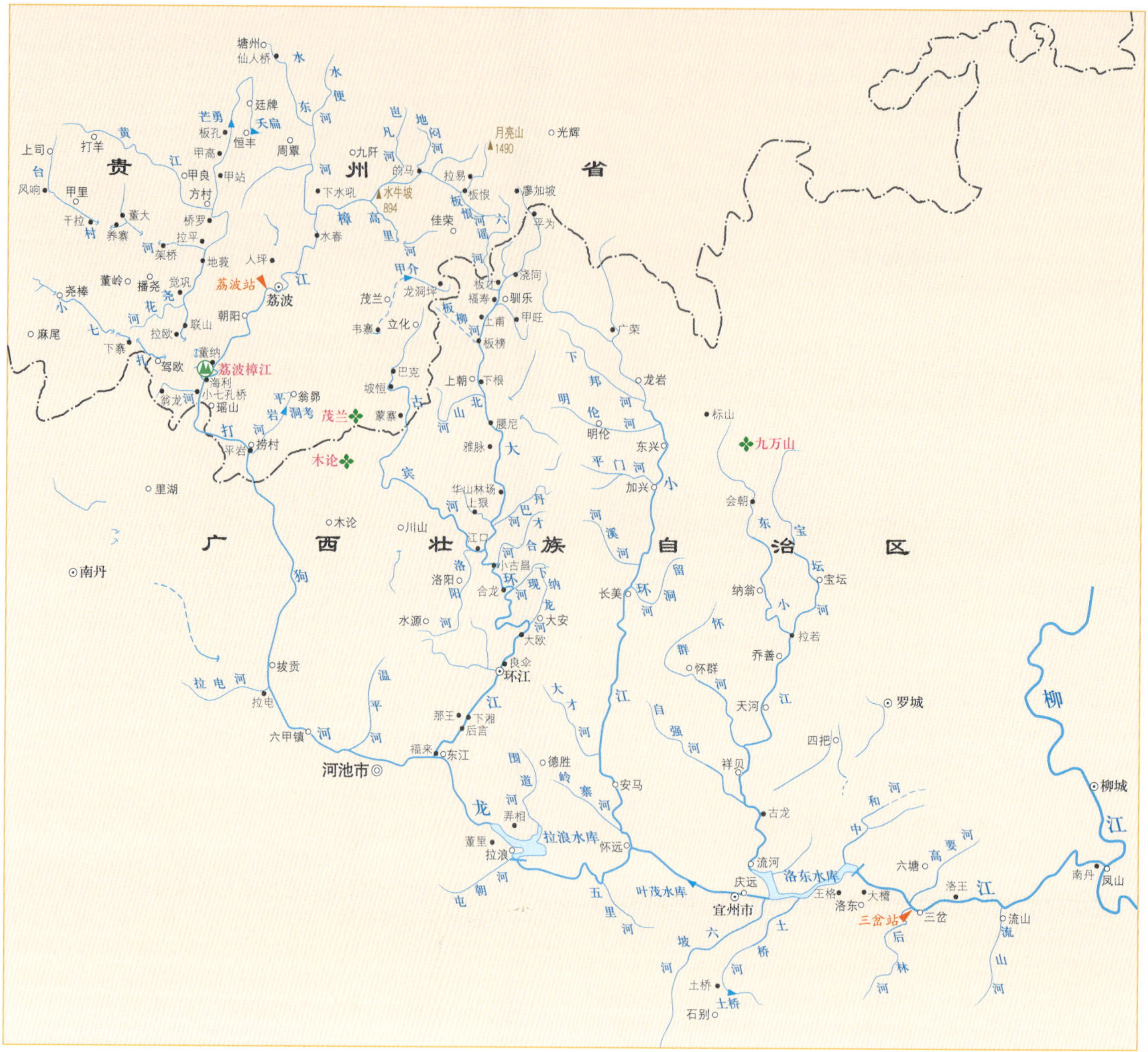

龙江水系示意图

河、大环江、屯朝河、围道河、五里河、小环江、六坡河、东小江、土桥河、中和河、王格河、高要河、合林河、流山河等19条。1 000平方千米以上支流有**樟江**、**大环江**、**小环江**和**东小江**等。干、支流总长2 125千米，河网密度0.17千米每平方千米。流域在广西境内有地下河78条，地下河补给面积共4 825平方千米，流程1 231千米，枯季出口流量25.7立方米每秒。

气候水文 流域地处南亚热带至中亚热带季风湿润气候区，地形地貌复杂，气候类型多样。气候温暖湿润，夏长而炎热，冬短而暖和，热量丰富，光照充足，雨量充沛，无霜期长，年日照多在1 447～1 600小时。多年平均降水日数157～188天，降水天气以高空槽和锋面天气为主。多年平均年降水量1 400～1 600毫米，主要集中在每年的5—7月，占年总量的65%～70%。年水面蒸发量900～1 200毫米。

流域干流上现有国家基本水文站三岔水文站，设立于1953年，位于宜州市三岔镇，控制流域面积16 280平方千米，占龙江流域面积的96.5%，平均年径流量127亿立方米。实测最大流量10 500立方米每秒，发生于1994年6月15日；调查最大流量11 600立方米每秒。

河流水质一般达到Ⅱ～Ⅲ类，但下游部分河段近年因受矿产开采的影响，个别年份劣于Ⅴ类。

水旱灾害 1750、1935、1945年龙江流域发生过特大洪水。1949—2000年较严重的洪涝灾害有1970、1983、1987、1994、1996年和2000年，其中1994年"6.13"特大洪水，罗城县双寨低洼地带水淹深达12米，受淹长达3天，造成严重的外洪内涝，受淹面积765公顷，受灾农户938户，倒塌房屋3 876间，4 633人无家可归，受灾作物522公顷，减产粮食4 000多吨，直接经济损失3 724万元。

治理开发 1959年和1985年，国家曾两次对龙江河池境内干流进行规划，拟分11个梯级开发，自上而下分别为下桥、江丰、拔贡、六甲、肯足、金城江、拉浪、长瓦、叶茂、洛东、三岔等梯级水电站。1967—1996年，下桥、拔贡、六甲、肯足、拉浪、叶茂、洛东等梯级水电站相继建成。

支流上宜州市已建有六坡、土桥、洛西中型水库3座，罗城县建有洞坎中型水库1座，总库容9 228万立方米。

纪　实

上游 龙江源头位于贵州省三都县恒丰乡扁豆（原属廷

牌镇），自源头先由东向西流，过夭扁水库折向北，经廷牌镇拉外转向南，穿过芒勇水库至板孔进入荔波县境。曲折流经甲高、甲站、方村，右纳**黄江**。黄江河口以上称甲站河（亦叫芒勇河）。流程经三都县境内34千米，荔波县境24千米。

自黄江河口复南流，至桥罗折向东约4千米转西南流，经拉平右纳**台村河**。过地莪、觉巩转南流，右纳尧花河。台村河口至尧花河口称地莪大河。复南流经联山、拉欧转向东南，穿过大七孔水电站、大七孔风景名胜区（伏流2.6千米、明流0.6千米，又伏流2.2千米复明流），至海利左纳樟江后称打狗河。再流经荔波县境44千米，其中明流39.2千米，伏流4.8千米。植被率达42.05%，生态环境优良，煤炭资源分布广泛。

自海利转向南流，经小七孔桥右纳**小七孔河**，至瑶山乡界牌出贵州省界。入广西南丹县境8.5千米折向东流入荔波县捞村乡，过捞村峡谷景点，至捞村转向东南流，左纳

捞村峡谷风光

平岩河（又名翁昂河），于俞家再入桂境。出省界处年均流量78.1立方米每秒。流经荔波县境37千米。平岩河发源于荔波县翁昂乡西北面，河长17千米，落差612米，平均比降30.4‰，自源头向东流，过翁昂折向西南，穿过洞考水库、平岩水电站，至平岩汇入打狗河，平岩河流域上游属茂兰喀斯特自然保护区。

荔波县是少数民族聚居地，居民有布依、水、苗、瑶、汉等族，民风古朴。

龙江南流20千米，入广西南丹县，至里湖乡拉尾村折向东流复入贵州省荔波县，至捞村转向南再入广西，沿南丹县与环江县界下行26千米，入河池市金城江区后称金城江，至拔贡镇拉电村右纳拉电河（河长21.81千米，流域面积108.58平方千米）后转向东南，经洛甲神女峰风景区、六甲镇府东流，至六圩镇老街村左纳温平河（河长31.84千米，流域面积167.05平方千米）后流入河池市区金城江镇。金城江镇是河池市政治、经济、信息中心，有黔桂铁路和321、210国道通过，是大西南出海通道和货物集散地。自然资源丰富，矿产主要有煤矿、有色金属矿、化工原料矿和稀有金属矿四大类，有色金属矿有铅、锌、锑、锡等17种，总储量1.3亿吨。

中游 出河池市区后东流，在东江镇福来村三江口，从左岸纳入大环江后始称龙江，折东南流经板里村流入宜州市境，至拉浪乡弄相村注入**拉浪水库**，出水库后于拉浪乡肯岭屯右纳屯朝河（河长13.33千米，流域面积273.44平方千米），至渡口屯左纳围道河（河长27.06千米，流域面积125.07平方千米），东流至平胸屯右纳五里河（河长30.85千米，流域面积289.06平方千米），继流至怀远镇左纳自北岸汇入的小环江。怀远至宜州市区，河道曲折狭窄，高山峡峙，礁石梗阻，坡陡流急。有大、小险滩23处，滩距0.2～1.8千米，主要有碑滩和落蓑滩。

宜州为汉元鼎六年（公元前111年）置定周县，现为县级市；宜州市山清水秀，风光绮丽，有白龙洞游览区、宋代铁城、黄庭坚遗迹、杨文广战事遗垒、明千户所古城、惠帝云

白龙洞游览区

游宜山遗迹、太平天国王府故址等多处古迹和风景区。宋代铁城建于1255年，地处宜州市城北3千米，分内城和外城，可容万灶，群山环绕，外扼咽喉，峭壁悬崖，四面如铁，号称"铁城"，后称古城峒。内城墙东西两端山崖

黄庭坚书馆

壁上各有一碑，东面山崖《铁城记》记载筑城经过，西面山崖《铁城颂》歌颂筑城功绩。

下游 龙江庆远镇以下属下游河段，有险滩48处，主要是金湾滩，糯米滩和李龙滩。出庆远镇后龙江于矮山乡六坡村右纳六坡河（河长44.92千米，流域面积212.28平方千米），又在庆远镇木棉村纳支流东小江。继流至洛西镇枫树脚村右纳土桥河（河长51.56千米，流域面积185.30平方千米）。于流河乡中和村左纳中和河（河长29.62千米，流域面积202.86平方千米）后成为宜州与柳城县界河，流入洛东水库，于洛东乡大槽村北右纳王格河（河长20.57千米，流域面积111.17平方千米），至六塘镇洛村下团屯左纳高要河（河长27.10千米，流域面积113.27平方千米）后至三岔。自洛东乡大槽村入山峡，蜿蜒曲折至三岔镇始出山峦入平谷，于三岔镇西北右纳合村河（河长34.61千米，流域面积361.99平方千米），经大洛王流入柳城县境，至流山镇流塘乡右纳流山河（河长16.27千米，流域面积236.89平方千米）。

龙江在柳城县凤山镇南丹村汇入柳江。明洪武元年（1368年）到1950年，凤山古镇曾是柳城县治所在地。山川秀丽，文物众多。网山西南山脚有开山寺，又名寿佛寺，建

开山寺

于清嘉庆十年（1805年），是广西四大古寺之一。寺庙依山傍水，四面有柳、龙二江和乌鸾、龙船诸峰环绕，风景清幽。建有正殿、左右偏殿、八层八角宝塔楼、三宝殿。网山岩洞与开山寺相连，洞口宽大，洞长300米，宽6～7米，洞内奇石镶嵌，幽深致远。寺外10余棵百年古榕，树盖如伞。曾毁于文化大革命，1992年原址重建。

8.1.59.23.1　黄江
(Huangjiang River)

龙江右岸支流，位于贵州南部。发源于贵州省独山县凤凰山西面，向东南流，经独山县打羊乡、荔波县甲良镇，在方村乡注入龙江打狗河段。河长40千米，落差358米，流域面积315平方千米，涉及独山县和荔波县。

流域地势西北高东南低，由北向南倾斜。低中山、低山地形，出露地层有碳酸盐类岩石，占70%以上，喀斯特地貌发育强烈，峰林、峰丛、槽谷、洼地、漏斗、落水洞、溶洞密布，地下河纵横交错。岩性有石灰岩、砂泥岩、砂页岩等。土壤有石灰土、水稻土和黄壤。植被为石灰岩灌丛、灌草丛，零星分布有杉树、马尾松、落叶阔叶林和毛竹，森林覆盖率20%。

流域属中亚热带湿润季风气候，多年平均气温16摄氏度，无霜期290天，相对湿度81%。多年平均年降水量1 250毫米，降水多集中在5—8月，占全年降水量的66%。水面蒸发量750毫米，干旱指数0.60。水资源量1.97亿立方米，黄江近年水质均为Ⅱ类。水力资源理论蕴藏量3.33万千瓦，技术可开发量3.25万千瓦，年发电量1.26亿千瓦时。

由于受降水量时空分配不均匀，大面积的地下河系等生态环境影响，地表水奇缺。暴雨洪水时地下河排水不畅成涝灾。干旱和洪涝是流域主要自然灾害。

流域属贫困地区，少数民族人口占总人口的81.7%，其中布依族占66.2%。有耕地面积2 440公顷，其中稻田1 728公顷。农业以种植水稻、玉米、油菜、辣椒和养殖畜禽为主，乡镇工业主要是采煤和生产建筑材料。水利工程有小型水库两座，总库容85万立方米，有效灌溉面积62公顷。水力资源已开发装机容量0.78万千瓦，年发电量0.55亿千瓦时。

8.1.59.23.2　台村河
(Taicun River)

龙江右岸支流，亦称架桥河，位于贵州南部。河长47千米，落差380米，流域面积299平方千米。流域涉及独山县及荔波县。

台村河发源于贵州省独山县董岭乡马鞍坡，自源头向南流，经上司镇至风响转向东南，在甲里镇干拉进入伏流，在养寨复明流，左纳董大河后伏流至荔波县境，在荔波县架桥西北1.5千米处出洞明流，两段伏流长度16.4千米，于播尧乡龙松注入龙江。

流域地势西北高东南低，为低中山、低山地形、喀斯特地貌。出露地层碳酸盐类岩石占75%，碎屑岩占25%。岩溶洼地、漏斗、落水洞、地下河等广为分布，为独山县第二大地下河系。土壤为石灰土、水稻土与黄壤。植被以灌草丛为主，零星分布有马尾松、毛竹等，森林覆盖率约20%。

台村河源高程1 135米，河口高程755米，台村河上游叫上司河，中游叫琴寨地下河，下游流经上、下台村，叫台村河。

流域属中亚热带湿润季风气候，多年平均气温16摄氏度，无霜期280天，相对湿度81%。多年平均年降水量1 200毫米，多集中在5—8月，占全年降水量的61%。2005年5月独山县上司出现228.7毫米的特大暴雨，山洪因地下河排水不畅，甲里镇部分农田、村寨被淹没，受灾严重。台村河水资源量1.87亿立方米，水质可以饮用。水力资源理论蕴藏量3 000千瓦，技术可开发量2 000千瓦，已开发装机容量1 050千瓦，年发电量450万千瓦时。

流域内属贫困地区，有布依、苗、水等少数民族，布依族占总人口的94%。农业以种植水稻、玉米、油菜和养殖畜禽为主。有耕地面积1 850公顷，其中稻田1 564公顷。干旱水涝是主要自然灾害。

8.1.59.23.3　樟江
(Zhangjiang River)

龙江左岸支流，位于贵州南部。发源于贵州省荔波县月亮山东麓，在荔波县瑶山乡海利汇入龙江打狗河段。河长103千米，平均比降4.78‰。流域面积1 673平方千米。

概　　况

流域呈扇形展布，西南邻龙江干流，东与环江接界，北邻柳江都柳江段，地跨贵州三都、荔波两个县。

流域处在贵州高原向广西丘陵盆地过渡地带，地势北高南低；最高点在源头，程1 450米；最低点位于河口，高程387米。地貌类型为高原低中山峡谷，间有河谷盆地。出露地层碳酸盐类岩石分布广泛；伏流、断头河段较多。土壤多为沙壤土。全流域山区约占92%，丘陵、盆地约占8%。植被覆盖率20.7%。

高里河口以上为上游河段，河长40千米，较大支流为高里河。高里河口至龙王洞为中游河段，河长30千米，最大支流为**水东河**。龙王洞以下为下游河段，河长33千米，较大支流为水豪河。

流域属中亚热带湿润季风气候区，多年平均相对湿度80%，全年无霜期316天。多年平均年降水量为1 200～1 650毫米，降水量年内分配多集中在5—9月，占全年降水量70%～80%。樟江下游荔波水文站多年平均流量28.7立方米每秒，多年平均输沙量为10.8万吨，陆地蒸发量为634毫米，水面蒸发量为750毫米，干旱指数0.60。

多年平均地表水资源量为12.44亿立方米，地下水资源量为1.22亿立方米。水力资源理论蕴藏量9.6万千瓦，技术可开发7.1千瓦。流域林木主要有马尾松、杉树等。木材主要产地在荔波县佳荣镇。矿产主要是煤，包括无烟煤、半无烟煤，多分布在中游左岸的水尧乡一带。

流域水旱灾害较频繁，旱涝交替，多为夏旱。1946年、1968年及2000年发生特大洪水，下游的荔波县城、朝阳镇进水，沿河两岸受灾严重。

流域耕地面积8 678公顷，其中稻田5 597公顷。农业以水稻、玉米、油菜为主。交通公路通车里程为2 867千米，荔波县飞机场于2007年5月建成通航。

流域内建有小型水库16处，总库容928万立方米。其他水利设施少，工程性缺水较严重。樟江水力开发仅作了规划，目前尚未实施。干流及支流水东河规划10个梯级开发，总装机容量4.26万千瓦。

纪　　实

樟江自源头由北向南流，穿过月亮山原始森林生态自然保护区南部，经荔波县佳荣镇拉易、板恨，左纳板恨河后折向西北流，经的马右纳地闷河，转向西南行至荔波、三都县界右纳邑凡河。沿荔波、三都县界续西南流，过水牛坡西南面左纳高里河；邑凡河口至高里河口称水昔河。流程穿行于峰丛、高原峡谷，经荔波县境33千米，荔波、三都县界7千米。耕地面积1 992公顷，其中稻田1 284公顷。源头一带属国家级森林生态自然保护区，具有独特原始的森林生态环境。

月亮山原始森林

经高里河口转向西南流进入三都县境,至拉邪折向西南,沿三都、荔波县界行至三都县九阡镇的下水吼南面约2千米进入荔波县境,右纳**水东河**。经拉刚穿过水春河峡谷风景区,左纳搞背河、右纳驼背河,至龙王洞右纳大坪河。流程经三都县境5千米,三都、荔波县界9千米,荔波县境16千米。沿河两岸生态环境较好。

穿过龙王洞流经荔波县城郊折向西南,经荔波水文站、朝阳镇,至董纳向东穿行樟江风景名胜区后,至高桥转向南,于海利汇入龙江。流程经荔波县境33千米,两岸多山间盆地,有耕地面积2 703公顷。

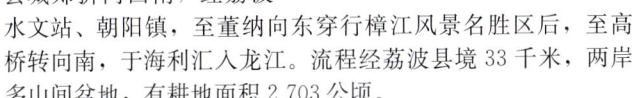
樟江风景名胜区

8.1.59.23.3.1 水东河
(Shuidong River)

樟江右岸支流,位于贵州南部。发源于贵州省三都县塘州乡,东南流经三都县仙人桥、雪花洞、周覃水电站,左纳水便河,折向南穿过万丈滩,流程穿行于低中山峡谷,于荔波县水春北面4千米处注入樟江。河长45千米,平均比降8.95‰,流域面积502平方千米。涉及三都县南部3个乡镇。

水东河源头高程895米,河口高程451米,落差444米,

水东河

河宽10~30米。有一级支流5条,最大支流为水便河。

流域呈扇形展布,东邻姑城河、岜凡河,西与甲站河接界,北邻坝街河,南至樟江干流,地势北高南低,为低中山、低山地形,出露地层碳酸盐类岩石为主。土壤主要有水稻土、黄壤和红壤。植被为石灰岩灌丛、灌草丛,森林覆盖率30%左右,有马尾松、杉树零星分布。

流域内属中亚热带湿润季风气候,多年均气温17摄氏度,无霜期308天,相对湿度80%。多年平均年降水量1 330毫米,多集中在5—8月,占全年降水量的65%。东南部九阡镇实测最大日降水量198.5毫米。水资源量3.51亿立方米,历年水质Ⅱ类。水面蒸发量750毫米,干旱指数0.56。悬移质输沙模数93吨每平方千米。水力资源理论蕴藏量5 000千瓦,技术可开发量4 000千瓦,已开发装机容量840千瓦,年发电量360千瓦时。

流域内属国家级贫困地区。水、布依、苗等少数民族,占总人口的98%,其中水族占总人口的82%。有耕地面积4 990公顷,其中稻田1 920公顷,农业以种植水稻、油菜为主,养殖猪、牛等。有13座小(2)型和3座小(1)型水库,总蓄水量1 037万立方米,可灌溉稻田900公顷。夏旱是主要自然灾害。

三都九阡李

三都县九阡镇生产的"九阡酒"和"九阡李子"远近闻名。三都水族的传统节日端午节十分隆重热闹。

8.1.59.23.4 小七孔河
(Xiaoqikong River)

龙江右岸支流,位于贵州南部。发源于贵州省独山县甲里镇拉干麻磨,在荔波县小七孔古石桥处汇入龙江。

流域大部分处于独山县东南,地势西北高东南低,是贵州高原向广西丘陵过渡的东斜坡地带,为低中山、低山地形,喀斯特地貌。石炭地层出露,碳酸盐类岩石占75%、碎屑岩占25%。峰林、峰丛、槽谷、洼地、溶洞、漏斗、落水洞遍布全境,地下河纵横交错,造成地表水奇缺。土壤有石灰土和水稻土,石灰岩灌丛、灌草丛广为分布,零星分布有落叶阔叶林、马尾松,森林覆盖率20%左右,下游荔波县内属茂兰喀斯特原始森林自然保护区范围。

源流自源头向东南流,明伏相间,经独山县尧棒、董岭、下寨进入荔波县,在小七孔古石桥处注入龙江。落差574米,河长65千米,其中伏流9段总长25千米。流域面积415平方千米。该河在独山县境内河长51千米,是独山县最大的地下河网。

流域内属中亚热带湿润季风气候,多年平均气温16.5摄氏度,无霜期280天,相对湿度81%。多年平均年降水量1 260毫米,降水多集中在5—8月,占年降水量的61%。流域中部独山县麻尾是多雨和暴雨中心,1995年6月25日发生278.8毫米的特大暴雨,受灾严重。流域水资源量3.11亿立方米。水力资源理论蕴藏量1.5万千瓦。已开发小七孔1~4级电站装机容量0.53万千瓦,年发电量0.3亿千瓦时;由于

电站运行影响了自然保护区生态环境,2006年全部拆除电站工程,恢复原貌。

流域内除麻尾镇外均属贫困地区,布依族占总人口的74.7%。有耕地面积2 189公顷,其中稻田1 818公顷。农业以种植水稻、玉米、油菜、辣椒和养殖畜禽为主,乡镇工业主要是建材。自然生态环境恶劣,"数日无雨到处干,一场大雨到处淹"的情况频繁出现,旱灾和洪涝灾害并存。麻尾镇是贵州的南大门,有贵新高速公路和黔桂铁路通过,经济较发达,牛肉和辣椒远近闻名。下游自驾欧乡的翁龙至河口5千米河段是国家级樟江风景名胜小七孔景区,以喀斯特地貌、浩瀚苍茫森林为主体,由卧龙潭、鸳鸯湖、水上森林、原始森林和六十八级瀑布构成,呈现出湖光山色、喀斯特森林生态环境的完美和统一。景色以野、奇、秀为特色,集中于小七孔景区内,是人类回归自然生态旅游之胜地。麻尾至荔波旅游公路通过景区。

8.1.59.23.5 大环江
(Dahuan River)

龙江左岸支流。发源于贵州省黔东南州从江县,在广西壮族自治区河池市环江县汇入龙江,干流长154千米。流域面积2 891平方千米,地跨黔桂两省(自治区)。

流域地处龙江中上游,云贵高原东南麓,剥蚀性地貌,地势北高南低,中、上游以山为主,低山分布在下游及中山边缘。中、下游多为丘陵、土岭,外观峰峦圆浑,坡度和缓,高程低于500米,山高数十米至200米。

属亚热带季风气候,上游山地潮湿多雨,冬冷夏凉,日照偏少,中、下游谷地气候温和,雨量充沛,夏长冬短。多年平均年降水量1 400～1 700毫米,5—7月降水量占年降水量的60%～70%。多年平均年径流量21.6亿立方米,实测最大流量3 010立方米每秒(1970年),调查最大流量3 530立方米每秒(1911年)。1968、1970、1983、2000、2001年有特大洪水,1983年灾情最严重,受灾面积8 667公顷。

规划15个梯级电站,总装机容量63.32兆瓦,年发电量2.87亿千瓦时,规划中的社村水利枢纽工程,总库容7.16亿立方米,总装机容量16兆瓦。

大环江发源于贵州省黔东南州从江县光辉乡廖加坡村料力坡屯西北2千米处。源流向南6千米经黔、桂交界处入广西壮族自治区环江县驯乐乡境,经平为、拉达、浇同等村屯,至板才村有那吉河从右岸汇入,至驯乐乡福寿村左岸纳入甲旺河,右岸纳入六谣河。大环江上游,福寿村以上又称山岗河,两岸崖壁高耸,曲折穿行在深山峡谷中,森林茂密,水质清澈,水流湍急,盛产河鱼。尧同龙脊梯田分布在上游长北、山冈、镇北3个村屯一带,群山环抱、重峦叠嶂,森林覆盖率64%,10万亩原始森林,空气清新,饱含负氧离子。

大环江流经福寿村后,继续南流经高连、上甫等村屯,至板榜村右岸纳入板柳河,经三脚、上朝圩等地,至下根村右岸纳入北山河,于腰尼左纳文雅河(河长20千米,流域面积128平方千米),再经雅脉、谷洞、华山林场,至拾圩村纳入丹巴河,至下寨村右岸汇入**古宾河**,南流8千米至小古昌村左岸汇入才合河,经八圩、同乐等村屯,转向东流至合龙村左岸汇入下现河,转南流经板立、下吴江、塘母等村屯转北流2千米至上吉村,转向东流至大安乡左纳大安河(河长16千米,流域面积145平方千米),转南流经大欧、良伞等村屯,至地理村右纳地理河(河长25千米,流域面积113平方千米),南流3千米至思恩镇,穿过城镇,至下囊村左岸汇入邑盘河,经下湘、那王等村屯流出环江县。在河池市郊经后言、上五尾等村屯,于东江镇福来屯三江口处从左岸汇入龙江。

大环江是环江县最大的河流,其由北至南横穿大部分县境。环江县矿产丰富,有煤、铁、铅锌、硫磺、大理石等矿,煤、铁、锌的储量、品位居广西首位,称作"大西南铅锌之乡"和广西"无烟煤基地"。环江县土地面积4 572平方千米,是广西的林业大县,流域中部木论喀斯特原始森林,是国家级自然保护区。有林产品川山凉席、毛南族花竹帽与土特产下南菜牛、毛南红窖酒、香猪、香鸭等。主要旅游景点有下庙旅游度假山庄、大才神龙宫、下兰姻缘洞、川山瑞良旅游区、长美崖刻、明伦北宋牌坊和下南古墓群等。

环江毛南族自治县是我国唯一的毛南族聚居县,毛南族占总人口的17%,全县人口37万,有毛南、壮、瑶、苗、仫佬等少数民族31.3万人。大环江流经的思恩镇是县政府所在地,已有1 300多年的历史。思恩镇良伞村环江水文站,控制大环江流域面积2 578平方千米,占总流域面积的89.2%。

8.1.59.23.5.1 古宾河
(Gubin River)

大环江右岸支流,又称社村河,贵州境内称茂兰河,发源于贵州省荔波县茂兰镇罗家寨坡,在广西壮族自治区环江县汇入大环江,涉及贵州荔波县及广西环江县。

流域面积1 353平方千米,其中贵州588平方千米,广西765平方千米。地处云贵高原前沿,北向南倾斜,高、中、低山,丘陵,河谷和台地分布其中,岩溶暗河发育。岩层以石灰岩为主,地表广泛分布砂岩、页岩,土壤以黄色亚黏土和轻亚黏土为主。上游区域群山如林,山岭连绵,草木丛生,沟深林密,气温低,山雾多,森林覆盖率40%以上,主要有马尾松、常绿和落叶阔叶林,石灰岩灌丛和灌草丛分布广。河床比降大,滩多坡陡,水流湍急,下切明显。茂兰有8 700多公顷原生性森林已列为国家级"茂兰喀斯特原始森林自然保护区",区内生长着万亩野生梅花。中下游低山丘陵及河谷台地,起伏平缓,河床比降小,含沙量小。河岸开阔,植被好,阶地发育。梯田多,矿产、水力、林业资源丰富。

亚热带季风气候温和,霜期短,雨量丰沛,日照充分,季节干湿分明,雨热同季,多年平均气温19.9摄氏度,多年平均年降水量1 515.5毫米,5—9月占全年降水量的75%,多年平均年蒸发量1 503.1毫米,平均相对湿度79%。干流长98.0千米,径流补给以降水为主,小部分为地下水,大雨时多数支流小沟河水暴涨,雨过河干。

古宾河发源于贵州省荔波县茂兰镇龙洞坪村,河源高程

茂兰喀斯特原始森林自然保护区

1 050米。自北向南流至更排折向西北，穿过甲介水库转向西南流，经茂兰镇于韦寨转向东南，伏流6千米，在巴克出洞左纳立化河，经坡恒、于蒙寨下游4千米处进入广西环江县，经下寨，于社村右纳大千河（河长21千米，流域面积237平方千米），经五圩、古宾等村，于洛阳镇上耀屯右纳洛阳河（河长41千米，流域面积137平方千米），于洛阳镇江口村东汇入大环江。

居民有壮、汉、苗、水、瑶、毛南、侗等族裔，历史悠久，民族风情淳厚。茂兰、立化两镇是荔波县主要煤炭工业基地，茂兰喀斯特原始森林自然保护区集`山、水、洞、林、湖和瀑布为一体，溶旅游、观光、科研考察为一炉。民族工艺品川山凉席别具一格，川山麻鸡风味独特。著名的木论（川山）国家级自然保护区，水秀山丽，有大面积原始森林。广西木论乡、川山镇还是远近闻名的汉代黔桂古驿道。有黎明关、社村魁星、都川葫芦塔、瑞良仙莲洞、富山温泉等名胜古迹。

8.1.59.23.6　拉浪水库
（Lalang Reservoir）

龙江中游上的大（2）型电站水库，坝址位于广西壮族自治区宜州市德胜镇弄相村和董里屯交界处，东距宜州市城区67千米，西距河池市城区53千米。

拉浪水库

水库有日调节功能，以发电为主，兼顾灌溉和防洪。控制流域面积9 299平方千米，水库面积8.05平方千米。工程于1966年动工，1971年开始蓄水发电，1974年竣工。1985—1987年曾除险加固，库容1.25亿立方米。

工程由挡水坝、溢流坝、发电输水洞和发电厂房4部分组成。混凝土重力坝总长333米，坝高40.9米；溢流孔最大泄洪量10 600立方米每秒；发电输水洞，最大引水量270立方米每秒；发电厂房装机容量51兆瓦，平均年发电量2.41亿千瓦时。

拉浪库区上游部分石灰岩山区，河道狭窄；中、下游丘陵，近坝河段才宽阔，坝前15千米河道两岸山下多小型煤层。

坝址上游约25千米处有大环江汇入。拉浪水库东西向横穿河池市金城江镇（市区）、东江镇和宜州市德胜镇，从坝址回水至河池市金城江镇中心一桥下游1千米处的农业灌溉、城市供水综合水轮泵坝下，水库水面长度38千米；坝址上游5千米范围河道水面较为开阔，约330～650米，再向上游至金城江镇则多为狭窄的30～150米的河道水面。

库区为亚热带季风气候，雨量充沛，多年平均年降水量1 420毫米，年平均流量228立方米每秒，枯季流量10～30立方米每秒，洪水期3 000～6 000立方米每秒。

库区高山峡谷河流、人烟稀少，少数民族居住点交通闭塞、经济落后，仅淹没耕地面积56.3公顷，迁移600人到淹没线以上。

库区喀斯特山区地貌风景优美，树木葱茏，地下岩溶发育。有一河段长10千米，河道狭窄，岸壁陡峭，建库前水急滩险弯多，俗称"鬼见愁"，建库后已无险滩。森林郁郁葱葱，风光旖旎。坝首到金城江镇的水库江面，可开通货物、旅客、旅游等航运业务。坝下游2千米处有一大暗河，流量2.7～10.2立方米每秒。

8.1.59.23.7　小环江
（Xiaohuan River）

龙江左岸支流，又称中洲江、中洲小江，发源于贵州省荔波县尧贵乡上寨村，在广西壮族自治区宜州市汇入龙江。干流长153千米，平均比降1.41‰，流域面积2 362平方千米。涉及贵州省荔波和广西罗城、环江、宜州4个县市。

地处云贵高原向广西丘陵区过渡地带，地势北高南低，山峦延绵起伏，地质地貌复杂。上游峰丛洼地，岩溶暗河发育，侵蚀明显，河槽多呈峡谷形，下游低山丘陵河谷台地，起伏平缓，阶地发育。广泛分布有灰岩、砂岩、页岩，主要土壤是黄色亚黏土和轻亚黏土。

安马小环江

小环江有下邦河、明伦河、平门河、大才河等支流15条，部分小支流多属季节性河流，干、支流总长471千米，河网密度0.21千米每平方千米。有地下河10条，补给面积275平方千米，总流程129.5千米。

流域属南亚热带季风气候，温和适宜，多年平均气温19.9摄氏度，多年平均年降水量1 521.2毫米，5—9月占年总量的75%。年径流深700～900毫米，多年平均年径流量23.14亿立方米。植被茂盛，河水含沙量少。

小环江水力资源丰富，有小型水库9座，总库容1 327万立方米，控制流域总面积39.91平方千米；小型水电站6座，装机容量4.22兆瓦。有多处小型水轮泵站，灌溉面积66.7公顷以上自流灌区5处。

小环江发源于贵州省荔波县尧贵乡上寨村西南2千米处，贵州省荔波县内河长13千米，源流向南入广西壮族自治区环江县，经龙岩乡黄种、广荣、永乐等村，过龙岩乡治，于安山村右纳下邦河（河长24千米，流域面积126平方千米），继于为才村右纳明伦河（河长26千米，流域面积100平方千米），至东兴镇转西南流，于加兴村右纳平门河

(河长 20 千米，流域面积 110 平方千米），经笃雅、内同等村，于长美乡拉门村右纳河滨河（河长 28 千米，流域面积 130 平方千米），左纳留洞河（河长 30 千米，流域面积 100 平方千米），经八福村入宜州市，于安马乡北关右纳大才河（河长 26 千米，流域面积 159 平方千米），继南流经安马乡治，至怀远镇北斗村右纳岭寨河（河长 19 千米，流域面积 103 平方千米），于怀远镇治汇入龙江。

干流贯穿环江县东部，河道与大环江基本平行。上游群山如林，森林茂盛，有林 2 万余公顷，其中水源林和原始森林面积 1.4 公顷，主要树种有杉树、松树、椿树、白花木、红椎、红绸、竹木。环江县矿产资源丰富，有煤、铜、铅锌、重晶石、硅石等矿藏，盛产香猪、香鸭、瑶鸡、香牛、蜂蜜、香菇、冬甜笋、桐油、茶油等土特产。

天河东小江

龙岩乡广荣村以上干流，河床陡，水流急，广荣村以下至东兴逐渐趋缓，青山绿水，相得益彰。旅游景点有东兴社区的摩崖"汉马伏波寓此"石刻，有那王碑、仁岭石林、

宜州小桂林

汾河瀑布及"十里不同俗，百里不同风"的中洲风情漂流。20 世纪 50 年代前，龙岩乡广荣村小环江下游还有民船往返，60 年代以后，河道多建坝，只有局部河段可以通航。

河水清澈，水流平缓，四季翠竹掩映，山峰连绵起伏，异石洞幽。泛舟河中，山光水色，疑似画中游，有宜州市"小桂林"之称。安马乡山地面积大，森林超过 467 公顷，野生资源丰富，适宜发展竹藤编织产业和植物开发产业。

8.1.59.23.8 东小江
（Dongxiao River）

龙江左岸支流，又名古龙河、天河。发源于广西壮族自治区环江县东兴镇标山村沙坪屯东北 2 千米处，干流长 139 千米，平均比降 3.54‰，流域面积 1 904 平方千米。涉及广西融水、环江、罗城、宜州四个县（市）。

属山区性河流，上游河段滩多坡陡，水流湍急，下游平缓、开阔。支流有丹标河、宝坛河、怀群河、自强河等 9 条，干、支流总长 392 千米，河网密度 0.21 千米每平方千米。有地下河 13 条，补给面积 717 平方千米，流程 203 千米，枯季出口流量 2.34 立方米每秒。

流域地处云贵高原前沿斜坡地带，北向南倾斜，山峦延绵，岩溶暗河发育，上游为侵蚀型中低山区，河槽多呈峡谷型，下游为岩溶峰林谷地丘陵，阶地发育。南亚热带季风气候，多年平均气温 19.4 摄氏度，极端最高气温 38 摄氏度，极端最低气温-4 摄氏度。多年平均年降水量 1 543.4 毫米，径流补给以降水为主，多年平均年径流量 7.62 亿立方米。

水资源丰富，干流开发规划 8 个梯级。有台闯、坡流、拉关 3 个径流式小水电站，总装机容量 550 千瓦，还有地良、宾村等水轮泵坝。建设的宝坛水利枢纽是东小江规划开发的龙头工程。

自源地向南流，经会朝村入罗城县，过纳翁乡至拉若村左纳宝坛河（河长 55 千米，流域面积 243 平方千米），经乔善、天河 2 乡镇于在豆村入宜州。上游山岭连绵，沟深林密，谷峰和台地、梯田相间。气温低，山雾多，森林覆盖率高，九万山国家自然保护区，有桫椤、银杏、红椎等国家保护植物。矿产资源丰富，有锡、镍、铅、锌、锑、铜、铁、硅石、大理石、花岗石等矿产，锡、锑的储量都超过 10 万吨。水稻、玉米是主要粮食作物，木耳、香菇、山茶、八角、大蒜为主要特产。

干流在祥贝乡拉托村右纳怀群河（河长 42 千米，流域面积 327 平方千米）。怀群河边奇峰突兀，碧水幽静，景色秀丽。祥贝以下河段又名下枧河，河道如游龙蜿蜒，数只古水车水上转动，与山水光影，相映成趣。拉光村有珍珠岩，洞口铺满天然石珠，洞中石龙曲折盘蜷，长数十米，粗似水桶，钟乳巨石擎天，水帘瀑布壮观。顺流而下还有荔枝洞，河边洞口立有天然巨石拱门，撑筏进洞，洞中又见溪流瀑布。

宜州祥贝乡下枧河

继南流，经祥贝乡治，至白伟村右纳自强河（河长 28 千米，流域面积 132 平方千米），进入古龙圩至下枧龙洲岛河段，古称思吾溪，长 10 千米。古龙圩后山有古龙洞，洞长数千米，内有数个大厅，钟乳酷似古榕挺立，景观奇幻。沿河漂流，可见皇冠山、义马柱、古佛朝西、龙女岩、鸳鸯洞、六妹岩景点。龙女岩有泉水淌出，四季不断流。洞口高 15 余米，宽 20 米，泛筏可入 10 余米，见泉眼。严冬有暖雾逸出，常有村民洗浴。继南流于岩口屯左纳流河（河长 16 千米，流域面积 276 平方千米），经流河乡治转为东南流。

东小江过龙州岛经刘三姐镇，至宜州市下岩村下游 1.5 千米处汇入龙江。水清河宽，峰峦叠嶂，翠竹摇曳，有下枧山、手巾岩、马山塘、流河寨、三姐庙景点和三姐传歌台、望妹石等景观。相传下枧村是刘三姐的故乡。唐代起，下枧河就盛行歌圩，农历三月三日年年举办"刘三姐故乡三月三歌会"，有"如今广西成歌海，都是下枧三姐传"之说。民族风情浓郁，风光秀美自然，民俗文化淳厚，下枧独特的刘三姐歌谣文化，成为广西文化生态保护区。

刘三姐故乡流河寨

8.1.59.23.9　土桥水库
（Tuqiao Reservoir）

龙江支流土桥河上的中型水库。坝址位于广西壮族自治区宜州市石别镇土桥村，北距宜州市城区20千米，东邻柳州市忻城县大塘镇里苗村，南接宜州市北山镇，南部为宜州市庆远镇矮山村。

土桥水库

水库有年调节功能，以灌溉、城市供水为主，兼顾防洪、发电，控制流域面积134.1平方千米。工程于1958年开工，1962年竣工蓄水，1973年扩建，1999年曾进行防渗、加固。水库库容3 318万立方米，水面面积2.38平方千米，回水长5千米。

工程由均质土坝、溢洪道、输水隧洞、水电站和宜州市城区供水取水口组成。主坝560米，坝高23.5米；溢洪道最大泄洪量785立方米每秒，输水管最大泄量5.95立方米每秒，坝后水电站1979年竣工，装机容量200千瓦，年发电量40万千瓦时。宜州市城区供水工程供水量5万吨每日。

库区地处石灰岩地区，多二叠纪马平灰岩，东南北高山石灰岩裸露，西部为丘陵低矮土岭（局部石灰岩高山），喀斯特溶洞、陷洞发育。

属亚热带季风气候温和，多年平均气温19.6～20.2摄氏度。库区多年平均年降水量1 340毫米，最高降水量1 979.2毫米（1958年）。年来水量8 500万立方米，有支流青潭河流入，距主坝上游80米处有板布泉水2处，枯水流量0.8立方米每秒。水库调节削减洪峰，保护了宜州市城区和下游群众安全。灌溉面积0.21万公顷，促进渔业开发和综合经营发展。

库区淹没耕地面积153.33公顷，其中水田55.4公顷，旱地97.93公顷，搬迁12个生产队269户1 307人，大部分迁至洪水位以上的库边安置。经济以农业为主，收入靠粮食、甘蔗、桑蚕、蔬菜和养殖业。主要种植玉米、甘蔗、谷子、豆类，养殖有禽、鱼类及种桑养蚕。

土桥水库是自治区和宜州市重点水源保护区，森林植被较好，自然景观秀丽，蓝天碧水。水库所属土地已全部植树，涵养水源，防止水土流失，水源保护较好。

8.1.59.23.10　洛东水库
（Luodong Reservoir）

龙江中下游的大（2）型水库，坝址位于广西壮族自治区宜州市洛东乡王格村小洛屯和柳城县六塘镇三界村交界处，西距宜州市城区33千米，东距柳州市城区80千米。

水库有日调节功能，以发电为主，兼顾灌溉和防洪。控制流域面积1.56万平方千米，水库面积4.8平方千米。工程于1970年动工兴建，1971年蓄水发电，2001—2003年曾进行除险加固，总库容1.85亿立方米。

工程由主河大坝及9孔溢流坝、叉河大坝及2孔溢流坝、发电输水洞和发电厂房3部分组成。主河大坝为混凝土重力坝，坝长176.6米，坝高47米。主河溢流坝最大泄量1.43万立方米每秒。叉河大坝最大泄洪量1 000立方米每秒。发电输水洞，最大输水量340立方米每秒。河床式厂房装机容量40兆瓦，平均年发电量2.36亿千瓦时。

水库东西向横贯宜州市的庆远镇（市区）、三合乡、洛东乡，从坝址至叶茂水库电站尾水处，水面长40千米，库区河道狭窄，主河道多为喀斯特石灰岩深槽状，水面宽度40～160

洛东水库

米。坝址上游 30 千米，宜州市庆远镇有下枧河汇入。

水库坝前至宜州市城区 22 千米，水上航运交通便利。上游叶茂水电站，装机 3 台装机容量 37.5 兆瓦。洛东水库淹没耕地面积 94.3 公顷，迁移 370 人。流域植被覆盖率较高，坝前无淤积。

库区喀斯特山区地貌，森林苍莽，雨量充沛，地下河发育。枯季流量 30～60 立方米每秒，洪水期 3 000～9 000 立方米每秒。库区属亚热带季风气候，多年平均年降水量 1 380 毫米，多年平均年径流量 378 立方米每秒。

五百罗汉号碑

宜州市是壮族歌仙刘三姐故乡，有 2 100 多年历史，59 万人口，其中壮族 39 万人，三月三歌节引来无数观光游客。宋代大文学家黄庭坚、明惠帝朱允炆、著名地理学家徐霞客、太平天国翼王石达开等历史名人曾留寓此地，留有山谷祠、山谷先生衣冠墓、石达开与部将气吞山河的唱和诗石刻以及全国现存最早的五百罗汉号碑等众多文物古迹。

下枧河是著名的刘三姐旅游风景区，有下枧河风光（流河寨至刘三姐的乡村旧居）、古龙河段的古龙漂流、祥贝河段的祥贝风光和大水车、祥贝乡的溶洞奇观——珍珠岩和荔枝洞；宜州城区二桥至广西维尼纶厂河段的水上石林风光；宜州城西南 5 千米处还有一座溶洞奇观——仙女岩。

仙女岩

洛东水库上游，即宜州市城西至叶茂水库之间，现为广西与广东经济合作开发区之一。

8.1.59.24　大桥河
（Daqiao River）

柳江右岸支流，发源于广西壮族自治区柳江县里高镇拉洪村，干流长 50 千米，平均比降 3.48‰，流域面积 744 平方千米。涉及柳江县和柳州市区。

流域面积超过 100 平方千米的支流为三千河。

流域丘陵地质为泥岩、页岩或泥质岩等软质岩石，呈南北向连绵排列，峰林谷地地貌由石峰和开阔谷地组成，石峰孤立，平地拔起，呈笋状、锥状及多角状，局部石峰集聚成丛，有铜鼓岭、大武山、酒壶山、甘龙山、伦桃山、古盘山、连台山、百之山、驼背山、多科山等，高度多在 260～650 米。

属亚热带季风气候，多年平均气温 20.4 摄氏度，光照充足，雨量充沛，多年平均年降水量 1 400 毫米，多年平均年径流量 5.12 亿立方米。有水库 4 座，总库容 4 373 万立方米，有效灌溉面积 3 367 公顷，总装机容量 1.01 兆瓦。农民主种水稻、兼种蔬菜、黄豆、黄麻、甘蔗。

大桥河自源头北东流，经盘龙、白见村、三都镇，于龙兴村左纳龙兴河，进入白露、同乐村，进入柳江县城拉堡镇。柳江，汉武帝元鼎六年（公元前 111 年）置中县。隋开皇十一年（591 年）改置马平县，1931 年改为柳州县，1937 年改称柳江县。县治均在柳州市。1951 年迁县治于拉堡镇。境内有"方解石之乡"美称，年开采量 2 万吨。东流于槎山左纳拉堡河，继流至屯伦村右纳三千河（河长 30 千米，流域面积 308 平方千米），继东流，于柳州市羊角山镇鸡喇村汇入柳江，进德乡的通天岩（"柳江人"洞）为自治区重点文物保护单位，拉堡镇铜鼓岭有革命烈士纪念塔，塔下有 1927 年牺牲的中共党员熊秀民之墓。百朋镇酒壶山洞腰穴和石壁有多处清代诗人摩崖石刻，成团乡境内行门岩有明代石刻，三都乡南宋转运判官方信孺写的"卧龙岩"摩崖石刻、进德乡的贝丘遗址，均为县级重点保护单位。

8.1.59.25　红花水库
（Honghua Reservoir）

柳江下游大（1）型水库。坝址位于广西壮族自治区柳州市柳江县，距柳州市 25 千米。淹没末端距大浦水电站坝址 1.7 千米，支流龙江淹没末端仙姑庙，距河口 13.31 千米。

水库是柳江规划最后一个梯级，有日调节功能，以发电、灌溉和航运为主，兼顾旅游和养鱼。控制流域面积 46 810 平方千米，占柳江流域面积的 80％。库容 30 亿立方米，水面面积 59 平方千米，长 118 千米。2003 年兴建，2005 年竣工蓄水。电站总装机容量 220 兆瓦，年发电量 8.8 亿千瓦时。

工程由土坝、泄水闸、电站厂房、开关站、船闸等部分组成。土坝为均质碾压土石坝。最大坝高 48.6 米，坝长 578 米。河床式厂房位于泄水闸右侧。电站装机容量 220 兆瓦，安装 6 台灯泡式水轮发电机组，船闸闸室有效尺寸为 100 米×12 米×3 米（长×宽×门槛水深）。

多年平均年降水量 1 456.3 毫米，4～9 月降水量占全年的 75％。年际变化较大，最大（1968 年）为 1 833.6 毫米，最小（1963 年）为 998.2 毫米。多年平均流量 1 260 立方米每秒，多年平均年径流量 397.35 亿立方米。月平均气温 7 月最高，为 28.8 摄氏度，1 月最低，为 10.4 摄氏度，历年极端最高气温 39.2 摄氏度，极端最低 －3.8 摄氏度。

库区地貌形态多样，河道有一级阶地、峰丛洼地、峰林谷地（平原）、溶岭谷地和低丘。土岭植被有原生和人工种植，喀斯特岩溶植被为灌木树种，荒山荒地多草木植被。

红花电站全景

水库淹没59平方千米,涉及柳江县、鹿寨县、柳州市区、柳城县18个乡(镇)54个村委会,以及洛维园艺场、柳州古亭山经济开发区、新兴农场等国营单位,国家保障库区移民的生产和生活。

为治理水土流失,营造蓝天碧水的宜居环境,近年来,政府把造林绿化工作列入重要议事日程。1987—1995年,全市完成宜林荒山造林11.26万公顷,封山育林3.33万公顷,森林蓄积量从126万立方米提高到153万立方米,森林覆盖率从7.4%上升到15.3%。

8.1.59.26 洛清江
(Luoqing River)

柳江下游左岸支流,上游又名义江,发源于广西壮族自治区临桂县,在鹿寨县汇入柳江,地处桂东北。干流长275千米,平均比降0.59‰,流域面积7 602平方千米。

概　述

流域地跨桂林、柳州、来宾3个地级市,北起天平山与古宜河毗邻,东以贺桥岭、大瑶山北端为界与桂江毗邻,西邻融江,南傍运江。流域地势北高南低,干流穿行天平山系、柳州平原与漓江平原、架桥岭山系、大瑶山北端之间,各支流发育于3座山系和两个平原之中。大部分流域被红壤土覆盖,其余为水稻土、裸岩以及黄壤土。流域植被较好,上游

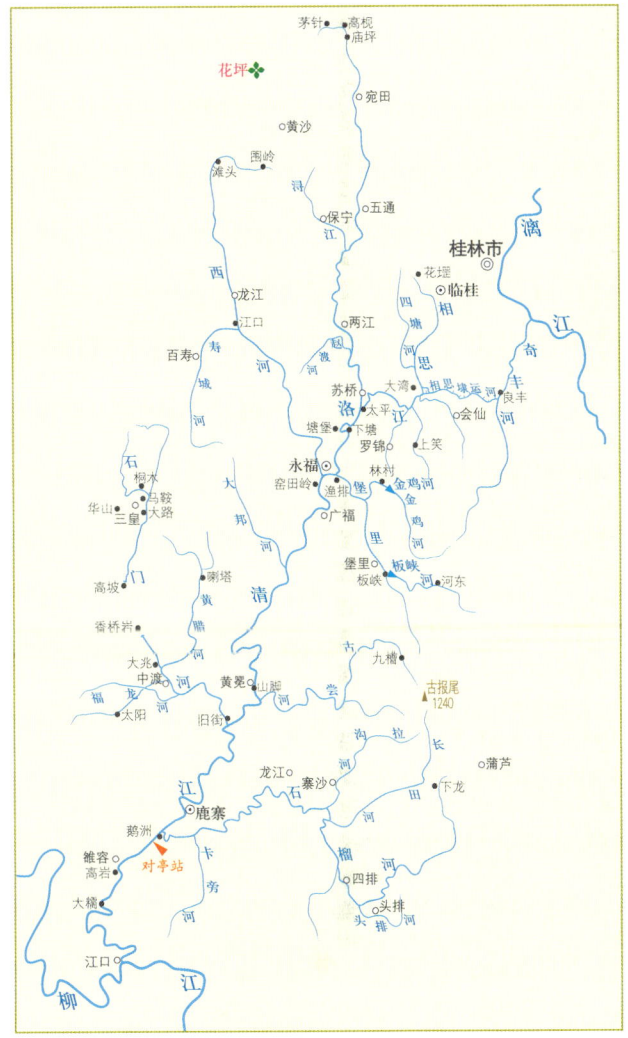

洛清江水系示意图

源地有次生林和原始森林,中游林木丰茂。河道弯曲系数1.05。干流流经的临桂、永福和鹿寨3县称作"洛清江三县"。

洛清江曾是柳州鹿寨上至永福、桂林,下达桂平、梧州的古交通要道。有大小支流60余条,流域面积100平方千米以上的支流有浔江、**相思江**、**堡里河**、**西河**、大邦河、矮岭河、**古尝河**、**石门河**、**石榴河**。其中超过1 000平方千米的支流有3条,依次为西河、石门河和石榴河。

属亚热带海洋性季风气候,丘陵山区地理环境与大气环流,形成热量丰富、四季温和、降水丰沛、干湿分明、日照适中、冬少夏多、灾害频繁、旱涝突出的气候特征。多年平均气温19摄氏度,年日照1 500小时。多年平均年降水量1 781毫米,年内分配不均,集中于4—9月,占全年的74.6%,其中5—7月占46.9%。平均年水面蒸发量796.9毫米,年径流总量83.13亿立方米。

洛清江源头至鹿寨县河段占总河长的83%,水质达到Ⅲ类水质标准。鹿寨县对亭至洛清江入柳江口河段占总河长的17%,水质劣于Ⅴ类标准,主要超标污染物有总磷和挥发酚。

流域内土少石多,水土流失量不大,河流含沙量较小,平时清澈洁净,少有浑黄混浊现象。只是大范围强暴雨时,大水大沙,径流携大量泥沙入河。

洛清江洪水灾害较频繁,大多发生于5—8月。1957—1990年,上中游地区特大暴雨洪灾11次,平均3年1次。历史调查1949年洪水最大,洪峰高达8 380立方米每秒,交通中断,房屋倒塌,农田被淹,粮食绝收。1950—1995年,下游地区较大水灾17次,平均两年半1次。1957—1990年的34年间,全流域共有较大旱灾15次,平均两年1次。

流域经济以农业为主,工业和服务业并重,产业结构较平衡。主要种植水稻、蔬菜及水果,也发展养殖业,上游临桂县是国家粮食生产大县。矿产资源较丰富,重要矿产有重晶石、铁、铅、锌、金、锰等。20世纪末,流域耕地面积4.89万公顷,人口92.2万,年产粮食42.6万吨。

采取旧堤拆除、加固,建设新堤和河道清障等措施,固堤、疏浚、通路、绿化、治污综合开发,局部治理洛清江河道。现状防洪能力较低,未达国家设防标准。建有板峡、金鸡河、华山、马步和龙母中型水库5座,小(2)型以上水库有约100座。

纪　实

洛清江发源于临桂县天平山区横岭界,源头山泉在宛田乡茅针村西偏南1.5千米处。西南有花坪国家自然保护区,植被茂盛,雨水充足。河源段溪水潺潺,水源丰富,清澈透明,穿磐过石,水声淙淙,两侧林木清秀。

源流东行至高视村,急转折向南流,过庙坪1千米有十二滩森林公园,面积6 600多公顷,树种繁多,古木参天,鸟语

花坪国家自然保护区

临桂十二滩漂流

一路下行,经锥容镇,达高岩村,河西1.5千米,有锥容高岩景点,有宋朝以来碑文16件。岩洞长500米,观音岩、中岩和白象岩彼此相连,多姿多彩。

过高岩,长沙屯至大糯屯,洛清江大致顺直,过大糯屯急转迂回,辗转曲折。近柳江汇口,地势平缓又受柳江顶托回灌影响,河床游荡变迁,主流弯曲,左右摆动,水势变得十分平静,洛清江在江口镇附近汇入柳江。

8.1.59.26.1 相思江
(Xiangsi River)

洛清江左岸支流,又名苏桥河。发源于广西壮族自治区桂林市临桂县花堽村铁炉屯以西1.3千米处,有南北二河在会仙镇大湾汇合后经下炉、渔船上、岭桥、崇山、苏桥、太平等村,于永福县苏桥镇太平村附近折流至江口汇入洛清江。

流域面积566平方千米,河长54千米,河道平均比降0.31‰。有四塘河、会仙河、上笑河、罗锦河4条支流。气候温和、湿润,雨量充沛,多年平均年降水量1 950毫米,相对湿度78%,多年平均气温18.9摄氏度。

上游相思埭运河又名桂柳运河、临桂陡河,有"北有灵渠,南有陡河"之称。开凿于唐代长寿元年(692年),初期仅丰水期通航,清代三次大的疏浚,增建附属设施,可四季通航,曾是古代中原通往岭南的重要航道。运河东自奇峰河良丰始,西至相思江大湾,全长15千米,沿河建石料砌陡门水闸24座。东连接奇峰河通漓江,西经苏桥入洛清江,南至鹿寨县江口汇入柳江。使中原的物资经相思埭,下柳州,溯红水河或柳江,抵黔、滇,又使沿岸田地旱可灌、涝可泄。运河修建前从桂林南下柳州的水路,须经漓江至梧州,溯西江上桂平,北上黔江,又经象州入柳江,航程千余里,滩险浪恶,事故频多。唐代柳宗元被贬后,经运河南下到柳州,"崩云下漓水,劈箭上浔江"描写了当时漓江、柳江航道。相思埭运河是我国少有的保留至今的古运河。不仅缩短了桂林至柳州航程,而且运河航行平稳安全。近年失修,河道淤塞,已不通航。沿岸土地肥沃,农特产品多,四塘马蹄以个大皮薄、色泽红润、清甜爽口、脆嫩无渣盛名,曾为明清贡品。

相思江多湖泊,风光旖旎。相思湖是桂林"水肺",湖内芦苇浩荡,耕牛也乘小船出没,或站或卧在头,悠然自得,称作桂林"水泊梁山"。

下游段的苏桥—桂林国际产业卫星城是广西重点建设项目。

花香,两岸奇峰兀立,河道狭隘、陡峭,落差惊人,成12个高低不同、形状各异的瀑布。流经洛清江干流第一个乡,宛田瑶族乡瑶族人口占全乡的49%。一路南行,过中庸、五通,先后纳下侣河、仁和河、保宁河,至保宁乡伍家村右纳浔江(河长32.71千米,流域面积122.03平方千米),再过渡头、两江,先后纳茶洞河、赵渡河。两江镇东北不远处建有桂林两江机场。

出临桂,洛清江入永福县境,至苏桥镇,经湘桂铁路桥,在太平村附近左纳相思江。折西南流,至塘堡村和下塘村附近,河流分为一弯一直两个汊道,两个江心洲包围其中,成"8"字形河网。继续下行,在永福县城城郊渔排附近左纳堡里河,受中洲阻隔,分流两支,右支直行入永福县城区并右纳西河。永福,唐武德四年(621年)析始安为永福、纯化两县,因县治南五里有永福山而得名;有"福寿之乡"美称,境内山清水秀,人才辈出。

过永福县城,西距西河汇入口不足2千米的窑田岭,有宋代窑遗址。南流至广福乡兰麻村右纳大邦河(河长35.58千米,流域面积214.01平方千米)后入鹿寨县境,至黄冕乡里定村左纳矮岭河(河长34.35千米,流域面积117.61平方千米),经黄冕乡治于山脚村左纳古尝河,至旧街村右纳石门河,后流入鹿寨县城。鹿寨,唐贞观后设县,森林覆盖率54.59%,是国家粮食基地县和国家糖料基地县,自古以来,鹿寨都是桂中、桂东地区交通要道和货物集散地,湘桂铁路、桂柳高速公路、国道322、323线过境;综合经济实力雄厚,县府驻地鹿寨镇是广西古代四大名镇之一。

过鹿寨县城,洛清江西南流6千米左纳石榴河,汇口下游不足3千米处,有对亭水文站,是洛清江出口控制站。洛清江

8.1.59.26.2 堡里河
(Puli River)

洛清江左岸支流,又名茅江、茅河、毛河,发源于广西永福县堡里乡河东村架桥岭西侧,干流长57千米,比降11.5‰,面积458平方千米,属永福境内河。

流域地形复杂,东、南、西三面山地高程超过400米,中部是河谷平原,主要支流是大波河、金鸡河。多年平均年降水量1 821.4毫米,年平均流量20立方米每秒,最枯流量1.32立方米每秒。降水分配不均,集中在5—7月,多发洪水。1966年4月历史罕见洪灾,连根拔起许多百年大树,毁坏坡、堤及部分房屋、仓库,淹没水田,冲坏永堡公路、桥梁,水利设施损失严重。有中型水库2座,小型水库1座,总库容1.194亿立方米,灌溉4 740公顷。

干流自南向北流,拉攸河汇合口以上称黄元河,属架桥

洛清江永福县城段

岭水源林保护区。汇合口以下称堡里河，出堡里街后，入狭长的平原，河中逐级筑有10余座木桩卵石坝，开渠引水或安装筒车提水灌溉，种植水稻、红薯、玉米、大豆、甘蔗等作物，是广西商品粮基地之一。西北流，于永福镇架枫木寨右纳金鸡河（河长34千米，流域面积148平方千米），继流至永福镇中洲汇入洛清江。

上游山清水秀，景色宜人，山势巍然险峻，滩险流急，流放木材、竹筏，"险滩流急鱼拍岸，平湖山静鸟谈天"。夜合山脚黄元河出口1975年建成板峡水库，水域面积22.2平方千米，有板峡、东定、寨志、腾龙4个湖区既分又连，各具特色，风光秀丽，有"庐山之秀，西湖之幽"。

8.1.59.26.2.1　板峡水库
（Banxia Reservoir）

堡里河上游的中型水库，坝址位于广西壮族自治区桂林市永福县堡里乡板峡村，东南距堡里乡政府驻地3千米，永福县城25千米，桂林市区70千米。

板峡水库

水库有多年调节功能，用以防洪、灌溉，兼顾发电、旅游、航运、养鱼及饮用水供应等。含枢纽、长洲引水及灌区三大工程，控制流域面积148.8平方千米（其中引水流域面积59.2平方千米），库容8740万立方米、水面面积3.47平方千米、回水长11千米。长洲引水工程引水量4100万立方米。枢纽工程于1975年动工兴建，1990年竣工蓄水。长洲引水工程于1999年动工兴建，2005年竣工。

工程由大坝、二道坝、压力引水隧洞、泄洪管、水电站、长洲引水工程和灌区7部分组成。大坝坝型为混凝土砌石双曲拱坝，坝顶中心弧长193米，最大坝高60.3米，坝顶宽3.2米；溢流堰最大泄流量1084立方米每秒；坝后电站装机容量2400千瓦，跌水电站装机容量200千瓦，年均总发电量610万千瓦时。引水流量10立方米每秒，年引水量4100万立方米。灌溉堡里、广福和永福镇3个乡农田面积2067公顷。

建库后削减了洪峰流量，提高了永福县城的防洪标准。免除下游4万多人洪水危害，促进生产发展。水产养殖、旅游航运、供水等综合经营效益较好。

库区地处堡里河最南端，位于永福县堡里乡东南部山体边缘区，海拔150～300米。水库双曲拱坝建在堡里河支流八庙河下游板峡峡谷中，因此得名。坝区河谷横断面呈梯形，两岸山体对称，岩石完整。多年平均年降水量1934.2毫米，多年平均年径流量1.02亿立方米，多年平均气温19.1摄氏度。库区上游植被茂盛，森林覆盖率超过95%，近年因过度砍伐，森林覆盖率下降，上游来水量减少。政府已制定管理规定，开展植树造林，有望逐步控制伐木和恢复植被。

水库淹没区是水田、旱地和杂木林地混合的山区农村盆地，蓄水淹没水田、旱地共96.33公顷、杂木林地149.1公顷，迁移村民1532人。修通永福县城至堡里、板峡公路，改造低产田，营造经济林，发展果园养殖，解决移民村庄的人畜饮水，保障移民的生产和生活。

水库空气清新、环境幽美、山峦叠绕、林木茂密、秀水帆影、拱坝挺拔、雄伟壮观，工程装饰独特、布局合理，有肥美鲜鱼可供垂钓，有丰富的竹木、香菇、罗汉果、木耳、松脂、棕皮、冬笋及野生药材等土特产品。还可欣赏李王圣地、瑶寨风光、艺人诗画等，为夏日避暑游览胜地。

8.1.59.26.2.2　金鸡河水库
（Jinjihe Reservoir）

堡里河支流金鸡河上游的中型水库，坝址位于广西壮族自治区桂林市永福县罗锦镇林村，距永福县城15千米，东北距桂林市城区58千米。

水库有年调节功能，用以灌溉，兼顾防洪、发电和养鱼。控制流域面积127.6平方千米，库容3095万立方米，水面面积2.72平方千米、回水长0.58千米。工程于1957年动工兴建，1958年竣工蓄水。1965、1974、1977年3次扩建，1995—1997年完成除险加固，2002年续建工程竣工。

工程由主坝、副坝、溢洪道、放水设施、坝后电站和灌区6部分组成。主坝为混凝土心墙土坝，坝长180米，最大坝高20.4米；副坝1座，为均质土坝，坝长2540米，坝顶宽4米，最大坝高15.4米。溢洪道最大泄量2810立方米每秒。放水涵管设计放水流量5.0立方米每秒，电站装机容量500千瓦，年发电量130万千瓦时。灌溉罗锦、桃城、苏桥3个乡镇12个村2567公顷农田，保护下游5.5万人及4000公顷耕地，养鱼水面2.05平方千米，年产鲜鱼3.5万千克。

库区周边山区，泥盆纪石灰岩地质，山峰耸立，岩溶发育，溶洞多，地下水丰富，多黄壤土。亚热带季风气候，四季分明，雨量充沛，多年平均年降水量1750毫米，多年平均气温18.8摄氏度，多年平均年径流量1.2亿立方米。

1957—1965年，金鸡河水库建库至扩建，库区淹没林村的枧洞、林上、堡岭头、河陂头、桐山、蒙岭等自然屯农田140公顷，搬迁农户35户，189人。国家投入大量财力、人力和物力，修通罗锦至江月公路，调整电价，营造水保林，发展果园，解决移民村庄人畜饮水，保障移民的生产和生活。此后因上游砍伐大片树林，水土流失严重，水库淤积大量泥沙，库容逐年减少。

1995—2002年，国家全面除险加固金鸡河水库枢纽工程，加强上游水土保持，大幅减少水库淤积，改变库区周边面貌，开发月山、金钟山和麒麟岩等观光旅游点。

8.1.59.26.3　西河
（Xihe River）

洛清江右岸支流，又名永福河，位于广西壮族自治区永福县之西，故名西河。西河发源于临桂县黄沙乡围岭村上围岭东北500米处，河长108千米，平均比降2.97‰，流域面积1143平方千米，涉及永福县和临桂县。

流域地形复杂，山地、丘陵特征明显。山地占76.6%，高程超过1000米的高山较多，植被较好。山区性河流，河谷狭窄，

临桂罗汉果

临桂九滩瀑布

两岸是山，干流自北向东南流，50平方千米以上支流4条。

亚热带季风气候湿润，多年平均气温18.8摄氏度，多年平均年降水量1 900毫米。暴涨暴落，水灾频繁。大水灾平均两年1次，1949年后有20余次。

河道落差大，水资源丰富，21条小支流宜开发小水电。已建电站7座，总装机容量4.21兆瓦，在建电站10座，总装机容量15兆瓦，规划建电站6座，总装机容量25兆瓦。

上游段在临桂县，大致西向流，至滩头村转南向流，狮子岭段河谷长930米，落差175米，有9个大跌水瀑布，即九滩。水流缓急相间，似白帘挂壁，周围古木参天，鸟语花香。生物种类繁多，树种以杉木为主，其次是马尾松、栗木、油茶、油桐、乌桕、竹。铜、铅、锌、汞、重晶石等矿产资源丰富。盛产罗汉果，为国家罗汉果生产基地县。

入永福县境，干流经保安、驿马等村，于龙江乡保安村左纳保安河，于龙江乡治左纳双塘河，至双江口右纳寿城河（河长35千米，流域面积365平方千米），汇合口以上因河流弯曲如龙形，称龙江。汇合口以下称西河。永福县百寿镇河上有"百寿岩"，又名夫子岩，与永宁州城隔河相望，岩口朝北，前有一见方平台，岩口宽19米，高13米，岩深30米。岩壁刻有一特大"寿"字，笔划中嵌入一百个"寿"字。一字一体，笔力遒劲，无一雷同，容宋前书法精粹，有楷、隶、篆、行、草、甲骨文等。1981年，百寿岩石刻被列为广西重点文物保护单位，载入《中国名胜大辞典》。永宁州古城建于明成化15年（1477年），保存完好。

永福百寿岩

干流沿山谷折向东南而流，于永福镇南端汇入洛清江。在永福镇60千米河段，两岸多山，农田稀少，1949年前可通航3～4吨木船，是龙江、百寿农副产品输出、日用商品输入的重要航道。

8.1.59.26.4　古尝河

（Guchang River）

洛清江左岸支流，发源于广西壮族自治区永福县堡里乡九槽村以南与荔浦县、鹿寨县交界的古报尾山，在鹿寨县黄冕乡山脚村的旁寨桥汇入洛清江。干流长81千米，流域面积389平方千米，涉及永福、鹿寨两个县。

流域气候温和，四季分明，地处洛清江中下游，主要支流是上寨河、牛河、杉木河。多年平均气温20.3摄氏度、相对湿度74%、年水面蒸发量1 450.8毫米。多年平均年降水量1 714毫米，4～9月占年降水量的76.8%。多年平均流量10.3立方米每秒，多年平均年径流量3.25亿立方米，水力资源理论蕴藏量20.8兆瓦，技术可开发量20.5兆瓦。

自源头至鹿寨县牛河汇入口以上称九槽河。上游段中山高程超过1 000米，多变质岩和砂页岩，岩性坚硬，山形陡峭，脊线明显，森林茂密，植被良好。山间河流谷坡超过45度成峡谷，石壁陡峭，比降大，河水湍急，少堆积物，适于建坝。下游段河床较宽，基岩出露，河道弯曲，山谷坡缓，阶地少，两岸高程300～600米，植被茂盛。流域范围村屯分散，远离城镇，经济以农业、捕猎和伐木为主。拉沟乡木龙盛产的楠木，木质鲜黄，制成的家具光滑防腐、防潮，不变形。

8.1.59.26.5　石门河

（Shimen River）

洛清江右岸支流，原名洛江，又称中渡河，发源于广西壮族自治区永福县三皇乡向阳屯西500米处，干流长80千米（含地下潜流20千米），平均比降2.80‰。流域面积1 116平方千米，涉及鹿寨、永福、融安、柳城4个县。

香桥岩景区

流域地处洛清江中游，主要支流有喇塔河、福龙河、大阳河和黄腊河，干、支流总长200千米。多年平均气温20.2摄氏度。北部多年平均年降水量超过1 670毫米，东南部地势平缓，多年平均年降水量为1 400毫米。多年平均流量29.7立方米每秒，最大流量760立方米每秒，最小流量0.37立方米每秒，多年平均年径流量9.37亿立方米。石门河水力资源理论蕴藏量15.22兆瓦，可开发量5.05兆瓦。有中、小型水库各1座，总库容1 598万立方米。夏季暴雨洪水频繁，秋季干旱严重，平均两年就有一次大旱灾。明弘治三年（1490年）旱灾为历史最大，数月无雨，庄稼颗粒无收，次年饥荒，尸骸遍地。

源流经华山、桐木、马鞍、大路，于下枧附近大岩口潜入地下，伏流经鹿寨县中渡镇高坡村，在大兆村露出地面约0.5千米，又于香桥

中渡古镇

岩潜入岩腹。香桥岩长5.7千米，1988年列为省级风景名胜区，有集聚天桥、天窗、天坑、天井、洞穴等景观的大峡谷。谷内植被茂密，绿荫蔽日，绝壁陡峭，地下

古镇石板路

暗河与明河交替出现，时隐时现。顺流前行，有一因水流冲刷山体底部而成的半圆形石桥，桥洞拱高35米，桥面长宽各40米，名曰香桥。石门河在大兆村桐木屯出露地面，左纳黄腊河（河长39千米，流域面积232平方千米），入中渡镇。中渡为千年古镇，建于三国吴孙甘露元年（265年），有"四十八弄的明珠"之称，是鹿寨文明的发源地。岸边生长有一对600年古榕树，当年商贾云集，有古城门、城墙、石板路、古码头、古民居、古代摩崖石刻等古迹。继流至福龙村右纳福龙河（河长25千米，流域面积277平方千米），折东北流至石门村，折向东南流，于鹿寨县黄冕乡旧街村汇入洛清江。明代徐霞客即顺石门河经洛清江而下抵柳州。

8.1.59.26.6 石榴河

(Shiliu River)

洛清江左岸支流，又名二排河，发源于广西壮族自治区荔浦县蒲芦瑶族乡下龙村长洞屯北1.3千米，干流长139千米，平均比降1.40‰，面积1 326平方千米，流域涉及荔浦、金秀、鹿寨3县。

流域地势平坦，森林覆盖率高。石灰系、二迭系、白垩砂页岩地质为主，部分灰岩成丘陵广布，河谷宽阔地形，软弱砂页岩易被侵蚀成缓坡丘陵。

流域面积100平方千米以上的支流有4条。多年平均气温20.2摄氏度，多年平均年降水量1 400毫米，年径流深700～800毫米，多年平均流量35.83立方米每秒，最大流量6 300立方米每秒，最枯流量4.0立方米每秒。

水能资源理论蕴藏量8.83兆瓦，有寨沙电站及忠东电站，装机4台，总装机容量450千瓦。石榴河引水工程和二排河引水工程，总灌溉面积5 394公顷。小型水库3座，总库容103.4万立方米。

河源高程650米，自源地向南流，经荔浦县茶城乡文德村入金秀瑶族县三江乡境称三江河，经三江乡治、头排镇二排村入鹿寨县四排乡境，于大敖纳流经头排镇的头排河（河长20千米，流域面积131平方千米），折向西北流，经四排乡治、官庄村，至寨沙镇瓦窑村右纳长田河（河长45千米，流域面积166平方千米），继流至寨沙村右纳拉沟河（河长38千米，流域面积117千米），折向西流，于龙江乡高原村左纳龙播河，继流至六往村右纳龙江河，转西南流，经大良、巴敢等村，于鹿寨镇角塘村左纳卡旁河（河长30千米，流域面积166平方千米），继流至城关镇鹅洲村西500米处汇入洛清江。

流域经济以农业为主，农民收入靠粮食、经济作物和养殖业。以种植水稻为主，兼种玉米、黄豆、甘蔗等。经济作物有八角、茶叶、水果。有山猪、黄猄、獐子、穿山甲、猎子、红毛鸡、银花、枝子、红杜仲等多种野生动植物。龙江乡的黄栀子和桑蚕闻名区内外。赤铁矿、钒矿、铅锌矿、重晶石等矿产资源丰富。

8.1.59.27 运江

(Yunjiang River)

柳江左岸支流，又名罗秀河，发源于广西壮族自治区金秀瑶族县大樟乡新村尾村屯东南2千米处，干流长107千米，面积2 219平方千米。涉及象州、鹿寨、金秀3个县。

流域地势东北向西南倾斜，南部是大瑶山山脉，东南部的分水岭是圣堂山和五指山。大瑶山延绵100多千米，山脉地层下古生界寒武系和上古生界泥盆系下统的碎屑岩占99%。南部有洪水顶山，西南部有笔架山。上游高山林立，峰高超过500米，地形复杂。中下游低山丘陵，地势较低，山丘高程低于300米。圣堂山群峰与运江低丘平原高差1 900米。

流域面积100平方千米以上的支流有门头河、滴水河、金秀河、**水晶河**等4条。多年平均年降水量1 400～1 600毫米，多年平均年径流量9.48亿立方米。

流域经济以农业为主，是桂中粮仓、国家商品粮基地。农民收入主要靠种、养殖业。20世纪90年代产业调整，除水稻外，蔗糖、桑蚕、木薯、速生林、水产养殖等产业已成经济支柱。重晶石矿丰富。

1700—2005年305年间，大洪水25次，近年较大洪水分别发生在1959年6月、1979年5月、2005年6月。以2005年洪水最大，仅象州县受灾人口达13.58万人，死亡6人，7人失踪，6万人无家可归，沿河42个村屯被淹，倒塌房屋3.66万间，直接经济损失8.52亿元。1950—2005年的56年间，连季严重干旱的有13年，1958—1995年有24年出现不同程度的干旱。

水力资源较丰富，理论蕴藏量67.5兆瓦，技术可开发量27兆瓦，已建电站1座，装机容量5.01兆瓦，年发电量190万千瓦时。

运江古镇

河溪卵石筑有堤坝1 294处。1958年运江上游中平镇西南2千米处建拦河坝，引水流量6.7立方米每秒，有效灌溉面积3 950公顷。支流水晶河建拦河坝1座，引水灌溉867公顷农田。

源流向北，于黄田屯右纳黄田河，西流至三古村左纳大田河，折向北流称大樟河，经大樟乡治入象州县境，于百丈乡敖抱村左纳门头河（河长46千米，流域面积241平方千米），至象州县中平镇转西北流称罗秀河。于罗秀镇军田村下那曹屯右纳滴水河，于罗秀镇右纳金秀河（河长70千米，流域面积244平方千米），西流至三里村折向西北流，至运江镇平庆村大友屯右纳水晶河后称运江，转向西流，至运江镇汇入

柳江。运江古镇位于运江河口附近，汉朝建制，已有2 000多年的历史，是江心孤岛，面积8万余平方米，四季船舶可上通柳州，下达梧州、广州、深圳、港、澳，曾是商埠重地。残存有

粤东会馆外观

圣堂山风景区

千年旧街、宋代古码头、清代粤东会馆遗址、民国时期的商铺残址以及壮族始祖甘王庙，街间岭南和西洋风格的老建筑比肩而立。

运江自古为象州、金秀两县水路要道，沿河风景秀丽，古榕参天，树龄数百年，多人手拉手方能合抱。上游中平河口至独崖山下曾是1851年5月中下旬太平天国军队与清军发生激烈争夺的古战场。

运江之水源于瑶山，水质清澈，落差大，水产种类多，宋代《方舆胜览》记载"象州水清鱼肥南方之最"。

8.1.59.27.1　滴水河
(Dishui River)

运江右岸支流，又称镇冲河，发源于广西壮族自治区金秀瑶族自治县大瑶山脉老山东北坡的罗梦横冲顶，于象州县罗秀镇军田村汇入运江。干流长66.83千米，流域面积390.61平方千米，涉及金秀瑶族自治县和象州县。

流域地处南亚热带和中亚热带过渡地带，湿热多雨，多年平均年降水量为1 824毫米，年内分配很不均匀，4—8月占全年降水量的72%左右。多年平均气温17摄氏度，年平均蒸发量1 203毫米。多年平均年径流量3.38亿立方米。滴水河上正在兴建下六甲水利枢纽工程，坝址位于象州县中平镇上游10千米，距金秀瑶族自治县下六甲村2.5千米，总库容3 280万立方米，总装机容量为1.96万千瓦，是以发电为主，结合灌溉的综合利用工程。

自源地顺山势由北向南流，经罗梦、大坪、罗丹，流至罗丹口转向西，到白石洞折向西北，经平梦、滴水，至大进附近转向西南，过镇冲到胶厂附近向西流，于象州县中平镇那曹村独崖山接纳中平河汇合后注入运江。

圣堂山旅游景区位于流域中游金秀县城西南长垌圩南10千米处，山体庞大，东西长13千米，南北宽8千米，北西南东走向，大小山峰数十座，高程超过1 500米的山峰有9座，最高峰马鞍顶高程1 979米，为广西第五高峰，次高圣塘顶高程1 937米。山上常年云雾缭绕，山顶年平均气温10摄氏度，空气中负离子含量高达60 000个每立方厘米，平均含量9 194个每立方厘米，水质优于国家Ⅰ类水标准，大气污染物浓度低于一级标准1/5～1/10。地层为泥盆系下统莲花山组砂岩，悬岩陡壁多呈紫红色，丹霞式刚棱峭面柱塔地形比较发育；马鞍顶圣塘之间高程约1 500米处的山坳上，有一条长100米宽6米的古石墙，墙脚以下，多石河、石海，山顶有万亩杜鹃林。

大冲瀑布旅游景区位于象州东部与金秀瑶族自治县交界处，瀑布自中平平贯村金秀一侧高山下泻，高约110米，宽约25米，多级分散，水量较稀疏，附近200米另一条瀑布，从悬崖直流而下，高110米，宽10米，山谷回声，气势沉雄。

大冲瀑布

8.1.59.27.2　水晶河
(Shuijing River)

运江右岸支流，发源于广西壮族自治区金秀瑶族自治县金秀镇长二村长滩屯西南2千米处，干流长74千米，流域面积605平方千米。

有支流3条，干、支流总长144.4千米，河网密度0.24千米每平方千米，亚热带气候，湿热多雨，多年平均年降水量1 400～1 600毫米，年径流深700～1 000毫米。

流域经济以农业为主，主产水稻，是国家商品粮基地。农民收入以水稻、桑蚕、糖蔗、茶叶、水果、蔬菜、木薯、水产、养殖为主。重晶石矿丰富。

自源地向西流，经江燕、范道大瑶山山脉，丹霞地貌，沟壑纵横，山峰多，海拔超过500米。桐木镇龙庆村有桐木河（河长39千米，流域面积199平方千米）从右岸汇入，经仁里、古院村，入象州县水晶乡。中下游，经水晶乡竹山村和水晶乡驻地，至保应村转向西南流，于运江镇平庆村大友屯汇入运江。下游低山丘陵，高程低于300米。

桐木镇北2千米帽合山山腰，有赭红色桐木石崖壁画，长8米、高2.7米，画面有坐佛、人、车和马、龙、狗，纯朴活泼，画中有文字。镇西南仁里河边，官坡古墓群有古墓32座，占地600平方米，保存完好。最大的一座墓高15米、直径12米。

8.1.59.28　石祥河水库
(Shixianghe Reservoir)

柳江支流石祥河上的中型水库。坝址位于广西壮族自治

区来宾市武宣县金鸡乡坝首村，距象州县城15千米，武宣县城55千米。库区长7 600米，平均宽1 100米，西起武宣县金鸡乡坝首村，东至象州县象州镇王铎，南至大龙保，北至古柳。

石祥河水库

水库有年调节功能，灌溉为主，兼顾防洪、发电、养鱼。水库控制流域面积228平方千米，库容7 770万立方米，水面面积4.20平方千米，回水长7.6千米。工程于1958年动工兴建，1960年蓄水。1986年除险加固，加建坝后电站。

工程由大坝、溢洪道、灌溉发电输水洞、电站组成。大坝为黏土心墙土坝，主坝坝顶长220米，坝高34.7，坝顶宽6米；溢洪道最大泄洪量1 729立方米每秒，输水洞最大泄量10立方米每秒，电站装机2台装机容量共400千瓦，年发电量115万千瓦时。

水库解决武宣县金鸡、黄茆、二塘、武宣县等4个乡（镇）和国营黔江实业总公司7个分场、黔江种畜场的农业灌溉用水。灌溉耕地面积3 846.7公顷，保护下游0.66万人和140公顷耕地。

库区峡谷河床、丘陵山地，东高西低，南北为高山大岭。气候温和，多年平均气温19.8摄氏度，多年平均年降水量1 338毫米，多年平均年来水量1.46亿立方米。

建库淹没象州县的古柳、大塘、塘念、五铎、龙保等村庄，搬迁339户2 714人，房屋1 464间2.68万平方米，淹没耕地258.9公顷，淹没公路2.5千米、乡村路21.5千米。水库移民大部分安置在水库下游坝首村、牛角弯、马草塘等地。国家逐年补贴移民粮差，投资移民村道路、学校、泵站，解决人畜饮水问题，改善生产和生活环境。

库区自然环境优美，宜林面积6 866.7公顷，已造林4 786.7公顷，未造林的有杂林杂草覆盖，植被较好。1995年开发仙湖岛度假村，水库中各岛有小木屋供游客住宿、有游艇供人娱乐，建有娱乐城、卡拉OK厅、游泳池、宾馆。

8.1.60 马来河
(Malai River)

黔江右岸支流，又称六红河，发源于广西壮族自治区贵港市港北区中里乡平天山东麓，源流向东转北，流经贵港市中里、奇石两个乡和来宾市武宣县桐岭镇，在桐岭镇马来村汇入黔江。河长70.2千米，比降33‰，流域面积475平方千米，流域涉及来宾市武宣县、桂平市和贵港市。

流域上游为莲花山脉和大平天山、蓝山、猫头山，西南向东北倾斜，中部及东北部丘陵起伏，干流穿行于莲花山山脉之中，南亚热带季风气候，多年平均年降水量1 550毫米，4—9月降水量占全年的80%。多年平均径流量4.33亿立方米。时有旱涝灾害，1963年流域性干旱，早春和秋冬旱情严重，1971年5月31日特大暴雨，日降水量617.0毫米，为2005年前最大记录。

马来河沿岸多高山密林，植被好，林地和荒坡占90%，壮族居民为主。上游有少量金矿，主要经济作物为林木。有白沙小（1）型水库，总库容450万立方米，灌溉面积247公顷。中下游有水稻、茶叶、黄豆和果林，农作物为主。建有达开大型水库，以灌溉为主，兼顾发电，总库容3.91亿立方米，灌溉面积3.48万公顷。灌区范围包括郁江下游，左岸平原大坪、石龙、蒙圩等乡镇。

8.1.60.1 达开水库
(Dakai Reservoir)

马来河下游的大（2）型水库。主坝位于广西壮族自治区武宣县桐岭乡龙山雅拔屯，距武宣县桐岭乡15千米，东距桂平市石龙镇20千米。

达开水库

水库有多年调节功能，以防洪、灌溉为主，兼顾发电与养鱼。控制流域面积426.8平方千米，水面面积23.9平方千米，库容3.98亿立方米。工程于1958年动工兴建，1965年竣工蓄水，1991年加固改造。

工程由主坝、副坝、溢洪道、灌溉发电输水洞、泄洪洞及灌区工程组成。黏土心墙主坝坝长330米，坝高51.5米，坝顶宽5.5米；副坝9座，坝顶总长681米；溢洪道最大泄量2 440立方米每秒；达开电站装机容量5 200千瓦，年发电量1 400万千瓦时。寻眉电站装机容量500千瓦，年发电量100万千瓦时。

水库地处马来河中游，贵港市、桂平市和武宣县交界处，形状狭长。两侧属大瑶山余脉，崇山峻岭，森林密布，雨量充沛，多年平均年降水量1 394.5毫米，5—8月占全年降水量的58%，多年平均来水量2.77亿立方米，多年平均温度19.8摄氏度。

库区森林茂盛，森林覆盖面积6 666.7公顷，水资源丰富。建库淹没田地2 410公顷，搬迁人口5 155人。库区是明朝侯大狗农民起义、清朝太平天国农民起义、中国共产党领导的革命斗争主要的根据地之一。

8.1.61 郁江
(Yujiang River)

西江右岸支流，发源于云南省广南县，在广西壮族自治区桂平市区汇入西江黔江段（下段称浔江），地理位置东经104°57′～110°06′，北纬24°11′～23°24′。流域涉及云南、广西两省（自治区）和越南社会主义共和国的东北部。

概　　述

流域范围　流域北与**西江**干流上游毗邻，西南与清水江、南利河、越南谅山山脉相邻，东南倚十万大山、六万大山和大容山，东接浔江。流域面积89 677平方千米，其中云南省9 722平方千米，越南11 593平方千米，广西68 352平方千米。干、支流伸展至广西南部9个地级市36个县、云南1个地级州和越南东北部。

地质地貌　流域地处云贵高原东南边缘，受云贵高原抬升影响，西北向东南倾斜，高山、丘陵、盆地交替，喀斯特地貌广布，峰丛林立，峡谷纵横，洞穴众多。北有金钟山、岑王老山、镇龙山和莲花山山脉，南有十万大山、六万大山、大容山等山脉，大明山脉横跨流域中部。河流基本与山脉平行，河谷大致成西向东走向，支流发育其中，明河暗流相间。

高程超过 500 米的山地面积占流域面积的 63.7%，50～500 米的占 33%，低于 50 米的占 3.3%。上游郁阳山和六韶山系延伸，成大石山区。中游右江河谷，峰丛山地围绕，低平开阔。下游为盆地平原区，丘陵台地分布其中。

河流水系 郁江属珠江流域西江水系，百色（*澄碧河*口）以上为上游段，称驮娘江；百色至*左江*汇入口为中游段，称右江；左江汇入口至入西江河口为下游段，称郁江。

干流全长 1 157 千米，水面宽 30～600 米，平均比降 0.33‰。有大小支流 300 余条，呈羽毛状分布，流域面积超过 1 000 平方千米的一级支流有 14 条，其中左江最大。

瓦村上游洪水主要来自干流和支流*西洋江*，下游洪水主要来自干流右江段和支流左江，右江为长峡谷型，汇流较慢，左江水量充沛，扇形河系，洪水汇集快，左江与右江洪水量比为 3∶1。

广西境内有地下河 149 条，补给面积 14 173 平方千米，总流程 2 474 千米，枯季出口流量 80.6 立方米。

气候水文 流域涉及中亚热带和南亚热带南季风气候区，西北部气温低、干燥，东南部气温高、湿润。日照长，阳光足，夏季长冬季短，雨热同期，无霜期长（350 天以上），少见冰雪。多年平均气温 16.7～22.1 摄氏度，极端最高气温为 42.5 摄氏度，极端最低气温为－4.3 摄氏度。春季气温低，天气多变，多连绵细雨，夏季高温多雨，6—9 月平均气温超过 26 摄氏度，炎夏午后常有雷阵雨，雨后气温下降，有"四时皆是夏，一雨变成秋"之说。

受南太平洋热带气旋和华南深层暖气与北方南下冷气团影响，多年平均年降水量 1 115～1 470 毫米，由西北向东南递增，以田阳为中心的右江河谷及上游的隆林、田林、西林一带少雨。降雨量年内分配不均，5—10 月占全年的 70%～85%，年际变化大，旱涝交替，最大年降水量是最小年的 3.74 倍。南宁多年平均年蒸发量 834 毫米，右江河谷蒸发量最大，多年平均年蒸发量 1 030 毫米，形成以田阳、田东为中心的旱片。

径流主要由雨水补给，径流与降水分配基本一致，多年平均年径流量 476.7 亿立方米，实测流域最大径流量 708.9 亿立方米，最小径流量 222.8 亿立方米。上游段径流量 88.23 亿立方米，右江区间径流量 130.0 亿立方米，左江径流量 173.4 亿立方米，下游区间径流量 85.2 亿立方米。径流深高低区和降水量一致，右江河谷年径流深 300～500 毫米，为径流低值区。郁江干流区间年径流深 600～800 毫米。

大水大沙，汛期泥沙多，非汛期河水清澈。百色上游，右江输沙模数 252 吨每平方千米，为郁江流域其他地区的 2～4 倍。

2010 年干流评价河长 1 791 千米，Ⅱ类 413 千米，Ⅲ类 1 052 千米，Ⅳ类 222 千米，Ⅴ类 70 千米，劣Ⅴ类 34 千米。

自然资源 大部分山地是土石山，林木丰茂，部分山地岩石裸露，明显石漠化。成土母质有砂页岩、石灰岩、第四纪红土、河流冲积物、洪质物、紫色砂页岩、花岗岩、硅质砂页岩、沼泽土等。

四季树绿花开，森林公园、自然保护区、名胜区古树遮天蔽日，附生藤条修长柔韧。主要分布热带季节性雨林、亚热带常绿阔叶林和亚热带石灰岩山地常绿、落叶阔叶混交林等。20 世纪 90 年代末期，部分中低山岭、坡地，原始植被逐渐被果林和速生桉树林代替。

社会经济 流域上游聚居着 19 个少数民族，经济收入以林业和农副业土特产、旅游业为主。下游南宁市是广西壮族自治区的首府，有壮、汉、瑶、回等 35 个民族，壮族占 56%。流域地处中国华南、西南和东南亚经济圈的结合部，近海（北部湾）、近边（越南边境）、沿江（邕江穿城而过）、沿线（湘桂、黔桂、黎湛和南昆铁路在南宁交汇）。河口贵港市有壮、汉、瑶等 26 个民族，汉族居多，交通、航运和制糖业发达。南昆线与中游平行，途径隆安、平果、田东、田阳、田林县和百色市，黔桂、黎湛、黎钦和南防线在下游穿插，湘桂线与支流左江平行。公路有南兴、南友、南百高速和 324、322 国道，县乡公路遍布全流域。有南宁、百色两个机场。干流中下游水缓河宽，通航里程 744 千米。流域内已形成水、陆、空综合交通网络。

自然灾害

郁江隆安县河段

水灾一般在 6—8 月，有时也延至 10 月，多由西太平洋热带气旋快速向西南偏北方向移动引起，有"一日东风三日雨，三日东风浸死芋"之说。河口段受黔江洪水顶托。上游暴雨洪水排泄不及，下游外洪内涝致灾。

明朝隆庆六年（1572 年）到 1948 年，上游段严重涝灾 18 次。1001—1949 年，下游段记录洪水 24 次，其中特大洪水 4 次。1900—1949 年，南宁市城区洪水最频繁，大洪水 7 次，特大洪水 1 次。郁江下游段明代至 1948 年，水灾 23 次，1949—2005 年水灾 22 次。1949 年后贵港农作物受灾面积超过 0.7 万公顷的有 5 年次。

1949—2005 年，下游段流量超过 10 000 立方米每秒的有 15 年次。较大的是 2001 年 7 月，受强台风影响，上下游分别遭遇 50 年和 20 年一遇的洪水。1994 年 7 月次之。受 2 次台风连续影响，外洪内涝，贵港市区被洪水浸泡 1 个多月。

1881 年 8 月特大洪水，"南宁连日东风大雨，水暴涨，筑土于城门障之，故城外水高于城内者丈余，为百来年未有之灾。"南宁最高水位比 1968 年、2001 年洪水位分别高出 3.54 米、2.54 米，推算洪峰流量 20 600 立方米每秒。其次是 1913 年，连续 2 个月大水，"六、七月贵县（现贵港）大水伤稼"，贵港水位比 2001 年高 0.84 米，推算洪峰流量 19 400 立方米每秒。

时有旱灾，最严重的是"春旱连夏旱，夏旱又延至秋旱"。1852—1853 年，585 天无雨，连年大旱，"清咸丰二年，民失耕种，又遭旱灾，斤米百钱，咸丰三年连旱，饿死者甚多"。1900—1903 年，连续 4 年罕见大旱，"赤地千里，饿殍载道"。1918—1949 年，重大旱灾 11 次。旱灾最严重的是右江河谷，明嘉靖十三年（1533 年）到 20 世纪末，隆安县共有大旱灾 46 次。其次是郁江平原，"清光绪二十八年（1902 年）大旱，禾稼尽枯，上石龙、蒙公、覃塘等圩摆卖人行成市"。1949—2000 年，流域旱灾 21 年次，1962—1964 年 3 年连旱，1963 年，贵港东湖湖底可见，灾情延续至次年；1964 年 1 月 17 日，贵港出现历史最低水位 25.41 米（珠江基面）。1987—1989 年连年大旱，1989 年冬多条小河断流。

治理开发 早在明朝万历十五年（1587 年），郁江下游上秀里（今桂平市下湾乡）就有高洞防洪堤，长 40 余丈，先后建有思味、寻贵、阆塘、北堤等堤基抵挡洪水。横县百合镇沐余坡引水工程建于明代中期，灌溉百合峒周围10余里田地。民众在山坡筑坝引水，或农田挖池蓄水，用龙骨车、筒车提水灌溉，用水力加工粮食。20世纪60、70年代，这些设施多被水轮泵、电动泵替代而废弃，现仅部分地区还用水力加工粮食。

1949—2007年，河道两岸建设防洪堤闸、排灌泵站。20世纪中期开始综合治理，现有**澄碧河水库**、**平龙水库**、**那板水库**、**大王滩水库**等11座大型水库，有百东河水库、清平水库、西云江水库等7座中型水库。中上游建有以防洪、发电为主，兼顾航运、供水的百色、东笋、那吉、金鸡4座梯级水利枢纽。下游建有西津、桂平、贵港水利枢纽，发电、航运兼顾灌溉、防洪。南宁以下郁江河段为三级航道，可常年通航千吨级船队，直达广州。建设贵港航运枢纽时，还在支流河口建24座排灌泵站，总装机容量16.7兆瓦。

纪　　实

郁江河源段称达良河，以下称驮娘江（剥隘河）、右江、郁江（邕江）。

上游　上游段俗称驮娘江（又名驮阳江，明、清时期又称同舍江），沿岸多崇山峻岭，中低山峡谷地形，干流落差主要集中在此河段。岩溶发育，多伏流。

郁江发源于云南省广南县那伦乡那省上寨，河源高程1632米。源流为达良河，北转东流经底圩乡和八达乡左纳拉达河（河长52千米，流域面积403平方千米）。中亚热带高原季风气候，多年平均气温16.7摄氏度。喀斯特地貌，石灰岩溶洞发育，暗河、明流交替，继流至坡们右岸纳阿科河（河长48千米，流域面积515平方千米）后称驮娘江。

驮娘江河网发育，多年平均气温19.1摄氏度，两岸多土山，植被好，广泛分布季节性雨林，以火焰花为标志，板根茎花、附生藤本植物多。山地红壤为主，农田少。经济林木主要为玉桂、八角、油茶、油桐、马尾松。河流绕山谷穿行，河面狭窄，坡陡流急。干流河面宽小于45米，枯水时，最狭处仅12米，水深3~6米，枯季最浅处仅0.3米。

驮娘江于者夯乡那汪村左纳泥洞河（河长28千米，流域面积129平方千米），继流至西林县治八达镇左纳花贡河（河长32千米，流域面积192平方千米），八达镇是西林县政府驻地，有4000年历史，有14个民族，以壮、苗族居多。有拦河坝，枯水期坝前河水平静，清澈如镜，郁江最上游的八达水文站就设在这里。

西林县境内，驮娘江两岸峰林耸立，峡谷幽深，森林茂密，茶果遍野，草甸浓厚，牛羊悠然，万峰湖景，静谧幽雅。西南部有国家一级保护植物珍稀野生桫椤，高的达10余米。特产有"西林水牛""王子山白毫茶""西林三珍"（鹰嘴龟、山瑞、水鱼）。人文景观有周邦洞群、那劳岑氏建筑群、达下古商埠、古镇火柴及古句町国铜棺、铜鼓。

驮娘江过西林县城转向东南流，经普合苗族乡于那劳乡那劳村右纳**那劳河**。至定安镇入田林县，于高龙乡河口村右纳龙英河（河长27千米，流域面积102平方千米）、新寨河（河长27千米，流域面积141平方千米），在定安镇旁左纳**那门河**，东流至福达瑶族乡附近左纳**八中河**。驮娘江穿流于田林县西南部福达乡和八渡乡，竹林如海，田林传统产品八渡笋曾为清代贡品，嘉庆年间列入宫廷菜谱。于八渡乡下游右纳西洋江，西洋江为郁江上游最大支流。

干流继续东南行9千米进入云南省富宁县，称剥隘河，至剥隘镇甲村右纳**那马河**。剥隘镇为著名古镇，是古代云南物品水路出滇的重要关隘。折东流，在广西百色市阳圩镇大罗圩右纳**谷拉河**，继流至大楞乡百康村右纳百康河（河长42千米，流域面积239平方千米），于六丰村左纳**者仙河**，继续东流，至阳圩镇西右纳阳圩河（河长25千米，流域面积121平方千米），至供元村百达屯左纳**乐里河**，至百色市区左纳**澄碧河**，沿途蜿蜒起伏，水浅流急，洪水时沙石俱下。河湾迁徙，急流受阻，水流骤缓，泥沙淤积成洲，萝卜洲（又名七星滩）形似萝卜，长达数千米，长有灌木杂草，偶被洪水淹没，河水分两汊。

百色市区上游22千米处建有以防洪为主，兼有发电、灌溉、航运、供水效益的百色水利枢纽，电站装机容量540兆瓦，年发电量16.9亿千瓦时，70%是枯水期电能，渠化上游航道300千米。

百色地名沿用原始村落"博涩寨"壮族语言，意为洗衣服的好地方。百色又称鹅城，是通往云南、贵州的咽喉。属典型的小盆地，群山环抱，多年平均气温22.1摄氏度。邓小平、张云逸、韦拔群等革命家曾在这里发动百色起义，开辟右江革命根据地。市内的粤东会馆为中国工农红军第七军军部旧址，1961年设百色起义纪念馆，为全国重点文物保护单位。

百色市历史悠久，100万年前旧石器时代，右江河谷是古人类活动中心。20世纪80、90年代，出土大量新旧石器时代珍贵文物，有大型手斧、崖壁画、石雕画像等，还有战国时代铜剑、西汉时期铜棺、唐朝银器和明清时期碑帖等珍品文物。

中游　左岸纳澄碧河后干流称右江，河面渐宽，流速减缓，可通航。

右江过百色市折向南流，设百色水文站，控制流域面积21720平方千米，砂卵石河床，土质河岸，实测最大流量8240立方米每秒（2001年），调查最大流量9930立方米每秒（1880年）。百色市区下游的右江段那毕乡福禄村右纳**福禄河**，继续东流至田阳县百峰乡右纳**扁村河**，折向北拐8大弯后向南流经那坡镇，折向东流于田阳县城所在地田州镇左纳西北流来的**田洲河**，田阳县于1935年由奉议县与恩阳县合并而置，宋代初置奉议州，恩阳县置于唐代。有耕地2.24万公顷，林地面积6.68万公顷，已探明有开采价值矿产资源17种，2003年通路里程530千米，有那吉航运枢纽，河道弯曲。于田州镇绕个环形弯后于那满镇同乐村右纳同乐河（河长19千米，流域面积140平方千米），于治塘村右纳保利河（河长9千米，流域面积236平方千米），流向田东县境。于祥周镇福寿村左纳里赖河（河长25千米，流域面积109平方千米），于百谷屯左纳百合河（河长37千米，流域面积196平方千米），于田东县城所在地平马镇右纳**龙须河**，经林逢镇林驮村左纳林驮河（河长29千米，流域面积132平方千米），转东南流，于思林镇那厄村左纳那厄河（河长24千米，流域面积142平方千米），经思林镇，于印茶镇陈屋村右纳**寒江**（河长52千米，流域面积145平方千米），于坡塘乡东龙村达陇屯右纳**古榕江**后流向平果县，田东县河段较顺直，经平果县果化镇、马头镇，于平果县城区平果港附近左纳**新圩河**后流向隆安县，马头镇以下河段弯曲，绕山蜿蜒，右岸高山峡谷，岩溶发育，洞奇景美，石林独特，有天下奇泉，日涌三潮。支流密集，明流、暗河交替。水面宽200~300米，水深3~12米，多险滩、沙滩。矿产资源丰富，有煤、铁、硅、石油、铝土等17种。

右江段河谷两岸多土山、丘陵和台地，视野开阔，稻花飘香，芒果诱人，油茶、油桐、八角、板栗、竹漫山遍野。田阳香芒、田东七里香猪、平果没六鱼闻名全国。右江斜贯的田阳县为"中国芒果之乡"，盛产蔬果，有"天堂食品"之称。田东县地处右江革命根据地中心，有响水古营盘、横山寨遗址和右江工农民主政府旧址。平果县铝储藏量居全国前列，誉为"南国铝都"。

至隆安县雁江镇左纳**瀬江**，于隆安县城城厢镇渌驮村右纳潭茜河（河长17千米，流域面积158平方千米），于花劳村右纳杨湾河（河长40千米，流域面积217平方千米），至隆安县城城厢镇左纳那降河（河长29千米，流域面积106平方千米），隆安，唐乾元年间置县名思龙，有金、银、褐煤、铝土等16种矿产资源，凤凰山银矿储量居全国第二，日采选矿450吨。隆安县特产有板栗、荔枝，有"水果之乡"之誉。出县城，两岸悬崖峭壁，河流受阻，迂回转折，穿越大明山峡谷。于乔建镇龙床村右纳**渌水江**，经那桐镇右纳那桐河（河长26千米，流域面积121平方千米），继流至龙江村右纳龙江河（河长24千米，流域面积126平方千米），流向南宁市。

进入南宁市于北郊那龙镇白马煤矿附近左纳**武鸣河**（又称叮当河），于市县交界处右江急转向西南流，河水变得平缓温顺，于那隆镇上林村西南左纳义梅河（河长36千米，流域面积128平方千米），流过南宁市辖区，至南宁市江西镇宋村，右岸纳**左江**后，干流始称郁江。

下游 郁江河面宽阔，水流平缓，水量大增，有浅滩64处，经治理已不碍通航。两岸土地开阔，农业发达，种植双季水稻、甘蔗、莲藕和水果。横县县城以下至桂平市河网发育，农田多。

郁江流经石埠镇后穿市区而行，南宁，唐武德四年（621年）置南晋州，贞观六年（632年）改为邕州，州治均在南宁。元朝泰定元年（1314年），中央政府为取南疆安宁而定名为"南宁"，南宁由此得名。1958年广西壮族自治区成立，南宁为自治区首府。为自治区政治、经济、文化、科技、信息、金融中心，大西南出海通道的枢纽城市，也是连接华南、西南两个经济圈的商贸流通城市。于心圩镇肉联厂旁左纳心圩江（河长28千米，流域面积123平方千米），于漳头乡广西医学院左纳茅桥河（河长34千米，流域面积115平方千米），于那洪镇永新分工厂右纳**良凤江**，进入邕宁区，于长塘镇那舅村剪刀屯西左纳三塘河（河长36千米，流域面积150平方千米），于薄庙镇旁右纳**八尺江**，以下河段又称邕江。南宁市西乡塘1907年起设南宁水文站，控制流域面积72 656平方千米，河段顺直，主流稳定，高水时会漫滩，经防洪改造，甚少漫滩。左岸为卵石砂质夹黏土，右岸有部分风化岩石，多年平均径流量397亿立方米，实测最大流量13 400立方米每秒（2001年7月8日）。

南宁市区郁江河网发育，支流多。气候湿润，多年平均气温21.7摄氏度，光热丰富，树木常绿，四季花开，景色宜人。宋代就有邕州八景"望仙怀古、青山松涛、象岭烟岚、罗峰晓霞、马退远眺、弘仁晚钟、邕江春泛、花洲夜月"。现有"扬美古风、青山塔影、明山锦绣、望仙怀古、伊岭神gu、南湖情韵、龙虎猴趣、邕江春泛、凤江绿野、九龙戏珠"十景。市区东南郁江左岸青秀山风景区，青山塔影，满山翠木，成为南宁市的"巨肺"。

南宁市简称邕，被誉为中国"绿都"，7条小溪穿行市区，其中朝阳溪最有名。

国家级文物保护单位顶蛳山贝丘遗址位于邕宁区蒲庙镇新新村九碗坡地邕江两岸，面积5 000平方米，是广西保存面积最大，出土遗物、遗迹最多，最有代表性的新石器时代的贝丘遗址之一。

郁江出邕宁区，折向北流，于青秀区长塘镇江口屯左纳**沙江**，于定西村右纳青龙江（河长35千米，流域面积225平方千米），经长塘镇，于伶俐镇伶俐街左纳伶俐江（河长55千米，流域面积251平方千米），向东缓缓流入横县境内，至六

广西南宁市防洪堤

景镇转向东南流，流经峦城镇、平朗乡和飞龙乡，于峦城镇上游左纳**东班江**，于平朗乡双窑村右纳**马峦河**，于飞龙乡平塘村右纳**沙坪河**，后流入**西津水库**库区，在库区内，于南乡镇陈塘村小田屯右纳曲江（河长23千米，流域面积257平方千米），于莲塘镇涯村左纳莲塘河（河长26千米，流域面积184平方千米），出水库转东北流至横州镇清水江村左纳**蒙江河**。经那阳镇，于百合镇江口村右纳**罗凤河**，折向北流至云表镇站圩村左纳**镇龙江**后流向贵港市。横县盆地四面背山，河网发育，水流缓慢，江面开阔，两岸丘陵起伏，茉莉飘香，水稻桑林遍野。横县特产有茶、蜜梨、果蔗等，为中国三大茉莉花生产基地之一。继续东南流25千米至乌蛮滩（伏波滩），乌蛮滩滩长5～6千米，枯水期最窄处水面宽仅50米，浪击石礁，水声轰鸣。汉代伏波将军征讨交趾时，曾疏浚险滩，20世纪90年代建贵港航运枢纽，整治滩险，现已有所改善。滩边有伏波庙，临河靠山，建筑工艺独特。

至贵港市思怀乡新城村右纳**武思江**，经瓦塘乡右纳**瓦塘江**，郁江流经浔郁平原，水深流缓，两岸开阔，满目甘蔗。"四山一水五平原"，西北部石山峰林，矿产资源丰富，冶炼金、银已有2 000余年，龙头山金矿为国家项目。中部和东南部为郁江沿岸低平的平原台地。支流建有**屯六水库**、**武思江水库**、平龙水库大型水库和数座中型水库，总库容69 213万立方米，河道、水库、渠道相连，形成大型灌溉、供水网络。郁江迂回辗转，穿越贵港城区并左纳**鲤鱼江**，江上货轮穿梭，航运业兴旺，宋代起就是繁荣的商埠。上游贵港航运枢纽，年通航能力1 200万吨。

贵港市交通发达，是广西重要的物资集散地和商贸中心，也是粮食、蔗糖、林果、禽畜、水产基地，工业以制糖、造纸、建材为主，有全国最大的制糖企业。市区湖泊星罗棋布，有莲塘夜雨奇景，最有名的是东湖，碧波荡漾，青荷婆娑，古桥楼阁，湖光旖旎。贵港又是古城，城南部南山寺有宋、元、明、清石刻和清代菩提树。城北部又有汉晋古墓群，出土珍贵文物1 000多件。南岸建有安澜塔，寓意驯服郁江洪水。

1941年设贵港郁江河口水文站，左岸为岩石，右岸是沙土，水面宽300～

贵港安澜塔

350米。集水面积 86 333 平方千米，多年平均年径流量 456 亿立方米，2001 年 7 月实测最高水位 46.16 米（珠江基面），最大流量 16 000 立方米每秒。

出市区，于港城镇旺华村左纳东博江（河长 33 千米，流域面积 186 平方千米）。继续东流进入桂平市，于大湾镇耀团村右纳**画眉江**，又于白沙镇大平村右纳**大洋河**，于社步镇社步中学右纳搬江（河长 40 千米，流域面积 329 平方千米），于蒙圩镇永江村左纳**独流江**，主流蜿蜒摆动，河床冲刷。既受上游洪水影响又受黔江洪水顶托，为郁江最深水段，枯水期水深也有 11～13 米。郁江近河口顺直而下。南岸桂平麻垌镇有白石山风景区，道书"白石洞天"，典型的砂砾岩丹霞地貌，险峻、秀丽。白石山双峰并立，直插白云。东北独秀峰孤峰如柱。东南莲蕊峰顶尖底圆，宛若莲蕊。明代杨大节"白石洞天"镌刻于千寻峭壁。地理学家徐霞客曾登白石绝顶，记有《游白石山日记》，考证出道家"白石、勾漏、都峤"三洞天同属一山，而非洞穴相通，称"粤西三独秀，此独最高耸，最孤峭"。

贵港南山寺

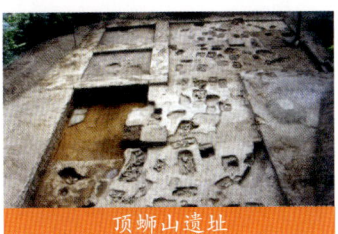

顶蛳山遗址

桂平白石山

郁江至桂平航运枢纽再东北流 4 000 余米，在桂平市区流入西江浔江段。

流域内有南宁良凤江、贵港平天山国家森林公园，上林县大明山和龙州弄岗国家级自然保护区。省级自然保护区有崇左县陇瑞，国家重点名胜风景区有桂平西山、明江花山、南宁青秀山、隆安龙虎山，国家级水利风景区有融"山、水、林、岛"于一体的百色澄碧河水库和"似断又续、峰峦起伏"的凤凰湖。

8.1.61.1 那劳河

(Nalao River)

郁江驮娘江段右岸一级支流，流域涉及云南省的广南县和广西壮族自治区的西林、隆林两个县。

那劳河发源于云南省广南县莲城镇歪斜，干流长 97 千米，流域面积 916 平方千米。流域处于云贵高原向广西丘陵过渡的褶皱地带，地势高峻，峰岭连绵，自西北向东南倾斜，中低山区地形。河谷深切，谷坡间可见一级、二级阶地。河谷狭窄，底宽一般 30～100 米，河床两岸自然山坡较陡，主要乔木树种有杉木、马尾松、细叶云南松、枫香、大叶榕和樟木，常见灌木为余甘子、红花柴，草本有龙须草、扭黄茅、黄茅草等。高程 800 米以下为红壤土，高程 800～1 200 米为黄红壤土，高程 1 200 米以上为黄壤土，呈垂直分布。植被良好，植被覆盖率 82%，其中森林覆盖率 67.2%。

有支流者怀河、那娥河、板桥河等。最大支流是那娥河，发源于西林县弄汪乡上八保村，河长 34 千米，流域面积 239 平方千米。

自源地向北流，经青岭、弄洞村，流入广西西林县西平乡，经皿帖村至平停屯折向东北流，至者车村下游 2 千米处有者怀河从左岸汇入后称西平河。又东南流，经西平、者革村至那娥村那奴屯，那娥河从右岸汇入后称克林河。然后向东北流，至西平乡、那劳乡交界处又转向东南流，至足别乡板桥村那叔屯板桥河从右岸汇入后始称那劳河折向东北流，至那劳乡那劳村汇入驮娘江。

流域地处亚低纬度热带气候区，光热充沛，冬春微寒，夏秋炎热，四季分明。多年平均年降水量 1 012 毫米。

1974 年 7 月中旬，西林县普降暴雨，山洪暴发，受灾面积 733 公顷。沿河木顶、皿贴、西平、者革、那劳等村屯灾情较严重。1963 年旱灾，2—4 月总降水量 54.2 毫米，不少河溪断流。

西林县境那劳河长 63 千米，天然落差 420 米，平均比降 6.89‰，可利用落差 105 米。多年平均流量 4.06 立方米每秒，1968 年建成西平引水工程，浆砌石重力坝坝高 2.5 米，

普驮出土的铜鼓墓葬

坝顶长 32 米，引水渠道长 12 千米，有效灌溉面积 53 公顷。

西林县有近 4 000 年历史，清康熙四年（1665 年）置西林县。1970 年，西林县普驮屯的驮娘江出土了一个西汉铜鼓墓葬和一个铜棺材墓葬，铜铸棺材曾震惊考古界。

8.1.61.2 那门河

(Namen River)

郁江驮娘江段左岸支流，又称定安河、平班河、弄金河，上段称冷平河。发源于广西壮族自治区隆林县隆或乡布蒙村西南 600 米处，干流长 82.3 千米，天然落差 940 米，流域面积 627 平方千米。

自源地向西流，至平班屯折向东南流，经弄金、冷独、平达等村，至弄昔左纳界迁河，流入田林县，继流至定安镇那门村左纳平利河（河长 24 千米，流域面积 152 平方千米），继流至定安镇汇入郁江驮娘江段。流域内崇山峻岭，山峦重叠，沟壑纵横，岩溶发育，常绿落叶混交林，杂树交荫，植被较

好。地属低纬度亚热带季风气候区,四季分明,夏秋酷热多雨,冬春干燥。随地势从高到低,河床由窄变宽,水流平稳,两岸有小片农田。多年平均年降水量1 318毫米。汛期山洪易引发水灾,常有春旱、秋旱、冬旱发生。1952—1989年中有25年发生水涝灾害,24年旱灾。

流域内以农业经济为主,农民收入靠粮食和养殖业。河水自流灌溉面积1 133公顷,隆林县东南部是水稻主要产区。那门河水力资源丰富,那达水电站装机容量400千瓦,年发电量168万千瓦时。

8.1.61.3 八中河
(Bazhong River)

郁江 驮娘江段左岸支流,发源于广西壮族自治区田林县板桃乡马逻村里平里屯的平里背山坡。干流长72千米,流域面积599平方千米。

自发源地流向西北,经央朗村在那马村折向西南,于者苗乡八中村八达屯有百隆河(河长35千米,流域面积208平方千米)从右岸汇入,过八中村,至渭龙村平些屯有者苗河(河长27千米,流域面积128平方千米)从右岸汇入后转向东南流,在福达瑶族自治乡平封屯下游3千米处汇入驮娘江。

流域内崇山峻岭,山峦重叠,沟壑纵横,岩溶发育。常绿落叶混交林、杂树交萌,植被较好。有百隆河、者苗河两条支流。地处低纬度亚热带,气候温暖,光热充沛。多年平均年降水量1 236毫米。

流域内耕地面积2 727公顷,其中灌溉面积731公顷。1983年洪水,受涝耕地面积160公顷,冲毁水坝278座。2003年受涝面积206公顷,洪水冲毁渠道169条、水坝169座,流域以农业为主,农作物以稻谷、玉米为主,辅以豆类、小米、高粱,经济作物以油桐、油茶为主。水能资源理论可开发量987千瓦,已建小水电站、微型电站53座,装机容量690千瓦。

8.1.61.4 西洋江
(Xiyang River)

郁江 驮娘江段右岸支流,为滇、桂省际河流,发源于云南省文山州广南县者兔乡,在广西壮族自治区田林县汇入驮娘江。河长234千米,流域面积5 226平方千米。流域涉及云南省文山壮族苗族自治州广南县、文山县与广西壮族自治区的西林县与田林县。

概　　述

西洋江流域地处云贵高原余脉,地势高峻,山岭连亘,自西北向东南倾斜,属岩溶山原区,以中山地貌为主,遍布岩溶灰岩,区域属中亚热带季风气候,大部分地区夏季长冬季短,霜期短,雨热同季。中部多年平均气温16.6摄氏度,多年平均年降水量1 054毫米,5—10月降水量占全年的80%～90%,多年平均年蒸发量900～1 000毫米,多年平均流量63.6立方米每秒。

植被多为栎类阔叶林,草地多覆黄茅杂草。流域大部位于广南县境内,流域经济以农业为主,农民收入主要靠粮食和养殖业。农作物以水稻、玉米、薏谷、桐果、茶果及豆类为主,土特产品有八宝米、姑娘茶、高峰黄牛与黑节草等,被农业部命名为"八宝米"之乡。支流那佐河流域是西林县粮食生产基地。

干流长234千米,落差较大,平均比降4.46‰。100平方千米以上的一级支流有那伦河、旧莫河、杉木桥河、阿用河、平密河、那用河、那来河、那比河、那佐河。

水灾主要在汛期,旱灾有春、秋旱,冬季干燥。西林县有3次较大洪水,分别发生在清乾隆六年(1741年)、同治十一年(1872年)和民国十二年(1923年)。一年四季都会有旱灾发生,清同治二年(1863年)、民国21年(1932年),西林县有较大旱灾。

1949年前,只有一些小型引水工程、山塘和水车,水利设施少而简陋。多为木桩堆石坝,易遭洪水冲垮,抗旱能力很低。20世纪50年代后,修建大量水坝、引水渠、小型水库、山塘、电灌站及地头水柜。田林县河道比降大,水能资源丰富。建有洞巴大型水库,库容3.22亿立方米,水电站装机容量72兆瓦;六帮、龙潭、未昔等小型水库,库容303万立方米,灌溉面积29.8公顷;那比小水电站1座,装机容量100千瓦。

纪　　实

河源位于广南县者兔乡北部,东侧九龙山海拔1 933.7米。向东转南流经那伦乡称大河,向南左纳那伦河(河长17.6千米,流域面积173.5平方千米)。那伦河上游有广南坝子,支流众多,建有3座小型水库。广南县城为省级历史文化名城,南部的雁塔为十一级密檐六角形砖塔,属省级文物保护单位。明洪武十五年(1382年)设广南府,民国2年(1913年)废府改县,沿用至今,为国家天然林保护县。全县共有林业用地面积43.66万公顷,占全县土地面积77.48万公顷的56.35%,宜林荒山419万公顷。全县活立木蓄积量773万立方米,主要以云南松、栎类、杉木为主。森林覆盖率43.6%,县域共有木本种子植物91科、272属、400多种。属国家一级、二级保护的珍稀树种植物有桫椤、观音连坐蕨、长蕊木兰、蒜头果、拟单性木莲、香木莲等10余种。继南流至拖派右纳最大支流旧莫河(河长38.7千米,流域面积1 050平方千米)后称西洋河,逶迤向东行进于峡谷,经牡露、董堡于董堡乡老路北左纳杉木桥河(河长16.9千米,流域面积105.3平方千米),其间右岸的董堡乡多石山峰丛,暗河发育。向东穿流于深山峡谷,设有西洋街水文站,集水面积2 473平方千米;测验河道水面宽33～52米,多年平均流

西洋江水系示意图

量35立方米每秒；历年最大流量716立方米每秒，最高水位603.17米；历年最小流量1.6立方米每秒。据洪水调查，最大洪峰流量为814立方米每秒（1904年）。

折北于板蚌乡木利左纳阿用河（河长19.4千米，流域面积143.4平方千米），掉头向南流，河道多沙，比降变缓。至板蚌右纳平密河（河长54.3千米，流域面积769.7平方千米）后称为西洋江，平密河流经八宝省级风景名胜区。过板蚌乡后转北向流，于富宁县阿用乡那柳右纳那用河（河长41.7千米，流域面积175.5平方千米），继北流成为滇桂界河，于那佐乡达下左纳那佐河（河长44.5千米，流域面积243.9平方千米），那佐河谷地势较平，植被茂密，流域列为那佐自然保护区，汇入西洋江处，有古商埠达下。这里高山峡谷，江水自西向东流，木船可下航到云南富宁县剥隘街，可转至百色和南宁市，曾是古代兵家必争之地，又是商贸必经之处，河岸巨石留有船索绑扎痕迹，清朝政府曾在此设立税关。嘉庆年间，西洋江水量比现在大得多，长五六尺，两头高翘的防浪船运来"广货"、"洋货"，载去山货、土货。达下埠头成云、桂边界货物集散地，留有龙王庙、佛堂、关帝庙、私塾学堂等遗址。

广南八宝景区

纳那佐河后，西洋江沿云桂边界入田林县，转东流再转南流，于田林县那比乡那腊右纳那来河（河长24.8千米，流域面积247.2平方千米），继东流至那比西北右纳那比河（河长24.2千米，流域面积186.7平方千米），继流经平德，于田林县八渡乡八嘎村汇入郁江驮娘江段。

广南县内的河长132.9千米，广南县与富宁县界河长8.5千米，云南与广西的界河长28.5千米。

西洋江在木利以上河道比降较陡，局部落差比较集中，建有拖派电站、杜露电站、西洋电站与木利水电站。广南县是红七军创立的"滇黔桂边区游击根据地"之一。广南县八宝镇为岩溶盆地，分布有八宝省级风景名胜区，众多的峰丛与飞瀑流泉引人入胜，著名景点有三腊瀑布与戈峰瀑布。

三腊瀑布

8.1.61.5　那马河
(Nama River)

郁江驮娘江段右岸支流，发源于云南省富宁县花甲乡龙旺山西北，于富宁县剥隘镇甲村汇入郁江上游干流驮娘江，干流河道长86.9千米，流域面积1 112.8平方千米。

流域多年平均气温17摄氏度，多年平均年降水量1 210.6毫米。流域面积超过100平方千米的支流有3条，那能河最大，发源于富宁县阿用乡达江南，河长47.2千米，集雨面积192.5平方千米。

那马河干流自源地向东流，经那达、芭莱、坡令，上游地处高山地带，海拔多在1 200～1 500米之间，大山连绵起伏，地形复杂陡险，不利于工业发展，土壤气候条件适宜种植八角和茶叶，已建10万亩八角基地和万亩茶园。

于洞波乡那来左纳从北方汇入的那能河（河长47千米，流域面积193平方千米）。中游主要在那能乡，海拔多在600～800米，那能乡田多水多，有利于农作物生长，那能镇有甘帮革

富宁八角

命根据地，红军留下的各种防御工事、战壕、掩体物仍保存完好。喀斯特地貌，环山起伏，群山连绵，奇峰林立，绿树成荫，山间老树缠藤，藤缠树，猴叫鸟鸣。

继东流，经索炳、者宁，继流至剥隘镇小河口右纳甲村河（河长31千米，流域面积108平方千米），至那莫左纳者帮河（河长31千米，流域面积132平方千米）后于剥隘镇汇入郁江（驮娘江段）。距那马河入郁江汇口约5千米处有富宁壮戏的发源地索乌村。汇口剥隘是千年壮乡古镇，驮娘江、那马河和**谷拉河**3条河在此交汇形成右江起点。右江曾是我国西南贸易的一条黄金水道。古代，滇铜和大理国的马匹等物资都从剥隘入两广，沿海省份的海盐、布匹之类商品也从这里进入云南，有"滇粤津关"之称。宋时剥隘已是富宁县的三大聚邑之一，称"隘岸"，以隘口河岸得名。南宋起剥隘是古大理国到邕州商贸往来的要衢之一。

北路壮剧

明初剥隘设商埠，成滇、桂、粤、湘省际商品贸易集散地。20世纪初依然是马帮穿梭，商船频泊。随着百色水利枢纽工程的建设，2005年下闸蓄水后，以剥隘古镇为中心的方圆600平方千米土地逐渐淹入水中。

8.1.61.6　谷拉河
(Gula River)

郁江驮娘江段右岸支流，又名普厅河。为滇、桂省际河流，地跨云南省文山壮族苗族自治州与广西壮族自治区的百色市。

谷拉河发源于云南省文山州富宁县新华镇麻里湾，向南折

8.1.61.6.1 者利河

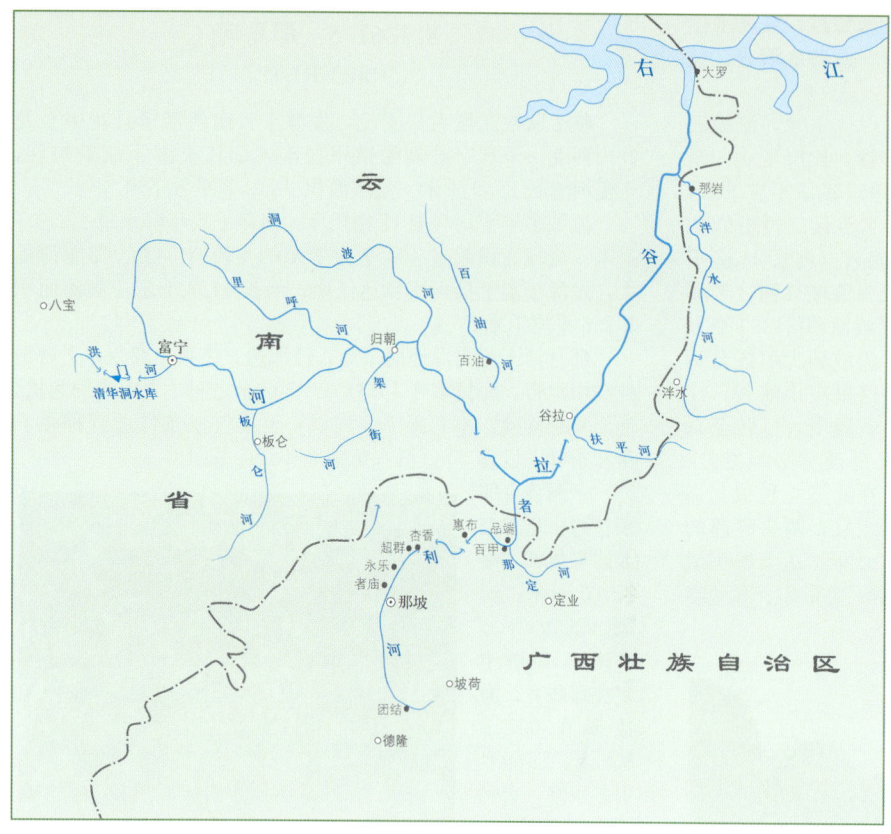

谷拉河水系示意图

9 965万立方米，具有防洪、灌溉、生活供水与发电等综合功能。富宁县城附近有7条河流交汇，汛期水流相互顶托易为洪灾。过富宁县城转东流，至板仑乡高邦右纳板仑河（河长25.3千米，流域面积201.2平方千米）。至归朝镇那信左纳里呼河（河长26.9千米，流域面积118.4平方千米），东流到归朝镇府右纳架街河（河长28.8千米，流域面积132.6平方千米），至平里左纳洞波河（河长42.1千米，流域面积174.5平方千米），该段河谷中宽谷与峡谷相间，谷地上有水稻田分布，谷坡上绿草如茵树冠如盖。自洞波河口向南进入峡谷，有伏流河段，暗河进出口距离约2.65千米。经百油村落水洞入地下成为暗河，左纳百油河（河长29千米，流域面积148.5平方千米），于谷拉乡者利村右纳者利河，经河曲转为向北流，明暗交替流经谷拉乡称为谷拉河。于谷拉乡府上游处右纳源自庭西那坡县的扶平河。谷拉乡属富宁革命老区中心根据地，1929年12月邓小平领导百色起义，所建红七军曾在此驻扎，至今仍有当年红七军的战斗遗址、红军洞。距谷拉乡10千米处，谷拉河两岸群山，亚热带原始森林保存完好。河边凤尾竹青翠挺拔，大叶榕树枝繁叶茂，虬根盘结，造型独特，榕树枝低垂水面，乌蓬船驶过，伸手可及。流出谷拉乡，向北流入深山峡谷，至剥隘镇为云南与广西的界河，长约3千米。在那岩附近右纳泭水河（河长53.4千米，流域面积267.85平方千米）。谷拉河转北流，在阳圩镇大罗村西南1.5千米汇入郁江。

百色市右江区泭水乡以北3千米处，泭水河流域有百维新石器时代遗址，是新石器时期古人类活动考古旅游点。

8.1.61.6.1 者利河
(Zheli River)

谷拉河右岸支流，又名劳水河。发源于广西壮族自治区那坡县德隆乡团结村东2.3千米处，干流长58千米，流域面积566平方千米。

流域地势西南高东北低，山高谷深，喀斯特峰林、峰丛中分布有坡立谷地，农作物种植区。南亚热带季风气候，四季气候温和。春旱、夏涝、秋干、冬枯，干、湿季节分明。多年平均年降水量1 200毫米，集中在5—9月。几乎年年有旱灾，有时一年2～3次，有时连续几年干旱。1949—2004年，较大旱灾有23年。

自源地由南向北流至那坡县城，那坡县境内干流又称城厢河、那仗河。那坡是山区县，地处广西西南部，与越南社会主义共和国高平、河江两省接壤，边境线长207千米。居民有黑衣壮族和汉、瑶等民族，经济以农业为主，种植玉米、水稻。一年一度的盘王节是瑶族盛大节日，有跳盘王舞、对歌、抛绣球等活动。这里栖息着熊猴、猕猴、短尾猴、麝香、林麝、水獭、穿山甲等国家保护动物。

坡荷乡西北5千米处有玄武岩地质公园，枕状玄武岩群已有3.5亿年，单体枕状岩长1米，宽0.5米，表面皮壳状，横

东后向北流，于富宁县剥隘镇汇入驮娘江。河长162千米，流域面积3 362平方千米，落差1 339.7米，多年平均年径流量10.06亿立方米。

流域位于云贵高原向桂东溶原过渡的斜坡地带，以低山地貌为主。属亚热带季风气候，多年平均气温19.3摄氏度。地处东南暖湿气流入口，单点暴雨与流域性暴雨频繁。富宁县内集水面积2 037.3平方千米，盛产八角、油茶、油桐、木耳、大牲畜及各种矿产，土地革命时期为红七军创建的"滇黔桂边区游击根据地"中心。集水面积大于100平方千米的一级支流有洪门河、板仑河、里呼河、架街河、洞波河、百油河、**者利河**、扶平河、泭水河。

干流河源段经麻里湾河曲向南流，穿行于低山峡谷。至富宁坝子河谷渐宽，向东流经富宁县城，富宁县位于云南省东南部，南与越南河江省接壤，属全国一类革命老区，盛产八角。富宁县城设有富宁水文站，控制流域面积373平方千米。河道水面宽31.2～37米，多年平均流量5.79立方米每秒，历年最大流量438立方米每秒，最高水位682.60米。历年最小流量0.07立方米每秒。下游富宁县立地村断面以上集水面积890平方千米，最大洪峰流量853立方米每秒（1967年）。右纳洪门河（河长16.7千米，流域面积249.2平方千米）后称普厅河。洪门河上游建有清华洞水库，总库容

谷拉河风光

断面呈内粗外细的层状结构,密集气孔及放射状节理,形似菊花。岩群规模大,数量多,保存完好,面积2 500平方米。

过那坡县城转东北流,在百甲村右纳那定河(河长13千米,流域面积244平方千米),经者庙、永乐、超群村,在杏香屯潜入洞中,至定业乡惠布村弄马屯附近露出地面,经品端村入云南省。流程5千米,在富宁县谷拉乡者利村北汇入谷拉河。超群村和惠布村之间有"马独黑衣壮民俗风情寨""弄文黑衣壮民俗风情寨"旅游点,可以观看黑衣壮族歌舞表演,品尝民族风味餐,体验黑衣壮民俗特色。

8.1.61.7 者仙河
(Zhexian River)

郁江左岸支流,因流经广西壮族自治区百色市右江区阳圩镇者仙村得名,又称八桂河,发源于广西壮族自治区田林县潞城瑶族乡平板村西南1.6千米。

者仙河自河源向东南流,经弄读,至八标村转南流,经八修于八桂乡右纳六丹河、左纳八高河后称八桂河,继南流,经八江、小榄等村,至粉屯左纳能良河(河长33千米,流域面积762平方千米),继于洞弄乡者云村右纳洞弄河后入右江区,经阳圩镇者仙圩,至阳圩镇六丰村百达屯汇入驮娘江。河源高程985米,入河口高程153米。河长84千米,流域面积762平方千米。涉及八桂瑶族乡。

流域地处云高贵原边缘丘陵土石山区,崇山峻岭。干流两岸坡陡,水浅流急,支流有六丹河、八高河、能良河、洞弄河。干流、支流总长176.1千米,地处低纬度亚热带季风气候区,光热充沛,气候温暖,夏长冬短,雨热同季。70%降雨集中在6—9月。多年平均年降水量1 064.7毫米,多年平均年径流量1.51亿立方米。旱涝灾害严重,旱灾以春旱、冬旱为主,有时会秋冬春连旱。1979年9月至1980年7月严重干旱,10个月中总降雨量仅414.6毫米,八桂乡198公顷中稻无法耕种。

经济以农业为主,稻谷、玉米为主要农作物,农民收入主要靠粮食生产和种养业,名产八渡笋脆嫩,营养丰富,风味独特。清代嘉庆年间已入宫廷菜谱,列为田林贡品。水力资源技术可开发量4 800千瓦。已建小(1)型水库两座,总库容245万立方米,灌溉面积148.66公顷;小(2)型水库1座,总库容15万立方米。

8.1.61.8 乐里河
(Leli River)

郁江左岸支流,古称潞城水,又称逻里河,发源于广西壮族自治区田林县板桃乡央弄村西北3.6千米处,干流长144千米,平均比降2.85‰,流域面积1 412平方千米,流域涉及田林县东南部及百色市右江区。

乐里河流域地处云高贵原边缘,崇山峻岭,山峦重叠,沟壑纵横,西高东低,北高南低。土山多,杂树交荫,植被较好。其中田林县有81千米,右江区有63千米。流域平均宽度9.82千米。

自河源向东流,至米花岭西南2千米处后转向东南流,于营盘村右纳平吉河,于百昂村左纳百昂河,继流至乐里镇百花寨村左纳启文河,继流至利周乡河口村左纳利周河(河长27千米,流域面积228平方千米)后入右江区境,于汪甸乡治左纳江甸河(河长21千米,流域面积102平方千米),继流至两邑村左纳六邑河后转西南流,至里圩村右纳那益河,转东南流,至百色市阳圩镇供元村百达屯汇入驮娘江。

流域地处低纬度亚热带季风气候区,光热充沛,气候温暖,夏长冬短,雨热同季。多年平均年降水量1 137.0毫米,年际变化较大,年内分配不均,汛期6—9月降雨量占全年总量的70%。

经济以农业为主,农民收入靠粮食、蔬菜、甘蔗和养殖业,农作物以稻谷、玉米为主,土特产品有八渡笋、云木耳、核桃、香菇、灵芝。野生动物有108种,国家二类、三类保护动物有斑鹿、大鲵、猕猴、林麝等20多种,并有蛇、山瑞、蛤蚧、蜜蜂、蜈蚣等。植物有187科1 600多种,紫檀、金丝李、福建柏、香果树为珍贵树种,有756种药用植物,有山田七、淮山药、天麻、杜仲、砂仁、何首乌、灵芝菌、金银花、天冬、桔梗、黄精、茶辣、鸡血藤等60多种中药材。

乐里河是暴涨暴落山溪性河流,洪水灾害大部分发生在中下游河段,特别是汛期中的6—8月。清代有一次大水灾记载,1911—1998年87年间发生较大洪灾15次。1968年6月17日大水灾,受灾面积达166.7公顷,冲坏库容10万立方米的山塘3座,农田水利设施526处。旱灾主要有春旱、秋旱、冬旱或秋冬春连旱,有"十有九春干旱"之说。1950—2004年,旱灾45次,23年有较大旱灾。1953年大旱,年降雨752.7毫米,受灾农田233.3公顷。1962年11月至1963年6月仅降雨258.4毫米,干旱长达半年,小河断流,人畜饮水困难,农田龟裂,禾苗干枯,早稻、玉米失收。

中游田林县城段是干流河道治理重点,固堤、疏滩、通路、绿化、治污综合开发。流域已建成水库12座,其中小(1)型水库5座,小(2)型水库7座,总库容1 742万立方米,有效灌溉面积510公顷。现有灌溉面积66.7公顷以上自流灌区1处,13.3公顷以上自流灌区20处,其他小型水利工程819座,灌溉面积498公顷。已建小型水电站5座,总装机容量1 325千瓦。小型电泵站24座,总装机容量444千瓦,灌溉144.5公顷。水力资源开发已基本完成。20世纪30年代前,百色至乐里可通航载重2吨以下货船。历年来上游毁林开荒,水土流失,水量减少,30年代以后已不能通行木船。

8.1.61.9 百色水库
(Baise Reservoir)

郁江上游的大(1)型水库,坝址位于广西壮族自治区百色市,东南距百色市区22千米。

水库有不完全多年调节功能,防洪为主,兼顾发电、灌溉、航运和供水。水库流域面积1.96万平方千米,多年平均流量263立方米每秒,多年平均年径流量82.9亿立方米。总库容56.6亿立方米,水库面积为135平方千米。工程分两期

百色水库大坝

百色水库

建设,第一期建设主副坝、水电站和通航建筑物水下工程,第二期完成通航工程的其余部分。一期工程于1997年开始施工准备,2001年开工,2005年蓄水,2006年竣工。

工程由1座主坝、2座副坝、水电站地下厂房和通航建筑物组成。主坝为全断面碾压式混凝土重力坝。最大坝高130米,坝顶长720米,溢流坝最大泄洪流量13 737立方米每秒。水电站装机容量540兆瓦,年均发电量16.9亿千瓦时。通航建筑物采用二级垂直升船机,过坝规模2×500吨,年单向货运量400万吨。

百色水库是郁江综合利用规划中的第二个梯级,是治理和开发郁江的关键性工程,汛期预留库容16.4亿立方米,可使广西首府南宁市的堤防防洪标准由50年一遇提高到近100年一遇,配合下游兴建老口梯级,可使南宁市的防洪标准达到200年一遇,使右江沿岸百色、田阳、田东、平果、隆安城市和乡镇农田免除50年一遇洪灾,下游郁江沿岸横县、贵港、桂平等县市和农村的防洪能力达到20年一遇,共保护人口187.3万人,保护耕地面积7.28万公顷。

水库扩大和改善右江盆地农田灌溉面积1.04万公顷,保证灌溉面积增至3.89万公顷,增加丘陵地水果灌溉面积7 333.3公顷。为沿右江的平果和百色铝业提供优质水源。经水库调节,右江水量利用率达到90%,枯水流量可由30.6立方米每秒增加到100立方米每秒。渠化右江航道,由六级航道提高为三级航道,成滇东出海通道。

库区地处云贵高原东麓,西高东低,河谷型丘陵地貌。地层岩性主要为三叠系中下系统砂岩、泥岩;其次为二叠系、石炭系灰岩、硅质岩和泥岩以及泥盆系的砂岩、泥岩、硅质岩和华力西期入侵的辉绿岩。库区封闭良好,无邻谷渗漏通道。蓄水后,库岸地层稳定,无大规模滑塌。土坝坝基,辉绿岩岩体完整,副坝和通航建筑物基础为砂岩和泥岩。

亚热带季风气候温和,多年平均年降水量1 077毫米,集中在汛期6—9月,占全年的65%。暴雨主要由锋面、切变线、低涡及台风形成,一般出现在6—8月,一次暴雨持续2~3天,最大24小时暴雨量一般为110~150毫米,实测最大为461.3毫米。多年平均年蒸发量1 370~1 674毫米。多年平均气温16.7~22.1摄氏度,最低是1月,平均气温13.3摄氏度,最高是7月,平均气温28.5摄氏度。极端最高42.5摄氏度,最低-5.6摄氏度。平均风速1.1~2.0米每秒。

水库淹没土地1.2万公顷,移民26 969人,涉及滇桂2个省(自治区),其中云南省富宁县3个乡镇、10个村、62个自然屯,淹没0.28万公顷,移民9 519人;广西壮族自治区百色市右江区和田林县9个乡镇,32个村,107个自然屯,淹没土地0.92万公顷,迁移人口17 450人。

百色市是邓小平领导的百色起义所在地,市内粤东会馆是红

布洛陀民族文化旅游节

七军司令部旧址。市区北面7千米处有澄碧河水库旅游区。

水库下游85千米的田阳县敢壮山是壮族先祖布洛陀的发祥地,农历三月三日是百色布洛陀民族文化旅游节,每年都有壮族群众到敢壮山祭祀先祖,主要活动有抢花炮、唱山歌。政府倡议建设右江百里文明河谷,2006年建成田阳县布洛陀芒果风情园和全国农业旅游示范点。

右江河谷考古有重大成果,2004年发掘出"百色石斧",证实亚洲史前人类在83万年前已经使用双面打磨的石斧。

8.1.61.10 澄碧河
(Chengbi River)

郁江左岸支流,因河水澄清碧绿而闻名,古称澄碧水,发源于广西壮族自治区凌云县力洪乡金保村西南23千米处,干流长111千米,流域面积2 087平方千米,涉及百色市右江区、凌云县和田林县。

流域西北高东南低,以喀斯特地貌为主。上游峰林、峰丛重叠,云雾缭绕,流经河谷山涧和溶洞,地下河时隐时现;下游山地为主,地势渐低。全河水清澈,植被葱郁,山间谷地及河谷盆地为农业耕作区和经济作物种植区。其中地下河11千米,比降大,属山区性河流。支流有蒙沙河、下甲河、旦村河、沙里河、伶站河、达河、仁东河。有水源洞、弄福、十二洞3条地下河,补给面积513.8平方千米,流程119千米,枯季出口流量2.56立方米每秒。

南亚热带季风气候,冬天短夏天长,光照充足,雨量较充沛,但年内分配不均。多年平均年降水量1 100~1 700毫米,5—10月降雨量占全年80%以上。水资源总量9.65亿立方米。水质较好,含沙量少。

流域大部分在凌云县,有耕地面积5 900公顷,占凌云县总耕地面积的64.18%。经济以农业为主,主要农作物有稻

谷、玉米、豆类、红薯，主要经济作物和经济林有甘蔗、木薯、茶叶、水果和杉木、松木、油茶、八角、油桐。

流域旱涝频繁交替，洪灾多在6—7月，洪水暴涨暴落，多在局部区域，少有流域性大洪水。流域降雨少时易生干旱，而且年年有。1949年以前，记载的旱灾有1777、1778、1895、1928、1932、1936、1942、1943、1949年。1950年后55年中，有较大旱灾23年。

水能资源技术可开发量41.25兆瓦。1949年前，农田灌溉主要靠筑坝引水和竹筒水车提水。1949年后，兴建了一大批蓄、引、提水灌溉和小水电工程。现有**澄碧河水库**（大型），库容11.3亿立方米，装机容量38.5兆瓦；小型水库9座，总库容1 297.1万立方米，灌溉443公顷；小电站5座，泵站55座。上游凌云县境澄碧河落差大，水流湍急，伏流多，不能通航。中游、下游曾通行木船，后因洪水淘刷，水道淤积，浅滩增多，逐渐停航。

广西百色澄碧湖

澄碧河自源头东南向流，经金保、旦村，向南流入凌云县城泗城镇。凌云于唐置双城州，宋、元、明置泗城土州，1727年改土归流称泗城府，1740年置凌云县，森林覆盖率70.6%。城内有泗城文庙等古建筑。出县城转东南流，至镇洪村右纳蒙沙河，继流至下甲乡治右纳流经朝里乡治的朝里河（河长49千米，流域面积170平方千米），继流至下甲乡彩架村肖家坪伏流入地下，于弄降出露地面后转向西南流，于伶站乡浩坤村再次伏流入洞，于坡贴旅游区出露地面后流至伶站瑶族乡右纳伶站河，穿过泗水河谷自然保护区，经均亭村入左江区境，经平塘村进入澄碧河自然保护区，于龙川镇林河村左纳流经意尤村的意尤河（河长38千米，流域面积169平方千米），折向西南流，曲折入**澄碧河水库**，于库区内永乐乡百房村右纳仁东河（河长30千米，流域面积149平方千米），出水库后向南流入百色市区。百色，清置百色直隶厅，雍正八年（1730年）百色建城，现为地级市，市治在右江区百色镇。出市区后于百色市区下游2.3千米处汇入郁江（右江段）。

以澄碧湖水库为主的澄碧湖风景区集"山、水、林、岛"于一体，是广西第一批省级风景名胜区。水面开阔，终年清澈透明，飞鸟云集，岛屿星罗棋布。环境幽静，溪流曲折，如玉带环绕延伸至深山峡谷。有雅芒天然岩石人头像、清泉溶洞和观音庙景点。2条环湖公路，曲折迂回十余千米。湖边山地肥沃，满山种有芒果、荔枝、龙眼、木菠萝等亚热带水果。"百色起义"旧址就在百色城东北7千米处。凌云县城北2千米的水源洞，河水清澈，气候宜人，洞壁有古诗题咏。

8.1.61.10.1　澄碧河水库
(Chengbihe Reservoir)

澄碧河下游的大（1）型水库，坝址位于广西壮族自治区百色市永乐乡南乐村那洞屯附近，南距百色城区7千米。

概　　述

水库有多年调节功能，以发电为主，兼顾灌溉、防洪、供水、旅游、养殖。控制流域面积2 000平方千米，库容11.3亿立方米，水面面积38.8平方千米。工程于1958年动工兴建，1966年竣工蓄水。1974年大坝灌注混凝土防渗心墙，1991年灌浆防渗。

工程由大坝、溢洪道、发电引水管和水电站组成。大坝为黏土心墙和混凝土心墙结合土坝，主坝长425米，最大坝高70.4米，坝顶宽6米。溢洪道最大下泄流量3 770立方米每秒。钢筋混凝土压力引水发电管最大引用流量179.6立方米每秒。坝后引水式水电站，水电站装机容量30兆瓦。年发电量1.25亿千瓦时。

澄碧河水库大坝

水库属南亚热带季风气候区，夏季多雨湿热、冬春干旱、光照充足。暴雨主要是锋面雨和台风雨。3、4月易出现大风冰雹天气；7—9月受副热带高压、台风等天气系统影响，出现高温、暴雨、大风，降雨集中，易引发灾害性洪水。

水库水质符合饮用水标准，常年达Ⅱ类，是百色市供水的主要水源。灌溉面积330公顷。经水库调蓄，削减洪峰，保护下游28万人口和1万公顷耕地。

纪　　实

库区弄林上游多为石灰岩山岭，植被不完全，覆盖层浅，典型的喀斯特地貌，溶洞发育；弄林下游多为丘陵，植被较好，森林密布，三叠系下缝组泥岩、细砂岩地层。永乐一带，两岸阶地较宽，四周为三叠系百逢组的砂岩和泥岩组成的中山，俗称"永乐盆地"，中心是新第三系邕宁群岩层组成的低山丘陵及第四系冲积层构成的堆积平地，土地肥沃，是百色市昔日的"鱼米之乡"。

坝址以上河长120千米，水库多年平均年降水量1 350毫米，多年平均年径流量11.92亿立方米，多年平均气温22.1摄氏度，多年平均相对湿度76%，多年平均风速1.1米每秒。

水库淹没耕地面积0.12万公顷，移民5 179人。大部分由低处往高处搬迁，就地安置，部分迁往外乡，自成村屯，或分散插住。

水库周边群山起伏，溪流纵横，群山森林茂密，覆盖率达50.4%，青山抱绿水，大小岛屿点缀湖面。澄碧河国家级水库旅游区山林湖泊景色优美，林密草茂，鸟语花香，风光怡人。景区内有旧大陆早期人类迁徙的百色盆地旧石器遗址和区域地质地貌变迁的田螺化石,有鬼斧神工、清晰逼真的雅芒崖像,还有观音庙、水月宫、古炮台、古城墙等保存完好的文物古迹。21世纪以来,澄碧河水库管理局先后开发松林岛民族村、禄香山公园、迎宾广场等景点。加强环境和水质保护,严格控制湖内污染,禁止滥砍滥伐及猎杀野生动物,专人清理油污、垃圾,植树造林减少水土流失。

澄碧河水库

水库还改善了当地气候和右江百色至南宁的通航条件,库区养鱼和周围种植林果等养殖业也有了很大的发展。

8.1.61.11 福禄河
(Fulu River)

郁江右江段右岸支流。

福禄河发源于广西壮族自治区德保县东凌乡那玉村扣莫屯以西2千米处,于下洞屯东南10千米处潜入地下,于田阳县桥业乡那娥村谷布屯出露地表,东北流,经活旺、那良等村,于达双左纳昔仁河(河长46千米,流域面积278平方千米),穿过福禄河瀑布风景区,继流至那毕乡浪兴屯左纳乌拉河(河长29千米,流域面积123平方千米),折南流至福禄村洞仙屯汇入右江。干流长82千米,流域面积1 396平方千米,涉及广西德保、田阳2个县。

流域地势西南高东北低,石灰岩岩溶地貌,山峰林立,丘陵起伏,溶洞遍布,支流有昔仁河、百乐河、乌拉河。属亚热带气候,四季分明。夏、秋酷热多雨,冬春干燥。多年平均年降水量1 250毫米,降雨量年内分配不均,5—9月降水量占全年的74%。年际变化大,最大年降水量是最小年的2.04倍。多年平均年径流量6.45亿立方米。

流域有硅矿、铁矿和水晶矿等主要矿藏。多天然瀑布,2米以上的叠水有100多处,多级瀑布群常见。流域内种植稻谷、玉米、黄豆、红薯等农作物和甘蔗、木薯、花生、芝麻等经济作物,并引进甘蔗优良品种,推广秋植甘蔗,调整产业结构。每年农历三月十七日有桥业歌圩,右江区、德保县交界及周边乡镇民众纷纷前来赶圩,德保调、田阳调歌声昼夜不断。桥业乡还是田阳矮马主产地,曾远销美国。

自明朝成化七年(1471年)至1987年的516年间,共发生大旱灾22次,1963年2—4月,连续3个月降雨量少于历年平均值40%,以致上半年粮食作物绝收。1949年前年年有水灾。2001年7月4日右江河水暴涨顶托,河口福禄村洞仙屯倒塌民房36间。

干流可利用落差263米,水能资源技术可开发量22.7兆瓦。福禄河引水工程引水3立方米每秒,灌溉933公顷。右江区三级水电站总装机容量9.6兆瓦,田阳县四级水电站总装机容量8兆瓦。

已建成福禄五级电站水库1座,龙景水库、那怀水库、乌拉水库小(1)型水库3座;大楞水库、维史水库、根丰水库、六居水库、四强水库5座小(2)型水库,总库容3 764.9万立方米。小型泵站54座,总装机容量2 566千瓦,灌溉827公顷。1990年后新建小型水力发电站7座,总装机容量47.6兆瓦。

8.1.61.12 扁村河
(Biancun River)

郁江右江段右岸支流,发源于广西壮族自治区德保县那甲乡永宁村东南10千米处。

源流向北,经定禄村入田阳境,流经坡洪镇新景、新建、古美、五合、兴达、岩村,以上称古美河,在拉乍屯潜入地下,至洞靖乡扁村涌出地表,称扁村河,东北流经百峰乡弄初、弄山村,至那音村右纳那音河(河长34千米,流域面积254平方千米),再流至坡落屯汇入右江。干流长62千米,流域面积644平方千米,涉及广西壮族自治区百色市德保县和田阳县。

流域地处摩天岭山脉的北麓,石灰岩岩溶地貌,山峰林立,溶洞遍布,丘陵起伏,分石山、土山两类。上游石灰岩山峰耸立,沟谷深切,岩溶发育,河床狭窄,落差大,部分河段地下河与地表河相间。下游丘陵连绵起伏,林业和草坡资源丰富,植被较好。非汛期河水清澈,水质良好。

属亚热带气候,夏、秋酷热多雨,冬春干燥。多年平均年降水量1 249毫米,5—9月降水量占全年的80%。最大年降水量1 401.6毫米,最小684.5毫米。多年平均年径流量2.98亿立方米,最大洪峰流量145立方米每秒(1967年8月5日),最小流量0.1立方米每秒。

流域内有煤、磷、水晶、铜、铝土、硅、硫铁、红锑、白玉大理石等矿产资源。铝土矿成桂西华银氧化铝矿工业基地的重要矿区。农业以种植水稻、玉米、豆类、薯类为主。名优土特产有八角、茴油。名优农产品芒果、甘蔗、香蕉已逐步产业化。有睡美人山、坡洪河、古美仙洞等旅游景地。农历二月初二坡洪"花炮节"有130年历史,壮族特产坡洪"古眉酱"历史悠久,远销港澳。

明宣德九年(1434年)至清咸丰六年(1856年)的423年间,有文字记载的旱灾8次,其中大旱2次,无数灾民饥殍。民国时期,记载旱灾3次,其中大旱年1次。1949—1989年,旱灾20次。历史记载水灾很少,仅1次。清康熙五十二年(1713年)七月,大雨二旬,四乡涨溢,官署民房被淹,10日始退。1949—1989年较大洪涝灾害7次。

1971年后,上游古美河段建兴达水库,库容666万立方米,灌溉面积667公顷。下游建成小水电站2座,装机容量57千瓦;引水工程9座,引水流量0.15立方米每秒,灌溉97.5公顷。

古眉面酱

8.1.61.12.1　那音水库
(Nayin Reservoir)

郁江 右江段支流那音河下游的中型水库。坝址位于广西壮族自治区百色市田阳县百峰乡那音村，距田阳县县城 23 千米。

水库有年调节功能，以灌溉为主，兼顾发电、城镇供水、养鱼。控制流域面积 170 平方千米，库容 1 772 万立方米，水面面积 132.8 万平方米。工程于 1959 年动工兴建，1960 年竣工蓄水。

工程由大坝、溢洪道、输水管、水电站组成。大坝为黏土心墙土坝。坝顶长 198 米，坝高 31.17 米，坝顶宽 4 米。溢洪道最大泄流量 130 立方米每秒，输水管最大泄流量 6.8 立方米每秒。水电站有二级，年均发电 500 万千瓦时。一级电站装机容量 600 千瓦，二级电站装机容量 320 千瓦。灌溉面积 1 133.3 公顷，年用水量 2 419 万立方米，向县城年供水水量 1 000 万立方米。

那音水库大坝原貌

库区有土山区和石山区，南高北低。碳酸盐岩石山区峰丛洼地地貌，溶沟、溶槽、溶洞发育。碎屑岩土山区低山丘陵地貌，山间冲沟发育，山坡草木茂盛，植被较好。多年平均年降雨量 1 073 毫米，多年平均年径流量 10 066 万立方米，多年平均气温 21.7 摄氏度。

水库淹没 29.7 公顷水田，就近安置移民 275 人。工程管理范围明确，在水库溢洪道周边，那音水管所建果场 1.3 公顷，种植扁桃、荔枝、温州柑、龙眼、芒果、酸梅。

8.1.61.13　田洲河
(Tianzhou River)

郁江 右江段左岸支流，曾名百东河。发源于广西壮族自治区凌云县沙里瑶族乡那伏村浪伏屯东北 2.3 千米处，干流长 131 千米，平均比降 2.21‰，流域面积 1 299 平方千米，涉及广西壮族自治区百色市右江区和凌云、田阳、田东县。

流域地处都阳山脉南缘，北高南低，丘陵起伏，分土山区、右江河谷平原区。沿河丘陵连绵起伏，冲沟发育。田洲河流域平均宽度 9.91 千米，支流有百里河、新忻河和**磺桑江**，磺桑江是主要支流。

流域地处低纬度亚热带气候区，光热充沛，气候温暖，四季分明。夏、秋酷热多雨，冬、春干燥少雨。多年平均年降水量 1 566 毫米，年际变化大，降雨多集中在 5—9 月。多年平均流量 18.3 立方米每秒，最大 29.4 立方米每秒，最小 0.73 立方米每秒。

田洲河是暴涨暴落山溪性河流，大部分洪水灾害发生在 6—8 月。清康熙五十二年（1713 年）七月，大雨二旬，四乡涨溢，官署民房被淹，10 日始退。1949—1989 年，出现较大洪涝灾害 7 次。1968 年 6 月和 8 月发生两次水灾，其中 8 月 28 日田阳县降暴雨，田洲河水暴涨，耕地被淹 467.7 公顷。自明宣德九年（1434 年）至清咸丰六年（1856 年）间，有记载的旱灾 8 次，其中大旱年 2 次，无数灾民饥死。1949—1989 年，发生旱灾 20 次。

流域下游很早就兴修水利灌溉农田，主要是筑建简陋的堆石坝、开渠引水或架高竹筒水车提水灌田。1954 年支流磺桑江下游建成磺桑江引水工程，1958 年田洲河的上游建成**百东河水库**。

源地高程 900 米，东南流，经巴马瑶族自治县局桑乡彩乡、岩周等村称百东河，入田阳县境，经坤平乡那甲、百甲、坡旺、实立（乡治）明莫等村屯，至田阳县玉凤镇甫穿村转向西南流，于右江区百兰乡新忻村左纳百里河（河长 47 千米，流域面积 224 平方千米），右纳新忻河，流入田阳县头塘镇，至那徐村右纳磺桑江，以上称百东河，以下称田洲河。折向东南流，至田州镇河口村从左岸汇入右江，江口高程 98 米。非汛期河水较清澈。上游两岸山峦重叠多土山，农田稀少。至百旺入下游田阳盆地，两岸平缓开阔，耕地海拔低于 150 米，阳光充足，利于发展粮食、甘蔗、蔬菜、水果生产。田阳县为全国商品粮基地县，甘蔗面积达到 3 333 公顷，产量 50 万吨。芒果面积 13 330 公顷，是中国三大芒果生产基地之一。蔬菜种植 13 330 公顷，是广西新兴的南菜北运基地，每年向全国 28 个省 100 多个城市提供西红柿、四季豆、青椒及瓜类超过 40 万吨。

8.1.61.13.1　百东河水库
(Baidonghe Reservoir)

田洲河 支流百东河上的中型水库，坝址位于广西壮族自治区百色市田阳县头塘镇百沙村，距田阳县城 15 千米，百色市城区 40 千米。

水库有年调节功能，以灌溉为主，兼顾防洪、发电、养殖。控制流域面积 760 平方千米，库容 9 192 万立方米，水面面积 411 万平方米，回水长 22 千米。工程于 1957 年动工兴建，1958 年竣工蓄水。1961 年加高大坝，1966 年加高溢洪道并建闸，大坝顶设防浪墙。1978—1986 年除险加固。

工程由大坝、溢洪道、放水塔、输水隧洞、水电站组成。大坝为黏土心墙土坝，坝顶长 346 米，顶宽 6 米，坝高 46.5 米，坝顶筑有 1 米高的浆砌石防浪墙；开敞式溢洪道最大泄量 4 424 立方米每秒；输水隧洞灌溉、发电共用，最大泄量 13.8 立方米每秒；坝后引水式电站装机容量 1 兆瓦，年发电量 168 万千瓦时。

流域有丘陵和小平原，自西北倾向东南。亚热带气候，夏长冬短，热量足，光照时间长，多年平均气温 22 摄氏度。田阳县城多年平均年降水量 880 毫米，是广西降水量最少的地

百东河水库

方之一，多年平均年蒸发量1 144毫米。

水库是百东河灌区的主要水源，灌溉面积5 440公顷，使右江河谷田阳、田东2个县5个乡镇的干旱状况得到了极大改善，促进灌区农业发展。水库宜渔面积280公顷，是广西水库渔业经营最好的水库之一，最高年产成鱼81吨。水库还承担着下游田州镇（田阳县城所在地）的防洪任务。

库区丘陵土山区，多腐蚀土和砂壤土，适宜松木、栗木、杂木、竹子生长，森林覆盖率46%。河道弯曲，河床比降大，呈V形，宽30～50米，河槽多风化石和砂砾石。多年平均年降水量1 018毫米，多年平均年径流量2.51亿立方米，最大流量1 187立方米每秒，最小0.54立方米每秒。

百东河多沙，汛期水质浑浊，含沙量大。库区淤积严重，截至1997年，库区淤积量已达852万立方米。

百东河水库淹没涉及百色县四塘乡六眉屯、埌江屯和田阳县二塘乡百沙村治乐屯。淹没田地84公顷，移民129户，647人。政府划拨耕地，维修移民村灌溉渠道，改善灌溉面积80公顷。修建百沙村供水工程，改善人饮困难问题，移民村社会稳定，经济发展。

8.1.61.13.2　磺桑江
（Huangsang River）

田洲河右岸支流，古称达衣江，又名那徐河，发源于广西壮族自治区凌云县沙里瑶族乡的八洞村群山中，河长80千米，流域面积438平方千米，流域涉及广西壮族自治区凌云县、百色右江区、田阳县。

流域有高山和丘陵，上游多土山，山峦重叠，沟壑纵横，杂树交荫，亚热带季风气候，夏秋酷热多雨，冬春干燥，四季分明。降水年内分配不均，80%集中在4—9月，多年平均年降水量1 475毫米，多年平均年径流量2.07亿立方米。

洪灾多发生在6—7月。1949年前洪灾频繁。1949年后建多个水库，洪灾显著减少。年年有干旱，有时秋冬春连旱。1950—2004年间，23年有大旱灾。

流域建有浪塘中型水库1座，小（1）型有平六水库、立妹水库，小（2）型有班祥方屯水库、那林水库、那星水库等水库，总库容2 056万立方米。小型电泵站46座，总装机容量612千瓦。已有龙川、练乡和浪塘3座电站，总装机容量2.4兆瓦。

流域上游由多条小支流汇合而成，山高谷狭陡。于右江区龙川镇那银、四塘镇百兰村加入几条小支流后称磺桑江。经龙川镇的仁相、龙川、平乐、洞好、那银、练乡村及四塘镇的鲁平、百兰、六合等村，于那特屯入田阳县，经头塘镇新山、百沙村，于那徐屯汇入田洲河。自头塘镇新山村流出山谷，下游地势开阔平坦，河床平缓，土地肥沃。经济以农业为主，种植大米、玉米、豆类、红薯、木薯、杂粮，经济林木有杉木、松杂木、油茶、油桐，支柱产业是白毫茶、八角。

8.1.61.14　龙须河
（Longxu River）

郁江右江段右岸支流，发源于广西壮族自治区靖西县魁圩乡庭那村大动屯西北500米处，干流长179千米，流域面积2 828平方千米，涉及广西壮族自治区靖西、那坡、天等、德保、田阳、田东6个县。

流域地处亚热带气候区，夏秋酷热多雨，冬春干燥。多年平均年降水量1 300毫米，径流深400～700毫米。有马隘河、**通怀河**、燕洞河、东江河、那甲河、那六河、百旺河、坡塘等支流。有地下河11条，补给面积2 052平方千米，流程316.4千米，枯季出口总流量9.98立方米每秒。

流域内矿产资源丰富，铝矿最多。主要种植玉米、水稻、黄豆、红薯，养殖猪、牛、山羊、马，经济作物有八角、桑蚕、油茶、油桐、山楂果和各种中草药材等，是靖西县茴油的主产地。

较大的洪水灾害清代有4次，民国时期4次。1952—1985年34年间16次，大部分为暴雨和冰雹袭击，冲毁房屋，淹没农田。1968年8月7—9日，暴雨和大暴雨连降3天，总降雨量344毫米，全流域洪涝，房屋倒塌数间，仓库被淹，公路阻塞，被淹田地923公顷，粮食减产517.1吨。燕峒粮管所被淹，损失粮食150吨。1985年8月24—29日，德保全县各乡（镇）6天降雨量超过200毫米，鉴河水位急速上涨，已插秧稻田淹没2 023公顷，水冲859公顷。淹没村屯10个，受灾432户，倒塌房屋44间，公路塌方损失8.33万元。死1人。水淹电灌站16座、小水电站5座，冲走发电机6台51千瓦。冲垮水坝12座，总长164米，冲垮渠道19处，总长3千米。

1951—2000年，德保县境兴建了隆桑、多学、棋江、多表排洪工程，除涝2 440公顷，2002年开始实施城区防洪治涝工程，防洪标准达10年一遇。整治水平梯田940公顷，沟坝地13.33公顷，种植水土保持林1 826公顷。

龙须河流域建有岜蒙中型水库1座、小（1）型水库7座，控制面积115.78平方千米，总库容2 305万立方米，小（2）型水库6座，总控制面积26.7平方千米，总库容259万立方米。现有中型自流灌区1处，灌溉面积3 353公顷。机电泵站57座，总装机容量916千瓦，灌溉面积480公顷。电站24座，总装机容量54.4兆瓦，年发电量2.29亿千瓦时。

源流向东南至大贡村转入地下，至渠洋镇新力圩南石山脚下涌出，穿过**岜蒙水库**，经渠洋镇、岜蒙、大道乡，在大道乡弄贴村弄通屯向东流入德保县，至都安乡多桑分为都安河、新屯河两支汉河。都安汉河经都安乡伏山、都安、棋江等村伏流至三合村鉴屯出露；新屯汉河伏流至三合村百布屯出露，两汉河至鉴屯东汇合，继续东流，流入德保县城城关镇并左纳马隘河（河长27千米，流域面积334平方千米），德保于乾隆四年（1739年）置天保县，1952年将敬保县、天保县合并为德保县。主要农产品有大米、玉米、八角、茴油、德保矮马、蛤蚧等。出县城后继向东流，经那温、那雷、马桥，于那光屯右纳通怀河，经土茂村、荣华乡治，于上河村转向东北流，至坡屯电右纳东江河（河长38千米，流域面积128平方千米），于坡尖村左纳那甲河（河长44千米，流域面积103平方千米），入田东县境内，经作登乡驮瓜、坡圩、作登、大板等村，于六见屯左纳百旺河，经平马镇游昌村，于合恒村那恒屯汇入右江。

靖西县境龙须河称岜蒙河（古称归顺水），德保县境称鉴河（古称鉴水），鉴河宽30～40米，深2～3米，岩溶地貌，冬春两季河床干枯，两岸饮水困难。河岸低，落差小，夏秋两季，常有洪水漫出河岸，淹没低洼农田。1958—1960年在渠洋镇建岜蒙水库，控制流域面积190平方千米，地下河补给面积143平方千米，总库容9 228万立方米，解决人畜饮水，灌溉农田0.17万公顷。

德保县城依山傍水，山峰葱郁，鉴水迂回。北屏云山，苍翠层叠。南面平畴，一片饶沃，右有灵泉，左有响泉。鉴水西来，成天然城壕，绕城南而东流，宛如玉带。城中独秀峰，突兀挺拔，擎天一柱。东郭芳山，郁郁葱葱，古木参天。西有西山，山峰若屏，上朔鉴水，娇娆秀丽，景如杭州西湖，有"小

"西湖"之称。

田东县境河段为砂页岩和石灰岩河床,两岸山岭重叠,耕地少,河谷狭窄,滩多流急,居民多用小木船或竹排渡河。

渠洋镇为靖西县北部文化、贸易中心。镇中部有渠洋湖,是百色市第二大湖,水域面积10平方千米,湖水清澈,湖中十几座独峰破水而出,湖光山色,浑然一体。

8.1.61.14.1 岜蒙水库
（Bameng Reservoir）

龙须河上游岜蒙河段上的中型水库,又称梁洋湖。坝址位于广西壮族自治区百色市靖西县西北部渠洋镇,距靖西县城28千米。

水库有年调节功能,以灌溉为主,兼顾防洪、发电、供水和养殖。控制流域面积333平方千米,库容9 228万立方米,水面面积5 920万平方米,回水长8.5千米。工程于1958年动工兴建,1960年竣工蓄水。1970年改建输水管,增建坝后电站。1978年培厚加固大坝。1997—2001年除险加固大坝。

工程由大坝、溢洪道、输水洞和水电站组成。大坝为均质土坝,坝顶长1 380米,最大坝高19米,坝顶宽4.0米,坝顶筑有高1.0米的浆砌石防浪墙。溢洪道最大泄洪量360立方米每秒,输水洞最大输水流量10立方米每秒。水电站装机容量250千瓦,年发电量50万千瓦时。

水库是靖西县岜蒙灌区的主要水源,灌溉面积0.12万公顷,年平均供水量1.12亿立方米,其中灌溉用水2 900万立方米,下游人畜饮水3 500万立方米,枯水期农业用水4 800万立方米。

流域内为岩溶山原地貌,石灰岩峰丛洼地,水库周围群山扶立,峰峦叠嶂。地貌复杂,由西北向东南倾斜。多年平均年降水量1 379毫米,多年平均年径流量1.98亿立方米。水库地处峰林谷地,地势平坦,最大宽度2.1千米。库区及其周围70千米为石灰岩山区,岩溶发育,地表多黏土层,下层为石灰岩。大小溶洞有230多个,龙王洞和慈云洞是地下河两大出口,旱季（11月至次年4月）伏流地下,雨季洞口涌水出成河,是当地饮水水源。

建库前,岜蒙河旱季干涸,雨季有水成河,暴雨时泛滥成灾。建库后,岜蒙河大部分洪水得以控制,经水库调节,错峰削峰,大大减少了洪水对下游的威胁。

水库淹没涉及4个村（大队）、20个屯、1 109户、水田446公顷、旱地112公顷、房屋1 972间。政府重建移民房屋,调拨耕地及可垦荒地462.8公顷给移民。在库区架设高压输电线路35千米,建电灌站31座,可灌溉248.6公顷。修筑公路,新修村道,扶持移民平整土地、砌墙保土和改田65.07公顷。

8.1.61.14.2 通怀河
（Tonghuai River）

龙须河鉴河段支流,旧名驮命江。

发源于广西壮族自治区靖西县武平乡果能村东北1.2千米处,源地为地下河,于德保县兴旺乡美圩村陇布屯通怀露出地表,经峒峨、孟屯、通怀、塘沙、那贯屯,至德保县龙光乡巴眉村东北1.4千米处汇入鉴河。干流长50千米,平均比降11.6‰,流域面积485平方千米。涉及广西壮族自治区靖西县和德保县。

流域范围属喀斯特地貌,源地属桂西南中越边境,分水岭高程1 120米,最高峰黄连山1 616米,峰丛林立,峡谷众多,洞穴广布,暗河纵横。河源东南云岭山系丛山环绕,最低山岭912米。河源高程802米,河口高程252米,亚热带高原季风气候,夏无酷暑,冬无严寒,四季如春。多年平均气温19.1摄氏度,最高37摄氏度,最低2.6摄氏度。多年平均降水量1 579.3毫米。多年平均流量7.5立方米每秒,多年平均径流量2.36亿立方米。已建微型电站8座,装机9台总装机容量83.9千瓦。两岸土地平坦,河上筑有简易工程,引水灌溉。

通怀河源地靖西县旅游资源丰富,山清水秀,山环水绕,峰林挺拔,洞幽石奇,瀑布泻银,田园如画,有"小桂林"之称,气候宜人,冬暖夏凉,又有"小昆明"之誉。流经的德保县物产丰富,名优土特产有八角、茴香油、蛤蚧、矮马、田七、蛤蚧雄睾酒、黑糯米酒。茴香油是名贵香料,用途甚广,可做香料也可配中药、名酒。德保是广西茴香油生产基地。

8.1.61.14.3 龙须河水库
（Longxuhe Reservoir）

龙须河下游的中型水库。坝址位于广西壮族自治区百色市田东县平马镇游昌村,距田东县城8千米。

水库有日调节功能,以灌溉为主,兼顾发电、城镇供水、防洪和养鱼。控制流域面积2 460平方千米,库容3 245万立方米,水面面积2.50平方千米,回水长18千米。工程于1958年动工兴建,1959年竣工蓄水。

工程由大坝、溢洪坝、引水隧洞、引水涵洞和水电站5个部分组成。大坝为均质黏土坝。坝顶长92米,最大坝高27.46米,坝顶宽4.0米。溢洪道最大泄洪量1 950立方米每秒,引水隧洞最大引水流量24.18立方米每秒,引水涵洞最大引水流量28.22立方米每秒,电站机组5台装机容量6 000千瓦,平均年发电量2 490.4万千瓦时。

建库后灌溉面积7 566公顷,向田东县祥周、平马及林逢3镇的农业灌溉及城镇供水,水库年供水量1.08亿立方米（其中城镇生活供水1 261万立方米）。拦蓄上游洪水,削减洪峰,保护下游人民群众的生命财产安全。

库区低山—丘陵洼地、谷地峡谷地形,南西高北东低。喀斯特地貌发育,山体多呈峰丛状,部分为馒头状,岩溶发育。砂泥岩土山冲沟发育,植被较好。

建库前淹没区农田肥沃,是粮食主产地。建库后,淹没水田80公顷,旱地20公顷,搬迁7户24人。

龙须河水库

水库是龙须河流域第15个梯级,上游至那盛屯河段沿岸为石山区,植被较差,水土流失较严重,是龙须河水库泥沙淤积的主要来源;那盛屯以下河段为土石山区,植被稍好,水土保持较好。

2000年以来，当地政府着重治理水土流失，龙须河水库库区超过20度的山坡禁止开荒种植，并维修、更新水利设施，调整产业结构，种植经济林、果树等，人均粮食产量和收入有了显著提高。

8.1.61.15　古榕江
(Gurong River)

郁江右江段右岸支流，又名江城河，河口段又称英竹河。发源于广西壮族自治区天等县把荷乡，于田东县达拢屯汇入右江。干流长110千米，流域总面积1 179平方千米，流域涉及广西壮族自治区天等、田东、平果、隆安4个县。

古榕江有金洞河、那便河、坡岭河、古敏河、进结河、渌最河6条支流，干流、支流总长235.4千米。有伏杨河、六马河、东平河、那孟河、陇审河、坡雷河6条地下河，流程89.2千米，补给面积超过510平方千米，枯季出口总流量3.76立方米每秒。是广西地下河最发育的河系之一。

流域地处北回归线，南亚热带气候，光照充足，热量丰富。地势较高，抬升南方的暖湿气流，形成"地形雨"，雨量较丰，多年平均年降水量1 195毫米，多年平均流量16.9立方米每秒。农作物主要有水稻、玉米、甘蔗、花生及其他经济作物。水果主要有芒果、香蕉、柑、橙、酸梅、木瓜、柠檬等。田东县优良的土种猪"七里香猪"皮薄肉细、肉质鲜嫩、远近闻名。金银花、黄精、何首乌等中草药饮誉八桂。

滩多水急，水资源丰富，明代以前已有引水工程，多条小溪上筑堰开渠引水，竹筒、水车提水灌溉农田。1949年后水资源开发利用加快，先后建成引水工程21处，灌溉农田560公顷。水轮泵站13座，灌溉农田55公顷。已建小电站3座，装机容量11.89兆瓦，另有桑洞等微电站34座，电站装机容量1.8兆瓦，引水和机电泵站108座，灌溉面积720公顷。

古榕江发源于广西天等县把荷乡汤念村东南方900米处，源流向东北，经把荷乡若兰村、金洞乡福利村，于金洞村西北右纳金洞河，经向都镇乐久、祥龙、向城、平尧村

古榕江田东县段

入田东县境，经江城镇大诺、桑洞、那蒙、江圩（镇治）、供固等村，于果柳右纳那便河（河长26千米，流域面积112平方千米），经云林村、坡塘镇那都村，至坡岭村右纳坡岭河，于峒梅村附近右纳渌最河，经思林镇英竹村，于达陇屯以北500米处从右岸汇入右江。清光绪十四年（1888年）的《百色厅志》中记有："大罗溪，县南二十五里，即向武州古榕溪，下流入右江"。那都村与云林村交界处上游当时称古榕溪，下游称大罗溪。大罗溪壮音"达腊"，后叫达腊河。古榕江上游灰岩地貌，岩溶发育，向都一带为岩溶洼地易涝区，干流于那微屯附近潜入地下，从太平乡百感屯溢出成明流进入田东县境内。田东曾是右江革命根据地的中心，是大西南出海通道的必经之地。从天等县交界处至那蒙村大排引水渠坝首，河道穿流于峡谷之中，谷壁陡峻，河床多为石灰岩，多见陡坎跌水，从大排坝首至果柳大跌水，两岸地势平坦，是江城镇的主要水稻产区。果柳大跌水至右江河口，两岸山高谷深，河道狭窄弯曲，江水顺流而下，水流湍急，多沙、卵石河床，沿河耕地少，多在半山腰上，少见洪涝灾害。古榕江上较大跌水是桑洞瀑布，高19.2米。

8.1.61.16　新圩河
(Xinxu River)

郁江右江段左岸支流，又名平果河，发源于广西壮族自治区平果县耶圩乡坡雷村西北1.1千米，流经太平、马头镇，于平果县城区的平果港口下游200米处流入右江，河长54千米，流域面积380平方千米，涉及田东、平果2个县。

流域地处低纬度，高温多雨亚热带季风气候，多石山。多年平均年降水量1 411毫米。水质全年可达到Ⅰ～Ⅱ类。2条支流那邑河、惠洞河常年有水，6条支流枯季断流。建有那供水库、联合水库、**布见水库**、那马水库4座水库，灌溉农田1 580公顷。水能资源已开发1.16兆瓦。

新圩河下游有平果县城和马头镇区，这里有西电东送重要枢纽500千伏超高压变电站，配套3座22万伏变电站、2座11万伏变电站、5座3.5万伏变电站。主要粮食作物有水稻、玉米、大豆，有甘蔗、木薯等经济作物。盛产黄豆，有"珍珠黄豆"美称。铝土矿资源丰富，是我国重要的铝业生产基地，铝锭、氧化铝远销国内外。南国铝都平果县列为广西财政收入十强县，处在右江河谷经济开发带，是百色市东大门。

8.1.61.16.1　布见水库
(Bujian Reservoir)

新圩河中游的中型水库。坝址位于广西壮族自治区百色市平果县太平镇袍烈村，距平果县城17千米。

水库有年调节功能，以灌溉为主，兼顾防洪、发电、城镇供水。控制流域面积120平方千米，库容4 095万立方米。工程于1958年动工兴建，1959年蓄水。1964年加固大坝，1969年坝后电站竣工，1976年在坝顶加建防浪墙。

水库枢纽由大坝、溢洪道、输水设施和水电站4部分组成。大坝是黏土心墙土坝，坝顶长160米，顶宽5米，坝高28.97米，坝顶筑有1.0米高浆砌石防浪墙。溢洪道最大泄洪量850立方米每秒。输水洞最大输水量4立方米每秒。输水洞出口水电站装机容量400千瓦，年均发电量170万千瓦时。

水库削减洪峰，减轻洪水威胁，保护下游5万人口和2万亩耕地。灌溉面积804公顷，年灌溉供水量1 450万立方米，矿山工业年供水量400万立方米，城镇生活供水量950万立方米。

库区位于平果县西南部，上游风景秀丽，右岸大石山高

布见水库

耸入云，左岸黄土高坡连绵。建库前库区是土地肥沃的鱼米之乡、旱涝保收的"米粮川"，建库后淹没耕地面积124.67公顷，迁移人口355人。

水库属亚热带气候，太阳辐射强，年日照1633小时，春夏季蒸发量大。气温高，多年平均气温20.2摄氏度，最高达39.8摄氏度，最低气温为-2.6摄氏度。多东南风，平均风速1.5米每秒，最大15米每秒。多年平均年降水量1286毫米，4—9月降水量占全年总量的80％。

8.1.61.17　濑江
(Laijiang River)

郁江右江段左岸支流，发源于广西壮族自治区平果县旧城镇菊村谋屯北100米处，干流长58千米，平均比降0.44‰，流域面积677平方千米，流域涉及百色市平果县和南宁市武鸣县、隆安县。

河面较窄，最宽处只有30米，最窄处仅3米，落差不大，支流有盘龙河、领好河。

地处北回归线附近，属南亚热带季风气候，夏长冬短，雨量充沛，高温。多年平均年降水量1440毫米，年内分配不均，5—9月降水量占全年的70％。受气候和地形影响，蒸发量大，多年平均年蒸发量823毫米。多年平均水资源总量3.13亿立方米。

流域植被茂密，四季郁郁葱葱，动植物资源十分丰富。下游属隆安县域内，有耕地面积1793公顷，占全县耕地面积的5.5％。经济以农业为主，农民收入主要靠粮食、水果、养殖业及其他经济作物。

中下游丘陵谷地，河面窄，比降缓，洪水时易受涝。暴雨易引发山洪，如遭遇右江洪水，沿河倒灌，淹没两岸农田，造成水灾。枯水时又易发生旱灾。建有龙马水库、敢怀水库2座中型水库及13座小型水库和电站，其中龙马水库灌溉面积773公顷。

上游高石山区，风化岩为主，源头有石灰岩，多泉眼、深潭与地下溶洞，溪流从北向南穿行于山谷间，两岸群山连绵，风景如画。流经旧城镇、局马村，穿过龙马水库（总库容3880立方米），经坡造镇，至四塘镇明江村左岸纳盘龙河（河长18千米，流域面积129平方千米），转向西南流，经雁江镇驮好村左纳驮好河（河长39千米，流域面积146平方千米），地势渐平缓，入丘陵地带，在隆安县雁江镇东义村北汇入右江。

8.1.61.18　那降水库
(Najiang Reservoir)

郁江右江段支流那降河上的中型水库。坝址位于广西壮族自治区南宁市隆安县城厢镇宝塔村那降屯，距隆安县城7千米。

水库有多年调节功能，用于防洪、灌溉和城镇供水，兼顾发电与水产养殖。控制流域面积63平方千米，呈树枝状，库容2634万立方米，水面面积0.93平方千米，回水

那降水库

长6.5千米。工程于1959年动工兴建，1960年竣工蓄水。1979年前大坝曾4次加厚加高，1997年进行除险加固。

枢纽工程由大坝、溢洪道、输水隧洞和水电站4部分组成。大坝为填土均质坝。坝顶长207米，最大坝高47.34米，坝顶宽6.6米。溢洪道最大泄洪量680立方米每秒，输水隧洞最大泄流量21立方米每秒，坝后水电站装机容量600千瓦，年均发电量47万千瓦时。

水库削减洪峰98％，保护下游人口0.86万人、耕地面积480公顷、灌溉面积0.15万公顷，向隆安县城供水680万立方米。

库区位于右江北岸，丘陵沟壑，地势较低。中部丘陵起伏，台地与冲积、溶蚀平原相互交织。东部砂页岩丘陵发育，高山峰丛槽谷地貌，有较开阔的孤峰地台阶地。西部低山地貌，山脉走向不同。南

隆安榜山文塔

部与北部中低山和高丘陵。库区多年平均年降水量1145毫米，多年平均年来水量2741万立方米，多年平均温度21.2摄氏度。

水库蓄水淹没耕地面积32.07公顷，迁移村民203人。库区上游人烟稀少，多崇山峻岭风化石及黄泥山体丘陵，河道狭窄，比降陡，河谷深，水流急。森林植被覆盖率85％，松树密集成林，水土流失很少，水质达国家Ⅱ～Ⅲ类水标准，是隆安城区生活水源。

库区下游宝塔村东独秀山顶有八角形榜山文塔，建于清光绪二十年（1894年），塔高23.8米，塔顶葫芦状，塔门朝西。

8.1.61.19　渌水江
(Lushui River)

郁江右江段右岸支流，又名乔建河，发源于广西壮族自治区大新县，于隆安县汇入右江。干流长84千米，流域面积2080平方千米，流域涉及南宁市隆安县和崇左市江州区、天等县、大新县和扶绥县。

渌水江流域西南以西大明山与**左江**流域分界，东北面是右江干流及众多小河沟。流域内地下河时隐时现，两岸高山耸立，河谷地形多变。河水时而缓缓而流，清泉入耳，时而激流四溅，奔流直下。地势西南高东北低，碎屑岩中低山沟谷地貌，山峦重叠，沟壑交错，支流穿行。下游的峰丛洼地，冲

龙虎山

沟发育,间有小型谷地。屏山中心呈盆地构造,地表地下径流向中间汇集,并向乔建突破,形成渌水江。平均宽度24.9千米,有**天等河**、永隆河、布泉河等7条支流。

属南亚热带季风气候,光热充足,冬季微寒,夏季炎热,四季气温变化不大,无霜期长,夏长冬短。多年平均年降水量1 300～1 400毫米,降水量年内分配不均,5—9月占全年降水量的70%。受气候和地形影响,蒸发量大,多年平均年蒸发量800毫米。多年平均水资源总量9.62亿立方米。河水含沙量少,源头水质好,占总评价河长的25%为Ⅱ类,大新县福隆镇至隆安县乔建镇河口水质为Ⅲ类。

流域内有耕地面积1.35万公顷,经济以农业为主,主要种植稻谷、玉米,经济作物是八角、速丰桉、李果等,流域下游的乔建镇是隆安县粮食主产地之一。

筑坝引水灌溉始于1953年5月,乔建镇罗村花颜屯河段建拦河坝,灌溉1 300多公顷。上游落差较大,水能资源截至2000年,建有小型水轮泵站10座,总装机294千瓦,灌溉面积80公顷;屏山河段建小型水电站2座,装机3台,总装机容量400千瓦。

渌水江发源于大新县龙门乡西掌村,源流向东,流经昌明乡营旺、福隆乡平良潜入地下,在隆安县屏山乡刘家村百屯附近出露地表,流至那板屯右纳万岭河,转东北流,至下孟村右纳上孟河,至祥圩右纳九甲河,于乔建镇博浪村左纳罗兴江(河长25千米,流域面积309平方千米),于乔建镇龙床村汇入右江。

山区亚热带植物郁郁葱葱,古木参天,巨藤缠绕,罕见的珍稀植物毛瓣金花茶等被列为国家级保护植物。距屏山乡15千米,有龙虎山自治区级自然保护区,以溶洞奇观、石林怪景、百丈瀑布、观猴野趣著称。

8.1.61.19.1 天等河
(Tiandeng River)

渌水江右岸支流。

发源于广西壮族自治区天等县上映乡多腊村,东北流,穿过念向水库、伏漫水库,于宁干村右纳流经那利水库的那利河。到伏内东南流,经天等镇到蓬屯转向东流,在龙洞村流入地下河,至隆安县屏山乡汇入渌水江。河长56千米,平均比降3.07‰,流域面积448平方千米。

流域属喀斯特地貌,主要分布石灰岩、山云岩、砂岩、页岩、泥质岩和白云岩,山型锥状,连绵不断。上游多沙页岩和石灰岩,植被覆盖少,岩缝黄泥流失严重,河床淤积,易涝易旱;下游植被好,河床切割深。多年平均降雨量1 412毫米,多年平均气温20.5摄氏度。最大流量30立方米每秒,最小流量0.32立方米每秒,水资源总量1.06亿立方米。有:那利中型水库1座,库容1 642万立方米,灌溉面积0.17万公顷,装机容量250千瓦;小型水库6座、弄汤水电站1座。

主要农作物有水稻、玉米和花生、木薯、豆类。天等镇甜(甘蔗)、酸(生姜)、苦(苦丁茶)、辣(指天椒)、香(八角)"五味"特色农

天等丽川风光

天等龙角天池

产品远近闻名。明朝地理学家徐霞客称天等"石峰峭聚如林,西来第一",山山"光景陆离,神仙宫",洞洞"幽爽兼备,隐其妙境",堪称"桂西明珠"。有龙角天池、丽川景区、得月楼、百灵岩、安宁洞及龙密屯旅游景点。

8.1.61.20 武鸣河
(Wuming River)

郁江右江段左岸支流,又名圩珰河。发源于广西壮族自治区马山县,在南宁市北郊汇入右江。河长211.9千米,流域面积3 991平方千米。地跨广西壮族自治区马山、宾阳、上林、武鸣、隆安5县和南宁市区。

概 述

武鸣河地处郁江上游流域,东北以大明山为界,东南以高峰岭为界,西与右江左岸支流分水,北与**红水河**流域毗邻,地势东北高,西南低,四周崇山峻岭,山脉连绵,中间盆地广阔,地势低平。大明山脉,主峰龙头山高程1 760米,桂中南最高。高峰岭山脉主峰六怀山高程477.8米。西南及西部石山连绵,北连大明山和石山林带。

武鸣河流域面积在100平方千米以上支流有两江河、府城河、**仙湖河**、**香山河**、双桥河、**锣圩河**、俭学河7条。地下小河17条,流程96.9千米。

属亚热带气候,多年平均气温22摄氏度,相对湿度大。流域年降水量东部最大,四周向中间减少,梯度大。多年平均年降水量1 317.3毫米,多年平均年蒸发量879毫米,多年平均年地表水资源量19.73亿立方米,多年平均年输沙量27.7万吨,多年平均年输沙模数69.4吨每平方千米。

清康熙三十七年(1698年)至清光绪二十九年(1903年)的205年间,大旱灾14次,春秋旱较多。1881—2005年,水灾平均15年1次,1881年洪水最大,1958、1959、1971、2004年洪水都达20年一遇。

1949年以前,流域内已有拦河坝等蓄水工程567座,灌溉面积0.37万公顷。后经多次整修、改造、扩建,现已形成较完善的蓄、引、提、排、灌体系,灌溉面积达到2.03万公顷。有**仙湖水库**(大型)、中型水库5座,小型水库152座,总库容4.08亿立方米,大中型水库控制面积653.7平方千米,占全流域的16.4%。有水电站31座,总装机容量10.18兆瓦。

农作物以双季水稻为主,兼种玉米、豆类、花生、红薯。工业以制糖、淀粉、氮肥、水泥、造纸、制砖、电力、食品、纺织、烤胶、采矿、选矿为主。

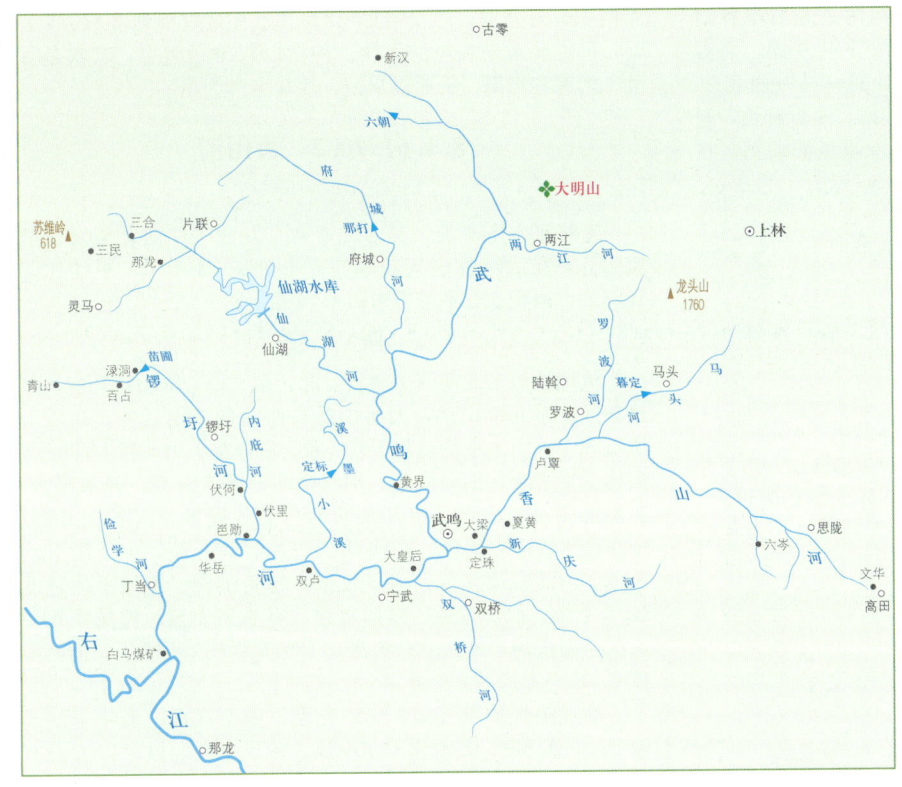

武鸣河水系示意图

纪　实

武鸣河发源于马山县合群乡新汉村车岭屯西1.2千米处，流经马山、武鸣两县，在南宁市北郊那龙镇白马煤矿东南1千米处汇入右江。干流长212千米，武鸣县城以上河段称剑江河、西门河，以下称武鸣河，隆安县河段称玎珰河。源流向东南，经马山县古零镇，到武鸣县两江镇左纳两江河（河长24.7千米，流域面积131平方千米）。两江河上游的大明山风景区动植物资源丰富，有多种珍稀动植物。大明山有春岚、夏瀑、秋云、冬雪等景色，夏季凉爽，是桂南避暑之地，冬可赏雪。

武鸣河流至府城镇喜兴村右岸纳府城河（河长58.5千米，流域面积358平方千米），至仙湖镇局鸟村纳仙湖河，南流至黄界村附近，有建于1981年的西江水电站，装机容量1.64兆瓦，年发电量661万千瓦时。

在大梁村附

灵水

明秀园

近武鸣河左岸纳香山河，后折向西流入武鸣县城区。城内有明秀园、灵水和文江塔。明秀园原名富春园，武鸣河三面环抱，呈葫芦半岛，南北长300米，北部东西宽45米，占地2.8公顷。城南1千米的灵水是泉水湖，水面5 000平方米，水深2～3米，9股清泉似"九龙喷珠"，终年湖水清澈见底，湖边怪石嶙峋，绿树成荫，常年水温在23摄氏度左右，为国家体委冬泳训练基地。每年农历三月三和中秋，数万壮族群众汇聚湖边，搭台对歌，观灯赏月，纵情对歌。城南2千米的武鸣河和香山河汇口有八角文江塔，塔共七层，高31米，建于清道光六年（1826年）。

武鸣河西流至大皇后附近，左岸纳双桥河（河长32.4千米，流域面积193平方千米）。双桥河有伊岭岩、仙山院、现代观光农业园、壮族小康村、甲泉、七十二道门、九洞山等。西流至宁武镇双卢附近，右岸纳溪墨小溪。溪墨小溪上有定标水库（中型）。至锣圩镇岜勋村水响屯，右岸纳锣圩河。折转西南流，在华岳村附近入隆安县丁当镇，于镇府旁右纳俭学河（河长12千米，流域面积130平方千米）。丁当镇地处隆安县东部，是隆安县各镇中面积最大的。居民主要有壮、汉、瑶族，风光旖旎，河水清澈。

武鸣县城至隆安县丁当镇河段，有4个小型水电站，装机容量3.37兆瓦，过丁当圩转南流有5千米河段是隆安县与南宁市区的界河，武鸣河在南宁北郊汇入右江。

8.1.61.20.1　仙湖河
(Xianhu River)

武鸣河右岸支流，发源于广西壮族自治区武鸣县灵马乡，在仙湖镇汇入武鸣河。仙湖河干流长71千米，流域面积479平方千米。涉及马山、武鸣2个县。

流域西以苏维岭为界，与**锣圩河**流域毗邻，北以岜山为界，东、南与武鸣河干流相连，西部、北部和西南部地势高，东南部地势低。支流纵横交错，喀斯特地貌，西北两侧分水岭地势高，群峰林立。上游高丘高程200～450米，植被覆盖好，中下游盆地，地势低平。上游（河源至仙湖水库坝首）河道坡陡，水浅流急，中下游（仙湖水库坝首至河口）河道平缓、弯曲，比降小、水深流缓。

仙湖河有3条支流，其中地下河1条，河长5.5千米，补给面积35平方千米，枯季出口流量0.2立方米每秒。多年平均气温22摄氏度，多年平均年降水量1 298.5毫米，水资源总量3.11亿立方米。

农作物以水稻、玉米为主，经济作物主要有甘蔗、西瓜、香蕉、木薯、烤烟和茶叶。地方经济以农业为主，收入靠粮食、林业和养殖业。有水库17座，包括大型水库1座（**仙湖水库**）、小型水库16座、山塘68座，总控制面积380.78平方千米，占流域面积的79.5%，总库容1.39亿立方米。上游有拦河坝39座，灌溉面积133公顷。

仙湖河发源于武鸣县灵马乡三民村苏维岭，源流向东流至三合村泡村屯，折向东南到那龙村那楞屯附近左右岸各纳一支流流入仙湖水库。传说仙湖水库有仙女下凡洗澡，面对平镜似的水面梳妆，又名仙女照镜湖。地处武鸣县城西北34千米处，有辘泽泉等5股泉水注入，山林环抱，曲折有致，湖中岛屿驯养猴子等观赏动物。仙湖河出水库流经仙湖镇，在局乌村汇入武鸣河。

8.1.61.20.1.1 仙湖水库
(Xianhu Reservoir)

仙湖河中游的大（2）型水库。坝址位于广西壮族自治区武鸣县仙湖镇西北约4.5千米处，距武鸣县城40千米，距南宁市城区70千米。

水库有年调节功能，以灌溉为主，兼顾防洪、乡镇供水、发电和养鱼。控制流域面积342平方千米，库容1.25亿立方米，水面面积6.12平方千米，回水至马山县片联乡内勇村，长19千米。大部分库区在武鸣县，少部分在马山县，涉及武鸣县府城镇、灵马镇、仙湖镇，马山县的片联乡。工程于1958年动工兴建，1960年竣工蓄水。1982年加固溢洪道，1997年曾修复其下游水毁工程。

仙湖水库

枢纽工程由大坝、溢洪道、输水隧洞、非常排洪道和水电站组成。大坝为均质土坝，坝长238米，坝顶宽5.3米，坝高47.15米，坝顶砌有0.9米高的浆砌石防浪墙。正常溢洪道最大泄洪2 740立方米每秒，非常溢洪道最大泄洪2 890立方米每秒。输水隧洞最大输水34立方米每秒。坝后电站建于1969年，装机4台，总装机容量1 050千瓦，年发电量380万千瓦时。

经水库调节，削减洪峰，大大减缓了洪水对下游的威胁。灌溉面积1.26万公顷，向灌区年供水1.52亿立方米。

库区为低山丘陵地貌，砂岩、泥岩地层。多馒头山，地表冲沟水溪发育。山体宏厚，连续封闭，蓄水条件好。岩体隔水，阳水好，无邻谷渗漏。

仙湖水库控制仙湖河集雨面积的73.87%，属亚热带气候，多年平均气温21.7摄氏度，极端最高气温39.2摄氏度，极端最低气温-0.8摄氏度。多年平均年降水量1 320毫米，多年平均年径流量2.26亿立方米。

淹没区原是肥沃的河川田，建库后淹没耕地面积150.7公顷、山林216.7公顷，就近迁移1 051人，基本安置在库区周围。国家修通乡村公路，整修梯田，营造经济林，发展果园，解决移民的人畜饮水，保障生产和生活。

水库上游森林较多，库区植被较好，山区产竹、木、茶叶、板栗、油桐，以林业为主。库区渔业有天然放养、库湾养鱼和网箱养鱼，经济效益很好。

水库灌区包括国营武鸣华侨农场和仙湖、锣圩、宁武等乡镇的43个村，土地面积4.7万公顷，占全县的14%，耕地面积1.8万公顷，占全县的32%。还有宜农荒地3 413.3公顷，可发展水果和经济作物。种植以双季稻为主，其次是甘蔗、木薯和水果，工业以制糖、淀粉生产为主。

8.1.61.20.2 香山河
(Xiangshan River)

武鸣河左岸支流，又名就新河。发源于广西壮族自治区宾阳县，在武鸣县汇入武鸣河。干流长73千米，平均比降1.68‰，面积965平方千米。

概　　述

流域地势东北向西南倾斜，北、东、南三面山地环抱，起伏较大。东北部山地，大明山脉自西北向东南延伸，纵贯上游流域。大明山平均高程1 200米，主峰龙头山高程1 785米，山体延绵重叠，山高坡陡，沟谷幽深，溪流纵横，林木茂盛。东南部属高丘陵区，中部及西部为低丘陵区，河谷较开阔，中小型水库多在此区。西南部为石灰岩高丘陵，中下游阶地平原，河流多湾多滩，河岸较低，易受洪涝。流域平均宽度13.2千米，似长方形，扇形水系，有5条支流，流域面积最大的是新庆河，其次是马头河。干支流总长195千米，河网密度0.20千米每平方千米。

属亚热带季风气候，光照充足，雨量充沛。多年平均气温21.6摄氏度，夏季盛行东南风，冬季多西北风。4—6月有锋面雨，7—9月有雷雨和台风雨。多年平均年降雨量1 200～1 600毫米，大明山暴雨区雨量最大，多年平均年降雨量可达2 000毫米。降雨量年内分配不均，5—8月占全年的60%。多年平均年径流量4.32亿立方米。

旱灾频繁，10年中有4.7年重度干旱。1976—1977年、1987—1988年秋、春旱严重，大部分塘库干涸，河水断流。1988年夏、秋旱，1991年春、夏旱，2000年春、秋旱，水库干涸，河水断流，农作物减产、失收，饮水困难。水灾一般在汛期，24小时降雨量大于50毫米的每年平均有3.6次，一次降雨超过100毫米的每年平均有2.7次。降雨范围较大时，就有不同程度的涝灾。轻度涝灾5年一次，中等涝灾10年一次，重涝灾15年一次。1958年9月、1971年6月、1974年7月、1979年4月、1985年8月、1986年4月、1994年6、7月，香山河洪水泛滥，农田受淹，房屋倒塌，人员伤亡，公路被毁，经济损失巨大。

流域经济以农业生产为主，主要种植双季水稻，兼种玉米、红薯、木薯。经济作物有甘蔗、蔬菜、豆类、烤烟，水果有西瓜、香蕉、菠萝、柑橘、橙子、龙眼、荔枝、芒果，品种丰富。

建有中型眷定水库1座，小型水库23座，控制流域面积197.73平方千米，占全流域面积的24%，总库容0.71亿立方米。

纪　　实

香山河发源于宾阳县高田乡文华村那古屯南700米处，河源高程287米。自源头西北流，至宾阳县思陇镇外江屯，称思陇江。

思陇河段水量充沛，酸性黑土为主。大头竹笋根大、肉厚、脆嫩、产量高；盛产生姜，品种有大肥姜，木藕和小白姜等；种植木薯，是宾阳县三大木薯基地之一；盛产八角、酸梅果。思陇镇盛产竹编、藤编、草编、绳编、芒编、葫芦编，编织工艺品有100多种，小巧、精致、美观，远销东南亚、欧洲、美洲的20多个国家和地区。

出宾阳县西流入武鸣县，在武鸣县境称回头江，右岸纳马头河。马头河发源于马头镇那禄村，河长28千米，流域面积160平方千米。马头镇历史悠久，有古墓葬群及明清时期石城遗址，出土了商代提梁卣及战国时期的铜盘、陶器、镯、环玉饰、兵器、石砺、石苑等1 000多件文物。

武鸣县古墓葬群遗址

思陇河段流至陆斡镇卢覃村右岸纳罗波河。罗波河发源于武鸣县马头乡硕板村东北，河长31千米，流域面积152平方千米。流域内有罗波潭长年不涸，潭水碧蓝清澈，深46米。周围白灰石林，竹木茂盛，植被良好。河岸长满高大的乔木和茂密的竹丛，覆盖大部分河段的水面。罗波潭边建有龙母庙，现存主建筑建于清代光绪二十五年（1899年）。

转西南流，经马香、夏黄等村，城东镇夏黄村有起凤山风景区，地处武鸣县城外5千米，四围田野平坦，起凤山拔地而起，东西两峰双峰并峙，又名凤凰山。香山河绕山而过，山上林深径幽，有镇江岩、读书岩、合云岩、太极洞景点，观音阁、文昌阁等楼阁，历代骚人墨客赋诗题词，遍山可见摩崖石刻。太极洞中有"凤"字，高4.85米，宽4.2米，笔画粗达30多厘米，有"太极洞中藏大凤"之说。这个"凤"字与桂林阳朔碧莲峰山上"带"字，同出清朝道光年间阳朔代理县令王元仁之手。起凤山南麓夏黄村有勤耕苦读传统，明朝崇祯年间曾出进士，后又出多名举人、一批生员，人杰地灵，建有南明永历皇帝二女儿广德公主庙。继流入武鸣县县城城厢镇，武鸣于隋开皇元年（581年）置武缘县，1912年改称武鸣县。

起凤山

香山河至城厢镇定珠屯左纳新庆河（河长34千米，流域面积203平方千米），在梁同村西南1.4千米处汇入武鸣河。

8.1.61.20.3 锣圩河
(Luoxu River)

武鸣河右岸支流。发源于广西壮族自治区武鸣县灵马镇，在锣圩镇汇入武鸣河。河长49千米，流域面积438平方千米。

流域西北部高，东南部低，西部和西南部石山喀斯特地质地貌，西北部和东南部为厚土层高丘陵区，高程200～500米，中间为广阔盆地，地势低而平坦，支流纵横交错。有地下河2条，长32千米，枯季出口流量0.2～0.3立方米每秒。多年平均气温22摄氏度，多年平均年降水量1 417.4毫米，水资源总量2.63亿立方米。有小型水库7座，山塘4座，总库容0.14亿立方米，控制流域面积63.1平方千米，占全流域面积的14%；拦河坝28座，灌溉农田719公顷。

锣圩河发源于武鸣县灵马镇青山村，向东流，经可布、百古等村屯，至渌洞村后流入苗圃水库。出水库转东南流，经广宏、思罗、桥龙等村屯，从锣圩镇锣圩街旁穿过，至伏何村左岸纳内庀河（河长49千米，流域面积166平方千米），经伏里村，南流至岜勋村水响屯从右岸汇入武鸣河。主要流经武鸣县西部锣圩镇，距县城29千米，是武鸣县甘蔗、水果大镇。镇内主要农作物有水稻、玉米等，经济作物有甘蔗、木薯、柑橙、龙眼、香蕉等。

8.1.61.21 左江
(Zuojiang River)

郁江右岸支流，古称斤南水、斤员水。发源于越南社会主义共和国广宁省，在中国广西壮族自治区南宁市汇入郁江。位于广西南部和越南东北部，地理位置东经107°22′～108°07′，北纬21°38′～22°05′。流域地处郁江上游，涉及广西5个地级市13个县（市）和越南东北部分地区。

概　　述

流域范围　主要分水岭为西大明山和十万大山。东分水岭在邕宁、扶绥两县界上，东北为西大明山，西部以越南的谅山县、奇穷河、枯隆山为界。西北部分水岭在百色靖西县中部，南分水岭为中越边境公母山、上思县十万大山余脉，北分水岭经德保南部、天等县中部、江州区、扶绥、邕宁等县至河口，与右江流域相邻。

地质地貌　地势西高东低，南北高，中部低。山势蜿蜒，地形起伏。流域内植被良好。峰林谷地、峰丛谷地、孤峰平原、峰丛洼地溶蚀地貌，有丘陵洼地或残丘山坡。以石灰岩地质为主，喀斯特地貌特征明显。裸露型岩溶，溶洞发育，地面有漏斗，地下有暗河。半裸露型岩溶，以峰丛峰林为主，谷地多岩溶孤峰。上古生界和中生界石炭泥盆三叠系地层。各代地层间夹有火山岩，褶皱和断裂较发育。上游自西向北流，中下游自西向东蜿蜒流。

河流水系　左江干流全长591千米，中国境内河长342千米。干流平均比降0.34‰，流域平均宽度54.79千米。流域面积32 379平方千米，其中20 786平方千米在广西境内，11 593平方千米在越南境内。

左江流域广西境内100平方千米以上支流有凭祥河、**水口河**、上龙河、小湾河、**明江**、峪阳河、**黑水河**、安农河、板崇河、那渠河、**客兰河**、**驮卢河**、**汪庄河**、**双侠河**、下楞河。流域面积超过500平方千米的一级支流有水口河、黑水河、驮卢河、双侠河、明江、客兰河和汪庄河7条。干支流总长3 617千米，河网密度0.17千米每平方千米。广西境内有地下河56条，补给面积4 865平方千米，流程837千米，枯季出口流量25.14立方米每秒。

气候水文　流域地处北回归线以南，亚热带季风气候，常受热带气旋影响，为半干旱、半湿润气候过渡区。夏季炎热，最高气温41.2摄氏度，雨量集中，有暴雨或大暴雨。秋季气候凉爽，雨量较少。冬季微寒，最低气温-1.9摄氏度。

流域多年平均年降水量西南向东北递减，变化梯度较大，年降水量1 039～1 865毫米，多年平均年降水量1 370.6毫米。年内分配不均，旱涝频繁交替。受台风影响，60%以上的降水量集中在5—9月，7—9月台风雨频繁，常引发洪水灾害。冬春两季雨量很少。大部分地区多年平均年蒸发量超过800毫米，崇左市城区达999.2毫米。

多年平均年径流量地区差异较大。上游响水河及黎溪河以上流域，年径流深600～1 077毫米，干流沿江两岸的扶绥县、崇左市、宁明县年径流深仅337～600毫米。最大值1 077

毫米是最小值的 3.19 倍。年内分配不均，7—10 月径流量占全年的 70% 以上，多年平均径流量 9 月最多，是最少月 2 月的 13.2 倍。

20 世纪末，流域水质较好。**派连河**和明江宁明河段、水口河、平而河，水口河与平而河汇合口、龙州至扶绥河段水质均为Ⅱ类。2000 年后，国际河流水污染事故增多，水质有恶化趋势，主要污染物为粪大肠菌群。

左江含沙量较小，上游含沙量略大于下游。"大水大沙"，大部分泥沙产自汛期。20 世纪 80 年代后，水库、电站拦沙和水土保持措施效果显著，下游输沙量比以前减少 4.9%。

流域多年平均年水资源总量 131.8 亿立方米。

社会经济 20 世纪末，中国境内流域有耕地面积 20.43 万公顷，人口 171.7 万。沿河除下游两岸有较多农田外，其余均为高山峻岭。经济以农业为主，农民收入靠粮食、甘蔗、蔬菜和养殖业。主要经济作物有甘蔗、油料、烤烟、豆类等，年产甘蔗 1 216.51 万吨，是广西重要产糖区，2005 年江州区人均产蔗、产糖居全国前列。上游大新、天等县盛产锰，宁明县矿产资源主要有膨润土矿、煤炭等，中游江州区主要有铁、钨、金、锌、磷、水晶、稀土、石灰石、大理石、花岗岩等矿产资源。

自然灾害 1552—2005 年的 454 年间，有大旱灾 45 次，春、秋旱较严重。上游右岸明江上思县、中游崇左县、下游扶绥县十年九旱。1895—1903 年 9 年间，扶绥县永康州和新宁州（今扶绥）发生 5 次严重旱灾。1895 年秋，永康州大旱，晚稻和杂粮仅收一成，次年大饥荒，灾民多以树根野菜充饥。清光绪二十六年（1900 年）夏，永康州酷热，有人渴死。秋又大旱，田不下镰。光绪二十九年（1903）春，新宁州和永康州大旱，农作物失收，农民以树皮草根充饥，有人卖儿鬻女。1963 年 4 月中旬至 6 月，严重干旱，早稻和春玉米失收。1988 年 1—7 月大旱，8 个水库干涸 5 座，其余 3 座只能维持放水 7 天。除左江干流，境内 24 条河流、137 条小溪全都断流。413 座塘坝全部干涸，农作物面积 4.27 万公顷中成灾面积 2.52 万公顷，失收面积 1.38 万公顷，202 个村屯 10.15 万人和 6.9 万头牲畜饮水困难。

明永乐六年（1408 年）到 2005 年间，较大的洪涝灾害有 32 次，台风暴雨造成大规模水灾有 5 次。1668 年、1719 年、1850 年、1881 年和 1986 年，龙州县都发生过特大水灾。1986 年 7 月洪水近 100 年一遇，全县 12 个乡镇受灾，受灾人口 185 102 人，死亡 4 人，房屋倒塌 7 716 间，受淹农田 1.14 万公顷，损失粮食 1 175 万公斤，死亡牲畜 2 857 头。龙州镇 23 条街道中淹没 19 条，居民被困屋顶，交通、通信全部中断，经济损失 7 531 万元。

治理开发 流域内水利历史悠久，清朝光绪年间，新宁州之高屯江、杨晏江、禄进江、汪庄江、咘窑江就筑有小坝引水灌田。江州区（原崇左县）是干旱山区，1937 年前主要靠小水坝、竹筒水车、戽斗或龙骨车人力提水灌溉。左江扶绥河段，河岸高水面低，无法人力提水，流传着"左江河水白白流，千垌无水万人愁，旱涝灾害年年有，冬春用水贵如油"的民谣，直至 1961 年发展机电泵站，左江干流河水才能用于灌溉。

对干流及支流河道治理，进行固堤、疏浚、通路、绿化、治污和综合开发，已建成各类水库 289 座，总库容 23.26 亿立方米。其中大型水库 3 座、中型水库 8 座，总控制面积 4 536.77 平方千米，占全流域面积的 14%，总库容 19.60 亿立方米；小型水库 278 座，总库容 3.66 亿立方米。干流有左江水利枢纽，总库容 7.6 亿立方米，装机容量 70 兆瓦；山秀水库总库容 6.06 亿立方米，装机容量 7.8 千瓦。机电泵站 1 733 座，总装机容量 38.8 兆瓦，灌溉面积 1.77 万公顷；有大小电站 24 座，装机容量 305.95 兆瓦。

左江崇左段

左江流域年总供水量 18.29 亿立方米，其中地表水供水量 18.12 亿立方米，地下水供水量 0.17 亿立方米，农业用水占总用水量的 67.7%。

纪　实

上游 左江发源于越南北部广宁省平辽县与广西宁明县桐棉乡交界的枯隆山西北 1 千米处，从源地到龙州为上游，源流越南名奇穷河。经越南谅山，于广西凭祥市平而关入境，经凭祥市、龙州县、崇左县、扶绥县至南宁市宋村三江口汇入郁江。1967 年 5 月 1 日，在广西凭祥市友谊乡平而村（即中越国界处）设平而关防汛水位站，并观测降水量。1992 年 1 月纳入国家基本水文站管理，2003 年 1 月转为国际河流水文站。

至茶陋村东北右纳凭祥河（河长 28 千米，流域面积 102 平方千米），凭祥河源头处为凭祥市，宋皇祐五年（1053 年）置凭祥土峒，元改为凭祥州，民国元年（1912 年）

左江上游

改为凭祥县。有国家一级口岸 2 个，边贸互市点 6 个，友谊关是中国九大名关中唯一的边关，2006 年 5 月建成南友高速公路。左江经驮里进入龙州县境，经鸭水、先锋农场至龙州县城，左岸纳水口河、上龙河（河长 32 千米，流域面积 146 平方千米）。龙州，唐先天二年（713 年）设羁縻龙州，元大德三年（1299 年）升为龙州万户府，民国 2 年（1913 年）置龙州县。是国家重要糖业基地县，年产原料蔗 113.32 万吨。主要土特产有枳木砧板和菜刀等。1930 年，邓小平在这里组织和领导龙州起义，建立左江革命根据地，龙州县城西新街现有红八军纪念馆，龙州中山公园内有龙州起义烈士纪念碑，碧绿的左江水与两岸花果，垂吊着忠烈英魂。

园中龙州水文站建于 1897 年，是珠江流域第一个水文站。古龙山自然保护区南端的广西百色靖西通灵大峡谷，谷洞气势非凡，堪称"人间仙境、边陲名胜"。地下河时隐时现，可戏

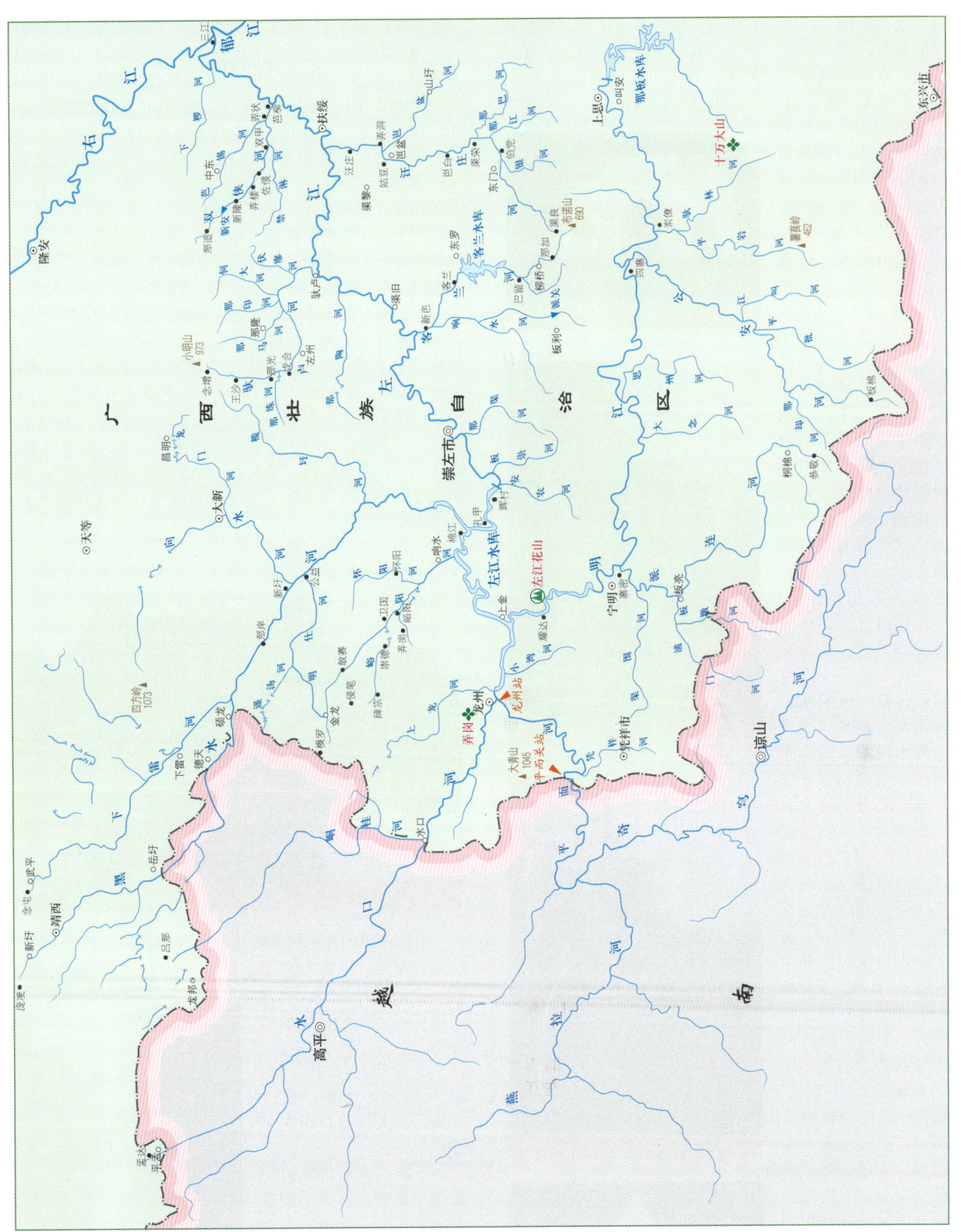

左江水系示意图

水漂流。从靖西县岳圩流入越南，在大新县德天村浦汤岛附近复入中国境内的归春河处，有德天大瀑布横跨中越两国，终年不枯，四周古树参天，花草映山。大新响水河瀑布至大新下雷、那岸、天等一带，喀斯特地貌，石灰岩岩溶发育，溶洞伸展，地面有漏斗，地下有暗河。德天东南沿江，群峰连绵，郁郁葱葱，两山对峙一线天，明仕河穿流而过，燕子鸣歌，山间平原稻谷飘香，一派田园风光。宁明县膨润土矿、煤炭等矿产资源丰富，明江花山崖壁画别具一格，和地跨龙州、宁明的陇瑞—弄岗自然生态保护区，一并列入国家AAAA级景区花山崖壁画及国家级自然保护区。

龙州至驮卢镇河段，沿江两岸悬崖峭壁，红棉相映，群峰呼应，有可供游览的37座山峰。龙州八景最有特色，还有龙州小连城，山峰叠连，气势险峻，位于龙州县城西5千米。山顶有左、中、右三炮台，山腰有龙元洞石窟寺，南麓有光禄寺和报恩亭，西麓的小垒城以石灰岩料石砌成长墙与山顶炮台相连，气势雄伟，有南疆长城之称。

中游（龙州—崇左）至小湾村西北右纳小湾河（河长19千米，流域面积185平方千米）。上金乡右纳明江，响水镇响水街左纳峪阳河，继流至棉江村左纳黑水河后入成为宁明县与崇左市界河，于宁明县亭亮乡北右纳安农河（河长25千米，流域面积104平方千米），于崇左市江州区江州镇停达村右纳板崇河（河长26千米，流域面积104平方千米），继于太平镇水口屯右纳那渠河（河长28千米，流域面积152平方千米）后进入崇左市区，崇左市辖江州区、扶绥县、宁明县、龙州县、大新县、天等县，代管凭祥市。江州区有十多条河流，左江两岸，左江石景林、太平古城、白头叶猴生态公园。崇左白头叶猴自然保护区是中国唯一的白头叶猴种源基地。保护区保存有若干季节性雨林片断和代表树种。保护区内有白头叶猴、云豹、林麝、蟒蛇和猕猴等国家

龙州小连城

龙元洞

小垒城

崇左白头叶猴

一级、二级保护动物，还有刺苞苏铁、蚬木、金花茶等国家重点保护野生植物。

崇左市府驻地——江州区，古称太平城，地跨左江南北两岸。城内经济繁荣，湘桂铁路穿过江州城区，左江从西南入境，转北而南环绕城中，再向东北流去，其形若壶，有壶城之说。太平镇历史悠久，元世祖至元二十九年（1292年）闰六月置太平寨为太平路，今城区太平镇。太平镇四周环山。城东有称"文房四宝"的文笔山、笔架山、墨砚山（旧称金柜山）、三元山。城区东北2千米处左江急弯激流有"归龙斜塔"，是世界八大斜塔之一，塔底直径5米，高18.28米，水平偏位1.42米，倾斜度4°24′46″。太平城有古城墙、城门3座及石牛、玉井等遗址，还有古迹《丽水龙神庙碑》《奉宪勒石》及王元仁连笔草书《千年寿》碑刻。城东墨砚山崖壁为国家重点文物保护单位，上有明嘉靖二十年（1541年）御史毛伯温书勒的"元老壮献，平交伟绩"8个大字。城东南5千米处左江石景林100公顷，西面与水口湖景区相连，景区内石峰林立，千姿百态。峰巧、山秀、洞幽、壁峭、石奇、水纵横、满目苍翠。城东6.7千米陇王屯文羊山上文羊岩，总面积5 000平方米，有6大洞府，1大洞厅。三洞府有归龙塔倒映奇景，如瑶池仙境，一缕阳光射入宛如一线天。七洞厅从东至南构成石城连七峰。北郊有白云洞，常有白云缠绕而得名。洞前树木成荫，清净优雅。群峰献媚、华盖亭、卧虎胜景，环穿山间。崇左公路大桥沟通了南北城区。太平大桥成桂西南交通枢纽和江州区交通中心。

左江中游石景林

沿江江州区孔甲村双对机山至陇狗山河段长80千米，有28处崖壁画。画像人物姿态各异，在奇石、红棉、凤尾翠竹衬托之下别具一格。左江石景林，千姿百态，最具特色。

中游流域有铁、钨、金、锌、磷、水晶、稀土、石灰石、大理石、花岗岩等矿产。

下游 崇左市区以下为左江下游段，于渠旧镇右纳客兰河，北流于那陶左纳那陶河（河长28千米，流域面积152平方千米），继于驮卢镇左纳驮卢河，折向东流至扶绥县新宁镇附近右纳汪庄河，转

崇左石林一线天

北上至龙头乡歧山村左纳双侠河。扶绥县旱地、坡地、红壤土较多,流域的大部分旱作物主要在该区。山圩镇有全国最大的剑麻种植加工业。沿江的崇左市江州区至扶绥的雷柳、贡奉,甘蔗田成片,郁郁葱葱,为崇左糖厂提供原料。该区又是广西桂中旱片综合治理区,沿河较大干支流都有水库,小型水库居多。亚热带气候,易生长农作物及花果树木。每年农历二月,壮族青年男女在山间平原对歌,抒情。出崇左境入扶绥河段,有崖画23处。岜来山崖画距左江右岸(南岸)10千米,在渠黎华侨林场西南2.5千米处,有11个褐红色人物画像,图像粗犷,造形生动,最有特色。东门镇板包村东南四方岭汪山顶(高程768米)有一印池,椭圆如印,似火山口,池面积0.67公顷,池水清澈如镜,长年不枯,深不可测,池中有一种奇特的小鱼,头大身小,形似金鱼。左江继流入南宁市境,于江西镇下楼村左纳下楼河(河长34千米,流域面积218平方千米),于江西镇宋村东与右江相汇。

8.1.61.21.1 水口河
(Shuikou River)

左江左岸支流,发源于广西壮族自治区那坡县,流经越南社会主义共和国高平省至广西龙州县汇入左江。干流长188千米,流域面积5 532平方千米。

概　　述

流域南邻平而河,北接**峒阳河**。中国境内涉及广西那坡县平孟镇及龙州县水口镇、下冻镇和龙州镇。

地势西北向东南倾斜,河床蜿蜒曲折,比降大,流急。河床切割较深,岸坡陡直,岸边多原生基岩裸露,两岸为长条状开阔、平坦的台地和丘陵。石灰岩地质为主,溶洞漏斗较发育,表土多为砂砾壤土,渗透力强。台地的西南面有大青山余脉小青山,下冻镇以上地势高峻,石灰岩裸露,下冻镇以下属台地,东北面多土质丘陵和裸露的石山。

水口河在中国境内广西壮族自治区那坡县和龙州县长65千米,在越南境内长123千米,称平江。U形河床,河面宽在70~150米,水深3~10米。流域内还有4条地下河。

水口河龙州段地处北回归线以南,气候炎热,多年平均气温22摄氏度。年日照1 545.2小时。蒸发量大,多年平均年蒸发量1 347.8毫米,1976年最大年蒸发量1 525.9毫米。多年平均年降水量1 473.4毫米,汛期4—9月降水量占全年的81.7%,冬春两季很少下雨。多年平均年径流量7.75亿立方米。20世纪末水质为Ⅱ类,2004—2005年水质为Ⅳ~Ⅴ类,主要污染物为大肠菌群,水质有恶化趋势。

1978年龙州县受旱面积609.4公顷,1980年受旱面积1 692.7公顷,占耕地面积的22.5%,人(畜)饮水困难达7 164人(1 431头)。1983年受旱面积563.7公顷。水口、下冻和龙州(原霞秀乡)3个乡镇有耕地面积7 519公顷,1955年受涝441.3公顷,1968年为431.1公顷。1980年受涝589.9公顷,占耕地面积的7.9%。

龙州县农民以种植粮食为主,经济作物有甘蔗。1949年以来,建有春秀、沿边、青龙山、猛防、马安山、呴洁等6座小型水库,塘坝13座,总库容1 670万立方米,灌溉653.7公顷。引水工程流量小于1立方米每秒的有13座,灌溉1 754.3公顷。水轮泵站8座,灌溉3 083公顷。广西境内流域水力资源已基本开发完毕,有小连城、水口、七里滩水电站,总装机容量10.55兆瓦,年发电量5 395万千瓦时。

纪　　实

水口河发源于广西壮族自治区那坡县平孟镇孟达村西1.5千米处,东南流经越南高谅省溯江、诺海、高平、伏和,由广西龙州县水口镇旧街北0.1千米入中国境,东南流至龙州县龙州镇青龙桥汇入左江。

水口河越南诺海县弄替村至广西龙州县水口关段,两岸高山重叠。水口关至龙州县城,河宽110~130米,深3~10米,两岸高山对立,最狭处60~100米,有浅滩24处。水口河于水口镇老街纳**桂峒河**。

水口大桥位于龙州县水口镇旧街,1967年4月通车。水口镇边关旅游区,距县城30千米,是广西最早民间对越南贸易的关口,现为国家一级口岸,中越两国物资交往的重要通道。水口关山峰高耸峡峭,其地势十分险要,清末抗法名将苏元春在关口附近筑炮台8座。

经济作物以甘蔗、木薯为主。鸡皮果、黄皮果是配菜佳肴的上品。宽大的芭蕉叶和婉转的鸟鸣与山水相映成趣,充满热带风情。中越两国民风民俗、语言文化交汇、融合,有浓郁的边关风情。龙水二级公路直达关口,已开发

水口风光

的边关风情旅游景点有311高地、边贸区、中越烈士陵园、二炮台、三炮台、苏保德衣冠墓、水口海关。出水口镇继东南

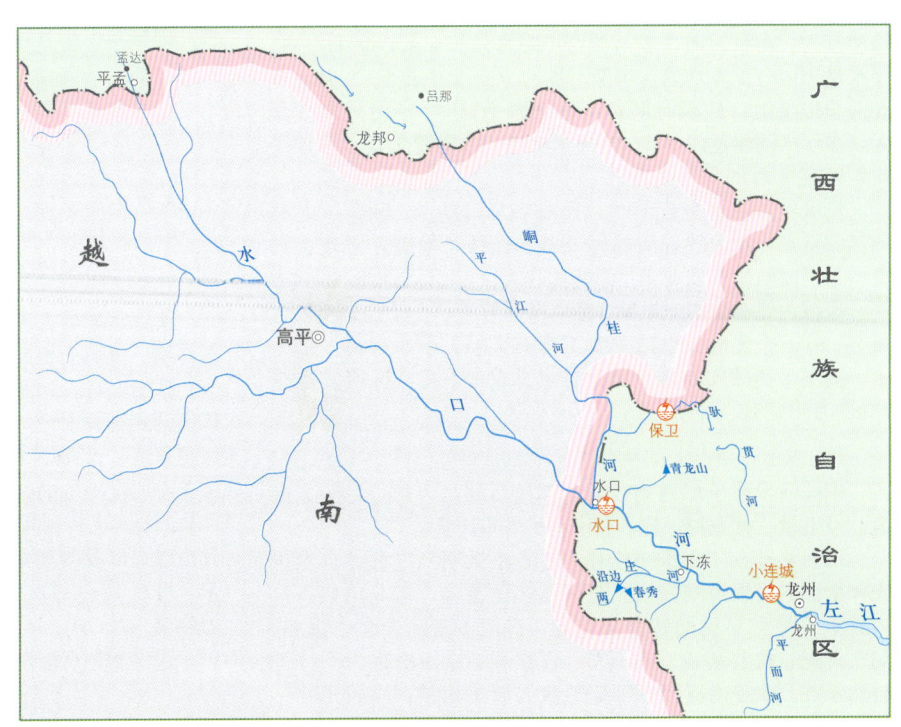
水口河水系示意图

流，经埂宜、北耀农场几个分场，入下冻镇并右纳两庄河；两庄河发源于下冻镇布局村西，河长19千米，流域面积129平方千米，上游支流有春秀水库镶嵌在林木葱茏的群山间，水质清新，冬暖夏凉，水域宽广。继东南流，于楞巧村左纳驮贯河（河长26千米，流域面积134平方千米）后流入龙州县城汇入左江。

龙州县所产蚬木为蚬木中最优，龙州蚬木砧板为砧中极品，纹理细致，刀斩斧剁不起屑，为厨师们所珍爱，一度因滥采而原料绝迹，现在蚬木已列入国家保护树木，严禁私采滥伐。

水口海关

8.1.61.21.1.1 峒桂河

(Donggui River)

水口河左岸支流，又名板棒河。发源于广西壮族自治区靖西县，至广西龙州县汇入水口河。

概　述

峒桂河干流长87千米，其中10千米在我国靖西县境内，59千米在越南社会主义共和国境内，18千米为中、越两国界河，平均比降6.36‰。流域面积984平方千米，807平方千米在越南境内，177平方千米在广西境内，其中靖西县境内88平方千米，龙州县境内89平方千米。

流域地势从北向南倾斜，河床坡降大，水流急切，两岸均系岩层裸露的石灰石原生基岩，河岸陡直，相对稳定，河水在河中乱石之间穿行。河面宽10～50米，水深0.4～4米，以河中心为界，河流行经的西岸是越南国境，东岸有起伏不平的峡谷间耕地，属棕色石灰土，含有灰白色石灰垢颗粒，渗透性强。河谷东面分水岭是地势高峻的石灰质山区，群峰林立，山峦重叠，高程400～678米。

流域属亚热带季风气候区，多年平均气温22.1摄氏度，温和宜人。雨量充沛，多年平均年降水量为1400毫米左右，降水量年内分配不均匀，年降水量的70%集中在6—9月，冬春两季很少雨。日照时间长，总日照1545.2小时。蒸发量大，多年平均年蒸发量1350毫米。地表水资源丰富，多年平均年径流量6.89亿立方米。

流域年内降水分配不均，形成春旱、夏涝、秋干、冬枯的气象特点，加上峡谷间的耕地透水性强，旱涝灾害较为严重，对河流两岸的农业生产影响比较大。

流域内建有保卫水电站1座，装机容量325千瓦，年发电量27.26万千瓦时。电站主要工程有大坝、引水渠道3.2千米、隧洞2处2400米，装机容量3000千瓦，年均发电量1380万千瓦时。

纪　实

峒桂河发源于广西靖西县龙邦镇吕那村弄那屯，向东南流，经上敏、其龙村，流入越南高平省重庆县。

靖西县素有"山水小桂林，气候小昆明"之称，自然风光和浓郁的民族风情吸引了越来越多的游客。古龙山峡谷群内荟萃了举世罕见的特高瀑布群，有地下暗河、洞中瀑布、洞穴奇观、峡谷溪流、古石垒、古崖葬、原始植被为一体的自然景观。峡谷内覆盖有郁郁葱葱的原始植被，原始植物多达2000多种，其中数十种为世界濒临灭绝的珍稀植物。

通灵旅游风景区规模庞大，包括通灵、新灵、三叠岭、旧州、鹅泉、十九渡等6个风景区。景区内的通灵大瀑布落差达168米，宽30米，是我国目前已开发的单级落差最大的瀑布。位于中越边境线的音泉洞属水陆双层洞穴，全长6.8千米，南面通中越边境31号界碑，西面通龙邦街龙涎洞，钟乳石雄伟壮观，拥有少见的大片红色的钟乳石，洞穴观赏价值极高。不仅秀丽的自然风光吸引人，靖西县浓郁的民族文化更加醉人。据专家考证，这里1万年前就有人类居住，是壮族历史上唯一的地方王朝南天国的建都之地。该县的旧州是著名的绣球之乡、壮歌之乡，也是壮族传统文化保存得最完整、最集中的地方。

古龙山峡谷

峒桂河流经越南高平省重庆县后，至伏和县那通村转向南流，成为中、越两国界河，在广西龙州县进入我国境内，南流至峒桂左纳枯隆河（河长20千米，流域面积119平方千米），继流至龙州县水口新街汇入水口河。

水口关距龙州县城33千米，海拔150米，设有海关和哨卡。西侧为高耸的石灰岩山峰，南侧1千米处的炮台海拔595.8米，附近还有二炮台和三炮台，为清代扼守水口河谷与越南之间的通道而设，水口关于乾隆五十七年（1792年）开关与外国通商交易，现为国家一级口岸。

311高地风景区又名奉村炮台，位于水口镇西北，距水口集镇2.5千米。中法战争（1885年）以后，清末抗法名将苏元春守疆，用了近20年时间，在中越边界线内建立了关、隘、卡和炮台等一系列设施，奉村炮台高程311米，建于光绪十九年（1893年），是这些设施中规模较大的一处。中国边防部队1979年进驻炮台后，加固扩建了原有设施，并命名为311高地。山脚到山顶有台阶622级，登高眺望，中越界河两岸景物尽收眼底。

8.1.61.21.2 明江

(Mingjiang River)

左江右岸支流，又名紫江。发源于广西壮族自治区上思县，于龙州县汇入左江。地处桂西南。

概　述

明江流域的大部分在广西上思、宁明、龙州3县，小部分在越南。流域面积6379平方千米，范围涉及越南谅山省境内364平方千米，中国广西境内6015平方千米。地势东高西低，东南两侧群峰林立，山峦重叠，十万大山地势较高，土质山区植被好。北侧为丘陵及较低的土质山区。中部丘陵起伏，覆盖有厚度不同的红壤土淤积土层。明江盆地平原，高程104～400米。流域最高峰在东南部群山中，高程1358米。十万大山以北以及明江沿岸为起伏和缓的丘陵地，高程200～400米，坡度10～25度。表土层较深，主要是紫红色土，黄壤和赤红壤。

西汉和东晋时称明江为侵离水，清代曾称绿水，干流长308千米，平均比降0.33‰。多支流，流域面积超过100平方千米的一级支流有驮赖河、**驮林河**、**公安河**、那桥河、思州河、大念河、**派连河**。

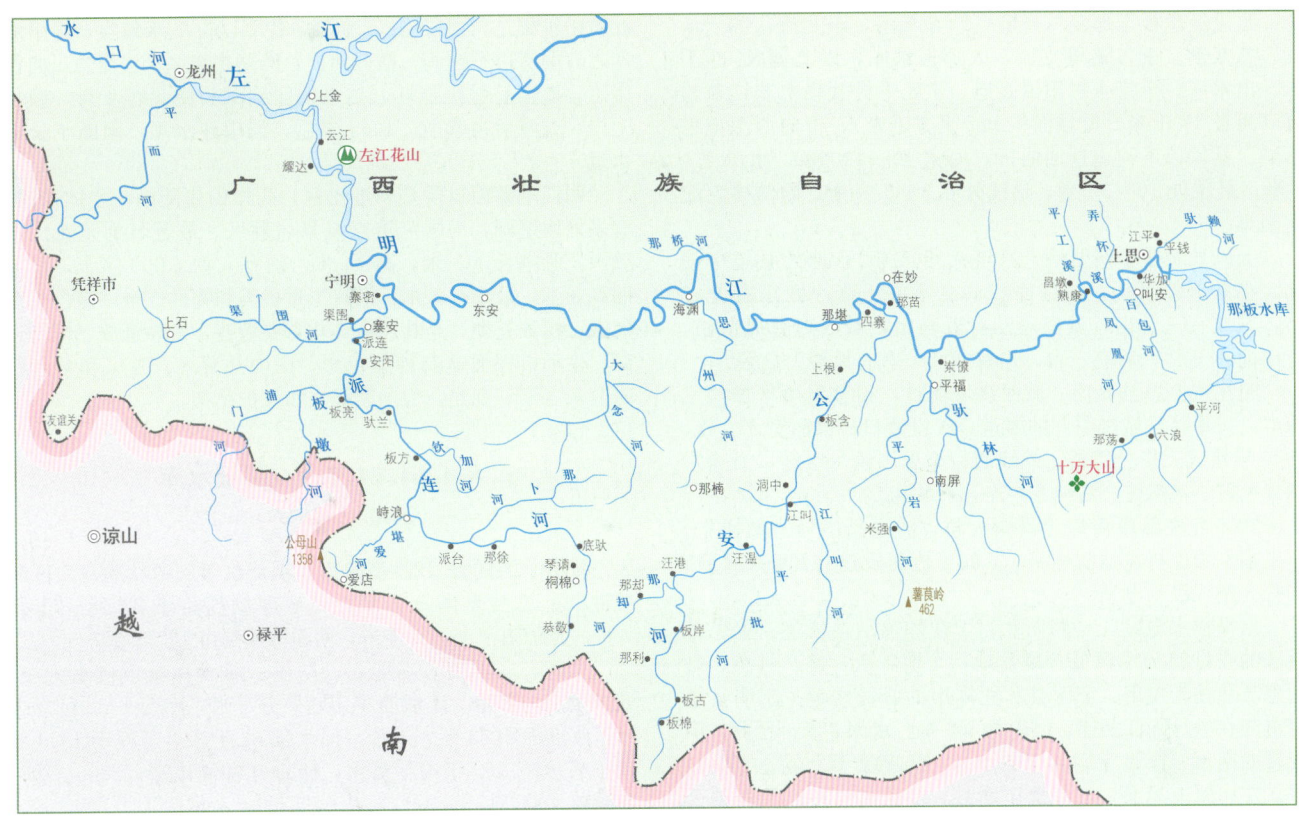

明江水系示意图

地处北回归线以南，近北部湾，亚热带季风气候。全年多东北风，夏季受东南气流影响，炎热时间长，雨量适中，温差不大。多年平均气温22.1摄氏度，多年平均年降水量1 600～2 000毫米，降水集中在6—9月，占全年降水量的60%以上，多台风雨。

明江干流有国家基本站宁明水文站，设于宁明县东安乡，控制流域面积4 281平方千米，多年平均年径流量29.4亿立方米，最大为49.1亿立方米（1980年），最小为17.04亿立方米（1969年）。

上思县那板村（婆利）至**那板水库**坝址河段水质一般为Ⅱ类，那板水库坝址至百龙水电站河段水质一般为Ⅲ～Ⅴ类，百龙水电站至宁明县东安乡河段水质一般为Ⅲ类，宁明县境内河段水质一般为Ⅲ类。

每年7—9月，台风中心影响明江流域时常有洪水灾害。明江与左江洪水遭遇时，左江洪水顶托，泄流不畅，中下游5 600多公顷低洼易涝农田，受淹时间长，损失大。

1552—2005年的454年间，明江流域十年九旱，春旱和秋旱较严重，记载较大旱灾43次。1950—2005年的56年中，较大旱灾34次，频率为61%。1618年大旱，上思县"粮食无收，斗米值银四两，民多饿死，卖儿卖女者不可胜数"。

明永乐六年（1408年）到1949年的542年间，记载较大洪涝灾害32次。清咸丰五年（1855年）4月，州城被淹，冲毁明江沿河房屋。民国29年（1940年）10月16日，台风、大暴雨酿成特大水灾，明江水涨17.5米，沿河村庄多被淹没，人畜伤亡难以计数，上思县各地都能见到洪水引发的塌方。1950—2005年受台风影响73次，其中：1950—1960年9次，明江两岸受淹3次；1955年9月26、27日暴雨，28日洪水暴涨，明江东安段水位高程123.53米，水淹宁明县城东麟街，街道行舟，沿河许多村庄、民房、仓库淹浸塌毁，交通中断，人畜伤亡，受淹农作物7 600多公顷，损失甚大。1960年建成那板水库。

流域内自然资源丰富，森林覆盖率60.26%。经济以农业为主，粮食作物以水稻、玉米、红薯、木薯为主，经济作物有甘蔗、花生、蔬菜、豆类等，下游明江盆地有丰富的膨润土矿。

新中国成立后大量兴建农田水利工程，现有灌溉面积6 500公顷以上的中型自流灌区4处，机电泵站172座，水库55座。建有那板、平福、派连等8座水库电站，总装机容量42.96兆瓦。

纪　实

明江发源于上思县叫安乡十万大山柞老顶（高程1 205米）以北1.5千米处，上思县境河长138千米，水流急，险滩多。源头十万大山峰峦叠嶂，属国家级森林公园，空气清新，负氧离子含量高达16.2万个每立方厘米。古木参天，水质清澈纯净，古道幽深。

十万大山森林公园

源流经念板至那荡村高柳屯纳百及溪，东北流，纳六浪溪、芭蕉溪、平河溪等支流，入那板水库，以上河长65千米。出水库，干流入思阳镇腹地，于江平村驮赖屯右纳驮赖河（河长17千米，流域面积127平方千米），折向西至上思县城。县城以下河道迂回曲折，河宽40~120米，水深4~7米，最狭处10~30米，最浅处0.3~0.8米，险滩多，航运困难。

上思县城建于明弘治十八年（1505年），地处县境中偏北，小盆地较平坦，城区面积3.2平方千米，城东有龙江溪，城北有三台山，城南隔江有五马山，城西南有凤凰山，有"前有五马，后有三台，左有龙江，右有凤凰"之说。

明江从上思县城南、城西绕城而过，到思阳镇华加村三华屯。三华是县城过明江的要道，曾设渡口，水面宽110米，1976年建成三华公路桥。继续西行至思阳镇昌墩圩，沿途左纳百包河、凤凰河、右纳弄怀溪、平工溪。

2005年在熟康渡口建昌康大桥，沟通昌墩圩与熟康屯。至平福乡紫僚村左纳驮林河，其间干流河段建有百细、平台、平福3座梯级水电站。

出平福水电站，一路向北，于在妙镇纳屯隆溪。上思县西部的在妙镇为沿河低丘陵盆地，土地肥沃，盛产甘蔗，是上思县通往崇左市、宁明县和凭祥市的必经之地。宁明县亭府屯与在妙圩隔江相望，河床宽150米，水深2米，至此，明江转西南行，穿过宁明县境4千米，又穿流于上思、宁明县界，左岸属上思县，右岸属宁明县。至那苗村枯改屯左纳公安河，西流入宁明县境。那板水库坝址至枯改屯，境明江由东向西69千米，流经5个乡镇21个行政村，有"上思州，水倒流"之说。

明江流入宁明县境后，于海渊镇桐骨村右纳那桥河（河长22千米，流域面积124平方千米），于思州村西北左纳思州河（河长22千米，流域面积124平方千米），继流至板棍乡大念栏村左纳大念河（河长38千米，流域面积287平方千米），一路西行，经东安、明江，于城中镇寨板村东左纳派连河，流经宁明县城。唐先德二年（713年）设羁縻思明州，清雍正十一年（1733年）改思明州为宁明州。宁明县森林覆盖率58.32%，活立木蓄积量为534万立方米。主要树种为松、杉。干流从宁明县城中镇耀达村流出，入龙州县上金乡云江村，在上金旧街西汇入左江。左岸紫霞洞，峰奇水秀，山岩殊绝，南麓有石级登道，道旁多合抱天桃大树，间以黄皮、龙眼等树。凭栏远眺，远山如屏，江河似缎，岩洞深邃，钟乳复垂，好似罗伞、石幔、蛟龙，千姿百态。

龙州紫霞洞

宁明境内左江两岸为冲积平原，土地肥沃，河宽150~250米。县城下游受左江电站蓄水顶托，水流缓慢，大量泥沙淤积于河床。

明江河道迂回曲折，曾是水路要道，上通海渊、那堪、迁隆和上思，下达上金、崇左和南宁。正常水位可通航5~10吨民船，丰水期可行汽艇。宁明县那堪乡上游多为浅滩，枯水时水深仅0.2米，航运困难，但无险滩。那堪乡迁隆村至下游城中镇耀达村河段有25个滩，各滩以拉里滩最险，娘娘滩次之。两滩巨石嶙峋，横截河面，滩路狭窄，水浅流急，曲折多礁，航船易触礁损坏，枯水期船到滩头便起客步行，搬货上岸，过滩后再起航。1965年后，河中建水坝，阻断了长途水运。

明江下游河口段是岩溶山区，两岸山崖陡峭，岩体裸露，有多处崖壁画，为国家重点风景名胜区。最著名的是花山崖壁画，画幅长135米，高44米，画有人物1 300多个，最大的高3米，最小0.3米，间有少量兽类和物件，全以赭色单线勾画，粗犷苍劲，是壮族古文化重要遗迹，古朴豪放、恍惚迷离、生动肃穆而富有神秘色彩，国内外游客、专家和学者纷纷前来考察、观光，为国家级文物保护单位。

8.1.61.21.2.1　那板水库
(Naban Reservoir)

明江上游的大（2）型水库，坝址位于广西壮族自治区防城港市上思县东南3千米处，地理位置北纬22°08′，东经108°，北距南宁市100千米，南距防城港市120千米。

水库有多年调节功能，以防洪、灌溉和城市供水为主，兼顾发电与养殖。流域面积490平方千米，库容8.32亿立方米，水面面积33平方千米，回水长32千米。工程于1959年动工兴建，1960年竣工蓄水，1983年加固改造，2000—2002年除险加固。

枢纽工程由大坝、溢洪道、输水隧洞和发电站组成。大坝为黏土心墙填土均质坝，主坝长313米，坝顶宽8米，坝高59米；溢洪道最大泄洪量2 930立方米每秒，1号输水洞最大泄水量56立方米每秒，2号输水洞最大泄水量190立方米每秒。坝后水电站装机容量12.6兆瓦，年均发电量3 200万千瓦时。

那板水库减轻了下游南宁市等十几个县市洪水威胁，是上思县灌区的主要供水水源，灌溉面积3 000公顷，年均供水0.7亿立方米，其中上思县城供水500万立方米。

那板水库

库区在高山沟壑区，十万大山上思盆地，红土高山陵地。有百姓（那荡）、汪门、平何、那姆等大溪流入库中。植被茂密，水土保持好，但土地贫瘠。多年年平均年降雨量1 715毫米，多年平均年径流量5.83亿立方米。

建库前淹没区为深山老林，道路崎岖，松树和灌木密林覆盖，水流清澈。林地304平方千米，占流域面积的62%。建库后，淹没747公顷梯田，迁移近0.48万村民。经多年砍伐，库区原始森林几乎殆尽，现树木稀疏，林地很小，水土流失严重。

8.1.61.21.2.2 驮林河
(Tuolin River)

明江左岸支流，又名平福河，旧称上鱼江。

驮林河发源于广西壮族自治区上思县南屏乡十万大山大沟龙尾以北1千米处的平隆隘，自源地西北流，经汪乐村至枯梧村右纳德安河，继流至平葛村左纳江波河，至汪漓村左纳南屏河，至平福乡治上游左纳平岩河（河长69千米，流域面积207平方千米），在平福乡平福街汇入明江。干流河长55.1千米，流域面积589平方千米，流域涉及上思县的南屏、华兰、平福3个乡镇。

流域地处低纬度，具有亚热带向热带过度的海洋季风气候特点，太阳辐射较强，日照时间长，热量丰富。终年气候温和，干湿季节明显。流域多年平均年降水量1 630毫米，降雨面上分布为上游大于下游。降水年内分配不均，6—9月的降水量占全年的75%。多年平均年径流量5.66亿立方米。

流域中上游地势较高，南高北低，干流纵向穿行于十万大山之间。受地形限制，多急湾险滩，水流湍急，河槽多为岩石、卵石组成。南屏乡瑶族聚居，有米楠、汪门、百马等有名的瑶寨，自然资源十分丰富。森林覆盖率达75.2%。主要经济林有马尾松、玉桂、八角、松木、竹林、油桐、桉树、橡胶等，还有牛角木、椎木、楠木等珍贵的树种。石峰溪谷间有山猪、穿山甲、果子狸、蛤蚧、竹鼠、山鸡、鹧鸪等多种动物禽类。珍贵药材有400多种。土特产有八角、玉桂、香菇、云木耳、蛤蚧、蜂蜜等，年产八角近50万千克，玉桂年产1.25万千克。处于支流平岩河的南屏乡米强村的天良山和溢良山，覆盖着约333公顷古老的原始森林，古木参天，怪石嶙峋，古竹绵延，河谷密布。高处远眺，林海茫茫，碧波万顷；春天细雨蒙蒙，云雾缭绕，竹笋遍地，夏秋飞瀑轰鸣，野果随处可摘；冬天晴空万里，野香菇随处可见。位于灯草寨附近的兰贝瀑布，高30多米、宽8米，每逢大雨山洪暴发，发出轰鸣，响彻四周，山下沿河村寨有"忽闻瀑布声，片刻山洪到"之说。流域内的那米山、同心顶山、六上山，林木茂盛，百草葱茏。同心顶山各支脉峰峦起伏，松林如海，风景优美，1992年国家林业部门在此建立森林保护区。

兰贝瀑布

流域中下游地区大面积种植甘蔗，水土流失普遍，是明江泥沙的主要源区。大部分泥沙产生于洪水期，具有"大水大沙"的特点，平水期河水清澈见底，河道平缓，河槽多为砂夹卵石，两岸植被较好。下游段为土山丘陵区盛产甘蔗、芒芯、松香等农副产品。

8.1.61.21.2.3 公安河
(Gong'an River)

明江左岸支流，旧称百甲江，因流经广西壮族自治区上思县公安圩而得名。发源于宁明县桐棉乡板棉村派迁山及岸连山，在上思县在妙镇那苗村西汇入明江。河长114千米，平均比降1.79‰，流域面积993平方千米，流域涉及崇左市的宁明县和防城港市的上思县。

公安河流域地处十万大山西北部山麓，地势南高北低，各主要支流发育于十万大山西北部山区。上思县境内，从岸连山至明江入口地貌以中低山陡坡地形和丘陵为主。土壤主要为紫红色土、黄壤和赤红壤，表土层较深。有较大的支流3条，干支流总长204.8千米，河网密度0.21千米每平方千米。

流域属亚热带季风气候。受十万大山地形影响，春季回暖快，空气潮湿；夏季受南来的热带和副热带海洋气团所控制，天气炎热，雨量集中，伴随有热带气旋或冰雹等灾害性天气；秋季气候凉爽，雨量相对减少；冬季受北来冷气团所控制，天气寒冷，空气干燥，多偏北风。多年平均气温21.3摄氏度，流域内多年平均年降水量1 200～1 700毫米，一般集中在6—9月，4个月降雨量占全年雨量的60%以上。多年平均年径流量9.55亿立方米。水质一般为Ⅱ类。

公安河流经上思县和宁明县接壤的山谷之中，流域内降水不均，洪涝和干旱交替出现。地处十万大山北坡，汛期遭遇暴雨洪水的机会较多，一遇暴雨，山洪暴发常造成洪灾，低洼地区排水不畅，屡遭淹没。非汛期降雨量偏少。1963年的春夏连旱，1985—1990年的连续干旱造成较为严重的干旱灾害。

公安河天然落差大，水力资源丰富，水能资源可开发量4.72万千瓦，是宁明县和上思县水力资源最丰富的河流。公安河出源头向北流经宁明县桐棉乡的板棉、板古、那利、板岸村，至那楠乡汪港屯上游2千米处，支流那却河从左岸汇入，转向东北流经驮英村。至汪温屯下游6千米处左纳那市河（河长23千米，流域面积117平方千米），转向东北流经驮英村。至汪温屯下游6千米处右纳平批河（河长38千米，流域面积184平方千米）。经那堪乡洞中村堡城屯右纳江叫河（河长31千米，流域面积144平方千米）。河流上游为桐棉、南屏两乡交汇地带，两岸山高林密，群山相映、山回水转、清奇秀丽，野生动植物种类非常丰富。主河道河谷深切，多急湾险滩，阶地发育不完整，宜耕土地少。主要土特产有八角、砂仁、松脂等。那堪乡洞中村堡城屯河流从此转向北流至河口段为上思、宁明两县界河，河流进入公安乡境为丘陵山区，地形较为平缓，阶地发育。河床由黏土及卵石组成。流域中唯一的桥梁——公安公路桥是连接两岸的主要交通要道。沿河两岸村落较少，居民以瑶族为主，主要从事林业生产。当地盛产玉桂、八角、香菇、蜂蜜、木耳等。

从板合至明江口，途经明旺村、六改村、上根村、四寨村和在妙镇的那苗村。由四寨村的坛何屯至峒中村可通行小船，冬春两季水浅，航船较难。入江口海拔高程125.07米，河床宽约80米，是公安河河床最宽之处。

8.1.61.21.2.4 派连河
(Pailian River)

明江左岸支流，又名思凌河。发源于广西壮族自治区宁明县桐棉乡茶敬村把批屯白盛山，至宁明县城城中镇寨板处汇入明江。干流长108千米，流域面积1 569平方千米，涉及广西宁明县、凭祥市及越南社会主义共和国境内。

概　　述

流域地处明江下游南部，流域地势南高北低，各主要支流发育于十万大山西北部山区。主要出露新生界碎屑岩类地层，呈低山丘陵地貌，因地壳上升，河流下切，冲沟十分发育。山顶高程400～700米，相对高差120～300米。主河道上游河段，河谷深切，水急滩多，阶地发育不完整，平均比降0.84‰。宜耕土地很少，宜林荒山坡地较多。下游河段进入宁明盆地边缘，为低山丘陵，地形较为平缓，山顶高程250米，阶地发育，地面高程125米，由黏土及卵石组成，河道比降0.23‰。流域植被较好，水土流失不严重。

流域地处北回归线以南，纬度较低，距北部湾较近，受海洋季风调节，属亚热带季风气候。多年平均气温22.1摄氏度，春季回暖快，空气潮湿；夏季气温高，雨量集中，伴随有热带气旋或冰雹等灾害性天气；秋季气候凉爽；冬季受冷空气影响，多偏北风。多年平均年降水量1 366毫米，年际变化不大，年内分配不均，汛期和枯水期界限分明，6—9月雨量集中，强度大，降水量占全年的83%。流域多年平均年径流量8.9亿立方米。派连河水质状况良好，达到国家Ⅱ类水质标准。

流域多有春旱。洪水灾害大部分发生在中下游河段，多由台风造成。据宁明县志不完全统计，自明永乐六年（1408年）至1949年的542年间，较大的洪涝灾害就有32次。1949年后，流域发生灾害性洪水24次。整个流域属山区性河流，汇流时间短，洪水陡涨陡落，洪峰高但量不大。

流域内以农业生产为主，农民收入靠粮食、甘蔗、松脂油、八角和养殖业。农作物以水稻、甘蔗为主。

流域内有派连河引水工程，实灌面积800公顷。截至2004年底，流域内机电泵站22座，总装机容量395千瓦，控制有效灌溉面积120公顷；建有派连电站1座，装机容量4 000千瓦。

2000年以后，在流域内主河道自上而下规划布置琴请、扣溪、那徐、派台、驮兰、派连等梯级水电站6座，并在支流下围河规划下围水电站1座，共7座梯级电站，装机容量1.61万千瓦，年发电量7 741.87万千瓦时。

纪　　实

派连河发源于宁明县桐棉乡恭敬村把批屯白盛山西北1.5千米处，由数十条山泉汇集而成。向北流，经同棉至派时村底驮屯折向西流，至桐棉、峙浪乡交界处，那卜河从右岸汇入，至峙浪乡峙浪圩堪爱河从左岸汇入后转向东北流。河流至板方屯右纳钦加河，再转向西北流，至寨安乡板亮村左纳**板墩河**。于板亮村接纳板墩河后折向东北流。经安阳、连罡村，至渠围村以东800米处左纳渠围河，渠围河发源于凭祥市友谊镇隘口大青山东面，河长54.2千米，流域面积377.13平方千米，凭祥市大部分在其流域内，为凭祥市最重要河流。流域地处中越边境，有许多和战争有关的旧战场和战争遗迹。法卡山位于宁明县上石地区边缘，高程500米，由3个高地组成，面积1万多平方米，1981年发生著名的法卡山保卫战。继北流至宁明县城（城中镇）寨密村以东1.5千米处汇入明江。

派连河主河道上陡下缓，上游河段自峙浪到河源长72千米，河床两岸山高陡峻，河谷狭窄，河床滩多，河道比降大，多年平均流量27.9立方米每秒，水力资源蕴藏量4.83万千瓦，可供开发量2.40万千瓦。

流域内居住着壮、汉、瑶、侗、苗等8个民族，各民族之间和睦相处，民俗活动花样繁多。

8.1.61.21.2.4.1　板墩河
（Bandun River）

派连河左岸支流，发源于越南谅山省禄平县，于中国广西壮族自治区宁明县汇入派连河。干流长54千米，平均比降3.52‰，流域面积554平方千米，涉及广西宁明县、凭祥市及越南境内。

概　　述

流域地势南高北低，各主要支流发源于越南北部山区，上游主河道上陡下缓，河床两岸山高陡峻，河谷狭窄，河床滩多，河道比降大，中下游沿途河谷较为宽阔，两岸多属矮山丘陵区域，河道比降小，河宽10～30米。流域范围内主要出露新生界碎屑岩类地层，呈低山丘陵地貌，因地壳上升，河流下切，冲沟十分发育。山顶海拔400～700米，相对高差120～300米。阶地发育不完整。宜耕土地很少，宜林荒山坡地较多。在凭祥市有浦门河流入板墩河。

流域地处北回归线以南，纬度较低，距北部湾较近，受海洋季风调节，属亚热带季风气候。多年平均气温22.1摄氏度，气候温和宜人。春季回暖快，空气潮湿；夏季气温高，天气炎热，雨量集中，伴随有热带气旋或冰雹等灾害性天气；秋季气候凉爽，雨量相对减少；冬季受冷空气影响，天气寒冷，空气干燥，多偏北风。流域多年平均年降水量1 366毫米，5—10月降水量占全年的83%。流域多年平均年径流量2.92亿立方米，多年平均流量9.26立方米每秒。板墩河水质为Ⅱ类。流域植被较好，水源林丰富。

流域多有春旱，汛期常有山洪发生，每年7—9月，当台风中心经过或影响流域的时候，往往酿成灾害性洪水。涨洪历时短，具有极大的破坏性。

流域内现有机电泵站2座，总装机容量37千瓦，控制有效灌溉面积10.67公顷。

纪　　实

板墩河发源于越南谅山省禄平县母山东南方500米处，向东北流，在越南流经禄平县魁海、那探、那恒、波绒村。地处边陲，山势险峻，自古以来为兵家必争之地。地处山区，盛产木材和竹类。农作物有花生、烟叶、大豆。矿产有锡、钨、铅。

板墩河在广西凭祥市上石镇进入中国，流经凭祥市上石镇北门、板号村，宁明县寨安乡板墩、板建村，沿途接纳支流浦门河（河长35.3千米，流域面积134.38平方千米），于板亮村东北方600米外汇入派连河。

公母山

中国和越南交界的友谊关是我国九大名关之一。关楼左侧是左弼山城墙，右侧是右辅山城墙，尤如巨蟒分联两山之麓，气势磅礴。友谊关位于广西凭祥市西南端，322国道终端穿过友谊关拱城门，与越南公路相接，是通往越南的重要陆路通道和国家一类口岸，距凭祥市区18千米。早在汉朝这里就已经设关，距今已有2 000多年的历史。最初叫雍鸡关，后改名界首关、大南关，明朝设镇南关。1953年1月，经当时的政务院批准，改称睦南关。1965年1月，经国务院批准，改名为友谊关。友谊关关楼在战争的炮火中曾两次被毁。1957年基本按原貌重建。整座关楼由底座和回廊式楼阁两部分组成，通高22米。底座建筑面积为365.7平方米，长23米，底宽15.9米，平均高度为10米。公路从隧道形单拱城门通过，拱门上方用汉白玉雕刻的"友谊关"三个刚劲有力的大字，是当年任国务院副总理兼外交部长的陈毅元帅题写的关名。

宁明县爱店口岸为国家二类口岸，是我国西南经济板块通往东南亚的陆路要道，目前是全国最大的中草药边贸市场。旅游资源丰富，旅游业开发潜力大。爱店镇内公母山高程1 358米，山奇水秀，景色宜人。

流域内还有古战场遗址、法卡山、金鸡山、白玉洞、地下长城、亚热带森林、金牛潭、葫芦潭、爱店起义纪念碑、白马坟等旅游景点。

8.1.61.21.3　岫阳河
（Yuyang River）

左江左岸支流，发源于广西壮族自治区龙州县金龙镇侵笔村，经百它地下河流向牌宗、崇德，到弄岗村流出地面，穿山洞到岫阳村左纳一支流，流向金龙镇敢赛村，到卫国村下游5千米处纳怀阳河，至龙州县响水镇响水旧街西南汇入左江。河长45千米，平均比降4‰，面积477平方千米，涉及龙州、大新2个县。

岫阳河流域地处溶岩地区，河流沿岸地势较低，河床多裸露石灰石原生基岩，河岸不高，相对稳定。干流河床浅，流急，比降大，属亚热带季风气候，雨量充沛，冬春微寒干旱，夏秋炎热多雨，干湿季分明，多年平均年降雨量1 449毫米，水资源总量2.72亿立方米。河中多有溶蚀严重的狗牙石和巨石阻水，岫阳河分合成网状汊流，大部分山间峡谷河段为明流，偶有石山阻拦，河水潜入溶洞，成地下暗河。水流不畅，雨季极易内涝，"大雨大灾，小雨小灾，五天无雨又旱灾"，旱涝交替，每年1—4月会断流。

经济以农业为主，主种双季水稻，兼种玉米、红薯、木薯、豆类和花生等，经济作物主要有甘蔗、果类等。有小型水库多座，控制面积45.6平方千米，总库容1 392万立方米，灌溉面积813公顷。

响水瀑布

响水旧街处岫阳河形成瀑布，从20米的悬崖上落下，水声轰鸣，响水镇由此得名。

8.1.61.21.4　黑水河
（Heishui River）

左江左岸支流，沿河两岸多翠峰，古木参天，碧绿的河水因两岸的山峰倒影呈黛色，与众河有别，故称黑水河。发源于广西壮族自治区百色市靖西县，从靖西县岳圩流入越南，在大新县德天村浦汤岛附近复入中国境内。

概　　述

地质地貌　流域大新县境内为石灰岩地区，地貌变化多，岩溶峰林非常发育，洞穴潜流体系复杂，注入的支流均有间歇河段和深潭。河流两岸石山峭壁，水面墨黑。黑水河在硕龙镇念底屯至那岸水电站河段，河道迂回曲折，河槽狭窄，由断裂层所形成的天然跌水多。雷平段礁石较多，丰水期形成很多激流，水花飘溅，两岸绿树相映，风景秀丽。

黑水河龙州段总的地势是由东北向西南倾斜，河槽呈U形或V形，比较平直，比降较小，河床稳定。河岸直接与两边山脚连接，山坡上有零星坡耕地。西面有起伏连绵的石山区，表土覆盖层多为灰黑色壤土，生长着次生林、灌木林和藤草植物。

流域在天等县内以四城岭为主，均属石灰岩山原丘陵区，沟壑纵横，夹有少许石山峰丛，大部分植被尚好。

流域在崇左市江州区内的地势北高南低，干流纵向穿行新和镇中间，东西两侧分水岭地势低，石质山区，部分地区被厚度不均的松散黄土层所覆盖，丘陵起伏，沟壑纵横，河谷高程在125米左右。

河流水系　黑水河地处左江上游，干流长197千米，流域面积6 025平方千米，其中越南境内505平方千米，中国广西境内5 520平方千米。流域涉及越南高平省重庆县，广西靖西县、德保县；崇左市天等县、大新县、龙州县及崇左市区。

流域面积100平方千米以上的支流有3条，即左岸的**下雷河**、**向水河**，右岸的**明仕河**。另有地下河26条，地下河补给面积2 159平方千米，流程371.3千米，枯季出口流量15.3立方米每秒。

气候水文　流域属南亚热带季风气候，多年平均气温21.3摄氏度，春季回暖快，夏季气温较高，天气炎热，秋季天气逐渐凉爽，冬季没有严寒，一年四季均适合植物生长。流域内多年平均年降水量1 330毫米，雨量主要集中在5—9月。流域多年平均年蒸发量790毫米。多年平均相对湿度为83%，年无霜期为340天以上，日照时间长。

黑水河干流现有那岸、新和两个国家基本水文站。新和水文站前身是屯峒水文站，设于1959年，位于崇左县新和镇屯峒村，距河口11千米，控制流域面积5 961平方千米，新和水文站距河口26千米，控制流域面积5 791平方千米，占黑水河流域面积的98%以上，实测最大流量3 710立方米每秒，发生于1968年8月10日，调查最大流量3 980立方米每秒，发生于1881年。多年平均年径流量47.29亿立方米。

经济社会　黑水河流域中国境内有人口24.9万人，耕地面积3.72万公顷。流域以农业生产为主，主要种植水稻、甘蔗、玉米、龙眼、八角、指天椒等。大新县境内盛产锰矿。

水旱灾害　1959—2004年的45年间，流域最高水位超过警戒水位的有17年。1881年8月17日，左江河水暴涨，黑水河段两岸淹至新和镇兰山村驮赖屯，洪痕处有石刻记有"自古历来皆几远，不幸遭光绪七年；水涨洪流至此处，村中

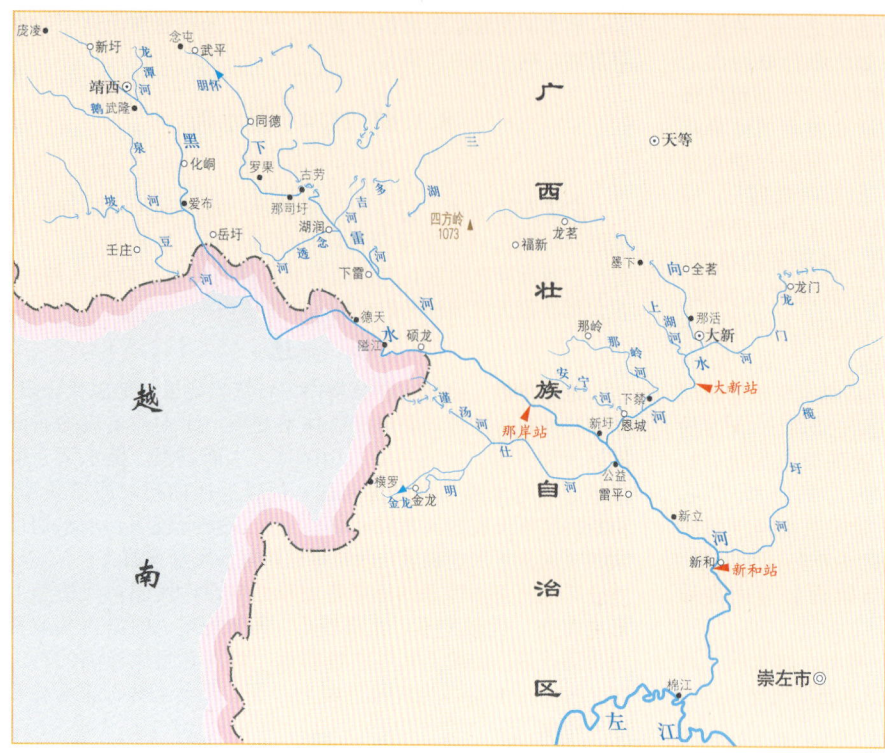

黑水河水系示意图

有较宽的肥沃农田。爱布村虔屯以西河段有连续三级跌水，形成景色壮丽的瀑布，十九渡桥以下约 7 千米河段，有连续急滩，浪花飞溅，鱼过亦难，故名难滩河，另一说"难滩"为当地壮语，"难"是悬崖，"滩"为分级，谓河中滩石陡峭，接连数级，故名。此外，还由于河道分流，形成 8 个四面环水的孤滩小岛，远近秀峰倒影，清波涟漪，景色迷人。沿途奇观横生飞渡跨越山涧，人行天桥横卧水面，多级瀑布重重叠叠，河面险象丛生，素有"小三峡"之称。

河流至德天村又折向东南流，为越中界河，改称归春河。这里是黑水河回归中国的地方，有一个很迷人的瀑布，那就是著名的跨国瀑布——德天瀑布。瀑布气势磅礴，三级跌落，水势激荡，声闻数里，蔚为壮观。瀑布随四季变化，姿色各异，无论春夏秋冬，瀑布常年碧水充沛，气势宏大。

德天瀑布距中越边境 53 号界碑约 50 米，距离大新县城 66 千米，离南宁市约 208 千米。主体瀑布宽 100 米，纵深 60 米，落差 70 米，与越南的板约瀑布连为一体，瀑布总宽 208 米，是东南亚最大的天然跨国瀑布，也是世界第二大跨国瀑布。

泛滥总相连。个个逃走居山岭，被雨淋漓不敢言。勒凿石中传后世，几多物失十五天，是夜赏月人何在，东逃西散隐悉眠"。

治理开发 黑水河干流靖西县境内建有爱屯及爱屯一级、二级、三级小型水电站，总装机容量 2 710 千瓦；在支流响水河上建有乔苗中型水库（位于大新县全茗乡），总库容 2 448 万立方米；金龙河上建有金龙中型水库（位于龙州县金龙乡），总库容 2 320 万立方米。

大新县于 1954 年扩建泗文水坝，扩大灌溉面积，还兴建跃进渠道、那岸水利渠道，建有中军潭、那岸、上利、哥盖、格强 5 座水电站。

天等县在流域内修建有 16 座水库，总库容 1 980 万立方米；建有 6 座总装机容量 1 425 千瓦的小水电站，还修有山塘、水坝等，灌溉农田面积 2 333.3 公顷。

崇左市江州区于 1958 年 8 月在那立屯河段建成那立水坝，引水流量为 4.8 立方米每秒，灌溉面积 413.3 公顷。

纪 实

黑水河发源于广西壮族自治区靖西县新圩乡庞凌村布头屯布头地下河出水口，向东南流，称庞凌河，至靖西县城（新靖镇）武隆村狮子山附近，龙潭河从左岸汇入，经化峒镇至爱布村十九渡桥右纳鹅泉河（河长 44.7 千米，流域面积 343 平方千米）后称难滩水（又名难滩河），向东南流，经岳圩镇大兴（头扎）村，至斗伦隘 74 号界牌流进越南。经越南高平省重庆县的同诺，至那姆转向东北流，在大新县德天村浦汤岛附近复入中国境内。黑水河洞穴潜流体系复杂，汇入的支流多有间歇河段和深潭。其干流在靖西县境内新靖镇以下沿河两岸为峰林谷地，

靖西鹅泉风光

靖西小三峡

德天大瀑布

在大新县雷平镇太平街西北 2 千米黑水河中有一水上石林，面积约 6 000 平方米，石高 5~6 米，水穿石透，透石成林，林石激水，水淹石根，比陆上石林又别有情趣。上游是中军潭电站，河岸有木棉和龙眼，景色秀丽。

归春河流域为喀斯特地貌，沿州五百里，处处可见奇峰夹峙层峦叠翠，河流蜿蜒，碧水悠悠。如此山环水绕美景迭起，不枉称为五百里山水画廊。

河流流至硕龙镇隘江（隘屯）村下游 2 千米处转向东流，至硕龙再东流 4 千米，下雷河从左岸汇入后称黑水河，向东南流，至雷平镇平安街下游约 3 千米，向水河从左岸汇入，至公益村明仕河从右岸汇入，于新立村康巴屯流入崇左市江州区境内，至新和镇上游 16 千米处榄圩河（河长 60 千米，流域面积 295 平方千米）从左岸汇入后，折向南及西南流，至龙州县响水乡棉江（板烈）村百念屯，江州区与龙州县交界处汇入左江。

黑水河水栖动物也比较丰富，河中产名贵鱼——沉香鱼。据《太平府志》（清雍正四年版）记载，江心有香木潭产殊味，甚香甚美，名为沉香鱼，他处鱼多不及。左岸支流下雷河靖西县湖润镇新灵村河段，有被誉为"人间仙境、边陲名胜"的通灵大峡谷。

8.1.61.21.4.1　下雷河
(Xialei River)

黑水河左岸支流，发源于广西壮族自治区靖西县武平乡武平街念屯西 1.2 千米处，干流长 78 千米，平均比降 9.39‰，流域面积 1 200 平方千米，流域范围涉及靖西、德保、天等、大新 4 个县。

流域面积超过 50 平方千米的支流有多吉河（又称湖润河）、妙怀河、三湖河、合龙河、念透河，多年平均年径流量 9.6 亿立方米。有念坝河、大帮河、峒巴河等 9 条地下河。

流域大部分为喀斯特地貌，上中游峰林谷地，石山树木矮小，石漠化严重；土山植被丰富，阔叶林多，水源涵养好。多红赤壤，耕地为灰沙泥土，土层薄。下游沿岸石山林立，山崖陡峭，岩体裸露，水土流失严重。

亚热带季风气候四季宜人，夏不炎热，冬不寒冷，无霜期长。中上游多年平均气温 19 摄氏度，下游 21 摄氏度。多年平均年降水量 1 555 毫米，降水量年内分配不均匀，集中在 5—9 月，占全年降水量的 76%，年际变化较大，多年平均年水面蒸发量 980~1 416 毫米。

靖西县河段称逻水，古称驮来溪，当地壮语"驮"是"河"的音译，又写作河来水。因"驮"与"逻"方言读音相同，清朝刻《归顺直隶州志·山川志》谓"驮来溪即河来水又即逻水"。东南流至同德乡边界入朋怀水库。靖西是壮族聚居大县，有"绣球之乡"美称，是大西南通往东南亚的重要陆路通道。境内群山林立，山清水秀，为水稻、玉米、甘蔗主要种植区。有锰、硫、铁、水晶、铝土等 17 种主要矿产，铝土矿品位高、埋藏浅，是广西探明的一个特大型铝土矿。至那零屯干流折向南流，在把贡山转向东南，于罗果村叫更竿处穿山而过，至湖润镇那司圩以西纳入南北二条支流，北支流古劳河在古劳屯西北潜入地下，三伏三出，是靖西县峡谷群生态旅游风景区。上游古龙山水源林自然保护区南端的通灵大峡谷以"雄、险、幽、奇、绝、美"著称，誉为"人间仙境""边陲名胜"，由念八峡、通灵峡、古劳峡、新灵峡、新桥峡组成，长 10 多千米，各峡由地下河连通，有瀑布群、洞中瀑布、地下河、峡谷溪流、洞穴奇观、古石垒、古悬葬等自然

人文景观。通灵峡长 1 000 米，宽 40~200 米，深 300 米，四周悬崖绝壁，古树参天，植物种类多达 2 000 余种，长有桫椤、观音莲子座蕨类植物和金丝李、枧木、润楠、桄榔树、火焰树等国家重点保护珍稀植物。南支流珠水汇口近处有三叠岭瀑布，高 100 米，宽 30 余米。夏秋水丰，崖前飞沫如烟如雾，飘至百米外，似银河倾泻，声震数里。《归顺直隶州志》记载："飞瀑喷沫，溅玉跳珠，如匹练横空"，有"星汉流珠落九天"之美誉。

靖西通灵大峡谷

下雷河流至湖润镇旧街附近左纳多吉河（河长 40.2 千米，流域面积 159.09 平方千米），在百雅屯南右纳念透河，入大新县下雷镇，于巴达村左纳源自天等县上映乡的三湖河（河长 44.8 千米，流域面积 212.31 平方千米），在硕龙镇念底村汇入黑水河。下雷镇锰矿资源丰富，储藏量和品位均居全国首位，有"锰都"之称，近年来锰产品加工企业增多，污染下游河段水质。

8.1.61.21.4.2　向水河
(Xiangshui River)

黑水河左岸支流，又名大新河、桃城河。发源于广西壮族自治区天等县福新乡四方岭东北 2 千米的坡洗屯，干流长 85 千米，平均比降 3.17‰，流域面积 1 134 平方千米，涉及天等、大新两县。

流域大部分为石灰岩地貌，岩溶峰林发育，洞穴潜流复杂，干支流多有间歇河段和深潭。天等县河段河道曲折，河面窄，坡陡，多处断层形成跌水，水浅流急。有支流 4 条，干支流总长 180.8 千米，河网密度 0.16 千米每平方千米。地下河 6 条，总流程 59.2 千米，补给面积 247 平方千米。

多年平均气温 21.3 摄氏度，多年平均年径流量 2.27 亿立方米，多年平均年降雨量 1 398 毫米，多年平均年蒸发量 878 毫米。

主要农作物有水稻、玉米、甘蔗、黄豆、八角、水果，大新龙眼肉质鲜美。工业以制糖、水泥、造纸、制砖、电力、食品、采矿、选矿为主。向水河在天等县境内流经福新、龙茗两个乡镇。福新乡山多地少，山林茂盛，有马尾松、杉木、蚬木；多野生动物，有果子狸、蛤蚧、穿山甲、金环蛇、银环蛇、蟒蛇。林副产品有辣椒、木耳、金银花、砂仁、甘草等，其中辣椒、八角、茴香油是经济支柱。

1950—2005 年的 56 年间共发生大洪水 6 次，平均 9 年一次，大小旱灾 100 多次。有中型水库 1 座，小型水库 8 座，总库

大新龙宫仙洞

容 3 985 万立方米，控制流域面积 69.07 平方千米，占流域的 6.1%。水电站 2 座、总装机容量 1 015 千瓦。有引、蓄、提灌溉工程 1 033 处，灌溉面积 15 700 公顷。

向水河源流经天等县龙茗镇，向东南流在墨下村流入大新县全茗镇那孔，经那柳、岩苗，在那活村流入桃城镇，至弄豆内屯左纳龙门河（河长 40.5 千米，流域面积 167.5 平方千米），转向西南，至外屯右岸纳上湖河，经扎屯、伏际，至下禁屯右纳那岭河，至恩城镇恩城圩右纳安宁河，至新圩村格强屯东南 500 米向水河汇入黑水河。大新县县城在桃城镇，城区面积 3.3 平方千米，人口 2.34 万人。县城下游 1 千米处有大新水文站，控制面积 867 平方千米，占流域的 76.5%。大新县河段主要旅游景点有明仕田园、龙宫洞、沙屯多级瀑布和恩城动植物自然保护区等。

8.1.61.21.4.3　明仕河
（Mingshi River）

黑水河右岸支流，古称烈水。发源于广西壮族自治区龙州县金龙镇横罗村东南方 500 米处，是地表、地下相间的河流。自金龙水库向北流分两支入大新县境内，两支合流过雷平镇公益村以北 500 米注入黑水河。明仕河干流长 48.4 千米，流域面积 592.1 平方千米，涉及龙州县、大新县及越南境内，主要支流为谨汤河。

流域属南亚热带季风气候，冬春微寒，夏季炎热，秋季凉爽，春夏秋冬气温变化不明显，雨量充沛，多年平均年降雨量 1 752.2 毫米，年雨量的 65% 集中在 6—9 月。蒸发量大，多年平均年蒸发量 1 347.8 毫米。多年平均年水资源总量 2.69 亿立方米。

流域常有春旱、夏涝、秋干、冬枯，土质渗透性强，旱涝灾害严重。溪流内的金龙镇共有耕地面积 3 074 公顷，1980 年受涝面积 351.5 公顷，1981 年受涝面积达到 739.3 公顷。农民收入靠稻谷、玉米、蔬菜和甘蔗。1949 年后在流域内修筑大坝、水渠、电灌站，1960 年建金龙中型水库，控制流域面积 50.6 平方千米，总库容 2 320 万立方米。总灌溉面积 0.3 万公顷。水能资源技术可开发 185 千瓦。流域附近没有大的厂矿企业。河水清澈见底，水质很好，风光旖旎。

明仕河龙州溪流段从发源地的金龙镇横罗村板罗屯开始，溪水由西北向东南方流入金龙水库（总库容 1 938 立方米），溪流穿行在东北和西北向的山峡谷之间，水浅流急，两岸耕地大部分是疏松并夹杂有石灰垢颗粒的石灰土，渗水性很强。东北和西南两侧分水岭为地势高峻的石灰岩山区，群山起伏，山峰林立，高程大部分在 600～735 米；从金龙水库出水口至

明仕河板池屯段

大新县交界处，地形由西向东倾斜，地势比较平缓，零星的山间小盆地和谷地，出落座座裸露型的独立孤山。以可溶碳酸盐岩类为主组成的峰丛谷地主要出没在大新县境内，地层为单斜构造，产状平缓，没有大的构造断裂通过，岩溶发育，地表、地下径流自西向东运动，于大新县堪圩乡婆仕村（明仕）东左纳谨汤河（河长 18.1 千米，流域面积 106 平方千米），在太平谷地排入黑水河。

位于龙州县金龙镇以北 5 千米处的板池屯被人们称为"美女村"，又名"长寿村"，村民因得益于优质山泉，容貌好，人长寿，八十岁高龄者比比皆是。该村四周平坦开阔，村落有序，村民风俗及语言有壮、傣族特点，善织绣、对歌，服饰为壮族的"长衫"居多，亦有露肚脐的"短衫"。1995 年该村已被辟为旅游点，游客不断。村前的一口泉水名叫玉泉，泉口下游有个自古天然形成的水池，池水清澈见底，冬暖夏凉。清末改名为"板池"。

8.1.61.21.5　左江水库
（Zuojiang Reservoir）

左江上游的大（2）型水库。坝址在广西壮族自治区崇左市宁明县辉村和江洲区哝江村之间，距崇左市城区 18 千米，距南宁市 138 千米。

概　述

左江水库以发电为主，兼顾灌溉、航运、水产养殖和旅游。控制流域面积 26 173 平方千米，库容 7.16 亿立方米，水面面积 34.49 平方千米，回水长 85.25 千米。工程于 1992 年 12 月动工兴建，因投资不足，1996 年后工程进度缓慢，2000 年工程基本完工。

枢纽工程由拦河坝、水电站厂房、水坡和开关站组成。大坝为混凝土重力坝，坝长 177 米，坝高 48.8 米。溢流坝段最大泄量 16 500 立方米每秒；左岸重力坝长 70 米，最大坝高 32.3 米。右岸框格填渣坝长 69.5 米，最大坝高 15.8 米，右岸接头土坝长 84.65 米，最大坝高 13.8 米。河床式厂房内安装 3 台轴流转浆式水轮发电机组，总装机容量 3×2.4 万千瓦，年发电量 3.14 亿千瓦时。水坡按 6 级航道设计，可通过 120 吨级船舶。

坝址处平均流量 565 立方米每秒，多年平均年径流量 178.3 亿立方米。建库后发展电力揭灌农田 18 133 公顷，改善左江干流辉村至龙州 82.5 千米、明江河口至宁明 50 千米河段的

左江水库

通航条件，为开发明江花山岩画至龙州和友谊关的边境旅游创造了条件，促进边境县（市）的经济发展。

属亚热带季风气候，季节分明，多年平均气温 22.3 摄氏度，多年平均年蒸发量 1 597 毫米，平均相对湿度 78%，最小为 11%。春季低温阴雨，雨日较多；夏季高温湿热，暴雨频繁集中；秋季降雨减少，气温适宜；冬季无严寒，雨量稀少，常年不见霜雪。多年平均年降水量 1 130～2 230 毫米，年内分布不均，集中在 5—9 月，约占全年的 74%，6—8 月降水量

占全年的 50%～60%。年际变化很大，最丰年和最枯年降水量之比值约为 3。锋面雨、台风、低涡天气产生暴雨引发洪水，锋面雨只造成一般性洪水，而 7—9 月台风雨强度大，易引发大洪水，是灾害的主要原因。左江大部分流域是石灰岩地区，岩溶发育，植被覆盖较好，河流含沙量较少。输沙量集中在 6—9 月，占全年的 86%，11 月至次年 3 月河水清澈。

纪　　实

库区包括左江干流上游、支流**明江**、**黑水河**下游河谷地区，属桂西山地与宁明盆地过渡地带，北西高南东低。左江自西南流向东北，河道婉蜒曲折。上游的水口、平而两河发源于越南，较大的支流有明江及黑水河。库区河道落差 20.6 米，比降 0.25‰，水资源较丰富。

库区西部峰丛、峰林洼地地貌，石灰岩地层，地下水丰富。左江是地下水最低的排泄基面。河流下切，河槽呈 U 形，河道比降大，小支流河口有跌水。凭祥——东门大断层南距库区 20～25 千米。

1885 年和 1893 年两次地震，震中在龙州和扶绥县中东乡，震级分别为 4.5 级和 5 级，距坝址 40 和 80 千米。1949 年后本区地震多，烈度低，最大的两次震中在扶绥县的东门和山圩乡，震级均为 3.2 级，距坝址 70 和 80 千米。水库蓄水不出河槽，诱发地震的可能很小。

库区北部及中部主要是碳酸盐类地层，地下水分水岭高出正常水位 3 米多，支流比降大，河间地块分水岭高。库区南部侏罗——白垩系地层，有火山岩分布，地下水位相当高。坝址火山岩地层跨河分布，两岸延伸 2.8～3 千米，为天然隔水屏障，水库的成库条件良好，无邻谷及顺谷渗漏。库岸岩石出露，稳定性好，7.6% 的库岸需作护岸，其中一半可用植物护岸。

水库移民 87 户，人口 509 人，耕地面积 190.9 公顷，淹没竹木果树 84 447 株。淹屋农户就地迁高本村安置，为充分利用库边剩余耕地，以荒地、石山、水面弥补耕地不足，造田造地发展农业；发展畜牧业、渔业、林业、小工业、工矿业等，解决生产生活。

库区左江花山风景区属国家级风景名胜区，有神秘的原始森林、世界罕见的崖壁画群、独具特色的民族山寨、秀丽的左江风光。河岸曲折，峭壁兀立，景色娟秀。

花山原始森林

花山原始森林早就辟为陇瑞自然保护区。古木参天，植物茂盛，尽显热带雨林风采。有桉木、金丝李、椎木、蜜花美登木和"茶族皇后"金花茶等珍贵树木 10 多种。有各种濒临绝迹的珍贵动物，国家一级保护动物白头叶猴有 400 多只，国家二级保护动物有黑叶猴、冠斑犀鸟，以及猕猴、大灵猫、麝、苏门羚、白鹇、原鸡等。

左江沿岸 200 多千米长的陡峭崖壁上，花山崖壁画群规模巨大。其中宁明花山壁面画画幅最大、图像最多、分布最密，绘制在宁明县明江东岸的花山悬崖峭壁上，画面宽约 150 米，高约 95 米，有各种图像 1 800 个。布局工整，繁而不乱，均衡对称，结构严谨，画像简单生动，古朴而原始。崖壁画始画于春秋，延至后汉，距今 1 800～4 000 年，是世界崖画中的珍宝。其主题、内容、颜料成分和绘制方法至今还是不解之谜，吸引了许多专家学者前来考察、研究，已被列为国家重点文物保护单位。

库区花山民族山寨由壮族土司官、侗王、苗王、瑶寨寨主等数幢百年古老木楼旧居组成，既有文物价值又有欣赏价值。

8.1.61.21.6　客兰河
（Kelan River）

左江右岸支流，又名邑兰河、响水河。发源于广西壮族自治区扶绥县柳桥镇呫诺山，干流长 58.7 千米，流域面积 810 平方千米。

客兰河流域南出四方岭，北至崇左丘陵。南高北低，河源高程 680 米，河口高程 100 米，河源在四方岭山区，流域范围大部分为丘陵地形，地势相对平缓。南亚热带季风气候，多年平均年降水量 1 200 毫米，年内分配不均，5—9 月降水量占全年的 74%。建有**客兰水库**（大型）1 座，那加、派关、百叮等中小型水库和濑淄水轮泵站，灌溉面积 0.3 万公顷。主要经济作物有水稻、甘蔗、龙眼、西瓜等。

客兰河河源段植被丰富，溪水潺潺，清澈透明，山林环抱，景色宜人。出源头不足 3 千米处有那加水库，库水清澈明净，犹如巨型水柜。河出那加水库，至邑留村东北纳巴留河，下游 5 千米左右入客兰水库。过客兰水库大坝，下行 14 千米纳最大支流响水河。响水河河长 42 千米，流域面积 273 平方千米，上游建有**派关水库**。纳响水河后继续北行 6 千米，入渠旧镇新邑村，在村西北 2 千米处汇入左江。汇口有一石崖悬水如瀑布，响声不息，得别名"响水河"。

扶绥县壮族占总人口的 82%，"草经冬而不萎，花非春也常开"，风光秀丽。栖息着白头叶猴、黑叶猴等国家一级保护动物，有煤、铁、铅锌、重晶石等矿产资源。环境幽雅，名胜古迹神奇，岩洞、奇山、奇水、名泉风景独特。明代徐霞客曾经此畅游左江，有"三误三返"游历，写下了《粤西游日记》。

8.1.61.21.6.1　客兰水库
（Kelan Reservoir）

客兰河中游的大（2）型水库。坝址位于广西壮族自治区崇左市扶绥县东罗镇客兰村邑香屯东南 1 千米处，库区跨扶绥县和崇左市江州区，东部为扶绥县，西部为江州区，东北距扶绥县城 45 千米，北距湘桂铁路 20 千米，西距崇左市 40 千米。

水库有年调节功能，以灌溉为主，兼顾防洪、发电、城镇供水、养殖。控制流域面积 351 平方千米，多年平均径流量 2.34 亿立方米，库容 3.23 亿立方米，水面面积 1 340 万平方米，回水长 7 千米。工程于 1958 年动工兴建，1959 年竣工蓄水。1977—1991 年加固改造。

枢纽工程由大坝、溢洪道、输水隧洞和水电站 4 部分组成，大坝为均质土坝，主坝顶长 165 米，最大坝高 32.7 米，坝顶宽 6 米，坝顶筑有高 1 米的防浪墙。溢洪道为开敞式宽顶堰，最大泄量 1 003 立方米每秒，输水隧洞最大泄量 20 立方米每秒，设计水电站装机容量 630 千瓦，暂未发电。

客兰水库

派关水库

客兰水库削减洪峰减少洪水对下游的威胁，保护了下游湘桂铁路及两个乡镇的 7 500 人。灌溉 1 400 公顷，供应下游及附近约 4.5 万人的人畜饮水和生活用水，年灌溉供水量 3 000 万立方米，生活用水供水量 250 万立方米。

库区四周低山丘陵地形，出露地层有石炭系碳酸盐类岩系，白云岩、硅质岩，二叠系碳酸盐系砂岩、泥岩、煤系，三叠系砂岩、泥岩。冲沟较发育，岸坡较缓，残坡积黏土和粉质黏土为主。

属亚热带气候，太阳辐射较强，年日照 11 700 多小时，多年平均气温超过 20 摄氏度，多年平均相对湿度 80%，高温潮湿，夏季炎热多雨，多年平均年降雨量 1 150 毫米，年内分配极不均匀，5—9 月雨量占全年的 70% 以上。

经济以农业为主，粮食作物主要有水稻、玉米、大豆、木薯，经济作物主要有甘蔗、剑麻、水果、经济林木等。超过 80% 的农田种植甘蔗，是库区农业的支柱。

丘陵地貌，由南向北倾斜，山丘灌木丛生，杂草茂密，植被覆盖较好，有岩溶发育，已发现两条地下河流入水库。

水库淹没耕地面积 940 公顷，搬迁人口 3 641 人，20 世纪 80 年代后，国家在移民区建库灌工程，解决移民水电、道路交通，提高移民粮差补贴标准，发展库区水产养殖，增加经济收入。

上游多山，森林植被保护较好，库区周边以农业生产为主，无工业废水污染，水源水质良好。库区环境优美，水面宽广，河汊纵横，正中间有一小岛，岛上四季林木葱郁，风光旖旎，库区东部有古延陵国遗迹。库区水深适宜，饵料充足，银鱼是水库名产，年产 30 吨。

8.1.61.21.6.2　派关水库
（Paiguan Reservoir）

客兰河支流响水河上中型水库，坝址位于广西壮族自治区崇左市江州区板利乡板利村，距崇左市城区 44 千米。

水库位于广西西南部，东部靠近扶绥县柳桥镇上屯村南庆屯，南部与江州区板利乡那陶村交界，西、北部与江州区板利乡屯靠市库区和卜城村、板利社区的土地相连。

水库有年调节功能，以灌溉为主，兼顾防洪、乡镇供水和养殖。控制流域面积 43.25 平方千米，库容 2 893 万立方米，水面面积 4.19 平方千米，回水长 10.25 千米。工程于 1958 年动工兴建，1960、1963 年两次续建，2005 年起除险加固。

枢纽工程由大坝、溢洪道、输水管 3 部分组成，大坝为均质土坝，主坝顶长 243 米，最大坝高 27.9 米，坝顶宽 4.5 米。副坝 2 座，第一副坝长 68 米，第二副坝长 155 米，最大坝高 8.4 米。溢洪道为开敞式实用堰，最大泄洪量 187 立方米每秒，输水管最大泄流量 6 立方米每秒。

水库为江州区和扶绥县 3 个乡镇 10 个行政村的 1 300 公顷耕地提供灌溉水源，受益 2.33 万人。平均年供水量 517 万立方米，其中灌溉水量 486 万立方米，生活用水量 31 万立方米。拦蓄上游洪水，保护下游 0.64 万人口和 733 公顷耕地。可养鱼水面 165 公顷，最高单产每公顷 172.5 千克。

水库东部崇左、扶绥交界处多岩溶峰林山地，枢纽区砂泥岩及火山岩低丘谷地地貌。库区周边低丘平缓，馒头山形，谷沟切割浅，植被较好，地表水系不发育，水土流失少。热带气候，阳光充足，辐射强，多年平均年降水量 1 243.0 毫米，降水集中在 4—9 月。多年平均气温 22.3 摄氏度，多年平均相对湿度 78%。夏季炎热多雨，月降水量超过 110 毫米，最大日降水量 215.5 毫米，冬季温暖少雨，常有春旱。

库区淹没耕地面积 435 公顷、房屋 1.49 万平方米，移民搬迁 181 户 960 人。移民区农户耕地较少，种甘蔗为主，无其他经济收入，人均年纯收入仅 1 100 元，经济发展缓慢。为改善移民生产、生活，国家投资建设水电交通、校舍，为移民补助房屋维修费，给予粮价补贴。

8.1.61.21.7　驮卢河
（Tuolu River）

左江左岸支流，发源于广西壮族自治区崇左市大新县昌明乡小明山南麓念增屯东北 1 千米处，干流长 73 千米，平均比降 2.27‰，流域面积 822 平方千米。涉及崇左市的江州区和大新县。

流域地势西北高、东南低，西北部崇山峻岭，大明山南麓大山连绵，东南部为左江谷地，地势低而平坦。有支流 6 条。有渌溜、大村 2 条地下河，地下河补给面积 218 平方千米。

多年平均气温 21.8 摄氏度，多年平均年降水量 1 167.9 毫米，多年平均年水资源总量 3.29 亿立方米。流域上游大新县有小电灌站 1 座，装机容量 17 千瓦，灌溉面积 10 公顷；下游江州区有河大、派农等 5 座小型水库及横龙、左江农场、驮卢 3 座水电站，总装机容量 1.9 兆瓦，灌溉面积 1 400 公顷。流域经济以农业为主，主要农作物有水稻、玉米，经济作物有甘蔗、八角、苦丁茶。

源流向南流经江州区那龙镇王沙、那光村，右纳那练河（河长 12 千米，流域面积 104 平方千米），至左州镇龙合村折向东南，流经左州镇驻地，折转东北，流至那隆镇那怀屯东南，左岸纳那马河，至驮卢镇农里村红宁西，左纳那印江，至那隆镇廷内村琴吞屯南，左纳何大河（河长 22 千米，流域面积104平方千米）后折回东南流，至驮卢镇农里村东左岸纳伏廖河，在驮卢镇驮卢小学旁汇入左江。

源地大新县昌明乡壮族聚居，两岸平畴沃野，蔗林郁郁，禾苗青青，秀竹房舍交相掩映，群峰耸立，山回水转，呈现出壮乡特有的山水和田园风光。上游森林覆盖，林木资源丰富，河流弯曲，峭壁林立，竹树葱茏，青峰绿树倒映水中，景色隽秀有"船行山影动，人在画图中"之说。中游左州镇曾设旧左县府，"前狮子，后麒麟；左金山，右玉井"，农历二月十九日金山庙年年抢花炮、舞狮、舞龙、舞麒麟和山歌会，一年一度的金山传统抢花炮节，名传千里。下游驮卢镇是桂西南商贸重镇，徐霞客称为"水绕山开，百家之市"，似"小南宁"。

驮卢镇

8.1.61.21.8 汪庄河
（Wangzhuang River）

左江右岸支流，又名渠荣河，发源于广西壮族自治区扶绥县柳桥镇，在新宁镇流入左江，干流河长110.2千米，平均比降0.57‰，流域面积1 226平方千米，涉及扶绥、上思、邕宁等3个县。

概　述

流域地貌以中丘、低丘、台地为主，有红壤土、赤红壤土、紫色土、石灰岩土、冲积土、沼泽土等土壤。水系非对称发育，较大4条支流银河、那江河、那巴河、岜盆河都在右岸，左岸支流较少。地下河有岜白河、布练河、大榄河、笃帮河4条。

流域地处北回归线以南，亚热带季风气候温和，光照充足，干旱少雨。年日照1 600小时，多年平均气温21.1～23.1摄氏度，多年平均年降水量超过1 200毫米。降雨分布不匀，6—8月降水量占全年50%，多年平均年径流量5.03亿立方米。

夏长冬短，作物一年三熟，林木四季生长，有"绿色宝库"之称。主要农作物有水稻、玉米、甘蔗、花生、黄（黑）豆、木薯、西瓜、黄麻，最多是甘蔗。矿藏有煤、铅、锌、铁、锰、石灰石、高岭土等20多种，其中煤、石灰石储量大。

流域内水旱灾害频繁。1959—2002年的43年中，涝灾20次，最多的1974年出现3次。洪涝多在6—8月，旱灾主要在春、秋季。1950—2002年的52年中，发生旱灾的有34年。1988年汪庄河因干旱断流，9座小水库全部放空，农作物受旱严重，人畜饮水困难。

沿河多小型引水坝和竹筒提水车，1950年前，有堆石坝35座，竹筒提水车39架，引水工程14座，灌溉面积480公顷。1950年后，灌溉面积达5 640公顷。流域内建成中型水库1座、小型水库9座，总控制面积222平方千米，总库容6 110万立方米；引水工程2座，引水流量5.2立方米每秒。

纪　实

汪庄河发源于扶绥县柳桥镇渠良村，源流向东北，在东门镇伯党村西南2.5千米处右纳银河，在伯党东北3千米处右纳那江河，转北流，在渠荣村以东1千米处右纳那巴河（河长35千米，流域面积201平方千米），转西北流。

东门镇有林场，地跨扶绥、崇左两县，面积2万公顷，有林地1.4万公顷，主要种植桉树

岜仙岩

和松树，森林覆盖率54.5%。东门镇西侧约4.5千米有东门岜仙岩景区，始建于清康熙癸丑年（1673年）。岜仙洞在石山山腰，主洞深40余米，宽8米余，清朝时山脚起砌百余级台阶至洞口，造六角亭，洞中设佛像神位。仙银山银河洞景区在岜仙岩后山，有东南西北四宫，全长1 000多米，洞内林立钟乳石，灯光映照，银光闪闪。

汪庄河出东门镇渠荣村，在岜白村以东转北流，姑豆村东3千米右纳最大的支流岜盆河（河长36千米，流域面积294平方千米），东北流至弄洞村。河段内著名的剑麻工业园为全国最大，种植和加工山圩剑麻。山圩镇那派盆地渌榜屯东南500米处是"恐龙之乡"，两次出土的世界最大、最完整的蜥脚类恐龙化石，距今有1.3亿年的历史，"一窝三龙"为世界少有。

岜盆乡有甘蔗、瓜菜、剑麻、速生林、畜牧水产五大农业生产基地。有著名的岜莱山崖画，旅游景点多，民族风情浓郁。当代作家有诗曰："谁说扶绥无风景，江山独秀夺天工，岩画争辉羞日月，喜看今朝花更浓"。

扶绥县中东部岜盆乡弄廪村九重山世界珍稀动物家园，距扶绥县城20千米，重点保护面积90平方千米。群山绵延、奇峰林立、岩洞群布、林木葱茏，沟壑交错，溪流潺潺，冬无严寒，夏无酷暑，原始灌木林保存良好，森林覆盖率极高，有"一江千山""九幽十频""天然迷宫"之誉。栖息着国家一级重点珍稀保护动物野生白头叶猴、黑头叶猴53群，其中白头叶猴40群370只，二级重点保护猕猴1 350只。

汪庄河至岜盆乡弄洞村折向北流，经渠黎镇汪庄村，在新宁镇充禾村以西500米处汇入左江。

8.1.61.21.9 双侠河
（Shuangxia River）

左江左岸支流，又名百夹河、罗阳河、瓮江。干流长54千米，流域面积435平方千米，涉及扶绥县、崇左市江州区及南宁市郊区。

双侠河发源于广西壮族自治区扶绥县中东镇吉台村，东南流在那造村流入新安水库。出水库经新隆、弄楼、佐偎等村屯，至双甲村右纳漤淋河，转东南流，至弄状村右纳岜锡

新安水库

河（河长35千米，流域面积165平方千米），转东南流，至龙头乡芭柳村东南从左岸汇入左江。

双侠河流域喀斯特地貌，地势西北高，东南低。西部分水岭为西大明山脉（主峰高程为1 071米），多石灰岩地层，峰林发育。北部高丘区，高程250～750米。多年平均气温22.1摄氏度，年均日照1 693小时，多年平均年降水量1 284.5毫米，是广西两个少雨区之一，多年平均年地表水资源总量1.74亿立方米。有中型新安水库1座，小型水库2座，总库容2 280万立方米，灌溉面积1 995公顷。

主要农作物有水稻、玉米、木薯等，经济作物有甘蔗、龙眼、西瓜、黑皮冬瓜。

8.1.61.22　天雹水库
（Tianbao Reservoir）

郁江支流三瀑江上的中型水库，坝址位于广西壮族自治区南宁市西乡塘区心圩镇，距南宁市城区中心10千米。

天雹水库有年调节功能，用于防洪、灌溉，兼顾城镇供水、旅游和养殖。控制流域面积33.2平方千米，库容1 684万立方米，水面面积0.98平方千米。工程于1959年动工兴建，1960年竣工蓄水。1965年、1976年、1981年曾三次进行除险加固，增强了水库的防洪能力。

天雹水库

枢纽工程由主坝、东副坝、西副坝、溢洪道、放水涵管5部分组成。主坝为均质土坝，坝顶长190米，坝高32米，坝顶宽5米，东副坝为均质土坝，坝长40米，坝顶宽4米，最大坝高16米。西副坝为均质土坝，坝长70米，坝顶宽4米，最大坝高17米。溢洪道为开敞式侧流堰，最大泄流量1 300立方米每秒。主坝、东西副坝内分别设有放水涵管，最大引水量分别为1.2立方米每秒、0.4立方米每秒、0.6立方米每秒。

经水库调节，削减洪峰90%，减缓了洪水对南宁市城区及相思湖、邕江防洪堤等地的安全威胁，灌溉农田1 233.3公顷。年均供水1 000万立方米。

天雹水库主坝建在可利江上游三瀑江入南宁盆地处，坝肩山头高程150米左右，谷坡30～50度，谷宽150～200米，呈开阔U形。库区低山丘陵，砂页岩区杂草丛生，树木较茂密，种植有松树、桐油树、速生桉等。东、西、北三面群山峻岭，南邻南宁市高新区和相思湖开发区。

三瀑江原名吞雹江、三北江，发源于武鸣伊岭，流经甘圩、马定、塘历、那添、天雹诸岭，小溪聚成长流水，过水库称可利江，泻入邕江。流域亚热带气候温和，雨量充沛。多年平均气温21.6摄氏度，多年平均年降雨量1 298.8毫米。

天雹水库流域呈弯月形，两头小，中间大。多年平均流量0.52立方米每秒，多年平均年径流量1 640万立方米。

灌区主要种植有水稻、蔬菜，有广西民族大学、广西农业学校、广西经济干部管理学院。

随着南宁市社会经济的发展，风景优美的天雹水库成南宁市周边的旅游风景区，2004年获第四批国家水利风景区称号，主要景点有桃花涧、桂花园、蓬莱岛、太公湖、情人岛、飞索渡。

8.1.61.23　良凤江
（Liangfeng River）

郁江右岸支流，又称如和水、乌水江、那利江。河长71千米，流域面积505平方千米，涉及邕宁县和南宁市区。

良凤江发源于南宁市江南区苏圩镇慕村六村屯以西1 300米处，至镇宁村右纳那海河，经吴圩镇永红村，至平洞村左纳康宁河，在那洪镇永新化工厂汇入郁江。

流域地势西南高、东北低，多丘陵盆地，分水岭于九头岭、坛众岭、尖峰岭、架子岭、绿葛岭、墓关岭、小鹰岭、蕾动岭、雷劈岭一带。多年平均气温21.6摄氏度，多年平均降水量1 223.7毫米，多年平均年水资源总量1.92亿立方米。有康宁、六思、天堂等20座小型水库，有良凤江水利工程，灌溉面积800公顷。种植水稻、玉米、豆类为主，经济作物有各种蔬菜、水果等。

下游有良凤江森林公园，距南宁市区7千米，面积4 667公顷，园中有亚热带树种122科1 294种，其中属国家保护植物的85种，有的树种已濒临

良凤江森林公园菩提树

灭绝。公园腹部有良凤江水库，是森林公园的主要水景之一。公园内山环水绕，林木繁茂，芳草茵茵，鸟语花香，空气负离子含量高，建有华南最大的金花茶种质资源基因库，园内菩提山庄，一株菩提树阴阳合一。

8.1.61.24　八尺江
（Bachi River）

郁江右岸支流，又名木棉江、红江、莲江。沿江水深在竹竿的第八节左右，定"八尺"而得名。干流长141千米，流域面积2 298平方千米，发源于广西壮族自治区上思县，在邕宁县蒲庙镇汇入郁江。流域涉及上思、扶绥、钦州、南宁4个县（市）。

概　　述

流域地处南宁盆地东南部，地势南北高，中部低，自西向东倾斜，山地、丘陵、平原3种地貌。干支流总长536.7千米。有大小支流13条，以**那岳河**为最大。有布表、清水泉2条地下河，地下河补给面积293平方千米，枯季出口流量2.15立方米每秒。

属亚热带季风气候，夏长冬暖，干湿分明，日照强，霜期短，罕见冰雪。多年平均气温21.8摄氏度，最高气温38.8摄氏度，最低气温-1.6摄氏度，多年平均蒸发量1 185毫米。多年平均年降水量1 400毫米。年内分配不匀，集中在4—9月，约占全年雨量的80%，多年平均年径流量27.6亿立方

米。有**凤亭河水库**、**屯六水库**、**大王滩水库**3座大型水库和英雄水库1座小型水库，总库容14.12亿立方米。

上游段水质较好，为Ⅲ类水质标准，而中游段大王滩水库至蒲庙出口段属Ⅳ类水质，主要超标污染物为化学耗氧量、氨氮、磷溶解氧、粪大肠菌群、五日生化需氧量。

纪　　实

八尺江发源于广西壮族自治区上思县那琴乡那布屯，那琴乡壮族聚居，是上思县最大的粮食生产和畜牧、家禽养殖基地，龙楼奶牛养殖场规模属广西最大。上游称凤亭河，源流向南流，至龙楼转向东北流，穿过凤亭河水库，经班依、上来村，至大塘镇那农村公安屯右纳公安河（河长42千米，流域面积233平方千米），公安河上有屯六水库；折向西北流，于那陈镇文林村左纳那元河（河长52千米，流域面积301平方千米）后流入大王滩水库。大王滩水库工程恢宏，山湖秀丽，是国家级水利风景区。出水库经那僚、共和、那马等地，于那岳村附近右纳那岳河转北流，穿越蒲庙城区在和合村上屯旁汇入郁江。大王滩水库下游，河道弯曲迂回，水流缓慢，水面渐宽，枯水期水面宽80~120米。梁村下游河段，由于滥采河砂，深切河床，致使郁江水倒灌，枯水期水潭绵延20千米，水深10多米。八尺江上曾经船只穿梭，商贸繁荣。右岸新新村附近，1997年4月发掘的晚新石器时代古人类遗址"蛳山遗址"，距今已有5 000年。

八尺江上凤凰湖

八尺江流经的邕宁县那陈、那马等乡镇适宜农、林、牧、渔业生产，四季盛产芭蕉、酸梅、李子、柠檬、甘蔗、西瓜。有那马绿都温泉度假山庄、竹泉岛文化村、龙泉湾山庄、凤凰绿都生态农业观光园等旅游点。

八尺江经梁村进入蒲庙城区，将城区分为东西两块。蒲庙2004年前曾是邕宁县府所在地，开圩276年，和平街、胜利街等旧式骑楼仍完好无损。镇中心银峰岭东山下五圣宫，始建于清乾隆八年（1743年），是广西五大名庙之一。

五圣宫内殿

8.1.61.24.1　屯六水库
（Tunliu Reservoir）

八尺江上游的大（2）型水库。库区大部分在南宁市大塘镇、钦州市钦北区贵台镇，少部分在南宁市良庆区南晓镇。

屯六水库有多年调节功能，以灌溉、防洪为主，兼顾发电、供水和养鱼。流域面积98.5平方千米，水库长17.05千

屯六水库

米，水面面积19.12平方千米，库容2.26亿立方米。工程于1958年动工兴建，1960年竣工蓄水，1993年主坝除险加固。

枢纽工程由大坝、溢洪道、输水隧洞（闸）、水电站4部分组成。主坝（培茶坝）为塑性混凝土心墙坝，坝长170米，最大坝高35.85米，坝顶宽5米，主要副坝有5座，总坝长680米。其他副坝有10座，总坝长569.50米；溢洪道最大泄量133.38立方米每秒；输水隧洞最大泄量20.6立方米每秒，洞后接南晓电站引水渠和大塘灌溉渠。渠道末端有一个水电站，装机容量1 250千瓦，另一水电站装机容量2×500千瓦和3×320千瓦，两电站年发电量1 365万千瓦时。

水库与**凤亭河水库**联合运用，凤亭河水通过联通隧洞入屯六水库，向灌区供水，减缓下游防洪压力。还有乡镇供水、渔业等综合经营作用。

水库四面环山，周边山岭坡度平缓，树木杂草茂密，植被条件好。屯六水库由那汤、培茶、横渠、横斗、百步、汶扁、高吉七个小水库连接而成。流域人口密度小，均从事农作，土地利用率低，许多平缓土丘尚未开垦，只在河谷平丘及自流灌溉水源处种植农作物，以水稻为主，玉米、花生、红薯、甘蔗次之，水源不足，常有旱灾。

属亚热带气候温和，常受台风和高空低压的影响，雨量充沛，多年平均年降水量1 370毫米，5—9月占全年的67%，暴雨主要受台风的影响，集中于7—9月，多年平均年径流量0.72亿立方米。

建库后淹没333公顷耕地，迁移居民1 052人。通过修公路，营造水保林，解决移民人畜饮水，保障移民生产和生活。

水库四周群山环抱，库区有108个岛屿，形成山水相映、岛屿棋布、峡谷幽长、青山绿水、环境优美的"千岛之湖"。建库时库区人烟稀少，原始森林茂密，建库后库区内一度出现乱砍滥伐、毁林开荒现象，水土流失严重。1987年后，国家年年营造水源林，提高植被覆盖率，水土流失情况得到有效控制。

8.1.61.24.2　凤亭河水库
（Fengtinghe Reservoir）

八尺江支流凤亭河上的大（2）型水库。主坝在广西壮族自治区南宁市良庆区大塘镇，距南宁市城区75千米，四座副坝在防城港市上思县公正乡。水库长18.5千米，大部分在防城港市上思县公正乡、那琴乡，部分在南宁市良庆区大塘镇、那陈乡。

水库有多年调节功能，灌溉、防洪为主，兼顾发电、供水和养鱼。控制流域面积176平方千米，水面面积23.23平方千米，库容5.072亿立方米。工程于1958年动工兴建，1960年竣工蓄水，1999年除险加固主坝。

凤亭河水库

枢纽工程由大坝、溢洪道、输水隧洞、水电站4部分组成，主坝为塑性混凝土心墙坝，坝长184.0米，最大坝高53.82，坝顶宽度7.5米。副坝有4座，总长367.4米。溢洪道最大泄量243立方米每秒，输水隧洞最大泄量49立方米每秒。水电站装机容量500千瓦。凤亭河水库至**屯六水库**连通渠的跌水有装机容量200千瓦小水电站，两电站年发电量439万千瓦时。现新建一条长1 385.41米的输水隧洞，将替代原输水隧洞及连通渠。隧洞出口新建电站装机容量2×1 250千瓦，年发电量617万千瓦时。

凤亭河水库放水调节补充屯六水库，灌溉南宁市良庆区大塘、南晓灌区及钦州市钦北灌区，灌溉面积0.8万公顷。减缓下游南宁城区、**大王滩水库**的防洪压力，保护下游乡镇、重要工矿企业、南防铁路、南北高速及南北二级公路，并有渔业等综合经营。

库区地处十万大山余脉东南山麓，四面环山，西南向东北倾斜，周边山岭高厚，坡度平缓，树木杂草茂密，植被好。库区属亚热带，气候温和，常受台风和高空低压影响，雨量充沛，多年平均年来水量1.29亿立方米，多年平均年降水量1 278毫米，集中在5—9月，占全年的75%左右，暴雨集中于7—9月，主要受台风的影响。

水库淹没733公顷耕地面积，迁移村民1 407人。国家修建公路，营造水保林，解决移民的人畜饮水，保障移民的生产和生活。

建库时，凤亭河水库上游流域人烟稀少，库区植被为茂密的原始森林。建库后水上交通便利，库区乱砍滥伐、毁林开荒现象泛滥，以致水土流失严重，生态环境逐步恶化。1987年起，国家年年投入资金营造库区水源林，提高植被覆盖率，控制水土流失。近年来国家推行封山育林、退耕还林政策，以经济和生态效益，防治与开发相结合，群众收入明显提高。

水库是南宁市备用水源，水质常年达国家Ⅱ类标准，能提供优质的生活和工商业用水。

8.1.61.24.3 大王滩水库
（Dawangtan Reservoir）

八尺江中游的大（2）型水库，库区横跨广西壮族自治区南宁市良庆区、江南区，坝址位于良庆区那马镇，距南宁市28千米。上游有**凤亭河水库**、**屯六水库**两座大（2）型水库。

水库有年调节功能，用于防洪、灌溉和发电、养殖、供水、旅游，是南宁市方圆50千米内最大的人工湖。水库控制流域面积907.5平方千米，库容6.38亿立方米，水面面积38平方千米。工程于1958年动工兴建，1960年投入运行，1964年竣工，1965—1966年、1984—1999年、2000—2005年三次加固改建。

水库枢纽工程有大坝、溢洪道、输水管（隧洞）和水电站，大坝有主坝1座，副坝10座，全为均质土坝。其中主坝长670米，坝顶宽8.0米，最大坝高38.3米；副坝总长1 151米，最大坝高19.3米，最大坝长230米，坝顶宽均为6米。溢洪道最大泄量2 690立方米每秒，2条输水管最大分别泄量31立方米每秒及9立方米每秒，输水隧洞最大泄量17.2立方米每秒，3座水电站总装机5.1兆瓦，年发电量944万千瓦时。

洪水经大王滩水库调蓄，减轻了对包括南宁市在内的下游威胁。灌溉面积1万公顷，年供水0.8亿立方米用于农业生产，满足工业及周边人畜饮水，保障驻军用水。水力发电，开发旅游业、水产养殖，增加收入，保障库区航道畅通，是南宁市重要的备用水源。

八尺江可通舟楫，凤凰岭和猫头山间峡谷、险滩水流湍急，是古时过往船只的鬼门关，为祈求行船平安和风调雨顺，

大王滩水库

江边建有大王庙，峡谷得名大王滩。水库在凤凰岭下，亦称凤凰湖。

库区地貌以低山丘陵为主，成土母质以沉积岩为主，多砂壤土，弱酸性，部分为砂质土，黏性小，疏松。

属亚热带季风气候温暖，阳光充足，雨量充沛。多年平均气温21.8摄氏度，多年平均年降水量1 232.2毫米，集中在5—9月，占全年降水量的72.5%，多台风雨。多年平均年径流量5.42亿立方米，多年平均年蒸发量1 000毫米。多东南风，最大风速14～20米每秒，最大风力10级。年平均日照1 687小时，相对湿度79%，无霜期332天。

库区涉及江南区吴圩、那陈两个乡镇及良庆区那马镇的一些村屯，水库蓄水淹没耕地面积2 000公顷，需迁移4 706人，已迁4 409人。库区涉及66个村屯，居民2万，主要从事农业。政府重视库区生产和生活，发动群众利用荒山、荒地种果种树，主要农产品有稻米、龙眼、荔枝、柑橙、三华李。植被以亚热带常绿、阔叶混交林为主，主要有桉树、相思树、苦楝树、桃金娘、湿地松和杉树，植被覆盖率43.68%。因水库上游过度开垦，森林和地表植被覆盖率逐年下降，水土流失，水库淤积，库容减少。受水面养殖和污水排放影响，水库水质曾一度恶化。经整治，水质现已达国家地表水饮用标准Ⅲ类。

大王滩风景区堪称南宁市后花园，独特的水利风景和宜人的气候吸引不少游客。猫头岭、凤凰岭气势磅礴，清风岛风景旖旎，明月岛和鸳鸯岛似水中珍珠。1982年起水库开辟为南宁市旅游景区，是广西优秀旅游风景点和全国水利旅游风景区，大王滩水库是明阳工业区供水水源地。

8.1.61.24.4　那岳河
(Nayue River)

八尺江右岸支流。发源于广西壮族自治区邕宁县南晓镇团甘村那美屯，干流长55.55千米，平均比降0.91‰，流域面积793平方千米。

流域西邻**大王滩水库**，西南靠近**凤亭河水库**和**屯六水库**，平均宽度14.2千米。多年平均年降水量1 300毫米，水资源总量3.98亿立方米。

源流经大塘乡铜圩屯、巴里、华灵、桥头等村屯，在那翁屯纳新连河（河长28千米，流域面积127平方千米），经新江镇那蛇村转北流，在那威村纳那咸河，在老虎岭附近纳新江河（河长50千米，流域面积226平方千米），经那犁村到那岳河村西南纳思灵江（河长40千米，流域面积120平方千米），在那马镇新丁村东南400米处汇入八尺江。

流域主要农作物有水稻、菠萝、甘蔗、蔬菜、西瓜、木薯、红龙果，林产品有速生桉、竹、甜竹笋，养殖有奶水牛、罗非鱼。

1968年、1971年、1985年、1994年、2001年，那岳河曾发生过较大水灾。有英雄水库（中型），控制流域面积25.03平方千米，总库容2 752万立方米，灌溉面积173公顷，有小型水库8座。

8.1.61.25　沙江
(Shajiang River)

郁江左岸支流，又名八塘江、大冲江。发源于广西壮族自治区兴宁区昆仑镇那周村古桐屯西北方1.5千米处，干流长59千米，平均比降2.53‰，流域面积762平方千米，涉及宾阳、武鸣两县及南宁市郊区。

流域东部以高鹤岭、军山、银珠岭、葛岭与沱江相邻，西部以狮子岭与三塘江流域相邻，北部及西北部与大明山、高峰岭为界。支流有两山河、西云江、奇罗河、四塘河4条，多年平均年降水量1 400毫米，多年平均年径流深550毫米，多年平均年水资源总量4.19亿立方米。

流域内沿河多丘陵，农田不多，仅七塘圩附近有较大平原。种植以水稻、玉米为主，经济作物有甘蔗、木薯、花生。有中型水库1座，小型水库10座。

源流向西南，流经黄宜、八塘、玉竹等村，于五塘镇两山村右纳两山河，经永宁村，于合江屯右纳西云江（河长45千米，流域面积162平方千米）、奇罗河，继流至四塘镇六村宝盖屯右纳四塘河（河长53千米，流域面积176平方千米），转东南流，于长塘镇新村江口屯从左岸汇入郁江。

南宁市东北59千米处，源地附近有昆仑关，东侧是邕柳（南宁—柳州）、邕梧（南宁—梧州）公路必经的隘口。昆仑山巍峨险峻，谷深坡陡，地势险要，是南宁市东北屏障，兵

昆仑关牌坊

家必争之地。历史上曾有9次战役，最大的是抗日时惨烈的"昆仑关之战"。山下建有纪念塔、石碑坊、阵亡将士公墓和碑亭。

8.1.61.25.1　西云江水库
(Xiyunjiang Reservoir)

沙江支流西云江上游的中型水库，坝址位于广西壮族自治区南宁市邕宁县五塘镇北7千米，距南宁市区30千米。

水库有不完全多年调节功能，用于防洪、灌溉，兼顾发电、供水及水产养殖。控制流域面积130.7平方千米，库容6 359万立方米，面积3.63平方千米。工程于1958年动工兴建，1963年竣工蓄水。1976、1982、1985年曾分别加固主、副坝及溢洪道。

枢纽工程由大坝、溢洪道、输水隧洞和坝后水电站四部分组成。大坝为均质土坝，坝顶长245米，坝顶宽8米，坝高

西云江水库

42.5 米,坝顶筑有 1.2 米高防浪墙。溢洪道最大泄量 2 331 立方米每秒,输水隧洞最大泄量 24.3 立方米每秒,出口水电站装机 1 260 千瓦,年平均发电量 480 万千瓦时。

西云江水库是五塘镇灌区的主要供水水源,灌溉 4 940 公顷,年灌溉供水 4 093 万立方米,供五塘镇生活用水 100 万立方米。下游防洪面积 5.2 平方千米,保护湘桂铁路(距水库 27 千米)和五塘镇,耕地面积 1 786.7 公顷,人口 1.63 万。

坝址以上流域形状呈扇形,皆为山区。盛产竹木,植被较好。亚热带季风性气候,多年平均气温 21.4 摄氏度,多年平均年降雨量 1 321 毫米,多年平均年径流量 0.81 亿立方米。西云江经武鸣县上江乡入邕宁县五塘,蜿蜒几十千米,其后河段多处连有湖泊,"蒂"生武鸣,"瓜"结五塘,成长藤结瓜状。西云江水库是汇纳百川的大葫芦,吞吐自如。出水库,江水汇入沙江,再经青秀区长塘镇五合村汇入**郁江**的邕江段。

水库淹没涉及邕宁县五塘镇的定河、定蓬、六康及那河坡和武鸣县太平镇若太村的王省、安吉、六里,共淹没土地 77.9 公顷,拆迁房屋 860 间,搬迁 206 户 847 人。

1979 年以来,政府加大投入逐步解决移民生产生活用电、人畜饮水和粮食补贴。

建库后,五塘成商品粮基地,经济发展迅速。调整农业产业结构后,五塘更变成了发达的经济作物区和"菜篮子"基地。正在开发的西云江景区位于南梧二级公路边,交通便利,距南宁市 28 千米。

8.1.61.26　东班江
(Dongban River)

郁江左岸支流,又称甘棠河。

东班江发源于广西壮族自治区横县镇龙乡那托屯,干流长 82 千米,平均比降 1.62‰,流域面积 890 平方千米,涉及宾阳、横县 2 个县。

河源地东北部紧靠镇龙山脉,北倚高云山,西连门头岭,西北部为中、低丘陵地带。流域中部四周山地环绕,中间河谷地带开阔平缓,略呈盆地状,土壤以黏土为主,成土母质为页岩砂岩,遍布山区。属亚热带季风气候温和,多年平均气温 21.4 摄氏度,多年平均年降水量 1 405 毫米,多年平均流量 3 立方米每秒,枯水期平均流量 0.5 立方米每秒,多年平均年水资源总量 5.38 亿立方米。

流域经济以农业为主,种植双季稻、玉米、花生、红薯、木薯等,有甘蔗、竹、柑果等经济作物。建有六佑和百合 2 座中型水库,控制流域面积 71.2 平方千米,总库容 4 033 万立方米,灌溉面积 5 780 公顷,有小型水库 14 座。

源流向西流经百合水库,转西南流,经露圩镇,穿过湘桂铁路,经甘棠镇继流至张道村左纳石吊江(河长 42 千米,流域面积 180 平方千米),继流至木塘村右纳六丁江(河长 47 千米,流域面积 249 平方千米),继流经龙口、承朴、杨江等村,于良圩乡杨村大江口屯汇入郁江。

东班江流经的甘棠镇是宾阳县三大古镇之一,壮族

甘棠民族文化艺术节盛况

人口占总人口的 85%。东班江从镇中心穿越,1960 年前水上航运繁忙,许多商品、货物由郁江入东班江,逆水上行至甘棠,再分运到附近县、镇。每年 5 月 17 日的蓬圩节,四面八方的人们云集集镇,舞龙舞狮,载歌载舞,对唱山歌,是甘棠壮族的盛大节日,1993 年后改称甘棠民族文化艺术节。

8.1.61.27　马峦河
(Maluan River)

郁江右岸支流,又名双窑河、长滩江、飞洒江。

马峦河发源于广西壮族自治区邕宁县镇龙乡棠梨村江万屯南 1 千米处,干流河长 61 千米,流域面积 539 平方千米,流域涉及邕宁、横县、灵山 3 个县。

南亚热带季风气候,光照充足,雨量充沛,霜期短,光热雨同季,夏长冬短,干湿季分明,多年平均气温 21.8 摄氏度,年日照时数 1 742.1 小时,平均年太阳辐射量 110.6 千卡每平方厘米,多年平均年降水量 1 300 毫米。多年平均年径流量 3.28 亿立方米,自然灾害以旱灾为主,2004 年连续几个月很少降雨,大范围干旱,引发较严重旱灾。

源流向东北,经灵山县右纳那良河,至邕宁县与横县交界处,右纳平天河,经横县飞洒村、稔歌村,邕宁县的那才村、那例村,至南阳镇雄会村东南方 1.5 千米左纳雄会江,至削坡村马头岭屯以南 500 米左纳南阳江,折向

横县茉莉花

东流,复回横县平朗乡滩晚村,至双窑(下窑)村旁汇入郁江。马峦河道弯曲,支汊众多,多丘陵,少良田。横县茉莉花种植面积达 4 000 公顷,年产鲜花 5 万多吨,是全国最大的茉莉花茶加工基地,誉为"中国的茉莉花之都"。

8.1.61.28　沙坪河
(Shaping River)

郁江右岸支流,又名平塘江、飞龙江,发源于广西壮族自治区邕宁县百济乡屯林村苏屯西南 1.5 千米处,在横县汇入郁江的**西津水库**。干流长 82 千米,流域面积 528 平方千米,流域涉及邕宁、灵山县、钦州市钦北区、横县 4 个县(区)。

沙坪河流域地处丘陵地区,西南高东北低,多壤土。亚热带海洋气候,夏长冬短,雨量充沛,多年平均气温 21.5 摄氏度,多年平均年降水量 1 570 毫米。水资源丰富,多年平均年径流量 3.69 亿立方米,河流水质Ⅱ类。

上游段灵山县境有中型水库思明水库,总库容 1 440 万立方米,灌溉为主,兼顾发电,灌溉面积 1 360 公顷;小型水库 25 座,总控制面积 52.7 平方千米,总库容 2 926 万立方米。

下游段沙坪镇是灵山县北端大镇,盛产水稻、茶叶、荔枝、香蕉。水陆交通便利,有灵(山)南(宁)公路、黎钦铁路穿过,设有沙坪火车站。沙坪河可通航 300 吨级船舶至珠江三角洲等地,沙坪港年货物吞吐量 30 万吨。沙坪河口飞龙镇平塘村在郁江干流西津水电站库区,尾水淹至沙坪镇新圩。

郁江调水工程取水点设在沙坪镇企石村河段。沙坪河—郁江水用输水管道经钦江、大风江把水引至钦州沿海的金窝水库和钦江青年水闸,经调节分别向钦州港区、钦州工业园区和钦州城区供水。

8.1.61.29　西津水库
(Xijin Reservoir)

郁江干流上的大型水库，坝址位于广西壮族自治区南宁市横县，下距横县县城 5 千米，上离南宁市区 125 千米。

西津水库以发电为主，兼顾通航和灌溉，控制流域面积 80 901 平方千米，库容 31 亿立方米。工程于 1958 年 10 月动工兴建，1964 年 6 月投产发电。是我国第一座低水头河床式径流水电站，也是广西自行设计、自行施工的第一座大型水电站。

库区涉及横县、灵山县、邕宁县和南宁市，回水至邕宁县良庆河段（全长约 120 千米）。水库前段（横县六景镇至坝前）长约 70 千米，河汊较多，水域开阔，六景镇至南宁市区呈 U 形，河汊较少。坝前至南宁主河道宽 400 米，最大水深 15 米左右，水面面积 150 平方千米。

枢纽工程由拦河坝、船闸、厂房及开关站 4 部分组成。大坝坝轴线总长 833.47 米，最大坝高 41 米，混凝土重力式宽缝溢流坝段最大泄洪量 31 400 立方米每秒，船闸通航能力为 2×1 000 吨船队，年货运量 600 万吨，电站装机容量 242.2 兆瓦，年均发电量 10.6 亿千瓦时。

水库改善上下游航道 391 千米，引水灌溉 5 667 公顷。通过拦截洪水和削减洪峰，减轻了下游横县和贵港市的防洪压力。

六津高速公路大桥

广西桂（林）海（北海）高速公路、湘桂至友谊关铁路横贯库区，黎（塘）钦（州）铁路贯穿库区南北，高速路、二级公路直通横县和西津。库区有六景、六津高速公路大桥和峦城双层公路大桥横跨。

三相庙

8.1.61.30　蒙江河
(Mengjiang River)

郁江左岸支流，又名清江、新桥江。

蒙江河发源于广西壮族自治区横县石塘镇大料村，河长 54 千米，平均比降 0.60‰，流域面积 445 平方千米。有大小支流 8 条。

流域四周环山，中部开阔，多年平均气温 21.4 摄氏度，多年平均年降水量 1 450 毫米，年际变化大，年内分配不匀，地表水资源总量 3.6 亿立方米。

主要农产品有水稻、糖蔗、香芋、空心菜籽、蘑菇、大头菜。蒙江河流经的陶圩镇是广西优质稻生产基地，主要矿产有芒硝、石膏、铜，芒硝矿面积 10 平方千米，储量居全国第二位。

自源地向南流，至旺宅村汇入青年水库（总库容 1 477 立方米）。出水库经盛村，至那良村右纳陈汉江，经下塘、定务、石狮等村屯，转东流至棉冲村折转东南，入**北滩水库**。出水库至辘桅村转东流，至那阳镇北村左纳新兴河（河长 23 千米，流域面积 114 平方千米），于横县城外 6 千米处流入郁江。

建有青年水库、北滩水库 2 座中型水库，控制流域面积 238.9 平方千米，总库容 7 977 万立方米，有效库容 2 735 万立方米，灌溉面积 4 887 公顷。有小型水库、山塘 64 座和清江防洪堤 1 处。

流域内有沙江民族风情村、金沙龟泉、丹凤朝阳旅游景点。凤凰岭上三相庙建于明朝永乐元年（1403 年），庙内有蜀汉刘、关、张塑像，至今香火不断。

西津水库

库区两岸多丘陵和平原，大部分为砂页岩地质，小部分是石灰岩，地势西高东低，山脉多为馒头状黄土小山。

属亚热带气候温和，雨量充沛，多年平均气温 22.0 摄氏度，暴雨主要由太平洋海面台风和热带低气压与印度洋吹入的暖湿气流形成。多年平均年降水量 1 500 毫米，多集中在 6—10 月，约占全年的 80%。多年平均流量 1 410 立方米每秒，多年平均年径流量 440 亿立方米。

库周黄土小山，山林茂密，多松树和多种灌木，山坡和旱地种有农作物，森林植被覆盖良好，水土流失较少。城镇、工矿区及经济开发区，因平整土地，有局部水土流失。周边丘陵地带以种植水稻和甘蔗为主，小山和旱坡种植荔枝、龙眼、香蕉等经济作物，低洼地及河汊多圈围成水产养殖场。

水库淹没耕地面积 6 007.8 公顷，截至 1989 年迁移人口 8 万多。移民一部分安置在横县，另一部分安置在南宁市郊。库区居民以汉族、壮族为主，农历三月三是壮族的传统节日，城乡都有壮族对歌会，是壮族青年男女表示爱情和寻求伴侣的美好时光，也是壮族人民欢聚、会友和祝愿丰收的最高礼仪。

8.1.61.30.1　北滩水库
(Beitan Reservoir)

蒙江河上游的中型水库。坝址位于广西壮族自治区南宁市横县校椅镇木祥村，南距横县县城 12 千米，距横县至校椅公路 2.5 千米。

北滩水库有年调节功能，用于灌溉，兼顾防洪、发电与养鱼。控制流域面积223平方千米，库容6 500万立方米，水面面积2.89平方千米，回水长18千米。工程于1958年动工兴建，1960年竣工蓄水，1983年加固。

枢纽工程由大坝、溢洪道、输水隧洞、坝后电站4部分组成。大坝为黏土心墙土坝，坝顶长95米，最大坝高28.42米，宽8米，坝顶筑有1.2米高防浪墙。溢洪道最大泄洪流量1 085立方米每秒，输水隧洞最大输水量10立方米每秒，输水隧洞出口电站装机520千瓦，年发电量91万千瓦时。灌溉农田2 933.3公顷，拦蓄洪水，保护下游12万人口和4 333.3公顷耕地。

北滩水库

水库地处蒙江河中游木祥江段，属桂东南丘陵平原，三面环山，西南高东北低，溪谷深邃。坝址在下娘岭与旧师岭间北滩滩口，由此得名，以上蒙江河长30千米。坝前库区，群山环抱，山坡陡峭，绵延起伏，林木郁郁葱葱，上游地势平坦、宽阔，起伏甚微，属黄黏土平原。坝下10千米内，群岭叠嶂，山岭起伏，10千米外郁江平原，地势平坦。

库区属亚热带季风气候，日照充足，雨量充沛，夏长冬短，无霜期长，适宜多种动植物生长。多年平均气温21.4摄氏度，多年平均年降水量1 525毫米，多年平均年来水量1.8亿立方米，年内分配不均，夏季常有洪涝，冬春两季干旱少雨。

库区植被覆盖率超过95%，主要林木为松树、速生桉，生态良好。建库初期，水质较好，可直接饮用，后来随着河汊养鱼、网箱养鱼增多，投放饲料，水浮莲泛滥，致使水质逐渐浑浊、变质。

库区毗邻县城，受县城产业经济带动，库区山上种植速生桉，采割树脂，开展养鸡、水面养殖，逐步形成优质稻谷、食用菌、大头菜、茉莉花、甜玉米产业带。建设新农村，村民住楼房，用太阳能、沼气、自来水，村道硬化。移民安置点校椅镇木祥村、岭脚村开发生态旅游，石井新村有横县最大的农村文化广场，石井新街成周边农产品集散地。

8.1.61.31　罗凤河
（Luofeng River）

郁江右岸支流，又名差江、大埠江、大步江。

罗凤河发源于广西壮族自治区灵山县丰塘乡覃村六正屯西北500米处，经石塘、上流，转西北流，经洞心、山江，于洪炉村北左纳大炉河（河长30千米，流域面积282平方千米），在横县汇入郁江，干流河长46.2千米，平均比降1.94‰，流域面积564平方千米。

多年平均年降水量1 400～1 600毫米，多年平均年径流量3.81亿立方米。

罗凤河河源的丰塘乡主产优质水稻，特产有荔枝、龙眼、柿子、板栗、茶叶、木薯、木材，铁矿资源丰富、易开采，茶叶、淀粉、爆竹、红砖加工能力高。

大炉河支流马山河发源于浦北县寨圩镇西角村，寨圩镇是浦北县的工业重镇，盛产松、杉、八角、玉桂、荔枝、柑橙、龙眼等林果，有矿产资源锰、铅、锌、磷、铬、钛、铁和石灰石。流域有小型水库2座，总控制面积17.33平方千米，总库容1 116万立方米，有效库容736万立方米。

罗凤河河口地区百合镇地处横县东部，为横县、灵山县、浦北县、贵港市交通要道，百合镇黄村平原是横县的重要产粮区，特色经济有黑皮果蔗种植、芝麻饼生产，竹编、草席、木器加工。矿产资源主要有石灰石、高岭土等。三大支柱产业是水泥、红砖、石灰，当地生产的水泥和生石灰粉畅销自治区内外。

8.1.61.32　镇龙江
（Zhenlong River）

郁江左岸支流，又名鳄江、云表江。发源于广西壮族自治区宾阳县黎明乡欧阳村望田屯东北3千米处，在横县汇入郁江。干流长83千米，平均比降3.04‰，流域面积614平方千米，涉及宾阳县、横县和贵港市港北区。

流域内山脉连绵，山体陡峭，峰高谷深，高程500～1 140米，比降大，支流有向阳河、云表河2条。

流域内植被覆盖，林场周围、河流两岸、山坳地带植物繁茂。多年平均气温21.5摄氏度，相对湿度79%，年平均日照1 725小时。多年平均年降水量1 457毫米，年内分配不均匀，年降雨量的63%集中在5—8月。主汛期5—8月局部暴雨会突发洪水。洪水暴涨暴落，上游镇龙水文站集水面积108平方千米，实测最大流量665立方米每秒（1981年），最小流量0.02立方米每秒（2006年），多年平均年径流量4.11亿立方米。建有**六兰水库**、云表、甘道等3座中型水库，控制面积279.2平方千米，总库容1.47亿立方米，有效库容9 670万立方米。有5座小型水库和站周水坝等蓄水、引水工程，另有镇龙、六兰、云表3座水电站。

镇龙江为山溪性河流，自北向西南3千米后，转向南流入横县镇龙乡，经大站、那州、凤丹（中长塘）、替可等村，折向东南穿过**六兰水库**，至校椅镇临江村右纳向阳河（河长18千米，流域面积106平方千米），转东流，于云表镇南康村

九龙瀑布

左纳云表江（河长36千米，流域面积101平方千米），继流至云表镇治，转东南流过镇东、螺蛴、古城等村，在横县云表镇站圩村滩头屯汇入郁江。上游圣山西镇龙林场大吾分场，九龙瀑布群森林公园内林木参天，浓绿荫翳，藤条交错，溪流潺潺，野趣盎然，2.5平方千米范围有20多条瀑布，落差30多米，宽20多米左右，瀑布间距100～300米。

经济以农业为主，主要种植双季水稻，兼种花生、玉米、木薯，有生笋、木茸、八角、甜竹等经济作物。

8.1.61.32.1　六兰水库
（Liulan Reservoir）

镇龙江上中型水库。坝址位于广西壮族自治区南宁市横县校椅镇独田村，距横县县城28千米。

水库有多年调节功能，用于防洪、灌溉，兼顾发电与养鱼。库容9 552万立方米，水面面积5.05平方千米，回水长5千米。坝址以上河长83千米，控制流域面积611平方千米，多高山。工程于1958年动工兴建，1960年竣工蓄水，1976年培厚加固大坝，增开非常溢洪道，1991—2005年除险加固。

枢纽工程由大坝、溢洪道、输水隧洞和坝后电站4部分组成。大坝为均质土坝，坝顶长527.5米，宽6米，坝高42.38米，坝顶筑有1.0米高防浪

六兰水库

墙；正常溢洪道最大泄洪量2 240立方米每秒，非常溢洪道712立方米每秒；输水隧洞最大输水量19立方米每秒，输水隧洞出口电站装机容量1 280千瓦，年发电量300万千瓦时。灌溉农田0.69万公顷，保护下游人口10万人，保护耕地面积6.9万公顷，水产养殖面积346公顷。

库区镇龙山绵延起伏，北高南低。水库呈马蹄形，周边林木郁郁葱葱，植被覆盖率高。坝址三面环山，上游为峡谷，下游为开阔农田。多年平均年降水量1 404.3毫米，多年平均年径流量1.58亿立方米，多年平均气温20.8摄氏度。无矿区和污染企业，水质较好，除大肠杆菌超标外，其他指标已达Ⅲ类水标准。

六兰灌区土地肥沃，交通发达，是横县重要的农产品生产及加工基地。香米、茉莉花、果蔗、蚕桑、甜玉米、蘑菇、蔬菜种植规模大，部分村屯已改厨改厕、硬化村道、美化村容，是横县经济较发达地区。库区交通不便，山多地少，土地贫瘠。建库时搬迁710户3 551人。近年来有库区居民自发搬向库外。

8.1.61.33　武思江
（Wusi River）

郁江右岸支流，又名怀江，地处郁江中游。发源于广西壮族自治区浦北县，在贵港市港南区汇入郁江。干流河长115千米，流域面积1 134平方千米，流域涉及浦北、博白、兴业、贵港市港南区4个县（区）。

流域地势由南向北倾斜，源头重峦迭嶂，溪流纵横，地处六万大山腹地，平均高程346米。上游为高山区，东南部的葵扇顶高程1 118米，中下游至河口是山区，高程200～700

武思江水库

米。上游浦北县官垌、六垠等乡镇为六万山林场，水源充足，森林茂盛，松、杉和杂木、灌木、茅草丛生。有八角、玉桂、香蕉、荔枝、龙眼等经济作物。上游流域黏土、壤土，农田较多，主种水稻。中游丘陵山地，农田稀少，河口段为平原。

属亚热带海洋性季风气候，雨量充沛。多年平均年降水量1 500毫米，年内分配不匀，汛期降水量占全年的75%以上，多年平均年蒸发量832.8毫米，多年平均年径流量10.70亿立方米。

春秋易旱，夏季易涝。上游浦北县1515—1988年有较大旱灾48次。1958、1977、1989、2000、2004年旱情较严重。中下游兴业县1950—2000年有旱灾47次，1989年最严重；洪灾28次，以1971年6月初最严重。

武思江发源于浦北县江城镇黎杜木坪村母鸡顶，向北流经垌口、官垌镇治，至文峰村右纳山口河，经大岸、历山、兰门至平村下游1千米处右纳竹瓦江，竹瓦江发源于六垠镇塘冲村，河长29千米，流域面积160平方千米。上游山绿水青，官垌镇有革命烈士纪念碑和牛皮滩瀑布。

继流至城隍镇大江口村右纳大陂江（又称城隍江、新安河），大陂江发源于兴业县葵阳镇下星村，河长22千米，流域面积119平方千米，横穿兴业县城隍镇10个村，灌溉面积866.7公顷。大陂江上游马坡水库库容2 730万立方米，年发电量60万千瓦时。城隍镇境有龙泉岩风景区、龙潭山庄、梁氏宗祠、震声楼等自然人文

龙泉岩风光

景观。龙泉岩风景区占地面积2.7平方千米，有龙泉岩、龙泉湖、鹿峰山石林公园、李宗仁屯兵遗址。龙泉岩为"岭南第一岩"，长1 256米，包括多个喀斯特溶洞和暗河。溶洞内钟乳石、石笋、石幔、石花、石柱千姿百态，上万只大蝙蝠串联倒挂。西北流至寨圩镇康乐村左纳寨圩河（河长24千米，流域面积124平方千米）后称平定江。

继西北流，经平定、土东等村，穿过**武思江水库**。左转马蹄形弯，至木梓镇转西北流，经程江、柳江、大村等村，于贵港市港南区思怀乡新城村铜锣屯以西500米处汇入郁江。下游流域农业经济发达，盛产稻谷、玉米、甘蔗、花生、黄豆，发展水果、林业、渔业。木梓的杉木、木格的草席、桥圩的编织，有轻工业基础。东津的鱼苗历史盛名。

8.1.61.33.1　武思江水库
（Wusijiang Reservoir）

武思江中游的大（2）型水库，坝址位于广西壮族自治区贵港市港南区木梓镇新莲村，距贵港市区55千米。

水库有季调节功能，以灌溉为主，兼顾发电。坝址以上河长57千米，控制流域面积907.5平方千米，库容约1.28亿

立方米。工程于1957年动工兴建，1958年竣工蓄水。1995年加固改造。

枢纽工程由1座主坝，2座副坝，溢洪道、控制闸组成。主坝为黏土心墙土坝，长225米，宽5.5米，坝高31.5米，坝顶筑有1.1米高的防浪墙；一副坝高26米，二副坝高13米，坝顶总长226.6米。溢洪道最大泄洪量5 520立方米每秒，控制闸最大泄量70立方米每秒。

武思江水库削减山洪，灌溉耕地20 450公顷，电站装机容量6.1兆瓦，年发电量2 000万千瓦时，年供水总量5.8亿立方米。

库区多年平均年降水量1 510毫米，流量36.32立方米每秒，多年平均年径流量9.07亿立方米，多年平均气温21.7摄氏度，极端最高气温39.5摄氏度，最低-3.4摄氏度。

建库淹没水田190公顷，旱地31.2公顷，林地153公顷，移民1 112户5 011人，拆迁房屋5 603间。由低搬高安置移民568户1 518人，灌区安置535户2 459人，外县安置9户34人。建库初期，以农业灌溉为主，20世纪80年代后，水库开展综合经营，水产养殖、发电、城乡供水、商业服务，"以水促电，以电养水，以电带百业"，社会经济效益显著。

1958年以来，经多次乱砍滥伐，库区原生南亚热带雨林植被已遭破坏，森林覆盖率降为28.67%，水土流失严重。

库区地广人多，物产丰富，气候与土壤条件良好，盛产稻谷、玉米、甘蔗、花生、黄豆等农作物，林业、水果、渔业有很大发展，农业经济比较发达。桥圩、湛江、东津、八塘、木格、木梓等圩市，历史悠久，商业繁荣，有小型工业基础，木梓的杉木、木格的草席、桥圩的编织、东津的鱼苗，历史盛名。

8.1.61.34 瓦塘江
(Watang River)

郁江右岸支流，又名思缴江，瑛江，发源于广西壮族自治区玉林市兴业县山心镇龙江村，河长61千米，平均比降1.26‰，流域面积664平方千米，涉及玉林、贵港两个市。

上游山丘台地，中下游地处郁江平原。流域地势东南向西北倾斜，平均宽度10.8千米，亚热带季风气候，气温高、湿度大、雨量充沛、蒸发量大。夏季盛吹东南风，冬季受北方冷空气影响，多西北风。无霜期长，1月或12月有霜冻。多年平均年径流量5.33亿立方米。20世纪50—60年代，建成有蓄水、灌溉、发电功能的中型水库（化寿、岭蒙）2座，小型水库8座。引水工程3座，提水工程7座。1998年在河口贵港航运枢纽建瓦塘江泵站，用以防洪排涝。

源流向西北，经化寿水库转西南流，经山心镇至龙母桥，以上河段称龙母江。纳鸣水江、罗田江，三江汇合后折回西北流，至大岭冲村入贵港市湛江镇纳泗水河，继流至双联村叉江屯左纳石马河（河长26千米，流域面积137平方千米），经长塘乡，于南兴村右纳猪儿江，至锦垌村坡头屯左纳木格河（河长38千米，流域面积132平方千米），泗水河口至桥圩镇称湛江河，河道弯曲。桥圩镇下游河段称瓦塘江，继续西北流，经八合村转西流，至瓦塘乡蕉塘历村江口屯注入郁江。上游主要经济林有龙眼、荔枝、茶叶。中下游盛产水稻、甘蔗、玉米、大豆、花生、荸荠。湛江镇所产荸荠球茎扁圆肥大，表面平滑，呈栗色或柔红色，肉色白嫩，松脆，有清热的功效。桥圩镇有羽绒制品厂180多家，瓦塘乡盛产甘蔗。

8.1.61.35 仙衣滩水库
(Xianyitan Reservoir)

郁江干流上的大型水库，坝址位于广西壮族自治区贵港市上游6千米处，库区地处贵港市西部和横县东部。

水库功能是以航运为主，兼顾发电、防洪、灌溉、交通。控制流域面积81 700平方千米，占郁江流域总面积的94%。为典型的河道型水库，库容3.72亿立方米，水面面积3.79平方千米，回水至西津坝址长106千米。工程于1995年动工兴建，2000年竣工。

工程由拦河坝、排涝泵站、水力发电厂、船闸、航道整治工程组成。坝长1 099.4米，坝高33米。溢流坝泄洪量21 900立方米每秒。船闸可同时通过两列一顶千吨级顶推船队，年通过能力12 000万吨，水电站装机容量120兆瓦，平均年发电量610.7兆瓦时。库区河道新建排涝泵站27座，总装机容量17 136千瓦，改建防洪闸43座。

仙衣滩水库枢纽

枢纽竣工投入使用以来，贵港至西津的航道等级由原来六级提高到三级。水库河段防护耕地面积5 974.7公顷，灌溉库区两岸耕地面积10.88万公顷。发展贵港旅游，提供379.4平方千米的水面河汊发展养殖业。

库区低丘平原占总面积的90%。土壤以第四纪红土发育而成的紫色土和石灰岩土为主，土层深厚，耕作层14~20厘米，肥力较高。沿江两岸主要种植水稻，经济作物主要有甘蔗和柑橘、荔枝、龙眼、芭蕉等水果。属亚热带季风气候，日照充足，雨量充沛，夏长冬短。多年平均气温21.5摄氏度，极端最高39.5摄氏度，最低-3.4摄氏度，多年平均年降雨量1 400~1 620毫米，无霜期335~365天。雨热同季，热、光、水资源丰富，适宜各种植物生长，一年三熟，有利于发展农林牧副渔。

库区涉及贵港市的桥圩、新塘、瓦塘、思怀、石卡、大岭和横县百合、云表、马岭、那阳、附城、横州12个乡（镇）。贵港市库区居民以汉族居多，横县云表乡以壮族为主，其他乡镇汉族居多。村屯间、民族间友好相处，互相通婚。

瓦塘江十八罗汉段

建库前，库区河段有浅滩22处，只能通航100～200吨驳船队，夜航能力很低，成西江航运干线的"卡脖子"段。以伏波滩最险，滩中航道弯曲、礁石林立、犬牙交错、漩涡泡水此起彼伏，且不同水位，险情不同。蓄水后，大部分浅滩被完全淹没，贵港至广州航道达三级标准，可常年通航1 000吨级驳船队。

仙衣滩水库为郁江规划三级开发的中间梯级，上游有**西津水库**，下游是**马骝滩水库**。横县库区有伏波庙，倚山临水，气势雄伟，古树参天，风景秀丽，是横县"八景"之一，有"鸟蛮积翠"之称。

伏波庙

贵港市石卡镇西山村石灰岩溶洞发育，钟乳石遍布洞内，千姿百态，风景迷人。库区经济以种植业为主，水稻一年两熟，占粮食产值的69%。旱地粮食作物以玉米为主，占粮食产值的5.5%，还套种红薯、木薯、大豆等杂粮。甘蔗是当地主要的经济支柱之一，占种植业产值的23.7%。

8.1.61.36　鲤鱼江
(Liyu River)

郁江左岸支流，又名蒙公河、宝江，发源于广西壮族自治区贵港市港北区，在贵港市港北区港城镇注入郁江。干流长92千米，平均比降0.76‰，流域面积1 164平方千米，涉及来宾市武宣县、贵港市覃塘区和港北区3个县（区）。

流域地处郁江平原西北缘，地势北高南低，东西两侧石灰岩山高峻，东倚莲花山脉，西靠镇龙山脉，有镇龙山穹窿和蒙公——百合褶断带，古樟、振南、山北、东龙岩溶区。

鲤鱼江

流域平均宽12.7千米，大部分地区森林植被保存良好，有大片原始森林，常绿林木品种为主。部分地区岩石裸露，长有灌木或杂草。

属亚热带季风气候，多年平均年降水量1 400毫米，4～9月降水量占全年的79%。多年平均年径流量7.95亿立方米。

地表水资源匮乏，储水条件较差，旱灾是主要自然灾害。明弘治十七年（1504年）至1996年的492年中，有较大旱灾60次。清光绪二十八年（1902年）旱灾最严重。

局部暴雨引发洪灾，下游又遭遇郁江洪水倒灌，洪水灾害严重。1504—1996年大的洪涝灾害有40次，1949、1986、1994年和2001年洪灾损失严重。

1949年前，支流上建有六燕陂、河冲陂、屈川陂、引河八泉、泉塘、佛子泉等坡坝，自流灌田数百亩。1949年后，干流建三渌水库（中型）和**平龙水库**（大型），小型水库36座，总库容1.66亿立方米，实际灌溉0.87万公顷。各支流建引水坝工程4座、小型水库2座，总库容575万立方米。建设并加高加固鲤鱼江防洪堤，保护面积1万公顷，其中耕地面积约0.37万公顷。鲤鱼江下游，现已建成9条防洪堤和小江村排涝泵站。

鲤鱼江发源于贵港市港北区东龙镇三渌村，河源六鸦山林木茂盛，百草葱茏。源流由北向南，到六凤村西右纳松英河后称六凤江。转向东流，过山北乡纳凤凰江、义合河。转西南流，入蒙公乡，在平龙村南，右纳河山江后称平龙河，入平龙水库。

干流出平龙水库后南流，经定布入覃塘镇，经红泥、廖村、林村，在林村南右纳樟木河后称福龙河，樟木河发源于古樟乡六叫村。南流至中游丘陵台地区，至三里镇九岸村右纳黄练河，黄练河发源于出宾阳县镇龙山北麓，河长37千米，流域面积240平方千米。流经黄练镇。汇口以下干流称义渡河。至义渡桥，转东流至平原区，蜿蜒曲折流，左纳六务河，经西江农场、甘化、贵糖集团，过港城镇在小江村注入郁江。

支流六务河发源于平天山，平天山又名北山，古名宜贵山，距贵港市中心20千米，巍峨挺拔，状似龙头，又叫龙头山，是国家级森林公园，面积2 964公顷，森林覆盖率90.2%，古藤悬空，奇树遍布，峡谷飞瀑，溪水流潺，负氧离子含量高，夏季溪水温度16摄氏度左右。主峰高程1 158米，山顶有草甸230公顷，属

平天山国家森林公园

广西高山草甸中面积最大的。山顶平坦开阔，早晚云雾缭绕，出产覃塘毛尖茶。有国家一级保护珍稀植物桫椤等。贵邑平天的龙头、六班、三岔等山绵亘数百里，金、银矿蕴藏量大，开采、冶炼历史悠久。

下游西江农场是贵港市国营农场，土地平坦宽阔，主产甘蔗，是广西贵糖集团原料主产基地。

8.1.61.36.1　平龙水库
(Pinglong Reservoir)

鲤鱼江上游的大（2）型水库。坝址位于广西壮族自治区贵港市覃塘区蒙公乡平龙村，距贵港城区33千米。

水库有多年调节功能，以灌溉为主，兼顾发电、防洪。控制流域面积256平方千米，库容1.25亿立方米，水面面积1 122万平方米。工程于1957年动工兴建，1958年竣工蓄水。1977年扩建溢洪道，1987年除险加固隧洞，1989年改造溢洪道，1990年建坝后电站，1996年封堵旧涵管。

工程由1座主坝和5座副坝、溢洪道、输水洞、电站及灌区工程组成。主坝为黏土心墙土坝，坝长300米，最大坝高28.5米，坝顶宽5米，坝顶筑有1.1米高防浪墙。副坝5座，坝顶总长3 080米，最大坝高10.8米。正常溢洪道最大泄流量2 486立方米每秒，非常溢洪道最大泄流量2 752立方米每秒，输水洞最大泄流量15立方米每秒，水电站装机容量1 315千瓦，年平均发电量400万千瓦时。

平龙水库

水库灌溉 9 466.7 公顷耕田，拦蓄洪水，削减洪峰，保护下游 40 万人口和 1.3 万公顷耕地。

库区为狭长形，位于贵港市西北部。东侧为大瑶山余脉莲花山系，重峦叠嶂。西北石灰岩孤峰盆地和东南郁江平原，海拔较低。库区森林面积 1.3 万公顷，植被较好，水资源丰富。水库下游为平原，南为覃塘镇、三里镇，东南是根竹乡及贵港市城区。

库区地处亚热带，距北部湾 100 多千米，受珠江流域和北部湾台风雨气流影响，气候温和，雨量充沛。多年平均年降水量 1 414.6 毫米，年内分布不匀，降雨集中在 4—9 月。多年平均年径流量 17 470 万立方米，多年平均气温 20.4 摄氏度，极端最高 39.5 摄氏度，最低－3.4 摄氏度。

1949 年前水利设施简陋，只用于河边少量耕地，绝大部分耕地易受旱，年年有灾。建库后有水又有电，彻底改变干旱面貌，工农业得到发展。

建库时，淹没耕地面积 800 公顷，拆迁房屋 5 366 间，移民 5 557 人。

8.1.61.37　画眉河
(Huamei River)

郁江右岸支流，发源于广西壮族自治区玉林市兴业县小平山镇四塘村，干流长 70 千米，流域面积 447 平方千米。涉及玉林市港南区、兴业县和桂平市。

画眉河流域地势东南向北倾斜，高程 55～263 米。上游多山地土丘，景色秀美，松竹青翠，林草丛生。中下游地势趋平，河床变宽浅。亚热带季风气候，多年平均气温 21 摄氏度，阳光充足，辐射强。多年平均湿度 79.5%，多年平均年降水量 1 393 毫米，最小年 681 毫米，多年平均年径流量 1.69 亿立方米。

春秋季易旱，夏季易涝。1963 年旱灾最严重，其次是 1989 年。受郁江洪水倒灌影响，下游冲积平原，易有洪涝。上游新成水库总库容 1 960 万立方米，水电站装机容量 280 千瓦，年发电量 12 万千瓦时，灌溉面积 1 400 公顷；有石山、天星陂 2 座引水工程。下游支流石梯江上建有画眉堤，保护耕地面积 1 000 公顷，另有水轮泵站 1 座。

源流向西北，经洛阳乡入新成水库，在高峰镇大同村入桂平市，大同村以上河段称北合江，以下称画眉河，有 3 条大溪水汇入，后转西南流，经大湾镇的鹿旺、下山、天堂、耀田村，在画眉村向北流注入郁江，因而得名画眉河。

每年农历二月初十为当地寒山旦，村民们穿彩服，敲锣打鼓舞狮子，在蒲塘寒山庙祈求风调雨顺。下游大湾、东津两镇盛产优质大米及芹菜、玉米、西瓜、荔枝、龙眼、木薯、木材，有"大湾芹菜东津米"之说。

8.1.61.38　大洋河
(Dayang River)

郁江右岸支流，又称绣江，发源于广西壮族自治区桂平市中沙镇容北村，干流全长 99 千米，流域面积 668 平方千米，涉及桂平市和兴业县。

流域南靠大容山，北接郁江，地势自东南向西北倾斜，上游为高山区，中游多丘陵，下游为郁江冲积平原区。亚热带季风气候，雨量充沛，多年平均年降水量 1 485 毫米，4—9 月水量占全年的 82%。冬春河水清澈，夏秋有山洪，落差大，土质疏松，洪水携带大量沙石，春秋常有干旱。多年平均流量 19.2 立方米每秒，多年平均年径流量 6.06 亿立方米，水能资源丰富。大洋河曾通行 40 吨级货船，现已不能通航。清代建的大洋圩乐洋桥至今仍然完好。1949 年后建红江水库、大坡水库和大洋水库 3 座中型水库，彭山小型水库和 8 座小型水电站。罗播乡有大洋河拦河引水坝 1 座，灌溉面积 3 500 公顷。

源流出源区向西流，经桂平中沙镇，在六湾村佛子山左纳南乡河，转西北流，至兴业县北市镇左纳小平山河（河长 27 千米，流域面积 164 平方千米），经桂平县大洋镇承堂、承禄、大洋、大莫、石江等村，至周实村学修坪屯右纳木根河（河长 37 千米，流域面积 116 平方千米），继北流经洋城、满坡等村，于白沙镇大坪村汇入郁江。下游盛产大米甘蔗，是"桂平西山香米"和桂平市的菜篮子生产基地之一。

8.1.61.39　独流江
(Duliu River)

郁江左岸支流，古称蓬浪河。发源于广西壮族自治区贵港市港北区庆丰镇都炉村利快山，干流长 83 千米，流域面积 655 平方千米，涉及贵港市港北区和桂平市。

流域西倚莲花山余脉，丘陵、台地及郁江冲积平原区为主，地势西北高东南低。南亚热带季风气候，光热充足，气候温和，多年平均年降水量 1 474 毫米，4—9 月降水量占全年的 72%。夏季有山洪，洪水携带沙石，冬春河水清澈，春秋干旱。多年平均年径流量 5.2 亿立方米，干流落差 632 米。新中国成立后，先后兴建鱼乍、社岭塘、文星、马江 4 座小（1）型水库和都渌、大化、永江等 4 座小水电站。

源流向东，上游称庆丰河，又名白马河，过港北区庆丰镇后流入桂平市至石排农场，于石龙镇石山村纳石龙河后称独流江。东流至桂平市西山镇永培村永汇屯汇入郁江。下游地处郁江冲积平原，易受郁江洪水倒灌，造成洪涝。亦有旱灾，1963 年降水量为历年最小，仅 833.2 毫米，旱情严重。1966 年永江修筑永江防洪堤，建土坝，堵截原河口，右侧 200 米处另开河道并建 20 孔防洪闸，1975 年建水轮泵站，抽水灌溉农田 100 公顷，1978 年改建为永江水电站。流域中下游平坦开阔，以农业为主，是优质"桂平西山香米"和甘蔗的主产区。

8.1.61.40　马骝滩水库
(Maliutan Reservoir)

郁江下游大型水库，坝址位于广西壮族自治区桂平市城区西南 2 千米，沿**浔江**下行 198 千米可达梧州，沿郁江上行 117 千米可达贵港。

马骝滩水库能提高河道通航能力，兼顾发电，以电促航。控制流域面积 9.07 平方千米，水面面积为 3.4 平方千米，回水长 110 千米，总库容 3.19 亿立方米，调节库容为 1.02 亿立

马骝滩水库

桂平西山风景名胜区

方米。工程于1986年8月动工兴建，1989年2月船闸通航，1992年发电，1993年竣工。

工程由船闸、拦河坝、电站、路桥、库区航道5部分组成。大坝为重力式混凝土闸坝，拦河坝坝长381.42米，最大坝高29.8米，溢流坝100年一遇设计洪水位时，泄洪能力18 650立方米每秒，500年一遇校核洪水位时为21 800立方米每秒；船闸可通过千吨级船舶；电站安装三台国产灯泡贯流式水轮发电机组，总装机容量3×15 500千瓦，年发电量2.47亿千瓦时。

位于黔江与郁江汇合口上游4千米处，建库前，桂平至西津郁江下游段河滩多，航道浅，航船只能载货200吨。建库后，河道渠化，与上游仙衣滩水库和西津水库逐级联接，广西西江干线成库区航道，南宁至珠江口航道由六级变成三级，通航能力提高。

库区沿岸多丘陵台地，河宽300～500米，多险滩。多年平均流量1 500立方米每秒，多年平均年径流量473亿立方米，坝址最大流量12 800立方米每秒，最小97立方米每秒，调查最大洪水19 000立方米每秒。亚热带气候，多年平均温度21.45摄氏度，极端最高39.2摄氏度，最低-3.3摄氏度，年平均相对湿度80%。

库区涉及桂平市寻旺、西山、社步、蒙圩、下湾、白沙、大湾等7个乡（镇）共56个村，有耕地面积2.2万公顷，人口37.84万人。大部分耕地低洼易涝，洪积物多，土地肥沃。粮食作物以水稻为主，经济作物有甘蔗、黄麻、半夏等。农业生产比较发达，是桂平市的粮食、甘蔗主要产区之一。

郁江洪水频繁，1949年前两岸没有防洪设施，每当洪水暴涨，淹没大片农田及村庄，房倒屋塌，一片泽国，收成大减，甚至颗粒无收，居民流离失所。1949年后，在政府的支持下，当地群众主要依靠自己的力量沿郁江及各大支流修筑防洪堤并修建了防洪闸，减轻洪水危害。因资金不足，堤身单薄，质量较差，防洪标准偏低。

马骝滩水库投入运行后，洪水期闸前水位壅高，提高了库区洪水位，使防洪堤的安全受到更大的威胁。为减少水库淹没搬迁和库区人民生命财产安全，库区按10年一遇的洪水标准，加高加固的防洪堤71座长20 037米，新建防洪堤2段长598米。

建库后经文物调查，淹没区发现新石器时代遗址15处，窑址2处及摩崖石刻1处，进行了一次性抢救发掘。

桂平西山在**西江**、郁江汇合处，距桂平城区1千米，距马骝滩水库5千米。古称"天下第一秀山"，总面积19.8平方千米。梁朝建桂平郡（502年）起一直是旅游观光的胜地。西山林壑秀丽，有"桂林山水甲天下，更有浔城半边山"之誉。

"浔城半边山"即桂平西山。西山林秀、石奇、泉甘、茶香、佛灵，半山腰有唐御史李公祠，宋代的龙华寺，清代洗石庵、观音岩庙。龙华寺旁乳泉色白、味甘，为西山一绝。西山坐西向东，茶树"叶映朝暾"，终年白云缭绕，阳光充足，日照时间长，沙石土壤，甘泉四溢。西山茶又称棋盘石西山茶，自然条件得天独厚，人曰"到西山不喝西山茶，就等于没到过西山""西山茶叶乳泉水，茶更清来味更美"。

8.1.62 社坡河水库

(Shepohe Reservoir)

西江浔江段支流社坡河上的中型水库，坝址位于广西壮族自治区桂平市东部社坡镇宁明村，西北距桂平市城区30千米，北距社坡圩7.5千米。

水库有年调节功能，以灌溉为主，兼顾发电、防洪、养鱼。控制流域面积98.2平方千米，总库容5 514万立方米。1958年动工，1962年竣工蓄水。1976

社坡河水库

年全面整修主坝，1987—1989年加固副坝，建电站。

工程由1座主坝、16座副坝、放水设备、排洪道、电站及灌区工程组成。主坝为黏土心墙坝，长156米，坝高21.3米，坝顶宽4.5米，坝顶筑有1米高防浪墙；副坝均为均质土坝，最大坝高17.5米，总长1 178米；排洪道最大泄洪流量484立方米每秒；电站装机容量150千瓦，年发电量25万千瓦时。灌区主要工程有干渠3条，共长53.55千米；支斗渠31条，共长113.9千米。还有马皮、维新两个较大的结瓜水库。

建库后，可灌溉耕地面积5 740公顷，减缓防洪压力，保护下游1 773公顷耕地和2.75万人，水库养鱼水面面积420公顷。

社坡河发源于油麻乡盘龙岭，流域面积360平方千米，河长55.4千米，河口年平均水量38 500万立方米。水库建在干流上游峡谷，坝址以上河长21.2千米。降水主要由锋面台风形成，多年平均年降水量1 479.4毫米，多年平均年来水量

8 830.3万立方米，年平均流量7.79立方米每秒。

库区为丘陵山地，自南向北倾斜，略呈方形，库岸、库底多冲积的粉砂土和沙质壤土，属第四纪堆积松散红土层。上泥盆统红页岩出露，偶有中生界末期红色风化砾岩、泥质岩及云母砂质页岩。植被以松木、灌木为主，由南向北逐渐减少。

水库淹没耕地面积468.9公顷，房屋4 398间。部分就地迁高安置，大部分迁往油麻、社坡、寻旺、社步、南木等乡镇，计有711户5 028人。在当地政府的政策和资金的扶持下，移民和当地群众和谐共处，共同发展，生活水平不断提高。

库区气候宜人，年平均气温22摄氏度，宜种植荔枝、龙眼、芒果等亚热带经济林木，但未有效开发。原有的森林已被破坏，经济林木品种差，不成规模，大片土地简易开垦种植本地木薯，收益微薄，水土流失严重。近年来，虽有部分山岭种植速丰桉，但仍有水土流失。

库区交通不便、信息不畅，居民收入主要靠外出打工，无劳力输出的家庭，农耕收入少，生活艰辛。

8.1.63 大湟江

(Dahuang River)

西江浔江段左岸支流，原称大黄江，又名大鹏水，河口段又称小江，发源于广西壮族自治区来宾市金秀县，在桂平市汇入浔江，地跨广西金秀、平南、桂平3个县（市）。

概　述

大湟江流域北倚大瑶山脉，西是黔江，东南是浔江平原，流域面积874平方千米，其中甘旺分洪道区域面积（包含紫荆河）394平方千米。河长73千米，落差831米。地势自西北向东南倾斜，地下矿藏有石英石、石灰石、重晶石、花岗岩、大理石等，资源丰富。上游为高山区，植被好，中下游为冲积平原。

春季和夏初低温阴雨，夏季多雨温热，秋季少雨气爽，冬季短，微寒有霜，年平均气温21.4摄氏度。多年平均年降水量1 838毫米，4—9月降水量占全年的77%。多年平均流量34.6立方米每秒。

地理位置特殊，水旱灾害严重，上游暴雨引发山洪灾害，洪水携带沙石；下游地势低平，黔江分洪和浔江洪水顶托倒灌成灾。20世纪有洪灾21次。1949年洪灾，倒塌房屋数千间，80%耕地受灾，待赈灾民数万，数千人逃荒；1988年，黔江洪水经甘旺分洪道入大湟江，南木两处堤防溃决，一片汪洋；1994年大洪水致大樟防洪堤溃决，大樟村90%房屋崩塌；2002年7月1日，有记录以来最大1小时降水量100.9毫米，24小时降水量344.8毫米，引发山洪，冲毁桥梁。2005年大洪水，河口洪峰水位达37.54米（珠江基面），大樟防洪堤溃决。20世纪重大旱灾18次，秋旱较重。1989年降水量比常年少39%，导致罕见大旱灾。

流域治理历史悠久，早在清康熙二十年（1681年），疏通大鹏水江口良泗至崖龙河段，能通舟楫数十里，又可供水灌溉。20世纪50年代，建成罗旺引水工程，灌溉农田1 933公顷。70年代距河口4.6千米处建江口水电站，建电站前河水清澈，鱼虾洄游，在此繁衍生息，名贵的黄沙鳖常在岸边产卵。建电站后，隔断鱼虾洄游水道，鱼类种群渐少，水源又受农药污染，现已少有鱼虾。

纪　实

大湟江发源于金秀县罗香乡罗运村大瑶山麓，河源段又称滑坪河，山高谷幽，有大片原始森林。云雾弥漫，古树遮天，四季葱茏，溪水潺潺，杉、芒、藤、竹，资源丰富。源流向南，经亚婆揽孙山，入平南县。经高平、思洪，至大鹏镇右纳大山河，以下称大湟江。大鹏镇东、西、北三面有山，有小瑶山之称。瑶民种植茶叶，名茶"石上银针"曾连续两次获国际茶叶博览会金奖。干流入桂平市桐心乡王举村右纳三连河（河长27千米，流域面积114平方千米），继南流经理村，至新燕转东流，至金田镇禾益村左纳罗蛟水，桐心乡主产山药和草席。至江口镇平石、新旗村，流向急转，洪水冲刷成石角潭，潭水深不可测。建有平石大堤，保护人口2万余人，经数次加高加固，现可防20年一遇的洪水。流经江口电站，在下游2.7千米处三合水与甘旺分洪道相汇。

甘旺分洪道又名南渌江，中段桂平市南木镇金龙村龙屈屯至思宜乡屈甲村称南木河，为黔江分洪水道，沟通黔浔二江。黔江洪水期，大藤峡水位高于32米（珠江基面）时，有部分黔江水从大藤峡（南木镇弩滩村）分流至南渌江，在大湟江口汇入浔江。1994年最大分洪流量3 770立方米每秒，占大湟江总流量的99%。平水期"南渌江水两头流"，自龙屈起流向朝西，在南木镇的弩滩村流入黔江，中段南木河，河水持平，屈甲起流向东南，经金田镇武靖村横岭屯纳

南木河风光

紫荆河，折向东北流，在江口镇三合水汇入大湟江。1949年前干流有龙屈、南木、思盘、思宜4处义渡，1949年后建大桥。

南木河风景秀丽，西北部是太平山国家级自然保护区，区内6条高山小溪汇流南木河，似6根银指，指向云天，与紫荆五水源呼应，又如卧龙欲飞，有金龙村龙屈、屈甲屯之称。

三合水下游1.9千米，又称小江，大湟江在江口街西侧注入浔江。

流域是广西优质水果、渔业及粮产区，有"鱼米之乡"之称。南木、金田、江口等镇是桂平龙眼主产区，量多质优。中下游村落密集，翠竹满目，地下水丰富，低洼冲地清泉汩汩，既可灌溉又可饮用，冬暖夏凉，甘甜爽口。闽粤先民沿水迁徙，至此傍水定居，居民知天文悉水性，通闽南语或粤语。民谣"三月三大雨欢，四月

桂平龙眼

八大水发，五月五龙舟水，七月十四鬼儿水"家喻户晓。

大湟江河口大湟江口镇（现江口镇）曾是广西三大名镇之一，1949年前就有大米和三黄鸡等出口港澳。手工业历史悠久，有180多种芒、藤、竹手工艺编织品及旅游工艺品，具有地方民族特色，久负盛名，远销国内外。

8.1.63.1 紫荆河
（Zijing River）

大湟江右岸支流，发源于广西壮族自治区桂平市紫荆镇衣安村紫荆山，河长51千米，落差844米，流域面积394平方千米。

紫荆河流域北倚大瑶山脉，西枕太平山，地势从西北向东南倾斜，高山向低山丘陵和台地平原过渡，梯度大。遍布深潭、悬崖、峭壁。众多小溪，流向东南。气候温和湿润，多年平均年降水量1 725毫米，多年平均流量11.1立方米每秒，多年平均年地表水资源量3.50亿立方米。

1949年前，建有彩村江坝，引水灌溉农田187公顷。1949年后，建成**金田水库**上库和下库，总库容7 250万立方米，两库相连，兼具灌溉与发电功能。

支流小江，源区太平山是国家级自然保护区，面积1 800公顷。丹霞地貌，瀑布飞溅，亚热带常绿阔叶林，保存较完整，有"孑遗植物宝库"之称。"活化石"古热带植物蕨、木莲、楮衍血本，珍贵植物木格、紫荆、香花木，均被列入国家保护名录。野生动物有200余种，其中有国家级保护野生动物苏门羚、猕猴、林麝、小灵猫等10种。有龙潭国家森林公园，森林覆盖率90%。幽雅清静，泉流湍急，山奇水秀，如入仙境。园内有常绿季雨林、树蕨群落、杉木火力楠混交林、龙潭瀑布、彩蝶泉、轻音泉等主要景点，古藤"过江龙"，长达数百米，可用作过江。

紫荆河自源地深水淙淙南行，与合水、田心水、花蕾水合流入金田电站上库，东南行与源于太平山的小江汇合后称紫荆河。深水、合水、田心水、花蕾水、小江通称紫荆河五水源，空中俯瞰，形如佛掌，与甘旺分洪道中段的南木河六小溪相互呼应。过金田电站下库，干流分为二条支汊，流经金田镇金田村，至黄泥潭汇合，河道渐宽，在武靖村横岭屯与甘旺分洪道相汇。于广西桂平市金田镇武靖村横岭屯入大湟江。

瀑布·深潭

紫荆河茂密的森林

流域历史悠久，太平天国金田起义旧址就在紫荆河畔，属全国重点文物保护单位。作战指挥所设在村东3千米的三界庙，庙内有清康熙、道光年间碑刻20多块，是研究当时政治经济状况的珍贵资料。

瑶族居住地上游紫荆镇，溪水清澈，盛产的沙姜，粒肥、

金田起义遗址

肉白、脆嫩。汉族居住在下游，种植龙眼、淮山药，养殖水产。金田镇原名大宣圩、新圩，淮山药是其出口创汇支柱，名贵的淡水黄沙鳖，既是佳肴，又可药用，属中华鳖种群。

8.1.63.1.1 金田水库
（Jintian Reservoir）

紫荆河上的中型水库。坝址位于广西壮族自治区桂平市金田镇茶林村紫荆乡，太平天国起义旧址附近，距金田镇6千米，桂平城区30千米。

水库有年调节功能，以灌溉为主，兼顾防洪、发电。流域面积240平方千米，总库容6 630万立方米，水面面积452万平方米，回水长10千米。1970年动工兴建，1976年竣工蓄水，1997年加固改造。

工程由主坝、副坝、溢洪道、输水管和灌渠组成。大坝是T形浆砌石支墩坝。主坝长224米，坝高53米，坝顶宽4米，坝顶筑有1米高防浪墙；副坝1座，高14米，长53米。溢洪道最大泄量1 939立方米每秒，输水管最大泄量32立方米每秒。灌区工程主要包括横崖拦河坝1座；东、南干渠2条，共长20.75千米；支渠7条，共长64.53千米；斗渠共长295千米；思盘渡槽和皮塘小（1）型水库等。

金田水库

水库为南木、江口、金田等乡镇42个行政村提供灌溉用水及人畜饮水，实际灌溉面积5 667公顷，减缓下游防洪压力，保护下游1万公顷耕地和20万人口。

库周高山环抱，上游石山陡峭，河谷狭窄，山溪坡度大。河身弯曲，断面呈V形，多石质河槽。库区森林覆盖率达

76%，植被很好，水源丰富。土壤为腐殖质壤土，适宜种植松木、杉木、竹子和其他经济林木，经济作物多木薯、沙姜、八角、花粉，还有香信、木耳、竹笋。灌区金田、江口镇多沙质壤土，多种植水稻、甘蔗、淮山药、黄麻、烤烟、半夏、龙眼。库区和灌区居民以汉族为主，其次是壮族和瑶族。瑶族主要住在紫荆山，至今仍保留瑶族传统风俗。

库区主要在紫荆乡，灌区在桂平市北部南木乡东南，四周有黔江、浔江和南渌江，地高水低，受旱涝之害。曾计划在甘旺分洪道上修水库，因水源不足，改在紫荆河建金田水库。

库区属亚热带气候，阳光充足，气温较高，雨量充沛。流域年平均气温22摄氏度，最高40.2摄氏度，最低－4摄氏度，多年平均年降水量1 900毫米，降水量年内分配不均，集中在4—9月。多年平均年来水量1.89亿立方米，多年平均年蒸发量800毫米。

水库淹没水田200公顷，旱地66.7公顷，林地175.7公顷，淹没民房3 962间，搬迁乡政府机关10个，居民30户，农户543户，共2 863人。在政府扶持下，搬迁户安居乐业。

库区风光秀丽，有太平天国金田起义风门坳战场遗址古营盘和紫荆十八河漂流等景点。库区和灌区盛产的淮山药、半夏、八角、沙姜、果蔬、元肉、竹笋、香信远销全国。

8.1.64 田贵水库
(Tiangui Reservoir)

西江浔江段左岸支流思旺河上游的中型水库。坝址位于广西壮族自治区贵港市平南县国安乡田贵村，距思旺镇17千米，平南县城40千米。

水库有年调节功能，发电为主，兼顾养鱼，可调节下游梯级水库电站及灌溉用水。控制流域面积93.8平方千米，其中引水流域面积81.4平方千米，水面面积2.15平方千米，回水长5.2千米，总库容4 887万立方米。工程于1975年动工兴建，1988年竣工蓄水，未安全复核和加固。

工程由大坝、溢洪道、引水隧洞、放水设施和坝后电站组成。大坝为水力冲填水坠式心墙坝，坝长405米，坝顶宽8米，坝高60.2米；溢洪道最大泄流量24立方米每秒；景华隧

田贵水库

洞引景华河水入思乐河，思乐隧洞引思乐河水入田贵水库。放水隧洞最大泄流量15立方米每秒。水电站装机容量2.5兆瓦，年均发电量650万千瓦时。

库区丘陵林木覆盖率高，水土流失少，多年平均年降水量1 892毫米，集中在6—8月，多年平均年径流量0.75亿立方米，年平均温度19.2摄氏度。

田贵水库淹没水田26.7公顷，旱地48.33公顷，山林144.73公顷，有175户1 066人迁往思旺镇横岭村、官成镇新建村等地，移民得到妥善安置，并按0.02元每千瓦时标准，

田贵水库大坝

提取坝后电站收入给搬迁户。水库生活区建有假山、庭园、壁画，成"平南县新八景"之一。

8.1.65 东平水库
(Dongping Reservoir)

西江浔江段支流秦川河中游的中型水库。坝址位于广西壮族自治区贵港市平南县东华乡东平村，距丹竹镇18千米，平南县城30千米。

水库有不完全多年调节功能。以灌溉为主，兼顾防洪、发电、养鱼。控制流域面积130.9平方千米，总库容5 740万立方米，水面面积206.2公顷。回水长5.8千米。工程于1956年动工兴建，1958年竣工，1985年加固改造。

工程由主坝、副坝、溢洪道、放水隧洞、水电站、灌溉渠系组成。主坝为黏土心墙外壳堆石的土石混合坝。主坝长148米，坝顶宽6米，坝高56.5米；副坝为黏土心墙坝，最大坝高28.5米，坝顶长149米，顶宽3米；溢洪

东平水库

道最大泄流量1 050立方米每秒；放水隧洞最大泄量55立方米每秒；坝后电站装机容量2.4兆瓦，平均年发电量700万千瓦时。灌溉渠分东、西两条，东干渠长13.24千米，西干渠长14.54千米。

建库后，连同盘古水库和白竹水库，3库共灌溉5 700公顷，减缓下游的防洪压力，保护下游1 500公顷耕地和3.5万人。

秦川河长42千米，流域面积280平方千米，流域多年平均年降水量1 626.6毫米，多年平均年来水量1.23亿立方米。库区位于大桂山区，地势北高南低，流域植被较好，森林密布。气候温和，年平均气温21.5摄氏度，雨量充沛，有暴雨。流域内盛产八角、玉桂、松脂、竹笋、茶叶、柑橙等农副产品。

建库初期，共计淹没耕地35.07公顷，移民639人，少部分由低处搬到高处。县政府安置全部移民，扶持生产，生活水平逐年提高。

8.1.66 白沙江
(Baisha River)

西江浔江段右岸支流，又名六陈河，发源于广西壮族自治区桂平市中沙镇沙木村大容山北麓的天顶岭，干流长102千米，河道平均比降1.65‰，流域面积1 139平方千米，涉及桂平市及平南县。

白沙江流域南倚大容山北坡向北倾斜，上游是山区，丘陵起伏，下游为浔江平原，地势平坦，农田联片。成土母质多为花岗岩和砂岩，中下游多沙质土，质地疏松。亚热带海洋季风气候，夏季多暴雨易洪涝，春秋有干旱，冬季有霜冻。多年平均年降水量1400毫米，多年平均年径流量7.99亿立方米。

时有水旱灾害，清宣统元年（1909年）白沙江暴涨，民舍坍塌，禾稻失收；1981年5月9日，连续暴雨，引发六陈镇南平县严重山洪，淹没车站，冲毁农田470公顷。1924年6月、1949年7月、1962年6月武林、大安、大新等乡镇，因浔江洪水顶托倒灌，发生外涝。1963年武林水闸竣工，拦截了浔江洪水倒灌。1962年下半年至1963年全流域严重干旱，白沙江断流，人畜饮水困难，农作物所收无几，流域68%的人口受灾。

白沙江开发历史悠久，平南县大安镇清乾隆十七年（1752年），建文良渠，引白沙江水灌溉耕地70公顷；清乾隆四十一年（1776年），建犁渠引支流上寺河水，灌溉7个村庄的耕地140公顷。1961年六陈镇建六陈大型水库。大新镇北河段建拦河弧形闸坝，引河水入大全、大武，灌溉农田2700公顷。

白沙江河滩

源流中和河出大容山，北流经桂平市的罗秀镇、麻垌镇，至麻垌镇南江村，右岸纳罗秀河后称白沙江。经沙江村流入平南县，向东穿过**六陈水库**后东北流，经古利、大中、大新、稻花等村，于大安镇燕岭村东南左纳流经富藏乡的富藏河（河长39千米，流域面积165平方千米），至大安镇治右纳大洲河（河长30千米，流域面积178平方千米），于平南县武林镇武林街注入浔江。

1952年前，白沙江1.5吨船只能上行至六陈圩。1948—1980年间，主河道普遍淤积2.5～3米，六陈圩河段河床宽度缩至1/6，逐渐停航。

上游多山林，有荔枝、木菇、八角、山药等经济作物。种植稻米，罗秀镇"罗秀米粉"闻名全国。麻垌镇麻垌荔枝肉厚、核小、味蜜，果肉晶莹透明，除鲜吃，还能制罐头，烤荔枝干，果核酿酒，果壳制药，为"桂平荔枝之乡"。中下游经济较发达，有桂树、荔枝、龙眼、稻米等作物，六陈水库建成后，灌区旱涝保收，成平南县"粮仓"。

8.1.66.1 六陈水库

(Liuchen Reservoir)

*白沙江*上的大型水库。坝址位于广西壮族自治区贵港市

六陈水库

平南县六陈镇新百村境，北距平南县城50千米，东距六陈镇1.5千米。

水库有多年调节功能，以灌溉为主，兼顾发电、防洪。流域面积448平方千米，总库容3.26亿立方米，水面面积16.4平方千米，回水长40千米。工程于1959年动工兴建，1961年竣工，1969、1973、1993年曾除险加固。

工程由主坝、副坝、溢洪道、放水管、灌溉与发电隧洞、发电站、灌区工程组成。主坝为黏土均质土坝，长345米，坝高40.62米，坝顶宽5米；副坝13座，坝顶总长1083米，坝高2.81～34.64米不等；溢洪道最大流量1302立方米每秒；灌溉发电综合隧洞，最大过水流量21.1立方米每秒；发电站两座，总装机容量5.12兆瓦，年均发电量980万千瓦时。灌区工程有总干渠1条，原设计流量21.1立方米每秒，长9.3千米；东干渠1条，长25.58千米；西干渠1条，长34.52千米。支渠418条，总长681.3千米。灌区是平南县粮食主产区，灌溉面积1.51万公顷，还提供乡镇工业和生活用水，可削减100年一遇洪水67.5%的洪峰流量。

库区地处四鸦山峡谷，地形复杂，地势西高东低，河道狭窄弯曲，断面呈V形，比降大，水流急，河谷间有多个小台地。位于大容山北麓，比大容山南雨量少，多年平均年降水量1408毫米，降水量年内分配不均，集中在4—9月。多年平均年蒸发量1060毫米，多年平均年来水量2.46亿立方米。

气候温和，春、夏交替时，常有锋面气流在大容山上空徘徊，春雨连绵，夏季在海洋暖气团控制下，高温、湿热、暴雨，易发生洪涝，秋季气流下沉，雨量渐少，有干旱现象发生，冬季少雨偶有霜冻，有利于种植农作物。年平均气温21.2～21.6摄氏度。

建库前，库区平南县六陈，桂平市油麻、麻垌3个乡镇有居民1.8万人，以种植、养殖、捕鱼为生。库区盛产的玉桂，皮、叶、枝、籽、花可加工成药、制作桂油、食品香料，部分低洼地种植水稻。

建库后水库淹没耕地506公顷，有15028人安置在库外桂平、平南附近乡镇，融入当地居民生活。部分田地已被水淹，不愿背井离乡者只将居屋往高处山坡迁移，仍靠种养、捕鱼为生。现库区仍有数千居民，在山坡、丘陵、高地种植玉桂、八角、杉树、松树、龙眼、荔枝，养殖猪、鸡、鱼，用船运到六陈圩国变卖，换购粮食和工业品。

库区主要交通依靠船只，一到圩期，几十条满载农产品的船只在水库上穿梭。人民安居乐业，水旱灾害一去不返。库区人口、田地较少，山多林茂，水土流失较小，气候、环境较好，时有候鸟栖息，春秋两季有数万白鹭在水面盘旋。山上种树，水上养鱼，水质四季清澈，"碧海银川"为平南八景之一。

8.1.67 蒙江
(Mengjiang River)

西江浔江段左岸支流，发源于广西壮族自治区金秀县，在藤县汇入浔江，干流长196千米，流域面积3894平方千米，河道平均比降0.81‰。涉及桂林、贵港、来宾、贺州、梧州5个地级市。

概 述

流域地势西北向东南倾斜，低山丘陵为主，平原和盆地较小，河源至蒙山黄村乡大化水文站为上游段，长107.25千米，河道弯曲，河床多为沙、卵石，宽80～120米，比降1.3‰，落差174.2米。大化水文站至河口为下游段，长88.75千米，落差51米，河道平均比降0.57‰。100平方千米以上的有长坪河、文圩河、文尔河、百合河、陈塘河、**大同江**、**平福河**、马河。大同江流域面积最大。

蒙江青山绿水鹅卵石河床

北回归线横贯流域中部，属亚热带湿润季风气候，春季受北方冷空气影响，经常出现低温天气，阴雨连绵；夏季受西南暖湿气团和台风影响，高温湿热，常有大面积或局部暴雨，引发洪涝灾害；秋季气候凉爽，雨量少，有旱灾；冬季气候干燥，局部有霜冻；年平均气温上游段19.7摄氏度，下游段21摄氏度。

降水量上游大，下游小。上游段多年平均年降水量1975毫米，下游段1595毫米。蒙江流域暴雨中心在大瑶山，六喇雨量站最大年降水量超过2000毫米。太平水文站控制流域面积3445平方千米，占蒙江流域的88.5%。处暴雨中心，20%洪水来自大同江。多年平均年径流量34.44亿立方米，最大60.88亿立方米，最小15.21亿立方米，年径流深975.6毫米。2005年6月21日洪水超200年一遇标准，最大流量8240立方米每秒。多年平均年输沙量66.7万吨；多年平均水面蒸发量上游段821毫米，下游段911毫米。

流域常有旱灾，明万历四十六年（1618年）大旱，米贵，斗米银四两，饿殍枕藉，流荒遍野，民饥死甚多；清光绪二十二年（1896年）夏，旱，永安州饿死及卖儿卖女甚多，饥民聚众抢劫官府。1952—1989年的38年中有春旱16年，秋旱15年。1986年春旱，蒙山县湄江流量仅1.5～4.0立方米每秒，黄村、陈塘、汉豪等乡镇溪水断流，部分地区人畜饮水困难，30余座电站无水发电，水田受旱4533公顷。元泰定四年（1327年）到1949年藤县有记载的旱灾21年。民国35年（1946年）大旱，太平、蒙江等圩镇米价高涨，卖一担柴买不到四两米，一斤猪肉换不到2斤半谷，农民沦为乞丐，逃荒、饿死无数。1953—1990年有旱灾的28年。

暴雨频繁，常引发洪涝灾害。汉永初之年至1988年上游段有水灾的61年。1988年蒙山全县特大暴雨，9个乡镇全部受灾，321国道中断6小时，受灾农田2466公顷。中下游，宋淳化二年（991年）到1949年，有记载的大水39年，1949—1994年，大水41年，水灾更重。1959年5月全县普降大雨，6月10日，大任水库（中型）垮坝，狭及下游8个村庄，冲毁房屋1475间，死11人。1987年5月20日，山洪暴发，河水暴涨，太平、东荣等7个乡镇，111个村庄，2.18万户，12.49万人受灾，受灾农田2460公顷，其中冲毁533.3公顷。

经济以农业为主，农民收入靠粮食、蔬菜和种养业。主要经济作物有甘蔗、桑、黄豆、花生、生姜、茶叶、板栗、玉桂、八角、粉葛，果类有沙田柚、柑、橙、梨、桃、柿、李、无核西瓜、荔枝等。矿产有金、银、铜、铁、铝、锌、重晶石、红石、钛铁矿、锰、硅、钴等，藤县钛铁矿藏量大，品质高，总储量2000多万吨，堪称"中国钛白之都"。

1949年以前，仅有陂坝、山塘，靠63架筒车提水灌田。流域还未开发治理，"县属无大泉。在冲田籍以资灌溉者，以山汶为多；接近小河流之田，则藉水车轮转运水，以为灌溉；其在垌面之田，亦多层梯级，除由远水顺流而来或筑塘以资灌溉外，一遇天久不雨，则旱象生焉。以言水利，实未有也"。1949年后，开始建筑混凝土坝，用水轮泵提水灌溉。

1956年冬，建蒙江镇覃安村的送冲防洪堤，次年建成，防御马河洪水，保护农田33.3公顷。20世纪60年代中后期，兴建新塘等11个防洪堤，保护耕地273.3公顷。60—70年代建成中型水库3座，总库容9712万立方米，灌溉4859公顷；小型水库61座，总库容3179.3万立方米，灌溉2375公顷；现有水轮泵521座，灌溉1953公顷；引水工程4058座，总流量18.45立方米每秒，灌溉面积6950公顷。建梯级电站19座，总装机容量27兆瓦。

纪 实

蒙江发源于金秀县忠良乡立龙村东南1千米处，河源高程1300多米，干流流经金秀、荔浦、昭平、平南、蒙山、藤县。源头在大瑶山余脉和鸡冠山山脉，东、西、北三面环山，金秀县河段称忠良河，蒙山县河段称湄江、蒙山河，藤县三江口以下河段古称屯江，今称蒙江。

两岸多高山，河面窄深，植被好，河水清澈。上游西南高，东北低，源头山高超过1000米，有5条山沟，流向东北，山岭绵亘，沟壑纵横，河流深切山沟，呈V形。山上森林密布，土地肥沃，生态环境独特，古称"万宝山"。经忠良、石琢，至上坝入新圩镇小盆地。新圩镇双垌村哥谷岭有汉、晋古墓群，南北长约3千米，东西宽约2千米，为广西壮族自治区文物保护单位。在下坝转东流，经水峡峡谷，过文聚、更龙、古西入蒙山县。在县城北3千米左纳茶山河（河长38.6千米，流域面积184平方千米），东南向穿越峡谷，于西河镇水秀村上山屯右纳文圩河（河长38.2千米，流域面积292.66平方千米），左纳文尔河（河长26.07千米，流域面积105.62平方千米），于黄村镇明觉村左纳百合河（河长24.12千米，流域面积118.66平方千米），至大化水文站。蒙山县古称百越地，民国初年，改制蒙山县。地势险要，"屏蔽昭梧，控扼蛮夷，间浔漓江之中，为形胜要地"。汉族、壮族、瑶族聚居，70%为瑶族、壮族。清咸丰元年（1851年）太平天国起义军9月25日攻占蒙山城，创立天朝，现存太平天国开国封王建制26处遗址。支流茶山河上的**茶山水库**是县城主要水源，粮食

珠　江　卷　　8.1.67.1 茶山水库

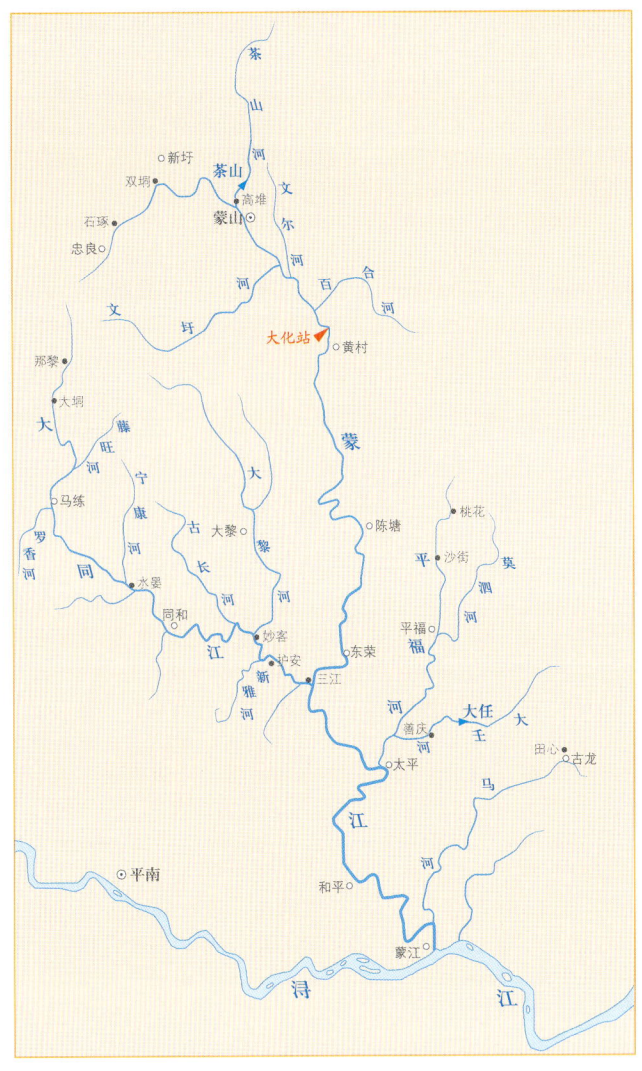

蒙江水系示意图

蒙江桑业基地

耕，盛产西瓜、甘蔗，太平江口荔枝为广西名优品种。太平镇上游10千米的平福河支流大壬河上有**大任水库**，上游11千米黄垌河上有黄垌水库，两座中型水库共灌溉3 473公顷。经太平盆地入和平、蒙江镇盆地，地势低常遭洪水淹没。1957—1973年建9条防洪堤，减轻了洪水灾害。蒙江镇水陆交通便利，水上船只穿梭，上可通南宁、柳州，下可通梧州、广州和香港、澳门。马河发源于古龙镇田心村，长48.2千米，落差144米，多年平均年径流量1.19亿立方米。

8.1.67.1　茶山水库
（Chashan Reservoir）

蒙江上游支流茶山河口处的中型水库，因其拦截茶山河，由此得名。坝址位于广西壮族自治区梧州市蒙山县蒙山镇高堆村，距蒙山县城3千米。

水库有年调节功能，以灌溉为主，兼顾发电、防洪、养鱼及县城供水。控制流域面积130平方千米，库容6 300万立方米。水面面积232.67公顷，回水6.7千米。工程于1975年动工兴建，1978年竣工

蒙山县茶山水库

蓄水。1996年大坝曾防渗灌浆，2002年除险加固续建。

工程由大坝、溢流坝、输水管和水电站4部分组成。大坝为浆砌石宽缝重力坝，主坝长206米，坝高60.2米，坝顶宽6米。溢流坝最大泄量1 305立方米每秒，发电和灌溉输水管最大引水量分别为7.24立方米每秒和6.6立方米每秒，水电站装机容量1.85兆瓦，年发电量800万千瓦时。

建库后削减洪峰，减缓了洪水对下游的威胁，保护蒙山县城、下游2 000公顷耕地和5万人口的防洪安全。灌溉2 800公顷，年供水量1 668万立方米。解决县城区4.43万人（截至2005年底）饮水困难，年供水量300万立方米。

库区东属西河镇，南属蒙山镇，北属长坪乡，西属文圩镇。地处蒙山县丘陵沟壑区，原是森林茂密、植被良好的红壤土、黄红壤、紫色土丘陵地，大炼钢铁时因乱砍滥伐，致使植被稀疏，水土流失，土地贫瘠。流域属亚热带气候，年平均气温19.7摄氏度，多年平均年降水量1 738.7毫米，4—8月降水1 000～1 300毫米。多年平均年来水量13 700万立方米，平均流量3.71立方米每秒。

淹没区建库前是长坪、东护、茶山的肥沃良田。建库后，淹没耕地55.79公顷，移民1 952人。为加快库区经济发展，国家投入财力、人力和物力，修路及建设移民饮水设施。

水库控制流域内部分移民在自留山、自留地上耕种，破坏植被，导致水土流失，连同上游河道携带大量泥沙淤积库中，库容逐年缩小。2002年起，蒙山县政府综合治理库区严重的水土流失，营造水保林42.8公顷，封山育林300公顷，减少泥沙进入水库。

作物以水稻为主，蒙山县永安牙黏米曾远销香港及东南亚。经济作物以甘蔗、桑、生姜、茶叶较著名。森林覆盖率70%，有40个科、72个属、80个种，优势树种为松、杉。现存国家级保护野生动物大鲵、穿山甲、白鹇、原鸡、大灵猫、小灵猫、水獭、麝、毛冠鹿。矿产资源有重晶石、黄金、硫铁矿等，硫铁矿储量丰富。

蒙江经大化继续东南流，经黄村、汉豪，于陈塘镇陈村左纳陈塘河（河长36.88千米，流域面积161.7平方千米）后入藤县县境，南流至东荣镇三江村右纳大同江，继于太平镇下黎村左纳平福河，经太平镇入太平盆地，地势变平缓。于蒙江镇上游2千米处，左纳马河（河长48.24千米，流域面积228.99平方千米），在蒙江镇汇入浔江。藤县太平镇古称泰州，清乾隆四年（1739年）建圩发展成商埠，321国道纵贯南北。全镇面积279平方千米，适宜农

蒙江四王故里

8.1.67.2 大同江
(Datong River)

蒙江右岸支流，发源于广西壮族自治区金秀县忠良乡立龙村，流经平南县，在藤县东荣镇三江村汇入蒙江。流域面积1 140平方千米，河长108千米，河道平均比降1.65‰。

流域地处大瑶山余脉东南部，山区坡地占90%。属亚热带季风气候，夏季温热，冬春微寒，有降雪和冰雹。多年平均年降水量2 163毫米，属广西降水丰富地域，4—9月降水量占全年的80%，上游降水量多于下游。夏季暴雨频繁，易发山洪。上游峡谷，坡降大，水浅流急，洪水携带沙石。下游低地，易有洪灾。1959—2005年发生洪灾17次，2005年最大，达50年一遇洪水标准。秋季和冬季雨少，河水清澈。多年平均年径流量13.7亿立方米，水力资源理论蕴藏量11.58兆瓦。1950年前，用筒车提水灌溉；之后建小型水力发电站10座，蓄水、灌溉、发电，总装机容量5.4兆瓦，燕滩电站最大，装机容量3.75兆瓦。

大同江大黎镇段

大同江流域山脉连绵，层峦叠翠，山环水绕，空气清凉，有大片的原始细叶林，甜竹、八角尤为著名。上游干支流沟谷深切，水流湍急。下游河流蜿蜒曲折，水面渐宽，流速渐缓，枯水期出露卵石沙洲。河口段地势平坦，河水平缓，1960年前可通航，后因河道淤浅，通航困难。

源流出观音山北麓，南流经坪冲、纸蓬、那黎、大垌村，至马练乡利俩村入平南县境。至马练乡右纳罗香河，经九槐、三更等村，至水晏圩左纳流经宁康乡的宁康河，经新河村、练山村、同和镇、平塘村，至藤县大黎镇祥江左纳古长水。继流至妙客村左纳大黎河，大黎河长60千米，流域面积288平方千米，大部分在藤县境，因流经大黎镇而得名。大黎镇地处梧州西北，与蒙山、平南、金秀县相邻，是藤县最边远的山区镇，太平天国忠、英、末、侍四王故里。南流过燕滩电站入藤县境，流经护安、昨雅，在藤县东荣镇三江村汇入蒙江。

大同江源区有瑶族居住，民族风情独特，外界交往较少，以山区土特产维生。中下游主要居住汉族，经济相对发达，种植水稻，山边种植八角、玉桂、黄豆、木薯和荔枝、龙眼、甘果。甜竹笋是平南县著名农副产品，同和镇种植的玉桂，皮厚、油多、味醇。

8.1.67.3 平福河
(Pingfu River)

蒙江左岸支流，又名勒竹河、留利河，发源于广西壮族自治区藤县平福乡桃花村，河长58千米，落差410米，流域面积553平方千米。

流域属中亚热带季风气候，夏长冬短，四季分明，春秋旱、夏洪涝，年平均气温20.2摄氏度，多年平均年降水量1 627毫米，多年平均年径流量3.56亿立方米。20世纪60年代，干支流上先后建成大鸭、水寨、下车、高车、大坡混凝土坝，安装水轮泵80多台。70年代建成古风电站，是藤县最大的引水工程，引水流量1.8立方米每秒，灌溉农田1 000公顷，下游马山引水式电站，装机4台总装机容量1.24兆瓦。

河源地为大瑶山余脉，群山绵延，峰峦叠嶂，是藤县北部屏障。源流河道比降大，水流湍急，河谷窄深，多V形。两条Y状山沟，西、北、东三面高山，溪水潺潺南流，河岸绿树成荫。桃花山黄金矿，以脉金为主，辅以砂金，探明储量4 638千克，开采始于1949年前。平福河从北合、黄家口、沙街南流到平福镇。下游1.5千米合水村处左纳莫泅河（河长34.51千米，流域面积152.91平方千米）。转西南流，在水寨村左纳大壬河入太平平原，地势变低，河道变宽浅，于太平镇下黎村江口屯注入蒙江。大壬河上有**大任水库**平福镇居民多汉族，通用粤语。耕地面积1 241公顷，其中水田1 072公顷，主要种植水稻，盛产木薯。

8.1.67.3.1 大任水库
(Daren Reservoir)

平福河左岸支流大壬河中游的中型水库，坝址位于广西壮族自治区梧州市藤县太平镇善庆村，距太平镇10千米，距桂梧公路10千米。

水库有年调节功能，灌溉为主，兼顾防洪、发电、供水、

大黎河

大任水库

养鱼。集雨面积 83.50 平方千米，库容 4 155 万立方米，水面面积 159 万平方米。工程于 1958 年动工兴建，1969 年被洪水冲毁，1975 年 7 月重建，1980 年竣工。

工程由大坝、溢洪道、输水管、水电站和灌区 5 部分组成。大坝由主坝和连着主坝左端的副坝组成。主坝为黏土心墙土坝，长 250 米，坝高 56.5 米，坝顶宽 7.5 米，坝顶筑有高 1.0 米的浆砌石防浪墙。天然山土削坡副坝，坝长 150 米，顶宽 7.5 米，最大坝高 12.5 米。溢洪道为开敞式实用堰，最大泄洪流量 1 140 立方米每秒，输水管最大泄洪流量 5.78 立方米每秒，坝后水电站装机容量 1.5 兆瓦，尾水发电站装机容量 1.24 兆瓦。

建库后，灌溉面积 5 053 公顷，向水厂供水 104 万立方米，两座水电站年发电量 565 万千瓦时。

大任水库库区多年平均年降水量 1 523.9 毫米，年内分配不均，4—9 月的降水量占全年的 75%，春末及夏季多洪涝，秋冬及初春多干旱。多年平均年来水量 4 933 万立方米，年均入库流量 1.56 立方米每秒。

大任水库淹没区涉及太平镇善庆村和古龙镇长沙村的 14 个村小组，淹没水田面积 30.8 公顷、旱地面积 9.3 公顷，需搬迁 103 户 508 人。国家架设库区供电线路，帮助库区建设农副产品加工厂，建小学教室，发展生产，提高居民生活，建简易公路，购置船只，改善库区交通，并自 2006 年 7 月 1 日起，给移民每人每年发放 600 元的生活补助费。

因建坝取土，库区坝头，草木不生，两岸山地原有林草破坏严重，水土严重流失。1987—1991 年，藤县水土保持站用国家补助结合地方自筹，开展库区小流域综合治理。在取土留下的光秃山坡，砌筑排水沟，分级种果树和草。两岸山地植树造林、封山育草。营造湿地及松、杉树等用材林面积 700 公顷，种植八角、玉桂等经济林面积 350 公顷。

8.1.68 北流河

(Beiliu River)

西江浔江段右岸支流，发源于广西壮族自治区北流市沙垌镇沙垌村，在梧州市藤县藤城镇汇入浔江。干流长 273 千米，高差 1 200 多米，河道平均比降 0.53‰。流域面积 9 359 平方千米。流域涉及广西玉林、贵港、梧州 3 个地级市，广东信宜、罗定等 6 县（市）。

北流河

概　述

流域范围　流域地处广西壮族自治区东南部，东起云开大山，东南以云开大山为界与鉴江相邻，西倚大容山山脉与南流江为邻，西南与九州江毗邻，北接浔江。地跨北流市、容县、藤县三地，支流涉及陆川、桂平、平南、岑溪、广东信宜、罗定等 6 县（市）。

地质地貌　北流河流域地势由南向北倾斜，山区、丘陵为主，沟谷纵横，切割强烈，地形破碎，地质构造复杂，成土母质多是花岗岩、混合岩、砂页岩、紫色岩，以黏土、壤土为主。

河流水系　由南向北流，各支流发育在云开大山、大容山两大山脉中，有支流 41 条。流域面积 500 平方千米以上的一级支流 4 条，左岸有**泗罗河**，右岸有**杨梅河**、**黄华河**和**义昌江**。

气候水文　属南亚热带季风气候，春、秋两季温暖，夏季长、多酷热，冬季短、无严寒。光热丰富，雨量充沛，雨季长，湿度大，无霜期长；光照、降水地域差异明显，年平均气温 21.3 摄氏度，年相对湿度 79%，多年平均年蒸发量 1 506 毫米。多年平均年降水量 1 400 ～ 1 800 毫米，4—9 月降水占

大容山植被

全年的 80%。多年平均年径流量 81.3 亿立方米。洪水期含沙量大，年平均含沙量 0.86 千克每立方米，多年平均年输沙量 342 万吨，水土流失属广西较严重地区。年地表水质平均为 Ⅲ 类，局部河段 Ⅳ～Ⅴ 类。4—8 月水质为 Ⅲ 类。

社会经济　2000 年底，流域人口 280 万，经济以农业为主，有优质谷、荔枝、龙眼、沙田柚、玉桂、八角、松脂、三黄鸡等农优产品。藤县、容县、北流等县（市）先后被国家林业局、农业部授予"全国商品粮生产基地""沙田柚生产基地""荔枝之乡""中国名优特经济林玉桂之乡"称号。

流域有丰富的石灰石、花岗岩、钛铁、黄金、重晶石、铅锌、硅等矿产资源。

北流、容县两市（县）水泥、陶瓷业发达，是广西主要水泥基地。北流支柱产业是日用陶瓷，出口年创汇超亿元，岑溪市是花岗岩生产基地。

自然灾害　1514—1930 年，流域大范围旱灾 12 次。清康熙三十年（1691 年）"春大旱，井泉皆涸"，清乾隆四十二年（1777 年）"秋旱至次年夏，民大饥"，民国 17 年（1928 年）"大旱，小溪断流，井水枯竭"，旱灾频繁。1950 年后，较大灾情有 21 次，1988—1990 年连续 3 年大旱。1963 年 9 月底部分支流断流，主要水库水量减少 80% 以上，降水量偏少 30%。1980 年春秋干旱，河溪断流 124 条，山塘干涸 1234 座，水库干涸 100 多座，受旱 3.2 万公顷。

大洪水多由台风雨引发，东、南、西三面环山，全流域洪灾较少，多出现在局部地区。明万历十四年（1586 年）"七月，北流沿江水涨，淹没田庐人畜不计其数"；清咸丰六年（1856 年）"六月，大雨兼旬，河潦长数丈，漂没民居无数，水入城浸至学官照墙"，"连日大雨，坏民庐舍无数。十三日容江洪峰突起十余丈"。民国 4 年（1915 年）五月十七日，北流大降淫雨 7 昼夜，山多崩塌，压坏民居。圭江三官村口洪峰流量 2 528 立方米每秒。1950—1995 年，中上游洪涝灾害 104 次，其中北流 68 次，容县 36 次。1985 年 9 月 23 日，受台风

8.1.68 北流河

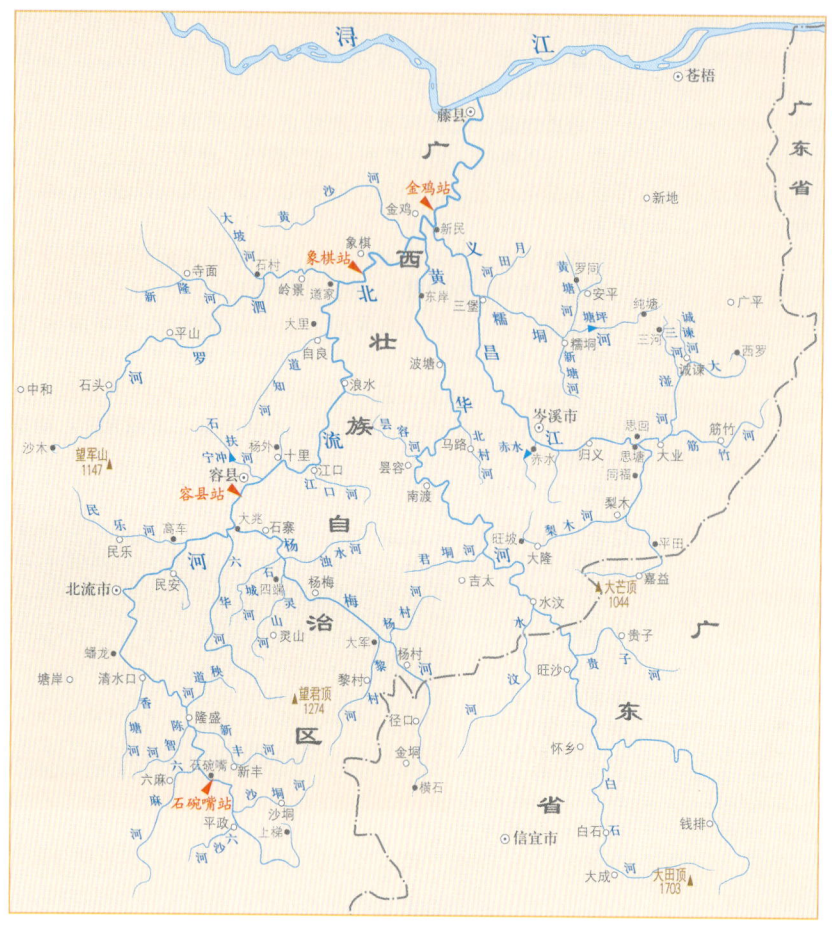

北流河水系示意图

影响,北流河流域普降特大暴雨,北流、容县等地降雨量317.7毫米,北流有10个乡镇175个村,容县16个乡镇219个村受灾。1995年10月13—14日,受第199516号强热带风暴影响,北流河中上游发生了1852年以来特大洪水,容县洪峰流量3 960立方米每秒,超100年一遇。

治理开发 北流河治理开发历史悠久,早在唐贞元十五年（799年）,就已建设坡坝,引水灌溉农田。明嘉靖十年（1531年）,支流义昌河建大车陂、断河陂、说塘陂等引水工程,灌溉农田60多公顷。清嘉庆年间,北流全县有陂坝水塘165座。至1949年,有陂坝塘库引水工程2 000多座。十里乡龙船头水坝,灌溉面积93.3公顷。

20世纪50—60年代,开始综合治理,修建水库、疏浚河道。干流上已建梯级电站13座,大型拦河水轮泵坝6座,北流、容县城区防洪堤长4.20千米,防洪标准为20年一遇。中型水库有龙门、宁冲、赤水、塘坪4座,小型水库116座,总库容17 343.45万立方米。上中游有蟠龙、宁冲两个自流灌区,总灌溉面积4 180公顷。有机电泵站666座,总装机容量7 692千瓦,灌溉面积4 320.4公顷。其中蟠龙抽水站灌溉面积1 400公顷。北流河总灌溉面积65 333公顷。

流域年总供水量41.41亿立方米,其中地表水40.145亿立方米,地下水1.265亿立方米。农业灌溉用水量占总用水量的60%。

纪 实

上游 北流河发源于云开大山支脉天堂山西南麓——北流市沙垌镇沙垌村,源流向北,至平政镇岭垌村折向西北流,流经新丰镇石碗嘴,建有石碗嘴水文站。至隆盛镇西塘村左纳六麻河（河长42.4千米,流域面积214.49平方千米）,至香圩村右纳新丰河（河长33.32千米,流域面积175.68平方千米）,经隆盛、清水口镇,至塘岸镇蟠龙村转向北流,过北流市区。

北流建制于南朝梁代（502—557年）,至今已有1 400多年。唐、宋、元、明、清时期,北流河为中原、广西与桂南、湛江、海南等地交通要道。当年郁林（现玉林）五属（郁林、北流、陆川、博白、兴业五县）和广东高廉各县土产货物,经北流河运往各地。北流河水运活跃,北流县城、隆盛、石碗嘴有民船转运点,设有望夫山、头塘、沙街码头,县城东门江边有税厂、厘金厂、总关厂,专收圭江进出口税,时称"金北流"。《辞海》里提到的"鬼门关",距北流城西5千米,地处北流河与南流江流域交界,与天涯海角齐名。《徐霞客游记》"十人去,九不还,言多瘴也"的鬼门关,现已成324国道经过之地。北流城外勾漏洞,位于北流河北岸,"溶洞勾曲穿漏,故名",道书列为三十六洞天的第"二十二洞天",全长1 500米,宝圭洞、玉阙洞、白沙洞、桃源洞及许多小洞连贯,勾、曲、穿、漏奇景天成,洞内石柱、石笋及钟乳石纵横交错,千姿百态。洞前亭台楼阁,雕梁画栋,绿树婆娑,曲径通幽,石壁上历代石刻琳琅满目。

两岸是山区、丘陵和北流盆地。过勾漏至民安镇铜石岭。铜石岭地处北流河南岸,高程500米,因春秋至隋唐冶铜而得名,遗址为省（自治区）级文物保护单位。铜石岭有十岩、七洞、三池、十泉、108个奇异石景。铜石岭"三绝"一是指此处为世界最大的铜鼓铸造地和历代官币铸造地;二是这里喀斯特和丹霞地貌共生;三是山上天成的天公地母。河出民安镇入容县境。于高车村左纳民乐河（河长29.58千米,流域面积256.24平方千米）。

铜石岭

中游 民安镇高车村至容县自良镇大里村河段,又称容江或绣江。一路北流,于容县石寨镇里荣村右纳六华河（河长53.82千米,流域面积201.02平方千米）,继流有杨梅河于石寨镇大兆村自右岸汇入,至容县县城。县城上游5千米建有容县水文站。

容县古称容州,西晋置县,至今已有1 700多年。唐朝设容州都督府,宋朝置容州路,领十一州六十余县,明改容州为容县。容县是广西最大的侨乡,旅居海外侨胞、港澳同胞70余万人。容县又是农产品基地县,盛产水果,沙田柚为历代进贡珍品。山清水秀,名胜古迹众多,人文景观独特,有真武阁、都峤山风景区。

真武阁与江南三大名楼滕王阁、黄鹤楼、岳阳楼齐名，被誉为"天南结构""江南四大名楼之一"，为全国重点文物保护单位。真武阁高13.2米，面宽13.8米，进深11.2米，已有400多年历史。全阁以杠杆原理，用近3 000条格木构件，串联吻合，互相制约，未用一件铁器，组成一个稳固的整体。二层四根内柱，承受沉重的上层楼板、梁架配柱和阁瓦、脊饰荷载，柱脚却悬空不落地。

真武阁

容县城南5千米，北流河南岸有都峤山风景区，峰奇、洞多、谷幽、道险，道家列为中国第二十洞天。干流出容城镇、过十里乡，至江口村折向北流，经浪水乡，过自良镇左纳道知河（河长32.39千米，流域面积220.31平方千米），入藤县境，两岸山高壁陡，水深流急。

下游 河流入藤县至象棋镇道家村左纳泗罗河。继流至金鸡镇胜安村左纳黄沙河（河长41.67千米，流域面积227.95平方千米），于光华村右纳黄华河，于新民村右纳义昌江。过金鸡至藤县城区，汇入浔江。其间有金鸡、象棋水文站。容县自良镇大里

都峤山

村至藤县藤城镇，干流长81千米，水深流急，属山区河段。藤县境有石城滩，江中隐石横卧如城；河口上游15千米处，有窖滩将河分为两汊，滩石屹立中流，刻有"天启二年劈"。数里后两汊合一，风景清幽，因滩高水急，船舶经此航行，最为险阻。夏商周时藤县为南越地。藤县人杰地灵，是明崇祯兵部尚书袁崇焕，太平天国忠王李秀成、英王陈玉成、侍王李世贤，琼崖纵队副司令李振亚的故乡。县城有古藤八景、东山美景，文人墨客常到此吟诗赋咏。

8.1.68.1　杨梅河
(Yangmei River)

北流河右岸支流，又名梅江，发源于广东省信宜市金垌镇横石村，于广西壮族自治区容县石寨镇大兆村三角嘴屯汇入北流河。河长86千米，流域面积1 093平方千米。

流域南倚云开大山，东南向西北倾斜，山地丘陵起伏，土壤为红壤（黏土），岩层为花岗岩、石灰岩和砂岩。广东境内面积182平方千米，广西境内面积911平方千米。主要支流有杨村河、黎村河、灵山河、浊水河、石城河等。属亚热带海洋性季风气候，气候温暖，湿度较大，年平均气温21.3摄氏度。上游地处云开大山暴雨区，多年平均年降水量1 694毫米，4—9月占全年降水量的82%。多年平均年径流量10.92亿立方米，最大20.59亿立方米，最小3.81亿立方米。

1949年前，水陂为主要灌溉工程，最早是清同治年间筑的黎村圩尾陂。杨村乡鱼产村长浪塘，县知事发有塘照，注明该塘永远用于灌溉。至2005年，流域内已建小型水库22座，引水工程8座，电灌站110多座，灌溉面积80多公顷，水轮泵站（水电站）3座。杨梅河上，小木船曾可航行至杨梅圩，20世纪60年代后已不通航。

源流向北，经广东省的金垌、径口镇，在杨村圩东3千米爽底，入广西容县境转西北流，至杨村镇杨村圩右纳杨村河，经六福村，于大军村大坡屯左纳黎村河（河长25千米，流域面积195平方千米），经杨梅镇治、四门，至四端村左纳灵山河（河长28千米，流域面积102平方千米），继流至石寨镇上烟村右纳浊水河（河长30千米，流域面积119平方千米），左纳石城河，于石寨镇大兆村三角嘴屯汇入北流河。

杨梅河两岸林木茂密，河槽呈V形或U形，河床以砾石、卵石为主，河道稳定、顺畅。平时清流潺潺，山洪暴发时，河水浑浊，泥沙俱下。流域经济以农为主，山坡种植马尾松、杉木、黎木等经济林和沙田柚，河谷两岸台地和低洼坡地种植水稻，石寨霞阆鸡畅销国内外。上游黎村镇有黎村温泉，最高水温100摄氏度。

8.1.68.2　宁冲水库
(Ningchong Reservoir)

北流河左岸支流石扶河上的中型水库。坝址位于广西壮族自治区玉林市容县容州镇宁冲村，西靠大容山脉。距玉林市60千米，容县县城8千米，梧州市120千米。

水库有年调节功能，灌溉为主，兼顾防洪、城市供水、发电和养鱼。控制流域面积52.2平方千米（其中引沙田河流域23平方千米），总库容1 051万立方米，回水长2.5千米，水面面积0.4平方千米。工程于1957年动工兴建，1958年竣工蓄水，1971年加固改造，增建泄洪隧洞，加高培厚大坝，2001年完成除险加固。

工程由1座主坝、3座副坝、溢洪道、隧洞和坝后电站组成。主坝为黏土心墙土坝，主坝长135米，坝顶宽6.5米，坝高25.32米，坝顶筑有高0.72米的浆砌石防浪墙；溢洪道最大泄洪量286.49立方米每秒；泄洪隧洞为圆形钢筋混凝土压力洞，最大泄流量32.9立方米每秒，现为县城饮用原水放水口，外加旁通管用于灌溉和发电；坝后电站装机容量250千瓦，年发电量75万千瓦时。

宁冲水库灌区原是容县主要旱区之一，清光绪年间到民国时期，曾发生5年9次旱灾。建库后保证了980公顷农田灌溉用水，年均供水2 082万立方米；保证了容县城区生活饮用水，年均供水700万立方米；减缓了洪水对容城和下游地区安全的威胁。

库区位于华南准地台大容山东翼，背斜剥蚀中低山，西北高东南低。坝址处河流流向东南，在容城下游1千米处汇入北流河。

宁冲水库坝址以上石扶河长15.99千米，属北流河支流。集水面积29.2平方千米，河道比降25.76‰；流域多年平均年降水量1 708.47毫米，多年平均年来水量3 011.3万立方米。

水库淹没土地38.13公顷，移民由低搬高182户641人，搬至库区外74户343人。

集水区为松山花岗岩，山高林茂，植被较好，森林覆盖率61.75%，除降暴雨外，一年四季水库之水清澈碧绿。上游的松山镇大水村植被茂密，森林保护好，瀑布众多，是容县的旅游热点。

为确保容城城区居民饮水质量，容县水行政部门制定了

宁冲水库

《容县城区居民生活饮用水水源地安全保障规划》。封山育林，提倡生态旅游。发展生态农业，建设生态家园。海拔较低的山种植松树和常绿阔叶林等水源林，海拔较高、温差较大的高山种植大红八角等经济林。圈养禽畜，水库上游养猪、养鸡场四周营造10米宽的乔木林带。每个养殖场都要开挖500立方米以上的贮粪池，及时清理粪便。加高鱼塘堤坝，避免降雨时塘水溢入库内。扶持农户建沼气池，减少化肥、农药污染。扩建引水工程。

8.1.68.3 泗罗河
(Siluo River)

北流江左岸支流，又名西大河，发源于广西壮族自治区贵港市桂平县中和镇沙木村，干流长99千米，河道平均比降2.18‰，流域面积834平方千米。涉及贵港、玉林、梧州3市。

流域属南亚热带季风气候，夏长冬短，四季分明。年平均气温21摄氏度，多年平均年降水量1 350～1 407.7毫米，多年平均年径流量4.79亿立方米。自然落差20米，可利用水头17米，有5座梯级电站，总装机容量6 700千瓦。1950年前，泗罗河上筑有一些水车坝，用筒车提水灌溉，可通航小木船，1960年后建10座水轮泵坝，用水轮泵代替筒车灌溉，已不通航。

泗罗河源头位于大容山脉北部，是大容山、长蛇冲、沙木林场所在地。南有虎头岭，西有天顶岭，东有望军山，地形东、西、南高，北低。大容山因山体雄伟博大，无所不包，无所不

象棋镇道家村

容而得名。山上原始森林面积大，是罕见的植物宝库和野生动物栖息地，空气中负氧离子含量高达8.9万个每立方厘米。山高云密，水资源丰富，有10多个高山湖泊，几十条溪流，上百处瀑布，高程1千米的莲花瀑布最为壮观。泗罗河源头V形山涧四季常青，源流向北流经塘头垌，穿越陡峭的峡谷至容县石头镇。石头镇河段落差大，建有梯级电站"石头联合水力发电站"，年发电量3 471万千瓦时。出石头镇后，河床变缓、变宽，流入平南县平山镇，折转东流。两岸赤红土丘陵高程100～300米，宜种植水稻、花生。至竹良村右纳松山河，转北偏东流，至平南县寺面镇新隆村左纳新隆河（河长17千米，流域面积122平方千米），再转东流，经河儿入藤县，于岭景镇篁村石村纳大坡河，流经藤县岭景镇治，弯曲流至象棋镇道家村汇入北流河。自土著人窦始在石表山筑窦家寨，到窦圣封司设窦家司，历朝在道家村设驿站，传递皇帝政令，接待来往官员。村上有司署衙门、驿站、文武庙、观音阁、救封大王庙、古戏台、古盐仓、古糖坊、通济桥、窦家司牌坊、粤东会馆、围龙王殿等多处古建筑遗址。

8.1.68.4 黄华河
(Huanghua River)

北流河右岸支流，又名黄华江，古名皇华江，发源于广东省信宜市钱排乡云雾山西麓，于广西壮族自治区藤县金鸡镇光华村黄华口汇入北流河。河长228千米，流域面积2 398平方千米，涉及广东、广西两省（自治区）。

流域地势东南高西北低，地处低山丘陵区，坡陡，水深流急，沿岸间有河谷盆地。属亚热带季风气候，春季低温阴雨，夏季高温湿热，雨量集中，秋季雨量稀少，冬季干燥有霜冻。降水

黄华河坡塘镇段

量由东南向西北递减。多年平均年降水量1 470.7毫米，年际变化大，年内分配极不均匀，多年平均年蒸发量1 413.5毫米。多年平均年径流量16.85亿立方米，多年平均年输沙量58.5万吨。

流域常有干旱，以秋旱为主，春、夏旱严重影响农作物。元泰定三年（1326年）到1949年624年间，严重水灾19次，民国36年（1947年）水灾最严重；1952—2005年54年间，发生较大水灾30次，1981年5月14日至7月26日，先后3次水灾。

灌田历史悠久，明代已用筒车提水。现有小型水库17座，总库容1 200万立方米，灌溉1 706.7公顷；引水工程26座，灌溉2 113.3公顷；电灌站和水轮泵站82座，灌溉面积800公顷。

1949年前，流域开发治理工程少。1949年后，固堤、改河、疏浚、河道清障、绿化、治污和建新堤综合治理干流河段，保护沿河城区、村镇、农田和人民生命财产。

黄华河上游段落差17.5米，滩多、水深流急。从发源地经钱排乡北流，穿过扶曹水库，折向西流，至洪冠镇下游左纳**白石水**（河长55千米，流域面积397平方千米），折北流至旺沙村右纳贵子河（河长29千米，流域面积156平方千米），折向西北流入广西壮族自治区岑溪市，至水汶镇左纳水汶河（河长45千米，流域面积217平方千米）。水汶镇是"华侨之乡"，有华侨、归侨、侨眷3.9万多人。曲折流至君桐村左纳君桐河（河长14千米，流域面积67平方千米），君桐河上有落差80米的白霜洞瀑布，君桐河漂流等景点独具特色。大隆镇凤凰山沸石储量596.12万吨。

出五滩峡谷，河面宽阔，沿岸竹林成片，是竹子、竹芒编织之乡。由东向北贯穿南渡镇20千米，河沙资源量较多。折转向西入昙容镇，左纳昙容河。

下游经马路镇，西北流右纳北村河（马路河）。北村河流域为平原低丘，是岑溪市水稻高产区。马路镇花岗岩储量11亿立方米，花岗岩矿山60多座，有五大石材加工开发区，加工厂280多间。年产桂圆肉2 500多吨，远销国内外。继北流穿过波塘镇，波塘镇干流宽阔，水流平稳，溪河纵横。民国初期，航运业发达，街边设码头，沿黄华河民船可通浔江。沿河风光旖旎，八角飘香，全镇玉桂种植面积6 667公顷，是岑溪市的"玉桂之乡"。

白霜洞瀑布

黄华河过东岸村入藤县金鸡镇，经桃源洞在黄华口入北流河。

8.1.68.4.1 白石水

(Baishishui River)

黄华河左岸支流，发源于广东信宜市大成镇钱排乡的大田顶，向西北流经信宜市大成镇、白石镇和怀乡镇入黄华河。流域面积529.5平方千米，河长96千米，河道平均比降7.87‰。

大雾岭

流域内山岭起伏，溪流纵横。沿河两岸洪积层、坡积层较为开阔的地带均为林地。流域内植被较好，河流弯曲，水流湍急，蕴藏着较为丰富的水力资源。属南亚热带气候，低纬度山区，既有明显的季风气候，又具有山区气候特色，夏热冬冷，四季分明，雨热同季，无霜期长，台风间有影响。雨量充沛，但时空分布不均，干湿季明显。年平均相对湿度77%，多年平均年蒸发量1 750毫米，风向多出现东北偏北，多年平均年降水量1 800毫米。20世纪末，流域内人口22.09万，耕地面积4 667公顷，其中水旱田为3 800公顷。农作物以水稻为主，其次为蔬菜、薯类、花生等。此外该流域还盛产竹木、药材、松香、柑橘等，其中大成镇的大理石、怀乡镇的三黄鸡和竹器编织是广东省的驰名产品。

白石水的上游段山高林密，风景优美，其中有省级自然生态保护区大雾岭，广东第二高峰、粤西第一高峰大田顶等度假避暑圣地。中游段为丘陵地区，有十丈河、中峒河、白鸡河等小河流入，资源和物产丰富，盛产柑橘、柿子等水果。下游段地势逐渐平缓，有洪冠河流入，水源不断，城镇人口较多，是广东省信宜市主要的粮食、养殖和竹器编织业生产基地。

8.1.68.5 义昌江

(Yichang River)

北流河右岸支流，古称县前河，发源于广东省罗定市加益镇塘面顶，在广西壮族自治区藤县金鸡镇新民村汇入北流河，河长141千米，河道平均比降1.24‰，流域面积1 862平方千米，地跨广东、广西两省（自治区）。

义昌江流域地处岑溪市中北部，粤桂省界，云开大山北麓丘陵地带，东南高，西北低。河谷间有狭长小盆地，两岸岩石不对称，风化砾土及亚黏土覆盖，裸露少。

流域属南亚热带湿润季风气候，多年平均年降水量1 451.4毫米，东南向西北递减，年际变化大，年内分配不匀，汛期4—9月降水量占全年77.1%。多年平均年蒸发量1 413.5毫米。多年平均年径流量7.74亿立方米。岑溪市区河段受工业污染，近年水质较差，劣于Ⅲ类饮用水标准。

暴雨强度大，山地土壤成土母岩多是花岗岩、沙页岩、风化、半风化土，质地松散。地质结构差，山高坡陡，开采花岗岩、铅锌矿、钛矿。暴雨时水土大量流失，上游最严重。年平均含沙量0.44千克每立方米，最高年0.62千克每立方米。多年平均年输沙量35.8万吨，最高年河道淤积严重，淤厚2~3米。

流域内常有干旱，1150—1949年800年间，旱灾有22年；1950—2004年55年间，旱灾有40年60次。元泰定三年（1326年）到1949年624年间，义昌江流域严重水灾19次（元代1次，明代2次，清代8次，民国时期8次）；1952—2005年有29年成灾，1957年洪灾为100年一遇。

引水灌溉历史悠久，明嘉靖十年（1531年）已用筒车提水灌田。至明崇祯四年（1631年）义昌江中上游建有大车陂、断河陂、六塘陂3个引水工程，灌溉60公顷；民国28年（1939年）糯垌镇建古淡渠，为1949年前岑溪市最大的引水工程，灌溉农田160公顷。1949年以后，综合治理义昌江，完成固堤、改河、疏浚、建新堤、河道清障、绿化、治污等，共加固和新筑河堤179.5千米，保护耕地面积2 413公顷，裁弯取直6处河道，长8.7千米；城区防洪标准已由5年一遇提高到20年一遇。义昌江水力资源丰富，已开发天鹅、同福、思塘、荔新、西牛头、大湾、六田、平山、新安、河六10个水电站及一批小水电站，总装机容量10.43兆瓦，占可开发量的82.5%。

义昌江主源东流从岑溪县东南面的梨木镇平田村流入广西，于梨木镇沿左纳梨木河（河长32千米，流域面积139平方千米），梨木镇是革命老区。转东北流，至古味村左纳胜垌河，折西北流，至大业镇思回村右纳**大濛河**，折向西流，经归义镇，该镇是传统的烟花爆竹之乡，又是花岗岩板材生产基地。再折向西北流，出归义镇，西流10千米，入中游段，过岑溪市城区。岑溪，南朝梁普通五年（524年）置永业郡，隋改为永业县，唐至德二年（757年）始更名岑溪县，现为县级市。城区东、北以山为障，依山傍水，经324国道能通广东，是广西通粤、港、澳陆路枢纽，年产花岗岩板材500万平方米，"岑溪红"为钓鱼台国宾馆贵宾楼装饰用材。支流赤水河上的**赤水水库**距岑溪市6千米，城东2.5千米有葛仙岩瀑布，有一座小（2）型水库。过城区折向西北流，樟木镇六凡村有大湾电站，至三堡镇右纳**糯垌河**，在藤县金鸡镇新民村汇入北流河。

8.1.68.5.1 大垌河
(Daban River)

义昌江右岸支流，发源于广西壮族自治区苍梧县广平镇西罗村，于思回村大河坪屯汇入义昌江。河长43.07千米，流域面积423.08平方千米。涉及广西壮族自治区苍梧、岑溪两县（市）。

流域地势东北高，西部低，山丘高300～500米，山上树木茂盛，以松、杉为主，河谷间有狭长盆地，属中亚热带气候，气候温暖，长夏无冬，秋季连着春季，季风盛行，光照充足。多年平均年降水量1 423.6毫米，年内分配不均，4—9月降水量占全年的77%。多年平均年径流量2.84亿立方米，常有干旱，春旱和夏旱灾害最重。1959—1990年，有8年春旱、11年夏旱。1949年前，用木、石筑坝，拦水灌溉沿河农田；1949年以后，裁弯取直河道，加固河堤，建成小型水库10座，减少了干涝灾害。

源流向北，出苍梧县广平镇至岑溪市诚谏镇思和折转西流，到六局右纳诚谏河，转西南流经箭桥口右纳三河。上游河床宽浅，水流缓慢。明末清初曾开采铅锌矿，储量200万吨，矿床长6千米，东西宽2千米。下游蜿蜒南行，经林区在上河口左纳筋竹河（河长32千米，流域面积161平方千米），筋竹镇是岑溪市三黄鸡出口基地，明代以前瑶、壮族聚居。出筋竹镇转向西流，过林区到大业镇，河道逐渐宽平，在思回村大河坪屯从右岸汇入义昌河。大垌盆地包括大业、筋竹、诚谏、归义等镇，高程低于250米土地有33平方千米，宜种花生、水稻。

8.1.68.5.2 赤水水库
(Chishui Reservoir)

义昌河左岸支流赤水河上的中型水库。坝址位于广西壮族自治区梧州岑溪市岑城镇赤水村，东北距岑溪城区6千米。

水库有年调节功能，以灌溉和城市供水为主，兼顾发电与养鱼。控制流域面积22平方千米，总库容1 115万立方米，水面面积0.64平方千米，回水长6千米。工程于1974年动工兴建，1977年竣工蓄水，1980年加固改造，扩建成中型水库，1989年建成水电站。

工程由大坝、溢洪道、输水隧洞和坝后电站4部分组成。大坝为黏土防渗心墙坝。主坝长140米，坝高50.5米，坝顶宽5米；溢洪道最大泄量399立方米每秒；输水隧洞为圆形钢筋混凝土结构有压隧洞，最大泄流量22立方米每秒。水电站装机容量305千瓦，年发电量32.27万千瓦时。

赤水水库

赤水灌区是岑溪市南部较大灌区，建库前，常受春、秋旱情影响，粮食产量低。建库后，旱涝保收，高产稳产。水库是赤水灌区的主要水源，年供水量1 762万立方米，有效灌溉面积489.3公顷。供水范围覆盖岑溪市区8.5平方千米，用水人口8万多人，年供水量550万立方米。

库区在云开大山东段丘陵山区，东接归义镇，西连马路镇，南靠大隆镇，北与岑城镇接壤。多花岗岩，成土母岩为砂页岩，属风化、半风化土壤。四面环山，苍松翠柏，植被较好，水土流失少。有大锦河、大河浃河和寮田河汇入水库，多年平均年降水量1 467毫米，多年平均年径流量0.21亿立方米，最大流量325立方米每秒。年平均气温21.3摄氏度，极端最高气温38.9摄氏度，最低气温-3摄氏度。

水库淹没耕地面积32.47公顷，移民147人。国家投资建设移民区道路、桥梁、农田水利设施，补贴部分移民粮食，改善其生产、生活。

8.1.68.5.3 糯垌河
(Nuodong River)

义昌江右岸支流，又名小水河，发源于广西壮族自治区岑溪市安平镇纯塘村，源流向西至糯垌镇合水处右纳黄塘河，左纳新塘河。在黄牛塘转西偏北流，纳沙河、富门、立洞河到三堡镇，右纳月田河，在三堡街汇入义昌江。干流长50千米，落差249.9米，流域面积447.73平方千米，涉及岑溪市和藤县。

糯垌河流经安平、糯垌、三堡3个镇63个村街，北、东南、西南部是低山、丘陵，中部为较开阔的盆地。多花岗岩、沙质岩，表层风化严重。表土有水稻土、砂质土、赤红壤和冲积土。

流域属南亚热带季风气候，日照充足温暖，雨量充沛，年平均气温19～20摄氏度，多年平均年降水量1 404.1毫米，汛期降水量占全年的70%，多年平均年径流量2.77亿立方米。主要矿藏有花岗岩、钛铁、铅锌、石英，花岗岩储量16亿立方米，已开发品种有"岑溪红""三堡红"等。20世纪80—90年代，因大量开采花岗岩和钛铁矿，沿河多处崩山、崩岗，水土流失，河床淤积，河水污染严重。支流新塘河、月田河以及黄塘河安平镇罗同村河段、干流三堡镇河段水质劣于Ⅲ类。

经济以农业为主，有耕地面积5 347公顷，其中水田4 527公顷。中小型水库18座，总控制流域面积99.76平方千米。中型灌区1个，灌溉耕地面积2 687公顷。水力资源理论蕴藏量12.8兆瓦，水电站3座，总装机容量1 925千瓦。

糯垌镇的富礼山有古陶瓷窑地，花果山有战国时期大型古墓群。三黄鸡肉厚皮薄，味美，清宣统二年（1910年）曾出口10万羽。

8.1.68.5.3.1 塘坪水库
(Tangping Reservoir)

糯垌河上的中型水库，坝址位于广西壮族自治区梧州岑溪市北面糯垌镇塘坪村，距玉梧公路6千米，距岑溪市城区30千米。

水库有年调节功能，以灌溉为主，兼顾发电和防洪。控制流域面积64平方千米，回水长15.2千米，水面面积1.3平方千米，总库容2 413万立方米。

塘坪水库

工程于1968年动工兴建，1971年竣工蓄水。1972—1974年灌浆加固大坝、建电站，1976年加固培厚大坝，1999年加高大坝。

工程由大坝、溢洪道、输水隧洞和坝后电站组成。大坝为黏土斜墙土坝。主坝长160米，坝顶宽5米，坝高43.5米。溢洪道最大泄量1 335立方米每秒。输水隧洞最大流量15.6立方米每秒。电站装机容量1 800千瓦，年发电量280万千瓦时。

水库可调节和削减洪峰，缓解下游1 333.3公顷耕地、1.5万人口的洪水威胁，年供水3 819万立方米，灌溉面积1 233.3公顷，可养鱼水面面积80公顷。塘坪灌区是岑溪市最大的灌区，建库后水稻亩产翻倍，粮食高产稳产。

库区位于云开大山北麓东段的丘陵区，岑溪市的东北角，东界诚谏镇，东南接归义镇，南靠岑城镇，西南与糯垌镇接壤，北与安平镇毗邻，东北与苍梧县交界。地处华夏褶皱带西缘，奥陶系三尖群地质为主，岩性为粉砂岩、泥质叶岩、细砂岩和石英砂岩，表层风化严重，下部穿插燕山期花岗岩。高山环抱，植被较好。有林地面积266.7公顷，其中肉桂、八角和茶叶面积共8公顷，其余为松杉和灌木林。库区有大蛉河和塘坪河，于坝前5千米处汇合，成石马河。多年平均年降水量1 521.4毫米，多年平均流量1.5立方米每秒，多年平均年径流量0.45亿立方米，气温21.3摄氏度。

水库蓄水淹没耕地面积26.2公顷，移民520人。1993年以来，政府投入库区后期扶持资金40余万元，在移民区建设道路、桥梁和农田水利设施，改善移民生产生活条件。

灌区糯垌镇有新石器时代陶瓷窑址，花果山战国墓群，大竹村龙母诞生地和民间花炮会。

8.1.69　长洲水库
（Changzhou Reservoir）

西江浔江段上的大型水库，位于广西壮族自治区梧州市上游12千米处，坝址横穿长洲岛、泗化洲岛和外江、中江、内江，工程于2003年12月开工建设，2007年9月第1台机组发电。

工程以发电为主，兼顾航运、灌溉、养殖等综合效益，坝址以上流域面积30.86万平方千米，多年平均流量6 120立方米每秒，正常库容18.6亿立方米，总库容56亿立方米。

长洲水利枢纽

水工建筑物由土坝、船闸、泄水闸、发电厂房、开关站等组成。四化洲、长洲布置土坝，外江、中江、内江两岸均布置有接头重力坝，坝顶全长3 350米，最大坝高49.3米；外江右岸台地布置双线船闸，过船能力分别为1 000吨和2 000吨；外江右侧布置16孔泄水闸，中江布置15孔泄水闸，内江右侧布置12孔泄水闸；左侧布置9台机组厂房，内江左侧布置6台机组厂房，电站安装15台单机容量为4.2万千瓦的灯泡贯流水轮发电机组，总装机容量63万千瓦，多年平均年发电量30.14亿千瓦时。

长洲岛是我国最大的内河岛，面积12平方千米，岛上最高处高于水面63米；泗化洲岛位于长洲岛右上端的外江江心处，与长洲岛一起将浔江一分为三（内、中、外三江）。未来的长洲岛将与长洲水库一起建成"西江明珠"，成为中国最大、最美的内河岛。

梧州素有"小香港"之称，以水路运输为优势。整治西江，将西江建设成为深水航道，使西江成为大西南物资出海航道，是孙中山先生在《建国方略》中的设想之一。如今随着长洲水库的建成，这个设想将变为现实，轮船可以直接从南宁通达广州、香港。西江沿河的多条支流河道通航条件也会得到较大改善。

长洲水库与其他水电工程不同的是，枯水期发电量占总发电量的一半以上。因为在枯水期其上下游的水位差比丰水期更大。

8.1.70　下小河
（Xiaxiao River）

西江浔江段右岸支流，又名长行水，发源于广西壮族自治区苍梧县广平镇平乐村黎岭屯西南，源流向北，河槽多呈V形，山上树木较少，以松、杉为主，至广平镇纳主要支流岩坦河、社子河。经大坡镇转向西偏北流，至苍梧县龙圩镇恩义村河口屯汇入浔江。河长80千米，河道平均比降1.6‰，流域面积672平方千米。涉及苍梧县和岑溪市。

流域地形以中、低山，丘陵为主，平原较少，地势是东、南、西高，北部低，高差750米。源头中山区高程750米，中下游为低山、丘陵地带，赤红壤、砂质土壤为

李济深故居

主。属亚热带季风气候，多年平均年降水量1 432.9毫米，多年平均年径流量2.96亿立方米。

干旱和洪水是流域主要自然灾害，1150—1985年，发生大旱灾45次。1915年7月6日，桂江、西江同时涨水，龙圩洪水位高达28.07米，淹没三角嘴、长洲、高望、泗化洲、河步等处民房，受灾严重。1949年以前，53.3公顷农田靠车陂灌田。1958年建成赛塘、榴塘引水工程并兴建下小河防洪堤闸，下小河流域成广西商品粮基地。

流域水土流失严重，中下游河道顺直、平坦，水量少泥沙多，河水浑浊。1957年前，春、夏季小木船尚可上行至广平镇平地村上游2千米的下小河武强峡，现已不能通航。苍梧县盛产水稻，一年可种三季。古凤荔枝，远近闻名。大坡镇料神村李济深故居是广西壮族自治区文物保护单位。秦末汉初，苍梧县属南越国，曾为郡、县、州、道、路府所在地，岭南政治、经济文化中心，全县98%居民讲粤语（白话），少数讲客

家话、壮语及瑶语。

8.1.71 桂江
(Guijiang River)

西江左岸支流，因流经桂林而得名，古称府江或府河（抚河）、漓水。发源于广西壮族自治区兴安县，于梧州市汇入西江。地理位置东经110°07′～111°18′，北纬23°29′～25°54′。流域地跨广西壮族自治区桂林、贺州、梧州、来宾4个地级市和湖南省江永县。

桂江

概 述

流域范围 流域地处广西东部，西江水系中下游，东以海洋山、大桂山为界与**长江**流域**湘江**水系和西江支流**贺江**相邻，西以驾桥岭、猪头山、藤宝山为界与西江支流**柳江**和**蒙江**相邻，北以越城岭为界与长江流域**资水**水系和湘江水系相邻，并有秦代开凿古运河**灵渠**与湘江相连，南接西江干流。流域面积18 729平方千米，其中广西壮族自治区18 119平方千米，湖南省610平方千米。

地质地貌 流域地形变化大，北端猫儿山最高峰华南第一高。兴安县大溶江以上，东面主要是岩溶中低山地貌，西面主要是砂岩、页岩、泥岩及薄层灰岩高山地貌。桂林附近以峰丛盆地为主，灵川县大圩以下至平乐以岩溶中低山地貌为主，平乐以下主要是砂岩、细砂岩、粉砂岩、泥岩中高山地貌。以红壤土、裸岩、赤红壤土及水稻土为主，有少量的黄壤土和硅质土。红壤土（含赤红壤土）主要分布在桂林以上和平乐以下流域，裸岩主要分布在桂林至平乐区间。干流南偏东流向，流经越城岭和海洋山南端余脉、藤宝山、大桂山南端中低山区，穿越兴安—永福、平乐—荔浦、昭平—梧州断裂带，昭平—梧州断裂带走向与干流基本一致。

河流水系 桂江干流长450千米，河源高程1 400米，入西江口处枯季水面高程2米，河道总高差1 398米，干流平均比降0.41‰，河道弯曲系数1.85。有大小支流108条，流域面积大于500平方千米的支流有6条，左岸有**恭城河**、**思勤江**和**富群河**，右岸有**甘棠江**、**田家河**和**荔浦河**，干、支流总长3 928千米，河网密度0.22千米每平方千米。

气候水文 流域属亚热带大陆性季风气候，湿润温暖，年平均气温18～21摄氏度，年平均相对湿度76%～80%，年水面蒸发量750～1 000毫米，年平均日照时数1 500～1 750小时。湘桂走廊兴安县和灵川县是广西两大风区之一，年平均风速为2.0～3.0米每秒。春季阴雨绵绵，低温潮湿，烟雾朦胧，有冰雹灾害；夏季炎热，雨量集中，暴雨频繁；南部梧州附近受热带气旋影响；秋季干旱少雨，易生秋旱；冬季潮湿阴冷，常有冷空气侵入，偏北风多，北部会有雨雪。

流域内年平均降水量1 350～2 600毫米，雨季常自3月开始，8月底结束，3—8月降水量占全年的70%～80%，4—6月降水量最大，占全年的50%左右。

流域大部分地处桂北和桂东两大暴雨区，汛期暴雨频繁，桂江洪水全为暴雨引发，昭平水文站实测最大洪峰流量12 400立方米每秒（1954年4月26日，洪峰水位64.05米）；上游桂林水文站实测最大洪峰流量5 350立方米每秒（1998年6月24日，洪峰水位147.70米）。

桂江水资源比较丰富，径流基本产自流域降水，通过灵渠流入的湘江水很少。多年平均年径流量199.25亿立方米，年内分配极不均匀，汛期（3—8月）径流量占全年的81.3%，最大月（5月）径流量占全年的21%。上游桂林水文站多年平均年径流量42.25亿立方米，最大62.27亿立方米，最小24.00亿立方米；下游京南水文站多年平均年径流量179.6亿立方米。

流域地面植被较好，河水含沙量较小，平水期河水清澈见底。多年平均年输沙量26.5万吨，年均输沙模数14.1吨每平方千米。20世纪80年代以来，昭平电站拦蓄桂江，流出的泥沙明显减少。

桂江干流水质总体较好，但桂林市区、昭平县城河段污染较重。

自然资源 流域水能资源理论蕴藏量1 312兆瓦，干流技术可开发量529兆瓦。干流规划有巴江口、昭平、下福、金牛坪、京南、旺村6个梯级水电站，总装机容量372兆瓦，已建水电站有巴江口、昭平、下福、金牛坪和京南，总装机容量318兆瓦。

流域植被较好，是广西森林资源最丰富的地区之一，森林覆盖率超过60%，以松木、杉木和毛竹为主，林区主要分布在上游和下游，平乐以下森林覆盖率超过80%。上游猫儿山国家级自然保护区，有珍贵濒危植物铁杉。

矿产资源有锰、铁、钨、铅锌、铌钽、金、锡等金属及稀土矿，主要分布在左岸支流河源附近，储量较小。非金属矿主要有石灰岩、大理石、花岗岩、硫及高岭土等，主要分布于上游及左岸支流上，除石灰岩外，其余储量较小。

旅游资源丰富，享誉国内外，有"桂林山水甲天下"之美称。

社会经济 桂江流域历史悠久，古典文献《山海经》《地理志》《水经注》中均有记载。2002年，流域内耕地面积15.78万公顷，占广西总耕地面积的5.96%；总人口326.1万，占广西总人口的6.81%，农业人口占总人口的74.5%；民族主要有汉、壮、瑶、回等，是广西境内回族居住最多的区域。粮食作物以水稻为主，兼种玉米、红薯、豆类等；经济作物主要有银杏、柚、桃、李、柑、橘、柿、板栗、荔浦芋头、茶叶及中药材等，银杏、金橘和荔浦芋头最有名。

流域内经济较发达，2002年国内生产总值233.03亿元，工业总产值196.68亿元，农业总产值113.37亿元，粮食产量127.29万吨。

桂江流域交通事业发展迅速。中上游铁路只有兴安至桂林的60多千米，公路有国道322、321和323穿过，已建成桂林两江国际机场和梧州长洲机场。桂林至阳朔河段以旅游船为主，中下游以小型短途货运船为主，已建成桂林至梧州高速公路。

自然灾害 中上游地区（桂林境），662—2000年的1 300多年间，共记载水旱灾害123次，其中水灾76次，多在4—6月；旱灾47次，多在7月以后，农作物失收引发饥荒的有20次。

宋咸平元年（998年）五月，昭州（平乐）淫雨大水，民溺死者517人。明正德十一年（1516年）五月，大水淹城（灵川三街镇），东街、北街可通舟筏。清光绪十一年（1885

珠江卷

8.1.71 桂江

年）五月，大水，城（灵川三街镇）内房屋几乎全被淹没，淹坏人畜及庐舍、田地不计其数，为前二百年所未有。民国3年（1914年）5月22日，昭平大水，调查洪水流量达17 000立方米每秒。

1936—2001年，桂江上游发生较大水灾的年份有1937、1942、1949、1950、1952、1954、1956、1974、1978、1992、1994和1998年。1998年6月洪水最大，桂林水文站最高洪水位达147.70米（珠江基面），流量达5 350立方米每秒。淹没桂林市区25平方千米，最大淹没水深1.5米，市区交通中断，受灾48.8万人，直接经济损失21.63亿元。

有记载的大旱年份主要有1520、1697、1751、1806、1818、1866、1972、1979、1989和1992年。

治理开发 秦始皇帝三十三年（公元前214年），秦监禄在桂江上游兴安县城附近开凿了沟通长江流域和珠江流域的灵渠，引湘江上游海洋河水入漓江，缩短广西柳州和桂林间水路交通。唐长寿元年（692年）在桂江支流良丰江和洛清江支流相思江开通相思埭桂柳运河，引相思江入良丰江，柳州至桂林的水路不再绕道梧州。明朝万历年间，土司黄仲拙整治雷霹、检告、六木等20道险滩。

新中国成立后，桂江作为珠江流域和广西的重要河道，纳入珠江流域和自治区水利规划。1959年兴建昭平松木峡电站，设计装机容量450兆瓦，因苏联专家撤走，1961年停建。

桂江桂林至阳朔段为漓江旅游黄金水道，整治措施以固堤、固岸、疏浚、丁坝导流、通路、绿化、治污为主，保持河道及两岸自然景观。阳朔以下，20世纪90年代前，以炸滩疏浚和枯季丁坝导流为主，90年代后，以梯级开发、河道渠化和建堤防及治污为主，已建成巴江口、昭平、下福和京南梯级电站4座，平乐、昭平县城和梧州市区河堤已能防御20年一遇～50年一遇洪水。

流域内已建**青狮潭水库**和**巉山水库**大型水库两座，总库容7.04亿立方米，中型水库15座，总库容5.39亿立方米，小型水库280多座。灌溉面积超过1万亩的大中型自流灌区24个，总灌溉面积6.64万公顷，其中青狮潭水库灌区可灌溉农田2.5万公顷。

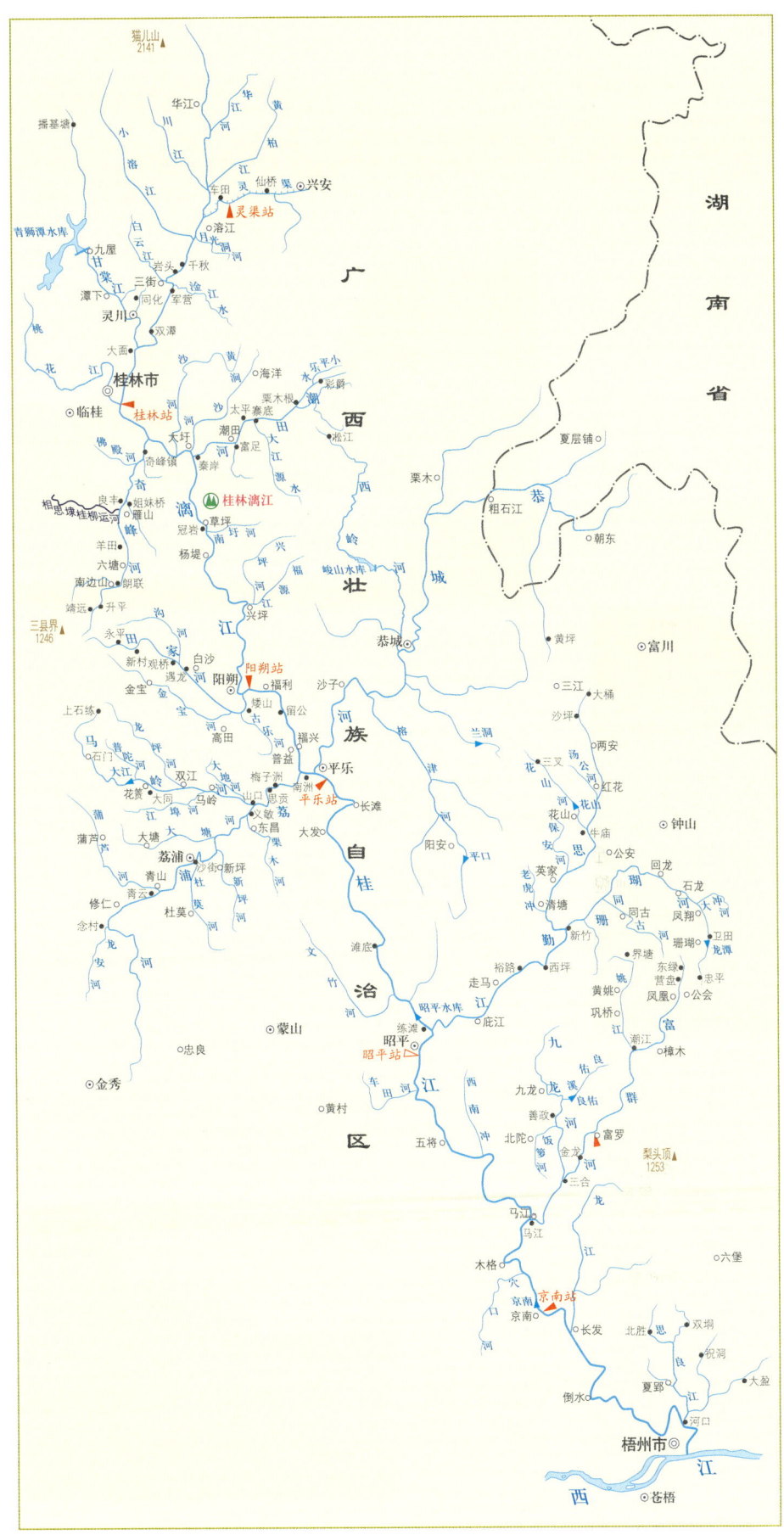

桂江水系示意图

纪　实

上游　桂江发源于兴安县华江乡越城岭主峰猫儿山东北老山界东南侧，曲折南流。上游源头段（兴安华江河源头至灵川县三街镇），称集水河，于华江乡府纳龙塘河后称六洞河，南流至升坪街左纳华江河，继流至溶江镇柳树山村左纳黄柏江（河长41千米，集水面积154平方千米），右纳川江（河长29千米，集水面积141平方千米）后称大溶江。河源至川江汇入处为高山峡谷水源林保护区，森林密布，河道狭长，水流湍急，多叠瀑；川江汇入口以下主要为中低山丘陵，间有部分岩溶山地。继流至溶江镇老水街纳**灵渠**后称漓江，大溶江旧桂黄公路大桥上游有大溶江水文站。继续西南流，左纳月光洞河、右纳小溶江（河长55千米，集水面积271平方千米）后过湘桂铁路大桥，折西流1.6千米出兴安县境入灵川县境。入三街镇小溶江村，过峡背到千秋峡。千秋峡有"百里漓江第一峡"之称，有方笔、一字两山隔河对峙，峡长1.5千米，河宽200米，碧水深潭，陡崖压江，多杜鹃花。冬日风水相激，溅湿半山；春日山花烂漫，白鹭掠江，倒影历历。"文笔千秋"为灵川旧"八景"之一。桂江（漓江段）过岩头村流经矮树村，南流至三街。三街历史上曾为县治。三街由东街、南街、凤凰街组成，由此得名。宋建学宫，清末创县立简易师范学校。

千秋峡

在三街境内右纳白云江、潞江两水后折东南流至富丘渡，在下枝铺折南流至军营村左纳涂江水，河流下行720米出三街镇入灵川镇。

中游　灵川县三街镇至平乐县城荔浦河汇入口为中游，河道长139千米。灵川三街—桂林市区—灵川大圩主要是岩溶峰丛平地，农田广阔，支流纵横交错，河道比较顺直，枯水水源多由地下水挹注，水流清澈。灵川大圩至平乐县城荔浦河汇入口多岩溶山地，两岸岩溶山石耸立，河床宽狭不一。阳朔境内，群峰夹峙，江随山转，峭壁林立，农田较少。桂江（漓江段）入灵川镇后，流经阳家村、渡头、穿漓江大桥至双潭圩。双潭圩地处左岸，清朝乾隆年间成圩，现仍逢二逢五逢八成圩。南流至崔家圩纳瀑布水、三百里源水后，河道渐宽，两岸低丘罗列，村舍棋布，古树连荫。继续下行至三岔尾，纳甘棠江，沿下秦村至大面圩流入桂林市。桂林是历史悠久的文化名城，有"桂林山水甲天下"之称，独特的山水风景闻名中外。著名自然景观有象鼻山、伏波山、独秀峰、芦笛岩和七星岩。象鼻山因山似大象饮水过江而得名，伏波山形如披着战袍守护漓江的将军，独秀峰位于靖江王城中央，

犹如王城的定海神针拔地而起。渡头村大桥下游约500米处有桂林水文站。桂林曾是明朝藩王靖江王的王城，市中心存有完整的明代王城，东郊尧山西南麓有明朝靖江王陵。13个藩王中有11个葬在桂林，现开放的是经修复的第三王庄简王朱佐敬与王妃的合葬墓。桂林的山秀丽挺拔，水秀、洞奇、石美，景观集中，城中有景，景在城中。

20世纪90年代，桂林市建设两江四湖环城水系，即漓江、桃花江（河长61千米，集水面积299平方千米）和榕湖、杉湖、桂湖、木龙湖，成为大型环保旅游景区。

桂林木龙湖

桂江（漓江段）于雁山区奇峰镇石子岩右纳由相思埭汇入的**奇峰河**后流出桂林城区，在入阳朔县境之前，又在桂林市南郊进入灵川县境。于石家渡村左纳黄沙河（河长52千米，集水面积216平方千米），于南村西北纳洞沙河（河长38千米，集水面积128平方千米），于大圩镇左纳**潮田河**。大圩镇是广西现存最完好的古镇，为南海海盐北运主要集散地，始建于北宋初年，中兴于明清，鼎盛于民国时期，已有千年历史。600年前，大圩以其"大"，成广西四大圩镇（其他三圩为宾阳芦圩、苍梧戎圩、贵港桥圩）之最。对岸下游是漓江最大的旅游码头——磨盘山码头，因山脚形似磨盘而得名，上午开船时分，汽笛长鸣，响彻漓江两岸。

桂江（漓江段）由北而南穿过桂林市，于草坪乡河伯源左纳自灵川县潮田乡流入的南圩河（河长16千米，集水面积109平方千米）后流入阳朔县境，草坪为广西回族第一乡。阳朔段有"桂林山水甲天下，阳朔风景胜桂林"之称。漓江段在这里先后流经杨堤、兴坪、福利、阳朔、普益5个乡（镇）。阳朔漓江风景四季优美，明代旅行家徐霞客盛赞阳朔是举世难觅的"碧莲玉笋世界"。经杨堤乡东南流至兴坪镇左纳兴坪河（河长19千米，集水面积253平方千米），南流直入阳朔县城。

漓江段在阳朔县又可分上游段和下游段，杨堤冠岩村至阳朔镇阳朔码头的漓江游，长48千米，人称"百里漓江，百里画廊"。江水清澈见底，宛如罗带蜿蜒于苍翠雄奇

美丽的漓江

的群山之间，江边名山密集、千姿百态、翠竹丛丛，村落屋宇掩映在绿树丛中，成一幅美丽的山水长轴，似千回百转的画廊。

漓江兴坪段

"分明看见青山顶,船在青山顶上行"。其黄布倒影用作1999年版20元人民币图案;九马画山因灌木在悬崖峭壁上勾画出九匹形态各异的骏马,民间有"看马郎,看马郎,问你神马几多双?看出七匹中榜眼,能看九匹状元郎"的传说。阳朔县城堪称中国最美县城,有如诗如画的风景、婀娜多姿的奇峰、驰名中外的西街、美丽的田园风光。城中碧莲峰上高约6米、宽约3米的"带"字让江边苦读的"书童"百思不得其解。书童山对面设有阳朔水文站。

漓江出阳朔县城,右纳田家河转东流,在福利镇留公村成阳朔与平乐界河,在阳朔县普益乡和平乐县福兴乡下游约4千米处入平乐县境,始称桂江。

下游 平乐县城荔浦河汇入口至梧州市区注入西江口为下游段,长233千米。右岸最大的支流荔浦河和左岸最大支流恭城河汇入后过平乐县城。平乐县城至昭平县城,两岸高山分立,有水尾峡、鼓螺峡和松林峡,峡谷处河道狭窄,流急清澈,势如奔马。江口至苍梧倒水仍以高山峡谷为主,受思勤江影响,河水略呈黄色,昭平县城下游3千米处有马峡。倒水以下,沿岸山势较低,受西江顶托影响,水流较缓。平乐于三国时期吴甘露元年(265年)置县,唐武德八年(625年)后始设州、府,已有千余年。中华人民共和国成立之初设平乐行政专署,1958年专署搬至梧州后,平乐县划归桂林行政专署,1998年地市合并后归桂林市管辖。继续东南流经长滩乡、大发瑶族乡,在滩底村下游入贺州市昭平县境。东南流至文竹镇桂花村右纳文竹河(河长47千米,集水面积281平方千米),于文竹镇临江屯左纳临江(河长30千米,集水面积147平方千米),于昭平县城昭平镇江口村练滩左纳思勤江,继流至富裕乡石人岛右纳车田河(河长28千米,集水面积125平方千米),经五将镇东南流至古店村左纳西南冲(河长26千米,集水面积146平方千米),经古袍镇,至马江镇左纳富群河,继南流至木格乡中平村右纳穴口河(河长35千米,集水面积158平方千米)后入梧州市苍梧县境。桂江在平乐和昭平县境内多从高山峻岭的峡谷中流过,平乐境两岸多岩溶高山,昭平境则多破碎风化岩高山,河道弯曲,滩多流急,有险滩80多处。水能资源集中,干流6座梯级电站有4座在该河段。在苍梧县境流程较短,约30千米,流经京南镇和长发镇,京南镇建有京南水电站和京南水文站,于长发镇上游左纳龙江(河长53千米,集水面积377平方千米)后入梧州市郊,先西南流,经倒水镇折东南流,在梧州市近郊成一个M形,于城东镇河口村左纳思良江后在梧州市中心注入西江。注入处因桂江和西江常成清、浊明显的两条水流,也被称为鸳鸯江。梧州曾是广西最有名的通商口岸,有"小香港"之称,因许多楼房依山而建亦有"小山城"之称,也是龙母文化的主要发祥地,白云山下江边建有龙母庙,每年都有大批粤港澳游客前来朝拜。梧州曾是古代流放广东、海南及广西南部的许多朝廷官员和文人墨客的途经地和住宿地,留有许多描述梧州的诗词。桂江下游既有峡谷的雄壮,又有田园的宁静,风景不乏迷人之处,主要景点有昭山点翠、五龙抢珠、孔雀开屏、奇峰伴螺、梦乡游僧、少妇求佛、慈母戏婴、美女照镜、飞凤上山等。

8.1.71.1 灵渠
(Lingqu Canal)

又名湘桂运河、兴安运河、陡河,初名秦凿渠,后因漓水上游为零水,亦称零渠、澪渠,唐朝以后改名至今。位于广西兴安县境内,地理位置东经110°27′～110°41′,北纬25°33′～25°37′。是连接**湘江**与**桂江**的一条人工开凿的古代运河,也是中国古老的跨流域调水工程。1988年被列为全国重点文物保护单位。灵渠在长江水系中的编号为6.133.5.1。

灵渠

概　述

灵渠是秦始皇为开拓岭南,统一中国,命监御史禄率军队于公元前219—214年开凿建成。灵渠在开凿前,灵河支流始安水与湘江相隔最近处仅1.7千米,其间隔着宽约300米、高30余米的越城峤(又称始安峤、临源岭),为湘漓二水分水岭。古人就利用这有利地形,开挖越城峤上的太史庙山,同时疏浚改造始安水,将湘漓二水连接起来,形成湘江北去,漓水南流,故谚语云:"兴安高万丈,水往两头流"。

灵渠的引水水源为湘江上游的海洋河,由大天平、小天平、铧嘴、南渠、北渠及陡门、泄水天平和其他附属建筑物组成。大天平与小天平是拦截海洋河的拦河坝,全长474米,其中大天平坝顶长344米,小天平坝顶长130米,为重力式砌石溢流坝,最大坝高2.24米;坝顶平均宽度约2.0米,用条石平铺,两块条石接缝处,凿有楔形槽,嵌以预制铁锭扣紧;上游坝坡为阶梯式,用石灰黏土砌条石;下游坝坡(即滚水部分)为斜坡式,坡度1∶10,用长条形片石直竖嵌砌,形如鱼鳞,称"鱼鳞石";坡脚以木笼框架干砌石护坡。大天平与小天平衔接成"人"字形,夹角为108°,中间连接部即为铧嘴,铧嘴前锐后钝,方向正对海洋河主流,四周用大型条石

南渠渠首

灵渠大小天平

砌成，长52.6米，下部最宽处为22.8米，形似犁铧，劈水分流，将湘水引进灵渠（称水高下），三分入南渠进漓江，七分入北渠导归湘江，起着平衡水量和向南北进水口导航的作用，以利舟楫航运、水利灌溉。

大天平右端设有北陡，小天平左端设南陡。湘江水在分水塘经铧嘴分流和大小天平引流，大天平的水由北陡进入北渠，经打鱼村、花桥，在水泊村与湘江相会。北渠，亦称为湘江新道，全为人工渠道。因"人"字形拦河坝修建后，船只无法过坝，故以新水道连接海洋河与湘江，湘江故道则仍是洪水期溢流排洪的通道。北渠大致与湘江故道略成平行，其水位高过湘江故道，渠槽在田畴间，全长3.25千米，宽10~15米，中间开挖有2个S形弯道，以降低比降，利于行舟，其进水口高程211.8米，渠尾高程206.31米，平均比降1.69‰。小天平的水由南陡引入南渠，南渠渠首河床高程为212.08米，至灵河出口处河床高程181.8米，全长33.15千米，平均比降1.09‰。

为解决渠道上滩陡流急、水浅而影响船只航行的问题，灵渠沿途多处设有陡门，用于壅高水位，起船闸作用。其两岸导墙采用浆砌条石，墩台高1.5~2米，砌筑形状有半圆、半椭圆、圆角方形、梯形、蚌壳形、月牙形、扇形等，过水宽度为5.5~5.9米。塞陡工具由陡杠、杩槎（俗称马脚）、水拼（竹篾编成的竹垫）、陡簟（即竹席）等组成。关陡时，先将小陡杠的下端插入陡门一侧海漫的石孔内，上端倾斜地嵌入陡门另一侧石墩的槽口中；再以底杠的一端置于墩台的鱼嘴上，另一端架在小陡杠下端，再架上面杠；然后将杩槎置于陡杠上，再铺水拼、陡簟堵塞陡门。水位增高过船时，将小陡杠敲出槽口，堵陡各物即借水力自行打开。由于有了陡门这种设施，故使灵渠能浮舟过岭，成为我国古代的一大奇观。《徐霞客游记》中记载："渠至此细流成涓，石底嶙峋。时巨舫鳞次，以箔阻水，俟水稍厚，则去箔放舟焉。"

在南、北渠上，另建有4座泄水天平和溢流堰，属于分水堤堰，起宣泄洪水、调节水流的作用。水大时，渠水可漫过石堤经斜坡而下，流进湘江故道；水小时，堰堤就成了护水石堤。

灵渠除通航外，同时也使沿渠两岸农田得到了灌溉效益。最早记载灵渠灌溉作用的文献是明代解缙编纂的《永乐大典》，文中"郡旧有灵渠，通漕运，且溉田甚广……"其实根据灵渠经过地带的地形，南、北渠用于灌溉农田的时间可能更早。在元、明、清直至民国时期的文献中，也有关于灵渠灌溉农田的记载，其中清·顾祖禹《读史方舆纪要》称"今县东有水涵十，灵渠之水经此，每遇霖潦，往往啮堤为患，因置石涵以泄之。灌田数千亩。"据调查，1949年以前渠上建有堰坝35座、水涵24座，可自流灌溉农田348公顷；筒车190架，提水灌溉农田215公顷；最大灌溉效益597公顷，如遇干旱或工程失修，仅能灌溉227公顷。新中国成立后，1952年开始对灵渠进行全面修复，由于采取了一系列配套措施并加大投资，至1990年，灌区的有效灌溉面积增加到2689公顷。

灵渠的作用甚大，历代对它的治理维修都比较重视。据史料记载，汉代维修2次、唐代2次、宋代7次、元代3次、明代6次、清代16次、民国3次，共39次。其中清光绪年间修南渠陡门19座，北渠陡门3座，泄水天平、黄龙堤等石堤5道，新建滑石、鸾塘、牛角3陡，并将侧堤改建成天平式以利于泄洪，新筑各陡海底，凿开石门坎、倒脱鞋、黑石坝、标滩等4处碍舟滩石。历时4年（1885—1888年），共用银10676两，为规模最大的一次，现今所见灵渠，大致就是这次维修后面貌。新中国成立后，1954—1955年春，在灵渠大小天平上游3千米处，改建仙人壩拦河坝，取代北渠筒车24架；1956年，新建向灵渠补充供水的支灵（即灵湖）、泥堰2座水库和新开三支渠；1957年新建金沙冲水库，以补充三支渠水量；1965—1966年又建成南岔塘、落塘2座水库，使灵渠的供水不断增加，灌溉面积比1949年增长了3.5倍。1952—1987年，对灵渠大天平、小天平、渠道、道路和古迹等的治理、开发、维修共投资241.96万元，使灵渠在农田灌溉、供水和旅游等方面，发挥了巨大的作用。

灵渠地处桂北暴雨区，区域内雨量充沛，多年平均年降水量（1956—2000年）2165.4毫米，但分配不均，汛期（3—8月）降水量占全年的75%以上，多年平均年径流量3.53亿立方米。渠道内水质清澈，达到国家Ⅲ类水质标准。沿途主要自然河流有4条，一为越城峤以南的始安水，源出越城峤与点灯山之间的山谷，流程2.5千米至铁路村附近汇入灵渠；一为源出源江村长垆坪西南的石龙江，亦称清水河，为灵河干流，在灵山庙与灵渠相会，因江中有石梁，长60丈，水从石梁下流过，梁脊石纹若鳞甲，似石龙，故名石龙江；一为源出唐公背山之马尿河，向北流13千米折西至严关零西村入灵渠；一为源出三青岩，经梅村垌至乐施堂，再西至青石陡入灵渠。

纪　　实

灵渠由分水塘过南陡，经四贤祠、飞来石、泄水天平、三将军墓、马氏桥，环绕兴安县城至大湾陡，长3.15千米，此段俗称秦堤，是灵渠观光的主要旅游点，早在民国时就被定名为秦堤风景区。其渠线沿湘江左岸西行，大部分为半开挖的渠道，左侧沿石山或地面开挖，右侧为砌石渠堤，内外坡用条石砌筑，中间填土。开始一段砌石堤高5米，下临湘江，石堤高悬水际，危如累卵，渗漏多，且易崩塌，称作"险工"。传说修筑时曾两次失败，到第三次将渠线移到飞来石左侧才得以筑成，现已改用水泥砌筑，并在对岸劈山修建水泥公路，两岸巨石加固，堤基稳固。

四贤祠（又名灵济祠、灵济庙）为庭院式建筑，分上下两层，建筑面积743平方米，院内塑有对灵渠有过贡献的秦代史禄，汉代马援，唐朝李渤、鱼孟威4人的半身塑像，因而称"四贤祠"，保存有自

灵渠飞来石

元代以来的10余块石刻，其中乾隆年间的石碑被古树横吞，是祠内奇景。灵渠进入兴安县城，为长约1千米的街市，俗称"水街"，自秦代就是商贾云集之地。清代诗人苏宗经曾形容："径缘桥底入，舟向市中穿；浆棹挥波易，蓬窗买酒便……。" 2004—2005年国家投资对水街进行修复改造，再现古老的商肆茶楼，使之成为桂林旅游的又一亮点。其间万里桥建于唐宝元初年（825年），是灵渠上修建最早的桥，也是昔日往来南北必经之道，传说该桥距唐代都城长安水路约万里而得名。原桥亭为木结构，曾被火焚，1985年被改建成仿古钢筋混凝土结构。

灵渠从大湾陡由西北折向西，穿过太史庙山转向西南到铁路村附近，接灵河右岸支流始安水，长0.95千米，水面宽6.0~13.5米，水深0.7~1.3米。渠道经过的地方，为坡残质的亚黏土、粉质黏土，渠底有石灰系石灰岩。此段是挖方渠道，其中太史庙山挖方长0.3千米，开挖深度据历史文献记载有30余米，在当时的技术条件下工程非常艰巨。

灵渠（古严关）

接始安水后，灵渠沿天然河道折向西南，在霞云桥附近与砚石水相会，河面变宽，经茄子塘、架枧田、灵山庙，至赵家堰与灵河汇合，是利用原天然河道（始安水）扩宽、浚深改造而成，水面宽7~15米，水深0.2~1.3米。渠道附近多秀丽挺拔的石灰岩孤峰。在兴安县城西南1千米的狮子山上，有红军长征突破湘江的烈士纪念碑园，该园于1996年1月建成，占地8万平方米，群雕为灰白花岗岩雕琢，长46米，高11米，由4个巨型头像和5组浮雕组成，气势恢宏。1997年被列为首批"全国百家爱国主义教育示范基地"，是重要的革命纪念地和旅游观光区。

灵渠过马头山，经弯塘、车田，至灵河口（与大溶江会合处），沿途有梅村水、建里水、大平寨、马尿河、古龙洞水、塘堡水、沙江等8条小支流汇入，水势增大，河面宽阔。除黄龙堤附近开凿曲折迂回的8.5千米渠道，以降低渠道比降外，其余为灵河干流天然河道。沿河两岸土质肥沃，是水稻、葡萄、柑橘等农作物主要种植区，被誉为"葡萄之乡"。境内主要矿产资源有铁矿、铅锌矿、砂金、石灰石、大理石等。

灵渠至仙桥村，在狮子山与凤凰山之间有古严关遗址。此处群山错落，地势险要，中间仅一线可

秦城遗址

通，为兴安县城西南咽喉要塞，自古是兵家争战之地。其间筑有大理石砌成的城垣，长43.2米，高5.3米，厚8.23米，关门居中，西南向，宽2.9米，高3.79米，分前后两重券拱，中间露顶。除关楼在1949年前被废外，其余均保存完好。至溶江镇，现存有秦始皇戍五岭时所筑的秦城。1963年以上两处遗址被列为广西壮族自治区文物保护单位。

河流过灵渠水文站，往下1.5千米汇入桂江（漓江段）。古老的灵渠作为中国古代伟大的水利工程和文明的象征，现仍为中外学者所重视。

8.1.71.2　甘棠江
(Gantang River)

桂江上游右岸支流，古称龙岩江、灵岩江，发源于广西壮族自治区灵川县北端九屋乡与龙胜县交界的半介村边。干流长60千米，流域总面积767.22平方千米，涉及灵川县和临桂县。

青狮潭峡谷口以上流域范围多高山，森林覆盖率59.49%，水源涵养能力强，多年平均年来水量8.3亿立方米。河道狭窄，坡降陡，水流急，为山区河流。主要支流有兰田河、七都河、社江、绿宝河4条。亚热带季风气候，春雨连绵，夏季湿热多雨，秋有干旱，年平均降水量1 900～2 400毫米。地处桂东北南岭南暴雨中心，水害多。1964年底建成**青狮潭水库**，减轻了下游洪涝灾害，成桂林市最大的水源地。

源流向南流，经播基塘至草涔，纳黄泥江等小溪，到屋围村汇入青狮潭水库。以上干流又称东江，植被完整，河水清澈，盛产楠竹。出水库经九屋村穿越天然岩洞，因水

龙岩

流侵蚀，洞内岩壁呈鱼鳞状，倒影水中，如龙游动，名龙岩，洞内景观可与桂林龙隐岩、融州老君洞相媲美，是灵川县文物保护单位。至潭下镇水流变缓，河面宽阔，两岸树木葱郁，土地肥沃，是灵川县西北部交通枢纽和货物集散地。甘棠江沿三河渡出田南村入灵川镇，灵川县城古名甘棠渡，位于长蛇岭东麓的漓江冲积平原，是桂北的工业重镇。有硅酸盐土、辉锑矿、方解石、泥炭等矿产，种植水稻、花生、红薯、水果。甘棠江穿越县城至象潭村，纳入同化、土坡两水，折南流，经三排、大树底村，过尼龙坝到三岔尾注入桂江（漓江段）。

8.1.71.2.1　青狮潭水库
(Qingshitan Reservoir)

甘棠江中游的大（2）型水库。坝址位于广西壮族自治区桂林市灵川县青狮潭镇青狮潭峡谷，距灵川县城18千米，距桂林市30千米。

水库为多年调节，以灌溉、城市供水、防洪为主，兼顾桂江（漓江段）补水、发电。控制流域面积474平方千米，库容6亿立方米，水面面积28.5平方千米，回水长15千米。1958年动工兴建，1964年竣工蓄水，1982年加固改造，大坝加高2米。

枢纽工程由大坝、溢洪道、放水设施和发电站组成。大坝为混凝土刚性心墙土坝，主坝长232米，坝高62米，坝顶

青狮潭水库

宽 7 米，混凝土心墙厚 0.65 米；开敞式溢洪道最大泄洪量 3 050 立方米每秒；灌溉及发电引水隧洞位于右岸山体中，全长 159.8 米；坝后地下引水发电站装机容量 17.8 兆瓦，年发电量 5 771 万千瓦时。

水库为桂林市五城区及灵川县、临桂县提供灌溉水源，灌溉面积 2.79 万公顷，年供水 6.127 万立方米。水库可拦截上游洪水，减轻桂林市防汛压力。枯水期可为下游补水 0.988 亿立方米，改善漓江旅游通航条件和生态环境，缓解桂林市用水不足。

青狮潭水库位于灵川县的西部，南岭西麓，山峦叠嶂，地势高峻。奥陶系下统和泥盆系地层，江南地轴南缘，湘桂褶皱带北侧，扬子准地台和南华准地台的过渡带，经加里东、印支及燕山地壳变动，地质构造比较复杂。

库区湿热多雨，亚热带季风气候，冬短夏长。冬季多北风，冷高压气团常成半静止锋，出现冬雨连绵；春季常有锋面气旋徘徊，春雨连绵；夏季盛行西南风，常在海洋暖气团控制下，水汽丰富，高温、湿热且暴雨频繁；秋季气流下沉，雨量减少，天气晴朗，常有秋旱。

库区多年平均年降水量 2 400 毫米，降水量年内分配不均，多年平均年蒸发量 1 682 毫米，年平均流量 26.6 立方米每秒，多年平均年径流量 8.4 亿立方米。

史料记载，唐龙朔二年（662 年）至 1949 年，灵川、临桂两县水灾 58 次，其中毁田庐人畜大水灾 27 次，旱灾 33 次，其中作物失收、饥荒吃树根的 20 次。

1994 年，桂北普降暴雨，5 次洪水，经水库调节，削减洪峰流量 19%，拦洪 1.92 亿立方米，错峰 1.38 亿立方米；1998 年，汛期水库水量 4 758.5 万立方米；2002 年，又遇大洪水，最大降水量 251 毫米，水库超蓄拦洪。

库区地形复杂，高程多超过 1 000 米。流域 96% 以上在灵川县。河谷间有小片盆地，河道狭窄，坡降陡，水流急，河谷深，山高林密，水土流失少，水源涵蓄条件好。青狮潭镇七都河河谷区，河谷开阔，地势平坦，覆盖层厚，蓄水条件好；蓝田乡甘棠江上游 东江、西江 为广西暴雨中心之一，降雨量大，水量丰富。坝下游大片岩溶平原，地形平坦，耕地集中，利于自流灌溉。

水库蓄水淹没青狮潭、公平、蓝田 3 个乡的耕地 1 657 公顷，山林 1 333 公顷，搬迁 2 215 户、10 322 人。国家修通灵青、蓝田公路及库区乡村公路，整修梯田，营造水源涵养林，发展果园，投放鱼苗，银鱼制种，解决移民村庄的人畜饮水困难。近年来，库区经济发展迅速，人民生活逐步改善。

库区有东江、西江、七都河，丘陵、台地、土石山区和低

谷盆地地貌。土地面积 4.74 万公顷，有林地面积 3.83 万公顷，活立木蓄积量 137.90 万立方米，毛竹 2 914.28 万株，森林覆盖率 80.96%。经多年综合治理保护，植被良好，水质清澈，水土流失很少，生态环境良好，青狮潭水库已成为桂林市后备水源地，自治区级旅游度假区，开发有青狮潭水库旅游度假村、东江生态旅游度假区、龙岩—金山禅院旅游风景区。

8.1.71.3 奇峰河
(Qifeng River)

桂江 中游右岸支流，又名良丰河，发源于广西壮族自治区临桂县，在桂林市汇入桂江。干流长 66 千米，流域面积 497 平方千米。

奇峰河奇峰镇段

流域地形西南高，东北低，自西南向东北倾斜，西南为土山区，中部及东北为峰林、谷地及丘陵。支流有汉山河、雁山河、佛殿河。中亚热带气候，冬夏季风交替，温和湿润，多年平均年降水量 1 753.4 毫米，多年平均年径流量 2.79 亿立方米。

流域夏季多洪涝，春秋易干旱。1954—1979 年中，12 年有洪涝灾害。1980 年后有**大江水库**调蓄，灾害减少。流域内建有中型水库 1 座、小型水库 5 座，总库容 5 363 万立方米，有效库容 3 834 万立方米。

奇峰河属丘陵河流，发源于广西壮族自治区临桂县南边山乡黄虎坪村香草岩，经靖远、升平、朗联、南新、钱村，至双凤桥村有建于清咸丰十一年（1861 年）的石桥。桥体分水桥与旱桥，水桥由料石错缝砌就，高出河床 12.5 米，旱桥由石板铺筑，石墩支撑，可宣泄洪水。干流过六塘镇大村、保联、诚正、诚桂，由羊田进入桂林市郊雁山区，流至社门岭有相思埭运河纳入。雁山镇良丰村上游 3 千米处 1979 年建大雁排洪闸，河水经人工开挖的分洪道，分流至良丰村下游 5 千米处复汇奇峰河，以减少洪水对桂林市雁山镇的危害。经良丰水文站后，奇峰河继续东北流，于奇峰镇湖子岩注入桂江。

8.1.71.4 潮田河
(Chaotian River)

桂江 左岸支流，又名吕安河，发源于广西壮族自治区灵川县海洋乡陶涔东坡。干流长 50 千米，流域面积 444 平方千米，涉及灵川县和兴安县。

流域内山多地高，沟谷切割，孤峰、丛峰林立，峰高 100～800 米。属亚热带季风气候，湿热多雨，水量丰富，四季分明，冬短夏长，多年平均年降水量 1 680.6 毫米，多年平均年径流量 4.26 亿立方米，地下水资源量 2.05 亿立方米。主要支流有淞江、大江源水（大境河）。

1949 年以前流域有陂堰 25 座，竹筒水车 78 架，工程简陋，抗御干旱灾害能力低。新中国成立后建两河沟、莲塘等水库，干流建思安江水库，拦截洪水，枯水期向桂江补水，同时可发电。

潮田河（思安江水库）

田家河

潮田河源头高程1 137米，地势险峻，河水清澈，西流到高塘纳左溪水，经彩爵至深江桥右纳小平乐水，水流逐渐增大、变急，跌入深谷，成瀑布，山洪暴发时，声闻数里："飞奔入山谷，疑是雷动天。"瀑布以下转西南流，经河里至栗木根，途纳思江、彩上水、思安头水、崧江。曲折西流至大兴坪注入思安江水库。海洋乡岩溶发育，地下水丰富，盛产松、杉、松脂、白果、板栗、香菇等土特产，海洋白果个大、荚白、质优、早熟，是广西银杏之乡。干流入潮田乡，纳响岭、马家、暗山底三条支流，河道渐宽。经石井、阳安至寨底，纳寨底地下河。过寨底村汇合大江源水，至太平，纳苞竹水，折西南流，经绕芳至塘头，纳绕芳地下河、毛村地下河、富足水，经潮田圩、鸟岭至倖坪村入古镇大圩，出古镇经袁家至秦岸，纳枧皮洲、白家、袁家、阳龙山、大埠5条支流，沿吕岸至南村后注入桂江。

北宋时大圩就是繁华集镇，青砖瓦房古香古色，是广西"四大古镇"之一。大圩地势平坦，沿河农田肥沃，种植水稻和蔬菜，盛产南方优质梨、桃、草莓、马蹄和瓜菜，是广西商品粮基地之一。

8.1.71.5　田家河
(Tianjia River)

桂江右岸支流，又名遇龙河，古名安乐水，发源于广西壮族自治区临桂县南边山乡永平村谭家屯西南500米处。干流长54千米，流域面积665平方千米，涉及阳朔县和临桂县。

流域地处桂江中上游，西北部和西部是山地及石灰岩低丘，高程超过500米，北部和中部是河谷平原，主要支流有沟河、金宝河、古乐河。属中亚热带季风气候，夏热雨多，冬冷十旱，多年平均年降水量1 785.7毫米，洪水多发生在6月、7月。1976年7月连降大暴雨，总雨量302.6毫米，洪水淹没田家河、登子岩，历时5～7天，损失严重。现有坝后式电站4座、大小水库17座，总库容5 100万立方米。流域内盛产竹凉席、香菇、板栗、沙田柚、多蛇酒等土特产。

自源地东南流，毛家以上称古里河，入阳朔县金宝乡，经新村、延村至白沙镇观桥村，左纳沟河（河长25千米，流域面积165平方千米），至遇龙村有遇龙桥横跨两岸。遇龙桥为明永乐十年（1412年）所建，不用砂浆，方石砌筑，与赵州桥同型，清代同治九年（1870年）桥上增建石栏杆，桥全长59.39米，宽5米，高9米，单拱跨度18米，经数百年洪水冲刷，至今保持完好。从桥上游1千米处的白沙金龙桥到下游大榕树，是新开发的遇龙河漂流段（国家AAAA级景区），长8千米，水流平缓，两岸山峦千姿百态，河畔翠竹叠嶂，河滩错落有致。至高田镇穿沿村右纳金宝河（河长43千米，流域面积226平方千米），在金宝河汇入口，有"大榕树"景点，榕树树干老态龙钟，露根如游龙四出，盘根若巨蟒缠腰。右岸有一楼房依山傍水，小雅安逸，绘画大师徐悲鸿曾在此居住写生；工农桥下游是獭岩山，山中洞穴多，曾因有水獭而得名。干流由工农桥转向东流，入阳朔镇，至矮山村再折转北流，于田家河村东北侧书童山下注入桂江。

8.1.71.6　荔浦河
(Lipu River)

桂江右岸支流，又名荔江，古称荔水，发源于广西壮族自治区金秀县，在平乐县汇入桂江。干流长121千米，比降3.56‰，流域面积2 038平方千米，涉及金秀、荔浦、平乐3个县。

概　　述

流域地势由西南向东北倾斜，四面环山，西北接架桥岭，东南邻大瑶山。周围高中间低，中部是低山丘陵，南北峰林相间，河谷两旁平地大都是砂、壤土。有龙安河、蒲芦河、杜莫河、**马岭河**等10条主要支流，地下河12条。

流域属亚热带气候，春暖夏热雨多，秋凉冬干雨少。多年平均年降水量1 497.4毫米，多年平均年水面蒸发量747.8毫米，多年平均年径流量18.43亿立方米，水质优良。1953年中游设荔浦水文站，控制流域面积894平方千米，实测最大流量2 480立方米每秒，年平均输沙模数120吨每平方千米。1992年荔浦县城河段曾断流。

1949—2005年，有水灾28次、旱灾26次。2003年9月17日，受金秀大瑶山特大洪水影响，河水暴涨，洪峰水位144.76米，超过警戒水位2.26米，洪峰流量2 480立方米每秒，修仁、青山、三河、荔城、新坪、东昌等沿河乡镇受灾严重，受灾16.93万人，洪水围困村庄46个，房屋倒塌689间，农作物受灾3 780公顷，损坏水利、广播电视、通信及供电设施，冲毁县、乡村道路，多家企业被淹。

流域上游建有古信、**大江水库**（中型），两水库控制流域面积291.6平方千米，总库容1.05亿立方米。1949年前，一些引水工程多用临时堆石拦河壅高水位。1949年后，先后建成引水工程400多处，总灌溉面积3 000多公顷；蓄水工程近400处，总库容1.5亿立方米，灌溉面积6 000公顷，防洪堤30多千米，保护耕地面积约1 000公顷。水能资源可开发量50兆瓦，已开发20兆瓦。江口村荔浦河上有水电站和水轮泵站，可灌溉农田，电站装机容量共840千瓦，2000年发电量

318.7万千瓦时。

纪　实

荔浦河发源于金秀县大瑶山的老山北麓忠良乡定蒲村西南3千米处，源流向北至荔浦县修仁镇天井岭转西北，至念村田村屯左纳龙安河，折向东北流，河口以上称长滩河，以下称修仁河。至青山镇青云村大石古西北600米处，左纳蒲芦河（河长45千米，流域面积200平方千米）。至荔城镇沙街村大树脚，右纳杜莫河（河长26千米，流域面积126平方千米）后称荔浦河，流入荔浦县城。荔浦县有多民族聚居，山清水秀，是广西农村经济实力十强县之一。旅游开发有丰鱼岩、银子岩、鹅翎寺、小青山、文塔、蒲芦瀑布等景点。水稻为主要农产品，盛产荸荠、夏橙，荔浦芋头（俗称槟榔芋）香味独特。有铜、铅、锌、锰、铁、银、煤、重晶石、大理石等十余种矿产，锰及重晶石矿藏量较大。

荔浦县城以下为上游河段，枯水期河宽30～80米，深0.7～3.5米，两岸多农田，大约每500米就有1个坝堰，水面落差超过0.4米，普遍淤浅。清光绪三十三年（1907年），荔浦河可

银子岩

通航至修仁镇，至20世纪50年代初，载重小于10吨的木船，可由梧州、平乐上行至荔浦。1957年后因河道水量不足、水利设施阻碍及河床淤塞，已不通航。

出县城继流至新坪镇凤岗右纳新坪河（河长21千米，流域面积127平方千米），转西北流至荔城镇料村北左纳大塘河（河长32千米，流域面积112平方千米），转东北流至东昌镇河北村右纳栗木河（河长30千米，流域面积105平方千米），至山口屯，左纳马岭河，过思贡村梅子洲入平乐县，在平乐镇南洲村西汇入桂江。

丰鱼岩

荔浦县城以下为下游河段，枯水期河宽40～65米，水深0.7～4.5米。洪水时宽80～130米，水深1.9～5.0米，河底为卵石和礁石，有浅水滩24处，主要有三口滩和石拦滩。沿途两岸地势比较平坦，支流交错，农田较多，最狭处思贡峡，仅宽50米左右，水深超过0.5米。

平乐县平乐镇经济以工商业为主，2000年工业总产值4.19亿元，农业总产值1.22亿元，商业销售收入6 727万元。

8.1.71.6.1　马岭河
（Maling River）

荔浦河左岸支流，因流经马岭镇而得名，发源于广西壮族自治区荔浦县蒲芦乡上石练村架桥岭东侧。河长69千米，流域面积600平方千米，涉及荔浦县和阳朔县。

流域呈狭长状，地势西北高东南低，西部古报尾山最高，山顶高程1 240米。中低山峡谷地形，沿河群山环抱，第四纪红土覆盖。坡降大，有支流龙坪河、江埠河、大地河。属亚热带季风气候，温和湿润，四季分明，平均气温19.9摄氏度。暴雨频繁，多年平均年降水量1 588.5毫米。水力资源理论蕴藏量25兆瓦，技术可开发量11兆瓦。据史料记载，清康熙四十八年（1709年），沿

鹅翎寺

河已建有大碑、同潭、码头、龙虎、赤岭、石鉴、陂头等引水坝，除大碑、同潭已毁坏外，其余至今犹存。

自源地经上石练、石门、木根入**大江水库**，出水库经花篢、双江、马岭、西力，至山口村汇入荔浦河。卫家岭普陀河汇合口以上河谷走向为西北—东南，水浅湍急，石滩多，可浮运木材，且多沟岔，森林茂盛，寒凉湿润，是广西水源经济林保护区。普陀河汇合口至两江汇合口，河长13.3千米，比降2.2‰。花篢大同村方圆1千米的山坡，遍布100余座汉至南朝的大小古墓，为广西重点文物保护单位。在两江街左纳龙坪河（河长39千米，流域面积134平方千米），经马岭圩至东昌镇山口屯，右纳江埠河，左纳大地河后汇入荔浦河。途经双江妙花村，溪水自北而南破石而过，洞中岩壁题有"石壁生风"，清风习习，夏可避暑。土地肥沃，主要种植水稻、红薯、水果、瓜菜及苎麻，并以苎麻著称。马岭河河谷宽阔，有水运埠头，20世纪50年代初，10吨木船可航行至平乐、梧州。

8.1.71.6.1.1　大江水库
（Dajiang Reservoir）

马岭河上游的中型水库，坝址位于广西壮族自治区桂林市荔浦县花篢镇福灵村，距花篢镇4.5千米，荔浦县城25千米。

水库为年调节，以灌溉为主，兼顾防洪、发电、养殖。控制流域面积200平方千米，库容8 140万立方米，水面面积3.37平方千米，回水长12千米。工程于1958年动工兴建，1960年竣工蓄水，1979—1983年加固改造。

工程由大坝、溢洪道、输水隧洞、水电站和灌区5部分组成，大坝为黏土心墙多种土质坝，坝顶长度175米，坝高40.2米，坝顶宽度6米；溢洪道最大泄量2 115立方米每秒；输水隧洞最大输水流量10立方米每秒；水电站装机容量2兆瓦，年发电量350万千瓦时，灌溉面积4 333公顷。

水库拦蓄洪水，削减洪峰，使马岭河沿岸1 300多公顷农田不受洪水威胁，23公顷荒滩开辟成良田。灌溉花篢、双江、马岭、大塘、荔城5个乡镇田地，年供水1.7亿立方米。还利用灌区中干渠跌水，在龙虎屯建电站，发展乡镇企业，装机容量400千瓦，年发电量90万千瓦时。

马岭河上游属中高丘地带，山高水急。库区附近多丘陵，属亚热带季风气候，平均气温19.6摄氏度，多年平均年降水量1 618毫米，多年平均年径流量2.76亿立方米。水库上游有蒲芦水电站，可调节大江水库进库水量，有效削减入库洪峰。

库区人口3 950人，靠林业、食用菌和果树为生。水库淹没稻田113公顷，旱地20公顷，林地133公顷，迁移426户、1 847人。政府在花篢镇南源、福灵和荔城镇等地安置移民，建民房、道路、桥涵，造铁皮船沟通水上交通，种植经济林，架设输电和通信线路，解决移民村人畜饮水等问题，扶持种养和农副产品加工项目，促进经济发展，改善库区人民生活。

8.1.71.7 恭城河
(Gongcheng River)

桂江左岸支流，又名茶江，古名乐川水，发源于广西壮族自治区恭城瑶族自治县，至平乐县汇入桂江，地处桂东北，流域涉及广西、湖南两个省（自治区）。

概 述

流域地势东高西南低，东部山体偏南北走向，北部呈东北—西南走向。干流从发源地自南向北穿过流域东部，转东北向西南穿过流域中部，两侧汇入支流，呈扇形分布。干流长174千米，平均比降1.49‰。其中，湖南境内流程73千米，河道平均比降4.58‰。流域面积超过50平方千米的一级支流14条，右岸主要有桃川河（汉江源河）、栗木河（秀水河）、苏陂河、**西岭河**，左岸有路口河、北洞源河、势江河、莲花河、**榕津河**等，榕津河为最大支流。流域内以山地、丘陵为主，多砂页岩地质土山，高500～1 800米，丘陵由砂页岩和石灰岩组成，高100～500米。流域涉及湖南省江永县及广西壮族自治区的恭城、平乐、阳朔、灵川、灌阳、钟山，共7个县，流域面积4 282平方千米。

流域属中亚热带季风气候，气候温和，无霜期长。四季分明，春夏多雨，常暴发山洪；秋冬降水骤减，有旱情。平均气温18.7（北区）～19.7（南区）摄氏度，极端最高气温40摄氏度，最低-3.1摄氏度。多年平均年降水量1 657.5毫米，多年平均年径流量41亿立方米，水质Ⅰ～Ⅲ类。

清光绪三年（1877年）四月，大雨连绵，申时县城南门外水涨丈余，次日丑时水退，冲毁无数沿河房屋田地。1949—2000年，流域有较大洪水17次。1971年5月17日，西岭河和恭城河流域特大暴雨，引发1877年以来最大洪水。

建有大型**峻山水库**，以及源口水库、**兰洞水库**和平口水库3座中型水库，总控制面积为677平方千米，总库容2.37亿立方米；还有小型水库26座，其中湖南3座，广西23座。1960年后，平乐县相继建成白虎头、斑山尾、虎豹、龙泉岩水电站。

恭城河引水灌溉历史悠久。宋代观音乡河口屯就筑有河头堰（合同坝），明代建千家坝，民国时兴建势江水利工程（1944年建），灌溉水田466.7公顷。1949年后，恭城县改造和加固原有工程，扩建、新建引水工程385座，总有效灌溉面积7 800公顷。2002—2005年恭城县河右岸建成3千米防洪堤，防洪标准20年一遇，平乐县恭城河有长0.8千米防洪堤。

纪 实

恭城河发源于恭城县三江乡黄坪村古木源北卡山主峰北侧，源流向北，至落山界入湖南省江永县粗石江镇牛塘，以上称古木源河，入源口水库。出库后继续向北流，经源口瑶族乡至桃川镇三板桥右承秀峰河。秀峰河源于广西富川瑶族自治县古木沅蛮子岭，流约23千米于朝东镇叉山进入湖南，向西北流约6千米汇入恭城河，全长约33千米，流域面积224平方千米。纳秀峰河后继续向北流，至江永县桃川镇右纳桃川河。桃川河长32千

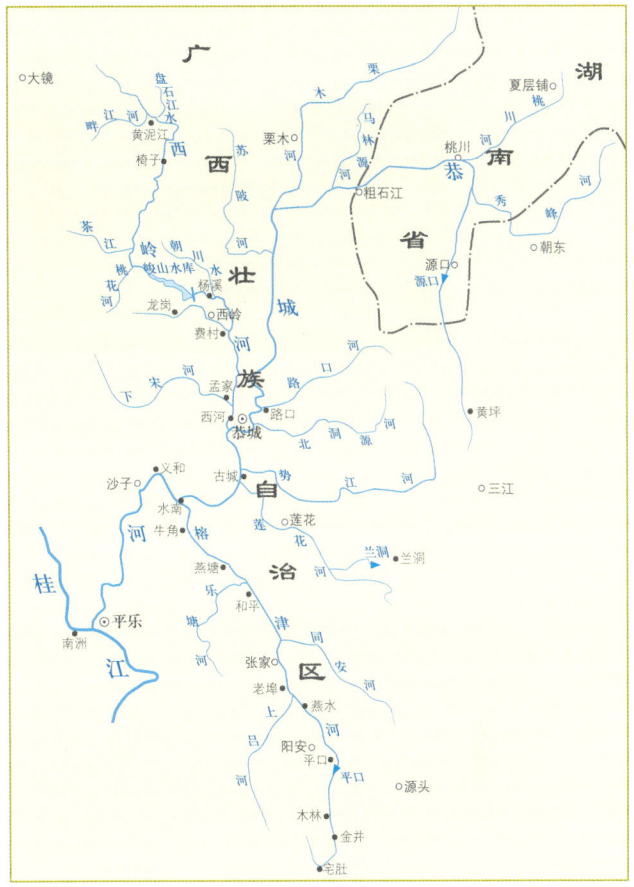

恭城河水系示意图

米，流域面积254平方千米，河道平均比降6.75‰，上游为季节性河段。以上称源口河，以下至栗木河汇入口称龙虎河。过桃川镇，恭城河折向西南流，经粗石江镇向西南入广西恭城县龙虎乡，乡境有龙虎关。

龙虎关悬岩壁立，地势险要。南有龙头岭，北有虎头岭而得名，为兵家必争之地，也是中原入粤桂的一个通道。历代商业繁荣，农产品多在省界交易。龙虎关下有深潭，水面宽50～60米，河底为卵石、礁石、岩石，多浅滩。出龙虎关西流至栗木镇廖家村西右纳栗木河（河长47千米，流域面积328平方千米），折向南流至嘉会乡豸游村右纳苏陂河（河长30千米，流域面积100平方千米），继流至恭城县城附近，于恭城镇路口纳路口河，于恭城镇桥头村左纳北洞源河（河长27千米，流域面积100平方千米），于西河村右纳西岭河；恭城县城，两岸间有石山和土山，河宽150～200米。干支流上建有多处灌溉坝堰，枯水时多数堰口断流。

恭城县城干流长58千米，坡降1.09‰。县城下游有白面、鱼梁、白石尾和花线等浅滩39处。南流至龙颈村左纳势江河（河长51千米，流域面积331平方千米），至古城村左纳莲花河（河长37千米，流域面积172平方千米），由岭尾过恭城、平乐县界。

过县界，恭城河折向西流，至平乐县水南村有榕津河由左岸汇入，经义和村转西南流抵沙子镇，过虎豹电站，在平乐镇令公庙汇入桂江。

恭城县古称茶城，隋

龙虎关

恭城武庙

大业十四年（618年）建县。东、西、北三面环山，中为河谷、丘陵交错，居住着瑶、汉、壮、苗等19个民族，自然资源丰富；盛产月柿、椪柑、沙田柚、橙子、桃子

恭城文庙

等水果，是全国生态农业示范县和国家级生态示范区，有钨、锡、铌、铅、锌、锰、铁、铜、花岗岩、大理石等主要矿藏。城内多古迹，有文庙、武庙、周渭祠、湖南会馆等古建筑物，为广西壮族自治区文物保护单位。全县水力资源理论蕴藏量110.7兆瓦，可开发量63.1兆瓦。平乐县沙子镇是平乐县内的重要交通枢纽，水陆交通便利。1949年前，水路上通恭城，下至平乐县城，还可通桂林、梧州和广州。

8.1.71.7.1 西岭河
(Xiling River)

恭城河右岸支流，古名西水江，上游称澄江，下游称西河。发源于广西壮族自治区海洋山东麓灵川县大镜乡笑天狮岭。干流长82千米，流域面积598平方千米。

流域地势北高南低，河流曲折流急，峡谷、丘陵交错。中亚热带气候，年平均气温18.7摄氏度，春夏湿润多雨，秋冬干旱少雨，多年平均年降水量1698.5毫米。

流域内旱涝交替出现，几乎年年有旱灾。1971年5月17日特大暴雨，洪水把西岭河两岸淹成泽国。西岭河水力资源可开发量16兆瓦。1988年建成**峻山水库**。

自源地向东南流，纳南岱源、利江诸水，河道渐宽，流至瑶人田纳入子根、养洲两水。以上河段两岸主要为瑶族村落。干流过一堰坝东南流，至黄泥江右纳畔江河。折东流至新屋，左纳盘石江水。复折东南流过马蹄岭，纳偿竹源水。折南流经蜜蜂田至鲁塘坪，纳界背水。此地物产丰富，有木材、香菇、木耳、茶叶、桐子、棕皮、蜂蜜、松脂和各种药材；还有珍贵树种香杉、大节四方竹、罗汉竹等。

西岭河入恭城县境内东南流至椅子村。椅子村山形似椅，山上有原始森林。河流向南流至磨底塘纳方田江后折向西南，沿途纳入陡江、川江、茶江、桃花江，至岛坪入峻山水库。域内矿藏丰富，有铅、锌、铜、石英、方解石、重晶石等矿。明万历四十八年（1620年），岛坪已有矿民开采铅锌矿，乾隆年间（1736—1795年）清政府在回头山、桐油坪、崩山一带开采。1949年后，政府投资修通矿区公路，新增多处矿区。20世纪50—70年代，几次大规模毁林开荒、陡坡开荒造成水土流失和河流污染加剧。1982年国家划定海洋山水源林保护区，水土保持治理面积1933公顷。

水库下游河床干涸，至杨溪左岸汇朝川水，至费村、羊角山有龙岗河（季节性河）和峻山水库西干渠回归水汇入。西岭乡土质肥沃，水利条件好，是水稻、甘蔗、蜜桃主产区，有多处自然景观和人文景点，桃花著名，十里桃花长廊是恭城桃花节的举办地。

续南流经费村、高州，于恭城镇孟家村右纳保安河（河长33千米，流域面积129平方千米），经白马，在西河村附近从右侧注入恭城河。

8.1.71.7.1.1 峻山水库
(Junshan Reservoir)

西岭河上的大（2）型水库，坝址位于广西壮族自治区桂林市恭城瑶族自治县西岭乡西北塘合村，距恭城县城19千米，桂林市127千米。

水库为多年调节，以灌溉为主，兼顾防洪、发电、养殖。控制流域面积320平方千米，库容1.037亿立方米，水面狭长，面积3.12平方千米，回水长16千米。1972年动工兴建，1975年蓄水，1990年竣工。

枢纽工程由大坝、输水隧洞、水电站组成。大坝为浆砌石溢流重力坝，主坝长220米，坝高69米，坝顶宽5米，大坝最大泄洪流量3511立方米每秒；输水隧洞为压力隧洞，最大放水量27.7立方

峻山水库

米每秒；电站有两级，总装机容量9.2兆瓦，年发电量3500万千瓦时。

水库为下游恭城、平乐、阳朔3个县64个村提供水源，灌溉1.364万公顷农田，年供水量2.77亿立方米，保护下游2000公顷耕地和3万人口防洪安全。

流域地势西北高东南低，库区群山起伏，峻岭连绵，森林密布，植被良好，气候温和，水土流失少。多年平均年径流量3.65亿立方米，年平均气温18.9摄氏度，无霜期327天。多年平均年降水量1766.7毫米，4—8月降水量占全年的75%以上；多年平均年蒸发量1000毫米，相对湿度78%。洪水主要发生在3—8月。河道狭窄，落差集中在岛坪村以上，下段比较平坦。峻山峡口以下出西岭乡，地势开阔，是水库主要灌区。

建库前，淹没区是山区岛坪村、德良村肥沃的河川良田。建库后，淹没农田63公顷，移民2500人。为改善移民生产和生活，修通库区、矿区公路，解决移民村庄人畜饮水、口粮问题，整修梯田，营造水保林，发展果园。

峻山水库山清水秀、森林茂密，以阔叶杂木林、杉木、松木、油茶、桐油、楠竹等为主，水土保持状况好。库区居住有瑶、汉等民族，人口稀少，种植月柿、柑、橙、罗汉果等经济作物。矿产资源丰富，主要有铅、锌等。

8.1.71.7.2 兰洞水库
(Landong Reservoir)

恭城河二级支流兰洞河上游的中型水库，坝址位于广西壮族自治区恭城瑶族自治县莲花镇兰洞村，距恭城县城35千米，桂林市143千米。

水库为年调节，以发电为主，兼顾灌溉、防洪。控制流域面积57.03平方千米（其中引洪流域面积35.33平方千米），库容3740万立方米，水面狭长，面积6.2平方千米，回水长3.2千米。工程于1966年动工兴建，1969年竣工蓄水。1997年加固改造。

枢纽工程由大坝、溢洪隧洞、引洪渠、水电站组成。主坝为水泥砂浆防渗心墙土坝，主坝长122米，坝高42.8米，坝顶宽5.25米，坝顶筑有1.85米高防浪墙；副坝1座，为均质土坝，坝高17.4米，坝长55米，坝顶宽5米。输水涵管为钢筋混凝土管，溢洪隧洞最大泄洪流量20立方米每秒。3条

兰洞水库

引洪渠引洪流量9~20立方米每秒。水电站装机容量9.6兆瓦，年发电量3 965万千瓦时，电站尾水自流灌溉1 000公顷。

水库防洪、抗旱效益显著，为下游莲花镇8个村提供灌溉水源，保护下游1 333公顷耕地和9.5万人口防洪安全。

兰洞河长12千米，流域面积40平方千米。上游地势高峻，山丘起伏，中下游有峡谷，长2.3千米，出峡谷为低山丘陵平原。水库大坝位于兰洞村下游1.3千米峡谷入口处。大坝以上河长7.3千米，控制流域面积21.7平方千米，引洪区集雨面积35.33平方千米。库区山清水秀，森林茂密，以阔叶杂木林、杉木、松木、油茶、桐油、楠竹为主，水土流失少。居民为瑶、汉等民族，人口较少。燕山期花岗岩地层，构造均一，层理发育，为高岭土填充，不会渗漏。地下水丰富，且水位较高。

属亚热带气候，年平均气温为19.7摄氏度，多年平均年降水量1 250毫米，相对湿度76%，最大风速4.0米每秒，多为北风，多年平均年蒸发量1 275毫米，多年平均年径流量2 727万立方米。

建库后，淹没房屋310间，水田47公顷，旱地3.3公顷，搬迁133户、602人，涉及兰洞、涩洞、桥头、胜洞、两西5个自然村。政府为移民建了5个新村，修通公路，整修梯田，营造水保林，解决人畜饮水、口粮、农田水利等问题。早期移民以砍伐杂木，松、杉，采割松脂为主要经济收入，20世纪90年代后，政府扶持移民种植恭城月柿、柑、橙，养殖家畜，开发水库养殖和旅游，经济收入显著增加。

8.1.71.7.3 榕津河
(Rongjin River)

恭城河左岸支流，又名同安水，民国时期称鲁溪江。发源于广西壮族自治区平乐县南源头镇木林村横溪屯西3.5千米处。干流长74千米，平均比降1.83‰，流域面积901平方千米，涉及广西恭城、钟山、平乐3县。

流域地势由南向西北倾斜，岗丘、平川相间，岩溶地貌镶嵌其中，北部、中部为丘陵和岩溶谷地、洼地及溶蚀平原，有老凼、李家田、河步头等地下河。榕津以上河段河宽25~50米，以下河段河宽50~60米，沿河是溶蚀平原和冲积阶地。

流域属中亚热带季风气候，冬短夏长，春夏雨量丰沛，多年平均年降水量1 550毫米。水、旱、风、雹灾害频繁，因河道淤浅，水旱灾害严重。1949年后，陆续疏通斑山尾段河滩，炸宽牛角湾和石龙峡河道，兴建沙冲水库、**平口水库**、新田水库、谢家水库4个水库拦蓄洪水。经综合治理，沿河农田洪涝得以减轻。

榕津河上吕河汇入口以上当地称东江（民国时称诞山江），以下称榕津河，自源头东南流5.5千米，至金井村宅肚屯，转向北流，经金井、木林村，入阳安乡平口水库。水库使榕津河下游沿岸农田增产丰收。阳安梅花岭因战国—晋代墓葬群排列形似梅花而得名，有瓦、罐、壶、骑马俑等陶器出土，1981年被列为广西壮族自治区文物保护单位。经燕水村至田村骆家屯左纳上吕河（河长24千米，流域面积185平方千米）。干流过老埠流经张家镇。张家镇盛行"庙会"，农历六月二十四日为张家街会期，当天还有山歌、桂剧表演等文娱活动。在榕津街头长有两株并排的千年古榕，大的根围8.5米，树高近20米，树冠覆盖约1 900平方米，树根凌空扎地，形成四个整齐、大小匀称的天然拱门，若长虹横贯，常有游客观赏。

于榕津村右纳同安河（河长46千米，流域面积307平方千米），同安河源于源头镇九洞村有5处温泉穴分布于田峒中间，其中3处较大。泉水恒温46~50摄氏度，

榕津村古榕

无色透明，经鉴定，确认为含锶、氡，属偏硅酸低钠型优质矿泉水。下游冷水村旁的石林区面积约1平方千米，三面环山，山青林茂，流水潺潺，群峰林立，形似各种动物，形状怪异。

榕津河出和平村左纳乐塘河，经周塘，折向西北流，过燕塘（新糖榨）、牛角（西水车）村，至沙子镇水南村汇入恭城河。

8.1.71.7.3.1 平口水库
(Pingkou Reservoir)

榕津河上游的中型水库，坝址位于广西壮族自治区桂林市平乐县平安乡平口村，距平乐县城43千米。

水库为年调节，以灌溉为主，兼防洪、发电、养鱼。控制流域面积76平方千米，库容5 960万立方米，水面面积3.35平方千米，回水长8.2千米。工程于1958年动工兴建，1964年竣工蓄水，1999年加固改造。

工程由主坝、副坝、溢洪道、放水设施、坝后电站、灌溉渠系组成。大坝为黏土心墙多种土质坝，坝长458米，坝高33.9米，坝顶宽5米，筑有1.2米高防浪墙；副坝两座，第一副坝坝高23米，坝顶长70米，第二副坝坝高7米，

平乐平口水库

坝顶长200米。溢洪道最大泄洪量472立方米每秒，放水设施最大放水流量11.13立方米每秒。坝后电站装机容量650千瓦，最高年发电量139万千瓦时。灌溉渠系有东、西2条干渠，10条支渠，渠系建筑物660座。东干渠长26千米，西干渠长42千米。

水库位于平乐县东南部中低山区，库区为山间盆地，集

水条件好。坝址在扇形褶皱的背斜峡谷处，库底是四排组页岩，库周是莲花山组、郁江组砂页岩，隔水层良好。榕津河两岸溶蚀平原和冲积阶地的植被已遭破坏，水土流失严重，河道淤积。1949年前，沿河筑有多座水坝，两岸农田常受洪涝。1949年后，经多项治理，洪涝灾害减少。但库区周围乱砍滥伐，破坏了森林植被，造成水土流失量大，建库至1990年末，平均年淤积厚度0.2米。属中亚热带季风气候，年平均温度19.8摄氏度，春夏多雨，常洪水泛滥；秋冬降水少，有干旱发生。多年平均年降水量1 579.2毫米，最大2 515毫米，最小1 222.6毫米，多年平均年径流量7 941万立方米。

水库淹没农田123.3公顷，房屋300间，移民1 550人。多数移民由低往高就地建房安家，政府给移民划拨部分耕地，发放生产扶持费，修通连接桂林、梧州的公路，建设人畜饮水工程，架设输电线路，使移民生活不低于建库前水平。

8.1.71.8 昭平水库
（Zhaoping Reservoir）

桂江下游的大（2）型水库，坝址位于广西壮族自治区贺州市昭平县松林峡出口处，距昭平县城4.5千米。

水库是桂江流域规划的第二个梯级，有日调节功能，以发电为主，兼顾航运和灌溉。控制流域面积13 170平方千米，库容1.22亿立方米，水面面积7.65平方千米，回水长26.08千米。工程于1989年动工兴建，1994年第一台机组发电，1995年竣工。

枢纽工程由大坝、溢洪道、发电厂房和船闸组成。大坝为混凝土重力坝，坝顶长189.5米，坝高39.5米，坝顶宽14.5米；溢洪道最大泄洪量20 620立方米每秒；发电厂房装机容量63兆瓦，年均发电量2.3亿千瓦时，发电输水管最大引水量471立方米每秒；船闸为Ⅵ级航道标准。

昭平水库以上桂江河长282千米。属亚热带季风气候，雨量充沛，分布不均，库区多年平均年降水量1 627毫米，多年平均年径流量135.6亿立方米，年平均气温19.9摄氏度，年平均蒸发量1 000～1 300毫米。

建库前，淹没区河谷深切，滩多水急，志载桂江"为滩三百六"，旧时民谚曰："囊有一百钱，不上府江船。"库区铜盘峡有明朝万历年的"百蛮遵道"摩崖石刻。库区两岸群山起伏，平地狭小，山地占总面积的87.6%，可谓"九山半水半分田"，山地丘陵连片，遍布松、杉、樟、枫、油茶。经济以农业为主，其次是林业、种植业、养殖业，农民收入主要靠粮食、木材、竹子、水果、茶叶等。

水库调节库容780万立方米，无防洪任务。根据入库流量及水位，结合电网负荷调度，洪水前腾空库容，退水期拦蓄尾洪，高水位运行。水库改善航道27千米，灌溉农田46.7公顷，工业、生活年供水630万立方米。

水库淹没耕地78.8公顷，移民141人。移民采取就地后靠安置方式，新建交通、水利设施，方便库区移民生产、生活。

库区森林植被得到较好保护，库区农民发展果园，利用丘陵山地种植茶叶，保持水土。径流式水电站调节库容小，洪水期开闸排洪，不影响水质。库区的七冲原始森林是省级自然保护区，面积74.8平方千米，森林覆盖率95%，是广西东部保存最好、植被种类最丰富的原生天然林，也是华南最完整的森林生态体系，昭平县政府已规划生态旅游综合开发，带动当地经济发展。

8.1.71.9 思勤江
（Siqin River）

桂江左岸支流，古称灵水、灵溪水、富水。发源于广西壮族自治区贺州市钟山县，在昭平县注入桂江。河长118千米，落差760米，流域面积1 717平方千米，涉及贺州市钟山县、八步区、昭平县及桂林市恭城县、平乐县。

思勤江晚景

流域地处南岭（五岭）山脉中段，有都庞岭与萌渚岭两大山脉，地势西北高、东南低，有平原、丘陵、盆地、山地。属亚热带季风气候，年平均气温19.8摄氏度。多年平均年降水量1 803.8毫米，3—8月降水占全年的77.8%。多年平均年径流量12.68亿立方米，20世纪80年代以后，径流量呈下降趋势。

主要自然灾害是旱灾和洪灾。明成化二十年（1485年）至1948年有史料记载的大旱灾34次，1950—1989年大旱灾12次；1914—1948年大水灾6次，1954—1987年大水灾14次。

1949年以前，有引水工程320多座。1949年以后，对思勤江进行整治和开发，1957年5月建成思勤江灌区，现已建成**龙潭水库**、**花山水库**、同古水库、宝冲水库、朱腰水库、相逢水库、古站水库、上刚水库，以及大桶、龙坪、西坪等8座水力发电站。

思勤江发源于钟山县两安瑶族乡大桶村北山，西与恭城县三江乡接壤，西、北、东三面山峰环抱，最高峰海拔1 562米。源头有4条V形山沟，山高坡陡，流水潺潺，清澈见底。源流在大桶村汇合，蜿蜒西南流，出峡谷后纳曹碓源、小埠源，南流经两安瑶族乡，瑶族人口占95.4%，汉族和其他民

思勤江茶园

族占4.6%。沙坪瑶寨仍保留十多只明清时期的长鼓，很多人会唱古老的《蝴蝶歌》。过两安乡，河面展宽水流平缓，在公安镇牛庙村右纳花山河（河长25千米，流域面积160平方千米），入钟山县平原。平原区面积512.71平方千米，红壤、黄壤、水稻土质。经济以农业为主，种植水稻、花生、红薯、甘蔗、红瓜子、烤烟。矿产资源丰富，锡和大理石矿开采始于宋元丰元年（1078年）。思勤江右纳汤公河、花山河、保安河、黄宝河和老虎冲等6条支流后，入白露街折60度转西南流至英家镇回龙盆地。盆地长20千米，宽6~12千米，面积340平方千米，河床宽浅，两岸有防洪堤。在英家三王爷旁，有丹霞观、百蛮遵道、一洞天等故迹。至新村转东南流，在清塘镇新竹村芬桥左纳**珊瑚河**后流入昭平县。穿越长达4千米的凤凰岭大爽峡谷，自西北向南流入西坪村，经裕路寨到走马乡，两岸多高山，是县重点林区，建有大爽、西坪2座电站，种植油茶650公顷，民国初期勤江茶油就畅销海外。经走马镇转西南向流到庇江乡。庇江有黄金矿，河滩沙金多，西北部有黄石山原始森林，林区和山地面积占乡内流域面积的88%。砾石、片石、卵石河床，部分河段岩石裸露，河岸植物半是蒿竹，半是水源涵养林，生态稳定。山洪暴发时，泥沙俱下，河水变浊，山洪过后，河水即清。昭平县内思勤江有支流降门冲等27条冲溪，建有庇江、三门滩电站，在县城东北4千米练滩口汇入桂江。

8.1.71.9.1　花山水库
（Huashan Reservoir）

思勤江支流花山河中游的中型水库，坝址位于广西壮族自治区钟山县花山瑶族乡，距钟山县城31千米。

水库为多年调节，以灌溉为主，兼顾防洪、发电。控制流域面积76平方千米，水面面积1.78平方千米，回水长5.5千米，库容4 349万立方米。工程于1975年动工兴建，1983年竣工蓄水，1994年除险加固。

枢纽工程由大坝、溢洪道、输水隧洞和水电站组成。主坝为亚黏土心墙砂壳坝，坝顶长234米，最大坝高49.5米，坝顶宽6米；溢洪道最大泄量1 311立方米每秒；输水隧洞最大泄量11立方米每秒；水电站装机容量2兆瓦，年均发电量350万千瓦时。

水库直接灌溉农田333公顷，为钟山县板冠村附近农田提供灌溉水源，拦蓄上游洪水，削减洪峰，保护下游1.5万人和1 400公顷耕地。

库区位于钟山县西南端，三面环山呈长方形，两岸耕地很少，西北面与恭城县接壤，其余与钟山县红花镇、花山瑶族乡接壤。集雨范围植被较好，多为高山峻岭，树木茂密，地势由西北向东南倾斜。

花山河发源于花山乡三叉村石榴界，坝址以上河长16.6千米。库区多年平均年降水量1 471毫米，多年平均年径流量6 743万立方米，年平均温度19.1摄氏度，年平均日照时数1 573小时，无霜期长，多年平均328天。

为减轻库区水土流失，减少水库泥沙淤积，1982年起县政府专门治理库区开矿问题，到了20世纪90年代已无人开矿，库水清澈，无污染。

库区涉及5个自然村，淹没耕地面积27.77公顷，搬迁213户、1 320人。大部分就地后靠安置，扶持移民发展种养业，解决移民的人畜饮水、交通、道路、水利设施问题，改善了生产、生活条件。

水库距323国道及桂（林）—梧（州）高速公路14千米，是钟山县的主要旅游景点之一。库区冬暖夏凉，气候宜人，景色迷人，鸟语花香。崇山峻岭，四季竹木葱茏，山间溪水潺潺，清澈见底。水库大桥头渡槽、大坝等工程，气势雄伟，放水塔别具风格。

上游花山林场，森林覆盖率80%，林业资源丰富，有松、杉、竹子、杂木等林产品。建有小水电站3座，装机容量2.56兆瓦，年均发电量1 260千瓦时。

库区现有2 100多人，耕地较少，人均仅0.02公顷，以种粮为主，有水稻、玉米、红薯、豆类等，经济作物有花生、木薯、蔬菜、水果，林业有松、杉、竹子等，饲养猪、牛等家畜和家禽。

8.1.71.9.2　珊瑚河
（Shanhu River）

思勤江左岸支流，又名浊水江。发源于广西壮族自治区贺州市公会镇，在钟山县清塘镇汇入思勤江。干流长73千米，流域面积522平方千米。

珊瑚河流域地势由东南向西南倾斜，地形分中低山区、石山孤峰排山区、河谷平原区三类。亚热带季风气候，多年平均年降水量1 530.1毫米，3—8月降水量占全年的77%。多年平均流量14.8立方米每秒。暴雨强度大，历时短，洪水峰高流急，破坏力极大。中下游河道断面窄、弯多、平缓，易生涝灾。回龙一带春夏季，年年要淹几次，最多时曾淹没耕地面积1 300多公顷。上游由于珊瑚矿开采造成水污染，影响下游灌溉。

水力资源丰富，已建有**龙潭水库**及大冲、田冲、大洞、蒋家冲、牛塘、梅岭、茅花、三门等中小型水利水电工程，灌溉农田4 487公顷，开发利用水能880千瓦。

珊瑚河发源于贺州市公会镇白鸟村，源流向北，经白喜、忠平、下川桥、龙圹肚，纳棋盘冲后，流入龙潭水库。出水库经珊瑚镇流往凤翔乡，右纳入冲河后折向西北流，经石龙、

钟山花山水库

回龙，至大桥村左纳同古河，折向西南流，在清塘镇纳桔芬河后注入思勤江。

8.1.71.9.2.1　龙潭水库
（Longtan Reservoir）

珊瑚河上的中型水库，坝址位于广西壮族自治区钟山县珊瑚镇龙潭冲口，距钟山县城30千米。

龙潭水库

龙潭水库为多年调节，以灌溉为主，兼顾防洪、发电、供水。控制流域面积36平方千米，河长12千米，总库容3 455万立方米。工程于1957年动工兴建，1958年竣工蓄水，1978年除险加固，1994—1995年加固修复溢洪道水毁工程，1998—1999年改造输水管。

枢纽工程由大坝、溢洪道、输水管、水电站组成。大坝为黏土心墙土坝，坝顶长120米，坝高35.8米，坝顶宽4米；溢洪道最大泄量765立方米每秒；输水管最大泄水量5.4立方米每秒；水电站设计引水流量5.5立方米每秒，装机容量520千瓦，年均发电量100万千瓦时，发电尾水可用作灌溉。

为解决龙潭水库水源不足，1992年兴建龙潭水库引洪工程，1996年竣工。引洪隧洞长1506米，引洪集雨面积6.2平方千米，最大引洪流量1.2立方米每秒，年引洪量200万～250万立方米。

水库灌溉面积3 066.7公顷，解决下游珊瑚、凤翔、石龙、回龙四镇灌溉用水及珊瑚矿区用水，年平均供应人畜饮用水量11.5万立方米，受益2 500人。水库拦蓄上游洪水，削减珊瑚、凤翔洪峰流量的20%～30%，保护下游2.6万人和1 266.7公顷耕地。

库区呈元宝形，南与贺州市八步区公会镇接壤。高山峡谷，宽仅20米。上游河溪呈扇形分布，源短流急，集水快，部分流域在八步区。丘陵地形，山坡覆盖黏土及碎石，有岩石裸露，东向西北倾斜。植被稀疏，有林木（杉、松、油茶、杂木）、灌木、杂草。

库区多年平均年降水量1 582毫米，多年平均年径流量3 290万立方米。年平均温度19.6摄氏度，年平均日照1 573小时，平均无霜期328天。

库区淹没涉及珊瑚镇的7个自然村屯，淹没耕地110公顷，移民456户、2 015人。建库时，仅用少量资金在库外设置了3个居住点安置移民，其余在库区由低处搬到高处。20世纪80年代后期起，陆续解决移民村用电问题，修路、造林、种果、养殖，逐步解决人畜饮水困难、水利基础设施建设等问题，改善生产和生活条件。

水库有一些山冲汇流，较大的山冲有百鸟冲、棋盘冲和金鸡冲3条，四周崇山峻岭。山上长有松林、油茶、杂木，四季常青，景色宜人。水库湖面可划船、钓鱼，交通便利，北距珊瑚矿区只有1千米。

水库集水范围曾有植被，20世纪80年代后，库区林木乱砍滥伐，植被破坏，致使部分山岭光秃，来水量减少。1989年起，钟山县政府重新绿化龙潭库区，逐年改善植被。现在，森林覆盖率有45%，无森林的地方多有草覆盖，水土流失已不严重。

8.1.71.10　富群河
（Fuqun River）

桂江左岸支流，又名富群水，发源于广西壮族自治区贺州市八步区，在昭平县汇入桂江。干流长93千米，平均比降1.81‰，流域面积1 223平方千米，涉及贺州市八步区和昭平县。

富群河流域东、西、北三面环山，地势东北向西南倾斜，汇集姚江、富罗冲、北陀冲等较大的6条支流和71条冲溪，落差350米。

流域属亚热带季风性湿润气候，平均气温19.7摄氏度，春湿、夏涝、秋旱、冬干。多年平均年降水量1 642.4毫米，最大年降水量2 561.4毫米，最小年降水量944.9毫米，3—8月降水量占全年的77.6%。多年平均年径流量6.19亿立方米。

有风灾、雹灾、寒灾、冻灾、雷击等自然灾害，旱涝灾害最重。明成化二十年（1485年）至1949年，有记载的大旱灾34次。明弘治九年（1497年）大旱，岁饥，众反，陷县城。清光绪十六年（1890年）秋大旱，民食野菜树皮。黄姚镇为暴雨区，洪水暴涨暴退，清光绪十五年（1889年）发生1 000年一遇大洪水，调查洪峰流量3 730立方米每秒。

1949年前有引水渠1 250多座，山塘60多处，用龙骨车、戽斗、吊桶、木桶提水抗旱。新中国成立后，重视水利建设，已建成周家等中型水库3座，小型水库55座，水塘60口，水电站6座，总装机容量1.37万千瓦。

富群河发源于贺州市八步区公会镇东绿村北300米处，上游段又称招贤河，高山三面环抱，由北向南流，石山强烈切割，涧沟溪流发育成梳状，局部裸露基岩。沟谷多是短而宽，呈U形，少数沟谷长而窄，呈V形。较大支沟大冲山、铁冲、黄沙冲长7千米，在梅塘汇合入公会岩溶残峰平原。溶蚀平原上分布一二个或三五个石山，高程150～300米，孤峰与排山之间较为开阔，有小平原、溶潭、溶湖（塘）和裸露石芽。河系发育，地下水埋藏浅，适宜种植水稻、甘蔗、玉米，是重要的粮蔗产区。在贺县公会镇东八，流入昭平县凤凰镇营盘村，转西流，至樟木镇龙潭村右纳姚江（河长30千米，流域面积198平方千米）。姚江源出巩桥镇界塘村五箭冲，东南流经黄姚、巩桥的岩溶洼地，呈两条纵带状分布：一条从界塘村五指山至潮江村山根，南北长19千米，槽谷岩溶类型，石山较多，槽谷洼地土层较

黄姚古榕

黄姚古镇小桥流水

九龙河

九龙林区

厚，多已开垦，种植水稻和旱地作物；另一条从营盘向南延伸至新村，长16.5千米，石山或孤峰突起，平原岩溶型，耕地面积较大，为昭平县主要农耕区，石灰石、大理石、白云石矿藏资源丰富。

千年古镇黄姚镇，因古代黄、姚两姓居民多而得名。现存文明阁、宝珠观、戏台等明清建筑，与山水交相辉映，土特产有黄姚豆豉。每年农历三月三壮歌节，小河旁点燃柚子灯，气氛独特。

姚江汇口下游，富群河干流又称沙子江，蜿蜒西南流，穿过林区植被较好，从东文进高山峡谷到富罗镇，始称富群河。昭平县国营富罗林场，森林蓄积量110万立方米，有珍稀的紫檀木（又名小叶红豆），矿产资源有黄金、白银、石英石等。设有富罗水文站。经金龙、镇南，在三合村右纳**九龙河**，折转南流至昭平县马江镇马江街汇入桂江。

黄姚古镇

8.1.71.10.1　九龙河
（Jiulong River）

富群河右岸支流，因九条小冲溪汇流而得名，地处广西壮族自治区贺州市昭平县。河长62千米，落差350米，流域面积411平方千米。

地处五岭余脉，群山起伏，自北向南延伸，林海遍野，上游原始森林青山绿水，很少发生干旱。砂页岩、黄土质土壤，河谷深切，平地狭小。属亚热带气候，平均气温19.9摄氏度，多年平均年降水量1 796.9毫米，最大年降水量2 553.5毫米，最小1 141.2毫米，3—8月降水量占全年的79%。2005年曾有暴雨，日降水量超过300毫米，洪涝灾害严重。

九龙河发源于昭平县九龙乡猫儿山顶，东北和西北面横亘两座高峰，山沟深壑，水流切割强烈。有白鸽、山秀、观音、盐洞、木皮、平恩、西蒙、大赦、良佑溪九条冲溪，俗称九冲，雅称九龙。九条溪水汇合后，干流向南流入达北陀小盆地，南流至善政村河口屯右纳饭箩冲后称北陀冲，东流出峡，经思乐、石齿，到三合村汇入**桂江**支流富群河。左岸支流良佑溪上有良佑水库。

流域的90%为林地覆盖，是昭平县重点林区和广西自然保护区，栖息着国家一级保护动物鳄蜥。盆地呈狭弧形，长约12千米，平均宽1.7千米，面积20.4平方千米，高程60～140米，土层深厚，土地肥沃，温暖湿润，适宜种植水稻、豆类、木薯。

8.1.71.11　京南水库
（Jingnan Reservoir）

桂江下游的大型水库。坝址位于广西壮族自治区梧州市苍梧县京南镇北约7千米，距梧州市城区68千米。

水库为年调节，发电为主，兼顾灌溉、养殖和旅游。控制流域面积17 388平方千米，库容2.43亿立方米，水面面积11.6平方千米，回水长24.5千米。工程于1993年动工兴建，

京南水库

2000年竣工验收。

工程由重力溢流坝、重力接头坝、河床式电站厂房、船闸4个部分组成。溢流坝的接头坝总长443米,坝高33.2米;溢流坝总长277米,设计最大下泄流量19 000立方米每秒,校核最大下泄流量25 200立方米每秒;电站装机容量69兆瓦,年均发电量2.88亿千瓦时;船闸能通过240吨拖带船队,年货运量100万吨。

桂江源至水库大坝河长371千米,京南水库是桂江综合利用规划倒数第二梯级,下游旺村正在筹建水利枢纽。库区上至昭平县马江镇盘古村,有**富群河**汇入,地势西高东低,两岸为中低丘陵,库周分水岭雄厚,水不出河槽。库盆由不透水的寒武系、垭盆系砂页岩组成。森林资源丰富,耕地分布于丘陵山冲间,大部低洼易涝。

亚热带季风气候,多年平均年降水量1 665.8毫米,多年平均年蒸发量1 077.8毫米。年平均气温19.9摄氏度,年无霜期323天。多年平均流量551立方米每秒,多年平均年径流量173.7亿立方米。

淹没区涉及贺州市昭平县马江镇、木格乡和梧州市苍梧县京南镇的12个行政村。1949年前,区域内交通主要靠水运,丰水期可航载100吨级船,枯水期可航载30吨级木帆船。20世纪60年代后,陆续修建乡村公路,水陆交通便利。建库前,九分山半分田半分水,人均耕地面积0.04公顷,山清水秀,土地肥沃,农林牧业兴旺,物产丰富。建库后,淹没水田79.33公顷、旱地8公顷、菜地1.93公顷、竹林16.48公顷、荒地114.52公顷、国有牧场地24.27公顷、鱼塘0.41公顷,搬迁237户970人。淹没的实际水田面积按市场价计算粮款,年年补偿淹没区农户,使其生活水平不低于建库前。

8.1.71.12 思良江
(Siliang River)

桂江左岸支流,又名多贤水,发源于广西壮族自治区苍梧县夏郢镇北胜村天洪岭,干流长40千米,落差487米,流域面积393平方千米。

地势北高南低,分中高山区、丘陵和台地。北与六堡交界,南连桂江,主要支流有大盈河、祝垌河、思委河、双垌河。属亚热带季风气候,多年平均温度21.2摄氏度,无霜期340天。多年平均年降水量1 600～1 800毫米,最大流量1 075立方米每秒,最小流量0.42立方米每秒,多年平均流量8.96立方米每秒。

干旱和洪涝是主要自然灾害。干旱一般发生在春季和秋季,夏季桂江或西江洪水超20年一遇以上时,淹没河口低洼水田。1949年后,建小(1)型水库1座,小(2)型水库7座,防洪堤闸1座,电力排灌站31座和小型水利工程多座,装机容量622千瓦。

20世纪50年代,干流还可通行木帆船,至60年代初建防洪闸后就不再通航。流域黄金储量丰富,山上有脉金,农田有沙金。经济以农业为主,盛产水稻、黄豆、红薯,是商品粮基地。夏郢镇饲养业发达,是梧州市生猪饲养主要基地。

流域北、东、西三面山高500～600米,源头天洪林场,树木茂密,流水潺潺,空气清新。源水由北向南穿越林区,经民智、毓秀、泗马等村,过夏郢镇入梧州市区,于城东镇双桥村左纳旺甫河(河长30千米,流域面积203平方千米)后河流突变宽、平坦,入丘陵地带,在梧州市东郊河口村汇

入桂江。

8.1.72 贺江
(Hejiang River)

西江左岸支流,发源于广西壮族自治区富川县,在广东省封开县汇入西江。

概 述

流域范围 流域地跨湖南、广西、广东三省(自治区),地理位置东经111°05′～111°50′、北纬23°25′～25°10′。东有党山山脉与广东怀集相接,同连山毗邻,西与广西的恭城、昭平分界,南连广东封开,北与湖南江永接壤。南北跨度约为150千米,东西跨度约为60千米。流域形状呈羽毛形,面积11 599平方千米(其中广西占72.36%,广东占26.21%,湖南占1.43%),干流长352千米。

地质地貌 流域地势自北向南倾斜,山多田地少,山岭多分布于流域边缘,北面以大围冲顶为最高,海拔1 857米,

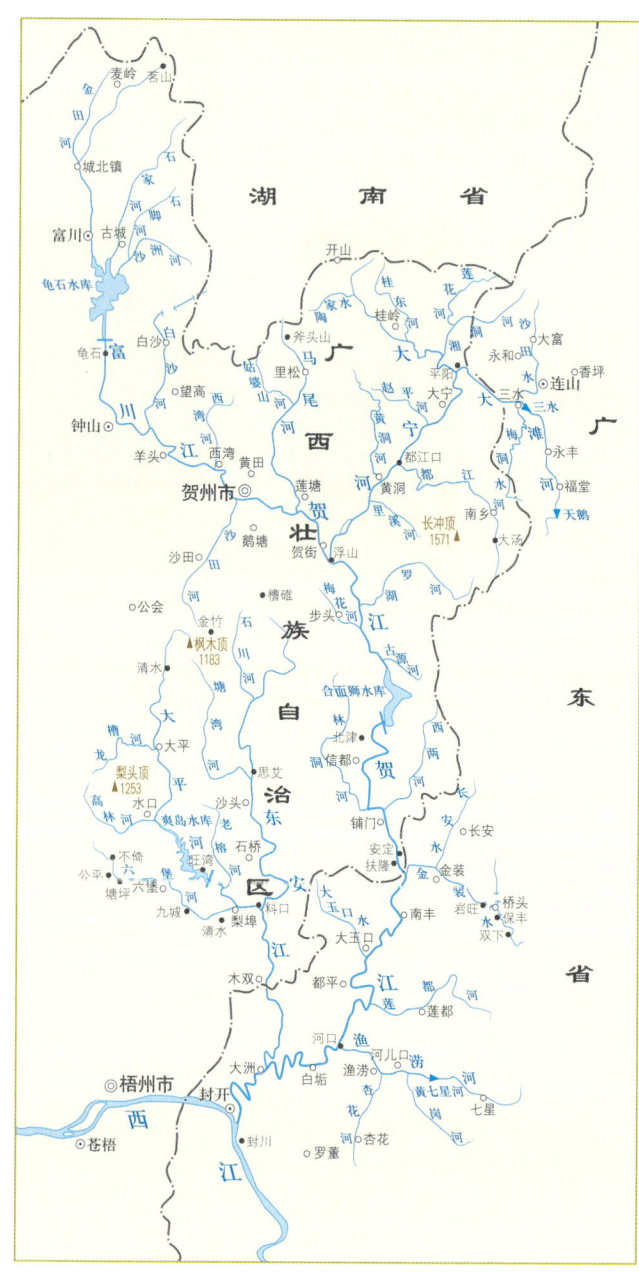

贺江水系示意图

东面为姑婆山顶，海拔1 731米。山岭间盆地约70%为岩溶地区，主要以溶蚀侵蚀残丘、洼地地貌为主，少量为岩溶盆地及峰林地貌，30%为土岭山丘。

河流水系　贺江发源于广西壮族自治区富川县麦岭镇茗山村湖圆岭西南麓，向南流经富川县，上游称富江，入钟山县西湾后沿东南流入贺州市称临江，往东至八步区（贺街）浮山与**大宁河**（桂岭江、临江）汇合称贺江。而后经步头、信都直流至铺门镇扶隆村进入广东省境。在广西境内河长228千米，天然落差147米，流域面积7 030平方千米。贺江入广东境经封开县南丰镇西南流，过大玉口镇，河道弯曲多变，在白垢镇附近，左纳**渔涝河**，右纳**东安江**，于江口镇入西江，河长124千米。

贺江有17条流域面积在100平方千米以上的一级支流，其中13条全部或大部分在广西。最大支流为大宁河，发源于湖南省江华县杨家冲尾，流域面积2 419平方千米；其次为东安江，发源于广西壮族自治区贺州市大桂山，流域面积2 388平方千米。左岸较大的支流有黄皮河、湖罗河、大宁河、**马尾河**（里松河）、五拱河、白沙河；右岸有沙田河、林洞河和东安江。

气候水文　流域属亚热带季风区，受季候风及太平洋暖流影响，气候温和，雨量充沛，雨日多，强度大，雨热同季。多年平均气温19.2~21.2摄氏度，多年平均相对湿度为75%~80%，多年平均年蒸发量1 518.6~1 792.6毫米。

流域内降雨分布不均匀，上游富川县一带多年平均年降雨量1 667.6毫米，中游贺州市一带多年平均年降雨量1 512.7毫米，下游多年平均年降雨量1 743.1毫米。其中4—6月降雨尤为集中，约占全年降雨量的50%。

流域多年平均年径流量67.8亿立方米，年内分配不匀，4—9月约占全年的76%。地下水位埋深小于5米，有成群上升泉的集中出露点多处，最大的贺江南岸鹅塘泉群，枯季流量0.48立方米每秒，雨季流量超过1立方米每秒。

流域上游植被良好，水土流失不严重，下游植被稍差。贺江是广西含沙量较少的河流之一，上游富阳水文站多年平均含沙量0.09千克每立方米，多年平均年输沙量3.31万吨；下游信都水文站多年平均含沙量0.24千克每立方米，多年平均年输沙量148万吨。

社会经济　流域涉及广西贺州市的八步区、富川县、钟山县和梧州市苍梧县，广东的封开县、怀集县、连山壮族瑶族自治县和德庆县，湖南的江永县。

2001年末流域内人口180万，其中农业人口150万，汉族为主，其余为瑶、壮、苗等少数民族。流域内人口主要分布在广西贺州，流域农业基础好，畜牧业和副业发达。粮食生产主要以双季稻为主，其次有花生、玉米、大豆，经济作物以甘蔗发展最快，糖厂日榨甘蔗达1 350吨。土特产有大肉梅、沙田柚。

流域内森林资源、矿产资源丰富，森林覆盖率达59.3%。仅贺州、富川两市（县）就有林地41万公顷，属中亚热带常绿阔叶林区，林业发展潜力大，是广西林业生产基地之一。初步探明矿产种类有黑色金属、有色金属、稀有金属和非金属四大类共32个品种，主要有金、锡、铜、锌、钨、锰、煤等，锡、钨、黄金是其三大优势矿产；非金属矿主要有磷、水晶、大理石、花岗岩、石灰石、陶瓷高岭土等，具有较高的开采价值。

流域历史悠久，名胜古迹甚多，民族风情独具一格，已经开放的有国家级大桂山森林公园、省级姑婆山森林公园、路花温泉、浮山风景名胜、灵峰独秀、黄洞瑶寨等。

贺江

贺县和钟山是梧州的主要工业基地，重点产业有制糖、纺织、机械制造和化工原料等。流域处于湘、粤、桂三省（自治区）交界地带，地理位置独特，贺州市为这一带的商贸集散中心和三省边缘区域的出口通道。

水旱灾害　流域主要灾害是洪涝灾害和水土流失。中上游暴雨集中，4—6月发生最大洪水次数最多。曾发生特大洪水的年份有1908、1915、1946、1956、1978、1994、2002年。1956年6月15日洪水最大，富阳站洪峰流量830立方米每秒，下游钟山县淹没冲毁稻田1 100公顷。

1994年7月22—24日，富川县、钟山县、贺县大范围连降暴雨，**龟石水库**排洪流量达1 000立方米每秒，致使贺县洪水泛滥，20个乡镇、277个村受灾。县城八步镇被洪水淹没，主要街道水深1.7米，水电交通中断，贺江两岸村庄全部被淹。由于上游来水太大，**合面狮水库**排洪流量达7 800立方米每秒，致使水库下游的信都、仁义、铺门等乡镇一片汪洋，13万以上群众被洪水围困，7万多群众2夜1天滴水未进，仅广西贺县就有受灾人口53万，且波及广东省封开县。

2002年7月1—2日，富川县、钟山县、贺县大范围连降暴雨，贺州全地区山洪暴发，合面狮水库排洪流量达6 200立方米每秒，加上区间来水量，合面狮水库下游一片汪洋，供电、交通、通信全部中断，有13.8万人被洪水围困。

治理开发　流域有粮田10万公顷，林地面积16万公顷。1949年以后建成大量的灌溉工程，有水利灌溉设施的耕地有4万公顷。

流域水利水电开发比较充分。1963年贺江干流上第一个梯级龟石水库电站建成，并开发其下游的城厢、羊头、芳林、厦岛等9个尾水发电梯级电站，干流成"一级调节，多级利用"开发模式。20世纪60年代末至70年代初干流合面狮电站和支流临江、西中电站相继建成，3座电站总装机容量82.2兆瓦，把钟山、富川、贺州、梧州、苍梧、藤县联成一个电力网，大大改善了当地的电力供应。广东封开已开发白垢、都平及民华三级电站，民华也有方案扩建。全流域现已建成303座水电站，总装机容量122兆瓦，年发电量5.59亿千瓦时。流域现有中小型水库811座（其中中型5座），总库容13 581万立方米，有效库容6 074万立方米。

贺江曾是水运繁忙的河流，民国时期还通行小客轮。20世纪50年代初，20吨以下的小木船还可以从封开县江口镇一直通行到富川古城，通航里程达285千米。西湾至信都可通行20~30吨级木帆船，信都以下可通行30~40吨级木帆船。以后由于上游兴建的闸坝碍航，水量减少，河床淤高，冬季仅能通行机帆船。

纪　实

上游　贺江上游称富江，古名临水，自源头向西流至麦岭镇，折向南流，于城北镇沙子坪村东北右纳金田河（河长22千米，流域面积128平方千米），经城北镇，至富阳镇江塘村左纳江湾河后流入富川县城富阳镇，自城北至县城段右岸为西岭山自然保护区，总面积 193.27 平方公里，主要保护对象是水源涵养林，被称为"绿色水库"。富川县西汉初置马乘县，唐天宝易名为富水县，境内水力资源与动植物资源均丰富，县城附近有富川旧城（明古城）朝阳古墓群等，均属自治区文物保护单位。富川旧城建于明洪武二十九年（1396年），几百年来重修过 8 次，是一座进可攻、退可守的军事古城。原有 4 座城门，现存东、南两门。城内原筑有的"四漏""九井""四塘"设施，现存"一漏""三井""二塘"，还可领略"漏"作为排水通道和军事通道，"井""塘"作为蓄水用的巧妙设计。城内有镇升、仁义、镇武、阳寿 4 条街道，交叉分成 12 方阵布局，呈"井"字形。路面全用鹅卵石镶嵌成金钱图案，古雅别致，俗称花街。各街道都有灯楼，至今尚存添子生女往灯楼送彩灯及春节间龙狮游灯、人们看灯的习俗。1994 年富川旧城列为自治区文物保护单位。

上游地势和缓，富川县的富阳、古城一带为贺江上游最大的平原耕作区。过富川富阳，古城至龟石为一段 8 千米的高山峡谷，建有龟石水库，水库电站装机容量 16 兆瓦，年发电量 0.66 万千瓦时。于库东

富川老街

侧古城镇蒙家屯左纳石家河（河长 49 千米，流域面积 170 平方千米），于沙洲村左纳沙洲河（河长 28 千米，流域面积 239 平方千米）。

出龟石后，山势开展，至钟山县城附近转向东南，河右岸的钟山至羊头镇之间为石峰林立的石灰岩地带，碧水岩、花山水库是自治区级风景名胜区。钟山县城原为富川县治，西汉置县，清分属富川、昭平，民国 5 年（1916 年）析出。森林覆盖率 52%，活木蓄积量 268 万立方米，主要树种有松杉、油茶、油桐。主要农作物为水稻、红薯、玉米，经济作物为烤烟脐橙等，是国家粮食基地县。

钟山碧水岩位于钟山县城以东 15 千米，望高镇境内，由 18 个大小不一的洞厅经岩洞相连而成，全长 4 200 米，川岩河穿洞而过。贺江出钟山县城东南流至城厢镇榕木洲屯左纳白沙河（河长 51 千米，流域面积 312 平方千米），经羊头镇，流入八步区。

钟山碧水岩

中游 贺江自八步区西湾镇起进入中游，于西湾镇府左纳西湾河（河长 40 千米，流域面积 205 平方千米），于沙田镇芳林村右纳沙田河（河长 33 千米，流域面积 224 平方千米），后流入贺州市区八步镇。贺州，汉元鼎六年置临贺县，封阳县，隋开皇九年置贺州，今为地级市；有林面积 33.66 万公顷，为广西主要林区之一；水力资源丰富，理论蕴藏量 24.3 万千瓦。油茶、油桐和茶叶为其主要传统产品；为国家粮食基地县，主要农作物有水稻、甘蔗、红薯、木薯等。贺江过八步镇，于莲塘镇松柏村左纳马尾河，南下至贺街镇大鸭村左纳大宁河。继流至石角村左纳湖罗河（河长 50 千米，流域面积 199 平方千米），继上步头镇步头村右纳梅花河（河长 21 千米，流域面积 115 平方千米），于步头镇中游的七分村以下河流进入崇山峻岭地区（合面狮水库库区），在大宁河口下游 32 千米上建有合面狮水电站，合面狮以下地势开阔，于步头镇溇水村左纳古源河（河长 27 千米，流域面积 134 平方千米），顺水库曲折南行，出水库经信都镇，至仁义镇万善村右纳林洞河（河长 45 千米，流域面积 247 平方千米），折西流至信都镇西两村左纳西两河（河长 37 千米，流域面积 176 平方千米），从信都的北津洞至铺门的安定安乐一带为合面狮水库的 6 667 公顷灌区。经铺门镇扶隆村贺江进入广东省境的南丰平原区。

贺州玉石林位于八步区黄田镇，距市区 18 千米，景区面积 25 公顷，观赏景点 100 余处。贺州玉石林是一片十分罕见的由汉白玉石柱、石笋组成的"玉石林"，形成于 1 亿多年前的侏罗纪，区域地层峰丛间石芽裸露、奇峰突兀，石笋石柱、地槽漏斗、狭缝密布，成就了"千年骆驼""空中走廊""一线天"等众多的奇异自然景观。

贺州玉石林

浮山风景名胜区位于贺街镇临、贺两江交汇处。相传浮山建寺至今，不管遇多大的山洪，从未被水淹过，浮山始终浮在水面之上。

临贺古城位于贺街镇，始建于西汉元鼎六年（公元前 111 年），古城包括旧县肚城址、洲尾城址、河西古城、河东古城等四个城址、六大古墓群、寺庙二座及宋代营盘一处，内存有大量富有地方特色的古建筑，是广西已发现的西汉四大城址中唯一保存完好的历史古城。

大桂山国家森林公园南距贺州市区 40 千米，占地 3 000 公顷，公园内林海茫茫，集森林、奇峰、雾海、垂岩、飞瀑、高峡平湖、天然矿泉水于一体。景点有高台揽胜、五马瀑布、绿林旧地、三鹰潭瀑布、铁索桥、桂

临贺古城

大桂山国家森林公园

山游乐城、民族山寨等。

下游 贺江在桂粤交界处左纳**金装水**，入广东，即为贺江下游段。两岸山地、丘陵地貌，河流多在中、低山地间穿行。经南丰镇，折向西南，至大玉口镇治右纳大玉口水（河长25千米，流域面积128平方千米），曲折南流，经都平镇，至清水湾村左纳莲都河（河长47千米，流域面积261平方千米），继流至白垢镇河口村左纳渔涝河，曲折西流，经白垢镇、白垢水电站，至大洲镇大洲圩右纳东安江，继曲折流至江口镇汇入西江。

位于贺州铺门与广东封开之间的石城，属自然天成。四面环山，西北面紧邻贺江，古人只用石块建起南北城门，易守难攻，故又被人们誉为天险石城。

怀集县城西南27千米的桥头镇，有典型喀斯特溶洞，因有无数金丝燕筑巢繁衍生息，故得名燕岩。燕岩风景区内380座石峰，千姿百态，不似阳朔，胜似阳朔，有"小阳朔"之称。峰林石谷中170个岩洞，奇景叠出，构筑了独特的生态环境，是我国内陆唯一的金丝燕聚居地和燕窝产地。

汶塘位于南丰镇，环境优美，人杰地灵。汶塘古屋村始建于明天启三年（1623年），清乾隆十年（1730年）重修，硬山顶风火墙式古建筑群——镬耳屋至今仍保存完好。前后左右十三座，石木结构，占地面积3 699平方米。有明末建筑风格和浓郁的西江流域建筑特色：主体建筑位于中轴线上，其余建筑左右对称，长幼有序，充分体现人与自然、建筑与自然的和谐统一，体现出"天人合一"思想。山墙边上的水草、草龙图纹，有灰雕、木雕和花草虫鱼、人物、传说、故事壁画，以及以唐诗、宋词为内容的书法艺术。

杨池古村位于封开县罗董镇内一个世外桃源式的风景秀丽、环境优美的大山深处。杨池古民居群始建于明朝末期，是典型的明清建筑村寨，距今已有380多年，现在尚有人居住，且保存完好。

杨池古村

1984年6月2日（夏至日），封开县江口镇江滨公园内建成北回归线标志塔。坐北朝南，塔底塑成半球状，虚实间隔线表示北方归线走向。

8.1.72.1 龟石水库
（Guishi Reservoir）

贺江上游的大（2）型水库。坝址位于广西壮族自治区贺州市钟山县钟山镇龟石村，距钟山县城15千米。

龟石水库

概　述

水库为多年调节水库，以灌溉为主，兼顾发电、防洪、养殖、供水。控制流域面积1 254平方千米，库容5.95亿立方米，回水长19米，水面面积50平方千米。工程于1958年动工兴建，1959年重新设计施工，1961年蓄水灌溉，1964—1965年对大坝进行帷幕灌浆，1966年竣工。

枢纽工程由大坝、溢洪道、厂房、压力输水管、灌溉管5部分组成。大坝为浆砌石重力坝，坝高42.7米，坝顶长310米；溢洪道最大泄洪流量3 450立方米每秒，厂房装机容量16兆瓦，年均发电量5 021千瓦时，压力输水管最大泄流量47.2立方米每秒，灌溉管最大过水流量29.7立方米每秒。

水库灌溉钟山县钟山、望高、羊头3个镇和八步区黄田、八步、西湾、莲塘4个镇的农田，面积7 730公顷，年均灌溉用水量3亿立方米。2000年后，与12座"长藤结瓜"水库和3座引水工程组成龟石灌区，经续建配套和节水改造，总灌溉面积增至2.03万公顷，为钟山县钟山、望高、羊头、回龙、八步区黄田、八步、西湾、莲塘、沙田、鹅塘、莲塘11个镇的农田提供灌溉水源。从2001年开始为贺州市区、钟山县城区和贺州市旺高工业园区（自治区级）供水，提高贺州市区、钟山城区的防洪标准，减少下游洪涝灾害，在1994、2002年特大洪水中发挥了较大的防洪调节作用。

水库呈长方形，周围有富阳县城、柳家乡、莲山乡，坝下游有岩石形态似龟，库区在富川县都庞岭与萌渚岭间丘陵山区，中部山区小平原，丘陵交错，河溪源出高山，沟谷密布，落差大，有金田河、巩塘河、石家河、新华河、莲山河、涝溪、淮南河汇入水库。

富川县四周高，中间低，东北高，东南低。成北方冷空气南下通道，有"大风走廊"之称。春雨连绵，夏季暴雨成灾，"骤雨则沉陆浮丘，稍晴则田干圳涸"。秋后十年九旱，冬季冷空气频繁。库区多年平均温度19.1摄氏度，多年平均年降雨量1 670毫米，多年平均年来水量9.92亿立方米，多年平均流量31.6立方米每秒。

纪　实

水库淹没耕地面积2 160公顷，移民14 648人。多数在富川县内安置，少数到钟山县安置。1981年，富川县政府成立搬迁移民安置办公室，解决移民用水、用电、交通、道路、桥梁、码头、船只、学校问题，扶持移民发展林、牧、副、渔业。龟石电站还向富川县无偿供电150万千瓦时，帮助解决移民生活、生产用电。部分移民种植的大肉枣、水蜜李、蜜梨、脐橙，远销东南亚，经济收入较好，生活水平已不低于当地群众。

库区流域范围，原森林覆盖较好。随人口增长，用材烧柴量增加，毁林垦荒，时有森林火灾，致使水土流失比较严重。水源最好的富江西岸，已有大量易旱农田。北部石灰岩地区，岩石间的坡地、谷地多是红土壤，过量砍伐，草木稀疏，地下水日益减少，成严重干旱区。建库后，由于水位涨落，风浪冲刷，周围岭坡及库内孤岛表土流失严重。富川县柳家乡是暴雨中心，降雨集中，山高坡陡，成土母岩为花岗岩、沙页岩的风化、半风化土，容易水土流失。1967—1972年，为保持水土、涵养水源和发展林业，飞机播种造林5.87千公顷。1982年后，重点治理坡耕地水土流失，退耕还林，大量种植快速生长的树种和草皮及连片经济林。

8.1.72.2　马尾河
(Mawei River)

贺江左岸支流，发源于广西壮族自治区贺州市八步区里松镇斧头山马鞍冲，流经里松、黄田、莲塘3镇，于莲塘镇松柏村汇入贺江。干流长48.9千米，平均比降27.6‰，流域面积460平方千米。主要支流有姑婆山河和白花河。

流域地势北高南低，半山、半平原大部是黄红壤土，少量冲积土，石灰岩山体，岩溶（喀斯特）发育，亚热带季风气候，湿润温暖，平均气温20摄氏度。多年平均年降水量1 815.9毫米，年内分配不均，3—8月的降水量占全年降水量的75.9%，多年平均年蒸发量1 086.1毫米。

经济以农业为主，种植水稻、玉米、高粱、木薯、红薯。矿产资源丰富，有锡、钨、铅、锌、铁、金、砷、大理石、稀土、石灰岩、水晶、花岗岩等。

自源地向东南流，于里松镇治左纳黄泥冲河后称里松河，折向西南流，于黄田镇路花村右纳姑婆山河，姑婆山河发源地建有姑婆山国家森林公园，总面积8 000公顷，主

姑婆山国家森林公园

峰高程1 731米，峰高谷深、山势雄伟，有玉龙、仙姑瀑布。多年平均气温18.2摄氏度，相对湿度超过80%，空气负氧离子含量高达每立方厘米6万多。继流至路花村折向南流称马尾河，经清面、新村，穿过新村古墓群，经上寺、龙雅等村，于莲塘镇瓦窑头左纳白花河，经莲塘镇治，于松柏村汇入贺江。

上中游山涧冲沟多，落差大。拦河筑坝，开渠引水灌溉农田。下游河床平坦，筑水塘、水库蓄水，拦引水，灌溉农田。已规划和开发水力资源。

姑婆山国家森林公园总面积8 000公顷，主峰高程1 731米，峰高谷深、山势雄伟，有玉龙、仙姑瀑布。多年平均气温18.2摄氏度，相对湿度超过80%，空气负氧离子含量高达每立方厘米6万多，置身其间，心旷神怡。

八步区黄田镇有玉石林，汉白玉地质公园面积25公顷。一亿多年前，侏罗纪燕山期地质断裂、隆升，经岩溶渗蚀及局部高温，地层石芽裸露、奇峰突兀，石笋石柱、地槽漏斗、狭缝密布，造就了"千年骆驼""空中走廊""一线天"等奇观异景，地质奇迹。

8.1.72.3　大宁河
(Daning River)

贺江左岸支流，发源于广西壮族自治区贺州市开山镇与湖南省江华县新圩乡钟家村，于贺街镇浮山注入贺江。干流长110千米，平均比降2.84‰，流域面积2 419平方千米，流经开山、桂岭、大宁、黄洞、贺街5个乡镇。流域涉及广西、湖南、广东3省（自治区）。

大宁河上段称桂岭河，中段称大宁河，下段称临江。沿途接纳的100平方千米以上的河流有桂东河、草寺河、**大滩河**、都江河、黄洞河5条。最大支流大滩河，河源高程400米，落差313米，大宁河多年平均流量87立方米每秒，多年平均年径流量26.8亿立方米。

流域内农业人口占总人口的90%，汉族为主，其余为瑶、壮、苗等少数民族。广西人口主要分布在贺州市，广东部分人口主要分布在连山县。流域有耕地面积1.08万公顷，其中水田面积0.79万公顷，农业人口人均占有耕地面积0.05公顷。经济以农业为主，农民收入靠粮食、蔬菜和养殖业。农作物以水稻、玉米、红薯、木薯、豆类、花生为主，经济作物有生姜、烟叶、甘蔗、茶叶、竹笋、冬菇、柑橘、沙田柚、李子、毛竹、蜂蜜等。流域内主要矿产资源有铁、铅、锌、金、银、铜、水晶等。浮山温泉是自治区旅游景点。

1689—2000年，有记载的较严重的洪灾38次。1915年3月，大宁河水涨，西岸自三凤圩到大坪洲一带农田被冲坏无数，洪水改道，绕大平村边而过。东岸鹧鸪滩经文显岛至三坝肚的旧河道皆淤积成洲。1948年5月17日，桂东乡（桂岭镇）连续大雨12小时，山洪暴发成灾，为百年未遇，毁田270公顷。1994年自6月上旬至中旬，桂岭镇连续大雨十昼夜，河水暴涨，至6月17日引发特大洪灾，冲毁5座公路桥，决堤87处，长5.6千米，毁农田580公顷，河流改道2千多米，水淹农田1 540公顷，435间民屋在洪水中倒塌。

筑坝拦河，开渠引水灌溉农田，历史悠久。1949年前，5镇1乡有引水工程139座，灌溉农田960公顷，有小水塘蓄水工程47座，灌溉农田64公顷。大宁河下游贺街镇新丰水利工程，始建于明代弘治年间（1488—1505年），是八步区最早的筑坝拦河引水灌溉水利工程，用藤、竹、木笼作材料，筑起临时堆砌石坝，有头陂、二陂坝，共灌溉100多公顷。每遇洪水，临时坝常被冲毁，毁了再修，经历年整治，灌溉面积不断扩大。到1931年，两陂坝共可灌溉农田260多公顷。

流域内共有水库6座，其中小（1）型水库2座，小（2）型水库4座，设计灌溉面积1 387公顷。流域水力资源丰富，理论蕴藏量218兆瓦，技术可开发量159.7兆瓦，到20世纪末，已建成陶家，七里一、二级，马头，大庆，雷头，螺石，鱼跳，大洞，龙水，上皇一、二、三级，马鞍洲，黄洞，临江，寿丰，大桥18座水力发电站，总装机容量33.7兆瓦，年发电量1.59亿千瓦时。

自源头向东南流，上游称桂岭河，经南河、桂开、桂岭等村，于桂岭镇三水口左纳桂东河（河长19千米，流域面积149平方千米），继流至赖村北平屯左纳草寺河（河长29千

米，流域面积193平方千米），继曲折流至大宁镇平阳村左纳大滩河，转西南流，经大宁镇后称大宁河，至安宁村螺石口屯右纳螺石河，继流至黄洞乡都江村都江口屯左纳都江河（河长57千米，流域面积371平方千米），都江河流域建有滑石冲自然保护区，继流至黄洞乡治右纳黄洞河（河长41千米，流域面积136平方千米），继流至东球村左纳里溪河，经新坪、龙扬等村，于贺街镇大鸭村汇入贺江。

8.1.72.3.1 大滩河
(Datan River)

大宁河左岸支流，发源于广东省连山壮族瑶族自治县花园顶，于广西壮族自治区贺州市大宁镇汇入大宁河，河长61千米，平均比降3.25‰，流域面积701平方千米，涉及广东连山县、连南县及广西贺州市。

流域地处亚热带，气候温和，雨量充沛；多年平均气温18.9摄氏度，多年平均年降水量1 800.4毫米，多年平均年水面蒸发量1 394毫米，陆地蒸发量1 365毫米，平均湿度82%，全年无霜期317天，夏长冬短，山区立体气候明显。年径流深1 100毫米，多年平均年径流量7.61亿立方米，多年平均流量24.13立方米每秒。

广东部分有耕地面积4 073公顷，其中水田3 240公顷。1986年人口5.59万，其中农业人口4.56万。土壤肥沃，植被良好，适宜农、林、牧业的发展。粮食作物主要有水稻、玉米、番薯等；经济作物以花生、生姜、莲藕、甘蔗、淮山、烟叶为主；土特产以蜂蜜、沙田柚、冬菇、灵芝、茶油、笋干、云雾茶著称。有民族食品、瘦肉型猪、东山羊和以沙田柚为主的水果农业龙头企业。创建了有机稻、生姜、淮山、水果、莲藕、甜竹笋、南药等特色农产品基地。

水能资源理论蕴藏量70.2兆瓦，技术可开发量36.3兆瓦，年发电量1.55亿千瓦时。中型水库有天鹅水库和三水水库。天鹅水库有防洪、灌溉、发电等综合功能，调节库容2 220万立方米，装机容量1.44兆瓦；三水水库是发电水库，调节库容1 070万立方米，装机容量6兆瓦，年发电量2 278万千瓦时。小型水库有淘金坪水库，调节库容880万立方米，装机容量7.5兆瓦。

笔架山自然保护区

天鹅水库

大滩河是连山县第一大河，三水乡三水口以上干流称永丰水，古名宜水。上游建有天鹅水库（中型），经福堂北流，福堂镇以上永丰水主流称太平水。经永丰村，在三水村左纳梅洞水，右纳沙田水，西流出县境在广西贺州市八步区大宁镇平阳村注入大宁河。梅洞水流域面积287.5平方千米，河长39千米；沙田水流域面积250.95平方千米，河长29.04千米。沙田水流经连山县城吉城镇，连山是广东省的重点林业县，峰峦叠嶂，山清水秀，风光绮丽。有林地面积10.4万公顷，其中省级生态公益林3.67万公顷，森林蓄积量873.84万立方米，森林覆盖率83.3%。建成有笔架山省级自然保护区及天堂岭、大风坑等五个市级自然保护区。

天鹅水库位于连山县壮乡福堂镇的西南，离镇中心约5千米。天鹅水库水面凉风习习，波光潋滟，两岸蓝黛，青山环绕，苍穹白云映入水中，水天一色。连山县近年来大力发展旅游业，湖边建起旅游度假村，原木架构的木屋小别墅是休闲度假的好地方。自然生态区有六庙山、十二峰山、马鹿山、五指山、横水山5座海拔1 500米的大山，环抱四周。山中云雾缭绕，原始森林覆盖，人烟稀少，瀑布清澈，山泉众多。县城西北20多千米处有三水乡大旭山景区，瀑布群点缀于郁郁葱葱的树林中，谷幽林翠，流水潺潺，溪水晶莹透亮。5个瀑布山形、地势和水量不同，景观各异。或倾泻而下，蔚为壮观；或悠然飘洒，撩人心魄；或一瀑三叠，飞花溅玉；或穿林入潭，幽深神秘。有"瑶山胜景，南粤奇观"的美誉。

大旭山

8.1.72.4 合面狮水库
(Hemianshi Reservoir)

贺江中游的大（2）型水库。坝址位于广西壮族自治区贺州市八步区信都镇水口村，距贺州市区66千米，信都镇10千米。

水库为季调节水库，以发电为主，兼顾灌溉、航运等功能。控制流域面积6 260平方千米，占贺江流域面积的54.4%，库容2.96亿立方米，水面面积17.9平方千米、回水长43千米。工程于1970年动工兴建，1974年发电，1976年蓄水，1977年建成。

合面狮水库大坝

枢纽工程由大坝、发电厂、灌溉渠、船筏道组成。大坝为混凝土宽缝重力坝，坝顶全长190米，坝高54.5米，坝顶宽4米，坝顶筑有高1.4米的防浪墙；溢流坝最大泄洪能力8 970立方米每秒；发电厂压力水管最大泄水流量320立方米每秒；装机容量80兆瓦，年均发电量3.6亿千瓦时；渠道输水洞输水能力13.3立方米每秒；船筏道过坝能力50吨每次。

水库灌溉面积5 380公顷，渠化河道43千米。水库防洪效益显著，有效抗御了1994年"7·23"及2002年"7·2"特大洪水。2004年5月水情自动测报和水库防洪调度支持系统投入运行后，提高了调度能力。

库区涉及贺街、步头、信都3个镇，多为峡谷。坝址上游贺江长198千米，其主要支流**大宁河**在贺街注入贺江。多年平均年降雨量1 604毫米，多年平均年来水量67.5亿立方米，多年平均气温20.9摄氏度。两岸多陡峭的山岭，绝大部分区域是林区，植被较好，库岸稳定。七分口以上的库尾段、步头、五斗两处较开阔，其余均很狭窄，近七分口处仅宽80余米。

淹没区基本是峡谷，耕地较少，移民8 378人。为安置好移民生产、生活，各级政府陆续出台扶持政策，投资架桥修路、开辟码头，兴办林场和养殖牲畜，改善办学条件。电厂还每年提供电量30万千瓦时，增加移民收入，"改消极赔偿为积极创业，变救济生活为扶持生产"，逐步改善移民生产、生活状况。

库区地处山地丘陵，矿藏丰富，锡矿量多品优，汉代已有开采。贺州所产精锡，敲之有清脆响声，"八步响锡"享誉国内国际市场。长期大量开采锡等矿造成水土流失严重。贺江是古楚越要道之一，逐年淤积，20世纪70年代后，已无百舸争流的盛况。近年来，民矿无序开采和一些建设的疏忽，更加重了水土流失，甚至航运中断。贺州还是广西重要的林产区，无序砍伐使植被遭受破坏，水土流失加剧，水库淤积日益严重。

为恢复植被和有效抑制水土流失，各级政府长期坚持植树造林，限制滥砍滥伐和无序开采。连续多年的飞播造林，森林面积明显增加。1987年后实施的贺江支流里松河培才小流域综合治理，效果良好。八步区的森林覆盖率从1984年的43.2%提高到目前的70.3%。严重的水土流失势头得到遏制。

世外桃源

8.1.72.5 金装水
(Jinzhuangshui River)

贺江左岸支流，发源于广东省肇庆市怀集县大帽顶，流经封开县的金装镇、南丰镇，在南丰镇莲塘村流入贺江。河长43千米，流域面积400平方千米。

流域南高北低，自东向西北倾斜，四周为土山，中间为石灰岩，岩溶洞达100多个。

流域地处南岭以南，北回归线以北，属亚热带季风气候。多年平均气温20.8摄氏度，多年平均年地面蒸发量700～800毫米，水面蒸发量1 100～1 200毫米。多年平均年降水量1 585毫米，年径流深925毫米，多年平均年径流量1.75亿立方米，年平均流量5.54立方米每秒。由于石灰岩地区枯水期流量较少，容易造成人类活动污染。枯季水质只达Ⅲ类。水力资源贫乏，理论蕴藏量0.5万千瓦，技术可开发量0.18万千瓦，年均发电量640万千瓦时。

1949年后，流域较大的水灾有1955、1994、1982、1998年等，水灾常伴有大风和冰雹，是全县冰雹重灾区，农作物常受大风和冰雹灾害。1955、1977、1990年旱灾较重，各河断流，主流的流量只有0.6立方米每秒，农作物减收4～6成。

1949年前，全流域无水利设施，2 133公顷耕地中只有667公顷左右可种水稻，其余以种植玉米、大豆为主，农民多吃玉米稀饭和茨类。1949年后，加强了全流域规划和开发利用。1970—1972年对凤真河进行了裁弯取直，扩大河床断面，使

怀集燕岩

200公顷农田得到保护，恢复耕地面积53.3公顷。目前全流域已建蓄水工程17处，其中小（1）型2处、引水工程19处、提水工程5处，可灌溉耕地1 533公顷；水电站5处，装机容量1 624千瓦。

金装水从怀集县桥头镇大帽顶至封开县南丰镇白砂流入贺江。干流上游属怀集县管辖，下游属封开县管辖。在上游建有双敢、红光等小（1）型水库和多罗水电站，电站水头320米，是全县水头最高的水电站。

金装水从源头起向西北流，经双下、保丰等村，过桥头镇治，穿过燕岩风景区称燕岩水（又名燕岩河）。主流左岸有寒室坑、大冲坑、凤真水、六竹坑等三级小支流，右岸有丰大坑、岑元坑等三级小支流。燕岩风景区属省级风景名胜旅游区，全段有岩洞99个，金装水穿洞而过。该岩洞是中国唯一的金丝燕岩洞，洞内近20万只金丝燕，在20世纪90年代前期是秋去春来，至90年代后气温上升，燕子已长年在燕岩活动。距燕岩景区2千米处有陶渊明诗句中的世外桃源景区，大冲坑水穿（黑岩）洞而过；距燕岩景区2千米处有一风洞景区。现三大景区常年游人不绝。入封开县境于安靖右纳长安水（河长24千米，流域面积133平方千米）。经金装镇治，于南丰镇莲塘村流入贺江。

金装水河道常年水浅，不能通航。

8.1.72.6 渔涝河
(Yulao River)

贺江左岸支流，发源于广东省封开县境内七星山脉的松柏坡，流经河儿口镇、渔涝镇，在渔涝河口与贺江汇合。干流长60千米，流域面积626平方千米，平均比降4.69‰。

流域地势东高西低，自东向西流入贺江。地处亚热带季风气候区，北回归线从境内穿过，土地肥沃，雨量充沛，植被较好。降雨径流年内分配不均，多年平均年降水量1 500毫米，多年平均年径流量6.16亿立方米，最大年径流量11.00亿立方米，最小年径流量2.68亿立方米，多年平均年水资源总量6.38亿立方米。

较大支流有杏花河、黄岗河。杏花河发源于封开县杏花镇黄岐岭村，贯穿全镇。河长22千米，流域面积128平方千米，在渔涝圩汇入渔涝河；流域内耕地面积1 760公顷，人口2.76万人。杏花河支流上游建有白梅水库、罗马水库、茶坪水库等农田水利工程。黄岗河发源于德庆县大河尾，河长23千米，流域面积108平方千米，在渔涝独木村汇入渔涝河，流域内耕地面积1 727公顷，人口2.4万。渔涝河干流流经七

星、河儿口、渔涝3个圩镇。干流上游建有小（1）型的松坪水库和中型的七星河水库。1949年前渔涝河可通航木帆船至河儿口圩，50年代末因河床淤积已不能通航。

8.1.72.7 东安江
(Dong'an River)

贺江右岸支流，发源于广西壮族自治区贺州市大桂山，流经贺州市、苍梧县，至广东省封开县大洲镇汇入贺江。干流长127千米，平均比降4.4‰，流域面积2 388平方千米。

概　述

东安江流域北起大桂山，西与**桂江**流域分水，分属广西、广东两个省（自治区）。其中广西壮族自治区所属主要是梧州市苍梧县和贺州市大桂山区，广东省为封开县。流域集水面积中广西2 240平方千米，广东148平方千米。

流域地处华南丘陵地区，地势北高南低，高差935米。土层较薄，河床切割深，基岩裸露。上游干流贯穿沙头镇和石桥镇全境。沙头镇半山区，南北走向，中部丘陵。海拔700米以上的山峰有袍岭顶、莲花山、石羊殿、大木顶。大木顶最高，高程840.5米。石桥镇，丘陵地，中部有7座石灰岩山峰。东袍岭，高程713米；公鸡顶，高程400余米。中游梨埠镇和木双镇均属丘陵地，地势西北高东南低，山峦起伏。下游为广东省辖区。

流域超过100平方千米的支流有石川河、塘湾河、**大平河**3条。

流域为亚热带气候，多年平均气温20.7摄氏度，全年无霜期341天。多年平均年降雨量1 700毫米，降水集中在4—9月，7月最多。多年平均年径流量18.1亿立方米。

流域旱涝灾害较严重，民国14年（1925年）大旱，饥荒，培中富户潘佳芝曾在石桥街煮粥施舍给饥饿的农民吃。民国33年（1944年）大旱，忠考、沙头两乡的一些农民，为生存到东安河边抢政府粮谷7船2万多千克。

1949年前，流域农业只靠小山塘、陂坝、筒车灌溉，天旱时大片农田丢荒弃耕。1949年后，建成塘湾万亩灌区，引水流量10.5立方米每秒，控制流域面积1 584平方千米。现有灌溉面积3 200公顷。兴建水库，总库容1 300万立方米。

流域人口30万，其中农业人口28万，以汉族为主，其余为壮、瑶、苗等少数民族。农业生产以粮食为主，农民主要收入靠农业种植、林业、养殖业、经济林、加工业等。流域耕地面积1.5万公顷，其中水田473公顷。

水力资源理论蕴藏量35.97兆瓦，技术可开发量30.25兆瓦，干流上已建沙头镇枫木坡水电站（装机容量11兆瓦，年发电量0.36亿千瓦时）、上湾水电站和西中水电站。支流梨埠河上建设了爽岛水电站（装机容量12兆瓦，年发电量0.61亿千瓦时）和石泗水电站。广东河段亦已建设了大和滩水电站，装机容量3兆瓦，年发电量0.14亿千瓦时。

东安江通航能力有限，仅在春、夏、秋初有机帆船可到苍梧县木双镇。

纪　实

东安江发源于贺州市，地势西北高，东南低，流经苍梧县沙头、石桥、梨埠、木双4个镇，于广东省大洲镇与贺江汇合后至江口镇注入西江。

自源头向南流，经保塘、大桂等村，至参田右纳石川河，石川河发源于贺州市八步区鹅塘镇槽碓村东甲尾屯东北，于苍梧县沙头镇思艾村独洲屯汇入东安江，河长27千米，流域面积127平方千米。继南流，经枫木陂，至沙头镇思艾村左纳思艾河，至横江村右纳塘湾河（河长53千米，流域面积206平方千米），经沙头镇、石桥镇，弯流至梨埠镇科口村右纳大平河，经西中、友谊等村，于木双镇右纳木双河，进入广东省封开县境，继流至大洲镇汇入贺江。

东安江大部在苍梧县内。苍梧县历史悠久，汉元鼎六年（公元前111年）建县，已有2 000多年历史。

苍梧县梨埠镇东安江边有飞龙湖风景区，山清水秀、石奇林幽、风光旖旎迷人、景点集中，距梧州市59千米。有5处瀑布，开放有龙泉瀑布和皇殿梯级瀑布群。爽岛皇殿梯级瀑布群绵延2千米，由十多处瀑布梯级分布，形态各异。有的断崖飞泻，水帘飘飞；有的深涧俯冲。

飞龙湖风景区水面面积507公顷，河面如腾飞的巨龙。四季河水清碧透亮，虽遇上游山洪，浊流滔滔，景区水面依然清澈如常，静若处子。河面宽窄不一，宽处纵目远视，烟波渺茫。景区森林资源十分丰富，并受到高度保护。典型的亚热带密林，高树参天，灌木蓬松，古藤攀延，野山蕉、葡萄等各野果随处可见。山高林密，典型的林带景观，为山兽、水鸟、飞禽提供了得天独厚的生存和繁衍环境，成群的野鸭、鹧鸪、翠鸟、水獭、白鹤、狸、鼠常在河上岸边出现。

飞龙湖景区

8.1.72.7.1 大平河
(Daping River)

东安江右岸支流，又名梨埠河，发源于广西壮族自治区贺州市八步区，南流至梧州市苍梧县汇入东安江。干流长108千米，平均比降2.81‰，流域面积1 103平方千米。

流域地势北高南低，西北部山岭重叠，东南部山谷纵横，山区和丘陵地形，土质多黄红壤土。属亚热带季风气候，春多冰雹，夏多暴雨，秋有干旱，冬有霜冻。多年平均温度20摄氏度，多年平均年降水量1 862.4毫米，年际变化大，年内分配不均，3—8月的降水量占全年降水量的76.8%，多年平均年径流深900毫米。1689—2000年，发生较严重洪灾近30次，旱灾20多次。

1949年前，有引水工程40多座，灌溉农田206.7公顷，用龙骨车、犀斗和吊桶提水抗旱。1958—1962年，贺州公会镇贯通1 180多米长隧洞，将河水引入社山水库，又在马头山下陡壁建石渠6 700米，把库水引入灌溉公会农田。1992年建成**爽岛水库**，总库容2.12亿立方米，装机容量12兆瓦。2000年建小水电站2座，装机容量575千瓦。

大平河发源于贺州市八步区沙田镇金竹（大弄贪）村枫木顶北300米，源流西北3千米折向西，入公会镇清水村的六桂冲口、梅子冲口，至大平瑶族乡界牛角水，转向西南流，在大段右岸纳龙槽河（河长24千米，流域面积104平方千米）。龙槽河北麓山谷，龙槽瀑布高30余米，宽10余米，常年流量0.3立方米每秒，循铁质砂岩绝壁而下，响声如雷，势如奔马。经水口镇，右岸纳高林河（河长30千米，流域面积125平方千米），转东南流至苍梧县梨埠镇，左岸纳老榕河，右岸接六堡河，在料口村高旺屯汇入东安江。

流域地跨贺州和梧州两市5个乡镇18个行政村，辖人口3.53万，其中瑶、壮等少数民族0.77万。收入主要靠种植和养殖，种有水稻、玉米、红薯，经济作物有烟叶、花生、油茶、竹子、沙田柚，公会镇是著名的烟叶产地。

下游苍梧县梨埠镇是"竹子之乡"，群山连绵，四季常青，林业资源丰富，沿岸竹林茂盛，竹子造纸历史悠久。

8.1.72.7.1.1 爽岛水库
(Shuangdao Reservoir)

大平河下游的大型水库。坝址位于广西壮族自治区梧州市苍梧县梨埠镇旺湾村，距梧州市60千米，距苍梧县城73千米。

水库为年调节水库，以发电为主，兼顾防洪、灌溉、养鱼和旅游。控制流域面积588平方千米，总库容2.12亿立方米，水面面积1 031万平方千米，回水长30.11千米。工程于1988年动工兴建，1991年蓄水，1997年竣工验收。

爽岛水库枢纽

枢纽工程由大坝、泄洪道、压力引水管、水电站、变电站组成。大坝为混凝土双曲拱坝，坝顶长151.4米，最大坝高61米，

爽岛水库

坝顶防浪墙高0.60米；泄洪道最大泄流量2 207立方米每秒；压力引水管最大引水量35.5立方米每秒；水电站装机容量12兆瓦，年均发电量5 459万千瓦时。

水库可削减洪峰50%以上，减缓了洪水对下游农田及村庄的威胁，灌溉面积66.7公顷，年供水量0.1亿立方米。解决了下游凤仪村40公顷农田的灌溉用水和部分人畜饮水。水库还开发了旅游、养鱼。

库区长30余千米，面积81平方千米。东与苍梧县石桥镇、沙头镇相连，西接苍梧县六堡镇，北至贺州市水口村，南距苍梧县梨埠镇9千米。涉及篓底、龙冲、旺湾3个行政村。地处庙门向斜南翼和六堡背斜北翼，出露地层主要是寒武系水口群，坝址两岸出露泥盆系下统莲花山组，与下伏的寒武系地层接触，成峡谷河段。库区两岸山脉跌宕起伏，有6条较大溪流汇入库区中。

库区多年平均年降雨量1 670毫米，多年平均年径流量6.3亿立方米，多年平均流量20立方米每秒，多年平均气温21.1摄氏度。

库区林木种类丰富，松树、杉木等亚热带林木覆盖两岸山野，植被良好，是贺州市、苍梧县竹、木的产地，水库淹没水田168.47公顷、旱地60.19公顷、林地474.98公顷，迁移4 416人。政府投入大量人力、物力、财力，为解决移民生产和生活，办库区万亩林场，种松树、杉木、玉桂等林木660多公顷，大量提供八角、柑橙、酸梅、山楂果苗。还购鱼苗投放水库，发展水库养鱼。移民网箱养殖，效益很好。建成梨埠——爽岛混凝土路，解决库区人畜饮水。

爽岛水库上游，大平河长81千米，流域面积501平方千米。丘陵地貌，土地肥沃，有茂密的森林覆盖，植被良好，水土流失不大。近年来，合理开发和利用水力资源，修建了几个小型水电站。水库内有沐虹、皇殿2个天然瀑布和飞龙湖森林公园，长城雕塑等人造景观。

8.1.72.7.1.2 六堡河
(Liubao River)

大平河右岸支流，发源于广西壮族自治区苍梧县六堡镇六堡山冻顶（高程789.9米），东南流横贯六堡镇，经不倚、公平、塘平，于六堡镇治右纳合口河，继东南流至九城右纳九城河，至泗美折向东流，于在梨埠镇治汇入大平河。干流长57千米，落差365.4米，流域面积398平方千米。

流域山区地形多中低山和石山，地势自西北向东南倾斜。属亚热带季风气候，多年平均温度20.5摄氏度，夏热冬暖，秋干春湿。多年平均年降水量1 755毫米，3—8月的降水量占全年降水量的75%。上游植被好，水土流失少，清水长流。

六堡河流域居民有汉、瑶两族，山高谷深、森林密布、云雾紫绕，是旅游、观光避暑的好地方。经济以林、农为主，耕

六堡河

六堡河两岸竹林

地面积960公顷,其中水田788公顷,森林3.6万公顷。土地肥沃,大宗农产品有木材、丹竹、土纸、松脂、八角、茶叶,是六堡茶原产地。

六堡河流域林区

有水利工程12座,灌溉面积246.7公顷。小水电装机容量115千瓦,年发电量45千瓦时。

8.1.73 罗旁河
(Luopang River)

西江右岸支流,又称建城河,古称文昌水。发源于广西壮族自治区岑溪县龙里坑的冲汉中勒顶,出源地向北流经通门镇,经冲垌、旺九,穿过中型的向阳水库,于竹根湾出库后,经大屋寨、五星亭,顺右侧过建城镇,至楼坑村右纳连城河(河长30千米,流域面积104平方千米)后称罗旁河,至吉庆左纳桂圩河(河长38千米,流域面积175平方千米)。与桂河汇合后在广东省郁南县罗旁镇注入西江。河长64千米,平均比降3.52‰,流域面积606平方千米。

郁南县都城大堤

流域地势呈南高北低,向西江干流倾斜。上游河床比降大、水流急,山高林密,植被好;下游沿岸为冲积层地带,河道弯曲浅窄,泄洪能力低,垌面较为宽阔,地势低洼。

流域具有明显的季风气候和复杂多变的山区气候特点。多年平均气温21.4摄氏度,多年平均年降水量1440毫米,多年平均流量7.36立方米每秒,多年平均年径流量2.32亿立方米。水力资源理论蕴藏量2.1万千瓦,技术可开发量1.3万千瓦。

罗旁河受西江洪水影响,易发生洪涝灾害。1915年5月19日至6月初发生特大洪水,出现流域历史上最大的洪水(西江都城水位25.10米);1994、1998、2005年西江流域发生超100年一遇的特大洪水,罗旁河洪涝成灾,造成永同堤决堤。

1976年罗旁大堤建成。流域有向阳水库(中型)、深水河水库、丁村水库(小(1)型)和水闸一座。

8.1.74 罗定江
(Luoding River)

西江中游右岸支流,又名南江河、泷江。发源于广东省信宜市鸡笼山,于郁南县南江口镇汇入西江。地理位置东经111°03′~111°52′、北纬22°25′~22°57′,干流全长201千米,河道平均比降0.87‰,流域面积4493平方千米。

罗定江

概　　述

流域地势自西南向东北倾斜,干流穿行于丘陵峡谷之间,纵向穿云开山脉、罗定盆地和丘陵地带。流域范围内的丘陵高程多在500米以下,土壤复杂,地质以中生代的红色砂岩构成。四围山岳,低山环峙,多属古生代地层,有页岩、片岩、石灰岩和石英岩。山区土壤多属黄土,表土层较松,富含腐殖质,低层呈棕黄色,湿润而黏;丘陵地区属红土壤,质地较黏重;平原地区多是冲积土,砂质较多。

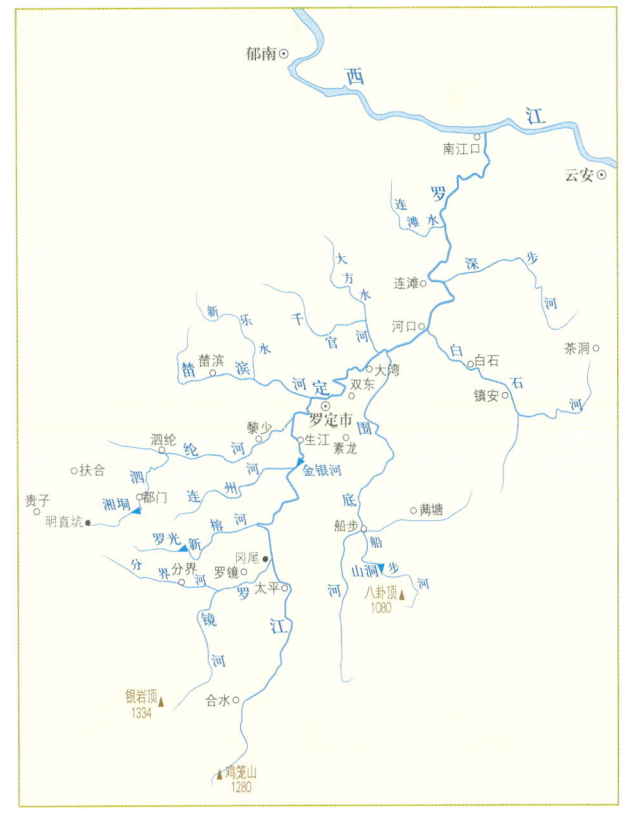
罗定江水系示意图

罗定江干流自源头到西江入河口，流经信宜市，罗定市的太平、罗镜、连州、罗平、生江、黎少、素龙、附城、罗城、双东，郁南县的大湾、河口、东坝、宋桂和连滩。沿途接纳大小河流22条。流域面积大于100平方千米的支流有**罗镜河**、新榕河、连州河、**泗纶河**、**䓫濒河**、千宫水、**围底河**、**白石河**、深步河、连滩水等9条。

流域地处北归线以南，属亚热带气候区。多年平均气温22摄氏度，多年平均年降水量1 426毫米，汛期降雨量占全年降水量的78%，多年平均年水面蒸发量1 577毫米，多年平均年径流量39.07亿立方米，全河段水质为Ⅱ～Ⅳ类水。流域是省内较严重的水土流失区，曾有"小黄河"之称。

流域水旱灾害频繁。据历史记载，1845、1900、1907、1914年均发生过特大洪水。1972年11月8日，罗定市境内普降大到暴雨，降雨量达150～200毫米，罗定江水位达45.75米，10 960人受灾，

罗定江发源地的鸡笼山

房屋倒塌5 519间，大批工厂物资受浸，造成巨大的经济损失。1946年罗定、郁南、云浮等普遍大旱，2万多公顷农田不能耕作，造成罗定、郁定两县80%以上的稻田歉收和失收而发生严重的饥荒。1954年9月至1955年4月，共240多天未下过透雨，雨量少，蒸发量大，有1.3多万公顷稻田严重受旱。

流域已建中型水库6处，小（1）型水库27处，小（2）型水库104处，总控制集水面积1 168.51平方千米，总库容2.4万立方米。小水电站16处（装机容量大于500千瓦），装机容量4.26万千瓦，年发电量1.60亿千瓦时。

纪　实

河流从广东省信宜市的鸡笼山发源地向东北流，经合水、新宝等镇入罗定市境内，该段河流穿行于丘陵山峡之间。主流经太平镇，于罗镜镇冈尾左纳罗镜河，北流至大河左纳新榕河（河长36千米，流域面积126平方千米），河上建有**罗光水库**。北流至河口左纳连州河（河长36千米，流域面积126平方千米），右纳**金银河水库**，出库后，北流经生江镇，于下游黎少镇䓫卜左纳泗纶河后进入罗定市区罗城镇。明万历五年（1577年）罗定市设直隶州，取罗旁平定之意得名，现为县级市。石灰石储量丰富，农业以水稻为主，次为花生、木薯。建立了肉桂、茶叶、龙眼、荔枝、竹子、松脂、塘鱼、山地鸡等特产品十大农业生产基地。罗城镇罗定江北岸有罗定文塔，属省级保护文物。文塔建于明万历三十九年（1611年），原名"三元宝塔"，为仿阁楼式砖塔，外观7层，内分13层，平面呈八角形。各层塔檐用绿色琉璃瓦装饰，八角微微翘起，犹如绽开的花瓣，整个塔身如七朵盛放的花儿叠成。塔尖和四周穿护的铁链，像伸出的花蕊，色彩华美，隽雅秀丽。顶层的莲花座铁柱，塔刹的九霄盘、宝珠、相轮等铸造件总重逾7吨，为广东古塔之最。流至附城街办左纳䓫濒河，此后属罗定市与郁南县界河，经郁南县的大湾镇，于上水口左纳千官河（河长42千米，流域面积247平方千米），于下游罗定六雪右纳围底河，继续东北流至河口镇右纳白石河，曲折北上经宋桂镇，东坝镇右纳深步河（河长44千米，流域面积282平方千米），于连滩镇左纳连滩水（河长28千米，集水面积106平方千米），穿过广梧高速公路，直至南江口镇注入西江。其间连滩镇有历史名庙张公庙、文广庙、光仪大屋等

旅游资源。张公庙始建于明代万历六年（1578年），祭祀明代广东总兵官张元勋；文广庙，祭祀北宋名将杨文广。光仪大屋建于清嘉庆年间，占地十亩，至今保存完整。连滩镇是"中国民间艺术之乡"。

8.1.74.1　罗镜河
（Luojing River）

罗定江左岸支流。发源于广东省信宜市银岩顶，自源地向东北流，至湖洋埇折北流，经石印风景旅游区、平塘镇折向东北流入罗定市境，于分界镇桐心左纳分界河（河长21千米，流域面积119平方千米），继东流至罗定市冈尾汇入罗定江。干流河长41千米，河道平均比降6.9‰，流域面积354平方千米。

流域处于北回归线以南，亚热带季风气候区，温湿多雨。多年平均年降水量1 426毫米，多年平均年径流深765毫米。流域有"粮仓"之誉。粮食作物一年三熟（两季水稻、一季小麦或冬薯），还种有甘蔗、黄麻、各种蔬菜等。南海、顺德一带商人常到此地经商，有"小佛山"之称。流经的罗定市分界镇蕴藏的矿产资源有铅、铜、锌、铁、锰、石英砂等。

流域有小（1）型水库3处，控制流域面积11.2平方千米，总库容441万立方米；引水工程设计引水流量3.0立方米每秒，灌溉面积1 067公顷。

流域内罗镜镇是著名抗日爱国将领蔡廷锴将军的故乡。蔡廷锴故居，建于1912年，三进院落合院式布局，占地7 000多平方米，略带客家大屋风貌。景点还有帝瓮瀑布、凌十八殉难井、鹤咀山南朝墓、云沙温泉、东山公园等。

8.1.74.2　罗光水库
（Luoguang Reservoir）

罗定江上游支流新榕河上的中型水库，属**金银河水库**枢纽灌区工程的补偿调节的中型水库。位于广东省罗定市分界镇境内，距罗定市区62千米。

罗光水库

水库以灌溉为主，兼有防洪、发电等功能。坝址以上流域面积42.1平方千米，总库容3 150万立方米。工程于1976年7月始兴建，1988年11月开始试运行蓄水。

枢纽工程由主坝、副坝、溢洪道、输水隧洞和坝后电站五部分组成。主、副坝均为碾压式均质土坝，坝顶长205米，最大坝高53.58米，顶宽8.0米；副坝最大坝高33.58米，坝顶长128米；溢洪道为开敞式，最大泄洪流量380立方米每秒；输水洞为圆形压力隧洞，设计流量为6.5立方米每秒；水库坝后电站装机容量2×630千瓦，多年平均年发电量363万

千瓦时。水库灌区总干渠长9千米，灌溉面积1 420公顷。

坝址位于黄屋村分界镇蝴蝶坪附近，两岸为低山，坝址处基岩裸露，河谷呈V形，两岸不对称，一边陡峻、一边平缓，谷底宽度一般在15米以内，河谷在平面上迂回曲折。

罗光水库解决分界、新榕、罗镜、太平等镇2067公顷耕地的灌溉用水；补偿调节金银河水库的水量不足；保护分界、罗镜、连州、罗平等镇沿河村庄的1 330多公顷农田和3万多人口。

8.1.74.3　金银河水库
（Jinyinhe Reservoir）

罗定江中游金银坑支流上的中型水库。位于广东省罗定市生江镇碗窑村，跨罗定市罗平、素龙、生江3个镇，距罗定市区15千米。

水库是年调节的水利枢纽，以灌溉为主，兼有防洪、发电等功能。流域面积721平方千米，总库容4 148万立方米。工程于1975年10月动工兴建，1984年9月主体工程投入运行。

金银河水库

枢纽工程由主坝、副坝、输水隧洞和坝后电站四部分组成。大坝为均质土坝，主坝长368米，坝高54.5米，坝顶宽7米；副坝为均质土坝，坝顶长约145米；输水隧洞最大泄流量30立方米每秒；坝后一级电站装机4台，容量5 000千瓦，二级电站装机2台，容量3 000千瓦。

整体枢纽工程由"引太灌金"渠道、金银河水库以及"水库灌区"渠道三部分组成，水库由引渠把太平河、**罗镜河**水引入水库。其中长岗坡渡槽是其重点工程，渡槽全长3 450米，设计引水流量为25立方米每秒。

水库位于罗定盆地中南部，生江镇境内。库区内地形起伏，属高山峡谷型河谷，两岸山势陡峭，植被发育一般。坝段河流由东向西，与岩层走向大致吻合，呈明显的构造控制，构造带为小角砾岩、糜棱岩带。水库库区内有岛屿10多座，风景优美，水质清澈。

8.1.74.4　泗纶河
（Silun River）

罗定江左岸支流，位于广东省罗定市西部。发源于广东省罗定市明直坑，经扶合，于泗纶镇右纳都门水（河长25千米，流域面积147平方千米），都门水发源于云盖山脉。经高塞、六家、万车、黎少、山石等村镇，于黎少镇的替卜汇入罗定江。干流全长60千米，河道平均比降3.29‰，流域面积464平方千米。

流域地势西高东低。流域内上游植被较好。流域地处北回归线以南，属亚热带气候区。多年平均年降水量1 426毫米，汛期降雨量平均占全年的78%，多年平均年水面蒸发量1 200毫米。

流域洪涝灾害频繁。1983年9月9日偏北山区降雨量超过300毫米，冲毁农田587公顷，受淹农作物9 960公顷，倒塌房屋229间，冲垮小山塘2座，决堤2 185处。

建有中小型水库（含山塘）119处，控制流域面积131.67平方千米，总库容3 188.5万立方米。其中：中型水库湘垌水库，设计总库容1 680万立方米；小（1）型水库有河口、六电、大寅、小垌4座。1958—1960年建成引泗工程，是罗定市四大引水工程之一，设计引水流量4.5立方米每秒，灌溉面积3 468公顷。

泗纶河水力资源较丰富，理论蕴藏量1.7万千瓦。已开发的较大电站有青桐电站和湘垌电站，装机容量分别为5 400千瓦和1 000千瓦。

8.1.74.5　替滨河
（Tanbin River）

罗定江中上游左岸支流，地处广东省罗定市西北部。发源于罗定市大塘凹，自西向东流，经三义、厂面、车田、替滨、马河洞等村镇，于银竹根左纳新乐水（河长33千米，流域面积136平方千米），经水马头、罗锦，于罗定市区附城街的河仔口汇入罗定江。干流长46千米，天然落差262米，河床平均比降3.02‰，流域面积307平方千米。

河口高程467米，流域内上游部分植被尚好。支流新乐水在替滨镇的河岔汇入替滨河。

流域属亚热带气候区，多年平均年降雨量1 426毫米，4—9月降雨量占全年降水量的78%，多年平均年蒸发量1 577毫米。流域内以农业经济为主，主要的农副产品有肉桂、黄榄、木薯，其中以肉桂尤为出名。

流域洪涝灾害频繁。1968年6月9日，暴雨引起山洪暴发，以致冲垮罗城至替滨、新乐公路两座混凝土结构大桥、倒塌房屋1 559间，山体滑坡致15人死亡；1970年8月3日暴雨引发山洪，133.3公顷农田受灾，冲毁大小桥梁30座，14间房屋倒塌。

流域有小型塘库23处，控制流域面积6.15平方千米，总库容184.9万立方米。中游有罗溪电站，装机容量250千瓦。引替工程主干渠长22.5千米，灌溉农田440公顷。

8.1.74.6　围底河
（Weidi River）

罗定江右岸支流，发源于广东省信宜市双洞，自源头向北流，经庙弯坝、水口田、思贺、横岗、牛江，入罗定市境，至船步镇右纳船步河，继东北流，经深尾、席塘、曾屋，至围底镇右纳围底支流，转西北流，经沙步、大岗面，再折向东北流，经大石垌、上湾肚、牛角等村，于郁南县六宅口注入罗定江。干流长85千米，河床平均比降1.82‰，流域面积824平方千米。

围底河地处罗定市南部，罗定江中上游。罗定江支流船步河发源于罗定八卦顶，河长29千米，流域面积216平方千米。

流域属南亚热带季风气候区，温湿多雨。多年平均气温22.2摄氏度，多年平均年降水量1 444毫米，多年平均年径流量6.82亿立方米。流域有耕地面积678公顷，人口22.80万，经济以农业为主。围底河两岸的沙坝地大面积种植白沙葛，已具品牌效应。

围底河支流沙蒚河上有引水工程。灌区渠道由信宜横洞，经船步、蒚塘折回船步，再经罗平、围底、苹塘、华石等镇，灌溉船步、**蒚塘**、罗平、围底、苹塘、华石6个镇的大部分耕地，渠首拦河坝以上流域面积198.7平方千米。工程灌溉面积3 934公顷，设计年供水量为4 269.6万立方米，水力资源蕴藏量0.9万千瓦。

1981年9月29日至10月1日连降大至特大暴雨，围底河水位比历史最高水位高68厘米，造成通信、公路交通、输电线路中断，以及6 000多公顷农田、530公顷经济作物受灾，3万多人被困。

流域有中型的山洞水库，位于围底河支流山垌河下游，总库容1 630万立方米，以灌溉为主、结合发电；有龙沸坑、大石塘、城围、山田、大水坑、寻龙塘、双塘、同庆庙、五路塘小（1）型水库9处，控制集水面积186.6平方千米，总库容3 772万立方米。

8.1.74.7 白石河
（Baishi River）

罗定江右岸支流，又名军田水。发源于广东省云安县茶洞峡坳顶，从西南向西流，经云安县石城、镇安、白石3镇和郁南县河口镇，于郁南县河口寨注入罗定江。流域面积440平方千米，主河道长55千米，落差48米，河床平均比降3.52‰。

流域地处山区丘陵地带，地势东高西低，地质构造为砂页岩、石灰岩和花岗岩等。沙质河床，河道比降也较大，河道弯多而窄，水流湍急，水力资源较丰富，理论蕴藏量为1.07万千瓦。中下游水土流失严重，崩岗遍布、沟壑纵横。

流域属南亚热带季风气候。气候温和，雨量充沛，无霜期长，四季分明。多年平均气温21.5摄氏度，多年平均年降水量1 400毫米，多年平均年蒸发量1 200毫米，多年平均流量9.77立方米每秒，多年平均年径流量3.08亿立方米。

流域有耕地面积4 500公顷，人口14.86万，以农业生产为主。有中小型水库15座，集水面积88.74平方千米，总库容2 660.1万立方米。有4条灌溉大坝、5个机电排灌站和2个提灌站，总设计流量4.2立方米每秒，灌溉面积1 520公顷。

20世纪50年代以前，白石河是云浮县水上运输线。近年来白石墟以下至郁南县河口段，因河床淤积严重，只能通航载货1 000～1 500千克的木船。

8.1.75 马圩河
（Maxu River）

西江左岸支流，古名麻圩水。地处西江下游左岸河谷山区。发源于广东省肇庆市德庆县大顶山东南大肚塘村的山谷，至回村称云利水，汇金山水、寺田水称旺埠水，向西南流至高良汇合从北流来的罗阳河后称高良河，再向西南流至合水村右纳官圩水（河长39千米，流域面积299平方千米）后称马圩河，至上栏村西流入西江。河长55千米，总落差698.5米，河床平均比降3.03‰，流域面积660平方千米。

流域地势北高南低，呈扇形。主要支流有金山水、寺田水、罗阳水、都洪水、中雄水、上彭水、仙罗水、金林水、诰赠水等9条。

流域属亚热带季风气候区，多年平均气温21.5摄氏度，多年平均年降水量1 588.1毫米，汛期降雨量占全年的80%，多年平均年径流量4.88亿立方米。

流域内人口8.92万，耕地面积70 600公顷。

1950年以来，10年一遇以上的洪灾发生7次；较大的春秋旱灾4次。水土流失面积142.64平方千米。

中型水库有金林、冲源、茸草水库3座，小（1）型水库2座，水力发电总装机容量10 735千瓦。

8.1.76 悦城河
（Yuecheng River）

西江左岸支流，古名灵陵水、温水，地处西江中游左岸河谷山区，发源于广东省德庆县高望顶北麓，于德庆县悦城水口汇入西江。河长82千米，河床平均比降1.62‰，流域面积877平方千米。

上游有两条主要支流，清水河和浊水河。两支流于院村相汇后称古有河，流至莫村汇富源水，流向东南荔枝村汇驮孔水后，折向东南到京村，向南流至小水，右纳凤村水，在悦城镇流入西江。100平方千米以上支流只有凤村水，河长24千米，流域面积130平方千米。

流域地势北高南低，呈狭长形。地处西江河谷山区，东与高要市相邻，北与怀集、广宁两县接壤，西与本县**马圩河**流域为邻，南与云浮市云安县隔江相望。

流域属亚热带季风气候区，多年平均气温21.5摄氏度，多年平均年降水量1 517.9毫米，4—9月汛期降水量占全年降水量的80%，多年平均流量20立方米每秒，多年平均年径流量6.29亿立方米。流域人口14.42万，耕地面积7 533公顷。

1950年以来，10年一遇以上洪灾发生18次，10年一遇以上洪灾发生7次，较大的旱灾有4次。

流域内有黄铜降、河涝坪中型水库2座，小（1）型水库6座，集水面积130.75平方千米。上游有石曹、黄铜降、桃子坪3座抽水蓄能电站，装机容量均为120万千瓦。

流域内有莫村、永丰、播植、武垄、凤村、悦城等6个镇。坐落在广东省德庆县悦城镇三江汇流处的龙母祖庙为全国重点保护文物单位，始建于秦汉时期，重建于清光绪三十一年（1905年），集中两广能工巧匠和技艺大师历时七年时间建造而成，与广州陈家祠、佛山祖庙并称为岭南古建筑的

德庆盘龙峡

"三瑰宝"。它闻名海内外，享有"古坛仅存"的美誉，蕴涵着深厚的龙母文化、古建筑文化、风水文化和历史文化。

8.1.77 大迳水
(Dajingshui River)

西江下游左岸支流，古名都偃水。发源于广东省高要市河台镇尚德村五星坑尾（又称佛仔头），流经乐城、水南、禄步等镇，在禄步下4.5千米处的迳口与孔湾之间汇入西江。干流全长56.13千米，平均比降1.45‰，流域面积458.3平方千米。

干流中上游较陡，下游平缓。流域属亚热季风气候区，以峰面雨为主，多年平均年降水量1 626毫米，汛期降水量占全年降水量的81.5%。

1897、1915、1944年发生较大洪水，洪峰流量相应为968.8立方米每秒、934.9立方米每秒和901.9立方米每秒。

水力资源较为丰富。流域以引水工程为主，有小（2）型水库4座，其中2座属于发电专用。据《宣统高要县志》，大迳水历史上是水运交通要道，运集德庆县和广宁县部分货运。至1919年前，河船尚可达河台圩；在1920年后，河船仅可达水南圩；1964年之后，大迳河的水上运输全部终结。

8.1.78 新兴江
(Xinxing River)

西江右岸支流，古称允水，宋称新兴水，明、清称新江。发源于广东省新兴县天露山，干流长度145千米，河流平均比降0.98‰，流域面积2 355平方米。

流域地貌为侵蚀丘陵低山区，总的地势为南高北低，四周丘陵较高，河流一级阶地最低。北侧、西侧、西南侧丘陵高程为50～174米，东侧、东南侧丘陵高程50～101米，一级阶地高程15～22米，区内植被茂盛，中下游水系较发达。

新兴江

新兴江上游称簕竹河，簕竹河流至洞口与**南河**汇合后称新兴江。中游为洞口至腰古，腰古以下为下游。流域面积超过100平方千米的支流有南河、回龙河、*小河*、杨梅水。

流域属南亚热带季风型气候区，温湿多雨。多年平均气温21.6摄氏度，多年平均风速1.3米每秒，多年平均年降雨量1 743毫米，汛期降水量占全年降水量的78%～83%，多年平均年径流量22.84亿立方米。水质多数接近或超过Ⅲ类水。

1535—1911年，有记载的洪涝灾害32次，其中较大的13次。新兴县1965年9月27日遭受一次特大暴雨袭击，降雨量超过250毫米，部分地区达700毫米，全县95个村庄受淹，受淹水稻3 084公顷，倒塌房屋659间，死亡4人。1998年6月下旬连续三天普降暴雨，新兴江干流河堤多处决口、漫顶，两岸受淹农田达2 100多公顷，冲毁桥梁14座、受困人口达16.5万人，房屋倒塌43间，2人被洪水冲走，水利设施受到严重破坏，直接经济损失约1亿元。

新兴江夜景

六祖手植千年古荔

流域有中型水库4座、小型水库35座，总库容21 279.17万立方米；灌区5个，灌溉面积达0.21万公顷。近年来按50年一遇标准加固堤围、部分河段清障或限制抽沙。

自源头西北流，穿过**合河水库**，经大江镇至河口镇转东北流，与三茂铁路并行，至筋竹镇转东流，至洞口圩右纳南河，右纳回龙河（河长31千米，流域面积328平方千米），折向北流经车岗镇流至云浮市云城区腰古镇城头村左纳小河，入高要市境，继东北流至新桥镇长岐左纳杨梅水（河长43千米，流域面积403平方千米），经新桥镇治，至相园折向北流，

合和水库

流入高要市,于高要市南岸镇注入西江。

新兴县是著名的"鱼米之乡""水果之乡""全国果品加工之乡",是全国最大的县级不锈钢餐厨具生产和出口基地。六祖镇是著名的佛教禅师六祖惠能的故乡,六祖诞生和圆寂之所。著名旅游景点龙山温泉、六祖手植千年古荔、佛教圣地国恩寺等。

8.1.78.1 合河水库
(Hehe Reservoir)

新兴江上游的中型水库。坝址位于广东省新兴县大江镇,距新兴县城 38 千米。

水库具有灌溉、防洪、发电、水产养殖等综合利用功能。坝址以上集水面积为 139 平方千米,总库容 9 470 万立方米。水库始建于 1972 年,1978 年建成蓄水,1990 年除险加固,2004 年改建,总库容增至 9 643 万立方米。

水库枢纽由大坝、溢洪道、两座输水压力隧洞和水电站 4 部分组成。大坝为均质土坝,最大坝高 55.6 米,坝顶长 245 米,坝顶宽 8 米,浆砌石防浪墙高 1 米;溢洪道最大泄洪流量 1 785 立方米每秒;1 号隧洞最大流量 38 立方米每秒,2 号隧洞最大流量 32 立方米每秒;坝后引水式水电站装机容量 6 400 千瓦,多年平均年发电量 1 291 万千瓦时。

建库以来,社会经济效益显著。下游河道沿岸包括 1 个县城 5 个乡镇,防洪标准达到防御 10 年一遇洪水;发电站平均年发电量 1 291 万千瓦时,缓解新兴县日益加剧的电力供需矛盾;为下游灌区 2 130 公顷农田提供灌溉水源;水产养殖,每年出产水产品 50 吨。

水库所在的箖竹河流域面积 139 平方千米,河长 27.78 千米,河床比降 0.01‰。库区属丘陵山区、草木茂盛、风景秀美,地势东南较高,逐渐向西北倾斜。

8.1.78.2 南河
(Nanhe River)

新兴江右岸支流,位于广东省新兴县东南部。发源于广东省新兴县猫爪岭,由船岗河、共成河和集成河汇合而成,流经六祖镇、太平镇、新城镇,在洞口墟与西河汇合后流入新兴江。河长 30.8 千米,平均比降 7.5‰,流域面积 337 平方千米。

流域地势南高北低,四周均为丘陵,区内植被茂盛。流域地处北回归线以南,属亚热带季风型气候。多年平均年降水量 1 743 毫米,汛期降水量占全年降水量的 78%~83%,多年平均年径流量 3.47 亿立方米。

流域洪涝灾害素来频繁,1535—1911 年间,有记载的洪涝灾害 32 次;1912—1948 年,发生洪涝灾害 14 次;1949 年以后,发生特大洪涝灾害 17 次。

河道的治理经历了 3 个阶段:20 世纪 70 年代河道改直,修建防洪标准为 5 年一遇~10 年一遇的堤围;20 世纪 90 年代江河治理,重点是县城段堤围加高加固到 20 年一遇防洪标准,下游河道清障抽沙;近年来按 50 年一遇防洪标准建设堤围,同时部分河段清障或限制采砂。

流域内有**共成水库**(中型),库容 4 995 万立方米,灌溉面积 2 500 公顷;有小型水库 5 座和电排站 5 座。

上游船岗河古称清溪水,河长 23.3 千米,比降 4.37‰,流域面积 105 平方千米。其上游建水库共 5 座;建有 5 处小型水电站。所经六祖镇是著名的佛教禅师六祖惠能的故乡,是六祖诞生和圆寂之所,"中国禅宗的生源地"。著名的龙山温泉、六祖手植千年古荔、佛教圣地国恩寺等扬名海内外。共成河发源于新兴县水源山,流经共成、太平、新城 3 个镇,至县城水东与大南河相汇,河长 29 千米,比降 7.5‰,流域面积 129 平方千米。其上游建有中型的共成水库及其东、西渠电站,共成河共建有 14 座小型水电站。中游段共成水库坝址至凤凰水闸,河长 7.3 千米,建有凤凰水电站。下游建有相思山水库。集成河古称卢溪,发源于新兴县里洞岭风门坳,流经太平镇,在洗河桥与船岗河汇合成大南河。河长 25.5 千米,比降 4.98‰,流域面积 81.5 平方千米。其上游建有龙泉水库。太平镇是广东省主要的青梅生产基地和凉果加工基地,同时,也是新兴县四大粮产区之一。

新城镇是新兴县县政府所在地,该镇现已成为全国最大的镇级不锈钢餐厨具生产和出口基地,出口量占广东出口量的 40%,在欧美市场占有率 45%。新兴县是西江流域著名的"鱼米之乡""水果之乡",2004 年流域地区生产总值达 23.96 亿元,占全县生产总值的 48.3%。

8.1.78.2.1 共成水库
(Gongcheng Reservoir)

新兴江上游共成河上的中型水库。位于广东省新兴县东南的太平镇,距县城 13 千米。

水库功能以防洪、灌溉为主,兼顾发电和水产养殖等。坝址以上集水面积 78 平方千米,总库容 5 082 万立方米,灌溉面积 0.33 万公顷。工程建于 1958 年 11 月,1963 年完工,1970 年蓄水。

共成水库

水库枢纽由大坝、溢洪道、隧洞、压力涵管和水电站组成。主副坝各 1 座,均为均质土坝。主坝长 400 米,最大坝高 36 米,坝顶宽 8 米;副坝长 300 米,坝顶宽 6 米。主副坝顶均建有 1 米高浆砌石防浪墙;溢洪道最大泄洪流量 801.2 立方米每秒;隧洞最大过水流量 16.2 立方米每秒;输水压力涵管最大流量 8.3 立方米每秒;坝后水电站 2 座,总装机容量 1 630 千瓦,多年平均年发电量 390 万千瓦时。

水库处于丘陵低山区,库区南、西部地势较高,东部较低,区内最高峰 576.0 米,库区岸坡稳定,植被茂盛。

共成水库岸边森林

8.1.78.3 小河
(Xiaohe River)

新兴江左岸支流,又名南盛河,位于新兴江中游。发源于广东省云安县南盛镇大山脚南麓,从南向东南流,经石城、南盛、前锋3镇,于云城区腰古镇注入新兴江。河道长43千米,河道平均比降3.4‰,流域面积403平方千米。

流域地势西北高东南低,由山地丘陵、台地和冲积平原三种地貌组成,森林茂盛,植被较好。属南亚热带季风气候,多年平均气温21.7摄氏度,多年平均年降水量1 467毫米。多年平均年蒸发量1 200毫米,多年平均流量10.22立方米每秒,多年平均年径流量3.22亿立方米。

已建成中小型水库5座,控制流域面积78.38平方千米,总库容2 654.6万立方米。沿途有4条灌溉用引水堰堤,建成于20世纪60年代,总设计引水流量3.8立方米每秒。已建水电站有朝阳、坪岗电站,装机容量分别为2 000千瓦和600千瓦。

小河为砂质河床,中上游由白石河和南盛河汇合而成,上游河床坡降较陡,主河道天然落差98米。水力资源丰富,理论蕴藏量为0.77万千瓦。

20世纪50年代前,中下游可通行木船,是水上运输线。近年来,由于沿河兴建堰堤引水工程,河道日淤,已不通航。沿河两岸土地肥沃,以农业生产为主,副食品加工和养殖种植业较发达。

8.1.79 宋隆水
(Songlongshui River)

西江下游右岸支流,古名宋窿河。发源于广东省高要市蛟塘镇云器村荔枝山,流经回龙、白土、金渡等,于高要市水口流入西江。河长52千米,平均比降5.61‰,流域面积410平方千米。

流域属亚热带季风气候区,多年平均年降水量1 629毫米,汛期降雨量占全年的80%。

流域四面丘陵环绕,低丘较多,中部是低洼平原,地势较平坦。干流水道平缓,中下游河床高程在0~-2.0米之间,主要支流包括东面的刘村水和西面的云路水。

历史上宋隆水流域有2条古河道:一古河道为宋隆古洪水道,水汇高明河出西江,1920年以前,西江大洪水仍有取道于此,1927年宋隆围建成后,洪水道被堵塞以阻止西江河水进入;另一古河道为东门坳古河道,水经金利出西江,宋代初期金利建金西围,堵塞水经金利出西江,1959年建成的双金(金渡至金利)运河,至今用于排除宋隆水洪涝。

8.1.80 星湖
(Xinghu Lake)

星湖位于广东省肇庆市北端景福围内,七星岩东南面,是一处具有治涝、灌溉、养殖及风景旅游综合效益的中型水库。库区称星湖。

概 述

星湖湖水面积6.49平方千米,总库容2 197万立方米。1983年复查核实,星湖流域面积32.5平方千米。

星湖由堤坝、支堤分隔成6个互相通连的湖面。波海湖位于星湖西北端,在出头村西北部;中心湖为六个湖中面积最大的一个湖,位于出头村东,北边为松涛宾馆;湖光湖位于

星湖

星湖最南端,紧接市区,湖边有七星岩大牌坊。青莲湖(又称龙眼湖)紧靠青莲村,北面在星岩聚星桥与东湖沟通,西以花桥与湖光湖连通;东湖位于星湖最东端,在石牌村前,湖中有较杯石,出米洞在湖东边;里湖(又名低湖)环绕石室岩、天柱岩,贴近七星岩的一个湖,是星湖风景游览中心。水月堤使里湖与其他五湖隔绝,自为一体。五龙亭(湖心亭)建于此湖心。

星湖西边有外坑导洪渠3.78千米,东边有东岗导洪沟3千米,拦截北岭山部分集雨径流引入星湖,减轻郊区涝患。

星湖最高堤坝是波海堤,高程7.5米,最低堤坝是入柘堤,高程6.6米。波海堤及六柘堤顶加砌防浪石墙3 375米,石墙顶高程6.9~7.5米。星湖设有三处溢洪出口:芹田溢流闸、在芹田桥南和五孔,每孔宽2.2米,闸底板高程4.8米。1985年将中间三孔改建降为4.0米。湖水直接溢入跃尤涌经跃龙窦或由跃龙电排站排出西江;东岗排洪节制闸,二孔,每孔宽2.2米,闸底高程4.9米,排入羚山涌经羚山水闸或羚山电排站排入西江;狮岗非常临洪道,在狮岗选择地势较高、土质较坚固处建归海式溢洪道。坝体6.5米高程以下为坚固的污工建筑,净宽150米。当星湖水位超过7.0米,若继续降雨,溢流闸无法排泄,超过容量的水泄入狮演、赤坎等低塱流入羚山涌排入西江。

建湖以来,1959年7—8月最高水位曾达6.96米。遇到西江水涨,景福围闸窦关闭,内塱水不能外排时,星湖起临时蓄洪作用,减轻涝灾。星湖外的黄塘、十字塆、赵冲、六口朗等353.3公顷低洼地带的积水,通过油柑顶之机械抽水站排入湖中,使这片单糙都不保收的低产朗塘改变为双糙稻田。1962年建成了跃尤、羚山两个电力排灌站后,星湖的排涝作用更有保障。星湖的另一个作用是蓄水抗旱。遇天旱时可通过渠道和各抽水站,使933.3公顷稻田得到灌溉水源,使郊区粮食高产稳产。湖面是大型淡水养殖场,1977年鲜鱼产量10.43万千克,1984年达15.2万千克。

纪 实

星湖前身是古河道余沥,称"沥湖""野塘"。七星岩得名于湖区内的7座小山。中心点位于肇庆市区中心点以北约4千米处。星湖原是由西江古河道形成的沥湖,分布于湖中的七座小山分别叫阆风岩、玉屏岩、石室岩、天柱岩、蟾蜍岩、仙掌岩、阿坡岩,排列如北斗七星般撒落在碧波如镜的近600公顷湖面上。

湖内林荫湖堤长20多千米,如绿色飘带般把仙女湖、中心湖、波海湖、青莲湖和里湖连结在一起,湖光山色,绰约多姿。

早在一千多年前，星湖中的七星岩已是著名的旅游景点。晋代已有文字记载。唐朝文章家、书法家李邕（北海）曾慕名来游，写下了著名的《端州石室记》，镌刻在石室洞口石壁上。叶剑英元帅于1964年4月游览七星岩期间曾写七绝一首："惜得西湖水一圜，更移阳朔七堆山；堤边添上丝丝柳，画幅长留天地间。"自古以来就有"峰险、石异、洞奇、庙古"之说，重点游览区可供观赏之景点达80余处。天柱岩最高，海拔117米；龙岩洞最奇，洞中有洞，有"千年诗廊"之美誉；石峒古庙最古，洞中有庙。20世纪80年代后，星湖被国家旅游局列为第一批国家级风景旅游名胜区。

8.1.81 九坑河水库
(Jiukenghe Reservoir)

水库坝址位于广东省肇庆市鼎湖区凤凰镇境内，水库兴建后使九条坑（河，当地俗称）汇流成一河，故名。集水面积145平方千米，距鼎湖城区2.0千米。

水库属中型水库，功能集防洪、发电、灌溉和城镇供水，兼顾养鱼与旅游，总库容3 845万立方米。于1958年动工兴建，1960年竣工蓄水。1979、1991年曾两度进行加固改造。水库防洪为50年一遇设计。

枢纽工程由大坝、溢洪道、泄洪洞、输水隧洞和水电站组成。大坝为黏土斜墙坝，主坝长200米，最大坝高38米，坝顶宽6.0米，坝顶筑有1.0米混凝土防浪墙；副坝长110米；溢洪道最大泄洪流量1 776立方米每秒；泄洪洞最大泄洪流量184立方米每秒；输水隧洞设计流量15立方米每秒；坝后引水式发电站装机4台，总容量2 000千瓦，年发电量680万千瓦时。

星湖风光

七星岩风景区坐落在星湖中央。七星岩景区由五湖、六岗、七岩、八洞组成，面积8.23平方千米，湖中有山，山中有洞，洞中有河，景在城中不见城，美如人间仙境。七星岩以喀斯特溶岩地貌的岩峰、湖泊景观为主要特色，七座排列如北斗七星的石灰岩岩峰巧布在面积达6.49平方千米的湖面上，20余千米长的湖堤把湖面分割成五大湖，风光旖旎。国家级文物保护单位七星岩摩崖石刻是岭南保存得最多最集中的摩崖石刻群，李邕、李绅、包拯、周敦颐、俞大猷、陈恭尹、朱德、叶剑英等500余壁画，唐、宋、元、明、清及当代的名人诗题为七星岩增辉添色。于2004年12月12日正式建成全国首个肇庆星湖湿地公园。20多个小岛如翡翠般镶嵌点缀在碧绿的湖水中，18个主要湿地景观如珍珠般洒落在清澈的湖泊里。这里灌木满岛、水中羽杉、滩涂芦苇、湿地水禽、鹭鸟飞翔、现有鸟类188种，其中有"湿地之神"中国著名文化鸟——丹顶鹤40只，还有火烈鸟150只，东方白鹳、白枕鹤、蓑羽鹤、冠鹤等种类多不胜数。

九坑河水库

水库建成后，减轻了下游长利涌防洪压力。1994年6月**西江**发生特大洪水，长利涌洪水受西江洪水顶托，无法排出，经水库调节，削减洪峰，大大减轻了包括鼎湖城区在内的安全威胁。水库是九坑河灌区的主要供水水源，灌溉面积4 000公顷，平均年供水量1 000万立方米。

库区葱茏叠翠，植被覆盖率高，以松林为主，水资源丰富。近年来由于旅游等不合理开发，水质受到一定污染，河道携带大量泥沙淤积到水库，库容逐年减少。

二、北江水系

Beijiang River Basin

8.2 北江

(Beijiang River)

珠江第二大水系，古代称溱水。发源于江西省信丰县油山镇大茅坑，于广东省佛山市三水区思贤滘与珠江主干流**西江**相汇后，流入**珠江三角洲网河**区，主流由沙湾河道注入**狮子洋**经虎门出南海。思贤滘以上北江干流全长468千米，总落差305米，河道平均比降0.26‰，流域面积4.67万平方千米；地理位置东经111°55′～114°50′，北纬23°10′～25°42′，流经江西信丰，广东南雄、始兴、韶关、曲江、英德、清远、三水等市（县）。

概　述

流域范围　北江除一小部分在湖南省、江西省及广西壮族自治区外，92%的北江流域面积属广东省，整个流域呈折扇形。周围大山环亘，北有南岭与**长江**流域分界，东有九连山、滑石山、瑶岭与**东江**流域分界，西有与湘、桂交界的萌渚岭与西江流域分界，并连二托山、大罗山接向东翼山脉。

北江北滘口段

地质地貌　流域地质大部分为华夏活化陆台的湘粤褶皱带，上、中游古生界地层分布最广；古生界地层及花岗岩岩性坚硬，常构成高山深谷，有利于筑坝建闸。

流域地势北高南低，上中游为南岭山地，有三列弧形山脉构成该地区的地貌特征，山峰海拔700～1 200米，流域内最高点为中西部大东山，主峰海拔1 929米。各列山脉之间有谷地和盆地，地势自北向南逐渐降低。北江干流纵切弧形山后向南流去，干流东侧以红岩盆地地形为主，西侧以喀斯特石山地形为主。

上游多山地丘陵，间有小部分零星分布的河谷盆地，广东省仁化县附近的丹霞山以丹霞地貌著名。中游河段自韶关到盲仔峡，河谷宽，沿河沙洲、河滩、河流冲积平原或盆地相继出现；盲仔峡至飞来峡之间干流两岸是低山丘陵区。干流出飞来峡后为下游河段，两岸地势平坦开阔，清远平原属西江、北江三角洲北部台地围田区，北江迂回流动在平原上，曲流、沙洲、河汊发育，沿河两岸筑有堤防，两旁洼地较多。地面高程在500米以上的山区占流域面积的20%，高程50～500米的丘陵占70%，高程50米以下的河谷盆地和下游平原约占10%。

河流水系　北江自江西省流入广东省南雄市境后称浈江，至韶关市**武水**汇入后始称北江，南流经英德、清远等市（县），至三水市思贤滘与西江干流相通，进入珠江三角洲网河区。

流域内集水面积超过1 000平方千米的一级支流有**墨江**、**锦江**、**武水**、**南水**、**滃江**、**连江**、**潖江**、**滨江**、**绥江**等9条，最大支流连江，全长275千米，集水面积10 061平方千米。

气候水文　流域属亚热带季风型气候，高温多雨湿润，多年平均气温20摄氏度，年际变化不大。

流域多年平均年降水量1 724毫米，降水年内分布很不均匀，主要集中在每年的4—9月，约占全年的70%～85%。降水的空间分布也不均匀，北江大坑口以上多年平均年降水量1 629毫米，大坑口以下1 857毫米。流域多年平均年水资源总量510.3亿立方米，年径流深1 091.8毫米，多年平均年水面蒸发量929.3毫米。北江水的含沙量为0.14千克每立方米，多年平均年输沙量647万吨。

2000年统计，北江工业废水排放量5.8亿立方米，城镇生活污水排放量2.01亿立方米；全流域全年期Ⅰ类水23.2%，Ⅱ类水43.3%，Ⅲ类水24.2%，Ⅳ类水5.3%，Ⅴ类水2.2%，劣Ⅴ类水1.7%，且污染有扩大的趋势。

自然资源　流域矿产资源比较丰富，有铁、有色金属、稀有金属等矿藏，是广东煤炭资源储量最多的地区，但储量有限，煤层较薄，开采条件较差。

北江水力资源理论蕴藏量2 379.2兆瓦，单站装机容量0.5兆瓦及以上的技术可开发水电站共487座，总装机容量2 240.3兆瓦，年发电量83.99亿千瓦时；经济可开发水电站共423座，总装机容量2 046.3兆瓦，年发电量76.22亿千瓦时。截至2000年，已正开发水电站共310座，总装机容量1 441.9兆瓦，年发电量54.96亿千瓦时。

社会经济　流域涉及广东省韶关市、清远市、肇庆市、河源市和广州市小部分地区，以及湖南省郴州的宜章县和临武县，人口主要是汉族，其次是苗、瑶等少数民族，人口密度约209人每平方千米，多集中于干流及大支流的沿河谷地。

2000年流域总人口834万，其中非农业人口274万；地区生产总值508.45亿元，其中农业总产值256.56亿元，工业总产值613.94亿元；粮食总产量511.43万吨。

流域粮食作物以水稻为主，其次是小麦、薯豆类，经济作物有甘蔗等，耕地面积50.67万公顷，播种面积97.4万公顷，有效灌溉面积34.1万公顷，农业人口平均占有耕地0.11公顷。

8.2 北江

北江韶关市内河段

珠江堤防——北江大堤

处于流域中心的韶关市，是广东省主要的综合工业生产基地之一，已基本形成初具规模的由采掘、有色金属冶炼、钢铁工业、铸锻件、建筑材料等资源型产业组成的重点产业，以机械制造、轻工、石油化工、电力等行业为主的加工工业，以电子信息技术、机电一体化、新材料等行业为主的高新技术产业。

自然灾害　流域洪水主要由暴雨形成，洪水发生的时间和地区分布与暴雨的时空分布一致，洪水主要发生在每年的5—7月，最大洪峰流量出现在5月和6月的比例分别是23%和54%。

新中国成立前，流域内共发生大的水灾30次。1915年洪水为北江有资料记载以来的最大洪水，横石站、石角站推测流量分别为21 000立方米每秒和22 000立方米每秒，相当于200年一遇～300年一遇洪水标准。20世纪50年代以后，流域发生较大洪水的年份有1968、1982、1994、1997年和1998年。其中，1982年5月13日北江干流横石站最高水位23.61米，最大洪峰流量18 000立方米每秒；1994年6月19日最高水位23.96米，最大洪峰流量17 500立方米每秒。"94·6"洪水造成北江沿岸清远地区31条围堤溃决，韶关和清远两市多个县市受灾，韶关市区淹浸面积20平方千米，占已建成的城区面积的58%，仅韶关市区受淹直接经济损失就达4.6亿元。

由于降水时空分布的不均匀性，流域不仅是洪涝多发地区，还是干旱多发地区，历史上多次干旱中较严重的年份为1946、1955、1963、1982、1991年。

治理开发　流域先后开发50兆瓦以上装机容量的电站有位于干流中游英德市的白石窑水电站和清远市的飞来峡水电站，10～50兆瓦的电站有位于绥江支流**古水河**上的花山水电站，位于二级支流**青莲水**下游的秤架一级水电站，位于一级支流锦江上的仁化县锦江水电站，以及位于北江干流上韶关市下游的孟洲坝水电站。

北江大堤位于北江下游，捍卫着广州市、清远市和佛山市6.67万公顷耕地、1 000多万人口的防洪安全，是广东省最重要的堤防，也是全国重要堤防之一。它北起北江支流**源潭河**左岸的骑背岭，南至南海区狮山止，全长63.3千米，沿堤筑有芦苞、西南两座分洪水闸及25座排灌涵闸。

从1954年完成北江大堤联围后到1987年，北江大堤除完成三次大培修外，每年均进行岁修，未再发生决堤，确保历年安全度汛。

北江上游以山地丘陵台地为主，存在不同程度的坡度，易受水流冲刷，引起水土流失。1985年后，针对广东省一些地区日益严重的水土流失灾害，以及考虑这些地区群众脱贫致富的迫切要求，广东省六届人大三次会议通过《关于防治北江上游水土流失》议案。1986—1995年投入1 000多万元，治理水土流失面积533平方千米。1995年广东省八届人大十七次会议通过《关于批准省人民政府整治韩江、北江上游和东江中上游水土流失议案办理结果报告的决议》，并同意省政府继续治理"三江"，加大治理水土流失的力度。围绕实施省人大水土保持4个议案，以小流域为单元进行综合治理和开发，将水土流失区划为618条小流域，其中北江有33条，按轻重缓急制定10年分年实施计划，使一些危害大、流失严重的水土流失区首先得到治理。

北江干流韶关至三水全长256千米，枯水期航深0.7～1米，可通航50～80吨轮驳船。

纪　实

上游　北江在江西省信丰县境内集水面积38平方千米，水向西南流至南雄市后称昌水，在乌迳鸭子口建有北江第一座中型水库**孔江水库**，总库容6 943万立方米。从源头到南雄新田圩，沿河两岸为丘陵地带。

西流至江口圩左纳新龙水（河长27千米，流域面积109平方千米），西南流经水口镇，在下坡山与梅岭来的南山水（又名古浈水，河长32千米，流域面积219平方千米）汇合后始称浈江。南山水古时称浈水，水源上的梅岭是从江西赣江入岭南的必经之路，秦始皇开辟岭南的大军中的一路就是翻越梅岭山隘进入岭南地区的。后为了加强对岭南的控制，遂于梅岭设置梅浦关（古时大余又称横浦），拨以重兵把守，即是现存的梅关。梅关号称岭南第一关，关当大庾岭上，汉元鼎五年（公元前112年），汉武帝刘彻出兵征讨南越，其中杨仆一路也从这里入岭南。历代梅关均为沟通中原与岭南的五

梅关

条交通要道之一。唐开元四年（716年），为适应当时南北经济文化交流的需要，张九龄又奉诏另凿新道，前后用了两年的时间，"开通一条宽1丈长30华里，两旁广植松梅的大道"。现存的梅关古道约8千米，路面铺砌青石和鹅卵石。

珠玑巷

北江韶关防洪堤

浈江流至灈溪左纳江头水（河长18千米，流域面积106平方千米），穿过南雄城区右纳**凌江**，两岸为高度不超过100米的丘陵及小平原。南雄古称雄州，五代南汉时设州治，古代因作为中原到岭南的要冲而成重镇。南雄城北10千米处有珠玑巷，据考证是珠江三角洲居民的发祥地，也是海外华侨的祖居，巷长1 500多米，巷内保留着不同朝代的古楼、古塔、古榕风貌和古建筑遗址等文物。城东南约10千米处有恐龙化石遗址。

出南雄城区曲折流至修仁左纳瀑布水（河长35千米，流域面积174平方千米），经古市镇流至小水右纳大坪水（河长33千米，流域面积101平方千米）后进入始兴县境；再西南流至陂田左纳都安水（河长60千米，流域面积256平方千米），过市镇，于江口镇有墨江自左岸汇入。南雄至始兴江口镇，河道弯曲，农田甚多。

水西流至仁化县和平坝纳**百顺水**，于田圫左纳灵溪水（河长38千米，流域面积116平方千米），至芒坝江口右纳锦江。此段两岸山丘遥立，有桅杆滩等13处滩险。锦江附近有世界著名丹霞山风景区，其中韶石山景区就在浈江边上。干流于新刘堂右纳大富水（河长33千米，流域面积158平方千米），左纳**枫湾河**后流向韶关城区，水流至韶关沙洲尾右纳武水。

从源头到沙洲尾为北江上游河段，总称浈江，全长212千米，河道平均比降0.59‰。

韶关历史上称为韶州。相传舜帝巡奏"韶乐"于城北30千米处的石峰群中，该处的三十六石后来统称为韶石山。三国末年（265年），吴主孙皓置始兴郡，治所在曲江城（今韶关市区），是韶关市郡之始。南朝梁、陈两代，在今市境内设置两州（衡州、东衡州）。隋开皇九年（589年）曾设设韶州，取州北韶石山之"韶"字为州名。明嘉靖二十六年（1547年）曾在曲江县武水边开设税关。清康熙九年（1670年）又将原设于南雄的太平关移至曲江浈水边，后又在曲江城北门外增设税关，韶关之名由此而来。韶关人杰地灵，孕育了唐代名相张九龄、刘瞻，宋代著名政治家和外交家余靖等杰出人物，六祖惠能和尚选择韶关为其禅宗南派的发祥地。韶关作为"马坝人"的故乡、石峡文化的发祥地，是中华民族古老文明摇篮之一。韶关属中亚热带湿润型季风气候区，充沛的雨量使韶关大地四季常青，万木葱茏，生机盎然。韶关是多民族聚居的地区，大部分是汉族，此外还有瑶、壮、回、满、蒙古、京、苗、白、侗、土家等少数民族，主要分布在乳源瑶族自治县境内及周边地区。

中游 北江于韶关沙洲尾纳武水后，进入**孟洲坝水库**库区，至孟洲坝右纳南水，于马坝镇龙头寨左纳**马坝河**，然后向南过乌石镇于宣溪水右纳樟市水（河长42千米，流域面积298平方千米）后，进入**白石窑水库**库区，过大坑口镇后入英德市境。西南流经沙口镇，于元顶右纳官田水（流域面积231平方千米），经英红镇于坑口嘴右纳仙桥水（河长33千米，流域面积182平方千米），东折流至河头转南下入英德市区左纳滃江，此段河流多在海拔600米以下的山岭间穿流，仅在河湾及支流汇口处有小片冲积平原。

英德市南汉置英州，因英山盛产英石而得名。有省级风景名胜区宝晶宫、以"双洞通天"著称的通天岩、神秘莫测的仙桥地下河，还有"南天第一峰林"英西峰林走廊。英德市区以南8千米处为宝晶宫风景名胜区，钟乳石、石笋、石幔、边石坝别具特色。距溶洞1.2千米的碧落洞，风景秀丽，蕴涵着深厚的道教文化，洞壁上保存着摩崖石刻，洞内分为4个厅，由神奇诡异的石林长廊相连接，每个大厅各具特色，厅内石钟、石笋、石幔形态各异，变化万千。通天岩位于英德市区西南3千米处。英西峰林走廊位于英德市区西南60多千米的九龙、明迳、岩背三镇一带，走廊内密集分布着上千座石灰岩山峰，当中溪涧穿绕，岩洞、古建筑点缀其间，是广东最长、最密集的峰林游廊。

继续南流至新星左纳波萝坑（河长29千米，流域面积191平方千米），西南流至连江口镇有北江第一大支流连江从右岸汇入。从滃江口至连江口，其间流过6千米的盲仔峡，峡内水深47米。纳连江后，干流向南流至黎洞口右纳黎洞水（河长131千米，流域面积89平方千米），经黎溪镇流入清新县境，经升平镇、飞来峡水利枢纽，于黄洞口右纳高田水（河长25千米，流域面积107平方千米）；南流至江口左纳潖江，其间穿过各长约100米的香炉峡和大庙峡，水深分别为61.5米和42.1米；转向西流，进入飞来峡。

从沙洲尾至飞来峡为北江干流的中游河段，长173千米，河道平均比降0.25‰。

飞来峡大坝以上为**飞来峡水库**，控制流域面积34 097平方千米，占北江流域面积的73%。飞来峡是北江小三峡中的一峡，又名清远峡、禺峡、中宿峡，以下游峡口有古刹飞来寺而得名。两峡壁立，长达9千米，峡内水深37米。夹江对峙七十二座山峰，郁郁葱葱，峻美险奇，一江巨流，翻腾而下。飞来峡右岸有飞来寺，又名峡山寺，建于南北朝的梁代，至今已有1 400多年历史，从山门前到寺背后的峰岩，有江边台石、飞来古寺、爱山亭、飞泉亭、交影亭、狮子石、归猿洞等十余处佳境。寺内有一块出自北宋文学家苏东坡手迹的石刻。

下游 北江出飞来峡后，即有仑洲横贯河中，经洲心镇北江流入清远市区，其间沙洲罗列。清远市南接广州，北接湖南，东联韶关，西邻广西，有"三省通衢，北江要塞"之

清远飞来寺

称，是珠三角与粤北山区的结合部；交通发达，京广铁路、107国道及广清高速、武广高铁皆以此为重要站点，水运通航可至北江和珠江三角洲各埠。

北江至清城区飞水口右纳滨江，经山塘镇至大燕口左纳源潭河，南流经石角镇流向佛山市三水区，于六和镇埠街右纳漫水河后向南至四会市马房右纳绥江，此段河流两岸农田广阔，筑有江堤。从清远大塘圩至绥江出口处，河面宽3 000米，但马房附近河面束窄至850米，水深13米。

北江流至三水思贤滘进入珠江三角洲网河区。从飞来峡到思贤滘为北江干流的下游河段，长83千米，河道平均比降0.082‰。

三水区，因北江、西江与绥江汇流于此而得名。明嘉靖五年（1526年），始设县治。1993年3月29日，撤县设市（县级市）；2002年12月8日，撤市设区，成为佛山市五个行政辖区之一。三水区位、交通、土地资源、生态环境等优势明显，地处珠江三角洲通往粤西、粤西北和我国大西南地区的咽喉要冲，水陆空交通便利，拥有黄金水道西江、北江，每日有货轮往返港澳地区；广茂铁路、南广铁路、贵广铁路、广佛肇城际轨道、321国道、324国道、二广高速广三段及广肇段、珠二环高速、佛山一环高速横贯全境。2006年三水区综合实力稳步上升，在全国百强县中排名第二十一位，广东第三位。三水在古代是岭南三大盆地之一，地势较低，为众水所归处，西江与北江在此相汇后通过入海水道注入南海。

三水森林公园

三水森林公园位于三水区西南镇北郊2千米处，总面积8 000公顷，园内山塘湖泊众多，丛林茂密，主要景点有金装大卧佛、汉藏佛教文化艺术殿堂、广东孔庙——孔圣园、无情谷、鸳鸯湖、宣言广场等。汉藏佛教文化艺术殿堂供奉着文成公主携带进藏的如来金佛，孔圣园是华南地区最大的孔庙，其设计是以山东曲阜孔庙为蓝本。

8.2.1 孔江水库
（Kongjiang Reservoir）

北江干流上游浈江上的中型水库，位于粤北南雄盆地东北角，大庾岭南麓，坝址位于广东省南雄市孔江镇鸭子口村，距离南雄市45千米，因截孔江水而得名。

孔江水库主坝

水库以灌溉为主，兼具防洪、发电功能。大坝以上集水面积79.4平方千米，水库总库容6 943万立方米，正常库容5 825万立方米，兴利库容4 105万立方米，死库容1 720万立方米。

水库大坝由1座主坝和6座副坝组成。主坝是均质土坝，高27.94米，长260米，坝顶宽4米；6座副坝总长901米，平均高7.42米。输水涵洞最大泄流量6.6立方米每秒。1989—2000年对水库总干渠进行了防渗处理。坝下电站装机容量320千瓦。

水库灌区总干渠长53.56千米，由东向西蜿蜒于浈江北岸，沿线虞云岭下水库、大源水库、围背水库、杨梅水库、横江水库、罗田水库、乌泥水库和260多座山塘串连成网，人称"长藤结瓜"，使8 667公顷农田不再受干旱威胁。灌区内建设隧洞8座，总长1 850米；渡槽7座，总长2 215米；大小附属工程480多座。灌区原设计灌溉面积733公顷，连成灌溉网系后，总灌溉面积达8 000公顷。

水库建成后形成库容6 943万立方米的人工湖，库中分布着263座大小不一的"岛屿"，仿佛散落于碧波之中的翡翠绣球，因此水库又称为百岛湖，四周青山环抱，林木葱茏，湖水清澈，百岛百姿。

库区还是一个很好的种植、养殖基地，周围滩涂坡地以及库中小岛，都是良好的茶果种植基地，还可综合经营养鸡、养鸭、养猪、养牛、养羊等。

8.2.2 凌江
（Lingjiang River）

北江上游段浈江右岸支流，俗称西河，古称横浦水、楼船水，发源于广东省南雄市百顺镇杨梅村的俚木山，流经白云、澜河、富竹、密下水、陂头、莲塘至南雄市水西村汇入浈江；

河长65千米，河床平均比降4.42‰，流域面积365平方千米。

支流主要有白云村水、上澜河水、潭西水、坪山水、新店水、吊基岭水、网岭水。流域地势西北高，东南低，属中亚热带季风气候，夏季气温高，雨水充沛，冬季干冷，雨水稀少；多年平均年降水量1 340毫米，多年平均年径流量2.92亿立方米，年际变化大，年内分配不均。

上中游干支流坡降大，无控制性工程，每遇暴雨，引发山洪，造成洪患。凌江出口段与浈江雄州镇段洪水互相顶托，加重南雄城区防洪压力。新中国成立前，1947年和1949年两次洪水损失严重。新中国成立后，1959年5月17日流域西部暴雨，洪水冲垮凌江沿岸桥梁、渡槽及陂头20座。1991年9月7日，流域西部普降特大暴雨，降水量超过200毫米，相当于50年一遇洪水，暴发山洪。

流域内春秋季时有旱情，但大旱不多。1963年秋旱旱情超10年一遇。1986年秋，80多天没下过透雨，又连续43天无雨，部分河流断水，山塘水库干枯，农田缺水灌溉，严重影响粮食产量。

凌江是南雄水资源量较丰沛的河流，下游引水灌溉农田2 367公顷。早在宋天禧年间（1017—1021年）即在今陂头村筑凌陂，灌溉农田333公顷，一直沿用至1959年与同丰陂合并，改建为混凝土陂头，改称同凌陂，灌溉农田400公顷。1957年在佛岭下建凌江引水工程，灌溉农田1 333公顷。

凌江下游段

凌江平均年工程引水量8 641万立方米，提水量669万立方米；有小（2）型水库一座和若干山塘，总蓄水能力仅51万立方米。凌江的治理以建设骨干蓄水工程为重点，防洪治理采用库堤结合的原则，已建防洪堤8.5千米，并裁弯取直莲塘至水西河段，引流下泄，以减免洪涝灾害；现有蓄水山塘34座，引水工程23座，电灌站9座，装机容量175千瓦。

凌江水力资源丰富，理论蕴藏量1.97万千瓦，建有水电站25座，装机52台，总装机容量13 145千瓦，占总开发量的50%。

流域西北山区观音峰最高，高程1 429米，常有薄雾缭绕，林海莽莽，景色秀丽。上游属高山区，居民点有白云、帽子峰林场等，山岳重叠，林木茂盛，植被良好，河道陡窄，河宽12～25米，水流湍急。源流向东12.6千米至白云，该段称白云圩水，有支流白云村水自南向北汇入。

凌江中游为低山丘陵区，河宽25～40米，沿河有冲积小平地。下游低丘平坦，河宽40～80米，水流变缓，沿河有多处较大的冲积平原。

中游"南雄红层盆地"，红层下有大量古生物化石。1961年出土的晚白垩纪恐龙化石非常珍贵，是研究恐龙的佳地。矿产资源丰富，有钨、铀、铜、砂金、氟石等。适宜种植黄烟、银杏等经济作物。

8.2.3 墨江
（Mojiang River）

北江左岸支流。以清化河为主源，发源于广东省始兴县棉地坑顶，于始兴县瑶村右纳**罗坝水**后称墨江，至始兴县江口镇汇入浈江。

概　述

墨江流域面积1 367平方千米，河长89千米，河床平均比降2.38‰，天然落差633米。地势西北低，东南高，由高山、丘陵和冲积盆地组成。上游边缘有几座高程超过千米的高山：雪峰山1 114米，天平架1 255米，鸭麻坑尾1 151米，七星墩1 301米，龙头山1 366米，木地石1 400米。流域中上游有隘子、司前、罗坝、都亨等几片小盆地，下游为冲积平原，是始兴县主要农业区。

流域地处北回归线以北，中亚热带季风气候，夏季高温多雨，最高气温38.4摄氏度（1968年7月29日），秋季凉爽，雨量减少，冬季低温少雨，最低温度-5.5摄氏度（1967年1月17日）。降水量年际变化较大，丰水年降水量是枯水年的2.15倍。流域多年平均年降水量1 680毫米，年水面蒸发量900～1 120毫米；年内降水分配不均匀，4—10月降水量占全年的75.6%。司前站1976年6月8日24小时降水量318毫米；多年平均年径流量12.41亿立方米，地下水资源总量3亿立方米。

流域水旱灾害频繁，夏季常有暴雨，秋季持续高温，导致秋旱。上游隘子、司前、都亨是暴雨区，上中游两岸受山洪冲刷，下游洪水泛滥，一片汪洋，县城多次被淹。1651年洪水由狮石改道罗所，是北江一级支流3次改道中最严重的一次。1973年5月8日始兴县城洪水漫街，两岸农田2 800公顷受淹；1976年6月9日始兴县城洪水浸街，受浸农田3 420公顷。1963年春秋连旱，受旱农田面积达9 052公顷，1972年春旱面积3 867公顷，1977年春旱面积3 900公顷。

1974年秋至1975年冬，治理下游河流。修建墨江干流凉口至东湖坪河段浆砌石护岸6千米，支流**罗坝水**罗坝镇郭田至淋头河段堆石护岸4千米，顿岗镇大村至城郊瑶村河段护岸13千米。1998年9月兴建墨江防洪堤，右岸从富村湾至渔珠桥东，左岸从凉口陂至渔珠桥西，总长23.3千米，使始兴县城及附近两岸可防御20年一遇洪水。

远期规划兴建清化河冷水迳水库和罗坝水罗坝水库，库堤结合可防御50年一遇洪水。1999年9月在县城兴建墨江水闸，美化县城环境、发电和改善下游两岸706.3公顷农田灌溉条件。始兴小盆地农田的墨江灌溉，历史悠久，1394年就有记载。1949年后建丰收陂（灌溉农田833公顷）和凉口陂（灌溉农田16 133公顷）。始兴县城1987年前在墨江取水，1987年起在清化河取水，后受石人峰矿排污影响，铺设供水管路11.75千米，1994年起改由沈所水花山水库供水县城，受益人口6.5万。

墨江流域现已建成中型的花山水库，留田、梓树湾小（1）型水库2座，小（2）型水库6座，山塘184座，总库容2 159万立方米，总灌溉1 310公顷（19 650亩）。灌溉33公顷以上引水工程19座，总引水流量16.7立方米每秒，总灌溉面积3 425公顷。小水力发电站19座，总装机21台，装机容量925千瓦。

纪　实

墨江主源称清化河，自南向北流，流经隘子镇后折向东北流，流经田屋、许屋等村；过司前镇转向北流，司前镇建有司前水文站。隘子、司前两镇农业资源丰富，是始兴县的主要粮产区之一，耕地面积 7 896 公顷，森林覆盖率 67.5%，经济作物主要有荸荠、黄烟、蚕桑、花生、蔬菜、西瓜、柑橘、粉葛。

经河口农场、荔竹坝、冷水坑，至深渡水乡再折向东北流，进入始兴小盆地，清化河至凉口由南向北，流至城南乡周所，折向西北，河道浅宽，河底多为卵石冲积，两岸开阔。经横岭、上张等村，于周前折向西北流，于县城上游 4 千米处右纳罗坝水，罗坝水上游山高林密，车八岭自然保护区、坪丰采育场、龙斗辇伐木场、石人嶂矿山都在这一带。

干流自罗坝水与清化河汇合口西北流 4 千米到始兴县城。始兴，三国吴永六年（263 年）始兴县，因有始兴江而得名，有"粤北粮仓"之称，也是广东省的林业重点县；323 国道穿过北部，水运沿浈江可至韶关、广州。始兴站控制流域面积 1 197 平方千米，最大流量 3 030 立方米每秒，最高水位 102.87 米（1976 年 6 月 9 日），最小流量 2.26 立方米每秒，最低水位 98.56 米（1977 年 3 月 19 日），多年平均年径流量 12.41 亿立方米。始兴的满堂客家围屋是客家围楼的典型代表，被列入全国重点文物保护单位。

始兴客家围屋

墨江流域产石墨，城南镇一带和顿岗镇的宝溪村，历史上都是当地主要石墨产区。《始兴县志》记载："墨石，出在墨江。""石墨，一名笔铅，出宝溪村。"宋朝周得慧的《墨水回澜》中曾有"入砚已成唐事业"之句。至今，石墨仍是城南镇的主要矿产之一。

墨江出县城后于沈所镇左纳沈所水（河长 25 千米，流域面积 129 平方千米），继流 4 千米到始兴县江口镇汇入浈江。

全流域地势东高西低，河床基石时隐时现，有少量急滩，支流呈羽状分布。

8.2.3.1　罗坝水
(Luobashui River)

墨江右岸支流，发源于广东省始兴县东南部的天平架，在始兴县城上游 4 千米处汇入墨江。河长 56 千米，河道平均比降 5.9‰，流域面积 339 平方千米。

流域地势西北高、东南低，上游河谷深切，多急滩；中游河床宽浅，洪水时易变迁；下游始兴盆地，河谷开阔，卵石堆积；主要支流有都亨水、仙人洞水、石壁下水、南蛇坑水、吉山水。

流域属中亚热带季风气候，热量充足，春季低温阴雨日照少，夏季炎热高温多雨，秋季昼暖夜凉，冬季寒冷干燥霜多雨稀。流域多年平均年降水量 1 647 毫米，年内降水分配不均，4—9 月的降水量占全年的 72%；多年平均年径流量 2.75 亿立方米，丰水年 4.40 亿立方米，枯水年 1.32 亿立方米。都亨雨量站最大年降水量 2 497 毫米（1975 年），最小 1 037 毫米（1963 年）；结龙湾水文站（控制流域面积 281 平方千米）实测最大流量 1 110 立方米每秒（1976 年 4 月 9 日），最小 0.53 立方米每秒（1963 年 9 月 3 日）。流域水能资源理论蕴藏量 18 724 千瓦，可开发量 3 171 千瓦。

1961 年 6 月 2 日罗坝水发生最大洪水，129 个村庄、3 073 公顷农田被淹。1976 年 6 月 9 日清化水和罗坝水洪峰相遇，水位高达 102.87 米，淹没农田 3 465 公顷。1931 年秋旱，罗坝水断流。1963 年春、秋季受旱 9 052 公顷，旱情超 20 年一遇。

罗坝水现有防洪堤 26 千米，电灌站 111 座，灌溉面积 187 公顷；小水电站 43 座，装机容量 27.3 兆瓦；小（2）型水库 3 座，总库容 100 万立方米；有丰收陂、小台陂、头周陂、食水陂等引水工程，总引水流量 3.37 立方米每秒，灌溉 1 167 公顷。

流域内的车八岭国家级自然保护区有珍稀濒危植物 14 种，国家二级重点保护植物 14 种，珍贵濒危动物 34 种。生物资源丰富，生态环境优越。中下游段的罗坝、顿岗两镇，农业资源丰富，能种亚热带作物，有马蹄、黄烟、蚕桑、花生、蔬菜、西瓜、柑橘、粉葛等主要经济作物，是始兴县主要粮产区之一。

车八岭国家自然保护区

8.2.4　百顺水
(Baishunshui River)

北江右岸支流，又名黄坑水，俗称石峡水、塘源水，发源于广东省南雄市，在仁化县汇入浈江；河长 59 千米，河道平均比降 5.96‰，流域面积 392 平方千米，涉及南雄市、仁化县和韶关市曲江区。

流域地势西北高，西南低，上游最高峰俚木山高程 1 045 米，中下游丘陵地势低平；流域面积大于 10 平方千米的主要支流有闻韶水、暖水坑、春坑水、大梨水、沙村水和下营水。

流域属中亚热带季风气候，热量充足，冷暖明显交替。春季低温阴雨日照少，夏季炎热高温多雨，秋季昼暖夜凉，冬季寒冷干燥霜多雨稀。流域多年平均年降水量 1 644 毫米，最大 2 482 毫米。1991 年 6—8 月，流域普降历史罕见大暴雨，降水量超过 150 毫米，引发山洪，泛滥成灾；1993 年 5 月 1 日，遭龙卷风和冰雹袭击，死 1 人，伤 13 人，受灾农作物 1 733 公顷，冲毁桥梁 2 座。

流域内有引水工程 9 座，灌溉农田 288 公顷；小水电站 9 座，装机容量 4.28 兆瓦。

百顺水发源于南雄百顺镇河洞山坳，流经南雄百顺镇和仁化县黄坑镇，在仁化县天坪汇入浈江。上游流域生态环境优越，林海莽莽。

干流从源头南流到百顺镇大沙洲村，有支流大沙洲水汇入；入仁化县境，另有 3 条小支流汇入，流域面积均小于 10 平方千米。中下游流域，地势低平，农业资源丰富，能种植亚热带作物，耕地面积 3 220 公顷，是主要粮产区之一，有黄烟、蚕桑、花生、蔬菜等经济作物。

8.2.5 锦江
(Jinjiang River)

北江上游右岸支流，发源于江西省崇义县竹洞，在广东省仁化县汇入浈江。流域地理位置东经 113°30′～114°02′，北纬 24°54′～25°29′，涉及江西崇义县和广东仁化县。

锦江

概　述

锦江地处北江上游，南岭山脉南麓，湘、粤、赣三省交界处。地势北高南低，东北部崇山峻岭，南部丘陵盆地。域内主要山脉有万时山（又名白云山），高程 1 559 米；西北部的锡坪嶂，高程 1 394 米；西部的黄岭嶂，高程 1 167 米；南部有广东四大名山之一的丹霞山，因"丹霞地貌"而命名。

流域面积 1 913 平方千米，呈扇形，东西宽 54 千米，南北长 65 千米。河长 108 千米，河道比降 1.71‰，总落差 1 061 米。大部分河段在山区，两岸山高坡陡，河谷狭窄，险滩多，水流湍急，雨季常暴涨暴落；流域面积超过 100 平方千米的支流有扶溪水、城口水、黎屋水及董塘水。流域土壤主要属淡黄泥土（黄壤），植被较好，森林覆盖率 76%，浅层地下水比邻近河流充沛。河流多经险滩峡谷，水流湍急，水能资源丰富。

流域属亚热带、中亚热带季风气候，夏季盛行西南风和东南风，冬季盛行北风和西北风；多年平均气温 19.6 摄氏度，最高气温 40.2 摄氏度（1969 年 7 月 27 日），最低气温 -5.4 摄氏度（1967 年 11 月 17 日）；多年平均年日照 1 725 小时，年无霜期 297 天。流域多年平均水面蒸发量 942.1 毫米，夏秋高温蒸发量大，冬春蒸发量小，干旱指数为 0.86；多年平均年降水量 1 671 毫米，年径流深 986.8 毫米，多年平均年径流量 18.88 亿立方米。

锦江控制站仁化水文站（控制流域面积 1 467 平方千米）多年平均流量 45.1 立方米每秒，1915 年洪水，洪峰流量 1 910 立方米每秒，为历史最大，仁化县城街道水深 2.23 米。1949 年以后，锦江水淹仁化县城 10 多次。1973 年 6 月 28 日，仁化县城被洪水淹浸，水深 2.45 米。

1957 年仁化县水利科调查时，流域水土流失面积 17.9 平方千米。流失区零星分散，主要在上游长江镇的桐子坪、城口镇的鳌山、扶溪镇的新屋场附近、董塘镇的岩河带以及县城附近的五谷庙和猪仔缺，属自然崩岗和"光头山"两种类型。经过多年治理，水土流失得到控制。

1860 年后仁化县有血吸虫病流行，主要在石塘、董塘、丹霞一带。1929—1949 年死于血吸虫病的有 5 100 多人，有 59 个自然村变成"无人村"。1949 年后，政府开展防治工作，至 1984 年已得到根本控制。

锦江水能资源丰富，理论蕴藏量 153.8 兆瓦，可开发量 98.9 兆瓦，已开发利用 81.3 兆瓦。1990—1997 年，梯级开发锦江峡谷出口以下河段，建 5 级电站，总装机容量 42.75 兆瓦。有大型的**锦江水库**以及中型水库 3 座、小型水库 30 座，大中型水库总控制流域面积 1 410 平方千米，占流域面积的 73.7%。水库蓄洪发电，防御洪水灾害，改善生态环境。

纪　实

锦江自发源地流经广东省仁化县的长江、双合水、恩口、小水口、仁化县城、丹霞山、夏富、细瑶山，于芒坝江口汇入浈江。

源流自北向南经高洞、沐溪，于长江圩附近汇集陈欧河等小河后名长江水；过长江镇，西南流向扶溪镇，在双合水纳扶溪水（河长 27 千米，流域面积 132 平方千米）。长江镇历史悠久，镇内有保留完好的广州会馆、江西会馆、湖南会馆等古建筑物。人文景观比较丰富，有莲塘村湖南洞明墓、高冈寨、凌溪石围、万时山等，还有明代古塔，文明峰塔和华表峰塔。

干流到恩口纳城口水后称锦江。城口水是锦江最大的支流，发源于湖南省汝城九龙泾，自北向南流，于江口镇流入广东省城口镇，在水岗寨右纳大麻溪河后，南流至恩村转东南流，至恩口汇入锦江。城口镇人杰地灵，仁化北端隘口"古秦城"遗址是秦末汉初南越王赵佗所筑。

源头到仁化镇为上中游段。上游河道两岸地形陡峭，植被良好，河道弯曲，河谷狭窄，坡降大，急滩多。

锦江纳城口水后继续南流到小水口右纳黎屋水（河长 47 千米，流域面积 257 平方千米）。锦江干流双合水以下到仁化林场的河道已成锦江水库库区。

出水库是锦江下游，河道稍宽，坡降平缓，多为海拔 100 米上下的丘陵盆地平原，董塘和石塘盆地面积最大。干流南流 7 千米至仁化县政府驻地仁化镇，1 500 年前南齐年间（479—502 年）已建制仁化县，历史悠久，有窑前晒谷岭、文峰塔等历史遗址。

干流继续西南流，流经风光秀丽、景色宜人、闻名遐迩的丹霞山风景区。景区拥有世界地质公园、中国红石公园、国家级风景名胜区、国家 AAAA 级旅游区、国家级自然保护区等众多称号，丹霞地貌面积达 290 平方千米，集雄、险、奇、秀、幽于一体，有锦水飞泉、旭日红云等美景，以及阳元山、阴元石、玉女拦江、童子拜观音等绝妙奇观，吸引着海内外四方游客。

阳元石

阴元石

干流经丹霞变电站，转向西北到石下村右纳董塘水（河长38千米，流域面积297平方千米），转向西南，流经夏富、细瑶山，于仁化县大桥镇芒坝江口汇入浈江。

8.2.5.1 锦江水库
（Jinjiang Reservoir）

锦江上的大型水库，是锦江5级梯级开发的第一级，位于广东省仁化县境内，距县城7千米。

锦江水库大坝

水库具有季调节性，以发电为主，结合防洪、灌溉等综合利用。坝址以上集水面积1 410平方千米，正常库容1.05亿立方米，总库容1.89亿立方米，调洪库容0.44亿立方米。1990年6月1日开始施工；1993年8月10日一号机组并网发电，同年12月30日二号机组并网发电，工程完工，进入试运行；1997年8月13日工程竣工验收。

工程由拦河坝、坝顶溢洪道、坝后地面厂房等组成。拦河坝为碾压混凝土坝段及钢筋混凝土心墙堆石坝段组成的混合坝，最大坝高62.45米，坝顶宽7.54米，坝顶长229米；溢洪道总宽69米；坝后电站装机容量2×1.25万千瓦，保证出力5 300千瓦，多年平均年发电量0.94亿千瓦时。

通过水库调节，可将100年一遇洪水削减为10年一遇，可减轻洪泛灾害。水库的调节功能同时为4个梯级电站提供水源保证。

水库库区位于仁化县仁化镇境内，处于锦江的中游。水库以上的锦江干流河道长约71千米，流域面积1 410平方千米，地层发育较为齐全。库区上游河道两岸地形陡峭，杂草丛生，植被良好，河道弯曲，河谷狭窄，坡降大，急滩多。库区生长

着大片的生态林及毛竹林，风景秀丽，环境优美；主要有元古界、古生界、中生界、新生界地层，地貌大体北高南低，地形复杂，以山地丘陵为主，其中又以山地为最多，总体走向为东南向，西北锡林峰海拔1 394.5米，东北角万时山海拔1 559米。

锦江水库

水库上游地区包括长江、扶溪、闻韶、城口、红山、仁化等六镇。该地区历史悠久，名胜古迹较多，人文景观资源较丰富，如长江镇莲塘村湖南洞明墓、高冈寨、凌溪石围、万时山等，有建于明代的文明峰塔和华表峰塔，镇内有保留完好的广州会馆、江西会馆、湖南会馆等古建筑物；往下是闻韶、扶溪两镇，旅游、矿产资源丰富，主要景点有：华林寺塔，建于北宋元丰五年（1082年），属省级保护文物；暖水温泉，水温达70多摄氏度，周围古森林苍苍，河床遍布岭南奇石——黄蜡石，是休闲旅游胜地。域内矿产资源主要有磁铁矿、稀土矿、云母石黄和辉绿岩等。

库区上游以北是城口镇，下游南面是红山镇，本地盛产红山白毛茶（又称"仁化银毫""丹霞银毫"），产于海拔千米高的山林雾海之中。据《仁化县志》记载，清嘉庆年间，当地白毛茶已是朝中贡品。1978年在广东省山区资源调查中，专家认为"红山白毛茶品质居粤北名茶之冠"。

仁化镇早在4 500年前就有先民在此繁衍生息，距今约1 500年前的南齐年间已建有仁化县。仁化镇从宋咸平三年（1 000年）起，历元、明、清、民国至今，均为仁化县城所在地，故以县名为镇名。古迹胜地较多，有晒谷岭等新石器时代晚期至唐代的遗址、东晋古墓葬、窑前晒谷岭遗址、文峰塔等历史遗迹，至今还流传大肚岭村、白石岭山水等美丽的传说。

水库下游是闻名遐迩的丹霞山风景区。水库建成后调节了下游河道水量，美化了仁化城到丹霞山一线锦江沿河风景。

8.2.6 枫湾河
（Fengwan River）

北江上游浈江段左岸支流，俗称黄浪水，发源于广东省韶关市始兴县、曲江区东南部与翁源县交界的旗头山，流经曲江区小坑、枫湾、火山、大塘4个乡镇，在新刘堂下汇入浈江。河长56千米，河道平均比降4.05‰，流域面积526平方千米，涉及始兴县和韶关市曲江区。

流域地处北江上游南岭山间盆地，地势西北高，东面低，最高峰高程653米。流域面积超过10平方千米的支流有中粉坪水、汤湖水、杨屋水、小笋水、白水、马岭水、大塘水、凤格水、汤溪水和左岭水。

流域属中亚热带季风气候，春秋季偏南风与偏北风互相

交替，夏季以偏南风为主，冬季以偏北风为主。冷暖交替明显，夏季长、冬季短。流域多年平均气温19.7摄氏度，最高28.8摄氏度，最低-2摄氏度；多年平均年降水量1 650毫米，4—10月降水量占全年的74.5%；多年平均年蒸发量782毫米，多年平均年径流量1.3亿立方米。流域植被好，沙石河床，河水清澈，水质较好，输沙量较少。地下水资源蕴藏量大，已开发枫湾镇白水温泉和小坑镇汤迳温泉。

1947年5月27日，流域普降暴雨，冲毁即将竣工的枫湾部分灌溉工程。1964年6月9—14日连降大雨，洪水冲垮大塘公社一个山塘。1963年大旱，大塘公社黑石村与马坝公社演山村发生用水纠纷。

受浈江干流洪水顶托，枫湾河易发洪灾，1995年洪水淹没曲江枫湾镇，水深0.8米，规划建长3千米土石堤。域内已建**小坑水库**，库容11 316万立方米，以防洪、灌溉、供水为主；小（2）型水库3座，总库容53万立方米，灌溉农田45公顷。民国时期建成大山引水工程，灌溉农田407公顷。1949年后，建成引水工程9座，其中3座是小坑水库灌区，灌溉农田2 318公顷，还向韶关钢铁公司年供水5 500多万立方米。枫湾河水能资源理论蕴藏量18兆瓦，可开发17.82兆瓦，已开发14.19兆瓦。

小坑水库下游至灌区北面的古洋、长坝，南面的大塘、马坝为丘陵盆地，公路交错，交通便利。

8.2.6.1 小坑水库
(Xiaokeng Reservoir)

枫湾河上游的大型水库，位于广东省韶关市曲江区东南部，距韶关市中心城区33千米。水库是曲江县一座防洪、灌溉、发电和解决工业用水的综合利用工程。坝址以上控制流域面积139平方千米，总库容11 316万立方米。

小坑水库

小坑水库原是一座中型水库，正常库容5 425万立方米，总库容6 922万立方米，于1964年11月动工，1967年11月基本完工。工程主要包括土坝、输水隧洞、坝后电站3部分，主坝为均质土坝；输水隧洞最大下泄量236.9立方米每秒；坝后电站设4台卧式水轮发电机组，总装机容量2 000千瓦，最大引水流量13.8立方米每秒。

1979年后按可能最大暴雨洪水进行复核，最高洪水位239.3米，相应库容增加到11 316万立方米。经批准水库按大（2）型水库扩建加固，并于1983年5月完工，扩建加固按100年一遇设计洪水位228.98米。扩建加固后土坝坝顶高程239.3米，最大坝高50.3米，坝顶宽6米，长104米。

水库坝址基岩为石英砂岩和板岩。两岸坡度较陡（坡角约为45度），岩石裸露，较破碎，裂隙多，深度约2～3米，右岸风化较严重，左岸风化层厚为1米多。河床砂卵石覆盖层厚0.6～1.5米，覆盖层下基岩裂隙少。

建库以来，设计灌溉面积4 273.3公顷，现达灌溉面积2 533.3公顷；库内养鱼面积253.3公顷，鱼苗池面积3.4公顷，年产鱼量4.75万千克；设计由工农渠供给韶钢工业用水，流量1立方米每秒，自1973年按量收费，1987年供水量达5 200万立方米；1999年韶钢年产量150万吨时的年供水量为5 758.4万立方米。坝后二级电站装机容量3 000千瓦，年发电量1 270万千瓦时。

水库下游有京广铁路、新建京珠高速公路和广州市到韶关市的106国道以及韶关市区、曲江区等。

库区地势东北高，西南低，四周崇山峻岭，绿树成荫，属半山地貌。库区以下至灌区北面的古洋、长坝，南面的大塘、马坝为丘陵盆地，有公路直通，交通便利。

已建成包括小坑水库在内的小坑国家森林公园，有16万公顷山林，森林覆盖率85%，其中原始森林2 000公顷。森林中野生植物1 600多种，其中属国家重点保护的名贵稀有品种33种，有鹿子三尖杉、水松、铁杉、水莲等。森林中有许多走兽飞禽，其中被列为国家一级保护动物的有黄腹角雉，二级保护的有穿山甲、水鹿、毛冠鹿、小灵猫、水獭、白鹇及山瑞、蟒蛇、虎纹蛙等。

小坑水库水面面积400多公顷，形如月牙，又名龙湖。湖面水平如镜，清澈碧透；湖中小岛、半岛繁多，港湾迂回曲折，山光水色相映成趣，别有洞天。湖水最深处为60米，一般在30米左右，湖中栖息着多种水鸟，是划船垂钓的好去处。

8.2.7 武水
(Wushui River)

北江右岸支流，古称溱水、武溪，别名㵲水。发源于湖南省临武县三峰岭，于广东省韶关市沙洲尾汇入北江。流域地理位置东经112°22′～112°53′，北纬24°06′～25°41′，干流流经湖南临武、宜章、桂阳、郴州及广东乐昌、乳源、韶关浈江区、武江区和曲江区等9县（市、区）。

概　述

武水流域地处湖南省南部和广东省北部，北以南岭山脉骑田岭和罗霄山脉诸广山与**洞庭湖水系**湘江流域分野；西以骑田岭之三峰岭、香花岭与**湘江**支流**舂陵水**分流；南以南岭山脉九嶷山、莽山与北江支流**连江**毗连。东以九峰山、大庾岭与浈江相隔。河长260千米，河道比降0.906‰，流域面积7 097平方千米。

武水

武水流域西、北、南三面高，边缘山峰高程1 500～1 900米，以东北部骑田岭狮子口1 914米为最高，整个地势由西、北、南三面向中部与东部倾斜。武水上游于湖南耒阳—临武南北向构造带的南端，广泛分布石炭系灰岩、白云岩；流域边缘山地多分布泥盆系砂页岩和灰岩，二叠系

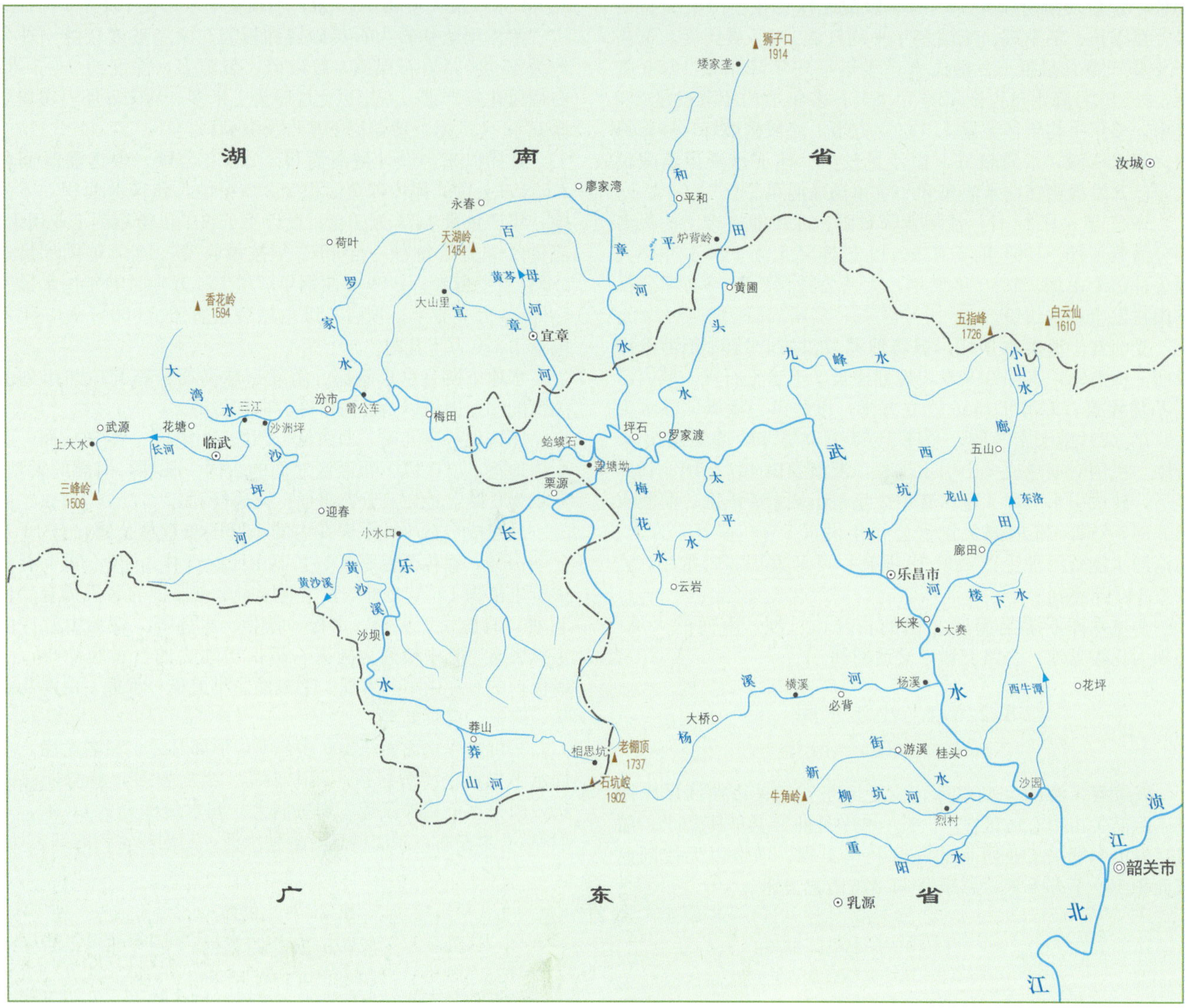

8.2.7 武水

武水水系示意图

三叠系灰岩、硅质岩和页岩以及花岗岩；区内为南北向构造，因受东西向构造的干扰，其构造形迹呈向西突出的弧形弯曲；地震烈度小于Ⅳ度。

北面为九峰山，南面为大瑶山，武水流于其间的河谷地带，由于岩溶发育，造成峡谷深切，形成九泷十八滩的险峻水势。

流域面积超过100平方千米的一级支流有大湾水、沙坪河、罗家水、**长乐水**、**宜章河**、**章水**、**田头水**、九峰水、**廊田河**、**杨溪河**、**新街水**等14条，以长乐水最大。

武水流域属中亚热带季风湿润气候区。上游湖南省境内多年平均气温18.3摄氏度，7月27～28摄氏度，1月6～7摄氏度；下游广东省境内，1月9摄氏度，7月28～29摄氏度。流域上部以西北风为最多，下部以东北风最多，风速2～3米每秒，最大可达20米每秒；多年平均年降水量1450毫米，4—9月降水量约占全年的72%，多年平均年径流量60.8亿立方米。

流域水能资源理论蕴藏量15.41万千瓦，经济可开发量21.53万千瓦，年发电量7.87亿千瓦时。流域森林覆盖率58%，树种以松、杉、南竹为主，珍贵树种有梓、樟、楠、桐、银杏等。流域有色金属矿有铅、锌、锡、钨、铌、钽等，黑色金属矿有铁矿，非金属矿有煤、萤石、花岗石、石灰石、石墨等。临武鸭、宜章花猪和亚麻、九峰山白毛茶、田洞马蹄、坪石辣酱、张溪香芋团等为流域内特产。

域内农业以种植水稻为主，次为甘薯、黄豆、玉米、甘蔗、花生、苎麻。流域东部有京广铁路支线梅坪线，省道324线纵横南北。

武水河溪水流分布于丘陵山区，陂塘灌溉历史悠久，乐昌市有陂60处，灌溉农田400余公顷。其中乐昌市西坑水自西坑山峡修建了官陂，南流通禄溪，灌溉农田100余公顷，于明洪武一年（1369年）筑，清顺治、康熙年间重筑。20世纪40年代这里开始采用近代技术兴建了一批灌溉工程，以乐昌指南乡西坑水灌区最有名，灌溉面积939公顷，1942年12月开工，1944年1月完成。

秦始皇在统一岭南时，就注意到北江的航运。东汉光武帝建武十五年至二十五年（公元39—49年），桂阳郡（今湖南郴州）太守卫飒在任期间，修通从郴、桂入粤的水道，尤其是自宜章而下，沿武水经乐昌而抵曲江的航道。京广铁路沿武水至韶关，再沿北江干流至广州。

流域内已建有**长河水库**（中型），在建的乐昌峡水库为域内最大水库。

乐昌市及韶关市洪水灾害比较频繁，尤其是夹在浈江、武水两水四岸的韶关市区历受洪水威胁。洪水威胁主要来自武水，因此武水梯级开发一直与解决北江中上游的防洪问题相结合。20世纪50年代末，珠江流域北江综合利用规划报告

在武水布置三星坪水库,因淹没问题在 60 年代被否定。1988 年大瑶山隧道通车,使京广铁路避开了乐昌峡,从隧道穿越,为乐昌峡水库的建设创造了有利条件。

纪　实

武水自源头向西北流。因仙娘岭逼近河道左岸,至武溪源上大水折向东,流约 3.5 千米进入长河水库库区;出库后向东南流约 4.5 千米潜入地下,伏出地面后向东南流约 1.5 千米入临武县城关。

临武,汉高祖五年(公元前 202 年)置县。《水经注》曰:"县例临溪东,因曰临武县,王莽更名也"。地处南岭山脉东端北缘,以山地、丘陵为主。

武水由临武县城西北入城,向东南穿过城区。右岸舜峰山,距城西 1.5 千米,因舜帝南巡至此而得名,高程 423 米,三面壁立,并开一径,山顶转平。每当夕阳西下,彩霞满天,阳光照在舜峰山上更觉金峦胜景生辉;眺望县城,见烟雾萦绕,碧水如带,故称"舜峰远眺",是临武古八景之一。

武水源头绝壁凝翠

武水至城区河滨北路末端折向东北,至武水镇三江左纳大湾水(河长 23 千米,流域面积 144 平方千米);向东流,至沙洲坪右纳沙坪河。沙坪河上游左岸南强乡秀岩洞内有字体不一的诗词、游记等石碑岩刻,其中"秀岩"二字为行书阴刻,字径 60 厘米×45 厘米,成为临武八景之一的"秀岩风月"景观。

舜峰晚眺

干流东北向流,至梨家坪蜿蜒东流至汾市。汾市南岸约 6 千米处有东林庵,原称月庵,始建于明洪武年间,四面山峦环绕,近处绿阴叠翠,幽静僻雅,别有天地。过汾市向东北,至水东村左纳罗家水(河长 38 千米,流域面积 179 平方千米);继东南流至雷公车进入宜章县境,经梅田镇于车田入广东省境。

武水于乐昌市坪石镇水口右纳长乐水,继北流至三星坪左纳宜章河,于坪石镇上游金鸡岭下左纳章水;过坪石镇并于下游老虎冲右纳梅花水(河长 23 千米,流域面积 147 平方千米),于罗家渡左纳田头水。

坪石以上河床比较开阔,植被较好,坡降不大。坪石以下的武水转入峡谷地带,流速大,地势高,岩石坚硬,含沙量较小,是典型的山区河流。

干流于水口右纳太平水(河长 26 千米,流域面积 160 平方千米),于墩头子左纳九峰水(河长 50 千米,流域面积 292 平方千米),于乐昌西门口左纳西坑水(河长 24 千米,流域面积 100 平方千米)。乐昌,南朝梁天监七年(508 年)析曲江县地置梁化县,隋开皇十八年(598 年)更名乐昌县,因境内有乐山、昌山而得名。1944 年 4 月撤县建市,京广铁路、107 国道、京珠高速公路穿越市境。

乐昌峡位于武水中游,北起坪石镇,南至乐昌市,长 53 千米,武水穿流于九峰山与大瑶山之间的峡谷,自罗家渡至张滩全长 41 千米,天然落差 54 米,两岸高峰夹峙,河面狭

武水乐昌峡河段

窄,最窄处 30 米,河道迂回曲折,水流湍急有险滩 56 处,称九泷十八滩。另在坪石的金鸡岭顶峰,由三块砂岩堆砌而成的金鸡,高距在危崖上,气势雄峻,古代乡民凭险筑寨避兵乱,相传这里是太平天国女将洪宣娇扼守金鸡岭时的点将台。

武水出乐昌,于大赛左纳廊田河后进入乳源县境。于杨溪口右纳杨溪河,于韶关市武江区沙园右纳新街水,最后于韶关市区汇入北江。

九泷十八滩

金鸡岭

8.2.7.1　长河水库
(Changhe Reservoir)

武水上游的一座中型水库。大坝位于湖南省临武县花塘乡长河村,距临武县城 8 千米。

长河水库

属多年调节水库,以灌溉为主,兼具防洪、发电、养殖、供水等综合效益。长河水库控制流域面积92.1平方千米,总库容4 088万立方米,正常库容3 388万立方米,相应水面面积约2.0平方千米,回水长度约5千米。1965年动工兴建,1974年建成。

枢纽工程主要由大坝、溢洪道、泄洪洞、电站及灌溉渠系等组成。大坝为均质土坝,坝轴线长144米,最大坝高45米;溢洪道为侧槽式实用堰,最大泄流量414立方米每秒;泄洪洞最大泄洪流量50立方米每秒;电站2座,坝后式电站装机4台(总装机容量575千瓦),引水式电站装机5台(总装机容量1 360千瓦),电站年发电量450万千瓦时;灌溉干渠5条,总长118.7千米,设计灌溉面积9 370公顷。

库区涉及临武县西山瑶族乡与武源两乡,流域略呈方形,西、南面为中低山地,南部三峰岭高程1 509米为最高,东、北面为丘陵。区域内地层以泥盆系、寒武系为主,南部多花岗岩,北、西、东部为砂岩、砾岩,沿河两岸喀斯特较发育。森林覆盖率61%,主要树种为杉树、马尾松和油茶。由南向北注入库内的河长超过5千米的河流有2条。

库区属中亚热带季风湿润气候,1970—2006年多年平均年降水量1 308.9毫米,最高2 043.9毫米(2002年),最低879.1毫米(1997年);年平均入库径流量约8 100万立方米,多年平均年入库悬移质输沙量约0.92万吨。

水库灌溉临武县花塘、双溪、城关、武水、南溪、同益等4乡2镇农田面积7 100公顷;向临武县城日供水1万吨。

水库蓄水淹没耕地面积109公顷,其中水田101.3公顷,移民239户980人。移民采取适当集中与插队相结合,安置在受益乡村;移民建房按人头给予补助。

8.2.7.2 长乐水
(Changleshui River)

武水右岸支流,又称南花溪,发源于湖南省宜章县南岭山脉莽山相思坑,于广东省乐昌市坪石镇莲塘坳汇入武水,流经湖南临武、宜章和广东乐昌、清远4县(市)。

概 述

流域位于宜章县南部,北以天子地等山丘与干流分水,西以南岭山脉莽山木磊岭与**连江**和武水支流沙坪河分流,南以莽山与连江为邻;流域东西宽约33千米,南北长约30千米,呈矩形。河长115千米,流域面积1 223平方千米,其中湖南境内占84.5%,广东境内占15.5%;河道平均比降3.28‰,落差1 382米。

流域地势南高北低,由南向北倾斜,呈阶梯分布。南部超过1 000米的山峰有100余座,石坑崆最高,高程1 902米。流域腹地地面高程150~300米,流域中部与南部地层为燕山早期花岗石,北部与东部以侏罗系地层为主。

长乐水沿程纳5千米以上支流21条,呈不对称羽状水系,多年平均流量28.2立方米每秒。流域水力资源理论蕴藏量4.54万千瓦,技术可开发量5.0万千瓦,经济可开发量4.6万千瓦。

为解决长乐水中下游的洪灾和宜章县南部山丘区的干旱,并缓解该地区用电紧张,多次制定流域规划。1986年编制长乐水东源5级开发方案,总装机容量1.84万千瓦,现已全部开发利用。1992年编制以防洪、灌溉为主的莽山大型水库工程可行性研究报告,并对东源和长乐水下游15个梯级开发治理规划作阐述。2000年编制《长乐水宜章河(茅庵桥—笠立洞)规划报告》,着重对中游河段的开发方案进行研究,规划的莽山大型水利工程总库容1.431亿立方米,设计灌溉面积2.09万公顷,装机容量2.3万千瓦。长乐水流域的总体开发方案有15级,截至2002年8月,10个梯级已开发,已经建成和正建水电站共7座,装机容量1.95万千瓦,年发电量0.76亿千瓦时。

流域粮食作物有水稻、红薯、大豆、小麦、高粱等30余种,经济作物有柑橘、烤烟、苎麻等。竹席、地方良种"宜章花猪"享有盛名,宜章亚麻为全国三大优良麻种之一,莽山银翠茶以其品质优良蜚声中外。京广铁路坪梅支线穿越流域东北部,107国道横穿流域东西。

纪 实

长乐水源头相思坑位于莽山国家森林公园东南部。莽山,以林海莽莽、蟒蛇出没而得名,有名的自然景点100余处,其中国家一、二级景点93处。公园总面积2万公顷,森林覆盖率97%,有高等植物2 700余种,属国家重点保护的一、二级植物18种,珍奇树种有红豆杉、伯乐树、香果树、华南五针杉等;已发现脊椎动物300余种,其中爬行动物85种,鸟类200余种,属国家一、二级保护的珍稀濒危动物33种,其中包括有"世界毒蛇之王"称号的莽山烙铁头。

莽山烙铁头

莽山主峰猛坑石高程1 902米,有"天南第一峰"之称,登上此峰,便有"一脚踏两省(湘粤)""一览众山小"的感受。山体峭壁陡峻,石峰千仞,危崖万丈,惊险无比。崖子石垂直高差300多米,有"中南第一险"之称。

莽山为典型山地气候,有"一山有四秀、十里不同天"的奇特的二重天冷暖气候,猛坑石峰是冷暖气流的高屏障,莽山北坡是国内最南端的雪景胜地。

神奇的莽山,自古为藏龙卧虎之地。自宋代以

中南第一险

来，多次成为农民起义的根据地。李自成起义军和太平天国起义军都转战至莽山，李自成余部在这里坚持最后斗争达20余年，留下李自成归隐莽山、藏宝地等许多传说和一桩桩历史悬案。

长乐水自源头向西北流，两岸悬崖绝壁，流约15千米至坪坑，落差达800余米，河道比降达58.3‰；过坪坑向西流，为两岸丘陵地貌；至莽山瑶族乡于左岸纳莽山河。莽山河长14千米，流域面积89.4平方千米。

长乐水纳莽山河后续向西北，经莽山水库规划坝址处至东风乡和尚岭蜿蜒北流，为平原河流。流约8千米至沙坝左纳黄沙溪（河长14.2千米，流域面积169.3平方千米，上游建有中型的黄沙溪水库，总库容1 480万立方米）。

长乐水至长村乡小水口折向东流，纳澄江（河长28千米，流域面积173平方千米）后向东北，经栗源镇，于老坪山入广东省境内，续向东北流，至乐昌市坪石镇莲塘坳从右岸汇入武水。

8.2.7.3 宜章河
(Yizhang River)

武水左岸支流，又称玉溪河，发源于湖南省郴州市区骑田岭山脉天湖岭西北麓，全长45千米，流域面积291平方千米，涉及湖南郴州市区、宜章县和广东省乐昌市，其中湖南占86%。

流域东与武水支流**章水**为邻，西与武水支流雷家湾和麻田河为伴，北以骑田岭与章水分流；南北长，东西窄。

水系呈羽状。流域西北部为骑田岭中低山地，最高峰二尖峰高1 654米，以燕山期花岗岩地层为主；东南部地面高程大都在200～300米之间，为丘陵，以石炭系地层为主。整个地势由西北向东南倾斜。

源流自源地西南向穿行于骑田岭中低山河谷之中，两岸高程1 000～1 654米；至大山里，折向东南流约1.5千米进入宜章县境，河岸高程200～700米，为低山、丘陵河型。至权背岭，两岸为平原，至古背岭有百母河从左岸汇入，百母河中游河道上建有中型的黄岑水库，总库容1 470万立方米；纳百母河后入宜章县城，称玉溪河。

宜章县是湖南的"南大门"，素以"楚粤三孔道，南北之通衢"著称，面积2 134.83平方千米，人口55.57；主要农产品有水稻、玉米、大豆、小麦、高粱等，主要工业产品有原煤、水泥、合成氨等；107国道与324省道在县城交叉，京广铁路与京珠高速公路由北向南穿过县境中部。著名工人运动领袖邓中夏的故乡位于宜章县城西北太平里乡邓家湾村；县城第一小学是1928年朱德、陈毅领导的湖南年关暴动旧址，1996年被列为全国重点文物保护单位。

宜章河由城西北向南流，至玉溪街上首折向东南，穿过城区中心，经江波头，于清水进入广东省境；至乐昌市坪石镇三星坪于左岸汇入武水。

8.2.7.4 章水
(Zhangshui River)

武水左岸支流，又名白沙水、白石渡河，发源于湖南省郴州市永春乡仰天湖，河长64千米，河道平均比降5.43‰，流域面积529平方千米，涉及湖南郴州、宜章与广东乐昌等3县（市）。

流域地处南岭山脉骑田岭东面，东与武水支流**田头水**为邻，西与武水支流**宜章河**为伴，北以骑田岭山脉五盖山莲蓬岭与**湘江**支流耒水分流，南抵武水左岸。流域东西窄，南北长，略呈长条形，西北部为中山山地，东南部为丘陵，地势由东北向东南倾斜。流域内以泥盆系、石炭系、白垩系地层为主，出露燕山早期花岗岩、砂岩、砾岩，表层土壤以红壤与黄棕壤为主；主要矿产有铅锌、石墨、花岗岩等；森林覆盖率60%以上，松、杉为主要树种。

章水干流河道流向略呈"7"字形，上段为山地型河流，下段为丘陵型河流；湖南境内流程51.3千米，广东境内流程12.7千米，总落差1 240米，沿程纳5千米以上一级支流6条，呈不对称羽状水系。平和河为最大支流，流域面积168平方千米。

流域属中亚热带季风湿润气候，多年平均气温18.3摄氏度，多年平均年降水量1 397毫米，年无霜期290天。据估算，章水多年平均流量约12.2立方米每秒，多年平均年径流量3.85亿立方米。

章水源头位于南岭山脉骑田岭北麓，河源段为溪流，沿中低山河谷向东北，流约6千米至郴州市永春乡折向东流约12千米至廖家湾，该段河道一般低水水面宽6～8米，水深0.3米左右，断面呈V形，为岩石河床。

由廖家湾折向南流，进入丘陵地带，至折摺岭下入湖南宜章县境，京广铁路沿右岸山脚行进；流约8千米至宜章太平里乡，其左岸邓家湾是著名工人运动领袖邓中夏的故乡；续向南流约8千米至王家车左纳平和河。平和河河长66千米，流域面积168平方千米，发源于湖南郴州五盖山，流域内岩溶发育，河道曾几度潜入地下，由源头流约24千米至宜章县平和乡下湾进入溶洞。该处四面环山，盆地内有田万余亩，每遇暴雨大小溶洞宣泄不及，低田多被淹没。据史志载："清同治、光绪年间，知县麻维绪曾展凿龙门洞，但随又淤积。民国29年（1940年）湖南省水利委员会计划疏浚1 800米河道，开挖430米隧洞引水灌溉，因战争影响与资金不足，未能动工"。1950年6—10月在该处修建了排水工程。

章水纳平和河后复向南流，两岸丘岗林立，松林茂密，河岸陡峻，河宽20余米；一般枯水水深1.0米以下，砂卵石河床，河道弯曲，纵坡较平缓，在1‰以下。

章水续流约18千米，经宜章白石渡村，于京广铁路省界隧道附近进入广东省境，在广东乐昌市境内流约12千米至坪石镇注入武水。

8.2.7.5 田头水
(Tiantoushui River)

武水左岸支流，发源于湖南省郴州市区大奎上乡矮家垄村罗霄山脉诸广山狮子口。河长67千米，流域面积523平方千米。涉及湖南郴州、宜章和广东省乐昌3县（市）。

流域位于罗霄山脉与南岭山脉骑田岭之间。东与武水支流九峰水和**湘江**支流耒水相邻，西以武水支流**章水**为伴，北以诸广山狮子口与湘江耒水分流，南抵武水干流左岸。流域南北长，东西窄，呈长条形；上部为中低山地，中下部为丘陵，整个地势由北向南倾斜。区内以泥盆系、白垩系地层为主，出露石英砂岩、砂质页岩、砾岩与砂岩等，表层土壤以红壤为主；主要矿产有石灰岩、锡、铋、钨、钼等。

田头水湖南省境内长30千米，广东省境内长37千米，有河长5千米以上的一级支流9条，呈不对称羽状水系。

流域属中亚热带季风湿润气候，多年平均气温18.3摄氏度，多年平均年降水量1 400毫米，年无霜期295天。田头水多年平均流量13.4立方米每秒。

河流自源头蜿蜒向西南流，上游段长约15千米，为中山山地河型，河道比降达92‰；中游段长约29千米，为低山山地河型，河床比降3.4‰；下游段长约23千米，为丘陵与低山相间地形，河床比降为2.5‰。

源头河道为溪流，底坡陡峻，断面呈V形，两岸青峰连绵；流约14千米由郴州市区进入宜章县境，至合门口左纳合门河后河宽增至10~20米，一般枯水水深在0.5米以下，河床为卵石，断面呈U形；复向西南流30千米，经宜章赤石，至炉背岭界头人广东省境。

干流由广东省乐昌市黄圃镇坡头江曲折向西南，河道两边丘岗起伏，两岸较开阔，河宽增至20余米，一般枯水水深在0.5米以下，砂卵石河床，复式断面；流约16.7千米至赤溪，进入峡谷，河宽约20米，至上肚庄折向西流约7.5千米

廊田河

明，春秋过渡快，夏长冬短，雨热同季，有短期严寒霜冻、南北垂直气候差异大的特征；多年平均年降水量1 806毫米，最大2 705毫米，最小960毫米；多年平均流量9.26立方米每秒，多年平均年径流量2.92亿立方米。

域内自然灾害主要有低温冷害、洪涝和秋旱，少数年份会有冰雹、大风。低温冷害有春季的低温阴雨、秋季寒露风和冬季霜冻，低温阴雨则几乎年年都有。

廊田河水资源开发比较充分，已建水电站27座，总装机容量27.17兆瓦；有东洛、龙山两座中型水库，东洛水库库容3 082万立方米，灌溉农田2 060公顷；龙山水库库容1 124万立方米，灌溉农田987公顷；还有小（2）型水库4座。

8.2.7.7 杨溪河
(Yangxi River)

武水右岸支流，发源于广东省乳源瑶族自治县五指山的老鹏顶，经乳源县大桥、横溪、必背，在杨溪口汇入武水。河长64千米，河道比降11.5‰，流域面积498平方千米，为乳源瑶族自治县境内河。

流域属丘陵山区地形，西高东低，上游地层出露花岗岩，中游为石灰岩，下游以砂岩为主；中亚热带季风山地气候，夏季炎热、雨水充足，冬季寒冷、霜雪重，雨水稀少。流域多年平均年降水量1 590毫米，年径流深840~1 000毫米，多年平均流量17.4立方米每秒，多年平均年径流量4.183亿立方米。

田头水上的应山村古桥

至牛岸滩，弯曲向东南；流约5.7千米至田头，出峡谷复向西南流约3.8千米至广东乐昌市罗家渡镇从左岸注入武水。

8.2.7.6 廊田河
(Langtian River)

武水左岸支流，又名长来水，古名灵江水，发源于湖南省汝城县白云仙南面，流经广东省乐昌市五山、廊田、长来、安口等镇，在长来镇大赛坝汇入武水。河长51千米，河道平均比降9.95‰，流域面积365平方千米，涉及湖南省汝城县和广东省乐昌市。

源地高程1 611米，河口高程75米，地势北高南低。廊田镇沙洲村以上干流两岸山高林密，落差大，河窄水急；沙洲村以下河面渐宽，水浅流缓，两岸为丘陵或河谷小台地。廊田以下大片土地高程百米左右，地势平坦。上游主要支流有小山水、乐溪水，中游有支流龙山水，下游有支流楼下水。

流域属中亚热带季风气候，气候温暖，雨水充足，四季分

域内自然灾害主要有低温冷害、洪涝和秋旱，少数年份有冰雹、大风。夏季暴雨常引发山洪，1973、1982、1999年等年份，洪灾严重；因降雨时空分布不均，有的年份也有旱情，如1955、1963年等。

杨溪河

乳源必背风光

杨溪河已实现梯级开发，较大的有：杨溪河一级电站，集水面积 416 平方千米，总库容 9 954 万立方米，装机容量 46 兆瓦；钓鱼台电站，集水面积 470 平方千米，总库容 234 万立方米，装机容量 25 兆瓦；还有桂头镇营溪径流电站。

上游河流水质好，下游鲫鱼坑所产鲫鱼唐代曾为贡品。

8.2.7.8　新街水
(Xinjieshui River)

武水右岸支流，又名一六河，发源于广东省乳源瑶族自治县大瑶山牛角岭，流经游溪、子背、油公坑、上狮庙、新街，上游称上司庙水，在烈村右纳柳坑河，到韶关市浈江区重阳镇右纳重阳水（河长 41 千米，流域面积 153 平方千米）后，在沙园汇入武水。河长 46 千米，河道比降 13.5‰，集水面积 339 平方千米，涉及广东省乳源县和韶关市浈江区。

流域地形复杂，北高南低，以砂岩为主，部分为石灰岩，土层较薄，地表蓄水能力较差，但地下井泉水较丰富。

流域属于中亚热带季风气候区，具有山地气候特征，夏季温热，冬季干冷，夏秋两季雨水较多，冬春两季较少。河流多年平均流量 3.74 立方米每秒，上司庙站查测最大流量 685 立方米每秒，最小流量 0.12 立方米每秒。

河道总落差 1 250 米，可利用落差 361 米。水力资源理论蕴藏量 2.36 万千瓦，可开发 9 500 千瓦。河道上游规划有防洪、灌溉、发电等综合效能的梅浪水库，库容 2 700 万立方米，装机容量 2 500 千瓦。由于水源不足，时有水事纠纷，1980 年引杨（**杨溪水**）水利工程（灌溉农田 2 977 公顷）建成后，用水矛盾得到了缓和。

新街水上游坡陡流急，常有山洪为患。1982 年 5 月中旬，特大暴雨引发山洪，中下游两岸浸淹，游溪、重阳等一片汪洋，上司庙电站洪水浸入厂房深 1.5 米多，沿河乡镇经济损失很大。下游近河口段河道平缓，受武水洪水的顶托，重阳镇及其附近洪水经常泛滥成灾，河岸不断崩塌，良田变为砂石砾滩地，严重威胁着人民生命和财产安全，影响农业发展。现已在新街水及其支流重阳水下游两岸修筑堤围，减轻洪涝灾害。

8.2.7.9　西牛潭水库
(Xiniutan Reservoir)

武水左岸支流下陂水上游的一座中型水库，位于广东省韶关市浈江区境内。属多年调节水库，主要功能是灌溉、防洪、发电，兼顾养殖等综合利用。

水库坝址以上集水面积 37.8 平方千米，河长 10 千米，河道平均比降 0.7%，总库容 4 389 万立方米，死库容 360 万立方米，水面面积 266.67 公顷。工程于 1958 年冬动工兴建，

西牛潭水库水位自记台

1964 年冬基本完成配套工程并投入使用，2004 年进行除险加固。

枢纽由大坝、溢洪道、输水洞、电站等组成。大坝为碾压式均质土坝，坝长 195 米，坝高 19.2 米，顶宽 6 米；溢洪道最大泄洪流量 43.9 立方米每秒；输水洞最大流量 2.4 立方米每秒。坝后电站于 1983 年建成，装机容量 320 千瓦，年发电量 245 万千瓦时。

库区属亚热带季风气候，受季风和地形影响较大，具有高温多雨、湿度大等特点。水库淹没区及库区上游两岸以山地丘陵为主，流域内覆盖层多为红壤土和黄壤土，植被良好。

库区地势北高南低，四面为低山丘陵，中间开阔平坦，其北与仁化董塘接壤，西部与乐昌为邻，东部为花坪镇，南部为灌区。由韶关有公路直通花坪镇，全长 30 千米；在花坪镇新村有专线防洪公路 10 千米通土坝。

水库建成后，为下游 0.2 万人、193.33 公顷耕地、犁市镇及京广铁路和韶乐公路提供了防洪安全保障；灌溉面积 980 公顷；养鱼水面面积 373.33 公顷，最高年产 7 500 千克。

8.2.8　孟洲坝水库
(Mengzhouba Reservoir)

北江干流中游上的大型水库，坝址位于广东省韶关市武江区西联镇车头村附近，距**武水**入河口 12.6 千米。

水库是日调节的大型水库，以发电为主，兼有航运（渠化航道、改善航运条件）和美化市容的效益。水库坝址以上集水面积 14 720 平方千米，占北江全流域面积的 28.8%。总库容 2.04 亿立方米，正常库容 0.602 亿立方米。

孟洲坝水库

1992 年 12 月 13 日工程开工，1996 年 12 月 28 日第一台机组并网发电，1998 年 12 月 13 日 4 台机组全部投产。

水库为河床式，由左岸厂房、右岸船闸及中间的泄洪闸组成。大坝为重力坝和土坝，最大坝高 33 米，坝顶长 491 米；泄水建筑物采用泄洪闸形式，设计泄洪流量 9 510 立方米每秒，校核泄洪流量 12 400 立方米每秒；水电站装机 4 台，总装机容量 4.8 万千瓦，保证出力 5 100 千瓦，多年平均年发电量 1.52 亿千瓦时；船闸采用一级船闸形式，最大过船吨位为 100 吨，年运输能力为 150 万吨。

水库坝址以上大小支流密布，呈羽状汇入北江，加之雨量充沛，水量大，落差大，水力资源丰富。库区地形开阔，两岸阶地遍布，水库周边分水岭宽厚，外围有砂页岩阻隔，封闭条件良好。坝址区主要由石炭系地层组成。

水库建成后，使航深增加，改善航道 25 千米，常年通航船只由 50 吨级提高到 100 吨级，年货运量从 100 万吨增加到 150 万吨，远景可达到 196 万吨。

水库贯穿韶关市区，建库后河道枯水位提高 3～3.5 米，槽蓄量比天然情况增加 3 倍多，韶关市市容及水环境进一步改善。

8.2.9　南水
(Nanshui River)

北江右岸支流，俗称乳源河，古称洲头水。发源于广东省乳源瑶族自治县西北部的五指山安墩头（与阳山县交界），河长 104 千米，天然落差 1 510 米，河道平均比降 4.83‰，流域面积 1 489 平方千米，涉及广东省乳源县、韶关市武江区和曲江区。

8.2.9.1 泉水水库

乳源县城

流域地处南岭南麓，多峡谷，地势由西北向东南倾斜，西北和西部峰峦环峙，高山地带，溶蚀高原地貌；东北部丘陵地带，两岸地势平缓。

流域属中亚热带季风气候，昼夜温差大，区间气候悬殊。东南部平原和丘陵区多年平均气温19～20摄氏度，西部山区16～17摄氏度，北部高山地带15摄氏度。流域多年平均年降水量1 840毫米，年径流量20.8亿立方米，东南部及西部山区降水量偏多，年平均2 000毫米以上；南部和北部偏少，年平均1 400～1 500毫米。

流域植被较好，森林覆盖率较高，雨量充沛，坡陡流急，水力资源丰富。水旱灾害频发，1535、1579、1663、1671、1824、1915、1931、1935年都有较大洪水，毁坏两岸农田、房屋，淹没乳源县城。1954、1961年等年份也有洪灾。**南水水库**和**泉水水库**建成后，削减洪峰，减轻下游洪灾。沿河中下游有多处引水工程，无流域性旱灾，1940年秋、1953年秋、1955年春、1963年和1966年秋有局部旱灾。

1949年前，一些山塘和陂圳主要用于灌溉。1949年后，建成一座大型水库、一座中型水库和一批小型蓄水工程，总库容达13.3亿立方米。通过改建加固引水工程，引水流量达1.2立方米每秒，大部分中下游农田灌溉条件较好。水力资源已开发占可开发量近30%，南水电站装机容量75兆瓦，泉水电站装机容量24兆瓦，还有一批小水电站，发电量稳定。南水水库建库后双口引水工程要改设水轮泵抽水，灌区尾段尚有267公顷农田缺水。

河流自源地向东流，经黄连村，纳深洞水、牛坪水、罗坝水等支流后入泉水水库；出库右纳白竹水后入南水水库，于南水水库库区纳龙溪水（河长35千米，流域面积250平方千米）、车干水、长溪水等支流。

瑶族刺绣作品展示（南水）

干流出南水水库后在群山中蜿蜒流过16千米，在乳源县城东至侯公渡镇河段，有岭溪水、刁子塘水、桂花潭水、桥江水、大东水、浅庄水等小支流汇入，到武区龙归镇纳最大支流**龙归水**，经曲江区孟洲坝汇入北江。

8.2.9.1 泉水水库
(Quanshui Reservoir)

南水上游的一座中型水库，位于广东省韶关市乳源瑶族自治县洛阳乡境内。

水库具有年调节功能，以发电为主，坝址以上集水面积189平方千米。总库容2 160万立方米，正常库容1 975万立方米，死库容300万立方米。工程于1970年5月动工，1975年底竣工，1976年2月29日下闸蓄水。

泉水水库淹没区及库区上游两岸为粤北原始森林区，多中山山地，植被茂盛，溶蚀高原地貌显著，峡谷多，落差大。该区雨日多，雨季长，雨量充沛。水库坝址以上流域内多年平均年降水量1 840毫米，多年平均年径流深1 120毫米。

枢纽建筑物由拦河坝、溢洪道、放空洞、电站厂房组成。拦河坝为混凝土双曲率薄拱坝，最大坝高80米，顶宽3米，顶弧长209米，底宽9米；设有4孔溢洪道，单孔最大过流量405立方米每秒；水库放空洞最大过水流量75立方米每秒；电站总装机容量24 000千瓦，保证出力6 400千瓦，年发电量11 300万千瓦时。

建库以来，工程效益显著：1980—1987年累计发电9.43亿千瓦时，年平均发电量1.18亿千瓦时。水库建成后，保护了下游电站厂房和下游居民的生命财产安全。

水库兴修前，上游局部地方有水土流失，水库建成后，结合修路、整田等改造，不仅提供了周边居民的用电，同时发动居民共同努力，治理水土流失。

8.2.9.2 南水水库
(Nanshui Reservoir)

南水上游的大型水库，位于广东省乳源瑶族自治县城西南16千米处。

南水水库

水库具有多年调节功能，以发电为主，兼有一定的防洪、灌溉作用。坝址以上集水面积608平方千米，占南水流域面积的41%，库区水面面积3 800公顷，设计库容12.43亿立方米，正常库容10.54亿立方米，死库容3.4亿立方米。1958年9月动工，1959年7月因国家经济困难暂时停工，1960年6月复工，1961年7月再度停工，1964年8月复工，1969年2月竣工蓄水。

水库地处中亚热带山地，溶蚀高原地貌显著，多峡谷，动植物种类丰富，水能资源非常丰富，有龙溪水、大潭河等支流汇入库区，矿产有黑色金属、稀有金属、高岭土等。

枢纽包括大坝、泄洪隧洞、发电引水隧洞和地下厂房。水库大坝为黏土斜墙堆石坝，坝高80.2米，长215米，坝底宽450米；泄洪隧洞位于拦河坝左岸，最大泄洪流量449立方米每秒；发电引水隧洞最大过水流量82.5立方米每秒；电站为混合式地下厂房，厂房内装机3台总装机容量7.5万千瓦，1970年4月19日第一台机组并网发电。

建库以来，效益显著。至1987年累计发电45.34亿千瓦时，平均年发电量2.52亿千瓦时；1969年开始蓄水后，经过泄洪洞灌浆加固处理及加高大坝等有效措施，控制天然洪水和重现期万年一遇及以下各级频率的大洪水，最大泄洪流量可控制到不超过 500 立方米每秒，到达县城时相当于常遇洪水，不会浸城。

纪　　实

库区位于乳源县，属粤北山区，库水水面宽 38 平方千米，库容 12.5 亿立方米。

周边有多条较大沟峪溪流汇入库中。流域乳源境内沿河两岸有耕地 2.37 万公顷，有瑶、汉、畲族人口 4.66 万，瑶族、畲族主要分布在南水水库上游的各支流、溪边及各个山头。

库区原为乳源县龙南镇，全镇耕地面积 1 461.3 公顷，其中受淹耕地面积 1 298.4 公顷，占总面积的 88.9%；人口 8 581 人，移民 8 460 人，占总人口的 98.5%。库区淹没村庄 82 个，迁移居民 1 779 户。由于南水水库面积大，库水深，水库周边自然环境良好。

南水水库又名南水湖，是广东省风景名胜区，湖光山色美不胜收，距京珠高速公路南水湖出口 1 千米。湖水水质晶莹透碧，沿岸青山连绵，瑶寨竹木楼掩映在绿树丛中。在水库西北一个面积约 667 公顷的半岛上，建有中国南方第一个狩猎场，从水库边到狩猎场乘船约需 30 分钟。

库区呈狭长形，南北走向，平均水深 45 米，最深的地方有 100 多米，湖水为深蓝色。为了开发利用南水水库资源，1985 年 1 月 5 日韶关市水产总公司与乳源县南水水库养殖场成立"粤北南水联营开发总公司"。1988 年先后引进三角鲂和银鱼两个优质品种，从 1996 年开始每年都捕到三角鲂 20 吨以上，1998 年 11 月 17 日开始试捕银鱼。养鱼成为当地农民收入的主要来源。

水库为生活饮用水地表水源一级保护区，水质达到国家地面水环境质量Ⅱ类标准。

乳源县东坪镇东田村有 120 多户 500 多人口，属南水水库库区移民。该村虽依山傍水，但缺乏饮水水源。村民们以往要穿过京珠高速公路和坪乳公路到山下挑水，遇到下雨天气，水体浑浊，要经过大半天沉淀后才能食用。为解决村民饮水困难的问题，2005 年冬县移民办、东坪镇政府共投入资金 12 万元，架设水管 3 000 多米，建造 40 多立方米的蓄水池，并接通水源，使村民饮水困难得到解决。

8.2.9.3　龙归水
(Longguishui River)

南水右岸支流，又名江湾水，发源于广东省韶关市乳源县乐古坳，东流经韶关武江区江湾镇，于猴子坝右纳下村水（河长 28 千米，流域面积 111 平方千米），在龙归镇龙归街汇入南水。河长 49 千米，平均比降 5.95‰，流域面积 524 平方千米，涉及乳源县和韶关市武江区。

流域形状似大尾巴金鱼，上游段支流密集，有胡屋水、放溪水、黄狗坳水、大小冲水、大东山水、下村水等支流，中下游仅有支流续源洞水。

流域地势西南高，东北低，有石灰岩地层和煤层。上游最高峰大东山高程 1 390 米，下游丘陵地势低平，是武江区粮食和经济作物主产区。流域属中亚热带季风气候，湿热和干冷，全年盛行南北气流，冷暖交替明显，夏季长，冬季短，光热充足，雨量充沛，多年平均年降水量 1 644.2 毫米。1991 年，三日降水量超过 150 毫米，为历史罕见，引发山洪，泛滥成灾。1993 年 5 月 1 日，遭龙卷风和冰雹袭击，1 人死亡，13

人受伤，受灾农作物 1 733.33 公顷，冲毁桥梁 2 座。

流域林海莽莽，景色秀丽，生态环境优越，生物资源丰富。

中下游段流经风田和龙归镇。龙归镇属丘陵地带，地势低平，能种植亚热带作物，有水稻、淮山、粉葛、马蹄、花生等；323 国道和京珠高速公路通过该镇，交通便利；水电资源丰富，可开发量 4 万千瓦；煤炭储量 2 500 万吨，锑矿储量 5 万吨，白云石储量 440 万吨，石灰石储量 5 000 万吨，还有稀土矿、锡矿、铋矿资源。电站为龙归镇重点企业，全镇有 24 座水电站，总装机容量 26 兆瓦，3.5 万伏变压线路贯穿全镇，用电普及率达 100%。

8.2.10　马坝河
(Maba River)

北江左岸支流，发源于广东省韶关市曲江区沙溪镇黄茅嶂，流经沙溪镇、马坝镇，在马坝镇龙头寨汇入北江。河长 46 千米，河床平均比降 6.94‰，流域面积 345 平方千米，为韶关市曲江区境内河。

流域西南高，东北低，上游是低山区，中游是高丘陵区，下游是低丘陵区，主要土壤是淡黄泥土（黄壤），植被较好，森林覆盖率达 76%。河流多在险滩峡谷中通过，水流湍急，水力资源丰富，主要支流有沙溪水和山子背水。

流域属中亚热带季风气候，夏季盛行西南风和东南风，冬季盛行北风和西北风，多年平均气温 20 摄氏度，最高 39.5 摄氏度，最低-5.3 摄氏度；多年平均年降水量 1 670 毫米。鸭子嘴站最大流量 400 立方米每秒（1973 年 5 月 7 日），中陂站最小流量 2.37 立方米每秒（1974 年 3 月 18 日）。

1942、1973、1974 年特大暴雨，引发洪涝灾害。1963 年大旱，引发马坝镇演山村与大塘镇黑石村村民争水纠纷。

流域水资源开发以引水为主，有灌溉面积千亩以上的引水工程 8 座，总设计引水流量 2.77 立方米每秒，灌溉 1 627 公顷；小（2）型水库 6 座，总库容 224 万立方米。中型的苍村水库，库容 7 035 万立方米，提高了马坝镇及其周边地区的防洪、供水能力，并能补充韶关钢铁厂用水。

流域内群山耸立，草木旺盛。上游山势陡峭，沿河岩石裸露，主要是沉积砂岩，夹有部分石灰岩，流域面积超过 10 平方千米的支流有木坪水、窝子水、演山水。中游低山丘陵，支流有沙溪水，两岸种植水稻。下游小平原人口稠密，良田连片，是曲江商品粮主产区。

马坝镇土地肥沃，水质优良。所产马坝油黏是广东省名优大米，唐代被列为贡品。曲江县城西南 15 千米处有古人类遗址，"马坝人""石峡文化"闻名中外。遗址所在地狮子岩，为两座玲珑秀丽的石灰岩孤峰，一高一矮南北并列，由北遥望如卧狮酣睡，由南远眺似雄狮起舞，得名狮子岩，洞中套洞，穴中有穴，形态各异的钟乳石、石笋、石柱遍布岩洞。

距曲江县城东南 7 千米的曹溪之畔，坐落着南华寺。南华寺是佛教禅宗六祖慧能弘扬"南宗禅法"的发祥地，六祖慧能在此传授佛法 37 年，法眼宗远传世界各地，因而南华寺有"祖庭"之称。南华寺，始建于南北朝梁武帝天监元年（502 年），至今已有 1 500 多年的历史，经历代修建，现有建筑面积 12 000 平方米。寺前有曹溪门、放生池、宝林门、天王宝殿；中部有钟楼、鼓楼、大雄宝殿、斋堂、藏经阁、灵照塔、祖殿、方丈室等，寺后有卓锡泉（俗称九龙泉），寺周围古树繁茂，环境幽静，寺后有几株高达 40 米的百年古水松，是世界上稀有的树木。大雄宝殿是寺内最大、最主要的古建筑，珍

南华寺（马坝河）

藏着六祖慧能真身、千斤铜钟等珍贵历史文物。南华寺是国家重点寺庙和广东省文物保护单位。

8.2.11　濛里水库
（Mengli Reservoir）

*北江*中游干流上的大型水库，坝址位于广东省韶关市曲江区乌石镇韶发发电厂上游约 1.5 千米，是北江干流梯级开发中的第二级，电站尾水与*白石窑水库*库区回水衔接。总库容 1.81 亿立方米。

水库以发电为主，兼有航运功能。坝址以上控制流域面积 16 750 平方千米，多年平均流量 509 立方米每秒，多年平均年径流量 160.5 亿立方米。

濛里水库

枢纽主要建筑物有土坝、船闸、厂房、门库段、连接坝段等，此外还有库区防护工程。土坝位于左岸，坝顶长 467 米，最大坝高 9 米。最大过闸船舶为 300 吨级。电站装机容量 5.2 万千瓦，保证出力 0.81 万千瓦，年发电量 1.88 亿千瓦时。

2002 年 9 月工程开工建设，同年 11 月一期围堰截流，2003 年 10 月二期围堰截流。2004 年 9 月水库开始蓄水；同年 10 月第一台机组发电。

水库地处北江中游河谷地带。北江在这里曲折南行，土地肥沃，农业以种植水稻为主，山林茂盛，植被覆盖率高。

8.2.12　罗坑水库
（Luokeng Reservoir）

*北江*右岸支流樟市水上游的一座中型水库。坝址位于广东省韶关市曲江区罗坑镇内黄竹河村峡谷处，在樟市镇西 16 千米。

水库以防洪为主，兼具灌溉、供水、发电、养鱼、观光等功能。坝址以上集水面积 115 平方千米，库区面积 5.16 平方千米，总库容 8 325 万立方米。工程于 1975 年 11 月动工兴建，1979 年竣工，总投资 920 万元。

枢纽由大坝、溢洪道、输水隧洞、电站和灌渠组成。大坝为均质土坝，坝高 52.4 米，坝长 240 米，坝顶宽 6 米，坝底宽 294 米；溢洪道在大坝左侧；坝后有水力发电站一座，装机 4 台总装机容量 3 200 千瓦。

罗坑水库

建库以来，效益显著：灌溉面积 2 353 公顷，旱涝保收；防洪面积 2 467 公顷，保护人口 2.5 万；库内养鱼面积 200 公顷，年产鱼 1.5 万千克。

库区属中亚热带气候，有明显的湿热和干冷季，春天多连绵阴雨；夏季气温高、温差大，雨量丰；秋天干燥，雨量稀少。库区处于群山环抱间的河谷盆地，区内海拔 1 000 米以上的山峰有 30 多座，最高峰船底顶，海拔 1 586 米，水库坝址以上流域地势西南高，东北低。多年平均年降水量 2 120 毫米，多年平均年径流量 1.2 亿立方米。

水库是为防治樟市水下游血吸虫病而建。樟市水血吸虫病由来已久，据 1949 年统计，血吸虫病患者 6 700 多人，有 37 个村庄被血吸虫病毁灭，其后虽然不断采取防治措施，仍未能消灭血吸虫病。1979 年建成罗坑水库后，配合其他措施，陆续使面积 67 公顷有血吸虫病原钉螺的荒地得到垦种灭螺，治涝面积 1 000 公顷，治好 15 000 人。1984 年起没有发现钉螺和血吸虫病人。罗坑水库同时还发挥灌溉、防洪、发电、养鱼等多种功能。

水库坝址以上的樟市水主河道两岸，土壤基本上可分为淹育型水稻土亚类和潜育型水稻土亚类两种。地形开阔，地势平坦，日照充足，水利条件较好，耕层、土层深厚，肥力高，适种性广，适宜种植多种作物，素有粤北"第一平原"和"粤北粮仓"之称。

水库及周边地区现已划归罗坑自然保护区，保护区总面积 2.94 万公顷，是 1998 年成立的森林生态系统类型省级自然保护区，保护对象是亚热带常绿阔叶林和珍稀动植物，其中国家重点保护动植物有鳄蜥、穿山甲、白鹇、短尾猴和四川苏铁、桫椤、南方铁杉、长苞铁杉、福建柏、广东五针松等。

8.2.13　白石窑水库
（Baishiyao Reservoir）

*北江*中游的大型水库，地处广东省英德市，坝址下距广东省英德市约 25 千米。

工程以发电为主，结合航运，兼顾水产养殖、旅游等综合利用。工程于 1997 年 3 月建成并投入运行，是北江干流梯级开发的第 3 个梯级，上有已建的*濛里水库*和*孟洲坝水库*梯级，下有已建的飞来峡水利枢纽和规划中的清远梯级。

坝址以上集水面积 17 740 平方千米，占北江流域面积的 38%，多年平均流量 532 立方米每秒，设计洪水流量 11 200 立方米每秒，校核洪水流量 14 200 立方米每秒，正常库容 1.08 亿立方米，总库容 4.06 亿立方米。

枢纽由船闸、电站、泄水闸和土坝等建筑物组成。大坝为均质土坝，全长 1 092 米，最大坝高 30.1 米，电站总装机容量 9 200 千瓦。

8.2.14 翁江

(Wengjiang River)

北江左岸支流，发源于广东省韶关市翁源县船肚东，在英德市东岸咀汇入北江。流域地理位置东经113°25′~114°13′，北纬24°10′~24°38′，涉及翁源县和英德市。

概　述

流域形状似一只"飞鸟"，流域面积4 847平方千米，河长173千米，河道平均比降1.24‰。流域面积超过100平方千米的支流有九仙水、陂头水、**贵东水**、龙仙水、**周陂水**、涂屋水、**青塘水**、**横石水**、矾洞水、大镇水、**烟岭河**、大陂水、白沙水、汶罗河14条。

流域内有多座高程在800~1 300米的高山，集中在翁源县松塘镇以西、六里镇以北、新江镇和翁城镇以东，高程超过千米的高山有4座。地貌较奇特，上中游多丘陵和河谷盆地，下游反而峡谷连贯，重山夹岸。

翁江

沉积岩为主，有砂岩、页岩、石英岩、石灰岩，局部有花岗岩。岩质坚硬，水土流失少。

流域气候温和，雨量充沛。多年平均年降水量1 790毫米，但分布不均，上游至下游沿程增大。1975年金门站年降水量最大，为3 074毫米，1963年英德太平（白沙）站最小，年降水量为878毫米。暴雨中心在下游，与连江口暴雨区相连。最大24小时暴雨为351.9毫米（黄岗站1964年6月22日）。多年平均年水面蒸发量1 200毫米，陆地蒸发量800毫米。翁源站最高气温38.3摄氏度，最低-5.1摄氏度。最大风力8级，风速17.2~20.7米每秒。上游地区2—3月会有雷雨冰雹，最大冰雹粒径30多厘米，最大密度40颗每平方米。多年平均年径流量49.1亿立方米，集中在4—9月，占全年的79％。水能资源丰富，理论蕴藏量225.3兆瓦，可开发量170.8兆瓦。

干支流坡陡流急，暴雨山洪极易成灾。清光绪三年（1877年）四月大洪水，利龙、官渡两街店铺全部倒塌，翁江两岸房屋倒塌无数，居民死伤百余人。1938年洪水，4 800公顷农田失收，灾民2 100户。1945年农历七月初七，大洪水淹死蓝李刘屋50多人，有200多人因灾逃荒。1959年6月洪水，淹没农田3 327公顷，冲垮山塘54口、水陂1 054座，淹死3人。1964年6月洪水，冲毁土地820公顷，淹没农田6 000公顷；冲毁山塘264口、水陂1 370座、倒塌房屋1 869间，25 417户10万多人受灾，3 116户13 240人无家可归，292人受伤，21人死亡；冲弯龙仙水河口大桥铁架，毁坏官渡公路大桥，桥面钢架冲至下游2千米。1976年6月洪水，淹浸农田7 333.3公顷，倒塌房屋1 116间，伤3人，死3人。

1943年大旱，三华新东卖儿卖女50多人。1947年连旱85天，受旱农田13 253公顷，266人离家逃荒。1956年春旱100多天，秋旱60多天，受旱农田3 582公顷。1963年特大干旱，257天无雨，禾枯土裂，受旱16 400公顷，有的地方吃水困难。

1949年前，水力资源开发利用率很低，只有少数小型简易水利工程。1949年以后，建设各类蓄、引、提水工程和水力发电站，同时治理水土流失。建有大型水库长湖水库，中型水库桂竹、跃进、岩庄、泉坑、上空、空子6座，小型水库、塘坝近300座，总蓄水量3.64亿立方米，灌溉1.51万公顷。建成引水工程近900座，引水流量25.4立方米每秒，灌溉1.91万公顷。提水工程近100座，灌溉2 420公顷。防洪堤115千米，保护耕地3 007公顷。水力发电装机容量93.9兆瓦。治理水土流失面积16平方千米。为改善航运和灌溉，1965年起干流陆续建10级拦河坝，安装水轮泵。但因长湖水库未建船闸，翁江全线停航，水轮泵也因而停产无配件维修，陆续失效报废。

纪　实

翁江自源头向西南流，至石灰潭村有九仙水从右岸汇入，九仙水集水面积127平方千米，河长23千米（有部分潜流），河道比降11.2‰；继南流至张背村有贵东水从左岸汇入；流至河口有龙仙水从左岸汇入，龙仙水集水面积217平方千米，河长36千米，河道比降13.1‰。龙仙水流经翁源县城龙仙镇。翁源县，南朝梁承圣三年（554年）析浈阳而建，因地据翁江之源而得名，拥有丰富的矿产资源，悠久的历史文化，浓厚的风土人情，传统艺术——飘色为其独有。始建于明弘治年间（1488—1505年）的江尾葸矛岭八卦围楼，是唐代名相张九龄后裔所建，围楼内结构为八卦状，具防震、防风、防火、防御外侵之功能，客家民居中极为罕见。建于明正统年间（1436—1449年）的湖

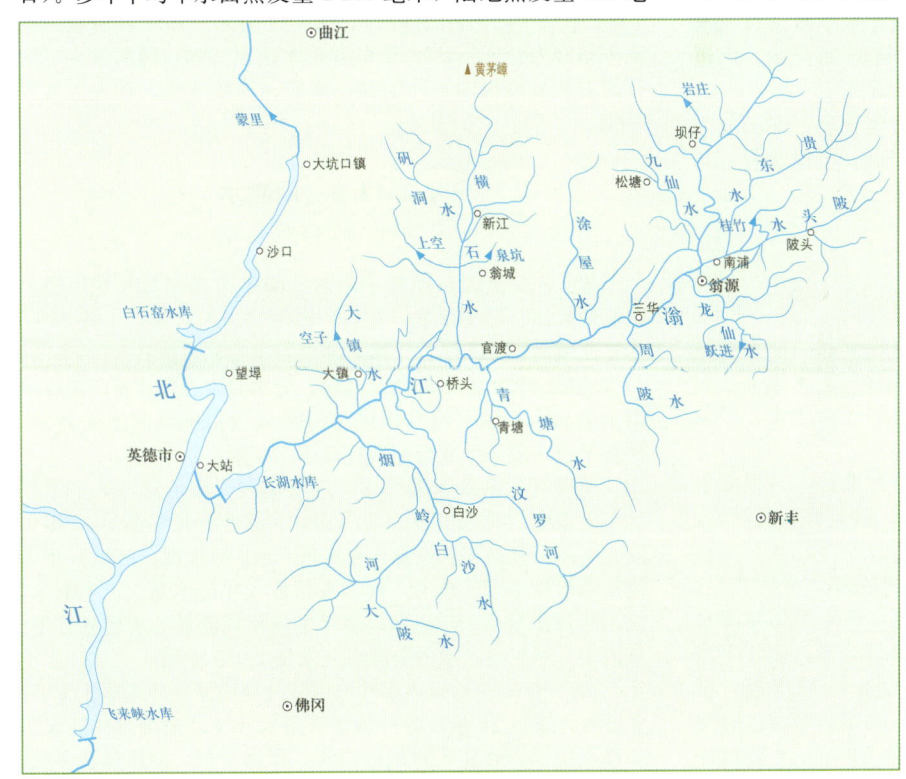

翁江水系示意图

心坝客家群楼，距县城约10千米，是一处古老而又神奇的客家人聚居地，至今保存着明、清时期建造的古代客家围楼59座，这里可看到造型各异的古围楼、红麻石垒砌成的古井、鹅卵石砌成的街道、雕龙画凤的墙扇屏风、清静幽雅的民居小屋。民风纯朴，民居典雅，古街古巷，古井古桥，任你随意穿梭，引你流连忘返。

翁源八卦围楼

滃江继续穿梭于翁源县境内，继流至三华镇有周陂水从左岸汇入。三华镇有特产三华李，被誉为夏令果之王。位于三华镇的罗江水书堂石旅游景点，因晚唐诗人邵谒在此截髻悬门筑室攻书而得名。

三华镇以上山丘区山洪暴发汇流时间短，洪峰流量大，蓄洪能力较差，也无分洪地形。

三华镇以下，水往西流，于六里镇涂屋村右纳涂屋水（集水面积252平方千米，河长44千米，河道比降8.47‰）；经官渡镇流入英德市，至鹰屋下村左纳青塘水，至垄屋村右纳横石水；继流经东华镇至月光湾村右纳大镇水（集水面积156平方千米，河长29千米，河道比降10.9‰）；至狮子口村，烟岭河从左岸汇入。

狮子口以下，干流两岸青山夹峙，直到长湖，现已成为**长湖水库**库区，大坝以下干流两岸逐渐开阔；至遥步村，与北江左岸台地相连，继流1千米汇入北江。

翁源书堂石

8.2.14.1 贵东水
(Guidongshui River)

*滃江*右岸支流，发源于广东省河源市连平县葫芦洞，穿越连平县西部，入韶关市翁源县境，于张背村汇入滃江。河长49千米，河道比降5.86‰，流域面积463平方千米，涉及广东省连平县和翁源县。

流域地势由东北向西南倾斜，多丘陵和低山，高程低于500米，坡度10～30度。岩石有泥质页岩、砂页岩和花岗岩，土层中厚，土质肥沃。

流域气候温和，夏冬长、春秋短，四季分明，光照充足，雨量充沛，雨季明显；多年平均湿度79%，多年平均年降水量1 779.7毫米，多年平均年蒸发量1 393.6毫米，多年平均年径流量4.167亿立方米，水力资源可开发量6 795千瓦。暴雨多集中在5—6月，降雨强度大，大雨、暴雨日数多，时间集中，易引发山洪，河水猛涨，造成灾害。1964年6月滃江流域大洪水，南浦街被冲毁，受灾严重。

1949—1988年，春旱有6年，其中1955、1963、1977年较严重；秋旱有10年，其中1986年较为严重。1963年滃江流域大旱，涉及很少受旱的南浦，早稻受旱，621.4公顷农田缺水。

流域水资源开发利用主要是灌溉，现有水利工程可灌溉农田946.7公顷。流域内有洪泛区800公顷，已治理200公顷；水力发电装机容量6.6兆瓦。域内已建有中型的桂竹水库，建于1973年，集水面积26平方千米，总库容1 085万立方米；灌溉面积366.7公顷；防洪面积420公顷，保护人口5 000人；水电站装机容量250千瓦，年发电量75万千瓦时。黄竹坪还有霍英东水电站，装机容量6兆瓦，年发电量2 259万千瓦时。

上游在河源市连平县，V形河槽，卵石为主，水流通畅，喀斯特地形，多石峰和岩（溶）洞。西南流，穿越连平县西部，经贵东街入翁源县境，经联山、黄竹坪、高陂等村，于南浦左纳流经陂头镇的陂头水。陂头水发源于与江西省接壤的大吉山，流域面积264平方千米，河长33千米。干流继续东南流，于张背村汇入滃江。

连平县陂头镇腊溪洞尾龙岩山山腰有龙岩天然溶洞，洞长300米，洞内有石钟乳、石笋，春、夏季节，洞口涌水，秋、冬季节，洞底石缝流水，四季有水。1972年在

贵东水

洞口下侧20米处筑坝拦水，引水发电，装机容量800千瓦。陂头镇有上岩、下岩两个天然岩洞，一个在上，一个在下，相距100米；两洞地面均成长方形，高6米，上岩洞内面积1 600平方米，下岩洞内面积1 200平方米。1939年曾被国民党军整修为仓库，1948年军事仓库迁至江西，两洞废弃。中下游石灰岩地区因自然溶蚀、采矿、陡坡开荒，有水土流失现象。

8.2.14.2 周陂水
(Zhoupishui River)

*滃江*左岸支流，发源于广东省韶关市新丰县长塘，经翁源县周陂镇、三华镇境，在三华镇河口村汇入滃江。长38千米，流域面积314平方千米，涉及新丰县和翁源县。

流域地势由东南向西北倾斜，分水岭附近有3座海拔千米以上的高山。礤下镇与周陂镇分界线处以北，两岸较宽阔，地势平缓，低丘陵或台地高程低于150米。

流域属亚热带季风气候，气候温和，雨量充沛，多年平均年无霜期286～307天，四季分明。多年平均气温20.3摄氏度，中部山区高寒，气温比县城低7～8摄氏度。流域多年平均年降水量1 923毫米，石示头站最大年降水量2 457毫米，最小年降水量1 280毫米；多年平均年径流量3.1亿立方米。域内多天然温泉，水力资源可开发量2 620千瓦。

1974年6月26日洪水冲垮周陂社坪山塘，冲走坝土1 900立方米，缺口24米，泥沙覆盖下游农田1.2公顷，冲毁农田4.13公顷。1984年8月周陂洪灾，作物受损，损坏鱼塘多处。2005年6月18—21日，连降特大暴雨，黄礤镇累计降雨量

332.9毫米，一些村庄受灾严重。1986年8月流域旱灾严重。

流域有小型水库9座，总库容662万立方米，灌溉面积703公顷；灌溉面积66.7公顷以上的引水工程有3座，引水流量2.1立方米每秒，灌溉农田728公顷；防洪堤4条，长8.05千米，保护耕地167公顷，人口2 300人；小水电站5座，装机容量555千瓦，年发电量226万千瓦时。

周陂镇土地肥沃，交通便利，气候温和，光照充足，四季宜耕，作物常青，山岭常绿；矿产资源丰富，有双联、坤山等煤矿，双青肖屋、龙田等铁矿；还有陈璘宗祠（陈璘系明代抗倭名将）、白面仙岩、周陂温泉等文物及景点。

新丰县云髻山

新丰县有云髻山自然保护区，面积87平方千米，主峰高程1 434米，是珠江三角洲第一高峰，还有10多座山峰海拔超千米，山体高大，常有稀云薄雾缭绕，林海莽莽，景色秀丽。保护区内有珍稀植物野生禾雀花。禾雀花学名白花油麻藤，属国家二级保护植物，形似禾花雀。野生禾雀花一般30年才开花，花期仅30多天。

8.2.14.3 青塘水
(Qingtangshui River)

翁江左岸支流，又名回龙河，发源于广东省新丰县分水坳顶，河长49千米，河道比降5.97‰，流域面积325平方千米，涉及广东省新丰县和英德市。

流域东南部地势较高，西北部低，属亚热带季风气候，气候温和，雨量充沛，无霜期长，四季分明。多年平均气温20.3摄氏度，年无霜期286～307天，多年平均年降水量1 923毫米，多温泉。下河洞站最大年降水量2 887毫米（1975年），最小1 143毫米（1963年）。青塘水多年平均流量10.28立方米每秒，水力资源理论蕴藏量1.9兆瓦。

清咸丰六年（1856年）4月连日大雨，青塘水涨数丈，多数民居垮塌。民国4年（1915年）7月洪水，属历史记录最大。1982年5月流域连日暴雨，引发历史第二大洪灾，受灾1万多人，许多人无家可归。1981年3月18日晚，英德市青塘镇冰雹灾害严重，房屋倒塌，作物损坏。1987年5月20日流域降特大暴雨，日降水量349毫米，引发山洪，洪灾严重。1963年，流域遇百年大旱，危害十分严重，受灾耕地面积2 000公顷。

流域有小（1）型水库和小（2）型水库各5座，总库容480万立米；引水工程1座，提水工程1座，水电站两座，总装机容量1 075千瓦。

河流自源地向西北流，经金竹园、下河洞折向东北，至下坪有一大跌水，跌水下游2.5千米纳瘦鱼坑水，流经3.5千米，右纳许屋水；过浦县、鸡岭、张屋，经一大回环，右纳合子水至回龙街，此处河道呈U形，故名"回龙"，是新丰县回龙镇政府驻地。青塘水流经回龙镇，又称回龙河。

下游入英德市青塘镇境，岩溶地貌奇瑰，乡土风情浓郁，青山风光绮丽，湖泊碧波万顷。干流在青塘镇廖屋下汇入翁江。

8.2.14.4 横石水
(Hengshishui River)

翁江右岸支流，发源于广东省始兴县黄茅嶂，流经翁源县翁城镇，至英德市龚屋村汇入翁江。河长54千米，河道比降3.88‰，流域面积642平方千米，涉及始兴县、翁源县和英德市。

流域地势北高南低，山区丘陵地貌，间有盆地小平原，东、北、西三面分水岭附近多高山，中下游干流河谷开阔。流域耕地面积5 120公顷，水力资源丰富，落差873米，水力资源理论蕴藏量24.6兆瓦。

流域属中亚热带气候，夏季多偏南风，冬季多偏北风；多年平均气温20.3摄氏度，多年平均年降水量1 781.9毫米，多年平均年径流深1 010毫米，多年平均年径流量5.437亿立方米。翁城水文站最大年降水量3 042毫米，最小1 080毫米；最大流量1 940立方米每秒，最小1.40立方米每秒。

1959年发生洪灾，翁城镇倒塌房屋45间。1976年6月横石水山洪暴发，中游胜利防洪堤漫顶，淹没农田，新江小镇受灾最严重，亚髻石90%房屋倒塌，冲走1人。1954年冬到1955年春连旱，翁城6米多深的水井干枯，居民饮水困难。1956年流域春旱100多天，秋旱60多天，需抗旱保苗。1963年全年干旱257天，翁城镇70%农田受旱，粮食减收，部分群众饮水困难。

流域内建有灌溉面积666.7公顷以上的引水工程1座。为调蓄水量、供水、发电和防洪，建有上空和泉坑两座中型水库，翁城、礤空（新江）、蕉坑、博下、峡子坝和金门6座小（1）型水库，小（2）型水库11座。

源地至虾麻石为上游，有粤北大铁矿——大宝山铁矿，开采20多年来，大量矿渣流入河中，污染横石水全河。洪水泛滥时，大量硫铁质黄土灌入农田，严重影响农业和居民饮用水。南流经翁城镇，有支流刘屋水、吴屋水、中村水、朱屋水、沙岭背水汇入。翁城镇是农业大镇，地处翁源县西部，面积146平方千米，山林面积8 400公顷，植被面积7 467公顷，耕地面积1 347公顷，森林覆盖率67%。

横石水于虾麻石右纳矾洞水（河长25千米，流域面积119平方千米），再南流入英德市境，有支流荷坪水、小镇水、保泉水、新展水、欧东水、罗曹坝水、泉坑水、龙化水、墨岭水、叶屋水、湖洋背水汇入，在垄口龚屋村汇入翁江。胜利陂堤长400米，堤高2米，底宽5米，堤面宽12米，保护胜利村耕地106.7公顷，人口1 200人。

8.2.14.5 空子水库
(Kongzi Reservoir)

翁江右岸支流大镇水中游的中型水库，位于广东省英德市大镇镇以北大镇河箭洞径村处，距英德市英城48千米。

空子水库以灌溉为主，兼有防洪、发电、养殖等综合功能。坝址以上集水面积60平方千米，总库容3 480万立方米，正常库容3 000万立方米，死库容200万立方米，兴利库容3 008万立方米。工程于1971年10月动工，1972年2月开始拦河枢纽浆砌石重力坝的主体工程施工，1990年水库蓄水。

水库由大坝、电站组成。大坝为浆砌石重力坝，坝顶长93.6米，坝顶宽7.07米，最大下泄流量571.4立方米每秒。坝后电站装机2台，总装机容量1 600千瓦。大镇水是小水电开发较成功的河流之一，空子水库上下游建有小水电站20多座，装机容量在100～5 000千瓦之间。

流域多年平均年降水量1 698毫米，多年平均年径流量0.72亿立方米。空子水库为大镇镇唯一的防洪工程，大镇镇的防洪安全完全依赖于空子水库的洪水调度。水库灌溉范围包括黄陂镇、大镇镇及英德华侨茶场一分场，设计灌溉面积2 977.7公顷，其中水田218.2公顷，旱地1 426.2公顷；防洪保护人口0.49万，保护耕地326.7公顷，保护下游大镇镇区、347省道和桥梁。

空子水库是石门台国家级自然保护区的一部分，石门台自然保护区总面积8.23公顷。保护区地处南岭山脉的最南端，处于北回归线北缘，属热带季风气候区，雨水、日照充足，气候条件得天独厚，区内多年平均气温18摄氏度，主要保护对象为南亚热带常绿阔叶林和珍稀动植物。植被中天然常绿阔叶林占绝对优势，其中有大面积的原生性森林，是广东省境内少见的植物物种丰富的大面积天然林宝库。保护区有高等植物2 242种，其中药用植物749种、观赏植物220种、野生水果101种；有脊椎类动物301种，鸟类208种，已鉴定的昆虫456种。其中列入国家重点保护的珍稀濒危野生动植物有68种，如蟒、豹、黄腹角雉、白鹇和苏铁蕨、伯乐树、广东松、福建柏等。

石门台自然保护区

8.2.14.6　烟岭河
(Yanling River)

潖江左岸支流，又名小北江、小江河。发源于广东省佛冈县北部羊子山东面，河长61千米，河道平均比降1.55‰，流域面积1 029平方千米，涉及佛冈县和英德市。

河道天然落差95米。流域地势南高北低，上游山地丘陵，中下游低平丘陵；属中亚热带季风气候，冬暖夏凉，雨量充沛，太平雨量站多年平均年降水量1 777毫米，最大2 898毫米。烟岭河多年平均流量34.02立方米每秒，水力资源理论蕴藏量5.9兆瓦。

1982年5月11—13日，普降历史罕见大暴雨，山洪暴发，河水暴涨，泛滥成灾。域内有高良、火烧陂、坝口、横岭坝4座小水电站，装机容量1 175千瓦，年发电量308万千瓦时；有小（1）型水库2座，总库容1 026万立方米；小（2）型水库8座。汶罗河引水工程引水流量2.5立方米每秒，灌溉面积410.8公顷。

源流向东南，经新围、瑶村，穿过京珠高速公路，东流至迳头镇车角右纳大陂水（河长26千米，流域面积102平方千米），经烟岭圩、文岭，入英德县境，于白沙镇右纳白沙水（河长31千米，流域面积235平方千米），再于白沙镇太平街右纳汶罗河（河长46千米，流域面积239平方千米）折向西北流，经石园、兰路洲、渔湾街，于英德县狮子口注入潖江。

流域上游景色秀丽，环境优越，生物资源丰富。流域农业资源丰富，适宜种植亚热带作物，是主要粮产区，经济作物以甘蔗、水果、茶叶、花生、笋竹、蔬菜为主。

8.2.14.7　长湖水库
(Changhu Reservoir)

潖江干流下游的大型水库，是潖江开发的最后一级梯级，地处广东省英德市大站镇（原黄岗镇）。坝址位于英德市区东南10千米，坝址以上集水面积4 804平方千米，总库容15 498万立方米。多年平均年径流量50.97亿立方米，汛期径流量为40.78亿立方米，占全年径流的80%。

水库功能以发电为主，兼有防洪、灌溉等综合功能。

枢纽建筑物由拦河坝、溢流坝、电站组成。拦河坝为混凝土重力坝，坝顶高程66.00米，最大坝高54米，正常蓄水位62米，输水最大过水流量153立方米每秒。水库为坝顶溢流，溢流坝段的堰顶高程49米，闸门高13.2米，底净宽65米，下泄设计流量7 080立方米每秒。电站装机容量7.2万千瓦。

长湖水库

长湖水库是截流潖江建设水电站后形成的高峡平湖，沿潖江旧河床蜿蜒20余千米，又称长湖。水库前段以青山绿树为主，显得秀丽，后段则以高耸突兀的石灰岩山峰为特色。库区森林覆盖率高，树木茂盛，山清水秀，群峰叠嶂，湖光山色，空气清新。湖中渔舟、游艇穿梭，樵歌渔火，岸边错落着一些绿树掩映的人家，飘出袅袅炊烟，有世外桃源之感。如今长湖水库及周边已辟为国家级森林公园，总占地面积10.7万公顷。

长湖国家森林公园

8.2.15　连江
(Lianjiang River)

北江右岸支流，两源分别发源于广东省连州市三姊妹峰

连江水系示意图

和磨面石，于广东省英德市连江口镇汇入北江，河长 275 千米，平均比降 0.77‰，流域面积 10 061 平方千米。涉及广东省连州、阳山、英德 3 个市（县）。

概　述

连江流域多属山区，最高峰为天井山，海拔 1 693 米。由发源地到连州，沿江两岸地势低平开阔，出连州后经马尿峡到阳山盆地，再穿黄茅峡和七星峡至连江口汇入北江。

地势西北高、东南低，主要由中、低山脉及局部的丘陵和河谷或盆地组成，其中英德的大湾、含光为流域内的两个较大盆地。石灰岩山区约占流域面积的 60%，集水面积在 100 平方千米以上的支流有 13 条，最大支流为**青莲水**。

流域内多年平均年径流量 107.25 亿立方米，汛期 4—9 月的径流量占全年的 77.1%；多年平均年降水量 2 016 毫米，流域最大年降水量为 1973 年的 2 517 毫米，最小年降水量为 1963 年的 1 243 毫米。

连江流域是一个暴雨多发区，历史上出现过多次特大洪水，如 1915 年、1982 年 5 月、1994 年 6 月和 1998 年 6 月等，使北江下游遭受严重的洪水灾害。连江流域连州河段于 1993 年兴建了湟川河堤，1996 年兴建了菜园坝河堤，1998 年兴建了双车河堤，但由于湟川河堤和双车河堤属于市政建设，路堤结合，堤面高程与路面高程相同，达不到设防要求；连江流域星子河、**东陂河**、**三江河**、九陂河等连州城区河段堤防分散、不连续，使连州市区常遭洪水灾害，仅 1994 年市区洪水直接经济损失就达 8 600 万元。

连江航运是连州、阳山等市（县）经北江至广州的主要交通，规划 12 个梯级渠化连江，年货运量可达 200 万～300 万吨。20 世纪 60 年代中期起，英德市境已建蓁滩、黄茅峡、架桥石、西牛四个梯级，用作航道渠化。至 2006 年，四个梯级总装机容量 51.1 兆瓦。

纪　实

连江主源称潭源洞水，发源于角苗岭磨面石，源地是大东山自然保护区，由东向西流，入**潭岭水库**，过潭岭镇后入星子镇，于星子镇右纳大路边水（连江另一源，发源于潭岭三姊妹峰，西北流经大路边镇转向西南流入星子镇）。星子镇河段又名星子河。

大东山自然保护区始建于 1985 年 11 月。1993 年 12 月与乳阳八宝山、大顶山、阳山秤架、龙潭角 4 个省级自然保护区合并升格为南岭国家级自然保护区，以保护中亚热带常绿阔叶林及珍稀濒危动植物为主，属综合型自然保护区。区内具有保护完整的常绿次生天然阔叶林和丰富的珍稀动植物资源，有原生林面积 21.01 公顷，是有代表性的保存较好的亚热带常绿阔叶林保护区之一。保护区内野生动物种类繁多，资料显示，国家一级重点保护动物有金钱豹、黄腹角雉、白颈长尾雉等 8 种，国家二级保护的动物有水鹿、黑熊、白鹇、穿山甲、苏门羚、短尾猴、鹰、毛冠鹿等 20 种。保护区多年平均温度 15.5 摄氏度，多年平均年降水量 1 638 毫米，集中在 3—8 月，年均有雾日达 148 天，盛吹东南风。潭岭水库是保护区重要组成部分。

南岭国家森林公园

星子河继向西南流，至水南坪村左纳**黄桥水**，继流至保安镇湾村右纳**保安水**，南流入连州市连州镇先后右纳东陂河、三江河。连州以上干流又称温江。连州因境内有黄连山而得名，隋开皇十年（590 年）置连州，现为县级市；地处连江上游，东北西三面为中山区，石灰岩溶蚀地形发育，东陂、西岸一带峰林密集；农业以种植水稻为主，林木蓄积量大，是广东省的林业重点县。107 国道、323 国道交会于连州镇，镇内有慧光塔、燕喜亭、大岩洞摩崖石刻等古迹。

出连州城至龙潭镇的 20 多千米途中是著名的湟川三峡，即龙泉峡、楞伽峡和羊跳峡，两岸茂林修竹、山花烂漫。瀑布一幅接一幅，似帘、似练、似玉带；山势收缩如刀切之齐；水势逼仄如束薪之急。坐在船上，仰而观峡，俯而观滩，心目不暇。唐代诗人刘禹锡贬任连州刺史，以"刻溪若问连州事，惟有青山画不如"的诗句来赞美。

过湟川三峡，山谷洞开，平田数顷。韩愈贬阳山令时，夜宿龙宫寺，留下《宿龙宫滩》诗刻在崖壁上；向南经龙潭镇流向阳山县，于黎埠镇洞冠右纳**洞冠水**，东流经石螺镇、小江镇，转南流经阳山县城阳城镇右纳庙公水（河长 29 千米，流域面积 166 平方千米）。隋开皇十年（590 年）置阳山县，因境内有阳岩山，日出先照，故名；地处南岭山脉南麓，地势南北高，中部稍低，为石灰岩溶蚀山地，是广东省重点林业县，农业以种植水稻为主，107 国道、323 国道贯穿境内。阳城镇有贤令山石刻、北山古寺等古迹。

燕喜亭

贤令山

出县城后东南流至水口镇右纳**七拱河**，转北上至青莲镇左纳青莲水，青莲镇水运较发达。

连江复东南流向英德市，于大湾镇左纳**波罗河**，大湾镇有金山祖庙，为明代所建；继东南流经浛洸镇，镇内有舍利塔古迹；至夹河口左纳**黄洞河**，南流经西牛镇至白洋水村左纳**竹田河**；继南流至水边镇水口围村右纳**水边河**，最后于连江口镇汇入北江。连江口镇有万人城遗址，现考为秦时赵佗所筑。

连江湟川三峡

8.2.15.1 潭岭水库
(Tanling Reservoir)

连江上游潭源洞水上的一座大型水库，位于广东省连州城东北 50 多千米的星子镇境内。

潭岭水库是多年调节的大（2）型水利枢纽，功能以灌溉为主，兼顾防洪、发电、供水等。控制流域面积 142 平方千米，主河道长 23.2 千米，河道平均比降 1.4‰，总库容 1.77 亿立方米，正常库容 1.48 亿立方米。枢纽工程 1959 年冬动工兴建，但因度汛工程没有及时完成，土坝上游围堰于 1960 年汛期被洪水冲垮，被迫停建。1965 年 9 月复工兴建混凝土坝，1966 年 9 月竣工。

工程建筑物由大坝、输水隧洞、电站和灌渠组成。大坝为混凝土重力坝，最大坝高 47 米，坝顶长 156.5 米，坝顶宽 4 米。输水隧洞最大流量 10 立方米每秒。电站装机 3 台总装机容量 3.75 万千瓦，设计年发电量 2 亿千瓦时。尾水跌入水库灌区灌溉渠，左渠为瀑布水圳，右渠为浦南水圳，二圳合称为潭岭灌区。

潭岭灌区设计灌溉面积 3 667 公顷，后改为 2 333 公顷，现仅灌溉 1 627 公顷。灌溉后渠水及其余水发电共计 5 个电站，装机 9 台总装机容量 2 304 千瓦，年发电量 400 多万千瓦时。电厂和大坝由广东省电力局管理，库区自 1979 年后改由潭岭镇（现并入星子镇）管理，潭岭灌区的瀑布水圳由星子镇管理，浦南水圳由大路边镇管理。

库区多年平均年降水量 1 540 毫米，多年平均年径流深 940 毫米；实测枯水流量 0.96 立方米每秒，多年平均流量 4.76 立方米每秒；多年平均年蒸发量 1 415 毫米。水库所在地为山区，库区内树木茂盛，地势东北高，逐级向西南倾斜，四面高山环绕，中间为一盆地，地势平坦，坝址河谷呈 U 形，两岸山坡较陡。库区内及坝址处的地质为粗粒花岗石，覆盖层为砂质黏土，库区四周的山峦为黄色壤土。星子区域以下沿河两岸地势平坦，土地肥沃，为连州市粮产区之一。到源潭洞地区形成一个开阔平原。库区上游植被良好，无活冲沟及水土流失现象，崩塌滑坡也少见。

潭岭天湖

潭岭水库又称潭岭天湖，是一个四面青山环抱的人工湖。它有三大特点：一是海拔高，最高峰海拔 1 290 米，库面海拔达 640 多米，是名副其实的天湖；二是宁静，森林茂密，人迹罕至，鱼跃、鸟鸣之声清晰可闻；三是冬能赏雪，瑞雪湖光，雪中天湖，湖山一色。

8.2.15.2 黄桥水
(Huangqiaoshui River)

连江左岸支流，又名步津水。发源于广东省连州市西江镇鹿子洞，在连州市星子镇六岭汇入连江。干流长 43 千米，河道平均比降5.62‰，流域面积356平方千米，地处连州市境内。

最大支流朝天桥水，流域面积110平方千米，河长25千米。黄桥水东南倚靠横跨西江、龙坪一带的大东山脉，河流贯穿西江、龙坪、星子等乡镇。流域石灰岩地质，表层多砂质、砾质黏性土，植被覆盖中等；属中亚热带季风气候，多年平均气温19.4摄氏度，多年平均年降水量1671毫米，最大2487.7毫米，最小1048.3毫米；多年平均年径流深882毫米，多年平均流量9立方米每秒；春夏多洪灾，秋冬多干旱，水旱灾害年年有，旱灾较严重。

1949年以后，流域内建有中型的上兰靛水库一座，老莫洞、龙塘和小（1）型围子水库3座，共控制集水面积118.6平方千米，灌溉面积1633公顷。水力资源理论蕴藏量约9.9兆瓦，可开发量2475千瓦，已开发2175千瓦。黄桥水是西江、龙坪、星子3个乡镇生产、生活用水主要来源。

8.2.15.3　保安水
（Bao'anshui River）

连江右岸支流，发源于广东省连州市瑶安镇刀金塘，自北向南流，经茶坪、黄泥凹、长河等村，转东南流，至瑶安乡治左纳带田水，再转南流，经螺滩、子沟、本公洞、保安镇治，在保安镇程下坪汇入连江。

干流长57千米，流域面积389平方千米，河道平均比降6.19‰，地处连州市境内。主要支流带田水发源于与湖南交界处的天堂岭，河长30千米，流域面积149平方千米。

流域北靠丰阳、瑶安、簸箕山山脉，流经瑶安、保安等地，多砾岩、砂页岩及砂岩，以红壤土为主，植被覆盖良好。属亚热带季风气候，多年平均气温18.7摄氏度，多年平均年降水量1540毫米，多年平均年径流深915毫米，多年平均流量11立方米每秒。河流天然落差1467米，可利用落差318米，水力资源理论蕴藏量19.1兆瓦，可开发量4875千瓦，已开发3985千瓦。

流域春夏多洪水，秋冬多干旱，水旱灾害较多，旱灾较严重。

1949年以后，保安镇境建有小（1）型的良塘水库。水库地处东陂、保安交界处，控制流域面积16平方千米，库容652万立方米，设计灌溉面积687公顷。水库地层石灰岩溶发育，渗漏十分严重，经除险加固得以正常运行，发挥了灌溉、养殖等功能。

8.2.15.4　东陂河
（Dongpi River）

连江右岸支流，又名东陂水、西溪、卢水，发源于广东省连州市粤湘交界处的都庞岭，东南流，经三水、丰阳、东陂、西岸等乡、镇，于西岸镇下游邓屋村右纳冲口水，至共和右纳大龙水，至水东村右纳新庙水，通过鸬鹚嘴村汇入连江。干流长72千米，流域面积823平方千米，河道平均比降3.93‰，地处广东省连州市内。

上游北靠丰阳、瑶安一带，簸箕山山脉绵延，中下游贯穿东陂、西岸、连州三个乡镇。东陂镇附近有东陂古道古迹和大洞山地下河自然景观。流域面积大于100平方千米的支流有冲口水及大龙水。冲口水发源于小坪河口，河长30千米，流域面积160平方千米；大龙水发源于连山与连南交界处的大雾山西侧，河长30千米，流域面积147平方千米。新庙水发源于大雾山东北侧，河长29千米，流域面积147平方千米。

流域属中亚热带季风气候，多年平均气温19.4摄氏度，相对湿度77%，最大风力8级；多年平均年降水量1792毫米，最大2361毫米，最小1055毫米；多年平均年径流深1000毫米，年水面蒸发量1000毫米，年径流量9.23亿立方米。

流域内有耕地面积7487公顷，其中水旱田5980公顷，旱地1507公顷。上游山高林密，植被良好，水土流失轻，是连州市主要林区；中下游地势逐渐走低，属砂岩盆地，两岸土壤较肥沃，是连州市主要粮产区之一。

春夏季多洪水，秋冬季多干旱，水旱灾害年年有，只是程度不同，旱灾较严重。两岸大部分耕地仅高出河床2～4米，遇暴雨引发山洪，常造成洪灾。

1949年以后，建成小（1）型小水坪、兰管和带头冲水库，控制流域面积31.2平方千米。有小（2）型以下塘库300多座，星罗棋布，但集水面积小，防洪调节能力低下。水力资源理论蕴藏量36.3兆瓦，可开发量8658千瓦，已开发7163千瓦。

8.2.15.5　三江河
（Sanjiang River）

连江右岸支流，又名三江水，发源于广东省连南瑶族自治县起微山，干流长64千米，河道平均比降6.23‰，流域面积680平方千米，涉及连南县和连州市。

流域东与阳山相连，南接怀集，西部毗邻连山，西北部与湖南省江华县接壤。上游为山地，最高峰起微山高程1591米，河床坡陡、洪水暴涨暴落；中下游为丘陵区，地势低平，落差1420米。

流域属中亚热带气候，春季阴雨连绵，夏季高温湿热，秋冬温暖干燥；多年平均气温19.5摄氏度，最大风力10级，多年平均最大风速23米每秒，多年平均年降水量1600毫米，4~9月降水占全年的84%；多年平均年水面蒸发量1000毫米，年径流深1120毫米。流域自然灾害有早春低温阴雨、夏季洪水、秋季干旱和寒露风。

流域主要部分在涡水镇及香坪镇等林区，植被覆盖好，矿山少，水质清澈。

1949年以前，三江河两岸围单薄，堤顶高程低，常受到洪水威胁，内涝积水。20世纪70年代，三江河河道裁弯取直，修筑堤路结合的河堤，河道内修建丁坝，平顺河道，防止冲刷，提高防洪能力；但遇特大洪水时，因上游无水库拦蓄，仍有洪涝灾害。流域水力资源理论蕴藏量181.1兆瓦，至2005年年底，已建水电站215座，总装机容量154.1兆瓦。

源流向北流经涡水镇，继流进入三江镇左纳太保河。太保河发源于连山县东北部太保镇大雾山，高程1659米，河长29.8千米，流域面积179.4平方千米。其间军寮一带为瑶寨区域，较著名的有火烧排、里八洞、马箭村瑶寨。三江镇为连南瑶族自治县的县城所在地，市内有三江石城、猫公山遗址等。连南1946年设县，1953年建立连南瑶族自治区，1955年改为瑶族自治县，瑶族人口占县人口的52%，地势北西南三面较高，向东倾斜。境内山峦起伏，间有河谷盆

连南瑶族歌舞——三江河

地。农业生产以水稻为主,是广东省林业重点县,主种杉、松。

干流继续北流至连州大墩村右纳九陂河(河长25千米,流域面积138平方千米)后汇入连江。

8.2.15.6 洞冠水
(Dongguanshui River)

连江右岸支流,因河口有洞冠峡得名,又名同灌水、峒冠水、寨岗河。发源于广东省连南瑶族自治县黄竹坳,源流向北流,经上洞、白芒、九寨,再折向东北流,流经寨岗右纳称架河、安田河,再向北流经马鞍山至阳山县黎埠镇右纳扶村洞水,继流至洞冠汇入连江。

干流长57千米,河道平均比降4.09‰,流域面积655平方千米,涉及连南县和阳山县。支流称架河流域面积189平方千米,河长32千米;扶村洞水流域面积139平方千米,河长20千米。

流域地形分山地和丘陵两类,南部地质为燕山期的花岗岩体,中部及东部为中生界的砂岩以及石灰岩;属中亚热带季风气候,春季阴雨连绵,夏季高温湿热,秋冬温暖干燥,多年平均气温19.5摄氏度,多年平均最大风速23米每秒;多年平均年降水量1 900毫米,4—9月降水量占全年的84%,多年平均年径流深1 470毫米。流域内铜、铁等矿产丰富,汛期河流水质较差。

域内自然灾害有早春低温阴雨、夏季洪水、秋季干旱和寒露风。暴雨多发生在5—7月,雨量多且集中。上游称架河地处山区,溪流多,河床比降大,洪峰高历时短,极易引发洪涝灾害。

支流白芒河水力资源理论蕴藏量27.2兆瓦,可开发量25.8兆瓦,已建水电站23座,总装机容量24.7万千瓦。称架河水力资源理论蕴藏量56.4兆瓦,可开发量46兆瓦,已建电站59座,总装机容量41.765兆瓦。

8.2.15.7 七拱河
(Qigong River)

连江右岸支流,又名七拱水、通儒水,发源于广东省阳山县观音山,于阳山县水口镇汇入连江。河长61千米,河道平均比降2.84‰,流域面积845平方千米,地处阳山县境内。

流域地势西南高,东北低,上游高峰观音山高程1 437米,中下游七拱—杜步盆地,平原河谷较宽;属中亚热带季风气候,冬暖夏凉,雨量充沛。流域多年平均降水量1 735毫米,汛期4—9月降水量占全年的77%。太平雨量站最大年降水量2 663毫米,最大年降水量是最小年的2.27倍,多年汛期平均流量32.2立方米每秒。1982年5月11—13日,流域普降大暴雨,引发山洪,河水暴涨,泛滥成灾,为历史罕见。

河流自源地流向东北,上游称白莲水,流经白莲,自白莲洞的湖流入地下至牛鼻岩出口的潜流段,称为牛鼻地下河,牛鼻岩出口后称为七拱河;过太平镇境,经七拱镇至鸬鹚湾左纳沙河,于新圩镇附近左纳鱼沙坑水,折向东北流,经杜步镇于水口镇从右岸汇入连江。沙河发源于红

阳山七拱河的竹排漂游

图山,河长22千米,流域面积105平方千米;鱼沙坑水发源于石头滩,河长20千米,流域面积100平方千米。

上游有水谷公路经过,生态环境优越,景色秀丽,生物资源丰富,多丘陵盆地;工业以小水电为主,有煤、铁、重晶石等矿业,还有陶瓷、农机厂等和农副产品交易市场。

中游七拱镇犀牛塘有七拱桥,七拱河因此得名。东部河谷盆地,西部山地,是阳山县粮食主产区。七拱镇是县南商业重镇,农副产品集散地,水谷、大地公路在此交会。

下游杜步为河谷平原和石灰岩丘陵,出产花生,工业以大理石开采、加工为主。水口镇河段喀斯特地貌发育,部分地段用水困难,粮食不能自给。有果园、林场,工业以采矿为主,有铁、铅锌、重晶石、磷等矿以及陶瓷、大理石、粮食加工厂和农贸市场。流经林场,有八仙门、将军山风景区。七拱河河口水口镇是水谷公路起点,奇山异水组成美丽的水口风光。

水口风光

8.2.15.8 青莲水
(Qinglianshui River)

连江左岸支流,因河口在青莲镇得名。发源于广东省阳山县秤架瑶族乡石坑崆,河长85千米,河道平均比降5.28‰,流域面积1 221平方千米,地处阳山县境内。

流域地势东北高,西南低,上游最高峰石坑崆高程1 902米,山高谷深,岭背镇上游河谷沿北东向裂谷横切大东山,下游丘陵地带地势低平。

流域属中亚热带季风气候,冬暖夏凉,雨量充沛,多年平均气温20摄氏度,年无霜期300~310天;多年平均年降水量1 826毫米,最大3 197毫米,降水年内分配不均,4—9月降水量占全年的71%。菖蒲塘站多年平均流量47.6立方米每秒,最大流量1 400立方米每秒,最小3.6立方米每秒。

1982年5月11—13日,流域普降大暴雨,引发山洪,河水暴涨,泛滥成灾,历史罕见。

青莲水流域有耕地5 200公顷,人口7.43万。水利设施以蓄水为主,有中型水库1座、小(1)型水库4座、小(2)型以下水库41座。上游山高坡陡,植被良好,水力资源丰富,建有水电站43座,总装机容量132兆瓦。

流域上游名秤架河,自源头向南流于秤架乡甲子头右纳横龙桥水(河长26千米,流域面积139平方千米),流经秤架乡府,于坑口左纳坑仔水(河长19千米,流域面积107平方千米)。秤架乡大部分在南岭自然保护区范围内,生态环境优越,林海莽莽,景色秀丽,秤架乡连片的原始森林,是国家指定的动植物自然保护区。

过秤架乡后,河向东南流经岭背镇右纳黄坌水(河长40

秤架原始森林保护区

千米，流域面积291平方千米）后称岭背河，属丘陵地带地势低平，农业资源丰富，是粮食主产区，经济作物以板栗、甘蔗、水果、茶叶为主。岭背镇是阳山县板栗的主产区，阳山板栗肉厚味甜，营养丰富，生吃熟食皆宜。

过岭背镇继向南流至青莲镇汇入连江。从岭背镇到青莲镇河段，长25千米，丰水期可通航20吨吨位的船只。

8.2.15.9　波罗河
（Boluo River）

连江左岸支流，又名大潭河，发源于广东省乳源县天井山北麓的蚁岩，至英德市大湾镇南蛇岗汇入连江。河长75千米，流域面积991平方千米，河道比降5.80‰，涉及乳源县和英德市。

波罗河

河流天然落差1 330米。地势北高南低，以山地丘陵为主。乳源县境石灰溶洞发育，渗漏大，干旱严重，人畜饮水困难，是乳源县有名的古母水（苦母水）石灰岩山区。英德市大湾镇境沿河为河谷平原和山间盆地。

流域属中亚热带季风气候，年降水量2 100～3 200毫米，鸭麻湖村最大流量1 250立方米每秒，最小2.16立方米每秒。年平均流量33.9立方米每秒，水力资源理论蕴藏量72.6兆瓦，可开发量7.45兆瓦。

降水量时空分布不均，易遭水旱灾害。1982年5月12日，古母水乡降雨200.3毫米，10—13日累计雨量314.9毫米，雨量集中，强度大，房倒屋塌，冲毁水利设施，中断交通和通信。上游古母水石灰岩山区，食水贵如油，"下（大）雨水汪汪，停雨水跑光光""有水地下行，无雨食水难"是当地旱情的真实写照。古母水得名"苦母（无）水"。一般10天无透雨（日雨量大于5毫米）或月雨量不足100毫米，就有旱情，出现频率比平原大。1965—1986年，22年中出现旱情12

年，占56%，其中重旱5年，占23%。

上游古母水石灰岩山区植被覆盖较差，石灰岩裸露，水土流失严重。1985年后，乳源全县封山育林，造林绿化，改灶节燃，改烧煤、茅草和石油气，不再烧木材，山地植被逐年恢复，森林覆盖率逐年提高，水土流失得到有效控制，为水利设施提供了补给水源。

上游建有小（2）型水库3座，山塘4座；古母桐、双坪两座引水工程，解决657人吃水困难；小水电站15座，总装机容量13.09兆瓦。中下游建有小（1）型水库1座，小（2）型水库9座；万亩以上引水工程1座，流量为3.6立方米每秒，灌溉大湾、含光两个镇农田面积2 180公顷；万亩以下引水工程5座，流量2.3立方米每秒，灌溉大湾、含光两个镇农田面积689.2公顷；小水电站3座，总装机容量2 632千瓦。

金山祖庙

从发源地到乳源县兰村为上游，源流经三托寨，于温汤下右纳月坪水（流域面积104平方千米）；经阿诗边、大泵暗河，到鸭麻湖村左纳洛阳水；经桥甫、大潭，至白芒坪南约4千米的兰村流入英德市境。上游段天然落差1 330米，可利用落差800米；石灰岩溶洞多，渗漏大，干旱严重；主要植被为亚热带针阔混交林及竹林，自然生长的树种主要有白兰木、乌饭树、九节木、盐肤木、杉木、马尾松、湿地松等；野生动物主要有山猪、山羊、猕猴、水鹿等。上游奇峰夹岸，一水如带，峡谷幽深，溶岩奇秀，河水清澈见底，碧波荡漾；两岸农舍错落，竹翠柳绿，群峰倒映。

波罗河入英德境为中下游，流经波罗镇，流至国安坪右纳钟鼓水（流域面积262平方千米），于大湾镇南蛇岗汇入连江。大湾镇金龟山是方圆十里的唯一高地，山顶有金山祖庙，明朝始建，已有400多年。该庙位于波罗河口处，远望如金龟过河，风景优美。每年元宵节大湾镇还有"炮轰火麒麟"的传统，几个勇敢的人舞起"火麒麟"，走到街上，家家户户就会点燃鞭炮掷向"火麒麟"，传说可以借此驱走邪恶、迎来吉祥。

8.2.15.10　黄洞河
（Huangdong River）

连江左岸支流，发源于广东省乳源县三碧阆下，于英德市洽洸镇夹河口汇入连江。干流全长50千米，河道平均比降8.9‰，流域面积394平方千米，涉及乳源县和英德市。

流域地势由北向南呈台阶状下降，呈半山区半丘陵地形。集水面积20平方千米以上的支流有东坑水、坑尾水、黄屋坑水。属中亚热带季风气候，雨量充沛，多年平均气温20.7摄氏度，年无霜期312天，多年平均年降水量1 900毫米。

中游石牯塘锦潭村附近，20世纪70年代曾规划1座中型水利工程——锦潭水库，灌溉面积近1.33万公顷，装机容量8 000千瓦。锦潭水库于1972年动工，因未妥善处理施工废渣，坝基开挖的大量沙石冲至下游，淤塞锦潭灌区大部分灌渠，1978年停工。1987—1997年间，整治锦潭下游黄洞河几

锦潭水库

十千米河段。2003 年重建锦潭水库，总库容 2.49 亿立方米，以发电为主，结合灌溉、防洪、供水、旅游。

黄洞河上中游河陡、滩急、跌水多，有较著名的大峡谷地貌；石牯塘镇下游，河流坡降变平缓，并在石牯塘镇锦潭村附近分为两汊，穿行于山间丘陵盆地中，在洺洸曾屋附近又合二为一，汇入连江。

8.2.15.11　竹田河
（Zhutian River）

连江 左岸支流，发源于英德市石牯塘的船底顶高山上，在英德市石灰铺白洋水村汇入连江。河长 45 千米，河道平均比降 5.1‰，流域面积 302 平方千米，地处英德市境内。

流域地势北高南低，上游最高峰船底顶高程 1 586 米，中下游是地势低平的丘陵地带。属中亚热带季风气候，冬暖夏凉，雨量充沛，多年平均年降水量 2 066 毫米，4—9 月的降水量占全年的 71%，年内分配不均，多年平均流量 8.61 立方米每秒。流域水力资源理论蕴藏量 9.8 兆瓦，可开发量 725 千瓦，有小水电站 1 座，装机容量 320 千瓦，供集镇用电；还有供塘镇 2 万人生产、生活用水的水厂。

竹田河上游林海莽莽，景色秀丽，生物资源丰富，生态环境好。中下游流经石灰铺镇，丘陵地带地势低平，是主要粮产区。经济作物以甘蔗、水果、茶叶、花生、笋竹为主，苦丁茶、红绿茶、竹笋远销国内外。石灰铺镇内土地辽阔，四面环山，是丘陵地区山腹中的一块盆地。镇上距京广铁路英德站 24 千米，有省道 1 911 线（英阳线）横穿全镇。小北江环绕石灰铺，上通阳山，下通广州和珠江三角洲，水陆交通便利。

竹田河上游段

8.2.15.12　水边河
（Shuibian River）

连江 右岸支流，因流经水边镇得名。发源于广东省英德市洛家塘，向东流，经九龙镇、金洁、石角坑，于水边镇长田仔右纳青松水（河长 38 千米，流域面积 133 平方千米），继流至水边镇水口围村汇入连江。河长 78 千米，河道平均比降 1.8‰，流域面积 837 平方千米，天然落差 642.2 米，地处英德市境内。

流域地势西北高，东南低，上游是高山，中下游丘陵地势低平。属中亚热带季风气候，冬暖夏凉，雨量充沛。上游明径雨量站多年平均年降水量 1 843 毫米，汛期 4—9 月的降水量占全年的 76%，多年平均流量 31.01 立方米每秒。水力资源理论蕴藏量 14.8 兆瓦，可开发量 8.22 兆瓦。已开发 1.97 兆瓦，有 7 座小水电站，年发电量 824.1 万千瓦时。

降水时空分布不均，易遭洪旱灾害。1982 年 5 月 11—13 日，流域普降大暴雨，引发山洪，河水暴涨，泛滥成灾，历史罕见。

上游景色秀丽，生态环境好，喀斯特低山丘陵、峰林地貌。明迳镇多暗河（地下河），初名暗迳，后改为明迳。

中下游段流经九龙、沙坝和水边 3 镇。九龙镇河段喀斯特地貌，峰林发育，是英德市主要产粮区之一，豆腐、腐竹著名；乡镇工业以采矿和小水电为主，有林场和硫铁矿、金矿。沙坝镇河段低山丘陵，乡镇企业以采矿为主，盛产竹笋。水边镇位于水边圩河谷平原中心，农业资源丰富，产蚕茧、花生、大豆；有著名的水边粉葛和稀土矿，乡镇企业以小水电为主。水边圩河谷平原，水面较宽，有岩口陂引水工程，工业以采矿业为主，水土流失严重。

英西峰林

流域内的英西峰林走廊景区，位于英德市区西南 60 多千米的九龙、明迳、岩背三镇一带，密集分布着上千座石灰岩山峰，是广东省最密集的峰林游廊，溪涧穿绕，还有岩洞和古建筑作为点缀其间。英西峰林有胜似桂林的奇峰异石，有如诗似画、清澈透明的潺潺小溪，有景色独特、河水穿洞而过的穿天崖，有规模宏大、景色壮观、面积比宝晶宫还大的阳岩洞，1 000 多座山峰呈线型排布，形态不一，错落有致。

8.2.16　飞来峡水库
（Feilaixia Reservoir）

北江 中下游干流上的大型水库，位于广东省清新县飞来峡镇，距清远市城区 19 千米。

飞来峡枢纽上游

概　述

水库属径流式年调节大（1）型水利枢纽，功能以防洪为主，兼有航运、发电、养殖、供水、旅游和改善生态环境等综合效益。控制流域面积 34 097 平方千米，占北江流域面积的73%，总库容 19 亿立方米，发电装机容量 14 万千瓦，是北江流域综合治理和开发利用的关键性工程。

水利枢纽建筑物由拦河坝、船闸、厂房和变电站组成。拦河坝包括混凝土溢流坝和挡水坝段、土坝及副坝等，最大坝高 52.3 米。主副坝坝顶总长 2 883 米，坝顶公路宽 8 米。溢流坝共设 16 个溢流孔。船闸可通过 500 吨级组合船队。厂房为河床式，安装 4 台容量 3.5 万千瓦贯流式水轮发电机组，年平均发电量为 5.54 亿千瓦时。水库淹没范围包括飞来峡管理区、英德市中的 8 镇 46 个管理区，淹没耕地及其他土地共约 2 666.7 公顷。

1992 年，国务院批准兴建飞来峡水利枢纽，1994 年 10 月正式动工兴建，1999 年 5 月第一台机组发电，2000 年 10 月工程竣工验收。

飞来峡水库建库以来，效益显著。在防洪方面，飞来峡水利枢纽与北江大堤组成北江防洪体系，近期可将北江下游防御洪水标准从 50 年一遇，提高到 200 年一遇（相当 1915 年特大洪水）；远期在北江大堤达到防御 100 年一遇洪水标准后，充分利用水库的滞洪作用，堤库联合运用可防御 300 年一遇洪水，可为下游提供更高更可靠的防洪安全保障。在航运方面，工程除结合发电调节下泄流量改善下游通航条件外，还在库区形成干、支流渠化河道 116 千米，使通航标准大大提高。在发电方面，工程距广东省用电负荷中心近，有条件进行调峰运行，对缓和广东省电力供需矛盾有一定的作用。在旅游方面，水库有 70.3 平方千米的人工湖水面，可建设各类水上俱乐部及度假村等。此外，工程还可以改善库区的生态环境，是发展渔业、水生作物的理想之地。

纪　实

飞来峡水库枢纽上距韶关市约 152 千米。库区有两大支流汇入，一是*连江*，二是*瀚江*。坝址以上北江流域地形总体趋势是北高南低，山地丘陵多，平原少。地面高程在 500 米以上的山区约占全流域面积的 20%，50～500 米之间的丘陵地约占 70%。北江干流自韶关以下至盲仔峡，河谷宽，沿河沙洲、河滩、河流冲积平原或盆地相继出现。盲仔峡至飞来峡之间两岸是低山丘陵区。干流出飞来峡后，两岸地势平坦开阔。

流域位于南岭山脉的迎风面，暴雨大而急剧，加之河道比降较大，干支流水系呈羽状分布，洪水汇流迅速，洪峰陡涨陡落，库区洪水过程以单峰和双峰过程为主，多峰形甚少。库区洪水由四部分来水组成：即干流马径寮以上来水，支流连江、瀚江和库区区间来水。1915 年洪水为流域可查测的最大洪水，横石站、石角站推测流量分别为 21 000 立方米每秒和 22 000 立方米每秒，皆相当于 200 年一遇～300 年一遇洪水。20 世纪 50 年代以后，北江流域发生较大洪水的年份有 1968、1982、1994、1998 年等。

流域内自然资源丰富，以林业、矿产、水资源和旅游 4 个方面最为突出。森林覆盖率达 40% 多，是广东省重要的林业基地；矿种多达 70 多种，占广东省已发现矿种的 2/3 以上；水力资源理论蕴藏量 268.78 万千瓦，其中可开发装机容量约 205 万千瓦，约占广东省的 1/3；旅游资源如丹霞地形、石灰岩溶洞、密林深谷、千年古刹、关隘、古道、古文化遗址等独具特色。

藏霞古洞

飞来峡古代就很著名，过去又称北江小三峡。峡长 9 千米，是北江最险峻的一段，峡中山水相依，谷幽林深、空气清新、古迹满山、峡江秀丽。唐代张九龄、韩愈，宋代的苏东坡，明代的海瑞，清代的袁牧等文人墨客都曾慕名而来。

包括飞来峡水库在内的飞霞风景名胜区是广东省风景名胜区，也是道教的第十九福地。这里山川秀丽、古迹林立，一江两岸七十二峰，峰奇险峻，江水曲折，奔泻其间，构成"一水远赴海，两山相对出"的自然雄浑美景。景区有飞来峡大坝、飞来岛、飞来湖、飞来岛旅游度假中心、飞霞碧溪峡谷漂流、飞霞古洞、藏霞古洞、锦霞等众多景点。

8.2.17　潖江
（Pajiang River）

北江左岸支流，发源于广东省佛冈县水头镇上潭洞村的通天蜡烛（山顶名），在清新县江口镇汇入北江。河长82千米，河道平均比降1.74‰，流域面积1 386平方千米，涉及佛冈县和清新县。

滃江佛冈城区段

滃江支流多，流域面积超过100平方千米的支流有龙南水、四九水、滃二水。上游为山丘区，河床坡陡，流域面积大，雨季径流量大而集中，洪水暴涨暴落；下游堤围区，河床平缓，地势低洼。

流域为南亚热带季风气候，多年平均气温20.8摄氏度，气候温和，雨量充沛，是广东省暴雨中心区之一，多年平均年暴雨日数9.9天，年无霜期229天。流域多年平均年降水量2 210毫米，年径流深1 472毫米，年径流量20.88亿立方米。

流域旱、洪、涝灾频繁，平均2～3年有一次小的旱灾或洪（涝）灾，6～7年会有一次较大的旱灾或洪（涝）灾，特别是北江洪水倒灌时，阻滞滃江洪水下泄，洪涝更为严重。

1949年后，佛冈县内流域建成中型水库1座、小（1）型水库7座、小（2）型水库16座、较大的塘坝47座，总库容5 138.35万立方米，控制流域面积137.42平方千米；堤围45条，长138.6千米；排涝站8座，装机容量1 995千瓦，排涝能力21.02立方米每秒。

佛冈温泉

源流由东向西南流，经上潭洞、下潭洞后折向北流又转向南，经西田、桂田，流经水头镇，至连瑶、连塘，水头镇附近有崔清献公祠和东坑祠等古迹；于二七下汇诚迳水，过三八又汇九曲水，过吊牛岭村直入佛冈县城（石角镇），并右纳龙溪水。佛冈县，清嘉庆十八年（1813年）置佛冈厅，1916年改为佛冈县，据载北部有观音山，岩洞中有天成佛像，因此得名。境内以低山丘陵为主，农业主要种植水稻，境内有多处温泉和矿泉资源。

折南流至科旺右纳龙南水（又称汶坑水，河长27千米，流域面积110平方千米），科旺有余龙围山遗址；穿过大庙峡峡谷左纳黄花水，其间有三爱亭古迹；于汤塘镇左纳四九水（河长25千米，流域面积169平方千米），镇内有汤塘温泉；过汤塘镇左纳洛洞水，于龙山镇下游左纳滃二水（河长35千米，流域面积323平方千米）；继流至民安的坑口村右纳民安水，经良塘村的大罗州（地段名，与清新县分界处），流至清新县江口镇注入北江。在江口圩滃江左岸有分洪道**源潭河**。

滃江汤塘镇段

8.2.18 滨江
(Binjiang River)

北江下游右岸支流，发源于广东省清新县石潭镇大雾山大磅，于清远市清城区飞水口汇入北江。河长100千米，河道平均比降0.81‰，流域面积1 728平方千米，为清新县境内河。

流域面积100平方千米以上的支流有白湾水、黄洞水、石坎水、炳水、坝仔水、秦皇水6条。地势由西北向东南倾斜，西北部丘陵地带山岭连绵起伏，大部分山岭高程超过700米，广泛分布花岗岩、石灰岩；东南、南部是冲积平原，以高丘、低山为主，山地土壤类型主要是红壤、赤红壤。域内植被良好，四季常青，山川秀丽。

流域属南亚热带气候，有明显的季风，雨量充沛，多年平均气温21.6摄氏度，年日照1 688小时，年无霜期335天。流域多年平均年降水量2 200毫米，最大年降水量3 229.5毫米，最大日雨量667毫米，年内4—9月降水量占全年的80%，多年平均年径流量25.94亿立方米，最大34.29亿立方米。1982年5月12日滨江流域特大洪水，洪峰流量3 970立方米每秒。

源流东南流至石潭左纳白湾水（河长21千米，流域面积113平方千米），石潭以上称大岩水，以下称滨江；继流至中心洲右纳黄洞水（河长37千米，流域面积232平方千米），黄洞水流域有燕子岩，20多个大型天然石灰岩溶洞，洞洞相连，面积10多万平方米，因有上万只金边燕子洞口崖壁栖息，故得名。洞内钟乳石林立，奇石迭见。

干流经浸潭镇于沙河圩左纳新洲水，新洲水流域有王九都夫人墓；南流经矛田三公庙至龙颈圩右纳石坎水（河长32千米，流域面积150平方千米），继而右纳炳水（河长34千米，流域面积169平方千米）；东南流至珠坑左纳坝仔水（河

龙须带水库及燕子岩

长 29 千米，流域面积 185 平方千米），南流至卫江口右纳秦皇水（河长 32 千米，流域面积 136 平方千米）；继流至飞水口注入北江。

水云涧

龙颈圩石坎水河口上游称上滨江，下游称下滨江。珠坑以下滨江与秦皇水以及北江右岸河汊花塘涌冲积形成清远西片大平原。

流域有耕地面积 1.62 万公顷，其中水田 1.20 万公顷，是清新县重要农业区。上游清新县西北部有桃源生态旅游区，面积约 333.3 公顷。喀斯特地貌，湖光山色秀丽，森林茂密葱郁，覆盖率达 95.6%，是广东山水、桃花、岩洞、漂流旅游景观最集中的自然生态风景区。原始生态四季如春，气温比珠三角地区低 3～5 摄氏度，空气清新，长年云雾缭绕，似人间仙境，是桃花、桂花

桃花世界

等 1 000 多种花卉植物生长的优良环境。有桃花湖、水云涧、燕子岩、桃花世界四大景区。桃花湖面积 186.7 公顷，16 座桃花岛形态各异，相映成趣，仿佛 16 位处子头戴花冠，沐浴其中，是"水山花天，处子圣地"；2.8 千米长的水云涧漂流，有凌空架设的水云涧栈道，是"勇跃激流，纵情山野"的理想境地。

8.2.18.1 龙须带水库
(Longxudai Reservoir)

滨江 右岸支流黄洞水中游的中型水库，又名桃花湖，位于广东省清新县浸潭、桃源两镇，距清新县城约 70 千米。

龙须带水库是一座以防洪、灌溉、发电、旅游为主的水库。水库控制流域面积 178.50 平方千米，其中焦坑引水 50.5 平方千米。库内水面面积 250 公顷，总库容 8 845 万立方米。工程于 1977 年 4 月动工，1981 年 9 月蓄水，1982 年 8 月全面完成。水库蕉坑引水工程于 1982 年 11 月动工，1984 年 2 月完成。1990 年 10 月枢纽工程竣工验收。

水库枢纽工程由大坝、溢洪道、输水隧洞、电站等建筑物组成。大坝为黏土斜心墙土石混合坝，最大坝高 75 米，坝顶长 210 米，坝顶宽 8 米，坝底最大宽 356.10 米。输水隧洞最大输水流量 1 654 立方米每秒。引水涵一级电站装机容量 1.26 万千瓦，多年平均年发电量 4 756 万千瓦时。

水库设计灌溉面积 16 753 公顷，调节滨江沿线四个梯级工程的水源和迳口水利枢纽工程灌区的灌溉用水，保护滨江沿岸、清远市清城北区及清新县城 60 多万人口生命财产和 107 国道公路交通安全。

水库是一个群山环抱的高峡湖。这里保存着天然的环境，方圆数十千米内，湖岩天然一体，周围群山耸翠，森林植被原始，一年四季山花烂漫、百鸟争鸣，散发着大自然的芬芳气息；绕湖一周约 20 千米。湖中多个小岛如绿宝石般镶嵌在宁静的湖面，清澈的湖水铺满了每一个山角弯谷，湖水与岛中溶洞相通，乘舟可入。

8.2.19 源潭河
(Yuantan River)

北江 左岸支流，也是北江、**滃江** 分洪道，又名龙塘河、大燕河，长 45 千米，流域面积 580 平方千米，涉及广东省清远市清城区和清新县。

自江口圩滃江左岸分汊起，源潭河流经源潭镇、龙塘镇至大燕口与北江汇合。分洪情况由北江和滃江各自的水势决定。当滃江口的江口汛枯水位低于 10.50 米时，源潭镇附近河段断流，来自青龙的河水到紧水坑口折转北流，至江口圩入滃江，然后再流入北江；紧水坑口以南水则南流，经源潭镇、龙塘镇至大燕口汇入北江。若遇北江水涨，滃江水位不高时，北江洪水便由江口圩倒灌入滃江，除滞留于滃江外，大部分洪水入源潭河南流入北江。

源潭河一级支流中，流域面积超过 100 平方千米的有迎咀河和银盏河两条。迎咀河发源于广州市花都区柴厂围，流域面积 132 平方千米，河长 30 千米，上有**迎咀水库**。银盏河发源于与花都区交界的龙塘镇尖峰岭，流域面积 133 平方千米，河长 22 千米，上有**银盏水库**；自发源地向西北流，经银盏水库、三家村、龙塘圩东南穿过龙塘圩，最后在龙塘营汇入源潭河。

源潭河两岸人口众多、经济发达、风景秀丽，是清远市重要的城市用地和经济开发区之一。两岸土地肥沃。清远市清城区源潭镇、龙塘镇，是清远主要产粮区。源潭河是两岸地区的唯一水源，因其流域面积小，每年 8 月、9 月源潭河开始断流，严重影响两岸地区群众的生产、生活和经济建设。

8.2.19.1 迎咀水库
(Yingzui Reservoir)

源潭河 左岸支流迎咀河上的中型水库，位于广东省清远

市新市区东南20千米，距离京广铁路复线3.0千米。

水库是一座以防洪、灌溉为主，兼顾发电、供水等效益的中型水库。水库控制流域面积102平方千米，流域多年平均年降水量1938毫米，多年平均年径流量1.32亿立方米。水库总库容7265万立方米，始建于1957年8月，次年建成蓄水，1959年再次加高。

迎咀水库

水库建筑由主坝、副坝、输水涵管、溢洪道和电站组成。主坝为土石混合坝，最大坝高39.24米，坝顶宽6.5米，坝顶长209米；副坝4座坝长共283.5米；输水涵管为钢筋混凝土压力圆管；溢洪道为开敞实用堰；坝后电站有一、二级发电站，装机7台总装机容量为2310千瓦，水库年设计发电量700万千瓦时。

通过扩大输水管的直径，发电机组的出力提高15%。工程加固达标后，工程既有了安全保证，灌溉和发电效益又得到提高，现设计年供水量1460万立方米。水库防洪保护下游人口19.54万，耕地面积7493公顷；实际灌溉面积4333公顷。

8.2.19.2 银盏水库
（Yinzhan Reservoir）

源潭河左岸支流银盏河上游的中型水库，位于广东省清远市清城区东南约20千米，距离广州市50千米。

银盏水库

水库是一座集防洪、灌溉、供水兼发电等综合效益的中型水库。水库控制流域面积35.1平方千米，于1971年在库区上游花都区因建伯公坳水库，被截去6.7平方千米，现集水面积为28.4平方千米。流域多年平均年降水量1910毫米，多年平均年径流量3635万立方米。水库总库容为3082万立方米。水库于1959年11月动工兴建，自开工至1987年经过几次续建，并于2000—2003年对水库进行除险加固。

水库建筑由大坝、输水涵管、溢洪道电站和灌渠组成。大坝为土石混合坝，最大坝高41.67米，坝顶宽6.5米，坝顶长280米，迎水坡为干砌石护坡，背水坡为贴草皮护坡；输水涵管属填埋式钢筋混凝土压力圆涵；溢洪道为开敞式实用堰；坝后电站装机容量为3×520千瓦，设计年发电量120千瓦时，实际平均年发电量65万千瓦时；水库实际灌溉面积1333公顷。

大坝下游3千米处有京广铁路、107国道，并保护下游银盏林场、龙塘镇耕地面积8000公顷及十几万人民群众的生命财产安全。银盏水库为龙塘镇及工业区用水的水源，设计日供水量2万立方米，现实际日供水量0.6万立方米。

银盏水库湖面开阔，水面面积达180公顷，湖水清澈。在风平浪静之时，整座水库如同一面大镜子，岸上景物与天上云彩倒映水中，景色十分迷人。银盏水库周围是十万亩银盏林场，空气清新，环境幽雅，山花烂漫。银盏水库水域四周多温泉，水中富含硫离子、重碳酸、偏硅酸等物质。

8.2.20 漫水河
（Manshui River）

北江右岸支流，发源于广东省广宁县江屯镇碰子顶，自西北向东南流经广宁、四会、清远、三水等县（市、区），于三水区六和镇埠街注入北江。河长75千米，河道平均比降2.75‰，流域面积791平方千米。

流域地处南岭以南，北回归线以北，属亚热带季风气候，多年平均气温20.8摄氏度，多年平均年降水量1900毫米，年水资源总量11.76亿立方米。河流落差较大，水力资源丰富。

漫水河在四会县境称威整河，清远市境称三坑河。昔日河床多钉螺，孳生血吸虫，曾称毒河。

威整河地处山区，地形、地貌独特，有奇石河风景区。奇石河风景区地处圩镇的红星、黄洞两村之间，距圩镇3.8千米，

四会银带瀑布

面积8平方千米，以银带瀑布和十里奇石河为主要景点。

奇石河

8.2.21 绥江

(Suijiang River)

北江下游右岸支流，原名南溪河、怀溪河。发源于广东省连山县，在四会市马房汇入北江。流经广东省怀集、广宁、四会3县（市）。

概　述

绥江流域面积7 184平方千米，干流长226千米，河道平均比降0.25‰。地势北高南低，自西北向东南倾斜。燕山期褶皱地质，泥盆系、白垩系、第四系、寒武系地层。南北部多为花岗岩、中部为砂页岩。流域内高程超过1 000米的山峰有60座，大稠顶最高，高程1 626米。流域面积超过100平方千米的一级支流有12条，二级支流5条。上游山区河段森林茂密、落差大、雨量充沛，水力资源较丰富。

流域地处南岭以南，北回归线以北，属亚热带季风气候，多年平均气温20.8摄氏度，多年平均年地面蒸发量600～800毫米，年水面蒸发量1 100～1 200毫米；多年平均年降水量1 819毫米，北部多、南部少；多年平均流量109.12立方米每秒，年径流量78.56亿立方米。

1949年以前，流域没有防洪、灌溉水利工程，水旱灾害频繁。发生较大水灾34次，以1885、1888、1935年为严重。1885年5月连降大雨，怀集水位站水位59米、县城水深8米。1949年后建水库、改河，水旱灾害得以缓解，但还时有大旱、大洪灾，1955、1982和1994年的水灾较大。1955年7月最严重，大雨连降3天，怀集水位站水位54.79米，全城一片汪洋，水深1.8～4.5米。

1575—1949年间较严重旱灾记录有15次。1946年最严重，春、秋大旱，早晚稻失收，饿殍遍野。1949年后，1976年旱灾最严重，降水量比常年减少60%，农田受旱13 333公顷。

主要农副产品有粮油、豆、蔗、烟、茨类、木材、松脂，主要工业产品有铁矿、水电、食糖、服装、家具、水泥、中密板。

1949年前，近33 333公顷耕地靠木石板、水筒车、小山塘灌溉的仅有1 333公顷，其余靠雨水和自然水灌溉，水旱灾害频繁。流域现有下竹、三坑、湖朗、高塘、长调等中型水库，小（1）型水库14座，塘库613座，总库容3.38亿立方米；蓄水工程632座、引水工程394座；水电站223座，装机容量21万千瓦，年发电量6.6亿千瓦时。

1949年前，防洪只在灾患严重的河段两岸用草木泥石护岸，用丁字坝防冲，把水流挑向对岸，两岸常发生用水纠纷。1949年后，政府重视防洪抗旱问题。1956年修筑全流域第一条马宁防洪堤，两岸堤防总长12千米，1959年又裁弯取直珠江运河。至1977年，改河15条，裁弯取直、扩大过水断面、放缓河床比降、加固堤围，使水流畅顺，减少洪水灾害，增加耕地面积85.4公顷，捍卫耕地面积3 547公顷、人口8万多。

纪　实

绥江发源于广东省连山县擒鸦岭正坑顶（高程1 421米）自西北向东南流经广东省连山、怀集、广宁、四会4个县（区、市），于四会县马房汇入北江。大部分流域是山区，山林植被良好，雨量充沛，山高河陡，落差大，水力资源丰富。

源头自北向南流经连山县，至怀集县中洲镇水下营村河段，称治平水，以上流域面积280平方千米。

右岸连山县有支流小三江自右岸汇入，小三江河长20千米，流域面积107平方千米；至河口右纳上帅水。上帅水河长31千米，流域面积169平方千米，上游在连山县，属山区，山高林茂，降水量全流域最多，有上帅、下帅、七星、长久、加田、小三江国家雨量站，下游在怀集县，有肇庆市唯一民族乡——下帅壮族自治乡，河口右岸有水下瀑布群可开发利用。

从治平水河口自北向南经中洲、连麦、怀城等镇至怀集县三江口右纳**马宁水**后为中游。

绥江水系示意图

中游河段称中洲河，至中洲墟左纳太平水（又名白竹水，河长27千米，流域面积154平方千米），至河口右纳马宁水。在太平水白竹村有一冷热蓝泉群，水温42摄氏度。

绥江四会河段

怀集三江口以下为下游，右纳柑洞水（河长31千米，流域面积119平方千米），南流至坳仔镇象角村，左纳**凤岗河**。怀集县城中心洲，有丝绸之路妈祖庙（天后宫），中心洲尾左岸有广东省文物保护单位——文昌塔和文昌书院。

干流经坳仔镇府入广宁县境，于古水镇下坑村右纳**诗洞水**，于古水镇左纳**古水河**；继流至洲仔镇金场右纳金场水（河长47千米，流域面积231平方千米），继东南

怀集文昌塔和文昌书院

流至江边垌左纳广宁水（河长25千米，流域面积151平方千米）；东南流到石涧镇西右纳宾亨河（河长28千米，河长204平方千米）；东流至扶罗左纳排沙水（河长27千米，流域面积105平方千米）；入四会市境，东南流，经黄田镇、石狗镇，于四会市区左纳**龙江**，继流至马房，从右岸汇入北江。

8.2.21.1　马宁水
(Maningshui River)

绥江右岸支流，又名梁村河。发源于广东省怀集县蓝中镇老黄顶，自西北向东南流经蓝钟、马宁、岗坪、梁村、大岗、怀城等镇，于怀城镇怀高村汇入绥江。干流长70千米，河道平均比降2.88‰，流域面积928平方千米，地处广东省怀集县境内。

流域地势北高南低，自西北向东南倾斜，高程超过1 000米的山峰有6座，最高峰二岳顶，高程1 291米；西北部为高山，东南部为低山丘陵和群山环抱的平原。河流纵横，山高林茂，植被良好。流域面积超过100平方千米的支流有冷坑水、大岗水和闸岗水三条。

流域地处南岭以南，北回归线以北，属亚热带季风气候，多年平均气温20.8摄氏度，多年平均年降水量15.88亿立方米。汛期降水量占全年的78.4%，多年平均流量32.05立方米每秒；多年平均年地面蒸发量700~800毫米，年水面蒸发量1 100~1 200毫米。河流水质Ⅱ~Ⅲ类。

1517—1949年有较大水灾8次，1885年最严重。1949以后，1955年的水灾最大，1956年7月，暴雨连续3天，沿河蓝中、梁村墟全部淹没，怀集县城地面水深1.8~4.5米，一片汪洋。

历史上，1946年旱灾最严重，1945年10月至1946年5月未下过透雨，春、秋大旱，早晚稻失收，饿莩遍野。1949年以后，1977年春旱最严重，1976年上半年降水量偏少，9月至次年4月无雨，降水量比平均值减少60%。

20世纪60—70年代，裁弯取直盆地范围内的全部支流，扩大过水断面，畅顺水流，平原河段改河10段，原河长87千米，改后为61千米，减少农田灾害损失，保护两岸耕地面积3 333公顷，人口6万多。流域内水力资源理论蕴藏量25兆瓦，可开发量18.8兆瓦，年发电量6 872万千瓦时。有蓄水工程267座，灌溉耕地12 573公顷，其中中型3座；引水工程155座，灌溉面积超过666.7公顷的两座；水电站59座，装机容量24.4兆瓦。

源流向东南流，流经蓝钟镇，在蓝钟墟左纳古城水。蓝钟镇有三岳省级自然保护区，山脚下双兴村有双兴温泉群，水温41摄氏度；镇内还有湘粤古道遗址。

从蓝钟河段东流至梁村河段右纳大岗水（河长22千米，流域面积146平方千米），至梁村镇栏马左纳冷坑水（流域面积233平方千米），至怀城镇黄岗右纳闸岗水（河长

三岳自然保护区

30千米，流域面积116平方千米）。马宁水上游建有中型的下竹、三坑、湖朗水库。梁村镇有莲花峰林（又称十三峰），马宁镇有六祖岩，是佛教六祖圣地，六祖禅宗慧能在此潜心修炼15年。

流域内有耕地13 067公顷，有效灌溉面积12 533公顷；经济以农业为主，主要农副产品有稻、油、烟、菜、木材、松脂，主要特产有黄庆笋、水竹席、地灵甜瓜、岗坪切粉。怀集县多罗山钨矿、岗坪金矿，储量较小，20世纪90年代已开采完毕。

8.2.21.1.1　下竹水库
(Xiazhu Reservoir)

马宁水上游的中型水库。位于广东省怀集县西北部蓝钟镇下竹村，距怀集县城32千米。

水库功能以灌溉为主、结合防洪发电综合利用。控制流域面积110.4平方千米，多年平均年降水量2 392毫米，总库容5 390万立方米。1958年9月动工，1960年6月停建，1978年10月完工。

工程建筑物由挡水坝、溢洪道、放水管、电站和灌渠组成。挡水坝为浆砌石重力坝，坝高51米，坝长130米。坝中段设开敞陡坡式挑流消能溢洪道，宽30米，最大泄流量1 417立方米每秒。坝内设钢筋混凝土圆形放水管，

下竹水库

坝后水电站装机2台总装机容量4 000千瓦，年均发电量1 000万千瓦时。灌区有总干渠、西干渠和中干渠。总干渠在蓝钟镇内，长6千米，流量7立方米每秒。西干渠长36千米，流量4立方米每秒，灌溉马宁水引水渠以上的岗坪、梁村、大

岗镇耕地。中干渠长38千米，流量6立方米每秒，作用是扩大、改造马宁水引水渠系，灌溉岗坪、梁村、大岗镇耕地。灌区已于1991年建成。

西、中干渠与西部盆地蓝钟、岗坪、梁村、大岗等4个镇的蓄、引、提、排工程联合调度，灌溉耕地面积5 333.3公顷，使怀集县粮产区的耕地达到旱涝保收。水库防洪保护库区至怀城40多千米沿岸9 333公顷耕地、16万人口的安全。

从马宁水源头南下，至蓝钟镇下竹村右岸为支流上竹水，至村口为下竹水库拦河大坝。库区有丝绸之路湘粤古道遗址。

8.2.21.2 凤岗河
(Fenggang River)

绥江左岸支流，又名凤岗水，发源于广东省连南县分水坳（高程1 364.3米），自北向南流经怀集县洽水、凤岗、甘洒、坳仔等镇，在坳仔镇象角村流入绥江。河长102千米，河道平均比降3.59‰，流域面积1 222平方千米，涉及广东省连南县和怀集县。

流域地处怀集县东部山区，地势北高南低，自东北向西南倾斜。高程超过1 000米的山峰有51座，与阳山县交界的大稠顶最高，高程1 626米。山高林茂，植被良好，北部和东部为高山、西部和南部为山丘荒地，河流纵横交错。

属亚热带季风气候，多年平均气温20.8摄氏度，多年平均年地面蒸发量700毫米，多年平均年降水量1 892毫米，年径流深1 235毫米，汛期降水量占全年的78.6%。上游水质Ⅲ～Ⅳ类，下游Ⅱ～Ⅲ类。

1517—1949年有水灾34次，较大的8次，1885年5月最大。1949年以后，1955、1982、1983、1994年水灾较大，1955年为最大。1956年7月连降3天大雨，洽水3天雨量393毫米。1575—1949年间，有记载的旱灾30次，较严重的15次，1946年最严重，1947年春、秋大旱，农作物缺水，早晚稻失收，饿殍遍野。1949年以后，有较严重春旱14次，秋旱7次，1977年春旱最严重，年雨量比平均值少60%。

流域涉及5个镇，耕地面积3 400公顷，其中水田2 700公顷；主要农副产品有粮、茨类、木材、松脂，主要工业为铁矿、水电、木材加工。

水力资源理论蕴藏量215兆瓦，可开发量172.3兆瓦，年发电量5.8亿千瓦时。1949年后，按规划梯级开发干流和支流。各水电站的尾水位和下一站的回水位相接，两岸较低的盆地修筑堤围。上游兴建高塘、鱼跳、新湾、平湖等中小型水库调洪削峰，降低洪水灾害。已有蓄水工程93座，其中中型2座，小（1）型1座，塘库90座，总库容1.37亿立方米；引水工程86座，引水流量3.6立方米每秒，灌溉耕地面积2 333公顷；水力发电工程104座，总装机容量171.4兆瓦，年发电量5.5亿千瓦时。

从源头自北向南至洽水墟段称白水河，上游段河道为岩石，两岸大部分台地较高，农田、村庄分散。山高，河流落差大，水力资源丰富。白水河沿河建有长调、高塘、鱼跳、新湾等中小型水库和梯级水电站，设

大稠顶自然保护区

有白水、洽水等国家雨量站。在洽水墟左纳支流茶岩水汇入，茶岩水又名洽水，河长43千米，流域面积236平方千米，上游有大稠顶省级自然保护区；中游有镲村温泉群，水温47摄氏度。洽水墟以下为下游段，南流至凤岗墟，左纳**桃花水**。南流至坳仔镇象角村汇入绥江。支流上良水上游有孔洞历史文化村和孔洞瀑布群。

8.2.21.2.1 桃花水
(Taohuashui River)

凤岗河左岸支流，又名庙嘴水，发源于广东省阳山县心同顶，向西流经阳山县和怀集县，在怀集县凤岗圩流入凤岗河。干流长59千米，河道平均比降8.16‰，流域面积357平方千米。

流域地处北回归线以北，属亚热带季风气候，多年平均气温20.9摄氏度，多年平均年降水量1 766毫米，年径流深1 146毫米，多年平均流量8.43立方米每秒。水质Ⅲ～Ⅳ类。

流域内山高河陡、雨量充沛。水力资源丰富，理论蕴藏量53兆瓦，可开发量38.8兆瓦，年均发电量1.45亿千瓦时。

干流和大、小支流现已建起永久拦河坝引水灌溉和发电，灌溉农田600公顷，建成水电站19座，装机容量44.9兆瓦。

源头建有中型的坪湖水库和水电站。源头至怀集县苦竹塘村为上游段，有燕峰温泉群和马池水文站、甘洒水位站以及河皮、坪湖等雨量站。地势由南向北倾斜，入怀集县界向西南倾斜。

燕峰温泉

苦竹塘村至凤岗墟为中下游段，干流长27千米，集水面积232平方千米，建有银龙水电站，装机容量1.5万千瓦。中游段的热水坑，有篁更古闸和丰富的温矿泉，最高水温64摄氏度，现已开发燕峰漂流、温泉浴、燕峰度假村等项目。

8.2.21.3 诗洞水
(Shidongshui River)

绥江右岸支流，又名永固河。发源于广东省怀集县天厌顶，于广宁县古水镇下坑村汇入绥江。干流长81千米，河道平均比降2.57‰，流域面积650平方千米，涉及怀集县和广宁县。

流域地处怀集县南部高丘山区，东接广宁县，南邻德庆县，西至桥头镇近封开县，北与闸岗镇和大坑山林场相邻。流域地势西南高，东北低，西部为高山，东部为丘陵；河谷狭长，山坡较陡，两岸台地较高，土质多为砂壤土，易引发地质灾害；崩蚀、沟蚀水土面积20多平方千米，水土流失较严重。

流域属亚热带季风气候，多年平均气温20.8摄氏度，多年平均年降水量1 605毫米，年水面蒸发量1 200毫米，年径流深874毫米，多年平均年径流量4.23亿立方米，水质Ⅱ类。

1575—1949年的375年间，有旱灾记载30次，较严重的15次，最严重的是民国35年（1946年）。1949年前，全流域无防洪、灌溉、发电工程，水旱灾害严重。

1949年后，裁弯取直两岸台地较低、灾害较大的永良水

和波水坑下游河段，扩大过水断面、放缓比降、加固堤围，减少农田灾害损失，保障人民生命财产安全。

流域内有居民10.20万人，耕地2687公顷，其中水田2367公顷；农副产品有粮、茨类、松杉、松脂，工业主要是水电和腐竹加工。蓄水工程11座，总库容120万立方米；引水工程19座，引水流量4.2立方米每秒；提水工程20座，共灌溉耕地2513公顷。水电站13座，装机容量2379千瓦，年发电量833万千瓦时。

源头高程811米，源流向南，上游称白云水，于诗洞镇治右纳六龙坑水后称永固河；北流至永固镇转东流，至富德村入广宁县境，在广宁县下坑村汇入绥江。六龙、健营、凤艳、大东等村是革命老区。

8.2.21.4 古水河
(Gushui River)

*绥江*左岸支流，古称雇水河。发源于广东省清新县白赤村，源流向南经蕉坑入广宁县境，穿过中型的花山水库，西南流经福排，至花山左纳北市水，右纳旺洞水；折西北流经赤坑镇转西南流，经汶水、大汶口、伍公祠、禾仓圩，于赤水口左纳螺岗水（河长30千米，流域面积150平方千米）；穿过绥江大沙角自然保护区，经油树坪等村，至古水镇流入绥江。河长131千米，河道平均比降1.88‰，流域面积919平方千米，涉及清新县和广宁县。

古水河大部分流域是山区，地势东北高，西南低，山高林密、河道弯曲、滩多流急。主流总落差250米，集中在广宁花山以上河段，以下较平缓。地

古水河

质条件较好，广宁县境，黄竹峡以上为花岗岩，以下为砂岩、页岩，两岸多第四系残积层亚黏土覆盖。黄竹峡以下河道较开阔平缓，两岸竹木覆盖，水土保持良好，水力资源丰富。

流域属南亚热带气候，多年平均气温20.7摄氏度，多年平均年降水量1829毫米，上游向下游递减，年内分布不均匀，汛期降水量占全年的77%以上，多年平均流量31.5立方米每秒。流域内森林茂密，植被良好，枯水季节河水清澈，汛期暴雨时河水浑浊。

蓄水工程2座，控制流域面积4.8平方千米，蓄水量28万立方米。花山水库总库容6300万立方米，有年调节性能。

1559—1949年，发生较大的水旱灾害共29

广宁竹海国家森林公园

次。1885年的水灾和1942年的旱患最严重。1950—1986年，较为严重的水旱灾害27次，其中水灾11次，以1955年7月最严重；旱灾16次，以1955年春旱最为严重。

古水河流域经济以农业为主，四季景色宜人，河岸散落着客家人的老屋，民风质朴，热情好客。竹海大观景区是广东唯一以竹生态、竹文化为主题的旅游景区。广宁县是革命老区，是全国著名的"竹子之乡""武术之乡"和全国文化先进县。

8.2.21.5 龙江
(Longjiang River)

*绥江*左岸支流，发源于广东省广宁县境十排山，东南流经江林、江谷、龙湾、下茆、龙甫、城中、东城等镇（街道），在四会市区小海口汇入绥江。干流长63千米，河道平均比降2.51‰，流域面积567平方千米，涉及广宁县和四会市。

广东四会田园风光

流域地势由西北向东南倾斜，上游山区丘陵，土质属黄壤土，植被较好；中游多土阜短岗，多红壤土和冲积砂壤土，岗丘多为风化花岗岩，植被甚差，水土流失严重；下游是低塱平原，河道曲折，两岸许多滩地成堤围区。

流域属亚热带季风气候，雨量充沛，日照充足，多年平均气温21摄氏度，多年平均年降水量1750毫米，年径流量4.02亿立方米。

流域内有**江谷水库**等中型水库，大坑口、鸡啼岭、坑尾、乌石、田心等小型塘库工程；有龙湾、南塘、甫田、芙蓉、下布、马陂、仓丰等排灌站，还有龙江水闸以及仓丰、马鞍、江谷、龙江、渔云、何礼、建基联围等堤围工程。

四会水库移民种植砂糖橘

8.2.21.5.1 江谷水库
(Jianggu Reservoir)

*龙江*中上游的中型水库，位于广东省四会市西北部的江

林镇境内。

水库以灌溉为主，结合防洪、发电、养殖效益。水库控制流域面积 136.5 平方千米，水面面积 233 公顷，正常库容 4 580 万立方米，总库容 7 031 万立方米。工程于 1958 年动工，1960 年建成，1978 年和 2001 年分别对工程进行加固。

主要建筑物有主坝、副坝、溢洪道、输水管和电站，主坝为均质土坝，长 320 米，坝顶高程 62.05 米，最大坝高 40.5 米；副坝两座，总长 435 米，坝顶高程 62.05 米；开敞式溢洪道 1 座，宽 36 米，分两级消能；钢筋混凝土输水管 1 条；坝后电站装机 4 台总装机容量 1 990 千瓦，多年平均年发电量 500 万千瓦时。

建库前龙江中下游河道弯曲，断面狭窄，泄洪能力极低，是一个严重的洪泛区，年年决堤。建江谷水库后从未发生决堤事故，其蓄洪削峰作用相当显著。

建成后的水库又称江谷平湖，长 12 千米，宽 2 千米，水深 40 米，库区水量充足，水体晶莹碧透，库区内自然景观、人文景观和工程景观相结合，山水相映，构成一幅壮丽的山水图景。

江谷水库

库区主坝雄伟壮观，站在坝顶居高临下，一面可看到一片青山绿水，另一面可远眺库区全景及田园风光。主坝景区设有控制塔、条形山荔枝园、溢洪道、水文观测站等。

三、东江水系
Dongjiang River Basin

8.3 东江
(Dongjiang River)

珠江流域第三大水系，古称湟水、循江、龙川江等。发源于江西省寻乌县桠髻钵山，至广东省东莞市石龙镇以下进入东江三角洲。流域位于东经113°52′～115°52′，北纬22°38′～25°14′，干流涉及江西省寻乌、定南和广东省龙川、新丰、博罗、惠州、东莞7个县（市）。

概　述

流域范围　东江是珠江流域三大水系之一，流域总面积 27 040 平方千米，其中江西省境内 3 500 平方千米，广东省境内 23 540 平方千米（其中河源、惠州占流域总面积约 76%）。整个流域呈不规则矩形，北隔南岭与**长江**分

东江上游寻乌水

界，西以九连山、滑石山、瑶岭与**北江**相隔，东以不太明显的台地与**韩江**分水，西南为众多的独流入海河流，南面南海。流域范围包括江西省的赣州市和广东省的河源、韶关、惠州、梅州、东莞、深圳7市及14个县（市、区）。

地质地貌　流域地势东北高、西南低，上中游主要为山区丘陵河谷区，两岸海拔千米以上山脉绵延，出沙岭峡谷后进入平原堤围区，石龙以下是三角洲河网地带。流域地层发育较齐全，岩石构成复杂多样，包括各类砂岩、页岩、灰岩、片岩和冲积层等；土壤分布大致有山区的泥炭土，丘陵地区的红壤、黄壤、紫色土和零星的石灰土、石质土，平原区沿岸的水稻土、冲积土。流域内植被属南亚热带季雨常绿阔叶林、南亚热带草被以及人工营造的针叶林，常年青绿。大部分山地、丘陵基本绿化。特别是经过十多年的封山造林绿化和水土流失治理，干流植被一般尚好，惠州市森林覆盖率58.5%，河源市71.7%。

河流水系　干流上游称寻乌水，至龙川五合汇**定南水**（又名安远水）后称东江，从江西省安远县流入广东省境内，经龙川、河川、河源、紫金、博罗、惠阳至东莞市石龙，以下进入东江三角洲分为**东江北干流**和**东江南支流**两水道入**狮子洋**，经虎门出海。干流由东北向西南流，河道长度至石龙为520千米，干流总落差839米，河道平均比降0.39‰。流域面积超过 1 000 平方千米以上的东江主要支流自上而下有定南水、**浰江**、**新丰江**、**秋香江**、**公庄河**、**西枝江**和**石马河**7条，其中新丰江最大，流域面积5 813平方千米。

气候水文　流域属亚热带季风气候区，海洋性气候，夏秋季热带气旋影响频繁，高温多雨湿润，有明显的干湿季节，气候温和。受来自太平洋及南海水汽源和地形的影响，流域水资源主要为降雨，雨量充沛，但时空分布不均匀，汛期4—9月降水量占全年的 79.4% 左右。流域多年平均年降水量 1 732.5 毫米，多年平均气温 21 摄氏度，多年平均年径流量 261 亿立方米，多年平均年蒸发量 1 200 毫米。

东江水质，目前主要污染源为有机污水和铬废水。从河段水质来看，东江上游及中上游受到污染较少，水质达到国家地表水环境Ⅱ～Ⅲ类以上水质标准，基本满足饮用水原水水质要求；东江中下游及东深供水工程段受到不同程度的污染，综合水质类别在Ⅲ类以上。

流域植被尚好，河流含沙量不多，据博罗站1956—2000年资料统计，多年平均含沙量0.11 千克每立方米，多年平均年输沙量256万吨，最大年输沙量为1959年的580万吨，最小为1963年的32.5万吨。20世纪80年代末至90年代初，东江下游及三角洲河段采砂量大，河流输沙量补充不足，造成东江下游河段河床下切，河槽失沙严重。

自然资源　上中游耕地大部分为河谷地和小盆地。流域境内耕地面积392.05万亩，其中广东省351.34万亩，江西省40.71万亩；农田实灌面积263.44万亩，其中广东省239.95万亩。

流域内大部分为山区，竹木资源比较丰富。流域上游矿产资源比较丰富，有铁、钨、铜、铅等，其中广东省最大铁矿大顶铁矿坐落在流域上游的连平县，矿石储量约 2 亿吨，年开采量157.18 万吨，主要分布于连平大尖山及茶排等地。

社会经济　东江流域分属广东和江西两省。广东省境内包括河源市的源城区、东源县、和平县、龙川县、紫金县、连平县，韶关市的新丰县，惠州市的惠城区、惠阳区、惠东县、博罗县、龙门县，东莞市，深圳市的宝安区和龙岗区，梅州市的兴宁市；江西省境内包括寻乌县、安远县、定南县。

截至2000年年底，东江流域境内总人口832.43万，其中广东省和江西省分别为777.83万和54.60万，多集中于干流及大支流的沿河地带和平原区等经济发展较快的地区。

截至2000年年底，流域地区生产总值为 663.1 亿元（其中广东省为 650.2 亿元，占 98.1%），人均产值为 8 359 元；工业总产值1 329.6 亿元（其中广东省为1 324.7 亿元，占99.6%），农业总产值 143.8 亿元（其中广东省为 134.5 亿元，占 93.5%）。

流域农业生产以种植粮食作物水稻、红薯为主，经济作物主要有大豆、花生、甘蔗、茶叶、西瓜、荔枝、龙眼等；近年来，林业、渔业、养殖业等也有了较大发展，形成了以粮食生产为基础，大力发展"三高"农业的格局。

域内惠州、深圳和东莞市等地已建立门类比较齐全的以电子、轻纺、机械、食品、化工为主的轻型工业生产体系，形

东江河源段

成了以高新技术产业为龙头、兼顾劳动密集型产业的多元化、多领域、多层次的工业发展格局，工业相对发达，但上游的河源、韶关、梅州等地仍以农业为主。

流域铁路干线有广九铁路、京九铁路、广梅汕铁路，公路干线有广（州）汕（头）公路、广（州）梅（县）公路、广（州）深（圳）高速公路，各市县（区）和镇之间亦有一般公路可通。

水旱灾害 流域自然灾害主要为洪、涝、旱灾，其中洪灾较为突出，特大洪水主要由全流域普降暴雨引起。据史载，明弘治十八年（1505年），东江上游龙川、和平大水，河源淹浸五日，舟从城过。自1864年迄今，已发生过27年大水，其中以1959、1964、1966、1979年为重。

1959年6月发生特大洪水，博罗以上流域三天平均降水量280毫米，惠阳站实测最高水位17.57米，为有测记以来的最高洪水位；博罗站实测最大流量12 800立方米每秒，洪水频率约为100年一遇。当时东江下游沿江堤围尽决，*增江*及西枝江两岸尽成泽国，广汕公路行车中断，广深铁路线中断行车16天；受灾耕地面积100 533公顷，损失粮食约8 500万斤，受灾人口约22.1万。

近百年来，东江流域以1943、1955、1963和1977年旱灾为严重。1943年久旱不雨，赤地千里，全流域耕地面积80%受灾；1955年受灾耕地面积约6万公顷；1963年发生近百年来的最大旱灾，受灾耕地面积约13.73万公顷；1977年受灾耕地面积12.53万公顷。近年来较严重的旱灾是1986年秋旱和1991年春夏旱灾，受灾面积都在6.67万公顷以上，损失较重。

开发治理 1960年初起，东江每年跨流域向香港供水，2004年供水量8.08亿立方米。流域以外的广州、深圳亦需要从东江取水。为解决东江枯季水量不足问题，1958—1987年在东江干支流上游先后修建了*新丰江水库*、*枫树坝水库*及*白盆珠水库*3座大型水库，总库容170.4亿立方米，水电装机容量46.95万千瓦。

流域共建有大小水库870座，其中大型3座、中型34座、小（1）型以下水库833座，总库容185.75亿立方米；引水工程7 002座，流量164立方米每秒；机电排灌站129座，总装机容量9.82万千瓦；水电站702座，装机容量70.76万千瓦，年发电量26.44亿千瓦时；治理水土流失1 816.88平方千米。

干流自龙川以下可通航机动客货轮，部分支流下游也可通航木船，由龙川沿东江可达珠江三角洲等地，可通航50～100吨驳轮。

1949年以来，流域共进行过3次河流流域综合规划（1959、1962、1982年）。在不同时期，以规划成果为依据，进行水利水电建设，现已形成了比较合理的防洪除涝和水资源开发利用布局，奠定了东江流域的防洪、治涝、灌溉、供水、发电、水土保持、种植、养殖、旅游服务等系统功能齐全、综合效益明显的水利发展格局，为农业和第二、三产业以及社会各项事业的稳步发展，为社会安定和人民安居乐业提供了相对可靠的防洪安全保障和水源保证。

纪　实

上游 东江干流发源于江西省赣州市寻乌县桠髻钵山，源流自东北向西南流，在江西省境内寻乌县依次纳剑溪河、

东江发源地

马蹄河、*龙图河*3条集水面积大于100平方千米一级支流，入广东省境龙川县（西岸）和兴宁县（东岸）间，经上坪、岩镇、新田、赤光，先后纳集水面积100平方千米以上的支流*篁乡河*（跨省境）、流田水、沙洲水，最后于合河坝（又叫合河口）纳集水面积2 364平方千米的定南水。源头至合河口称为寻乌水，为东江上游，长138千米。上游为山地丘陵地带，山峰重叠，植被好，河床陡峻窄浅，坡降大，有丰富的水力资源，水质良好。

干流由源头向西南流经三桐村又称三桐河，该段有高8米有余的天然瀑布，瀑下有"簸箕潭"，水跃潭中之声震耳欲聋；水过岩石滩，滩上浪花银白。东江流经水源乡又称水源河，该段河道比降大，多砾石、卵石，间有孤石、基岩裸露，河水清澈，植被良好；干流进入澄江镇又称澄江河，两岸丘陵连绵，河床渐缓，以卵石、粗砂为主，河宽40～80米。

干流自澄江圩至南桥镇水背村河长43千米，河道平均比降1.74‰，蜿蜒南流穿行于山地丘陵间，入吉潭镇地界又称吉潭河，河槽深窄，两岸耕地成片，果树成林。两岸丘陵区水土流失较为严重，河槽多砂；经吉潭镇滋溪村，左岸纳剑溪河（河

长17千米,流域面积127平方千米),在文峰乡石角里右纳马蹄河(河长42千米,流域面积224平方千米)。

寻乌县城在马蹄河下游,寻乌旧称"江右岩邑",春秋之际归百越,汉由于都县辖,唐、宋隶安远县,明万历年初置长宁县,1914年为避与四川长宁县同名,取寻邬水名改称寻邬县,1957年起改为寻乌县。"龙岩仙迹""镇山高阁""江东晓钟""文笔秀峰""西献云屯""桂岭天香""石伞标英""铃山振铎"为寻乌八景,具有深厚的文化意蕴和独特的自然风貌。在文峰乡上甲村有江西省文物保护单位——上甲瓷窑址。

桠钵东寻乌水

干流自马蹄河口至南桥镇磷石背河段水土流失严重。南龙水库位于南桥镇青龙村的青龙岩所在地(又称龙岩仙迹),控制流域面积949平方千米,为河床式径流电站,装机容量300千瓦。两岸峭壁上共有岩洞近千。由11个大岩洞组成的青龙庵已有800余年历史,至今香火不断,游人如织。

青龙岩石窟

干流在南桥镇水背村以下河长30.4千米,河道平均比降1.97‰,河宽100~150米。东江水背村至黄坝河段,两岸多为丘陵,植被稀疏,水土流失以面蚀居多,沟蚀次之,局部有崩岗,从而造成河床抬高,汛期沿河低洼农田经常受淹;以下河段,除南桥镇车头村横山有一长约3千米的S形的弯道外,其余河道较顺直。

干流经狮古石下,入留车镇鹅湖村,右岸纳龙图河,进入**斗晏水库**库区,在水库回水区曲行21.1千米,出库下行120米流入广东省境。

东江在广东省境内行至龙川县渡田乡,右岸纳篁乡河,于坪坑右纳浰田水(河长32千米,流域面积188平方千米);继流至樟树坪,右纳沙洲水(河长29千米,流域面积115平方千米);折南流,至矮寨左纳罗浮水(河长24千米,流域面积118平方千米);折西南流,于龙川县合河坝右岸接纳定南水后始称东江。

中游 从龙川县合河坝至广东省博罗县观音阁为中游,全长232千米。干流由合河坝向南5千米进入枫树坝水库后,汇合定南水出库向西南36.6千米右纳车田水(河长30千米,流域面积137平方千米)。山区河道弯曲较多,

东江博罗县观音阁

河宽100~200米。

东江干流经黎嘴、黄石镇流入和平县,于东水镇右岸接西北汇入的浰江后转东南,左纳小庙水(河长32千米,流域面积181平方千米);经四都、附城,

龙川佗城

至龙川县城老隆镇,该镇是东江上游货物集散地。龙川县历史悠久,秦始皇三十三年(公元前214年),秦平百越,置南海郡,设龙川县,首任县令就是后来统一岭南、被汉高祖封为南越王的赵佗。位于佗城镇的赵佗当年建的佗城遗址现为广东省文物保护单位。该段沿河岸有较多耕地,河宽150~300米。佗城镇是千年古镇,镇内有龙川学宫、南越王庙等古建筑。

龙川学宫

干流经佗城镇再向西南流入东源县境,经柳城镇、奎阁塔,至角塔右纳曾田水(河长21千米,流域面积108平方千米),于蓝口镇左纳**黄村河**,于红岗左纳**康禾河**。干流与梅汕铁路并行,过黄田镇,

东江东源县段

于义合镇左纳久社河(河长29千米,流域面积143平方千米),经东源县城进入河源市区。河源,南齐建武三年(496年)析龙川县地置河源县,因县北300里有三河之源而得名。1988年撤县建市后分河源县为源城区和郊区,1993年将郊区改建为东源县。现河源市区在原源城区地域上所建。河源市现辖源城区、和平县、龙川县、紫金县、连平县、东源县,是东江流域客家人的聚居中心,市区周围有龟峰塔、新丰江森林公园、桂山风景区等自然景观。

东江干流于源城区接西北汇入的新丰江水后向南流,于紫金县临江镇左纳**柏埔河**;继南下,于古竹镇左纳**古竹水**;经紫金,在紫金县境西端接东面汇入的秋香江,转西南,至博罗县东北端的观音阁结束中游

桂山风景区

258

流程。

东江中游河段属粤东平行岭谷区，多为山地丘陵地带，地势由东北向西南倾斜，多数山地海拔500～700米，山峰海拔千米以上。中游段人口较少，用水量不多，居民主要集中在沿河城镇一带，耕地较少，局部地势较低，有少量堤围。干流所经地大部分属于客家语系地区，有独特的客家民俗风情和丰富的客家文化资源；自然资源丰富，是广东省的重要矿藏区、林产区、水源区，素有"粤东宝地"之誉。

东江中上游无大型污染源，水保护措施得法，现状水质好。

下游 博罗县观音阁以下为下游河段，全长150千米，河宽约300～1 500米。干流沿博罗县界东南面和惠阳县界西北面从北往西南穿过，于观音阁下游岚派左纳大岚水（河长41千米，流域面积225平方千米）；经芦洲镇，于泰美镇右纳西北汇入的公庄河后折向东南，至惠阳的横沥，再折向西南，左纳东南汇入的西枝江至惠州市区。该市是东江流域政治、经济、军事、文化中心和商品集散地，有广梅汕铁路在此跨过东江进入博罗县境。

东江惠州市南堤朝京门

干流经惠州市区后折向西北，穿过博罗县城向西南流，附近有较大的**潼湖**提水灌区；右纳小金河（河长33千米，流域面积116平方千米），稿树下河（河长26千米，流域面积125平方千米）；再向西南，左纳南岸汇入的石马河后往西流，途中北岸有"蓬莱仙境"之称的罗浮山，是广东的旅游胜地。

惠州罗浮山

东江干流继续往西，与右岸的支流**沙河**并行；于东莞市石龙镇流入珠江三角洲。下游段沿岸有坦地，其中左岸较为平坦，是洪泛区，特别是下游一带为冲积平原，地形逐渐开阔，耕地多，沿河两岸耕地大多有堤围保护，交通方便，京九、广梅汕铁路自惠州—河源贯通本河段南北，公路四通八达，右岸河源—博罗，左岸惠州—紫金，水路河源—惠州段常年有50吨船只通航，枯水期水深约0.8米。沿河流域各镇社会经济发展迅猛，外来人口剧增，大量未经处理的生活污水直接或间接排入下游河道，污染较严重，水质有下降趋势。

下游河段人口较多，用水量大，居民主要集中在沿河城市一带，也是重要的供水水源取用所在地，东深供水工程、东莞市东江引水工程、深圳市东部供水工程均在本河段取水。

东深供水——旗岭渡槽

原东江—深圳供水工程，北起东莞桥头镇东江河畔，沿石马河逆流分级提水至雁田水库，再南流入**深圳水库**，经管道至三叉河交水点，输水全程约83千米。工程于1964年初至1965年2月建成，主要为解决香港居民淡水供应不足而兴建，其后分别于1974、1981、1990年进行了第一期、第二期、第三期扩建，年供水规模由0.682亿立方米增加到17.43亿立方米，其中向香港地区供水11.00亿立方米，供深圳4.93亿立方米，工程沿线用水1.5亿立方米。该工程解决了香港、深圳和沿线各镇用水需求，促进了这些地区的发展和繁荣。

东江引水工程在东江下游东莞市境内，东北自桥头镇建塘闸开始，西南至长安镇磨碟口闸终止，全长103千米，上下延伸原有东莞运河而成。工程建于1970年1—10月，无坝引水流量60立方米每秒，灌溉农田1.2万公顷，兼有防咸拒潮、城镇供水等综合效益。

深圳市东部引水工程的取水口，在惠州境内的东江廉福地和西枝江老二山，交水点位于深圳龙岗区的松子坑水库。该工程是为解决深圳市东部城镇急需用水而建，年供水量3.5亿立方米，供水线路全长56.3千米，沿线设东江、西枝江抽水泵站等。工程于1996年11月开工，2000年全部竣工。

目前，流域中、下游的惠州、深圳、东莞等地社会经济发展较快，已建立门类比较齐全的以电子、轻纺、机械、食品、化工为主的轻型工业生产体系，形成了高新技术产业为龙头，又兼顾劳动密集型的多元化、多领域、多层次的工业发展格局；流域上游的河源、韶关、梅州等地农业比重较大，相对发展较慢。

下游人口较上游多，主要集中在沿河城市一带，沿江取用水量也大。

东江流域内有4个自然保护区，分别是河源新港、惠东古田、博罗罗浮山、新丰云髻山；有国家水利风景区1个，位于上游的河源万绿湖景区（新丰江水库）。

8.3.1 龙图河
(Longtu River)

东江右岸支流，又名上坪河、鹅坪河。发源于江西省寻乌县三标乡小湖紫村，流经三标、桂竹帽、文峰、晨光、留车5乡镇，河长51.2千米，河道平均比降6.0‰，流域面积268平方千米，位于江西省寻乌县境内。

流域多年平均年降水量1 640毫米，多年平均年径流量2.49亿立方米，河水可饮用。流域地形多为中山，地处华南地层区赣中南褶隆，寻乌—瑞金深断裂南延至广东境；地质年代，上游为震旦纪岩浆岩及石炭纪岩浆岩，中游为侏罗纪砂岩，下游为第四纪松散堆积物。

2004年流域人口1.74万，耕地面积753公顷，有寻乌县城至安远县新园公路和两条横向乡道。流域上游以林、农、果业为主，中、下游以农、果业为主；工业主要有木材加工、造纸与水电。流域水力资源理论蕴藏量1.35万千瓦，技术可开发量5 600千瓦，至2004年已开发量2 828千瓦；建有小型水利工程119座，农田有效灌溉面积740公顷。域内有石灰石、铁矿等矿产，流域植被覆盖率71%，2001年水土流失面积4 403公顷。

龙图河自源头流入桂竹帽镇华星村，河槽宽浅，河床多砾石；沿途有水寨河、老基河从右岸汇入。干流过上坪村右岸纳中三河，其上游有落差70多米的天然瀑布"百丈寨"，飞流直下，蔚为壮观。

干流在文峰、晨光两乡镇边角地穿行之后，在珠高村右岸纳岭阳河；过龙图村下行1.5千米入留车镇，至鹅湖村从右岸汇入东江。龙图河在中三河汇入口至河口河段水土流失严重，河床多砂。

8.3.2　斗晏水库
（Douyan Reservoir）

东江上游的中型水库，位于江西省寻乌县南端，北距寻乌县城35千米，涉及寻乌县龙廷、留车两乡镇。

水库属河道型年调节水库，以发电为主，兼有防洪、灌溉等效益。坝址位于寻乌县龙廷乡斗晏村，控制流域面积1 714平方千米，总库容9 820万立方米。水库正常蓄水位对应水面面积5.13平方千米，下游回水长度21.1千米。水库工程于1992年9月开工，1999年3月竣工。

斗晏水库电站大坝

水库工程主要建筑物有大坝、溢洪道、泄洪放空洞、引水隧洞、发电厂房。大坝为钢筋混凝土防渗面板堆石坝，坝长200.53米，最大坝高53米，坝顶宽7.6米；溢洪道为开敞式，最大泄洪流量4 440立方米每秒；引水发电隧洞引用流量35.9立方米每秒；电站为坝后式地面厂房，装机容量3.75万千瓦，多年平均年发电量1.31亿千瓦时。

流域位于低山丘陵地带，地处华南地层区赣中南褶隆，寻乌—瑞金深断裂南延至粤境；出露地层主要有泥盆纪变质岩和白垩纪砂岩；地震基本烈度为Ⅵ度。库区尾部右岸有**龙图河**汇入。

流域多年平均气温18.9摄氏度，多年平均年降水量1 580毫米，4—6月降水量约占全年值的45%；多年平均年蒸发量1 100毫米，多年平均年来水量15.15亿立方米，多年平均年来沙量26.9万吨。2006年水库泥沙淤积量约90万立方米。1999年建立了水库水情自动测报系统，水质达Ⅱ类地表水标准。库区植被覆盖率65%。

水库建设蓄水淹没耕地面积112公顷、林地215公顷、荒山11.7公顷，淹没小型水利电力设施20处，迁移人口1 087人，拆迁房屋2.91万平方米。移民采用就地后迁方式安置。

8.3.3　篁乡河
（Huangxiang River）

东江右岸支流，又名晨光河、水金河。发源于江西省寻乌县桂竹帽镇龙归村担杆坳，河长48.5千米，河道平均比降5.0‰，流域面积272平方千米，涉及江西省寻乌县和广东省龙川县。

流域多为中低山丘陵地貌，地处华南地层区赣中南褶隆，寻乌—瑞金深断裂南延至粤境，地层地质年代为侏罗纪岩浆岩。流域多年平均年降水量1 630毫米，多年平均年径流量2.03亿立方米。

2004年流域人口3.98万，耕地面积1 127公顷，经济以农业、林业为主，工业主要有木材加工与水力发电等。域内乡道纵横交错，植被覆盖率72%，2001年水土流失面积3 611公顷。流域水力资源理论蕴藏量7 600千瓦，技术可开发量2 400千瓦，2004年已开发量2 250千瓦；建有小型水利工程326座，有效灌溉面积867公顷。域内矿藏资源有钨、铀、稀土和石灰石。

源流经高头村入晨光镇，在公平村右岸纳大围河，左岸纳黄坑河；过高布村山梓下右岸纳龙颈塘河，下行1千米入菖蒲圩，在菖蒲圩左岸纳徐溪河。晨光、菖蒲为寻乌县两小盆地，河流蜿蜒，河槽宽浅。

篁乡河菖蒲圩至水心寨河段，两岸山峦起伏，河道狭窄；在老虎石下右岸纳吉祥河，经麻布潭水库至墨斗角入广东省，在龙川县渡田乡于右岸汇入东江。

8.3.4　定南水
（Dingnanshui River）

东江右岸支流，古称九曲河，又称安远水、贝岭水。发源于江西省**寻乌县**三标乡**大湖紫村基隆嶂**东侧，于广东省龙川县合河坝注入东江。

概　述

流域位于东经114°48′～115°32′，北纬24°34′～25°08′，西邻**桃江**，北毗**濂水**，东南两面邻东江，流域面积2 364平方千米，状似三角形，涉及江西省寻乌、安远、龙南、定南4县及广东省龙川县。

定南水干流长140千米，河道平均比降1.98‰，天然落差861米；流域面积大于100平方千米的一级支流有5条，其中**老城河**最大，流域面积535平方千米。

流域多年平均气温18.8摄氏度，多年平均年降水量1 600毫米，年内4—6月降水量约占全年的42%，多年平均年蒸发量1 070毫米，多年平均流量64立方米每秒。多年平均年径流量20.18亿立方米。河水可饮用。

流域多为低山丘陵区，地势北高南低，周高中低，总体向西南倾斜；地处华南地层区赣中南褶隆，寻乌—瑞金深断裂南延至广东境；出露地层主要有寒武纪板岩和变质岩、侏罗纪岩浆岩。

2004 年流域人口 26.16 万，其中农业人口 22.24 万，耕地面积 1.2 万公顷，地区生产总值 9.99 亿元。流域粮食主产水稻，为赣南脐橙主产地之一；工业以有色金属冶炼和电力生产为主。

域内有京九铁路、赣粤高速公路从西部经过，省道安定线、县道寻定线纵横交错。流域水力资源理论蕴藏量 7.24 万千瓦，已开发量 2.37 万千瓦。流域内植被覆盖率 65%，以杉、松、毛竹为主，有秃杉、水杉和金花茶 3 种国家一级保护树种；野生动物有穿山甲、赤鹿、野猪等；矿产资源有钨矿、稀土矿、钛铁、石墨矿等；还有优质的矿泉水和地热资源；旅游资源主要有安远县境内的三百山国家级风景名胜区。域内江西省定南县特产的定南蜜梨，皮薄、核小、味甜、汁浓、上市时间早，被誉为"夏果之王"。

清雍正元年（1723 年）至 1985 年的 260 多年间，域内发生有记载的大水 28 次。1961 年 8 月 26—27 日，安远、定南两县普降大到暴雨，山洪暴发，冲倒房屋 1 753 间，冲坏水利设施 4 424 处，受灾农田 4 000 公顷，伤亡 23 人。1963 年，降水量较正常年偏少 6 成，春、夏、秋连旱，安远县农田受旱 6 200 公顷，其中 1 180 公顷颗粒无收；定南县受旱农田 5 070 公顷。1982 年 2 月 25

水杉林

日 8 时 30 分，定南发生里氏 4.8 级地震，震中位于三亨镇磜头村，波及老城、岿美山、下历等乡镇，倒房 20 余间，损坏房屋 150 余间。

定南水流域建有东风、礼亨、转塘、九曲、长滩 5 座中型水库、3 座小（1）型水库和 13 座小（2）型水库，总库容 1.12 亿立方米，发电装机容量 2.37 万千瓦；各类水利工程有效灌溉面积 7 393 公顷。2001 年流域水土流失面积 3.1 万公顷，1991—2005 年累计治理水土流失面积 4 901 公顷。

纪　实

上游　定南水从源头至东风水库为上游段，河长 23.4 千米，流域面积 128 平方千米。干流出源头，经寻乌县大湖崇村，下行 5 千米入安远县境；寻乌县境河段称大湖紫河，安远县境内称镇江河（古称三伯坑水）。该段河道弯曲，河槽宽浅，河水清澈，河床多卵石、粗砂；两岸农田成片，丘陵平原交错，林果茶园毗连。

干流续流入东风水库，水库控制流域面积 128 平方千米，总库容 1 145 万立方米，设计灌溉面积 733 公顷，保护耕地面积 2 000 公顷、人口 4.1 万，电站装机容量 1 280 千瓦；三百山河在库区左岸汇入。1993 年 5 月，经批准，以三百山河为核心，地跨安远县欣山、凤山、镇岗、三百山 4 乡镇范围兴建国家森林公园，公园面积 7 236 公顷。园内丹岩叠嶂，山势奇异，森林茂密，古木参天，巨藤凌空，深涧飞瀑，温泉众多，2002 年 5 月被批准为国家级风景名胜区。

中游　东风水库至定南县龙塘乡白驹村为中游段，河长 30.3 千米，流域面积 529 平方千米。1973—1978 年凤山乡疏浚河段 5 千米，至 1985 年河堤加固完成，防洪保护农田 167 公顷，房屋 1 700 间。

定南水出东风水库过镇岗，于孔田镇下龙村左岸纳新田水（河长 28 千米，流域面积 199 平方千米）

东生围屋

后，河流蜿蜒曲折，两岸植被较好，水流清澈，河床多卵石。虎岗温泉地处新田水上游。位于镇岗乡老围村的东生围屋是江西省文物保护单位，建于清道光二十二年（1842 年），由当地"二品武功将"陈朗庭所建，是赣南最大的客家方围。

下游　定南县龙塘乡白驹村以下为下游段，河长 37.5 千米，流域面积 1 026 平方千米。干流因其流经天九镇沙罗湾时呈"九"字形故名九曲河。九曲河段有转塘、九曲、长滩三个梯级水库。在龙塘镇双头村设立胜前（二）

九曲长滩

水文站，流域面积 751 平方千米，该站 2004 年 7 月从胜前村上迁至此。胜前水文站 1975 年设立，流域面积 758 平方千米，实测最大流量 1 550 立方米每秒（1978 年 7 月 31 日）。

定南水在鹅公镇黄朝富左纳柱石河（河长 25 千米，流域面积 108 平方千米）转向西南流，经坪光村至转塘水库，该水库控制流域面积 929 平方千米，总库容 2 480 万立方米，水电站装机容量 1 万千瓦；过转塘村入九曲水库。位于九曲水库大坝下游 600 米的天成桥建于清同治三年（1864 年），至今已有百余年历史。天成桥为 5 孔石拱桥，桥长 84 米，高 8 米，宽 4 米，每孔跨径 12.5 米，桥两端及中央各一亭。

定南水过天成桥，经天九镇桃溪村缪屋，右岸纳下历水（河长 41 千米，流域面积 203 平方千米，建有**礼亨水库**）；下行 4 千米，建有长滩水电站，控制流域面积 1 312 平方千米，总库容 1 130 万立方米，装机容量 6 400 千瓦，多年平均年发电量 3 400 万千瓦时，是一座以发电为主的中型水库；至广东省和平县下车镇三溪口，右岸纳老城河、左岸纳张田溪（广东省）。此地三流交汇，故名"三溪口"。

入粤后流经龙川县贝岭镇称贝岭水，至龙川县合河坝从右岸注入东江。

贝岭镇位于龙川县北部，是**枫树坝水库**库内镇，也是林果生产基地，有"青李"之誉。镇北有燕子岩庙石山，孤峰中悬，有石梯 425 级直达庙中；山中奇花异草，景色清幽，寺庙香火旺盛。

8.3.4.1　礼亨水库
（Liheng Reservoir）

定南水支流下历水上游的中型水库，位于江西省定南县历市镇，西北距县城 3.5 千米。

礼亨水库是一座年调节河道型水库，以城市供水、防洪和灌溉为主，兼有发电、养殖等效益。坝址位于历市镇中砂村，控制流域面积 40 平方千米，回水长度 3.4 千米，总库容 3 910 万立方米，1958 年 12 月开工，1965 年 8 月竣工。

礼亨水库

水库工程主要建筑物主要有大坝、溢洪隧洞、灌溉发电引水隧洞、电站厂房以及灌溉渠道。大坝为均质土坝，坝高 30 米，坝顶长 165 米，坝顶宽 7 米；溢洪隧洞最大泄洪流量 80.2 立方米每秒；灌溉发电引水隧洞引用流量 3 立方米每秒；电站装机容量 520 千瓦；灌区总干渠长 1.68 千米。

流域多年平均气温 18.9 摄氏度，多年平均年降水量 1 540 毫米，多年平均年蒸发量 1 100 毫米，多年平均年来水量 3 400 万立方米，多年平均年来沙量 9 600 吨。库水可饮用。流域多为低山丘陵地貌，地处华南地层区赣中南褶隆，寻乌—瑞金深断裂南延至粤境；出露地层主要有震旦纪砂岩、板岩和第四纪松散堆积物；植被覆盖率 75%。

水库每年向城市供水 150 万立方米，防洪保护耕地 1 000 公顷、人口 6.2 万，灌溉面积 680 公顷，养鱼水面 251 公顷。

水库淹没耕地面积 63 公顷，迁移人口 730 人，拆迁房屋 900 多间。

库区周边山体较雄厚，山坡较平缓，部分山地已开发成果园。库区水土流失较轻，水库泥沙淤积少。

水库运行多年后发现坝后渗水逐年增加，当库水位在 270 米高程以上时，大坝右肩下游平台呈沼泽地状异常现象，致使水库未能按设计正常蓄水，工程效益未能得到充分发挥。2004 年 10 月至 2006 年 12 月，对大坝、溢洪系统、灌溉发电引水系统、灌区渠首建筑物进行除险加固，大坝改为混凝土防渗心墙土坝；水库设计洪水位降低 0.52 米，校核洪水位提高 0.23 米，总库容、调洪库容均增加了 50 万立方米；增加农田灌溉面积 404 公顷。

8.3.4.2 老城河
(Laocheng River)

定南水右岸支流，发源于江西省定南县岿美山镇古地的画眉山和白石坳山，由西南流向东北，经岿美山、老城、历市、天九 4 镇，于广东省和平县下车镇三溪口村汇入定南水。

概　述

干流河长 66.4 千米，河道平均比降 3.25‰，流域面积 535 平方千米，涉及江西省定南、龙南县和广东省和平县。

流域西邻**桃江**，北邻下历水，东邻定南水，南邻和平河、**东江**；形状狭长似羽毛。流域多为低山丘陵，地处华南地层区赣中南褶隆，寻乌—瑞金深断裂南延至粤境；上游为侏罗纪及泥盆纪花岗岩，中下游为寒武纪砂岩。

流域多年平均气温 18.8 摄氏度，多年平均年降水量 1 620 毫米，年内降水 4—6 月占全年的 44.6%，多年平均年蒸发量 1 070 毫米，多年平均流量 15.2 立方米每秒。河水可饮用。

流域植被覆盖率为 85%，水力资源蕴藏量 7 800 千瓦，矿产资源主要是钨矿，岿美山钨矿曾为江西九大钨矿之一。流域经济以农业为主，2004 年耕地面积 954 公顷，粮食主产水稻；出产松脂和竹木制品；工业以有色金属采掘业为主。域内有京九铁路、赣粤高速公路、定南县城至广东省和平县省际公路从流域中部经老城纵向过境，另有老城至龙南县汶龙镇公路。

1964 年大水，淹没稻田 489 公顷，粮食减产 225 吨，倒塌民房 171 间。1963 年大旱，4—5 月滴雨未落，小河断流，早稻缺水，1 160 公顷耕地受旱。

流域建有小（2）型水库两座，总库容 43 万立方米，水电装机容量 695 千瓦，年发电量 277 万千瓦时。

2001 年流域水土流失面积 3 635 公顷，1991—2001 年治理水土流失面积 650 公顷。河道泥沙淤积严重，1950—1985 年，河床平均抬高了 60～70 厘米，河槽由窄深变成宽浅。

纪　实

老城河自源头至岿美山镇河田村河长 23.2 千米，流经罗竹坝、瑶湖，转向东北过溪尾林场。溪尾林场有山林 2 918 公顷，多为杉树，亦有少量楠木、油茶。1918 年岿美山镇发现露天矿石，1950 年成立岿美山钨矿；1957 年建成具有现代化采选能力的中型矿山。老城河过岿美山镇，在羊陂村右纳由广东省入江西省境的岑江河。

老城河自河田村至老城镇定和圩河长 25.2 千米，流经上洲、水西等村庄，在丁坊村左岸纳车江水，向东流经老城镇。老城镇古称莲塘镇，明隆庆三年（1569 年）始设定南县治，1927 年县署因黄、廖两姓械斗被焚，县治北迁至相距 17 千米的下历司后，莲塘镇遂改名老城镇，河因城而名。

老城巽塔

老城开圩于明万历十一年（1583 年），因地处赣粤省界，交通便利，是历代繁荣的边贸商城。圩南岸三台山顶有明代巽塔，七层八角，高 15 米，砖石结构，临高西望岿美，下瞰江河，气势磅礴。薄暮来临，烟笼雾罩，塔影倒映江水，风景别致，"江塔烟横"为定南旧八景之一。镇内有建于清乾隆四十四年（1779 年）的文昌阁亭，高 14.1 米，层横耸翠，光联珠斗，气接琼瑶；还有京九铁路接轨点公园。

老城河流至车田坝，右岸纳由广东入江西省境的江口河之后，全竹园村；该段建有火夹、竹园两个紧邻的水电站。

老城河从定和圩至三溪口河长 18.0 千米，为赣粤界河。东南流向，河道蜿蜒，在广东省和平县下车圩有上古河、下车河于右岸汇入，在江西省定南县天九镇的镇肚里于右岸有黄石坑河汇入，两岸地势平坦。至广东省和平县下车镇三溪口村于右岸汇入定南水。

文昌阁

8.3.5 枫树坝水库
（Fengshuba Reservoir）

东江上游的一座大（1）型水库。坝址位于广东省龙川县赤光镇梅光村，距龙川县城老隆镇63千米。

概　述

枫树坝水库是一个以航运、发电为主，结合防洪等综合利用的多年调节的大型水利枢纽工程。该工程于1970年7月31日动工，1973年9月10日下闸蓄水，同年12月26日第一台水轮发电机组运行发电。水库原隶属于广东省电力工业局，2003年由于企业改制，现隶属于广东省粤电集团公司枫树坝发电有限公司。

水库坝址以上集水面积5 150平方千米，其中包括**定南水**全部集水面积2 364平方千米。库区主要涉及龙川县的上坪、细坳、贝岭、麻布岗、岩镇、车田、赤光、新田8个乡镇。

水库大坝为混凝土宽缝空腹重力坝，最大坝高95.4米，坝顶宽度为6.5米，坝顶长度为399米；溢流堰设有6孔弧形

枫树坝水库枢纽

闸门，最大泄流量8 540立方米每秒；泄洪洞为坝内有压泄水管，共两条，最大泄流量2×245立方米每秒；输水洞为压力钢管，最大泄流量160立方米每秒。

电站装机两台总容量15万千瓦，设计发电保证率90%时，保证出力3.8万千瓦，多年平均年发电量5.76亿千瓦时，实际多年平均年发电量4.9亿千瓦时。

水库总库容19.2亿立方米，正常水位166米，水面面积52.40平方千米，正常库容12.5亿立方米，调洪库容（防洪限制水位之校核水位之间库容）6.49亿立方米。

按照设计要求航运保证率为97.5%，保证下游航运流量为100立方米每秒。防洪对象主要是下游的老隆镇，设计防洪标准20年一遇，实际防洪标准10年一遇，要求控制流量不超过3 000立方米每秒和相应水位不超过70米。

水库流域内雨量充沛，水库汛期来水量占年来水量的82%，坝址设计多年平均年降水量1 548毫米（以梅光水文站为代表站），设计多年平均流量141立方米每秒，实测多年平均流量133立方米每秒，设计多年平均年来水量44.5亿立方米，实测多年平均年来水量41.8亿立方米。

建库后效益显著：改善下游航运，为航运补水，按保证率97.5%，凑泄老隆河段通航流量100立方米每秒；减轻下游的洪水灾害，为了减轻龙川县的洪水灾害，在20年一遇洪水以内控制水库下泄水量，使龙川站流量不超过3 000立方米每秒，即降低为约3年一遇洪水；作为东江流域防洪规划中三库联合调洪水库之一。在按龙川防洪要求进行调蓄洪水时，对东江中下游起相应防洪作用。

水库水质良好，据1997—1999年连续3年对水库内及库下河段水质进行的22个项目监测分析，除铜一项为国家地表水Ⅱ类水质标准，其他皆达到国家Ⅰ类水质标准。随着社会经济的发展和人口增长，枫树坝水库将成为广东省重点饮用和工农业生产用水水源。

纪　实

水库大坝建在印支早期安山玢岩微风化层上，岩性坚硬，透水性弱。1972年广州地震地质队定本地区地震基本烈度为Ⅶ度，故电站工程按Ⅷ度地震设防；但1981年省地震局提出《枫树坝水电厂地区地震基本烈度复核研究报告》，综合评定该地区的地震基本烈度应定为Ⅵ度。建库后十多年地震资料表明，震级一般小于2级，且基本排除了水库诱发地震的可能性。

水库来水主要为上游干流寻乌水及支流定南水。寻乌水集水面积2 697平方千米，多年平均流量67立方米每秒。

水库移民迁安是根据1972年4月6日广东省革命委员会生产组规定，按坝前166米以下和库尾按4 670立方米每秒推算回水高程以下1.81万人迁移后补充迁移至1.92万人，未按设计移民高程2.05万人口搬迁，部分应迁移民留在库内，致使水库长期要降低水位运行。

枫树坝水电工程在"文化大革命"期间兴建。工程技施设计与施工同时于1970年8月开始。1984年后，水电部对混凝土坝的有关规范作了部分修改补充，枫树坝水库的校核洪水标准降低为5 000年一遇。枫树坝水电厂1987年10月委托省水电设计院按照修改后的设计规范及其补充规定再次对大坝进行抗滑稳定复核，结果各坝段抗滑稳定均能基本满足规范要求，不需要加固。

水库共淹没龙川县境内耕地面积1 151.3公顷，其中水田589.53公顷、旱地549.8公顷、山林6 552.47公顷，已迁移安置人口1.92万。

水库库区及上游流域有得天独厚的自然条件，生态环境独特，山水相连，层峦叠嶂，林木葱茂，珍禽异兽出没其间，动植物资源丰富，1998年建立枫树坝自然保护区。保护区内有山有水，库区水面面积30.05平方千米，呈带状，时窄时阔，分支众多，水质清澈，不时可见水鸟游弋江面，或低飞或高翔。春天的杜鹃、秋日的红枫点缀于万顷碧涛中，翠竹掩映着白墙青瓦的农舍。曲窍一带，江窄壁陡，水清见底，有"小三峡""小桂林"的美誉。弃舟登岸，拾级而上，道旁古木参天，悬崖百尺，溪水潺潺，峰回路转，枯藤老树，松鼠跳跃，鸟飞鹤鸣，令人感觉仿佛置身世外桃源。

枫树坝水库

8.3.6 浰江
(Lijiang River)

东江右岸支流，发源于广东省和平县浰源镇杨梅嶂，河长 100 千米，落差 220 米，河道平均比降 2.2‰，流域面积 1 677 平方千米，地处广东省和平县西北部。

浰江

流域地势西北高，东南低，最高峰高程 1 271 米，流域面积超过 100 平方千米的支流有和平水、**贝墩水**、彭寨水、优胜水等 5 条。

流域属中亚热带季风气候区，夏季湿热，雨水充沛；冬季干冷，雨水稀少。流域多年平均年降水量 1 570 毫米，年内降水分配不均，4—10 月的降水量占全年的 88.5%；多年平均流量 42 立方米每秒，多年平均年径流量 16.5 亿立方米。

浰江上游山高、坡陡，水土流失严重，下游河床逐年淤积，受东江洪水顶托，汛期易遭洪涝灾害。2006 年 7 月 26 日，青州镇降雨 368.4 毫米，雨量集中、强度大；房屋倒塌，水利设施水毁严重，交通、通信中断。流域易发春、秋旱，2004 年 9—11 月连续 52 天无雨，很多山塘水库干枯，20 个镇受灾。

1949 年以后，政府组织防治流域洪涝，发展水利、水电，改善工农业生产条件，提高抗御水旱灾害的能力。流域现有水库 67 座，66.7 公顷以上引水工程 5 座，总引水流量 3.5 立方米每秒；防洪堤 52.76 千米，电灌站 120 座（装机容量 3 700 千瓦）。流域水力资源理论蕴藏量 120 兆瓦，已开发 26.8%，建有水电站 106 座，总装机容量 32.2 兆瓦。

浰江上游竹林密集，溶岩奇秀，河水碧波荡漾，清澈见底，群峰倒映，两岸农舍错落，竹翠柳绿，开发漂流项目并建温泉度假村；中游在合水镇纳和平水（发源于和平县五指山，河长 32 千米，流域面积 257 平方千米，流域内松木生长茂盛，风景优美）；下游在林寨镇东水街九龙口纳贝墩水，自北向南流经林寨、东水镇，在东水街汇入东江。

8.3.6.1 贝墩水
(Beidunshui River)

浰江左岸支流，发源于广东省和平县下车镇寒婆坳，源流向北至下车镇折向南流称长塘河；经长塘镇，于上坪右纳优胜水（河长 29 千米，流域面积 219 平方千米），经贝墩镇、古寨镇，于墩里头右纳彭寨水（河长 26 千米，流域面积 216 平方千米），在林寨九龙口汇入浰江。

贝墩水河长 70 千米，落差 116.28 米，平均比降 2.04‰，流域面积 707 平方千米，地处和平县东北部；流域面积超过 100 平方千米的支流有优胜水、彭寨水。

流域地势西北向东南缓倾，属亚热带季风气候，春夏两季多雨，夏季湿热，秋冬两季少雨，有短期霜冻；多年平均气温 19.5 摄氏度，年内冷热变化较大。流域多年平均年降水量 1 660 毫米，集中在两个时段，4—6 月为前汛期，降水量占全年的 46%；7—9 月为后汛期，降水量占全年的 29%。流域多年平均年径流深 775 毫米，年产水量 8.70 亿立方米。降水年内分布不均匀，汛期（4—9 月）占 75%，枯季多数小河几乎断流；年际变化较大，星丰站 1973 年径流量为 1971 年的 3.08 倍。

1949 年前，流域内无蓄水工程，每逢暴雨，山洪倾泻，引发洪患。1949 年以后，按照"上蓄、中防、下排、外挡"和"堤库结合"的原则进行治理与开发利用；裁弯取直马塘河段，引洪下泄，减轻洪涝灾害。流域现有蓄水山塘 36 座，防洪堤 86 千米，电灌站 36 座（装机容量 860 千瓦）。流域水力资源丰富，水电蕴藏量 23.5 兆瓦，已开发 58.2%，装机容量 13.68 兆瓦。

贝墩水地处花岗岩山区，植被覆盖较差，加上多处开采稀土，水土流失严重。20 世纪 50 年代设水土保持站，90 年代系统开展水土保持工作，逐年恢复山地植被，提高森林覆盖率，有效控制水土流失。

老园水库

流域内建有老园水库，总库容 1 300 多万立方米，库区湖光山色，景色秀丽。

8.3.7 黄村河
(Huangcun River)

东江左岸支流，又名蓝口水、蓝溪，发源于广东省东源县白云嶂分水坳顶，自东向西流经黄村，折向西北经叶潭、蓝口两镇，在蓝口镇塘心汇入东江。

黄村河河长 55.8 千米，河道比降 4.89‰，流域面积 415 平方千米，流域大部地处广东省东源县东北部。流域地势东南高，西北低，局部陡峭。源地高程 1 251 米，主流纵坡陡峻，支流纵横，源短流急，纵坡更陡。农田和村庄分布在河流两岸阶地和山谷间，带状耕地。流域内高山林立，山岭险峻，有白云嶂、旗崩高（高程 1 143 米）等高山。山谷盆地较大的有坝心、半布、玉连石、黄村和叶潭等，狭长的黄村盆地最大，约 13 平方千米。

流域为亚热带季风气候，温和湿润，雨量充沛，多年平均年降水量 1 592 毫米，最大 2 002 毫米。流域水力资源理论蕴藏量 20.7 兆瓦，可开发量 14.6 兆瓦。

河床狭窄弯曲，洪水期水流湍急、流向紊乱，3～5 年就发生一次较严重的山洪，黄村镇以上河段受灾严重。1981 年 8 月 1 日，黄村河流域特大暴雨，降水量 203 毫米，暴雨中心在黄村河上游，沿岸黄村、叶潭、蓝口 3 个乡镇损失严重。

由于长期不合理砍伐、开荒，黄村河水土流失面积大。山洪暴发时，泥、沙、石大量流入山塘、渠道、陂头农田，淹没两岸，冲毁田地。1949 年以后，黄村河进行了一系列的整治，两岸封山育林，逐年恢复山地植被，控制了水土流失，增强了抗洪能力。流域内已建小（1）型水库 4 座，小（2）型水库 8 座，总库容 857 万立方米；有电站 8 座，总装机容量 4 140 千瓦，年发电量 1 505 万千瓦时。

黄村河在风门坳以上为上游，河长27.2千米，有3条支流，分别是邬洞水、老田水、三洞水，建有蓄水工程3座；风门坳至能口的半布为中游段，长20.4千米，落差65米；能口至河口的蓝口为下游段，长8.2千米，落差11米。黄村河仅有一条流域面积超过100平方千米的支流叶潭河，河长43千米，发源于高程946米的龙川分水坳顶，流域面积149平方千米。

由于地壳抬升，黄村河被分段切割，河谷较窄，水流湍急；过狭谷后地形开阔，洪水时开阔地常有河流改道或摆动，河流曲折，河漫滩发育，形状不规则，卵石漫滩，偶有漂石。

8.3.8 康禾河
（Kanghe River）

东江左岸支流，发源于广东省紫金县附城镇鸡母山，河长68千米，河道比降10.44‰，流域面积413平方千米，涉及紫金县和东源县。

康禾河流域地势东南高，西北低，地貌以山地丘陵为主，最高峰鸡母山高程1 076米，总落差913米。流域属南亚热带季风气候区，气候温和，雨量充沛，多年平均年降水量1 930毫米，多年平均流量3.5立方米每秒。山林生长茂盛，植被良好，但有水土流失。

流域内建有中型水库两座，即白溪水库和散滩四级电站水库，总库容3 623万立方米；散滩梯级小水电站5座，总装机容量9 530千瓦。经水库调节，下游洪灾很少。流域冬春旱较严重，2003年旱情持续6个月。

康禾河源流上庄水，向西北流，经新庄，到转水角纳黄花水；过散滩，纳白溪水；入东源县康禾镇，在蓝口汇入东江。白溪水发源于紫金县与东源县交界的燕子岩南麓。黄花水发源于附城镇蟹湖，长14.5千米，自西向东流经黄花、横径、转水角。白溪水库林区是国家一级天然林保护区，山清水秀，可开发成旅游避暑胜地。流域中下游地处山间盆地和丘陵，河床坡降平缓。

白溪自然保护区

8.3.9 新丰江
（Xinfeng River）

东江右岸支流，又称新丰水，东江的第一大支流，田三浦以上河段古称三泊水；发源于广东省新丰县的小正镇七星岭，在河源市区汇入东江，涉及新丰、连平、东源、源城4个县（区），流域面积5 813平方千米。

概　述

新丰江流域内山脉延绵，山峦起伏，一般山岭海拔500~800米，其中海拔千米以上的山峰有46座；植被良好，无大面积的水土流失现象。流域地势东西稍低，中部较高，形成东江和**北江**水系的天然分水岭；境内高山环抱，形成一条条狭长的山谷地带和一个个小型盆地，耕地和房舍分布于沿河两岸的山谷盆地之间，耕地相当分散。

流域内大于100平方千米以上的支流有**船塘河**、**连平河**、**大席河**等11条。流域上游多属丘陵山区，植被良好；主流全长163千米，河道比降1.29‰，落差大。

流域属亚热带季风气候区，四季冷热交替明显，干湿两季分明，雨量充沛，无霜期长，四季宜耕。流域多年平均气温17.7~20.6摄氏度，多年平均年降水量1 863毫米；年内降雨大部分集中在汛期（4—9月），占年雨量的80%左右；多年平均流量21.4立方米每秒，流域新丰县水力理论蕴藏量3.87万千瓦，可开发量2.56万千瓦，已开发1.669万千瓦。

20世纪40年代以来发生的较大水灾年份有1947、1953、1964、1974、1983、1986、1987年，使全流域造成不同程度的损失；较大的旱灾年有1941、1955、1963、1977、1986年，旱区遍及全流域，造成沿江两岸有关县农田不同程度减产。1977年春旱，从2月2日至4月8日，连旱65天，大部分山塘水库放干，部分山溪断流，使2 293公顷农田无法播种，2 000多公顷旱作物无法下种，近667公顷春收作物因缺水而严重减产。

1949年前，流域内无水库工程，仅有少量山塘及简陋的木石陂和水车等。1949年后，兴建了大量水利设施，至1997年底，新丰县内建有小（1）型水库两座，小（2）型水库4座，山塘18座，总控制集水面积31.2平方千米，总库容503.1万立方米；引水工程92处，引水流量1.87立方米每秒，提水工程中有水轮泵3台每站，电灌台1台每站，装机容量17千瓦；合计有效灌溉面积1 420公顷。1958年7月在距河源市仅6千米的新丰江下游亚婆山峡谷出口处建设一处水电站，形成广东省最大的人工湖——**新丰江水库**，控制流域面积5 734平方千米。

纪　实

上游　新丰县小镇至青龙潭水陂为新丰江上游段。新丰江源头为小正镇司前村七星岭崖婆石，又称王母点兵。源头高程（黄海基面，下同）1 009米，向南流经小镇，续流2千米至下斜，后折向东流。

新丰江东流6.5千米至碗窑下，续流3.6千米至徐坑角、乱石角折向北偏东流，经利坑、大岭，至张田村的乌石古，左纳梅坑河（河长26千米，流域面积105平方千
新丰江源

米）；此后流向东北，河面渐见开阔，再流经横江、龙围，至城西的岭头左纳双良河（河长26千米，流域面积125平方千米）。双良河上游有云髻山自然保护区。

干流进入新丰县城丰城镇。新丰县位于广东省中北部，南与广州从化、惠州龙门相连，北接翁源，东邻连平，西靠佛岗，距离广州150千米，深圳180千米，通过105国道可直达广州，经新（丰）龙（门）公路可连接惠州和深圳；现辖6个镇，1个街道，总面积2 015平方千米。新丰县建置前，属南

8.3.9 新丰江

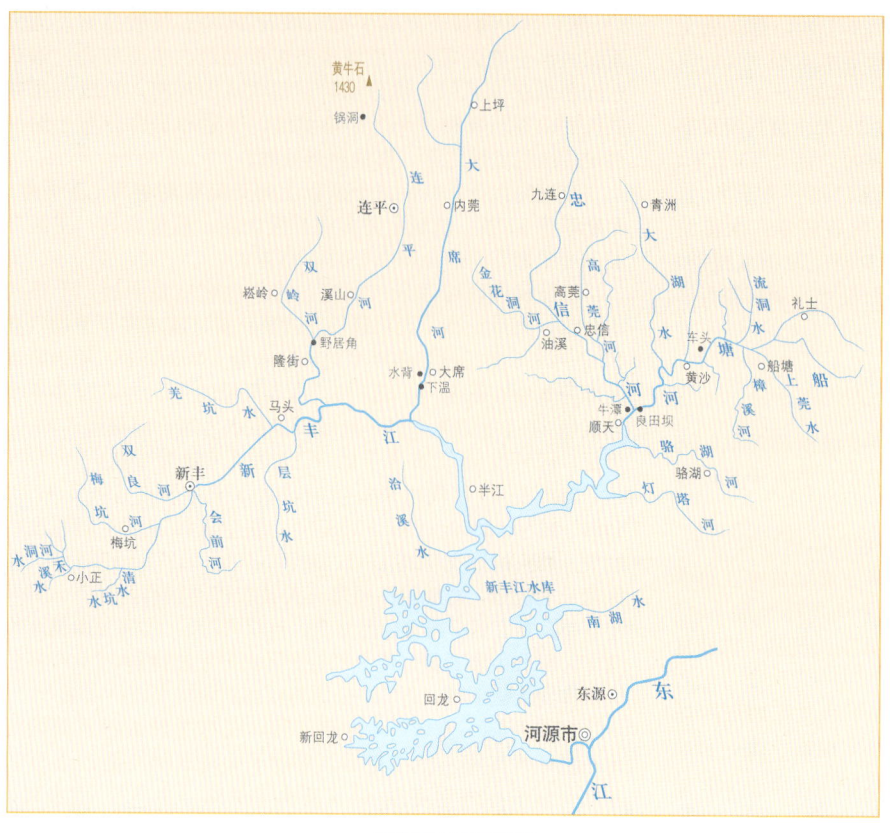

新丰江水系示意图

云髻山自然保护区

海郡龙川县地。南齐武帝永明元年（483年），析龙川县地置新丰县，取义于"物产丰富"之意，故称"新丰"。

域内新丰县是东江水源地之一，新丰江水库43%的水源来自新丰，境内自然生态环境优美，四季如春。全县森林覆盖率79%，是国家重点生态建设示范区，省级重点林业县，素有"九山半水半分田"之称的典型山区县。旅游资源丰富，到处青山绿水，鸟语花香，空气新鲜，有天然热水湖，气候条件好，境内海拔1 438.8米的云髻山，为省级野生动植物自然保护区，有丰富的温泉资源，是旅游、度假、登高、赏雪的好去处。新丰县地理位置和生态环境独特，有"珠三角后花园"之美誉。

干流又流500米至万丰，右纳会前水；自此之后至鬼子口河段，长约2.8千米，俗称南门河，因位于县城南门外而得名；在鬼子口下游约500米处的右岸有亚婆庙。

干流续流1千米，河岸陡峭，每年枯水季节，即可见右侧水面有两条天然岩石露出水面，在岸上俯瞰，恰似两条大鲤鱼溯江而上，栩栩如生，故称双鲤鱼；再下1.8千米即为狮子滩，河水湍急；之后纳岳城水，由于受曲礼山嘴的阻挡，迫使河水突然向南流。

干流过曲礼后，经一大回环，水流复转向东北流去，在岳城水文站以下约2千米处建有涧下水陂；再下行2.3千米，有赤石径电站，水出径口，河面变得开阔，河宽60～80米。

干流自此以下4千米，至湖塘桥左纳羌坑河（河长28千米，流域面积182平方千米），汇合后的左岸为马头街，是马头镇政府所在地；续流2.4千米，在悦隆右纳层坑河（河长28千米，流域面积163平方千米），水流向北；再下行2.5千米至福水的下车，流向复转东流。从马头街至下车段有福水陂、乌石岗陂、军屯陂、军中桥等主要设施。

干流自下车而下2.5千米处有呈小岛状的沙洲，状如一大鲤鱼，叫鲤鱼坝，上有耕地和人家，为沿河最大沙洲。该坝长约400米，宽约120米，河水自鱼嘴处一分为二，至鱼尾处再合二而一。鱼嘴使河水合理分流，而不致集中某一水道，对保护河岸稳定及坝内耕地有重要作用。

中下游 青龙潭水陂至河源市区河段为新丰江中下游。新丰江自鲤鱼坝以下4.5千米为打狮坪，左纳连平江；再下行750米即青龙潭水陂，在陂下设有新丰江水库专用水文站。水过青龙潭，河面开阔而多沙洲，河宽一般在120米以上，有沙洲处宽达200～300米；之后曲折东流，经张田坑、水西、科罗至大席河河口，纳大席河。

新丰江河源市区段

新丰江纳大席河后折向东南流，经上顺土、下顺土，流入河源县境；经半江镇，于顺天墟左纳船塘河，在距河源市仅6千米的新丰江下游亚婆山峡谷出口处建新丰江水库。新丰江水库大坝是世界上第一座经受6级地震考验的超百米高混凝土坝。新丰江水库建成后，因为库区四季皆绿，处处是绿，人们将之取名为万绿湖。

新丰江出水库后，横穿京九铁路进入河源市区，先折北流，经宝源大桥后转向东流，沿沿江中路至东堤入东江。河源市源城区，原为河源县一部分，1988年撤河源县建河源市，市区辖源城区和郊区，1993年调整市区，将郊区设为东源县，城区即为源城区。沿东江两侧多低山丘陵，山岭谷地相间，东江、新丰江交汇于市中心，西有新丰江水库大坝，是个充满湖光山色的城市；交通方便，京九铁路、205国道纵贯全境，东江水运可至龙川、和平、惠州、广州等地。

8.3.9.1 连平河
(Lianping River)

新丰江左岸支流，又名连平水，发源于广东省连平县锅洞村黄牛石东麓，经县内元善镇（县城）、溪山镇、隆街镇至新丰县马头镇源塘河村汇入新丰江。

连平河河长71千米，河道比降2.78‰，流域面积589平方千米，涉及连平县和河源市源城区。

流域地势北高南低，地貌以山地丘陵为主。上游为山区，山高坡陡，干流落差大；中下游为丘陵、河谷盆地，是居民主要聚居地和耕作区，河床比降较平缓。流域地层以泥盆纪砂岩、泥质板岩、页岩为主，土壤以砂质壤土为主，山林植被茂盛。

流域属亚热带季风气候区，气候温和，多年平均温度19.6摄氏度，湿度82%；年降水量1 300～2 800毫米，年内降水集中在4—9月，占全年的78%，多年平均流量17.9立方米每秒。流域水力资源理论蕴藏量37.5兆瓦，可开发量18.6兆瓦。

连平河主要支流双岭河，长28千米，流域面积168平方千米，发源于冬桃嶂西南，流经崧岭，在野居角汇入连平河。

流域内无大中型水库，水旱灾害频繁。山溪河流落差大，洪水暴涨暴落，4—9月洪水高发，5—6月暴雨较集中，平均10年发生一次较大洪水，影响下游群众生产生活，较典型的是1921年大水和1964年6月13—15日洪水（50年一遇）。冬春旱期较长，一般为上年11月至次年4月，秋旱也时有发生。1943年春旱期150天连续无雨，1955年春旱期134天，1960年春旱期116天，1963年春旱期162天（受旱面积8 000公顷），1972年春旱期110天。

流域人口12.8万，耕地面积4 147公顷，经济以农业为主，工业欠发达，上游水力资源丰富。流域治理以灌溉、防洪发电、供水为主。已建成小（1）型水库两座，小（2）型水库11座，塘库44座；引水（陂坝）工程112座，引水流量5.32立方米每秒；提水工程17座。流域已建和在建小水电站36座，总装机容量15 750千瓦；兴建了鹤湖水库（小型）防洪和供水工程。在建的连平县城防洪堤长25.1千米，使连平县城防洪、供水得到保障，其下游建污水处理厂一座（日处理1万吨），保护了下游水质。

连平河源地黄牛石林场是省级自然生态保护区，面积70平方千米，有众多亚热带森林的珍稀动植物种群，针、阔叶混交林及竹林；黄牛石主峰高程1 430米，是九连山区主峰，风景优美，附近有省内重要矿场大尖山铅锌矿。

源流向南流，由麻陂流经元善镇（连平县城）。连平，明崇祯七年（1634年）始建连平州，1912年改连平县。连平资源丰富，素有粤北"有色金属之乡"之称，主

黄牛石风光

要矿产有铁、铅、钨、锡、锌、铜、金、钛、煤等30多种。储藏量位居全省第一的有广东大顶铁矿，居华南地区首位的有锯板坑钨矿。流域内有林地面积18.2万公顷，活立木蓄积量455万立方米，森林覆盖率76.8%，是国家定点速生丰产林基地县、广东省重点用材林基地县和广东省首批绿化达标县之一。连平交通便利，国道105线纵贯南北，省道官灯线横穿东西，粤赣高速公路于2005年年底通车。

连平河出元善后过吉水庙、连岭、软坑；过溪山镇，西南流至野居角右纳双岭河；流过隆街镇，在与新丰县交界处转了个马蹄形弯后转为东流，于马头镇东的源塘河村汇入新丰江。

8.3.9.2 大席河
(Daxi River)

新丰江左岸支流，又名大席水，因流经广东省新丰县大席镇而得名，连平县境内称大埠河。

大席河发源于连平县上坪之三株口，流经上坪、下坪、内莞、大埠，至河头入新丰县大席镇境；经水背、寨岭、下温，该段河床弯曲；在大席河河口汇入新丰江。河长73千米，流域面积630平方千米，涉及连平县和新丰县。

大席河流域地处粤北九连山区，地势自北向东南、西南倾斜，地形复杂，起伏大；北、中部多中、低山，西南部多丘陵，东南部以盆地为主。

亚热带季风气候，四季冷热交替明显，干湿两季分明，雨量充沛，无霜期长，四季宜耕，流域多年平均年降水量1 614毫米，降水量年际变化大，年内分配亦不均匀；多年平均流量16.77立方米每秒。

流域内水利设施少，水旱灾害频发。1947年，大暴雨引发山洪，泛滥成灾。1964年6月11—15日，降水量300毫米，山洪暴发成灾，沿岸农田受浸。1962年10月至1963年5

九连山水蜜桃

月，发生百年大旱，连续8个月无透雨，大部分山塘水库泄空，部分山溪断流，旱作物无法下种，春收作物严重缺水减产。

流域内仅有小型浆砌石水陂14座，水轮泵两台每站，电灌站一台每站，装机容量37千瓦，有效灌溉面积160公顷。

大席河上游桃花山，地处连平县上坪镇中村，毗邻105国道，形成以九连山667公顷水蜜桃基地为依托、融自然景观与观光农业于一体、以"农旅合一"为特色的景区。

8.3.9.3 船塘河
(Chuantang River)

新丰江左岸支流，又名合江，河长104千米，河道平均比降1.08‰，流域面积2 015平方千米，涉及广东省龙川县和东源县。

船塘河支流众多，流域面积超过100平方千米的支流有上莞水、大湖水、**忠信河**、骆湖河、灯塔河。流域地势东北高，西南低，以山地丘陵为主，上游山区干支流坡陡流急，中下游较平缓，砂卵石河床，两岸多为砂壤土。东源县船塘镇沿河有船塘盆地。

流域属亚热带地区，气温高，雨量充沛，多年平均年降水量1 571毫米，年径流量6.39亿立方米，多年平均流量20.26立方米每秒。流域水力资源理论蕴藏量23.5兆瓦，可开发量9.62兆瓦，已开发6.4兆瓦。

船塘河各支流坡陡流急，中下游流域坡降平缓，暴雨时山洪很快汇集，支流两岸农田冲刷严重，船塘盆地下游沿河田园房屋受淹。船塘盆地耕地肥沃，砂质河床，上游无大水库调节，春旱及八月旱时两岸耕地及群众用水困难。

多年来，船塘河进行挖河、筑堤、开闸、封山育林及河道整治，有效控制水土流失；先后兴建中型水库3座，小（1）型水库9座，小（2）型水库33座，控制集水面积62.06平方千米，总库容3 645.93万立方米；建小水电站11座，总装机容量6.44兆瓦，年发电量0.24万千瓦时。

船塘河发源于河源市龙川县大影山，流经和平县的梅坝、澄溪、礼士；入东源县，于船塘镇老围右纳上莞水（河长18千米，流域面积108平方千米）；继流至三河左纳流经漳溪乡的漳溪河，右纳流洞水；折向西南流至大寨右纳岭下水，经黄沙流至刘屋寨右纳大湖水（河长42千米，流域面积176平方千米）；继流至顺天镇的牛潭，右纳忠信河；经顺天墟流入新丰江水库，左纳骆湖河（河长30千米，流域面积152平方千米）和灯塔河（河长31千米，流域面积113平方千米），于合河口从左岸汇入新丰江。

流域内水土资源丰富，土地肥沃，雨量充沛，作物产量高，耕地、人口比较集中，有河源市最大的"三高"农业示范型基地——灯塔盆地，主要农作物有水稻、花生、玉米，经济作物是果树。

8.3.9.3.1 忠信河
(Zhongxin River)

船塘河右岸支流，河长65千米，流域面积622平方千米，落差819米，涉及广东省和平县、连平县和东源县。较大支流高莞河流域面积100平方千米以上。

忠信河地处船塘河流域上游，地势北高南低，北部九连山脉，山峦叠嶂，山峰海拔800～1 200米，南部丘陵山区。泥盆纪砂岩、页岩地质为主，土质为砂壤土，植被良好，针叶林、乔灌木为主。

流域属亚热带季风气候，气候温和，雨量充沛；多年平均年降水量1 736毫米，主汛期4—9月降水量占全年的78%，多年平均流量14.24立方米每秒。流域水力资源丰富，水能蕴藏量42.7兆瓦，可开发量32.9兆瓦。

流域上游山高坡陡，无控制性蓄水工程，水旱灾害频繁。

忠信河

春季有锋面雨，夏秋季有台风雨和雷阵雨。1964年6月9—15日，连降暴雨量513毫米，引发较大水灾，淹没下游油溪镇和忠信镇大片土地，28个村受淹，民房水深2～3米，倒塌房屋上万间，死伤多人，4万亩粮田失收。旱灾一般发生在冬春季和秋季，冬春旱季长120～163天，旱期一般为11月至次年4月，有时持续到6—7月（如1991年）；秋旱一般发生在8—10月，旱期长70～85天，严重威胁晚稻生产。

流域主要涉及连平县九连、油溪、高莞、忠信4镇（乡），人口12万，耕地面积3 507公顷，土地肥沃，作物产量高。

流域已建小型水库17座，塘库18座，引水工程74座，引水流量6.68立方米每秒，提水工程11座，供水工程两座，日供水量1万立方米，防洪堤长5千米；已（在）建小水电站37座，总装机容量2.58万千瓦。

忠信河发源于广东省和平县青洲蚬仔塘，流经九连、油溪、忠信等镇，至东源县羊头坝流入船塘河。上游山峦连绵起伏，因环连粤赣两省9个州（县）、并有99座山峰相连而称九连山，主要支流有大水河、小水河、腊树下水、八磜水、龙龟洞水、九潭水、李叟洞水，山林茂盛，水源充沛；矿藏丰富，主要矿产有锯板坑钨矿和石背铁矿（堁竹塘磁铁矿、大顶铁矿）。忠信镇以下河流比降平缓，主要支流有金花洞水、绿湖水、高莞河、山下水、中洞水，河谷盆地是重要的农耕区和居民区，忠信镇是重要的商贸集市和经济开发区，特色农产品有茶叶、花生、大蒜等。

忠信河源流自北向南进入连平县，流经蓝房尾、腊树下、担竿滩、桐梓坑；折向西南流，经水口、坪顶等村；转向东南流，至忠信镇右纳金花洞水。干流继流至司前村左纳高莞河（河长29千米，流域面积127平方千米）；续流入东源县境，于顺天镇羊头坝汇入船塘河。

8.3.9.4 新丰江水库
(Xinfengjiang Reservoir)

新丰江下游大型水库，位于广东省东源县境内，距河源市区6千米。

概　述

新丰江水库工程是多年调节的大型水利枢纽，以发电功能为主，兼有防洪、灌溉、航运、供水、养殖、压咸、旅游等综合效益。

水库控制集水面积5 734平方千米，水库正常蓄水位116米，总库容139亿立方米，调节库容64.89亿立方米，兴利库容64.9亿立方米，坝址处多年平均流量208立方米每秒。大坝按1 000年一遇洪水设计，设计洪水流量10 300立方米每秒，相应水位121.6米；10 000年一遇洪水校核，校核洪水流量12 700立方米每秒，相应水位123.6米。多年平均年径流量65.6亿立方米。

电站于1958年7月开工，1960年第一台机组发电，1962年基本建成。

水库大坝由19段宽18米的混凝土大头支墩坝段和两岸混凝土重力坝段组成，建在粗、中粒花岗岩上。最大坝高105米，坝顶高程124米，长440米，宽5米。溢洪段设有3孔泄水孔。发电厂房位于河床左侧，为坝后式厂房，是广东省最

新丰江水库枢纽

大的水电站。

电站设计水头73米，安装3台单机容量7.25万千瓦及1台7.50万千瓦的机组，总装机容量29.25万千瓦，设计保证出力为11.9万千瓦。设计平均年发电量11.72亿千瓦时。联合运行保证出力10.10万千瓦，年发电量10.07亿千瓦时。新丰江水电站效益显著。自水电站1960年8月第一台机组投产至1987年底，已累计发电230.43亿千瓦时，是广东省电网主力调峰电站之一。

除发电效益外，新丰江水库还是东深供水工程的主要水源。对**东江**中下游防洪作用也很大。在东江流域防洪规划中，新丰江水库是三库联合调洪的补偿调洪水库。在**枫树坝水库**、**白盆珠水库**配合下，可将东江中下游博罗控制站百年一遇洪水削减为近20年一遇洪水；配合堤防加固，可满足东江中下游沿河惠州、河源、博罗、东莞等县市约88 000公顷农田防御百年一遇洪水的要求。1964年和1966年，东江发生特大洪水，水库起到重大削峰作用，防洪效益显著。

新丰江水库具有调节东江中下游枯水流量的显著作用。水库建成后，至1987年底，博罗站实测最小日平均流量为180立方米每秒（1987年2月上旬），为建库前最小日平均流量31.4立方米每秒（1955年）的5.74倍，对改善航运、城镇供水、农田灌溉和潮区压咸等均有显著效益。

纪　实

水库水面面积370平方千米，容量达139亿立方米，是广东省最大的人工湖，湖区约有360个孤岛，被誉为"广东千岛湖"。因四季皆绿、处处是绿，新丰江水库又称万绿湖。万绿湖距广州、深圳均在200千米以内。

万绿湖具有四大特点。一是水域壮美，最大长度占整条河流的84%，达140千米，最宽处12千米，最深处达80余米，平均深度30米，亲临其境，有如

新丰江水库

置身"山中海洋"。二是水质纯美，湖水来自青翠的山林，清澈、纯净、无污染，达到国家Ⅰ类地表水标准，可直接饮用，并通过东深供水工程间接供往香港，其水质好，如桂花鱼、鲶鱼、鳝鱼都十分鲜嫩，用水做出的豆腐、酿出的酒、以至泡出来的茶都格外清甜。三是水性恬美，一年四季湖水的水温几乎都在19～23摄氏度之间，十分适合人们水上游玩，且全年水上活动时间可达6个月以上；此外，湖区基本不受台风影响，湖面少有风浪。四是水色秀美，湖水颜色碧绿，由近到远逐渐淡谈：墨绿、深绿、浅绿、淡绿……远望湖心，仿佛身在"绿色海洋"之中。更奇妙的是湖水还随着太阳照射角度、光线的不同，在一天时间里产生几种不同颜色。

湖区森林覆盖率达90%以上，其中在东源境内的阔叶林有420平方千米，是广东省北回归线上现存面积最大的常绿阔叶林区。湖区的山峦有"植物王国"之称。仅据专家在3个点的抽样采集，植物就达156科431属758种，其中常见的树种有松树、杉树、柯树、枫树、锥树、樟树等。植物王国同时又是动物乐园。群山之中，活跃着140多种飞禽走兽及两栖类、爬行类动物，其中珍贵动物有大小灵猫、果子狸、穿山甲、水獭、白鹇、金钱龟等，还有濒临灭绝的水鹿和苏门羚，采取保护措施后已分别发展到200多头和40多头。此外，湖区里有山鸡、鹧鸪、斑鸠、野猪、黄猄等。

大灵猫　　水鹿　　苏门羚

1993年5月8日，经国家林业部批准，湖区建立了新丰江国家森林公园，总面积16万公顷，其中水域3.75公顷。森林公园植被类型属中亚热带阔叶林，森林群落主要有马尾松纯林、阔叶树林、针阔混交林、针叶混交林。森林公园辟有大叶山动物植物保护区、伏鹿岛珍稀动物观赏区、龙凤岭植物园和桂山风景区等景点。

8.3.10　柏埔河
(Baibu River)

东江左岸支流，古称神江，发源于广东省紫金县附城马天寨，自东向西流经附城、黄塘、柏埔、临江4镇，至临江圩汇入东江。

柏埔河河长68千米，河道平均比降2.75‰，流域面积446平方千米，位于紫金县西北部；上游为山地，中游为山间盆地，下游为丘陵地。柏埔河地处东江流域中游，主要支流有车前水、长岌水。流域地势东高西低，最高峰高程814米，总落差784米。

流域属南亚热带季风气候，雨量充沛，多年平均年降水量1 755毫米，多年平均流量11.8立方米每秒；水力资源理论蕴藏量10.34兆瓦，可开发量6.66兆瓦。

受气候和上游山高坡陡影响，流域水旱灾害频发。冬春季节旱情较重，2003年连续6个月无雨。2005年6月，持续特大暴雨，引发100年一遇山洪，下游黄塘、柏埔、临江等镇灾害严重，冲毁多处河堤、道路、桥梁及陂头、水圳。

柏埔河上游山林茂盛，植被良好；中游黄塘镇双下水库是广东省激流回旋训练基地，2005年开发有龙湾漂流；下游临江镇有无公害蔬菜种植基地，正在建设临江工业开发区。

1975年秋至1976年冬，紫金县整治黄塘镇上黄塘，柏埔镇福田、群星，临江镇塘排、光坳河段，原河段长8.2千米，

经裁弯取直,缩短2.2千米。

流域内现建中型水库1座,库容1 354万立方米,小(1)型水库3座,小(2)型水库7座,总库容688万立方米;灌溉6.7公顷(100亩)以上引水工程1座,电灌站10座,装机容量110千瓦;小水电站10座,总装机容量3 370千瓦。水库调节山洪,可减少下游灾害。

8.3.11 古竹水
(Guzhushui River)

东江左岸支流,又名义容河,发源于广东省紫金县义容镇田心村大岭牯(大山栋),于义容镇左纳汀村水(河长25千米,流域面积112平方千米);转西流,至古竹镇潮沙汇入东江。

古竹水河长46千米,河床平均比降1.45‰;流域面积403平方千米,地处紫金县境内。古竹水主要支流有汀村水、安全水、汤坑水。地处东江中上游,地势东高西低,上游为山地,中下游为丘陵。源地大山栋高程275.4米,流域最高峰为支流汀村水发源地高矶山,高程953.4米。

流域属南亚热带季风气候,气候温和,雨量充沛。流域多年平均年降水量1 730毫米,多年平均流量11.9立方米每秒;河床比降大,水力资源理论蕴藏量8.48兆瓦,可开发量3.71兆瓦。

古竹水上游河道比降大,主要开发水能;中下游地势平缓,耕作层深厚,古竹镇有万亩荔枝林带,为紫金县粮、油、糖、蚕桑主产区。

受亚热带季风气候影响,流域内水旱灾害频发,冬春季节旱情较重。2003年连续6个月无雨,山塘水库干枯。2005年6月,持续特大暴雨,引发100年一遇山洪,并遭遇东江上游洪水侵袭,下游古竹镇灾害严重,冲毁许多河堤、道路、桥梁和陂头、水圳。

古竹万亩荔枝林

20世纪70年代,柏埔河义容圩镇河段进行裁弯取直。流域内现有耕地面积4 360公顷,建有小型水库24座,总库容681.2万立方米;灌区面积超过千亩的引水工程3座;小水电站12座,总装机容量4 145千瓦,110千伏变电站1座。

8.3.12 秋香江
(Qiuxiang River)

东江左岸支流,地处广东省紫金县境内。

秋香江河长144千米,河道平均比降1.11‰,主要支流有围圳水、龙渡水、青溪水、南山水、好义水等。流域地处东江中游,以山地丘陵为主,地势东北高西南低;流域面积1 669平方千米,最高峰石山嶂高程1 032米,总落差1 010米。

流域雨量充沛,多年平均年降水量1 655毫米,年径流量14.03立方米每秒;水力资源理论蕴藏量37.5兆瓦,可开发量26.37兆瓦。

秋香江

受亚热带季风气候影响,流域水旱灾害频发,冬春季节旱情较严重。2003年连续6个月无雨,水库干枯。2004年春,为县城用水,政府用泵站从秋香江提水。

流域内建有小型水库27座,总库容2 320万立方米;灌溉面积千亩以上的引水工程1座;小水电站47座,总装机容量20.44兆瓦。

秋香江发源于广东省紫金县东北部乌石镇黎头寨,流经乌石、紫城、附城3镇。紫金,明隆庆三年(1569年)置永安县,1914年改为紫金县,因县城东北隅有紫金山而得名,紫金的生铁锅久负盛名。

干流向南流,至瓦溪镇左纳围圳水(河长42千米,流域面积180平方千米);西南流至九和镇,于蓝塘镇军粮口左纳龙渡水(河长31千米,流域面积107平方千米);于小水背右纳青溪水(河长39千米,流域面积226平方千米);于留塘村左纳南山水(河长27千米,流域面积164平方千米);经凤安镇,于水口左纳好义水(河长41千米,流域面积193平方千米);至古竹镇江口汇入东江。

秋香江上游穿过紫金县城,山林生长茂盛,植被良好。1976年9月,裁弯取直紫金县附城7.2千米河段,挖深河床,筑防洪堤,缩短原河道800米,变河床比降1/500为1/416。为稳定紫金县城河段河床,改善县城环境,1997年在县城河段建两座水力自控翻板闸坝。

下游丘陵区地势平坦,耕作层深厚,是粮、油、糖、蔬菜主产区之一。秋香江流域蕴藏丰富的矿物质与地热,紫金县九和镇"热水村"是大型露天温泉,水质为重硅酸硅钠型,略带硫黄味,水温86摄氏度。

8.3.13 公庄河
(Gongzhuang River)

东江右岸支流,位于东江中下游流域,发源于广东省龙门县糯米柏,于博罗县汇入东江。

公庄河河长82千米,河道平均比降0.51‰,流域北倚罗浮山,流域面积1 197平方千米,涉及龙门县和博罗县,上游为丘陵山地,中下游为平原。

流域多年平均气温21摄氏度,雨量充沛,多年平均年降水量1 816毫米;降水量年内分配不均,汛期4—9月降水量约占全年的84%,春旱夏涝;多年平均年径流量11.30亿立方米,最大18.98亿立方米,最小2.79亿立方米。

公庄河支流众多,每遇大雨,山洪暴涨;沿河两岸屋宇临危,农田遭害。1959年、1966年、2005年发生大洪水。

20世纪50年代起开始治理公庄河,兴建中小型水库46座,蓄水防旱,灌溉农田,截流调洪,减少山洪灾害;裁弯取直阻流河段,畅顺排洪;中下游沿河筑堤挡水,有效抵御一般洪水。

公庄河发源于龙门县糯米柏,源头至平陵名平陵水。公庄河上游河源区山高林密,清流潺潺,维持天然状态;显村以下,地势平坦,沿河筑有堤围,河槽呈U形。两岸土地肥沃,物产丰富,盛产荔枝、芒果、龙眼等水果。

公庄河南流入博罗县,于公庄镇诚章岭左纳水东陂水(河长29千米,流域面积132平方千米)后称为公庄河,水东陂水上建有水东陂水库(中型,总库容6 267万立方米);经公庄镇治、獭子、红花塔、显村南流至杨村镇治右纳柏塘河(河长37千米,流域面积279平方千米),柏塘河上游建有中型的梅树下水库;流经柏塘镇治柏塘。公庄河转东南流,至耀潭纳麻陂水(河长51千米,流域面积232平方千米),麻陂水上游建有中型的黄山洞水库;续流,经石坝镇治石坝、麻陂镇治麻陂,至泰美村沐村汇入东江。

公庄河干流及支流柏塘河、麻陂河的上游建有水东陂、下宝溪、梅树下及黄山洞4座中型水库，是以灌溉为主，兼顾防洪、发电、养殖等综合利用的控制性水利枢纽，中下游有堤围27座长70.8千米，水库、堤防防洪保护耕地面积5 400公顷。

流域内自然资源丰富，土地肥沃，四季如春，可发展"三高"农业；山川秀美，人文荟萃，岭南风光浓郁而独特。域内罗浮山集道、佛两教于一山，融自然与人文景观于一体，是中国道教十大名山之一，有"岭南第一山"和"中国道教圣地"之美称。

广东惠州罗浮山

8.3.13.1 黄山洞水库
（Huangshandong Reservoir）

公庄河支流麻陂水上的一座中型水库，位于广东省博罗县石坝镇。

水库是一座以灌溉为主，兼顾防洪、发电、供水、养鱼的水库。工程于1958年6月动工兴建，1961年7月竣工蓄水。水库坝址以上集水面积44平方千米，总库容3 143万立方米；防洪标准为100年一遇洪水设计，1 000年一遇洪水校核。

黄山洞水库

水库枢纽主要建筑物由大坝、溢洪道、输水涵、电站组成。黏土心墙坝坝顶长180米，坝顶宽4.0米，最大坝高36.6米；开敞式溢洪道位最大泄流量290立方米每秒；输水涵最大泄流量8.46立方米每秒；坝后式电站装机5台容量共计825千瓦。

水库灌溉面积1 667公顷，设计日供水1万立方米（现日用水仅1 200立方米），坝后电站年发电量200万千瓦时。水库防洪保护耕地4 000公顷、6万人口和京九铁路、205国道、惠河高速公路。

水库地处黄山洞市级自然保护区，主要保护对象为南亚热带常绿阔叶林和野生动植物，保护区总面积1 400公顷，森林覆盖率达到98.3%。保护区的建立对保护森林生态环境及黄山洞水库水质水源起到重要作用。

8.3.14 西枝江
（Xizhi River）

东江左岸支流，古称西江水。发源于广东省紫金县竹坳，在惠城区汇入东江。流域涉及广东省紫金县、深圳市宝安区及惠州市惠东县、惠阳区、惠城区。

西枝江

概　述

西枝江干流长176千米，河道平均比降0.6‰，流域面积4 120平方千米。流域地处东江流域下游，以中山、丘陵和山间盆地地貌为主，地势西北高，南部和西南低，地面起伏大。**安墩河**河口以上山区水流湍急；中游多祝和惠东县城一带为低丘陵区，水势平缓；下游平潭、马安一带河谷盆地，水流平缓。集水面积超过100平方千米的西枝江支流有杨梅水、宝溪水、小沥河、安墩河、楼下水、白花河、**梁化河**及**淡水河**等。

流域属亚热带气候，高温、多雨、湿润、日照时间长，霜期短，多年平均年降水量1 900毫米，多年平均年蒸发量1 149.9毫米，多年平均相对湿度78%；多年平均气温22摄氏度，日照2 023小时，日照率46%；年平均风速2.4米每秒，实测最大27米每秒，最多为东北偏风。

西枝江地表水资源丰富，多年平均年径流量47.77亿立方米，4—9月占全年的75%~85%；地下水总量10.93亿立方米，开发利用较少。上游**白盆珠水库**拦蓄部分泥沙，河流多年平均含沙量0.135千克每立方米，年输沙量较少。

4—9月，流域多降暴雨，4—6月多为峰面雨，7—9月多为台风雨。洪水由暴雨形成，峰高量大、陡涨陡落、历时短、水位变幅大。

西枝江下游低洼平原，受东江洪水顶托、倒灌，是主要洪泛区。1959年、1979年发生大的洪水灾害。1979年9月流域普降暴雨，平均降水量708毫米，暴雨中心在惠东县石涧—多祝—平山一带，平山站最高水位24.16米，洪水流量9 000立方米每秒，相当于200年一遇。此次洪水洪泛面积264平方千米，受浸农田6.51万公顷，住房坍塌13.6万间，决堤203座，冲垮小型水库19座，平潭机场受浸。

旱灾以1962年10月至1963年6月最严重，连续246天无透雨，其中1963年2月1日至5月31日连旱120天，秋冬春连旱超过8个月。此次旱灾时间之长，范围之广，旱情之严重，历史罕见；江河水位下降，河水断流，塘库干涸，人畜饮水困难，早稻无法播种，受灾面积46 593公顷。

西枝江上游建有白盆珠水库，中下游先后建设平山围、新平围、白花围、永良围、平潭围、平马围、马安围、惠州围等围垸，保护惠东县城和惠州市区，保护农田1.67万公顷。西枝江桥至东新桥河段滩地，原是天然滞洪区，后来滩地上建了大量违章建筑，减少了行洪断面，洪水时增加了市区淹浸时间和水深。为减轻洪水灾害，在河口上游4千米处挖有东平分洪道（又称新开河），分洪入东江。

8.3.14 西枝江

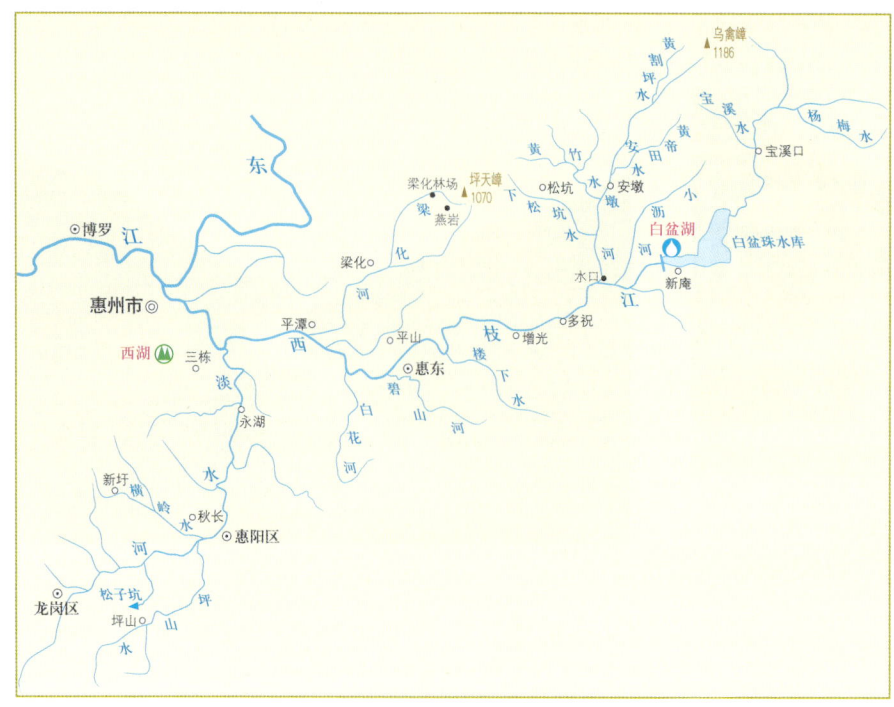

西枝江水系示意图

西枝江是东江流域水资源开发利用较充分的河流，除满足本流域农业、工业、城乡生活用水外，还规划向深圳东部、大亚湾地区、稔平半岛供水。深圳东部供水一期工程已于2000年投入使用，年供水量3.5亿立方米。大亚湾供水工程已通水，每年4—9月在西枝江取水，引水规模4立方米每秒，日供水量33万立方米。平山镇上游鲤鱼岭河段拟建的稔平半岛供水工程，设计取水流量5.2立方米每秒。

西枝江规划有中山寺、平山、增光、石盘头、上鉴陂、白盆珠、宝口、井潭8个梯级，至2003年建成上鉴陂、白盆珠、宝口3个梯级。

纪 实

西枝江白盆珠以上为上游。干流从发源地向南流，经底坑村至佐坑，左纳五一河；向南偏东流，蜿蜒15千米到达双子水（河床宽48米），左纳禾多河；主流折向西偏南流，往下约500米左岸有杨梅水（河长34千米，流域面积123平方千米）自东来汇；曲折流11千米到上龙水，左纳高潭水；又6千米，于宝口镇右岸纳宝溪水（河长26千米，流域面积110平方千米）；出宝口峡（河宽69米）8千米，经过大弯曲的河段到大河埔村，从右岸纳泔溪水；尔后傍莲花山主脉北麓又与

主脉平行转向西南流，流程33千米到白盆珠峡（河宽91米）。这段是白盆珠水库正常高水位的淹没区，蓄水面积40平方千米，内有横坑河、布心河、新丰河、璜瑶河，石涧河等自南泻入，还有桃金坑水、芋坑水在北侧注进。

干流出白盆珠水库1千米处是白盆珠镇，转向西流约1千米右岸有小沥河（河长33千米，流域面积121平方千米）自北注入；续西流2千米，到达上鉴陂，再流1.4千米至水口村，右岸有安墩河自北注入；经多祝镇，其间有明溪水自南汇入；水复转西南流，前行约11千米至下寮山峡（河床宽98米）；出峡口有石溪水自北从右岸注入，经风岗，绕过春光弯至星合右纳楼下水（河长26千米，流域面积117平方千米）；折向西流，过小布，穿过象山（象山狭宽181米），流入惠东县城平山镇。

惠东1949年春析惠阳县东部置惠东县，后几经并分，1965年再置至今；全县面积3 396平方千米，建有优质大米、蔬菜、水果基地，深汕高速公路、324国道横贯县境。惠东县平海镇为历史文化名城，有平海城门等多处古迹；港口镇有国家级海龟自然保护区，境内有九龙峰、巽寮海滩长沙湾等风景旅游区。

巽寮海滩的细沙滩

西枝江过平山续向西南流3千米左纳碧山河（河长21千米，流域面积101平方千米）；经池竹，水流北曲又南弯，过文布至水口村，左纳白花河（河长26千米，流域面积172平方千米）；又北曲出中山寺峡（河床宽152米），回转西南，溢过中山寺陂，流程5千米，至惠州惠阳区平潭镇新圩村，右纳梁化河。

西枝江继西流，经老二山，于惠城区三栋镇东北的紫溪左纳淡水河；继向西北流，在惠州市东新桥下游汇入东江。惠州市内西枝江与东江汇合处西侧不远处是著名的**惠州西湖**。

白盆珠水库以上西枝江以砂卵石河床为主，水流湍急，河床发育好，河谷呈U形，

西枝江惠东县城段

惠东九龙峰

无变迁，沿河有小盆地，植被良好，水量丰富，比降大，水能蕴藏量大。

白盆珠水库下游多祝镇以下地区多沙洲，交错分布，两岸高出河床3～4米，河谷盆地宽约10千米，丘陵此起彼伏，星罗棋布；沿江筑堤防冲刷，并建有上鉴陂、中山寺陂2个引水工程。

下游惠阳区和惠城区河段建有平马围、马安围和惠州大堤南堤工程。

8.3.14.1 白盆珠水库
（Baipenzhu Reservoir）

西枝江上游干流上的一座大（1）型水库，位于广东省惠州市惠东县境内，西距惠州市城区约65千米。

概　述

水库为多年调节，以防洪、供水为主，兼顾发电、灌溉、改善航运等。水库控制流域面积856平方千米，总库容12.2亿立方米，工程于1959年动工兴建，为"三边"工程（边勘测、边设计、边施工）；1960年8月停建，1977年复建，1984年9月下闸蓄水，1985年8月机组正式投入运行，1987年12月工程全面竣工验收。

水库拦河大坝位于白盆珠峡谷上游入口处，为混凝土空腹重力坝，坝顶长240米，最大坝高66.2米，坝顶宽6米。溢洪道在拦河大坝左岸的溢流坝段上，最大泄洪流量3 100立方米每秒。坝后式电站厂房在拦河大坝右岸，装机容量2.7万千瓦，年均发电量8 600千瓦时。

白盆珠水库枢纽

水库副坝位于拦河大坝东南方约3.5千米的大窑村，由一大一小两座土坝相连而成：其一为中央混凝土心墙土坝（左右岸为黏土心墙），坝顶长278米，最大坝高40米；另一座称条形山副坝，为均质土坝，是在原山坳上加高培厚而成，坝顶长115米，最大坝高28.4米。输水涵管埋设在土坝左岸山坡，为上埋式现浇钢筋混凝土管道，现引水设计流量2立方米每秒。过坝运输设施采用码头连接公路的驳运方式，码头布置在条形山副坝右岸山头，分高水码头和低水码头。

水库地处亚热带海洋性季风气候区，气候湿润，雨量充沛，汛期（4～9月）雨量占全年雨量的82%以上；流域多年平均年降水量2 000毫米，多年平均气温21.7摄氏度。入库洪水主要由暴雨造成，洪水特点具有峰高量大，陡涨陡落，洪水历时短，水位变幅大的特点。

白盆珠水库工程自1984年投入运用以来，取得了较好的防洪、供水、灌溉、发电等综合效益。

建库以来，共拦蓄洪峰流量超过3 000立方米每秒（近20年一遇）的大洪水3次，削峰82.3%～88.8%，降低惠东县城水位1.2～1.95米，减轻了下游45.4千米堤围（含惠州大堤和平山大堤）的防洪压力，使西枝江中、下游1.5万公顷农田和惠东县城、平潭机场、广汕二级公路（70千米）、广梅汕铁路惠州段（70千米）、惠州市区减免受洪水灾害；与新丰江、枫树坝水库联合调洪，可将东江100年一遇洪水降为20年一遇洪水。

水库两次解决了沿江两岸4.2万公顷农田灌溉和抗旱抽水的水源，保障了下游100多万人民的生活用水，每年枯水期经水库调节增加供水累计达46.2亿立方米；水库还将对开发惠东稔平半岛和惠州大亚湾的供水起到越来越大的作用。

电站累计发电量16亿千瓦时，有效地缓解了惠州市用电紧张的局面；现在主要是峰期发电，对惠州市峰期用电顶峰发挥了很大的作用。

水库建成蓄水后，坝址以上至宝口52千米，可利用库面通航，坝址以下至惠州105千米，由季节航道变为全年可通航，枯水深由0.4米提高至0.8米。

纪　实

水库库区位于新庵盆地最西端，属广东省惠东县，高程40～82米。库区周围除万福庵坳口高程50米外，皆被雄厚的山体包围，组成这些山体的皆为不透水的石英斑岩、花岗岩。水库淹没区和库区上游两岸是中低山岭地区，植被良好，树木繁多，土地肥沃。

白盆珠水库淹没农田1 500公顷、房屋50.2万平方米、水利设施63处、林地4 200公顷，迁移22 000多村民，政府修通了平西公路，开荒造田，调整粮食负担，营造水保林，发展果园，解决移民村庄的人畜饮水，水库移民生产和生活得到了保障。

1984年，库区内水土流失面积78.1平方千米，占库区集水面积的9.12%，是水库泥沙淤积的主要来源。经过治理，1998年水土流失面积减少到63.47平方千米。

水库库区属亚热带气候，多年平均气温22摄氏度，最高36.8摄氏度，最低2.4摄氏度，多年平均年降雨量1 800～2 000毫米，常年主导风向西南风。按设计汛限标准，水库水深达50米。

水库兴建后，坝址以上形成人工湖，气候宜人，有约40平方千米的湖面，长约30千米，湖面最宽处约5千米。湖面碧波万顷，绿水倒影，山水蓝天一色，似一幅美丽的水墨长卷。登坝远眺，青山连绵，苍翠葱茏，湖心岛绿树婆婆。

白盆珠水库

近副坝1千米处有自然温泉，清澈碧透，质地柔滑，有较浓的硫黄气味，水温42～45摄氏度，温泉水主要含有碳酸钠等多种物质，有一定的疗养功能。

8.3.14.2 安墩河
（Andun River）

西枝江右岸支流，又称安墩水，古称九洲水，发源于广东省惠东县乌禽嶂西南麓。

安墩河河长51千米，河道比降4.84‰；流域面积404平方千米。河床多为石砂、卵石，山区河流窄狭；有支流23条，较大的是黄竹水（流域面积 108 平方千米）。

流域属亚热带季风气候，四季明显，雨量均匀，多年平均气温 22.5 摄氏度；多年平均流量 13.19 立方米每秒，1979 年 9 月 24 日洪水最大流量 1 830 立方米每秒；多年

安墩河

平均年降水量 1 820.5 毫米，年径流量 4.04 亿立方米。

安墩河自河源流向西南，自安墩镇三坑水村经水尾、洋潭、热汤等村，先后有黄割坪水、黄竹水、下松坑水等支流汇入，于白盆珠镇水口村，溢过黄石径陂，汇入西枝江。

流域有小水电站 65 座，装机容量 1 890 千瓦，占可开发量的 32.5%。农田灌溉以简易引水结合提水（水轮泵站 40 座）为主，辅以自流灌溉。20 世纪 60 年代前，货船可通航至安墩圩，航道长 19 千米，河宽 50 米，有急流浅滩 11 处，最大落差 1 米左右；20 世纪 70 年代后河道已停航。

8.3.14.3 梁化河
（Lianghua River）

西枝江右岸支流，古称梁化水，涉及广东省惠州市惠东县和惠阳区。梁化河河长 41 千米，河床比降 3.63‰，流域面积 307 平方千米。

流域多年平均年降水量 1 700 毫米，降水年内分配不均，年径流量 2.87 亿立方米。流域带呈长方形，带宽约 12.1 千米，有支流 12 条。

1949 年以前，流域水利设施少，常有洪旱灾害侵袭。1920 年，梁化河上

梁化河

游山洪暴发，淹死 120 人，冲毁星湖、七星墩 2 个山村房屋（后迁址重建），下游一片汪洋，石屋寮村至黎光村一带，平地水深 1 米。

1956 年兴建的花树下水库中型，是广东省第一座水库，后建成小（2）型水库 7 座，总控制集水面积 64.14 平方千米，总库容 3 328 万立方米。1976 年，下游黎光村建梁化河河堤，堤长 5 千米，保护农田 167 公顷；对岸惠州市惠阳区筑乌塘堤，堤长 2 千米，两堤堤脚相距 160 米，改变了生产条件和自然面貌。

梁化河发源于惠东县境内坪天嶂（高程 1 070 米）西南麓，主河道偏倚西北；上游属石质卵石河床。源流经燕岩向北流 4 千米到梁化林场，转西南流 6 千米，有铜锣陂水自北注入；正南流 6 千米经星湖到甘竹，有鸡笼山水自东北注入、有大筏水自西北来汇；又南流 4 千米到瓦窑村，有黄沙河自东汇入，自此干流始称梁化河。

梁化河转西南流，弯曲流 6 千米到叶屋楼，有衙门沥自北汇入。叶屋楼村以上河道是卵石杂粗砂，以下是粗砂河床，河宽 30~50 米。此段石头河的特点是比降特别大，自角子山以上比降达 40‰，故大量卵石往下推移。

梁化河自星湖至瓦窑村河段，河床很不稳定，向西偏南流 9 千米到大肚，有石屋寮水自东汇入；环山向西弯回东，流程 4 千米，弯道中间有乌塘桥，弯道尾部有万松水自东汇入；转西南流 2 千米，到惠州市惠阳区平潭镇的新圩，汇入西枝江。

梁化河上游崇山峻岭，面积 155 平方千米，有惠州市管的梁化林场，东南边是古田自然保护区；中下游为高低起伏的丘陵地带，连绵的丘陵又把主流与万松水支流分割为两大河谷平

惠州古田自然保护区

原。流域内耕地面积 4 267 公顷（6.4 万亩），其中水田 3 000 公顷。梁化镇是秦、汉、晋、南北朝时的县治。

8.3.14.4 淡水河
（Danshui River）

西枝江左岸支流，发源于广东省深圳市龙岗区，在惠州市三栋镇汇入西枝江。

淡水河河长 95 千米，河床比降 0.57‰，流域面积 1 308 平方千米，涉及深圳市和惠州市惠阳区。

流域东接惠东县，南临南海并毗邻港澳，西连深圳、东莞两市，北邻惠城区。域内山川交错，侵蚀地貌复杂；地势西南高，东北低，流向东北，沿岸地势低洼平坦；中等山地、丘陵和山间小盆地结合地貌，地处粤东岭谷向珠江三角洲过渡的丘陵平原地带。

流域属南亚热带季风气候，高温多雨湿润，干湿季节分明，多年平均年降水量 1 767 毫米，年径流量 12.23 亿立方米，降水量时空分布不匀，汛期 4—9 月降水量占全年的 83.8%。流域水资源理论蕴藏量 9.8 兆瓦，可开发量 3.1 兆瓦。

1991 年后，淡水河莲塘面处水质已达不到国家地表水Ⅲ类标准，河口紫溪水质也明显恶化。受上游龙岗区和淡水城区废水污染，河段水质极差，平、枯水期水质Ⅴ类或劣Ⅴ类。

历史上，流域水旱灾害频繁。汛期严重洪涝，惠阳站水位超过 14 米时，淡水河下游沿岸几乎全淹。冬春季节，山区、丘陵又易干旱。流域内水土流失面积 19.31 平方千米，现已初步治理 5.7 平方千米。

流域现有中型水库 3 座，小型水库 39 座，都在支流上，总库容 8 017.3 万立方米，控制流域面积 124.35 平方千米；堤防工程 3 座，总长 43.27 千米；引水工程 39 座，总灌溉面积 1 633 公顷，引水流量 3.2 立方米每秒；有电力灌溉站 11 座，装机 12 台容量 406.1 千瓦，设计灌溉面积 800 公顷；电力排涝站 6 座，装机 24 台容量 3 670 万千瓦，治涝总面积 1 933 公顷；沙田、鸡心石坝后电站，总装机 4 台容量 520 千瓦；乡镇供水厂 7 座，设计日供水量 33 万立方米，其中利用水库供水的 5 座，设计日供水量 8 万立方米。

淡水河发源于深圳龙岗区与东莞市交界处，向北流过惠州市区东部；自西向东，流经龙岗、淡水；在下土湖右纳坪山水（河长 35 千米，流域面积 181 平方千米），在佛岭左纳横岭

水（河长29千米，流域面积135平方千米），构成秋长、淡水盆地；至永湖镇鼓山转向北流，入西枝江下游洪泛区，在惠城区三栋镇紫溪注入西枝江。

暴雨时淡水盆地容易变成平湖，下游的永湖、三栋镇还受西枝江洪水顶托影响。

淡水河惠阳城区段地处中游，河道无防洪工程，可谓"城市不设防"。淡澳河虽未分洪，但近几年淤积严重，分洪能力现已降为400立方米每秒。各支流蓄水工程，灌溉功能单一，不起蓄洪作用。涝区主要在地势低洼的淡水秋长盆地和河口与西枝江形成的洪泛区。洪水漫滩形成涝区，涝水随洪水而退。中游低洼区属城市范围，淹浸影响居民生活和经济建设，下游洪泛区耕地受淹，影响"三高"农业生产基地作物生产。

8.3.15 惠州西湖
(Huizhouxihu Lake)

位于**东江**与**西枝江**交汇处惠州市区内，古称丰湖，由丰湖、鳄湖、平湖、菱湖、南湖构成，南北纵长6千米。以山水资源为主，融自然景观和人文景观于一体，具有旅游、娱乐、调节气候以及改善城市生态环境等功能，是国家级风景名胜区和国家AAAA级旅游景区。

概　述

西湖北依东江，西面和南面群山环抱，是东江自然堤外洼地积水而成的湖泊，属"化溪为湖"，湖泊水源旧时来自西部和南部山地，今主要来自红花湖水库。西湖现有面积3.2平方千米，最大水深3.25米，平均水深1.60米；景区面积19平方千米。

西湖原是西枝江古河道，湖区周边多低山和丘陵，后由于西枝江改道，从唐、宋开始，在地势低洼地带，进行开挖，宋治平三年（1066年）完成湖堤竹径，"湖溉田数百顷，苇藕蒲鱼之利，施于民者丰矣"。20世纪五六十年代有横搓、水帘和新村三

惠州西湖

支溪水入湖，当时湖水清澈，沿湖居民可直接饮用湖水。随着社会经济和城市的发展，三支溪水改道直接入东江和西枝江，惠州西湖逐步演变成城区内的一个封闭性湖泊，主要依靠集雨区域内的降水、红花湖水库和城市污水补给，水质逐年恶化，富营养化水平提高。

为有效遏制西湖生态环境的恶化，惠州市政府在广东省有关部门的支持下对西湖的水质和风景区景观进行整治。1992年，西湖总体规划作出重大调整，在郊区修建了红花湖水库，每年为西湖提供500万立方米的新鲜活水。周边的红花湖和金山湖景区范围扩大到19平方千米。通过采取"引清、截污、清淤"措施，2000年以后西湖水质得到了进一步改善。

纪　实

西湖历史上曾与杭州西湖、颍州西湖齐名，有"海内奇观，称西湖者三，惠州其一也"和"大中国西湖三十六，唯惠州足并杭州"的史载。苏东坡等400多位历代文人墨客踏足惠州，挥笔抒怀，为西湖留下了宝贵的文化遗产。清康熙时期，惠州州守王瑛谓惠州西湖为"惠之西湖梦萝之西子也，杭之西湖吴宫之西子也"，盛赞惠州西湖可与杭州西湖比美。

惠州东坡纪念馆

惠州西湖的五个湖以平湖最大，胜迹最多。北端环绕的平湖堤为北宋陈偁所建，又称陈公堤，今与东江大堤连成一体；南端有苏堤，为苏轼捐款所建。平湖湖西有西山泗洲塔，苏轼诗云："一更山吐月，玉塔卧微澜"，"玉塔微澜"成为惠州西湖八景之一。

五湖的南湖之滨有座形似飞鹅展翅的山岭称飞鹅岭，是国民革命军1925年东征时的炮兵阵地和战略据点。孙中山、周恩来等曾登山视察炮兵阵地。山上建有"东江人民革命烈士纪念碑"和石雕塑像，以纪念名震中外的东江纵队及其前身东江抗日游击队。

惠州西湖以"五湖""六桥""十四景"闻名，"五湖"为丰湖、鳄湖、平湖、菱湖和南湖，"六桥"指拱北桥、西新桥、名胜桥、园通桥、迎仙桥和烟霞桥，"十四景"指苏堤玩月、孤山览胜、玉塔微澜、

丰湖书院

留丹点翠、花港观鱼、芳华秋艳、古逍遥堂、元妙古观、花洲话雨、明月湾、东坡纪念馆、王朝云墓、丰湖书院、南苑公园。西湖山川透邃，幽胜曲折，浮洲四起，青山似黛，亭台楼阁隐现于树木葱茏之中，美在自然，妙在天成。

8.3.16 稿树下水库
(Gaoshuxia Reservoir)

东江右岸支流稿树下水上的一座中型水库，位于广东省博罗县罗阳镇。

水库以防洪、灌溉和供水为主，兼顾发电、养鱼。水库集水面积39平方千米，总库容3 090万立方米，洪水标准为100年一遇设计，1 000年一遇校核。工程于1958年10月动工兴建，1962年6月竣工蓄水。

稿树下水库

水库主要建筑物由大坝、溢洪道、输水隧洞、电站组成。主坝为均质土坝，坝顶长260米，最大坝高42.5米；副坝亦为均质土坝，坝顶长30米，最大坝高6米。开敞式溢洪道位于主坝右侧，最大泄流量390立方米每秒；输水隧洞位于主坝

左侧，内径1.4米。坝后电站装机两台容量640千瓦，设计年发电量210万千瓦时。

水库灌溉面积1 067公顷，日供水1万立方米，防洪保护耕地面积1 067公顷、人口15万和324国道、广惠高速公路。

大坝运行以来于1966年6月28日主坝坝顶出现长45.7米、最深约1.2米、平行坝轴线的裂缝，及时进行了开挖和回填黏土处理；1973年12月，因旧涵管漏水，新建直径1.4米隧洞；1993年11月，动工对水库主坝、副坝、上坝公路、溢洪道等6个项目进行除险加固；1998年6月，水库除险加固通过竣工验收，工程质量评定为合格。

8.3.17 潼湖
(Tonghu Lake)

潼湖位于**东江**中下游、广东省惠州市，东距惠州市约40千米，西距东莞市约50千米。潼湖兼有滞洪和蓄水灌溉的双重功能。

潼湖在东江和**石马河**交会处形成湖区盆地，流域内支流自东北经南至西南呈扇状分别注入湖区，地貌以丘陵平原为主，兼有南面山区，最高山脉为白云嶂（高程1 003米）。

潼湖属东江水系，外连东江与石马河，内集镇隆、陈江、黄沙、沙堆、石鼓、三和、黄皮岭、沙梨园、龙牙坡和吓角等10条河流，集雨面积494平方千米。

潼湖地处南海季风气候区，多年平均气温27摄氏度，年无霜期352天以上；多年平均年降水量为1 641毫米，降水集中在夏秋两季，约占全年降水量的80%，具有明显干湿季节。因降水年际变化大，水旱灾害交替出现，水旱灾害连年发生，水灾与旱灾亦会同年出现。

历史上潼湖是洪患区。1949年后，提出筑堤开河、河湖分家，先治洪后治涝，筑大堤与筑小堤相结合，蓄泄兼施，自流与提水结合，排涝与灌溉结合的治理潼湖的方案。潼湖现由东岸涌和谢岗涌分别注入东江和石马河，两涌水体连通，湖泊兼有泄洪和蓄水灌溉的功能。

潼湖湿地保护区

历史上的潼湖，是广东省最大的淡水湖泊，具有水域面积大、湖底平坦、湖水浅（2米多）的特点。根据史料记载，在1913年，潼湖常年水域面积为24平方千米左右。潼湖流域几乎无水利设施，农业十年九不收，人民生活贫苦。湖区周边以丘陵平原地貌为主，盛产水稻和淡水鱼，是地方闻名的"鱼米之乡"。从1920年起，潼湖开始筑东江堤防洪，因堤防未闭合且堤身低矮而不起作用。1949年后，潼湖经多年水利整治，基本上能抗御普通洪涝灾害。现潼湖湖泊面积为17.9平方千米。

流域内有7镇、2个街道和1个军垦场，人口36.1万。我国民主主义革命先驱廖仲恺的故乡在潼湖镇。潼湖是惠州主要粮产区之一，传统农业逐步向"三高"农业方面发展，镇隆荔枝和潼湖鹅较为有名。潼湖土地肥沃，丘陵与平原并立，陆路交通发达，水路交通有东江航道，航空有惠州平潭机场。潼湖南连南海大亚湾，西南至香港仅70千米。潼湖具有充沛的水资源和过境水源，东江由东向西从潼湖过境，向香港输水的供水工程取水首部位在潼湖。

8.3.18 石马河
(Shima River)

东江左岸支流，清代名九江水，发源于广东省深圳市宝安区大脑壳山。

石马河干流长88千米，总落差70米，平均比降0.51‰，流域面积1 249平方千米，涉及东莞市和深圳市宝安区。支流有雁田水和潼湖水等。流域多山地丘陵，地势东北高，西南低，表土多壤土和砂壤土，植被良好，砂岩、页岩、花岗岩零星出露。

流域多年平均年降水量1 628～1 794毫米，上游向下游渐减。降水年内分配不均，年际变化大，汛期4—9月占全年的83%，最丰年降水量是最枯年的2.67倍。塘厦上游河道较陡，下游较平缓，旗岭以下常受东江洪水顶托，易发洪涝灾害。

石马河属山区性河流，平时源头缺水，水环境容量小，汛期降雨洪水暴涨，易引发洪涝灾害。干流有雁田（总库容1 410立方米）、茅輋（总库容1 160立方米）、契爷石（总库容1 300立方米）、虾公岩（总库容1 180立方米）4座中型水库。各支流有小型水库18座，控制集水面积150.5平方千米，总库容2 694万立方米。

干流上游称观澜水，自源地向北流经深圳市宝安区，经游松、马沥、观澜，由南向北入东莞市，过企山陂经沙湖村、车头村、溪头村，折向东北经诸佛岭、营盘村、长湖村，在塘厦纳雁田水（河长35千米，流域面积163平方千米）始称石马河；向北经石潭埔、莲湖、隔水、罗马、马滩、天生湖、樟洋、石马、柏地、旗岭、九江水、陈屋贝、司马，至陈屋边折向西，经桥头镇建塘口上游1千米处的新开的河口流入东江。

约1000年前，石马河尾闾宽阔，逢山洪暴发及东江洪水顶托时，左岸西泛至寒溪水洼地，右岸东泛至潼湖洼地。1088年，左岸修筑湖头堡（东江堤一段），截断石水口、司马、九江水3条汊河，使石马河经桥头墟、邵岗头、上洞，从企石墟注入东江。1964年续建潼湖整治工程，堵塞企石河，从企石墟上移河口14千米，经新开河入东江。

石马河供水工程，取水东江（东莞桥头）。拦河筑坝，建一系列大型泵站，逐级提升水位，使石马河由北向南倒流入深圳水库，经深圳水库坝下多条输水管供水香港。1965年投入运用以来，年年按照协议完成对港供水，兼顾深圳和工程沿线的城市用水、农业灌溉。随着香港和深圳经济的发展，工程曾于1973年、1981年两次扩建。除供水给深圳，对港年供水能力现已达6.2亿立方米。

20世纪80年代以来，石马河流域经济发展，人口增加，生活、工业废污水大量排入石马河，沿程水质恶化，部分指标严重超标，影响供水水质。为解决东深供水工程水质严重污染问题，粤港两地政府实施供水工程第四期改造，采用供水管道，使供水渠与河道分离，2003年6月管道全线通水，石马河恢复天然流向，石马河及沿河六级泵站移交东莞管理。2004年，东莞市政府建设石马河临时调污工程，枯水期将石马河污水引入东引运河，避免石马河污水影响东江。现石马河供水工程为东深供水工程的一段。

四、珠江三角洲河网

River Net in Zhujiang Delta

8.4 珠江三角洲
(Zhujiang Delta)

珠江三角洲的全称是珠江流域三角洲，是我国的第二大三角洲。自晚更新世以来，由于**西江**、**北江**、**东江**带来的泥沙在海湾内迅速堆积，流水沿断裂带发育，经历3次海浸和3次海退的过程，逐渐形成了山丘罗列、水道如网的三角洲。

概　述

珠江三角洲是一个特殊的三角洲，它的东、西、北三面都有山地、丘陵围绕，南面向海，构成一个马蹄形的港湾，使西江、北江、东江的泥沙在湾内堆积复合，并把港湾内外星罗棋布的丘陵、台地、残丘连成网河，使众多水道分8个口门出海。

历史变迁　自新石器时代中晚期（距今约5 000年）的滨线，西、北江三角洲大约为黄埔、广州、石碣、佛山、深村、石湾、紫洞、西樵、大同、九江一线，东江三角洲滨线大约到达东江三角洲边缘。秦汉时期（距今约1 700～2 200年），西、北江三角洲的滨线位于安教、逢简、富裕、紫泥、沙湾、石楼、菱圹附近，东江三角洲的滨线约在潢涌至莞城以东。唐代（距今约1 000～1 400年），西、北江三角洲的滨线大致推进到南华、昌教、龙涌、桂洲、石棋、庙头（墩头基北）一线，东江三角洲的滨线则大致在莞城以西，中堂以东。宋代（距今约700～1 000年），西、北江三角洲的滨线推移到双水、小岗、礼乐、外海、古镇、曹步、小榄、大黄圃、潭州、乌沙、石楼，东江三角洲的滨线初步推定在中堂以西、道滘以东。明代（距今约400～600年），西、北江三角洲的滨线外推至上横、西安、石岐、港口、横档、南顺沙一线，东江三角洲的滨线可能位于麻涌以西及厚街以南。清初（距今约300年），西江网河的滨线大致在沙堆、六乡、坦洲，蕉门至横门之间地区的滨线大致在张家边、民众、万顷沙北，东江三角洲的滨线约在漳澎以西。近200年来，三角洲滨线显著向海推移的地区是在万顷沙和灯笼沙，即虎门口（珠江口）西侧和磨刀门口，最后形成目前的三角洲滨线。

流域范围　珠江三角洲是个尚未填满的湾内复合三角洲，其范围是西、北江思贤滘以下，东江石龙以下，以及入注三角洲内的**高明河**、**沙坪河**、**潭江**、**流溪河**、**西福河**、**增江**、**茅洲河**、**深圳河**等。总集水面积26 820平方千米，其中西、北江三角洲面积8 370平方千米，东江三角洲面积1 380平方千米，入注珠江三角洲诸中小河流集水面积17 070平方千米（内含香港九龙432.1平方千米，澳门半岛18平方千米）。当时行政区域涉及广东省7个市和18个县，1979年深圳市、珠海市纳入我国建立为第一批对外开放经济特区；1997年后原英属的香港和原葡属的澳门先后回归祖国，广州市成为我国南方的政治经济文化中心，行政区域几度变更，珠江三角洲的河网区域已成为对外交往及对外贸易的重要口岸。

地质地貌　珠江三角洲是一个平原广阔及网河交错的地区，东、西、北三面都被山地围绕，南临大海，众多的海岛是沿海的屏障，三角洲内的丘陵、台地、残丘星罗棋布，水道纵横交错。按地貌类型分：平原占80.6%，其中又分为高平原［当地称之为高围田和高沙田（高程0.5～0.9米，珠基，下同），占51.4%］，低平原［指低围田和中沙田（高程0.3～－0.3米），占25.2%］，低洼积水地［指低沙田（高程－0.4～－0.7米）及塑田，占6.2%］，以及基水地（即当地称之为桑基鱼塘，占17.2%）；台地、残丘（高程小于20米计）占网河区面积的6.1%；周边的丘陵、山地（高程大于250米）占13.3%。从珠江三角洲第四系松散层的厚度分布规律也反映了平原的基底地貌起伏和缓，相对高差不大。珠江三角洲的第四系地层平均厚度25.1米，其中西、北江三角洲厚度较大，平均25.6米，东江三角洲18.8米。从面积来说，不论是整个珠江三角洲或是厚度较大的西、北江三角洲，厚度大于40米的第四系地层所占面积都不及10%，东江三角洲仅占2.1%。平原上尚有160多个山丘突起，其相应的第四系厚度各处差异很大，使网河水流的冲淤多变化，河段的延伸也在不断地演变。

河流水道　网河十分发育是珠江三角洲的平原地貌的明显特征，西、北江三角洲的主要水道近100条，总长度1 600多千米；东江三角洲主要水道5条，总长度138千米。

按主要水道计，平均河网密度0.13千米每平方千米，将汊道计算在内，西、北江三角洲的河网密度0.81千米每平方千米，东江三角洲0.88千米每平方千米。越向下游，河网越密。例如西、北江三角洲的河网密度，石湾一带为0.68千米每平方千米，北滘一带为0.88千米每平方千米，小榄、港口一带为0.90千米每平方千米，民众、万顷沙一带为1.10千米每平方千米。

虽然网河相互串联贯通，但仍可分出纵向河道和横向河道，且横向河道比纵向河道更为弯曲。据西、北江三角洲的西江干流水道、西海水道、磨刀门水道、**北江干流水道**、**顺德水道**、洪奇门水道等12条纵向河道统计，曲折系数为1.03～1.23；**甘竹溪**、**容桂水道**、**横门水道**等6条横向河道的曲折系数为1.26～1.46。总的来说，珠江三角洲的河道属微弯性河道，这表明珠江三角洲的河道受强径流的冲刷，也受到堤围的限制，不易摆动弯曲。

河道宽度也以纵向的为大，西、北江三角洲纵向河宽上部多为400～500米，近出海口约1 600～1 800米，横向河宽则200～300米或数十米至十余米。

珠江三角洲网河区的另一水流特点是"三江汇集、八口分流"，即网河区水道是汇集西江、北江、东江三江的河川径流，又分8个出海口门（水道）泄洪纳潮：自东至西依次为**虎门水道**、**蕉门水道**、洪奇门水道、横门水道、磨刀门水道、**鸡啼门水道**、**虎跳门水道**和崖门水道。其中磨刀门是西江的主

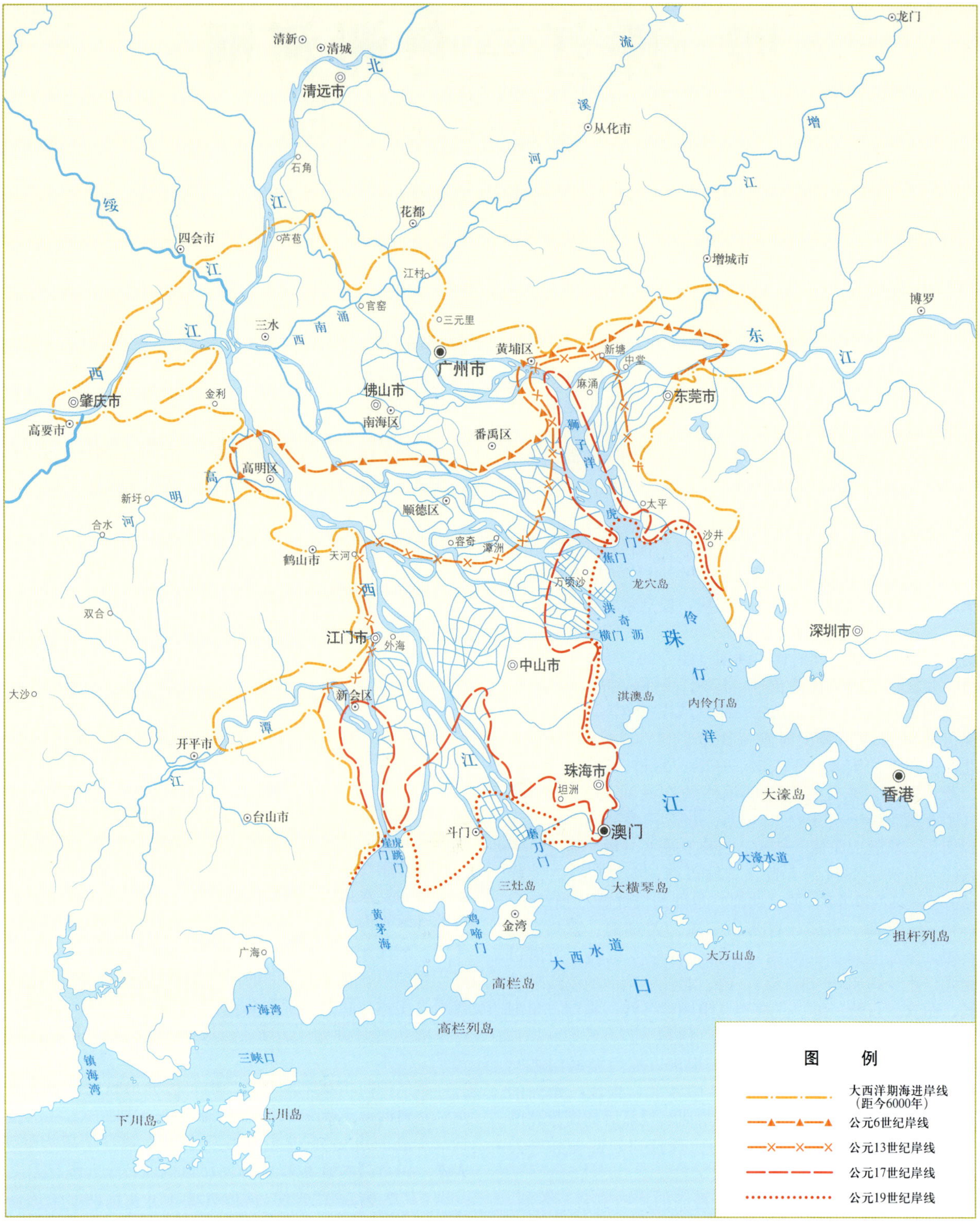

8.4 珠江三角洲

珠江卷

珠江三角洲演变示意图

图例
- 大西洋期海进岸线（距今6000年）
- 公元6世纪岸线
- 公元13世纪岸线
- 公元17世纪岸线
- 公元19世纪岸线

要出海口，虎门水道南下为伶仃洋，是珠江口，其左右岸分布着香港、澳门两个特别行政区和深圳、珠海两个经济特区，加上顶部的广州市，使珠江河口段成为黄金水道。

气候水文

1. 气候。珠江三角洲地处亚热带季风气候区，暖湿多雨，气候宜人；多年平均年降水量1 600～2 300毫米，汛期4—9月降水量占全年的81%～85%；多年平均气温21.8～21.9摄氏度，湿度最大值出现于5—6月春夏之间，最小值出现在秋冬，一般为3%～14%。冬季盛行北风，夏季偏南风、东南风，年平均风速2.0～2.6米每秒，台风季节最大风速可达30米每秒以上。台风（热带气旋）一般发生在7—9月，平均1.6次每年。水面蒸发量1 200～1 400毫米，陆地蒸发量800毫米左右，多年平均年日照天数240天左右。

2. 水文。珠江三角洲河网区承泄西江、北江、东江三江河川年平均径流量3 004亿立方米，在三角洲内及其诸河产流256亿立方米，使八大口门出海河川总径流量为3 260亿立方米，其中西江马口站2 380亿立方米，占出海河川总径流73.0%；北江三水站395亿立方米，占12.1%；东江博罗站

229 亿立方米，占 7.0%；三角洲及诸河 256 亿立方米，占 7.9%。河网区径流有两个特点。一是由于思贤滘是西、北江沟通三角洲网河区的连通汊道，汛期因西江水量大，径流洪水常是从西江过北江；枯水期因思贤滘北滘口比西滘口河床高 10 米左右，故以北江过西江为主。另一是网河出海口分东、西两片，东片分别由虎门、蕉门、洪奇门、横门出海，西片分别由磨刀门、鸡啼门、虎跳门和崖门出海，东四门占西、北、东江总入网径流 53.4%，西四门占 46.6%。在八门出海的径流分配中，以磨刀门占比重为最大，虎门次之。

3. 潮汐。珠江三角洲的潮汐属不规则半日潮，日潮不等现象显著。历年各站最高值与最低值水位差以三水、马口两站为最大，分别是 10.84 米及 10.13 米。八大口门虎门、蕉门、洪奇门、横门、磨刀门、鸡啼门、虎跳门及崖门的变幅依次为 4.26 米、3.88 米、3.66 米、3.47 米、3.23 米、3.52 米、3.87 米、4.01 米。珠江八大口门多年平均年涨潮总量 3 763 亿立方米，多年平均年落潮总量 7 023 亿立方米，多年平均年净泄量 3 260 亿立方米，落潮量为涨潮量的 1.87 倍，涨、落潮量均以虎门最大，净泄量则以磨刀门最大，虎门次之。

潮区界：西江在枯季可达鸡笼洲—梧州之间，洪季在天河附近；北江枯季在黄塘—石角之间，洪季在水藤—三善之间；东江枯季在下南—石龙之间，洪季北干流在新塘附近，东莞水道在上屯附近。潮流界取决于上游来量和涨潮量，枯季西江可达永定、高要之间，北江达马房附近，东江可达新家铺；汛期潮流界除虎门、崖门水道外，均可推至口门站以外。潮水上溯使河口区河道含氯度大增，其影响范围将随着各种不同影响因素的变化而变化。八大口门中虎门水道影响范围最为深广，其次为鸡啼门、崖门、洪奇门，影响范围最小的是磨刀门与横门。

4. 泥沙。进入西、北江三角洲的年输沙量约 8 477 万吨，其中马口 7 660 万吨（占 90.4%），三水 817 万吨（占 9.6%）；进入东江三角洲的为 332.3 万吨。据分析每年进入珠江三角洲的泥沙约 20% 淤积于网河区内，80% 输往口门外。其中东四门出海沙量为 3 389 万吨，占总量的 47.7%，西四门出海沙量为 3 709 万吨，占总量的 52.3%。磨刀门输沙量居首位，蕉门次之。

社会经济 珠江三角洲是广东省政治、经济、文化的中心地带，亦是珠江流域人口最稠密、工农业生产最发达、经济最繁荣的地区。1983 年改革开放之初，这里水稻面积占广东省的 30%，所提供的商品粮占全省的一半以上，蔗糖产量占全省的 45%，蚕茧产量占全省的 95%，这里也是我国最大的塘鱼出口基地，商品率达 80%。改革开放以来，珠江三角洲凭借地理和政策上的优势，经济高速发展，城市化水平较高，形成了以广州市为中心的城镇集群。据 2000 年统计，珠江流域平均人口密度 219 人每平方千米，密度最大的珠江三角洲地区达 670 人每平方千米，全流域地区生产总值 9 735 亿元（当年价，下同），珠江三角洲地区生产总值 5 783 亿元，占全流域的 59.40%。

珠江三角洲内有广州、佛山、肇庆、江门、珠海、中山、东莞、深圳等一批大中城市，连同已回归祖国的香港、澳门，成为我国经济最发达和城市化水平最高的地区之一。广州市是广东省的政治、经济、科技、教育和文化中心，经济繁荣，交通发达，有中国南大门之称。深圳、珠海是我国最早建立的对外开放经济特区，南海、顺德、中山、东莞四市被誉为广东经济发展的四小龙。区内著名传统工业有轻工、食品工业、工艺品、纺织品、丝绸等，近代则有电子工业、家用电器、化纤织品工业、新型建筑材料工业等发展迅速。

水、陆、空交通发达是珠江三角洲地区的较大优势，网河区内主要航道可通航 100～1 000 吨轮船，万吨级海轮可驶入黄埔港及在建的南沙港等。在建的珠海港是目前珠江三角洲唯一能停泊 25 万吨级油轮，实行海河联运的深水大港。陆路有京广、广九、广梅、广茂等铁路及在建的广珠铁路，高速、准高速公路四通八达，有广州、深圳、珠海及香港、澳门等大型国际机场，其中广州的白云国际机场与国内 70 多个城市通航，直通欧、美、亚洲大城市的国际航班不断增加，珠海机场是国内唯一可举办国际大型航展的机场。

自然灾害 珠江三角洲河网区存在着洪、涝、旱、咸、潮、风等多种自然灾害。

据文献记载，在三角洲地区曾发生三个县以上、洪灾面积超过 3.33 万公顷以上的次数，15 世纪 14 次，16 世纪 23 次，17 世纪 29 次，18 世纪 26 次，19 世纪 36 次。1915—1949 年的 35 年间，受灾面积超过 6.67 万公顷以上的洪灾有 22 次。至今最大一次是 1915 年 7 月，西、北江同时发生 200 年一遇洪水，冲毁了西、北江下游及三角洲地区的所有堤围，广州市区受淹 7 天，珠江三角洲受灾耕地面积 43.2 万公顷，灾民 378 万人，死伤 10 余万人。同时网河区内农田一般都比较低洼，堤围区在汛期常受外江较高的洪潮水位包围，造成涝渍，尤以低塱田、低围田和低沙田地区为甚。1950 年这里易涝耕地面积约 30.5 万公顷，占总耕地面积的 37%。

珠江三角洲地域面临南海，每年 5—10 月是台风季节，1949—1995 年平均在这里登陆的台风次数平均为 1.6 次每年，最多为 5 次每年，中心风力 8 级以上的占一半，11 级以上的强风约每 5 年出现一次。台风常带来暴雨，易造成海潮倒灌和洪涝灾害，例如 1964 年 6402 号和 6415 号两次强台风，西、北江大部分海堤被毁。1983 年 8309 号强台风暴潮，使番禺、东莞两县绝大部分海堤被毁，受淹农田 2.7 万公顷。这里地势较低，在枯水期往往咸潮上涌，易发生春旱，例如 1971 年仅佛山地区受咸 2.4 万公顷，受旱农田 6.67 万公顷。随着城镇经济发展和人口增加，珠江三角洲的河网区内城乡淡水欠缺和水资源污染问题受到关注。

治理开发 珠江三角洲河网纵横交错，洪、涝、潮问题突出。1949 年后不断培修加固堤防，逐步实施联围筑闸，塞支强干，至 20 世纪 80 年代末，将原来低矮分散的两万多个小堤围联成 400 多条江海堤围。例如中（山）顺（德）大围原有大小堤围 400 多个，堤线长 1 226 千米。1953 年后先后建成凫洲河、拱北水闸、堵塞百花头等联围工程。1970 年后又建成东、西河口闸，联围后堤线仅为 114 千米，缩减堤线 1 112 千米，联围至今，经受了几次较大洪潮威胁，未出现大的灾害。广州市 1985 年被列为国家重点防洪城市，多次对北江大堤除险加固达到 200 年一遇防洪标准，随后又建成防洪为主的飞来峡水库，构成堤库结合的广州市防洪工程体系。东三角洲以往堤围分散，堤身单薄，1959 年东江发生百年一遇洪水，堤围大部分溃决。后来建成**新丰江水库**、**枫树坝水库**和**白盆珠水库**进行三库联合调洪，把东江百年一遇洪水削减为 20 年一遇的洪水，同时增加东江下游及河网区的枯水量。

这里农田一般都比较低洼，汛期堤围区常受外江较高的洪、潮水位围困，围内积水雨水不能外泄，涝渍面积达 3.33 万公顷，经历了几个不同阶段的治涝排渍，现 85% 易涝面积得到初步治理，形成一个电排为主，蓄、截、泄结合，辅以整治田间渠系的综合治涝布局，收到显著治涝效果。

河网区内农田的抗旱灌溉问题，目前已基本解决。自 1958 年以来，兴修了大批山塘和电动排灌站网，充分利用网

8.4 珠江三角洲

河区丰富的淡水资源，并把传统的农田"潮灌潮排"和春耕"压咸偷淡"等技术与中长期天气预报、塘库水调蓄相结合取得成效。

由于每年有1 800万吨泥沙沉积在网河区，有7 000万吨泥沙输出口门，造成口门不断向外延伸，拦门沙发育，河道水位相应抬高等，因此必须开展河口综合整治和合理利用滩涂资源围垦造地，1949—1979年围垦得到耕地面积1.4万公顷。1980年后更加快了沿海的岸线、道路及滩涂造地的基建、房建发展。

网河区内城乡供水事业发展迅猛，因河水被污染，使城镇自来水厂纷纷转向水库或跨流域引水。近30年来，广州市旧城区原有10间自来水厂已有6间关闭或转为工业用水水厂，而新水厂已在流溪河、东江、北江和西江取水或设厂。1988年建成的珠海市对澳门供水工程，日供水能力45万立方米，现已两次扩建。东江—深圳供水工程（简称东深供水工程），是华南地区最早、规模最大的向香港、深圳调水工程。香港1902年大旱，每日仅供水1小时。1929年水荒，港九地区9个储水塘有5个干枯见底，是年约有20万人因水荒逃离香港。1963年奇旱，当局严格控制用水，每4日供水4小时。年底，经周恩来总理批示，中央拨款一年内建成东深工程，在东江岸边桥头开始挖新河，引东江水经8级抽水站提升46米，以6座拦河闸坝引水，使东江水沿**石马河**倒流入雁田水库再入**深圳水库**，最后通过3.5千米管道输送到九龙、香港。后又经三次扩建，至20世纪末设计年总供水能力17.43亿立方米，其中向香港供水11亿立方米。

纪　　实

入注珠江三角洲的河流水系　西江、北江、东江的水入珠江三角洲后与独立直入三角洲的潭江、流溪河、增江等河流的水一起通过众多网河的调节后从八大口门入海。

1. 西江。**西江干流入海水道**（西江主流）。从思贤滘西滘口起，向南偏东流至新会区天河，长57.5千米，称西江干流水道；天河至新会区百顷头，长27.5千米，称西海水道；从百顷头至珠海市洪湾企人石流入南海，长54千米，称磨刀门水道。**西江干流入海水道**，全长139千米，分流了西江来水的28%。

西江主流分汊甚多：在甘竹滩附近向北分汊经甘竹溪与顺德水道贯通并过容桂水道入洪奇门（**洪奇沥水道**）；在天河附近分出**东海水道**向东南流去，东海水道又在豸浦附近分出**凫洲水道**，该水道在鲫鱼沙又回流入磨刀门水道。东海水道的另一分汊在海尾附近分出容桂水道和**小榄水道**，分别流向洪奇门（沥）和横门出海。主流西海水道在太平圩附近分出**海洲水道**，至古镇附近又回流入西海水道，在北街附近向西南分出**江门水道**流向银洲湖，然后从崖门水道出海；在百顷头分出**石板沙水道**，该水道又分出**荷麻溪**、**劳劳溪**，与虎跳门水道、鸡啼门水道连通；至竹洲头分出**螺洲溪**流向**泥湾门水道**，并经鸡啼门水道出海。在这些汊河之间是众多的互相连通的小河汊。流入西江网河区的支流有高明河、沙坪河、潭江等。

2. 北江。**北江干流水道**（北江主流）。自思贤滘北滘口至南海区紫洞，河长24.5千米，称东平水道；紫洞至顺德县张松上河，长48千米，称顺德水道；从张松上河至番禺县小虎山淹尾，长32千米，称**沙湾水道**，然后入**狮子洋**经虎门水道出海。

北江主流河口区分汊很多：在三水区西南街办东北方向分出西南涌，与流溪河汇合后折南流入珠江广州水道，在广州白鹅潭分流，北支为**前航道**，南支为**后航道**，后航道与**佛山水道**、**陈村水道**等互相贯通，前后航道在剑草围附近汇合后向东注入狮子洋。东平水道又在南海区南沙嘴分出**南沙涌**，该涌复于南海区大岸回流入东平水道；在南海区紫洞向东分出**潭洲水道**，该水道又于南海区沙口分出佛山水道，在顺德登洲分出**平洲水道**，并在顺德沙亭又汇入顺德水道。在南海三多，东平水道向东分出吉利水道，并于南海区小布与潭洲水道贯通；在顺德勒流分出顺德支流水道，与甘竹溪连通，在容奇与容桂水道相汇然后入洪奇门出海；在顺德张松分出**李家沙水道**，在顺德极沙尾与容桂水道汇合后进入洪奇门出海；在番禺区磨碟头分出**榄核涌**（沙角涌），在番禺西樵分出西樵水道，在番禺区基石分出**沙鼻涌**水道（骝岗涌），均汇入蕉门水道。入注北江河口段的支流主要为流溪河。

3. 东江。东江流至石龙以下分为两支。主流即**东江北干流**经石龙以北，向西流至新加埔纳增江，折向西北，流至白鹤洲又转向西南，再流经新塘以南，最后在增城市禺东联围流入狮子洋，全长42千米。另一支为**东江南支流**，从石龙以南向西南方向流经石碣、东莞，在大王洲接东莞水道，最后在东莞洲仔围（桂子洲）流入狮子洋。

以石龙为顶点，以东江北干流、东江南支流（其下为东莞水道）为两侧，以狮子洋为底边组成三角形内河网纵横交错，其中东江北干流在东莞乌草墩分出潢涌，在东莞斗朗又分出**倒运海水道**，在东莞湛沙围分出麻涌河。倒运海水道又在大王洲横向分出**中堂水道**，此水道在芦村汇潢涌、在泗围汇东江南支流。中堂水道又分出纵向的大汾北水道（赤口河）和洪屋涡水道，这些纵向水道均流入狮子洋经虎门出海。东江三角洲集水面积1 380平方千米，另有入注东江三角洲诸河面积6 920平方千米。

潭江和流溪河相对较独立，形成自己独立的河流水系。

出海口门　珠江水系各河径流汇聚集于三角洲后，通过八条水道注入南海，各水道的出口俗称"门"，珠江出口共有八大口门，东边注入伶仃洋（又称珠江口）的口门有4个，从东向西顺序为虎门、蕉门、洪奇门（沥）和横门；西边4个门由东向下顺序为磨刀门、鸡啼门、虎跳门和崖门，磨刀门和鸡啼门注入三灶岛与横琴岛之间的海域，虎跳门和崖门注入黄茅海。

1. 虎门。位于东莞市沙角，通过虎门注入伶仃洋的径流包括东江的全部径流，西、北江的部分径流和珠江三角洲本身的部分径流。虎门是个强潮汐作用的口门，它的潮汐吞吐量在八大口门中居首位，最大涨潮差2.59米，最大落潮差3.12米，也是八大口门之冠。虎门的年径流量603亿立方米，占八大口门总径流量的18.5%，年输沙量658万吨，为八大口门总输沙量的9.3%。

虎门是广州至虎门水道的出口，其下段从黄埔至虎门称虎门水道，长约40千米。广州至虎门水道是华南水上运输的大动脉，虎门则是这一航道出口的咽喉，虎门东侧山头是鸦片战争时期的炮台要塞，至今还保存着炮台古建筑，附近的虎门镇曾是鸦片战争时林则徐销毁鸦片的地方。出虎门向南有两条深槽，称东槽、西槽，这两条深槽把伶仃洋的浅滩分割为西滩、中滩、东滩三个部分。

2. 蕉门。位于番禺区广兴围、虎门口以西约8千米处，是蕉门水道的出口，出口断面在南沙。蕉门的年径流量565亿立方米，占珠江出海总径流量的17.3%；年输沙量1 289万吨，占珠江出海输沙量总量的18.1%；最大涨潮差2.72米，最大落潮差2.81米。蕉门口外是两条水下深槽，一条沿万顷沙东侧向南延伸，称凫洲水道，它与虎门出口深槽相交汇。

蕉门水道的水沙大部分经由凫洲水道直奔虎门口,对虎门口的泄洪流态有不利的影响。

3. 洪奇门（沥）。位于番禺区沥口,是洪奇沥水道的出海口门。洪奇沥水道是北江的主要出海水道之一,其下段左岸分出上横沥水道和下横沥水道汇入蕉门水道,蕉门与洪奇门（沥）的水流关系十分密切。洪奇门（沥）的年径流209亿立方米,占珠江出海总径流量的6.4%;年输沙量517万吨,占珠江总出海输沙量的7.3%;最大涨潮差2.79米,最大落潮差2.57米。洪奇门（沥）尾闾堵塞严重,泄洪能力降低,下横沥水道取代洪奇门成为出海航道,并使蕉门水道的分流量激增。洪奇门外滩蔓延,万顷沙尾至洪澳岛之间有大片滩涂发育。

4. 横门。位于中山市横门山,距洪奇门约4千米,是横门水道的出口。横门水道分出黄沙沥水道等与洪奇沥水道相通,又分出石岐水道（石歧河）与磨刀门水道相通。横门口的年径流量365亿立方米,占珠江出海总径流量的11.2%;年输沙量925万吨,占珠江总出海输沙量的13%;横门的最大涨潮差2.27米,最大落潮差2.48米。在距横门约10千米的横门水道南侧建了中山港,是中山市出海的主要港口。横门水道出横门口后分北支和南支,北支紧邻洪奇门,南支受芙蓉峡谷的限制,其分流量稳定在40%左右,峡谷最窄段是伶仃洋海区最深的地方,水深32米,南支是主要的泄洪道,此流道对减少伶仃洋西槽的淤积有利。

5. 磨刀门。位于珠海市洪湾企人石,是西江径流的主要出海口门,口外自东而西分布着大小横琴、芒洲、横洲、三灶等山丘小岛,各岛之间有洪湾水道、横洲口、龙屎窟、大二门等河口与外海相通,这些小岛环抱的水域称磨刀门内海区,最大纵向长15千米,横向宽23千米,面积173.08平方千米。

磨刀门内海区有4条深槽。第一条经芒洲西侧至大横琴与交杯沙之间出海,是出海的主航道。第二条深槽由磨刀门水道口向西沿着白藤大堤至白藤水闸,再经横洲西与三灶之间的龙屎窟出海。第三条深槽由白藤水闸沿八一大堤的西南方向经大二门与鸡啼门汇合后出海,这条深槽已逐渐淤浅。第四条是流过洪湾水道经澳门出海。以上各深槽两侧均为大片浅滩,在枯水季节的低潮时段,滩顶可露出水面。

在磨刀门口门外的交杯沙以南,有一东西向的大沙脊,称为拦门沙。磨刀门水道与鸡啼门水道有泥湾门水道相连通。磨刀门的年径流量923亿立方米,占珠江出海总径流量的28.3%;年输沙量2341吨,占珠江总输沙量的33%;均居八大口门之冠。磨刀门的最大涨潮差1.9米,最大落潮差2.29米,居八大口门之末。

磨刀门海区滩涂资源丰富,−2.0米高程以上的滩涂面积20.9万亩,结合口门整治进行围垦开发利用,已围成土地8万多亩。

6. 鸡啼门。位于珠海市斗门区大霖,邻接磨刀门内海区的西侧,是鸡啼门水道的出海口。鸡啼门的年径流量197亿立方米,占珠江出海总径流量的6.1%;年输沙量496万吨,占珠江出海总输沙量的7%;最大涨潮差2.44米,最大落潮差2.71米。鸡啼门口门外有两条主槽,一条从口门向南至南水岛,另一条由口门向南经三灶岛与南水岛之间出海,主槽侧均为浅滩,低潮时可见滩顶露出水面。

鸡啼门是1959年泥湾门堵海工程完成以后形成的出海口门,在此之前,位于鸡啼门上游16千米处的泥湾门才是珠江八大出海口门。当时泥湾门出口处的白藤岛把泥湾门出海口分成东、西两段海峡,堵海工程实施时,在两海峡上筑了白藤东堤、西堤,形成了白藤湖,迫使径流从鸡啼门水道出海,从此鸡啼门取代泥湾门成为八大口门之一。1975年,白藤湖与鸡啼门水道分开,河湖分家,建成了白藤垦东堤、西堤,形成泥湾门的一半,而且出海路增长16千米,造成潮量减少,使泥湾门水道及河床发生显著的变化,并引起其相邻口门磨刀门和虎跳门分流比产生新的调整。

7. 虎跳门。位于珠海市斗门区蛛仔,是虎跳门水道的出海口门,它的西侧紧邻崖门口,都是注入黄茅海的口门,并且都在黄茅海湾的头部。虎跳门水道的上游是劳劳溪,其东分出赤粉水道沟通鸡啼门水道,其西纳入虎坑水道与崖门水道相连。虎跳门的年径流量202亿立方米,是珠江八大口门总径流量的6.2%;年输沙量509万吨,是八大口门年输沙总量的7.2%;最大涨潮差2.51米,最大落潮差2.66米。虎跳门口外黄茅海的深槽偏向海区的东部,经三角山岛两侧由高栏、荷包岛之间与外海相通。

崖门大桥

8. 崖门。位于江门市新会区崖南,是银洲湖的出海口门,它与虎跳门均位于黄茅海湾的头部,崖门口外的西侧是崖南围垦区。崖门是珠江八大口门中最西边的一个口门,潭江流域的径流主要通过银洲湖从岩门出海。崖门的年径流量196亿立方米,占八大口门年径流总量的6%;年输沙量363万吨,占八大口门年输沙总量的5.1%;居八大口门之末。崖门最大涨潮差2.73米,最大落潮差2.95米。

八大口门以外的近海,东起九龙半岛九龙城,西到赤溪半岛鹅头颈,大陆岸线长450千米,其形状大致为东西两喇叭湾相同一个弧形带。东喇叭湾即伶仃洋,湾头在北面的虎门口,宽4千米;湾口在南,东起九龙半岛,西至澳门,宽65千米;从湾道至湾口北南纵深60千米,海域面积2100平方千米。西喇叭湾即黄茅海,湾头为虎跳门和崖门,宽约3.2千米,湾口东起南水岛,西至台山赤溪,宽约17千米,从湾头至湾口北南纵深30千米。以上东西两喇叭湾之间为一弧形带,磨刀门和鸡啼门位于此弧形带上,喇叭湾具有潮汐通道性质,潮势较猛,潮差较大,咸潮入侵距离较长,弧形带则相反。

珠江三角洲是一个复杂的网河区,河流纵横交错,水流互相沟通,八大出海口门的水沙状态实际上是互相影响的。

8.4.1 西江干流入海水道

(Watercourse Diverting Main Stream of Xijiang River to the Sea)

西江来水主要出海水道,从思贤滘始到磨刀门企人石,通常包括三段,即西江干流水道、西海水道和磨刀门水道,河道总长139千米。涉及广东省佛山市、中山市、江门市和珠海市大部分地区。

流域内以低山丘陵和积水洼地为地貌特征，大部分为三角洲平原，北部、西北部为低山丘陵，夹有台地及冲积平原和洼地，是**珠江三角洲**冲积平原向粤西、粤西北低山丘陵区过度的转折地带。

西江干流水道

地处珠江三角洲复合平原区，地势平坦，亚热带海洋气候，少霜无雪，温和多雨，阳光充足，多年平均气温22摄氏度，年均日照时数1 838.6小时，多年平均年降水量1 784.7毫米。磨刀门水道年均日照时数1 843.5小时，年均降水量1 747.4毫米。

西江过境水资源丰富，据马口水文站资料，多年平均年径流量1 809亿立方米。西江干流水质良好，达国家地表水环境质量Ⅱ类水质标准，符合饮用水源一级保护区要求。

磨刀门水道水流属往复性，汛期最大洪峰流量1.27万立方米每秒，最高水位2.11米（灯笼山水文站）。1970年实测，磨刀门灯笼山水文站输沙量占西江马口水文站输沙量的37.24%。磨刀门水道因其丰沛的径流资源而成为中山、珠海、澳门等地的主要供水水源。磨刀门是西江洪水径流最大的口门，占西江径流的28.6%。

夏秋季常有热带气旋影响。丰水期和枯水期的流量差异较大，其中丰水期是洪涝灾害多发期。暴雨多发生在5、6月和8月。磨刀门水道地势较低，洪水位一般高出两岸地面，历史上洪涝灾害频繁。据统计，中山市1350—1998

磨刀门出海口

年共发生大洪灾52次，平均约12年一次，1994—1998年间发生特大洪水3次。对中山市有影响的热带气旋（台风）1955—1998年间较大影响的有47次，平均约每年1次以上。

每逢台风袭击又遇上大潮时，形成台风暴潮，对中山市东部和南部堤围安全构成特别大的威胁。咸潮对磨刀门的影响很大，2005年12月15日（农历十五）是天文大潮期，由于广东境内西江流域的流量和水位持续偏少、偏低，使下游中山市咸潮猖獗。磨刀门水道若干潮水位站的含氯度均大大超标，最高时段达7 000毫克每升以上，远远超过饮用水250毫克每升的标准。

1950年后，通过联围加固，组成西江、北江联防的樵桑联围，成为广东省十大重点堤围之一，堤围南海段防洪标准按50年一遇水位超高2.0米设防，新联围西海水道堤段、荷塘大堤、潮莲大堤均达到50年一遇的防御标准；正在加固中大鳌堤围设计标准为20年一遇。堤上主要险段有铁牛坦、文兰书院、铜鼓滩等7处，已建主要闸窦有太平船闸、河清闸、九江沙口闸、兆安窦、八约窦；沿江电排站主要有新田站、平沙站、河清站、海寿站和九江沙口站。

江门市境内已建有江新联围、大鳌围、潮莲环岛大堤和荷塘环岛大堤，总长119千米，保护耕地面积2.68万公顷，人口77.3万，其中江新联围捍卫江门市区蓬江区的环市、棠下，江海区的外海及新会区的会城、睦洲、三江等镇，保护人口71万，保护耕地面积2.22公顷。

在西海水道江门河段建有5个水厂，现日供水量达66万立方米。

纪　实

西江干流水道　指从思贤滘至江门市蓬江区棠下镇的一段水道。

西江干流水道始于思贤滘。思贤滘位于佛山市三水区西南部河口镇对面，是一条沟通西江与**北江**的河道，长约1.5千米，水深约5米，西滘口宽约100米，东滘口宽约200米，中间宽约500米。此滘恰似天然运河，对调节西江、北江流量、沟通航运、便利排灌、发展生产起着重要作用。相传明代著名理学家陈白沙曾到此访问其门生陈冕不遇，书题"思贤"二字而去，后人遂以此命滘名。每逢汛期，西江或北江洪水上涨，便通过思贤滘相互倒流，往往因水位落差较大，加上两江水色明显不同，西水黄而北水绿，形成奇特的"思贤洪波"（三水八景之一）。但见绿浪汹涌、黄涛澎湃，怒号咆哮，震天撼地，仿佛十万黄龙青龙大闹江海，这酷似泾渭混流的奇观，当地人称之为"鸳鸯水"。沿西江南下约3.5千米是有名的马口峡，该峡枯水期水深达78米，为珠江水深之最。

西江由干流水道下行至高明区荷城镇富湾圩右纳西安河，西安河的另一端与**高明河**相接，左岸至河溪入南海区境。干流中有一较大的沙洲平沙岛，将水分流，平沙岛尾处右岸为高明市区。高明，明成化十年（1474年）置高明县，以县治旧高明寨得名，1994年撤县建市，2002年撤市设区，为佛山市下辖县级市；农业以水稻为主，为广东农业主产区之一。高明港设外贸口岸，客货轮通香港、澳门。高明区地处广东省中部，珠江三角洲西翼，下辖一街三镇，全区总面积960平方千米，连年进入中国县域社会经济综合发展百强县（市）行列，2005年度综合排名为全国第36位。

西江干流横穿高明大桥后出高明市区，高明大桥是高明到佛山、广州的交通要通。右岸于荷城街道海口村纳高明河，经海担入鹤山市古劳镇境（古劳为著名古镇）；经东

高明客运港

坡亭，于沙坪街道石溪右纳**沙坪河**，穿过佛开高速所经的九江大桥，大桥所在地右岸坐落着大雁山风景区；继流至顺德区甘竹滩左岸纳**甘竹溪**，右岸入江门市蓬江区。

西海水道　西江干流自此分为**东海水道**和西海水道，主流为西海水道。西海水道下行至江门市荷塘海边村左岸分出**海洲水道**，至江门市区北街分出**江门水道**，江门水道的另一端经江门市区入崖门水道。

西海水道流至中山市古镇与海洲水道重新会合；继流至大鳌百顷头分成东西两股，左边干流称磨刀门水道，右边称**石板沙水道**。

西海水道按洪（潮）水规律和影响，大致可分为两个不同特征区。天河以下，蟹洲沙、黄布、石板沙尾河段水流分散，洪潮掺杂，相互顶托，属洪潮混合区，洪潮混合区以下为潮流区，潮汐作用显著，大潮又遇台风登陆，则产生台风暴潮。

西海水道两岸人文荟萃，历史文化底蕴深厚。著名人物有被称为"岭南第一人"的明代理学大儒陈献章，中国近代著名革命家、思想家陈少白，史学大师陈垣，等等。民间文艺

大雁山风景区

磨刀门出海处的横琴岛生态园

也十分丰富多彩，茅龙书法、潮莲沙龙、紫莱金龙、八音锣鼓等有浓郁的侨乡地方风情，令人叹为观止。名优土特产众多，有石冲粉葛、江门排粉、外海竹升面、潮莲烧鹅、荷塘头菜、新会柑橙、陈皮、凉果等。

江门滨江大道

西海水道区域山环水绕，风光秀丽，经济发达，交通便利。江门城区是珠江三角洲西翼中心城市，现已开通的沿西海水道右岸长达25.6千米双向六车道柏油路面的滨江大道，加快了江门与广（州）佛（山）经济圈融合，沿路绿树成荫，设有连片的休闲风景带，入夜，华灯宛如银河，环境十分优美。

西海水道以江门港（北街、高沙）为中心，可通航至香港、澳门、广州、梧州及沿海港口，枯水期航道水深约2.5米，航道宽50米以上，长年可通航500吨以下船舶，通过2001年西江航道整治，现可通航3 000吨级江海轮。据1999年广东省第二次遥感普查，水道流域水土流失面积3.2平方千米。

磨刀门水道 磨刀门水道北端起自江门市新会区的百顷沙头，下至洪湾企人石；左岸流经中山市的横栏、大涌、板芙、神湾、坦洲等5镇，右岸与江门市新会区、珠海市斗门区相接，河面宽度300～1 200米（磨刀门口宽度3.6千米）。

磨刀门水道于鲫鱼沙与东海水道下端再次会合，至竹洲头再与石板沙水道下端汇合并于右岸分出**螺洲溪**，左岸于西河村纳入流经中山市区的石歧河。石歧河总长46千米，从中山市穿过，一端连磨刀门水道，另一端于中山港街道后门围入**横门水道**。

磨刀门水道经磨刀岛、竹排沙两大沙洲，于右岸纳白藤湖水道。白藤湖现在为珠海市重点旅游区。

继南流，经沙仔面沙洲，于坦洲农中左纳坦洲涌，于珠海大桥旁左纳前山水道。前山水道总长21千米，一端连磨刀门水道，另一端经珠江市中心区香洲区的前山街道和拱北街道，从澳门半岛入海。

磨刀门水道流至企人石，左岸分为洪湾水道，洪湾水道全长11千米，其上有横琴大桥将横琴岛与湾仔岛连通。磨刀门水道中部有西河口水闸，由于水位较高，沿岸农田排水较困难，故中顺大围的磨刀门水道沿岸横栏、大涌、板芙等镇的农田多向东排水，经东河口水闸排入横门水道。

8.4.1.1 高明河
(Gaoming River)

汇入**西江干流入海水道**上段西江干流水道的河流，古名仓步水、沧溪，又名沧江河。发源于广东省佛山市高明区西部老香山托盘顶（高程484米），全长82.4千米，总落差446米，河道平均比降0.45‰，流域面积1 033.5平方千米，地处高明区境内。

高明河干流宽度70～120米。地势自西向东倾斜，西部一带遍布黑云母花岗岩，主要为侵蚀构造山丘陵，次为中度切割之低山地形；东部低丘平原区分布粉砂岩、泥质页岩和钙质砂岩，平原多为河流沉积物，底部有泥灰层。

高明区地处亚热带，雨量充沛，多年平均气温21.6摄氏度，无霜日年平均为364天。据统计，1950年以来对高明区造成严重影响的台风有55次。区域内多年平均年降水量1 671毫米，汛期（4—9月）降水量约占全年的80%；多年平均水资源总量约8.22亿立方米，其中地表水资源量8.12亿立方米。

高明河在冬、春枯水季节基本是半干涸河道。上游水质良好，下游水质部分受到污染。干流上游段水质为国家地表水Ⅱ类水质标准，下游段为Ⅲ类。

高明区明城镇以西为山丘区，多旱患而较少涝患；明城镇以东地区为围田区，易受旱涝灾害威胁。据历史资料记载，明代发生严重旱灾两次，清代发生严重旱灾12次，民国年间发生严

高明河明城镇河段

重旱灾两次；1950—1963年发生旱灾3次。1949年前，主要使用戽斗、吊桶、龙骨车和天车灌溉，效率低，灌溉农田有

限，难以抵御自然旱灾。至1986年，随着农田水利基础设施的不断建设完善，已经可以基本抗御旱灾。山丘区的洪灾威胁主要来自高明河的雨洪；围田区的洪灾威胁除来自高明河洪水外，还来自**西江**、**北江**洪水倒灌、顶托。

1949年前，高明市工农业生产十分落后，工业、农业和生活用水需求不高。1949年后，当地民众掀起了兴修水利的高潮，现有的蓄、引水工程大部分是在这一时期建造的。1980—1997年高明水利工作的重点转移到工程管理、提高经济效益方面。至1988年，全市原有水利工程进行全面的维修加固，蓄、引、提工程得到进一步完善，基本建成了具有一定规模的排灌系统，为农业稳产高产创造了条件。

高明河干流河道治理以固堤、疏浚、通路、综合开发为内容，积极开展了河道疏浚、险工险段处理、河道清障、除险加固、裁弯取直等工作，保障了行洪通畅和河势稳定。

高明河横贯高明区东西，自源地东北流，经合水折向东流，至更合镇龙珠村右纳更楼河。更楼河发源于更楼镇鬼顶岗，长18千米，流域面积114平方千米；上有深步水水库，位于更楼镇西南约6千米处，集水面积30.9平方千米，总库容1540万立方米，是灌溉、发电、养殖综合利用的中型水库。

折向东北流，于新圩转向东南流，至明城镇复转东北流，经白沙、上大沙，于下沙右纳杨梅河后转向东南流，于铁泽左纳西安河后流入荷城街道，在荷城海口汇入西江干流水道。

高明河主要支流15条，其中集水面积100平方千米以上的有更楼河和杨梅河。高明河流域共建中型水库两座，即深步水水库和西坑水库。另有小型水库共67座，山塘438座。中游段位于明城镇，支流汇入较多，坡度较陡。

高明区位于珠江三角洲西北部，总面积960.21平方千米，耕地面积13 400公顷，近年经济发展迅速，综合实力增强，2004年地区生产总值110.17亿元。

8.4.1.2 沙坪河
(Shaping River)

属**珠江三角洲**内河流，发源于广东省鹤山市鹤山坑的皂幕山，于沙坪汇入**西江干流入海水道**上段西江干流水道。沙坪河主河道长39千米，平均比降3.06‰，流域面积328平方千米，地处鹤山市境内。

地势自西南向东倾斜，上游以花岗岩为主，下游属河流冲积平原，耕地以沙泥田为主，涉及鹤山市沙坪、古劳、龙口、桃源4个镇及雅瑶镇的一部分。城区沙坪镇地处沙坪河下游。

流域属亚热带季风气候区，温和多雨，多年平均年降水量1 756毫米，多年平均年径流量2.92亿立方米。据2000年监测，河流水质较差，属国家地表水环境标准Ⅳ类，现正着手治理。

1949年以后，沙坪河流域大力兴修水利。如今，在水库、水闸、电排等设施联合调度情况下，区域内20年一遇洪水可安全下泄，电排站达到10年一遇24小时暴雨3天排干的标准。

沙坪河上游为山丘区，面积97平方千米，河床坡陡，平均比降7.7‰，雨季洪峰流量较大，洪水暴涨暴落，植被良好；中游段从金岗至龙口，为丘陵区，河床平均比降5.9‰，河宽一般为20～25米，丘陵区面积125平方千米；下游段从龙口至沙坪水闸，为平原堤围区，地势平坦低洼，河床平均比降0.82‰，河宽30～60米，面积106平方千米。

沙坪河有支流3条，一为桃源水，发源于鹿洞山纸鹞头；二是升平水，发源于皂幕山；三是位于下游的古蚕水支流。干支流流向大体由西南向东北。干流沙坪镇以下终年通航100吨以下货船，升平水双桥圩以下可通航20吨以下木船，桃源水玉桥以下可通航5吨左右小农艇。

沙坪河流域占鹤山市土地面积的31%，下游沙坪镇是鹤山市的政治、经济、文化中心。鹤山市作为新材料产业的园区，已形成了以纺织化纤新材料、特种化工和高性能金属新材料、光电子信息新材料等产业群。

8.4.1.2.1 四堡水库
(Sibao Reservoir)

沙坪河支流龙口河上游的一座中型水库，位于广东省鹤山市城区沙坪镇西南约15千米。

四堡水库

水库是沙坪河的多年调节的水利枢纽工程，以灌溉为主，结合防洪、发电综合利用；集水面积27.3平方千米，总库容3 340万立方米。工程于1958年10月动工兴建，1960年12月竣工蓄水，2002年进行除险加固达标。

工程由大坝、输水涵管、溢洪道及坝后电站组成。大坝（一主一副）为均质土坝，主坝最大坝高36.2米，坝长123米；输水涵管设计最大泄流量7立方米每秒；电站1座，装机容量641千瓦。水库原设计无溢洪道，2002年进行工程除险加固，新建溢洪道，位于副坝右侧，最大泄流量126.5立方米每秒。设南北两干渠，总长42千米，主要灌溉鹤山市龙口镇及桃源和古劳镇部分耕地。

四堡水库建库以来，效益显著：设计灌溉面积2 100公顷，保证灌溉1 789.3公顷；使下游防洪标准由10年一遇提高到20年一遇；同时发展水产养殖。据2000年监测，水库水质在汛期、非汛期和全年期均属国家地表水环境标准Ⅱ类。

建库淹没耕地面积314公顷，搬迁移民4 107人，各级政府注意帮助移民发展经济，逐步改善其生产生活条件。

库区属低丘山区，南、西、北三面环山。库区内有四堡林场，草木茂盛，表土为砂砾壤土，灌区丘陵起伏，气候温和，雨量充足，地势大致由西向东倾斜。

现四堡水库、龙游湾度假村、马头山庄已成为当地民众享受田园乐趣的天地。

8.4.1.3 甘竹溪
(Ganzhuxi River)

沟通**西江干流入海水道**上段西江干流水道与**北江干流水道**的水道，起点在广东省佛山市顺德甘竹滩，终于**顺德水道**

的三漕口，河长14.6千米，河宽100～300米。甘竹溪流经杏坛、龙江、勒流三镇。

域内地貌属三角洲冲积平原，地势平缓，地面高程2.5～3.5米（85国家高程基准）之间，有零散的丘陵和残丘（高程50～60米）。冲积平原地层现

甘竹溪

仍处于下沉阶段，年平均下沉速率为2.2毫米。

区域属南亚热带季风气候，光照充足，温暖湿润。多年平均年降水量1 620.8毫米（1959—1991年）。甘竹溪水量主要来自**西江**，占西江马口水文站流量的9%，故以西过北为主，且受南海潮汐影响，每天两次涨潮和两次落潮。

1968、1994、1998、2005年均发大水，其中1994年6月20日甘竹滩下游12.5千米的勒流水文站实测最高洪水位5.65米，超100年一遇。1994年顺德军民创下以20年一遇防御标准的堤围成功抗御了百年一遇特大洪水的奇迹。翌年顺德市政府在甘竹溪下游12千米左岸堤侧建有抗洪纪念公园，立有抗洪纪念碑。

1974年，在甘竹溪入口处建有低水头甘竹滩洪潮发电站一座，装机容量5 000千瓦，设计年均发电量1 107万千瓦时。至2005年年底，甘竹溪两岸共建有水（涵）闸22座，电力排灌站3座，装机容量1 685千瓦，排灌效益5 133公顷。在起点下游11千米处分出顺德支流。河道分流口至三漕口出口段，俗称勒流河。1974年甘竹滩建成洪潮发电站后，勒流河常出现负流现象，即河水从三漕口流向顺德支流。

甘竹溪流经的杏坛、龙江、勒流三镇经济发达。2005年龙江工农业总产值达138亿元，农业产值只占7.7亿元，工业则以家具、家用电器、机械制造为主要支柱。勒流镇位于顺德区中部，是著名侨乡，众多乡亲旅居港、澳、台和世界各地，又是书画之乡，素有"勒流翰墨"之誉；2005年全镇实现地区生产总值62.8亿元；工业以交通机械、金属制品、家用电器、塑料制品、针织服装等行业为主。

8.4.1.4 东海水道
(Donghai Watercourse)

西江干流入海水道中段西海水道的分汊，起点为广东省佛山市顺德区杏坛镇南华，终点至容桂镇龙涌沙顶。河长20千米，河宽450～1 400米。涉及佛山市顺德区和中山市。

地处**珠江三角洲**冲积平原，地势平缓，地面高程2.5～3.2米（85国家高程基准），有零散小丘。冲积平原地层现仍处于下沉阶段，年平均下沉2.2毫米。

该区域属南亚热带季风气候，光照充足，温暖湿润；多年平均年降水量1 620.8毫米（1959—1991年），汛期（4—9月）降水量占全年的80%，易发生内涝。

东海水道水量主要来自**西江**，又受南海潮汐影响，每天有两次涨潮和两次落潮。根据2005年的监测资料，东海水道综合水质为国家地表水环境Ⅲ类标准。

自然灾害以洪潮灾为主。1968、1994、1998、2005年均发大水，其中1994年6月20日东海水道上游杏坛镇南华水闸实测最高水位6.12米，为50年一遇水位，因有水利工程保障，未形成洪灾。

至2005年年底，东海水道两岸共建水（涵）闸16座，电力排灌站3座，装机容量1 855千瓦。

东海水道穿越顺德区杏坛、均安及中山市东凤三镇。从起点下游5.2千米处江中海心沙和南沙围将水道一分为二，到莺哥嘴汇合。有分流入**小榄水道**，其余流向龙涌沙顶，至龙涌沙顶后分叉流入**容桂水道**和**鸡鸦水道**。

东海水道流经的三镇，经济发达，已从原来以农业为主转为工业为主。杏坛镇位于顺德西南部，全镇总面积121平方千米，距顺德区政府所在地大良街道13千米，距广州市约50千米，镇内绝大部分是江河冲积平原，河网交错，土地肥沃，是珠江三角洲知名水乡，2004年全镇地区生产总值30亿元，工农业总产值99.8亿元。

8.4.1.4.1 小榄水道
(Xiaolan Watercourse)

位于广东省中山市偏北部，距中山城区石岐13千米。北接佛山市顺德区南界的**东海水道**，在中山市小榄镇福兴头和东凤镇莺哥嘴流入中山市境内，在大南尾与**鸡鸦水道**汇合后流入**横门水道**，全长31千米。地处中山市境内。

小榄水道地处**珠江三角洲**沙田区，地势平坦，河涌交错，属亚热带季风气候区，温和多雨，阳光充沛，年平均气温为21.8摄氏度，多年平均年降水量1 747.4毫米；暴雨多发生在5、6月和8月；为中山市的重要饮用水水源地，目前水质为国家地表水环境Ⅱ类标准。

小榄水道流域易受洪水影响。1949年后曾发生多次洪灾，其中较严重的有1951、1959、1962、1968、1994（两次）、1997、1998年。

20世纪50年代进行联围建闸，60年代大力兴建电力排灌站，70年代联围工程续建配套，围内整治和海堤石堤化，80年代以工程管理为重点，工程建设继续抓好配套和除险加固，90年代以来，改革开放促进工农业发展，水利建设重点是提高防洪、防潮、排灌的标准，大搞水利工程的安全达标，为经济建设提供安全保障。

小榄水道北接顺德界的东海水道，起于东凤镇莺哥嘴，西岸经小榄、东升、港口，东岸经东凤、阜沙在港口大南尾与鸡鸦水道汇流入横门水道出海，是中（山）顺（德）大围（东线）与五乡联围、中下南联围（南线）的分界河，因沿岸有小榄镇而得名。

河面宽度150～300米，低潮水深3～3.5米，可航行500～1 000吨位轮驳船，向北可往江门、肇庆、梧州，向南可通往石岐、珠海、澳门、香港等地，是中山市主要航道，受潮汐影响，属双向流河段。沿线有中山市的主要工业城镇小榄镇和广珠公路的主要桥梁之一的沙口大桥。双体船行经水道时，由于马力大、速度快、涌浪高，对两岸堤防破坏严重。该水道宣泄**西江**洪水，汛期最大流量3 830立方米每秒，是中山市的主要防洪地区。

中山市市花为菊花，最擅长

小榄菊花

栽菊花的当数小榄水道边上的小榄镇人，种菊历史从南宋开始，至今已有七百多年。早在清嘉庆十九年（1814 年），小榄镇为纪念祖先开村，就举办了首届菊花展。菊花会是小榄的传统节日，起源于清乾隆元年（1736 年）。

8.4.1.4.2 鸡鸦水道
(Jiya Watercourse)

东海水道汊流，位于广东省中山市北部，距中山市城区石岐 18 千米。西岸北起东凤，经容沙、港口，东岸北起南头，经黄圃、三角、民众等镇，在大南尾与**小榄水道**汇合流入**横门水道**出海，全长 33 千米，河面宽 200～300 米。涉及广东省佛山市顺德区和中山市。

鸡鸦水道地处**珠江三角洲**沙田区，地势平坦，属亚热带季风气候区，温湿多雨，阳光充沛，多年平均气温 21.8 摄氏度，多年平均年降水量 1 747.4 毫米。汛期最大流量 8 690 立方米每秒，宣泄西江洪水作用大，是中山市主要防洪区。鸡鸦水道维持地表水环境质量 Ⅱ 类标准，是中山市主要饮用水源地之一。

鸡鸦水道两岸河涌交错，易受洪水影响。1950 年后发生多次洪灾，较严重的有 1951、1959、1962、1968、1994（两次）、1997、1998 年。

鸡鸦水道北接**容桂水道**，是五乡联围与文明围、马新联围；大南围与民三联围的分界河，西岸北起于佛山市顺德区的蛇头，从中山市南头镇大坳流入中山市境内，经东凤、南头、阜沙、黄圃、三角、民众、港口等镇在大南尾与小榄水道汇合后再流入横门水道。

鸡鸦水道低潮时水深 4～5 米，设重点航标，可航行 500～1 000 吨位轮驳船，是中山市通往梧州、肇庆、广州、江门的主要航道之一；主要分汊河道包括黄圃水道和黄沙沥水道。**黄圃水道**属**西江**水系，西接鸡鸦水道，东至三星围口接**洪奇沥水道**，全长 11.5 千米，可通航 50～80 吨位船舶。黄沙沥水道西接鸡鸦水道，向东流经黄圃、三角边界，至石基河头入洪奇沥水道，全长 10 千米，可通航 300～500 吨位船舶。

鸡鸦水道因受潮汐影响，属双向流河段，河床比较稳定，汛期最大流量 8 690 立方米每秒，平均泥沙淤积量 12.5 万立方米每年。

鸡鸦水道旁的黄圃镇具有八百多年历史，与石岐、小榄并称"中山三大镇"。

8.4.1.4.3 横门水道
(Hengmen Watercourse)

位于广东省中山市东部，距广东省中山市城区石岐 12 千米。由**鸡鸦水道**和**小榄水道**在港口镇大南尾汇流后，至横门岛马鞍头分南、北两支分流入伶仃洋（**珠江**口），总长 18 千米。地处中山市境内。

流域处于**珠江三角洲**沙田区，地势平坦，河涌交错。属亚热带季风气候，温和多雨，阳光充沛，多年平均气温 21.8 摄氏度，多年平均年降水量 1 747.4 毫米；暴雨多集中在 5—6 月和 8 月，汛期最大流量 8 220 立方米每秒，涨潮最大流速 0.71 米每秒，落潮最大流速 1.34 米每秒，最大含沙量 0.986 千克每立方米，一般为 0.8 千克每立方米，横门站 1993 年 9 月 17 日实测历年最高暴潮水位 2.62 米。

横门水道出海口滩涂资源丰富，可供生态农业、城市建设、海运码头等提供后备用地。横门一带，滩涂成片，滩面高程 -0.5～-2.0 米（珠基），滩涂土地肥沃，淡水资源丰富。现已成围并投产的面积有 2 867 公顷，主要种植甘蔗、莲藕、水果及进行水产养殖。横门垦区已成中山市重要香蕉生产基地之一，部分滩涂现还在抛石种草促淤中。

横门滩涂

横门水道由鸡鸦水道和小榄水道在港口镇大南尾汇流而成，至东河口，石岐河从右侧汇入，水道流向自西向东横流，出口处像横开的门，故口门称横门，水道则称横门水道。横门水道在港口镇汇成后，向东流经民众、火炬开发区等镇（区），至横门岛马鞍头分南、北两支分流入珠江口。

横门水道大南尾到马鞍头段长 12 千米，马鞍头至烂山段（北支）长 3 千米，马鞍头到横门口段（南支）长 3 千米，总长 18 千米。

河面宽 800～1 000 米，低潮水深 3.5～6 米，可航行 1 000～3 000 吨位轮驳船，是江门、广州、梧州等地区通往中山市和港澳地区的主要航道之一，受潮汐影响，河道双向流，是中山市东部地区工业、农业用水的主要水道，河口有横门山与烂山对峙，地势险要。

坐落在横门水道中部的中山港现可通航 3 000 吨级海轮、5 000 吨级江海轮，设有客运码头和货运码头。中山港集装箱年吞吐量 400 万吨，是中国集装箱吞吐量的十强港口之一、世界集装箱吞吐量百强港口之一，也是香港、深圳、广州等港口的重要中转港。

8.4.1.4.3.1 长江水库
(Changjiang Reservoir)

广东省中山市境内的一座中型水库，位于中山市东南部，五桂山北麓小隐涌上游，距中山市城区石岐东南 8.5 千米，因地处中山市东区的长江村而得名。

长江水库

长江水库是一座防洪、灌溉、供水、发电综合利用的水利枢纽工程。水库集水面积 36.4 平方千米，总库容 5 040 万立方米，有效库容 3 132 万立方米。工程于 1960 年 1 月动工，1963 年基本建成。从 1994 年底起对库区的主要建筑物进行了续建加固，完成了大坝排水反滤层重建，大坝背水坡加高增厚，泄洪洞加固，新建防汛公路及坝顶公路，绿化环境等工程。

工程主要建筑物由大坝、溢洪道、输水管和电站组成。大坝为均质土坝，主坝顶面长330米，宽6米，最大坝高20.03米；1978年增建开敞式矩形宽顶堰溢洪道（消力池消能），最大泄洪量139.4立方米每秒；输水管为钢筋混凝土管；1971年至1973年7月，先后配套建成坝后式发电站两座，共3台机组，总装机容量375千瓦，年设计发电量125万千瓦时。

水库是一个集防洪、灌溉、供水、发电等综合利用的蓄水枢纽工程。通过水库的滞洪作用，可将百年一遇的洪水流量649.8立方米每秒削减为92.8立方米每秒；保护耕地面积200公顷、人口11万。水库设计灌溉面积1 580公顷，现达1 000公顷。电站年发电量40万千瓦时。1985年水库供市自来水厂的水量达1 400万立方米。目前，长江水库已被市政府定位为中山市的主要备用水源，已建设有日供水量20万吨的长江水厂，咸潮期担负重要的抗旱防咸职责。水库下游有中山火炬开发区（工农业产值达1 000亿元以上），还有中珠一级公路及京珠高速公路等路段，处在水库下游保护区内。

库区风景优美，包括里面相连的6条大水坑、7处山梁山埔和一道拦库大坝。相传，三百年前，有姓龙的叔侄二人，从江西老家来到这里拓荒，因他们来时，曾走过一列长长的山冈，又把"冈"字谐音为"江"，暗喻他们祖居江西之意。这就是长江名字之来源。库区上游的五桂山区是中山市山地丘陵的主体，海拔多在200～500米之间，主峰531米。

库区莽莽群山，重峦叠嶂，一望无垠的松林，郁郁葱葱，还有杉树、樟树、苦楝等各种树木。库区深处，深谷平湖，谷内有谷，湖中有湖。水最深处30多米，晶莹清澈。在湖内周边坡岭之间有企人石（望夫归）、宝鸭塘（宝鸭腾空）、长龙坑小瀑布（飞流千尺）、暗龙坑石廊（深涧怪石展览）等景点。

在咸潮袭击珠三角地区期间，中山市全禄水厂和大丰水厂等先后受到影响。长江水库及时加大供水量，有效缓解城区的供水压力，充分发挥了水库的淡水水源保障作用。

8.4.1.5　海洲水道
(Haizhou Watercourse)

西江干流入海水道中段西海水道左侧汊流，起点位于广东省佛山市顺德区均安镇菱溪村太平圩，于中山市古镇的雁沙围汇入西海水道。河长8.2千米，河宽200～350米。涉及佛山市顺德区和中山市。

地貌属**珠江三角洲**冲积平原，地面高程1.7～1.9米，有零散的残丘存在，南亚热带季风气候，光照充足，温暖湿润；多年平均年降水量1 730毫米（1959—1991年），降雨年际差异明显，汛期（4—9月）降水量占全年的80%。

据统计，海洲水道入口水量约占**西海水道**流量的7.9%，受南海潮汐影响，每天有两次涨潮和两次落潮。

水道两岸易发生内涝，也易发生洪水。1968、1994、1998、2005年均发生了大到特大洪水，其中1994年6月20日均安镇南面水闸实测最高洪水位为5.61米（珠基高程），超过100年一遇洪水位。水道两岸的大堤成功抗御了这次特大洪水。

海洲水道流经均安、荷塘、古镇三镇，上游左岸隶属佛山市顺德区均安镇，下游左岸隶属中山市古镇镇，两镇岸边大堤都属中顺大围西干堤一部分。右岸隶属江门市河塘镇。

海洲水道入口处在1958年冬季曾被均安镇堵塞，用作淡水养殖，但第二年因影响到**西江**泄洪而被拆除，恢复原状。1994年，海洲水道在入口处建成了一座连接荷塘与均安的白藤大桥。至2005年底，海洲水道两岸共建有水（涵）闸9座，电力排灌站1座，装机容量320千瓦，排灌效益330公顷。

海洲水道流经的三镇，经济发达，已从原来农业经济逐步转变为以工业为主。均安镇位于顺德西南部，是著名的侨乡，旅居港澳台的乡亲和海外华侨达4万多人。均安镇为国际功夫巨星李小龙的故乡，素有"中国曲艺之乡"和"广东省民族民间艺术之乡"的称誉，几乎所有的居（村）都成立有曲艺社。

均安镇李小龙广场

8.4.1.6　江门水道
(Jiangmen Watercourse)

又称江门河、蓬江，是**西江干流入海水道**中段西海水道自广东省江门北街连通崖门水道（又名银洲湖）的主要水道，也是珠江口西部实现江海直航最经济便捷的通道。涉及江门市蓬江区、江海区和新会区。

概　述

江门水道干流长23千米，河床平均比降0.5‰，属**珠江三角洲**复合平原区，地势平坦；涉及江门市蓬江、江海、新会三个区。流域属亚热季风气候，温和多雨，少霜无雪，多年平均气温22摄氏度，无霜期年平均339～356天，多年平均相对湿度80%，年蒸发量973.0毫米，年降水量1 879.0毫米。流域自身多年平均年径流量3.4亿立方米。据2000年监测，水质属国家地表水环境标准Ⅳ～Ⅴ类，汛期受热带气旋影响。

1978年，**西江**入口北街水闸枢纽工程建成。兴建前，每遇西江洪水，水道沿岸往往发生洪涝灾害，故江门市区长堤两岸均砌石墙、叠沙包防洪。1968年6月下旬，西江发生1949年后最大一次洪水，北街站水位4.63米，相应流量1 040立方米每秒，而市区钓台路口的马路地面高程只有2.4米，沙仔尾一带地面高程是2.0米左右，城区军民全力抢险，才得以免受淹浸。

1949年前，流域时有春旱和秋旱。1949年后大力兴修水利，现流域排灌设施较完善，旱患基本解决。北街水闸枢纽建成以后，控制了西江洪水下泄流量，确保市区不受淹浸。在1994年6月西江大洪水中，水闸外水位5.2米，控制闸内外水位差1.9米以上，从而使江门市区免受洪水入侵；当其支流天沙河有排涝要求时，由北街水闸控制东炮台水位，使天沙河水得以顺利下泄。由于北街水闸充分发挥防洪排涝作用，从1984年起，水道两岸河堤逐步拆除，市容市貌得到改善和美化。

江门水道已建有堤围4条，总长47.56千米。兴建北街和南冲两座中型水闸及小型水闸43座。建成电排站58座，排涝面积1 053公顷，电灌站10座，排灌两用站4座。

纪　实

西江水由江门市北街流入江门水道，在东炮台分出天沙河（天沙河流至新会区江嘴又汇入江门水道）后折向南流，经新会大洞口注入**潭江**下游的银洲湖（崖门水道），从崖门出海。江门水道中途在文昌沙分出礼乐河，到大洞口又汇合，在上浅口分出**新会河**，经会城镇流入银洲湖。

水道河床较稳定，深槽高程一般在-4.0米（珠基高程）。原来只通航300吨级以下船只。沿途有打鸟角、文昌沙和甘竹湾三个险段，其中甘竹湾河道弯曲、水流湍急，其余两处则淤浅严重，影响航运。1992—1994年，完成水道整治、裁弯取直、炸礁护岸、疏浚等。经整治，由Ⅴ级航道提高到Ⅳ级航道，可航行500~600吨级内河船舶。

江门港是广东省第二内河港口。除西海道临江码头外，

江门水道

据北街水闸统计，1973年通过江门水道的运输量217万吨，1985年运输量775.6万吨，2002年运输量1 109万吨。

江门港

江门水道全程受潮汐影响。水道流经人口稠密的江门市区、工业区，生活和工业废污水污染较严重，2000年后开始治理，水质有所好转。据1999年广东省第二次遥感普查，水土流失面积13平方千米，其中人为侵蚀面积7.14平方千米，近年来，认真开展防治工作。

江门因地处肆水（西江）汊流蓬江（江门水道）的会合处，蓬江之南的烟墩山和北江的蓬莱山对峙如门，故名"江门"。江门历史悠久，远在唐代便是中国海上丝绸之路的驿站。早在明朝万历年间，江门市区商业就相当繁荣，有"千船如蚁集江边"之景象。清道光二十年（1840年），江门与佛山、顺德陈村、东莞石龙并列为广东四大商业重镇，成为珠江三角洲西部的商贸中心。1902年被辟为对外通商口岸，1904年设立江门海关，为广东八大关之一，时称江门埠。

江门水道涉及江门市的蓬江区和江海区。江门市区有着得天独厚的自然资源，西江西海水道、大沙河、江门水道穿城而过，北有青山秀水的大西坑风景区，西有圭峰山国家森林公园，东有风光秀丽的

圭峰山国家森林公园

白水带山林公园，市中心是一步一景的东湖公园景区，城中还有数十座如星星般散落的绿色自然山体。江门市先后被评为"国家环保模范城市""国家园林城市""中国优秀旅游城市""国家卫生城市"，荣获"中国人居环境奖"。

8.4.1.6.1　新会河
(Xinhui River)

又名会城河，旧称城濠，位于广东省江门市新会区境内，是江门水道支流，为古代会城镇向外沟通的一条主要航道，河长9千米。

新会河沿岸地处珠江三角洲复合平原区，地势平坦。区域属亚热带海洋气候，温和多雨，少霜无雪，热量充足，夏少酷热，冬少严寒，四季宜种。多年平均气温21.8摄氏度，年蒸发量973.0毫米，年无霜期339天，多年平均相对湿度81%；多年平均年降水量1 920毫米，4—9月雨量一般占全年的83%，因地处近海，受东南季候风影响，热带气旋、暴雨影响较多。流域水资源丰富，随着经济发展，河水污染日益严重，2010年水质属国家地表水环境Ⅳ类标准。

1949年前，汛期台风暴雨极易引发洪涝灾害；冬春易旱，干旱年份多发生严重旱患。民国32年（1943年）大旱，"由年初至农历五月都未下雨，八成稻田不能下种"。1949年后，大力兴修水利，洪涝旱患得到基本控制，但遇1977年这样的大旱，仍需投入人力、物力、财力抗旱，方不误农时。

新会河属人工开挖沟通航运的河涌，据记载："明成化年间（约1465年）由知县陶鲁主持开凿，长1 856丈，宽5丈。至清乾隆期间，河面宽仍有5丈，船运不绝，以后逐年被两岸铺户侵占，河面日渐浅窄。到清光绪二十六年（1900年）左右，已只有小船可通行"。会城镇主要航运码头现已迁至河口（出口）处。

由于受到污染，河水发黑发臭，影响两岸居民生活及市容市貌，1995年新会建设冈洲大道覆盖新会河，作为暗河进行排污，上面作交通道路（从江会路至涯湾路，即城区部分覆盖），新会河现已不再通航。覆盖后，河中沼气浓度加大，新会市（区）正着手在新会河入口（上浅口）设置控制闸，在出口（河口）设置控制闸和电排站，冲淤和排污，并减少河中沼气浓度。

新会河已建堤围两条，总长12千米。除上游从江门水道入口至江会路一段500米是一般堤围外，其余均是堤路结合。从冈洲大道至新会河河口段，虽没有覆盖，但左岸已建大批商住楼，右岸为工厂区。河水受污染，已不能用于灌溉，正在兴建污水处理厂解决。

8.4.1.7　石板沙水道
(Shibansha Watercourse)

西江干流入海水道的支流水道，起点为广东省江门市新会区百顷头，终点至新会区竹洲头。水道全长22千米，平均宽度450米，平均比降0.045‰。

石板沙水道流域属珠江三角洲复合平原区，地势平坦。属亚热带海洋气候，温和多雨，阳光充足，年平均气温22摄氏度，多年平均年降水量1 597毫米。根据大鳌站的记载，历史最高水位为3.60米（2005年6月24日12时）。夏秋季常有热带气旋侵袭。据2000年监测，水道水质为国家地表水环境Ⅱ~Ⅲ类标准。石板沙水道的洪、涝、旱等灾情况和西海水道相似。

石板沙水道流域有耕地面积2 380公顷、鱼塘1 000公顷。已建4条围堤，总长48.12千米；建电排站17座，装机容量2 660千瓦，排涝面积2 233公顷；穿堤涵闸11座，受益2 033公顷。

西江流入新会境内后在大鳌的百顷头分成两股，东边干流称磨刀门水道，西边支流称石板沙水道，水流向南流，至大鳌的大屿头后又分成两股，东边一股称石板沙水道；西边一股称虎跳门水道，流至大屿岛的中部又分出三股，一股向西流的睦洲水道，一股向南流的虎跳门水道，一股向东流与

石板沙水道在大屿尾汇合后遇石板沙岛又分两股,两股都称石板沙水道,在石板沙尾汇合成一股向东南流;至大鳌的竹洲头与磨刀门水道汇合,入磨刀门出海。河段水流分散,洪潮混杂,互相顶托。每日有两次高、低潮,遇台风袭击,则会产生风暴潮,一般比正常值增高0.5~1.0米。

8.4.1.7.1　荷麻溪
（Hemaxi River）

从广东省新会市（区）大鳌镇的大屿起,经睦洲镇的南镇、狗尾、黄布到珠海市斗门区的上横。全长14千米,河床平均比降0.05‰,涉及江门市新会区和珠海市斗门区。

该区域属**珠江三角洲**复合平原区,地势平坦,亚热带海洋性季风气候,常年温和湿润,少霜无雪,日照时间长,雨量充沛,四季宜种。据新会气象站资料,流域多年平均气温21.8摄氏度,极端最高气温38.2摄氏度（1994年7月11日）,极端最低气温0.1摄氏度（1963年1月16日）;平均年无霜期339天,多年平均相对湿度81%;多年平均年降水量1 784.6毫米,最大年降水量2 829.3毫米（1965年）,最小年降水量1 130.2毫米（1977年）;多年平均年蒸发量1 641.6毫米。据2000年监测,水质为国家地表水环境Ⅱ类标准,符合国标饮用水要求。

流域临近南海,受潮汐影响明显。1949年前,沿岸低洼地区易受涝渍,每当台风暴雨,特别是洪水又受大潮顶托时,洪涝损失更为严重,河岸堤围损坏。历史上发生较大的旱灾7次。1949年后,大力兴修水利,水旱灾害得到有效控制。但遇干旱年份,旱患仍有发生,如1977年是1949年以来最干旱的一年,对农业生产造成较大影响。此外,受咸潮威胁时,农田会出现返酸返咸现象,对农业生产不利。

荷麻溪现已建堤围两条,总长18.7千米,保护耕地面积973.3公顷,人口0.74万;已建水闸9座,受益面积2 600公顷;电排站7座,总装机容量893千瓦,排涝面积393.3公顷。

荷麻溪从新会区大鳌镇的大屿起,至珠海市斗门区的上横,再汇合横坑水、**螺洲溪**,经**泥湾门水道**出鸡啼门。荷麻溪平均河宽100米,洪潮混杂。20世纪80年代,100吨以下船只长年通航,但部分河段由于日渐淤积,尤其四顷冲口,最淤浅点仅

荷麻溪珠海斗门段

2.3米,较大船只需候潮通过。2001年航道整治后,可通航300吨级船只。目前,河道两岸开发建设项目不多,植被和水资源保护较好。

8.4.1.7.2　泥湾门水道
（Niwanmen Watercourse）

今称黄杨河,北起广东省珠海市粉洲沙仔尾,上接**螺洲溪**和赤粉水道,下至珠海尖峰山鬼仔角,全长14千米。

属亚热带季风区,雨热同季,干湿季分明,雨量充沛,全年降水量1 100~3 339毫米,多年平均降水量1 998.8毫米。

水道弯曲系数1.02,主槽最浅处（在尖峰山加油站旁）4.4米,最深处（在白蕉区的白石大围）12.6米,河宽300~550米,平均比降－0.07‰,总落差1.0米。

过境客水虽然丰富,但流经斗门主要工业经济区,水质污染严重,水质曾为国家地表水环境Ⅳ类标准。近几年积极保护开发斗门水乡文化,对黄杨河水质和沿河两岸自然环境进行了整体的规划和保护,水质得到明显改善,达到Ⅱ类。

水道左岸为六乡、白蕉堤防,堤线长15.29千米（西北闸下200米至沙头闸）,建有外江水闸5座,总净宽31.5米,设计流量244.5立方米每秒;右岸为斗门、井岸镇的堤防,堤线长16.765千米（鸭斗闸至尖峰围）,建有小型水库7座,山塘5座,总控制面积11.887平方千米,总库容1 000.88万立方米。

泥湾门水道是整条**鸡啼门水道**的腹段,汇集螺洲溪和赤粉水道的过境客水以及黄杨山东侧山洪,经原称鸡啼门水道下段出海。流经六乡、白蕉、井岸与斗门区部分地域,是斗门区井岸镇通往各地的水运要道。流域内有多条城市快速干道,有湖心路、珠峰大道、黄杨大道、沿江路、连桥路、黄杨公路、白蕉路、珠港大道等,交通十分便利。

1958—1975年,经历白藤堵海,河湖分家,筑闸排水,围垦开发,现设一座过船闸和保留一条友谊河通向白藤水闸,原泥湾门海区已变成半陆半湖,通称白藤湖,泥湾门已不复存在。1984年已逐步开发白藤湖旅游中心。泥湾门水道也改称为黄杨河,全部洪量由鸡啼门水道出海。

8.4.1.7.3　鸡啼门水道
（Jitimen Watercourse）

位于广东省珠海市斗门区大霖,北起尖峰山下鬼仔角,向西南流经白藤湖、井岸镇、乾务镇堤围至平沙连湾闸,全长20千米。邻接磨刀门内海区的西侧,是1959年泥湾门堵海工程完成以后形成的出海口门。

鸡啼门水道

鸡啼门水道河宽400~600米,井岸红旗上围最宽处1 800米,河流弯曲多变,主槽底高程－6.0~－7.0米,局部则达－10米,河段平均比降为－0.17‰,总落差3.0米;最大涨潮差2.44米,最大落潮差2.71米。

1949年前,河道两岸堤身低矮单薄。遇洪水和台风暴潮时,往往洪水（潮水）漫顶,农业及人民生命财产遭受损失。1949年后,大搞堤围整治等水利建设,河段两岸大规模砌筑海堤,现右岸乾务联围正按50年一遇的标准全线加固达标。流域内已建有中型水库一座,小（1）型水库两座,山塘水库集水面积11.8平方千米,总库容1 491万立方米。

鸡啼门水道位于珠海西区,接纳大量珠海西区工业和生活污水。鸡啼门水道原为**泥湾门水道**口门湾上的一支汊流。原泥湾门很宽阔,淤浅严重。白藤山是口门中的一座小山,山以东的河宽4 050米,山以西的河宽1 675米。泥湾门水道深水槽在东侧,宽460米,深7.9米。1958年堵合泥湾门

（白藤堵海）后，原泥湾门的水量经鸡啼门入海。这支小汊流被冲刷成宽深的入海口门，原来命名为泥湾门水道的河段成为了鸡啼门入海水道的上游段。1960年后，鸡啼门口外的围垦工作使口门继续外延，鸡啼门已成为南水岛与原三灶岛所挟持的口门湾上唯一的水沙来源，这个口门湾两岸又已围垦成较宽的河口段，长约4千米。

鸡啼门口外滩涂

珠海市金湾区集海洋、海岛、沙滩、青山、森林、温泉等自然景观及沙丘遗址、摩崖石刻等文物古迹于一体，每两年中国国际航空航天博览会在这里举办一次，是珠海市重化工业、新型加工业和出口加工业的中心区域，农业生产资源丰富，物流业发展潜力巨大。

鸡啼门上游的白藤湖，是珠海西部重要的旅游度假胜地。1949年前，这里作为**珠江**入海口鸡啼门与泥湾门的分流处，还是一片无风都起三尺浪的沧海浅滩，人称"鬼仔角"。1958年，珠海、中山两县为了减轻台风暴潮及咸潮对乾务、白蕉、小林等沙田区13万亩农田的危害，围垦开发更多的耕地，垒筑白藤东堤和白藤西堤两道大堤，堵塞泥湾门水道经白藤山两侧出海的东、西海峡。1961年5月，工程基本完工。

白藤堵海后，堤内形成了一个30平方千米的串湖，因近白藤山，被称为白藤湖。白藤堵海，加速了淤泥沉积，促进了滩涂的发育，为以后的大规模围垦创造了条件；但是也改变了自然生态环境，减弱了农田自流排灌能力，扩大了农田涝渍范围，对周边地区的农业生产产生了不良影响。

白藤湖

1971年起，为了彻底解决白藤堵海的遗留问题，对白藤湖进行全面治理。经过4年多的奋战，白藤湖由外江串湖变为了内陆湖，湖内排水顺畅，逐步恢复了白藤堵海前的水文状况，多方收益，并已逐步发展成为闻名全国的旅游区。

8.4.1.8 螺洲溪
(Luozhouxi River)

位于广东省珠海市斗门区，北起竹洲头，南至上横镇粉洲沙仔尾，下接**泥湾门水道**，全长12千米。

螺洲溪地处**珠江三角洲**南端，夏季受海洋季风影响强烈，冬季受大陆季风影响较弱；亚热带季风气候，夏长冬短，夏少酷热，冬少严寒，干湿季分明，全年降水量1 100～2 293毫米，雨季为4—9月，10月至次年3月为枯季；多年平均气温21.8摄氏度，常受台风影响，最大风力10级左右。

螺洲溪年径流主要是过境客水，河流弯曲系数1.05，主槽平均深5.4米，局部达20.2米，河宽220～330米，平均比降0.09‰，总落差1.0米。

水资源丰富，水质良好，环境优美。水道左岸为6乡镇竹银联围和白蕉联围西堤的堤防，堤线长12.3千米，沿堤建有外江水闸7座，总净宽36.7米，设计流量280.7立方米每秒。在竹洲头处有一旋涡淘刷险段。水道右岸为大沙联围堤防，堤线长13.544千米，建有外江水闸7座，总净宽42.6米，设计流量286.5立方米每秒，西安大泵站建于水道右岸。竹银联围和白蕉联围西堤防护珠海市城区。

南美白对虾

流域盛产南美白对虾、罗氏沼虾等优质水产品和荔枝、龙眼等佳果，当地鲜美、爽嫩的黄沙蚬可与横琴肥美的蚝相媲美，食蚬季节众多游客慕名而至。

8.4.1.9 大镜山水库
(Dajingshan Reservoir)

位于广东省珠海市中心城区独流入海河道凤凰河上的一座中型水库，三面环山，南面距珠海市城区500米。

大镜山水库

工程于1972年动工，1975年竣工投入运行。水库集水面积5.95平方千米，总库容1 710万立方米。1995—2002年进行增容扩建及除险加固。水库原校核洪水标准为500年一遇，加固后校核洪水标准提高为2 000年一遇。1994年7月，珠海市遭遇特大暴雨袭击，72小时总降水量达838.2毫米，水库库水位超过汛限水位1.13米，经溢洪道排洪408.4万立方米，水库水位降至正常水位，确保了水库工程安全和下游地区人民生命财产安全。

水库属年调节水库，功能是调咸、蓄水、城市防洪和城市生活供水。1975—1979年灌溉农田面积576公顷，根治洪涝面积100公顷，解决香洲城镇居民饮水问题，且兼顾防洪。

大镜山水库

1979年，水库转为向城市供水，是珠海市重要水源地，平均年供水量3 000万立方米。水库还担负着城区重要防洪任务，保护城区面积6平方千米、人口8.5万。建库初期，库区水土流失严重，从20世纪80年代开始，采用工程措施与生物措施相结合，现今库区山头植被覆盖率达90%以上，基本实现"涵养水源，保持水土，调节径流，改善生态"的目标。同时对水库水质进行监测，以便全面掌握水质变化情况，及时采取应对措施。

大镜山水库建库前，当地是一个贫瘠的小山村，居民靠耕种和出海捕鱼为生，经常遭受洪涝灾害和咸潮袭击，且四周山体常发生滑坡和崩岗，村民生活较为艰苦。

1979年成立珠海经济特区后，大镜山水库转轨向城市供水为主。由于集水面积小，产水量不能满足供水要求，因此在大镜山水库邻近区域增建了梅溪水库、正坑水库、坑尾水库和凤凰山水库（中型）。凤凰山、正坑、坑尾3个水库通过输水隧洞与大镜山水库连通进行水量调节，梅溪水库溢洪道尾与大镜山水库库尾相接，形成五库连通、统一调配的供水系统，直接向珠海市供水。

大镜山水库所在的香洲区是珠海市中心城区，位于南海之滨、珠江口西岸，东连香港，南接澳门，背倚珠江三角洲腹地，地理位置得天独厚，是联系内地与港澳，以及对外贸易、国际交往的重要口岸。香洲区全区总面积400多平方千米，常住人口73.86万，1998年荣获联合国颁发的"国际改善居住环境最佳范例奖"。

8.4.2 北江干流水道
（Beijiang Main Stream Watercourse）

上接**北江**干流，通常包括三段，即东平水道、顺德水道及沙湾水道。从广东省佛山市三水区思贤滘北滘口起，至八塘尾入伶仃洋，全长86千米。涉及佛山市三水区、禅城区、南海区、顺德区和广州市番禺区、南沙区。

概　述

地处三角洲冲积平原，河网密布，地势平缓。上游段有零星的丘陵和残丘存在（高程在100米以下），物种多为亚热带植物，两岸土地城市化、工业化程度较高，农业用地以鱼塘和经济作物地为多。中游段地势呈西高东低，地面高程在1.5～4.0米（85国家高程基准）之间，农业以鱼塘及经济作物为主，一般植被为亚热带植物，物种不多。下游段沙湾水道北部和东部多为低丘台地，分布在市桥及蕉东围南沙、黄阁镇境内，地势较高的台地是民田的主要分布区；中南部是连片的三角洲冲积平原，河网纵横。

属亚热带海洋性季风气候，光热充足，气候温和，雨量充沛，多年平均气温21.8摄氏度，多年平均降水量1 638毫米，4—9月降水量占全年的81%；7—9月为台风季节。上游东平水道、顺德水道段水质良好，达到国家地面水环境质量Ⅱ类水质标准，下段沙湾水道水质较差，一般为Ⅱ～Ⅲ类水质。

北江干流两岸有万亩以上堤围12处，左岸有北江大堤、大塘围、佛山大堤、罗格围、南顺第二联围、群力围，右岸有安乐围、瑞岗围、樵桑联围、金沙围、顺德第一联围，堤上主要险段有米步陟、大凼等，沿江主要闸窦有狮山窦、刘洞窦、花岗窦、穗安窦，主要电排站有莲塘站、刘洞站、旧花岗站、新花岗站及西岸站。

北江干流水道有"黄金水道"的美誉，港澳集装箱运输、沿海港口集疏运极具规模，2005年货物流通量超过6 000万吨，最高峰每小时过往船舶200～240艘次，是珠三角最繁忙的航道。水道沿岸有小塘、南庄、石湾、澜石、西樵、三山、平洲等几个大小不等的港口及码头，与四通八达的交通公路、铁路相衔接，共同构建成综合立体交通网络，集中了三山港、佛山新港、澜石港等佛山市外贸集装箱港口，外贸集装箱吞吐量约占全市的60%。近年来，两岸已形成以陶瓷、钢材、家具、机械为重点的沿江产业经济带。

澜石港全貌

自明景泰三年（1452年）至1949年，有记载的水灾年份有175年，以1915年7—8月大水灾情最为严重。1968、1994、1998、2005年均发生大洪水或特大洪水，其中1994年、1998年洪水超100年一遇。

流域内遇大雨暴雨，在水利条件差的地区易出现内涝。在枯水季节，如果上游来水补给不充裕，咸潮就会上溯，直接影响工业和居民用水。近几年已发生多次较大咸潮，对区域内的供水造成很大影响。1950年后，先后经历了堵口复堤、潮田筑围和沙田区的联围筑闸、电力排灌建设、水库、山塘、排灌渠系整治等治理。1994年特大洪水后，各级政府加

8.4.2 北江干流水道

大投入，进行了大规模的水利建设，已形成以江海堤围为主的防洪潮体系和以水闸、泵站、内河涌为主的排灌体系。

纪　实

东平水道　东平水道始于三水思贤滘。思贤滘位于三水区河口镇与金本镇斩墟之间，是**西江**、北江交汇的河道，全长1.5千米，水深5米，西滘口宽100米，东滘口宽200米，中间宽500米。思贤滘恰似天然运河，调节西、北两江流量，沟通航运，便利排灌，发展生产，起着重要作用。每年汛期，如西江水涨，西水便倒向北江，反之，北江水则流向西江。这时候，洪水泻入狭窄的江中，波涛咆哮，汹涌澎湃，加上两江水色明显不同，西水黄而北水绿，形成奇特的"思贤洪波"（三水八景之一），乃自然界中一大奇观。思贤滘名称的由来有两种说法：一种说法是明代著名理学家陈白沙曾远道而来寻访他的得意门生陈冕，无奈不遇，遂于江边石上题下"思贤"二字飘然离去，后人遂依此为河道命名；另一种说法是，陈白沙曾多次远道来此地观洪波胜景，他的弟子陈冕与何维柏先后在昆都山读书，后人为纪念这些贤士名臣，遂为河道取名"思贤滘"。思贤滘处于西北江三角洲顶部，即西、北江水系的咽喉位置，地位非常重要，是珠江三角洲地区联系大西南最便捷的水上交通大动脉，每日经过的船舶上千艘，对沿岸的经济发展有着很大的推动作用。

东平水道出思贤滘，向东南流，左岸为佛山市三水区市区。

三水位于珠江三角洲西北端，明朝嘉靖五年（1526年）设县，因西、北、绥三江在境内汇流，故名三水，是中国四大名镇之一，1993年3月29日，三水撤县设市，2002年12月8日，撤销三水市，设立佛山市三水区，全区总面积874平方千米，辖11个镇，现有海外华侨、港澳同胞20多万，是广东著名的侨乡。东平水道于南岸分出**南沙涌**，经丹灶、西步两镇境，于西步镇大岸村附近再次合流入顺德水道。分出南沙涌后，干流继西南流入南海区境，左岸为狮山镇境，右岸与南沙涌分流并进。至禅城区紫洞圩于左岸再分出**潭洲水道**，经大岸与南沙涌再合流后流入顺德水道。

顺德水道　顺德水道上接东平水道来水，向东南流，右岸流经西樵镇山和西樵镇治，西樵镇位于广东佛山西南部，是中国纺织之乡，旅游胜地，是西樵山遗址文化的发祥地。镇境内有西樵山，林深苔厚，郁郁葱葱，洞壁岩缝，储水丰富，山上72

顺德水道

峰峰峰皆奇，42洞洞洞皆幽。现西樵山已建有"国家级风景名胜区"和"国家森林公园"。由乐从镇杨滘村起进入顺德区境，水道呈东西走向。杨滘下游12千米右岸三漕口有分流到**甘竹溪**和顺德支流，下游17千米左岸西海口有**潭洲水道**汇入，再往下游4.5千米左岸濠滘口有分流入**陈村水道**。在龙江大桥到翁海沙之间7.5千米河道内，由于弯多曲折、主流迫岸，形成大坝、三漕口、水月宫、菊花湾四大险段，险段河床成低锅状，程高一般-16.0～-35.0米。

顺德水道是佛山市和广州市的重要水源地，在顺德水道取水的主要水厂有羊额水厂、南洲水厂、龙江水厂、北滘水厂等，其中南洲水厂规划日取水量达100万吨，主要供应广州市南部和大学城等地。

三洪奇大桥

顺德水道流经的区域，工业发达，北滘土地肥沃，环境优美，是典型的珠江三角洲鱼米之乡。改革开放以来，北滘镇成为珠江三角洲重要的新兴工业城市。2005年全镇本地生产总值106亿元。北滘是中国的现代制造业名镇，是全球最大的风扇生产基地和全国最具规模的空调、电饭锅生产基地。伦教位处珠江三角洲腹地，是顺德区中心城区的组成部分，总面积59.2平方千米。

沙湾水道　上接顺德水道汇入，起于广州市番禺区九如围。水道自西向东流，于沙湾镇三善圩左纳**陈村水道**，沙湾镇地处番禺区西南部，是一个具有800多年历史的文明古镇，面积52.51平方千米，是番禺区15个镇、近70万人口的生产、生活用水水源地。沙湾水道、市桥水道分别环绕镇南北外围而过，滴水岩山体耸立其中，北以大夫山森林公园为依托，区内河涌密布，是个闻名于穗、港、澳的珠三角文明古镇。沙湾自古以来文风鼎盛，名家辈出，文化积淀丰厚，孕育了广东音乐的代表人物"何氏三杰"，诞生了《赛龙夺锦》《雨打芭蕉》等传世名曲。沙湾镇有著名的广东音乐、沙湾飘色、沙坑醒狮和沙湾兰花四大文化品牌。留耕堂、宝墨园、三善古庙群是岭南建筑代表；姜埋奶、鱼皮角等传统小吃，远近闻名。

大夫山森林公园

沙湾水道继东流至北斗，于右岸分流出**蕉门水道**，继东流至石基村右岸分流出**沙鼻涌**，于沙尾与番禺水道汇合后，左岸接纳**莲花山水道**来水，分三个方向流向虎门，其中主流

宝墨园钟乳石景观

从蕉门水道流向虎门。

8.4.2.1 南沙涌

(Nanshayong River)

北江干流水道的一条主要汊流，从广东省佛山市三水区南岸分支，流经南海区丹灶、西樵，最后与顺德水道汇合，全长 23.2 千米。地处佛山市南海区境。

该区域地处三角洲冲积平原，河网密布，地势平缓，有零星的丘陵和残丘存在（高程在 100 米以下）；野生植物种类不多，物种多为亚热带植物；城市化、工业化程度较高，农业用地以鱼塘和经济作物地为主。由于河床淤浅，通航只能在每年汛期。

涌内堤围有南铁鼎围、樵桑联围东堤，堤上有杨家、黄家、横梁头、高海、国泰等险段。沿岸主要闸窦有界牌闸、九子窦、海口窦、中安窦；现有电排站主要有南沙站、联安站、海口站、中安站、大岸新站、大岸旧站、下安站等。

南沙涌流经佛山市南海区的丹灶镇和西樵镇。丹灶镇位于佛山市南海区西部，总面积 84 平方千米，是南海第二大镇，距广州市 38 千米、佛山市 22 千米，珠二环高速公路贯通全境。丹灶镇以丹灶圩得名。

西樵镇是纺织之乡，又是旅游胜地。西樵山风景区面积 14.2 平方千米，"西樵山文化"为中华文明的发展作出了巨大贡献，被考古学者誉为"珠江文明的灯塔"。西樵

西樵山风景区

山为广东四大名山之一，有 72 峰、36 洞，主峰大科峰高程 344 米。白云洞建于明嘉靖年间，现名樵园。

8.4.2.2 潭洲水道

(Tanzhou Watercourse)

西起广东省佛山市南海区紫洞，东行至张槎沙口，分出**佛山水道**；再折向东南，于澜石大桥西侧纳吉利涌，从顺德登洲头向南流至沙亭汇入**顺德水道**，全长 31.5 千米。涉及佛山市南海区和顺德区。

概　述

水道位于三角洲冲积平原，地势平缓，地面高程 2.0～3.0 米（85 国家高程基准），有零散的丘陵和残丘存在（高程 80～90 米）；冲积平原地层现仍处于下沉阶段，年平均下沉 2.2 毫米。区内野生植物种类不多，物种多为热带和亚热带植物。

南亚热带季风气候，光照充足，温暖湿

潭洲水道

润。区域多年平均年降水量 1 620.8 毫米（1959—1991 年），最大 2 538.6 毫米（1965 年）；降雨时空分布不均，汛期（4—9 月）降水量占年降水量的 80%。

潭洲水道水量主要来自**北江**，占北江三水水文站流量的 17.67%；因受南海潮汐影响，每天有两次涨潮和两次落潮出现；其余为本流域地表径流补给。水质属国家地表水环境 Ⅱ 类标准。

区内易发生内涝。自明景泰三年（1452 年）顺德设县后有水灾记载的年份共 175 年，灾情严重的有 1485、1535、1571、1616、1773、1864、1915、1947 年。1915 年 7—8 月大水，灾情最为严重。据顺德县志载，当时"平地水深丈余，浅亦五六尺，灾民栖宿高岗，攀援屋顶树梢，呼救之声惨不堪闻"。新中国成立后，1968、1994、1998、2005 年均发大水，其中 1994 年 6 月 20 日登洲头实测最高洪水位 5.60 米，为超 100 年一遇洪水。当地军民创下以 20 年一遇防御标准的堤围成功抗御了 100 年一遇特大洪水的奇迹。

据史料记载，宋代（960—1279 年）在潭洲水道左岸王借岗至石湾海口修筑大富南围，长 4.7 千米。明代（1368—1644 年）在石湾至澜石包公庙岗修筑沙岗围，长 2.3 千米。清康熙年间（1662—1722 年）在澜石八仙岗至湾尾奇槎乡修筑金钗围，约 15 千米，1949 年前曾多次决口，多次修复。

1949 年后，对潭洲水道左岸堤围统称佛山大堤，1950—1980 年，有计划组织农民对险段加高培厚。1981 年以来，对佛山大堤（沙口至石石肯段）按 50 年一遇洪水位加高培厚，高标准整治佛山大堤，大堤达到抗御 50 年一遇洪水标准。由于洪水带来的泥沙使河床逐年淤浅，至 20 世纪 60 年代冬春枯水期，潭洲水道有些河段已可涉水而过。1970 年 8 月，当地出动 4 万人疏挖潭洲水道，疏挖后降低登洲头水位 170 毫米，但工程未能解决水量分配问题，完工不到三年，基本淤回原状。

纪　实

潭洲水道登洲头起点下游 10.5 千米处分出**平洲水道**，两岸万亩以上堤围 5 处。潭洲水道上接**北江**，可通行 1 000 吨以下船只，是广州通行广西梧州等地水运的主要航道。

在佛山市澜石镇曾发现春秋战国古墓和汉朝古墓，随葬品有井、船、水田等泥塑，伴随出土还有稻谷一罐，反映了这一带已是水网地带，生产已具有较高水平。唐代，处于潭洲水道上游的石湾已经开始大批生产陶瓷。至明清时代，石湾发展成为一个综合性陶瓷生产基地，产品分为日用陶瓷、美术陶瓷、园林陶瓷、手工业用陶瓷、葬用陶瓷等五大类，尤以

日用陶瓷、美术陶瓷和园林陶瓷驰名中外,《明诗综》说"石湾瓦,甲天下"。

石湾陶瓷博物馆

建于明代正德年间的南风古灶,沿用至今窑火仍不息。明朝著名才子状元、被弘治皇帝御赐"中原第一家"的伦文叙是澜石黎冲村人。清咸丰四年(1854年)爆发的陈开、李文茂领导的红巾军起义,就是在石湾揭竿而起的。

1949年后,经过多年建设,石湾已发展成为中国最大的综合性陶瓷生产基地,也是陶瓷展销、研发、物流中心和陶瓷艺术、陶瓷文化旅游中心,拥有鹰牌、东鹏等一批领先全国的大型陶瓷企业和著名陶瓷品牌。2002年石湾建成中国陶瓷城,陶瓷产品集散能力居全国前列。

8.4.2.2.1 佛山水道
(Foshan Watercourse)

潭洲水道支流,又名佛山涌。从广东省佛山市沙口开始,至佛山市禅城区南堤正埠处分叉其中(沙口至中山桥11.2千米,称为汾江):一支往北沿南海叠滘、盐步、平洲,东至广州丫髻沙汇入**后航道**,全长23千米;另一支向东转南,经南海桂城至石石肯水闸,汇入**平洲水道**,全长7.7千米,称为佛山涌。佛山水道宽50～100米左右。涉及佛山市禅城、南海两个区及广州市。

概 述

该区域地处广东中南部**珠江三角洲**腹地,地势自西向东倾斜,境内除西北角有王借岗和南部有不规则残丘台地(高程15～35米)外,均为平坦冲积平原(高程0.5～1.0米),市区地面高程普遍2.5～4.0米,但上沙及石湾部分洼地在2.5米之下。

佛山水道

该区域属亚热带海洋气候,多年平均气温21.9摄氏度,年日照1 804小时,平均无霜日346天,年蒸发量1 510毫米;5—11月常有台风吹袭。据1957—1998年统计,有影响的台风共99个,年均2.4个,对人民生命财产及农业生产构成威胁。

由于雨量丰沛,并具有雨量集中、年际变化大的特点,多年平均年降水量1 625.4毫米。佛山水道年均过境客水11.71亿立方米,多年平均枯水期100万立方米每天,汛期540万立方米每天。

该区域常有洪涝灾害发生。据统计,1822年(清道光二年)至1911年(清宣统三年)流域发生较大洪涝灾害29次;民国期间(1912—1949年)发生11次,农田和市区低洼街道多为洪水淹浸,1915年(乙卯年)洪水淹至市区中心祖庙门前。1949年后较大洪涝年份有1959、1962、1966、1968、1988、1994年,其中1968年和1994年为50年一遇洪水。1949年后发生旱情4次,但由于水利设施日趋完善,20世纪70年代以后旱情得到有效控制。

早在明代,当地民众就沿着佛山水道筑围防御洪涝。至清末民国初,筑起堤围长35.72千米,分别有存院北围、永厚围、五福围、石角围、四乡联围、文沙堤等,但由于堤围低矮,在洪水期间多发险情。1949年以后,沿佛山水道堤岸加高培厚,筑闸联围。1960年在上游沙口修建限流工程。1982年又增建了引水工程(沙口引水闸),1995年重建沙口枢纽工程;与此同时,结合堤路改造,扩阔堤顶铺上混凝土。至2002年,佛山水道堤顶高程4～5米,路宽6米,可通汽车,达到防御50年一遇洪水标准。

纪 实

佛山水道流经佛山市区。秦汉时期,佛山是珠江口咸淡水交界的洲岛渔村。晋代,随海岸线南移,佛山渐成平原,称季华乡。公元388年,有罽宾国(即今克什米尔)法师达毗耶舍,在佛山洲岛登陆结茅讲经。唐贞观二年(628年),乡人在法师讲经处塔坡岗下,掘得铜佛三尊,随后在铜佛出土处建起经堂塔坡寺,并立石横书"佛山贞观二年"以资纪念。宋代,佛山设"舶司"分处,发展成为继广州之外的对外港口,冶铁业、陶业、纺织业相继兴起。至明代,中外商贾云集,市场繁荣,佛山超过广州,成为珠江三角洲重要商贸和手工业中心,全镇有大小240多个行业,尤其纺织、陶瓷、铸造、医药四大行业,鼎盛岭南。明清时期,佛山与朱仙、汉口、景德并称全国四大名镇;清康熙年间,与北京、汉口、苏州并称天下"四大聚"。清末,佛山得风气之先,成为我国近代民族工业的发源地之一。

佛山有独具魅力的岭南传统文化,素有陶艺之乡、粤剧之乡、武术之乡、广纱中心、岭南成药之乡、南方铸造中心、民间艺术之乡等美誉。改革开放以来,佛山市禅城区形成陶瓷、纺织、不锈钢、童装、铝型材、机械制造、制药、食品、塑料等支柱行业,并成为中国综合性陶瓷生产基地。

8.4.2.2.2 平洲水道
(Pingzhou Watercourse)

潭洲水道在广东省佛山市顺德区登洲头分出的一条汊流,陡向北折,至南海区平洲归石沙,全长17千米。涉及佛山市南海区和顺德区。

平洲水道地势自西向东倾斜,属**珠江三角洲**围田地区,地势平坦,高程0.5～1.0米。流域属亚热带海洋性气候,多年平均年降水量1 625.4毫米,汛期(4—9月)降水量1 291.5毫米,占全年总量的79.5%。

平洲水道过境水量占三水站流量的23%左右,故每年汛期常发生洪涝、台风、暴雨灾害。据《南海县志》记载:清道光年间(1821—1850年),曾三次决堤而成涝患。1950—2000年,发生洪水21次,台风暴雨20次,给农业生产带来较大的损失。

早在宋代,当地民众就在平洲水道沿岸进行治理与开发。

平洲水道左岸金钗围,始建于清康熙年间(1662—1722年),传为有妇人捐金钗倡建而得名,始建时只有奇槎之南一段,后逐渐延伸加固。由于平洲水道流程短,水位差值大,水流湍急,加上河道狭窄弯曲,河床冲刷日益严重。位于佛山大堤白蛇漩、石石肯两个险段总长6.22千米,称为大刀湾险段,堤段多次崩塌。1955年洪水,曾有50余米外坡崩塌;1962年和1968年洪水,堤基多处裂缝、渗漏、管涌;1997年洪水后,单基塘段堤脚石墙变位,断裂下沉,最大处达0.38米。从1985年10月起,将大刀湾险段作为重点整治工程;至1997年,加固险段长10.66千米,抛石护脚,填塘压渗,锥探灌浆,裁弯取直,整治后,堤面宽5~6.5米,水道航运能力增大。2000年10月至2001年12月,对白蛇漩险段采用水下抛石整平岸坡,采用FS浆垫护岸,进一步加固堤围稳定性。

水道地跨佛山市禅城、南海、顺德3个县级区,地处珠江三角洲中心,经济发达。

8.4.2.3　李家沙水道
(Lijiasha Watercourse)

从广东省佛山市顺德区伦教大洲口到板沙尾的一段水道,全长10千米,河宽150~250米。出口与**容桂水道**汇合流入**洪奇沥水道**。

地貌属三角洲冲积平原,地势平缓,地面高程2.2~3.3米(85国家高程基准),有零散丘陵和残丘(高程70~170米)。属南亚热带季风气候,光照充足,温暖湿润,多年平均年降水量1 586.2毫米(1986—2005年),每年

李家沙水道

4—9月降水量占年降水量的80%。李家沙水道水量主要来自**北江**,但受南海潮汐影响,每天涨、落潮各两次,十分明显。

1968、1994、1998、2005年均发生大洪水和特大洪水,其中1994年6月20日洪水,板沙尾水文站实测最高洪水位3.16米(珠江基面),为200年一遇,伦教、大良部分农田发生了内涝。

到2005年年底,李家沙水道两岸建有水(涵)闸9座、电力排灌站3座,装机容量3 085千瓦,排灌面积4 993.6公顷。河道出口处左岸设有板沙尾水位站(1952年7月设立)。

李家沙水道南北走向,流经顺德东部的伦教、大良街道以及广州市番禺区榄核镇。三镇(街道)原以农业为主转为现在以工业、商业为主。伦教地处**珠江三角洲**腹

顺德清晖园

地,与广州番禺一水之隔,是顺德百万人口中心城区的组成部分,总面积59.2平方千米。

区域水陆交通网络完善,北靠顺德水道及广珠西线、105国道、碧桂路、龙洲路等多条快速主干线。大良原称太良,因地处古太良海峡而得名,隋唐五代已形成居民点,明景泰

三年(1452年)设置顺德县,定大良为县城,因城内有凤山,故又名凤城。位于大良街道华盖里的清晖园,为我国南方古典园林艺术的杰作,岭南四大名园之一,为广东省文物保护单位。

8.4.2.4　洪奇沥水道
(Hongqili Watercourse)

位于西、北江三角洲西南边界,从李家沙至万顷沙十五涌,全长36.2千米,河宽约250~1 500米。流经广东省广州市番禺区和南沙区的榄核、潭洲、横沥、万顷沙、新垦及中山市的黄圃、三角、民众等镇。

该地域属广州市番禺区南部三角洲,由冲积三角洲发育而成,区内多有蚝壳层。据史书记载,1 000多年前,沙湾以南仍是浅海。南部三角洲地面平坦,由北、西北向东南降低。水网密布,连片的耕地,或蔗或稻,间有丘陵残山点缀。区内降雨充沛,年均降水量1 600~1 700毫米,汛期为4—9月,台风常带来暴雨及风暴潮。

洪奇沥出海口

洪奇沥水道水量为过境客水,洪奇门多年平均年径流量为209亿立方米。2001年水质为国家地表水环境Ⅲ类标准,但汛前水质较差,为Ⅴ类;枯水期有咸潮上溯。

1950年前水利设施落后,常受到**西江**、**北江**洪水侵袭。1961—1998年的38年间,共有台风114次影响本区,平均每年受台风影响3次,最大台风为1964年5月28日台风,中心最大风力10级,阵风12级以上。1983年9月9日8309号台风袭击番禺区,导致全区水陆交通、通信、供电线路全部中断。1955、1963、1970、1977、1999年冬春季节均发生严重旱咸,1970年旱咸持续269天,1977年持续224天,1999年持续200多天。"94·6""98·6"大洪水后,暴露了**珠江三角洲**网河区和出海口门河道的人为设障、出海水道围垦过速和河床淤积等因素,严重降低了河口的泄洪能力。

经过不断的整治与疏浚,现初步建成了以堤围为主体,闸、渠、塘和电动排灌站相配套的比较完整的水利工程防御体系。此外,洪奇沥水道作为珠江三角洲的一条主要航道,近年来按Ⅲ级航道进行了整治,整治长度共86千米,主要工程措施为疏浚、炸礁、航标及配套设施工程、环境保护工程等。

洪奇沥水道上接**潭洲水道**、**李家沙水道**和**容桂水道**,下与眉蕉海、泥沙角、大奎沥、坭头沥和黄沙沥水道等西江支流相通。在义沙围头向东分上、下横沥两支出**蕉门水道**。在沥心围头分一支西利河入横门,干流由李家沙至万顷沙十五涌西入洪奇门出海。

洪奇沥水道由李家沙起至万顷沙十五涌西干流长36.2千

米，自板沙尾至洪奇门全长 41 千米。河段的上游宽 200 多米，义沙头宽 1 161 米，过了下横沥在冯马庙收窄为 533 米。洪奇沥口门淤积快，水道逐渐萎缩，迫使水沙从下横沥夺蕉门入海。洪

洪奇沥水道出海口

奇门位于伶仃洋西部，其北部为蕉门，南部为横门，东部为河网密集的珠江三角洲冲积平原。

洪奇沥水道流经广州市番禺区和南沙区的榄核、潭洲、横沥、万顷沙、新垦及中山市的黄圃、三角、民众等镇。洪奇沥水道一直以来都是广佛地区通往中山、港澳地区的主要航道之一。洪奇沥水道与**陈村水道**相连成为珠江三角洲"三纵三横"骨干航道网中间的"一纵"，是珠江三角洲地区通往港澳的重要航线之一。

8.4.2.4.1 容桂水道
(Ronggui Watercourse)

东海水道在龙涌沙顶分流的北分支，起于广东省佛山市顺德区容桂龙涌沙顶，终于顺德大良板沙尾，河长 19.5 千米，河宽 260~500 米。容桂水道流经顺德区的容桂、杏坛、大良三镇（街道）。

容桂水道上的容奇大桥

该区域属三角洲冲积平原，河网密布，地势平缓，地面高程为 1.5~3.0 米（85 国家高程基准），有零星的丘陵和残丘存在（最高峰为顺峰山大岭高程 172.5 米）。两岸乡镇城市化、工业化程度高，农业用地面积较小，多为鱼塘。区域属南亚热带季风气候，光照充足，温暖湿润，多年平均年降水量 1 573.7 毫米。

容桂水道水量主要来自**西江**，潮水主要从蕉门和洪奇门进入。容桂水道水体多年监测保持国家地表水环境Ⅲ类水质标准。

区域自然灾害以洪潮灾为主，1968、1994、1998、2005 年均发大水，经过防抗结合应对，经济损失均轻微。2005 年 6 月 24 日容桂水道中游的容奇水文站实测最高洪水位 4.01 米（珠基），洪水重现期接近 50 年。

容桂水道右岸为容桂联围，左岸为齐杏联围、胜江围和顺德第一联围，堤围防洪标准除胜江围为 20 年一遇外，其余均为 50 年一遇。

容桂水道入口右岸是顺德三大险段之一的龙涌险段的西段，坐弯顶冲、深槽迫岸，历史上塌岸严重，20 世纪 50 年代后经多次整治，险情有所缓解。

至 2005 年年底，容桂水道两岸共建有水（涵）闸 15 座，电力排灌站 15 座，装机容量 6 515 千瓦，排灌面积 12 587 公顷。

容桂水道为东海水道在龙涌沙顶分流的北分支，下游距入口 4.6 千米左岸的二角口分出沟通顺德支流的一更涌；10.2 千米左岸的大良沙头有顺德支流汇入，其汇流口右岸设有容奇水文站；13.5 至 17.4 千米河段河中有横石沙和大汕两个小围，把水道分为南北两支；在板沙尾与**李家沙水道**汇合后流入**洪奇沥水道**。容桂水道流经顺德区的容桂、杏坛、大良 3 镇（街道）。

容桂水道为**珠江三角洲**航道网的Ⅰ级航道，常年可通航 1 000 吨级海轮，沿岸设有外贸货运和往来香港的客运港口各一个。容桂水道流经的三镇（街道），人口稠密，经济发达，以工商业为主。大良是顺德区委、区政府所在地，是政治、经济、文化、金融、信息和科技中心。容桂自古便是商贸农耕一体的鱼米之乡。历史上容桂河宽水深，明代起，成为广东四大商埠之一，尤以蚕丝集散地著名，是中国民族产业最早萌芽的区域之一。1950 年以后，容桂在 20 世纪六七十年代成为"桑基鱼塘"农业的示范点，现今是珠三角地区重要的工业制造基地。

8.4.2.4.2 桂洲水道
(Guizhou Watercourse)

从广东省佛山市顺德区容桂细滘至眉蕉尾的河段，河长 13 千米，河宽 130~250 米。地处广东省佛山市顺德区境内。

区域地貌属三角洲冲积平原，河网密布，地势平缓，地面高程 1.5~3.0 米（85 国家高程基准），有零星的丘陵和残丘（高程在 100 米以下）。区内多为亚热带植物。两岸乡镇城市化、工业化程度较高，农业用地多为鱼塘和种植经济作物。

区域属南亚热带季风气候，光照充足，温暖湿润，流域多年平均年降水量 1 573.7 毫米（1980—2005 年），汛期（4—9 月）降水量占全年的 80%以上。桂洲水道水量主要来自**西江**，其流量为西江马口水文站流量的 6.47%，受南海潮汐影响，每天两次涨潮和两次落潮，水主要从蕉门和洪奇门进入。

1915 年 7—8 月特大水灾，顺德除桂洲围（现容桂联围西部）和锦鲤南围（现齐杏联围南部）外，其余基围无一幸免。1968、1994、1998、2005 年均发大水，其中 2005 年 6 月 24 日桂洲水道中游的容桂水闸实测最高洪水位 4.03 米（珠基），为 50 年一遇，流域内除大堤外的个别小面积的子围受淹外，其余均安然无恙。

桂洲水道左岸为容桂联围，右岸为文明围和大雁围，防洪标准除大雁围为 20 年一遇外，其余均为 50 年一遇。桂洲水道上游左岸有老糠围险段，坐弯顶冲、深槽迫岸。至 2005 年年底，桂洲水道两岸建有水（涵）闸 12 座，电力排灌站 10 座，装机容量 5 418 千瓦，排灌效益 8 637 公顷。桂洲水道为**珠江三角洲**航道网的支线航道，常年可通航 500 吨级船舶。桂洲水道水体多年监测达到国家地表水环境Ⅳ类水质。

桂洲水道上接**鸡鸦水道**，在距入口 8.44 千米右岸的中山市鲤鱼嘴分出大魁沥，在眉蕉尾汇入**洪奇沥水道**。桂洲水道流经佛山市顺德区的容桂街道和中山市的南头镇、黄圃镇。

三镇（街道）人口稠密，经济发达，已从原来以农业经济为主转为现在以工商业为主，工业以家用电器、机械制造、涂料等为主。

8.4.2.5 陈村水道
(Chencun Watercourse)

连接*三枝香水道*和顺德水道的一条南北向水道，从广东省广州市番禺区三水木棉至番禺区三善围。地处广州市番禺区西北部、佛山市顺德区以东，流经番禺区大石镇、钟村和顺德区陈村等镇。陈村水道北与三枝香水道相连，俗称三山口；南与顺德水道相接，称为濠溶口。从三山口到濠溶口陈村水道全长26千米，河道平均宽度185米。涉及广州市番禺区和佛山市顺德区。

陈村水道流经的大石、钟村两镇在地貌上属番禺市桥台地的北部低丘区，山包多呈平圆，坡地大都平缓。1949年后，近村缓坡多开发耕作，梯田约占30%；1980年以后，不少低丘已兴建厂房。

区域属南亚热带季风气候，光照充足，温暖湿润，多年平均年降水量1 500毫米。陈村水道是*珠江三角洲*地区典型的三角洲网河连通水道，水质污染较严重，未能达到其水功能区要求，水质为地表水环境Ⅳ类标准。

流域地势较低，备受汛期洪峰困扰及台风雨暴潮的影响和危害，历史上水、风、旱灾害比较频繁，如1915、1968、1994、1998、2005年的大洪水；尤以水灾为多，风灾次之。1980年以后，河道两岸堤线平面形态基本没有变化，但河道的过水面积却逐渐增大，河道呈冲深趋势。陈村水道是*珠江*航运网的咽喉之道，曾先后进行过多次整治。整治后的陈村水道达到了内河Ⅲ级航道标准，千吨级的船舶可畅通航行。水道两岸堤围基本完成按省定标准的达标工程，堤坡大部分已完成高标准的植草绿化。

8.4.2.6 蕉门水道
(Jiaomen Watercourse)

*珠江*八大出海口门之一，起于广东省广州市番禺区北斗坳口，终至南沙区广兴围，经蕉门口门入海，全长34千米。蕉门水道由广州市番禺区南部三角洲网河的滩涂延伸发育形成。区内地下多有蚝壳层。据史书记载，1 000多年前，沙湾以南的灵山至东涌一带仍是浅海。南部三角洲地面平坦，由北、西北向东南降低。水网密布，连片的耕地间有丘陵残山点缀，较高的有黄山鲁（海拔295.3米）、大山𪣻（jie）（海拔

蕉门水道入海

224.6米）。

区域内降雨充沛，多年平均年降水量1 600～1 700毫米，大雨、暴雨时段为5—9月，而且台风常带来大暴雨。水量多为过境水，近年水质现状为国家地表水环境Ⅲ类标准，干旱时有咸潮上溯。1949

蕉门水道

年前，水利设施落后，经常受到*西江*、*北江*洪水的侵袭。1915年6—7月，西江、北江下游同时发生200年一遇大洪水。1994年6月洪水是仅次于1915年的第二大洪水，洪水超过了50年一遇。1961—1998年的38年间，共有台风114次影响本区，平均每年有3次。1983年9月9日8309号台风袭击番禺区，导致水陆交通、通信、供电线路全部中断。1955、1963、1970、1977、1999年冬春季节发生严重旱咸灾害，均给城乡生活用水和工农业生产带来严重影响。

至清代，旧称乌珠大洋的万顷沙，洲坦出露，开垦成田。到20世纪80年代中期才有组织地较大规模围垦，年均增地600公顷。现广东省按已批准的《珠江河口疏浚整治实施方案》进行疏浚整治，2005年前完成了洪奇门、横门、磨刀门和蕉门的初步整治。

蕉门水道纵贯番禺、南沙中部，流经番禺鱼窝头、灵山和南沙黄阁、开发区、万顷沙等地。

元代，水道穿流于黄山鲁及大山𪣻之间，因沙洲不断沉积成陆且受拦门沙分流作用，蕉门在地理景观上已支离破碎，目前的蕉门是指从亭角大桥开始到南沙港快速路的新龙大桥之间近20千米的珠江口门，宽度约2 000～3 000米，平均潮差2.45米。

蕉门水道上游由沙湾水道分流的*榄核涌*、西樵涌、*沙鼻涌*等支流流入，至中游接*洪奇沥水道*的分支上、下横沥。干流从西樵门至南沙口门长29.49千米，由南沙口门至万顷沙十五涌东长21.51千米。水道平均河宽上游285米，到灵山为615米，亭角742米，南沙口门河宽1 350米；平均水深6.42米。

蕉门水道蜿蜒流经番禺区灵山镇（位于番禺区中部，北距市桥15千米），其另一分支流经鱼窝头镇。鱼窝头镇亦在番禺区中部，西北距市桥13.5千米，该地有两个鱼虾丛集的水域，分别名"鱼窝"和"虾窝"，"鱼窝"附近地势稍高，百年前已成为农耕及渔业人聚居点，习称鱼窝头。

8.4.2.6.1 榄核涌
(Lanheyong River)

沙湾水道汊流，起于广东省广州市番禺区张松磨蝶头，于番禺区沙角尾流入*蕉门水道*，全长24千米，地处番禺区境内。

番禺区的北部和东部多为低丘台地，主要分布在市桥北部及蕉东围南沙、黄阁镇境内，地势较高，是民田的主要分布区；中南部是连片的三角洲冲积平原。区内四周江环水绕，河网纵横，榄核涌就在其中。

地处亚热带海洋性季风气候，暖湿多雨，季风明显，春夏秋三季多东南风，冬季多北风，每年5—11月为台风季节，区域多年平均年降水量1 600毫米。淡水资源量主要受上游*西江*、*北江*来水控制，在干旱少雨季节上游来水减少时，深受咸潮威胁。遇大雨暴雨，在水利条件差的地区易出现内涝；在大旱年份枯季，咸潮就会上溯。

1949年后，先后进行堵口复堤、潮田筑围和沙田区的联围筑闸，电力排灌建设，以及水库、山塘、排灌渠系整治。1994年特大洪水后，各级政府加大投入，进行大规模的水利建设，已形成以江海堤围为主的防洪潮体系和以水闸、泵站、内河涌为主的排灌体系。

榄核涌是榄核镇的主要河道，镇内河网密集。2004年榄核镇政府投入1 000多万元用于水利建设，其中包括旧街堤围改造工程（拆迁），建设良地埠排灌站、绿村、大生村、合沙村等水利堤围除险加固等。

榄核涌主要流经榄核镇，镇名因水而来。榄核镇在番禺区西部，东北距市桥10.5千米。传说清康熙年间有人在此开采蚝壳，将河泥堆积在河滩上，因水流冲刷，形成两头小、中间大的榄核型。后因地成村，名榄核涌；沿涌集市，名榄核街。榄核镇面积43.46平方千米，镇内湄村是著名音乐家冼星海的故乡。

8.4.2.7　沙鼻涌
（Shabiyong River）

又称骝岗水道，在广东省广州市番禺区境内。起于番禺石基，终至番禺龟头石，全长17千米。主要流经番禺区的东涌、鱼窝头和黄阁等地。

番禺区北部和东部多为低丘台地，主要分布在市桥北部及蕉东围南沙、黄阁镇境内，地势较高，是民田的主要分布区；中南部是连片的三角洲冲积平原。区内四周江环水绕，河网纵横，气候温和，冬无严寒，夏不酷热。

区域年平均降水量1 600～1 700毫米，降雨多为季节性的台风雨；以前河道污染较严重，水质为劣Ⅴ类，经过治理，近年水质已达到Ⅲ类。

由于河道水量主要依靠上游**西江**、**北江**干流的过境客水，常在冬春相交的干旱少雨季节，因来水减少而发生咸潮上溯现象，严重影响居民的生活用水及农作物的生长。

沙鼻涌上接沙湾水道；从石基沙鼻头出发，缓缓流经东涌镇。东涌镇在番禺区中部，西北距市桥11千米，镇政府驻东涌。当地人惯用方位命名，把清雍正年间（1723—1735年）垦成的吉祥围东面河涌称为东涌；后来围垦陆续扩展，成为一片平原，并形成集市，名东涌街；20世纪50年代称沙鼻乡。

8.4.2.8　流溪河
（Liuxi River）

由众多溪流润水汇集而成，故名，发源于广东省从化市东北部的桂峰山，于广州白鹅汇入**珠江**，流域位置东经113°10′12″～114°2′00″，北纬23°12′30″～23°57′36″，干流全长174千米，集水面积3 917平方千米，平均比降0.8‰。涉及广州市的从化市、花都区、白云区、佛冈县、新丰县。

概　述

流域属华南台地的一部分，地势东北高，西南低，呈东北至西南的狭长形，南北长约116千米，东西宽约20千米。属粤北山区与**珠江三角洲**平原的过渡地带，上游为山区，间有小平原，其上中游在从化市境内，多处在山区和高丘区，间有大片的平坦地；下游为低丘和平原区，分属花都区和白云区。

流域地跨北回归线，属华南亚热带湿润地区，气候温和，降雨以锋面雨和台风雨为主，且多暴雨。春季常出现梅雨天气，夏季雨量集中常有连续暴雨和特大暴雨；7—8月，受热带季风影响，以热带气旋和热带低压形成的暴雨为本流域主要降雨过程；9—11月，东亚季风减弱，北方冷空气开始活动，天气晴朗少云。

流域多年平均年降水量2 110毫米，年内分配不均，汛期（4—9月）降水量约占年降水量的80%，多年平均年径流量44亿立方米。流溪河水质近年均为国家地表水Ⅱ～Ⅲ类标准。

流域暴雨频繁且集中。1911年前主要洪灾有6次。康熙二十八年（1687年）农历四月初三暴雨成灾，黎明时分洪水冲入从化县城东门，民舍、店铺全部淹没，临河一带村庄房屋、城垣围墙被冲倒，死13人，花县回龙、石角、李溪一带庄稼受水淹。1911—1949年，较大水灾有14次。1915年农历5月，**北江**、**西江**同时盛涨，三水榕塞围决堤，清远石角围浸顶2尺5寸，洪水倾泻而下，花县、从化受淹农田面积1.65万公顷，早稻大部分失收，倾倒房屋数以万计，受灾人口20多万，饥民遍地，死尸枕藉。1949年后有16年出现洪涝灾害，其中1959、1966、1983、1987、1997年灾情严重。1987年5月遭受罕见特大洪水。1997年5月8日凌晨骤降特大暴雨引起山洪暴发，从化、白云浸水严重。

1872—1953年，发生旱灾9次，其中1902年和1940年最为严重。1954年10月至1955年4月，太平场雨量站仅录得177毫米的雨量，为40年所罕见。

流域内有耕地面积2.98万公顷。流域中下游白云区、花都区及从化的温泉镇以南地区以蔬菜水果生产为主，农作物有水稻、花生、甘蔗等，水果有荔枝、柑橘、龙眼、黄皮等，以荔枝最为著名。流域上游以种植水源林和用材林为主，森林茂密，已基本实现绿化。流溪河是广州市的重要饮用水源。

流溪河上建有大型的**流溪河水库**，建成于1956年，1958年投入使用，总库容3.78亿立方米；黄龙带、九湾潭、天湖、和龙4座中型水库，总库容1.58亿立方米；还有小（1）型水库24座及小（2）型水库50座，总库容0.95亿立方米；良口闸、青年闸、胜利闸、卫东闸、温泉人工湖拦河闸、大坳拦河坝、李溪拦河坝、仁和拦河坝等8座拦河坝，引水灌溉面积3.33万公顷。

自1999年开始，广州市对流溪河进行综合治理，已完成高标准堤岸建设长120多千米，在建堤岸50多千米。整治后的流溪河集防洪、供水、交通、旅游、环境及水资源保护于一体。工程完成后可使流溪河太平场以上的堤防达到50年一遇、太平场以下达到100年一遇的防洪标准，构成上蓄、中防、下泄的防洪工程体系。

流溪河

纪　实

上游　流溪河上游河段在良口镇以上约10千米，发源于从化吕田东北与龙门县交界的桂峰山西麓，主源是由众多小溪流汇集布成的吕田河（全长24.8千米），与另一支流牛栏水（河长22千米，流域面积111平方千米）在水口村汇合后向西流；于溪水与玉溪水（河长38.7千米，流域面积189平方千米）汇合，始称流溪河，后注入流溪河水库尾。

流溪河出流溪河水库继续向西南流，约10千米处右纳汾田水（黄龙带水）。汾田水发源于从化东明与佛冈县交界的黄金脑山，在佛冈县境内流4千米后进入从化，由两支流东坑和西坑于**黄龙带水库**库尾汇合后成汾田水，河长23千米，流域面积101平方千米。汾田水中游建有黄龙带水库，总库容8787万立方米。汾田水出黄龙带水库后流过黄龙山和黄牛山之间的狭谷汇入流溪河上游主河道。

流溪河沿翠绿的山谷下行5千米到达良口镇，进入低山丘陵区继续向西南流，经青年坝、塘料坝、卫东坝下行20千米到达温泉镇境，经从化温泉旅游度假区、温泉山庄；下行13千米到达从化市街口镇的东面，其右岸为从化市政府所在地，左岸为江埔街道；流溪河出街口，右岸有龙潭水（河长27千米，流域面积160平方千米），左岸有小海河（河长42千米，流域面积236平方千米）两股支流汇入。

流溪河下行约4千米，有一大型拦河坝——大坳坝，该闸坝全长237.5米，有左、右灌渠向流溪河灌区供水。

中游 流溪河中游主要经过良口、温泉、桃园、灌村、棋杆、城郊、街口、江浦、神岗等地，两岸荔枝林连片。据史志资料考证，明、清时期河道与现在相比，已是沧海桑田，互为易变，街口附近的主河道已成为今街口镇的城区。今东风村的殷家庄附近，有一沙滩地，明、清时期曾建有店铺，以四、九为圩，成为集市，名为沙坦圩，后因一次洪水泛滥，店铺被冲毁，于清康熙四十七年（1708年）该圩迁至离旧县城1千米的古楼潭，因其位于旧县城东门市的通济街口，又称街口圩。

下游 流溪河出大坳坝进入下游河谷平原区，呈"之"字形继续向西南流，经神岗到太平场镇。此处是从化市、花都区、白云区的交界处。流溪河过太平场，离开从化；进入花都区与白云区的分界线，其右岸为花都区北兴镇，左岸为白云区钟落潭，从此向北、再向西拐弯，在距大坳坝42千米处进入花东镇李溪村附近的李溪拦河闸坝。该坝是流溪河下游一处重要引水工程，主要向花都区和白云区供水。花都区境内建有新白云国际机场。

流溪河下行向南进入白云区的竹料镇、仁和镇，此处有仁和拦河坝，出坝经蚌湖、新市、江高、石井至南岗鸦岗口右纳**白坭河**、西南涌，至白鹅潭进入珠江西航道。

20世纪50年代初，流溪河下游可通航至从化街口，60年代后河床日渐淤浅，至70年代，江高以上已不能通航，80年代后大量挖采河砂，河床日深，目前又能通航至仁和。

8.4.2.8.1 流溪河水库
（Liuxihe Reservoir）

流溪河上游干流上的一座大型水库。位于广东省广州市从化境内，距广州市区103千米。

概　述

水库地处九连山脉派生出来的南昆山和青云山支脉的结合部，属中低山地、丘陵区，地势东南高，西北低，东部高峻雄险，西部低缓蜿蜒，中部旷达。土壤成土母岩多为花岗岩，部分为石英岩和页岩，东南部为轻砂黄壤，质地浅薄、肥力较差，呈中性或微酸性，其余为红壤或黄红壤。

库区地跨北回归线，属华南亚热带湿润地区，气候温和，流域内降雨以锋面雨和台风雨为主，且多暴雨；春季常出现梅雨天气，夏季雨量集中，常有连续暴雨和特大暴雨。

水库属不完全多年调节水库，原是以发电为主的水库，2003年广东省政府将水库功能调整为以防洪、供水为主，兼顾发电。坝址以上控制流域面积539平方千米，库区多年平均年地表水资源量7.01亿立方米，最大坝高78米，总库容3.87亿立方米。工程于1956年8月动工兴建，1958年6月下闸蓄水投入运用。

水库作为饮用水水源得到有效保护，全年水质达到国家地表水环境Ⅱ类标准。工程由大坝、溢洪道、高压引水隧洞、泄洪洞和水电站组成。主坝是混凝土双曲单拱坝，坝顶弧长255.5米，坝顶宽2米；副坝为土坝，坝高29米，长220米。坝顶为7孔开敞式溢洪道，以泄洪洞配合坝顶溢洪道联合泄洪。泄洪洞位于右岸，为方圆形无压隧洞，高平板闸门，全长263米。高压引水隧洞位于花岗岩中，洞身长1932米，直径6米，尾水入流溪河。电站为混合式地下厂房，装机4台容量4.2万千瓦，年发电量1.55亿千瓦时。

1949年前，流溪河水利设施简陋，两岸耕地经常遭受洪、旱灾害。据历史记载，1852—1949年间出现过9次大旱、12次大洪灾，中、小灾害几乎年年都有。1958年，流溪河水库建成，并在沿河两岸修建干支分渠道总长400多千米（包括花县、郊区部分）。1970年，又在支流建水库，相继建成**黄龙带水库**、头甲水库等中小型水库，增加有效库容1.23亿立方米，连同流溪河水库在内控制集水面积900平方千米，洪水受到了控制，农田得到灌溉。

水库是流溪河灌区的主要供水水源，与其他中小型水库配合，可灌溉农田面积3.33万公顷，使沿岸减免旱患，并对沿河下游城乡工农业用水提供水源，为广州市市区居民提供日用水200多万立方米。20世纪末，日用水占广州市自来水总供水量的60%左右，沿河从化、花都、白云部分城镇居民

流溪河水库

用水也取自流溪河。

流溪河水库汛期与其他水库联合调度，可消减流溪河洪峰，减缓洪水对下游地区的威胁。电站自1958年建成后，发电效益显著，特别是20世纪60年代前期，与新丰江水电站配合，为承担广东省电力系统峰荷起了很大作用。

纪 实

水库位于广州市北从化市良口镇小车狭谷，截流溪河主流建坝而成，是广州境内唯一的大型水库。流溪河水库以上有吕田河和玉溪河两条主要支流，吕田河全长24.8千米，玉溪河全长38.7千米。

库区地处九连山脉派生出来的南昆山和青云山支脉的结合部。流域内山峦起伏，山体较为密集，坡度较大，一般15～35度，最高峰鸡枕山海拔1 146.7米，最低处为黄竹朗，海拔180米。著名山峰鸡枕山高峰突起，峰状如雄鸡之冠，是流溪河国家森林公园内的第一高峰，海拔1 146.7米；五指山位于公园南面，五个山峰酷似手掌上的五指，其中4个山峰海拔1 000米以上，最高峰1 086米；二高峰；黄牛山最高峰海拔500米。

1959年兴建了流溪河林场，全场总经营面积9 200公顷，林场共安置移民3 800人，负责库区绿化、涵养水源、保护水库等工作。

流溪河森林公园

库区内建立的流溪河国家森林公园是经林业部批准建立的首批国家十大森林公园之一，总面积8 813公顷，水库上分布着大小22个岛屿。在公园的东南部，耸立着五指山、牛角山、鸡枕山等海拔千米以上的山峰6座。这里地处亚热带，气候温和，雨量充沛，资源丰富，物种众多；多年平均气温20.3摄氏度，多年平均年降水量2 000毫米。由于山高林密，加上水库调节小气候，库区及周边形成了独特的自然环境，动物种类繁多，其中有白颈长尾雉、蟒蛇、金钱豹、穿山甲、白鹇等20多种国家一、二级保护动物；陈毅曾赋诗："评比岭南风物，景色此间多。"

8.4.2.8.2 黄龙带水库
(Huanglongdai Reservoir)

流溪河支流汾田水（又名黄龙带水）上的中型水库，与**流溪河水库**属姊妹水库，坝址位于广东省从化市良口镇胜塘村，距从化市区35千米，距广州市约100千米。

水库是广州市整治流溪河的重点工程之一，是以灌溉为主，结合防洪、发电等综合利用的水利枢纽工程。库区位于从化市东北部，坝址位于流溪河支流汾田水下游，坝址以上干流长21千米，集水面积92.3平方千米，最大库容8 787万立方米。水库于1972年12月动工兴建，1975年11月竣工。

黄龙带水库

水库主要建筑物：主坝为浆砌石重力坝，坝长181.9米，最大坝高61.3米，溢洪道最大下泄流量697立方米每秒；电站两座，总装机容量8 800千瓦；输水隧洞两条；引水明渠一条，长860米。

水库大坝自建成以来运行正常，发挥灌溉、防洪、发电等效益。10年一遇旱情时，保灌面积8 533.3公顷；协同流溪河水库及下游梯级，可引水灌溉农田3.33万公顷；在50年一遇洪水情况下，削减良口以下洪峰378立方米每秒；为广州市区提供优质生活用水，保障下游工农业生产和人民生命财产安全。

水库东靠流溪河林场，南与良口镇相邻，西与佛冈县接壤，北与东明镇（今吕田）相连。库区内山岭起伏，地势较高，有林木、水果、药材，还有野生动物。

库区森林茂密，碧水蓝天，风光秀丽，气候宜人，是避暑休闲和旅游好去处。1998年11月，建立黄龙湖森林公园（省级），规划公园面积4 234公顷，公园内有三叠瀑布自然景观，还有佛公古道、佛公庙、梅苑、亭榭楼阁等多处人文景观。

8.4.2.8.3 白坭河
(Baini River)

沟通**北江**和**流溪河**的河，古称巴由水，现为流溪河支流。发源于广东省清远石角镇扶基头，于广州老鸦岗注入珠江西航道，据《广州府志》（清光绪五年本）记述："巴由水上通清远，下达石门，其水屈曲如巴字故名"。现亦有巴江河之称。白坭河位于**珠江三角洲**的北端，流域面积758平方千米，干流长59千米，平均比降0.1‰，涉及清远、广州、佛山3个市。

流域地貌属华南台地的一部分，经历史上多次变迁，形成西北高、东南低的地势，上游为丘陵区，中部有残丘，多呈北东走向，河谷残丘交错分布，植被差，水土流失严重。下游为河谷平原区。

北回归线穿过流域中部，属亚热带季风气候，受季风环流影响以及临近南海海洋调节，气候温和，日照充足。流域多年平均气温21.5～22摄氏度，多年平均年降水量1 700毫米，汛期4—9月降水量占全年的80%以上。根据1957—1986年下边界鸦岗水文站资料显示，多年平均潮差1.07米，涨潮最大潮差2.5米，落潮最大潮差2.05米，多年平均高潮位0.74米，最低潮位-0.335米。本地径流源近流短，与北江的连通处受人为控制，来水、来沙均由芦苞、西南两水闸控制。

白坭河是北江分洪主要河道，北江分洪流量经芦苞涌、西南涌分别在白坭墟、北洲村、南洲村附近汇入白坭河再进入**珠江**。根据流域防洪规划，芦苞水闸最大分洪流量1 200立方米每秒。

白坭河两岸历史上曾是广阔的洪泛区，20世纪的几次大水年，因芦苞至大塘间均决堤，窜入的洪量以白坭河下泄的居多。1915年决堤，白坭河下泄流量3 220立方米每秒，相应芦苞涌流量1 790立方米每秒；1931年决堤，白坭河过流2 950立方米每秒。

流域有大型蓄水工程1座，中型蓄水工程8座，小（1）型水库39座。白坭河2000年纳入北江大堤达标加固"二涌一河"整治项目。堤防加固、河道整治、涵闸维修和电排站技改等工程继后续建。

白坭河属于冲积平原三角洲河流，河道上段（五和巴江桥以上）狭窄，河面宽50～80米，往下河道逐渐放宽，下段河面宽150～450米。白坭河处于潮区界与潮流界之间的近口段，受径流和潮流共同作用。

上游主支流国泰水发源于广东清远市石角镇扶基头，分支九曲水源于芦苞涌，通过芦苞水闸沟通北江，国泰水和九曲水在白坭墟附近汇合始称白坭河。

白坭河自西北向东南流，沿程左汇大官坑水、**新街河**，右纳三水、南海的西南涌，至老鸦岗注入珠江西航道，继而流入白鹅潭，再分别经东、南河道（**前航道**、**后航道**）由黄埔、虎门出海。

流域有花都区的7个镇和白云区的4个镇，人口69.4万，耕地面积1.96万公顷。白坭河是广州的黄金水道，航运发达，沿河建材、矿产资源丰富，厂矿林立，经济繁荣。花都区是太平天国起义领袖洪秀全的故乡。

8.4.2.8.3.1 新街河
（Xinjie River）

白坭河左岸支流，古称横潭水。发源于广东省广州市花都梯面羊石顶，于广州市神山汇入白坭河。干流位于花都区南部与白云区北部交界处。流域集水面积435平方千米，干流长44千米，河道平均比降2.06‰，涉及广州市花都区和白云区。

流域位于**珠江三角洲**平原与中部山区的过渡带，坡度陡峭，落差较大；中游则属浅丘地，该区支流上分布有众多中小型水库；南部地区多为高程50米以下的平原地区，间有东北—西南走向分散的条状浅丘岭，形成间隔的宽阔平原，是花都区和白云区的粮、油、经济作物和淡水鱼集中产区。

流域地处亚热带湿润季风区，多年平均年降水量约1 600毫米，受南海海洋气候影响，是台风侵袭的地区之一。夏秋季节主要灾害性天气是强台风带来的狂风暴雨。1957—1997年间造成较大影响的台风有17次。1983年暴雨造成上游决堤14处，冲毁桥梁10座，受浸农田面积666.7公顷，鱼塘面积63.9公顷，倒塌房屋58间。

广州新白云国际机场位于新街河干流东段，是我国首个按照中枢机场理念设计和建设的航空港。

新街河主要支流有铜鼓坑、铁山河、田美河、天马河、雅瑶河。新街河南经花山镇，在莲塘村与铁山河相汇，向西流经花都区新华镇。新华镇是花都区政治、经济、文化、科技和对外交流的中心。铁山河与铜鼓河两支流在旧龙潭圩、田美河在雅瑶铁路桥处、天马河于大陵汇入新街河。新街河下游经花都区的雅瑶后进入白云区的神山汇入白坭河，流经白云区境内河段长10千米。

8.4.2.9 前航道
（Qianhangdao River）

珠江广州水道的一段，由西航道在白鹅潭洲头嘴分支形成，自西向东至江心洲大蚝沙止，长22.82千米。

白鹅潭以东至黄埔为前航道，白鹅潭以南至黄埔为**后航道**。前航道向东横贯广州老城区至黄埔与后航道汇合，后经**狮子洋**出虎门注入南海。

前航道区域主要是一片低平台地与三角洲冲积平原，流经城市中心，两岸高楼林立。

流域属南亚热带海洋性季风气候，多年平均年降水量1 830毫米；过境水水量较充沛。作为广州市的内河流，大量污水长期排入，导致前航道污染严重，水质全年超标，以Ⅴ类及劣Ⅴ类为主。近年来经大力整治，修建截污渠，将污水输往处理厂，水质日渐好转，有鱼虾漫游。

前航道

由于通过市区，故在历代扩建城池或市政建设中，对河床的蚕蚀非常严重，河道日益缩窄，使这一河段变成两头大中间小的哑铃形，泄洪纳潮能力有所下降，洪（潮）水位上升。原有堤防标准低（防洪标准约5年一遇～10年一遇），洪水期间如遇大潮顶托，老城区地面较低的地区经常水浸。

1994年广州市政府决定对珠江广州河段两岸按200年一遇防洪标准进行整治。工程于1994年10月动工，至2006年6月，前、后、西航道共完成岸线整治长79.65千米。经整治后的珠江广州河段两岸岸线平顺、绿树成荫、环境优雅、集历史古迹、城市景观于一体。在前航道上乘船夜游珠江成为旅游项目之一。

广州电视塔

前航道贯穿广州老城区，沿河两岸是广州市历代城市建筑的精华所在。前航道起始处为白鹅潭，白鹅潭位于沙面岛南的珠江河面，是珠江三段河道的交汇之处，河面宽阔平静，风景秀丽怡人。白鹅潭旁边的沙面岛本来只是个荒芜小沙岛，鸦片战争时为租界地，现在改建为沙面公园。

沿着河岸，前航道南边是海珠区，北边先后经过广州市的荔湾区、越秀区、天河区、黄埔区。前航道上跨江桥梁自西向东有人民桥、解放桥、海珠大桥、江湾大桥、海印大桥、广州大桥、猎德大桥、华南大桥、琶洲大桥、东圃大桥等10座大桥。广州大桥和海印大桥之间有个沙洲，将江水分流而又合涌，即著名的二沙岛。珠江广州河段还是羊城新八景中的一景"珠水夜韵"，每到入夜，华灯璀璨，两岸万家灯火，华丽辉煌。前航道流经的区域汇集着羊城新八景中的七个，陈家祠、云台花园、五羊仙庭等极具盛名。

8.4.2.9.1 后航道
(Houhangdao River)

珠江广州水道的一河道,由西航道在白鹅潭洲头嘴分支后,至黄埔与**前航道**汇合入黄埔水道,再通过**狮子洋**入海,为感潮河段,长30千米。涉及广州市老市区和黄埔区。

后航道地处**珠江三角洲**平原网河区,主要是一片低平台地与三角洲冲积平原分布区,番禺北部为低丘地区;南亚热带季风性海洋气候,夏无酷热,冬无严寒,春常阴雨,秋高气爽,多年平均年降水量1 650毫米。流经地区是广州西部的工业基地,大量未经处理的污水长期排入河道,加上广州南部城区、佛山等地的污水流入,导致后航道污染严重,江面常有垃圾漂浮,水质全年超标,以Ⅴ类及劣Ⅴ类为主。

河道两岸原有堤防标准较低(防洪标准5年一遇～10年一遇),岸线参差不齐,沿岸违章建筑物多,导致某些年份汛期排水不畅,河道排洪纳潮能力低,近年来,政府对珠江两岸的堤防和功能区划分重新进行规划和整治,水质大为改善。

后航道是珠江污染较为严重的河段,近年来通过河涌截污及兴建污水处理厂,积极改善河道两岸的生态环境。1994年广州市政府决定对珠江广州河段两岸按200年一遇防洪标准进行整治,工程于1994年10月动工,至2006年6月已完成岸线整治长约80千米。

后航道北部位于广州市海珠区,西接佛山市南海区,南岸为广州市番禺区的北部。后航道由白鹅潭以南至黄埔,在流至落马洲西纳**平洲水道**后,又复分为**三枝香水道**和沥滘水道两支(一般称广州河道不含此分支)。此两水道东流于北亭西汇合,经官洲岛至黄埔,与前航道汇合进入狮子洋。后航道平均河宽525米,平均水深5.08米,是广州港3 000吨级船舶进出繁忙的水道。

丫髻沙大桥

洛溪大桥

后航道上跨江桥梁自西向东有鹤洞大桥、丫髻沙大桥、洛溪大桥、番禺大桥。南岸为番禺区,自秦朝始建以来,番禺历来人文昌盛,代有精英;广州大学城坐落在番禺北亭。航道南岸还有香江野生动物园、长隆欢乐世界、飞龙世界等。

8.4.2.9.1.1 三枝香水道
(Sanzhixiang Watercourse)

位于广东省广州市番禺区境内,由**后航道**分流而成。后航道自白鹅潭东南流至落马洲后,分流出三枝香水道,全长约10千米。三枝香水道向东又与后航道的另一分支沥滘水道相接,继续向东与**前航道**、后航道于黄埔相汇流入**狮子洋**;其间又有**佛山水道**和**平洲水道**以及大石涌从南边汇入。

地处低平台地与三角洲冲积平原分布区,番禺北部为低丘地区,南亚热带季风性海洋气候,多年平均年降水量1 650毫米。水道流经地区有较多的中小企业,未经处理的污水长期排入水道,加上通航货轮的排污,水道受一定程度污染,近年来经大力整治,水质有所好转,达到地表水Ⅲ～Ⅳ类标准。

水道原有堤防标准较低(约5年一遇～10年一遇),岸线参差不齐,堤身结构简陋,沿岸违章建筑物多。20世纪50年代,水道宽为446米,70年代为284米,缩狭162米,导致某些年份汛期排水不畅,河道排洪纳潮能力低,易发涝灾。1994年特大洪水后,经过大规模水利建设,已形成以江海堤围为主的防洪潮体系和以水闸、泵站、内河涌为主的排灌体系。

近年来,当地对珠江两岸的堤防和功能区划分重新进行规划和整治,经整治后的河段两岸岸线平顺、绿树成荫、环境优雅,集城市景观、花园江景、田园风光于一体,是广州市房地产发展的热点区域,有多个大型高档商住楼盘小区。

三枝香水道以东,沥滘水道北岸是新建成的广州大学城,面积约43.3平方千米,可容纳学生18万～20万人,总人口35万～40万。

8.4.2.10 狮子洋
(Shiziyang River)

又名珠江水道沙田段,为广东省广州市番禺区与东莞市的界河。狮子洋从**前航道**终点起,至东莞市东莞水道口止,主要由广州和东莞的河网水道汇合形成,江面辽阔,是我国南疆海域的大动脉,全长25千米。涉及广州市番禺区和东莞市。

狮子洋两岸滨临**珠江**河口的江河冲积平原,地势平坦而低陷,是受潮汐影响较大的沙咸田区。该区域濒临南海,属南亚热带海洋性季风气候,温暖多雨,光热充沛,温差较小,夏季长、霜期短,常受台风、暴雨、咸潮的侵袭;多年平均气温23摄氏度,多年平均年降水量1 600毫米。流域过境水水量充沛,为本地水资源的十余倍。狮子洋河宽、水流量较大,水质达到Ⅲ类标准。珠江口潮汐属不正规半日潮,最高暴潮水位沙田泗盛围站2.55米,通常从11月至次年2月为咸水期。

狮子洋水道畅泻,通常不存在明显的水旱灾害,但在枯水季节由于受咸潮影响常出现用水紧缺。

20世纪80年代以来,东莞和番禺的第二、三产业迅猛发展,沿岸工厂和人口急剧增加,大量废污水汇入狮子洋,加上**东江**河床下切、水位下降,流域水质遭受污染。近年来,当地政府下大力气整治污染企业,植树造林,合理规划工业园区,目前流域内水质明显改善,两岸生态绿化景观逐步增多。

狮子洋东部有东江三角洲的**东江北干流**、**东江南支流**汇入，西部由珠江广州河段的前、后航道汇集至黄埔河段汇入，南流至虎门接伶仃洋出海。

狮子洋接纳广州和东莞的各段河流。广州区域内，西航道在白鹅潭洲头嘴分为前航道和**后航道**两支，在黄埔水道汇合，经狮子洋出虎门注入南海。东莞区域内，东江从石龙分为北干流和南支流，东江南支流经东莞市万江区、道滘镇、沙田镇，由福禄沙注入狮子洋；东江北干流经石碣，至增城市新塘左岸分出**倒运海水道**后继流至东江大桥入狮子洋。黄泥沥水道由东江南支流分出，从金和尾汇入蛇头湾河，再注入狮子洋。

流域内铁路、公路四通八达，航运可通**东江**、**北江**、**西江**，地区经济发达。狮子洋右岸的莲花山被誉为"莲峰观海"，为羊城新八景之一，是一个融粗犷和秀美于一体的风景名胜区，左岸的虎门镇为民族英雄林则徐销烟御敌处。

8.4.2.10.1 莲花山水道
(Lianhuashan Watercourse)

由**狮子洋**水道分出来的一条汊流，由广东省广州市番禺区莲花山起，向南流与沙湾水道汇合后重新流入狮子洋，长约15千米，宽约400～800米。地处番禺区境内。

水道西岸是一片低平台地与三角洲冲积平原，北部为低丘地区，有著名的莲花山风景区。

区域属于南亚热带季风性海洋气候，多年平均年降水量1 600毫米。水量主要来自过境水，水质一般可达地表水Ⅲ类标准，有时为Ⅳ类。水道潮汐属不正规半日潮，通常从11月至次年2月为咸水期。

水道由虎门直接出海，水道畅泻，水量充沛，枯水期由于受咸潮影响常出现用水紧缺。

水道流经广州市番禺区莲花山镇和石楼镇。莲花山镇位于珠江口内，东临狮子洋，与广州市黄埔新港隔江相望，距离番禺区市桥街道城区17千米，距香港或澳门60海里，水陆交通十分方便。莲花山渔港是我国重点渔港之一，是广州地区最大的渔港。

莲花山风景区位于番禺区东郊，最高处海拔108米，距离广州市区20千米。莲花山原名"石狮头"，是古代石矿场，因采石后留下来的石头似出水芙蓉（莲花）状而得名。西汉时期，先民们在此大规模地开采石料，形成悬崖峭壁、奇岩异洞，48座红色砂岩矮山组成一片形态各异的山石奇景，如莲花石、燕子岩、八仙岩、莲花岩、观音岩、飞鹰岩、南天门、神仙桥等，由古代人民一锤一钎开凿而成，经历两千多年的自然风化，千姿百态，雄伟劲拔，可谓一座伟大的"石雕古迹"。山上有明万历四十年（1612年）建造的被誉为"省会华表"的莲花塔和清康熙三年（1664年）建造的莲花城等古迹，被列为省、市级文物保护单位。

8.4.2.11 虎门水道
(Humen Watercourse)

又称太平水道，位于广东省东莞市西面，是东莞与广州的分界河，北接广州黄埔水道、麻涌镇东江口，南至虎门镇舢板洲，长30千米。

概　述

虎门水道东面为东江三角洲河网区，地形起伏小，表层主要是第四系松散沉积物，厚约10～30米。沿岸受海潮影响，地下水循环交替作用迟缓，形成大片咸水区。

虎门水道·虎门

虎门为**珠江**八大口门之一，位于珠江三角洲东面，属潮流区，潮流为往复流。潮汐吞吐量及潮差位居珠江八大口门之冠。虎门水道北汇黄埔水道、**东江北干流**，流向自北向南，其间还有麻涌水道、**倒运海水道**、东莞水道、**莲花山水道**汇入。虎门水道是华南水上运输大动脉，在**珠江三角洲**水系中占有

莲花山水道上的海鸥大桥

虎门大桥

极为重要的地位，长期保持微喇叭状和多沙洲等特点。

区域年平均降水量 1 555～1 627 毫米，降水量自上游向下游逐渐减少，年内分配不均，年际变化大，汛期 4—9 月降水量占全年的 83%，最丰年降水量是最枯年降水量的 3.03 倍；夏秋季热带气旋影响频繁。

纪 实

虎门水道形成于宋、元两代，到清代，槎滘、樟澎、泥洲、浔洲等地先后筑围，固定河道，东（左）岸基本定型，西（右）岸有台地、残丘分布。左岸筑四乡联围、鱼立沙联围、太阳洲围、沙田围、南北面围、虎门围，右岸为广州番禺区。

东江三角洲土地为冲积围垦形成，土地肥沃，主要农作物有水稻、甘蔗、花生、豆类、蔬菜，主要水果有荔枝、龙眼、香蕉、甜橙、菠萝、木瓜、杨桃、乌榄、白榄等。

虎门水道是**东江**全部径流、**西江**与**北江**部分径流的出海水道，上自黄埔海军码头，下至东莞市沙角，流经麻涌和虎门两镇。

虎门人文历史悠久，旅游资源丰富。从远古的新石器时代贝丘遗址，到近代的鸦片战争遗迹——林则徐销烟池、威远炮台、沙角炮台等抗英战场遗址；从蒋光鼐故居、朱执信纪念碑、雄伟壮观的虎门大桥，到气势恢宏的海战博物馆……都在诉说着这片热土的辉煌和荣光。

荔荫园位于虎门镇南行 5 千米的南栅管理区新基村，背靠三台山。该园以广植荔枝而名，是一代抗日名将蒋光鼐祖父蒋理祥手创。1839 年，民族英雄林则徐率领虎门军民销烟御敌；改革开放以来，虎门人民继续团结拼搏，经济发展迅速。

8.4.3 东江北干流
(Dongjiangbeiganliu River)

东莞市与广州市界河（上游部分涉及惠州市博罗县），东起广东省东莞市石龙镇石龙头，西至东莞市麻涌镇大盛汇入**狮子洋**。全长 38 千米，河道平均比降 0.06‰。

地形起伏小，表层主要是第四系松散沉积物，厚约 10～30 米。岸边地带受海潮影响，地下水循环交替作用迟缓。

东江北干流位于东江三角洲北面，与**东江南支流**之间河网交错，受潮流影响；年平均降水量 1 555～1 628 毫米，由上游向下游出口逐渐减少，降水年内分配不均，年际变化大，汛期（4—9 月）降水量占全年的 83%，夏秋季热带气旋影响频繁。

东江北干流北起石龙镇石龙头，流经石龙镇、石碣镇、高埗镇、中堂镇、麻涌镇，至麻涌镇大盛汇入狮子洋。在石龙镇有**沙河**汇入，至中堂镇潢涌有潢涌河分汊，北岸有**增江**汇入，至广州增城市新塘镇新洲有仙村河由右岸汇入，至中堂镇斗朗为**倒运海水道**分汊，至麻涌镇黎滘蒲基为麻涌水道分汊，至广州市黄埔区南岗镇有南港水汇入。

左岸东莞市筑石龙围、挂影洲围，保护石龙镇东区、浦西、石碣镇西南、黄泗围、单屋、梁家村、沙腰、高埗镇塘厦；另有潢新围，保护中堂镇潢涌、三涌、袁家涌、吴家涌、斗朗；马槎联围，保护中堂镇槎滘和麻涌镇鸥涌、黎滘；大盛围，捍卫麻涌镇华阳、南洲、大盛。右岸为广州增城市堤围。

东江北干流

两岸土地肥沃，主要农作物有水稻、甘蔗、花生、豆类、蔬菜，主要水果有荔枝、龙眼、香蕉、甜橙、菠萝、木瓜、杨桃、乌榄、白榄等。

东江北干流为广州市与东莞市的主要饮用水水源地，沿线水厂规模超过 100 万吨每天，主要有广州新塘水厂和西洲水厂。

8.4.3.1 东江南支流
(Dongjiangnanzhiliu River)

北起广东省东莞市石龙镇石龙头，南至东莞沙田镇泗盛汇入**狮子洋**，长 39.5 千米，平均比降 0.23‰。地处东莞市境内。

位于东江三角洲东面，与**东江北干流**之间河网交错，受潮流影响。地形起伏小，表层主要是第四系松散沉积物，厚约 10～30 米。岸边带受海潮影响，地下水循环交替作用迟缓。

该区域年平均降水量 1 555～1 628 毫米，降水量由上游向下游出口逐渐减少，年内分配不均，年际变化大，汛期（4—9 月）降水量占全年的 83%，夏秋季热带气旋影响频繁。

东江南支流北起石龙镇石龙头，流经石龙镇林屋区村，石碣镇水南村、东城峡口村、莞城、万江、道滘镇、沙田镇等地，至沙田镇泗盛汇入狮子洋。万江至沙田镇桂枝洲段也称为东莞水道。

东江南支流在东城区峡口左纳**寒溪水**，于高埗镇卢村分出**中堂水道**，续流至东莞城西左分出**厚街水道**，经道滘镇，至沙田镇泗盛汇入狮子洋。

左岸筑东莞大围，保护茶山、东城、莞城、南城，另有胜

东莞水道

可园

利围、蔡屋围、南丫围、沙田围；右岸筑挂影洲围，保护石龙、石碣、高埗镇，大洲围、金丰围、道滘联围、太阳洲围。两岸土地肥沃，主要农作物有水稻、甘蔗、花生、豆类、蔬菜等，主要水果有荔枝、龙眼、香蕉、甜橙、菠萝、木瓜、杨桃、乌榄、白榄等。

东江南支流为东莞市最主要的饮用水水源地，沿线水厂规模超过300万吨每日，包括东莞市第三、第四、第二水厂、茶山水厂、石碣自来水厂、东城水厂。

石龙镇位于东莞市北部，总面积10.38平方千米，广深铁路贯通全镇，交通四面八达。明末清初以来，石龙镇是广东省著名商埠，并与广州、佛山、陈村一起被誉为广东"四大名镇"。

石碣镇位于东莞市东北部，地处东江河畔，南距深圳市78千米，北至广州市62千米，水陆交通十分方便。全镇总面积36平方千米，被国画大师关山月誉为"东江之珠"，是明末民族英雄袁崇焕的故乡。

东莞水道被喻为东莞的"黄金水道"，为国家Ⅳ级航道，自然水深2～6米，主要通航500吨的内河船舶。2004年，东莞水道通过船舶20万艘次，运输量3 600万吨，货运量5 000万吨，港口货物吞吐量900万吨，占全市的38%，其中集装箱吞吐量10万TEU（国际标准箱单位），占全市的42%，是东莞货运量最大、水运最繁忙的一条水道。

东莞，唐至德二年（757年）改宝安县为东莞县，因处广州之东、境内盛产莞草而得名；1985年撤县建市，1988年升格为地级市。东莞农业集约化和外向型程度高，工业上被称为"世界工厂"，2006年全市地区生产总值已达2 624亿元；城市化水平80%以上。广深铁路、广梅汕铁路、京九铁路、广深高速公路、107国道及东江航运共同构成东莞水陆交通网。虎门、东莞铁路口岸为国家一类口岸，石龙港为进出口货物装卸港。

可园位于莞城博厦，广东四大名园之一，全国重点文物保护单位，始建于清道光三十年（1850年），为莞城博厦人张敬修所建，竣工于同治年间，园名取"可人适意"之意，前人赞为"可羡人间福地，园夸天上仙宫"。

8.4.3.1.1 寒溪水
（Hanxishui River）

发源于广东省东莞市大屏障之观音山，于茶山峡口入**东江南支流**。流域集水面积720平方千米，长59千米，河床总落差约50米，平均比降0.33‰，东莞境内河。

上游为低山丘陵，土壤多为壤土或砂壤土，中下游两岸为洼地，田面高程一般1.0米。地势由南向北倾斜，流向从南向北，流经黄江、大朗、常平、横沥、东坑、茶山、东城等镇区。集水面积超过100平方千米的支流有松木山水（河长24千米，流域面积111平方千米）和黄沙河（河长38千米，流域面积199平方千米）。

流域年平均降水量1 630～1 708毫米，年内分配不均，年际变化大，汛期（4—9月）降水量占全年的83%，年径流深900毫米，多年平均年径流量6.48亿立方米。

宋代修筑东江堤（福隆围）前，茶山为东江泛洪区；筑堤御东江洪水后，寒溪水中下游地区洪水积涝严重，形成水面可达170平方千米，农业生产艰难。为解决排涝问题，从1957年冬起对寒溪涝区进行综合治理，兴建水库，整治河道，筑内围，建排泵站，成效显著。流域内建成黄牛埔、松木山和同沙等3座中型水库，中小型水库总控制集水面积411.18平方千米，占流域总面积57.1%。

东莞大堤

上游为梅塘水，主流黄牛埔水先在土地庙与松木山水汇合，进入山麓低洼地，至常平折向西北，至横沥神山汇仁和水，转向西至神山南汇东坑水，经角社、岗亭，汇寮步水，最后在茶山与黄沙河相汇，穿越峡口入东江南支流。

寒溪水上游黄江镇位于东莞市东南部，东邻樟木头，东南与国营樟木头林场相连，南与塘厦接壤，西边的蚬壳海与大朗隔岸相望，北与常平相接。黄江山清水秀，资源丰富，是有名的水果之乡，荔枝、龙眼享誉四方。

改革开放以来，黄江人民物质生活和文化生活不断改善，大办对外加工，农业生产实行土地责任承包、专业承包，多种经营，全面发展；农民收入大幅度增加，中下游沿岸由于三资企业较多，城市化发展较快，工业及生活废水对河流污染严重，近年经大力整治环境，水质有所改善，达到国家地表水环境Ⅲ～Ⅳ类水质标准。

同沙水库

8.4.3.1.1.1　同沙水库
（Tongsha Reservoir）

寒溪水支流黄沙河上游的一座中型水库。位于广东省东莞市东城区同沙村，距莞城东南方 8.5 千米。

水库是不完全年调节的中型水库，功能是防洪、灌溉和城乡供水，兼顾发电与养鱼。坝址以上集水面积 100 平方千米，总库容 6 220 万立方米，设计灌溉面积 3 667 公顷。工程于 1958 年动工兴建，1960 年蓄水。

工程由大坝、溢洪道、输水涵管、水力发电站和库区堤围五部分组成。大坝为均质土坝，主坝长 907 米，坝顶宽 10 米，副坝长 350 米；大坝右岸设溢洪道，最大泄洪流量 360 立方米每秒；输水涵管 3 条，最大泄流量分别为 6.0 立方米每秒、7.0 立方米每秒和 12.2 立方米每秒；大坝输水涵管出口处设坝后引水式电站，装机两台容量 250 千瓦，1972 年竣工，后于 1999 年重建，装机两台容量 640 千瓦。

水库建成后，使东莞市的防洪能力大大提高，特别是水库下游的东城区、寮步镇等部分地方的防洪标准由 5 年一遇提高到 100 年一遇。

水库下游原是寒溪水涝区。为解决涝灾问题，从 1957 年起进行涝区综合治理：开凿东莞运河、筑库滞洪、整治河道圈筑内围。其中 1958 年在涝区上游动工兴建同沙、松木山、黄牛埔 3 座中型水库，控制集水面积 188 平方千米。3 座水库建成后，起到削峰、蓄洪、滞洪作用，统一调度，控制下泄流量，以减轻寒溪水下游的淹浸。随后修筑灌溉渠道，解决灌区部分农业缺水问题，使涝区得以改善，达到旱涝保收。

20 世纪 90 年代起，由于东莞一、二产业的崛起，水库水质受上游工业排污影响，水质严重污染，水质超过Ⅴ类水标准，水资源得不到充分利用。灌区耕地面积因使用性质改变而减少，目前灌溉面积约 66.7 公顷。从 2000 年起，由于东莞市城市提升需要，将在库区周边同沙林场及库区规划作为生态公园，水库库湾鱼塘不能经营，果园由经济林改作生态林。从 2003 年起，东莞市政府出台减轻农民负担方案，减免农田水费，水库下游受保护区的产业规模不断壮大，受保护人口从原来的 30 万人至现在已过百万人，下游受保护财产超过千亿元，因此水库防洪功能显得更为重要，是东莞唯一一座全国防洪重点中型水库。水库的性质则变为以防洪、蓄洪为主，兼顾生态环境的功能，属纯公益型，基本没有正常收益，管理处的运作经费则靠地方财政补贴以维持。

水库由黄公山、虎形山等山峰环抱而成，面积 653 公顷，绿荫环绕，湖面平静如镜，优美水湾连绵不断，湖心小岛景色迷人，有如世外桃源。另有多种游乐设施，是旅游度假的好去处。

同沙生态公园环绕水库而建，环湖路蜿蜒 15 千米，可以让游客骑车饱览湖光山色；园内在七姐妹山旁建了一条 1.6 千米的环湖小道，让游客穿行于湖心山间，怡然自得。

8.4.3.1.2　中堂水道
（Zhongtang Watercourse）

东江南支流汊流，位于东江三角洲河网区，东起广东省东莞市高埗镇卢村潢涌河河口，西至中堂镇小东向，长 6.5 千米，平均比降 0.58‰。地处东莞市境内。

中堂大桥

水道位于东江三角洲北，流向自西向东，属潮流区。地形起伏小，表层主要是第四系松散沉积物，厚约 10～30 米。岸边带受海潮影响，地下水循环交替作用迟缓。

区域多年平均年降水量 1 628 毫米，降水年内分配不均，年际变化大，汛期（4—9 月）降水量占全年的 82%，夏秋季热带气旋影响频繁。

水道由高埗镇卢村潢涌河口向西流经中堂镇南部，联村马沙、鹤田村、中堂村，于小东向汇入**倒运海水道**，间有河涌汇入、分汊。左岸筑大洲围、溶联围，右岸挂影洲围防洪保护高埗镇，潢新围防洪保护中堂镇。两岸为冲积围垦区，土地肥沃，主要农作物有水稻、甘蔗、花生、豆类、蔬菜，主要水果有荔枝、龙眼、香蕉、甜橙、菠萝、木瓜、杨桃、乌榄、白榄等。

黎氏大宗祠位于中堂镇潢涌村内，始建于南宋乾道九年（1173年），为纪念孝子黎宿割股和药治疗母病而建，是东莞现存最大的宗祠之一。祠堂主体建筑为广东著名的硬山顶式，抬梁与穿斗混合式梁架结构。内进神台两侧保存安放有宋、元、明朝撰文碑记——为进士、仕郎、国子监祭酒、监察御史、翰林院学士等东莞代出的名人所提所立，是考证东莞文化发展史的一个重要遗址。这个宗祠在南宋德祐年间毁于兵火，元朝重建，元末再次毁于兵火，明朝又重建，抗日战争时又被日军烧毁，后又重建，是见证历史发展的重要文物古迹。

8.4.3.1.3 厚街水道
（Houjie Watercourse）

东江南支流的分支，北起广东省东莞城西，南至东莞沙田镇渡船洲，长11.4千米，平均比降0.02‰。地处东莞市境内。

厚街水道位于东江三角洲东面，受潮流影响。地形起伏小，表层主要是第四系松散沉积物，厚约10～30米。岸边带受海潮影响，地下水循环交替作用迟缓。

区域年平均降水量1 555～1 628毫米，降水年内分配不均，年际变化大，汛期（4～9月）降水量占全年的83%，最丰年降水量是最枯年降水量的3.03倍，夏秋季热带气旋影响频繁。

厚街水道北起莞城西，流经莞城、万江、南城、道滘、厚街等镇区，南至沙田镇渡船洲。左岸东莞大围防洪保护莞城、南城，右岸筑胜利围、白露围、南丫围，左岸有博厦、海口庙、新基、石鼓、赤岭、塘板等水闸与东引运河连通。两岸土地肥沃，主要农作物有水稻、甘蔗、花生、豆类、蔬菜等，主要水果有荔枝、龙眼、香蕉、甜橙、菠萝、木瓜、杨桃、乌榄、白榄等。

厚街镇始建于北宋年间，已有800多年历史，自古商贸繁荣。厚街镇物产富饶，莞草、腊肠、濑粉等驰名中外。镇内有外商企业1 100多家，台商企业330家，民营企业1 000多家。近几年会展业成为厚街的主导产业；家具业为新兴产业，有上规模的家具企业400家，有8个专业市场，总面积30万平方米。

8.4.3.1.3.1 横岗水库
（Henggang Reservoir）

厚街水道支流上的一座中型水库，位于广东省东莞市厚街镇东南约5千米，西北距东莞城区20千米，坝址在厚街镇环岗村南侧。

水库以灌溉为主，兼顾防洪、供水、旅游等综合效益，集

横岗水库

水面积44.6平方千米，多年平均年降水量1 650毫米，总库容3 280万立方米，按100年一遇洪水设计，1 000年一遇洪水校核。水库保护厚街、虎门两镇16.7万人和5 733公顷土地，设计灌溉面积2 400公顷，年均供水100万立方米。工程于1958年6月动工，1959年5月建成并蓄水。

水库枢纽工程包括土坝、溢洪道和输水涵管三部分。其中土坝和溢洪道承担防洪、排洪功能，而输水涵管提供灌溉、供水功能。大坝为均质土坝，最大坝高16.2米，坝长343米。

水库建成后曾出现过3次较大险情。第一次是1964年9月11日，上游怀德水库（小型）垮坝，水库水位急剧上升，导致主坝出现喷水孔，之后及时作反滤处理，灌浆加固。第二次是1971年8月16日，受当年7118号台风影响，主坝干砌石护坡破坏严重，后经修复，改为浆砌石护坡，1999年又在浆砌石护坡的基础上浇混凝土保护层。第三次是在2000年5月11日排洪结束后，检查发现紧接消力池的海漫段部分被水冲毁，形成大坑，右侧挡土墙基础掏空，后来及时加长消力池，加高二级堰顶，提高消能效果，确保了汛期排洪安全。自1992年以来，水库先后进行了大坝的加固、输水涵管改建、排洪道除险加固等工程。

水库紧靠大岭山，水面面积500公顷，库区内有风光如画的湖心岛，青翠欲滴的湖岸山林，到处鸟语花香。库区内开辟了水上游乐设施，近年来库区周围还建起了不少社区。

8.4.3.2 沙河
（Shahe River）

东江北干流右岸支流，又称西沙河，发源于广东省博罗县罗浮山大、小源坑，在石龙镇石湾大桥东汇入东江北干流。

沙河流域总面积1 020平方千米，干流河长88.3千米。流域地处东江中下游，北倚罗浮山山脉，上游为山区，中下游为平原。流域区属亚热带气候区，气温高，雨量充沛，多年

整治后的沙河

平均年降水量1 800毫米左右，多年平均年径流深1 100毫米，多年平均年径流量11.22亿立方米。降水多集中在4—9月，约占全年降水量的84%。

沙河源头区山高陡峻，湖镇以下至入东江则是一马平川，落差大。大暴雨时，各山之水聚集急泻而下，加之受东江洪潮顶托，排泄不畅，沿河两岸农田被淹，村庄遭殃。下游两岸在清代始筑有土堤围，新中国成立后，先后实施沿河筑堤、山沟建库、高蓄低挡、建泵站、挖排渠、排涝出河、拦河建闸、引水灌田等一系列减灾兴利的工程，特别是在21世纪初对沿河两岸堤围进行全面整治，能防御20年一遇～30年一遇的洪水。

沙河发源于罗浮山的大、小源坑，从何家田、黄竹坑至河上，与河肚支流汇合后称横河，是沙河的干流；过**显岗水库**，流至湖镇显岗与响水河汇合始称沙河。响水河发源于象头山大沥顶，河流长度35.5千米，流域面积217平方千米，总落差740米，因河流湍急，响声大而得名。

石龙镇

道教圣地罗浮山

沙河干流由北向西南流，经钓湖、龙华，至白堪角后分流两支，主流向西南经圆洲至石湾汇入东江，支流向南至马嘶水闸注入东江。

沙河流经博罗县西北的横河、响水、长宁、湖镇和西部的龙华、龙溪、园洲、石湾8镇。上游高山林

罗浮山牌坊

密，有著名的罗浮山风景区，河流两岸为天然状况；与响水河汇合后至入东江口为沙河的中下游，地势平坦，沿河筑有堤围，河槽是U形，两岸土地肥沃，是博罗县的鱼米之乡，工商业发达。

沙河流域上游建有显岗水库，其下游支流上建有**联和水库**。在中下游沿河筑有堤围共长91千米，保护耕地1.73万公顷。干流两岸建有25座排涝站和两条排洪渠。在龙溪的鸡心岭及白堪角修筑"摇头式"活动拦河陂，有效调控河水流向和流量，合理调节用水与排涝。

8.4.3.2.1　显岗水库
（Xiangang Reservoir）

沙河上游的大（2）型水库。位于广东省博罗县湖镇镇，距博罗县城25千米，是博罗县综合开发利用沙河水资源的骨干工程之一。

显岗水库库区示意图

水库以灌溉、防洪为主，兼顾发电、供水及水产养殖等综合效用。水库坝址以上集水面积295平方千米，总库容1.38亿立方米，正常库容0.67亿立方米，调洪库容0.72亿立方米。水库按500年一遇洪水设计，2 000年一遇洪水校核。工程于1959年8月动工兴建，1963年7月竣工蓄水。

水库枢纽主要建筑物有主坝、副坝、泄洪闸、输水涵管、电站。主坝为黏土均质坝，顶长475.8米，坝顶宽5.8米，最大坝高19.6米；副坝共9座，坝顶总长1 643.7米，最大坝高16.5米；泄洪闸两座，最大泄流量分别为530立方米每秒和842立方米每秒；输水涵管5座，其中主坝涵管两座，左右岸涵管最大泄流量分别为32立方米每秒和24立方米每秒；坝后电站两座，装机6台总容量2 000千瓦。

水库地处华南亚热带季风区，多年平均气温22摄氏度，多年平均年降水量1 875毫米，多年平均年径流量3.32亿立方米。库区以上区域大部分属高丘陵，局部为低山和低丘，植被覆盖度中等，属针叶林为主的灌木草被。

水库设计灌溉农田7 333公顷，生活及工业日供水量5万立方米，坝后电站多年平均年发电量548万千瓦时。水库还担负着保护下游6镇20多万人口及17 333公顷农田和205国

显岗水库

道、324国道、广惠高速公路和广九铁路石龙段的防洪安全任务。

水库总水面面积约30平方千米，除了为周围镇区提供饮用和灌溉用水之外，库内湖光山色，鹭鸟翔集，生态环境优美，是优势旅游资源。

8.4.3.2.2 联和水库
(Lianhe Reservoir)

沙河下游支流上的一座多年调节的中型水库，地处广东省博罗县福田镇石巷村，距惠州市70千米。

水库其功能是防洪、灌溉、发电和城市供水，坝址以上集水面积110.8平方千米，总库容8 160万立方米。工程于1958年动工，1964年竣工。

工程由大坝、溢洪道、输水隧洞和水电站组成。大坝为均质坝，主坝长330米，顶宽10米，最大坝高46.5米；副坝坝长140米，顶宽4米，最大坝高14.5米；溢洪道最大泄流量920立方米每秒；输水隧洞最大泄流量56立方米每秒；坝后引水式水电站装机4台容量2 000千瓦。

联和水库

库区气候温和，雨量充沛，多年平均气温22.4摄氏度；多年（1966—2005年）平均年降水量1 886.4毫米，年内降水分配不均，5—9月降水量占全年70%以上；多年平均年径流量1.3亿立方米，最大2.32亿立方米，最小0.37亿立方米。

水库于1989年冬进行加固改造，工程验收评为优良；工程防洪标准提高到100年一遇洪水设计，1 000年一遇洪水校核，由多年来的控制运用进入正常运用。水库建设迁移人口220人。

水库成扇形，跨越增城、博罗两地，库区植有松、杉及多种野生竹木、果地，植被良好，土质多为花岗岩风化土。水库设计灌溉面积7 827公顷，防洪保护下游10多万人口。遇大洪水时，经水库调度、削减洪峰，大大减缓了洪水对下游地区和交通枢纽的安全威胁；遇干旱年份也保障了下游农作物用水和供水保证率。

8.4.3.3 增江
(Zengjiang River)

东江右岸支流，因汇口在东江三角洲内，故归入**珠江三角洲**河流。发源于广东省新丰县的七星岭，在增城市石滩镇的孙家埔村观海口处注入东江。地理位置在东经113°40′～114°21′，北纬23°08′～23°48′，干流全长203千米，流域面积3 114平方千米，河道平均比降0.74‰。涉及广州市从化市、增城市和惠州市龙门县。

概　述

流域东西宽约61千米，南北长约90千米，自北向南呈狭长扇形。流域地势北高南低，从龙门贯穿增城东部，西北部中高山之骨架在南部偶有出露，东部和中南部多为高岗和丘陵地带，中部以石灰岩及煤系地层为主，南部以砂岩及页岩居多。增江中下游沿岸低洼地为三角洲冲积平原，土壤多为砂壤土。

增江上游正果镇段

流域集水面积100平方千米以上的支流有蓝田水、铁岗水、白沙水、葛布水、**永汉河**、**派潭河**6条，最大支流派潭河。

流域属南亚热带气候，北回归线经过派潭镇附近，炎热多雨，长夏无冬，多年平均气温21.6摄氏度，降水量由北而南随着山区、丘陵、平原地貌而递减，多年平均年降水量1 820毫米，雨量集中在前汛期；多年平均年径流量39.58亿立方米，年径流深1 134毫米。水环境质量总体水平优于国家地表水Ⅲ类标准，水质良好。

1342—1998年发生较大的水旱灾害96次，其中水灾49次。明、清时期（1624—1911年）发生大旱灾12次，民国时期（1912—1949年）发生大旱灾两次，一些地区旱情严重，稻禾颗粒无收。1950—1988年，旱灾10次，1977年春旱，从上年11月至当年5月的181天中，未下过透雨，溪水枯竭，除东江、增江干流外其余河水断流。

元、明、清时期发生水灾31次，民国时期发生水灾5次。1949年后，增江先后于1953、1954、1957、1959、1966、1968、1980、2005年发生过较大规模的水灾。1959年6月发生洪水，增博、石滩大围漫顶溃决，流域内受淹农田面积8 820公顷，倒塌房屋19 984间，冲毁广深铁路及广汕公路，铁路运输中断十多天，是流域有记载以来损失最大的一场

8.4.3.3 增江

增江水系示意图

洪灾。

1949年前,以陂圳引水和竹筒车提水为主,旱情出现,则以人力提水灌溉,高岗田则望天降雨。1955年起,修筑山塘、水库等蓄水工程,沿河地区兴建电力提水站。

由于砍伐森林、修筑道路、开荒等人为活动造成较严重的水土流失,河床普遍淤高,航道逐年缩短,导致中上游航运困难。1974年,为了改善洪水宣泄条件,对下游初溪段进行裁弯取直。1983年对增江进行全面规划,综合治理。

流域已建有大中小型水库111座,其中大型**天堂山水库**控制集水面积461平方千米,总库容2.43亿立方米;中型白沙河、梅州、七星墩、百花林4座;小型水库106座,大中小型水库总库容5.03亿立方米,兴利库容3.36亿立方米,控制集水面积926.52平方千米,占流域总面积的29.3%。

流域内现有中型灌区两处(百花林水库灌区和增塘水库灌区),小型灌区66处;机电泵站239处,灌溉面积0.7万公顷;建有正果和初溪拦河坝水电站,装机容量分别为4 800千瓦和6 000千瓦。

纪　实

干流自北向南流经从化市、龙门县、增城市。地派水为增江主源,流经地派镇入天堂山水库,在坝下有渡头水文站(增江入河第一个水文站,建于1958年)与蓝田水(河长32千米,流域面积180平方千米)在龙门县合丫水汇合后形成增江主流。

干流经天堂山圩至下村,右纳铁岗水(河长41千米,流域面积244平方千米)后称西林河,续流经龙门县城。龙门于明弘治九年(1496年)置县,因县治七星岗原为增城县之上

龙门地,故名,境内竹木器和手工制品行销国内外。

干流出龙门县城,于下车田左纳白沙河(河长29千米,流域面积175平方千米)后,形成了增江上游的第一个小平原;曲折南流,经龙华镇于文峰塔下水坑左纳葛布水(又称陈禾洞水,河长31千米,流域面积113平方千米);经沙迳镇,于村头左纳香溪水;西南流过犀牛尾林场至麻榨镇,再穿越山间曲径,出虎跳崖,于合口右纳永汉河,形成增江中游地区第二个小平原。以上河段称龙门河。

增城挂绿

增江从永汉以下进入增城市境,经正果镇至大楼山右纳派潭河;过小楼镇,镇内有设于1954年的麒麟嘴水文站。自此增江进入了平川;南流,经增城市区。增城,东汉建安六年(201年)由南海郡划番禺、博罗部分地区设增城县,因临增江得名。增城盛产荔枝,尤以挂绿著名。

增江出市区后南流经石滩镇,在石滩镇的孙家埔村观海口处自右岸注入东江,进入东江三角洲地区。东江汇合口处有孙家埔水文站。

沿途桥梁有龙门平陵桥、麻榨桥、正果大桥、增城大桥、东门桥、人民桥、广汕雁塔桥、广惠高速桥、石滩铁路桥等。

增江上的人民桥

增江下游原为河网区,河涌纵横交错,20世纪50年代初联围筑闸,建成增博大围、石滩大围,堵塞了县江出口。县江成为增博大围内涌后,逐年淤塞,丧失灌溉及排水功能,对该地区生产带来不利影响。下游河段由于河道弯曲,断面宽窄不一,水流不畅,河道的泄洪能力不足。

8.4.3.3.1 天堂山水库
(Tiantangshan Reservoir)

增江上游的大（2）型水库，位于广东省惠州市龙门县境内，距龙门县城约 14 千米，距惠州市约 100 千米，距广州市约 190 千米。

天堂山水库

水库是年调节水库，以防洪为主，结合灌溉、发电、旅游、养殖等综合利用的水利枢纽工程，控制集水面积 461 平方千米，坝高 70 米，总库容 2.43 亿立方米。工程于 1978 年动工兴建，因国民经济调整于 1981 年缓建，1987 年 10 月复工，1993 年 6 月竣工。

工程主要建筑物由大坝、溢洪道、引水隧洞、电站等四部分组成。大坝为混凝土三圆心双曲率拱坝，坝长 287 米，坝顶高程 159.0 米，坝顶宽度 5.75 米，坝顶筑有高 1.2 米的混凝土防浪墙；溢洪道设置在拱坝中段坝顶，最大泄洪流量 2 500 立方米每秒；发电引水隧洞流量 46.8 立方米每秒；电站装机 3 台容量 1.95 万千瓦，设计多年平均年发电量 6 100 万千瓦时。

水库防洪效益显著。2005 年 6 月龙门发生超过 100 年一遇以上特大洪水，经水库调节，削减洪峰 93%，减缓洪水对下游地区的威胁，还增加下游 4 个梯级电站年发电量 3 700 万千瓦时。水库为龙平渠的主要供水水源，灌溉面积 7 213 公顷。水库放水冲沙减少了下游河道淤积，还向城市、工业区供水并发展养殖业。

水库又称天堂湖，位于龙门县西北部的山地和丘陵地区。县境内的地势属两广丘陵，地处增江河的上游，原称上龙门，故而得名龙门县。水库淹没区与库区上游两岸是连绵不断的山区，属中、低山地形，树木茂盛，植被良好，河谷发育，地下水沿沟谷出露。

水库以上增江干流长约 43 千米，历史上此区曾有茂密的森林覆盖，河水清澈见底，是山区物资、木材运输的主要航线。近年来，由于水库上游地区林木遭到乱砍滥伐和滥挖瓷土，造成林地面积和来水量逐年减少，水土流失十分严重。

天堂湖因天堂山水库而得名，库区青山绿水，气候四季宜人。天堂山水库水面面积 10 多平方千米，水质洁净，有白鹤潭、古榕、白马瀑布等景观。

8.4.3.3.2 永汉河
(Yonghan River)

增江右岸支流，又名永汉水。发源于广东省惠州市龙门县南昆山的天堂顶，在增城市九龙滩汇入增江。流域地处龙门县西南，与增城市交界。河长 52 千米，流域面积 410 平方千米。涉及龙门县和增城市。

流域西倚南昆山脉，南卧永汉平原，地势由西北向南倾斜，山区和平原两类地形，且地形高差非常悬殊，西北山区与南边平原海拔高差超过 1 000 米。

流域属亚热带季风气候区，多年平均年降水量 2 440 毫米。降水在空间上分布不均，山区大于平原地区；年内分配亦不均，一般 4—9 月的降水量占全年 80%。1958—2005 年间实测平均年径流量 6.07 亿立方米。

干流上游植被良好，水源涵蓄功能强，河水清澈，水质达到国家地表水环境质量Ⅰ类标准。流域水资源总量 11.02 亿立方米，其中地表水 9.79 亿立方米。

1949 年后，发生较大的旱灾年份为 1955、1962、1976 年。1950 年以后，较大的洪水灾害发生过 7 次，永汉河干流最大洪水发生于 1968 年 6 月 14 日，最大日降水量 415 毫米，受浸农田面积 2 933 公顷，冲毁农田面积 540 公顷。

1949 年前，沿河村民采用小型的陂头水沟引水灌溉。1949 年后，龙门县开始大规模进行水利工程建设。永汉河兴建中小型蓄水工程 3 座，分别是 1965 年 7 月竣工、库容 2 300 万立方米、灌溉面积 2 393 公顷的七星墩水库（中型）；1978 年 12 月竣工、库容 7 900 万立方米、以防洪为主兼顾灌溉面积 633 公顷的梅州水库（中型），以及 1988 年 1 月竣工、库容 300 万立方米、用于防洪和调节下游麻布电站发电的小（1）型的麻布水库。

永汉河从源头至梅州水库河段为上游段，又称南昆水，干流由西向东流，穿行于南昆山国家森林公园的群山中，沿河两岸山岩陡峭，灌丛竹海，河道随山势蜿蜒曲折，清流长年不断，在天堂顶下的上坪纳鸡心石河。上游段长约 38 千米。

南昆水流至乌泥，又有玉石河汇入。玉石河处于丘陵当中，河床以砾石、河砂为主，坡降平缓，基本稳定，汛期之外，河水清澈，两岸长满当地盛产的毛竹，河道止步发漂流项目。玉石河上游有七星墩水库，中段有麻布水库。

南昆山国家森林公园

干流在梅州村的东叶窿进入梅州水库库尾。永汉河流出梅州水库，折向南流，至下游约 4 千米便是永汉镇；在永汉大桥上约 200 米处，有油田河汇入。油田河发源于南昆山中部油田林场的三点梅花，河两岸均为平原耕地，全长 27 千米，集水面积 110 平方千米。

永汉河出永汉镇继续南流，经大埔、学湖、振东、官田、红星、合口、新陂、前丰等地，流至增城市九龙江南注入增江。

8.4.3.3.3 派潭河
(Paitan River)

增江右岸支流，发源于广东省龙门县南昆山马坑嶂。干流长 36 千米，流域集水面积 357.5 平方千米，位于广东省增城市北部。上游群山起伏，山峰林木茂盛，地势高，山峰之前夹有小型沟谷，瀑布颇多，各支流发育在十多座海拔 700 米以上的山峰之中，上游牛牯嶂山峰海拔 1 084 米。

派潭河流域地处南亚热带，有北回归线穿过，属海洋性季风气候，温湿多雨，长夏无冬，12 月至翌年 1 月常有寒潮侵袭，偶有霜冻和冰冻；多年平均年降水量 2 156 毫米，多年平均年径流总量 4.47 亿立方米，年径流深 1 466 毫米。派潭河水质优于国家地表水Ⅲ类标准，水质良好。

民国时期（1912—1949 年）派潭河流域发生大旱灾两次，一些地区旱情严重，稻禾普遍无水枯黄，颗粒无收；1949 年后（1950—1988 年）发生旱灾 10 次。1977 年春旱持续时间长、范围广，从上年 11 月至当年 5 月的 181 天中，增城未下过透雨，溪水枯竭，江水水位严重下降，河水断流。

1950 年以前，流域基本没有可靠的水利设施。上游地区靠草木陂引水，下游地区靠古老车陂提水。1958 年后，河道整治采取上蓄下泄综合治理的原则，修建堤围和排涝泵站。流域建有小型水库 18 座，总库容 0.34 亿立方米；有小型灌区 18 处，有效灌溉面积 1 807 公顷；机电泵站 13 处，灌溉面积 308 公顷。

派潭河由源头至河口依次纳高滩河、灵山河、车洞河、高埔河、小径河、二龙河等支流。

干流上游有大封门水库、石马龙水库、水口水库，流出高滩村和背阴村，流向何大塘拦河坝水电站；经派潭镇，于莲塘径右纳高埔河；流向湾吓村、庙潭桥，于小楼镇的大楼山右纳二龙河（河长 26 千米，流域面积 114 平方千米）后注入增江。派潭镇白水寨风景名胜区有北回归线穿过，为省级风景名胜区。

城内主要粮食作物为水稻，经济作物有蔬菜、花生、香蕉、木薯等，名优产品有丝苗米、荔枝、凉粉草、乌榄、迟菜心等。

"派潭"取名有千年历史。北宋太平兴国元年（976 年）在派潭河边建圩，河中放排（竹木筏）兼有深潭而得名排潭，后取谐音为派潭。

白水寨

总体水平优于国家地表水Ⅲ类标准，水质良好。

民国时期（1912—1949 年）发生大旱灾两次，一些地区旱情严重，稻禾普遍无水枯黄，颗粒无收。1950—1988 年发生旱灾 10 次，1977 年春旱严重，从上年 11 月至当年 5 月的 181 天中，大部分未下过透雨，溪水枯竭。

西福河于 1953、1954、1957、1959、1966、1968、1980 年发生过较大水灾。1957 年 5 月至 6 月 4 日，上游西北部和龙门县连续降大雨、大暴雨，西福河出现特大洪水，沿岸堤围全部溃决，淹没农田面积 6 753 公顷，倒塌房屋 781 间，冲毁广深铁路蓝山至潮山段，中断运输 7 天，造成较大的灾害。

1949 年前，以陂圳引水和竹筒车提水为主，旱情出现，则以人力提水灌溉，高岗田则望天降雨。1955 年起，修筑山塘、水库等蓄水工程，沿河地区兴建电力提水站。20 世纪 50 年代开始，对西福河全面规划、综合治理，其中工程量比较大的有 1973 年燕岗至神岗段裁弯取直。

西福河建有联安水库、白洞水库、增塘水库 3 座中型水库，小型水库 29 座，集水面积 90.62 平方千米，总库容 0.47 亿立方米；有中型灌区 4 处，小型灌区 29 处。

联安水库

干流上游源头段有联安水库，出福和，流向凤岗陂，出白洞水库后流向乌石陂；续流，穿过广汕公路燕岗桥后纳坑背水，再纳金坑河（上游有金坑水库，河长 34 千米，流域面积 119 平方千米）汇合，再向下与朱村运河和南江河汇合流向活动陂；干流续流，穿过荔新公路西福河桥后进入石滩石夏陂，于仙村镇巷头村汇入**东江**。

水稻为流域主要粮食作物，经济作物有蔬菜、花生、香蕉、木薯等，名优产品有丝苗米、荔枝、凉粉草、乌榄、迟菜心等。

8.4.3.4 西福河
(Xifu River)

原称绥福河，是**东江北干流**右岸支流，以其流经古代之绥福都而得名。发源于广东省广州市增城市鹧鸪山，于增城巷头注入东江北干流，干流长 58 千米，平均比降 1.6‰，流域面积 580 平方千米，涉及增城市、从化市和广州郊区。

流域地势自西向南，从鹧鸪山贯穿增城市西部，上游属丘陵山区，下游是低丘平原。上游鹧鸪山山峰海拔 792.9 米。流域内大部分属花岗岩风化砂壤土，中下游沿岸低洼地为三角洲冲积平原。

流域地处南亚热带，属海洋性季风气候，炎热多雨，长夏无冬。流域降水量由西而南随着山区、丘陵、平原而递减，多年平均年降水量 1 857 毫米，年蒸发量 824～1 058 毫米，年径流深 1 040 毫米，年径流总量 5.62 亿立方米。水环境质量

8.4.3.5 倒运海水道
(Daoyunhai Watercourse)

位于广东省东莞市东江三角洲河网区，北起东莞中堂镇斗朗村**东江北干流**分汊，南至东莞麻涌镇角尾（沙田镇西盛）注入**狮子洋**，长 18.4 千米，平均比降 1.6‰。地处东莞市境内。

倒运海水道形成于宋、元两代，属潮流区。区域地形起伏小，表层主要是第四系松散沉积物，厚约 10～30 米，岸边带受海潮影响，地下水循环交替作用迟缓；年平均降水量 1 555～1 627 毫米，由上游向下游出口逐渐减少，且年内分配不均，年际变化大，汛期（4—9 月）降水量占全年的 83%，最丰年降水量是最枯年降水量的 3.03 倍；夏秋季热带气旋影响频繁。

倒运海水道由中堂镇斗朗村东江北干流分汊向南流经中

堂镇东向村、下卢村、四乡村，麻涌镇新基村、漳澎村，望牛墩镇朱平沙村、锦涡村，沙田镇中围村和安村西盛，间有河涌汇入、分汊。

水道左岸筑潢新围、下泗围、新联联围、鱼立沙联围，右岸筑马槎联围、四乡联围，两岸为冲积围垦区，土地肥沃，主要农作物有水稻、甘蔗、花生、豆类、蔬菜，主要水果有荔枝、龙眼、香蕉、甜橙、菠萝、木瓜、杨桃、乌榄、白榄等。

麻涌镇立村于宋，至今已有八百多年历史。由于先人爱梅，立村之初名为古梅乡。古梅乡原属广州府宝安县所辖，明朝初期划归东莞县中堂区管辖。由于此地四周河网密布，同时岸边耕地又以产麻为主，又改名为麻涌乡。

麻涌在明末清初，民安物阜，文风鼎盛。水乡麻涌风景如画，"八大胜景"和"小八景"遐迩闻名，其中八大胜景为东海渔歌、南坦禾云、西园夜市、北丫蕉雨、魁楼晚望、花桥佛庙、白鹤榕荫、归义钟声。麻涌镇是著名作家陈残云所著长篇小说《香飘四季》的原创地。

8.4.4 潭江
(Tanjiang River)

注入**珠江三角洲**河网区的一条较大河流，古称君子河。发源于广东省阳江市牛围岭，于新会区崖门出南海，主河道全长 248 千米，流域面积 6 026 平方千米，河床平均比降 0.45‰；涉及阳江市、恩平市、台山市、鹤山市和江门市新会区。

概　　述

流域北、西、南三面环山，中间低平、西高东低，地势由西北向东南倾斜，从上游到下游为山地、丘陵台地和平原区。水口镇以下多属冲积平原，濒临黄茅海，受潮汐影响。

流域地处北回归线以南，属亚热带季风气候，受南海海洋气候影响，阳光充足，夏热多雨，冬温干燥，夏秋季节常受热带气旋侵袭；多年平均温度 22 摄氏度，多年平均年降水量 1 855 毫米（开平长沙气象站），4—9 月降水量约占全年降水量的 83%。据 2000 年监测，潭江上游至开平百合河段均达国家地表水Ⅱ类水质标准，新会段水质属Ⅲ类，台山河段水质也为Ⅲ类，个别支流水质为Ⅳ类。

潭江上游森林植被好，水清，流量大，输沙量较少，多年平均含沙量 0.11 千克每立方米（潢步头水文站）。流域多年平均年径流量约 76.47 亿立方米，其中江门市境内水量约 67 亿立方米。

潭江

1949 年前，潭江河道失治，灾害频繁，其暴雨量级和频次居全国前列，上游恩平市清湾等地常形成暴雨中心。1949—1988 年登陆广东省的热带气旋共有 150 个，在江门市登陆、主要影响潭江流域的有 19 个，占全省的 12.7%。从明成化六年（1470 年）至民国 38 年（1949 年），潭江流域共发生大洪水 93 次。

1949 年后，当地民众大力兴修水利，建库筑堤，营林固土，防灾能力不断提高，在经历 1961、1965、1968、1972、1975、1981、1998 年等流域性大洪水以及 6 次较严重的旱情中，均能把灾害损失减少到最低。在防汛抗洪过程中，无一水库溃坝失事，沿江恩城、江洲、赤坎、三埠等主要城镇也未受洪水破坏。流域内 4.6 万千瓦的电排站结合易涝区涵闸的挡洪和排泄，内涝得以及时解除。

利用潭江水系灌溉，始于明洪武初年（1370 年），至今已有 630 多年的历史。其中较大规模的有开平县九冈坪于 1733 年建的引水灌溉工程。河道整治工程，则始于明成化元年（1465 年），"新会城濠（今会城河）为知县陶鲁所凿，河起宣化都大悦溜下浅，经知政门至清化关（会城）出沿溜口，会潭江于银洲湖，计长 1 856 丈"。清朝时期，水碓等水力机具在潭江流域开始使用，用于灌溉及农副产品加工。

至 2000 年，流域内共建大（2）型 3 座（**锦江水库**、**大沙河水库**、**镇海水库**），中型水库 19 座，小（1）型水库 109 座，小（2）型水库 290 座，总控制流域面积 2 006 平方千米，总库容 17.19 亿立方米；流域内已修筑主要堤围长 599.39 千米，保护耕地面积 3.71 万公顷，人口 86.39 万；建成电力排灌站装机总容量 4.6 万千瓦，排涝面积 3.4 万公顷，灌溉面积 1.31 万公顷；水电站 197 座，总装机容量 10.45 万千瓦，年均发电量 2.99 亿千瓦时。已建成开平大沙河水库、恩平凤子山水库、恩平三宫庙、新会牛勒等供水工程（自来水），日供水量 41.75 万立方米。

按照干流梯级开发规划，锦江水库至开平合山河段 78.25 千米建 9 级水电站，总装机容量 2.9 万千瓦。自 1972 年 6 月首先建成第 5 级的恩平水电站，到 1986 年，已建成 8 级，水电站共装机 41 台，总容量 2.84 万千瓦，年均发电量 9 061 万千瓦时。

纪　　实

潭江发源于阳江市牛围岭山，自西向东流经江门市恩平、开平、台山、鹤山市，于新会区环城镇附近折向南流，进入银洲湖（崖门水道），沿途汇纳萌底水、莲塘水、蚬冈水、**白沙水**、**镇海水**、**新昌水**、公益水、新桥水、址山水、**新会河**、**江门水道**（蓬江河）、天沙河、下沙河、沙冲河、田金河、甜水坑、**虎坑水道** 及 **虎跳门水道** 等河流。

潭江发源地高山幽谷，林木茂盛，清流潺潺，有七星坑原始森林和多处温泉矿泉，上游恩平段又称锦江；西流至大田镇大岗头左纳萌底水（河长 27 千米，流域面积 148 平方千米），在恩平市大田镇以上约 3 千米的峡谷处建有大（2）型锦江水库，以下至合山 78.25 千米建有 8 个梯级开发的拦河闸坝，兼顾灌溉、防洪、发电、航运。上游河床以砂为主，夹有砾石、卵石，河槽稳定，水流通畅，遇暴雨山洪暴发，水位突涨，河水变浑。在恩平与开平市交界河段处，曾设有潢步头水文站（1957—1982 年），有 25 年实测水文资料。

潭江出锦江水库后西南流，至恩平市区恩城镇。恩平是全国首个温泉之乡，有全国第一个地热国家地质公园。恩平特产"奇石茶具"享誉中外，石灰岩资源丰富，拥有配套完善的纳米碳酸钙开发中心，

原始森林七星坑

8.4.4 潭江

潭江水系示意图

是中国纳米碳酸钙产业基地。

干流出恩平市后折向东北流，经东城镇至圣堂镇左纳良西河，过君堂镇至义兴蒲桥左纳莲塘水（河长44千米，流域面积245平方千米）后进入开平市境，于蚬冈镇右纳蚬冈水

恩平锦江温泉

（河长34千米，流域面积185平方千米）；折北流，过百合、赤坎两镇，于开平市区先后左纳白沙水、镇海水，右纳新昌水。开平，清顺治六年（1649年）析新会、新兴、恩平三县地置开平县，1993年撤县建市。开平是著名侨乡，有旅居海外和港澳台的开平籍同胞75万人，农业以种水稻为主，是广东商品粮基地之一；广湛高速公路、325国道横贯全境，三埠港为国家一级口岸，有快轮来往于香港；城区长沙、新昌、荻海三埠鼎立，形成两河四岸的独特景观。开平碉楼源于明朝后期，随着华侨文化的发展而鼎盛于20世纪初，时至今日，散布在各乡间仍保留完整的有1 883座。

潭江出开平市后继北流，为开平与台山界河，至台山市铁江右纳公益水（河长28千米，流域面积136平方千米）。开平市义兴以下的中下游河段两岸开阔平坦，地势较低，河网交错，江心洲颇多。开平市水口镇以下大部分属冲积平原，濒临南海，受潮汐影响。农民利用潮差进行排灌，十分便利，但冬春之际上游淡水来量减少，潮区河水含氯度高，易出现咸患。

潭江在开平水口镇下的牛湾镇升平入江门市区新会区境，于司前镇田边左纳新桥水（河长28千米，流域面积143平方千米），于司前镇姚旗附近左纳址山河（河长38

小鸟天堂里的榕树

千米，流域面积204平方千米）；过个大弯，于大泽镇牛勒左纳菜苏河；继东流，于大泽镇群胜村分出南、北两支，过两个窄的沙洲，至新会区府与双水镇夹峙水域，于双水镇小冈沙合流；北支于会城街道左纳新会河。

新会，南朝宋永初元年（420年）始置新会郡，新会之名沿用至今，1992年撤县建市，2002年撤市设区，为国内著名侨乡。境内文物古迹有新石器时代贝丘遗址、隋朝古塔、唐朝古陶瓷窑址、宋元银洲湖海战古战场遗址和慈元庙、始建于汉代的广东四大丛林之一圭峰山玉台寺、全国重点文物保护单位梁启超故居等。位于城区北面的圭峰山景区，面积55.1平方千米，森林茂密，有"圭峰叠翠"的美誉，集高山、森林、湖泊于一体，为国家AAAA级旅游景区和国家森林公园，整个景区分圭峰山玉台寺景区、玉湖景区和圭峰运动公园三大部分。

"小鸟天堂"在城区以南10千米的天马村，是新会闻名中外的生态旅游景点。380多年前，河中一泥墩上的一棵榕树长期繁衍，枝叶覆盖1万多平方米，树上栖鸟千万只，以野生鹭鸟居多。白鹭晨出暮归，灰鹭暮出朝回，依时有序，互不干扰。1933年，巴金先生写下散文《鸟的天堂》，"小鸟天堂"从此得名。

小鸟天堂

潭江往下到双水镇折向东流，于溟祖嘴与自江门市区流来的江门水道相汇后进入银洲湖（崖门水道）；向南流，于沙尾围左纳虎坑水道，于崖门口入黄茅海。

崖门口是宋末元初南宋皇朝覆没的海战古战场，附近建有古战场及崖门炮台、中国桥梁博物馆等景点。古战场右岸，新会区经多年围垦造地4 266.7公顷（称崖南围垦），昔日的淤泥荒滩已成一片葱郁的银湖湾湿地公园，园内田园锦绣，鱼肥果红，鸟雀欢叫。

崖门炮台

潭江是除**西江**、**北江**和**东江**三大水系外汇入珠江三角洲河网区的最大一条支流，也是规划中的珠江三角洲"三纵三横"航道网的组成部分。流域内水运交通方便，500吨级船只从开平市三埠港可直达江门、广州、香港及珠江三角洲各地，银洲湖则可通航5 000吨级江海轮船。

8.4.4.1 锦江水库

(Jinjiang Reservoir)

潭江上游（又称锦江）的一座大（2）型水库，原称河排

锦江水库

水库。位于广东省江门市的恩平市西北部的大田镇，距恩平市城区24千米。

概　述

水库开发以防洪灌溉为主，兼顾发电、养殖、航运及调节改善潭江水质等综合效益。大坝防洪按100年一遇设计，1 000年一遇校核洪水标准。水库总库容4.18亿立方米，正常库容3.58亿立方米。工程于1958年12月1日动工兴建，大坝建至坝高17米（1960年2月）时，因资金、材料及坝址地质问题停建。1965年2月，在原基础上将大坝缩小断面重建至坝高27米时又停建，相应库容3 000万立方米，开始发挥灌溉效益。1970年10月，佛山地区组织14县市青年民兵恢复施工，1972年9月，按原设计方案基本完成大坝、1号机组安装及35千伏输电线路和升压站施工。1973年7月完成电站2号、3号机组安装，并网发电。"98·6"洪水后，2000年4月大坝经安全鉴定，定为三类坝，随即进行除险加固设计。2000年11月加固工程开工，于2003年8月竣工。

工程由大坝、泄洪道及坝后电站组成。大坝为浆砌石重力坝，最大坝高63米，坝顶长345米。溢洪道两条，第一溢洪道设在大坝左侧溢流段，最大泄流量1 305立方米每秒；第二溢洪道在大坝右岸，最大泄流量2 109.7立方米每秒。坝后水电站装机3台容量1.95万千瓦，年均发电量5 600万千瓦时。

水库保护潭江中下游的恩平、开平、台山和新会区等4县（市、区）沿江78万人、5.33万公顷农田及一大批工商企业、325国道及开阳高速公路等重要交通设施，库水灌溉恩平市（县）14个镇9 166.7公顷农田，水库养鱼水面面积1 266.7公顷。

据2000年监测，库水水质在非汛期属国家地表水环境Ⅰ类标准，汛期和全年期为Ⅱ类。

纪　实

锦江水库坐落在恩平市大田镇，因建于锦江源头的河排，故又名河排水库，是有名的旅游景区。锦江水库旅游区分为两部分，一为水库区，一为锦江水力发电站，总面积300多平方千米。水库大坝远望如一道山梁横空出世，将滔滔江水拦住。

大坝的底部有一条T形隧道，冬暖夏凉。站在大坝上，纵目远眺，一泓绿水被四面青山包围。库区内有一个总面积约十万亩的农场，叫清湾综合场。该农场原始森林约两万亩，古木参天，盛产的高山云雾茶——白云茶香味俱佳，驰名远近，是恩平特产之一。

库区自然风光秀丽、气势雄伟，尤以禾雀花景观闻名，每年吸引了成千上万的游客前来观赏。

库区至今还保存着**珠江三角洲**唯一的原始森林——七星坑次生原始森林，林木茂盛，水土保持甚好，七星顶海拔844.5米，建库前森林中曾有老虎、野猪等出没。

8.4.4.2 宝鸭仔水库
（Baoyazai Reservoir）

潭江支流莲塘水的支流上的中型水库。位于广东省恩平市沙湖镇境内，距恩平市城区40千米。

水库是多年调节的中型水利枢纽工程，以灌溉为主，结合防洪、发电、供水、养殖等综合利用，控制流域面积25平方千米，总库容3 300万立方米。工程于1958年10月动工兴建，1964年4月建成蓄水，2002年进行除险加固。

工程由大坝、溢洪道、输水涵管和水电站组成。均质土坝6座（1主坝5副坝），主坝长143米，最大坝高22.3米；溢洪道最大泄流量133.4立方米每秒；电站装机容量250千瓦，设计年发电量27.2万千瓦时。

水库灌溉农田1 500公顷，防洪保护下游耕地面积约5万亩、人口3.3万。年供工业和生活用水189.2万立方米，水库养殖水面面积282.7公顷，电站年均发电量27.2万千瓦时。据2000年监测，水库水质为国家地表水环境标准Ⅱ～Ⅲ类，符合国家饮用水要求。

库区上游为天露山脉，植被良好，下游为丘陵平原，气候温和，日照充足，多年平均年降水量1 980毫米，多年平均气温22摄氏度，水资源丰富，排灌便利，适宜农业生产和发展工业。

8.4.4.3 西坑水库
（Xikeng Reservoir）

潭江支流莲塘水上游的一座中型水库。位于广东省恩平市牛江镇境内，距恩平城区恩城镇37千米。

水库是多年调节的中型水利枢纽工程，以灌溉为主，结合防洪、发电、供水、养殖等综合利用，控制流域面积76.1平方千米，总库容6 756万立方米。

恩平西坑水库

工程于1958年1月动工兴建，1959年12月土坝竣工，1963年4月枢纽工程全部完成。1970年11月建成坝后电站，1990年进行了除险加固。

工程由大坝、溢洪道、输水涵管和水电站组成。大坝为水中填土均质坝（主坝1座，副坝4座），主坝长286米，最大坝高42.75米，坝顶筑有高1.0米的浆砌石防浪墙；开敞式溢洪道最大泄流量686立方米每秒；电站装机3台容量1 200千瓦。

水库灌溉面积4 800公顷，改善灌溉面积620公顷；防洪保护耕地5 667公顷、人口6.93万，治涝面积533公顷。水电站年均发电量406万千瓦时。水库年供工业和生活用水946万立方米，养殖水面面积180公顷。据2000年监测，水库水质在非汛期和全年期属国家地表水环境标准Ⅰ类，在汛期为Ⅱ类。

库区上游为天露山脉，植被良好；下游为丘陵平原，气候温和、雨量充沛，日照充足，利于农业生产和发展工业。库区多年平均年降水量1 980毫米，多年平均气温22摄氏度。上游河床较陡，平均比降9.84‰，落差236.8米，有利于发展小水电。下游河床较平缓，平均比降1.28‰，落差25.7米。灌区为低丘平原，排灌便利。

建库淹没耕地面积46.2公顷，移民150户515人。在各级政府重视和帮助下，发展农、工、副、畜牧业，移民生产生活条件逐步改善。

库区周边有西坑林场，成立于1960年，到2000年年底累计造林逾7 000公顷，生产木材近4万立方米，产生良好的经济和生态效益。

8.4.4.4 白沙水
（Baishashui River）

潭江右岸支流，又称赤水河、长塘水。发源于广东省江门市开平南端的三两银山，自南向北流经东山、赤水镇和台山市白沙镇，在百足尾汇入潭江。河长49千米，平均比降0.71‰，流域面积383平方千米，地处开平市境内。

流域地形起伏较大，上游山峰林立，地势由南向北倾斜，多属丘陵洼地，植被良好，终年清流潺潺，水资源丰富。属亚热带季风气候区，雨量充沛，多年平均年降水量1894～2 400毫米，年内4—9月降水量约占全年的80%，多年平均年径流量4.7亿立方米。1959年5月17日4小时连降特大暴雨697.5毫米。据2000年监测，河水水质为国家地表水环境Ⅲ类标准，符合国家饮用水要求。

流域属暴雨区，汛期洪水峰高量大，宣泄不畅，水旱灾害常交替发生。为防御洪水，从清代起修筑了白沙防洪堤，但堤身单薄，1949年后曾加高加固，但防御能力仍较低。1959年5月中旬连降暴雨，山洪暴发，施工中的狮山水库主坝被冲垮。1996—1997年，白沙镇自筹资金，按20年一遇设防标准加固堤长7.2千米，使洪涝灾害得到有效控制。

1949年前，流域除沿岸修筑有低矮单薄的小堤外，基本没有其他水利设施。1949年后，大力兴修水利，建有中型的**狮山水库**，小型水库30座，总库容6 953万立方米；修筑堤围22条，建有12座电排站、两座小水电站。此外，在20世纪50年代初期曾对下游的台山西村河段裁弯疏浚。

河床上游较陡，高山幽谷，林木繁茂。狮山水库库区建有狮山和东山两个林场及小型电站，水土保持良好。

中下游多为低丘河谷平原，地形起伏，以种植水稻为主，低丘旱地盛产豆类、木薯及甘蔗等经济作物；白沙圩以下受潮汐影响，地势低洼，是历史洪涝区，建有白沙等排涝站后，洪涝灾害基本得到解除；白沙圩以上河道已基本失去通航能力，以下可通航10～20吨小船。白沙圩下约12千米白沙水是开平市与台山市的界河。下游的白沙镇工商业较发达，是著名侨乡。

8.4.4.4.1 狮山水库
（Shishan Reservoir）

白沙水上游的一座中型水库。位于广东省江门市辖下的开平市南端与台山市交界处，东北距开平市城区三埠街道约55千米。

水库是多年调节的水利枢纽工程，功能是灌溉、防洪和乡镇供水，兼顾发电和养鱼，控制流域面积36.1平方千米，最大坝高26.3米，总库容4 647万立方米，正常库容3 126万立方米。工程于1958年5月动工兴建，1960年基本建成蓄水。

工程由大坝（主、副坝各1座）、输水涵管、泄洪闸、电站和灌渠组成。大坝为碾压式均质土坝，主坝长450米，副坝长130米，坝顶宽5米；电站装机容量575千瓦；狮山水库有干渠47千米，支渠13条共长143千米。

水库灌溉农田2 600公顷，灌区水稻等产量大幅增长；水库起到较好蓄洪削峰作用，减轻下游洪涝灾害；同时为下游乡镇供水，兼有发电、养鱼（260公顷）和造林等综合经营。

水库位于开平南端的丘陵山区，坝址至该市最南端11千米，水库蓄水淹没耕地面积216.7公顷，迁移894人。多年来，该县认真落实开发性移民政策，移民生产生活基本得到保障，生活水平逐步提高。

库区林木茂盛，溪水清澈，生态环境和水土保持较好。2000年监测，水库水质在汛期、非汛期及全年期均达到国家地表水环境Ⅱ类标准。灌区水稻平均亩产由建库前的200千克提高到1987年的548千克。

狮山水库

1996年水库进行除险加固，加固后防洪标准达到50年一遇洪水设计，1 000年一遇洪水校核，提高了防洪和灌溉供水能力，保护下游农田约2.5万亩、人口6万。

8.4.4.5 镇海水
(Zhenhaishui River)

潭江左岸支流，是潭江最大的一级支流，又名苍江。发源于广东省鹤山市将军岭（有一说认为发源于新兴县乾坑顶，自西北向东汇双侨水，后在开平市南阳里注入潭江）。涉及鹤山市和开平市。

流域西北倚天露山，东北倚皂幕山，地势由北向南倾斜，自上游到下游为山区、低丘区和河谷平原区。流域面积1 203平方千米，主河长69千米，河床平均比降0.83‰，上游较陡，下游平缓。

流域属亚热带季风气候，夏热多雨，冬温干燥。流域多年平均年降雨量，西北部的**大沙河水库**为1 925.8毫米，东北部的**镇海水库**为1 691.8毫米，降水量年际变化大，年内分配亦不均，4—9月雨量占全年的80%左右。

支流双桥水设有双桥水文站，控制流域面积131平方千米。实测历年最高洪水位15.54米（珠基），相应洪峰流量459立方米每秒（1998年6月25日），最低枯水位10.02米（1963年3月4日）。流域多年平均年径流量约13.4亿立方米。据2000年监测，水质为国家地表水环境Ⅲ～Ⅳ类标准。

流域西北部是天露山降雨高值区，东北部则是降雨低值区，降雨时空分布不均，易发生水旱灾害。上游大沙镇曾有1小时雨量141.4毫米的记录。

据开平县志记载，从明成化六年（1470年）至民国38年（1949年）共发生大洪水93次，平均5年一次。最大水灾发生在清光绪三十四年（1908年）9月，"全邑几成泽国，城垣不没者仅数尺，塌庐舍、浸禾田、灾民流离号泣"。最严重的旱灾发生在民国32年（1943年），"春夏连旱，农田龟裂无法插秧，及至八月到处闹饥荒，饿死人不计其数。"1949年后，较严重的洪涝是1961、1965、1968、1981年，较严重的旱灾有1963年（旱期达107天）、1977年（旱期230天）。

1949年前，流域上中游仅有一些草木陂、沙石陂和雷公车等简陋的水利灌溉设施，下游两岸低洼地区仅有少量低矮的防洪小堤围。河床上陡下缓，每遇暴雨往往引发山洪，淹浸下游大片农田和村庄，损失惨重。1949年后，大力兴修水利，已建有大沙河和镇海两座大（2）型水库及立新、花身蚕两座中型水库、小（1）型水库17座和小（2）型水库45座，总库容4.38亿立方米，共控制集水面积459平方千米，为流域面积的38.2%；已建水电站30座，装机容量9 915千瓦。下游两岸（苍城镇以下）筑有10年一遇～20年一遇防洪标准的堤围。流域内灌田67公顷以上闸坝有大沙镇大塘九岗陂、大塘二陂、群联佛子陂、蕉园泥陂、苍城镇米筛陂、沙塘镇虎山陂等，建有机电排灌站34座，灌田1 117公顷；流动站装机容量1 969千瓦，灌田724公顷。

1971年冬，下游沙塘五星和苍城北立村河段进行裁弯取直，1999年对楼冈至沙塘河段综合整治，斩竹清障，疏浚河道，加固堤围，提高河道行洪和堤围防御能力。

镇海水支流众多，上游在鹤山市境内称宅梧河，在开平市北部苍城镇大罗村的东桥附近进入开平市境；向西南流至上佛田村附近与北来的双桥水（又称泗合水，河长32千米，流域面积266平方千米）汇合后，称镇海水。

镇海水向南流，右纳侨乡水（又名白水萌水、闹闹水，建有镇海水库）；经苍城镇（此河段旧称东河），右纳西来的支流**开平水**；再向南，经沙塘镇芙冈左纳丽洞水；经鱿鱼山、狗嘴、楼冈，至交流渡汇塘口水（又称坭海水）。位于塘口镇北义乡的立园，是塘口镇旅美华侨谢维立先生于20世纪20年代兴建的，立园既有中国园林的韵味，又吸收了欧美建筑的西洋情调。

在交流渡（此处过去有一小圩名叫镇海圩，已废，镇海水的取名可能与该小圩名有关）水分两股，一股向南，经三

立园内碉楼

联后向东，经南安至侧蚬洲，于曾边村汇入潭江；一股向东，由南阳经杜冈、振华，至长龙洲注入潭江。

镇海水上游为丘陵山区，林木茂盛，清流潺潺，河道较陡，河床多砂，夹有卵石。由于上游大中小水库控制流域面积较大，平时河道径流量减少，河床淤积较严重，加之河道弯曲，河障仍较多，汛期时有洪涝灾害。

沙塘镇以下受潮汐影响，潮水每天两涨两落。沙塘圩以上河道已不能通航。20世纪90年代以来，中下游经济发展很快，新建工业园区较多，河水受工业废水污染。

8.4.4.5.1 镇海水库
(Zhenhai Reservoir)

镇海水支流侨乡水上的一座大（2）型水库。位于广东省江门市辖下开平市的北部，距东南部的开平城区三埠街道约40千米。

水库是多年调节的大型水利枢纽工程，功能以灌溉为主，结合防洪、发电和养鱼。控制流域面积128平方千米，最大坝高23.1米，总库容1.14亿立方米，正常库容7 670万立方米。工程于1958年6月动工兴建，1960年初步建成蓄水。1961年4月19—22日，水库遭受大暴雨袭击，3天降水量427毫米，临时溢洪道被冲毁。同年9月在原址改建泄洪闸，于1962年6月完成。1961年5月1日，跨越镇海水的联兴渡槽被洪水冲垮。同年7月至次年2月，在原槽址改造成钢筋混凝土虹吸管，随后对主副坝进行培厚加固。1998—2000年对水库进行全面安全加固。

镇海水库

工程由大坝（主坝1座、副坝3座）、输水涵管、泄洪闸和坝后电站组成。大坝为碾压式均质土坝，主坝长163.5米，第一副坝长305米，第二副坝长100米，第三副坝长71米，坝顶宽5~7米，筑有高1米的浆砌石防浪墙，迎水坡为浆砌石护坡；泄洪闸设计泄洪量180立方米每秒；坝后电站装机容量640千瓦，于1999年重建，年均发电量200万千瓦时。

建库以来，开平市东北部5 620公顷农田得到库水自流灌溉，实现水稻大幅增产。水库起到很好的蓄洪削峰作用，对保障下游苍城、沙塘、三埠等镇人民生命财产安全及开阳高速公路和325国道的畅通和经济发展起到重大作用。库区还开展养鱼（年最高产量1.25万千克）和造林种果等综合经营。

水库库区位于开平市北端，部分属鹤山市双合镇西南部。水库淹没耕地面积800公顷，迁移1 264人。多年来，由于较好地贯彻落实开发性移民政策，移民生产生活得到一定改善。

库区内有镇海林场，林木茂盛，植被良好，并建有国家森林保护区。

水库坝址以上河长约23千米，主要属新兴县水台镇，生态环境良好。据2000年监测，水质在汛期达到国家地表水环境Ⅱ类标准，非汛期和全年期为Ⅲ类。镇海水库灌区总干渠长26千米，分干渠57千米，支渠148条总长162千米，灌区的水稻平均亩产由建库前的225千克提高到1987年的651千克。

8.4.4.5.2 开平水
(Kaipingshui River)

镇海水右岸支流，又名大沙河、鹤洲水。发源于广东省开平市大沙天露山，由田头岭向东北，在潭碧与西来的支流曲水汇合向东流，在苍城镇汇入镇海水干流。开平水主河长56千米，河床平均比降2.46‰，流域面积470平方千米，地处广东省开平市的西北部。

流域西倚天露山（主峰海拔1 250米，为潭江流域最高峰），山峦叠嶂，地势由西向东南倾斜，可划分为山区和低丘平原区。

开平水流域属亚热带季风气候区，上游的**大沙河水库**多年平均年降水量1 925.8毫米。开平水上游植被较好，输沙量较少，多年平均年径流量5.15亿立方米。据2000年监测，大沙河水库水质属国家地表水环境Ⅱ类标准，下游水质属Ⅲ类，部分河段为Ⅳ类。

流域历史上水旱灾害频繁。1949年后，大力兴修水利，灾害得到有效控制。20世纪50—70年代，逐步把临时草木陂、堆石陂和堆沙陂改为浆砌石和混凝土永久水陂，并相继建成大沙河和立新水库（中型）及一批小型塘库，灌溉农田1.01万公顷；已建成小水电站16座，装机容量6 390千瓦，年均发电量1 650万千瓦时。1992年，大沙河水库灯山副坝建成供水工程，每年供水4 000万立方米。

开平水发源于天露山南麓高山幽谷，林木茂盛，清水长年畅流不息。位于此间的大沙镇榄坑，有"开平后花园"之称，四面环山，绿树葱茏，溪水清澈，蝴蝶翻飞，鸟鸣林间，喜欢览胜探奇者称榄坑为广东的"九寨沟"。

开平水从源头至大沙河水库为上游段，河道随山势蜿蜒曲折，河槽内以卵石、砾石为主，其间夹有孤石。大沙圩以下河谷宽阔，耕地成片。1958年11月黄村附近峡口筑坝建成大沙河水库。

天露山的杜鹃花

大沙河水库以下为开平水中下游段，属低丘平原，河道弯曲狭窄，砂质河床。大沙河水库建成后原河道径流量减少，淤积较严重。在龙胜圩建有豆腐陂，在石桥圩建有米筛陂，引水灌溉农田。除大沙河水库库区外，河道已不能通航。改革开放以来，下游沿岸工业发展较快。

8.4.4.5.2.1 大沙河水库
(Dashahe Reservoir)

开平水上的大（2）型水库。位于广东省江门市辖下开平市西北部，距东南的城区三埠街道约40千米。

大沙河水库以灌溉、城镇供水为主，兼顾防洪、发电、养鱼等综合利用。控制流域面积217平方千米，最大坝高24米，总库容2.58亿立方米，正常库容1.57亿立方米。工程于1958年11月动工兴建，1960年初建成蓄水。1961年在主坝左侧山坳建成泄洪闸，并对土坝等工程进行配套加固，1976年在长堤副坝建成非常泄洪闸。1993—1995年对水库进行全面安全加固，1995年8月竣工。

大沙河水库

工程由大坝（主坝1座、副坝13座）、输水涵管、泄洪闸和坝后电站组成。大坝为碾压式均质土坝，主坝长201米，坝高19.8米，副坝最大坝高24米（灯山副坝）；主输水涵管位于主坝右侧，最大泄流量40立方米每秒；正常溢洪道在主坝，设计最大泄洪流量100立方米每秒，非常溢洪道设计最大泄洪流量317立方米每秒；坝后电站总装机容量2 070千瓦，年均发电量约500万千瓦时。

水库建成蓄水，使开平市西北部9 030公顷的苦旱农田得到自流灌溉。水库对汛期暴雨洪水能起到蓄洪削峰作用，每年可向开平市城区三埠街道及沿途乡镇供水4 000多万立方米；水库还发展养鱼、旅游、造林种果等综合经营。据2000年监测，水质在汛期、非汛期和全年期均属国家地表水环境Ⅱ类标准。

库区位于开平市西北部腹地，属丘陵山区，植被良好。水库建成蓄水，淹没原耕地面积1 540公顷，移民13 256人。移民中6 000人在库区后靠安置，迁高建房，在淹浸线以上土地、山坡发展生产，其余迁出库外集中选点安置。现移民人均耕地面积由原来的3分增加到8分，同时种植各种优质水果。发展"三高农业"使移民遗留问题得到较好解决，生产生活有较大改善。

大沙河水库又称孔雀湖，水面面积16.3平方千米。整个库区群山环绕，绿树葱郁，湖水明净如镜，碧波万顷，大小岛屿高低参差，构成自然天成的美景。

8.4.4.6　新昌水
(Xinchangshui River)

潭江下游右岸支流，又称台城河。发源于广东省台山市古兜山狮子头，流经台山四九圩、台城街道、三八镇，向西北先后与三合水、三八水汇流，从三八镇红庙经公义圩入开平市境三埠街道新昌迳头，在簕冲处注入潭江。主河长52千米，河床平均比降1.81‰，流域面积576平方千米，涉及开平市和台山市。

概　　述

流域地势自东向西北倾斜，发源地山峦叠嶂，林木茂盛，可划分为山区和低丘平原区。属亚热带季风气候，雨量充沛，气候温和，夏热冬燥，流域多年平均年降水量1 909毫米，年蒸发量1 583毫米，年径流量3.55亿立方米。上游水质较好，达国家地表水环境Ⅱ类标准，是台山市台城地区的饮用水水源之一。中游流经台山市城区河段受污水排放影响，污染较严重，属Ⅳ类水质，新宁桥至三八镇石龙河段为Ⅲ类水质。

1949年前，每遇暴雨，常有洪涝灾害，干旱年份，易发生旱患；1949年后，大力兴修水利，水旱灾害基本得到控制。

流域内建有台山塘田、陈坑及老营底3座中型水库，43座小型水库，总库容1.13亿立方米，灌溉面积6 273.3公顷；建成电动排灌站94座、小水电站16座，修建引水工程9座；建中型水闸1座、小型水闸48座；修筑堤防13条，总长62.8千米，1990—2000年，台山市对干流及主要支流的堤防逐年除险加固，现达20年一遇设防标准堤防长17.11千米。新昌水上游合水橡胶坝（原合水水闸）建引渠供市区部分用水。

纪　　实

新昌水发源地至合水橡胶坝为上游，河床陡，水流急，有五十水（河长20千米，流域面积101平方千米）汇入，其山地丘陵，植被良好。源头的北峰山国家森林公园是著名旅游景点。

北峰山国家森林公园

从合水橡胶坝开始，经过台城街道，至三八镇石龙圩河段为中游，河面较宽，潮感明显，沿途有凤河、桂水、三合水（河长22千米、流域面积110平方千米）、三八水、冲云河等支流汇入。台城街道为台山市城区，台山有"中国第一侨乡""排球之乡"及"中国曲艺之乡"的美誉，其"广东音乐"入选首批国家非物质文化遗产推荐名录。

位于三合镇的温泉属天然上升泉群，长约160米，宽约10米，日流量3 196立方米，20世纪60年代初开始开发温泉疗养。台城的石花文化广场，环山面水，风景如画。

三八镇石龙圩以下为下游，出口狭窄。新昌水原在开平三埠街道新昌与荻海之间的东河注入潭江干流，1970年12月裁弯取直，新挖长1.3千米、宽120米的新河段，改在簕冲出口，新出口距原出口2.5千米。新昌水通航标准为Ⅵ级，通航里程18.8千米，50吨以下船只可由开平市三埠街道达台山市台城街道的雷公潭。

8.4.4.7　虎坑水道
(Hukeng Watercourse)

又称虎坑河，是**西江干流入海水道**中段西海水道连通崖门水道的又一水道。河长15千米，河床平均比降1.0‰，集水面积56.34平方千米,流域涉及广东省江门市新会区睦洲、龙泉、梅大冲及三江镇。

概　述

属**珠江三角洲**河谷平原区,亚热带季风气候,温和湿润,热量充足,雨量充沛,冬少严寒,夏少酷热,四季宜种。区域多年平均年降水量1 784.6毫米,年内4—9月降水量约占全年的80%,多年平均气温21.8摄氏度,年均无霜期339天,多年平均相对湿度81%,年蒸发量1 029毫米,自身多年平均年径流量0.59亿立方米。据2000年监测,河道水质较好,在汛期、非汛期及全年期均达到国家地表水环境Ⅱ~Ⅲ类标准。

因地处沿海,受东南季候风影响,春天时有低温阴雨,影响春播,秋天寒露风影响晚稻生产;汛期时有台风暴雨,易发生洪涝灾害,遇干旱季节也有旱情。1949年前水旱灾害较多,1949年后大力兴修水利,水旱灾害得到有效控制。受潮汐影响明显,实测睦洲站1968年最高水位2.64米(珠基),相应流量1 460立方米每秒,每遇大洪水并受大潮顶托,灾情加重。1958年中山县进行白藤堵海工程后,堵塞了泥湾门出口,迫使原泥湾门水流经白藤湖调蓄后改由鸡啼门出海,增长水道16千米,减少了泥湾门的潮汐吞吐量,虎坑水道泄流量加大,睦洲、龙泉等河道严重冲刷,河岸多次严重崩塌。

1980年在虎坑水道进口处睦洲口建成睦洲水闸枢纽工程后,控制了洪水泄量,解决下游防洪排涝和冲刷问题。虎坑水道已建堤围两条,总长35.9千米,保护耕地面积3 253公顷,人

虎坑水道上的虎坑大桥

口4.51万;共建水闸8座、电排站40座、电灌站11座、排灌两用站7座。睦洲镇每年都自筹资金加高培厚所属堤段,目前达10年一遇的防洪标准。

纪　实

西江水自新会睦洲口流入,到三江镇白庙向西流入**潭江**下游银洲湖(崖门水道)。西江水过睦洲镇后分成两股,分别流经良德冲、临潮和龙泉、麻冲到三江镇白庙汇合后向西流入银洲湖,上段称睦洲河,中段称临潮水道,白庙以下称虎坑水道。中途在南洋口分出九子沙河,汇**江门水道**的礼乐河出大洞口;在龙泉汇合**劳劳溪**支流,直到麻冲,是西江下游连通崖门水道的又一支流。

虎坑水道平均河宽70米,深槽高程-8.0米(珠基),河道纵横,洪潮交集,潮汐影响明显。排灌方便,航运便利,除区乡镇运输外,江门往珠海、斗门、开平,台山往香港、澳门、珠海亦经此航道。枯水期航道水深1.5米,可通航300吨以下船只,1985年运输量183.7万吨,2002年运输量639.9万吨。

虎坑水道集水范围主要是三江镇,该镇沿岸开发项目以化工、造纸业为主,其废污水的防治已引起重视,正逐步治理。

8.4.4.7.1　劳劳溪
(Laolaoxi River)

虎坑水道一条汊流。北起广东省江门市新会区睦洲镇狗尾,汇合横坑水后,经梅阁出虎跳门出海,河长11.5千米。

水道沿岸地势低平,土壤肥沃,涉及新会区睦洲镇东成、龙泉、新前,耕地面积3 333.3公顷。流域属亚热带海洋气候,温和多雨,少霜无雪,阳光充足,多年平均气温22摄氏度,无霜期339~356天,多年平均日照1 753~2 000小时,多年平均年蒸发量973毫米,多年平均年降水量2 120.0毫米。春天常有低温阴雨影响春播,秋天有寒露风为害,威胁晚稻生产。据2000年监测,水质属国家地表水环境Ⅱ类标准,符合国家饮用水标准。

受潮水影响较大,特别遇上台风暴雨,洪水又受大潮顶托时,灾情加剧。历史上最大洪水流量2 428立方米每秒。1949年前,洪涝灾害频繁,旱情时有发生;1949年以来,也发生不同程度的洪涝30次,较大旱患7次。

劳劳溪沿岸已修建堤围两条,总长36千米;建水闸11座,受益面积3 333.3公顷(利用潮差灌排);电动排涝站10座,装机容量625千瓦,排水面积433.3公顷;排灌两用站5座,装机容量240千瓦,受益面积206.7公顷。低洼地带仍有涝渍为患,在干旱季节,耕地也有返酸返咸现象,对农业生产不利。

劳劳溪流经罗湾、东城、新前、东南环,再经沙堆镇大环,汇合横坑水后,经梅阁出虎跳门出海。平均河宽200米,在沙堆镇大环以上称劳劳溪,大环以下称**虎跳门水道**,是江门新会、珠海斗门的分界水道。2001年进行航道整治后,属Ⅵ级航道,可通航100吨级船只。目前开发建设项目尚较少,植被和水质良好。

8.4.4.7.2　虎跳门水道
(Hutiaomen Watercourse)

西江在广东省江门市新会区大鳌镇百顷头分流至睦洲镇后的一条水道,水道自新会区沙堆镇大环汇合横坑水后,再经沙堆镇的八顷、中兴、沙角、梅阁出虎跳门,注入黄茅海。全长19.0千米,河床平均比降0.5‰,区域集水面积121.5平方千米,是江门市新会区与珠海市斗门区的界河。

虎跳门水道自北向东南流,属河谷平原区,亚热带季风气候,温和湿润,少霜无雪,四季宜种,雨量充沛;大鳌叠石站多年平均年降水量1 784.6毫米,多年平均气温21.8摄氏度,无霜期339天,多年平均相对湿度81%,年蒸发量1 641.6毫米。据2000年监测,水质为国家地表水环境Ⅱ类标准。

由于濒临崖门,虎跳门水道受潮汐影响显著。1949年前,沿岸低洼地区易受涝渍,每当台风暴雨,洪水又受大潮顶托时,洪涝损失更为严重;历史上发生较大的旱灾有7次。1949年后,大力兴修水利,水旱灾害得到有效控制。但遇干旱年份,旱情仍有发生,1977年是最干旱一年,对农业生产有较大影响。此外,咸潮影响可上溯至新会区沙堆镇冲口,如1959年10月至1960年4月,只降雨137.4毫米,咸潮含氯度8‰,经8个月全力抗旱,到5月中旬才告解除旱(咸)患。

虎跳门水道已建堤围两条,总长28.4千米,保护耕地面积1 707公顷。2003—2006年,当地镇村及群众自筹资金完成虎跳门堤围14.34千米及3座水闸的除险加固。广东省水利厅拨款加固堤围1.92千米及水闸1座,均达到20年一遇的防洪标准。

虎跳门水道位于**珠江三角洲**平原区,新会沙堆镇大环以上为**劳劳溪**,大环以下为虎跳门水道,水道平均宽200米,沿岸地势低洼,水道中段龙泉蟹洲沙以下,淤积较严重,只能通行小船,下游临近出海口门处礁石众多,水流湍急,对

航运有影响。20世纪50年代前，由江门往阳江、海南的小船多经此水道，60年代后已改道，90年代尚可通航100吨以下船只，2001年航道整治后可通航300～1000吨级船舶。

虎跳门水道两岸植被较好，水土流失面积1.1平方千米，其中自然侵蚀面积0.7平方千米，人为侵蚀面积0.4平方千米。

虎跳门大桥

虎跳门水道的梅阁段有金门工业园，地处水道出海口，水陆交通方便，有西部沿海高速公路、金门一级公路通过。广珠铁路虎跳门大桥全长2.5千米，沿途跨越虎跳门水道、县道、黄杨大道和西部沿海高速公路等。其中，横跨虎跳门水道连接斗门和新会的主桥广珠铁路虎跳门大桥主跨为铁路单线连续钢构提篮拱，跨度248米，为亚洲同类桥梁中跨度最大的连续梁拱，被誉为"亚洲第一跨"。金门工业园区内已建有3000吨及5000吨兼容10000吨级码头各一座，属国家一类开放口岸。

8.4.5 茅洲河
(Maozhou River)

珠江三角洲内独流入海的河流。发源于广东省深圳市宝安区羊台山北麓，在宝安区沙井民主村注入伶仃洋。

茅洲河干流长48千米，河床平均比降1.03‰，流域面积371平方千米，地处深圳市宝安区北部，珠江口东岸。东部与宝安的羊台山和东莞的太屏障山相邻，西临珠江口伶仃洋，北连东莞长安，南为宝安沙井。

茅洲河

流域地势东南高，西北低，靠山面海，自然环境优雅。河流上游为山区丘陵，中游为淤积小平原，下游为滨海沙田，土地肥沃。

流域属南亚热带气候，多年平均年降水量1957毫米，年际降水量变化大。年内4—9月降水量约占全年的85%，降雨时空分布不均，洪涝灾害严重；年径流深860毫米，年径流量3.0亿立方米。

流域植被一般，区内开发强度较大，河床淤积较多，历年都有疏浚。茅洲河主要支流有鹅颈水、新陂头河、罗田水和沙井河等。在干支流上建有石岩、罗田两座中型水库和鹅颈、五指耙、莲塘等10多座小（1）型水库，控制集水面积100多平方千米。

自源头从东南向西北，流经石岩、光明（农场）、公明、松岗、沙井等镇（街道），在沙井民主村注入伶仃洋，从河口上溯11.4千米的下游河段与东莞长安镇交界，此段又名东宝河。

上游河段又名石岩水，20世纪50年代末，在石岩水的红星村处修建中型石岩水库，集水面积44平方千米，总库容3120万立方米，正常库容1650万立方米，最大灌溉面积3130公顷。

罗田水库

支流鹅颈水上建有鹅颈水库，集水面积6.5平方千米，总库容551万立方米，正常库容444万立方米，中游段有支流罗田水，罗田水自北向南，经罗田、燕川注入茅洲河。罗田水上游建有罗田水库，集水面积20平方千米，总库容2600万立方米，正常库容2050万立方米，库区北部与东莞交界。

20世纪90年代初，在茅洲河燕川大桥上游左岸兴建了较大规模的提引水工程，取水流量5立方米每秒，年取水量平均4000万立方米。由于河流水质污染日趋严重，2001年该工程已停止运行。

8.4.6 深圳河
(Shenzhen River)

珠江三角洲内独流入海的河流，是广东省深圳市与香港特别行政区的界河。发源于深圳市沙湾牛尾岭，因是界河，香港称发源于莲塘的梧桐山。流域集水面积306平方千米，长36千米，河床平均比降0.957‰，总落差940米，涉及深圳市和香港新界。

深圳河

深圳河北靠沙湾牛尾岭，南临九龙新界，东发梧桐山，西出深圳湾。流域地势东北高，西南低，两岸受深圳和新界海岸山脉所夹，流域和河床都比较狭窄，南亚热带气候，多年平均年降水量1968毫米，年内降雨集中在4—9月，约占全年降水量的85%。降雨在时间和空间上分布不均，流域常发生洪涝、咸潮等自然灾害。

河流自东北向西南流入深圳湾，主要支流有莲塘河、布吉河、石潮河（香港新界）、福田河等。流域内建有**深圳水库**以及数座小型水库，总控制集水面积约80平方千米。

深圳河上游河段为沙湾河，20世纪50年代末在沙湾河上动工兴建深圳水库。支流布吉河在市区渔民村处流入深圳河，为山区河流，遇洪水暴涨暴落，自西北向南贯穿罗湖区中心区，洪水对深圳市区威胁很大。深圳河北岸罗湖区一带地势低洼，每遇台风暴雨，都会发生内涝。20世纪90年代兴建罗湖小区排涝工程，控制内涝面积6.2平方千米，泵站总排涝能力48立方米每秒。

深圳河下游河段有支流福田河自北向南贯穿福田区流入，福田河口东西两片区广布珍贵的红树林，以其独特的生态环境成为候鸟和近海生物的天堂，是国家红树林保护区，相关地带开辟为海滨公园。

人们通常所称的深圳河是上游段沙湾河与莲塘河汇合处（称为三叉河）以下的干流河段。历史上深圳河河道狭窄，洪潮宣泄不畅，常遭洪潮涝灾害，水质长期在Ⅴ类水质以下。从2004年起，流域水污染治理全面提速，通过大力开展截污及河流水质改善工程，到2006年年底，布吉河、新洲河、福田河等支流已基本实现"不臭不黑"的目标，干流水质明显改善。

8.4.6.1 深圳水库
(Shenzhen Reservoir)

深圳河上游的一座中型水库，位于广东省深圳市罗湖区东北角，距离市中心3千米。

水库是广东省东江—深圳供水工程（简称东深工程）末端的调节水库，以供水香港为主，兼有防洪、灌溉、发电、旅游等综合利用的水利工程。集水面积60.5平方千米，总库容4559万立方米，正常库容3479万立方米。

工程由主坝、副坝、溢洪道、输水建筑物以及坝后电站组成。主坝为均质土坝，最大坝高24.5米，坝顶长630米，坝顶宽8米；溢洪道最大泄洪流量660立方米每秒；两条对香港输水管道直径分别为1.4米和3.0米，经黄贝岭、罗芳至深圳河南岸；坝后电站装机两台，总容量3200千瓦。

水库源出深圳河上游段沙湾河，库区东靠梧桐山，南望深圳河畔，远眺香港新界石湖墟。1959年11月动工兴建，1960年3月主体工程完工，水库大坝仅用100天填筑而成，人称"百日大坝"。1964年经国务院批准，动工兴建东江—深圳供水工程。大坝右坝头的红楼美轮美奂，门庭大厅分别树立了毛泽东和周恩来塑像，以示"饮水思源"。20世纪90年代，为改善水质，采取了多项措施，将水库周边居民村的污染水完全截排，在水库"腰间"兴建大型水库净化系统工程，强化水源保护，稳定对港供水水质。

水库水面面积约333.3公顷，是深港两地居民的主要生活用水来源，水库周围亦已种植了各种风景树。深圳水库主体景点东湖公园是深圳最早建设的风景区，占地面积233.3公顷，开放面积177.6公顷，园内种植乔木两万株、灌木114万株，绿化覆盖率83.12%，绿地率89.55%。

东湖公园始建于1961年，1966年正式向社会开放，1984年10月由原先的"深圳水库公园"改名为"深圳市东湖公园"。经过多年建设，东湖公园已建成11大景区、120多个景点和开发各种游乐项目约30项，主要景区有匙羹山景区、人工湖岛区、观赏花木园、杜鹃雕塑园、盆景世界、树木园、古树区、钓鱼区、棕榈园等，1991年4月列为广东省级风景名胜区。

8.4.7 西丽水库
(Xili Reservoir)

原名西沥水库，位于广东深圳市南山区西丽街道九祥岭大沙河上游，距南山区市中心约10千米。

水库初期是一座以灌溉、防洪和水产养殖为主的综合利用的水利工程，灌溉农田面积1200多公顷，保护下游数万人口，20世纪80年代转为主要向城市供水、防洪功能，年平均供水量3000万立方米。水库集水面积29平方千米，总库容3239万立方米，正常库容2482万立方米。水库于1959年12月动工兴建，1960年3月主体工程竣工。

水库枢纽主要水工建筑物有主坝、溢洪道以及输水管道等。主坝为均质土坝，最大坝高21.67米，坝顶长486米，坝顶宽7米；溢洪道最大泄洪流量141.75立方米每秒；输水管道最大放水流量1.8立方米每秒。

西丽水库

1981年，西丽水库率先向香港招商局蛇口工业区供水，年供水量730万立方米。为稳定供水市场，增加水库水源，将长岭皮水库（小型）纳入西丽水库统一管理，形成"长藤结瓜"式供水水源架构。长岭皮水库总库容768万立方米，正常库容551.3万立方米，年补给西丽水库水量600多万立方米。1995年，西丽水库全面加固改建，实现安全和环境"双达标"的目标。2002年，西丽水库又成为东江水源工程的交水点和重要

深圳水库

的调节水库。2005年，西丽水库交转供水量4.3亿立方米。

8.4.8 铁岗水库
(Tiegang Reservoir)

位于广东省深圳市宝安区西乡铁岗村西乡河上游，中型水库，距离宝安区政府驻地新安街道约5千米，是深圳市最大的水库。

水库初期是一座以灌溉、防洪、供水、水产养殖等综合利用的水利工程，原设计灌溉面积3 300多公顷，目前已不再用于灌溉。

铁岗水库

水库坝址集水面积64平方千米，总库容8 322万立方米，正常库容4 900万立方米。水库于1956年冬动工兴建，1957年夏主体工程竣工，是宝安县最早兴建的中型水库，从20世纪60年代起经历过多次扩建。1986年，铁岗水库为了筹集加固扩建资金，继**西丽水库**之后，向香港招商局蛇口工业区供水，年供水量730万立方米。

水库枢纽主要水工建筑物有主坝、副坝、溢洪道、输水建筑物等。主坝坝型为混凝土防渗墙均质坝，最大坝高21.6米，坝顶长320米，坝顶宽4米；副坝长150米；溢洪道最大泄洪流量200立方米每秒；输水建筑物包括现供水3.3米隧洞以及扩建加坝正在施工的2.5米隧洞。

随着水库灌溉功能的退出，铁岗水库将总渠和三支渠改建成水库排洪渠，穿洞于广深公路，沿固戍村水涌将洪水排入珠江口伶仃洋，减轻了西乡、新安、南头"二线"检查站一带的防洪压力。1993年兴建铁岗水库—大涌转输泵站及输水管道工程，并接入大涌自来水厂，实现深圳市区与宝安区之间顺逆输送原水，解决了宝安片区缺水的困难。2002年，深圳市东江水源工程及网络干线工程正式投入运行，铁岗水库获得了东江水源补充，成为东江水源工程末端调节水库之一。2005年铁岗水库输出水量3.9亿立方米。2006年年底启动铁岗水库扩建加坝工程，该工程竣工后总库容9 950万立方米，正常库容9 400万立方米，水库供调蓄水能力将大大加强。

铁岗水库是深圳市最大的中型水库，每天向西乡、蛇口等地的各街道居民供水，可以解决500万人的饮水问题，是深圳的重要水缸，一级水源保护区，故水库周边实行封闭管理，现水库周边的生态链基本恢复。

8.4.9 船湾淡水湖
(Chuanwandanshuihu Reservoir)

香港第二大水库，位于香港新界东部船湾郊野公园前的海湾，是将海湾用堤坝拦起，将海水抽出，然后聚集北部的八仙岭、新娘潭等地表水入湖形成的一个淡水水库。

工程于1960年11月动工，1968年10月建成启用，首期工程投资4亿港元。

船湾淡水湖主坝长约2.1千米，另有两条长200米的副坝，以砂和碎石分层堆砌而成，水面面积1 215公顷，蓄水量1.7亿立方米。1970年，对船湾淡水湖堤坝加高，1973年完成后，蓄水量增至2.3亿立方米。

淡水湖原址在船湾东部，三面环山，为吐露港北面的海湾。20世纪60年代香港饮用水短缺，但可供兴建水塘的山谷极少。当时的香港水务监督在此海湾兴建两条堤坝把岛屿连起来建成水库。

工程建成后，船湾沿岸的六个乡村近千名村民搬迁到大埔墟的陆乡里。白沙头洲三门仔村的村民希望维持原有乡村社群，选择在大埔盐田仔三门仔新村重新安居立户。

水库建成初期，因淡水需求量很大，水库立即投入运行，但因库底长期被海水浸泡，所供淡水略带咸味。现在特区政府向广东省购买的东江水已远远超过每日所需，船湾淡水湖已不再为市区供水，目前水库的水免费提供给大埔一带离岛的乡村使用。

船湾淡水湖

古时船湾淡水湖位置曾是盛产珍珠的地方，后来因不停采摘产量日趋减少。现在的淡水湖是一个天然鱼塘，湖中繁殖了多种鱼类。该水库现时有约12

船湾淡水湖溢水坝和虎头沙半岛

8.4.10 万宜水库

个品种共超过20万条淡水鱼生长,包括金山鲫、蓝刀、土鲮鱼及鲤鱼等,其中四分之三为鳊鱼。另外,船湾淡水湖的水引自**珠江**,也无意间将河壳菜蛤引入香港,造成一定的危害。

目前淡水湖的主坝是东北区一个重要地标,亦是极受欢迎的郊游地点,从主坝远眺八仙岭、横岭等群山,湖光山色一览无遗。

8.4.10 万宜水库
(Wanyi Reservoir)

又称万宜淡水湖,位于香港西贡区,因水库建在一个名为万宜村的村址上,故得名。该库是香港蓄水量最大的水库,也是利用港湾兴建而成,位于西贡以东,北靠西贡的郊野公园,面向南海。

万宜水库东坝

水库输水网络包括多条直径3～4米、总长约40千米的输水隧道,隧道主线长约23千米,由万宜水库北潭涌开始,横跨整个西贡半岛,经西贡大环村至沙田滤水厂。

此外,北潭凹隧道、西湾隧道等6条支线总长约8千米,主要收集低地河流溪涧的水。全部输水隧道于1975年完成。船湾淡水湖的存水亦可通过输水系统引入万宜水库。水管网络的分布相当细密,也可与船湾淡水湖存水互调,使全香港淡水资源调配更加灵活。

万宜水库

水库最大库容2.8亿立方米,于1969年规划,1971年动工,1978年11月底完工;与**船湾淡水湖**蓄水量相加共5.86亿立方米,占全港淡水总量的87.2%。

水库由两道大坝组成,称东坝和西坝。东坝面向太平洋,长531米,高116米;西坝面对粮船湾海,长823.3米,高111米。为了对抗外海海浪的侵蚀,东西两条主坝每条都建成主副坝形式,以主坝拦蓄淡水,同时以副坝对抗海浪侵蚀,主坝和副坝间由缓冲区隔开。东坝以其巨大复杂混凝土制防波副堤而著名,防波堤由2 500多个双T形混凝土预制构件组成,直接面向外海。西坝位于内海湾内,冲蚀远比东坝少,所以未设置混凝土防波堤,而只以流纹岩石块堆成副堤。

万宜水库国家地质公园

万宜水库东坝的巨大锚形石防波堤别具特色,在坝上迎着湿润的海风观望日出,别有一番滋味。东坝及破边洲一带有奇异的六角柱状凝灰岩围绕,气势不凡。沿着麦理浩径第二段,途经浪茄湾,这里水清沙幼,清澈见底,是休闲的好去处。万宜水库现为国家地质公园。

独流入海水系

Rivers Flowing Directly into the Sea

7.11 韩江
(Hanjiang River)

为纪念韩愈而得名，古称员江、恶溪、鳄溪。上游有两源，南源**梅江**发源于广东省汕尾市陆河县与河源市紫金县交界的乌凸山七星峰，北源**汀江**发源于福建省武夷山南段宁化县治平畲族乡境内木马山北坡。二源于广东省大埔县三河坝汇流后，至潮州市的湘子桥分为北溪、东溪和西溪，并分别流入三角洲河网区，再分5个口门注入南海。河长486千米（从汀江源计），河床平均比降0.39‰，地理位置为东经115°13′～117°09′，北纬23°17′～26°05′，涉及广东、福建、江西3个省8个市22个县（市）。

韩江

概 述

流域范围 流域位于粤东、闽西南。北面的武夷山杉岭背斜是韩江、**赣江**的天然分界线，南面以阴那山及八乡山地构成韩榕二江的分水岭，东面被凤凰山脉与独流入海的**黄冈河**分隔，西部由不太明显的台地与**东江**分水。流域面积30 112平方千米，其中：广东省境内面积17 851平方千米，占全流域面积的59.3%；福建省境内面积12 080平方千米，占全流域面积的40.1%；江西省境内面积181平方千米，占全流域面积的0.6%。

地质地貌 流域内主要有发育燕山三期的花岗岩和侏罗系沉积岩，占总面积的80%以上，此外还零星分布有震旦系、泥盆系、三叠系、白垩系、第三系地层，沿河两岸有发育不对称的第四系冲积层。广泛发育新华系构造，主要有北东向、北西向和东西向三组断裂，以北东向断裂为主体，与北西向构造互为配套，构成"多字体"构造框架。北东向断裂为莲花山断裂带的一部分，是主导构造。北西向断裂生成较晚，但非常发育，往往切穿、破坏北东向断裂。流域地势北高南低，主要以低山丘陵和侵蚀地貌为主，地形主要由高程大于500米的山地组成，山地占总流域面积的70%，多分布在流域的北部和中部；丘陵占总流域面积的25%，多分布在梅江流域和其他干支流谷地，高程一般在220米以下；平原占总面积的5%，主要在韩江下游三角洲，高程一般在20米以下。北部山脉北东走向，南部山脉北西走向。

河流水系 韩江上游由梅江和汀江组成，梅江自源地由西南向东北流经广东省的五华、兴宁、梅县、大埔等市（县），汀江自源地流经福建省龙岩市的长汀、武平、上杭、永定等县，两河在广东省大埔县的三河坝汇合后始称韩江。韩江向东南流经高陂后再折向西南，沿莲花山东南侧自东北向西南流，方向与莲花山西北侧的梅江走向正好相反，在丰顺县潭江镇流入丰顺县境内，向南流经隍隍镇，向左转弯90°，往东南流至潮安县竹竿山，再经潮州市湘子桥下分北溪、东溪、西溪三溪，分别进入韩江三角洲河网区，以东溪为主干注入南海。

韩江上的湘子桥

流域集水面积大于100平方千米的支流共有53条，集水面积1 000平方千米以上的支流都在梅江和汀江流域内，三河坝以下较大的支流有**丰良河**等。

气候水文 流域属亚热带季风气候，受海洋性东南亚季风影响大。雨量丰沛，日照充足，无霜期长，多年平均气温20.1～21.5摄氏度，年平均相对湿度80%。多年平均年水面蒸发量996～1 406毫米，春夏多吹东南风，秋冬多吹北风及西北风，7—10月为台风盛行季节。多年平均风速0.9～2.1

米每秒,最大风速达 22 米每秒。流域多年(1956—2000 年)平均年降水量 1 600 毫米,但雨量的时空分布不均,其中 4—9 月雨量占全年雨量的 80% 左右。

流域多年平均年径流深 600~1 600 毫米。干流主要控制站潮安水文站集水面积 29 077 平方千米,多年平均年径流量 262.7 亿立方米;梅江控制站横山水文站控制流域多年平均年径流深 782 毫米,多年平均年径流量 98.7 亿立方米;汀江控制站溪口水文站控制流域多年平均年径流深 929 毫米,多年平均年径流量 85.8 亿立方米。

径流的时空分布与降雨基本一致。每年 4—9 月为丰水期,10 月至次年 3 月为枯水期。年内分配不均匀,多年平均汛期(4—9 月)径流量占年径流量的 74.48%。流域多年平均含沙量 0.28 千克每立方米,多年平均年输沙量 66.87 亿吨。大埔河段年最大输沙量 1 210 万吨,年最小输沙量 309 万吨。

自然资源　韩江水力资源理论蕴藏量 1 717.3 万千瓦;技术可开发电站 207 座,总装机容量 2 028.7 万千瓦,年发电量 66.48 亿千瓦时;可开发电站 201 座,总装机容量 1 932 万千瓦,年发电量 63.01 亿千瓦时。

流域原始植被类型为亚热带常绿季雨林,植被覆盖率 80%。矿产资源主要分布在兴宁、梅县两地,主要有铁、锰、钨、锡、铜、铅、锌以及石灰石、大理石、钾长石、石膏和瓷土等,储量最大的有煤和石灰石,石灰石储量 6 亿吨(含钙 50% 以上)。储量较多的还有铁、锰、钨等矿产,铁矿总储量 7 000 万吨,锰矿总储量 150 万吨。中下游及三角洲的潮汕地区加工工业较为发达,陶瓷业享有盛名。

韩江三角洲以潮州柑、橄榄、香蕉、菠萝等久负盛名,潮州狮头鹅、鸭和鸡的饲养业遍布城乡。梅州市盛产柚子,1993—1997 年先后获林业部、文化部和广东省政府等授予的"中国金柚之乡""水果百强县"等称号。潮安和高陂的陶瓷、潮汕的抽纱远销海外,潮州陶瓷被誉为白如玉、薄如纸、明如镜;潮州菜风味独特,功夫茶艺典雅高超,凤凰茶饮享誉海内外。

经济社会　2000 年流域总人口 1 018.45 万,其中:福建省人口 205.28 万(其中农业人口 165.13 万),占流域总人口的 20.2%;广东省人口 811.92 万(其中农业人口 583.06 万),占流域总人口的 79.7%;江西省寻乌县 1.25 万(其中农业人口 1.10 万),占流域总人口的 0.1%。流域上游人口密度较疏,下游及三角洲人口稠密,以汕头市密度最大。

流域人多地少,耕地面积约 26.69 万公顷,其中广东省 17.54 万公顷,福建省 9.08 万公顷,江西省 613 公顷。2000 年流域生产总值 688.20 亿元,工农业总产值 1 123.45 亿元。

汀江段流域中长汀、上杭、连城、武平和永定等县是革命老区,也是流域内欠发达地区,属全国 18 个贫困片之一;下游潮汕平原是流域最发达的地区。

自然灾害　历史上流域水旱灾害频繁。较大旱灾年有 1943、1955、1963、1977、1991 年;较大洪涝灾害年有 1496、1694、1842、1911、1941、1959、1960、1961、1964、1970、1973、1986、1991、1996、1997 年。

1842 年 8 月 21 日,汀江普降暴雨,强度大,范围广,上杭城中水深丈余,死亡数百人,为上杭有历史记载以来的最大洪水;1864 年 7 月,梅江梅县站最高洪水位 80.97 米,两岸洪水泛滥,一片汪洋,尽皆泽国,损失无数。

1991 年 7 月 19 日,9107 号台风在汕头登陆,风速 52.9 米每秒,汕头市、潮州市、揭阳市等地阵风 12 级以上,有 27 个县出现 8 级大风,倒塌房屋 6.9 万间,损坏房屋 39.16 万间,死亡 99 人,受伤 5 239 人,经济损失 23.6 亿元。

1996 年 8 月 6—8 日,受 9610 号热带风暴影响,汀江普降暴雨,局部降特大暴雨,上游观音桥水文站水位 6.68 米(黄海基面),长汀、上杭、连城、武平和永定 5 个县受灾乡镇 83 个,淹没农田 3.35 万公顷,受灾人口 85.03 万,倒塌房屋 15.67 万间,直接经济损失 32.65 亿元。

治理开发　韩江南北堤修建始于唐代。自竹竿山至潮州市金山为北堤,潮州市区以下的堤段为南堤,连接南、北堤的为城墙堤。城墙堤长 2.3 千米,始于金山,止于城角头。北宋初期建土堤,南宋端平元年(1234 年)改建为石砌城墙堤。城墙堤向南伸展为南堤,明代南堤已修筑至今潮安庵埠官路涵,新中国成立后南伸至红莲池河北岸。1975 年,红莲池河堵断后,南堤南端伸展至汕头市区梅溪桥闸止,长 37.8 千米。1996 年,韩江南北堤总长 42.9 千米,防洪标准 50 年一遇,防护耕地面积 6.97 万公顷,人口 278.6 万,地区生产总值 340 多亿元。

1985 年,广东省六届人大三次会议通过《关于韩江上游严重水土流失区整治及开发利用议案》;1986 年,广东省委作出"五年消灭荒山,十年绿化大地"的决定,以小流域为单元开展水土流失综合治理;1995 年,广东省八届人大常委会第十七次会议通过《关于批准省人民政府整治韩江、北江上游和东江中上游水土流失议

潮州南北堤堤防新貌

案办理结果报告的决议》,继续开展水土流失治理。经过多年综合治理,有效地控制了韩江的水土流失。

流域有蓄水工程 1 322 座,总库容 32.77 亿立方米,其中兴利库容 23.96 亿立方米;引水工程 31 420 座,引水流量 408 立方米每秒;提水工程 3 506 座,提水流量 370 立方米每秒;水电工程总装机 1 690 台容量 59.94 万千瓦,年发电量 18.18 亿千瓦时。已开发的水电约占可开发量的 51%。流域已建成青溪水电站、**棉花滩水库**电站、双溪水电站、梅潭水电站、三河坝水电站、长潭水电站、瓜洲水电站、坝头水电站、西阳水电站、合水水库、益塘水库、丹竹水电站、蓬辣滩水电站、清凉山水利枢纽、高陂水利枢纽、潮州供水枢纽等。

2002 年 9 月,为实施韩江下游三角洲地区水资源统一调配,解决当地人民群众生活用水和工农业生产用水,开工建设潮州供水枢纽工程。工程位于潮州市区南面 4 千米处,是以

韩江南北堤潮州段

供水为主、结合发电，兼顾航运及改善水环境的综合利用水利工程，坝址位于韩江下游潮州市湘子桥下游东溪、西溪两溪口附近。坝址控制集水面积 29 084 平方千米，枢纽工程主要由拦河坝、发电厂房、船闸、土坝等建筑物组成。库容 4 900 万立方米，年供水量 3.16 亿立方米；装机容量 4.6 万千瓦，年发电量 2.08 亿千瓦时；船闸通航能力 300 吨级。2006 年 12 月，机组并网发电。

潮州水利枢纽

纪　　实

梅江与汀江在广东省大埔县三河坝汇合后的干流称韩江。经大麻镇至上坑排右纳银江（河长 43 千米，流域面积 211 平方千米），东南流至高陂镇左纳合溪水（河长 38 千米，流域面积 220 平方千米），西南流入丰顺县，于潭江镇上角右纳砂田水（河长 25 千米，流域面积 110 平方千米），继于小胜镇胜溪口左纳大胜溪（河长 32 千米，流域面积 113 平方千米），继续南下溜隍镇站口纳右岸支流**丰良河**。沿岸有大埔县三河坝、高陂镇和丰顺县潭江镇、溜隍镇等历史名镇。

在梅江、汀江、**梅潭河**交汇处有三河坝红色旅游区。在笔枝山上建有省级重点文物三河坝战役烈士纪念碑，景点有明代古城墙、明朝兵部尚书翁万达墓、全国最早的中山纪念堂等；依阴那山而修建的千年古刹万福寺是韩江四大名寺之一。1918 年 5 月孙中山先生亲临三河坝敦促陈炯明护法北伐，1927 年 10 月朱德军长亲自指挥三河坝战役；大革命时期汀江设有青溪红色交通站，周恩来、朱德、邓小平、叶剑英、陈毅、邓颖超等转移到苏区时曾留下革命足迹。

高陂镇号称粤东的"瓷都""白玉城"，其陶瓷品种多，产量丰，工艺精美，畅销国内外。

潭江凤坪是畲（she）族的聚居地，人口 350 多人。新中国成立后，政府很重视少数民族工作，1958 年 5 月，畲民蓝同声参加省少数民族赴京参观团，受到党和国家领导人毛泽东、周恩来、朱德等

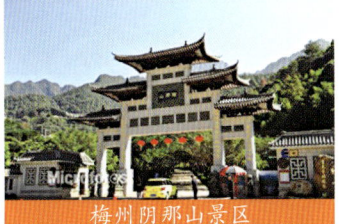

梅州阴那山景区

的接见并合影留念；为改变畲族地区文化落后、交通闭塞的状况，各级政府多次拨款建设，如今，公路（硬底）已直通村里，并建有学校、卫生站、水电站、粮食加工厂，居民生产生活环境得到较大改善。

溜隍镇在春秋战国时期属百越地，又名万江市。汉时属南海郡揭阳县，宋朝绍兴十年县城曾迁此处，后迁揭阳玉滘镇。相传宋末皇帝南逃时曾在万江二古庙求神庇护，躲过追兵，取"万江古庙可留皇"而得名；后为避元朝朝耳目，将留皇二字加上"阝"成溜隍沿袭至今。

出溜隍镇于横石头右纳九河溪（河长 36 千米，流域面积 204 平方千米），于蔗溪口右纳蔗溪（河长 28 千米，流域面积 141 平方千米）后流入潮安县境，经赤凤镇，于左岸归湖镇左纳凤凰溪，凤凰溪发源于丰顺县三县嵊，河长 50

潮绣

千米，流域面积 293 平方千米，流域内有凤溪和凤凰两座中型水库。后进入潮州市区。潮州，隋开皇十一年（591 年）置，因临大海，潮水往复而得名。现辖湘桥区、潮安和饶平 1 区 2 县。历史上潮州是一个以生产陶瓷、抽纱、潮绣、木雕、金银饰品的手工业城镇，其产品驰名中外。潮州柑、潮州菜、潮州功夫茶、潮式凉果闻名海内外，潮州音乐、建筑和

潮州广济桥

潮剧名闻遐迩。水运可通韩江各名埠。湘桥区为潮州古城区，金山、葫芦山、笔架山三山鼎立如屏，韩江一水中分似带，构成一幅水色山光护古城的壮丽图画。这里不但景色迷人，而且名胜古迹星罗棋布。有与赵州桥、洛阳桥、卢沟桥并称中国四大古桥的广济桥，有绵延 2 千米、号称"百窑村"的笔架山宋窑遗址，以及宋代许驸马府、纪念韩愈的韩文公祠、泰国式佛殿"泰佛殿"、凤凰山天池和"白鹭天堂"西澳岛自然保护区等。文物古迹有 720 多处，其中全国重点文物保护单位 5 处，省级文物保护单位 11 处，是粤东文物荟萃之地。这里还是"十相留声"之所，唐代的常衮、杨嗣复、李德裕、李宗闵，宋代的陈尧佐、赵鼎、吴潜、文天祥、陆秀夫、张士杰，这十位身居百官之首的宰相都曾来过潮州，将中原文化带进潮州。

7.11.1　梅江
(Meijiang River)

发源于广东省汕尾市陆河县与河源市紫金县交界的乌凸山七星嵊，由西南向东北流经五华县、兴宁市、梅州市，至大

梅江夜景

7.11.1 梅江

梅江水系示意图

埔县三河坝与*汀江*汇合后进入**韩江**干流。地理位置为东经115°18′~116°56′，北纬23°23′~24°56′。

概 述

流域范围 流域总面积13 929平方千米，河长307千米，河床平均比降0.59‰，涉及广东省梅州市的五华县、兴宁市（县级）、梅县、梅江区、平远县、蕉岭县、大埔县，河源市的紫金县、龙川县，汕尾市的陆河县和江西省赣州市的寻乌县以及福建省龙岩市的武平县、上杭县等。

地质地貌 流域地势自西北和东北向东南倾斜，地形复杂，重峦叠嶂，丘陵谷地相间，平原仅分布于沿河盆谷之中。莲花山脉从梅县、大埔县、兴宁市、五华县自东北向西南延伸。

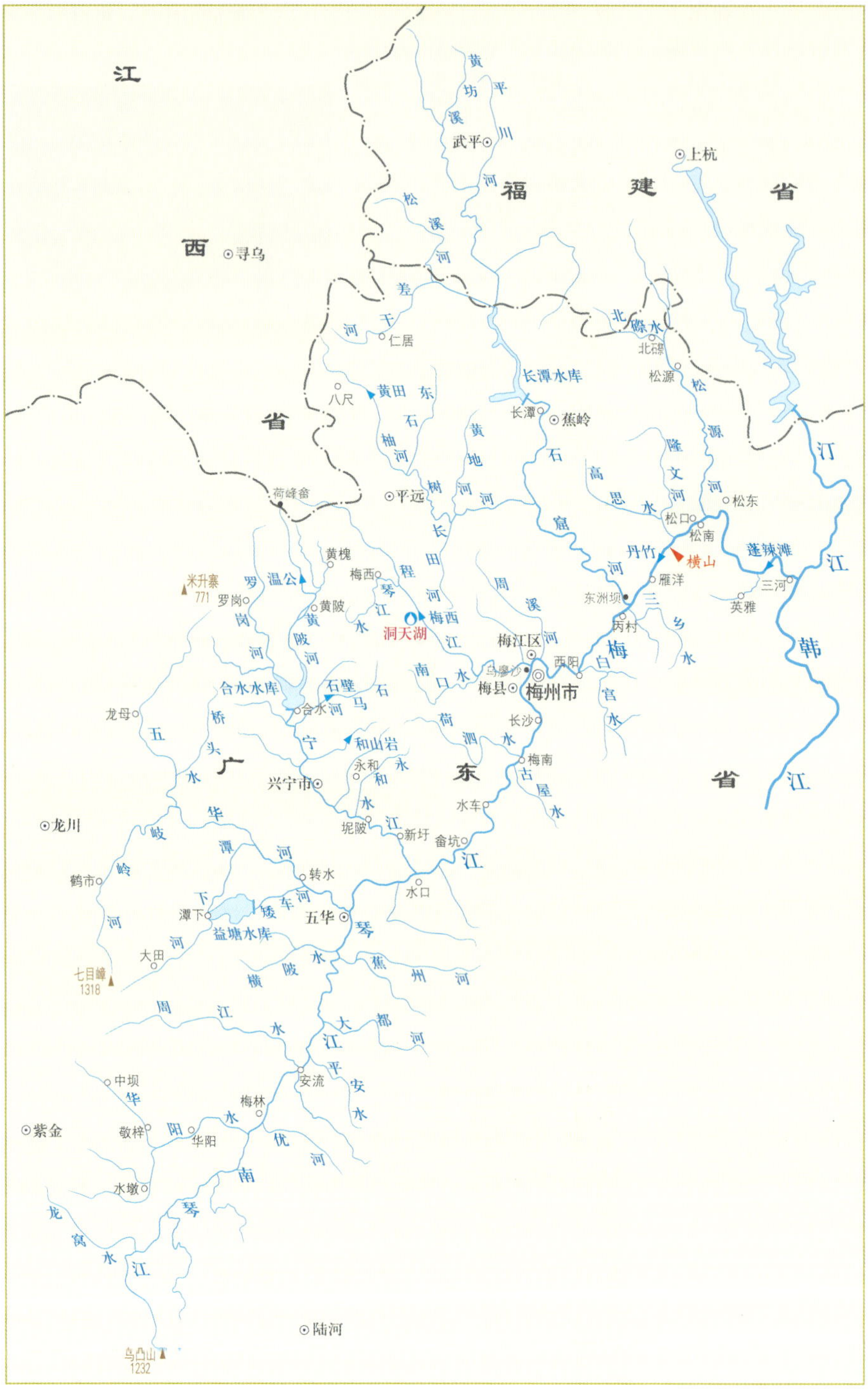

河流水系 梅江100平方千米以上支流有龙窝水、**华阳水**、优江、**周江水**、平安水、大都水、蕉州河、小都河、**五华河**、**宁江**、古屋水、荷泗水、**程江**、周溪水、白宫水、三乡水、**石窟河**、隆文河、**松源河**19条，其中1 000平方千米以上的支流有五华河、宁江、石窟河3条。

气候水文 流域地处亚热带季风气候区，夏季、秋季雨量较多，春季、冬季雨量较少，故常出现冬春旱、夏秋涝的状况。多年平均气温21.2摄氏度。

流域多年平均年降水量1 557毫米，4~9月雨量最多，多年平均年水面蒸发量1 038毫米。多年平均年径流量101亿立方米，最大年径流量是1983年的204亿立方米，最小年径流量是1963年的33.1亿立方米。水质多为Ⅱ~Ⅲ类。

在20世纪80年代以前，水土流失严重致使河流含沙量高，80年代后经过水土流失治理，输入河道的泥沙量明显减少，多年平均含沙量0.71千克每立方米，年输沙量444万吨。据1956—2000年水文资料系列，广东省第二次水资源评价成果，梅江流域多年平均年水资源总量94.08亿立方米。

社会经济 2000年，流域耕地面积14.26万公顷，其中有效灌溉面积9.71万公顷，粮食产量134.09万吨，人口390.16万，地区生产总值137亿元。

1949年前农田主要靠山泉、自然雨水和临时性、半永久性的水陂以及养鱼为主的平塘灌溉。沿江两岸则靠水井打水、桔槔取水或筒车提水，抗旱能力很低。

水旱灾害 1184—1948年流域共发生大旱灾18次，1949年后共发生旱灾12次。1333—1948年共发生大洪灾29次，1949年后至今共发生洪灾11次，较小的洪灾则几乎年年都有。1960年6月发生特大洪灾，梅县受浸面积9 707公顷，倒塌房屋5 388间，死亡25人。1970年9月发生特大洪灾，梅县农田受浸面积5 407公顷，倒塌房屋1 213间，死亡11人。1986年7月发生特大洪灾，梅县农田受浸面积1.04万公顷，倒塌房屋6 411间，死亡53人。

治理开发 新中国成立前，梅江堤围低矮单薄，防洪标准低，水利设施非常落后，"大雨大浸，小雨小浸"，沿河居民饱受水灾之苦，故旧时有"恶溪"之称。1949年后，大力兴修水利，兴建引、蓄、提相结合的灌溉工程体系，使水资源得到充分利用。

1949年后，梅江治理以固堤、疏浚、通路、绿化和综合开发为主，包括旧堤拆除或加固、新堤建设、险工处理、清除河障和河势顺导等措施。梅江两岸修筑堤围：梅江西岸与程江南岸为程江堤，堤长12.6千米；梅江南岸为梅江南堤，长

梅江梅州段

12.1千米;梅城东部、梅江北岸为芹黄堤,堤长5千米。受当时经济条件制约,堤围标准低。1978年以来,梅江得到有效治理,梅州大堤(梅州南堤、北堤、西堤、东堤)堤围防洪标准已达到50年一遇~100年一遇。广东威华集团公司兴建西阳水电站,装机4台容量2万千瓦,电站蓄水形成人工湖与梅江"一河两岸"连成美景,是梅州城区居民休闲的好去处。

20世纪50年代兴建丙村金盘堤、锦江堤,雁洋永沙堤,经历年培修加固,在抗御一般洪水方面起到了重要作用。随着雁洋民营经济的发展,21世纪初,梅雁集团公司分别在梅南、长沙兴建装机2台容量2.5万千瓦的龙上水电站以及装机2台容量2.4万千瓦的三龙水电站,电站两岸兴建防护堤。2000年,梅雁集团公司在丙村晒禾滩兴建装机2台容量2万千瓦的丙村水电站,加固丙村堤、雁洋堤,堤防标准达到50年一遇。

2000年供水总量19亿立方米,其中地表水供水量17.6亿立方米,地下水供水量1.4亿立方米。

纪　实

梅江自源地向北流,称南琴江,于河源市洋头附近左纳龙窝水(河长32千米,流域面积195平方千米),经洋头镇流入五华县境,东北流经龙村镇至梅林镇琴口村左纳华阳水,后称琴江。经梅林镇于优河村右纳优河(河长24千米,流域

梅江梅州段

面积110平方千米),上游有天柱山,为重要旅游区。于安流镇万塘村左纳周江水,于龙中村右纳平安水(河长22千米,流域面积120平方千米),于福岭村右纳大都河(河长31千米,流域面积185平方千米),继续北流至横陂镇石下村右纳蕉州河(河长40千米,流域面积268平方千米),于西湖村左纳横陂水(河长31千米,流域面积129平方千米),流进五华县城水寨镇并左纳五华河后称梅江。五华,北宋熙宁四年(1071年)置长乐县,1914年因全国有三县同名,遂改为五华县,以原县城华城北有五华山而得名。石雕、木雕、竹编工艺称誉国内外。五华河上有原治华城镇,周边有长乐学宫、回龙塔、陶坑山窑址、狮雄山塔等古迹。出五华县北流至赛洞折向东流经兴宁市水口镇左纳宁江,经畲江镇流进梅县县境。畲江镇是百年老圩镇,坐落在梅江畔,易遭洪泛,20世纪50年代初兴建畲江红星堤、上墩堤,2004年畲江镇被列为广东省中心镇。继流经水车镇至梅南镇古屋村右纳古屋水(河长22千米,流域面积104平方千米),于梅南轩坑坝左纳荷泗水(河长39千米,流域面积173平方千米),经长沙镇流入梅州市区。20世纪70年代水车、梅南、长沙沿河两岸较低洼处都修筑了河堤。

梅江流入梅城后向东而下,把梅城分为江北和江南:江北是梅城的老城区,现为梅江区政府所在地;江南是梅州市政府所在地,梅江左岸是梅县新县城,为梅县政府所在地。梅江左岸程江在梅城德龙彩虹桥(百花洲)汇入梅江,程江出口下游500米梅江桥处设有梅城雨量观测站,建于1926年,是梅江第一个水文观测站。梅江桥下游1 000米,于梅城状元桥左纳周溪河(河长37千米,流域面积124平方千米)。状元桥始建于宋代,初以石梁建造,后毁坏,清乾隆十一年(1746年)重建石砌双拱桥。周溪河出口左岸是梅州古老的东山书院和享誉海内外的梅县东山中学,右岸是客家公园和清代著名爱国诗人、外交家、教育家黄遵宪的故居"人境庐"。东山书院由王者辅在清乾隆十一年(1746年)倡建,清光绪三十年(1904年)黄遵宪先生在书院创建"东山初级师范学堂",培养众多爱国兴邦之士。东山中学创建于1913年,1951年被列为广东省重点学校,1978年被列为全国重点学校。

梅江经西阳流出梅州城区,继续往东北方向流去,于西阳圩右纳白宫水(河长38千米,流域面积197平方千米),于丙村镇九板桥右纳三乡水(河长31千米,流域面积126平方千米),左岸石窟河于雁洋镇东洲坝汇入。梅江与石窟河汇合处的丙村、雁洋两镇构成较大的平原区。梅江自西南向东北流经丙村,石窟河则自西北向东南穿流,此处以煤为主的矿产非常丰富。丙村圩位于梅江畔,锦江桥东岸,始建于清乾隆年间,水陆交通运输发达,圩镇繁荣,经济、文化发展较快。右岸雁洋镇是叶剑英元帅的故乡,有叶剑英元帅故居、灵光寺、五指峰、雁南飞度假村和雁鸣湖度假村等旅游胜地。雁洋民营企业发展在梅州市名列第一,有梅雁集团公司、宝丽华集团公司、华银集团公司等大企业。

梅州雁鸣湖景区

梅江经丙村镇、雁洋镇继续往东北流入松口，1954年在松口镇横山兴建横山水文站。松口境内河谷盆地与丘陵山地交错，地势西北高、东北低，有钨矿、石灰石等矿产资源。左岸隆文河（河长41千米，流域面积294平方千米）、松源河均流经境内，分别于松口蓬角塘、铜盘下汇入梅江，水力资源丰富。梅雁集团公司分别在松口丹竹、蓬辣滩兴建丹竹水电站和蓬辣滩水电站。梅江经松口镇折向东南流入大埔县三河坝与北源汀江相汇后称韩江。

7.11.1.1　华阳水
（Huayangshui River）

梅江左岸支流，又名北琴江，广东省紫金县境内又称中坝河。发源于广东省紫金县中坝镇袁田村，东北流入中坝镇治上石水。中坝镇是孙中山祖迹所在地，现有孙中山祖籍纪念馆。过中坝镇，东南流经陂头村、敬梓镇治，于敬梓镇洋高村右纳水墩水（河水41千米，流域面积152平方千米）后入五华县境，经坪南村、华阳镇治，于华阳镇联高村左纳小拔水，折向东偏南流，在梅林镇琴口村和南琴江汇合。河长56千米，河床平均比降0.48‰，流域面积620平方千米，涉及广东省紫金县和五华县。

流域地势自西北和东北向东南倾斜，地形复杂，重峦叠嶂，丘陵谷地相间，平原仅分布于沿河盆谷之中。气候属中亚热带季风气候，多年平均气温19摄氏度，多年平均年降水量1 600毫米，多年平均流量13.35立方米每秒。

流域内岩质多为褐红色花岗岩，土壤以赤红壤为主，沿河河谷小平原是沿河冲积土，主要矿产有钾长石、水晶石、耐火材料、花岗岩、稀土矿等。耕地总面积1 800公顷，人口密度300人每平方千米。主要经济作物有水稻、甘薯、烤烟、油茶、青梅等。省道惠水线经过本流域，是五华、梅州西部通往珠江三角洲地区的交通要道之一。

历史上水旱灾害较为频繁。据史料记载，明崇祯十一年（1638年）夏大水，华阳河洪水泛滥，毁屋无数；清嘉庆二十四年（1819年）华阳大水，损失严重；1949年后，修筑防洪堤围，但由于标准较低，遇大暴雨，洪涝灾害时有发生，特别是近几十年来受气候异常影响，旱涝加剧，损失较为严重。

截至2000年，建有小型水库共5座，灌溉面积733公顷；水电站3座，总装机容量800千瓦；累计治理水土流失面积143平方千米，谷坊、拦沙坝1 860座，挖沟洫长200千米，造林种草面积5 667公顷。

7.11.1.2　周江水
（Zhoujiangshui River）

又名仙溪沥，**梅江**左岸支流。发源于广东省紫金县烂泥坳，在五华县安流镇蓝田村注入琴江，河长69千米，平均比降2.17‰，流域面积314平方千米，涉及广东省紫金县和五华县。

流域地势自西北和东北向东南倾斜，地质多为砂岩、花岗岩和砾岩，地形复杂，重峦叠嶂，丘陵谷地相间，平原仅分布于沿河盆谷之中。气候属低纬度中亚热带季风湿润气候，多年平均气温18摄氏度，多年平均年降水量1 671毫米。

流域内崇山峻岭，植被良好，森林覆盖率53%。主要矿种有钨矿、钾长石、石灰石等，矿产储量丰富。耕地面积2 200公顷，人口密度248人每平方千米。主要景观有五华第三高峰——石马山，地形险要，山前是陡峭的万丈悬崖，顶峰常云雾缭绕。棕褐色的悬崖中间有着形似马匹的大白石块，

远远望去，犹如一匹雪白的骏马正昂着头扬蹄奔跑，栩栩如生。

石马山

1901—2000年，共有10年发生较为严重的水旱灾害，其中1963年春旱，周江水几乎断流。

至2000年，建有小型水库11座，保证灌溉面积700公顷；水电站23座，总装机容量2 230千瓦；累计治理水土流失面积128平方千米，筑谷坊、拦沙坝1 742座，挖沟洫180千米，造林、种草面积5 200公顷。

7.11.1.3　五华河
（Wuhua River）

梅江左岸支流，发源于广东省河源市龙川县亚鸡寨，于五华县水寨镇汇入琴江。河长105千米，河床平均比降0.99‰，流域面积1 832平方千米，涉及广东省龙川和五华两个县。

流域地势西南高东北低，地形复杂，重峦叠嶂，丘陵谷地相间，平原分布于沿河盆谷之中。地质构造复杂，水成岩、火成岩及变质岩相互交错，地形高低起伏，奇峰秀丽，并形成黄壤、红壤、赤红壤、紫色土等土壤类型。

五华河自源地向西南流，经回龙镇治、大佛排、草坪里，至龙母镇折向东南流，经上村、铁场镇入五华县，于岐岭镇合水右纳岐岭河，转向东流，经华城镇治，于华城镇水心坝右纳潭下河，继东南流至转水镇黄龙右纳矮车河，于五华县城水寨镇汇入梅江。

五华河

流域内主要支流有3条：岐岭河、潭下河和矮车河。岐岭河发源于龙川县七目嶂，河长53千米，流域面积406平方千米，流经龙川县鹤市登云镇，至岐岭镇合水注入五华河；潭下河发源于大田分水凹，河长59千米，流域面积386平方千米，流经大田、潭下，在华城水心坝注入五华河；矮车河发源于潭下镇桃军塘，河长20千米，流域面积102平方千米，在转水镇黄龙注入五华河。

流域地处北回归线附近，属中低纬度南亚热带季风气候，夏长冬短，夏秋高温多雨，冬寒较迟，多年平均气温21摄氏度，多年平均年降水量1 400～1 600毫米，降雨量年内分配不均，多年平均年水面蒸发量1 000毫米，多年平均年径流量12.35亿立方米，多年平均含沙量0.676千克每立方米，年输沙量68.9万吨。水质尚好，水质多为Ⅰ～Ⅱ类。

流域水力资源理论蕴藏量2.94万千瓦，技术可开发量2.44万千瓦。2000年供水总量4.4亿立方米，其中地表水水量4.03亿立方米，地下水供水量0.37亿立方米。至2000

年，流域内耕地面积4.03万公顷，其中有效灌溉面积2.54万公顷，粮食产量32.99万吨，人口113.11万，地区生产总值21.1亿元。

1949年后，流域共发生较大旱灾12次，较大洪灾11次，较小的洪灾、旱灾几乎年年都有。2006年，五华河流域遭受30年来最严重的洪涝灾害，旱塘段的河堤在台风"碧利斯"中受创，一段河堤塌陷。

1949年前，洪涝灾害常常威胁沿河两岸人民的生命财产安全。流域农田灌溉主要靠山泉、自然雨水和临时性、半永久性的水陂，以及养鱼为主的平塘。沿江两岸则靠水井打水、桔槔取水或筒车提水，抗旱能力很低。1949年后，大力兴修水利，兴建引、蓄、提相结合的灌溉工程体系，使江河水源得到充分的利用。加固堤围，联围治涝，并在其支流矮车河上兴建一座大（2）型的**益塘水库**，对五华河的削峰滞洪起到很大作用，保障了下游人民生命财产安全。

五华，原名长乐。西汉初，赵佗为龙川县令，汉高祖十二年（公元前195年），赵佗有一次为狩猎率行至五华山下（即今华城北门外），恰巧高祖派遣汉使陆贾封赵佗为南越王，赵佗为迎旨受封，遂筑台于五华山，名为长乐台，以后以人口繁衍，设为长乐镇。在北宋熙宁四年（1071年），置县取名长乐县。民国3年，由于长乐有五华山故更名为五华县。

五华县历史悠久，名胜古迹有西汉长乐行宫故址，明清所建长乐学宫、狮雄山塔、凤围水口碑、石筑古庙等19处，均被列为省级重点文物保护单位。还

五华长乐学宫和狮雄古塔

有被誉为"粤东明珠物种宝库"的省级自然保护区七目嶂，古迹众多、景观秀丽的天柱山、天堂山、石马山，雄浑古朴的水寨，雄伟壮观的何树潭渡槽，四季宜浴的平南、转水、横陂温泉，种有名花、名树的蒲里顶森林公园，湖光潋滟的益塘水库，以及驰名省内外的转水汤湖温泉热矿泥等。

7.11.1.3.1 益塘水库

（Yitang Reservoir）

五华河支流矮车河上游的大（2）型水库，水库主坝建在广东省梅州市五华县转水镇益塘村，故名。

水库属年调节水库，功能以防洪、灌溉为主，兼顾发电等多种效益。控制流域面积251平方千米，总库容1.65亿立方米。工程于1971年10月动工，1976年冬投入使用。1993年冬开始安全加固，1999年完工。

益塘水库大坝

工程由大坝（主坝）、潭下拦河坝、8座副坝、连通渠、溢洪道输水涵管、输水压力隧洞和水电站组成。大坝（主坝）、拦河坝、副坝均为碾压式均质坝，主坝长270米，坝顶宽6米，坝高42米；矮车河拦河坝长620米，坝顶宽6.3米，坝高22米；连通渠为劈山开挖的土渠，全长873米；输水涵管3条，主要用于向水库灌区输水；压力隧洞设计输水流量13.6立方米每秒；溢洪道最大泄洪流量764.6立方米每秒；水电站3座，主坝坝后式电站装机2台，容量1600千瓦，1974年竣工，年发电量800万千瓦时；增容电站装机容量3200千瓦，1999年12月竣工，年发电量1400万千瓦时。

建库以来，特别是安全加固后，效益显著：一是由原来的正常水位高程150米提高到153米，增加兴利库容2710万立方米，增加防洪库容1158万立方米，年均发电量增加近500万千瓦时。1997年8月，潭下河发生大洪水，洪峰流量572立方米每秒，经水库调节，削减洪峰72%，大大减轻了洪水对下游地区的安全威胁。二是益塘水库是益塘水库灌区的主要供水水源，设计灌溉面积3400公顷。三是库区发展了果树、养鱼、旅游等多种经营项目。2001年益塘水库被评定为"梅州市市级重点旅游建设景区"，与汤湖热矿泥山庄、七目嶂省级自然保护区连成"五华一日游"旅游线路，年均接待游客8万人次。

库区位于五华县北部的潭下、华城、转水三镇境内，属五华县西北部丘陵区，库区面积1333多公顷，海拔155～190米。水库淹没区与库区上游两岸均为丘陵区，淹没区中北部山地

益塘水库库区全景

植被稀疏，水土流失，土地贫瘠。淹没区中南部及库区上游植被良好，土地肥沃。

库区淹没农田面积243公顷，迁移人口0.26万。近年来，政府加大对水库移民扶持的力度，移民生产生活得到改善。

水库主坝以上矮车河干流河道长约36千米，流域面积213平方千米；拦河坝以上潭下河干流河道长约7千米，流域面积38平方千米。

流域地貌分为河川阶地区、砂壤土丘陵区及土石山区，高程（黄海高程）116～335米。水库淹没区与上游两岸大部分是河川阶地区及第四系松散的砂壤土丘陵区，区内呈蚀地貌，风化厚度深浅不一，冲沟较发育，植被发育中等。局部山体坡面较陡，可达40～50度，主要为中侏罗系沉积地层，地质构造较简单，小型节理及裂缝和构造较发育，地层稳定。

七目嶂自然保护区

水库上游西北部有茂密的森林，河水清澈。水库上游被誉为"物种宝库"的七目嶂，是粤东最大的省级自然保护区，海拔1 318米。保护区内物种多达2 000种，其中属国家保护的珍稀濒危野生植物有桫椤、三尖杉、吊皮锥、红椿等15种，野生动物有云豹、雉鸡、穿山甲等。

7.11.1.4 宁江
(Ningjiang River)

梅江左岸支流，发源于广东省兴宁市与江西省寻乌县交界的荷峰畲，于兴宁市水口镇汇入梅江。河长107千米，河床平均比降1.19‰，流域面积1 423平方千米。

概　述

流域地势西北高东南低，干流穿行兴宁市腹地，各支流发育在海拔300～900千米的山系之中。流域四面环山，中间盆地面积336平方千米，形似木船。北部与南部是中生代燕山旋回运动侵入和喷出的火成岩类花岗岩为主的岩层，东部岩层是古生界前泥盆系

宁江

水成岩类变质而成的千枚岩、板岩、石英砂岩等，西部岩层是古生代早期加里东运动（4亿年前）侵入的变质岩类（混合花岗岩）及前泥盆系混合岩等。东西部山地古老，土层深厚，土壤胶结力差，植被少的坡面发生面蚀、沟蚀、崩岗。盆地海拔100～200米，相对高度一般约30米，地层多为古老的前泥盆系变质岩；合水镇以北为中生界白垩系和侏罗系喷出岩演化而成的紫红色岩类；永和镇三枫一带为"燕山旋回"时形成的闪长岩，合水镇以南沿宁江两岸，地势平坦或微有升降，属河谷平原，俗称宁江平原，东半部是中生代末期以来沉积物逐步压实胶结而成的"红层"，西半部是新生界第四系沉积物堆叠而出露的最新地层。

宁江干流自源头到汇入梅江，沿途接纳3条100平方千米以上的一级支流，分别为罗岗河、石马河和永和水。

流域地处亚热带海洋性季风气候区，气候温和，雨量充沛，光热资源丰富，有利于动植物生长，适宜于农业生产。日平均温度在零摄氏度以上，多年平均气温20.4摄氏度，年无霜期268～315天。多年平均年水面蒸发量1 199毫米，多年平均年陆面蒸发量900毫米。多年平均年降水量1 520毫米，汛期4—9月降水量占全年降水量的70%～80%，流域多年平均年径流深650毫米，多年平均年径流量11.45亿立方米，汛期4—9月径流量占全年的77%～82%。宁江大部分河段水质达到国家地表水环境质量Ⅲ类标准，占总评价河长的72.1%。

1933—1980年的48年间，流域共发生较大旱灾8次。1943年4—5月中旬，40多天无雨，宁江断流，池沟渠尽皆干枯。1917—1985年的69年间，流域发生过较大洪灾29次。1964年6月中旬，因受珠江口登陆的第4号台风的影响，流域普降大雨，坭陂万缘桥水位陡涨5.7米，出现历史上最高洪峰，部分堤围已近漫顶。1937年8月17日，宁江流域发生大水灾，宁江鹅湖椒子坝段河堤崩堤34米，石马河决口34处，倒塌房屋3 350间，淹死1 000多人，淹浸农田面积4 667公顷，受灾人口15万。

20世纪末流域内有耕地面积2.22公顷，其中水田1.75公顷；人口96.08万，人口密度675人每平方千米；农业人口人均占有耕地0.025公顷，粮食总产量35.39万吨。

1949年前，流域没有大的水利设施，"大雨大灾，小雨小灾，三日不雨旱灾"。农民仅靠小陂拦截沟渠水灌溉。基本上是大排大灌式，山区大都是长年渍水的冷底田。1949年后先后建立市、镇水利机构。1978年成立兴宁市宁江河道堤防管理所。20世纪50—80年代，分别进行宁江河段综合治理的扩宽、挖深、裁弯取直工程，宁江主河道裁弯取直12段，扩宽河道，降低河床。90年代兴建拦河固床工程4座，其中1座水陂、3座水闸。在宁江干流兴建引水式水力发电站4座，宁江东堤保护农田面积3 333.3公顷，宁江陂新联围保护农田面积667.3公顷。宁江河道堤防保护着兴宁市的政治、经济、文化中心兴城镇和国防兴宁机场、205国道、省道以及广梅汕铁路等重要设施以及沿江两岸6 667公顷高产农田与40多万人民群众的生命财产安全。1998年以来，对兴宁市城区的宁江东、西片防洪堤按50年一遇防洪标准设计，已完成城区堤路结合段长3.7千米的建设，改善了城市环境，为市民提供游乐、休闲、健身的场所。

流域建成水库116座，其中大型水库1座，即**合水水库**；中型水库3座，小型水库112座。总库容2.89亿立方米，总控制流域面积1 123.67平方千米，占全流域面积的78.96%。有效灌溉面积9 433公顷，灌溉面积在万亩以上的自流灌区5处，其中灌溉面积3 333公顷以上的中型灌区1处。已建电灌站42座，装机58台容量739千瓦，保证灌溉面积553公顷；建电排站48座，装机64台容量2 939.5千瓦，受益农田面积1 487公顷；水力发电站133座，装机197台容量2.99万千瓦，年发电量8 943万千瓦时。

宁江自源头向南流，经兴宁市黄槐、黄陂两镇后称黄陂河，至合水水库与右岸来的罗岗河（河长52千米，流域面积261平方千米）相汇，干流长63.7千米，河床宽度65～70米，河床平均比降2.94‰；河道坡度大，水流湍急，跌水较多。合水水库控制流域面积占宁江流域面积的42.2%，上游黄槐镇及周边蕴藏着丰富的煤炭资源，罗岗镇下岚蕴藏着丰富的钒钛磁铁矿，还有铁矿、萤石、石膏、石灰石等矿产资源。

出合水水库，经合水镇始称宁江；东南流，于三祥树村左纳流经石马镇的石马河（河长34千米，流域面积154平方千米），后进入兴宁市区。兴宁，东晋咸和六年（331年）建兴宁县，取意兴盛安宁。1994年撤县建市（县级）。市境四面环山，以宁江为中心形成内陆盆地。矿产资源以煤、石膏、石灰石为主。农业主种稻，传统工业为纺织，传统手工艺为纸扇、毛笔制作。广梅汕铁路、205国道横贯市境南部。水口港通航潮汕。特产有珍珠红糯米酒。市境居住的大部分为客家人。出市区东南流至沥口左纳永和水（河长24千米，流域面积105平方千米），经坭陂镇治、新圩镇治、于水口镇汇入梅江。合水坝至梅江汇合口，河长43.3千米，比降1‰～0.33‰，属河谷平原区，上段河床宽65～70米，中下段宽70～80米，地势平坦。

离兴城镇3.5千米的神光山森林公园，2006年被评定为国家级森林公园。园内山林茂密，生长着千年古树和多种树种，繁衍生息多样鸟类，人文古迹胜地有古刹神光寺、清朝探花罗孟郊故乡的墨池泉等。

合水水库以下是一个比较平坦的丘陵平原，面积336平方千米，自从合水水库蓄洪调峰以及供水工程建设后，促进了平原区工农业生产的发展，加上兴宁市处于闽粤赣三边相邻

的区域位置，促进了兴宁市商贸业和纺织手工业的发展。

7.11.1.4.1 合水水库
（Heshui Reservoir）

宁江上游的大型水库，位于广东省兴宁市兴城镇北部，黄陂河和罗岗河的汇合处，距离兴宁市区15千米。

合水水库是以防洪为主，结合供水、灌溉、发电、旅游的综合性水库。水库控制流域面积600平方千米，总库容1.1亿立方米。水库始建于1956年冬，1957年建成使用，1964、1987年进行扩建和加固。

工程由大坝、副坝、输水涵、溢洪道和水电站组成。大坝为黏土均质坝，主坝长590米，坝高21米，坝顶宽8米，坝顶筑有高1米的浆砌石防浪墙；水库有15座副坝，担负着在非常时期溢洪保主坝的作用；开敞式溢洪道最大泄水流量1 577立方米每秒；坝后水电站3座，装机总容量3 860千瓦，年发电量950万千瓦时。

合水水库

水库兴建前，上游水土流失非常严重。在水库兴建的同时，组建成立兴宁市水土保持站，站址设在库区，并直接在库区的一片光山秃岭上开展水土保持工作，种植松、相思、荷、黎索等树种，形成水库旅游区的次生态风景林。水库建成后，水土保持站迁往上游大坪镇，对上游的137.22平方千米的水土流失严重区进行大规模治理，治理成效显著，多次作为广东省治理典型进行推广。但在1966年水土保持站撤销，水土保持工作出现无人管的状态，水土流失再次严重发生，大量泥沙冲向下游。据实测资料统计，1957—1979年淤积库容793万立方米，至1984年淤积库容1 192万立方米，至2002年淤积库容1 800万立方米。

经过合水水库存在的安全隐患进行调查、勘测、论证，水库加固扩建工程于2005年10月31日动工，2009年初竣工。扩建后的合水水库坝长700米，坝高21.5米。

水库扩建成后，发挥了预期的设计效益，担负着5 213公顷农田灌溉及兴宁市区工商企业、居民生活饮用水供给的任务，保护兴宁城区、国防机场、铁路、国道和下游14个镇7 333公顷农田、50多万人民群众的饮用水和生命财产安全，是兴宁人民的"生命之库"。

7.11.1.5 程江
（Chengjiang River）

梅江左岸支流，发源于江西省寻乌县蓝峰，河长94千米，河道平均比降2.68‰，流域面积718平方千米，涉及江西省寻乌县和广东省平远县及梅县。

流域内山地、丘陵占总面积的80%，其余为河谷盆地。地势北高南低，海拔大多在200~800米之间。流域属亚热带季风气候区，多年平均气温18摄氏度，多年平均年降水量1 600毫米，多年平均年径流深800毫米。水力资源理论蕴藏量1.89万千瓦，可开发量1.35万千瓦。

1949年前，流域水利设施少，河道弯曲，河床淤积严重，两岸易旱易涝，水旱灾害严重。1949年后，党和政府十分重视程江的整治和开发，先后兴建梅西陂667公顷灌区、程江堤围和梅西、富石2座中型综合利用水库以及总装机容量1.32万千瓦的梯级水电站，基本形成防洪、灌溉、发电、供水统

程江

一调度的体系，成为科学规划、开发、利用水资源的典型。为提高程江沿河防洪标准，于1970、1974年分别在长滩、程江两处进行人工裁弯取直工程，缩短河道3.3千米。改革开放后，为配合城市规划建设，提高梅州市区抗御洪涝灾害的能力，1989年在程江出口处对老百花洲河段进行裁弯取直，新开挖人工河道长500米，将程江原出口上移至现在的乌廖沙。

程江自发源地流出后，于梅县梅西镇丰田村右纳琴江水（河长28千米，流域面积122平方千米）。两水相汇后向东南流2千米在车子排进入**梅西水库**。程江出库后向东南蜿蜒2千米至三门峡电站，其下游于南口镇车陂村右纳南口水（河长26千米，流域面积144平方千米）。其下游建有梅西水利工程，是梅县最大的引水灌溉工程，建成于1951年，由陂头和南、北主灌渠及电站组成，灌溉面积800公顷。程江经过梅西陂头后继续流向东南进入较开阔地带，自槐岗以下河道渐宽，河床呈U形，两岸河堤相距约120米，受梅江顶托，程江下游两岸形成较宽阔的冲积小平原，梅县县城坐落于此，经秋云桥、程江桥，最后在乌廖沙的德龙桥汇入梅江。

7.11.1.5.1 梅西水库
（Meixi Reservoir）

程江中上游的中型水库，坝址位于广东省梅县上官塘村，距梅州市城区25千米。

梅西水库

水库属季调节水库，功能以防洪、灌溉为主，结合发电、供水。控制流域面积350平方千米，总库容5 100万立方米。1964年10月动工兴建，1967年4月枢纽工程竣工并投入运行。2002年对水库进行除险加固，防洪运用标准提高为50年

一遇设计、1 000年一遇校核。

枢纽工程由大坝、溢洪道、输水涵管及附属建筑物组成。大坝为均质土坝，坝高27.6米，坝轴线长150米，坝顶宽7米；溢洪道为开敞式，最大泄洪流量1 338立方米每秒；输水涵管位于左岸，最大泄洪流量17.3立方米每秒。坝后有梅西、三门峡、黄石仑和长滩四级电站，总装机容量10 860千瓦，年平均发电量3 000万千瓦时。

建库以来，效益显著，下游的防洪能力显著提高，下游多级电站发电用水和2 000公顷农田的灌溉及梅县发电厂（火电）冷却用水得到调节和保障。1998年作为广东省"一库制"示范型水库，库区经济呈现多向发展趋势，带动库区及周边经济发展。

库区属中低山型地貌，地形复杂，落差大。从1997年开始，库区多方面筹集资金用于旅游开发及库区基础设施建设，加强水库附近群山的绿化，种植3万多平方米台湾草，同时完善道路设施，开发传统人文景观。

水库周边风景迷人，有水上乐园、观音塔、万鲤湖、洞天公园和钓鱼台五大景区。水上乐园占有人工湖面积500公顷，水质清澈，群山环抱，湖心岛屿众多，水上敞篷船、豪华厢房船、飞艇来往穿梭，供游客在十里碧波中遨游；水库西岸的观音塔于2005年5月建成，塔高9层42米，塔内供奉着许多佛像和其他珍贵文物。万鲤湖景区占地1公顷，依山傍水，古榕名木，亭台楼阁，错落有致，现养殖锦鲤3万多条。洞天公园有200公顷连片的原始次森林、深涧溪流、铁扇大门、高隐洞天等奇石名景遍布其间。一清泉瀑布从10多米高的崖石上飞流而下，林间古藤巨蔓、古树名木和许多稀有植物郁郁葱葱。

库区内有口感如蜜的沙田柚、荡气回肠的梅尖银毫茶、清脆可口的香板栗、味道鲜美的大鳙鱼头等四大名产。

7.11.1.6 石窟河
(Shiku River)

梅江左岸支流，发源于福建省武平县洋石坝，于广东省梅县东洲坝汇入梅江，河长179千米，平均比降1.79‰，流域面积3 681平方千米，涉及广东省平远县、蕉岭县、梅县、江西省寻乌县及福建省武平县、上杭县。

概　　述

流域地势北高南低，干流自北向南贯穿蕉岭县全境。山峦叠嶂，群峰林立。地质构造属华夏陆台中部，即南岭准地槽东南边缘，由一系列隆起地带、拗陷地、断裂带和部分褶皱组成。岩石地层多为燕山期后期花岗岩及泥盆系和第四系松散地层。干流行经之沿岸地层表面乃为洪积、冲积沉积层；土壤则以黏土淤泥为主，局部为粉砂黏土和亚黏土类砾砂，土质较肥沃，适宜种植南方各类农作物。石窟河沿途接纳较大的河流有平川河、**差干河**、高陂河、**柚树河**、石扇河等，均发育在干流东、西两岸山系之中。

石窟河

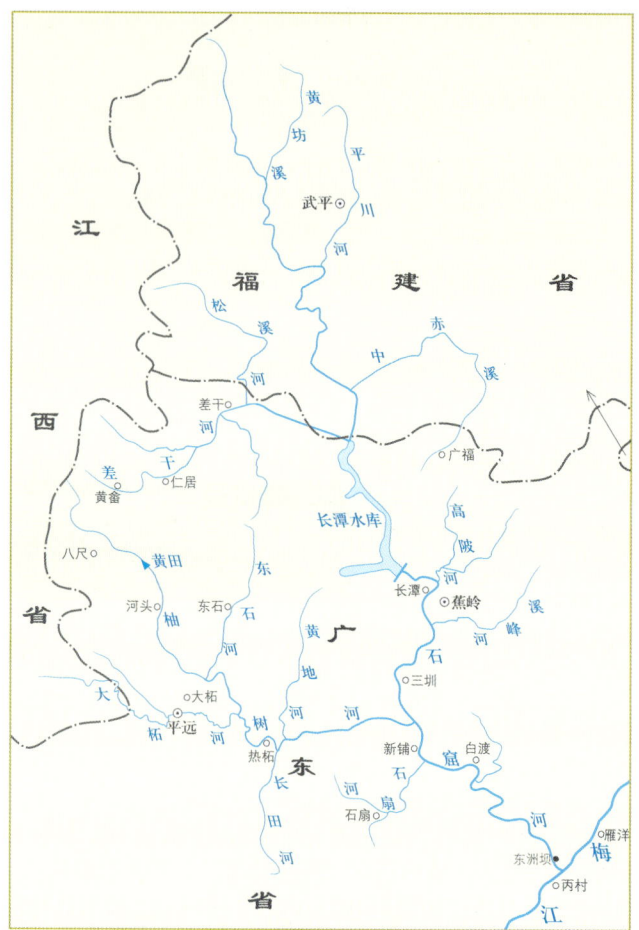
石窟河水系示意图

流域属亚热带海洋性气候，多年平均气温约21摄氏度，多年平均年降水量1 658毫米，多年平均年水面蒸发量约1 511毫米，多年平均年径流量34.16亿立方米。水质为Ⅱ类。石窟河上游大部分泥沙产于汛期，具有"大水大沙"之特点。**长潭水库**建成后，大量泥沙沉积于库内，水库大坝以下泥沙存量逐年减少。据估算，长潭水库大坝下游蕉岭县境内尚有河沙储藏量约1 520万立方米，可采量约700万立方米。

1887—2005年，流域发生较严重的水灾24次、旱灾7次。据史载，"光绪十五年（1889年）夏，大水。三圳栋车堤被洪水冲垮，由栋车至三圳圩形成临时河道，行船达三月之久；农田冲毁，饿殍遍野"。另据《蕉岭县志》记载，"1983年6月，石窟河上游普降暴雨，河水暴涨，洪水流量达3 620立方米每秒，主河道两岸堤围88处漫顶和溃决，两岸受涝面积达4 400公顷，倒塌房屋4 700多间，12人死亡，牲畜淹毙无数。"2000年8月25日，受台风影响，石窟河兴福至新铺未改造堤围决堤8处，漫顶134处，受浸房屋2 056间，倒塌房屋192间，受浸农田2 000多公顷，直接经济损失近亿元。

1949年前，沿河两岸水利设施甚少，防洪能力差，洪水经常侵蚀田庐，沿岸群众备受其苦。晚清民国时期引水设施多为木石陂和泥圳，比较著名的水利工程是民国28年（1939年）动工兴建的长潭引水工程，圳长5千米，可灌溉农田面积200余公顷。1949年后，兴建高峰滩和长潭的万亩灌区、大（2）型的长潭水库、中型的**黄田水库**以及河东捍卫万亩堤围。长潭引水工程，分东、西两条干圳，共长48千米，设计灌溉面积3 368公顷。在主流上兴建长潭电站、瓜洲电站（装机容量1万千瓦），并在支流柚树河进行梯级开发，装机容量超过

1万千瓦。流域防洪灌溉得到较大改善，水力资源开发较好。

纪　实

石窟河发源于福建省武平县洋石坝，自源地向南流，经李坊、太阳桥、陈屋等村，于东留乡寨下左纳黄坊溪后称留溪，继南流，经昂湖山、雷锋灶等村，于中山镇麻姑墩左纳平川河称中山河。平川河又称武平河，源于山坑尾、当风岭，经白莲塘、鱼溪尾、万安，汇石迳岭水于螃蟹垅，入田心古山，汇牛轭岭、云磜水合流至城区化龙溪，南流至麻姑墩入中山河；河道长29.9千米，落差550米，流域面积为194.4平方千米。

南流，穿过石黄峰水库，于下营左纳中赤溪，中赤溪发源于广东省蕉岭县广福镇洪畬笔，流经广福镇治，于乐干村入福建省武平县境，经岩前镇治、灵坊，于洽溪村左纳处明溪，经上赤、中赤、下营入石窟河，河道长51.1千米，落差511米，流域面积375.5平方千米。于蕉岭县广福镇流入广东省梅州市，于河子口右纳差干河，穿过长潭水库，于长潭街出库后，至蕉城镇高陂左纳高陂河（河长20千米，流域面积129平方千米）后入蕉岭县城。蕉岭，明崇祯六年（1663年）建蕉岭县，以县治北蕉岭得名，为广东省著名侨乡，全国首批文明县城。出县城后称石窟河，干流穿行于蕉岭石窟河盆地，经三坝镇，于新铺镇潘田右纳柚树河，于新铺镇下南山右纳石扇河，从白渡镇入梅县县境，东南流，经岭下、下坑等村，在丙村镇东洲坝汇入梅江。

石窟河在长潭以上河段河床陡峻，落差大，水力资源丰富；长潭以下河段，河床较平缓，坡降0.6‰，河面宽100～200米。

长潭揽胜（石窟河）

流域内山川秀丽，连绵起伏，郁郁葱葱的山嶂，构成了独特的自然天际线，有"金城雄镇、玉闸穿流、长潭夜月、天马腾空、桃溪春色、仙桥飞渡、文峰插汉、花诰晴岚"等旧八景以及"桃源碧水、长潭揽胜、世纪花园、镇山荟萃、逢甲故居、土楼古韵、皇佑奇观、龙潭飞瀑"等新八景。自然风光与农耕景观、村落形态相结合，形成独特的田园乡村大观园。

丘逢甲故居

蕉岭县新铺镇炭山以上河道呈狭长带状，较弯曲。长潭水库建成后，大坝上下游水势均较平缓，现已开发长潭旅游区，景区一川绿水，碧波荡漾，两岸青山，有"形似巫峡，景似漓江"之称。

流域内社会文化底蕴深厚，先后涌现出嘉应（今梅州古称）第一位进士宋代的蓝奎、晚清抗日保台爱国志士、诗人、教育家丘逢甲，辛亥革命中为抗日复台而壮烈牺牲的爱国志士罗福生、黄花岗七十二烈士之一林修明，抗日战争中坚守上海四行仓库名震中外的抗日英雄谢晋元，当代数学家丘成桐、化学家丘应楠等名士。

7.11.1.6.1　差干河
(Chagan River)

石窟河右岸支流，另名仁居河，发源于广东省梅州市平远县北部仁居镇古丁村牛古栋，河长71千米，河床平均比降3.4‰，流域面积590平方千米。

流域属亚热带季风气候，冬寒夏热。多年平均年降水量1 600毫米，年际变化大，年内分配不均，汛期枯期界限分明，雨季集中在4—8月。多年平均

差干河

年水面蒸发量1 261.4毫米。水质为地表水Ⅰ类。

流域内人口密度143人每平方千米，耕地面积2 840公顷。1949年以前农业灌溉以木石陂、土沟渠引水。1949年以后采取引水工程为主、蓄水工程为辅的农业灌溉方法。主要经济作物有水稻、烟叶、脐橙。中上游分布有多金属矿、稀土等矿产资源。

1933—1980年的47年间，流域共发生较大旱灾10次，较大洪灾21次。

1949年以后，差干河的黄畲、仁居、差干三段共筑河堤长3.1千米，保障行洪和重要村镇安全。流域已建小型水库9座，山塘80座，控制流域面积25.3平方千米，总库容140万立方米；引水工程341座，提水工程14座，可灌溉农田1 806公顷；建成水电站52座，总装机容量1.98万千瓦，年发电量5 940万千瓦时，占理论蕴藏量的62%。

差干河由发源于仁居镇古丁村牛古栋，上游称木溪河，山泉汇集而成，自西向东流向差干镇治，于差干镇差干村左纳发源于江西省寻乌县的南洋河，右纳发源于上举镇境的下举河，继东流于加丰村左纳发源于福建省武平县民主乡的民主河（又称松溪

五指石风景区

河河长33千米，流域面积204平方千米）后改向东南流，于泗水镇河子口汇入石窟河。流域内植被良好，沿河两岸多是露头岩石，河道断面成V字形。1583年起，仁居（平远老县城）以下可通行小木船，属闽粤交通水道，载木行舟经**韩江**放至潮州。1990年后自上而下筑6条拦河坝后中断航运和航行。

7.11.1.6.2 长潭水库
(Changtan Reservoir)

石窟河中游的大（2）型水库，又名长潭湖，位于广东省蕉岭县境内，坝址距蕉岭县城6千米。

长潭水库

长潭水库库面宽阔，东西宽1 200米，南北长约4 200米；水深波平，水质清澈，能见度4～5米；沿岸四周山体连绵起伏，山高均在350～780米；树木茂密，绿海无边，景色秀丽，千姿百态，有

高台庵

"山如巫峡，水似潇湘，景似漓江"之美誉。库区内风景秀丽，名胜古迹众多。建于明代的"高台庵"，立于清朝的"禁伐林木"石碑，具有异国风情的"澳洲山庄"，客家气息浓厚的"农家乐"，具有考古价值的珍稀植物"桫椤"，神话般传说的"母子树""夫妻树"等自然和人文景观，构成了享誉海内外的"南粤百景"旅游胜地。

水库是以发电为主，结合防洪、灌溉和航运的水利枢纽工程，是**韩江**流域第一期开发项目之一。水库坝址上游控制流域面积1 990平方千米，总库容1.72亿立方米。于1978年动工，1987年竣工投入运行。

枢纽工程由大坝、溢洪道、电站、码头等组成。大坝为空腹重力坝，最大坝高71.3米，坝顶总长210米；溢洪道设在坝段中间，最大泄洪流量2 880立方米每秒；电站装机4台，装机容量6万千瓦，年发电量约1.55亿千瓦时；大坝上下游分别建有驳运码头，进库公路布置于大坝左岸，与过坝驳运公路相结合。

库区位于石窟河蕉岭段长潭峡谷中。大坝以上长约2千米，河段宽约40～50米，两岸悬崖陡壁，岩石裸露。峡谷两岸均为高程300米以上的高山，林密人少，居民分散，多为山坡地。库区两岸还有多条较大沟峪溪流汇入库中。

水库兴建前库区是蕉岭、平远两县所辖行政区内带状山地和少量耕地，建成水库后，形成了约650公顷的淹浸区，移民共计2 639人。建库以来，国家投入了大量资金，妥善安置水库移民。

水库建成以来，效益显著：一是保护下游两岸堤围长68千米，保护人口约15万。1990、1993和2000年，大坝上游普降暴雨，洪峰流量均达20年一遇～30年一遇，但经水库调节、削减洪峰后，减缓了洪水对下游的压力。二是水库为长潭灌区的主要供水水源，设计灌溉面积3 386公顷，经水库调节，有效地提高了下游长潭东西干圳沿线的灌溉保证率和其他工矿企业的生产用水。三是电站年发电量约1.55亿千瓦时，对缓解周边地区工业用电起到了极大的作用。四是水库建在著名的长潭旅游区内，高耸的大坝为旅游区增加了一道亮丽的风景线。

库区总面积6 238.9公顷，其中林地面积5 585.7公顷，水域面积653.2公顷，在长潭省级自然保护区之内。保护区内动植物资源十分丰富。据不完全统计，植物资源中有维管植物1 092种，其中华南苏铁、金毛狗、桫椤等6种为国家一级保护野生植物；动物资源中有各类野生动物264种，其中有云豹、蟒蛇、穿山甲、山猴等一级、二级国家保护野生动物31种。每年9—10月，还有成千上万白鹭在库区内盘旋、栖息。这里有"生物物种基因库""珍稀动植物避难所"等美称。

7.11.1.6.3 柚树河
(Youshu River)

石窟河右岸支流，又名坝头水，发源于广东省平远县八尺镇梅龙寨，于蕉岭县新芳里汇入石窟河，河长78千米，河床平均比降3.17‰，流域面积909平方千米。涉及广东省平远县和蕉岭县。

流域西北部山岭陡峻，中部丘陵起伏，东南沿河小盆地串缀。地质属中生界三叠系沉积砂页岩，红壤土广泛连片分布。干流沿途纳大小支流20多条，流域面积大于100平方千米的支流有东石河、大柘河、长田河3条。

流域地处亚热带季风气候区，是中亚热带与南亚热带过渡性气候区，界域不明显，小气候较为突出，多年平均气温20.7摄氏度。多年平均年降水量1 600毫米，多年平均年水面蒸发量1 252毫米，多年平均年陆地蒸发量800毫米。多年平均年径流总量6.8亿立方米。2000年总评价水质为Ⅱ类。

流域内因开采稀土铁矿和自然侵蚀等原因，造成水土流失，上游较为严重，河床不断升高。2000年采取封矿等措施后，输入河道的泥沙逐年减少。

1933—1977年，较大的旱灾有4次，平均约10年一旱。流域中游的东石小盆地，由于地下溶洞多，地表层砂砾多且渗水量大，七天不下雨就会干旱，有"东石不旱赛四川"之说。自1571年以来，有记载的洪灾近百次。1967年5月24日上游普降暴雨，5个小时降雨量达169.5毫米，河水猛涨，沿村村庄民房被洪水冲得所剩无几，塌房468间，死亡3人。1990年8月初，曾发生有气象资料记录以来的最大降雨量，日降雨量260毫米，倒塌房屋3 395间，死亡21人，受灾农田4 500公顷，水利水电设施破坏严重。

流域总耕地面积6 518.5公顷，人口密度为211人每平方千米。经济以农业生产为主，农民收入主要靠粮食、蔬菜、养殖、种果、烟叶、油茶等。上游的八尺镇、中行镇有丰富的瓷土、稀土、硅等矿产资源；中游的东石镇有储藏丰富的铁、灰石等矿产资源，初步探明铁矿储量2 337万吨。工业以水泥生产、木材加工、稀土加工、铁矿精选等为主要项目。

1949年以前，农业灌溉主要是木石陂、土沟渠引水，部分较旱的地方用水车、戽斗桶等人力工具提水灌溉。1949年以后，政府组织以修建引水陂引水渠为主、蓄水工程为辅的方式灌溉农田。

1949年后，通过对流域进行综合治理开发，对重点河段以固堤、通路、绿化和综合开发为主要内容，包括旧堤改造、旧堤加固、新堤建设、河道清障等措施，确保沿河人民生命财产安全。流域内已建成中型水库 1 座，小型水库 22 座，山塘 271 座；总控制流域面积 264.9 平方千米，总库容 8 104 万立方米。建成引水工程 719 座，其中灌溉 70 公顷以上的 3 座，有效灌溉面积 1 986 公顷；建成泵站 13 座，灌溉面积 36 公顷；小型水力发电站装机总容量 1.68 万千瓦，多年平均发电量 5 050 万千瓦时。

柚树河发源于平远县八尺镇梅龙寨，由山泉汇集而成。梅龙寨山高林密，百草葱茏。自源地向东南流，经沙子坑折向东南流，穿过**黄田水库**，于河头镇黄田村出库后再折向南流，

柚树河

经河头镇治，于河头镇双溪村右纳流经中行镇治的中行河，1956 年兴建的高峰滩引水工程，其渠首位于河头镇双溪村，干渠长 8.24 千米，引水至大柘镇河陂水电站并分三条支渠灌溉东石镇、大柘镇农田。柚树河出河头镇折向东南流，于大柘镇坝头村左纳自北向南流经东石镇的东石河（河长 23 千米，流域面积 148 平方千米）。东石河流域人口密度较大，1903 年林姓祖宗在流域内建有"丰泰堂"，是代表客家民居的上下堂围龙屋。继东南流至贤关村右纳大柘河（河长 42 千米，积水面积 166 平方千米）。大柘河流经平远县城大柘镇，平远，明嘉靖四十一年（1562 年）建平远县因介于武平、安远之间，各取其一字而得名。县内自然资源有铁、钨等，植物资源有三尖杉、红豆杉等。继东南流，经热柘镇治，于热柘镇热柘村右纳流经长田镇的长田河（河长 25 千米，流域面积 107 平方千米），左纳黄地河。长田河上有热水温泉。

继向东流，于新铺镇徐溪村左纳徐溪河，继流至新铺镇治汇入石窟河。

7.11.1.6.3.1 黄田水库
（Huangtian Reservoir）

柚树河干流上游的中型水库，位于广东省平远县中部的河头镇黄田村，坝址距平远县城 27 千米。

水库是以防洪、灌溉、城市供水为主，兼顾发电、养鱼和旅游等综合性功能，总库容 5 230 万立方米。1966 年动工兴建，1972 年冬建成蓄水。1993 年进行除险加固，1996 年完工并通过验收。

黄田水库

枢纽工程由大坝、溢洪道、输水管和坝后式电站组成。大坝为均质土坝，最大坝高 46 米，坝顶长 400 米，宽 5 米，坝顶筑有高 1 米的防浪墙；溢洪道最大泄流量 560 立方米每秒；输水管最大泄流量 9.5 立方米每秒；坝后式电站装机 3 台，容量 1 500 千瓦，平均年发电量 550 万千瓦时。

水库建成以来，效益显著：使柚树河流域防洪标准提高，解决大柘、东石等乡镇农业、工业用水，设计灌溉面积 1 667 公顷；调节柚树河流域 11 级水电站的发电用水，是平远县城供水的主要水源地；减少了下游河道淤积，年产大湖银鱼 6 000 千克以上，为平远县工业、农业、城市供水、旅游、渔业等作出贡献。

库区为浅层侵入岩的花岗岩地区，群山拥抱，林木茂密。1990 年开始无序开采稀土，造成严重的水土流失。1995 年库区被划为县一级水源保护区后，关停了开采稀土的企业，采用工程和生物措施，基本恢复植被原状。

沿岸有果林场，水中孤岛上还有茶场，盛产黄田香茶，闻名遐迩。环库四周是连绵不绝的群山，山上或是郁郁葱葱的绿树，或是翠竹，或是硕果满枝的果树。水库水质达到国家地表水环境质量标准的Ⅰ～Ⅱ类，平远县城及下游的饮用水水源地。

水库周边有黄田自然保护区，森林面积 7 649.1 公顷，森林覆盖率为 92.4%。保护区内有黑鹿、梅花鹿、蟒蛇等国家一级保护野生动物 7 种，有鸳鸯、白鹇等国家二级保护野生动物 25 种。其中，鸳鸯种群是省内最大的。国家一级保护野生植物有仙湖苏铁、伯乐树等，半枫荷自然群落和仙湖苏铁自然群落为省内罕见。此外，还有苏铁蕨、杪椤、樟树、降香黄檀等 10 种国家二级保护野生植物。

7.11.1.7 丹竹水库
（Danzhu Reservoir）

现名单竹窝水电站，位于广东省梅县松南镇单竹窝，是**梅江**干流（梅县以下河段）规划的四个梯级中的第三个梯级电站（西阳、丙村、单竹窝、蓬辣滩）。库区长 16 千米。工程于 1999 年 12 月动工兴建，2001 年 6 月第一台机组发电，2001 年 7 月投入试运行。

水库以发电为主，兼顾航运等综合利用功能。控制流域面积 8 370 平方千米。总库容 1.56 亿立方米，水库正常蓄水位 59.0 米，坝顶高程 70.0 米。多年平均年径流量 98.39 亿立方米，多年平均流量 315 立方米每秒。

电站为河床式电站厂房，长 88.1 米。厂房进口段设置拦沙坝，坝高 33 米。通航规划标准通航吨位为 100 吨。电站建设涉及坝址上、下地区，有丙村、雁洋和松南 3 个镇，22 个管理区和 2 个镇府中心。库区河段经济以农业为主。

库区两岸多为丘陵区，河谷形态稳定，属 U 形或 V 形河谷，岸坡多为陡立的岩石坡，土质坡较少。流域属亚热带气候区，冬短夏长，日照充足。冬季多为北风和偏北风，夏季多吹东南风和偏南风。多年平均气温 21.3 摄氏度，雨季集中在 4—9 月。多年平均年降水量 1 435.58 毫米，年平均风速 0.93 米每秒，年内最大风速 15 米每秒，多年平均年水面蒸发量 1 590 毫米。

水库地处梅江单竹窝河段，库区回水与丙村电站尾水相接，下游与蓬辣滩电站库区基本相接。河床平均比降 0.39‰，河床主要为基石、砂卵石，河谷较稳定。岸坡多为陡立的岩石坡，土质坡不多，岸坡较稳定。上游五华、兴宁等地水土流失较严重。近年来，梅县境内植被恢复较好，覆盖率 71.1%，水土流失初步得到控制。

纪　实

电站坝址处河面较狭窄，边滩较小，河段顺直，河床较平坦，地质构造较简单。两岸多为丘陵山区，仅在丙村镇和雁洋镇府中心区有河谷平原。库区河段经济以农业为主。

建库后，河水位升高，水深增加，航运条件改善，通航标准由50吨级以下提高到100吨级。同时由于水位提高，河宽增大，河道渠化，淹没了原有河段的边滩、江心滩、基岩顽石、丁坝，水面宽阔，给旅游业的发展带来了开发的潜力。

丹竹水库

湖山角至滩头山间河段，两岸丘陵山体生长松树、芒萁灌木，植被覆盖较好。河床多为粗砂和砾石，从湖山角至铜盘一带的河床上有岩石裸露。为典型的山间河流，有的山体直逼河床，为岩石河岸。梅江流经松口镇盆地后，经溪口以下，河床从东北向转为南向。有隆文河、桃源河2条小河和多条小溪、小涧汇入。河床较宽，两岸村庄密集，是松南、松口两镇的经济、文化、行政中心。由于蓬辣滩水电站建成蓄水，水面变宽，水深增加，航运能力增强，河上来往航行船只较多。历史上松口曾是兴梅地带民众从水路去汕头到广州的出发港。

库区有不少名胜古迹和旅游胜地，如叶剑英纪念馆、雁南飞茶田旅游度假村、雁鸣湖旅游度假村；右岸是著名的阴那山脉，有著名的灵光寺、万福寺。

库区除左岸有已通车的梅坎铁路外，其余丘陵山地植被覆盖较好。两岸边滩生长的植物主要有竹子、芒草等，岸边山坡上的植被主要有松树、桉树及树下的芒萁、芒草。

灵光寺

两岸的平地则种有农作物和经济作物，主要为水稻、玉米、花生、沙田柚等。

7.11.1.8 松源河
(Songyuan River)

梅江左岸支流，发源于福建省上杭县大平山，在广东省梅县松口镇下店流入梅江，河长77千米，平均比降4.85‰，流域面积642平方千米，涉及福建省上杭县和广东省蕉岭县、梅县。

流域内植被较好，河床比降较陡，天然落差大，水力资源丰富。上游为山地，河床陡峻，水流湍急，水力资源丰富。中下游高山盆地丘陵较多。多年平均气温20.9摄氏度，多年平均日照时数1886小时，相对湿度5%～80%，多年平均流量16.7立方米每秒，最大流量533立方米每秒，最小流量0.27立方米每秒，多年平均年降水量1600毫米。最大支流为北磜水，河长23千米，集水面积99.1平方千米。

上游松源镇地处闽粤交界，历史上是客家人从闽西、赣南迁徙入梅县的首选之地。明清时期，流域居民基本上是客家人，垦地，建桥，修路，发展经济。松源河上现仍保留着17座明清时建的古桥，桥龄最长的是桃尧镇老圩场砥柱桥，已有500多年历史；桥龄最短的是松源河河口与梅江

松源河

交汇处的盘安桥，建于清光绪十八年（1892年），桥龄亦有106年。这些古桥至今仍非常坚固和完整实用。松源镇通车前，大部分物资靠民船运输，松源河曾是一条航运繁忙的航道。平时小船可达松源镇凹下圩，丰水期可直达蕉岭县北寨圩。

松源河于广东省蕉岭县北磜右纳北磜水，于梅县松源镇纳南磜水，自官音凹至杨梅派河段长5千米，又称"小三峡"。出小三峡由杨梅派急滩直泻"东角潭"，水流暂缓，入河面开阔的松口盆地。松口镇地处闽粤赣三省交会处，历史上为商贸重镇，水陆交通方便，是明末以后客家人出南洋的第一站，也是客家人由闽迁粤的始居地之一。

松口镇保存着很多古民居建筑。"古秀阶""承德楼""百寿楼"等已成为客家建筑文化的活教材。最古老的围龙屋"围里"建于宋末元初，现仅存门楼和部分遗址。现存

梅州客家围屋

最大的围龙屋"世德堂"，建于明末，半圆形独特结构保存完好。

7.11.1.9 蓬辣滩水库
(Penglatan Reservoir)

梅江干流（梅县以下河段）规划的四个梯级中的最后一级，位于广东省大埔县三河镇杨桃坪村，由广东梅雁企业（集团）股份有限公司投资兴建。工程于2000年9月动工兴建，2002年7月投入试运行，库区长30.9千米，与**丹竹水库**相连，下游距三河坝水文站8.6千米。

水库以发电为主，兼顾防洪、航运、养殖等。控制流域面积13886平方千米，总库容1.32亿立方米，水库正常蓄水位49.0米，多年平均流量343立方米每秒，多年平均年径流量108.2亿立方米，设计洪水流量8730立方米每秒。

枢纽工程主要由拦河坝、河床式电站厂房和船闸组成。坝顶长6128米，坝顶高程40.1米，泄水闸为9孔，每孔净宽14米，主厂房由主机房和安装间组成，装机容量4.4万千瓦，多年平均年发电量1.69亿千瓦时。船闸长120米，宽15米，坝上水深2.2米。

库区属亚热带气候，冬短夏长，日照充足。冬季多为北风和偏北风，夏季多吹东南风和偏南风。多年平均气温21.3摄氏度，降雨集中在4—9月。多年平均年降水量1435.58毫

米，最大年降水量2 309毫米（1983年），多年平均年水面蒸发量1 590毫米。

蓬辣滩水电站位于梅州市下游约75千米的梅江干流杨桃坪河段，库区回水与单竹窝水电站发电尾水基本相接，坝址所在河段两岸多为低山、丘陵、河谷，岸坡地形陡峻，山体高200米左右，河谷间夹有稍宽缓的一级阶地，高程为41～43米，河床高程35～41米，库区水深约9米。库区两岸因修建国防公路而使左岸部分山体裸露，右岸有已通车的梅坎铁路路基，其余丘陵山地植被覆盖较好。库区两岸多为丘陵山区，岸坡多为陡立的岩石坡。

水库兴建后，提供干净能源，减轻污染负荷，一年少散发SO_2约1 147吨，NO_2约800吨；渠化库区30.3千米河道，改善了通航条件；增大水域面积，改善景观，美化环境，调节小气候，给旅游业发展提供了良好条件。

库区涉及大埔县的三河镇、英雅镇和梅县的松口镇、松南镇、松东镇等5个乡镇。上游梅县的松口、松南、松东三镇经济比较发达。下游的三河镇易受水旱及其他灾害性天气的影响，经济效益较差。库区经济以农业为主，主要种植作物有水稻、沙田柚、花生、玉米等，库区两岸竹林茂盛，山上绿化较好。

库周交通较方便，梅江沿岸大部分有公路，库区干流可长年通航。梅坎铁路贯穿库区，在茶山坝经过松口大桥过梅江进入右岸的松南镇，穿笔架山隧洞到蓬辣滩，又沿梅江右岸而下进入大埔县的英雅镇，奔三河坝而去。

库区淹没影响人口66人（2002年统计），受影响居民采取就地搬迁安置。

7.11.2　汀江
(Tingjiang River)

韩江源流之一，发源于福建省武夷山南段宁化县治平畲族乡境内木马山北坡，于广东省大埔县三河坝与梅江汇合后称韩江。流域位于东经115°59′～117°10′，北纬24°28′～26°02′。由于八卦中南方属丁，故汀江古称丁水，后来人们把"丁"与"水"合为"汀"字，取名"汀江"。

概　　述

流域范围　流域西北隔武夷山与**长江**支流**赣江**相邻，西南与韩江另一源流**梅江**分水，东隔玳瑁山与**漳水**分隔。流域范围涉及福建省宁化、长汀、武平、上杭、永定、新罗等县（区）和广东省的大埔县。汀江长323千米，流域面积11 809平方千米，其中福建省境内长285千米，流域面积9 666平方千米。

汀江

地质地貌　流域属山区，高低悬殊。境内海拔500米以上的大小山峰有45座，最高山峰为北部的白沙岭海拔1 459米。中部丘陵地带山峰海拔在500～1 000米之间，森林茂密。河谷地带汀州镇海拔300米左右，河田镇海拔270米左右。丘陵地带、河谷地带是主要的工农业生产基地，人口相对集中。

河流水系　汀江支流众多，流域面积大于500平方千米的支流有**濯田河**、**桃兰溪**、**旧县河**、**黄潭河**、**永定河**、**漳溪**等6条。最大支流旧县河，流域面积1 694平方千米，河长112千米。汀江属山区性河流，基本顺着两组发达的构造线而发育，受地形、气候的影响，水量丰富，流速快，汇流时间短，洪水暴涨暴落，河流比降超过1‰，水流湍急，水力资源丰富。汀江水系不对称，左岸汇入的支流多而大，如旧县河、黄潭河、永定河、漳溪等，都为北东—南西的流向，和主流北北西—南南东流向作直角相交或斜交汇合。

气候水文　流域上游段属中亚热带季风气候区，靠近北回归线，气候温和，雨量充沛，冬无严寒，夏无酷暑。多年平均气温18～20摄氏度，多年平均年降水量1 600～1 700毫米，年无霜期262～317天。

流域属降雨高值区，雨量由北向南递减，5—7月雨量集中，约占全年总雨量的60%，汀江流域也是径流高值区之一，多年平均年径流深800～1 400毫米，年径流量约115亿立方米；水资源总量98.04亿立方米。汀江平均含沙量0.25千克每立方米，年输沙量约137万吨。

自然资源　流域矿产资源主要有铜、金、铀、钨、高岭土、花岗岩、辉绿石、玄武岩、石灰石、砖瓦黏土、建筑用石等。森林覆盖率大于70%，主要木材为马尾松和杉木等，建有红豆杉生态园。

水运发达，汀江干支流可通航里程442.5千米。另外，还有不少支流可漂放木排竹筏或单枝竹木。汀江进入上杭县境内后，河面宽阔，水量充沛，两岸多河谷山间盆地，被人誉为汀江的"黄金水段"。民间有句俗语："上河三千，下河八百"，指的就是上杭县城以上为上河，有船数千艘，县城以下为下河，有船数百艘。可见汀江在上杭回龙至峰市之间航运之盛。上杭段有大小码头36处，其中吞吐量较大的码头有5处：回龙、石下、东门潭头、南门、南蛇渡。回龙码头是上杭、长汀上下货物的中转站，有商行、客栈等；石下码头是武平中堡等地物资和运出土纸的中转站，有客栈和中转商行；东门潭头是长汀经上杭运往广东和广东运至长汀商品的中转站，日货物吞吐量达70～90吨；南门码头是汀江上下游航运货物中转与集散枢纽地，日货物吞吐量60吨以上；南蛇渡码头是汀江下游地区货物往来中转的要岸。

社会经济　2000年流域人口212.71万，农业生产以稻米、甘薯为主，经济作物主要生产花生、大豆、油菜、烟草等。工业生产以纺织、造纸、电力、稀土为主。水上运输是其特色，永定客家土楼等特色旅游发展势头好。

自然灾害　1187—2000年的813年间，长汀县出现洪水灾害的年份有129年，约为7年1次。从宋嘉泰二年（1202年）至2000年，大的洪涝灾害45次。其中，1949年后有14次，平均4年1次。最严重的是1973年6月的洪灾，重现期为60年。永定县地处山区，山高坡陡，河道狭窄且坡降大，常因局部地区暴雨造成溪河洪水泛滥，自建县到1949年，水灾有31次，平均15年1次，1949年后有记载的18次。

汀江源地

7.11.2 汀江

汀江水系示意图

长汀县历代旱情记载颇多。1949 年以来发生多次旱灾，1963 年旱期历时 200 余天，属百年未遇之大旱灾。受旱农田面积 1.07 万公顷，占早稻面积的 70% 以上。许多地区山塘水库干涸，水源枯竭，泉眼断流，溪河失流，灾区群众饮水困难。1474—2000 年，上杭县发生旱灾 58 次，平均约 2 年 1 次；1949 年后有记载的 13 次。一年四季都有发生，尤以春旱、夏秋旱对农作物危害最大。

治理开发 1949 年以来，汀江流域进行了大规模水利建设，修建了大批的中小型蓄、引、提水工程。流域内现有小(2)型以上水库 111 座，总库容 1.174 亿立方米，引水工程 18 942 处，提水工程 851 处。

纪　实

汀江为客家的母亲河，素有"天下客家第一江"之美称。

上游（长汀县以上）　汀江从发源处宁化县治平畲族乡赖家山村至沙罗排纳桥下溪。治平乡原名"寺背岭"，以本地有"兴福寺"而得名，清初辟为圩场。民国 31 年（1942 年）改为今名。治平畲族乡四面环山，竹、木、中药资源丰富，以产纸和冬笋、笋干、竹帘（造纸工具）著称。它的造纸业起于南宋，历时 700 多年，由于纸质优且重，名曰"重纸"。后人又以纸质光滑细嫩，色泽洁白，誉称为"玉扣纸"，是书写文献、奏章和印刷线装书的上品，远销东南亚。汀江从这里发源，流经林木葱茏的深山峡谷，汇集山泉、小溪，在崇山峻岭中回环曲折，汇成大川奔流南下，由长汀县庵杰乡大屋背村入长汀县境。汀江庵杰乡涵前村段，旧称龙门峡。江水从天然巨洞中流过，是名副其实的"门"，在龙门高耸的岩壁上刻有"龙门"二字。龙门胜景开辟于宋代初年，后人在龙门的山顶上建庙，祀五谷神（神农氏），有祈求风调雨顺、五谷丰登之意。此庙焚于清咸丰年间，清代重建的二层楼阁式庙宇，规模较小。龙门洞内高敞，怪石壁立。洞壁裂痕弯曲，向上伸展，宛如龙身盘踞，妙景天成。洞门内外有深潭，深不可测，击石潭中，铿然有声。每遇春汛山洪暴发，激流回荡，隆隆作响，江水从洞中呼啸而出，蔚为壮观。从洞侧拾级而上，中多洞堑，曲折可通。穿石出廊，可见一片石林，大小石头，各具形状，纵横罗列，层出不穷。石林缝中，灌木丛生，丛丛簇簇，千姿百态。汀江龙门为天然避暑胜地。汀江出龙门后，经新桥镇流入长汀城区，汀江上游段河流短，比降达 1.69‰，河谷纵剖面似阶梯状，平面形态呈葫芦状。长汀盆地和新桥盆地为葫芦腹，任崖岗峡谷为葫芦腰。

中游（长汀县—上杭县）　长汀，汉代置县，唐开元二十四年（736 年）建汀州，成为福建五大州之一。自盛唐到清末，长汀均为州、郡、路、府的治所，是福建新石器文化发祥地之一，全县有 200 多处新石器遗址。汀州是县人民政府驻地，为著名历史文化名城，客家民系的发祥地。长汀被誉为客家首府。每年都有大批海外的客家后裔回长汀祭祖，公祭客家母亲河。长汀文化遗产丰富，有巍峨耸立的唐代城楼三元阁、唐代大历四年（769 年）修建的古城墙、独特罕见的唐宋"双阴塔"古井，还有革命遗址福建省苏维埃政府旧址、中央红军医院旧址福音医院、周恩来旧居和刘少奇旧居。国际友人路易·艾黎誉之为"中国两个最美丽的山城之一"。出汀州后折向南流至河田镇左纳河田溪

汀江龙门

（河长 22 千米，流域面积 108 平方千米），折西南流到三洲乡义庄左纳南山河（河长 42 千米，流域面积 283 平方千米），于南山镇水口村左纳下店溪（河长 30 千米，流域面积 133 平方千米），至濯田镇水口村坪岭右纳濯田河，继流至濯田镇美溪村左纳涂坊河（河长 40 千米，流域面积 150 平方千米）后入

武平县境。在武平县河口右纳桃兰溪后返回长汀县境内，曲流向东南，经长汀县羊牯入上杭县境内的官庄畲族乡回龙村，流经官庄。经吊钟、目忌滩而至七里滩。在九华铺溪水汇合处有大磜滩、小磜滩、三滩相继而过，颇多险阻。至才溪镇龙溪口，左纳才溪，南流穿过金山水库，至武平县中堡镇金狮硃右纳增溪（河长31千米，流域面积176平方千米），于上杭县临城镇上铺滩右纳元丰溪（河长37千米，流域面积178平方千米），至

长汀

坝尾左纳旧县河，至水西渡又左纳宫前溪，流2.5千米抵上杭县城关。汀江中游段处于武夷山脉（南段）和博平岭山脉之间。大部分岩层为大悲山千枚岩和赤石群砂砾岩，岩性疏松，易被侵蚀，河谷宽广，河漫滩曲流广布。

汀江长汀段

至上杭县，汀江两岸风光无限，景色秀美，旧有"汀州八景"之称。有水深莫测、波光粼粼的龙潭，白云缥缈、青竹苍翠的卧龙山，烟霞丹照、古寺钟悠的朝斗岩，官坊的奇妙溶洞，河田的天然温泉，归龙山国家森林保护区和莲花湖等风景名胜。

下游（上杭县—石下坝） 上杭，东接龙岩，北倚长汀，东南邻永定，西南与广东梅州、蕉岭接壤。北宋时期，上杭已升为县级建制，是典型的"纯客家县"。该地处于汀江的"黄金水段"，河面宽，水流量较上游大，是汀江物资的中转站。土地肥沃，物产丰富，航运畅通，是客家先民谋求安居乐业、耕读传家的理想落脚之地。汀江过上杭后，经潭头、榕树门、南门、浮桥门，在西门罗星塔下纳湖洋濑溪水，东流至张滩（自水西渡至张滩，河流曲折南行叠成"之"字形，故称"杭川三摺"）。经大沽滩、南蛇渡

福建长汀古城

后，经上杭与永定县边境的大池滩、穿针滩，又右纳永定洪山寺之水在三坝之下汇合，流至牛牯门（下河口）左岸有黄潭河注入。合流下摺滩，抵永定县峰市，2001年12月于峰市镇棉花滩峡谷中部的福至亭处建**棉花滩水库**大坝，水库总库容20.35亿立方米。在半山左纳永定河后流入广东省大埔县境，于茶阳镇左纳小靖河和漳溪，小靖河，发源于上坪科，河长29千米，流域面积124平方千米，比降9.68‰，上游建有丰溪自然保护区。继西南流至三河坝与**梅潭河**、梅江相继相汇，合成韩江至汕头市澄海区入海。

汀江下游段横切闽中大山带南段，以坚硬花岗岩为主，河谷深切，两岸陡立，比降大，滩多水急，素有"三百滩头浪恶"之说。上杭至峰市长55千米，河流比降1.84‰，大险滩在20个以上，其中大沽滩长500米、落差2.5米，穿针滩长300米、落差3米，摺滩长1500米、落差3.5米。峰市至石下坝约5千米，比降达到4.4‰。两岸多悬崖峭壁，江面狭窄，宽仅4～5米，颈束作用强烈，水流至此飞腾澎湃；其中汹涌险恶的有竹笋滩、龙钩滩、跨滩、棉花滩和鸡母滩5处，每处落差均超过4～5米。

古时汀江滩多水急且到处暗礁密布，航行艰险，江水涨落无常。宋绍定年间，宋慈调任长汀知县，发现百姓食盐靠走山路从千里之外的福州挑运而来，决定开辟汀江水路，从广东潮州船运食盐。经过沿途观测探险，开凿疏浚航线，鼓励农民造船，操习撑船技巧，同时改革盐政，惩治贪贿盐官。汀江水路交通的开辟，使水路运输可自上杭上溯，直抵汀州城，使潮州至汀州、赣州运输通畅，促进了汀、潮、赣的物资交流，盐商米商往来其间，汀江上百舸争流。宋慈开汀江水路的功绩为闽西百姓世代相传，如今汀江两岸尚存的400多座妈祖庙，见证了当年水路交通的繁荣历史。

7.11.2.1 濯田河
(Zhuotian River)

汀江右岸支流，处于福建省长汀县境内，发源于福建省长汀县古城镇元口村。流域集水面积862平方千米，河长63千米，河道平均比降7.2‰。

流域西部为武夷山支脉延伸部分，地势较高，多山地，流域最高点海拔为1 075米，东南部多丘陵与平原，地势低，濯田平原地面高程低于270米。流域内主要生长中亚热带地带性植被，主要类型有常绿阔叶林和常绿针阔混合林，竹林有马尾松林、人造松木林、油茶林、柑橘林等。

流域上游河床纵坡陡，落差大，水流急，弯度大，面蚀强，含沙量较高，常出现混浊流。双溪口以下地形突然开阔，天然落差只有21米，河道两

濯田河升平村段

岸多耕地和居民点。流域地表水资源总量8.60亿立方米，人均水资源量11 980立方米，高于福建省人均水平，是水资源较丰富的地区。

流域内工业发展尚未形成规模，水质较好，从2000年濯田河水质监测情况分析，水质属Ⅱ类，符合生活饮用的水质标准。

自源地曲流南进，经四都镇水口桥右纳梅溪（河长 26 千米，流域面积 170 平方千米，天然落差 94 米），梅溪上建有**陂下水库**，后南流，经圭田村后右纳小金溪，至坪埔村右纳兜坑后再向东流，在双溪口处右纳红山河（发源于红山乡，河长 20 千米，流域面积 109 平方千米，天然落差 176 米），流经濯田镇左纳大丰河后经水口村汇入汀江干流。

濯田河道从四都镇坪埔村起，经濯田镇至水口村，原有航道 23 千米。至 1987 年，航道只剩濯田镇至水口村 10 千米，可通 3～5 吨机动船。

7.11.2.1.1　陂下水库
（Pixia Reservoir）

濯田河支流梅溪上的中型水库，位于福建省长汀县四都镇，坝址距长汀县 40 千米。

长汀陂下水库

水库以灌溉为主，结合防洪、发电等综合利用功能。水库坝址以上控制流域面积 166 平方千米，总库容 5 887 万立方米，有效库容 4 430 万立方米。工程于 1978 年 2 月动工，1986 年 7 月竣工。

枢纽工程由拦河坝、坝身溢洪道和引水压力隧洞和坝后电站等组成。拦河坝为砌石双曲拱坝，最大坝高 52.1 米，坝顶弧长 195 米，采用坝顶溢流，最大下泄流量 1 634 立方米每秒。输水压力隧洞全长 218.7 米，最大引水流量 11 立方米每秒。坝后电站装机 3 台，容量 3 000 千瓦。

流域地处武夷山南麓，山脉纵横交错，向腹地延伸，形成东、西、北三面高，中南部低，自北向南倾斜的地势。西部以低山为主，东部、北部以中山为主，山峰连绵，构成东北部屏障，最高点为白沙岭，海拔 1 459 米。

流域内为中亚热带季风气候区，夏季盛吹偏南风，冬季盛吹偏北风。随着冬夏季风环流的转换，形成夏长冬短、春秋对峙、垂直气候明显、干湿两季分明、灾害性天气较多的气候特征。3—6 月雨量占全年雨量的 60%，阴雨天气多。

水库兴建时淹没土地 85 公顷，移民 104 户 617 人。

7.11.2.2　桃兰溪
（Taolanxi River）

又名小澜溪，**汀江**右岸支流。河长 57 千米，比降 3.9‰，流域面积 677 平方千米，涉及福建省武平县和长汀县。

桃兰溪发源于福建省武平县大禾乡贤坑村的桐子坑，经贤坑北趋帽布，折东北流于坪坑岭脚下，与梅子坝南流之水汇合称大禾水，经大沛、大禾东流，又汇下湖、大礤之水经湘村、鲁溪，再汇源于凹坑入洋畲、湘坑之溪流，经桃溪镇总汇帽村河等诸溪流。帽村河源于唐屋、昭信的龙归碛、王龙山、南岭，于桃溪镇碛下注入桃兰溪，河道长 40.1 千米，流域面积 299.4 平方千米。流经小澜，在河口注入汀江长汀境。

桃溪镇，宋代属永宁乡，明代属大湘亭里，民国初设桃溪区。民国 24 年（1935 年）改为第十区，民国 29 年（1940 年）设桃溪乡，民国 37 年（1948 年）分设桃溪乡、小澜乡。苏维埃时期称桃澜区，有 12 个乡成立了苏维埃政权。境内盛产杉木土纸。《武平县志》称小澜"贸易甚旺，为武北大商场"。新中国成立后，武（平）禾（大禾）、武（平）汀（长汀）公路先后修成通车，桃溪镇成了武北交通枢纽和北上长汀通道。商业市场也由小澜转移到桃溪。近年全乡茶叶面积扩大，已成为全县绿茶主产区。

7.11.2.3　金山水库
（Jinshan Reservoir）

汀江中游的中型水库，位于广东省上杭县境内，坝址距上杭县城 20 千米，是汀江干流梯级开发中的第三级水电站，也是福建省第一家中外合资中型水电站，总投资 2.8 亿元人民币。

水库具有日调节功能，以发电为主，兼有通航、水产养殖和旅游等综合效益。水库控制流域面积 3 680 平方千米，多年平均流量 112 立方米每秒。总库容 5 500 万立方米，调洪库容 2 500 万立方米，

金山水库

调节库容 1 800 万立方米，设计洪水位时下泄流量 5 144 立方米每秒，校核洪水位时下泄最大流量 7 737 立方米每秒。工程于 1993 年 12 月开工，1998 年 10 月竣工。

水库主要建筑物由混凝土重力坝、电站厂房、开关站、通航建筑物和升压开关站等组成。大坝最大坝高 39.5 米，坝顶长 189 米；河床式电站厂房设在右岸，安装 2 台水轮发电机组，装机容量 4 万千瓦，多年平均年发电量 1.456 亿千瓦时；通航建筑物设在左岸，升压开关站设在厂房下游。

库区属亚热带季风气候区，温暖湿润，降水充沛且较集中，干湿季节分明。多年平均年降水量 1 520～2 130 毫米。由东北部向西南部递减。全年 5—6 月降水量最多，11—12 月最少。风向的季节性变化明显。大部分地区气温在 22 摄氏度。

坝址以上有**濯田河**、**旧县河**、**桃兰溪**等数条溪流汇入。库区内群山绵延，丘陵起伏。山脉以旧县河至汀江为界分东西两侧，西侧属武夷山脉南段的延伸分支，呈北—西南走向，东侧为玳瑁山脉的延伸分支，南岗山脉，呈北—西南和东—西南走向。

水库建成后，利用库区独特的自然环境全面发展经济。山区以林业为主，产竹、木、茶叶、板栗、油桐等；库区渔业有天然放养、库湾养鱼和网箱养鱼等多种方式。

水库建设淹没耕地面积 78.73 公顷，迁移人口 1 250 人，淹没房屋 40 181 平方米、公路 5 千米，施工征地 29.2 公顷。在 1999 年 5 月 26 日洪灾中，金山水库和矶头水库实施预泄错峰调度，降低上杭县城关水位 0.7 米，发挥了重要的防洪作用。

7.11.2.4　旧县河
（Jiuxian River）

汀江左岸支流，发源于福建省连城县曲溪乡黄胜村，经

连城县朋口镇、新泉镇，于新泉镇车头村进入上杭县，经南阳镇、旧县乡后，于上杭县临城镇坝尾从左岸汇入汀江干流。干流全长112千米，河道平均比降2.5‰，流域面积1 694平方千米，涉及福建省连城县和上杭县。

旧县河上游段位于连城县境内，其上源是朋口溪，由发源于曲溪乡黄胜村的湖峰溪及发源于宣和镇田源村的宣和溪（河长28千米，流域面积150平方千米）在朋口镇汇合而成。朋口溪向南左纳莒溪（河长33千米，流域面积174平方千米）及诸小河后称为新泉河，于新泉镇汇合发源于梅花山麓的庙前溪（又称苎园溪，河长43千米，流域面积311平方千米）及发源于上杭县与长汀县交界的观音山的南岭溪（又称罗地溪），经新泉镇车头村进入上杭县境内（下游段）后称为旧县河。自新泉至河口主要有中村溪（又称寨下溪）、南阳溪（又称池溪，河长25千米，流域面积197平方千米）、九曲溪等支流汇入。

流域内三面环山，山峦密布，地势由东北向西南倾斜。东南部以玳瑁山与汀江支流**黄潭河**及**九龙江**流域万安溪分界，分水岭海拔多在1 000～1 600米之间，最高峰狗子脑海拔1 811米；北部以中低山与闽江沙溪流域分界；西北部以松毛岭与汀江中上游干流分界，分水岭海拔多在850～1 200米之间；西南部地势较低，与汀江汇合口一带海拔多为200～350米的低山丘陵。

玳瑁山大体呈东北—西南走向，中山地貌，以

旧县河上杭溪口段

319国道古田至新泉段为界分为南北两部分，北部山体宽大、高峻，南部较破碎。松毛岭分南北两段，上杭南阳以北为北段，近南北走向，山体比较高峻，中山地貌；南阳以南段，走向北偏东，山体比较松散，中低山地貌。

河流两岸山体雄厚，地质构造主要为华夏系和新华夏系，地层岩性复杂，以燕山早期碎裂二长花岗岩和白垩系沙县组、赤石群地层为主，旧县镇区及莒溪以北红壤土广布，河谷宽阔地区多为耕作区。流域多林山区，森林面积占流域面积的74%，植被良好。

7.11.2.5 黄潭河
（Huangtan River）

汀江左岸支流，发源于福建省上杭县东北部的步云乡，在永定县汇入汀江。河长139千米，平均比降3‰，流域面积1 222平方千米，涉及福建省的上杭县和永定县、龙岩市新罗区。

流域平均海拔920米，多年平均流量37.4立方米每秒。

黄潭河在上杭县古田镇左纳白连塘小水，在大羊头右侧有筜湖一小水注入。屈曲西南行，过横山下、元世甲，在上郭车注入下模坑，右纳大坪里两支小水后，流经下郭车至苏家陂村头汇合。又合华家亭及坪埔溪（南山溪）之水后，经吊钟岩入龙岩市新罗区大池镇境。流经合甲、星建，复又入上杭县境的田滩、官屋，在溪口乡的石铭之下始通舟，流至均和，经竹园、洋泥坑，至湖里、洽溪口，流至增坑，在三井

黄潭河

坑村左纳斗谷坪小水，绕清源山麓，于罗口右纳源自白砂镇岭背的调和溪（河长36千米，流域面积162平方千米），折而西南经太拔乡珠良寨。入黄潭峡，后至黄潭，在竹园里有庐丰黄坊溪自右而入，流经官诰里、沈田至湖里。

在蓝溪镇折而南下，左纳石门之水，过三溪，左纳源自蓝溪岩华村之载厚溪，右纳许行坑之水注入。流经湖罗里，在下门左纳大松坑（田心里）之水，再经镇岐村的祝山，右纳官田小水，经渡上至丰稔市（稔田镇）。过岗下潭左纳丰朗溪，又西南流至田背、下渡坪至罗围，在黄罗村的黄屋背出上杭县境。流经永定县的齐潭到池溪，至下河口与汀江干流汇合。

黄潭河

黄潭河自源头流经上杭县古田镇的竹岭、八甲、荣屋。古田镇是第二次国内革命战争时期苏区的重要组成部分，毛泽东、朱德、陈毅等都在古田工作过。

坐落在上杭县稔田镇官田村河谷盆地的李氏大宗祠，四面环山叠翠，黄潭河蜿蜒而过，风景秀丽。宗祠系三进四直的砖木结构建筑，有3个大厅和26间大小客厅，住房104间，占地面积5 600平方米。正面牌坊式楼门上刻有"恩荣"两字，两边楹联是："丞相将军府，忠臣孝子门"。正厅前的屏风上刻有明代名儒撰写的《李氏火德翁传》。宗祠结构严谨，气势非凡，充分体现了客家宗法制度下的建筑艺术，是八闽大地上极为珍贵的建筑文物。李氏大宗祠始建于清道

李氏大宗祠

光十六年（1836年），是为纪念其入闽始祖李火德而建。从李火德入闽至今800余年，其后裔遍布闽、台、粤、桂、赣及东南亚各国。近年，海外到此寻根谒祖的络绎不绝。现被列为省级文物保护单位。

7.11.2.6 棉花滩水库
（Mianhuatan Reservoir）

汀江干流下游的大（1）型水库，坝址位于福建省永定县

汀江干流棉花滩峡谷河段中部的福至亭处，距永定县城约21千米，距下游永定河汇入口约700米。

水库为不完全年调节水库，以发电为主，兼有防洪等综合效益。坝址以上控制流域面积7 907平方千米，占汀江流域面积的67%。坝址多年平均流量232立方米每秒，实测最大流量8 140立方米每秒。水库总库容20.35亿立方米，调节库容11.22亿立方米。工程于1998年4月1日正式开工，2001年12月9日竣工蓄水发电。

棉花滩水库

枢纽工程主要由拦河主坝、副坝、泄洪消能设施、左岸输水发电地下厂房系统、开关站及右岸航运过坝设施等建筑物组成。拦河主坝为碾压混凝土重力坝，最大坝高111米，坝顶总长300米，一级建筑物，设计洪水标准为500年一遇设计、5 000年一遇校核；副坝设在主坝址东北向5千米处的湖洋里村垭口，均质土坝；电站厂房内安装混流式竖轴水轮发电机组4台，容量60万千瓦，保证出力8.8万千瓦，年发电量15.2亿千瓦时。

棉花滩水库大坝

库区地势西北高、东南低，河谷盆地贯穿于山地丘陵之间，森林覆盖率73%。水库在区域构造上属于基本稳定区，地震基本烈度为Ⅵ度。坝址两岸山体雄厚，河谷地形基本对称，深切呈V字形。

库区属南亚热带海洋性季风气候过渡区，气候温和，雨量充沛，夏长而不酷热，冬短而不严寒，干湿季界清晰，多年平均气温19.2～20.3摄氏度，多年平均年降雨量1 510～1 660毫米。干旱十分频繁，以春旱为主，占60%以上，其余为秋旱或夏旱。暴雨主要发生在5—6月的梅雨季节和7—9月的台风、雷阵雨季节，由于暴雨来势凶猛，强度大，加上山高坡陡，河道狭窄，雨水一时倾泻而下，山洪暴发，河水泛滥，引发洪涝灾害。

水库建成后，效益显著：年发电量15.2亿千瓦时，水库调节能力较强，即使上游较长时间无来水，储存的水量仍可保证发电所需；水库的洪水调度是汀江流域防洪体系的重要组成部分，涉及福建和广东两个省，使下游梅州、潮州一带的防洪标准提高到50年一遇。

水库淹没面积65.4平方千米，涉及永定、上杭两县659个村落2 100公顷耕地和2 133公顷山林，移民总人口4.35万，其中永定库区移民4 588户22 814人，涉及高陂、西溪、城郊、凤城、金砂、仙师、峰市、洪山等10个乡镇33个大规模安置点。

棉花滩是汀江一个著名的险滩，电站建成后形成一个很大的人工湖——龙湖。龙湖水域面积65平方千米，湖水蜿蜒在峡谷山峦间，形如腾飞的巨龙，湖面烟波浩渺，百余个岛屿、半岛，无数个湖湾、水巷，星罗棋布。沿湖四周层峦叠翠，丘陵起伏。周边有蜚声海外的永定土楼、古田会议旧址、冠豸山、梅花山、李氏大宗祠等，旅游资源丰富。

7.11.2.7 永定河
（Yongding River）

汀江左岸支流，基本属福建省永定县境内河，发源于福建省永定县坎市镇田地竹子炉，河长91.5千米，河道平均比降3.77‰，河床宽约91米，流域面积1 075平方千米。

从发源地西南流，经龙岩市适中镇城坑，入永定县境，经西坑、铜锣坪、龙潭镇治、青溪深渡、抚市镇治，再流向坎市镇的洽溪，右纳发源于虎岗笔架山的坎市溪（河长35千米，流域面积265平方千

永定河

米），继西南流，于堂堡乡象牙村右纳三堡溪，经湖雷镇流入永定县城。永定，明成化十四年（1478年），设置永定县，县治洽溪南里第五图田心（今凤城镇）。森林覆盖率70%以上，处于汀江下游，水力资源丰富，农业以稻谷、甘薯、烟草、油菜、花生为主，烟叶和永定菜干是名产。继流经仙师乡和峰市镇，在芦下坝注入汀江。永定河主流河段河床最宽处150米，最窄处32米，出境多年平均流量30.26立方米每秒，最大洪峰流量3 200立方米每秒。

第二次国内革命战争时期，永定是福建省主要的革命根据地，也是中央苏区的组成部分。毛泽东、周恩来、朱德、叶剑英等老一辈无产阶级革命家都曾在永定进行过革命实践。

福建土楼

永定土楼是东方文明的一颗明珠，是中国古建筑的一朵奇葩。土楼分为圆楼和方楼两种，永定县有圆楼360座、方楼4 000余座。在山坳、平川、河畔，环环相依，方圆结合，错落有致，其高大、厚重、粗犷、雄伟的独特风格，令人惊叹不

已。永定圆楼最具特色，古老的大圆楼楼中有楼，一环套一环，全楼有数百个房间，居住着几百人。楼内设厅堂、仓库、水井、卧室等，形成坚固壁垒，可自成防御体系。日照、采光、通风等讲究科学，还能防风抗震，调节冷暖，集各种民居建筑结构优点于一楼。楼中还有民族色彩鲜明的雕刻、壁画、楹联、书法等文化遗存。奇特的土楼、俊秀的山川，吸引着中外专家、学者、游客前来考察、参观。

7.11.2.8 漳溪
(Zhangxi River)

汀江左岸支流，又名大靖河，发源于福建省永定县古竹乡洋竹村，河长 97 千米，河道比降 7.89‰，流域面积 825 平方千米，河宽 45～160 米。涉及福建省永定县和广东省大埔县。

振成楼内景

楼——集庆楼，建于明永乐十七年（1419 年），距今 580 余年，为永定现存圆楼中年代久远又结构特殊的一座。继流至陂下左纳流经湖山乡的湖山水，经沿江村流入广东大埔县，称漳溪，经西河镇，继西南流至鸦雀坪转向西北流，弯曲流入茶阳镇后注入汀江下游。

7.11.2.9 梅潭河
(Meitan River)

又名大埔水、百侯水、长乐水，**汀江**左岸支流。发源于福建省漳州市平和县葛竹双尖山北麓，河长 137 千米，流域面积 1 603 平方千米，于广东省大埔县三河坝汇入汀江。流域涉及福建省平和县和广东省大埔县。

漳溪

漳溪源于永定、南靖两县交界的金丰群山麓，北部以中低山为主，山岭崎岖连绵，山脊呈东北—西南走向，形成**永定河**与漳溪的分水岭，千米以上的高山为天子崬（dōng），海拔 1 296 米。

漳溪流域的年水资源总量 6.18 亿立方米，流域内人均年水资源量 4 626 立方米。已建狮象潭水库，装机容量 2 400 千瓦。

自源头向南，流经古竹乡。古竹乡是永定主要侨乡之一，也是永定县主要产茶区。继流至大陂头折向西，流经湖坑镇、大溪乡。湖坑镇是永定苏区的组成部分之一，也是三年游击战争及解放战争时期进行革命活动的重要基地；湖坑镇洪坑村的振成楼和奎聚楼是较有名的土楼，振成楼建于 1912 年，按八卦图结构建造，1986 年 4 月，在美国洛杉矶举办的世界建筑模型展览会上，振成楼与雍和宫、长城并列为中国三大建筑，模型作为中国南北圆形古建筑代表在建筑展览会展出。奎聚楼是宫殿式结构的方形大土楼，建于 1834 年，占地 6 000 余平方米，高约 15 米。

转向西北流，于大坪里村北右纳最大支流岐岭溪，转向西南，流经下洋镇。下洋镇是闽西著名侨乡，下洋在革命史上作出了贡献，1927 年 8 月永定第二个支部（中共金丰支部）建立，第二次国内革命战争时期，是永定苏区的组成部分之一。三年游击战争中，初溪池牛岗等地是革命活动的据点。初溪村的土圆楼群，被国内外专家学者称为"世界建筑的奇葩"，形成于 13 世纪初，依山而建，土楼与层层梯田构成壮丽景观，气势磅礴恢宏。下洋镇初溪村现存最早的福建土

流域内高山深谷广布，上游大部为山地，进入大埔县境多为高山丘陵，下游三河坝附近有少量平原，较大的盆地有大埔湖寮区，面积约 1 000 公顷。

梅潭河

流域属热带季风气候，多年平均气温 21 摄氏度，多年平均年降水量 1 424 毫米，最大年降水量 2 132 毫米，最小年降水量 234 毫米，多年平均年径流深 800～900 毫米，年径流量 12.7 亿立方米。

梅潭河河道弯曲，水流深浅不一。湖寮砼头河段多孤石且流激，船舶不能通行。大东至百侯，可通行 2 吨小船，百侯至梅潭可通行 3 吨小船，梅潭至三河可通行 1.5 吨小船。20 世纪 70 年代后，沿河兴建大小陂坝 9 座，航道被截断，溪山至上村 57 公里航道断航。

干支流水库较少，三河坝水库是唯一较大水库。

梅潭河上游称芦溪，发源于漳州市平和县葛竹双尖山北麓，由平和县西北部自北向南流经芦溪镇。芦溪镇的芦溪土楼在客家土楼中独具特色，建于清朝嘉庆年间的绳武楼为其

汀江梅潭河交汇处

典型代表。该楼位于平和县西北部的芦溪镇蕉路村，依山傍水，风光秀丽，是一座具有高超雕刻艺术水平的圆形土楼，被列为全国重点文物保护单位。芦溪红酒是当地一大特产，酒质醇和，味道香甜，口感良好。折向西流，至水尾村折向西

南流,经厝南板、大坝头、田心等村,于炉坑左纳流经秀峰乡治的支流,流经长乐乡,长乐乡有平和暴动纪念馆,为省级文物保护单位。

入广东省大埔县境,于大东镇白土村左纳九峰溪。九峰溪,发源于平和县崎岭乡上官峰后双坑北的一个海拔1 057.1米无名峰南麓。向南流经崎岭、九峰后转入广

芦溪绳武楼

东省大埔县汇入芦溪。河长40.7千米,流域面积368.2平方千米。九峰镇为平和县旧县城所在地,历史悠久,下坪龙山古遗址考古发现,在距今4 000多年的新石器时代,就有先民在九峰境内繁衍生息。九峰地处闽粤边界,是潮汕文化和闽南文化的汇总处,自古称"弦歌地"。民间的音乐、舞蹈、戏曲、书画创作活动丰富多彩且相当普及,历代文人辈出。1518—1949年为明、清两朝、民国时期平和县县城所在地。九峰群山环拥,碧溪绕绿,名胜甚多,明朝年间即有"九峰八景"之说,其中,以"笔山侵汉"最负盛名。地处南亚热带季风气候区,冬暖夏凉,山区多雾,适合茶叶生长,现有茶叶种植面积2 667公顷,2001年获国家白芽奇兰茶原产地认证,年产毛茶6 000吨。

梅潭河大埔县城段

继向西北流经大埔县大东镇。大东镇联丰大丘田村有花萼楼,建于1608年,占地面积近2 300平方米,坐西北向东南,背依梅潭河,面朝狮头山。花萼楼属土木结构的环形建筑,内外三重连成一体,房间210间,通常叫"土围楼",其建筑特点宏伟壮观,便于防卫自守,是客家居民古建筑的典型代表。转东南流,穿过双溪水库,出水库后流至枫朗镇左纳枫朗水,枫朗水上有西岩山和中共南方工作委员会旧址。转为北流,于百侯镇折向西北流入大埔县城湖寮镇。

大埔县地处广东省东北部,县内居民均为客家人,是广东省著名的"华侨之乡、文化之乡、陶瓷之乡、名茶之乡"。大埔县气候温和、雨量充沛,土特产品极为丰盛,有陶瓷、茶叶、蜜柚、豆腐干、牛肉干、木雕、根雕等。高陂镇号称粤东的"瓷都""白玉城",其陶瓷品种多、产量丰、工艺精美,畅销国内外。西岩山茶是茶中精品,以"清、香、甘、滑、醇"而享誉海内外,多次获国家农业部金奖、银奖。双髻山

省级森林公园位于大埔县城西郊12千米,海拔668米,因山顶双峰耸立,形似古代妇女发髻而得名,山顶大石有摩崖石刻。盘湖庵在山右侧,始建于唐,公元1666年重建,为大埔县最古老的寺庙之一。

出县城后继向西北流,穿过三河坝水库,于三河坝东北汇入汀江。

7.11.2.9.1 双溪水库
(Shuangxi Reservoir)

梅潭河中游的中型水库,地处广东省大埔县双溪乡角里村,坝址距大埔县城27千米。

水库以发电为主,兼有防洪、灌溉和供水等多种功能。总库容9 460万立方米,调节库容6 510万立方米,死库容1 420万立方米。工程于1994年11月1日动工,1997年12月30日竣工。

双溪水库

枢纽工程主要包括拦河坝、进水口、引水隧洞、调压井、压力管道及电站厂房、开关站等。拦河坝坝型为碾压混凝土重力坝,坝长220.6米,最大坝高52.2米。电站装机容量3.6万千瓦,保证出力6 200千瓦,多年平均年发电量9 270万千瓦时。

水库建成后淹没耕地178公顷、房屋15.28万平方米,迁移人口4 075人。水库具有季调节性能,除解决部分枯水期电量外,还负担系统的调峰任务,且可增加下游6个梯级水电站(现已建成3个)发电量和提高保证出力,改善系统的供电质量。水库具有较大泄洪能力,可根据汛期水情预报,先腾空库容作为削峰之用,使坝址下游3 867公顷耕地和10.2万人口的防洪标准得到提高。双溪水库建成后,电站的最小发电流量为14立方米每秒,可以满足下游沿河耕地的灌溉用水要求,同时还为下游沿岸的乡镇企业和城镇供水提供了有利条件。

7.11.3 丰良河
(Fengliang River)

韩江右岸支流,又名丰良江,发源于广东省兴宁市铁牛牯,河长75千米,平均比降2.86‰,天然落差713米,流域面积899平方千米。流域绝大部分在广东省丰顺县境内,是丰顺县最大的河流。

流域属亚热带海洋性季风气候,雨量充沛,多年平均气温21摄氏度,多年平均年降水量1 823毫米,多年平均年水面蒸发量1 344毫米,最大流量1 690立方米每秒,最枯流量0.03立方米每秒。流域内水资源丰富。100平方千米以上河流有白溪和龙溪2条。

丰良河自源地向东北流经建桥镇治。建桥镇有始建于元末明初的张氏客家民居——建桥围,位于建桥镇政府对面,依山傍水,总占地面积近1平方千米,围内房屋占地面积1.58万平方米。整座建筑外形像一座城堡,设计科学合理,

利于群居和防贼御敌，俗称"船形围"。

至丰顺县丰良镇右纳墪溪水。丰良镇原为丰顺县城所在地，有"丰溪春涨""古榕夕照""龙山秋月""古

丰良河丰良镇段

寺溪桃""韩崇笼云""银瓶霁雪"等景观和文塔（又称斜塔）、普济桥等名胜。丰良古镇山清水秀，人杰地灵，交通便利，还有得天独厚的温泉资源。

继流至黄金镇望楼村右纳仙洞口水，右岸于清溪纳流经大龙华镇的白溪（发源于大龙华镇双罗村，河长 42 千米，流域面积 211 平方千米）后称产溪，于黄金镇治左纳龙溪（发源于砂田镇铜峰村，河长 40 千米，流域面积 144 平方千米），继流至隘隍站口注入韩江。

丰良镇普济桥

丰良河上游多泉水，可拦溪筑陂引水灌溉农田。下游，黄金镇以下至隘隍站口 15 千米河道比降平缓，丰水期可通机船至韩江，一般枯水期可通民船。沿溪两岸地势低洼，常受韩江水顶托倒灌为害。1986 年后，兴修黄金防洪治涝工程，并将埔东附近河段裁弯取直，缩短河长 3.4 千米。

7.12 粤桂沿海诸河

(Rivers in the Coast Area of Guangdong and Guangxi)

这一区域主要包括三部分，即粤东、粤西和桂南独流入海河流。

粤东沿海诸河是指**黄冈河**及**韩江**流域以西、东江流域以南、大亚湾以东在广东大陆的单独入海各河流，总流域面积 1.53 万平方千米，其中集水面积大于 1 000 平方千米的有黄冈河、**榕江**、**练江**、**龙江**、**螺河**及**黄江**等，而以榕江流域面积最大。地理位置从汕头地区的饶平县至深圳市，东西长约 400 多千米，南北宽 100 多千米的条形地带。莲花山山脉自西南向东北延伸 200 多千米，最高峰海拔 1 338 米。

区域地质构造以北东向断裂为主，地貌上形成隆起的莲花山脉，次为北西向。沿海地区花岗岩十分发育，东、北部及与韩江的分水岭一带，燕山期花岗岩分布广泛，海边地区如惠来、陆丰、海丰亦有大片出露，全区内花岗岩约占总面积的二分之一以上，沉积岩方面，以侏罗系地层较发育。岩性多为砂岩、砾岩及火山岩、安山玢岩等。惠来、海丰海边有近代沉积，多为细砂、粉砂及淤泥。此外，三叠系地层、第三系地层多为砂岩、页岩等，仅作零星分布。

这一地区北面有莲花山脉，南面滨临南海，受海洋性气候及地形影响，平均气温 21～22 摄氏度，雨量丰沛，多年平均年降水量 1 400～2 400 毫米，最大 24 小时点暴雨量 915.6 毫米（1987 年 5 月 21 日陆丰县双沛站），各流域年径流深一

般 800～1 500 毫米。各河流源短坡陡，洪峰流量较大。龙江磁窑站实测最大洪峰模数达每平方千米 4.2 立方米每秒。各流域均有洪涝暴潮灾害，均需要发展农田灌溉。水力资源多集中于各河流上游，适宜建造高、中水头的中小型水电站。

截至 2001 年年底，单река理论蕴藏量 10 兆瓦及以上的河流上单站装机容量 0.5 兆瓦及以上的技术可开发电站 68 座，装机容量 232 兆瓦，年发电量 7.75 亿千瓦时；经济可开发电站 65 座，装机容量 201.1 兆瓦，年发电量 6.91 亿千瓦时，其装机容量和年发电量占技术可开发量的 86.68% 和 89.16%；至 2001 年，该地区已开发和正开发的水电站 47 座，总装机容量 181.2 兆瓦，年发电量 6.03 亿千瓦时。

据 2001 年统计，粤东沿海地区各市总人口 1 331.21 万，总耕地面积 312.08 万亩。农作物以水稻为主，属我国水稻高产地区。公路四通八达，国道 324 线、省道汕凤县、池樟线、潮汕线贯穿全境，沟通周边县市，广梅汕铁路开通。广汕公路四季贯穿陆地全境，深汕高速公路通过市区。境内有汕尾港、甲子港两个对外开放口岸，汕尾港有两个对外开放口岸。

粤西沿海诸河是指珠江口以西至雷州半岛广东东大陆部分单独入海的河流，总流域面积 31 713 平方千米。这一地区东邻珠江三角洲，西邻广西**南流江**，北部有云开大山、云雾山与**西江**水系为界，南边是南海。地势北高南低，诸河大体自北向南入海，本区最高点为**漠阳江**与**鉴江**的分水岭的鹅凰嶂，海拔 1 337 米，本区内，山区、丘陵、平原的面积分别占总面积的 8.1%、47.9%、44%。

区域处于亚热带，面临南海，气温较高，北部山区阳春、信宜年平均气温 22.1 摄氏度。冬季月平均气温 14～16 摄氏度，夏季月平均气温 26 摄氏度。雷州半岛的徐闻年平均气温 23.2 度。绝对最高气温出现在北部山区的信宜，温度 39.8 摄氏度，绝对最低气温出现在鉴江上游山区，为-0.5 摄氏度，偶有霜冻现象。

区内多年平均年降雨深 1 820 毫米，降水主要是锋面雨及台风雨，4—6 月以锋面雨为主，7—9 月以台风雨为主，4—9 月降雨量占年降雨量的 82%，蒸发量在 1 300～1 700 毫米之间，多年平均年径流量 319 亿立方米。

区域构造以华夏系、新华夏系为主，走向北东至北北东，断裂构造多属压性或压扭性。

本区主要有湛江、茂名、阳江三个地级市。具体包括湛江市的全部；茂名市的市区、高州市、电白市全部及信宜市的一部分；阳江市的市区、阳西县全部及阳东县、阳春市的大部分；2001 年人口 1 611.66 万，人口密度 508 人每平方千米。现有耕地 64.762 公顷。2001 年本区农业总产值为 385.18 亿元。有黎（塘）湛（江）和广（州）湛（江）铁路，可与全国铁路相通。公路主要干线广（州）湛（江）线（国道 325）贯穿全区，东面直达江门、广州，西、北面与广西的合浦、玉林相连，直抵海安，与海口有渡船相接。湛江机场可至全国各地。湛江港是我国南方的重港口之一，海运可由湛江直达东南亚及世界各大港口，鉴江的共同坡港及阳江的北津、闸坡港、沙扒港可通 200 吨以下的轮船。

区内水能资源理论蕴藏量年电量 58.61 亿千瓦时，平均功率为 6 669.1 兆瓦；技术可开发装机容量 281 兆瓦，年发电量 9.53 亿千瓦时；经济可开发装机容量 278.9 兆瓦，年发电量 6.11 亿千瓦时。

桂南沿海诸河是指广西壮族自治区南部独流入海的河流。东西长约 300 千米，南北宽约 155 千米。西边以十万大山与**明江**分水，北面以十万大山余脉与**郁江**、**清江**分水，东边以陆川东山与北流河分水，南接北部湾。地势大体北高南低。自

西向东流，然后再转向南流。诸河流域内六万大山是南流江与**钦江**的分水岭，东北有大容山脉，西南有十万大山。流域最高点为大容山顶，海拔1 275米。桂南沿海诸河流域总面积2.44万平方千米。

该区地层从奥陶系到第三系均有出露，主要岩石有硅质岩、砂页岩、泥岩、砾岩等沉积岩以及各时代侵入的大量花岗岩；其次是可熔性灰岩、白云岩。地质构造主要属新华夏构造体系，古生代的加里东运动普遍褶皱上升，中生代受强烈的印支运动和燕山运动影响。

区内直接流入南海北部湾的河流很多，其中流域面积大于100平方千米小于1 000平方千米的有12条；流域面积大于1 000平方千米的有南流江、钦江、**大风江**、**茅岭江**、**北仑河**和流到广东入海的**九洲江**。

区域南靠北部湾，气候温和，寒暑变化不大，南部钦州年平均气温22摄氏度，东北部玉林年平均气温21.8摄氏度，绝对最高气温出现在灵山为38.38摄氏度，绝对最低气温出现在十万大山山区，温度为-4摄氏度以下，偶有霜冻。

区域范围内多年平均年蒸发量在1 360～2 000毫米之间，年平均蒸发量最少为东兴站1 361.7毫米，最大为围洲岛站2 007毫米。

区内独流入海50平方千米以上河流有南流江等22条，多年平均年径流总量约150亿立方米，水量年内分配4—9月占全年的70%，10月至次年3月占全年的30%。

区内洪水主要是台风雨及锋面雨所造成，影响洪水的气象因素是来自孟加拉湾及南海带有充沛水汽的暖湿气团与来自北方的强冷气团交汇所致。故降雨强度大，时间长，面积广，往往造成特大洪水。

区内总面积2.44万平方千米，耕地面积35.70万公顷，有效灌溉面积23.91万公顷，尚有宜农面积7.2万公顷。宜林荒地12.8万公顷，宜牧草地4.51万公顷。沿海滩涂面积10.05万公顷，有利于发展各类海水养殖和海洋化工系列产品；沿海诸河口三角洲及出海口是高产优的养殖区；清澈的水质、纯正的沙滩、千姿百态的自然景观，为滨海旅游的开发提供了有利的条件，如北海银滩、涠洲岛、红树林、钦州湾乌礁、防城港金滩等。区内有丰富的石英砂、陶土矿、花岗岩、石灰岩等矿藏资源及油气资源。

区域范围主要包括钦州市的灵山县、浦北县、防城港市区、北海市的合浦县及玉林市的陆川县、博白县、北流市等10个县、市。按2001年底统计，该区总人口86 734人，多集中在平原河谷地区。农业作物以水稻为主，其次有薯类、玉米。经济作物有花生甘蔗、豆类、英、红麻、烤烟等。有黎（塘）湛（江）线通过该区东北部，除此之外，还有南宁—防城港铁路、黎塘—钦州铁路、钦州—北海铁路等。主要公路干线有桂林—北海高整公路、防城港—南宁高速公路、北海—玉林一级公路，其次为直通该区各县乡镇的公路网。已完善北海机场的设施建设，建成北海机场新候机楼。

7.12.1 黄冈河
(Huanggang River)

粤东独流入海河流，发源于广东省饶平县上饶镇大紫坪山麓，于黄冈镇石龟头注入南海。干流全长87千米，平均比降2.07‰，流域面积1 317平方千米，涉及广东省饶平县和大埔县。

概　述

流域地势北高南低，由北向南逐渐倾斜，大部分处于丘

黄冈河夜景

陵与低山之间。上游属山区（一般指三饶镇以上），中游属丘陵（一般指高堂镇、联饶镇以上），下游为冲积平原。黄冈河三角洲由冲积、洪积和淤积形成河漫滩，三角洲平原地形平坦，地貌单一。

流域属亚热带海洋性季风气候区，四季温暖，雨量充沛，日照充分，无霜期长，具有季风明显、夏无酷暑、冬无严寒、落雪罕见等特点。但也有低湿阴雨、龙舟水、台风、寒露风、低温霜冻等灾害性天气出现。由于受海洋性气候影响，气温变化不大，多年平均气温为21.4摄氏度。

流域中游汤溪水文站多年平均（1956—2000年）年降水量1 813毫米。因年际变化大，年内分布不均，冬春两季偏少，夏秋两季偏多，每年4—9月降水量占全年总量的80%。河川径流丰富，多年平均年径流深1 000毫米，多年平均年径流量16.37亿立方米，平均年产水量14.38亿立方米，但年内分布不均匀，4—9月占全年水量的81%；枯水期河流流量甚小，曾出现过断流现象。流域水质为Ⅱ～Ⅲ类。流域河水多年平均含沙量0.2～0.3千克每立方米。

流域人多地少，总人口93.1万，人口密度571人每平方千米，耕地面积1.60万公顷，灌溉面积1.49万公顷，粮食总产量19万吨。流域内以农业生产为主，农民收入靠粮食、水果、蔬菜、养殖业等；改革开放后，工业发展比较快，特别是北部山区的陶瓷业，下游黄冈镇、钱东镇的其他工业。2005年，黄冈河流域地区生产总值72亿元，农业产值39亿元，工业产值94亿元。

流域水资源主要用于农业灌溉。流域内灌溉面积在万亩以上的灌区9个，总灌溉面积1.49万公顷。灌区有**汤溪水库**灌区、大潭水库灌区、马山湖水库灌区、新跃进水库灌区、柏峻水库灌区、马鞍山水库灌区、叠石堡水库灌区、高堂水闸灌区、东溪水闸灌区等。

受山地和海洋气候影响，春夏多锋面雨，夏秋多台风雨，易遭受台风和特大洪涝灾害袭击。1949年前，一遇暴雨，洪涝成灾。1958年在黄冈河中游拦河筑坝，兴建库容为3.81亿立方米的汤溪水库，控制上游流域面积667平方千米。1984年编制完成《饶平县河流流域规划复查报告》，2000年重新对流域进行普查，编制《广东省饶平县江河流域综合规划报告书》，制定黄冈河流域上游、中游、下游河道的多项治理方案。黄冈河干流河道治理以固堤、疏浚、治涝、绿化、治污和综合开发为内容，包括旧堤拆除或加固、新建水闸、险段处理、护岸长廊景观、河道清障等措施。在提高河道行洪标准的同时，基本理顺和控制主河槽，保证行洪通畅和河势稳定，确保沿河城镇、村庄、农田及人民生命财产的安全。

流域建成汤溪大型水库1座，胜利、牛角笼、大潭中型水库3座，小型水库113座，总库容5.15亿立方米。流域建成小水电站70座，总装机容量约4万千瓦。

纪　实

黄冈河自源地向南偏西流，经上饶、饶洋两镇，于新丰镇荣溪右纳九村溪（河长23千米，流域面积119平方千米），继流到三饶镇河口村右纳食饭溪（河长24千米，流域面积116平方千米），穿过汤溪水库，南偏东流经汤溪镇旁胜利桥左纳东山溪（河长28千米，流域面积102平方千米），继南流至樟溪镇下广阳右纳樟溪（河长23千米，流域面积123平方千米），流入饶平县黄冈镇后，入南海柘林湾。

流域内黄冈镇东北约2.5千米处是号称"粤东一壁"的石壁山风景区，风景区古树成荫，巨石横亘。山腰有一个为巨石所覆盖的天然石洞，洞中石缝渗出股股清泉，有茉莉仙女、白鹤童子琢玉熏香造玉泉的民间传说，故名漱玉泉。登临石壁山之巅，县城黄冈乃至柘林海湾尽收眼底。往南走

粤东一壁

金狮湾海滨浴场

是海山镇，海山镇外头埔海滩上横卧着一条长400米、高125米、厚10多米的海滩岩田。黄冈城的东南约25千米是柘林古港，古港面临浩瀚的南海，与南澳岛隔海相望，这里有著名的金狮湾浴场和惠云浴场。惠云浴场附近的海面上有著名的"七夕井"温泉，七口错落有致的海底温泉井长年喷涌，是一处不可多得的海底地热资源。柘林湾的西澳岛、汛洲岛是国家二级保护野生动物白鹭的栖息地，这里得天独厚的生态环境吸引了数以万计的白鹭前来觅食、筑巢，晚霞余晖下，成群的白鹭归巢投林的景象壮观非凡，是一处难得一见的"白鹭天堂"。

西澳岛的白鹭

7.12.1.1　汤溪水库
（Tangxi Reservoir）

黄冈河中游的大型水库，又称饶平北湖，位于广东省饶平县汤溪镇境内，坝址距县城黄冈镇38千米。

水库是多年调节的大型水利枢纽工程，功能以防洪、灌溉和城市供水为主，兼顾发电与养鱼。集水面积667平方千米，最大坝高43米，总库容3.81亿立方米，正常库容2.86亿立方米。工程于1958年9月动工，1959年12月基本建成。

枢纽工程主要由大坝、溢洪道、输水涵管和水电站组成。大坝有主、副坝各1座，皆为均质土坝，分别采用水中倒土和碾压法筑成；主坝长452米，最大坝高43米，坝宽9.5米，坝顶筑有高为1米的浆砌石防浪墙；副坝长327米，坝高33米，坝顶宽10米；泄洪闸最大泄洪流量3 551立方米每秒；压力涵管1条，最大泄洪流量53.2立方米每秒；另在主、副坝东侧各设灌溉输水涵管1条；

汤溪水库

主坝右岸兴建一座坝后引水式水电站，原装机2台，容量6 400千瓦，多年平均年发电量2 351万千瓦时。1995年5月，汤溪水电站扩容工程竣工投产，扩容后容量8 000千瓦。

建库前，黄冈河中游有石穴涌泉如沸，曰汤溪。汤溪水库淹没区内是一片河川良田，因建库淹没原浮滨镇的居豪、花桥、下坝、汤溪、莲塘、半径、乐斗、桃源、溪头、大潭、松柏下等总共29个自然村，土地面积1 933.3公顷，移民1 291户6 041人。

建库以来，效益显著：提高饶平县黄冈河中下游防洪标准，1997年流域发生大洪水，经水库调节削峰，减轻了洪水对县城黄冈镇及下游地区的安全威胁；水库是中下游农业灌溉的主要供水水源，设计灌溉面积9 487公顷，保护下游15个镇场30多万人口及城市供水安全；为饶平县工农业生产和电力供应、旅游业等多种经营的发展作出了贡献。

汤溪水库湖区东北临竹径，南界花桥温泉，西傍桃源洞，北抵三饶塔山，库区水域面积20万平方米，正常蓄水量2.8亿多万立方米，是潮汕地区最大的人工湖。水库建成后，原72座山峰尽为岛屿，浮坐湖上，千姿百态，景色妖娆。乘船穿行其中，可观周围群山72峰，有鹰山、桃山、鲤鱼岛等景观。水库周围群山环抱，峰峦叠翠，山地面积约500平方千米，其中林地面积400平方千米，占流域面积的60%，库区森林覆盖率约58%。植被多以常绿阔叶林和常绿阔叶针叶混交林为主，植被属中等，草皮较多，局部有水土流失。

7.12.2　榕江
（Rongjiang River）

俗称南河，曾称揭阳江，因揭阳多榕树而得名。发源于广东省陆河县凤凰山南麓，经揭西、普宁、揭东、揭阳市区、潮阳及汕头诸市县（区），至揭东县双溪嘴左纳**北河**，至汕头市牛田洋注入南海。河长196千米，河道平均比降0.49‰，流域面积4 650平方千米。

概　述

榕江位于广东省东南部，东北与**韩江**相邻，东南面临南海，南面与**练江**流域、西南与螺河分水，流域范围涉及揭西、揭东、揭阳、普宁、潮阳、潮州、陆丰、丰顺等县（区、市）。

流域属亚热带季风性气候。多年平均年降水量1 889毫米，降水量受季风气候和地形影响，地区分布不均，山区地带较大，向平原、沿海逐步递减。降水量年内年际变化较大，4—9月降水量占全年的80%～85%，最大年水量是最小年水量的2倍多。流域多年平均年径流量61亿立方米。榕江东桥园站历史最高洪峰水位9.92米，相应流量4 830立方米每秒（1970年9月13日），历史最大洪峰流量5 160立方米每秒，相应水位7.3米（2006年7月16日），最枯流量为0（1954年3月31日）。多年平均含沙量0.21千克每立方米，多年平均

7.12.2 榕江

榕江水系示意图

年输沙量 60.98 亿吨。

榕江支流众多，集水面积 100 平方千米以上的支流 7 条，左岸一级支流有上砂水、横江水、龙潭水、**五经富水**、**北河**，右岸一级支流有石肚水、洪阳河。最大支流北河流域面积 1 629 平方千米，河长 92 千米，平均比降 1.14‰。

流域位于粤东沿海，台风暴雨多，历史上洪（潮）、涝、旱等灾害严重。地处榕江中下游的揭阳市区及揭东县，洪涝灾害不仅发生率高，而且受灾区域主要是土地肥沃、人口密集、经济较发达的地区。据史志和档案资料的不完全记载，从北宋熙宁九年（1076 年）至 1949 年的 874 年间，发生较大的洪涝灾害 41 次，风暴潮灾害 21 次，旱灾 35 次。1950—1985 年的 36 年间，发生洪涝灾害 15 次，风暴潮灾害 4 次，旱灾 4 次。

已建成大、中、小型水库 198 座，其中大（2）型水库 1 座，中型水库 7 座，总库容 5.69 亿立方米，控制流域面积 865.42 平方千米；建成小水电站 125 座，总装机容量 9.99 万千瓦，年发电量 2.72 亿千瓦时。

纪　实

榕江发源于广东省陆河县凤凰山南麓，自西南流向东北，经东坑、水唇两镇流入揭西县境，于硁（kēng）下左纳上砂水（河长 32 千米，流域面积 134 平方千米），经五云镇左纳横江水（河长 39 千米，流域面积 219 平方千米），流入揭西县城。揭西，1965 年建县，因县域大部分在揭阳西境而得名。农业主种水稻。名胜古迹有霖田祖庙、天竺岩寺、广德庵等。特产有凤湖橄榄、揭西蘑菇、铁锅等。出县城后，于坪上镇下仓左纳

榕江揭阳市段

龙潭水（河长 30 千米，流域面积 101 平方千米），于新寮右纳石肚水（河长 25 千米，流域面积 102 平方千米），经大溪镇、钱坑镇成为揭西县与普宁县界河，经揭西县凤江镇、棉湖镇，于东湖镇玉湖村左纳五经富水后流入揭东县境，于神港右纳洪阳水（河长 24 千米，流域面积 189 平方千米）后进入揭阳市区，以上称南河。揭阳，秦始皇三十三年（公元前 214 年）置揭阳县。1991 年建揭阳市，辖榕城区和揭东、揭西、普宁、惠来 4 县（市）。农业主种水稻，工业门类齐全，以轻工产品为优势。民间艺术多姿多彩，有石雕、木雕、剪纸、嵌瓷潮乐、英歌舞等，被文化部评为"中国民间艺术（潮州音乐）之乡"。榕江沿城区东流出城，曲折经渔湖镇至炮台镇双溪嘴左纳北河，经炮台镇、汕头市潮阳关埠镇后至牛田洋注入南海。

流域上游山高谷深，溪涧密布，河流落差大；至揭西县河婆镇以下，地势较为平坦，河谷逐渐开阔；三洲拦河闸以下属感潮区，河道更为平缓，两岸农田海拔多在 3 米以下。

榕江上游为降雨高值区，也是洪水的主要来源区，河道比降较陡，洪水传播迅速。中游河床平衍，河道弯曲。河面宽度一般为 300～500 米，水深 2.5～25 米不等。下游河面宽，吹程大，风暴潮威胁严重。5 000 吨级海轮可直达渔湖码头。水产多出下游，以青屿蟹、钱岗蚝、鲻鱼、鳗鲡为珍。

清乾隆年间（约 1737—1761 年），榕江下游始筑桃山都堤、京岗堤等防潮堤，榕江中游的马垞堤、三洲堤等防洪堤也陆续兴筑。20 世纪 50—70 年代，大规模堵口复堤和兴筑新堤。1987 年起实施广东省人大《关于进一步加强江河整治工作的议案》，经过整治，至 1996 年累计完成投资 2.49 亿元，加固堤防长 392.3 千米，加固改建排水涵闸 135 座，改造和新增机电排

揭阳进贤门城楼

揭阳学宫

灌设备 1.05 万千瓦，治涝面积 1.51 万公顷，治理水土流失面积 209.14 平方千米。

中下游揭阳市区，位于榕江平原中部，距榕江出海口 40 千米。揭阳是粤东古邑，素有"海滨邹鲁"之称。揭阳市榕城

区是省级历史文化名城,有始建于宋代的揭阳学宫、双峰寺,及始建于元、明的禁城、进贤门城楼、城隍庙。

7.12.2.1 横江水库
(Hengjiang Reservoir)

榕江支流横江水中游的中型水库,位于广东省揭西县西北部,因库区原有横江村而得名。

水库以灌溉为主,结合防洪、发电。集水面积155平方千米,正常库容6 210万立方米,总库容7 043万立方米。1958年10月动工,1960年2月竣工。1970年9月15日在强台风暴雨袭击下垮坝,1971年10月在原坝址完成复建。2001年11月起对水库进行除险加固,至2003年年底完成主体工程加固项目。水库防洪标准按100年一遇设计、1 000年一遇校核。

水库主要建筑物有:均质土坝,坝顶长300米,坝顶宽8米,最大坝高45米;泄洪闸最大泄流量2 332立方米每秒;输水涵管3条,最大泄流量122立方米每秒;设灌溉、发电两用涵管1条,最大泄流量12.57立方米每秒;坝后电站1972年建成,原总装机4台,容量2 525千瓦,1996年机组改造增容,总装机4台,容量3 650千瓦。

水库直接灌溉面积600公顷,补充灌溉面积2.27万公顷。在枯水期补充榕江水源,经由4座拦河闸灌溉揭西、揭东、普宁、潮阳4个县(区、市)农田。

横江水库

1970年9月13—15日,受强台风影响,榕江流域普降特大暴雨,横江水库库区30小时内降雨量463毫米。15日,水库水位从71.62米骤涨至81.41米,土坝渗漏,发展至管涌,以致垮坝,垮坝时蓄水7 784万立方米,最大垮坝流量约12 000立方米每秒,揭西县47个村遭受毁灭性破坏,因灾死亡779人。

水库坝址上游属丘陵山地,高程一般在450~1 000米之间,以针叶林为主,植被良好。1970年10月水库复建,坝顶高程比原坝降低2.4米,正常水位相应降低1米。2001年11月至2003年年底,对水库进行除险加固,加固项目有:坝体劈裂灌浆、坝基帷幕灌浆、大坝堆石棱体加高加宽、背水坡培厚、迎水坡混凝土护坡、输水涵管进口改建、涵管内套钢管、溢洪道进口右侧山体衬护等。

7.12.2.2 五经富水
(Wujingfushui River)

又名八乡河,**榕江**左岸支流。发源于广东省丰顺县楼子栋,经丰顺县八乡山镇流入**龙颈水库**(上库),从龙颈水库下库流出后,经揭西县五经富镇、京溪园镇,至桃园村右纳灰寨水(河长42千米,流域面积183平方千米)后于东园镇玉湖村注入榕江。河长76千米,河流平均比降5.46‰,流域面积719平方千米。涉及广东省丰顺县和揭西县。

流域西北部为高山,重峦叠嶂,中部为丘陵,东南部为平原。属南亚热带季风气候,气候温和,雨量充沛,光热充足。多年平均气温21.1摄氏度,日照年平均时数1 884小时,年无霜期300天以上。多年平均年降水量2 200毫米,是粤东暴雨中心区之一,多发暴雨、洪水,强度大,洪水峰高流急,对生态环境破坏极大。多年平均年径流量为10.07亿立方米。由于流域近沿海,台风灾害较多,平均每年4.8次,多发生在7月和8月。

流域水力资源十分丰富,理论蕴藏量55兆瓦。中游已建龙颈水库上库(大型)及下库(中型),总库容1.95亿立方米;八乡水库,建成于1995年6月,正常库容3 425万立方米,最大库容4 280万立方米。至2006年2月建成电站16座,装机容量34兆瓦。

五经富水五经富镇段

流域内高山峻岭(最高峰鸿图嶂1 277米),植被良好。丰顺县八乡山镇是革命老区,1930年5月1—12日中共东江特委184名代表在淮下庄屋坪村召开

揭西五经富大桥

东江第一次工农兵代表大会,宣布成立东江苏维埃政府及红十一军。1985年由广东省文化厅拨款在遗址旁兴建二层面积450平方米楼房为东江苏维埃政府暨红十一军纪念馆,现为省重点文物保护单位。

7.12.2.2.1 龙颈水库
(Longjing Reservoir)

五经富水中游以灌溉为主,结合防洪、发电的蓄水枢纽工程,位于广东省揭西县五经富镇之北,由上下两座大中型水库组成梯级,两库坝址相距9千米。

龙颈(上)水库

龙颈上库是一座大型水库,集水面积285平方千米,总库容1.66亿立方米。1958年10月兴建,1960年4月竣工。主要建筑物有:主坝1座,为土石混合坝,1964年冬加高,最大坝高57.2米,坝顶长266米,坝顶宽5米,防浪墙高1米;副坝1座,土坝,最大坝高11.6米,坝顶长60米;输水隧洞

1条,最大输水流量76.3立方米每秒;泄洪闸1座,最大泄洪流量4 410立方米每秒;发电隧洞1条,最大流量39立方米每秒;坝后电站1座,1966年竣工,1994年机组改造增容后3台装机容量由9 600千瓦增至1.2万千瓦。

龙颈下库是一座中型水库,区间集水面积43平方千米,总库容0.3亿立方米。坝后电站装机3台,容量11 400千瓦,1965年投产。1996年8月开始增容技术改造,1997年6月全部完成。

两座水库联合运用,担负着揭西、揭东、普宁、潮阳、丰顺5个县(区、市)1.8万公顷农田的灌溉,其中直接灌溉面积0.63万公顷,补充下游引水工程灌溉面积1.13万公顷。

龙颈水库地处莲花山南麓暴雨高值区,多年平均年降雨量2 298.8毫米,多年平均年径流量4.2亿立方米。龙颈上库坝址以上河流长度47.9千米,河床比降12.4‰。

流域内两岸高山夹峙,林木葱郁,植被良好,碧波荡漾,风景如画,有"小三峡"之美称。流域揭西县五经富镇境内有龙山自然风景区,坐落在苍翠如黛的大北山下,美丽如画的龙湖岸边。宋代末年,宋帝赵昺为逃避元兵来到揭西五经富,见群山苍苍,如龙蜿蜒,因而赐名为龙山。

7.12.2.3 北河
(Beihe River)

北河大桥旁的榕江

亦称汤溪,*榕江*左岸支流,位于广东省东南部,是榕江最大的支流。因流经原揭阳县城之北而得名。发源于广东省丰顺县桐子洋,曲折东南流,经揭东县、揭阳市区,至揭东县炮台镇双溪嘴汇入榕江。流域面积1 629平方千米,河长92千米,平均比降1.14‰。涉及广东省丰顺县、揭东县和揭阳市区。

流域地势自西北向东南倾斜,山区、丘陵、河谷平原依次分布;属亚热带季风气候,雨量充沛。1956—2000年多年平均年降水量1 776毫米,多年平均流量25.9立方米每秒,多年平均年径流量8.17亿立方米;多年平均含沙量0.251千克每立方米,多年平均年输沙量20.3万吨。

清末至民国时期,北河中游修筑有浮山、白石、秋江及坤头山、赤岸等堤防,但堤身矮小薄弱,多未成围,防洪能力低,洪患频繁。1938—1948年堤防溃决6次,平均2年一溃。1970年9月14日发生流域性特大洪水,北河赤坎水文站最高洪峰水位10.74米,据推算,最大洪峰流量达3 080立方米每秒,两岸7条堤围均漫溃,沿河多数乡村水淹门楣,榕城西门吊桥老火船头洪水位2.22米(查测),房屋大半浸水,因灾死亡42人。

流域内已兴建新西河和翁内中型水库2座,小(1)型水库8座,小(2)型水库35座,总库容1.19亿立方米,控制流域面积161.18平方千米。北河中游建有北河桥闸,担负着灌溉、供水及水陆交通等任务,设计灌溉面积4 800公顷,并向揭阳市第一水厂提供水源。20世纪60年代,北河下游修建渔湖堤、炮台堤、磐岭堤、锡场堤。1993年揭阳市区修建东山围、榕城围北堤等城市防洪工程。

北河自源头曲折东南流,经北斗镇流入丰顺县汤坑镇并左纳汶水溪(河长24千米,流域面积186平方千米)。丰顺,清乾隆三年(1738年)始设丰顺县,因县治为丰顺而得名。境内地热资源十分丰富,建有全国第一座地热试验电站,汤坑是温泉之乡。广梅汕铁路、公路与206国道斜贯县境。上游沿河多温泉,河道比降较大,洪水汇集快。汤坑镇以下河道始趋平缓,可通舟楫。出丰顺县城后流至汤南镇狮角,右纳龙车溪(河长27千米,流域面积134平方千米)后入揭东县境,经揭东县玉湖镇,至北河桥闸左纳新西河(河长25千米,流域面积110平方千米),经月城镇进入揭阳市区,经揭东县曲溪镇,至枫口村左纳*枫江*,至炮台镇双溪嘴汇入榕江。

北河中下游河道弯曲狭窄,坡降平缓,北河桥闸以下为感潮河段。榕城以上河床为砂质,河心有潭王大洲、渡头洲和乔东大洲。河面宽度一般为150~300米,锡中、榕城段最窄处仅80米,塘埔至双溪嘴河段最宽达500米。

7.12.2.3.1 新西河水库
(Xinxihe Reservoir)

*北河*支流新西河上的中型水库。位于广东省揭阳市揭东县西北部,因库区原有新西河村而得名。

水库功能以城市供水为主,结合灌溉、防洪和发电。集水面积76.76平方千米,总库容5 958万立方米。1956年12月动工兴建,1958年1月竣工,1990—1993年对水库进行除险加固,1999年9月1日开始向揭阳市第二自来水厂提供源水。

水库主要建筑物有黏土斜墙坝,最大坝高37米,坝顶长450米,坝顶宽5米;溢洪道,最大泄流量561立方米每秒;输水涵管,最大泄流量21.4立方米每秒;坝后电站,装机3台,容量960千瓦。

水库原与榕江三洲拦河闸北干渠、北河罗山拦河闸为同一灌溉系统,功能以灌溉为主。1976年北河桥闸建成、罗山拦河闸拆除后将引水、蓄水灌区分开。水库设计灌溉面积4 800公顷,灌区包括玉湖、新亨、锡场、东山4个镇(区),有效灌溉面积4 000公顷。1992年揭阳建市后,新西河水库的主要功能转变为供水,担负着揭阳市区东山片区15平方千米20多万人口的生活、生产用水任务。

20世纪50—70年代,由于乱砍滥伐林木、开山造田、采矿等人为原因,库区植被遭受大面积破坏,水土流失严重。1981年10月实测,水库建成以来,泥沙淤积量达523万立方米。此后开展小流域综合治理,封山育林,种植经济林和水源涵养林,有效地减少了库区水土流失。

7.12.2.3.2 枫江
(Fengjiang River)

*北河*左岸支流,又称西山溪,发源于广东省潮安、丰顺、揭东三县交界的笔架山,于广东省揭阳市揭东县枫口流入北河。河长71千米,流域面积664平方千米,涉及广东省潮安县和揭东县。

流域山地植被良好，裸露的岩石主要由花岗岩构成；属亚热带海洋性季风气候区，多年平均气温21摄氏度左右。流域内地形复杂，源头为高山暴雨区。大坑雨量站实测多年平均年降雨量1763毫米。流域多年平均年径流量2.29亿立方米。中上游水质符合地表水Ⅲ类标准，下游受工业、矿山、生活污水排放的影响，水质为Ⅲ～Ⅳ类。

流域内耕地面积8 793公顷，其中水田面积7 493公顷，有效灌溉面积8 600公顷，旱涝保收面积7 480公顷。

流域形如桑叶，地势自西向东倾斜，源流先后汇入陈高水、葫芦水等，经田东圩向东南流，经白水、郑岗至古巷竹林村前折向南流，迂回曲折。

梅林湖景区

上游西山溪流域山清水秀，四季如春，风景名胜主要有白水岩风景区、凤凰山风景区和梅林湖风景区等。建有葫芦和大坑两座小（1）型水库。折流后，于枫溪镇穿过233省道，再穿过广梅汕铁路，沿广梅汕铁路南侧与之并行，经玉滘镇向南至大滘村复向西南流至云路镇涵头陈右纳车田水（河长28千米，流域面积119平方千米），车田水上游建有翁内中型水库（总库容1 314立方米），继流至枫口汇入北河。

上游西山溪堤位于潮州市区西北面。1975年11月，潮安县组织群众对西山溪中下游河段进行改道，建成西山溪堤。堤围北起古巷镇高美村鹰头山，南至凤塘镇深坑桥止，全长8.9千

凤凰山风景区

米。工程保护着潮州市湘桥区、枫溪区、火车站区、经济开发试验区和潮安县的古巷、凤塘等镇，保护耕地面积5 867公顷、人口37.3万。

7.12.3 河溪水库
(Hexi Reservoir)

独流入海的河溪水上游的中型水库，位于广东省汕头市潮阳区河溪镇的鹅槽峡谷处。

水库主要功能是防洪、灌溉和城乡供水，兼顾发电。集雨面积40.85平方千米、总库容1 748万立方米，正常库容1 583万立方米，于1957年12月动工兴建，1958年5月竣工，1966年11月扩建，1973年10月全面完成。担负河溪、西胪、关埠三镇1 880公顷农田的灌溉任务，保护河溪镇面积1 000公顷、人口12万。

工程主要建筑物由大坝、溢洪闸、输水涵管、电站组成。大坝为土坝，主坝长982米，最大坝高34.5米，副坝4座总长445米；溢洪闸最大泄流量753.6立方米每秒；直径1.4米的新涵管用于发电、灌溉和供水，最大泄流量1立方米每秒

坝后式电站于1960年建成，装机2台，容量500千瓦，1990年易址重建，改为立式发电机组，装机2台，容量500千瓦；水库干渠3条，其中北干渠长13.6千米、东干渠长2.4千米、西干渠长2.6千米。

建库以来，效益显著：水库防洪标准100年一遇，1993年9月27日库区日降雨量316毫米，发生特大洪水，经过水库科学调节，削减洪峰50%，减缓了洪水对下游的威胁；向灌区年供水987万立方米，向城区年供水2 068万立方米。

库区内山地不高，坡角一般在30°左右，周围为花岗岩、风化土区，下游是牛田洋平原，距榕江仅2.5千米。

库区周围森林生态系统保护较为完好，栖息着许多跨境越冬和临时驻留的候鸟，其中不少是国际协定中的保护鸟类，如列入国家二级保护野生动物名录的黑翅鸢、红翅绿鸠等。

7.12.4 练江
(Lianjiang River)

粤东沿海独流入海河流，因河道弯曲如练，故名。发源于广东省普宁市大南山五峰尖西南麓杨梅坪的白水礤，自西向东经汕头市潮阳区海门镇注入南海。干流原长94.5千米，经裁弯取直，现全长71.1千米，流域面积1 353平方千米，河流总落差431.6米，比降0.89‰。涉及广东省普宁市和汕头市潮南区、潮阳区。

概　述

流域形如葵扇。上游三面丘陵环抱坡积盆地，沿江地势低洼；中游南北山丘对峙，平原为第四系断陷盆地沉积，南宽北窄，南北丘陵的山前坡积形成平缓地带向干流倾斜，中游部分地面低于下游，呈倒坡；下游即龟头海，作漏斗状向内陆伸进，海湾南面横躺一岛形沙嘴，北岸则环布低丘。

练江

流域地处南亚热带季风区，海洋性气候明显，光、热、水丰富。多年平均年降水量1 841毫米，汛期降水占全年的84.8%。地表径流量受地形土壤、植被诸因素的影响，由南向东北递减，多年平均年径流深1 051毫米，地表径流量21.86亿立方米。多年平均年水面蒸发量1 137毫米，冬春蒸发量占全年的42.9%，为同期降水量的7.34倍，故旱灾常出现在冬春二季。

流域水旱灾害频繁。20世纪60年代以前，水灾多为洪水漫滩或海潮倒灌，如1955、1960年的洪涝灾害，滞积水量分别为2.01亿立方米和3.57亿立方米。流域又是旱咸灾害频繁地区，50年代成灾次数占干旱次数的50%以上，60年代初成灾次数约占20%，70年代后除1977年特大干旱外均未成灾。练江水闸建设前，由于流域源流枯竭，遇上15天不雨，海潮溯江而上，一月左右涌至普宁竹园等地方，原潮阳县陈店等8个镇的农田面积1.07万公顷遭受不同程度的咸潮灾害。

2000年流域耕地面积4.22万公顷，人口301.81万，地区生产总值210.35亿元。

1956年成立汕头专署治理练江委员会，1962年编制成《练江整治工程规划报告书》，提出"蓄、泄、防、排、截、抽"六

字方针，进行治理开发。此后，开始按照统一规划、分段实施的办法进行全面系统整治，先后裁弯取直河道16处，缩短河长23.4千米，拓宽河面6处，归并支流4条。经整治，练江干流基本达到20年一遇洪水标准，水旱灾害基本得到控制。

截洪工程建设是整治练江内涝的一项关键性工程，先后开挖截洪工程19座，总长100.31千米，其中又以南山截洪渠最长。南山截洪渠位于练江南岸，渠线总长30千米，1975年1月至1976年5月建成，渠首起于金溪水库，中间穿过利陂水库和**秋风岭水库**，至田心镇出海。截洪渠排洪能力按20年一遇洪水设计、50年一遇洪水校核，入口流量80立方米每秒，出口流量656立方米每秒，校核最大流量768立方米每秒。其主要功能是截取大南山北麓7条支流216平方千米的山洪水，将其直接引排出外海，以削减流入练江南岸平原的大量客水，直接治涝面积9333公顷，改善治涝面积4667公顷，增加和改善灌溉面积900公顷。

1957年，针对练江咸潮上溯严重的问题，在潮阳铜盂动工兴建"练江中游防潮灌溉水闸"（现名练江水闸），解决中游4000公顷农田灌溉、防潮问题并改善群众生活用水条件。1969年，在潮阳海门镇动工兴建海门湾闸坝（现海门湾桥闸），解决防潮和蓄淡问题。

在整治干流的同时，练江两岸部分支流也相应进行整治，主要是在北岸浚深拓宽普宁市境内的白坑湖水，疏浚、裁弯取直流经普宁市、汕头市潮阳区的北港水；在南岸疏浚、裁弯取直普宁市境内的白马溪，开凿汕头市潮南区境内的篮兜河和裁弯取直并浚深南港水等。

练江源头白坑湖

流域内建成秋风岭、大龙溪一级、大龙溪二级、小龙溪、上金溪、红场、红口畚等中型水库7座，建成小型水库152座、山塘193座，控制流域面积330平方千米，总库容3.04亿立方米；机电排灌站171座，总装机256台，容量2.27万千瓦，其中总装机1000千瓦以上中型机电排灌站有潮阳的贵屿、铜盂电排、潮南的陈店、司马浦和峡山电排站等5座，有效排涝面积1.27万公顷，有效地治理了流域的洪涝灾害。

纪　实

练江上游河段全部在广东省普宁市境内，东晋隆安年间名带水，盛唐时改称绒水。原河道长38.8千米，经整治后长29.8千米，河槽陡。自源地流入寒妈水库（总库容988万立方米）向东北流入普宁市区。普宁，明嘉靖四十二年（1563年）置普宁县，取"普遍宁谧"之意，是广东省粮食高产县之一，有"水果之乡"的称誉。公路324国道过境，潮惠高速公路北连揭东，南连惠来。出市区后至玉溪村转向东南流，经龙秋、溪尖脚，从石港山入潮阳区境。练江上游各支流建有

练江源地普宁大南山

三坑上水库（总库容1646万立方米）、三坑下水库（总库容1766万立方米）、白沙溪水库（总库容1145万立方米）和汤坑水库（总库容3339万立方米）共4座中型水库。经牛草渡至贵屿镇玉滘村左纳贵屿水，至萧渡右纳秋风水。秋风水发源于汕头市潮阳区红场镇潘贷，河长33千米，流域面积168平方千米，上游建有**红场水库**和秋风岭水库。经陇仔，转北流，其右岸坐落着潮南城区，潮南区与潮阳区原为潮阳县，2003年1月撤市设二区，为广东省著名侨乡，因临海，海产品丰富，有对虾、鳗鱼、蚶等。公路324国道横贯中部，深汕高速公路从南部海滨过境，海门港通广州、香港等地。于草美左纳北港水（河长31千米，流域面积245平方千米），上游建有鲤鱼陂等7座小（1）型水库。再折向东南流，经练北、练南、和平镇各平桥、下寨、大塭，折向东流，于渡头右纳龙溪，龙溪河上游建有大龙溪一级、大龙溪二级和小龙溪3座中型水库。至沧州弯曲流入海门湾，汇入南海。

自汕头市潮阳区的石港山起至和平桥，河长20千米，落差仅0.5米，河流比降0.25‰。沿江地势低洼，部分地面还低于下游，田面高程与一般潮水位相当。原中游干流弯段较多，壶豆湾最小狭颈仅100米，而弯道河岸长达1750米，该弯在明代因水流冲刷而自然改直。民间仍流传着"弯来弯去在壶豆脚"的俗谚。支流流向多呈南北向，与干流垂直，水网呈扇状分布。

下游自汕头市潮阳区和平桥以下至海门湾桥闸，河长18.3千米。因北岸有石龟濑水而俗称龟头海。原下游河道弯曲狭窄，分支多，经整治，形成左岸以北港、右岸以南港和南山截洪3条自西而东与**练江**平行的新河道，将原各支流上中游河水截引入海或汇入练江下游，水网由原扇状分布变为网状分布。

7.12.4.1　红场水库

（Hongchang Reservoir）

练江支流秋风水上游的中型水库，距潮南中心城区28千米。

红场水库是集发电、防洪、灌溉于一体的综合利用多年调节水库。集水面积35平方千米，正常库容1936万立方米。达到100年一遇设计、1000年一遇校核的防洪标准。工程于1976年4月动工，1977年10月竣工蓄水。

枢纽工程由大坝、泄洪闸、输水压力隧洞和水电站四部分组成。大坝为水浸式均质土坝，主坝长250米，坝高39米，坝顶宽7米；副坝长409米，其中泄洪副坝长382米，黄牛洋副坝长27米；泄洪闸1座3孔，最大控制泄洪流量350立方

米每秒。输水压力隧洞内径1.6米。水库配套建设水电站3座,装机6台,容量7 400千瓦。

红场水库

水库建成以来,效益显著:有效拦蓄大南山山洪,控制下泄流量,提高了下游**秋风岭水库**的防洪能力,增加了调蓄水量,确保了6 800公顷农田的灌溉用水;提供了三级水电站的发电用水,平均年发电量2 000万千瓦时以上。

库区边的红场镇地处大南山中段,有着光荣的革命传统。这里是1928年东江革命根据地和领导中心之一,著名的革命家彭湃、徐向前、李富春、古大存、方方、邓发先后在红场点燃革命烽火,创建革命根据地。1930年在这里召开闽粤赣三省边区党代会。1949年后,红场被评为二战时期革命根据地,至今,这里仍保留着红场广场、红宫、石刻标语、红军医院、英雄石洞等革命遗址。革命烈士纪念碑和大南山革命历史纪念馆被汕头市定为爱国主义教育基地。

7.12.4.2 秋风岭水库
（Qiufengling Reservoir）

练江支流秋风水中游的中型水库,距潮南中心城区28千米。

秋风岭水库

水库是以拦蓄洪水为主,兼顾灌溉、供水、发电等综合利用的水库。集水面积105.1平方千米（含上游红场水库集水面积）,总库容6 903万立方米。工程于1958年9月动工兴建,1959年11月竣工蓄水。1961年和1964年两次进行加固改造,大坝由原24.6米加高至28米,坝顶高程48米。由于工程原设计标准低,质量差,运行时间长,2000年经安全鉴定为三类险坝,达不到部颁防洪安全标准。2002年广东省计划委员会批准立项,列入国债水利工程建设项目。工程于2003年12月动工,2006年7月完成。重点是培土加厚主副坝坝身及增筑主坝背水坡反滤棱体,迎水坡浇筑混凝土护面,重建主副坝泄洪道,更新改造输水涵管及重建坝后电站等。

枢纽工程由主坝、副坝、泄洪闸、输水涵管和水电站四部分组成。有主坝、副坝各1座,皆为均质土坝,主坝高由原28米降为27米,坝顶筑有高1米的混凝土防浪墙,主坝长1 689米,副坝长360米,坝顶宽均由原5米加宽至7米;主坝泄洪闸最大泄洪流量552.2立方米每秒,副坝泄洪闸最大泄洪流量418.8立方米每秒;输水涵管最大泄流量25立方米每秒;水库设坝后式水电站1座,重建后装机3台,容量780千瓦,多年平均年发电量211万千瓦时。

水库是治理练江的骨干工程之一,效益显著:有效控制大南山洪水的下泄流量,减轻了练江流域的内涝灾害;为秋风灌区的主要供水水源,灌溉面积6 480公顷;为下游两英、峡山、司马浦、胪岗、和平五镇提供工业和50万人口生活用水;1963年坝后水电站建成投产发电,曾解决受益区排涝、照明、加工等设备动力;保护下游人口85万及183.66亿元工农业产值的安全。

水库青山环绕,绿水盈盈,山光水色,相得益彰。水深处湛蓝凝碧,水浅处清澈透明,周围群山青翠欲流。

7.12.4.3 大龙溪二级水库
（Dalongxi Reservoir Ⅱ）

练江流域龙溪水系梯级水库的第二级,位于广东省汕头市潮南区陇田镇乌石部村。

水库是多年调节、综合利用的中型水库,主要功能是防洪、灌溉、供水和发电。集水面积42.9平方千米,总库容3 056万立方米。水库达到100年一遇设计、1 000年一遇校核的防洪标准。工程于1969年12月动工兴建,1970年12月30日竣工蓄水。

枢纽工程由大坝、溢洪道、输水隧洞和电站组成。大坝为土质黏水均质土坝,主坝长254米,最大坝高48.5米,坝顶宽7米;溢洪道最大泄流量555立方米每秒;输水隧洞最大泄流量14.2立方米每秒;坝后引水式电站1座,装机2台,容量2 000千瓦,年发电量280万千瓦时。

水库建成以来,效益显著:与上游龙溪一级水库及下游五沟水库一起联合调控,有效控制了山洪下泄,确保了下游人民群众的生命财产安全,保护人口11.66万、耕地面积3 920公顷;担负着潮南区陇田、成田、井都、和平和胪岗5个镇77村的农田灌溉任务。

库区边的成田镇地处大南山南麓,境内峰峦重叠,山势险峻。名胜古迹有坐落于潮南区成田镇家美村马家沟东北侧的明代古刹七星寺。古刹屡遭破坏,1976年落实宗教政策后重建,1995年11月重新举行开光仪式。

翠峰岩

境内有老一辈无产阶级革命家彭湃早年从事革命活动的大南山革命遗址,以及鹅地温泉、翠峰岩、仙湖风景区、沙滩海色等景观资源。

7.12.5 龙江
（Longjiang River）

为独流入海河流,发源于广东省普宁市南水凹,经陆丰市,至惠来县南海哨所注入南海。干流长82千米,平均比降1.63‰,流域面积1 164平方千米,涉及广东省普宁市、惠来县和陆丰市。

流域属亚热带季风区,具有明显的海洋性气候特点,是热带气旋经常影响和登陆的地区,7—9月6级以上强风占总数的83%。据龙江磁窑水文站(缶窑村)1955—1997年观测资料统计,多年平均年降水量2 125毫米,多年平均年径流量17.61亿立方米,多年平均年径流深1 627毫米,多年平均含沙量0.21千克每立方米,多年平均年输沙量28万吨。流域中上游枯、丰水期的水质都基本符合地表水Ⅰ～Ⅱ类水标准。

龙江上游蜿蜒流经暴雨高值区,每逢暴雨,洪水奔流直下,峰高量大;中下游惠来河段坡度平缓,流速减慢,又受海潮顶托,洪水宣泄不畅。1524—1911年的387年间,流域发生较大洪涝灾害14次、干旱21次。1949—2005年的56年间,发生洪涝灾害18次、干旱11次,其中较大洪涝灾害8次、大旱6次;发生风暴潮灾19次,其中12级以上强台风正面登陆并造成严重灾害5次。

龙江原由神泉港入海,为了消除龙江中下游洪潮对两岸排水的顶托,减轻涝害,提高堤围防洪潮能力,1977年惠来县整治龙江口,挖新河道长5千米至南海哨所注入南海,缩短河道6千米,河床比降增大而加速排洪。

流域水力资源理论蕴藏量5.58万千瓦,已开发小水电128座,装机容量1.25万千瓦,年发电量2 000万千瓦时。流域上游已建成大型的**龙潭水库**、中型的巷口水库、尖官陂水库等,以及小(1)型水库14座、小(2)型水库46座;干流上建成磁窑水陂和邦山水闸,灌溉兼顾发电。

上游称龙潭河,自源地向北流至半径转向东南流,经鮕溪乡治、坝面,纵穿龙潭水库,于陆丰市龙潭村右纳建有巷口水库(库容4 962万立方米)的支流后入惠来县境,于葵潭镇吉镇左纳洋溪河,于南照埔左纳高埔水,于余家寨左纳崩坎水后,始称龙江。河道流向东南,经顶寨、园头湖、下湖仔、鲁阳下村、邦山,进入龙江下游平原,经溪西镇治、隆江镇治,于孔美左纳罗溪水,罗溪水上建有**石榴潭水库**、船桥大库(库容1 591万立方米)和尖官陂水库(库容2 525万立方米)。继流至钓石左纳盐岭水,于神泉港左纳雷岭水(河长26千米,流域面积254平方千米),雷岭水上建有蜈蚣岭水库(库容2 976万立方米)和镇北水库(库容1 260万立方米)。继东流入南海。由于下游平原比降小,泥沙淤积,排水不畅,加上大南山的山洪,故常发生洪涝灾害。

7.12.5.1 龙潭水库

(Longtan Reservoir)

龙江上游的大型水库,位于广东省陆丰市陂洋镇龙潭村,距陆丰市城区43千米。由于该水库建于龙潭河上,故名。

水库是以灌溉为主,兼顾防洪、发电和城乡供水等综合利用的大型水库。集水面积156.03平方千米,总库容1.06亿立方米。工程于1958年兴建,2001年

龙潭水库

加固改造,2005年竣工。

枢纽工程由大坝、溢洪道、输水隧洞和水电站组成。大坝为均质土坝,主坝长250米,坝顶宽8米,最大坝高41米,坝顶防浪墙的高程为79.85米;溢洪道最大泄洪流量1 993立方米每秒;发电输水隧洞最大出水流量16立方米每秒;坝后引水式水电站,装机4台,容量4 000千瓦,年发电量1 228.8万千瓦时。

建库以来,效益显著:发挥调洪错峰的作用,减缓陆丰市陂洋镇及其下游地区的洪灾威胁;水库是龙潭灌区的主要供水水源,担负着陆丰、惠来、华侨3个市(县、区)15个镇(场)的8 700公顷农田灌溉和60多万人口生活用水任务,平均年供水量1.63亿立方米;流域内植被较好,在一定程度上保护了龙江的水资源。

库区位于广东省莲花山系的东南端,地势北高南低,并从中间向东西两侧倾斜,为洪积、冲积、海积台地和阶地。地质构造复杂,分布有变质的泥质板岩、石英岩、矽质砂岩等,地质构造岩层状为沉积岩特征,水文地质特征为裂隙水较为丰富,分布于陡峭的山坡里,并形成溪流瀑布汇入库区。

历史上龙潭灌区水旱风潮沙五灾俱全,由于修建了龙潭水库,抗灾能力增强。

水库周围已开发为以山地景观为主的桂坑景区。景区内有人字峰山,主峰海拔740米,山峰上的"打鼓潭"泉水自上而泻,川流不息,水质清甜可口,水量充沛,是开发矿泉水的理想泉源。山峰上有奇特的"仙人石",其传说十分神奇。景区内的铜锣湖农场有橡胶种植基地,经复垦后种植具有观赏性、实用性的经济果林、花卉树木,不仅适应国内外生态旅游市场的消费需要,还对库区水土保持和涵养水资源产生较好的作用。

7.12.5.2 石榴潭水库

(Shiliutan Reservoir)

龙江支流罗溪水中游的大(2)型水库,位于广东省揭阳市惠来县大南山南麓。因库区内原有石榴潭村,故名。

石榴潭水库

水库以灌溉为主,兼顾防洪、供水、发电。集水面积127.7平方千米,总库容1.108亿立方米,正常水位54.5米(惠水基面,下同),相应库容8 000万立方米。1958年9月兴建,1959年9月竣工。

水库主要建筑物有:主坝1座,坝长438米,最大坝高41米,坝顶宽8米;副坝4座,总长288米,皆为均质土坝;泄洪闸1座,最大泄流量978立方米每秒;输水涵管2条,低涵管长134米;干渠长35.85千米,设计过水流量6.14立方米每秒;支渠5条长47千米;电站2座,装机4台,容量

2 140千瓦，多年平均年发电量600万千瓦时。

水库设计灌溉面积7 100公顷，有效灌溉面积5 080公顷，担负着惠来县的隆江、溪西、岐石、南海、东埔及陆丰市甲东等7个镇（场）的农田灌溉任务，保护隆江等7个乡镇20多万人口的生命财产安全。

库区位于粤东南大南山的南麓，植被良好。坝址处多年平均年降雨量1 777.4毫米。水库建成后，因库容偏小，防洪标准低，工程质量也有问题，曾于1961、1963、1964、1971—1972、1973、1984、1985—1987、2002年先后8次进行加固、改建、扩建，才达到防洪标准100年一遇设计、1 000年一遇校核。

7.12.6 鳌江
（Aojiang River）

为独流入海河流，是广东省陆丰市和惠来县的边界河。发源于陆丰市的十八尖山，于甲子港注入南海，河长31千米，流域面积273平方千米，涉及广东省陆丰市和惠来县。

流域地处南海之滨，多丘陵、高地，近河两岸地势低洼。地质构造属莲花山断裂带的中束公平断裂带，产生于燕山运动早中期，至今仍在运动。

鳌江上游分为三溪：北溪，流域面积57平方千米；西溪，流域面积54.7平方千米；南溪，流域面积23.3平方千米；均于陆丰市大陂村附近汇入鳌江干流，并朝南经览表、鳌江水闸，进入瀛江，于甲子港注入南海。

流域属南亚热带季风区，海洋性气候特别明显。流域内常受台风袭击，降雨时空分布不均，多年平均年降水量1 700毫米，多年平均年径流量4.64亿立方米。

1949年前，流域内基本没有水利设施，经常遭受洪、涝、旱、风、潮灾害，因经济主要是农业，故经常失收。1949年后，流域内开展了以修建灌溉渠道、筑堤围、建涵闸和提水站为主的水利建设，基本消除旱、涝、洪、潮灾害。流域（陆丰境内）修筑了流量为16立方米每秒的引水渠道，引**龙潭水库**水，并兴建了凉水井水库和尖山水库，以及27座小（1）型以下的山塘水库，集水面积12.33平方千米，总库容793万立方米，配合龙潭灌区来水进行灌溉，保证灌溉面积2 700公顷；建成堤围防洪堤（西堤）27千米，保护人口6万、耕地面积2 000公顷。

流域内耕地面积4 000公顷，居民主要以种养业为生。由于鳌江下游出海口开阔，水质及生态环境十分适合网箱养鱼（虾）和野生捕捞，渔业收入颇丰。但由于缺乏有效规划管理，养殖户经常占占乱围，严重时4千米长的河面设障达444公顷，以致汛期严重阻碍行洪、排涝。

7.12.7 乌坎河
（Wukan River）

为独流入海河流，发源于广东省陆丰市境内海拔960.8米的罗经嶂，经乌坎水闸至烟港出南海。干流长48.5千米，平均比降0.3‰，流域面积506平方千米，为陆丰市境内河。

流域内北部为高丘山地，山峦重叠，中部多丘陵、台地，南部沿海多为台地、平原。流域为陆丰市的中心腹地，北靠高山，南临南海，海洋性气候明显，冷暖气流交叠活跃，锋面移动及台风环流影响是降雨的主要因素，雨量集中，强度大。1957年5月12—14日，乌坎水闸3天记录降雨566毫米，潮水位1.25米，乌坎港内受浸面积2 207公顷，受浸时间4天以上。流域多年平均年降水量1 889.2毫米，降水年内分配

乌坎河

不均，6—9月的降水量占全年的80%。流域上游植被较好，流量大，输沙量小。流域平均年水资源量15.76亿立方米。下游近海河段原为港湾，几经沧桑，周围为晚期潟湖沉积物，逐步形成土地，因此沿河两岸地面多在零米高程（珠江基面）以下，为洪潮泛区。

1956—1960年，为解决防潮、灌溉问题，先后3次于金厢镇望尧村堵港拒潮。1975年又继续对乌坎港进行整治。流域已建成中型水库1座、小型水库及山塘47座，流域面积77.4平方千米，总库容6 602万立方米，灌溉面积5 320公顷；引水陂头63座，灌溉面积1 553公顷；电排站26座，装机51台，排涝面积1 460公顷；防洪堤长62千米，保护耕地0.4万公顷、人口12万人。

流域总人口32万，耕地面积1.13万公顷。经济以农业为主，农业人口占94%。随着抗灾能力不断增强，农业收入稳定，群众生活日益改善，但由于以种植养殖业为主，流域在陆丰市属经济发展滞后地区。

乌坎河两侧属于潟湖相沉积，由于大自然作用，陆地上泥沙经大小河流从高处向低处冲积到乌坎港周围的岸边，加上潮浸湖退长年累月的运动，终于使"沧海"变"桑田"。

乌坎水闸位于乌坎河下游段，是一座集防洪、防潮、灌溉于一体的大型水闸。乌坎港口为国家二类海港，有1 000吨级码头2个，是陆丰市主要的水运交通码头。

乌坎河从发源地罗经嶂向南流，经八万镇，至产田左纳建有五里牌水库（库容2 570万立方米）的支流，继流至蛟溪村左纳从东北汇入的陂沟河，再南流约3千米，于禾潭村左纳从东来汇的长山河（集雨面积148平方千米）；再向西南流17千米进入乌坎港，经乌坎水闸入海。乌坎河干流以其在蛟溪村与陂沟河汇合口为界，以上为上游。上游属山区河道，多跌坎，坡度大，水流急。下游进入平原区，坡度平缓，河床泥沙淤积。

乌坎河入海处为碣石湾顶部的乌坎港。该港距陆丰市中心城区东海镇仅9千米，历史上曾是个运输良港。清朝初期为粤海关下设的七大总口之一。

7.12.8 螺河
（Luohe River）

为独流入海河流，发源于广东省陆丰市与紫金县交界的三神凸，于陆丰市碣石湾的烟港注入南海。河长102千米，平均比降2.69‰，集水面积1 356平方千米，涉及陆丰、陆河、海丰、揭西、紫金等县（市）。

概　述

流域北靠莲花山脉，南临南海，北部为高山，中部属于低丘、台地，南部为三角洲冲积平原，地势北高南低。

流域属南亚热带季风区，海洋性气候特别明显。多年平均年降水量2 189毫米，由于地处粤东沿海，北面山区雨量集中，强度大。降水时空分布不均，年内随季节变化差异明显，汛期（4—9月）雨量占全年雨量的82%，最大24小时雨量达884毫米。多年平均年径流量23.59亿立方米。1956—1981年间，平均每年输送到河口的悬移质泥沙27.25万吨，多年平均含沙量0.15千克每立方米。流域下游植被覆盖率低，水土流

失较严重，其中以大安镇最严重，水土流失面积36平方千米。螺河上中游森林覆盖率高，水土流失少，污染源少，故水质基本保持Ⅰ～Ⅱ类，下游水质一般在Ⅱ～Ⅲ类之间。

流域的洪水灾害多由台风及锋面雨带来的大量降水而产生。在中下游，台风有时又带来暴潮，三灾俱到时，加重了灾害的严重程度。

流域的灌溉至今已有近800年历史。1949年前，螺河的治理开发仅限于保障耕地灌溉，建造农耕陂塘及筑堤堵水、围垦农田，河流治理开发进展缓慢，丰富的水资源未能得到充分开发利用。1949年后，从消除洪、涝、潮灾入手，对螺河进行整治。后又经几次综合治理，特别是1962—1964年通过"三河归一"的综合整治工程，堵塞中河及西河，在东河口建闸限流，另辟一条出海新河，取得了明显的效益。螺河桥闸建于1967年，是一座集防洪、防潮、供水、灌溉于一体的大型水闸。2005年，螺河桥闸向陆丰市提供了8 000万立方米的灌溉、生活、工业用水。

流域内已建成中型水库4座、小（1）型水库13座，控制集水面积323.3平方千米，总库容2亿立方米，灌溉面积0.6万公顷；建造大小引水陂385座，灌溉面积0.9万公顷；修建江海堤围长85.2千米，综合治涝面积0.14万公顷。2005年流域总供水量2亿立方米。

纪　　实

螺河自发源地由西向东流经南万镇，穿过绿色走廊生态旅游区，至深度后，折向东南，入**南告水库**，出库后于河田镇麻竹头左纳螺溪（河长30千米，流域面积159平方千米）后，流进陆丰县城河田镇。陆河，1988年析陆丰县北部地区建陆河县，因由陆丰分出，县治河田，故名。螺河为境内主要河流。出县城转西南流，经赤花屯、野鸭村、上围村等于河口镇治左纳南北溪（河长26千米，流域面积128平方千米），继流至咸宜右纳流经新田镇的新田水（河长39千米，流域面积201平方千米）、左纳建有牛角隆水库（库容2 155万立方米）的支流后入陆丰市境。干流咸宜以上为上游，属山区，河槽多在深谷，间有小盆地。至黄塘转东南流，至大安镇治左纳建有三溪水水库（库容2 561万立方米）的三溪水，再由北向南，于河西街办右纳潭西水（河长35千米，流域面积209平方千米），潭西水建有霖投围水库（库容2 462万立方米）。过陆丰市市区。陆丰，清雍正九年（1731年）析海丰县东部置陆丰县，1995年撤县建市，盛产菠萝，为广东三大菠萝产地之一。甲子港为广东省十大渔港之一。可通航广州、香港。深汕高速公路、324国道横贯市境。到陆丰碣石湾的烟港注入南海。

从咸宜至蕉坑，河谷逐渐开阔，河道陂度转缓，河床出现淤积。两岸地势平坦，大安一带形成洪泛区。蕉坑以下分东、中、西三河。

东河经乌坎港入海。中河及西河在丰盛闸前汇合，后至高螺渡再与海丰县流冲河汇合后由烟港入海；三河河道弯曲淤浅，排洪困难，常泛滥成灾。

陆丰菠萝

1962年实施"三河归一"整治工程后，另辟一条直线入海的新河。

流域上中游为山区，占全流域的57%。上游有独特的环境和资源：水能可开发量10.5万千瓦；温泉及矿泉水遍布各地，有"泉乡"之称，其中新田、河田、水唇等镇的温泉布点多，蕴藏水量大，温度高，宜沐浴和养殖甲鱼；为茶叶、水果生产基地，被誉为"中国青梅之乡"；旅游资源丰富，森林覆盖率63%。境内到处层林峻岭、奇山异石、山涧飞瀑，夏天有"五岭皆炎热，此地独宜人"的自然环境；山野丛林中，飞禽野兽种类繁多；还有红椎林区、客家围屋、九厅十八井、清霞洞、回龙寺等旅游景点。

下游河口三角洲地区，河谷开阔，属现期和晚期三角洲沉积，地势低洼、平坦。下游段河积、海积的螺河三角洲冲积平原，土层深厚、肥沃，历来是陆丰市主要的农业耕作区，甘蔗、花生和荔枝是流域

回龙寺

的主要经济作物，河东镇的"浮洲甘蔗"历史上曾因其面积大、产量高而闻名全国，参观者络绎不绝，其先进代表曾出席全国棉糖生产会议，受到周恩来总理的接见；螺河下游与南海相邻的沙坡主产锆英石，20世纪50—60年代曾作为战略物资秘密运往苏联冶炼。

7.12.8.1　南告水库
（Nangao Reservoir）

螺河上游的中型水库，位于广东省陆河县境内，东南距陆河县城区11千米。

水库是年调节的中型水利枢纽，主要功能是发电，兼顾防洪、灌溉。集水面积152.7平方千米，总库容7 870万立方米。工程于1974年动工兴建，1985年竣工。水库淹没耕地91公顷，迁移人口1 994人。

工程由大坝、引水隧洞、压力钢管、发电厂房、变电站等组成。拦河大坝为浆砌石重力坝，坝长240米，坝高78米，左右

南告水库

岸山体混凝土截水墙分别长100米和80米；引水隧洞最大泄流量4 980立方米每秒，设有一条孔径为2.2米的放水管；水电站装机3台，容量4.5万千瓦，多年平均年发电量1.37亿千瓦时。

建库后效益显著：一是减轻下游的防洪压力，1987年7月底发生20年一遇洪水，经水库调节后，削减河道天然流量的30%；二是改善下游1.33万公顷农田的灌溉和50万人的生活用水问题。

南万红椎林生态公园

水库地处广东省内暴雨区之一的莲花山脉南麓，多年平均年降水量2 390毫米。库

区周围是海拔 1 000 米左右的高山，群山环抱，青山绿水，湖面如镜，水库大坝气势宏伟，自然风光优美，被称为"南天湖"。南天湖库区水面面积 150 公顷，有南万红椎林自然生态景区、神象山等观光景点。

建库前，库区经济落后，居民家底单薄。建库后，移民在政府富民政策的扶持下建设小水电站、造林种果，收入日见丰厚。

7.12.9 黄江
（Huangjiang River）

为独流入海河流，发源于海拔 1 054.4 米的广东省海丰县蜡烛山，河长 67 千米，平均比降 1.1‰，流域面积 1 359 平方千米，上游段是罗輋水，中游段叫赤岸河，下游分东溪和西溪两条河流入南海。1956 年首次河流规划，统称黄江，取意于汛期水质浑黄，且出于黄羌。

概　述

流域内山地、丘陵、台地、平原交错，地势北高南低。集水面积 100 平方千米以上的一级支流有西坑水、吊贡水和大液河 3 条，分别从上游的官背洋、中游的糖房村后、下游的后寮村下汇入。涉及广东省海丰县和陆丰市。

流域地处亚热带，气温高，多年平均气温 21.9 摄氏度。雨量充沛，多年平均年降水量 2 329 毫米，年内降雨量集中，汛期占 89%，多年平均年水面蒸发量 1 100 毫米，多年平均年径流量 25.8 亿立方米。黄江干流上游水质Ⅰ~Ⅱ类，中游水质Ⅱ~Ⅲ类，下游水质Ⅲ~Ⅳ类。

1949 年前，黄江河流多弯曲，排水不畅，加上海潮顶托，洪、涝、台风等灾害俱全，农业十年九失收，民众苦不堪言。1949 年后，大力兴修水利。1958—1975 年，流域整治 4 次，做到西杭水、吊贡水、大液河三河归一（缩短河道 14.1 千米）、洪水归槽、洪涝分家、堵潮蓄淡、堤围加固、水闸配套，基本解决了流域的洪、涝、旱、潮灾害。流域内已建水库 90 多座，控制 48% 的流域面积；建成东西堤围长 42 千米，保护人口 17 万、耕地面积 0.7 万公顷；配套排涝防潮水闸一大批。2003 年流域年供水量 3.8 亿立方米。

纪　实

黄江上游为山地，经黄羌盆地进入**公平水库**。由公平水库至赤岸桥为中游，中游地势较低，受虎山夹口控制，属滞洪区。下游为冲积平原，高程在 -1~3 米之间，常受潮水顶托，易发生洪潮灾。

中游段有一级支流龙津河，河长 25 千米，流域面积 105 平方千米，海丰县城便坐落在龙津河的两岸。龙津河流域人杰地灵，旧时龙津河水清见底，环境优美，湖泊密布，渔船穿梭密集，清代惠州府参政吴高曾有龙津渔唱诗："曲曲清溪绕屋斜，数声欸乃起汀沙。夜深月白知何处，余韵风飘出蓼花。"龙津河流域内还有表忠祠、方饭亭、红宫、红场、彭湃烈士故居等名胜古迹和国家重点保护文物。南宋末年，丞相文天祥辅助端宗起兵抗元，行军至龙津河畔，在五坡岭造饭时忽遭元兵袭击，兵败被俘，拒不投降，从容就义。表忠祠和方饭亭是后人为纪念这位民族英雄而建造的。相传表忠祠有联曰："一饭千秋人不死，五坡万古宋长存。"表忠祠后的方饭亭台阶下是刻有"一饭千秋"四个大字的大石碑，小亭石柱刻有林大钦书写的对联："热血腔中只有宋，孤忠岭外更何人。"红场是海丰苏维埃政府成立的大会场，红宫保留了大量的革命文物，红宫、红场都是全国重点文物保护单位。此外，流域内还有过去海丰八景中的"万寿晓钟""龙津渔唱"

"丽江月色"三景。

黄江下游一级支流大液河，河长 34 千米，集水面积 161 平方千米。其上游的埔仔峒，四面环山，易守难攻，为历代兵家必争之地，北宋杨文广曾在这里与"土著部落"作战，这个部落宋代以前就在银溪西岸居住，至今还有城寨、仓库、水陂、堤坝、矿坑等遗迹。大革命时期，红军和赤卫队多次在这里同敌人作战。这里山清水秀，洞天福地，是佛徒道家建庵造寺之处。其中小溪大道庵为明代海丰名庵之一。

海丰方饭亭

海丰红场

下游的东溪，是黄江出海一大分流。以东溪水闸为界，上为淡水河，为产粮区，下为潮汐河，是鱼、虾、蚝产地，素有"东溪鱼，西溪蟹"之称。南宋末年，陆秀夫率水师护宋端宗南渡，从陆丰乌坎经望洋入东溪，至新沟受西溪左岸陆地阻隔，当即发动军民从新沟凿运河 1 200 米至港口通入西溪，从此东西溪分流口的港口村成为东溪源头，东溪自此也称宋溪。从东溪到西溪，当时宋军沿途留下"宋皇山""宋师岭""圣井""御晏潭"等遗迹。位于附城新南乡的"圣井"石缝中涌出的泉水至今仍长流不息，尚存"圣井古迹"石壁。

大道庵

7.12.9.1 公平水库
（Gongping Reservoir）

黄江上游的综合利用水资源的大（2）型水库，地处广东省海丰县东北部，西连公平镇，东邻平东镇，北接黄羌镇，大坝西距公平墟 1 千米，南距广汕公路 10 千米，西南距海丰县城 13 千米。由于该库西侧是公平墟，故名。

概　述

水库是多年调节水库，具有防洪、灌溉、发电和城市供水等多种功能。集水面积 317 平方千米，占黄江流域总面积的 41.9%，总库容 3.22 亿立方米。工程于 1959 年 10 月动工兴建，1960 年 2 月竣工蓄水，1975 年大坝增厚加高加固，1987 年新建大型泄洪闸，1966 年和 1999 年分别进行主、副坝混凝土护坡加固。

加固后的公平水库有主坝 1 座，副坝 3 座，皆为均质土坝。主坝最大坝高 20.5 米，坝顶长 2 064 米，副坝在主坝左岸上游，共长 4 083 米；涵洞式溢洪道设计最大泄洪流量 952 立方米每秒；坝后电站装机容量 3 140 千瓦，设计年发电量

公平水库

600万千瓦时；总干渠长60千米，穿山越岭横跨公平、城东、可塘、陶河、赤坑等地。

公平水库年产水量4亿立方米。水库上游集水区内有朝面山、朝阳、南门3座中型水库。必要时，可进行水量联合调节。水库淹没耕地1 700公顷，迁移人口9 234人。

水库加固后，发挥了较大的效益：保护下游近50万人民生命财产和2万公顷农田安全；使下游地区的防洪标准由20年一遇提高到100年一遇，解决公平灌区有效灌溉面积1.667万公顷的供水；是汕尾市区的主要供水水源，供水范围覆盖汕尾市区、公平、可塘、赤坑、城东等城镇以及汕尾发电厂和下游地区部分较大的企业厂家，其中供居民30万人生活用水。

纪　实

水库上游地区自然植被好，森林覆盖率49%，涵养林面积2 322公顷，覆盖了水库周边地区，无较大污染源，水库水源水质为Ⅱ类水标准。

20世纪70—80年代，水库水质受陆丰硫铁矿污水的严重污染，库内鱼类几乎绝迹，水库部分建筑物也由于腐蚀受损，污染还殃及下游的供水和粮食生产、水产养殖。到90年代，硫铁矿关闭停产，水库水质逐渐恢复正常，达到Ⅱ类水标准。旧矿坑余下的少量污染问题逐步得到解决。

历史上公平水库的主流西坑水是黄江干流的上游，可直通南海，水路交通便利，下游船只可直达库区旧时的墟埠。明朝时期，旧墟是公平同惠来、陆丰、紫金商贸的往来集市，直至公平新市开埠而消退。库内东面仍留有旧时陆河、揭西地区商贾往来旧墟商贸的"茶亭"遗址，西北面有闻名遐迩的温泉。

历史上该流域扼惠、潮两州交通要道，集军队屯田于其间，农业生产和水利建设较为发达，以"官"和"军"命名的陂、塘水利工程遍布每个角落。其中"南门吊洞"引水工程至今仍被视为奇迹。这里又是古战场和著名革命老根据地，北宋杨文广，南宋文天祥，大革命时期红二师、红四师和红六军十七师四十九团，抗日战争时期的东江纵队，解放战争时期粤赣湘边纵队，都曾在这里同敌人作战。

水库是黄江上游黄羌水、松林水、西坑水、南门水、平东水的汇集处。水库东北部沿岸是水草丰茂和树木葱郁的沼泽地，各地生物饵料丰富，成为鸟类觅食的优良场所。水库库底，有建于明代的神秘的公平旧墟古城墙遗迹，每逢枯水季节依稀可见。

1998年12月28日建立广东省海丰公平大湖省级自然保护区，总面积11 591公顷。主要保护对象为候鸟及其栖息地，是广东省湿地类型自然保护区之一，是候鸟研究基地。栖息地有国家二级保护以上稀有鸟类13种，省级保护鸟类近30种。

7.12.9.2　青年水库
(Qingnian Reservoir)

黄江支流小液河上游的中型水库，位于广东省海丰县城西北5千米处。

水库以灌溉为主，兼有防洪、发电、供水、养殖等功能，控制流域面积58.84平方千米，总库容1.0589亿立方米。工程于1958年动工兴建，1960年竣工，1970年扩建，1990年加固。

青年水库一角

扩建、加固后的青年水库主体工程由挡水、泄水、输水、发电四大部分工程构成。主坝长452米，最大坝高27米，坝顶宽5米，副坝7座，共长1 976米；泄水建筑物一为坞工涵洞式泄洪闸3孔，每孔净宽2.6米；二为敞开式泄洪闸2孔，最大泄洪流量1 000立方米每秒；输水建筑物为混凝土圆管加套铜管，最大输水能力20立方米每秒；坝后电站有卧式水轮发电机组5台，容量960千瓦，设计年发电量250万千瓦时。

青年水库扩建以后，效益显著：使海丰县城的防洪标准由50年一遇提高到100年一遇；担负青年水库灌区0.7万公顷耕地的灌溉用水；解决联安、附城两镇5万群众的饮用水；确保海丰县城每年1 000万立方米的供水任务。

海丰莲花山

库区位于广东省暴雨区之一的莲花山脉南麓。雨量充沛，气候宜人，冬暖夏凉，土层厚，生态良好。上游重峦叠嶂，山峦间多处幽谷飞瀑、山涧小溪，溪涧终年流水潺潺，水质清纯。过去海丰八景中的"莲花叠翠""银瓶飞瀑"均出于此处。这里的乔灌木有30科115种，森林荫翳处生长着1 000多种中草药材，林野间有国家一、二级野生保护动物，麋鹿、野牛、野马、云豹等濒危而珍贵的野生动

莲花山鸡鸣寺

物偶尔出没此地。

流域内人口稀少，每平方千米不到34人，由于人类生产活动少，少污染源，植被覆盖率极高，水土保持较好，空气清新，水质优良。2000年以来，当地旅游业发展较快，有"鸡鸣寺"等多处名刹古庵和被誉为"莲花佛国"的先人功德堂，此外还有新兴建的避暑山庄、度假村、娱乐场、天然游泳场、温泉宾馆、酒家商场等旅游度假配套设施，已成为集旅游、度假为一体的名胜景区。

水库水质符合国家规定的饮用水水源Ⅱ类以上标准。水库的发电、灌溉、供水等各类用水调配合理，社会效益、经济效益较高。水库淹没土地200公顷，迁移人口660人。

7.12.10 赤石河
(Chishi River)

为独流入海河流，位于广东省海丰县西部，发源于海拔1 256米的白马山，在小漠镇沙坡渡入红海湾，河长36千米，河床比降5.21‰，集水面积382平方千米。

地质构造属莲花山断裂带的中束公平断裂带，产生于燕山运动早中期，至今仍在运动。流域多年平均年降水量2 237毫米，多年平均年径流量5.27亿立方米，水力资源理论蕴藏量1.93万千瓦。由于降雨时空分布不均，常受台风袭击，故洪、涝、潮、旱、风灾俱全。

流域总人口6万，耕地面积2 700公顷。流域已建成小(1)型水库15座，加上一批引水陂坝，灌溉面积2 300公顷；水电站9座，装机容量0.17万千瓦。

中游和下游分别有一级支流明热水和南门河从右岸注入，集水面积分别为108平方千米和90平方千米。流域上游的大安峒、明热峒是著名的老苏区，1928年1月由徐向前同志领导的红四军曾在赤石战斗中大败国民党蔡腾辉军队，周恩来、徐向前、陈郁、曾生、王作尧等在这里均留有足迹。其下游2.5千米有汤湖温泉，水温59摄氏度。

中游的三江楼以下，河面开阔，经过几度转折进入急水门峡口，河面缩减一半，洪水期间上下水头差1.5米以上。这里乱石插入河床，远看好像战马过河，故称"勒马过河"。急水门以下叫凤河，从左岸的急水门村（今叫吉水门）到右岸的深冲村，设有渡口，旧时为官办渡，过往行人免交渡费，渡口树有"凤河义渡"石碑，系清咸丰年秋季所立。此处山清水秀，每当夕阳西下，彩霞相映，有"凤河晚渡"一景，为旧时海丰八景之一。流域海岸线42.5千米，海边有大片滩涂，宜养殖。

7.12.11 大隆洞河
(Dalongdong River)

为粤西沿海独流入海河流，又名大同河（旧名楚峒河）。主河道长60千米，河床平均比降0.8‰，流域面积709平方千米，为广东省台山市境内河流。

流域自西北向东南倾斜。上游属山丘区，发源地山高坡陡，植被良好；中下游属广海—都斛海积平原区，地势低洼。

流域属亚热带季风气候，温和多雨，少霜无雪，四季宜种。多年平均温度21.6摄氏度，多年平均年水面蒸发量1 118.0毫米，年无霜期为350天左右。大隆洞山系形成降雨高值区，多年平均年降水量2 558毫米。水资源丰富，多年平均年径流量约10亿立方米。多年平均年输沙量约2 100吨。据2000年监测，河道水质尚好，属国家地表水环境标准Ⅱ～Ⅲ类。

降雨时空分布不均，汛期洪水峰高量大，下游地势低洼，常受洪涝威胁。据《新宁县志》和《台山县自然灾害史》记载："1949年前，流域发生较大洪涝灾害22次，特别是1936年8月17日，烽火角附近的东荣围暴潮水位2.71米，上至冲蒌镇下至田头镇，河道两岸农田水淹2米"。1949年后，大力兴修水利，水旱灾害得到有效控制，但遇台风暴雨袭击，仍会发生洪涝。干旱年份，会发生春、秋旱。因临海，咸潮会造成农田返酸返咸现象，影响农业生产。

流域上游已建**大隆洞水库**（大型）1座、中型水库3座、小型水库26座，总控制集水面积为流域面积的34.2%，总库容3.7亿立方米，灌溉面积1.468万公顷。修筑堤围37条，总长121.8千米，建成电动排灌站152座，修建引水工程161座（含管区引渠），已建水电站6座。1966年在出口建成的烽火角水闸。总体上沿岸达到10年一遇防洪标准，堤内排涝可达10年一遇24小时暴雨4天排干的标准。

大隆洞河发源于台山市大隆洞山系的婆髻山，向北流经墩寨圩，折向东经海口埠，与支流端芬水相汇后，至三合海汇斗山河、镇口河两支流，从广海镇烽火角水闸入南海。斗山河中下游斗山镇绿原水产贸易有限公司建成的活鳗鱼吊水场，成为全国的鳗鱼养殖基地，占全省养殖的60%以上。在开平市境内纳支流虎爪河。

墩寨以下为中下游，地势平坦低洼，土地肥沃，人口密集。河流纵横交错，是台山市的主要涝区之一。1979—2000年先后对大隆洞河进行7次疏浚，1996年起对河堤分段按20年一遇设防标准进行全面加高培厚。改革开放以来，中下游沿岸工业发展较快，河水受到一定污染，2000年后，逐步防治，取得一定成效。

斗山圩至烽火角水闸河段通航标准为Ⅵ级，通航里程12.1千米，端芬镇塘底村至大同市河段可通航60吨以下船只，三合海口至烽火角水闸8千米河段可供500吨以下船只过闸入河避风。近海口一带，网箱等海水养殖业逐年发展，成为临海经济的一部分。

7.12.11.1 大隆洞水库
(Dalongdong Reservoir)

大隆洞河上游的大（2）型水库，位于广东省江门台山市西南部的端芬镇大隆洞河上游，距台山城区约42千米。

水库是多年调节的水利枢纽，以灌溉、防洪为主，兼有发电和养鱼等功能。控制流域面积148平方千米。多年平均年降水量2 348毫米，是广东省最早采用水中填土法施工的大型水库，总库容2.964亿立方米，正常库容1.68亿立方米。工程于1958年9月动工兴建，1959年10月竣工蓄水。2001年6月，按设计洪水100年一遇、校核洪水2000年一遇标准进行除险加固。加固工程项目包括大坝灌浆、主副坝加固、溢洪道改造、坝后电站改造、进库公路改造、新建办公楼及管养楼和环境整治等，2005年6月通过竣工验收。

工程由大坝、溢洪道、输水涵管和水电站组成。大坝为水中填土均质坝，主坝长441米，坝高39.2米，坝顶宽6米；副坝1座，坝长175.6米；溢洪道最大泄洪流量903立方米每秒；坝后电站1966年1月建成，装机1台，容量2 000千瓦，年发电量1 105万千瓦时；1984年扩建装机2台，容量1 600千瓦，年发电量314.8万千瓦时。2002年4月动工重建电站，装机2台，容量2 000千瓦，2004年12月竣工。

建库以来，效益显著：水库与下游烽火角水闸配合解决台山市端芬、广海、南湾、斗山、田头等镇及部队农场9 000

大隆洞水库

公顷农田灌溉用水；保护下游21万人、1.32万公顷耕地，及广东西部沿海高速公路等重要基础设施的防洪安全。

水库库区属低山丘陵区。水库上游两岸是大片的林地和山坑高田，原状山林保护较好，水土保持良好。水库建成蓄水，淹没农田380公顷，迁移村民1856名。移民部分迁往水库下游或其他乡镇，部分向库区上游高地迁移。多年来，推出多项后期扶持措施，基本解决移民生产生活问题，提高移民村的生活质量和生活水平，促进经济发展。灌区的端芬、广海、冲蒌、斗山、都斛、赤溪六个镇，是台山市商品粮基地之一。据2000年监测，水库水质全年均属Ⅱ类。

水库中有138个小岛错落湖中，有"千岛湖"之称。四周青山耸立，山谷内沟壑纵横，奇峰林立，古木参天，构成一幅巧夺天工的山水画廊。群山中飞瀑流泉，鸟语花香，小溪流清澈见底，怪石遍布。库区土壤以黏土为主，植被茂盛，多属针叶林为主的灌木草坡，水土保持良好。山上常见老树、老藤及各种奇花异草。

7.12.12　那扶河
(Nafu River)

为粤西沿海独流入海河流，河长52千米，河床平均比降0.39‰，流域面积684平方千米，涉及广东省台山市和开平市。

上游属丘陵区，植被良好，中下游为平原区，地势自东北向南倾斜。流域属亚热带季风气候，气候温和，雨量充沛，少霜无雪，四季宜种。多年平均气温21.6摄氏度，日照时数2006小时，多年平均年无霜期约340～353天，相对湿度约81%。多年平均年蒸发量1546毫米。多年平均年降水量2174毫米，4～9月降水约占全年的80%左右。多年平均年径流量约8.9亿立方米。2000年，河道水质属国家地表水环境标准Ⅲ类，符合饮用水要求。

流域临海，地处降雨高值区，且时空分布不均，又受风暴潮影响。1949年前，水旱灾害频繁，民不聊生，迫使大批群众漂洋过海外出谋生，形成中国著名侨乡。1949年后，大力兴修水利，水旱灾害逐步得到控制，但在台风暴雨袭击下，仍易发生洪涝灾害。如1959年5月15日施工中的深井水库（中型），在特大暴雨袭击下，主坝漫顶垮坝，幸及早疏散下游群众，未造成人员伤亡。流域还受咸潮影响，可上溯至深井圩，农田易出现返酸返咸现象，影响农业生产及群众饮用水。干旱年份，也会发生春旱和秋旱。

流域上游已建有深井和丹竹2座中型水库、8座小（1）型水库和16座小（2）型水库，总库容1.44亿立方米，正常库容1.02亿立方米，灌溉面积8073公顷。水库总控制集水面积占流域面积的16.5%；建有排灌站14座，水电站5座，引水工程6座，堤围10条总长24.9千米，设计防御标准为20年一遇。

那扶河发源于广东省开平市金鸡镇鱼潭山，向南流经盘村、石湾，经鲮鱼潭流入台山市境禾雀陂，再经那扶镇洪坎、泗门，在小门处纳支流深井水，经那扶墟，在横山圩附近注入南海。

上游段属丘陵区，植被良好，河床较陡，河道弯曲狭窄。中下游段河面宽阔，其出口横山附近宽达3000米。咸潮可上溯至泗门、那扶墟。干旱年份潮区水质含氯度较高，不宜作灌溉及生活用水。出海附近沿河两岸农田大多挖成咸围，引咸养殖。

现堤防防御能力仍较低，正着手逐年加高培厚。流域以农业为主，工商企业尚欠发达，经济建设稳步发展。

7.12.13　漠阳江
(Moyang River)

又名石窟洞水，发源于广东省阳春市河塱镇云廉洒面，干流贯穿阳江市阳春、阳东、江城3个县（市、区），在阳东县北津港流入南海，地理位置位于东经111°16′～112°22′，北纬21°46′～22°42′。河长199千米，流域面积6091平方千米。

漠阳江　隅

概　　述

漠阳江属粤西沿海诸河中较大的河流，流域以东与**珠江**流域的**西江**水系相邻，西至阳江市望夫山脉，北至云浮市的云雾山脉，南部至阳江市阳东县北津港，注入南海。涉及阳春市、阳东县、阳江市江城区、云安县和恩平市。

地势由北向南倾斜，背山面海。地形以山地为主，山体雄厚完整，土层较深，植被良好，无严重水土流失现象。山间盆地土层单薄，表层土干旱贫瘠。地质构造以华夏系、新华夏系为主，断裂构造发育，地震属Ⅶ度区。较大的断层有从化—阳江断裂带和四会—吴川断裂带，地震活动比较频繁。

漠阳江干流自源头到出海口，沿途接纳流域面积大于100平方千米的支流19条，其中流域面积大于1000平方千米的支流有**潭水河**，接近1000平方千米的支流依次为**西山河**、**那龙河**等。

漠阳江上游河谷狭窄，溪流多，比降大，水流急；中游为狭长的河谷盆地和小平原，河床比降较平缓，两岸逐渐开阔，丘陵、台地、平原错落分布，是典型的喀斯特地貌；下游地形以丘陵和小平原为主，河床宽阔，比降平缓。流域地形高低悬殊，河床平均比降 0.49‰。

流域地处北回归线以南，属亚热带季风气候，受海洋性季风及热带、副热带高压影响，气温变化小，多年平均气温 23 摄氏度，年平均日照时数 2 000 小时，全年无霜期约 350 天，偶有低温霜冻。多年平均年降水量 2 199.5 毫米，一般汛期（4—9月）雨量占全年雨量的 70%～85%。多年平均实测河川年径流量 82.1 亿立方米，多年平均年水资源总量 85.94 亿立方米，已开发利用约 12%。漠阳江除阳江市区和阳春市城区部分河段外，其余河段水质均符合国家《地表水环境质量标准》Ⅲ类水质标准。

蓝天下的漠阳江

流域地处南海之滨，容易遭受台风和咸潮的威胁，又是暴雨中心之一，洪涝灾害十分频繁。由于降雨年际变化不均，流域内也常出现旱灾。1953年以来较为严重的旱灾有 15 次，平均每 3 年 1 次。

明天顺二年（1458 年）至明崇祯三年（1630 年）172 年间，阳江有记载的重大洪涝灾害 8 次。明崇祯三年（1630 年）至清光绪三十四年（1908 年），有记载的大水有 9 次。1911—1949 年，发生洪涝灾害 7 次。明正德十一年（1516 年）发生特大暴雨，县志记载："积雨旬日，壬戌夜潦暴涨，坏公私房屋数千间，城崩殆尽，毁民田无数，时二熟不登，民大居困"。明万历四十八年（1620 年），县志记载："四月大水，暴雨迎潮，水深八尺，西门外旦场、华濠一带，民房崩陷者七百余家，白沙顶、麻布演、津头朗等村庐舍淹没殆尽"。1922 年 7 月 14 日漠阳江出现特大洪水，春城站水位 17.02 米，双捷站水位 9.2 米，阳江站水位 4.18 米，漠阳江两岸一片汪洋，房屋崩塌甚多，农田失收。

1949 年后，漠阳江的最大洪水发生在 1981 年 10 月 5—8 日，受台风影响，中上游降特大暴雨，圭岗最大 24 小时雨量 425.8 毫米，双捷水文站 10 月 9 日实测最高水位 9.04 米，相应流量 4 390 立方米每秒，超过 50 年一遇洪水，漠阳江两岸除埠场联围外，堤围全部崩决，决口 979 处，长 36.81 千米，毁崩房屋 3.4 万间，灾民 20 多万人，死亡 47 人，淹没农田 3.8 万公顷，损失稻谷 1 亿多公斤，其他损失 2.3 亿元。

新中国成立后至 20 世纪末，兴建拦、蓄、引、排、灌等防风、防洪、抗旱工程 5 000 多座。其中大型水库有的**大河水库**和**东湖水库**，中型水库 11 座，小型水库 202 座，总库容 10.27 亿立方米。主要排涝工程有漠西排涝工程、中心洲排涝工程、埠场排涝工程、马南垌排涝工程以及一些小排渠和电排站等。建引水工程 3 385 座，总引水流量 92 立方米每秒，其中大中型引水工程有双捷拦河坝、红江拦河坝、西山陂和响水陂等，还建有一批电排灌站和涵闸工程。20 世纪末，流域内有耕地面积 14.93 万公顷，有效灌溉面积 7.28 万公顷。2000 年总用水量 10.4578 亿立方米，其中工业 0.77 亿立方米，农业 8.54 亿立方米，城镇生活 0.50 亿立方米，农村生活 0.64 亿立方米。

纪　实

漠阳江发源于广东省阳春市河塱镇云雾山脉之大风坳与五点梅峰山间峡谷的洒面处，东北流经三隆后入云安县境折向东南流，纳马塘河（河长 27 千米，流域面积 141 平方千米）后复流入阳春市河塱镇自北向南流。

源头地区主要地质遗迹类型为岩溶地貌景观，著名的有玉溪三洞和凌霄

漠阳江水系示意图

岩。玉溪三洞是由漠阳江上游的甘婪河穿过3座石山形成的天然溶洞景观，地下河共长3千米。凌霄岩在玉溪三洞下游6千米处，是喀斯特地貌中典型的棕榈片造型，2003年年底被定为"国家地质公园"，2005年7月又被评为"中国青少年科学考察探险基地"。它以雄伟壮观著称，岩洞高120米，宽20～60米，被誉为"南国第一洞"。

漠阳江源头八排顶

上游段流经岩溶地区的石望镇、春湾镇，有龙宫岩、石林、通真岩、通天蜡烛等自然景观。龙宫岩位于春湾镇东郊，洞长约1 000米，景物精致瑰丽；春湾石林位于春湾镇东北2千米的莲花垌内，从"百页剑门"进入，里面是一块平坦的草地，草地四周矗立着无数如刀似剑的石峰，极其险峻奇特。通天蜡烛位于春湾中山公园湖畔，高100米，底宽30米，耸立于湖畔，是春湾石群拔地擎天的圆柱形奇峰，峰顶有一石突起，似烛蕊待燃，因此称为"通天蜡烛"。

漠阳江早晨

漠阳江在春湾镇廖施塱尾村左纳云霖河（河长33千米，流域面积280平方千米）后，穿过春湾景区，南下至陂面镇，漠阳江西边鹿村岗是独石仔石山，山的东麓有一个裂隙溶蚀形成的高15米、宽28米、深40米的山洞，是约14 900年前古人居住的独石仔洞穴遗址，是华南重要古洞穴遗址之一。与漠阳江西岸的独石仔洞穴遗址隔河相距5千米处，是白寨古人类居住遗址，经考证，遗址年代约在新石器时代晚期到西周至战国时期。

于星荔枝园左纳那乌水（河长28千米，流域面积123平方千米），继流至合水镇平西村高车头左纳山口河（河长23千米，流域面积113平方千米），漠阳江南下至合水镇右纳西山河。从源头至阳春市合水镇为上游。上游多山，河谷狭窄，耕地少而贫瘠，溪流多，比降大，水流急。

合水镇至双捷镇为中游。漠阳江中游河床比降平缓，耕地较集中，土地肥沃，是阳春市主要产粮区。

漠阳江下行向南偏西至春城街道，接纳蟠龙河（河长33千米，流域面积120平方千米）后，左岸便是阳春市城区。阳春，意取漠水之阳，四季如春，文化古迹众多，是我国大陆最南端的喀斯特地貌的市（县），是国家地质公园，素有"广东小桂林"之称；另有"中国马水橘之乡""中国孔雀石之乡""中国春砂仁之乡"等称谓。全市森林覆盖率59.2%，水力资源理论蕴藏量300多万千瓦。阳春城西3千米处有一个名为崆峒岩的岩洞，岩洞里建有寺宇，为明代万历丁丑年始建，清乾隆二十一年（1756年）阳春县令姜山重修，崆峒岩是全国"四崆峒山"之一。

崆峒岩

漠阳江流出春城，继续南下偏西流经马水镇右纳渡头河（河长31千米，流域面积118平方千米）。马水镇盛产马水橘，始产于明朝末年，种植面积1.13万公顷，年产量50多万

漠阳江

吨。阳春孔雀石也多产于马水石菉等处，已有2 000多年的采冶历史，阳春石菉铜矿的孔雀石储藏量居全国之首。

出马水镇，漠阳江婉转折向东南流经岗美镇，左岸建有岗美水库，是由蛤山、那马两座水库组成的中型水利工程，以灌溉为主，兼顾防洪、发电等综合利用。

漠阳江下行于新村仔左纳轮水河（河长28千米，流域面积109平方千米），在河口镇潭梅古良右纳漠阳江最大支流潭水河。潭水河发源于阳春市双滘镇与信宜市交界处的云雾山脉的鸡笼顶西南部，流域面积1 421平方千米，多年平均年径流量22.8亿立方米，是漠阳江对下游阳江市城区洪水威胁最大的支流。漠阳江南下至此，上中游呈喀斯特地貌地质基本转为以花岗岩、砂页岩、砂岩等为主的地质岩体。

漠阳江干流继续向东南方下行，于双捷镇双捷圩上500米处，建有漠阳江干流上唯一的大型水利枢纽工程——双捷拦河闸坝。该闸坝位于潭水河口下游7千米处，坝

漠阳江畔石觉寺

高15.5米，坝长470米，与江城区白沙镇石河水库是引蓄联合运用灌溉工程，担负着江城双捷、白沙、城西、平岗、埠场和阳东红丰6个镇以及平岗国有农场等5 333.3公顷耕地的灌溉。双捷拦河闸坝的水下工程于1958年11月动工，1959年完成，1961年和1962年冬两次改建渠首和续建配套灌区，1963年全面发挥效益。海陵岛是阳江市的最大岛屿，岛内缺乏河流，在兴建双捷拦河闸坝时曾考虑引漠阳江水过海供给海陵岛，但终因各种原因未能实现。

漠阳江双捷拦河闸坝以下为下游，至双捷圩下11千米处的新洲村干流分为东、西两支，东干流全长25千米，西干流

全长29千米，西干流于拉车寨右纳大八河（河长41千米，流域面积278平方千米）。新洲村以下是漠阳江网河区，水道纵横交错，地势低洼，受潮汐影响，两岸多为宽广的冲积平原，耕地集中，土地肥沃，是主要的农业生产基地。由于地势低洼，是洪涝易发区。20世纪50年代以后，干流右岸建有捷西围、埠场围，左岸建有捷东围、潮观围、红丰围和中心洲联围、三江围、马曹围、四塘联围、四围联围等。

东干流南下行至冲口村被三江洲分为西濑河和那西河，至东砾山侧，西濑河和那西河再度汇合，后又分为那洛河和中滘河。中滘河经老鼠尾在石潭与西干流汇合，那洛河在五家村与支流那龙河汇合，在南海边缘北津港，汇入主干流，流归南海。

漠阳江东干流东岸，是阳江市城区中心，人口比较密集，市区人口约50万。阳江，是广东省四大传统手工业基地之一，小刀、漆器、豆豉被称为"阳江三宝"；阳江风筝已有1400多年的历史，"南有阳江，北有潍坊"，被原国家体委命名为"中国风筝之乡"。

漠阳江东西河交汇处

漠阳江东西河交汇段

原，土地较为肥沃。属典型的亚热带气候，雨量充沛，中上游处于暴雨高值区边缘，多年平均年降水量2163毫米；多年平均年径流量13.95亿立方米。

新中国成立以来，下游阳春市区（春城镇）出现的10次严重灾害性洪水中，来自西山河的占7次；一般性灾害洪水27次，来自西山河的占19次。西山河沿河有较大支流圭岗河、那座河等，流域面积均超过100平方千米。流域内已建成大型的**大河水库**、中型的张公龙水库、小（1）型的羊笪水库及西山陂引水工程等；已建成大河、林湾、张公龙、西山陂电站等12座水电站，装机容量4.70万千瓦。

西山河由发源地出发，从北向南经庙龙折向东偏南，河道曲折，经林湾电站到永宁圩，向东经张公龙水库。张公龙水库是西山河梯级开发中的第一级水电站水库，集水面积265平方千米，大坝为浆砌石重力坝，总库容1700万立方米，以防洪、发电为主，电站装机容量1.2万千瓦，多年平均年发电量5020千瓦时。

上游山高植被较好，折向北流经圭岗镇的大河水库，右岸库区内建有花滩林场、花滩森林公园，向东北流经新朗电站，新朗电站是西山河开发的第三级水电工程，电站装机容量3200千瓦。西山河续向北流至圭岗镇的水口村左纳圭岗河。圭岗河发源于阳春市圭岗镇大朗笔架顶南侧，源地建有百涌自然保护区，从北向南流经云雾、大朗，折向西偏南经圭岗镇，在水口流入西山河，全长34千米，集水面积199平方千

西山河

漠阳江出海口

7.12.13.1 西山河
(Xishan River)

漠阳江右岸支流，发源于广东省阳春市、信宜市交界处的西山山脉永宁镇云雾山新合三甲顶南侧，在合水圩汇入漠阳江。河长108千米，河床平均比降2.03‰，流域面积989平方千米，为阳春市境内河。

地势由西南向东偏北倾斜，上游为山区性河流，山高植被较好；流域中部多是丘陵台地，中下游沿河两岸多淤积小块平

米，属山区性河流，河床平均比降9.46‰，已建有小水电站15座，总装机容量6225千瓦。

西山河再折向东流经陂面镇西山陂。西山陂是以灌溉为主，兼有防洪、发电的中型引水工程。西山陂集水面积758平方千米，设计引水流量12立方米每秒，电站装机容量3500千瓦，担负着下游陂面镇、合水镇、春城镇、马水镇等共6000公顷的灌溉任务。

西山河至陂面镇六岗村左纳那座河。那座河发源于阳春市松柏镇与河塱镇交界的金竹大山，从北向南流经云容、**北河水库**、那座，于六村岗彭屋寨流入西山河，全长39千米，集

水面积171平方千米。建有北河水库（中型）及那梭等小（1）型水库3座，总库容6 296万立方米，集水面积63.58平方千米。已开发100千瓦以上的小型水电站有云容电站、北河水库坝后电站等7座，总装机容量1 970千瓦。

西山河再折向南经三朗电站，经陂面水文站后，至合水镇的合水圩注入漠阳江，下游河床比较平缓，属冲积阶地，是适合农作物生长的良好耕地。

7.12.13.1.1　大河水库
（Dahe Reservoir）

西山河上的大型水库。位于广东省阳春市圭岗镇那柳村，距阳江市区约80千米，是西山河梯级开发的第二级水电工程。

大河水库

水库是以防洪为主，兼有发电、灌溉、供水和改善下游航运等综合利用的多年调节大（2）型水利枢纽，流域面积438平方千米，总库容3.32亿立方米。工程于1992年8月立项，1994年4月开工，1998年10月蓄水，2003年9月竣工验收。

工程由主坝、5座副坝、溢洪道、导流洞、输水洞和坝后电站等建筑物组成。主坝为钢筋混凝土面板堆石坝，最大坝高69.5米，坝长240米，坝顶宽6米；5座副坝为均质土坝，总长度355.82米，最大坝高20米；溢洪道为河岸开敞式，最大泄洪流量1 600立方米每秒。施工导流洞最大下泄流量495立方米每秒；输水洞最大输水流量84.2立方米每秒；主坝坝后建有水电站1座，设计水头42米，装机2台，容量3万千瓦，多年平均年发电量8 700万千瓦时，电站于1999年5月并网发电。

水库建成后，效益显著：通过水库调节，削峰，滞洪，有效地控制了漠阳江西山河上游的洪水，使漠阳江中下游防御洪水标准从5年一遇～10年一遇提高到20年一遇～50年一遇，经历了2000年10月、2001年7月和2002年9月等大洪水的考验，使沿江两岸2万多公顷耕地和工矿企业得到了有效的保护。多年平均年发电量8 700万千瓦时，枯水期保证出力5 820千瓦，成为阳江市的主要调峰电站；使漠阳江中下游的阳春、阳东、江城地区2万多公顷耕地用水得到更可靠的保证；有效地改善了57千米漠阳江航道，保护广茂铁路和湛港铁路105千米。

水库淹没沿河两岸666.7公顷河滩良田，迁移村民1 100多户共4 700多人。在生产、生活、劳动就业等方面对移民进行扶持，使移民的生产和生活得到保障。

库区依西山河道呈狭长形，长40多千米，水面面积667多公顷，水面上浮现数十个小岛。水库沿岸林木苍翠，山峦连绵起伏。库区南岸建有花滩森林公园。

7.12.13.1.2　北河水库
（Beihe Reservoir）

西山河的支流那座河上游的中型水库，位于广东省阳江市阳春市北部松柏镇。

水库以灌溉为主，兼顾防洪、发电、养殖等功能。水库集水面积58.3平方千米，总库容5 700万立方米，校核洪水位94.37米。总灌溉面积3 000公顷，保护下游5个城镇1.8万多人（至20世纪末）。水库于1965年9月动工兴建，1975年冬竣工。

工程主要由主坝、3座副坝、溢洪道、输水涵管、坝后电站等建筑物组成。主、副坝皆为均质土坝，主坝长180米，最大坝高43.4米，副坝包括南副坝、北副坝和大塘副坝等，共长245米，最大坝高38.1米；输水涵管为混凝土有压隧洞，最大泄洪流量37立方米每秒；溢洪道最大泄洪流量428立方米每秒。坝后电站3座，总装机容量950千瓦，年总发电量220万千瓦时。水库建库前，该地建有石嘴陂、那座陂等木石陂，每遇大洪水均被冲垮。1965年在石嘴陂上150米处兴建北河水库，并逐步完善灌区工程。1978年，北河水库成立工程管理处，把原有的那梭、围河、冼塘、潭必塘等4座小（1）型水库，龙湾陂、松岗等13个引水水陂，全部划入北河水库管理处管理，建立起一个合理利用的水利灌溉网。北河水库灌溉范围遍及松柏、春湾、陂面、石望、河塱5个镇，设计灌溉面积9 300公顷，灌区渠道干支渠总长127千米，主要由北河水库南、北干渠，龙湾坡北、西干渠，那座干渠及14条支渠组成。由于水渠投入运行多年，不少设施老化、渗漏严重，现有灌溉面积仅3 000公顷。

7.12.13.2　潭水河
（Tanshui River）

漠阳江右岸支流，发源于广东省阳春市与信宜市交界处云雾山脉的双滘镇七星岭鸡笼顶西南侧，流经潭水、河口，于岗美镇潭梅注入漠阳江。河长107千米，河床平均比降1.56‰，流域面积1 421平方千米，为阳春市境内河。

流域上游为山区性河流，山高植被较好，中部多是丘陵台地，中下游为山间盆地和丘陵性宽谷，沿河两岸多淤积小块平原，土地较为肥沃，流域属典型的喀斯特峰林地貌。流域属亚热带气候，地处暴

潭水河

雨地带，多年平均年降水量2 417.9毫米，多年平均年径流量21亿立方米。河流自西北向东南走向，落差大，沿河支流较多，其中流域面积超过100平方千米的支流有**乔连河**、三甲河、龙门河等。

流域内共建有小（1）型水库5座，总库容1 356万立方米；兴建装机容量100千瓦以上的小水电站16座，总装机容量5 165千瓦；建有曲水等堤围7座，总长20.12千米，防洪保护面积1 067公顷。

潭水河自源头南流，经榕树角、古重、蒲沼、河口等村，于乔连圩右纳乔连河，转东北流，至三甲镇治左纳三甲河（河长19千米，流域面积100平方千米），折向东南流，经潭

水镇，南流至河口镇右纳龙门河。龙门河发源于阳春市八甲大山鹅凰嶂东北山谷，河长47千米，流域面积283平方千米，向北流入仙家洞水库（总库容2 110万立方米）后折向东流，经瑶田水库、李屋寨、龙门圩、梅峒，于河口镇汇入潭水河。潭水镇的凤来、翔南、水口、新河、双凤、高尧以及马水镇马兰一带连成石山群，

马兰风光

是阳春市著名的凤凰朝阳景区，景区属喀斯特峰林地貌，石山簇拥，洞湖众多，景貌壮观。潭水河纳龙门河后再向东流至潭梅古良汇入漠阳江。下游河床平缓，属平原区，沿河虽已筑有一些堤围防御洪水，但堤围防御标准较低，由于受漠阳江河水的顶托，洪水常漫滩为害。

7.12.13.2.1　乔连河
(Qiaolian River)

潭水河右岸支流，发源于广东省阳春市八甲镇黄那村的黄狮岭西，在乔连圩合山西侧汇入潭水河，全长40千米，流域面积317平方千米，阳春市境内河。

地势由西南向东北倾斜，河流从西南向东北流，南部是望夫山脉主高峰鹅凰嶂，鹅凰嶂海拔1 336.6米，是广东第二高峰。地貌属山地、丘陵区，山高河陡，蕴藏着丰富的水力资源。流域属亚热带气候，多年平均年降水量2 607.3毫米左右，汛期降水量占全年的80%，是广东省暴雨中心之一；多年平均年径流量4.67亿立方米。

已建有清湖陂、长塘、黄狮岭、联合等小型水电站，总装机容量1 900多千瓦。

流域中上游山与山之间瀑布倾泻，其中白水瀑布有"岭南第一瀑"之称，全长470米，落差248米，5千米内闻其声，10千米外见其形。已发现的珍稀植物有猪血木、虎颜花等36种，是广东大陆上现存的唯一一块山地雨林，堪称"珍稀植物宝库"。

"仙湖"仙家峒水库

乔连河流经八甲镇大坡村后有支流八甲河从右岸汇入。八甲河，发源于阳江八甲大山锅盖顶西南山谷，河长19千米，流域面积100平方千米，建有中型的仙家峒水库。此处河床宽阔，洪水常威胁两岸农田，已建有防护堤，基本解决了两岸受淹问题。沿河植被良好，云雾多，景色瑰丽多姿，是阳春市较著名的景区之一。

7.12.13.3　那龙河
(Nalong River)

漠阳江右岸支流，发源于广东省恩平市（县级）横陂狮子岭，河长67千米，河床平均比降为0.43‰，流域面积945平方千米，涉及恩平市和阳东县。

流域西北部是珠环山脉，中部多是丘陵台地，中下游沿河两岸多淤积小块平原，土地较为肥沃。地势由西北向西南倾斜，属亚热带气候，多年平均年降水量2 200毫米，5—9月的降水量占全年的70%，多年平均年径流量13.23亿立方米。

那龙河

上游建有大型水库1座（东湖水库）、中型水库3座（阳东县上水水库、阳江市连环水库和恩平市马山水库）以及小型水库23座，集水面积179.3平方千米，占全流域面积的19%。总库容2.66亿立方米，灌溉面积1.46万公顷。此外，干流中游建有红江拦河闸坝1座（大型），引水流量9立方米每秒，灌溉中下游两岸3 000公顷农田。那龙河位于漠阳江流域最下游，河道平均比降小，弯曲多，宽窄变化悬殊，且下游常受漠阳江的洪潮顶托，故洪水宣泄困难，洪患严重。

那龙河自源头向南流，上游称倒流河，经塘冲、银水里、倒流围，右纳建有马山水库（总库容1 420万立方米）的横陂河，入阳东县境，于那龙镇左纳建有**东湖水库**的东湖水，继流至朗仔右纳那吉河。那吉河发源于恩平县那吉镇狗头岭，向南流经那吉镇，左岸有金山温泉渡假村，经那朗、新岭村，进入阳东县境，于那龙镇朗仔流入那龙河，全长27千米，流域面积148平方千米。继向西南流，于西朝村合山镇那梢东坑村右纳周亨河，周亨河又名周湾河，发源于大八沙的珠环山脉马骝岭，全长29千米，流域面积129平方千米，周亨河上建有上水水库（总库容1 777万立方米）。继流经合山镇、北惯镇，于东城镇大塘村北右纳建有马含和蛤沟等较大的小（1）型水库。继流至雅韶尖山附近，在北津港上溯2千米的大辘竹汇入漠阳江东支的那洛河，沿河两岸汇集很多小支流。各小支流都被堵截为水库或水陂，干流建成红江拦河闸，基流大多被引用灌溉，故河床日益淤积搁浅，水道交通已失去作用。

7.12.13.3.1　东湖水库
(Donghu Reservoir)

那龙河上的大（2）型水库，旧称老邓水库，位于广东省阳江市阳东县境内，距离阳江市区30千米。

东湖水库

水库以灌溉为主，兼顾防洪、发电、养殖、旅游等效益。水库校核洪水位33.95米，相应库容1.22亿立方米。

实际灌溉面积5 400公顷,保护下游城镇2个,重要交通公路4千米,人口6万多。工程建于1959年11月,1961年10月竣工。

工程由主坝、4座副坝、2座输水涵管、输水隧洞、溢洪道、坝后电站等组成。主坝为均质土坝,最大坝高30.3米,坝顶长130米,宽6.0米;副坝皆为均质土坝,总长376米;水库输水涵管均为钢筋混凝土压力管,第一涵管最大流量6.0立方米每秒;第二涵管是南干渠的输水涵,最大放水流量20立方米每秒;输水隧洞为坝后水电站所用,电站装机3台,容量480千瓦,平均年发电量50万千瓦时;永久性溢洪道最大泄洪流量241立方米每秒。水库还有效地调节补充红江拦坝的水源,确保东、西干渠的灌溉用水,又减轻那龙河两岸的洪灾,对两岸的灌溉和防洪起了很大的作用。

1960年前,那龙河上已建有红江拦河闸,原名为黑湾拦河闸,1978年后改为现名,控制流域面积630平方千米,设计过闸流量2 110立方米每秒,设计引水流量9.67立方米每秒,设计灌溉面积6 000公顷,后因旱季基流不足和东干渠尾段大沟渠段不能通水,只灌田3 333公顷。为补充红江拦河闸的灌溉水源,兴建东湖水库,选定在那龙镇老邓陂上2千米处筑坝建库,建于红江拦河闸上游,建设规模为大(2)型水库,以补充下游用水不足,时名老邓水库,20世纪70年代更名为东湖水库。主坝建于原河床,V形山谷口,底部峡谷处宽20米。有深坳河、黑木头河、大陂黄竹水河三条河和水库周边溪泉水不断注入库区,是阳东县东部的一项水利骨干工程,也是那龙河流域供水系统的中枢。通过红江拦河坝东、南、西三大干渠,与位于阳江市区的连环水库,大沟镇马岗水库、雅韶镇沙湾水库等联成灌溉网,灌溉阳东县6个镇和2个农场,以及恩平市大槐镇佛良村一带农田,实际灌溉总面积5 400公顷。1973年9月3日,出现建库以来最高水位31.91米,溢洪道第二级水坡消力池被洪水冲毁,部分侧墙被冲倒、冲毁,浸淹水稻田13.3公顷,故当年冬季在主坝和第一副坝之间山坳上动工兴建永久性溢洪道。

1964年以后,经造林绿化后,水库碧水青山,湖区面积21平方千米,其中水域面积9平方千米,湖中108个小岛星罗棋布。1994年,水库侧边兴建东湖旅游区,那龙河出土一棵古樟树王,重达58吨,直径4.3米,长26米,树龄在5 000年以上,保存在东湖旅游区内供游人参观。

7.12.14 洋边河
（Yangbian River）

为粤西沿海独流入海河流,又称丰头河,发源于广东省阳江市阳西县塘口镇望夫山脉的鹅凰嶂南麓,流经塘口镇的桐油、塘口、横山,程村镇的黄什及织篢镇的店泉,河水自西向东经狮子岭在溪头的丰头港注入南海。干流河长45千米,流域面积657平方千米,为阳西县境内河。

流域属典型的亚热带海洋性气候,多年平均年降水量2 390.3毫米,多年平均年径流量9.86亿立方米,降雨年内时空变化大,且常受热带风暴潮影响。流域内唯一100平方千米以上支流只有织篢河。

河流背山面海,植被良好,地势由西北向东南倾斜,西北部有望夫山脉,西南部和东部分别有崩口岭、龙高山脉所阻隔,中部多是丘陵台地,中下游沿岸两岸多淤积小块平原,土地较为肥沃。河流呈网状,在青草渡分成塘口河与织篢河2条支流。

自源地向东流,经大陂电站、桐油圩称塘口河,过塘口镇称丰头河,其间经横山圩,至黄圣圩左纳建有新湖水库的支流,转向东南流,于岗背村流入洋边河,河道弯曲且较陡,流水较为湍急,沙砾淤积较厚。支流织篢河,流域面积266平方千米,河长37.4千米,河道曲折,素有九曲十三弯之称,东南走向,贯穿织篢镇,汇入洋边河。

另一较小支流黄什河位于程村镇境内,西南向汇入洋边河干流。隋代岭南杰出爱国领袖、民族英雄冼夫人出生于该地冼村。在洋边河出海口岸边程村,是阳西县面积最大的红树林天然保护区,蕴藏着丰富的水产资源。程村镇是中国著名蚝乡,被确定为"国家级近江牡蛎吊养标准化示范区",程村蚝享誉海内外。

大垌禅林

流域中游的织篢镇,是阳西县城所在地,于1988年建县。县城东湖生态开发区内有咸水矿温泉度假山庄,温泉源自阳西县织篢河出海口沙洲中,自涌出地面,经年流淌,源源不绝,水温达76摄氏度以上,为高浓度氯化钠泉。距县城西向4千米,是著名的大垌禅林,素有"粤西第二禅林"之称。山谷之中有净业寺,创建于明朝洪武年间(1368—1398年),是广东省佛教圣地之一。1988年净业寺部分重建,2000年五台山方丈妙空法师打造数量达两万多尊缅甸玉佛捐赠该寺院,其中有亚洲最大的玉卧佛,体长7米,高2.5米,重27吨,为一整块玉石精雕而成。2003年大垌禅林被评为阳江市十大景点之一。

7.12.15 儒洞河
（Rudong River）

粤西沿海独流入海河流,发源于广东省阳江市阳西县新圩镇望夫山脉鹅凰嶂西,其主要河段经过阳西出海,干流长54千米,河床平均比降2.84‰,流域面积697平方千米,涉及广东省阳江市阳西县和茂名市电白县。

河流背山面海,地势自北向南倾斜,流域植被良好。属亚热带海洋性气候,多年平均年降水量1 943.7毫米,多年平均年径流量8.57亿立方米,年内降雨变化较大,5—9月的降水量占全年的70%,汛期常遇暴雨,两岸护堤低矮易被冲毁,造成洪灾。海边常受风暴潮影响,农业生产不稳定。

儒洞河水力资源非常丰富,是阳西县小水电开发的主要地区,已建成中型**陂底水库**和长角水库2座,小(1)型水库

2 座，控制流域面积 51.2 平方千米，总库容 6 527 万立方米，主要功能为防洪、发电、农业和生活供水。

儒洞河的源头鹅凰嶂峰，位于阳西县、阳春市、电白县三县（市）交界处，海拔 1 336.6 米，是广东省第二高峰，有"阳江屋脊"之称。儒洞河河水自北向南而下，经过电白县望夫圩至白沙仔的河段，当地群众称之为望夫河。

流域上游河段西北部是望夫山脉，多为崇山峻岭，落差大，水力资源蕴藏量丰富。望夫山脚下建有中型水库——陂底水库。儒洞河南下经过的阳西县新圩镇古井、禾塘，是一大片丘陵。于茂名市电白县右纳龙湾河（河长 32 千米，流域面积 244 平方千米）。

儒洞河南下至沙扒渔港，注入南海，出海口附近是一片冲积平原，沿河两岸缓坡台地较多，土层较为瘦瘠。沙扒渔港是全国著名重点渔港，渔港海面 5 千米处，有青洲岛，四周风

沙扒湾

平浪静，海产资源丰富。沙扒海滨紧靠沙扒渔港，比邻月亮湾，海岸线长 1.5 千米，它头枕风光秀丽的北仔岭，面向浩瀚的南海，湾似虹，沙如玉，每年初夏一到，沙扒海湾游人络绎不绝。

7.12.15.1 陂底水库
(Beidi Reservoir)

儒洞河干流上游的中型水库，位于广东省阳江市阳西县西部，坐落于望夫山脚下，距阳西县城约 60 千米。

水库以灌溉、供水、防洪为主，结合养殖等综合利用，流域面积 21.8 平方千米，总库容 3 864 万立方米。兴建于 1958 年 10 月，1960 年建成蓄水，1987 年进行除险加固。

陂底水库

工程由主坝、4 座副坝、溢洪道、输水涵管和坝后水电站等建筑物组成。大坝为均质土坝，主坝最大坝高 21.4 米，坝长 550 米，坝顶宽 5 米；副坝总长度 917 米；溢洪道建于主坝右岸，最大泄洪流量 230.5 立方米每秒；输水涵管为钢筋混凝土圆管，最大放水流量 8 立方米每秒；主坝坝后建有小水电站 1 座，装机容量 400 千瓦。

坝址位于沉窟尾村背河谷，库底平缓宽广，地质条件良好。按照引蓄结合的灌溉工程规划设计，1976 年开始续建配套，直至 1982 年；1986 年在主坝南端的山坳新建溢洪道一座，加固土坝，并续建配套北干和改善总干渠。为了实现引蓄结合，扩大效益，在库区外东水河上游的深涌沿山开挖引水渠 7.1 千米，经川龙迳引入本库库尾的黄茅村附近，跌落库

内。利用其落差 147 米，兴建了东水水电站，电站装机 3 台，容量 4 800 千瓦，年发电量 1 200 万千瓦时，引渠设计最大引水流量 6 立方米每秒，年进库水量 3 000 万立方米，引渠及水电站工程均于 1981 年竣工。

陂底水库建成后，效益显著：儒洞河下游镇圩的防洪标准大为提高，水库设计灌溉面积 4 120 公顷，实灌面积 933 公顷，保护耕地面积 1 333 公顷，保护下游人口 3.5 万。

东水山景区

水库附近的东水山区是鹅凰嶂下一处风光旖旎、山清水秀的旅游避暑胜地。东水山有著名的吊水潭、射水潭等景点。

7.12.16 鉴江
(Jianjiang River)

独流入海河流，地处粤西沿海中部，发源于广东省茂名市信宜市东镇庄垌虎豹坑，由北向南流经信宜、高州、化州、电白、茂名市区至湛江市吴川市黄坡注入南海。地理坐标东经 110°20′～111°20′，北纬 21°15′～22°30′。干流全长 232 千米，总落差 220 米，平均比降 0.374‰，流域面积 6 948 平方千米。

概　述

地形由东北向西南倾斜，其上游北部和东部为高山地区，崇山峻岭，以云开大山主峰大田顶（海拔 1 704 米）为最高，其次有棉被顶（海拔 1 627 米）等海拔 1 000 米以上的山峰 63 座。云开大山山脉和广西勾漏山余脉构成了**珠江**流域与鉴江流域的分水岭。

鉴江支流众多，沿途接纳流域面积 100 平方千米以上河流 27 条，主要有**罗江**、**曹江**、**大井河**和**北界河**等，其中流域面积大于 2 500 平方千米的支流为罗江。

流域属南亚热带气候，夏长冬短，多年平均气温 21～23 摄氏度，多年平均日照时间 2 000 小时，年无霜期达 360 天。雨量多而集中，降雨量由西南向东北递增，多年平均年降水量 1 885 毫米，流域北面沿海电白县的利洞站多年平均年降水量 2 600 毫米，是流域最大的暴雨中心，降水多集中于 4—9 月，约占全年的 80% 左右。多年平均年径流量 90 亿立方米。随着工业的发展、人口的增加以及城镇化步伐的加快，废污水排放也不断增加。信宜、高州、化州城区鉴江河段枯水期水质较差，枯水季节水质为 Ⅳ～Ⅴ 类，丰水季节水质较好；其余河段水质尚可。水库水质良好。

该流域是历史上有名的台风、水、旱灾害频繁地区。清道光二十年（1840 年）至 1949 年的 110 年间，共出现较大旱灾 32 次，较大水灾 50 次。新中国成立后，中下游地区也经常发生水旱灾害，局部性灾害几乎年年有。

风灾主要是热带气旋（台风），其次是龙卷风。据 1949—2000 年 51 年的资料统计，受热带气旋正面或侧面袭击有 86 次，风力（登陆时）在 6～12 级之间，多在每年的 5—11 月间出现。

由于降雨主要集中在 4—9 月，容易造成东北部山区山洪

7.12.16 鉴江

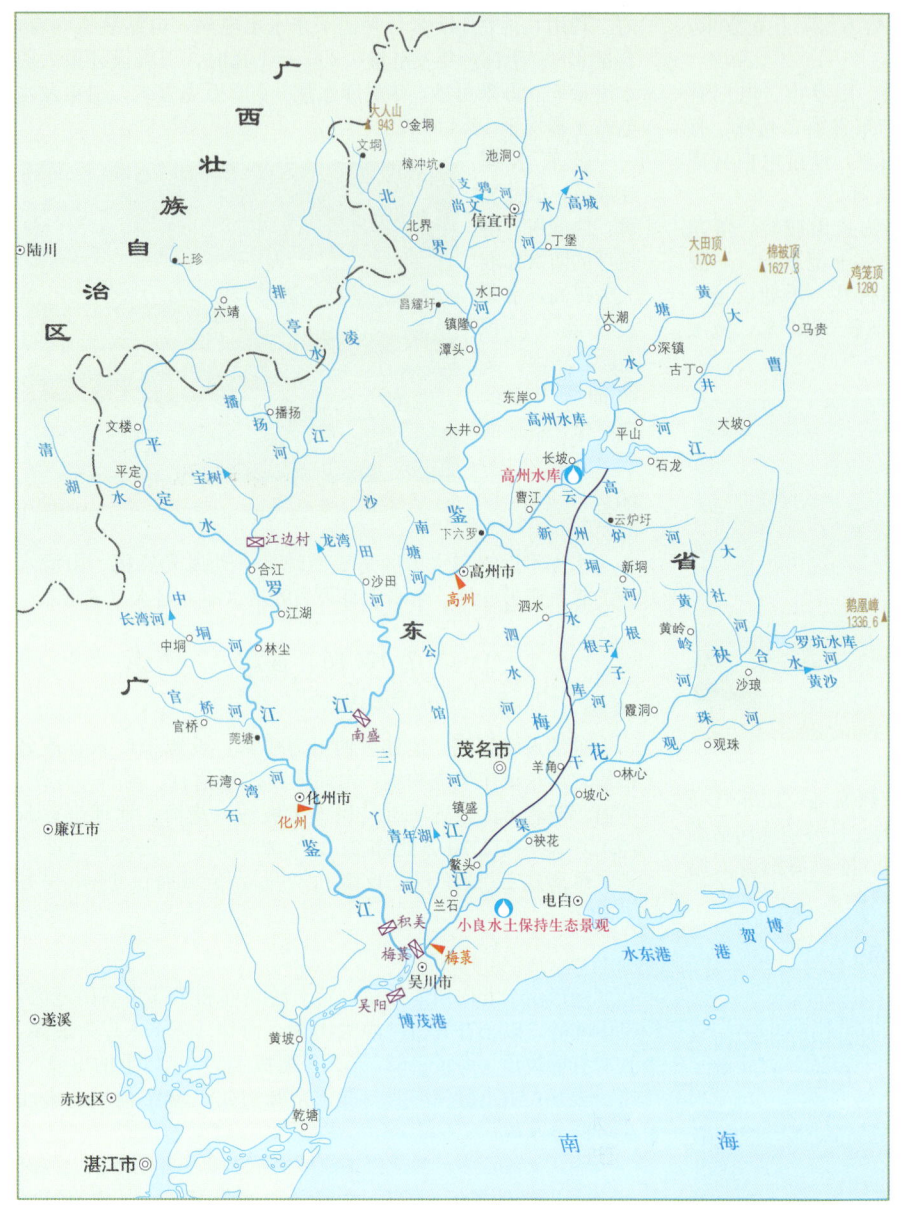

鉴江水系示意图

坡地，盛产荔枝、龙眼、柑橙等水果及稻谷、杂粮。南部多为平原，盛产稻谷、花生、甘蔗、黄麻和香蕉。茂名为全国重要的水果生产市，2000年末水果种植面积27.25万公顷，总产量137.2万吨，以荔枝、龙眼、香蕉、芒果为主要品种。工业以石油化学工业为主。

新中国成立前，鉴江两岸堤防低矮断续，洪涝灾害严重。上游是暴雨区，山洪暴发冲毁良田；中下游两岸土地平坦，一般年份遇洪水即泛滥成灾。干旱季节，水利设施简陋，农业生产极不稳定。

新中国成立后，流域内建成大型水库1座，即高州水库，中型水库7座，小型水库284座，总库容15.76亿立方米。1957—1967年，先后在鉴江流域筑起高州、南盛、江边村、高岭、积美、吴阳等8个梯级拦河坝引水工程（其中茂名市境内6级）。同时，中上游各支流还兴建大批小型水库及山塘，对蓄洪削峰起到积极作用。上游山区虽经多年治理，但水土流失现象仍然存在。在20世纪后期，对江边村、高岭两河坝进行改造后，情况得到改善。

纪　实

上游　自河源向南流，于信宜市池洞镇铜鼓村与小水河（河长24千米，集水面积130平方千米）相汇，南流经池洞镇进入信宜市区东城镇并纳建有尚文水库的支鸦河。信宜，唐武德四年（621年）置信义县，"盖以近信、招义二山合而名之"，现为县级市，辖18个镇、1个街道办；是省重点林区的松脂产区，亦是国家南药基地之一，市境特产信宜玉。出市区后继南流至镇隆右纳北界河后入高州市境，至潭头镇为鉴江上游段。

干流上游河道较陡，水流湍急，常有山洪暴发。流域上游北部、东部为高山，山体雄厚完整，植被良好，水土保持较好，支流密布，水源众多，向南交汇于潭头，山清水秀，河溪纵横，风景优美，民风淳朴，名胜古迹众多，其中西江温泉和旺将天马山最为出名。西江温泉泉水鼎沸，四时不竭。旺将天马山群山起伏，逶迤连绵，是一座天然的森林公园。景区夏无酷暑，冬无严寒，四季如春，堪称世外桃源。上游还拥有深镇河和大岩河两大瀑布群，其中平云山的麒麟瀑布是"广东第一瀑"，其落差高达230米，宽110米。

暴发。中下游地势平缓，常出现洪涝灾害。据化州水文站资料，历史最大洪峰流量5 850立方米每秒，发生于1914年7月；实测最大洪峰流量4 850立方米每秒，发生于1976年9月23日。旱灾也是流域主要自然灾害之一，由于北部山区和中部丘陵区水资源较丰富，水利设施条件好，发生旱灾的机会较少；在鉴江下游，茂名市南部平原区及电白沿海，水资源相对贫乏，地势平坦，没有修筑大型水利设施的条件，常常发生干旱。1955年春，茂名地区发生大旱，旱情为历史上罕见，旱情持续210天，稻田龟裂，受旱面积1.43万公顷，适逢1955年元旦遭遇严重霜冻，作物绝大部分被冻死或旱死，出现饥荒，因灾死亡数百人。1963年春旱，茂名市在连续两年降水偏枯之后，从1962年10月持续至1963年5月底，普遍少雨，受旱面积近6.67万公顷。1977年，春、夏、秋三季全市连旱，没下过一场透雨，上游**高州水库**比往年同期进库水量减少近60%，旱情为1949年以来所罕见。

流域内耕地面积21.73万公顷，有效灌溉面积15.8万公顷，农作物以水稻种植为主，粮食产量125万吨。北部、东部为山区，盛产竹木、药材、松香等。西部、中部为低丘陵和缓

鉴江信宜城段

中游 出潭头镇，继南流，于大井左纳大井河。河道逐渐开阔，地势较平坦，加以众多支流汇合，易发生洪水泛滥成灾。继南流至六罗合叉左纳曹江，后流入高州市区。高州，南朝梁大同元年（535年）置高州县，因境内有高凉山，又为高州府治，故名；现为县级市，辖5个街道办、23个镇；有全国第一水果县（市）之誉，香蕉产量占全国1/6，储良龙眼驰名中外；缅茄雕、角雕、玉雕著称于世。于埠头圩右纳南塘河（河长24千米，流域面积122平方

平云山麒麟瀑布

千米），继流至镇江镇江口右纳沙田河（河长35千米，流域面积234平方千米）后，经祥山村流入化州市境，经南盛镇流入化州市区并右纳罗江。化州，北宋太平兴国五年（980年）置化州，现为县级市；辖5个街道办和17个镇。化州是全国最大的红麻种子繁育基地和各种玉米基地，也是我国南菜北运基地之一。化州橘红是化痰止咳珍品。

鉴江从潭头流至高州大井与大井河汇合后到化州城为中游段，地势逐渐平缓，河床逐渐开阔，汇入支流主要有大井河、曹江、沙田河等。其中大井河、曹江是大型水库——高州水库的所在流域。中游段有耕地6.67公顷，是茂名市主要的粮食生产基地，也是茂名市最主要的荔枝、龙眼、香蕉等水果的生产基地。

先秦时期，鉴江中游的高州为百越之西瓯、骆越两大部落杂居之地，是"中国巾帼英雄第一人"冼夫人和"岭南第一道"潘茂名两大历史名人文化和岭南百越民俗文化荟萃之所，文化古迹众多，这里的白糖罂荔枝、储良龙眼、遍地雷香蕉被农业部评选为优质金奖农产品。

下游 出化州市后继南流，经长岐镇流入吴川市境。吴川，隋开皇九年（589年）置吴川市，因有吴家地和纳三川之水而得名；325国道横贯全境，广湛高速公路过境，梅菉和黄坡是国家二级装卸口岸；泥塑、飘色、花桥为吴川三绝，米蟹曾为朝廷贡品。出吴川后鉴江折向西南流，至黄坡大岸右纳塘㙍河（流域面积333平方千米），经黄坡镇从沙角旋注入南海。

鉴江从化州城与罗江汇合，流经湛江吴川市的黄坡注入南海，为下游段，地势平缓，河床开阔，流速缓慢，主要支流有罗江。罗江流域上游有两座中

鉴江吴川市区段

型水库，下游经过化州市城区。鉴江下游是茂名市主要的工农业生产基地，中国南方最大的炼油基地，也是茂名市政治经济文化中心。交通四通八达，铁路有三茂线、河茂线分别接入京广线、黎湛线连通全国铁路网，高速公路有茂湛线、阳茂线，325国道、207国道、高水公路纵横交错。鉴江下游流域陆路交通发达，河内航船较少。

7.12.16.1 尚文水库
(Shangwen Reservoir)

又称文湖，**鉴江**支流支鸦河中游的中型水库，因坝址在革命烈士梁尚文故乡广东省信宜市东镇街道尚文居委会礼坑口而得名，在信宜市区北4千米处。

尚文水库

水库集水面积43.2平方千米，最大库容3 189万立方米。工程于1958年秋动工，1960年按原设计完成主副坝，1963年完成灌区渠道配套。水库建设共迁移人口928户4 374人，淹没土地240公顷，其中耕地198.6公顷。

水库主坝为均质土坝，坝长280米，坝顶宽5米，最大坝高28.1米；溢洪道设在主坝右岸，采用弧形闸门；放水涵原设计为马蹄形拱管道，1963年改为钢筋混凝土套钢管，管径1米；有坝后电站1座，利用灌溉水量发电，装机1台，容量250千瓦，年发电量60万千瓦时；灌区干渠总长84千米，各种建筑物201座，其中隧洞5座、渡槽31座、倒虹吸1座、放水涵闸164座。

水库建成后，为了扩大有效库容，1962年将原开敞式溢洪道进行改建，加设弧形闸门1座（12米×6.3米），增加库容940万立方米。水库原来按100年一遇洪水设计、500年一遇校核。1984年采用100年一遇设计、1000年一遇校核，但考虑到尚文水库下游有县城东镇和水口、镇隆等区镇，以及广海公路，所以校核标准提高一级按2 000年一遇计算，总库容3 076万立方米。水库设计灌溉面积2 933公顷，1985年实灌2 327公顷，灌溉涉及信宜、高州两市7个街镇（东镇、水口、镇隆、北界、池洞、竹山、丁堡、潭头）。

水库水面面积2.4平方千米，东有大人山（云岫山），北有太华山，西有宋山、赵山，南是市区。一年四季苍松翠竹，山清水秀，碧波荡漾，映日耀辉，春意盎然，故称"文湖晴波"。

湖岸及湖中小岛，为梯地，果树满山。水库周围花香四溢，果满枝头，鸟鸣嘤嘤。水库养着多种鱼类。水库中心有个半岛，从大坝乘船登岛，上镬盖顶，俯瞰全库风光，别具情趣。大坝右侧山丘处有疗养院，是一个寂静清幽的休养圣地。

7.12.16.2 北界河
(Beijie River)

又称西江河，**鉴江**右岸支流，发源于广东省信宜市金垌镇大人山，流经金垌镇、北界镇、水口镇、镇隆镇后，在镇隆圩汇入鉴江主干流。河长49千米，河床平均比降6.63‰，流域

面积318.5平方千米,为信宜市境内河。

流域内云开山脉和勾漏山余脉纵横交错,形成中部高山地带,山岭起伏,溪流纵横。沿河两岸有洪积层、坡积层,较为开阔的地带均为林地。流域内植被较好,河流弯曲,水流湍急。

流域属亚热带气候,雨量充沛,既有明显的季风气候,又有复杂的山区气候特色,夏季湿热多雨,多发洪水,冬季较旱。多年平均气温22.3摄氏度,雨季为4—9月,雨量占全年降雨量的80%~90%。多年平均湿度78%,多年平均年蒸发1 800.2毫米,多年平均风速2.2米每秒。多年平均年降水量1 830毫米,平均年径流总量3.27亿立方米。

至20世纪末,流域内人口约29.27万,其中农村人口约23.5万;耕地面积约4 600公顷,其中水旱田4 000公顷。农作物以水稻种植为主,其次为蔬菜、杂粮等。下游地区还盛产香蕉、龙眼、荔枝、芒果等水果。

流域上游段为高山地区,河溪纵横,水源充足。中游段为丘陵地区,有文峒河、大山河、柴充河、长坡河、大峒河流入,其旅游资源丰富,以西江温泉、旺将天马山和半月岩最为出名;下游段地势逐渐平缓,有昌耀河汇入。下游近信宜市郊北界西江,当地称温泉之都,距信宜市中心12千米,西江温泉是世界珍稀温泉——氟泉。温泉自然水温高达80摄氏度以上,地下热源5平方千米,露天泉涌100多处。西江温泉水含有各种矿物质和微量元素13毫克/升以上,尤其是氟、偏硅酸和氡的含量分别比国家医疗矿泉水水质命名标准浓度分别高出

信宜西江温泉

6倍、2.5倍和2倍,可命名为氟水、硅水、氡水。因此,西江温泉有健身理疗治病的功效,是我国目前难得的珍稀温泉,已成为人们旅游度假的地方。

7.12.16.3 大井河
(Dajing River)

鉴江左岸支流,位于广东省高州市东北部。发源于高州市马贵镇海拔1 627.3米的棉被顶,由北向南经合石转向西流,流经古丁、深镇、平山、大潮、东岸等地,与黄塘水、大潮河两支流汇合于良德水库后,出水库大坝经大井墟边汇入鉴江中游。河长68千米,总落差1 150米,平均比降4.34‰,流域面积586平方千米。

流域地势北高南低,上游为高山区,下游为丘陵区,两岸为冲积起来的农田。流域内土体松散,植被破坏严重,水土流失较大。地处亚热带季风气候区,受南海海洋气候影响,是台风侵袭较多的地区之一。多年平均气温在22.6摄氏度左右,年无霜期平均361天,多年平均日照时数1 935.3小时。流域内多年平均年降水量1 911毫米,降雨时空分布不均,多年平均年径流量5.2亿立方米。水污染源主要来自生活污水,水质达到Ⅱ类水。下游水质受丹彰河客水污染,水质属Ⅳ类水。

大井河地势丘陵起伏,常受暴雨、洪涝、台风的袭击,一般台风发生在每年7—9月。1900—1949年,有强台风记载的有17次;1949—1997年,有18次之多。洪涝灾害主要出现在夏秋季节,每逢强台风或暴雨易造成山洪大暴发,下游容易形成洪水泛滥。其中尤以1987年"6·5"洪水最严重,灾情最先出现在大井河上游的信宜境内,连续三天雨量值最多超过600毫米,造成严重的洪涝。降雨不均是造成旱情主要原因之一,其中以秋旱春旱为主。1968年旱情达到100年一遇。近年的旱情,多以秋末开始延至第二年5月,旱情有持续时间越来越长的趋势。

大井河上游支流主要有黄塘水、大潮河,主河道河床平均比降16.9‰,落差1 487米。其中黄塘水全长37千米,流域面积142平方千米,比降17.2‰,流域内大部分属山区,河流两岸山势陡峻,拥有丰富的水力资源,装机容量3.92万千瓦。1957年大井河下游修建**高州水库**的良德库区,1959年建成,包括黄塘水、大潮河在内控制流域面积497平方千米,占流域面积的84%,有效库容6.6亿立方米。坝后电站装机容量2万千瓦。水库上游有大跳水电站,装机容量2 000千瓦,还有石山、良平等水电站。流域内有5个乡镇,有耕地8 933.3公顷,人口25.3万。农业以种植为主。

流域下游土壤含砂量大,暴雨易造成水土流失,流域水土流失面积15平方千米。新中国成立后,在大井河的鉴江交接段附近修建堤围,虽堤坝高程较低,堤坝单薄,但起到一定防洪作用。

7.12.16.3.1 高州水库
(Gaozhou Reservoir)

鉴江上游的大(1)型控制性水利枢纽工程,位于广东省高州市(县级)东北部,距高州县城26千米,距茂名市区65千米。

概 述

水库以工业用水和农业灌溉为主,结合防洪、发电、航运、养鱼等综合利用,由良德、石骨两水库通过龙头坳人工开挖渠连通而成。总集水面积1 022平方千米,多年平均年降水量约1 700毫米,多年平均年径流量14.77亿立方米。总库容11.5亿立方米。

良德库区建于鉴江支流大井河上游,南距高州市40千米。集水面积497平方千米,总库容6.6亿立方米,正常库容5.73亿立方米,有主副坝6座,输水隧洞、开敞式溢洪道、坝后电站各1座。主副坝总长533米,坝顶高程93.5米,其中主坝高43.2米,长320米,宽7米,上有高1米的浆砌石防浪墙,属黏土斜墙复式坝。5座副坝为均质土坝,最大坝高13.8米,最小4米。开敞式溢洪道1座,弧形闸门2孔,宽16米。输水涵洞1座,长304米,内径4米,进口设平板闸门控制。坝后电站1座,位于输水洞出口,装机2台,容量2万千瓦,年发电量5 200万千瓦时。良德水库通过鉴江沿河6个梯级拦河坝工程,分别引用区间径流和水库调节放水,设计供茂名工业用水流量21.76立方米每秒,灌溉高州市、化州市、吴川市和茂南区4.16万公顷农田,并补偿鉴江枯水期流量以满足通航要求。

石骨库区位于鉴江支流曹江上游,南距高州市26千米。集水面积525平方千米,总库容4.9亿立方米,正常库容4.61亿立方米,有主副坝3座,开敞式溢洪道、输水塔、输水涵、坝后电站各1座。主副坝总长1 258米,坝顶高程93.7米,其中主坝高52.7米,长775米,宽6米,上有高1米的浆砌石防浪墙,属复合碾压式土坝。副坝2座,同为均质土

高州水库

坝。开敞式溢洪道在主坝右岸，溢洪道长570米，宽30米，弧形闸门4孔。坝前有输水塔1座，钢筋混凝土结构。输水涵位于三叉塘副坝，为坝下埋管，分前后两段，前段为钢筋混凝土管，后段为内外两层，外层为钢筋混凝土马蹄形廊道，净空高4.6米，内层套装压力钢管，内径3米。坝后电站1座，装机2台，容量6 600千瓦，年发电量2 330万千瓦时。石骨水库可通过渠道直接引水灌溉高州市、电白县、吴川市和茂南区37 067公顷农田。两灌区共设计灌溉78 667公顷。灌溉面积东起电白县霞洞镇，西至化州市良光镇，北至高州市东岸镇，南达电白县南海镇和湛江市的坡头镇，包括2市5县（区）49个镇，总人口300多万。整个灌区已形成一个以自流灌溉为主，引提结合，渠库相通，长藤结瓜式灌溉网络。

良德灌区以鉴江为输水道，采用分级坝多渠首引水。1957—1967年，先后在鉴江中下游筑起高州、南盛、江边村、高岭、积美、吴阳6座拦河坝引水工程。茂名市区供水以茂名工业渠为主，从南盛拦河坝引水到茂名市，渠长21.4千米，1958年8月动工，1960年3月15日建成，1961年2月15日通水。石骨灌区渠道有总干、北干、东干、西干、电茂干渠，1961—1964年先后建成通水。两灌区共有干支渠448条，全长1 300千米，桥梁、渡槽、涵闸等建筑物3 854座。

高州水库建成后，发挥了巨大经济效益：主要向高州市城区及茂名市工业区包括炼油厂、热电厂和乙烯厂等企业供水；还通过总干渠、东干渠向茂名市第二自来水厂供原水；拦截了高州城以上鉴江流域面积的1/3，调洪削峰，减轻鉴江中下游洪水威胁；建成6座梯级拦河坝，有利于调节枯水期河床水深。同时，良德库区把鉴江作为输水道，长年放水以保证茂名、高州、化州、吴川的工农业用水，并改善了鉴江中下游及其支流共168千米河道的通航条件；先后在坝后和灌区渠道建成了石骨、良德、平山、江边村、雷公塘等7座中小水电站，总装机容量3.1万千瓦。此外，水库有4 000公顷水面发展水产养殖，还可利用水库周围荒山造林种果，种植橡胶、胡椒等经济作物。

纪　实

高州水库位于鉴江流域北部，地处南亚热带，适宜发展农业，且南部茂名有储量丰富的油页岩矿藏，储量50多亿吨，宜发展石油化工工业。1949年前，鉴江中下游地区工农业生产没有保障，经济落后。20世纪50年代初，国家决定开发茂名油页岩资源并治理鉴江平原的旱涝灾患。1956年4月经中央同意，在茂名建设年产100万吨油的油页岩炼油厂，同时初步规划建立一个50万人口的石油化工城——茂名市。为解决该城市的生活及工业用水的水源问题，1956年冬，经水利部广州勘测设计院对鉴江流域进行全面勘查后，提出了建良德水库的建议，并经水利部和苏联的专家到现场勘查确定。其后，为解决袂花江、曹江两岸及良德水库无法自流灌溉的2 400公顷农田，茂名县委提出多建一个石骨水库的要求。1958年10月，广东省委决定在曹江河上游建设石骨水库。

高州水库由广东省水电勘测设计院负责工程设计，1958年5月良德水库动工兴建，1959年9月24日竣工。石骨水库施工分两期进行，第一期工程于1958年11月开工，第二期工程1959年10月开工，1960年7月石骨水库主体工程竣工。良德、石骨两水库由龙头坳人工渠连通构成高州水库。高州水库两个库区共淹没耕地2 620公顷，移民58 867人，移民大部分安置在高州当地，部分迁移到阳春、阳江、中山、台山、斗门、雷州和遂溪等地。

水库建设时因水文资料短缺，设计洪水数据偏小，经过多年运行，大坝工程隐患严重，1997年9月鉴定为三类。2001年7月水利部将高州水库列入首批150座全国重要大中型病险水库之一，对高州水库进行除险加固，将水库的蓄水位提高到89米高程，增加可供水量2.3亿立方米，工程总投资4.7亿元，工程由广东省水利水电勘测设计研究院设计。2006年3月开工，2008年完工。

高州水库上游植被较好，古树参天，拥有深镇河和大岩河两大瀑布群，其中平云山的麒麟瀑布落差高达230米，宽110米。以高州水库丰富和优质的水环境为依托形成的茂名市玉湖风景区为国家级水利风景区，水面面积4 000多公顷，四周群山环抱，翠黛生烟，其间万顷平湖，晶莹如镜，百岛浮泽，美景天成。

7.12.16.4　曹江

（Caojiang River）

又名石骨江，**鉴江**左岸支流，地处鉴江中上游，发源于广东省高州市马贵镇鸡笼顶兰篷岭，流经高州市的马贵、大坡、长坡、曹江等镇，至帅堂以下5千米六罗合叉口汇入鉴江中游。河长100千米，总落差870米，河道平均比降2.76‰，流域面积874平方千米。为广东省高州市境内河。

流域地势东北高，西南低，东北部的鸡笼顶兰篷岭为最高峰。地质岩体主要由花岗岩、砂页岩、砂岩和石灰岩等组成。山体完整，土层较深，植被较好，水土保持较好。流域属亚热带季风气候，多年平均气温22.8摄氏度，多年平均日照数1 843.6小时，全年无霜期约359天。多年平均年降水量2 105毫米，多年平均年径流量12亿立方米。

流域内耕地面积约9 867公顷，人口26.3万，工业较落后，以农业为主。上游河水流入**高州水库**的石骨库区，高州北部山区乡镇工业欠发达，对水质污染很少；在石骨水库以下，由于长坡镇、曹江镇废污水不经处理直接排入曹江，在20世纪后期，水质维持在Ⅲ～Ⅳ之间。

流域纬度低，南临南海，受海洋性季风及热带、副热带高压气候影响，水旱灾害较多，常发生台风，并带来暴雨。7～9月是台风出现频繁的季节，据1950—2005年资料统计，影响流域的台风有94次，平均每年差不多有2次。由于降雨时空分布不均，极易发生洪水和旱情。降雨量由南向北递增，其中云炉河的源头是广东省的暴雨多发地区。北部是丘陵山区，山洪暴发，来势凶猛，破坏性较大；中下游地势平缓低洼，河床比降小，遇强降水，便洪水泛滥。根据历史洪水调查，1956年曹江大拜河段出现最大历史洪水，流量2 450立方米每秒。1960年，在曹江上游长坡拦河建成高州水库石骨库区，流域面积525平方千米，正常库容4.6亿立方米。曹江上游水力发电站星罗棋布，有装机容量超过8 600千瓦的三角湾电站和高州水库石骨库区坝后水电站，还有马贵、格苍、荷木垌等农村小水电站。据查勘，曹江水力资源理论蕴藏量有4.34万千瓦，装机容量3.79万千瓦。

自源头向南，流经高州市马贵镇，于三百和折向西南流，经大坡镇，于朋情圩折向西流，穿过高州水库，过长坡镇，再向西南流，于竹园左纳云炉河（河长27千米，流域面积119平方千米，坡降9.79‰），继流至曹江镇左纳新垌河（河长27千米，流域面积104平方千米，坡降1.58‰）；继流至帅堂以下5千米六罗合叉口汇入鉴江中游。

高凉岭冼太庙

流域上游为山区，雨量充足，山清水秀，北部属丘陵山区，山势陡峭；下游属低丘陵地、沃土阶地，高度在海拔500米以下。

曹江流域河溪纵横，风景优美，名胜古迹众多，隋朝高凉郡城曾设在长坡旧城，还有曹江高凉岭、大坡平云古寺、平云山冼夫人军事遗址、旧城冼太庙、旧城墙遗址等。曹江是山区和平原之间航运、通商以及文化交流的主要通道。中上游为水果和粮食生产基地，是全国有名的香蕉生产基地。

高州长坡旧城

7.12.16.5 罗江
(Luojiang River)

鉴江右岸支流，发源于广西壮族自治区北流市六靖区上珍乡崩山田村鸦髻顶北麓之西约0.8千米处，自北向南流经广东省化州市境内的文楼、平定，在合江墟边与凌江汇合后，经过江湖、林尘、莞塘等地，于化州市区汇入鉴江。河长143千米，总落差54.6米，平均比降0.644‰，流域面积2 618平方千米，涉及广西壮族自治区北流市和广东省化州市。

罗江化州市民主桥

100平方千米以上支流有清湖水、凌江、中垌河、官桥河、石湾河5条，以凌江最大，河长78千米，集水面积824平方千米。

流域地势北高南低，上游属丘陵区，中下游属缓坡地和平原。地质岩体主要由花岗岩、砂页岩、砂岩、片岩和石灰岩等组成。山体完整，土层较深，植被较好，水土保持较好。流域属亚热带季风气候，多年平均气温21～23摄氏度，多年平均日照时数2 000小时，全年无霜期约360天，北部偶有低温霜冻。降雨时空分布不均，降雨量由南向北递增，多年平均年降水量1 750毫米。多年平均年径流量26.44亿立方米，汛期径流量占全年径流量的80%。水质在Ⅱ～Ⅲ之间，有时为Ⅳ类。

流域内耕地面积约26 667公顷，20世纪末人口共80万人。工业较落后，农业较发达。沿江两岸土地肥沃，物产丰富。

罗江地处北回归线以南，纬度低，南临南海，常发生台风，并带来暴雨，风灾一般由台风形成，也有局部性的龙卷风。7～9月是台风出现频繁的季节，据1950—2005年的统计，影响流域的台风有50次，平均每年差不多有一次。流域北部是丘陵山区，山洪暴发，来势凶猛，中下游地势平缓低洼，每遇大雨，易带来洪涝灾害。从清道光二年至民国36年（1822—1947年）的126年期间，共发生洪涝灾害24次。1950—2005年间，共发生洪涝灾害48次。流域内虽然降雨不少，但时空分布不均，极易发生旱情。1949年后，有记录发生较大旱情的年份是1955、1962、1963、1966、1977、1980和1981年，这些年的旱情基本上从冬季开始，旱情长达5～7个月。1966年秋旱，是新中国成立以来流域内旱情最大的一次，从8月中旬到10月20日的80天内，没有下过一场透雨，使原蓄水量超过百万立方米的长湾河、宝树、三合水、连界等9座水库，蓄水量只有正常蓄水量的35%，全化州受旱耕地面积2.6万公顷。

罗江上游建有两座中型水库，分别为长湾河水库和宝树水库。随后沿江兴建文楼、翰堂、宝圩、引陵、合江、林尘拦河坝等中型引水工程，引水灌溉1.2万公顷，水电装机容量4 225千瓦。

罗江自源地南流，在广西境内称六靖河，在坡头进入广东化州市境，又称平定水，南流至平定镇右纳清湖水（河长29千米，流域面积178平方千米），东南流至合江镇左岸有凌江（河长85千米，流域面积824平方千米）自东北注入，过合江镇后罗江继续南流至林尘镇七枝坡右纳中垌河（河长30千米，流域面积216平方千米），于官桥镇名教右纳官桥河（流域面积140平方千米），于化州市西格塘右纳石湾河（流域面积125平方千米），于化州市区注入鉴江。罗江上游植被较好，森林覆盖率较高，河床淤积较少，河水清澈，流量较稳定，木帆船从化州城上航可至文楼，丰水期可达白梅，机船从化州城可至合江。20世纪50年代末，由于植被大量被毁，水土流失严重，河道泥沙淤积，同时由于拦河建坝，罗江的航运受到较大影响。下游经过化州市城区。化州于北宋太平兴国五年（980年）置州，因所产橘红是化痰止咳珍品，曾作贡品，被誉称"橘红之乡"。名胜古迹有化州城圣殿、鼓楼、清风楼、化州孔庙、西湾题雁塔、曲径封诰楼、岱诰书楼以及古化州之"三奇八景"等。

化州城圣殿

化州鼓楼

7.12.17 袂花江
(Meihua River)

独流入海河流，发源于广东省电白县鹅凰嶂南坡，向西南流经电白县的沙琅、霞洞、林头，茂名市茂港区的羊角、坡心，茂名市茂南区的袂花、鳌头等镇，到吴川市兰石瓦窑口与**梅江**汇合，于吴川市注入南海。河长112千米，平均比降1.09‰。流域面积2 516平方千米。

袂花江吴川市区段

概　况

流域地势东北高，西南低，东北部的鹅凰嶂为最高峰，海拔高度1 336.6米。以北部的青鹅顶大山为起点，分为西南、东南两大山脉走向，西南山脉海拔在900~580米之间，东南山脉海拔介于1 200~820米之间，两山脉连绵不断，构成半圆形屏障。北部属中低山地，坡度陡峭；中部属沿江平原和低丘陵地，高度在500米以下；西部属黄土丘陵；南部属沿海台地，高程50米以下。

地处北回归线以南的低纬度地带，受南亚热带和海洋性气候的共同影响，气候温和，雨量充沛。多年平均气温23摄氏度，多年平均年降水量2 000毫米，变幅在1 400~2 900毫米之间，由南向北递增。袂花江上游为山区，为茂名市最大的暴雨中心，最大年降雨量达4 398毫米。径流的分布与降雨量的分布一致，由南向北递增，多年平均年径流量30亿立方米，汛期径流量占全年径流量的75%。流域水质较好，一般为Ⅱ~Ⅲ类水，枯水期一般为Ⅲ类水，其中上游山区和水库水质良好，为Ⅰ~Ⅱ类水。

影响流域的风灾主要是台风，其次是龙卷风。自清朝同治二年（1863年）至1949年，有记载的风灾有11次。1950—2005年，受台风影响的共有48次，其中灾害较大有25次；7—9月为台风盛发期。袂花江上游山高陡峭，河床狭窄，水流湍急，多发山洪灾害；中下游河床浅而宽，多淤积，水势平缓但降雨量较多，且多集中在汛期4—9月，中下游洪涝灾害频繁。1950—2005年，发生较严重的洪涝灾害共31次，其中最严重的是1953年，受强台风和暴雨袭击，冲毁河堤15处、陂坝118座，损失大江车25架，崩塌瓦屋2 075间、茅屋5 361间，伤22人，死7人；1965年台风伴暴雨和暴潮，受浸村庄193个，受灾71.5万多人，其中39个村的房屋全部倒塌，46个村房屋倒塌过半，受灾作物面积2万公顷，冲坏水利设施223座和涵库149座，死亡31人，受伤277人。

旱灾也是袂花江流域的主要自然灾害之一，一年四季均可发生，春、夏旱较常出现，一般是沿海地区灾情较重，丘陵、平原次之，山区较少。流域南部沿海旱灾为十年九遇，山区为10年6~7遇。旱期最长达130多天，冬春连旱影响较大。其中最严重的是1987年冬春连旱，自上年10月至是年3月上旬，全流域几乎无雨，旱期160多天，全县受旱面积3.24万公顷，其中水稻1.51万公顷。

1960年以后，上游兴建罗坑、黄沙等大中型水库，下游吴川市兴建博茂减洪工程，将袂花江改道出海；建梅菉节制闸，防止鉴江洪水倒流和利用洪峰前后排洪；沿江修筑防洪堤，并兴建共青河闸、名利闸等，改善了沿岸的农田灌溉及防洪条件。20世纪70年代后期，实施袂花江防洪治涝规划，疏河扩河，加固堤防，扩建减洪水闸，围内建大排，开截洪渠等。经过治理，袂花江干流堤围基本达到10年一遇防洪标准。

纪　实

袂花江自源头向西南流经**罗坑水库**、电白县罗坑镇，至沙琅镇大秧地右纳大社河（河长21千米，流域面积115平方千米），折向西南流，经窝仔左纳建有**黄沙水库**的合水河，经河口，于霞洞镇下岭右纳黄岭河（河长29千米，流域面积100平方千米），继流至林头镇樟木根左纳观珠河（河长27千米，流域面积150平方千米），继西南流经渡仔头下茂港区至坡心镇郁尖鹅村左纳郁头鹅河（河长25千米，流域面积114平方千米），经袂花、鳌头至吴川市纳梅江后汇入南海。

流域上游为山区，雨量充足，山清水秀；中游为狭长的沃土阶地，中上游为水果和药材生产基地；下游为冲积平原，中下游是茂名市主要的粮食、蔬菜生产基地和荔枝、龙眼等水果基地，也是茂名乙烯工业公司和茂名石化工业区所在地。位于兰石镇东南袂花江畔的香根草沼泽湿地为广东省仅存两处内陆湿地之一。

在流域下游出海口电白县茂港区南部的小良镇白沙管理区，有小良水土保持试验推广站，也叫茂名小良水土保持生态景观风景区，位置属热带北缘地区。该地在宋代以前还覆盖着热带季风雨林，到19世纪中叶，该地区菠萝山一带方圆50平方千米内，已变为草木稀少的光板地。1957年在小良菠萝山建立水土保持试验推广站。经过多年治理，已将这块不毛之地变为我国南方热带人工恢复植被的典范，为水土保持科研方面作出了较大的贡献，1984年被评为"全国水土保持先进单位"。该站科研成果"广东热带沿海侵蚀地的植被恢复途径及其效应"项目获1986年中国科学院科技进步一等奖，1989年获国家科技进步二等奖；1999年"热带亚热带退化生态系统的植被恢复生态学研究"项目获得中国科学院科技进步一等奖。

兰石镇袂花江沼泽湿地

茂名小良水土保持生态风景区

7.12.17.1 罗坑水库
（Luokeng Reservoir）

袂花江干流上的大（2）型水库。位于广东省茂名市电白县东北部的罗坑镇山区。

罗坑水库

水库有多年调节功能，以防洪、灌溉和供水为主，兼顾发电和养鱼等效益，集水面积77平方千米，多年平均年降水量1 971毫米。水库按50年一遇洪水设计、100年一遇洪水校核。总库容1.1375亿立方米，设计灌溉面积1万公顷。坝后电站装机3台，容量890千瓦，设计年发电量338万千瓦小时。

水库工程有主坝1座，坝长210米，最大坝高35米，坝顶宽5.5米。副坝3座，均在主坝西北侧，总长第一副坝长558米，最大坝高27.05米；第二副坝长143米，最大坝高26.25米；第三副坝长4米，最大坝高4米。溢洪道的中间陡坡段宽36米，消力池长31.5米。溢洪道进口设有防洪交通公路桥1座，长40米，宽4米。输水隧洞设在主坝左侧条形山，最大输水流量23立方米每秒。工作闸门采用密闭式内外套筒开关，用10吨手摇卷扬机启闭。

水库建成后，效益显著：拦蓄袂花江支流沙琅河上游的洪水，既可灌溉农田，又减轻下游洪涝灾害；水库与毗邻的**黄沙水库**（中型）同属一个灌区，两水库原设计灌溉面积14 667公顷（罗坑1万公顷，黄沙4 667公顷），受益地区有罗坑、那堆、沙琅、观珠、霞洞、大衙、林头、旦场、黄岭等10个区以及曙光和水丰2个农场；在下游共青河拦河坝向电白县城供水不足时，向共青河补充干净的水源。

水库地处茂名市东部电白县的山区，库区是茂名市最大的暴雨中心，最高年降水量4 398毫米，植被较好，水土流失少。建库前，由于上游降雨量大，常造成山洪暴发，中下游洪涝灾害频繁。建库后，不仅解决电白县中部平原农田的灌溉用水，又可减轻袂花江中下游两岸的洪涝灾害，还补充电白县城供水的不足。

水库于1959年12月动工，主体工程于1960年6月基本完成。水库是在边勘测、边设计、边施工环境下建成的，施工质量较差，安全标准偏低，1964年维修加固输水隧洞大庆压力钢管及增设坝后闸阀，加大培厚主副坝及条形山背水坡，增建主副坝防浪墙，降低溢洪道进口50厘米，前沿增建1条消力槛。1974年维修加固主副坝迎水坡，从106米高程至坝顶，将原干砌石护坡改为浆砌石，加大培厚第二副坝背水坡，迎水坡改建浆砌石。1983年6月至1984年10月对第一副坝左端进行灌浆，1985年对第一副坝已堵塞的反滤体进行翻修。

水库是粤西地区三大水库之一，以山清水秀、环境幽雅著称。库区面积467公顷，蓄水量约1.14亿立方米。水库周围青山环绕，环境清新，空气怡人。水库最大的特点是水质清纯碧透。毫无污染的水面看上去犹如翡翠碧玉，加上四周绵绵起伏的青山及若隐若现的野生鸟鹤，泛舟水面，溯源而上，可领略沿途村寨、别墅及环山之层林、奇石、怪岩、流泉、飞瀑风光让人感受到一种回归自然的乐趣。

7.12.17.2 黄沙水库
（Huangsha Reservoir）

袂花江上游支流合水河上的中型水库，水库大坝坐落在广东省茂名市电白县沙琅镇大历乡黄沙村附近，距水东镇64千米。

水库功能以灌溉为主，结合防洪、发电、养鱼等。集水面积50平方千米，库区内多年平均年降水量2 055毫米。设计

黄沙水库

总库容 5 450 万立方米，正常蓄水库容 4 731 万立方米，正常高水位 119.4 米。

主体工程有均质土坝、溢洪道、输水涵各 1 座。坝顶高程 124.4 米，坝长 375 米，最大坝高 38 米，坝顶宽 5 米；溢洪道堰顶高程 116.4 米，设计最大泄洪流量 554 立方米每秒；输水涵的进口底高程 93.3 米，坝后电站设计装机容量 1 050 千瓦。干渠长 6.95 千米，至沙琅镇凉水井与罗坑干渠汇合成罗黄干渠，形成罗坑水系灌区。

水库于 1958 年 6 月动工，1958 年 12 月在湛江市召开南方 14 省水利施工现场会，黄沙水库工地被树为全国高工效标兵。1959 年 5 月 20 日，施工中的黄沙水库受到特大洪水的袭击，正在施工的大坝被洪水漫顶冲垮。垮坝时，坝顶高程 102.6 米，最大坝高 16.2 米。据库区上游的利垌雨量站实测，19 日 24 小时降雨 857.8 毫米，三天连续降雨 1 029.9 毫米。在坝中及左端冲开两个缺口，宽 30 米，深 20 多米，损失土石方 10.1 万立方米。1960 年 6 月，库区主体工程基本完成。经历年改建加固，已经达到 1978 年部颁标准。

黄沙水库建成后，在兴利除害方面发挥了显著的效益，实灌面积 3 467 公顷，占设计灌溉面积的 74.28%。

7.12.17.3　梅江
（Meijiang River）

袂花江 右岸支流，发源于广东省茂名市高州市（县级）境内的官庄岭下，流经茂名市的高州市、茂南区以及湛江市吴川市（县级）。干流全长 67 千米，流域面积 1 142 平方千米，平均比降 0.64‰，总落差 163 米。涉及广东省高州市和吴川市。

流域地势北高南低。上游为山区丘陵，海拔在 10～1 000 米之间，中下游地势平缓，河道弯曲，河涌交错。流域地处北回归线以南的低纬度地带，受南亚热带和海洋性气候的共同影响，年间光热充足，气候温和，无霜雪，北部山区气温稍低，南部气温稍高。多年平均气温 23 摄氏度，多年平均年降水量 1 600 毫米，年降雨变幅在 1 200～2 000 毫米之间，由南向北递增，多年平均年径流量 9.47 亿立方米。

梅江水质受茂名石化公司炼油厂及市内化工厂、造纸厂、糖厂、水泥厂等以及市区人口增加带来的大量生产生活废污水的影响，已失去原来作饮用水的条件，沿江近 20 万人因梅江水污染而饮水困难。20 世纪 80 年代开始治理，污染程度有所减轻。至 21 世纪初，茂名市区工业用水重复利用率达到 90%，其中石油工业用水达到 93%。市区兴建立 1 个日处理能力 9 万吨的生活污水处理厂，使水质有所好转，在茂名与湛江交界处的水质已达Ⅲ～Ⅴ类标准。

影响流域的风灾主要是台风，也有局部性的龙卷风。7—9 月是台风出现频繁的季节，据 1950—2005 年的统计，影响本流域的台风平均每年差不多有 1 次。梅江上游属山区丘陵区，地势陡峻，一遇大雨，洪水汹涌而下。中下游坡度平缓，地势较低，河道弯曲，河涌交错，淤积严重，洪水经常泛滥成灾。最为严重的是 1976 年 9 月，梅江茂名水文站记录最高水位 12.91 米和最大洪峰流量 1 510 立方米每秒，台风洪水造成一次损失稻谷 1 500 万千克，市区道路普遍受淹，水深 1.5～2 米，最大水深达 3 米以上。而旱灾是梅江流域的主要自然灾害之一，一年四季均可发生，春、夏旱较常出现，特别是茂南区南部旱情严重，山区相对较少发生。

20 世纪 50 年代末、60 年代初，由于茂名市石油工业发展需要，流域内修建南盛至茂名工业引水渠，茂南区建有高州引鉴工程、中小型水库 6 座，水轮泵站一批，沿江修筑 10 年一遇～20 年一遇防洪标准的堤防、排水闸、电排站。1959—1960 年，航运部门为解决水运问题，分别在中下游修建东江口、乌石 2 座固定坝，梯级壅高梅江水位。1977—1980 年治理梅江，先后改两坝为两闸，裁弯取顺 4 个河段，沿江加固堤围及高程按 20 年一遇洪水设计。两坝改闸后，梅江同频率洪水位降低 0.75～1.1 米。提高防洪标准，减轻沿江以往经常受灾的 1 600 公顷农田损失，减少茂名市区受浸威胁。

梅江源头自北向西南流，经高州市根子镇于茂名市茂港区新坡镇莲塘右纳泗水河（河长 42 千米，流域面积 203 平方千米）后进入茂名市区。茂名，1983 年建市（省辖市），现辖茂南区、茂港区和电白、高州、化州、信宜 2 区 4 县市。茂名为"国家园林城市"，是国内重要的石油加工生产基地，工业发展较快，是人口较集中的中等经济城市，也是农产品较丰富的生产基地。茂名市流域内水利设施完善，引水工程较多，城市供水和灌溉主要来自上游高州水库灌渠引水。古迹有大路陈家古祠、白沙云门公祠、公馆龙江古桥和铜古岭古浅海沉积遗迹。泗水河口以下的河段当地称小东江。出茂名市区下游有一高山拦河坝，用于改善城市景观和农田灌溉，于合水右纳西北流

绿茵环绕的茂名市区

入的公馆河（河长 38 千米，流域面积 232 平方千米），在茂南区有高州引鉴工程水流入；经过镇盛至鳌头衔水后，进入湛江吴川市境内，于杜村右纳三丫河（河长 42 千米，流域面积 346 平方千米），于瓦窑口（现为吴川市区梅化路）汇入袂花江。

7.12.18　遂溪河
（Suixi River）

独流入海河流。据广东省《雷州府志》记载，"遂溪"是取"溪水合流，民利遂之"之意，曾用名西溪河，位于广东省雷州半岛北部。发源于廉江市牛独岭，流经荔枝坑、遂溪县的分界、牛路、遂城南，折向东北的新桥、官湖、林东至黄略石门圩五里山港注入南海湛江港，河长 80 千米，平均比降 0.19‰，流域面积 1 486 平方千米，涉及广东省廉江市、遂溪县和湛江市区。

概　　述

流域北部、东部和西南部地势较高，向东及东南向倾斜，多为冲积层及玄武岩台地。东北部为砂质岩低丘，下游近海为第四系浅海沉积低台地。

流域属亚热带海洋性季风气候，多年平均年降水量 1 600 毫米，中部及西南部偏多，年内降水分配不均，汛期 4—9 月的降水量占全年的 89%；流域多年平均年径流量 14.07 亿立方米。

流域内局部地区由于土质疏散，植被稀少，表层干燥，在台风暴雨侵蚀下，容易出现水土流失、泥沙淤积河床的现象。遂溪河处在雷州半岛易受干旱的地区。据《遂溪县志》记载："明万历二十三年（1595 年），旱无禾稼，次年大旱，赤

地千里，饥民死者万计。"以秋春连旱最为突出，在遭受旱灾的同时，常引发咸潮上涌，故海滨农田受咸潮之害多在旱灾年份发生。根据遂溪站多年统计，降雨20毫米以下

遂溪河

的连续平均天数为140天，平均每10年有8次严重干旱，连续最长天数为225天。流域位于南海西北部，常遭受台风及南海低压登陆影响，暴雨洪水频繁发生。从明永乐九年（1411年）起，就有诸多文史记载。据《遂溪县志》记载："明崇祯五年（1632年）七月十四日，大水，水及县之仪门。"1985年8月11—28日，17天降雨867毫米，占当年降水量的37.6％，遂溪河出现一次流域性特大洪水，洪峰流量大于1926年6月的历史洪水，造成城南村庄300多群众被洪水围困，遂溪县城因受水浸而停业两天多。1994年6月、7月也发生过危害严重的特大洪涝灾害。

明嘉靖十年（1531年），知县张惠筑东溪水陂，灌溉县城南门、东门等处农田，是遂溪县较早的官办水利工程。清光绪三十一年（1905年），风朗村民陈旺在风朗河制造水车提水，灌田1.3公顷。这是当地使用水车的最早记载。1956年后在支流兴建40多座小型塘库蓄水工程，修建了多座机电灌站和水轮泵提水工程，其中较大的有黄略电灌站，装机容量800千瓦，设计灌溉面积1 333公顷。遂溪河支流有引水工程13座，属于小型陂闸，其中的源水水陂灌溉2 067公顷，运行正常，效益显著。1959年修建的雷州青年运河总干渠流经流域西部边界，东海运河由北向南贯通全区，是流域内最大的引水工程，渠系众多，对解决域内农业用水和城乡供水，大力发展生产起到显著作用。1966—1979年整治改造遂溪河，对朗村、鸟塘至官湖渡口的中下游河段以裁弯取直为主，结合河道清障进行整治；1973年整治鸟塘渡口至瞿屋村河段，1975年把傍塘桥（南门田）至西溪公路桥、大渡槽至新铁路桥河段取直、扩宽；1978年4月续挖鸟塘至官湖渡口的排洪工程，次年开始发挥排洪效益。经过整治的遂溪河，排洪加快，县城以下农田10年一遇雨量受浸时间比原来减少2～3天，洪泛区面积由933公顷降为613公顷，减轻了农业损失。

纪　实

自发源地向西南流，经荔枝坑，穿过黎湛铁路折向南流，经桥头进入遂溪县境，经分界、龙潭岭，穿过青年运河东海河，于城西区大陈村右纳黄沙水。区内地势东北高西南低，属低丘台地，在廉江市的新民镇和新华镇之间，河道、省道公路和黎湛铁路交义南下。区内各村多为小村落，以种植水稻、番薯为主。经济作物有柑橙、甘蔗和橡胶等。

继东南流，入遂溪县城遂城镇。遂溪，唐天宝元年（742年）铁杷、椹川两县合并轩遂溪县，取"溪水合流，民利遂之"之意而得名。自然资源有高岭土、石英泥炭土、耐火泥、花岗岩、钾长石、硫铁等矿藏，有以桉树为主的林木和胭脂木、杪椤、红车、樟、等珍贵树种；有丰富的海洋资源。于城西区的石狗村前右纳风朗河（又名西溪河，河长31千米，流域面积137平方千米），经县城南的红坎岭折向东北，至附城新安左纳良田河（又名南桥河，河长32千米，流域面积319

平方千米），继流至官湖村左纳良桐河（河长32千米，流域面积118平方千米）。流域属平原台地区，土壤多为沙质岩发育的黏沙土。沿河两岸地势低洼，雨季常遭涝渍。雷州青年运河的东海河纵贯本区，并引出众多渠系灌溉农田。遂城镇是全县政治、经济、文化和交通中心，西临遂溪河，东靠黎湛铁路，207国道和325国道交叉通过城中。

继流至石门圩入五里山港，进入港湾河道，五里山港北接廉江市，东西部靠遂溪县和湛江市坡头区，南下直达湛江港。因低潮时航道西侧两堆暗沙露出水面，水面宽

遂溪河遂溪城内段

广，古为渡口，长约10千米，宽约2.5千米，主航道深8米（低潮时4米），属河海交界港汊，遂溪河由此出海，近岸有红树林带。

7.12.19　湖光岩

（Huguangyan Lake）

旧名陷湖，又名净湖、镜湖，是一个天然的火山口淡水湖。位于广东省雷州半岛东北部，在湛江市霞山区西南部约15千米处，曾作为一中型水库灌溉工程。因其特殊的地理位置、独特的火山地质地貌、山清水秀的环境，1999年起逐步建成湖光岩火山口风景区。

湖光岩集水面积约3.25平方千米，以火山口及湖周围的环形火山丘地质遗迹为主。湖中水质优良，曾用作农田灌溉和饮用，为保护旅游资源，已停止用于灌溉，只作为景观水和部分饮用水。

湖光岩

湖光岩地处亚热带海洋性季风气候。多年平均年降水量1 550毫米左右。湖光岩湖面近似心形，东西方向最长1.9千米，南北方向最宽1.4千米，水面面积约2.3平方千米，湖水水面标高23米，最大深度约22米，正常容积0.3亿立方米。环形火山丘呈封闭式围绕火山口湖，海拔在40～90米之间，主要由火山碎屑岩构成，环形火山丘在临湖一侧形成悬崖陡壁，外侧则为平缓的坡地。

湖光岩火山口湖，是由炽热的岩浆与地下水作用产生高温高压发生大爆炸时，强烈喷出的熔岩碎屑和水蒸气所形成。喷发堆积物保存十分完整，喷发物的各种流动构造非常明显，成岩后受断裂构造破坏，随处可见，为研究火山成岩作用、新构造运动提供了充分的依据。湖光岩经过长期的自然沉积，湖中已形成低于海平面100多米的沉积层。因受湖四周火山堆体的保护，不受外界水系的干扰，真实地记录了地球古气候

与古植被的变化，成为研究地球古气候与环境演变的"天然年鉴"。湖光岩的爆发口在地平面以下300多米，碎屑岩回落形成的"湖底"低于海平面，湖水是地下渗透进来的矿泉水，旱不枯，涝不溢。在地质学上，像湖光岩这样的火山口湖称为"玛珥湖"。据联合国专家考证，湖光岩不仅是中国唯一的"玛珥湖"，也是东南亚最典型的"玛珥湖"。

湖光岩历史悠久，人文景观源远流长。早在隋朝，佛教僧人就依岩而建楞严寺、白衣庵等古刹，宋朝丞相李纲题写的摩崖石刻"湖光岩"留存至今。新中国成立后，国家领导人邓小平、朱德、陈毅等都先后游览过湖光岩，并留下诗句和墨宝。

湖光岩的地质遗迹和地质景观在科学上具有极高的美学和历史文化价值，并且保持了很好的自然状态。湖光岩风景区还拥有中国国家地质公园、国家AAAA级旅游区、国家重点风景名胜区、全国青少年科技教育基地等称号。湖光岩玛珥湖和德国艾菲尔地区玛珥湖被称为世界两大玛珥湖。

7.12.20 城月河
（Chengyue River）

粤西独流入海河流，发源于广东省遂溪县城月镇大塘村，自西向东流经城月镇、卜巢，在建新镇库竹港注入南海。河长37千米，流域面积345平方千米，涉及遂溪县和湛江市麻章区。

流域在雷州半岛东部台地，地势北高南低，土壤多为玄武岩风化的半砂质赤土；属亚热带海洋性季风气候，多年平均年降水量1 630毫米，雨量多集中在4—10月，约占全年的90%，

城月河

多年平均年径流量2.52亿立方米，局部地区有轻度水土流失。

流域内水、旱、风、潮灾害时有发生，在枯水期多出现冬春连旱，严重的年份造成粮食减产。洪涝灾害主要是台风暴雨引发的洪水，1985年8月和1994年6月流域内发生了两次特大雨洪。1980年7月下游近海遭受了一次近百年来特大风暴潮袭击，大部分堤围崩溃，农作物大部分减产。20世纪70年代起，对一些河段进行裁弯取直、扩宽河床，清除障碍后，使洪患减轻，除特大暴雨在中上游局部地区城月桥以卜短期受浸外，沿岸农田一般能稳产和丰收。1959年起，先后建有中型水库1座、小型水库32座，控制流域面积的35%，使洪泛区易涝面积大幅度下降。

沿河北岸有3条支流汇入：后溪河，发源于海拔233米、由火山爆发形成的螺岗岭；陈家水和调丰河，发源于岭北镇境内蛇里岭和迈生。中下游河道河面较宽，并受南海潮汐影响。城月镇是干流中上游的中心镇，据史志记载：宋建炎三年（1129年）宰相李纲被贬，继又流放，南来北归都曾抵于此。自南宋始，历设城月驿丞署、公馆、社仓、义学，成为雷州要镇。现有以种植甘蔗和橡胶为主的国有农场和糖厂。

7.12.21 南渡河
（Nandu River）

独流入海河流，又名擎雷水，位于广东省雷州半岛中部。发源于广东省遂溪县坡仔，在雷州市东部的双溪口注入南海雷州湾。河长88千米，平均比降0.17‰，流域面积1 444平方千米，涉及广东省廉江市和遂溪县。

南渡河下游

概　述

流域多为平台阶地，部分低丘，地势南部高于北部，南部支流发源地石卯岭，海拔259米，为雷州半岛最高山岭。北部台阶地海拔32～47米，中部为低平冲积平原。

流域属亚热带海洋性季风气候，多年平均年降水量1 540毫米，年际变化大，汛期4—10月的降水量占全年的90%；多年平均年径流量9.40亿立方米。

流域北部和西部，草木稀少，水土流失严重，流失面积120平方千米，上游一些支流河床逐年淤高。南渡河流域是广东省冬春连旱较严重地区，连续大干旱天数可达219天。据史志记载："明万历二十四年（1596年），雷州大旱，赤地千里，是岁斗米二钱五分，民多茹树皮延活，饥死者万计"，是流域内历史上最严重的旱灾。另据1956—2000年统计，出现重旱年份占88%。流域也是台风、暴雨、洪水灾害易发区。据史志记载："清同治二年（1863年）八月十五夜台风大作，海堤崩溃，东西两洋田舍悉被淹没，居民淹死者数千人"，民国37年（1948年）8月，受风暴潮袭击，南北两堤大部分崩溃，淹没农田5 667公顷，溺死60余人，崩屋5 000多间。1985年受热带低压影响，流域内3天平均降水量516毫米，洪水暴涨，中下游的东、西两洋有7万多人被洪水围困，冲坏山塘360座、渠道320千米、建筑物69座，淹崩房屋6.57万间，有3万多人无家可归，是有记载以来一次最为严重的洪涝灾害。

据县、府志记载，宋绍兴二十六年（1156年），雷州知军事何庚筑特侣、西湖塘，开渠建闸，汇灌万顷洋田，这是流域内最早兴建的蓄水工程。从1955年开始，修建塘库，拦蓄雨水，先后修建滨洋、东吴、西湖、恭坑等中型水库4座，小型水库14座，控制流域面积297平方千米，总库容1.46亿立方米，设计灌溉面积1.62万公顷。1972年起兴建大小电灌站180座，其中灌溉667公顷以上的有47座。规模最大的麻演站，装机5台容量775千瓦。

纪　实

主流自北向南流，流域上游为平台阶地，海拔在45米以下，草木稀少，水土流失比较严重。区内耕地多为坡田和沙质坑田，产稻谷、甘薯、花生、甘蔗和蚕桑。于后黎村右纳土塘河（河长28千米，流域面积220平方千米），其河口附近的土塘圩周围发现有宋元时期窑址多处。继流经安榄至下坎村

附近右纳公和水（河长30千米，流域面积146平方千米），安榄渡以下，河道弯曲，河床平缓，河面较宽。两岸为冲积平原，是历史上有名的"东、西洋"围垦所在地，素称雷州"粮仓"，宋绍兴二十七年（1157年）开始经营。继流至松竹镇山尾上村右纳松竹河（河长32千米，流域面积158平方千米），折向东流，于渡仔村右纳花桥水（河长40千米，流域面积178平方千米）后在双溪口注入南海雷州湾。

下游附近的雷州市是中国的历史文化名城，有多处汉、唐、宋、明名胜古迹，唐雷祖祠、明三元塔分别为全国和广东省重点文物保护单位。雷州城在古代是一座军事

雷祖祠

防御要塞，被誉为"天南重地"。城南的雷州港，西汉时是我国海上丝绸之路的外贸港口。现有国道、省道公路和粤海铁路贯穿本区。

历史上有名的南渡河防洪防潮工程南北堤，始建于宋绍兴二十七年（1157年），由经界司委派胡簿主持兴建，捍卫东、西洋农田。宋乾道五年，明嘉靖元年，明万历十六、十八年，扩宽培高接长加固南北堤。清康熙三十五年（1696年），福建巡抚陈瑸（雷州南田村人），上书皇帝拨给五千三百余两银，并将自己所存的俸银五千两统交粤督掌握，重修南北两堤。民国37年（1948年），国民政府成立"雷州南北堤水利联合办事处"进行修复加固。1950—1952年，广东省政府成立"高雷专区海遂南北堤总委会"大修南北堤，南堤增长到26.7千米，北堤增长到31千米。1970年在南渡河、花桥河出口处兴建筑闸联围工程，将原来南北堤向东部分截联成"南渡河大堤工程"代替了原南北大堤。1974年大堤工程全面竣工，保护面积从原来的8 467公顷扩大到1.47万公顷，保护人口从原来的9万多人增加到14万人。南北堤下游因不再担负防御海潮的任务，失去养护且有毁损。大闸以上的南渡河河段，已形成库容6 720万立方米的调蓄水库。但因河岸崩塌严重，河床逐年淤高，已有1 333公顷的水稻田变成沼泽地，只能改种蒲草。这种生态环境的变化，有进一步发展的趋势。

7.12.22 大水桥水库
（Dashuiqiao Reservoir）

广东雷州半岛南部大水桥河中下游干流上的大型水库，位于广东省徐闻县城东郊约3千米处。

水库主要功能是防洪、灌溉和城市供水，兼顾发电和水产养殖。集水面积196平方千米，原按中型水库规模兴建，1957年10月动工，1958年3月库区基本建成。库区内共淹没耕地面积586公顷，移民1 083人。水库经历多次改造，1964年第一次扩建，加高土坝2.3米；1973年起按大型水库标准，再加高土坝2.7米，并改建溢洪道；1976年经二次土坝培厚加高扩大库区后，总库容从8 000万立方米增加到12 701万立方米；2003年10月水库开始全面加固，总库容达到15 490万立方米。加固后的防洪标准由加固前的300年一遇提高到1 000年一遇。

大水桥水库

工程由大坝、溢洪道、输水涵洞和水电站4部分组成。大坝为均质土坝，主坝长2 814米，坝高27.1米，坝顶宽5米，坝顶筑有1.4米高的混凝土防浪墙；东西副坝2座，总长4 143米；主坝处的溢洪道为宽顶堰，弧形闸门，最大泄洪流量810立方米每秒；输水涵洞2处位于右岸，混凝土圆管，转动门盖和锥阀闸门，最大泄流流量15.36立方米每秒；坝后引水式水电站2座，设计装机容量970千瓦，年发电量253万千瓦时；土渠式非常溢洪道1座，宽度700米，最大泄流流量3 600立方米每秒。

水库的上游河流发源地石板岭，为盾状火山区，山势南北走向，长约13千米，没有明显的主峰，海拔245米，为雷州半岛南端最高岭，土质为玄武岩砖红壤土。大水桥河沿岸多溪涧，水源充足，土地大部分已被国有农场开发，种植的作物主要有橡胶、甘蔗、茶叶、水稻等，植被较好，水土流失少。由于上游先后修建了多座塘库，减少了进库来水量，为此，于1972年兴建南北渠引水工程，把23条河溪的多余水量引入水库。引水渠全长88千米，正常年引水量1 770万立方米，1974年建成通水。

水库灌区主干渠全长39.5千米，设计最大过水流量12立方米每秒；支渠26条，全长148千米，设计灌溉面积1万公顷，其中水田5 333公顷，为徐城、海安、南山、迈陈、西连、角尾等乡镇街道提供农业用水和部分生活用水。年灌溉用水量8 918万立方米，灌溉效益十分显著，这里原来是水利条件欠缺的易受干旱灾区，现灌区大部分耕地都可自流灌溉，减轻了旱灾威胁。特别在水库经过扩建、配套维修改造后，灌区年均亩产从1993年的250千克增加到1996年的650千克；捍卫下游的徐城街道、海安街道、南山镇等3个街镇20多万人口、16 667公顷耕地、4个工厂、粤海铁路和207国道等设施的安全；水库共有3处电站，总装机容量1 580千瓦，每年向城镇提供生活和工业用水约800万立方米；库区有733公顷的水面可供养鱼，年最高产量可达25万千克。

大水桥水库为徐闻县最大水库，正常水位56.5米，水面开阔，清波涟涟，登上堤坝观之，令人心旷神怡。

7.12.23 龙门河
（Longmen River）

独流入海河流，原名北插溪，又名海康河，位于粤西沿海雷州市西南部，因邻近龙门圩得名。发源于海拔259米的石卯岭下，河长65千米，平均比降1.45‰，流域面积406平方千米。

龙门河

乐民河

流域属亚热带季风气候，夏秋多台风暴雨。中上游的龙门雨量站多年平均年降水量1 520毫米，多年平均年径流量2.11亿立方米。土壤以砖红壤土、赤土为主，水土流失面积20.2平方千米，已初步治理13.7平方千米，原有洪泛区面积933公顷，已初步治理267公顷。每年旱季长达5个月，常出现秋冬春连旱，供需水矛盾突出。1959年修建了以农业灌溉为主，兼防洪、供水和养殖等综合利用的中型蓄水工程——龙门水库，集水面积140平方千米，总库容8 309万立方米，溢洪道最大泄流流量440.7立方米每秒，干渠3条，长65.8千米，设计灌溉面积8 000公顷，水库建成缓解了雷州半岛西部沿海部分乡镇长期的干旱。

龙门河自源头向西流经龙门镇，在北和镇海康港注入北部湾，流域涉及龙门等5个镇29个村委会和3个农场，总人口7.16万，其中农业人口6.16万（2000年统计），耕地面积1.01万公顷，其中水田3 780公顷。域内坡地多，坑田少，土地肥沃，宜农宜林可多种经营。主要经济作物有甘蔗、花生、菠萝、西瓜和香蕉等；林业以国有农场种植的橡胶林为主，间种防风林，国有林场则多种速生桉树林等。流域中上游村落稀少，多为农场分布的生产队，中游有龙门镇及龙门水库库区，库周人口集中，有一较大的农贸集镇。中下游属于雷州半岛西部干旱地区，在干流的滩头修建有引水工程，以增加西部沿海地区的供水。

7.12.24 乐民河
（Lemin River）

独流入海河流，发源于广东省遂溪县北坡镇下担仔村老周洋，河长30千米，平均比降0.65‰，流域面积361平方千米，为遂溪县境内河。

流域属热带海洋性季风气候区，多年平均年降水量1 450毫米左右，降水集中在汛期，约占全年的85%，流域多年平均年径流量2.10亿立方米；属半沙质土的低台地区，地势平缓，向西海边倾斜。流域内土质松散，植被较差，而且开发不合理，土壤裸露，地面崩岗沟壑多，雨后大量沙土流入河床，淤塞河道，是水旱灾害频发、水土流失较严重的地区。昔日有十年九旱、土地荒芜、饿殍遍野的历史记载，以冬春连旱为甚，农作物常遭受严重干旱影响。下游地区由于洪涝灾害频繁，部分耕地仍是十种九失收。

1985年8月27日，受北部湾强热带低压袭击，发生特大暴雨，水位上涨，洪水遭遇海潮顶托，近海两岸一片汪洋，乐民区被冲崩堤围546段，大部分农田被河沙埋没，水稻失收面积609公顷。1994年6月发生严重的洪灾，受当年3号强台风影响，再次出现罕见的特大暴雨洪水。

新中国成立以来，乐民河上游建有小型塘库2座，拦河水陂、水闸13座。

河流自源地向西流，经黄根、河西、横路等村，于港门镇枫树村右纳南渡河，折向西南流，至乐民镇乐民村左纳田西河（河长17千米，流域面积106平方千米），乐民镇建立有水土保持示范站，采取植物措施和工程措施相结合的方法，治理水土流失。折向西北流入海山港区，于北灶西北的下村仔注入南海北部湾。

乐民河河道弯曲狭窄，沿岸水土流失严重，导致河床逐年淤高，中下游石滩仔以下河床比农田高0.5～0.7米，个别河段高达1米以上。20世纪70年代开始整治乐民河，扩大河床，加高堤身，裁弯取直，疏导水流，将盘阻在尚勤村至安埠河道中央的鹰嘴岭爆破挖通，解决了河水转弯导致崩堤受浸的难题。下游河道河面较宽，受北部湾潮汐影响大。

7.12.25 杨柑河
（Yanggan River）

粤西沿海雷州半岛西北部的独流入海河流，发源于广东省廉江市横山镇老凌村油丰塘，于央村入遂溪县境，于东方红村北左纳马圈河，折向西流，于白银树右纳流经山内水库的山内河，继流至杨柑镇豆坡村左纳豆玻河（河长21千米，流域面积174平方千米）。向西流，经西湾、新埠入北部湾安铺港，干流长43千米，平均比降0.56‰，流域面积432平方千米，涉及廉江市和遂溪县。

流域属沙质的低台地区，地势平坦，向西海边倾斜。流域内壤土偏砂，土质松散、植被稀少，崩岗沟壑多。流域属亚热带海洋性季风气候，多年平均年

杨柑河

降水量1 500毫米，全年约85%的雨量集中在汛期，多年平均年径流量3.24亿立方米。

由于河道弯曲，沿岸水土流失严重，流沙埋浸农田，成为荒滩或沙地；河床逐年淤高，排洪受阻，是水旱灾害频繁发生的地区。旱灾较为严重，以冬春连旱最常出现，日降水

量 20 毫米以下的最长连续干旱天数可达 200 天以上。下游地势低平，河面较宽，受北部湾潮汐影响大。每当洪水和海潮遭遇时，潮水倒灌使两岸洪泛区和洪涝区常受淹，发生特大洪水年份先后出现在 1985 年 8 月和 1994 年 6 月，均受台风影响带来的特大暴雨洪水和严重的洪涝灾害。

从 20 世纪 60 年代开始，按 10 年一遇的排洪标准，先后 4 次对该流域进行以裁弯取直、拓宽河床、清除河障、加固堤围为主的综合治理。1974 年 7 月遂溪县成立杨柑河改河指挥部，对干支流部分河道进行全面的整治。1978 年 4 月对干流下游排洪严重受阻的 800 米河段采取劈旧堤、筑新堤、挖深扩宽、裁弯取直、重新开河等办法进行全面改造，效益十分显著。杨柑河上游先后修建塘桥 6 座，水陂、水闸 27 座；并通过引入雷州青年运河渠系水入境灌溉。农业主产稻谷、甘蔗、甘薯、花生等，传统副业为蒲织，近年发展水果生产和蚕桑业。

7.12.26　九洲江

(Jiuzhou River)

跨省（自治区）独流入海的河流，古称廉江。据《石城县志》记载，因冬天露出 9 个沙洲，故名。发源于广西壮族自治区东南部陆川县大化顶（茶亭），于广东省廉江市横山的高墩村分两支（北支营仔河，南支安铺河）汇入北部湾。干流长度 162 千米，平均比降 0.47‰，流域面积 3 337 平方千米，涉及广西的陆川、博白两个县和广东的化州、廉江两个市。

概　述

流域地处华南褶皱带的南缘，鹤地水库以上区域属台地残丘区，地貌以台地为主。九洲江自北而南贯穿本区，冲积成狭隘的河谷平原。大致以九洲江上游谷地为界，以东为片麻岩，以西为花岗岩，鹤地水库以南基本上是由砂质岩构成的台地，次为河谷平原及三角洲平原。构造带是东北—西南走向，流域地形高差较大，支流众多，主要支流包括武陵河、廉江河、陀村河、塘蓬河和*沙铲河*等 100 平方千米以上较大的支流。

流域位于北回归线以南，处于南亚热带与热带北缘的海洋性季风气候区，多年平均年降水量 1 660 毫米，自北向南递减；降水量年际及年内变化大，汛期 4—10 月降水量占全年的 89%，中下游个别地区曾出现 24 小时 620 毫米的特大暴雨。多年平均径流量 30.97 亿立方米，径流的补给来自降水。水土流失现象仅出现在局部地区，例如中下游石岭的丘陵地，其他大部分地区植被良好。修建鹤地水库时，根据缸瓦窑水文站短期实测资料推算，九洲江平均含沙量 0.17 千克每立方米，属于低沙河流。

流域受地理位置、地形和气候影响，是旱、涝、风、潮交替出现的多灾地区。据廉江站统计，年平均连续干旱天数为 129 天（以日降水量少于 20 毫米计），其中大于 91 天的重旱年占 81%，主要为冬春连旱，也有的年份发生秋旱。据史志记载：“光绪二十八年（1902 年）九月，大旱，庶民多饿死，石角市面每斗谷值钱七百余文”。1977 年全年降水量 950 毫米，2—8 月出现历史罕见的干旱。1987 年 5 月，鹤地水库出现建库以来的最低水位（死水位−2.02 米）。洪涝灾害是九洲江的主要灾害，多发生在台风期。据民国 36 年（1947 年）8 月 16 日出版的《群言报》记载：从清光绪六年到民国 36 年（1880—1947 年）的 68 年中，共发生大洪水 8 次，平均每 8.5 年发生一次。1969—2005 年的 17 年中，九洲江出现洪峰流量大于 2 200 立方米每秒（下游河道安全泄量）达 6 次，造成堤围崩决的有 5 年，每次决堤均造成两岸受淹土地少则也有 3 300 公顷，房屋倒塌，损失惨重。1994 年 6 月受 9403 号强热带风暴影响，九州江中下游受特大风暴袭击，暴雨中心降雨 800 多毫米，全流域平均降水量 593 毫米（超 1 000 年一遇），缸瓦窑站 10 日 6 时洪峰水位 8.99 米，比 1906 年历史最高水位仅低 0.19 米，为进入 20 世纪以来第二大洪水，实测洪峰流量 3 310 立方米每秒，洪水历时 9 天。因鹤地水库拦蓄，缸瓦窑站还原后的洪峰流量将达到 5 910 立方米每秒。这是近百年来一次极为严重的洪涝灾害。

饱受水旱灾害的九洲江人民，与自然灾害进行了长期的不屈不挠的斗争。据记载，清乾隆五年（1740 年），廉江知县王灏就带领群众在九洲江一级支流廉江河修筑桥头、老鸦山、鲤鱼湾 3 个水闸，蓄引廉江水灌溉农田。1970 年重点对九洲江进行治理，成立九洲江治理工程指挥部，在中下游对河道进行裁弯取直，修建南堤、北堤、中堤等多处堤围，堤坝总长 113.5 千米，加固原有堤围，疏通并新开河道，修建营仔河的茅坡水闸，安铺河的高墩水闸，新建干流木岭水闸等工程。

流域地表水资源丰富，新中国成立以后，在整治河道的同时，也进行大规模的水资源开发利用。在上游广西境内，已建成蓄水工程 1 220 座，其中中型水库 2 座，小（1）型水库 18 座，小（2）型水库 64 座，塘坝 1 136 座；建成引水工程 1 223 处，提水工程 509 处；水电站 46 座，其中干流 9 座，引入北流河水的水电站 1 座。广东廉江境内中下游地区的干支流，先后建成鹤地、岭背下、武陵、仙人域、江头等 5 座大中型蓄水工程，控制流域面积 1 879 平方千米，占全流域总面积的 56%。其中 1958 年兴建的鹤地水库和岭背下水库，为大（1）和大（2）型水库，主要功能为防洪、灌溉和城市供水。鹤地水库拦蓄九洲江来水，采用跨流域引水灌溉雷州半岛 13.33 万公顷的农田，可控制九洲江流域面积 43%的洪水，减轻下游沿岸 1.07 万公顷耕地和 20 万人口的洪涝威胁。九洲江中下游修建灌溉面积大于 200 公顷的引水工程有茅坡、高墩、木岭等水闸，境内还建有水库坝后水电站 31 座，总装机容量 1.04 万千瓦；其他小型水电站 19 座，装机容量 2 663 千瓦。到 20 世纪末，流域（广东省部分）耕地面积 7.27 万公顷，有效灌溉面积 3.88 万公顷；地区生产总值 42.01 亿元，工业总产值 31.97 亿元，农业总产值 34.49 亿元；总用水量 4.75 亿立方米，其中城镇生活用水 2 050 万立方米，农村生活用水 4 217 万立方米，工业用水 3 500 万立方米，农业用水 3.77 亿立方米。

纪　实

九洲江自源头向南流经广西壮族自治区陆川县城温泉镇。陆川，南朝宋齐析合浦县地置陆川郡，因郡有九洲江等六水而得名。现县治为淳化五年（994 年）由公平（今北流市平政）迁此。县城的温泉自古闻名。出温泉后，继南流，至平山村左纳老圩河，继流至乌石镇紫恩村右纳骑马河，继流至龙化村左纳旱垌河，经于博白县文地镇黄洛村右纳宁潭河（河长 26 千米，流域面积 200 平方千米），经流至文地镇治右纳文地河，流入广东省。

上游处于云开大山余脉，为古老变质岩系的台地残丘，流域狭长，区内以陆川县域为主，矿产资源主要有铅、锌、钛、铁矿等，其中清湖钛铁矿段面积 26 平方千米，平均厚度 3.5 米，含矿率 22.1 千克每立方米。非金属矿主要有石英石、高岭土、石灰石、花岗石、钾长石、河砂等，其中良田石垌中型钾长石产地是广西唯一探明储量（伴生云母）的矿产地。上游是一个人多地少的地区，境内有黎（塘）湛（江）铁路及口。继流至排里右纳沙铲河。继流经安铺镇,至黎沙头入安铺港。

九洲江下游排里大桥

九洲江下游历来是水、旱、潮灾害的多发区,自1958年鹤地水库等一批大型水利工程先后建成,控制了九洲江流域面积的56%,明显地减轻了洪水对下游的威胁,同时修建了43.5千米的江(海)堤,保护农田面积3 600公顷,人口7.8万。

7.12.26.1 鹤地水库

(Hedi Reservoir)

九洲江干流中游的大(1)型水库。坝址位于广东省廉江市东北部河唇镇鹤地村,南距湛江市城区60多千米。库区跨越广西境内的陆川、博白两县和广东的化州市。

概　述

水库是多年调节水利枢纽工程,主要功能是防洪、灌溉和城市供水,兼顾航运、发电、水产养殖和旅游。流域面积1 495平方千米,原设计坝高43米,总库容11.44亿立方米,兴利库容4.99亿立方米。1958年6月动工兴建,1959年竣工。1991年起实施除险加固,进行土坝43米高程以下加高培厚和各水工建筑物的加固改造,工程完成后防洪能力由1千年一遇提高到1万年一遇。

工程由大坝、溢洪道、输水孔、船闸和水电站5部分组成:大坝为水中填土的均质坝,主坝长885米,最大坝高29.25米,坝顶宽6米,坝顶筑有高1.2米的混凝土防浪墙;副坝36座,为均质土坝,总长7 025米;第一溢洪道设于大坝左岸,最大泄洪流量1 500立方米每秒;输水闸孔位于渠首枢纽中间,最大流量155立方米每秒;为提高水库防洪能力及增加蓄水量,1972年在第三副坝左侧增建第二溢洪道,最大泄洪流量1 060立方米每秒;船闸位于渠首枢纽右岸,设计过船吨位40吨;第一水电站位于渠首枢纽左侧岸边,装机3台,容量540千瓦。1982年在渠首枢纽左侧第一副坝的凹口上,建成第二水电站,为低水头贯流式电站,装机2台,容量3 200千瓦,年发电量900万千瓦时。

建库以来,效益显著:保护下游耕地面积14 667公顷、人口40万,1994年6月10日受当年3号强台风直接影响,九洲江下游发生一次近百年来的最大洪水,经水库调节拦蓄,削减洪峰100%,为下游减少灾害损失作出巨大贡献;水库是下游雷州青年运河灌区587平方千米的主要供水水源,设计灌溉面积13.33万公顷;通过运河总干渠和五大干渠(总长271千米)向下游6个县(市)调水,年供水量10.67亿立方米(包括城镇供水)。雷州半岛灌区原来的干旱面貌从根本上得到改变。

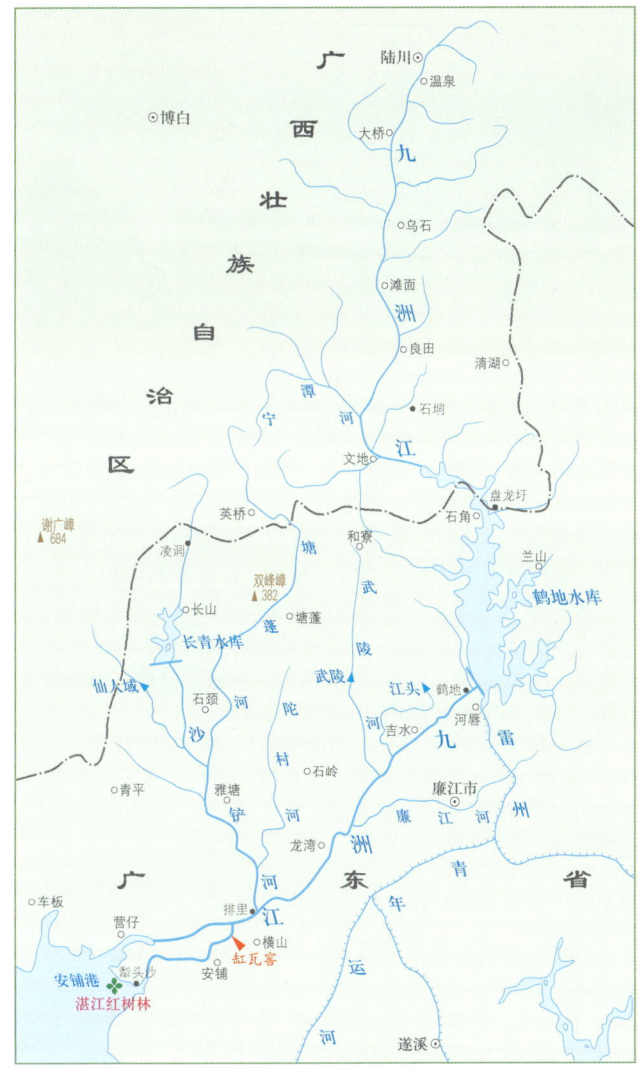

九洲江水系示意图

公路沿着九洲江江岸运行,经济以农业为主,陆川县城为区内最大的城镇,九洲江流经城区,距城南26千米的乌石镇有广西壮族自治区级风景名胜——谢鲁山庄。

九洲江自文地以下入**鹤地水库**,有鹤地水库大坝和雷州青年运河渠首枢纽。使当地成为湛江著名旅游区。

谢鲁山庄

出水库后,折向西南流,过河唇、吉水二镇。河唇镇龙湖村南有建于唐朝废于宋朝的罗州古城遗址。至合江右纳武陵河(河长32千米,流域面积209平方千米),武陵河上游建有总库容9 100万立方米的**武陵水库**;继流至平塘左纳廉江河(河长55千米,流域面积176平方千米),廉江河穿过廉江市区。廉江,唐天宝元年(742年)置廉江县,因九洲江龙湖至石角河段称廉江而得名。现为县级市。黎湛铁路纵贯全境,325、207国道从南部穿过,境内有安铺、营仔、龙头沙三个出海港

鹤地水库

纪　实

鹤地水库是在九洲江中游、广东境内山区拦河成湖的长条形水库，拦截上游广西境内大部分来水。水库周边为连绵起伏的丘陵地，高程多在20～80米之间。水库上游高丘区为云开大山余脉，地质属变质岩系的台地残丘区，地貌类型以台地为主，约占全区面积的80％。干流自北而南冲积成狭长的河谷平原。河谷以东为片麻岩，以西为花岗岩。

根据1995年人口资料统计，上游流域内总人口63.29万，其中非农业人口5.45万，农业人口57.05万，流动人口0.59万，人均耕地面积0.05公顷，是一个人多地少的地区。

库区占用土地按建库时两广协议的42米高程计算淹浸耕地：广西的陆川、博白两县为1 507.5公顷；广东的廉江、化州两市为3 870.3公顷，总搬迁人口41 182人。库区多为较厚的风化及半风化岩层。原九洲江有较开阔狭长的冲积平原，现已成库区。库区北侧的石角镇，地处两广交界处，与广西的盘龙圩相连接，三面环水，形成一处独特的库边乡镇。以种植水稻和经济作物为主，库区西侧有黎湛铁路桥通过支流竹寨河，下游的高岭村保留有古城残迹。库区东南方原有九洲江一级支流周德塘河，流域面积122平方千米，水库蓄水后，大部分成为淹没区。库区东边有红阳农场、红湖农场，南面有河唇镇，水库已成为湛江著名旅游景区。

水库下游有雷州青年运河及其灌区。渠系总体布局是：运河总干渠从渠首起经廉江市至遂溪县实荣村，全长76千米，设计过水流量110立方米每秒；四联干渠，也称雷州青年运河四县（市）联合干渠，渠首起于廉江市总干渠段的扶岭确良，经湛江市坡头区，到吴川市的中山镇境内，渠长75千米，设计过水流量17立方米每秒，设计灌溉面积11 333公顷，受益区还包括化州市的笪桥镇；东海运河，简称东海河，渠首起于廉江市总干渠段的三角山，经遂溪县城，到湛江市的湖光镇，全长56千米，设计过水流量13.58立方米每秒，设计灌溉面积18 667公顷；西海运河，简称西海河，渠首起于廉江市子有村，止于安铺镇，全长14.8千米，设计过水流量18.0立方米每秒，设计灌溉面积20 000公顷；东运河，从总干渠终端起至雷州市下坎村，全长46.85千米，设计过水流量22.3立方米每秒，设计灌溉面积15 287公顷；西运河，从总干渠终端起沿遂溪县、雷州市边界至雷州市纪家镇锥仔坑，全长49.15千米，设计过水流量14.0立方米每秒，设计灌溉面积5 387公顷。从1996年开始，雷州青年运河逐步向灌区内城镇供水，主要城市有廉江市、遂溪县、雷州市和湛江市的赤坎区与麻章区。其中以东海河水塘口供水工程规模最大，设计日最大供水量20万吨，保证赤坎区20多万居民的生活用水。

苦旱是雷州半岛人民历史性的大灾难。据廉江市县志记载："光绪二十八年六月大旱，坏庄稼，米价高涨，民多流亡，多剥树皮草根为食，流离载道，死人万计。"运河建成以后，这里变成水乡，粮食连年增产，群众生活安定。

库中有小岛100多个，岛原是小山，被水包围而成岛。岛虽不大，多是圆形，岛上丛林密布，四季碧绿，清静优雅。库区还有种植大面积橙子的红湖农场，大规模的网箱养鱼也堪称一景。

7.12.26.2　武陵水库
(Wuling Reservoir)

九洲江中下游支流武陵河中游的中型水库。位于广东省廉江市境内，东南距城区15千米。

水库是年调节的中型蓄水工程，功能以灌溉为主，兼顾防洪、发电和水产养殖。流域面积135平方千米，总库容9 100万立方米。1958年动工，1960年竣工。1978—1980年加固土坝，2002年开始进行除险加固，经加固完成后，总库容达9 700万立方米，总装机容量1 130千瓦。

水库工程由大坝、副坝、溢洪道、泄洪涵、输水涵、电站等建筑物组成。大坝长186米，均质土坝，坝顶宽7.3米；副

武陵水库

坝 7 座，均质土坝，总长 626 米；正常溢洪道为宽顶堰，钢筋混凝土梁格式平面闸门，最大泄洪流量 371 立方米每秒；非常溢洪道为宽顶堰型，最大泄洪流量 411 立方米每秒；钢筋混凝土盖板矩形输水涵（高涵），最大过水流量 15.1 立方米每秒；钢筋混凝土圆管输水涵（低涵），最大过水流量 18.6 立方米每秒；坝后发电站 1 座，原装机容量 500 千瓦，加固完成后装机容量 1 130 千瓦。

水库担负着吉水、石岭、雅塘、龙湾、横山 5 个镇 596 个村庄，7 333 公顷的耕地和 13 万人口用水任务，年灌溉水量 8 065 万立方米。灌区东北高西南低，以往素有"十天不雨天大旱"之称，现高低农田多可自流灌溉，水稻亩产从建库前的 215 千克提高到 800 千克。水库的建成，削减了沙铲河的洪水洪峰流量，保护下游人口 50 万、县以上城镇 1 个、乡镇 9 个、耕地 25 333 公顷以及 287 省道、325 国道的部分路段免受洪水影响。水库提供养鱼面积 800 公顷，最高年产量 7.2 万千克。水库电站多年平均年发电量 85 万千瓦时。

水库上游武陵河，发源于廉江市北部的和寮镇上溪村，自北向南经西埇、六凤进入库区，属高丘陵区，为云开大山余脉，多峰岭，素有"七山一水二分田"之称。山岭植被良好，绝大部分已种果树、林木，耕地主产稻谷、甘蔗。主要矿产资源有硫铁矿、钼矿、滑石矿、瓷土等。区内的唯一乡镇和寮镇，清代中叶已成圩，为粤桂边境小圩镇，以农副产品为主，木材交易量大。西侧斜楼嶂为最高岭，海拔 227 米，花岗岩遍布，砂质土壤，竹木茂盛。

水库下游灌区有干渠 7 条，总长 53.4 千米，支渠 23 条，总长 88 千米，渡槽 8 座，总长 148 米，附属建筑物 99 座。渠道用水实行水量预分、按总量收费的制度。

7.12.26.3　沙铲河
（Shachan River）

九洲江右岸支流，又名长山河，发源于广西壮族自治区博白县新田镇亭子村坡心肚，从凌洞入广东省廉江市境，向南流经长山镇和雅塘镇，在排里村汇入九洲江。河长 65 千米，河床比降 0.85‰，流域面积 890 平方千米，涉及广西壮族自治区博白县和广东省廉江市。

流域多年平均气温 23 摄氏度，多年平均年降水量 1 588 毫米。属亚热带季风气候，高温多雨，蒸发量大，多年平均年蒸发量 1 650 毫米，因受地形气候影响，流域交替出现旱、涝、风、潮灾害。

上游称长山河，从凌洞入广东廉江市境，向南流，在长山镇入**长青水库**库区。长青水库分上下两库，上库岭背下水库，库容 1.245 亿立方米；下库仙人峡水库在支流白马岭河（发源于广西壮族自治区沙陂镇，河长 24 千米，流域面积 104 平方千米）上，库容 2 185 万立方米。周边为云开大山余脉，多高丘，成龙嶂、晒谷嶂、阿婆髻嶂、猜头嶂是东南与西北的两道天然屏障，阿婆髻嶂是东部的最高峰，南北群峰叠绕。

长山镇经济以茶叶为主，全镇种植优质茶叶面积 991 公顷，有茗皇茶业有限公司、茗龙茶业有限公司等茶叶加工企业，产品远销东南亚、日本、等国家。

出长青水库，继南流，穿过石颈镇。石颈镇产花岗岩，所产板材色泽光亮，花纹精美，质地坚硬，经久耐用，远销东南亚国家和地区及国内大中城市。

继南流，于新屋场左纳流经塘蓬镇的塘蓬河（河长 57 千米，流域面积 294 平方千米），继南流，经雅塘镇的光岭折向东南流，经车田、河角圩，至狮子岭左纳陀村河（河长 33 千

长山镇茶园

米，流域面积 113 平方千米），折南流至排里村汇入九洲江。

7.12.26.3.1　长青水库
（Changqing Reservoir）

沙铲河中游的大（2）型水库，位于广东省廉江市境内西北部，东南距城区 36 千米。

长青水库

水库是多年调节蓄水工程，功能以灌溉为主，兼顾防洪、发电、供水和水产养殖。由上库岭背下、下库仙人峡两水库组成，由 4.1 千米的连通渠连接。流域面积 231.5 平方千米，总库容 1.464 亿立方米。1958 年动工，1959 年建成，库区内淹没耕地面积 773 公顷，移民 1.13 万人。1965 年对两水库溢洪道和主坝进行加固；1992 年对水库溢洪道进行除险加固，1994 年 4 月工程全部完成。

工程由主坝、副坝、溢洪道、输水涵和水电站五部分组成。其中岭背下水库主坝为均质土坝，坝顶长 800 米，坝顶宽 9 米，坝高 23 米；副坝 8 座，总长 725 米；溢洪道为宽顶堰，钢筋混凝土平板闸门，最大泄洪流量 610 立方米每秒；输水涵为钢筋混凝土圆形压力管，钢平板闸门，最大过水流量 30 立方米每秒；发电站总装机容量 750 千瓦，年发电量 73 万千瓦时。仙人峡水库仅有主坝 1 座，坝顶长 300 米，均质土坝；开敞式溢洪道，最大泄洪流量 352 立方米每秒；钢筋混凝土圆形压力管输水涵，最大过水流量 15 立方米每秒；发电站总装机容量 165 千瓦，年发电量 32 万千瓦时。

水库效益显著：其灌区包括石颈、青平、雅塘、横山、营仔、车板、高桥等 7 个镇和红江农场的广大地区，最大实灌面积 10 267 公顷，年灌溉水量 9 300 万立方米；削减九洲江下游的洪水，使水库下游 7 个镇、27 万人口、10 667 公顷耕地、325 国道的 20 千米路段都得到保护；水面面积 727 公顷，养鱼最高总产量 13.1 万千克；库区小水电站年发电量达到 180 万千瓦时。

水库上游沙铲河向南流经廉江市境内的长山镇进入库区。流域周边多高丘，为云开大山余脉，成龙嶂、晒谷嶂、阿婆髻

嶂、猜头嶂是东南与西北的两道天然屏障，东部的最高峰海拔322米的阿婆髻嶂，因嶂顶有高达20~30米巨石，酷似老太婆的髻，故名。其南北群峰叠绕，砂质土壤。位于库区的长山镇是廉江市革命老区、水库移民区、偏远山区镇。

上库岭背下水库位于沙铲河中上游，流域面积177.5平方千米，总库容1.245亿立方米；下库仙人峒水库位于支流白马岭河上，总库容2 185万立方米。两库高差近20米。上下库由江排节制闸控制调节，通过下库长17千米的仙人峒总干渠引出，有干渠6条，总长64千米；支渠33条，总长1 159千米。

长青水库地跨长山、青平两镇，是粤西地区较为贫困的地区。建库前旱情严重，地瘠民贫。水库建成后，耕作条件显著改善，农、林、牧、果、渔业有较大发展。

7.12.27 大坝河
(Daba River)

粤西独流入海河流，又称卖皂河，发源于广西壮族自治区博白县大坝镇径口村（老虎尾），折向西南，在廉江市车板镇鸭公塘卖皂厂盐场附近流入北部湾英罗港，河长45千米，流域面积362平方千米。涉及广西壮族自治区博白县和广东省廉江市。

流域地势东北高，西南低，上游广西境内为低丘陵地，中下游广东省廉江市境内为平原阶地，土质多为砂质红壤，地瘠瘠，春秋易旱。流域属南亚热带海洋性季风气候，多年平均年降水量1 470毫米左右，年内降水分布不均，

大坝河

5~9月降水量占全年的87%，多年平均年径流量1.68亿立方米。1949年以前，水利设施少，旱情严重，地瘠民贫。新中国成立以后，修建了6座小型山塘，在干流修建有公安水陂引水工程，设计年引水量737万立方米，灌溉农田667.3公顷。

沿河两岸农作物有水稻、甘薯、花生、木薯、豆类、黄红麻等，近年发展柑橙、香蕉生产。根据出土文物考证，流域内宋代就有人居住。流域上游有上埇、大坝两个村委会所在地。大坝昔日曾为防贼筑城，故名大坝城，今残址尚存。流域中游的国有红江农场于1954年在近河流东侧兴建，聚落在两村委会之间，耕地面积3 000多公顷，2000年总人口1.08万人。土壤由花岗岩田质发育而成，以砂土为普遍，土层深厚，是种植柑橙的良好基地。其著名的红江橙，1986年被评为全国优质水果，已跻身于国际水果市场。

红江橙

7.12.28 白沙河
(Baisha River)

又称那交河、龙潭河，因流经广西壮族自治区合浦县白沙镇而得名，发源于博白县新田镇亭子村察龙屯东北1千米，在合浦县山口镇山角村注入丹兜海，河长71.73千米，平均比降0.92‰，流域面积654平方千米，涉及广西壮族自治区博白县和合浦县。

白沙河北倚射广嶂北麓余脉，东北高，西南低，丘陵起伏，土壤为赤红壤及砂壤土。有樟村河、蕉林河和潭莲河等三条支流。流域属亚热带季风气候，多年平均气温21.9摄氏度，多年平均年降水量1 700毫米，多年平均年径流量4.7亿立方米。1916年7月至1942年7月，有水灾9次；1957—2000年43年中，有春旱28次、秋旱30次、重大水灾21次。流域的治理和开发主要在1949年之后，至2000年流域上建有**老虎头水库**（大型）1座，控制流域面积136平方千米，总库容1.20亿立方米；中型水库1座，小型水库11座，总控制面积150.97平方千米，总库容1.341 5亿立方米，总灌溉面积1万公顷。

白沙河从源头向南流，经大垌镇治、那卜镇治，在那卜镇双竹村穿过老虎头水库，于库区右纳樟村河，继向西南流，经双旺镇大同村、大安村，于龙潭镇屯右纳蕉林河（河长34千米，流域面积178平方千米）后称白沙河，继流入合浦县境，向南流经白沙、山口镇，在山口镇山角村注入丹兜海。

丹兜海是山口自然保护区域之一。山口自然保护区位于广西壮族自治区合浦县境内东南部沙田半岛的东西两侧，距北海市区115千米，是国务院1990年9月批准建立的第一批5个国家海洋类型自然保护区中的一个，1991年5月被国家海洋局和广西壮族自治区人民政府定为"国家级山口红树林生态自然保护区"，1993年加入"中国人与生物圈"，1994年被列为中国重要湿地，1997年5月与美国佛罗里达州鲁克利湾国家河口研究保护区建立姐妹保护区关系，2000年1月加入联合国教科文组织世界生物圈，2002年被列入国际重要湿地名录。保护区海岸线总长50千米，总面积8 000公顷，其中陆域和海域各4 000公顷。由该半岛东侧和西侧的海域、陆域及全部滩涂组成，东分区为英罗港西部海域及其近海陆域，西分区是整个丹兜海湾及其近海陆域。

山口红树林生态保护区属南亚热带湿润气候，是北回归线以及亚热带红树林生态系的代表，光热充足，港湾深入内陆，封闭较好，海水污染程度低，理化性质稳定，滩涂多为泥质或沙

合浦山口红树林生态保护区

泥质。尤其在东岸，陆域为火山发育的土壤，滩涂淤泥肥沃，更适宜于红树植物生长。主要种类有红海榄、木榄、秋茄、角果木、桐花树、白骨壤、老鼠簕、海漆、黄槿、杨叶肖槿、榄李、卤蕨等15种。高大的红海榄纯林连片生长，在我国极为罕见，林相达5~6米，支柱根发达。保护区具有典型的大陆红树林海岸生态系统特征，栖息着多种鱼、虾、贝、蟹、蛇、鸟类，潮沟发达，是海洋动物进出林区的主要通道。其附近海域是国家一级保护野生动物儒艮（Pinctda martensi）出没之处和培育"南珠"的合浦珍珠母贝的繁殖区。

7.12.28.1 老虎头水库
（Laohutou Reservoir）

白沙河上的大（2）型水库。坝址位于广西壮族自治区玉林市博白县沙陂镇那新村，北距博白县城86千米，西距合浦县城92千米，东距广东省廉江市85千米。

老虎头水库

水库有年调节功能，以灌溉为主，兼顾防洪、发电与城镇供水。控制流域面积136平方千米，库容1.25亿立方米，水面面积8.41平方千米，回水长5.16千米。工程于1958年动工兴建，1960年竣工蓄水，1984年加固改造，1998年除险加固。

工程由大坝、副坝、溢洪道、输水隧洞和坝后电站组成。大坝为黏土心墙土坝。主坝长360米，坝顶宽6米；副坝15座，其中4座浆砌石坝，11座土坝，总长度2 000米，最大坝高24.4米，坝顶宽6米；溢洪道为开敞式宽顶堰，位于大坝右端山坡上，堰顶净宽45.6米，最大泄洪流量为733立方米/秒，输水隧洞4座，分别位于主坝右岸山体上的虎头电站涵洞，最大泄洪流量为18立方米/秒；非常泄洪洞最大泄洪流量295立方米每秒。坝后电站装机容量1.53兆瓦，年发电量250万千瓦时。

水库灌溉面积6 200公顷，水质达Ⅰ类水，向沙陂镇供水50万立方米，减缓了洪水对下游龙潭、那卜等乡镇及合浦县白沙、山口镇的10.8万人的威胁。

库区为低山—丘陵地貌，馒头山连绵起伏，低丘、平原相间。枢纽地质由前震旦系变质岩—眼球状片麻岩组成，有后期的大成岩（斜长辉绿岩）侵入体，第四系地质普遍分布。南亚热带植被特征明显，中低山小片次生林地经人工补植，以小叶桉、松、杉及人工植被为主，林草覆盖率60%，山体植被良好。库区多年平均年降水量1 707.9毫米，多年平均年径流量1.48亿立方米，多年平均气温21.9摄氏度，1月最冷，平均气温8摄氏度，8月最热，年平均气温30摄氏度。

建库后，蓄水淹没那卜、沙陂、双旺3个乡镇耕地面积406公顷，移民3 858人。整村集体迁移到安置点，政府解决土地和房屋。随着人口增加，部分移民村人均耕地极少，生活困难。20世纪80年代后，政府扶持发展种植、养殖及爆竹生产，发放粮食补助。有的移民进城务工，多渠道就业，生产生活水平有了很大提高。

那交河的三条支流呈扇形分布，至坝址上游800米处相汇后流入库区。20世纪50年代前，库区原生森林覆盖较好，后经"大炼钢铁"运动，土地又未承包，大面积砍伐山上林木，水土流失日趋严重。20世纪80年代植树造林，林木覆盖率明显提高。

7.12.29 牛尾岭水库
（Niuweiling Reservoir）

独流入海的三合江上游中型水库，坝址位于广西壮族自治区北海市银海区平阳镇。

牛尾岭水库

水库有年调节功能，以灌溉、防洪为主，兼顾发电和养殖。控制流域面积24.48平方千米，库容2 550万立方米，水面面积4.12平方千米，回水长5.18千米。工程于1958年动工兴建，1964年竣工蓄水，1978年加固、改建，1980年建小水电站。1984年又加固，增设第二放水涵和副坝1座。

水库枢纽由主坝，副坝，溢洪道，第一、第二放水涵及坝后电站组成。大坝为均质土坝，主坝长570米，坝顶宽7.0米，坝顶迎水面砌有1.1米高的浆砌石防浪墙。副坝1座，坝长1 020米，最大坝高7.6米，坝顶宽5.4米。溢洪道最大泄流量302立方米每秒，第一放水涵最大泄流量5.6立方米每秒，第二放水涵最大泄流量2.16立方米每秒，坝后电站装机容量125千瓦，年发电量29.9万千瓦时。

水库平均年供水2 000万立方米，有效灌溉面积800公顷，拦蓄了上游来水，削减洪峰49%，保障了水库下游群众的安全。

库区为低山丘陵地貌，地势由东向西逐渐降低，坝址岩层稳定，中下泥盆统粉砂岩、粉砂质页岩互层，产状变化不大，断层不发育。三合江发源于合浦县廉州镇担塘村，河长21.9千米，汇入北部湾，坝址以上河段长11.4千米。

库区属亚热带气候，多年平均温度22.6摄氏度，最高37摄氏度，最低2摄氏度，多年平均年降水量1 689毫米，多年平均年径流量2 460万立方米。

蓄水时，迁移人口200人，拆迁房屋36间，淹没耕地面积156.7公顷。流域植被不佳，大部分开垦为农田或放牧，砂质黏土土壤，有水土流失。

1984年起，牛尾岭水库被列为供水水库，1994年动工兴建一期工程，设计供水量15万立方米每日，远期供水量30万立方米每日。

7.12.30 南流江
（Nanliu River）

独流入海河流，古称合浦水，发源于广西壮族自治区玉林北流市，在广西北海市合浦县流入北部湾。河长285千米，平均比降0.35‰，流域面积9 232平方千米，涉及广西的北流、玉林、博白、浦北、合浦5个县（市）和兴业、陆川、灵山县部分村镇。

南流江顿谷段

概　述

流域范围　流域北隔大容山与*北流河*相邻，西以六万大山与*郁江*支流*武思江*相邻，东与*九洲江*毗邻。

地质地貌　流域北向南倾斜，西部、北部为山脉，东部是丘陵山区，南部平原，沿海多滩涂。干流纵向穿行六万大山山脉与丘陵间，支流发育其中。中上游有六万大山和大容山山脉，最高峰高程分别为1 118米和1 275米。山脉走向与河流基本平行，东北、西南和东部多高山，南部为丘陵，合浦及其下游南流江冲积平原，地势平坦低洼，土地肥沃。流域状似扇形，雨量充沛，汇流快。

流域地质复杂，奥陶系、志流系、泥盆系、白垩系、侏罗系、第三系、第四系地层广泛出露，有多期岩浆岩、混合岩和变质岩。源头至玉林盆地为中、高山地形，中下游有博白盆地、沙河盆地、合浦盆地，合浦盆地为冲积平原，开阔平缓，冲积阶地发育，干流较宽，多河心洲和滩地。

河流水系　南流江是南向独流入海河流，主要一级支流有21条，大小支流100余条。流域面积超过50平方千米的支流有35条，最大的支流是*武利江*，流域面积1 223平方千米。

南流江主流水面宽30～400米。河源大容山至博白县，多丘陵盆地；经白银山，入合浦平原，在合浦县党江镇、廉州镇附近分汊，在北海合浦县木寨村牛角框屯流入北部湾的廉州湾。南流江三角洲属广西最大三角洲，由陆向海缓倾，高程由3米降为0.5米，地势平坦，河道平缓、弯曲，河床堆积大量泥沙。

气候水文　流域纬度低，北枕大山，南临海洋，为南亚热带向热带过渡季风气候。年均气温21.5～23.1摄氏度，年降水量1 400～1 900毫米。受台风影响，流域暴雨集中，河水暴涨易发洪涝灾害。

流域年降雨量由南向北递减，年平均1 693毫米，集中在4—9月，占全年的75%～80%以上；降水年内变化常现双峰型，6月和8月为雨量高峰月或次高峰月，7月雨量稍少；年水面蒸发量950～1 300毫米，多年平均年径流量73.49亿立方米，常乐水文站年径流量49.97亿立方米，最大92.39亿立方米，最小21.27亿立方米。水质劣于Ⅳ类的河段占41.5%，集中在玉林城区至博白段和合浦段。干流渡船口—小燕子河段受潮汐影响，氯离子含量偏高，水质劣于Ⅴ类。

经多年过量砍伐林木与不合理的开荒种植，流域水土流失较严重，流经博白水文站的泥沙年均25万吨，流经常乐水文站达64万吨。南流江年均入海水量68.3亿立方米，占桂南沿海诸河入海总水量的27.3%，年均入海悬移质泥沙150万吨；河床每年平均淤高7厘米。1952年前南流江干流，10吨民船还能由北海市通航到玉林船埠，由于河床淤积，浦北以上河段现已无法通航。

经济社会　流域经济以玉林市为中心，包括北流、兴业、陆川、博白、浦北、灵山、合浦等8个市（县）。粮食作物水稻为主，玉米、红薯、大豆、小麦次之；经济作物有甘蔗、花生、芝麻、烤烟、黄红麻，亚热带水果有龙眼、荔枝、香蕉、菠萝、柑橙。工业以农副产品加工轻工业为主，如粮油加工、制糖，亦有纺织、服装、机器制造、造纸、水泥建材、陶瓷等工业。

水旱灾害　南流江夏、秋易涝，冬、春易旱，而且多旱涝交替。1325—1949年的624年间，平均2～3年有一次小水灾，5～7年有一次中灾，10～13年有一次大灾，50～100年有一次特大灾害。洪水灾害多在汛期，多的年份3～5次。元泰定三年（1326年）五月大水，颗粒无收；清乾隆五十九年（1794年）春旱，夏发大水，大饥荒；1918年降雨"七天七夜"，"水淹百乡，鬼歌万户"，3天降雨量超过573.5毫米，淹没农田7 200公顷。1971年5月31日受台风袭击，玉林市普降特大暴雨，大容山中部24小时降雨463.3毫米，引发南流江1949年以来最大洪水，受灾面积超过3.3万公顷，受灾人口46万。

旱灾也是流域重要灾害。1325—1949年旱灾36次，1950—1990年旱灾61次。清乾隆四十二年（1777年）旱，大饥，死者枕藉于路。民国33年（1944年）大旱，饥荒。1954年秋天至1955年4月中旬，仅降雨69.2毫米，持续干旱77天，民众日夜排队挑水。

治理开发　流域干支流是玉林市主要水源，灌溉历史悠久。清乾隆至嘉庆年间（1736—1820年）就在南流江修筑溶岭石陂、凉水堰等水利设施，灌溉农田数千亩。凉水堰已运行200多年，坝顶长37米，宽10米，最大坝高3.9米，坝底宽14.2米，是1949年前玉林最大的滚水坝。1949年后，陆续兴建一大批水利工程设施，供水量37.08亿立方米。20世纪70年代后，玉林疏浚河道，修筑护岸12段全长35.57千米，裁弯取直9段，改河长度23.99千米，清障上游陂坝；浦北疏浚河道3段，长13.96千米，护岸3段，长4.25千米。

已建大型水库有*旺盛江水库*、*小江水库*和*洪潮江水库*，总库容18.89亿立方米；中型水库21座，总库容5.59亿立方米；小型水库305座，总库容2.275亿立方米。博白县干流沙河河段建有沙河水电站，装机容量3 920千瓦。

纪　实

上游　南流江发源于玉林北流市与玉州区交界处，北流境内大容山主峰莲花顶（高程1 275米）南麓，终年树木常绿，花开果熟，山涧瀑布飞溅，百鸟啾鸣。莲花顶高程1 100米处有罕见的高山草甸、湖泊、飞瀑等综合景观，大容山森林公园为省（自治区）级森林公园。

源头至出北流境为上游段，干流称六洋河，古名绿蓝水；南流，经大车村，沿河两侧山岩陡峭，V形或U形河床，花岗岩基底，河槽多砾石、卵石，间有孤石，山洪暴发时泥沙俱下。干流在西岸村附近入六洋水库，

北流市大容山景区

7.12.30 南流江

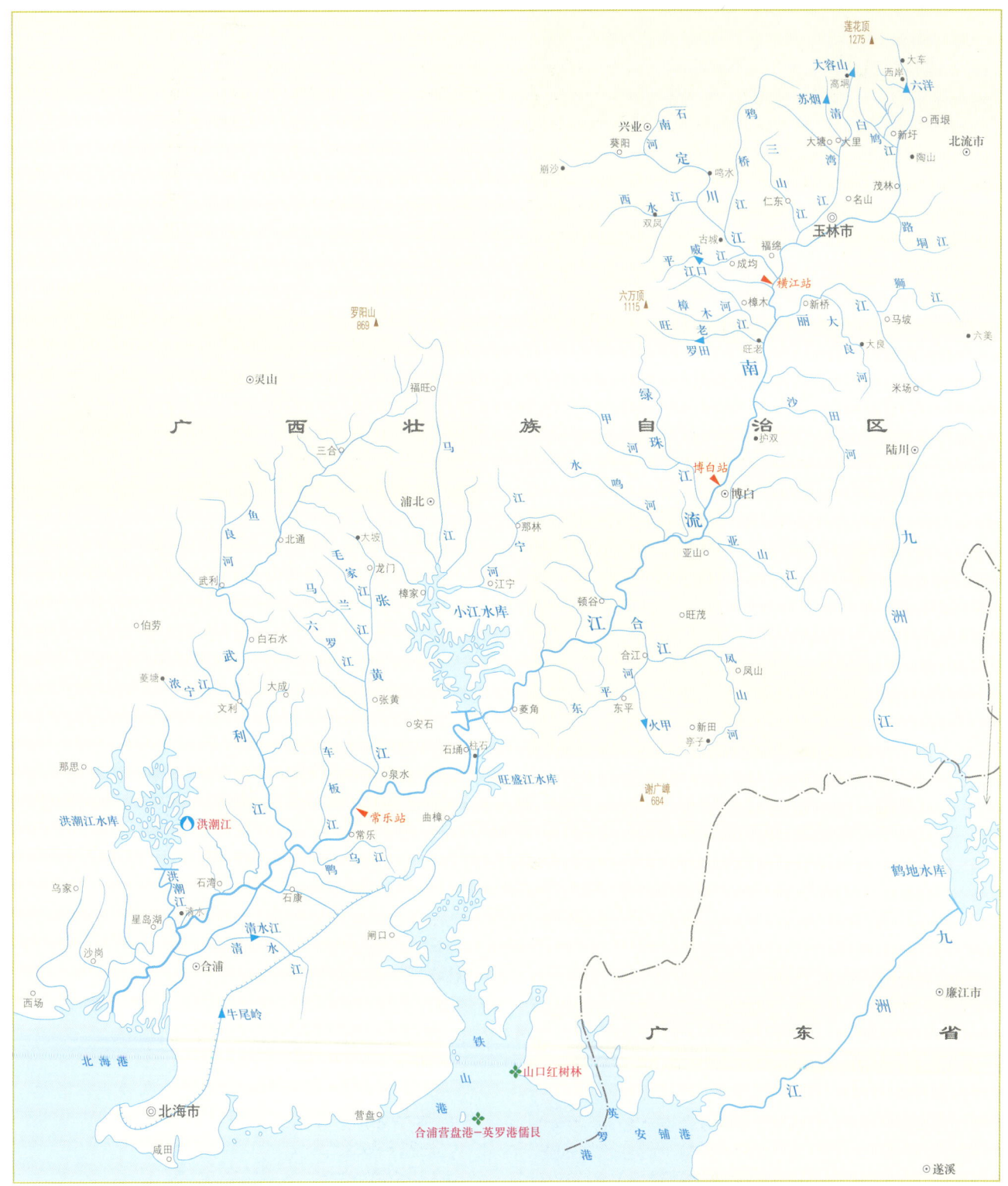

南流江水系示意图

六洋水库段河谷较宽阔，有源于新圩镇覃坑流经西冲村的西冲汇入。六洋水库附近为丘陵台地。

六洋河出水库，经新圩镇梧村、沙塘、南胜，西埌镇良村、增垠，合水口附近右纳白鸠江、左纳旱河。上游流域为大容山南冲积扇，经陶山村流出北流境，地处玉林－北流盆地，产稻米、花生和蔬菜。

《辞海》所述"鬼门关"，位于北流城西5千米与玉林交界处，历史上与"天涯海角"齐名。六洋河经陶山入玉林始称南流江。

中游 南流江继南流，经茂林镇转西南流，至湘汉村左纳路峒江后流进玉林市区。玉林，汉元鼎六年（公元前111年）置广郁县，1997年设为地级市，市区为名山、玉林、城北、城西和南江5镇，是南流江的主要文化经济中心，农业经济发达，有"广西粮仓"之称，特产有牛巴、大蒜，也是国内最大的内燃机生产基地。

南流江出玉林市区后继流至新江岭头圩右纳清湾江（河长40千米，流域面积367平方千米），经福绵折向南流，于船埠村右纳**定川江**，继流至田横村左纳**丽江**，于旺老村右纳樟

南流江水源

木河、旺老江（河长 27 千米，流域面积 102 平方千米），至沙田镇大江村左纳沙田河（河长 40 千米，流域面积 213 平方千米）后从护双村流入博白县城。博白，唐武德四年（621 年）置博白县，现辖 30 个镇、3 个乡，黎湛铁路、国道 325 线过境，为杂交稻制种基地和桂圆种植基地。

南流江出博白县城，于城西珠江村右纳绿珠江（河长 44 千米，流域面积 350 平方千米），绿珠江以晋代绿珠女而得名，江边有绿珠庙。河流弯曲折，至苏埠村左纳三步

博白宴石寺风景区

水、小白江、亚山江（河长 42 千米，流域面积 240 平方千米），亚山江有陵山温泉，"水泉涌出，热如沸汤，可宰牲。""温水池上空，蒸气腾腾，如烟似雾"。

南流江博白县城段

干流转西流，于大利镇龙利村右纳水鸣河（河长 33 千米，流域面积 176 平方千米），经大利折西南流，入顿谷镇石坪村宴石寺风景区。宴石山西北侧南流江畔的悬崖上有唐代早期摩崖造像，宴石寺为天然石窟建筑的古寺，也是唐代所建。宴石山石奇、山秀、洞幽，是桂南旅游胜地。

南流江于合江镇新郑村左纳 **合江**，穿过宴石山风景区，到南流江第一险滩——马门滩。东汉建武十六年（公元 40 年）交趾（今越南北部）征侧、征贰率众起事，公元 42 年，光武帝指派伏波将军马援率军南征讨伐，途经博白时马门滩水流湍急，乱石阻塞，战船无法前行，军民凿石疏江，战船得以顺利通过，也给民船带来便利。马援在江岸立碑感谢乡民，后来乡民也在马门滩岸边建造"伏波祠"，并塑像纪念伏波将军。

南流江继续流至沙河、菱角二镇，于菱角镇小马口村右纳**马江**，在菱角乡柱石村出博白，入浦北县境。

南流江沙河段

下游 南流江入浦北县境即为下游段。于石埇镇旺盛江村左纳旺盛江后折向西流，为浦北与合江界河，至浦泉水镇江口右纳**张黄江**后折向西南流入合浦县境。

泉水镇境内有省级文物保护单位仰天湖越州古城，南朝宋泰始七年（471 年）设置，呈"回"字形，全城周长 2 080 米，占地 24.7 万平方米；地处南流江北岸高地，古砖筑就，北高南低，北城依山而筑，地势险要。

从旺盛江村到常乐，南流江沿岸为低丘或狭窄冲积平原；至合浦县常乐镇平心村李村屯平原渐宽，至常乐圩，有南流江重要控制站常乐水文站；继西流至苏屋右纳武利江。

至石湾镇西，转西流在石湾村分为两支。右支西转 6 千米、左支南转西流 7 千米并至清水，合流后，西流 1 千米至公鹅滩。经公鹅滩控制闸分汊，右支西北流 2 千米右纳**洪潮江**。左支为主流，南流 5 千米至总江桥闸，再西南流 4 千米至泥江进入南流江三角洲。泥江口分一汊西南流 2 千米至党江圩，再分东、西水道。西水道向西南流约 8.5 千米，在木案牛角框与渔江独物坪之间出海。东水道向南流约 10 千米，在渔江三敦与沙冲针鱼墩之间出海。干流自泥江口西行 1 千米，于北岸会合洪潮江后向西南流 8 千米至沙岗镇七星岛，沿岛的西北流 4 千米，由七星岛芭荒框与西场篮港江口汇流出海。

南流江三角洲河段蜿蜒变迁多。石康镇内白泥塘至木水渡东、西两段分流，原以流经石康圩西的东水道为主流，航运均经此。1937 年洪水后，主流改行西水道，东水道逐渐淤浅。环城镇廉西、马江一带原有一条分流河道古称王屋屯江，今称马江，由廉西川东村东起，南行折西 7 千米，至总江圩复合干流。20 世纪 60 年代初即在川山江口筑堤封断此河道，不再通水，原河道多辟为农田。其南段总江圩至宋屋沟一段改作干流通周江的运河。三角洲沿海原先汊道甚多，将党江木案、渔江、沙冲、马头、企坎等地分割成岛。50 年代起，多次并岛成陆，入海水道整理成干流、东水道、西水道、周江 4 条，其他汊道已筑堤截断。

浦北县南流江南段，曾是"海上丝绸之路"的中间站，下游合浦是始发港，盛产珍珠，称作"南珠"，已有二千余年历史。也是广西最重要的渔业生产基地，浩瀚的北部湾是我国的一大渔场，有鱼类 500 多种，有珍稀海兽——儒艮（海牛）与海洋植物红树林。

7.12.30.1 大容山水库
(Darongshan Reservoir)

南流江支流清湾江上游的中型水库，又名高峒水库。坝址位于广西壮族自治区玉林北流市大里镇高峒村，距北流市区 21 千米、玉林市区 17 千米。

大容山水库

水库为年调节水库，以发电为主，兼顾防洪、灌溉、供水。控制流域面积 88.9 平方千米，其中清湾江 21.1 平方千米。另有东、西两渠集纳邻近流域山溪水入库，东渠引流区面积 31.6 平方千米，西渠引流区面积 36.2 平方千米。工程于 1958 年动工兴建，1959 年蓄水，1968 年和 1977 年两次加固、加高大坝，总库容 2 124 万立方米。

工程由大坝、溢洪道、输水洞和水电站组成。大坝为均质土坝，最大坝高 57 米，主坝长 420 米，坝顶宽 7 米。排洪道最大泄流量 317 立方米每秒，输水洞最大泄流量 30 立方米每秒。坝后电站装机容量 2 兆瓦，尾水引水至大容山电站发电，装机容量 11 兆瓦。大容山水电站尾水灌溉面积 5 300 公顷，保证下游玉林城区工业和 30 万人口用水，年供水量 8 800 万立方米。拦蓄洪水，保护下游 16 万人口和 6 000 公顷耕地。

库区位于大容山南麓，属破碎粗粒花岗岩地带，风化层较深，山高坡陡。雨量充沛，多年平均年降雨量 1 850 毫米，来水量 3 900 万立方米，东渠平均来水量 3 500 万立方米、西渠 4 500 万立方米。库区冬冷夏热，最高温度 34.5 摄氏度，最低温度 -4.4 摄氏度，春夏季吹南风或东南风，风力多为 2~3 级；秋冬季多吹北风或东北风，风力最大 11 级。

建库前，库区荒山野岭，人烟稀少。蓄水淹没水田面积 1 公顷，旱地面积 2 公顷，泥瓦房面积 450 平方米，移民 30 人至 6 千米外的大里镇六堆村安居。北流市新圩、大里两镇至库区有乡村公路。村民承包库周山岭，种植八角、杉木、松木、速生桉等经济林，现植被良好，四季鸟语花香。

7.12.30.2 苏烟水库
(Suyan Reservoir)

南流江支流清湾江分支邓江上游中型水库。坝址位于广西壮族自治区玉林市玉州区大塘镇苏烟村，南距玉林市城区 16 千米。

水库为年调节水库，以灌溉和城市供水为主，兼顾防洪与发电。控制流域面积 14.7 平方千米，总库容 1 863 万立方米，水面面积 117.4 万平方米，回水长 2 000 米。工程于 1957 年动工兴建，1958 年竣工蓄水，1962 年扩建，1998 年进行除险加固并扩建。

苏烟水库

工程由大坝、溢洪道、输水隧洞和坝后电站组成。大坝为黏土心墙坝，主坝长 260 米，最大坝高 33.6 米，坝顶宽 5 米，水库无副坝。溢洪道最大泄流量 251.9 立方米每秒；输水隧洞最大输水流量 5 立方米每秒；坝后电站装机容量 400 千瓦，年发电量 80 万千瓦时。

水库灌区灌溉面积 2 500 公顷。玉林城区原用南流江作水源，水质较差，2000 年后逐步改用苏烟水库水，水质Ⅱ类，年供水量 3 650 万立方米。水库削减洪峰，可减缓洪水对包括玉林市城区的下游安全威胁。

库区多年平均年降雨量 1 473.5 毫米，来水量 1 400 万立方米，外引大容山电站尾水 3 994 万立方米。年平均气温 21.8 摄氏度，极端最高温度 38.4 摄氏度，最低 -2.1 摄氏度。库区地处大容山南麓，与玉林盆地接壤，为低山—丘陵地貌，小冲沟发育。林茂草盛，中、低山山坡小片次生林植被有南亚热带特性，人工补植以小叶杜鹃、五节芒、松、杉为主，林草覆盖率 65%。水库坐落在大容山花岗岩系上，周边山体宏厚，山体稳定，蓄水性能良好。

建库后，蓄水淹没苏烟村耕地 75.47 公顷，实际占用 50.8 公顷。多处浸田不浸村，只搬迁 5 户 23 人。经统一调整耕地，调拨补偿 24.67 公顷，但随着人口增加，人均耕地少，劳力无出路，生活困难。改革开放后，政府扶持发展生产，发放粮食补助，通过发展爆竹生产、进城务工等多渠道发展经济，生产生活水平大为提高。建设完成苏烟村人饮工程，引山溪水入各户，彻底解决饮水困难。

水库上游邓江长 7.3 千米，原来森林覆盖较好，经"大炼钢铁"运动，土地未承包时大面积砍伐山上林木，水土流失面积达到 29%。近年，经过植树造林，封山育林，林木覆盖率有较大提高。

2000 年，为保护苏烟水库饮用水水质，在水库及其引水的**大容山水库**集水区建一、二级饮用水源保护区，封山育林，禁止设厂和专业养殖场，使苏烟水库水质达Ⅱ类标准。

7.12.30.3 定川江
(Dingchuan River)

南流江右岸支流，又名车陂江。发源于广西壮族自治区玉林市兴业县葵阳镇四新村崩沙屯，在玉州区汇入南流江。河长 59 千米，比降 1.52‰，流域面积 683 平方千米，涉及玉林市玉州区和兴业县。

流域地属玉林市兴业县和玉州区，西北向东南倾斜，西南部横亘六万大山。干流在丘陵中穿行，支流发育其中。流域属新华夏构造体系，陆川大断裂构造盆地，盆地基底为浅层石灰岩，覆盖着现代冲积层，地下水丰富，地势低平，土壤肥沃，灌溉便利，是广西重要的粮果基地。

流域多年平均年降水量 1 460.3 毫米，4—9 月降水占全年的 80%，多年平均年径流量 6.10 亿立方米，水力资源理论蕴藏量 55.4 兆瓦，技术可开发量 33.3 兆瓦。已建中型水库 3

座，小型水库30座，引水工程19座，小水电站14处、小水电站装机容量3 865千瓦。

定川江自发源地向东流，古城上游河段称水鸣江，河长

定川江万济桥

41.8千米。经里泗、西斗、思提、木根圩、老石根，至东龙向东南流，经泉村、塔竹坪，至鸣水村折向南流，至大平村右纳西水江（河长22千米，流域面积121平方千米），转东南流至中坡村左纳鸦桥江（河长39千米，流域面积195平方千米），古城下游河段称定川江，至劝场村右纳平威江。经万济桥在玉林市玉州区福绵镇船埠汇入南流江。

福绵镇种养业发达，经济富庶，盛产八角；服装业发展迅速，销往全国各地，出口30多个国家和地区。位于玉（林）六（万林场）公路上的定川江万济桥建于清乾隆十八年（1753年），联拱建桥，技术精湛，是玉林市规模最大的古石桥。

7.12.30.3.1 江口水库
(Jiangkou Reservoir)

定川江支流平威江上的中型水库。坝址位于广西壮族自治区玉林市福绵区成均镇，距福绵城区14千米，玉林市区31千米。

水库控制流域面积36平方千米，水面面积1平方千米，回水长5千米，总库容1 902万立方米。工程于1956年动工兴建，1957年竣工蓄水，1976年加固改造，1998年除险加

江口水库

固。建库时搬迁192户、843人，淹没耕地120公顷、房屋586间。

工程由主坝、副坝、放水管、溢洪道、引洪渠和水电站组成。主坝为均质土坝，主坝长110米，坝顶宽4.6米，坝顶筑有1.0米高防浪墙；副坝2座，坝顶总长285米，最大坝高28.5米（主坝）；放水管2条，最大输水量4.5立方米每秒；输水洞最大输水量4.5立方米每秒；溢洪道最大泄洪流量445.5立方米每秒；非常溢洪道2处，最大泄洪流量均为400立方米每秒；引洪渠引水流量1.5立方米每秒，年引水量1 000万立方米；水电站装机容量1.56兆瓦，年发电量200万千瓦时。

水库为年调节水库，以灌溉为主，兼顾发电、防洪、养鱼。水库灌溉面积2 380公顷，拦蓄洪水，削减洪峰，保护下游2.2万人口和1 800公顷耕地。

南亚热带季风气候温和，日照充足，夏长冬短，无霜期长。库区多年平均气温21.8摄氏度，极端最高温度38摄氏度，最低2摄氏度，全年无霜期348.5天，多年平均降水量1 738毫米，5—8月降水占全年的50%。

平威江发源于六万大山莲花山顶，河长22千米，流域面积67.4平方千米。库区属低山丘陵地貌，印支期中粗粒斑状花岗岩分布，冲沟、水溪发育，风化层浅，植被好。水库上游森林密布，多年平均年径流量5 396万立方米。

江口水库峰峦叠嶂，山环水绕，风景秀丽，气候宜人，旅游资源十分丰富。2004年以"梦幻水乡"为开发主题建成旅游度假胜地。

7.12.30.4 丽江
(Lijiang River)

南流江左岸支流，又称新桥江。发源于广西壮族自治区北流市六麻镇六美村，流域面积537平方千米，河长61千米，平均比降为1.42‰，涉及北流市、陆川县和玉林市玉州区。

丽江主要支流有狮江和大良河。流域多年平均年降雨量1 647.6毫米，年内降雨分配不均，4—9月降水占全年的80%以上。多年平均年径流量4.528亿立方米，年际变化大。

丽江上游坡陡流急，洪水陡涨陡落，极易引发洪灾。1325—1949年的624年间，有记载的水灾25次、旱灾36次。1949—2000年出现水旱灾害92次。水力资源理论蕴藏量13兆瓦，已建中型水库1座（库容1 750万立方米）、小（1）型水库2座、引水工程3座、中心电灌站1处。

流域四周山丘环绕，盆地基底为浅层石灰岩，地面覆盖现代冲积层，土壤肥沃，地下水丰富，灌溉便利，盛产粮食和水果。低丘、岗地分布在新桥、石和、沙田和樟木等地。

干流自源头向西南流，出北流市转西北流，经陆川县米场镇，于马坡镇新山村右纳狮江（河长23千米，流域面积119平方千米）。马坡矿泉水资源丰富，茶花山矿泉水源于深层火山岩，清澈透明，矿物质丰富。米场镇特产有陆川猪、桂圆肉等。至玉林市玉州区新桥镇，转西南流，至田黄村黎头嘴汇入南流江。

7.12.30.5 罗田水库
(Luotian Reservoir)

南流江支流旺老江上的中型水库。坝址位于广西壮族自治区玉林市福绵区樟木镇的罗田村，距福绵城区24千米，玉林市区32千米。

水库控制流域面积64.1平方千米（其中引樟木河支流牛浸江流域面积12.1平方千米），总库容3 976万立方米。工程于1958年动工兴建，1960年竣工蓄水，1976年加固改造，2002年除险加固。

工程由大坝、放水管、溢洪道、引洪渠和水电站组成。大坝为黏土心墙坝，主坝长210.1米，最大坝高43米，坝顶宽4米，坝顶筑有1.2米高防浪墙，水库无副坝；放水管最大泄流量12立方米每秒；溢洪道最大泄洪流量616立方米每秒；引洪渠引水流量6立方米每秒，每年可引水1 200万立方米入库；水电站装机容量3.2兆瓦，年发电量1 200万千瓦时。

水库为年调节水库，以灌溉为主，兼顾发电、养鱼、防洪。水库灌溉面积2 733公顷，拦蓄洪水，削减洪峰流量，保护下游0.9万人口和600公顷耕地，可养鱼水面155公顷。

旺老江发源于六万大山东南麓，水库大坝以上河长14.9千米，多年平均流量1.81立方米每秒。库区多年平均年降水量1 830毫米，年平均气温21.8摄氏度，极端最高气温38摄氏度，最低零下2.1摄氏度。水库年平均来水量6 274万立方米，其中本库5 678万立方米，外引596万立方米。库区属低

罗田水库

火甲水库

山丘陵地貌，印支期中粗粒斑状花岗岩分布，水溪、冲沟发育，风化层浅。山林植被原来良好，近年遭严重砍伐，部分山岭光秃，植被覆盖差。

建库时搬迁 334 户、1 337 人，淹没耕地 144.3 公顷，搬迁房屋 2 316 间。20 世纪 80 年代以来，政府移民政策以扶持生产发展为主，水库周边经济发展迅速，农村面貌变化大，生活水平明显提高，库区流域植被覆盖率达 80%。

7.12.30.6　合江
（Hejiang River）

南流江左岸支流，发源于广西壮族自治区博白县新田乡亭子村鹿贵屯旁，于合江镇汇入南流江，流域面积 581 平方千米，河长 51.2 千米，平均比降 1.04‰，为博白县境内河。

流域东南是云开大山余脉，地势东南高、西北低，北有南花岭（高程 424 米），南有射广嶂（高程 684 米），西有马子嶂（高程 702 米），丘陵起伏，土壤为赤红壤及砂壤土。流域似扇形，平均宽 11.3 千米，属南亚热带向热带过渡季风气候，年平均气温 21.9 摄氏度。受热带气旋影响，多年平均年降水量 1 850 毫米，4—9 月降水占全年的 67%，多年平均年径流量 5.344 亿立方米。流域森林覆盖率 25%，水土流失严重，泥沙淤积量大。

流域内水旱灾害频现，多春、秋旱。1942 年旱灾晚，致收成不得半数；1950—2000 年间，8 年有较严重旱灾。1949 年前，主要靠筑坝引水，龙骨车、木水车、戽斗等提水灌溉；1949 年后，建中型水库 1 座、小型水库 37 座、引水陂坝 5 座，总库容 8 231 万立方米，总控制面积 107.85 平方千米，占流域总面积 18.1%，灌溉 4 440 公顷。

合江上游称凤山河，自源地东北流经新田乡亭子、天垌村，至凤山镇竹围村转西北流，经双底、白马村，至旺茂乡大寿村，折向西流，经大康、三清村，在合江镇合江圩上游 100 米处纳东平河（河长 26 千米，流域面积 260 平方千米）称合江；折向北流，至长新村向水滩折向西流，经榄木根、杉木根、旱嘴，于新郑村汇入南流江。流域经济以农业为主，工业有建材、造纸等。

7.12.30.6.1　火甲水库
（Huojia Reservoir）

合江支流东平河支流莲塘河上的中型水库，坝址位于广西壮族自治区玉林市博白县东平镇火甲村，距东平镇 7 千米，北距博白县城 45 千米，西距合浦县城 123 千米。

水库控制流域面积 54.1 平方千米，库容 5 936 万立方米，回水长 3.1 千米。工程于 1976 年动工兴建，1980 年竣工蓄水，1996 年和 2002 年两次除险加固。

工程由大坝、溢洪道、输水洞和坝后电站组成。有主坝 1 座和副坝 4 座；主坝为均质土坝，主坝长 145 米，最大坝高 39 米，坝顶宽 6 米，坝顶筑有高 1.2 米的浆砌石防浪墙；副坝 4 座，为均质土坝，坝顶总长 184 米，副坝最大坝高 8.7 米。正常溢洪道最大泄洪流量 459.8 立方米每秒，非常溢洪道最大泄洪流量 115.9 立方米每秒。输水洞最大输水流量 40 立方米每秒。坝后电站装机容量 600 千瓦，年发电量 125.7 万千瓦时。

水库为年调节水库，以灌溉为主，兼顾防洪与发电。火甲水库灌区实灌面积 3 200 公顷，防洪保护人口 8 万、耕地面积 8 000 公顷。

库区集水范围山体自东向西倾斜，东是中低山，西为丘陵，植被较好；多年平均年降水量 1 863 毫米，年径流量 6 978 万立方米，多年平均气温 22 摄氏度，极端最高温度 38.9 摄氏度、最低 0.5 摄氏度。

建库后，蓄水淹没火甲村耕地 35.3 公顷，搬迁 453 人，政府安置与经济补偿相结合，就地解决移民生产问题，使其生活安定。

库区交通不便，经济不发达。上游属低山—丘陵地貌，山体植被良好，中、低山小片次生林有南亚热带特性，植被群落以小叶杜鹃、松、杉为主。近年来，水源林已基本遭破坏，改种速生桉经济林。

7.12.30.7　马江
（Majiang River）

南流江右岸支流，又称小江。发源于广西壮族自治区浦北县福旺镇罗阳山东麓大双村独田面屯，河长 87 千米，平均比降 1.24‰，流域面积 905 平方千米，涉及浦北、灵山、博白 3 个县。

流域地势北高南低，北靠六万大山，南临沿海平原，上游以山岭为主，地势陡峻，森林覆盖稀疏；中下游以山丘为主，植被较好。干、支流总长 209.1 千米，河网密度 0.23 千米每平方千米。

流域属亚热带季风气候，冬短夏长，适宜种植亚热带作物和经济林果。年平均日照 1 800 小时，年平均气温 21～23 摄氏度，无霜期 350 天。多年平均年降水量为 1 657 毫米，降雨量年内分配不匀，4—9 月降水占全年的 70% 以上。年平均蒸发量 918 毫米。上游西塘水文站多年平均年径流量 1.637 亿立方米，出口断面**小江水库**实测年平均来水量 6.47 亿立方米。马江上游西塘水文站以上水质为Ⅲ类；西塘站以下河道流经浦北县城，水质超标，主要超标指数为氨氮和高锰酸盐；下游为小江水库库区，水质较好。

1601—1988 年，中下游发生较大旱灾 46 次；1950—2005 年的 46 年中，干旱比较严重的有 5 年。1989 年旱情特大，

1988年9月至1989年的10月，13个月未下一场透雨，农业严重歉收。1961、1967、1974、1981、1986、2003年，上游浦北县城河段均有较大洪水。1981年6月10日至7月5日，下了三场罕见的特大暴雨，26天降水量1 083.8毫米，占正常年降水总量的70%，引发山洪。

源头地区浦北县福旺镇森林、矿产、旅游资源较丰富，有优质稻谷、冬菜、茶叶（苦丁）、荔枝、龙眼、八角、黄榄、椪柑、蚕桑、香蕉十大农业生产基地。交通发达，犀牛湾"人间仙境"令人流连忘返。

马江自源头流出福旺镇，流经浦北县城小江镇。小江镇地处浦北县中部，是县人民政府驻地，历史悠久，明末清初称岭岗铺，1925年以两条绕城南流的小河起名，改称小江圩。小江镇地理位置优越，自然资源丰富，基础设施比较完善，经济以商贸、轻工、建筑、饮食、运输为主。

出县城继南流至长田右纳凤山河，入小江水库，于博白县道江宁镇道根村左纳道根河，于浦北县樟家乡公家村右纳平江河，于博白县江宁镇太平村左纳江宁河（河长42千米，流域面积216平方千米），出水库后于博白县菱角镇小马口村汇入南流江。

下游河段水系发育，都汇入小江水库。水库尾水淹没至樟家乡长田村，库区可以航行5～10吨机帆船。

樟家乡是一个水库移民乡，地理环境得天独厚，风景优美，景点众多，是个旅游休闲胜地。越州天湖地处浦北县樟家、张黄、安石、石埇4个乡镇与博白县江宁镇之间。湖区面积79平方千米，湖区内1 500余座小岛星罗棋布，形态各异。

越州天湖

石埇镇位于马江入河口地区，历史悠久，有自治区重点保护文物南朝时期的越州古城遗址；农业以种植香蕉、荔枝、龙眼、蚕桑、地菠萝、水稻为主。

7.12.30.7.1 小江水库
（Xiaojiang Reservoir）

南流江支流**马江**河口处的大（1）型水库，坝址位于广西壮族自治区玉林市博白县的菱角镇和钦州市浦北县安石镇交汇处，南临北部湾畔，距合浦县城76千米，北海市城区104千米。

水库控制流域面积919.8平方千米，水面面积67.9平方千米，回水长度40.3千米，库容10.25亿立方米。工程于1958年动工兴建，1960年竣工蓄水。

工程由1座主坝、16座副坝、2座溢洪道、2条输水管、1座水电站组成。主坝为均质土坝，坝高41.2米，主坝长890米，坝顶宽12.75米，坝顶筑有1.6米高防浪墙；16座副坝均为均质坝，坝顶总长947米，副坝最大坝高26.95米；2座溢洪道最大泄洪流量分别为1 706立方米每秒和218立方米每秒；左岸的输水管最大泄流量80立方米每秒，右岸的输水管最大泄流量5立方米每秒；水电站装机容量2.6兆瓦，年发电量680万千瓦时。

水库为年调节水库，以灌溉为主，兼顾防洪、发电、城市供水、航运和淡水养殖。水库防洪保护下游的博白县、浦北县、合浦县8个乡镇与合浦县城，人口50.3万，以及沿海高速、钦北铁路、209国道、南北二级公路和一批工矿企业的安全；保障4.67万公顷农田灌溉用水，年供水量3.5亿立方米。

库区涉及博白县江宁、沙河、那林、菱角和浦北县石埇、安石等10多个乡镇，46万人口。流域地处低山丘陵区，河流呈树枝状分布，分水岭有多处低矮凹口，建有多座副坝。库区上游为风化花岗岩岩层，下游为变质泥盆纪岩，有板岩和页岩互层，风化较深，节理发育。地质构造复杂，历经新华系改造，印支期侵入，岩层序列紊乱。

库区属亚热带季风气候，多年平均年降水量1 686毫米，年来水量8.47亿立方米，年平均气温20～23摄氏度，相对湿度77%～94%，蒸发量1 300毫米。建库时，开山取土筑坝，砍伐树木修船铺桥，造成水土流失严重，影响当地生态，灌木林覆盖面积降至30%。1990年以来，小江水库进行了除险加固，不断加大了对库区群众的扶持力度，造林绿化，保持水土，秃山野岭重新披上绿装，改善了库区的生态环境。

建库前，马江是重要的古航道，5～10吨船只可从上游浦北县江城航行到合浦县入海，但旱涝灾害频繁。建库后，淹没水田3 865.7公顷、旱田308.7公顷、坡地405.3公顷，移民5.0481万人，拆房6 000间，主要安置在博白县、浦北县、合浦县。

江宁千鹤岛

库区自然及人文景观丰富，有博白江宁千鹤岛、浦北八景（五黄览胜、越州天湖、越州古城、葵岭飞瀑、大图缀秀、六万圣火、那进洞天、五峰毓秀）等优美景色。

7.12.30.8 旺盛江水库
（Wangshengjiang Reservoir）

南流江支流旺盛江上的大（2）型水库，坝址位于广西壮族自治区钦州市浦北县石埇镇旺盛江村，西南距合浦县城区67千米。

水库控制流域面积133平方千米，库容1.50亿立方米，水面面积18.88平方千米，回水长13千米。工程于1958年10月动工兴建，1960年4月竣工蓄水，1999年起进行除险加固。

旺盛江水库

枢纽工程由1座主坝、39座副坝、5座溢洪道、大渡槽、输水隧洞、水电站组成。主坝为均质土坝，主坝长288米，坝顶宽6.8米，坝顶筑有1米高浆砌砖防浪墙；左右岸副坝39

座,均质土坝,坝顶总长 5 101 米,最大坝高 22.9 米;溢洪道最大泄流量 1 518 立方米每秒;南流江大渡槽最大过水流量 80 立方米每秒;输水隧洞过水流量 19.6 立方米每秒;小水电站有 3 座,总装机容量 1.4 兆瓦。

水库以灌溉为主,兼顾防洪、发电、供水和淡水养殖。上游**小江水库**放水经南流江大渡槽补充旺盛江水库,再向灌区灌溉和供水。水库保护下游南流江沿岸 11 个乡镇和合浦县城,人口 45 万,以及沿海高速、钦北铁路、209 国道、南北二级公路和工矿企业;水库为 4 万公顷耕地提供灌溉用水,年供水量 2.75 亿立方米。

库区涉及浦北县石埇镇、合浦县曲樟乡、公馆镇、常乐镇、闸口镇和博白县菱角镇。中上游耕作覆盖层下有石灰岩,山岭较陡,覆盖层浅,植被较好。坝址河床有冲积物,岩盘节里发育,渗漏性较大。库区地层为二叠系,三江口系地层含煤,主要是页岩、砂岩、泥质岩及石灰岩。

旺盛江水库和六湖水库,由多处大挖方连通渠连接,主河发源于合浦县曲樟乡六湖垌,全长 15.9 千米。流域属大陆性亚热带气候,年均受 3~4 个台风影响,多年平均年降水量 1 580 毫米,过境水量 7.5 亿立方米,年均相对湿度 80%,蒸发量 1 250 毫米,多年平均气温 20~23 摄氏度。

建库时,浦北还未设县,小江水库和旺盛江—六湖水库合称合浦水库,库区淹没和移民列入合浦县小江水库统计。

库区荒山种植速生桉林,森林覆盖率达 60%,植被保护较好。污染源主要是生活污水,无工业污染。有六湖垌、乌龟岭、陈铭枢将军故居等主要景点。

7.12.30.9　张黄江
(Zhanghuang River)

南流江右岸支流,发源于广西壮族自治区浦北县龙门镇大坡村大漏岭,在泉水镇汇入南流江。河长 52.43 千米,落差 385 米,平均比降 1.16‰,流域面积 423.54 平方千米,涉及浦北、合浦 2 个县。

流域地处丘陵山区,纬度低,南临北部湾,受热带海洋暖湿气团影响,夏季高温多雨,冬季寒冷少雨。多年平均气温 22.4 摄氏度,多年平均年降水量 1 723 毫米,4—9 月降水占全年的 82.6%,多年平均年径流量 3.40 亿立方米。

沿江有各类浆砌石坝 18 座、电灌站 26 处、水轮泵 49 台,总装机容量 127 千瓦。距河口 3 千米处,有张黄江灌区引水闸,控制集水面积 397 平方千米,引水流量 4.04 立方米每秒。

张黄江自源地流经龙门镇,到莲塘合江纳毛家江,流入江埠盆地;曲折流,入张黄镇境,在庙背纳马兰江,到龙湾纳六罗江;流入泉水镇旧州江口,过张黄江水闸,汇入南流江。流域内盛产香蕉、扁柑、柑橙、荔枝、龙眼、酸梅、黄榄、干葛、淮山、剑麻、蚕桑、蔬菜、花生、木薯、速生桉、红椎木、红椎菌、竹和竹制品。张黄镇有"竹子之乡"之称,盛产毛蟹,质量上乘。

7.12.30.10　武利江
(Wuli River)

南流江右岸支流,发源于广西壮族自治区浦北县福旺镇江坪铺村白坟面屯,在合浦县汇入南流江。河长 127 千米,比降 0.69‰,流域面积 1 223 平方千米,涉及广西浦北、灵山、合浦 3 个县。

概　述

流域地处桂南丘陵,地势东北高、南部低,以丘陵为主,西北垄状低丘,高程 160~50 米;东南平原阶地,高程 50~10 米。流域平均宽度 9.6 千米,有较大支流有 6 条,干、支流总长 241 千米,河网密度 0.2 千米每平方千米。平水期河宽 100~180 米,上游至下游河面渐宽,两岸断续分布有沙滩,宽几十米至百余米。

流域属亚热带气候,年平均气温 21.7 摄氏度,极端最高 38.2 摄氏度,极端最低零下 0.2 摄氏度,年平均日照 2 120 小时。受热带气旋及季风影响,雨量充沛,年际变化大,降雨中心多在流域中部,向上下游递减。多年平均年降水量 1 700 毫米,年内降雨分配不匀,汛期和枯水期界限分明,汛期占全年的 80% 以上;年平均蒸发量 900 毫米,相对湿度 75%~86%;年平均水资源量 9.78 亿立方米。

水质属重碳酸盐类钙组第Ⅰ型,武利糖厂、谷埠、忠值坝、入南流江口断面水质超过Ⅲ类,武利桥断面水质劣于Ⅴ类。

流域内土质肥沃,农作物以玉米、水稻为主,经济作物有香蕉、荔枝、柑橘、龙眼等,畜牧业主要养殖奶牛和鸡、鸭、猪等。

1936—1994 年,上游浦北县有水灾 27 次、旱灾 32 次;1941—1994 年,中游灵山县有水灾 14 次、旱灾 18 次;1914—1994 年,下游合浦县有水灾 38 次、旱灾 26 次。

流域内建有小型水库 28 座,总库容 1 965 万立方米;小水电、电灌站 75 处,总装机容量 1.51 兆瓦。

纪　实

武利江河源高程 179 米,源流向西南,经浦北县三合镇继续西南流,于北通镇旱田村右纳新院河;继西南流,经北通镇,于武利镇右纳鱼良河(河长 26 千米,流域面积 141 平方千米)、曲江。武利江南北横贯三合镇,土地肥沃,主要种植水稻、香蕉、荔枝、龙眼,是浦北县商品粮生产基地。北通镇是农业大镇,荔枝远近闻名,出口海外。北通镇东南部有五皇山风景区,生态景观集高山草地、蕉田荔园、雨林风光和山村风情,五皇山山顶是高山草坪,山腰近万公顷红椎林已列入国家重点防护和特种用途林,盛产珍稀野生红椎菌,山脚是香蕉生产区。景区周边五镇乡村水车、木碓、石磨、木制手推车及榨油、制糖、纺织、捕鱼工具保存完好,每年有历时两个月的岭头节民俗活动,古风犹存。

高山天然草坪

出武利镇转东南流,经白石水镇,于红岭村左纳红岭江,折向南流,灵山县武利镇至浦北县白石水镇段,多为土山丘陵,多阶地和台地,有山间和河谷平原。土地肥沃,水源充足,宜植多种林果和各类农作物。物产丰富,有"白米之乡""水果之乡""茶叶之乡"之誉。左岸有五黄岭原始森林风景区。于文利镇右纳浓宁江(河长 20 千米,流域面积 114 平方千米），继流至浦北县大成镇较车村左纳丹竹江，入合浦县境，继东南流至合浦县石康镇江口村汇入南流江。

7.12.30.11 清水江水库
(Qingshuijiang Reservoir)

南流江支流清水江中游的中型水库，坝址位于广西壮族自治区北海市合浦县廉州镇，距合浦县城7千米，北海市区28千米。

水库控制流域面积52平方千米，库容7 120万立方米，水面面积6.21平方千米，回水长8.5千米。工程于1957年动工兴建，1959年竣工蓄水。

水库工程由大坝、溢洪道、输水隧洞和水电站组成。大坝为均质土坝，坝长534米，最大坝高21.72米，坝顶宽8米，坝顶筑有1.2米高混凝土防浪墙；溢洪道最大泄洪流量318立方米每秒；输水隧洞最大泄流量16.8立方米每秒；水电站装机容量520千瓦，年发电量200万千瓦时。

水库有年调节功能，以灌溉为主，兼顾供水、发电、养殖。水库提高了流域防洪能力，保护下游人口25万，保护耕地面积6 666.7公顷，提供下游廉州、石湾、石康等乡镇3 466.7公顷农田灌溉用水。

清水江发源于合浦县廉州镇，长11.8千米，有2条较大支流。流域轴线长8千米，平均宽5千米。流域内丘陵平缓，植被较好，多为农场开垦的林带、果园和农田，为沙质黏土土壤，无水土流失。东南部的斗鸡岭最高，由南向北逐渐降低，南距北部湾20千米，地势平坦，海面水汽极易侵入。流域属亚热带海洋气候，气温较高，暴雨集中，台风频繁，5—9月是雨季，多年平均年降水量1 658毫米。

清水江水库

库区周边有新石器时代遗址，西汉墓群。合浦是汉代海上"丝绸之路"的起点、外贸大港，2 000多年前就与东南亚各国来往。城郊出土有铜凤灯、珍珠，中原"带钩"等大量古汉墓殉葬品，还有玛瑙、琉璃、奇石、水晶等舶来品。水库坝址距209国道0.2千米，紧邻的西汉古墓群为全国重点文物保护单位。

7.12.30.12 洪潮江
(Hongchao River)

南流江下游右岸支流，发源于广西壮族自治区灵山县伯劳镇菱塘村，在合浦县汇入南流江。河长45.9千米，流域面积472平方千米，涉及钦州市钦南区、灵山县和北海市合浦县。

流域地处低纬度区，属亚热带季风气候，高温多雨，雨水充足，四季干湿分明。年平均气温22.4摄氏度，多年平均年降水量1 680毫米，降水集中在4—9月，占年总量的80%，多年平均年径流量4.14亿立方米。4—9月洪涝和热带风暴灾害频发，1949年以后，几乎年年有旱灾。受洪涝、风等灾害影响严重的有1994年7月4日9405号热带风暴、1995年8月2—5日9504号热带风暴、1996年9615号台风。

洪潮江自源地南流，至那思镇境内转向东南，纳麻定江后折向南，至合浦县星岛湖乡东江村入**洪潮江水库**，出水库在合浦县石湾镇清水村西蜘蛛坡汇入南流江。

7.12.30.12.1 洪潮江水库
(Hongchaojiang Reservoir)

洪潮江上的大（2）型水库。坝址位于广西壮族自治区北海市合浦县星岛湖乡，距合浦县20千米，北海市城区50千米。

水库控制流域面积402平方千米，库容7.14亿立方米，水面面积66.3平方千米，回水长28千米。工程于1959年动工兴建，1964年建成蓄水，1974—1976年进行加固改造。

工程由主坝、副坝、正常溢洪道、灌溉放水涵、水电站组成。主坝为混凝土心墙土坝，最大坝高25米，坝长345米，坝顶宽6米，坝顶筑有1.3米高的预制混凝土防浪墙；副坝共有5座，为均质土坝，坝顶总长584米，最大坝高15米，坝顶宽5米；溢洪道最大泄洪流量1 270立方米每秒；放水涵最大泄水流量30立方米每秒；灌区有渠道引水电站3座，总装机容量1 150千瓦，年发电量330万千瓦时。

水库为多年调节水库，以灌溉为主，兼顾防洪、发电、旅游、供水。水库在**南流江**洪水综合调度中发挥着重要作用，防洪面积133.2平方千米，涉及合浦县城、廉州、党江、西场、沙岗、乌家、石湾、石康等乡镇的全部或部分村庄，保护人口30万，耕地面积3.34万公顷，保护桂海高速公路20千米，南北铁路9千米，南北二级公路9千米。洪潮江水库年供水量2.61亿立方米，是灌区主要供水水源，灌溉面积2.03万公顷，还向合浦县西场糖厂及沿程果园供水。

流域受南太平洋亚热带季风气候影响，高温多雨，多年平均气温22.4摄氏度，极端最高37.6摄氏度，最低零下0.8摄氏度，多年平均年降雨量1 596毫米，年蒸发量1 387毫米。水库年平均来水量2.8亿立方米。

洪潮江水库

库区在六万大山余脉南端，以古生代志留系滩群页岩和砂页岩为主，岩性为粉砂岩、细砂岩、页岩千枚岩。受多期构造运动影响，构造复杂，褶皱、裂隙发育，但以闭合为主，无大断层通过库区。水库无渗漏，植被较好，水土流失少。

水库有1 026个大小岛屿，似星星撒落湖面，湖广、水秀、野生动植物繁多。1995年建成省级旅游度假区——南国星岛湖，2002年10月被评为国家水利风景区，年接待游客30万人次，为北海市重要旅游景点。库区人口较少，无工业污染。

水库蓄水淹没耕地370.8公顷，迁移9 600人。国家投入大量财力、人力和物力，扶持移民发展经济。修通进库星岛湖二级公路，解决移民水、电、路及上学难题，做好传统农业生产，种植经济林果，发展旅游业，使广大移民生活得到保障。

7.12.31　大风江
（Dafeng River）

桂南独流入海河流，发源于广西壮族自治区灵山县伯劳镇万利村淡屋屯，在钦州市钦南区注入北部湾。流域面积1 888平方千米，河长139千米，比降0.21‰，涉及灵山县、合浦县、钦州市钦南区3个县（区）。

概　　述

大风江集水面积超过50平方千米的支流有11条，干、支流总长356.8千米，河网密度0.19千米每平方千米。

流域属亚热带海洋性季风气候，降水量沿海区域向内陆递减，年间变化大，年内分布不匀。多年平均年降水量1 828毫米，最大2 347毫米，最小1 071毫米，6—9月的降水量占全年70%。年平均蒸发量888.7毫米，多年平均年径流量21.2亿立方米。河流水质多属Ⅲ类，涨潮时东场河段氯化物有时偏高。

洪、风、潮灾害多发生在中下游河段，旱灾全流域都有。清顺治十六年（1659年）至光绪二十一年（1895年）的237年中，记有大旱灾7次。顺治十六年，旱期长达9个月，旱情严重。民国元年（1912年）至民国38年（1949年）的38年中，有旱灾3次。1950—1992年的43年中，发生旱灾57次，平均2.8年一次。1962年秋冬春连旱，旱期最长。清光绪十九年（1893年）洪水最大，1935、1971、1985年有较大的洪、风、潮灾，损失严重。

流域内建有长江、荷木2座中型水库和万利、新胜塘、邓阳等小型水库。干流上有担寮、大桥、六湖等小型电站兼提水工程。中型水库总控制流域面积54.5平方千米，总库容3 778万立方米。2004年10月，开工建设大风江调水工程，2009年初完工。

纪　　实

大风江自源头至钦州市钦南区那彭镇平银为上游。以丘陵山地为主，间有小型台地村落，植被较好。源流经大路屯西南流入伯劳镇。伯劳镇邓阳村的陶瓷生产已有近500年，全村80%的农户从事陶瓷生产，产品出口到越南、泰国、缅甸等。支流上建有邓阳小型水库，交通便利，山水秀丽，景色宜人，有三姑仰泳、梳竹探春、梅竹野渡、三凤求凰、鹊桥偶渡等旅游景点。

大风江由伯劳流经新民、屋背村，入钦州市钦南区，在那彭镇屋背村的清香江屯右岸纳清香江（河长23千米，流域面积114平方千米）。在石圭坪纳长江河、蔗地村纳黄垌江。上游段河槽以V形或U形为主。卵石夹沙河床，间有页岩裸露，两岸竹木丛生，河床稳定。河段宽约40米，水流通畅，平时水深0.8米，洪水暴涨暴落。那彭镇盛产香蕉、芒果、荔枝、龙眼、甘蔗、木薯等经济作物，是钦州市重要的甘蔗产区。

大风江经那彭镇转向西流，河道逐渐深切，河床窄深，岸高，河槽多呈U形，间有孤石，枯水期河水清澈。河面宽约70米，平时水深1米。

大风江由平银转向南流至犀牛脚镇沙角村出海，平银以下是下游段，为感潮河段。河床深，两岸多竹木，河道渐宽，平均河宽约100米，水深1.5米。下游段水网发育，在平银镇右岸纳白鹤江（河长31千米，流域面积206平方千米），在东场镇左岸纳思令江，在那丽镇排毕村纳充包河和那丽河，河口水网区有丹竹江（河长42千米，流域面积261平方千米）汇入。河口段水道分支入海，水面较宽。水产养殖业发达，居民多以此为生。

平银圩西北坭桥村有清代抗法名将冯子材墓，墓地包括主墓、碑亭、牌坊、六角亭，是广西壮族自治区文物保护单位。

冯子材墓

7.12.32　金窝水库
（Jinwo Reservoir）

桂南沿海金窝江出海口的中型水库，位于广西壮族自治区钦州市钦南区犀牛脚镇，距犀牛脚镇10千米，钦州市区30千米。

金窝水库

水库为多年调节水库，向钦州港和临海工业园供水为主，兼顾灌溉、防洪。水库控制流域面积24.6平方千米，库容7 900万立方米。工程于1976年动工兴建，1978年竣工蓄水，1998年加固改造，2002年加高大坝，扩大库容。

工程由主坝、副坝、溢洪道、输水管和灌渠组成。主坝1

座，坝型为浆砌石、堆石混合坝，最大坝高26.5米，主坝长249.3米，坝顶宽5.4米；副坝19座，总长628米，最大坝高13.8米；溢洪道1座，最大泄流量181立方米每秒；输水管4条，总泄水流量24.46立方米每秒；灌区有南干和西干渠2条，总长22.3千米，支渠15条，总长53.13千米。

水库是钦州沿海工业园供水系统的中心枢纽，与**大风江**调水工程、**郁江**调水工程、原水输水工程联合运用，近期供水55万立方米每日，可满足钦州临海工业区用水。为犀牛脚镇13个行政村提供灌溉水源，灌溉面积933.3公顷，还为犀牛脚糖厂提供工业和生活用水。

金窝江是独流入海的河流，地势北高南低，河道平直，周边是半丘陵山区和农田，植被茂盛。水库周边为志留系下统连滩群砂泥岩，隔水性能良好，基岩埋藏较浅。

金窝江发源于犀牛脚镇西北与东场镇相邻的丘陵，河长7.57千米。流域属亚热带海洋性季风气候，夏季高温湿热，夏秋两季常受热带气旋侵袭和影响，雨水充沛，每年5—9月是汛期，洪涝和热带风暴灾害频繁，晚秋和冬春季节雨量稀少。多年平均年降水量2 135毫米，年径流量3 030万立方米，多年平均气温22摄氏度，年蒸发量1 708毫米，平均相对湿度81%，年平均风速2.6米每秒。

水库淹没田地163.1公顷，移民650人，涉及金窝和罗麻水2个村庄。水库原以灌溉为主，为解决钦州临海工业区用水，改善投资环境，2002年10月金窝水库加高扩容，功能改为以供水为主，灌溉为辅。

库区有金窝水库管理所于1992—1994年专门种植的水源林158.7公顷，主要树种为湿地松；其余林地面积651.3公顷，主要树种为桉树和本地松树，可充当水源林。另有620公顷山地被当地农民开荒种甘蔗。库区周边农民受"以蔗为纲"影响，向山地要甘蔗，一度毁林开荒现象严重。山坡顺坡耕种，无保护措施，造成大量泥沙和残留农药入库，影响水质。加强水源林建设是改善供水水质、改善投资环境和减少水土流失的重要措施。

7.12.33 钦江

(Qinjiang River)

桂南独流入海河流，在支流旧州江汇口以上称鸣珂江，以下称钦江。发源于广西壮族自治区灵山县平山镇东山东北方，在钦州市注入钦州湾。河长195千米，比降0.32‰，流域面积2 391平方千米，涉及横县、灵山、钦北、钦南4个县（区）。

概　　述

流域东邻**南流江**及**大风江**，南濒北部湾，西邻**茅岭江**流域，北与**郁江**分水，集水面积50平方千米以上的支流有12条。流域形状南北长，东西窄，地势东北向西南渐降。灵山县城以上为低山丘陵地形，县城至青年水闸为低丘、残丘平原，青年水闸至河口三角洲为钦州盆地，地面平坦、开阔，高程10~12米。灵山县城下游河谷开阔，河道宽浅流缓，岸坡低矮，两岸阶地对称发育，地面平坦，沿河多耕地，是灵山、钦州粮食主产地。

流域属南亚热带气候，多年平均年降水量1 712毫米，降水年内分配不匀，5—8月降水量占全年的60%以上。多年平均年径流量22.11亿立方米，年蒸发量919.5毫米，年输沙量48.5万吨。大部分河段水质已达Ⅲ类，部分河段超标。

流域生态环境良好，资源丰富。矿藏有陶土、石膏、高岭土、花岗岩、铁、锰、钛铁砂矿等30多种。钦北区有"黑叶荔之乡"和"果园鸡之乡"之称；钦南区海水养殖业发达，钦江下游及河口地区居民普遍养鱼、虾、大蚝等海产品，是其主要收入来源。

流域内水旱灾害频繁。1430—1939年的509年间，钦州市区有水灾50次。1960、1967、1971、1984、1985、1986年发生大洪水，1954、1963、1977、1980、1989、1991、2004年发生旱灾。

上游干流建有**灵东水库**（大型），下游支流建有京塘、吉隆、田寮、大马鞍等中型水库4座，大中型水库总控制流域面积181.76平方千米，总库容2.32亿立方米；小型水库110座，总库容0.81亿立方米。1960年在钦州镇上游建成青年水闸引水灌溉并为城区供水。

纪　　实

钦江河源高程180米，东北向西南流，至佛子镇附近入灵东水库，出库后过灵山县城于右岸纳灵山河。县城西侧的六峰山风景区，有唐宋时期石六寨、灵山学宫，宋朝起视为"人寰胜地"。六峰山东西北三面悬崖峭壁，只有南麓"灵岩初地"石径可通。景区内溶洞、人文景观众多，有抗日名将蔡廷锴"扼旅岩疆"遗墨。灵山县是商品粮生产基地，盛产荔枝、龙眼、香蕉、芒果、玉桂、蚕桑、茶叶，灵山花石明朝时曾为贡品。

灵城镇至那隆河段纳田岭河、大塘河，至那隆镇纳那隆水（河长37千米，流域面积211平方千米），那隆至三隆河段左岸纳大平河（河长20千米，流域面积128平方千米），至陆屋镇

六峰山风景区

右岸纳旧州江（河长36千米，流域面积190平方千米）后始称钦江。在汇口下游500米处有陆屋水文站，控制流域面积1 400平方千米，控制河长98千米。陆屋至平吉河段左岸和右岸分别纳丁屋江和新坪水（河长36千米，流域面积105平方千米）、青塘河。

钦州市区水渡口钦江分为两汊，主汊称钦江，在尖山镇黎头嘴又分东、西两汊，分别于排榜村和瓦泾村注入钦州湾；副汊称大揽江，在康熙岭镇横山村注入钦州湾。钦州湾湿地列入中国重要湿地，茅尾海红树林自然保护区位于钦州市境内，最近处距市区不到10公里，总面积2 700多公顷，分别由康熙岭片、坚心围片、七十二泾片和大风江片四大片组成。其中，康熙岭片区位于康熙岭镇辖区的滩涂湿地；坚心围片区位于茅尾海海域的尖山、大番坡坚心围一带的滩涂湿地；七十二泾片区位于钦州港辖区的滩涂湿地；大风江片区位于东场镇、那丽镇大风江区域的滩涂湿地。

钦江河口地区是钦州市经济开发区，钦州湾畔有临海工业园和钦州港。

河口湿地位于钦州市南部，面积2.1万公顷，有红树林和茳芏沼泽。树种有桐花树、白骨壤、秋茄、木榄、红海榄、海漆，湿地植被以水生茳芏群落和短叶茳芏群落为主。红树林内鸟类较多，是雁、鸭、鹬等水禽迁徙的驿站和越冬地，鹭类的栖息地。红树林还有护岸作用，为渔业提供养殖和育苗环

钦州湾红树林湿地

境，誉为"造林陆先锋""海岸卫士"。近年来，因围海养殖、砍伐薪柴减少湿地2000公顷，因建设港口减少733公顷。

7.12.33.1 灵东水库
（Lingdong Reservoir）

钦江上游鸣珂江上的大（2）型水库，地处广西壮族自治区灵山县东部。坝址位于钦州市灵山县佛之子镇，距灵山县城14千米，钦州市区124千米。

概　述

水库控制流域面积145平方千米，库容1.79亿立方米，水面宽250～500米，水面面积7.15平方千米，回水长5419.7米。工程于1958年动工兴建，1963年竣工蓄水，1976年加固改造。

工程由大坝、溢洪道、输水涵洞、水电站组成。大坝为均质土坝，最大坝高30.6米，主坝长1824米，坝顶宽7米，坝顶筑有1米高的浆砌石防浪墙；溢洪道最大泄量1136立方米每秒；输水涵管2座，最大输水量30立方米每秒；电站装机容量1.24兆瓦，年均发电量122万千瓦时。

灵东水库

库区属低山丘陵地貌，沟谷发育，植被茂盛。流域地质以页岩、砂岩为主，钦江发源地及南北分水岭为粗粒花岗岩，库盆及坝址主要由硅质岩、泥质岩和泥灰岩组成，库盆两侧被巨厚花岗岩包裹，岩体阻水性能较好；库区淹塞圩有压扭性大断层，透水性差；库岸多粉质黏土和砂质黏土。

库区属亚热带海洋气候，常受台风及高空低压影响，多年平均气温21.7摄氏度，年平均风速2米每秒，坝址处多年平均流量3.3立方米每秒，径流量1.04亿立方米，蒸发量1250毫米。多年平均年降水量1740毫米，4—9月降水量占全年的80%，6—8月暴雨最多，历时多为1～3天，洪水由暴雨引发，较暴雨滞后1～3小时，一般历时1～3天。

水库为多年调节水库，以防洪、灌溉为主，兼顾发电、供水、养殖和旅游。水库拦蓄部分洪水，提高灵山县的防洪标准，减少洪灾损失，是灵东灌区的主要水源，灌溉面积1.18万公顷，年平均供水量1.041亿立方米。水面可供养殖，年产鱼60吨。流域水土流失十分严重，水库拦截大量泥沙，淤积库中，减少了下游河道淤积。20世纪80年代后，加强上游水土保持，水库淤积有所减少。

灵东水库上游河长19.7千米，流域涉及灵山县佛子、平山两个镇，面积145平方千米。

纪　实

建库前，淹没区是平坦肥沃的河川良田，灵山县四大富区之一。水库淹没570公顷河滩良田，移民5100人。国家多年投入大量财力、人力和物力，修通部分公路，现有钦玉二级公路在水库边通过，营造水源林，发展果园，解决移民村庄人畜饮水，保障移民生产和生活。

水库周边原有较茂密的山林，乱垦乱种现象较少，水源涵养较丰富，冬季枯水流量有1～1.5立方米每秒。20世纪80年代后，因超量砍伐和毁林开荒，使植被减少，林木稀疏，水源萎缩，冬季基流减少至0.4～0.8立方米每秒。水库周边每年平均流失3厘米表土，按开垦180公顷估计，每年水库沉积泥沙达54000立方米。2002年国家把灵东水库周边的林场山地3524公顷划为国家重点防护林和特种用途林，安排补助资金扶持，不得采伐，只能更新，部分水源林得以改善，但大部分水源林管理还不够完善。

水库俗称"灵东天湖"，坐落于灵山县最高峰罗阳山下。青山环抱，鸥鸟飞鸣，园林挂翠，湖水清澈，烟波浩荡，渔舟点点。库汊和小岛众多，水道相连，大坝雄伟壮观，1996年后，开发建设东湖公园、天湖度假村、灵湖茜苑、钓鱼山庄等旅游景点。

7.12.34 茅岭江
（Maoling River）

桂南独流入海河流，又名渔洪江，发源于广西壮族自治区钦州市钦北区板城镇屯车村龙门屯，在防城港市注入北部湾茅尾海。河长123千米，比降0.49‰，流域面积2909平方千米，涉及钦州、南宁、防城港3个地级市的5个县（区）。

概　述

流域地势东北部高，西南部低，西面为十万大山山脉，主峰高程960米，东面有高程635米的古道岭。东北部及中部多为高丘和低山，坡度缓和，分布有壤土、红壤土、黏土及砂黏土，森林植被茂密，水土保持较好。下游为滨海平原，多为壤土和砂黏土。

流域平均宽度23.7千米，有支流16条，其中流域面积大于100平方千米的1级支流有4条，干支流总长583千米，河网密度0.20千米每平方千米，水系不对称，右岸水系发育。

茅岭江上的茅岭江桥

流域属南亚热带海洋性季风气候区，气候温和，雨量充沛。多年平均年降水量1697毫米，最大年和最小年降水量比值1.658，降水量分配不均，6—9月降水量占全年的70%，

茅岭江水系示意图

最大点雨量在支流大直江，日降水量达 606 毫米（1960 年 7 月 11 日）。河流水质多为Ⅲ类，多年平均年径流量 29.59 亿立方米。

旱灾年年都有，但程度不同，多出现于春秋两季，3～5 月春旱较多，上游灾情严重。999—1949 年，有大旱灾 40 余次，其中 8 年最严重；1950—1990 年，有 22 年严重旱灾共计 24 次，其中春旱 14 次、秋旱 7 年次、夏旱 3 次。1963 年 11 月至 1964 年 5 月、1982 年、2004 年 8 月至 2005 年 5 月，为历史少见的大旱之年。洪水灾害多在中下游河段，7—8 月为多，1960、1985、1986、1998、2001 年洪灾严重。

流域内钦州市境有中型水库 1 座、小型水库 90 座及山塘等，总库容 1.14 亿立方米；有多处灌区机电泵站、电灌站，总装机容量 7 321 千瓦。

纪　实

茅岭江源流向北，经那香镇红华、那觅村，至那芳村；转西南流，经新棠镇那黎村，至南忠村折向南流，经长滩镇上汶、那谷、长滩、新铺村、小董镇那陵，于东联村纳板城江（河长 28 千米，流域面积 167 平方千米）；至小董镇转向西南，以上称小董江。

干流至那蒙镇右岸纳*那蒙江*后始称茅岭江，继续西南流至大寺镇屯妙村纳*大寺江*，折向东南至牛皮坝电站。大寺镇是钦州市西北部商贸重镇，上游贵台镇洞利村的八寨沟，林木遮天，空气清新，是钦州市的旅游胜地。

牛皮坝电站至出海口是感潮河段，干流至黄屋屯镇屯北村折向西南，至康熙岭镇田寮村，右岸纳最大支流*滩营河*；经田寮村、新南村入防城港市防城区茅岭乡美丽村草坪屯，折转南流入下游河网区，经茅岭镇，在沙坳村老螺屯注入北部湾茅尾海。草坪屯到河口，河流中泓线是钦州与防城港两市分界线，冲积沙河床，演变较快，河面宽约 150 米。两岸稳定，土质肥沃，以种植水稻、红薯和甘蔗等经济作物为主。石球埠河段至河口区，水产养殖业发达，当地居民靠养殖鱼、虾、大蚝等水产品谋生。

1949 年以前，茅岭江干流小董至出海口、支流大寺江洞利下游、大直江大直镇下游河段，丰水期可通航 5～10 吨木帆船，枯水期流量减少，局部河段水浅，通航有困难。1949 年以后，干、支流上兴建的一些拦河坝，附建船闸，改善了通航条件，现可通航 8～25 吨木帆船；黄屋屯以下可通航 50 吨位海货轮。

7.12.34.1　石梯水库
（Shiti Reservoir）

茅岭江左岸支流板城江支流上的中型水库，位于广西壮族自治区钦州市钦北区板城镇东 2 千米，距钦州市区 45 千米。

水库为年调节水库，以防洪、灌溉为主，兼顾发电、养鱼及乡镇供水。水库控制流域面积 38.86 平方千米，库容 4 683 万立方米，水面面积 2.27 平方千米，回水长 20 千米。工程于 1958 年动工兴建，1962 年竣工蓄水，1977 年加固改造，1987 年继续加固。

工程由大坝、溢洪道、输水隧洞和水电站组成。大坝属黏土心墙坝，最大坝高 35.5 米，主坝长 120 米，坝顶宽 6 米，坝顶筑有 1.1 米高砌石防浪墙；溢洪道最大泄流量 143 立方米每秒；输水隧洞最大输水流量 2.4 立方米每秒；

石梯水库

水电站装机容量 570 千瓦，年发电量 70 万千瓦时。

水库拦蓄上游洪水，保护人口 3.06 万、耕地 1 300 公顷，为板城、小董、那蒙、长滩四镇农田提供水源，年均供水量 521 万立方米，灌溉 1 600 公顷；向小董、板城两镇供应生产、生活用水，年供水量 200 万立方米。

库区属黄褐土山丘地貌，出露地层为二迭系硅质页岩夹少量浅灰色细砂岩和黑色坭质，硅质页岩夹层至中厚层细砂岩，分布较广，薄板状硅质页岩为主，层理清晰，风化较深，风化后呈叶片状剥落，甚至泥化。

水库地处沿海多雨区，多年平均年降水量 1 800 毫米、年来水量 1.02 立方米每秒、年径流量 0.38 亿立方米，年蒸发量 1 340 毫米。

水库蓄水淹没村庄 15 个、房屋面积 3.93 万平方米、耕地面积 116 公顷、林地 880 公顷，搬迁 2 950 人，其中 1 180 人在库区安置，由内低处搬往高处，其余外迁。库区主种粮食、甘蔗、水果、红薯、玉米、花生，有可开发耕地面积 328.53 公顷、果园面积 80 公顷、经济林地面积 238.93 公顷、用材林地面积 112 公顷、水面养殖面积 53.33 公顷。

水库周边原来山林枝繁叶茂，乱垦乱种现象较少，水土保持良好，水源涵养丰富。20 世纪 80 年代以后，库区村民过度放牧、砍伐，严重破坏山坡植被，使自然植被减少，林木稀疏，林地面积逐渐减少，水源萎缩。水土大量地流失，是水库泥砂淤积的重要来源。20 世纪 90 年代初，政府对流域逐步综合治理，防治与开发相结合，治理采矿、采石点，减少入库泥砂，减缓水库淤积。

7.12.34.2　那蒙江
（Nameng River）

茅岭江右岸支流，又名板暮江，发源于广西壮族自治区南宁市良庆区大塘镇团垌村，于钦州市那蒙镇江口村注入茅岭江。河长 42.6 千米，比降 0.98‰，流域面积 393 平方千米，涉及广西南宁、钦州两市。

流域南临北部湾，丘陵地貌，地势西北高、东南低，坡度缓，丘陵间有谷地和冲积小平原散布，土层深厚，土质肥沃，沙质河床，河网密度0.20千米每平方千米。

流域受海洋暖湿气团影响，夏季高温多雨，阳光充足，雨水充足，多年平均年降水量1 500毫米。降水量年际变化大，年内分配不均，汛期降水占全年的75％，多年平均年径流量3.46亿立方米。

那蒙江河源高程105米，源流称雅王江，东南流，经百浪、福里、雅王、平朗至大满村纳南晓河（河长23千米，流域面积126平方千米），始称那蒙江。干流过大满村2千米入钦州市那蒙镇境，经板暮、奇陵、板董，在屯周坪村右岸纳樟木河，经何屋坪，于那蒙镇江口村注入茅岭江。

流域内森林茂盛，多杂木，有松、枫、樟、楠、椎等树种。主要种植水稻，盛产荔枝、龙眼、芒果、香蕉等水果，以及糖蔗、油茶等经济作物。

7.12.34.3　大寺江
(Dasi River)

茅岭江右岸支流，发源于广西壮族自治区上思县公正乡那齐村高隘东北方1千米处，在钦北区大寺镇汇入茅岭江。河长69千米，比降1.91‰，流域面积586平方千米，涉及防城港市的上思县、防城区和钦州市的钦北区3个县（区）。

流域地势由西南向东北倾斜，东北部多高丘和低丘山，中部成大寺盆地。干、支流总长115.7千米，河网密度0.2千米每平方千米。

流域属南亚热带季风气候，夏季高温多雨，年降水量1 400～1 800毫米，年内分布不均匀，汛期4—9月降水量占全年的75％；年径流深700～1 000毫米，多年平均年径流量5.60亿立方米。

流域内热带雨林植物居多，盛产香蕉、甘蔗、龙眼、荔枝、凉粉草、蚕茧、黄榄、杨梅等经济作物，有玉桂、八角、松香深加工、木材加工等产业。

建有小型水库16座，总控制面积9.7平方千米，总库容695.5万立方米；电灌站11处、总装机容量360千瓦；水轮泵站11处，装机21台。

大寺江河源段称沉香河，北流8千米，折西北流1.8千米转东北流；经枯菱村念勒、叫合、江那屯，入钦北区贵台乡，至那略村，左岸纳公正河（又名米补河）；经洞利、那朴村，至贵台乡左岸纳新圩河（河长27千米，流域面积103平方千米），转东南流，经大路、那美村和大寺镇百庆村、大寺镇和三益村，至大寺镇屯妙村汇入茅岭江。

贵台镇洞利村八寨沟风景区是十万大山支脉大龙岭八角山大峡谷，谷长8千米，面积2 000多公顷。区内山峦重叠，云遮雾障，有大小泉潭80余个。谷内藤蔓缠绕，树木葱茏，流水潺潺，有猴子、野猪、果子狸、穿山甲、蟒蛇、格木、紫荆木、铁棱格等

八寨沟风景区

国家重点保护野生动植物。景色秀丽而宁静，有"天然氧吧"之称，是桂东南森林植被保护和恢复较好的地带，也是钦州市的一个旅游胜地。

7.12.34.4　滩营河
(Tanying River)

茅岭江右岸支流，又名大直河、西显河，发源于广西壮族自治区防城港市防城区大菉镇大平村太平田屯，在钦州市区汇入茅岭江。河长67千米，比降1.10‰，流域面积829平方千米，涉及钦州、防城港两市。

概　　述

流域呈扇形，西北面为十万大山南麓。地势由西北向东南倾斜，平均宽度12.3千米，干、支流总长186千米，河网密度0.24千米每平方千米。

流域属亚热带向热带过渡海洋季风气候，日照时间长，热量丰富，雨水丰沛，雨热同期。夏秋常受热带气旋影响，地处十万大山暴雨中心。年平均气温22摄氏度，年降水量2 200～2 800毫米，年际变化大，时空分布不匀，汛期占全年的75％。最大点雨量在支流大直江大直站，日降雨量达606毫米（1960年7月11日）。径流以降水补给为主，泉水为辅，多年平均年径流量10.93亿立方米，年径流深1 200～2 000毫米。上中游河段水清见底，清凉甘甜。

流域濒临北部湾，常有暴雨洪水和风暴潮灾害。料连村至河口段坡降平缓，受潮水顶托，洪潮遭遇，常引发水灾。1960、1963、1967、1972、1985、2001年有较大洪灾。旱情几乎年年有，时有春旱连夏旱，夏旱又延至秋旱。

滩营河流域建有水利工程26座，以小型为主，总控制流域面积20.3平方千米，总库容2 184万立方米。小型的三曲水库，控制流域面积9平方千米，库容771万立方米，是防城港市防城区滩营乡主要供水水源。

纪　　实

滩营河源头地处十万大山华侨林场，林木茂密，有马尾松、八角、玉桂、松木、桉树、竹林、油桐、桉树、橡胶树等，产八角、玉桂。源流向东南，经太平村、那柏村至平旺，转西南流，穿梭于延绵起伏的山地中，河道弯曲，水浅流急；至那连村那堪屯，右岸纳那连河（又名那堪河），经滩利屯、滩营乡转东北流，至钦州市钦北区，沿岸居民点多，植被茂盛。

防城区石马屯以下为感潮河段，流经丘陵平原，水深可通航10多吨的船只。出石马屯2.2千米纳屯笔河（河长25千米，流域面积107平方千米），入钦南区；在钦南区黄屋屯镇料连村江那屯和大湾屯，左岸纳大直江（河长41千米，流域面积339平方千米）；折向东南，经屯显、西显村、凤啼屯，在田寮村冲桥屯汇入茅岭江。

大直镇是钦州市边远壮乡，盛产玉米、大豆、花生、水果、木材、毛竹、竹笋。畜牧业发达，民国26年（1937年）就有军垦牧场，现在牛、猪和淡水养殖居钦州市前列。矿产资源有锰、钛、砂金、磷矿石，其中锰矿石远销鞍

王岗山

山和出口朝鲜、日本。距钦州市区48千米,有王岗春色(王岗山),山岳险峻,地貌奇特,有冬暖夏凉的龙口洞、平圩顶贼人古山寨、收挥排神泉、孙中山反清起义、中共游击队根据地等旧址;有金花茶、桫椤、马蹄参、格木、狭叶坡垒等国家一、二类重点保护植物,以及黑叶猴、金钱豹、赤鹿、赤狐、穿山甲、蟒蛇、冠斑犀鸟、白鹇等国家二、三类重点保护动物,以冠斑犀鸟、白鹇最为珍稀。

7.12.35 防城河
(Fangcheng River)

桂南沿海独流入海河流,发源于广西壮族自治区防城港市防城区扶隆乡,在防城镇汇入北部湾。河长83.8千米,比降1.84‰,流域面积894.6平方千米,防城区境内河。

概　述

流域地处十万大山南部,上游十万大山腹地,山高林密;中下游高丘陵山地,有山间平原和台地,河网密布;沿海滨海丘陵、台地,地势较平。土壤有赤红、黄壤、紫色土、沼泽土。流域平均宽度10.7千米,河网密度0.17千米每平方千米。

流域属南亚热带季风气候,夏秋常有热带气旋。日照长,气温高,雨水丰,夏热冬暖,雨热同期。多年平均年降水量3 000毫米,多集中在6—8月,4—9月降水量约占全年的80%。中游地区降雨量多,上游、下游少,变化梯度大;单站最大年降水量达5 005.8毫米(长岐站,1998年),最大24小时降水达到619.1毫米(那余站,1960年)。流域多年平均年蒸发量725～1 320毫米,年径流量21.05亿立方米。木头滩以上河段水质为Ⅱ类,以下河段水质一般为Ⅲ类。

受地形和天气影响,上游暴雨频繁,常引发洪水,洪水峰高量大,暴涨暴落;下游地势低洼,洪灾频繁。1940、1960、1967、1986、2001年流域发生5次灾害性大洪水。春秋季雨量少,常有干旱,年平均持续干旱超过100天。

支流电六江上建有**小峰水库**(大型),控制面积54.5平方千米,总库容1.03亿立方米,总装机容量5.35兆瓦。城防河流域内还建有中型水库2座,小型水库9座,总控制面积37.99平方千米,库容3 454万立方米;配套修建长岐引水坝和引水干渠,已成防城港市区主要水源。

防城港

纪　实

防城河发源于十万大山南麓祚老顶,上游河流与十万大山山脉走向基本平行。源流东南流至扶隆乡纳那其河,转东流至那勤乡江口村右岸纳电六江。过那余折转东北,经百里

村折向东南纳大菉江(河长21千米,流域面积101平方千米)。上游地区林木茂盛,地势险峻,河道狭浅,两岸高山矗立,水流湍急,多急湾险滩,河水清澈,长流不断。河槽多沙、卵石,河床稳定。主要植物有马尾松、椎木、玉桂、八角、松木、竹林、油桐、桉树、橡胶,以玉桂和八角著名,为广西玉桂、八角之乡。

金花茶国家自然保护区

大录至华石河段为中游段,两岸竹木茂盛。在防城区大菉镇米丰村的平盆组河段有长岐拦河坝,有灌溉、发电、供水功能。那梭镇上岳有金花茶国家级自然保护区,山岭连绵起伏,云雾缭绕,长年翠色。每年11月至翌年2月,金花盛开,金瓣玉蕊,晶莹无瑕,点缀在玉叶琼枝之间,誉为"茶族皇后"。

防城河入华石镇后东流,至中间屯村右岸纳那梭河,经防城镇丹竹江、竹塘村、城东村折向南流,过水营村至大王江村针鱼岭,在防城港市针鱼岭汇入北部湾。下游河段水流平缓,河岸开阔,受人工采砂石影响,河床逐年下切。防城区北部木头滩拦河坝,是防城港市水源工程。防城港是广西和大西南出海重要通道,居住着汉、壮、瑶、京、回、侗等10多个民族,广西第二大侨乡。木头滩以下为感潮河段,受北部湾潮汐影响显著,主要养殖虾、蚝、鱼等,水产养殖业发展迅速。

7.12.35.1 小峰水库
(Xiaofeng Reservoir)

防城河支流电六江上的大型水库,坝址位于广西壮族自治区防城港市防城区扶隆乡,距防城港市区65千米。

小峰水库

水库为多年调节水库,以灌溉为主,兼顾防洪、发电、城市供水。控制流域面积54.5平方千米,库容10 320万立方米,水面面积6.06平方千米,回水长3.10千米。工程于1978年动工兴建,1980年投入运行,1990年竣工,2002—2004年加固改造。

工程由大坝、溢洪道、发电输水洞及电站组成。主坝为混凝土心墙土坝,最大坝高42.5米,坝顶长378米,坝顶宽

7~8米,坝顶混凝土防浪墙高1.2米;副坝3座,为均质土坝,坝顶总长360米,坝顶宽6米,最大坝高17.5米;溢洪道最大泄洪流量1008立方米每秒;发电输水洞最大泄流量12立方米每秒;电站装机容量5.35兆瓦,年发电量2007万千瓦时。

水库灌溉面积5586.7公顷,减缓了下游防洪压力,保护人口15万、耕地面积2300公顷,水面养殖面积333.8公顷。

库区气候温暖,冬短夏长,温差小,光照充足,热量大。地处广西最大暴雨中心,多年平均年降水量3200毫米,多年平均年径流量1.41亿立方米,平均流量4.47立方米每秒,平均气温22.4摄氏度,年蒸发量1361.7毫米,平均风速1.8米每秒。

坝址以上防城河长23千米,流域呈葫芦形,东西长13千米,南北宽4千米,最窄处小于2千米,流域北部为防城河干流,流域南与江平江分界,西与**北仑河**分界。库区岩石有变质岩、花岗岩、砂页岩等,多山,土地肥沃,植被良好,水土流失少,平地、坡地多水稻田,周围高山长有八角、玉桂、油茶、杉、松等经济林和杂木林,库尾有金花茶生长。

建库时淹没耕地面积206.4公顷、村庄12个、房屋面积3.52万平方米,移民3190人,大部分就地往高处搬迁,500人外迁,淹没八角10万株、玉桂27.4万株、油茶4.72万株。库区有发展林、果类生产的优势和丰富的八角、玉桂资源。小峰经济作物场有2个分场11个连队,全由移民组成,收入低于附近社区。政府采取各种措施扶持移民发展种植、养殖业。

7.12.36　东兴水库
(Dongxing Reservoir)

桂南沿海江平江上的中型水库,地处广西壮族自治区防城港东兴市东兴镇和马路镇东部,距东兴市区10千米。

水库为年调节水库,以灌溉、防洪为主,兼顾发电和供水。由黄淡库区和江尾库区组成,控制流域面积69.3平方千米,库容5787万立方米,水面面积8.2平方千米,回水长15.5千米。工程于1958年动工兴建,1963年竣工蓄水,1994—2005年加固改造。

工程由主坝、副坝、长1.4千米的连通渠、溢洪道、输水涵洞和水电站组成。主坝、副坝均为均质土坝,主坝2座,最大坝高25.96米,坝顶总长442米,坝顶宽4米;副坝14座,最大坝高20.6,坝顶总长827米;溢洪道最大泄量1066立方米每秒;输水涵洞最大泄量6立方米每秒;2座电站总装机容量729千瓦,年发电量220万千瓦时。

东兴水库

水库有效拦蓄上游洪水,保护4.5万人口和2000公顷耕地,灌溉面积1.87万公顷,还向东兴市东兴镇和江平镇年供水2000万立方米。

东兴水库的黄淡、江尾两座水库分别位于竹排江和江平江上游,两江均发源于马路镇平丰村的山麓。竹排江过黄淡水库,发电尾水流经东兴镇松柏村、竹山村后,在榕树头注入北部湾;江平江出江尾水库在江平镇班埃村注入北部湾。

库区涉及马路镇平丰村水尾至东兴镇松柏村,竹排江沿江长21千米。地处丘陵地带,那洞背斜东南翼,下志留统砂砾岩及泥页岩地层。黄淡主坝和近坝库区为侏罗纪紫红色砂泥岩,江尾主坝和近坝库区有花岗岩分布。由北往南,由丘陵向滨海平原过渡。

流域属南亚热带季风气候,温和多雨,多年平均气温22.5摄氏度,全年无霜,低于12摄氏度的天数,年均只有13天。地处我国两个多雨中心之一,暴雨日数年均超过20天,多年平均年降水量2645毫米,年来水量1.21亿立方米。蒸发量较大,年平均1376.8毫米,最大年蒸发量1473.8毫米,最小1152.7毫米。

建库前,库区有瑶族、壮族、汉族居民,多数为少数民族。水库淹没耕地180公顷,移民814人。国家投资修公路、通电和电话,解决人畜饮水问题,2001年起,投资扶持移民,大量种植玉桂、八角等经济作物,恢复库区植被,营造水保林,发展果园。治理了水土流失,提高了居民收入和生活水平。

7.12.37　北仑河
(Beilun River)

中国和越南的国际界河,发源于广西壮族自治区防城港市防城区西部峒中镇与宁明县交界的捕龙山东侧,在东兴市西南分为两支,一支在越南芒街出海,另一支在东兴市出海,河水流入北部湾。干流河长98千米,比降2.53‰,流域面积1187平方千米,在中国境内流域面积830平方千米,国内涉及防城区、东兴市。

概　述

北仑河地处十万大山南麓,西北是**明江**流域,十万大山主峰莳良岭海拔1462米。地势西北向东南倾斜,逐步过渡到滨海,入海口滩涂宽广,沙洲众多。土壤以花岗岩红壤、沙页岩黄壤、冲积沙、杂沙土为主。北仑河中国境内河网密度0.21千米每平方千米。

流域属南亚热带海洋性季风气候,有亚热带向热带过渡的海洋季风特点,多年平均年降水量2860毫米,年降雨日230天,多年平均年径流量16.67亿立方米。1960年7月11日老虎滩站实测最大24小时暴雨量658毫米,为广西实测暴雨记录的第二位。降水量年内分布极不均匀,汛期(4—9月)占全年的70%以上,流域平均最大年降水量3872.9毫米(1971年)。水质属重碳酸盐类钙组第Ⅰ型,北仑河东兴水文站以上水质达Ⅱ类,东兴以下水质为Ⅳ类。

北仑河是山溪性河流,暴雨洪水多发,明天启元年(1621年)至清光绪二十八年(1902年)的282年中,大水灾13次,平均21.7年一次。民国元年(1912年)至民国38年(1949年)的38年间,大水灾4次,平均9.5年一次。1950—1994年的45年间,水灾16次,平均2.8年一次,灾害最大的是1960年7月11—13日洪水和1986年7月21日台风暴潮。1960年7月11日8时到12日20时,东兴一带降雨量达523毫米,引发山洪,加上海潮上涨,洪水围困不少村庄,需飞机空投救灾。2002年5月13日北仑河东兴河段发生了灾害性洪水,实测最高水位8.42米。

纪　实

北仑河源流高程790米,上游段为十万大山山区,高山峻岭,原始森林广布。主要植被有南亚热带雨林。植物资源丰富,林木茂盛,郁郁葱葱,植被良好,水土保持较好。干流流向与十万大山走向基本一致,经济林以八角、玉桂为主,松、椎、杉木为辅,主要种植水稻、玉米、红薯、甘蔗。

北仑河上游段由平行的两支组成,左支称黄关河(又名田心河），右支是北仑河河源，称江口河（又名八庄河），流经板八乡，板八乡聚居瑶、壮、汉、侗、苗等民族。中越边境居住的大板瑶有1 500余人，是瑶族人数最少的一个分支，习俗独特，鲜为人知。大板瑶与其他民族和睦相处，每年的"三月三"，要同壮族、汉族和花头瑶一起参加乡里的壮族民歌节。大板瑶还有自己的传统节日"阿宝节"，又称情人节，一般在"三月三"和"四月八"举行。每到这一天男女老少都要穿上节日盛装，到村里或几个村指定的地方，吹笛子、芦笙和唢呐，打腰鼓和铜锣，对唱山歌、情歌。

两支流汇合后，干流急转南向，始称北仑河。北仑河中游段纳南北仑河（又名滩散河、嘉隆河）和那良河（河长22千米，流域面积139平方千米），南北仑河与上游八庄河平行，大部分河段为中越界河，沿河建有沿边公路，山环水绕，峰回路转。

北仑河下游段也是中越界河，至东兴市区分为东、南两支：南支为主流，入越南，经越南芒街后又分为东南和西南两支入海；东支为分流，仍为中、越界河，长9千米，以中泓线为国界，东侧属中国，西侧属越南。东支绕过东兴市南端，至东郊（石子岭）又分东及东南两水道入海。东水道有中国境内的马路河（流域面积118平方千米）从北岸汇入，东南水道入越南出海。

沿边公路起点标志

越南芒街与东兴市隔河相望，是越南经济特区，发展较快。东兴市已有四百余年历史，是中国京族唯一的聚居地，建于明朝而盛于清朝，因兴于北仑河东岸而得名。东兴市地处中国大陆海岸线西南端，东南临北部湾，是中国大西南往东南亚最便捷的通道，亦是中国与越南唯一

东兴界碑

的海陆相连口岸城市。受北部湾潮汐顶托和暴雨洪水共同影响，下游河段水情复杂，设有东兴水文站。

防城港红树林

清光绪二十六年（1900年），中国东兴与越南芒街之间，中国与法国联建"国际铁桥"，以利中越边民互市。1957年拆除"国际铁桥"，建中越友谊大桥，1994年重建，全长111米。东兴现为国家一级口岸。

防城港市防城区和东兴市有北仑河口自然保护区，总面积3 000公顷。保护区海岸线长87千米，河口海岸、开阔海岸和海域海岸地貌。有面积较大、连片生长的红树林，12种红树林群落，连片木榄纯林和大面积老鼠勒纯林群落国内罕见。保护区滩涂和沿海渔业资源丰富，有27种鱼类，84种大型底栖动物。保护区地处亚洲东部沿海和中西伯利亚、华中两条鸟类迁徙路线的交汇点，是候鸟繁殖和迁徙的重要停歇地，观察到的鸟类有128种，其中13种鸟类为国家二级保护动物。

7.13　元江
（Yuanjiang River）

流经中国云南的国际河流，出境后称红河。发源于云南省大理白族自治州巍山县永建镇西北部，向东南方向流经红河哈尼族彝族自治州红河县，于红河州河口县河口镇流入越南，注入太平洋北部湾。元江—红河全长1 006千米，流域面积14.1万平方千米。河口镇以上元江干流长692.0千米，落差2 510米，流域面积3.46万平方千米。

概　　述

流域范围　元江—红河水系境内流域北与**长江**流域（金沙江段）毗连，东邻**珠江**流域，西部以云岭南延余脉无量山和**澜沧江**流域相隔，南部与越南接壤，位于东经100°06′～105°40′、北纬22°27′～25°32′之间，涉及云南省大理白族自治州、楚雄彝族自治州、玉溪市、昆明市、红河哈尼族彝族自治州、普洱市与文山壮族苗族自治州38个县（市）和广西壮族自治区百色市的那坡县。

元江石屏县牛街段

河流水系　元江—红河水系中国境内流域面积7.63万平方千米，分布于云南省中部、东南部以及广西壮族自治区西南部。除主干元江外，中国境内独立出境流入越南后汇入红河干流的主要支流还有**李仙江**、**藤条江**、**盘龙河**、**南利河**等水系，该部分水系的境内流域面积为4.17万平方千米。中国境内一般分为元江水系、李仙江水系与盘龙河水系。云南省境内汇入元江干流的集水面积大于100平方千米的一级支流有48条，其中集水面积在1 000平方千米以上的有**苴力河**、**一街河**、**马龙河**、**绿汁江**、**小河底河**与**南溪河**。

地质地貌　地质构造为青藏滇缅印尼歹字形构造体系与云南山字形构造西翼的复合区，主要断裂带有红河断裂带、哀牢山断裂带、阿墨江断裂带与藤条江断裂带。出露地层中

右岸多为变质岩与沉积岩,左岸广布碎屑岩与碳酸盐岩。区域地震频发,地震基本烈度Ⅵ~Ⅷ度。

地势自西北向东南倾斜,域内云岭余脉分成无量山和哀牢山两大山系,形成南北纵列的高中山与深谷相间的地貌。区域以山区与半山区为主,中部河谷较大的盆地有巍山坝、戛洒坝、漠沙坝及元江坝。最高点无量山主峰高程3 306米,出境口河谷高程76.4米。在云南省地貌区划上,元江把云南分成两个地表差异明显的地貌单元:左岸主要为云贵高原西部的滇东高原盆地区,高原面保持完好,低丘与浅谷形成波状地面,东南部为文山岩溶山原亚区;右岸是横断山脉纵谷地,高山大川相间纵向排列,元江成了云南滇东与滇西两大地理单元的分界线。

气候水文 流域总体属亚热带高原季风气候,具有干湿季分明、垂直变化显著等特点。地跨北热带、南亚热带与中亚热带,北回归线横贯中部,多年平均气温14.8~23.8摄氏度。降雨量分布不均,上中游干热河谷为少雨区,年降雨量750~900毫米;南部边境多雨,年降水量达1 800~3 000毫米。个旧市蔓耗以上河谷气候干热,以下河谷气候湿热。

年径流量的地区分布,以西南部及边境一线为丰水区,支流李仙江的总水量大于干流。全流域多年平均年径流量463.5亿立方米,其中元江干流水系147.55亿立方米。洪水由暴雨形成,洪峰历时较短,洪水暴涨暴落,具有山区性河流特点,峰量年际差异大。根据干流调查的历史洪水资料,元江水文站最大洪峰流量9 140立方米每秒(1908年),蔓耗水文站最大洪峰流量9 610立方米每秒(1908年)。

元江是一条多沙河流,流域内水土流失现象较为普遍。干流蔓耗站以上的区域年侵蚀模数1 400吨每平方千米,元江站历年最大实测断面平均含沙量达174千克每立方米。据2005年《云南省水资源公报》,红河流域评价河长1 543千米,水质符合地表水Ⅰ~Ⅲ类标准的河长占评价河长的91.3%,劣于Ⅲ类标准的河长占8.7%,其中劣于Ⅴ类标准的占7.8%。

自然资源 流域森林植被覆盖率59.8%,生物资源丰富。国家级自然保护区有哀牢山、无量山、文山老君山、金平分水岭、大围山与黄连山。云南省中亚热带自然保护区中最具代表性的哀牢山,位于横断山脉、云贵高原和印度支那三个自然地理区域的结合部,绵延数百里,形成南北动物天然"走廊",是众多候鸟迁徙的必经之地。海拔从低到高区域内的植被依次为干热河谷灌木稀树草丛、思茅松林、季风常绿阔叶林或云南松林、半湿润常绿阔叶林、中山湿性常绿阔叶林、云南铁杉针阔混交林、苔藓矮林、杜鹃灌丛等,植被类型多样,垂直带谱明显。流域内分布有5个省级风景名胜区,分别为元阳观音山、个旧蔓耗、屏边大围山、文山老君山与河口南溪河。

流域内矿产资源丰富,主要有个旧的锡矿,墨江的镍、钴、金矿,易门和马关等县的铜矿,新平的铁矿,建水的锰矿,一平浪和禄丰的盐矿等,储量大、品位高、开发条件好。云南省境内红河流域的水力资源理论蕴藏量1 007.93万千瓦,技术可开发量425.85万千瓦。以支流为丰富,干流仅分别为140.95万千瓦与99.5万千瓦。

社会经济 根据2003年水力资源复查成果,2000年元江—红河境内流域总人口693万,其中干流元江水系约333万,主要民族有汉族、彝族、哈尼族、傣族、白族、壮族、苗族与瑶族等。流域内耕地总面积119.5万公顷,有效灌溉面积23.1万公顷,粮食总产239.3万吨。粮食作物在平坝区以水稻为主,山区多种植玉米、薯类;经济作物有甘蔗、烟草、橡胶、花生与紫胶等。部分边境地区曾遭受边境之战的影响,经济欠发达。

昆明至河口县的铁路是云南省建设最早的铁路,可直达越南首都河内。红河干流三江口以下沿江有公路,玉溪至磨墨的高速公路已全线通车,县与县、乡与乡均通公路,交通尚方便。

开发治理 截至2005年,元江—红河境内流域已建中型水库21座,总库容5.04亿立方米,兴利库容3.86亿立方米。大型灌区有平远灌区,有效灌溉面积2.047万公顷,粮食播种面积0.9万公顷,粮食总产量3.71万吨。水能为重点开发项目,云南省内新建的水电站主要集中在李仙江、藤条江与盘龙河等支流上,建有戈兰滩、那兰与马鹿塘等大中型水库。截至2003年,已建与在建水电站104座,总装机容量98.56万千瓦。水土流失治理是元江流域的重点与难点,2004年土壤侵蚀面积30 713.8平方千米,占流域面积的41.5%,为云南省土壤侵蚀最严重的流域。

国际报汛 中国政府已应越南政府的请求,开展向越南报汛工作,为越南人民抗洪救灾、发展生产作出了积极贡献。

元江蔓耗镇段

纪　实

上游 元江发源于大理白族自治州巍山彝族回族自治县永建镇西北部分水岭地带,与大理市下关镇梧栖村东部毗连,源地高程2 640米。源流于深山峡谷向东转西称羊子江,向南流入巍山坝称西河,河槽内以砾石、卵石为主,河床稳定,水流畅通。巍山坝为西北向东南展布的盆地,为巍山县水稻与烤烟的主产区。坝北左岸有五茂林水库与锁水阁水库,右岸有**福庆水库**,沿两岸山麓有东、西两条灌溉水渠。巍山县城为国家级历史文化名城,是唐朝时期南诏古国的发祥地,至今仍保持着明清时的棋盘式建筑格局。东岸分水岭鞍部有"鸟道雄关"石碑,每年仲秋有众多的候鸟飞越此地关口。东南隅有巍宝山风景名胜区,是国家级风景名胜区的重要组成部分之一。巍宝山为道教名山,四周为国家级森林公园,有众多的野生植物、动物及禽鸟。坝子南部设有洗澡塘水文站,控制流域面积784平方千米,测验河道水面宽0~39.6米,多年平均流量5.74立方米每秒,历年最大流量419立方米每秒,最高洪水位1 671.13米,有断流记录;据洪水调查,最大洪峰流量774立方米每秒(1938年)。

干流出巍山坝入峡谷称巍山河,向东流入南涧彝族自治县,于南涧坝右纳**南涧河**,左纳苴力河后,水体泥沙含量增多。设有大东勇水文站,控制流域面积2 628平方千米,测验河道水面宽1.0~115米,多年平均流量16.1立方米每秒,多年平均含沙量5.46千克每立方米;历年最大流量1 710立方米每秒,最高洪水位1 341.2米,历年最小流量0.01立方

7.13 元江

每秒。

巍山河沿峡谷向东南斜贯弥渡县南部,至牛街乡鼠街右纳牛街河(河长24千米,流域面积185平方千米),成为弥渡县与楚雄州南华县的界河;流入南华县称礼社江,左纳一街河,左岸烧香梁子主峰高程2 861米;南流,为南华县与楚雄市的界河,左纳五街河(河长28千米,流域面积198平方千米)与**三街河**。右岸分水岭地带为大中山省级自然保护区,总面积11 223公顷,为多种动植物区系的分界和交汇处,分布有以云豹、黑颈长尾雉及水青树等为代表的22种国家保护珍稀动物和10余种珍稀植物,"打雀山"为候鸟迁徙的重要通道和栖息地。

礼社江进入楚雄市向东南穿流于峡谷,于中山镇龙潭田左纳自雄河(河长29千米,流域面积178.1平方千米);往东南流,于新村镇大窝铺田左纳明者河(河长27.6千米,流域面积125.5平方千米);转东为楚雄市与双柏县的界河,于腭嘉镇小村右纳鱼庄河(河长25.3千米,流域面积201.7平方千米),于新村镇下夏苴左纳弈家拉河(河长23.4千米,流域面积116.2平方千米),于大地基乡大麻栗树左纳高卷塘河(河长21.7千米,流域面积143.8平方千米);向南纵贯双柏县西部,又称石羊江。于双柏县腭嘉镇大水沟右纳小江河(河长29.2千米,流域面积183.4平方千米),继续南流为双柏县与玉溪市新平彝族傣族自治县的界河;于爱尼山乡大平地左纳马龙河。右岸哀牢山宽厚雄浑,大梁山主峰高程2 946米。峰线两侧为哀牢山国家级自然保护区,坐落有鄂嘉风景名胜区,中心区鄂嘉为省级历史文化名镇。

石羊江向南流,于双柏县爱尼山乡南部左纳上游最大的支流绿汁江,于三江口结束上游流程。

上游河长286.9千米,落差2 103.3米。仅巍山坝河谷宽阔,其余多为中山峡谷河段。流域内广布紫红色砂页岩表土,河岸荒坡草被多为扭黄茅,间有华西小石积、野拔子、明油子、虾子花与仙人掌,水土流失较为严重。

中游 干流接纳绿汁江后进入玉溪市新平县,开始中游流程,东南流,于水塘镇大窝铺右纳大春河(河长48千米,流域面积276.1平方千米),经水塘镇治,入戛洒镇境称戛洒河,于戛洒镇治左纳浑龙河(河长34.9千米,流域面积351.2平方千米),入腰街镇境,于腰街镇河口左纳峨德江(河长35.7千米,流域面积257.8平方千米),于南减右纳味河(河长17.4千米,流域面积103.9平方千米),继东南流,入漠沙镇境称漠沙江,于漠沙镇大沐浴左纳西尼河(河长26.9千米,流域面积126.5平方千米),于南独左纳南独河(河长27.9千米,流域面积148.8平方千米),南独河发源地为磨盘山国家森林公园,分布有中山半湿性常绿阔叶林。继东南流至南甘左纳溪尼河(河长23.9千米,流域面积100.5平方千米),溪尼河也发源于磨盘山,继流至大南马右纳挖窑河(河长42.5千米,流域面积224.2平方千米),以上戛洒河和漠沙江段宽谷与峡谷相间分布。右岸为哀牢山中段,最高大雪锅山顶峰高程3 137米,以戛洒镇附近为哀牢山国家级自然保护区南界。哀牢山为云南境内南亚热带和中亚热带气候的过渡带,是多种生物区系的东西交汇、南北过渡之地。在保护区高程2 500米左右生长的中山湿性常绿阔叶林连绵成带,以枝干附生苔藓植物为普遍,是当今世界上同纬度地区保存最完整的原始森林,也是中国目前亚热带山地面积最大的、成片的原始森林,栖息着珍稀动物黑长臂猿、绿孔雀及其他多种保护动物。在高程2 800米左右的地带,年降水量达2 000毫米以上。新平县是云南省侨乡之一,铁矿与铜储量丰富,河谷区出产甘蔗、香蕉、荔枝和菠萝等,花腰傣民族风情浓郁。

戛洒江经峡谷,流入元江哈尼族彝族傣族自治县始称元江,流经元江县城,地形开阔,为盆地,于青龙厂镇西拉河口左纳西拉河(河长36千米,流域面积199平方千米),于青龙厂镇黑模底山右纳甘庄河(河长27千米,流域面积169.1平方千米),继流至澧江镇六零田右纳南溪河(河条40.5千米,流域面积252.2平方千米),于那整右纳**清水河**。继流至龙潭乡五区转运站左纳南巴河(河长19.1千米,流域面积138.8平方千米),一路东南进,于洼垤乡罗至右纳南昏河(河长43.9千米,流域面积276.9平方千米)。元江盆地是全国有名的"天然温室",多年平均气温23.7摄氏度,是云南省热带、亚热带花卉、水果主产区,芦荟干粉走俏国内外,为"中国芦荟之乡",茶叶以"玉元茉莉花茶"闻名。该段设有元江水文站,控制流域面积21 554平方千米,测验河道水面宽210~310米,多年平均流量167立方米每秒,多年平均含沙量5.14千克每立方米;历年最大流量7 520立方米每秒,最高洪水位387.76米,历年最小流量3.50立方米每秒。据洪水调查,最大洪峰流量9 140立方米每秒(1908年)。

元江干流出元江坝复入峡谷,左纳小河底河,为红河州石屏县与红河县的界河。至浪堤乡坝罕右纳罕龙河(河长24千米,流域面积133.7平方千米),右岸哀牢山渐入余脉,阿波列山高程2 580米。河流深切,右岸坐落有红河县城。红河县是我国哈尼族主要聚居县之一,析置于1950年,棕榈种植规模大,有"棕榈之乡"之誉。

从三江口到红河县城为元江中游,河长181.2千米,落差251.7米,以深山峡谷河段为多,河谷切割较深。河岸荒坡植物以扭黄茅、余甘子、孔颖草和双花草为特征,草层盖度大于乔

红河县棕榈林

灌层,多数群丛的植被近于稀树草原景观。

下游 红河县城以下开始下游流程。干流于峡谷向东南流,为界河,左岸为石屏县。于勐龙乡万年青右纳**七星河**。于勐龙乡大黑公右纳大黑公河(河长38.1千米,流域面积219.5平方千米),成为元阳和建水县界河,继流至建水县官厅乡玛琅左纳玛琅河(河长23.6千米,流域面积254.6平方

哈尼梯田

千米），继流至元阳县南沙镇槟榔园右纳*者那河*。于建水县坡头乡阿土左纳龙岔河（河长 42.6 千米，流域面积 258.7 平方千米）。元阳县峰峦叠嶂，云海浩瀚，是云南省热带水果、云雾茶及黄金的重要产地之一。少数民族聚居地呈立体分布，海拔从低到高分别为傣族、壮族、彝族、哈尼族、苗族与瑶族，著名景区有观音山省级风景名胜区，核心区为元阳梯田景观。云南哈尼族以梯田稻作成就闻名，元阳梯田为其杰出的代表作，规模庞大的梯田和云海，气势磅礴，秀美壮观。元阳哈尼族所居之处皆有梯田，梯田上部因植被较好而"山有多高，水有多高"，哈尼族村寨选择于梯田上方。哈尼人修筑沟渠引取山泉，又利用山水冲肥入水田，流经每块梯田并层层下注。元江右岸广袤的哈尼村落与梯田，承载着农耕文明与独特的文化景观，被《中国国家地理》评为中国最美的六大乡村古镇之一。

个旧市

向东南流仍为红河州境内的界河，左岸为个旧市，右岸为元阳县境，流至个旧市贾沙乡阿帮左纳贾沙河（河长 28.9 千米，流域面积 113.3 平方千米），右纳马老河（河长 24.2 千米，流域面积 129.4 平方千米），于贾沙乡木花果左纳普洒河（河长 32.3 千米，流域面积 160.8 平方千米），普洒河发源地个旧市治锡城镇为我国著名锡都，现为红河州政治经济文化中心，云南有色金属冶炼中心。继东南流到元阳县小新街乡芒铁右纳芒铁河（河长 21.9 千米，流域面积 104.5 平方千米），继流到逢春岭乡蛮板右纳逢春岭河（河长 22.7 千米，流域面积 106.3 平方千米），左纳小干河（河长 25.3 千米，流域面积 142.2 平方千米）。继流于红河州内县界，左岸为蒙自县、个旧市（飞地），右岸为金平苗族瑶族傣族自治县。于金平县沙依坡乡老耗右纳麻衣河（河长 36.8 千米，流域面积 236.4 平方千米），进入个旧蔓耗省级风景名胜区，分布有蔓耗热带山地雨林与国内最新发现的新种多歧苏铁景观。设有蔓耗水

个旧蔓耗风景区山地雨林

文站，控制流域面积 32 037 平方千米，测验河道水面宽 69.9～130 米，多年平均流量 297 立方米每秒，多年平均含沙量 4.58 千克每立方米；历年最大流量 8 050 立方米每秒，最高洪水位 149.7 米，历年最小流量 20.0 立方米每秒。据洪水调查，最大洪峰流量 9 610 立方米每秒（1908 年）。

干流继续向东南穿流于峡谷，左岸进入河口瑶族自治县，右岸峰线两侧为金平分水岭国家级自然保护区，金平县马鞍底乡南部为中国与越南的边境线。金平分水岭国家级自然保护区面积 10 761 公顷，主要保护对象为珍稀

金平分水岭国家自然保护区

濒危物种黑长臂猿、蜂猴等，以及森林生态系统，分布有原始莲座蕨、树蕨、马尾树等珍稀植物。左纳绿水河（河长 30.5 千米，流域面积 351.2 平方千米），于勐桥乡大滩右纳老碑页河（河长 26.5 千米，流域面积 189.6 平方千米），继流至河口县莲花滩乡新街左纳*新现河*，右纳新桥河（河长 26.9 千米，流域面积 178.2 平方千米）。

干流续东南流，左岸有 326 国道，峰线高程逐渐降低至 1 000 米以下；入河口瑶族自治县县城左纳南溪河，结束了中国境内流程。南溪河枯季水清，元江水终年浑浊，汇口处有清浊合流景观。左岸河口县隔元江与越南毗邻，分水岭地带

元江下游河段

分布有大围山国家级自然保护区。河口县为国家一级口岸，与越南老街省老街市隔河相望，自古就是我国西南地区通往东南亚的重要通道，为滇越铁路、昆河公路和元江航道的枢纽。大围山国家级自然保护区面积 43 993 公顷，属边缘热带湿润区，国家一级保护动物有蜂猴、黑冠长臂猿、云豹等 8 种，自下而上的森林植被为热带雨林、季风常绿阔叶林、山地苔藓常绿阔叶林和山地苔藓矮林。元江出境地河口县于 1895 年被辟为商埠，元江航道上每日"大船三百，小船千艘，千帆云集，来往如蚁，盛况空前"。自 1910 年法国人

河口海关旧址

修筑滇越铁路之后，大批进出口物资通过河口出入，河口海关旧址为省级文物保护单位。国务院于1992年批准河口为沿边开放县，中国河口—越南老街口岸于1993年5月恢复开通，河口边境贸易与跨国旅游均跨上了新的台阶。

下段河长212千米，落差209米，坡降较为平缓，有沟谷季雨林分布。中越界河段河谷不对称，左岸分水岭高程已降至低山，右岸仍为中山地貌。

7.13.1　福庆水库
(Fuqing Reservoir)

元江上游西河右岸支流麻姑冲河上游的中型水库，位于云南省大理白族自治州巍山彝族回族自治县大仓镇。

水库属多年调节水库，具有灌溉与城镇供水等功能。水库集水面积26.8平方千米，为湖泊型水库，水域朝南如蝶状，最大回水长度约2.0千米，总库容2540万立方米，兴利库容2275万立方米。1959年10月开工建设，1979年12月完工，2002年8月进行除险加固，2005年10月通过竣工验收。

枢纽建筑物由大坝、输水洞与溢洪道组成。主坝为黏土斜墙坝，最大坝高32.0米，坝顶长540米，宽5米；副坝1座，高15.9米，长130.9米；输水洞为钢筋混凝土城门洞，最大泄流量9.8立方米每秒；开敞式溢洪道最大泄流量34.3立方米每秒。

库区属北亚热带高原山地季风气候，多年平均气温16.1摄氏度，多年平均年降水量670毫米，年径流量635万立方米，引入区集水面积123平方千米，

福庆水库

2003年水质为Ⅲ类。库区适合种植烤烟、水稻等，水库灌溉下游4镇、1乡的农田，有效灌溉面积0.24万公顷，年供城镇水量20万立方米。

水库淹没耕地面积43公顷，迁移人口706人。

7.13.2　南涧河
(Nanjian River)

元江右岸支流，古称定边河。地跨云南省大理白族自治州巍山彝族回族自治县与南涧彝族自治县。发源于巍山县青华乡北部小鸡足，向东南方向流入南涧县境，经乐秋、东升村、团山上村、团山中村、干田、小军庄，汇入元江。河长50.7千米，落差1381米，流域面积557.4千米。涉及巍山县和南涧县。

流域地处横断山南缘纵谷区，河源分水岭高程2700余米。中南部岔河雨量站多年平均年降雨量933.3

南涧河

毫米，多年平均年径流量1.287亿立方米，2001年水质为Ⅱ类。

南涧河上游称乐秋河，两岸山高谷深，河流穿流于中山峡谷，入南涧县自西向东流，左岸分布有乐秋茶场；下游河岸水土流失较严重，有土林分布，稀疏灌草被中多仙人掌。干流于团山右纳灰河进入南涧坝。灰河长25.6千米，集水面积115.4平方千米。南涧坝子右岸多支流，砌有多座拦沙坝。

流域气候好，农产品以种植小麦、蚕豆、水稻为主，农副土特产品多，主要有茶叶、泡核桃、白芸豆、马铃薯、百合、土烟、土碱等。

河口段左岸坐落有南涧县城。南涧县地处大理、临沧与楚雄三州市结合部，是大理州茶叶主产区，为优质烤烟基地县。

7.13.3　苴力河
(Juli River)

元江上游左岸支流，又称弥渡河、毗雄河，因流经云南省大理白族自治州弥渡县苴力镇得名。苴力河发源于祥云县象鼻乡帽花，向南流入弥渡县，于南涧县汇入元江，河长82.6千米，落差1550米，流域面积1015.6平方千米。

概　　述

苴力河流域北部为**长江**（金沙江段）水系分水岭，西北隅与洱海相邻。东邻元江支流**一街河**，西邻元江上源西河。地跨大理州祥云县、弥渡县和南涧县。

流域地处云岭山系，山脉南北纵列。地势西北高东南低，九顶山主峰高程3117.9米，南部河口高程1340米。地貌类型为构造剥蚀地貌、切割中山峡谷山地、溶蚀中山峡谷与山间盆地，中游的弥渡盆地高程1650～1800米，面积179平方千米。气候属亚热带气候区，冬无严寒，夏无酷暑，多年平均气温16.2摄氏度。具有河谷热、坝区暖、半山区、山区凉、高寒山区冷的特点。

苴力河多年平均年径流量1.92亿立方米。干流水力资源理论蕴藏量2.34万千瓦，技术可开发量500千瓦。中部东武邑年均降水量711.5毫米，2003年中游水质为Ⅱ类。

集水面积大于100平方千米的一级支流为毗雌河，河长24千米，集水面积185平方千米。域内80.6%的面积位于弥渡县境内，占该县土地面积的54%。弥渡县盛产大蒜、香酥梨、卷蹄、红花油、红曲米，为滇西大蒜、蔬菜生产交易中心和"滇西果乡"，是全国菜篮子产品生产先进县。

流域内建有中型的栗树营水库（总库容1772万立方米，兴利库容1655万立方米，有效灌溉面积2040公顷），还建有大坝、石牌村、山高村与蒙化箐等一批小型水库。苴力河纵贯弥渡坝子中南部，河床底坡缓而易淹涝，经过多年治理提高了行洪能力。

纪　　实

苴力河源头高程2890米，向东转南流经小官村水库；复南流左岸分水岭单薄，与祥云坝子相邻，南部有清华洞国家森林公园，景区内森林覆盖率76.5%，中部的清华溶洞宽80余米，高约30米，沿途怪石嶙峋；向西南流入弥渡县，过石牌村水库后进入弥渡坝，右岸坐落有东山国家森林公园，具有中低山森林景观，岩

大理清华洞国家森林公园

溶地层中多溶洞。

　　苴力河向南流，于弥城镇接纳右岸季节性支流，西部坐落有永增玉皇阁，为三进三院的清代建筑群，是云南省文物保护单位。太花乡铁柱庙内立有3.3米高的南诏铁柱，为全国重点文物保护单位。流经弥渡县城称西河。弥渡是中国花灯艺术之乡，《小河淌水》为云南民族名曲，被誉为"东方小夜曲"。干流向南流，称毗雄河，右纳毗雌河；设有东武邑水文站，控制流域面积834平方千米，测验河道水面宽0～32.5米，多年平均流量3.99立方米每秒，历年最大流量339立方米每秒，最高洪水位1 653.4米，枯季有河干记录。

永增玉皇阁

　　干流沿宽谷流淌至苴力镇，改称苴力河；向南穿流于中山峡谷，与214国道并行，左岸分水岭较单薄，东邻**一街河**，右岸支流坐落有密祉坝子，西部太极顶高程3 061.4米；向南流，入南涧县，1.9千米汇元江，河口高程约1 340米。

弥渡花灯

7.13.4　一街河
（Yijie River）

元江左岸支流，因流经云南省楚雄州南华县一街乡而得名。发源于云南省南华县五街乡鸡子地，河长57.2千米，平均比降14.8‰，流域面积1 097平方千米，涉及云南省南华县和祥云县。

　　一街河源头高程2 651米，向西蜿蜒于中山峡谷，左岸分水岭营造有华山松林区。干流自源头向西南流，经大雪地村后，转向西北，流经咱租、保马夸、一街后河流称为一街河；继流，经密什么、团山、大水井等村后，于祥云县普淜乡高峰岭右纳苴么河（河长18千米，流域面积184平方千米）；转向西南，过罗武庄村右纳**鹿窝河**，奔流于峡谷，河床多乱石；流向转为东南，于红土坡镇汇入元江，落差1 457米。

　　流域内气候类型多样，以北亚热带季风气候为主，干湿季明显，11月至次年4月为干季，雨量不足全年的20%，5—10月为雨季，降雨量占全年的80%以上；多年平均气温14.8摄氏度，立体气候明显，具有山顶凉、盆地暖、河谷热的气候特点，气候总特征为"冬无严寒，夏无酷暑"。流域多年平均年降水量760毫米，年径流量2.80亿立方米，年来沙量20.49万立方米。

　　流域形状呈圆形，域内山脉、沟谷、盆地相间，总体地势北高南低，最高处为南华县境内龙潭山，高程2 858米，最低处为红土坡镇河口处，高程1 340米；东部、西部地貌不同，东部位于南华县西部，多处高程2 000～2 600米，无成规模盆地，多中山、低中山分布；西部位于祥云县南部、弥渡县东部，多处高程1 000～1 600米，丘陵起伏，零星小盆地较多，间有中低山分布。

一街镇面貌

　　主河道两岸山坡均在30度以上，属干热河谷区，森林植被破坏严重，加上岩层结构松散，风化强烈，每遇暴雨或大雨，山洪暴发，两岸泥石俱下，耕种条件较差。

　　河谷地带气候炎热，适宜种植热带作物。一街、罗武庄、红土坡等乡（镇）在干热河谷约有230公顷柑橘，在龙潭山有华山松805公顷。

　　西北部祥云县天华山史称"南华胜迹"，建有天华山道观，以双峰对峙与悬崖峻峭最为醒目，其中有一大一小形似双龙的钟乳石为"石龙倒挂"景观。

7.13.4.1　鹿窝河
（Luwo River）

一街河右岸支流，发源于云南省祥云县下庄镇水盆铺，向西流经鹿鸣乡称鹿窝河，转为向南流，至弥渡县德苴乡右纳塘子河（河长33千米，流域面积258平方千米），向东汇入一街河；河长51.9千米，落差1 091米，流域面积553.3平方千米；涉及祥云县与弥渡县。

　　流域属北亚热带气候，昼夜温差较大，立体气候较为明显，特别适宜亚热带水果等经济作物的生长。鹿鸣雨量站1988—2004年多年平均年降水量608.5毫米，年内5—10月降水量约占全年的88.2%，多年平均年径流量0.72亿立方米。2001年水质为劣Ⅴ类，主要污染物为总汞。

　　鹿窝河流经主要乡镇有祥云县鹿鸣乡，经罗溪、鹿鸣，于大箐口入弥渡县德苴乡，经李丰、岔河出弥渡县境。流域内山高坡陡，地质破碎、河谷狭窄，植被较差、水土流失严重，开发利用程度较低，经济以农业为主，鹿鸣乡为祥云县柑橘产区。

鹿窝河鹿鸣乡段

7.13.5 三街河
(Sanjie River)

元江左岸支流。发源于云南省楚雄彝族自治州南华县五街镇鸡子地,向南流入楚雄市三街镇,于八角镇汇入元江上游河段礼社江;河长46.9千米,落差1 749米,流域面积367.7平方千米,涉及楚雄州南华、楚雄2个县(市)。

流域内最低高程1 800米,最高高程2 745米,高差较大,立体气候明显,四季温差变化小,干湿分明,雨热同季。年日照时数2 600小时,年平均气温17摄氏度,全年霜期150天以上,森林覆盖率较高,生态环境良好,土壤肥沃。流域多年平均年降水量1 124.6毫米,降水主要集中在6—8月,约占全年降水量的54%,多年平均年径流量1.402亿立方米。

流域内山高坡陡,河谷深切。在南华县境内流程仅有7.4千米,五街镇为最大集镇,彝族人口占总人口的90.1%,主产玉米、马铃薯、大白芸豆与萝卜等粮食经济作物。楚雄市境内三街河穿流于中山峡谷,两岸坡耕地零星分布。

7.13.6 马龙河
(Malong River)

元江左岸支流,发源于云南省南华县五街镇烂泥箐石冠山。河长134.8千米,落差2 031米,流域面积1 946.6平方千米。涉及云南省南华县、楚雄市和双柏县。

流域地势总体北高南低,山川南北纵列,河流奔流于峡谷。西部最高峰白竹山海拔2 671米,河口高程620米。北亚热带季风气候,冬春干旱寒冷,夏秋湿热多雨。下游河谷多年平均年降水量801毫米,多年平均年径流量3.30亿立方米,2003年小龙潭站水质类别为Ⅱ类。

水系呈不对称分布,大于100平方千米的支流有镇模河、**白衣河**与小沙河,均分布于左岸。

干流河源段称羊草河,自源地向东流,于羊草河村转南偏东流;二街河汇入后称马龙河,继流为南华县与楚雄市界河,于南华县雨露乡白泥阱左纳镇模河(河长51千米,流域面积182平方千米)后进入楚雄境内;经邑多么,于宜茨乡塔戛苴左纳白衣河后进入双柏县境;于妥甸镇下龙汤左纳小沙河(河长33千米,流域面积204平方千米),先东南流再转西南流,于双柏县爱尼山乡大平地汇入元江上游河段石羊江。下游距河口4千米处设有小龙潭水文站,控制流域面积1 807平方千米,测验河道水面宽16.6~47.0米,多年平均流量10.1立方米每秒。

流域包括了南华、楚雄、双柏3个县(市)的9个乡41个村,耕地面积有4 416.1公顷,建有小(2)型水库19座;水能蕴藏量6.73万千瓦,技术可开发量500千瓦,已建成马龙河水电站,装机容量350千瓦。

7.13.6.1 白衣河
(Baiyi River)

马龙河左岸支流,发源于云南省南华县雨露白族乡龙顶寺,流经麦地冲村后,进入楚雄市境内,经紫溪镇岔河、大平掌、东华镇土掌房、苦菜地、大石桥、山尾巴、大地基乡塔戛苴后注入马龙河。河长67千米,落差1 402.2米,流域面积481.8平方千米。涉及云南省南华县与楚雄市。

流域属典型的北亚热带季风气候,冬春干旱寒冷,夏秋湿热多雨,干湿季分明,光热资源较为丰富,多年平均气温14.5摄氏度,多年平均年降水量850毫米,多年平均年径流量0.913亿立方米,岔河桥站水质为Ⅳ类。

流域内山地多平地少,峡谷盆地占总面积的4%。地形为中部高,南北偏低。南部群山纵横,山峦起伏,北面丘陵连绵,属峡谷盆地。海拔最高点为龙顶寺山,海拔2 300米,最低海拔1 560米。东北部分水岭地带为紫溪山省级自然保护区,与**长江**(金沙江段)支流**龙川江**相邻,面积1.6万公顷,保护对象为森林生态及珍稀动植物。

流域土壤主要为红壤、紫色土、黄棕壤及水稻土。根据土壤、气候、耕地特点,种植有青(旱)蚕豆、青(旱)豌豆、冬早马铃薯、冬玉米。

7.13.7 绿汁江
(Luzhi River)

元江左岸支流,亦为上游最大的支流,地处云南省滇中腹地的楚雄彝族自治州、昆明市与玉溪市。

概　　述

流域位于滇中红色高原亚区,地跨楚雄彝族自治州禄丰县、元谋县、武定县、楚雄市、双柏县与昆明市安宁市、晋宁县以及玉溪市的易门县、峨山县和新平县。绿汁江发源于楚雄州禄丰县勤丰镇九龙山,向北转南流成为楚雄州与玉溪市的界河,向西汇入元江上游石羊江。河长319.1千米,落差1 857米,流域面积8 613.4平方千米。

流域地势东北高西南低,中低山丘陵延绵。地貌类型以构造侵蚀与构造溶蚀地貌为主,与断陷及侵蚀盆地相间。较大的盆地有罗茨、禄丰、双柏与易门坝子。地层中广布中生代红土层,地形切割方向与南北向构造基本一致。水系不对称分布,右岸支流发育。集水面积大于100平方千米的一级支流有**西河**、南河、稗子沟河、**舍资河**、老耳河、洁石河、**沙甸河**、川街河、股水河、大田河、**扒河**、他此河、衣施河、河口河、平地河与**克田河**,共计16条。

流域气候属亚热带高原季风气候,盆地年平均气温14.9~16.2摄氏度,年温差小,昼夜温差大,四季不明显。降水属云南省低值区,年平均降水量660.5~915.4毫米。多年平均年径流量15.47亿立方米,干流水力资源理论蕴藏量31.4万千瓦,技术可开发量2.27万千瓦。2000年绿汁江上游大河边断面水质为Ⅰ~Ⅱ类,中游木厂断面水质Ⅲ~Ⅳ类,下游楼房断面水质为Ⅱ类,鸦勒水文站断面水质为Ⅴ类,主要超标项目为金属镉。

绿汁江流经面积较大的县有禄丰县、双柏县与易门县,

马龙河南华县段

相应集水面积分别为 2 638 平方千米、2 490.5 平方千米与 1 512.5 平方千米。域内农作物主要有水稻、玉米，经济作物有烤烟、豆类、蔬菜、糖料与油料，主要矿产资源有铜、铁、煤与盐矿等，以易门铜矿与一平浪井盐闻名。

区域曾为水旱灾害多发之地。已建中型水库有东河水库、石门水库、岔河水库与大谷厂水库，总库容 12 150 万立方米，兴利库容 7 456 万立方米；已建小型水库有黄坡水库、洋溪冲水库与大箐水库等 10 余座。规模较大的引水工程为星宿江大沟，引水流量 3.5 立方米每秒。禄丰县境内干流已建成花桥水电站与星宿江水电站，总装机容量 0.39 万千瓦。

纪　实

绿汁江源头高程 2 404 米，向北流经洋溪冲与黄坡小水库，流淌于禄丰罗茨坝（勤丰镇—碧城镇—仁兴镇盆地），于仁兴镇转西向南流称东河，流入东河中型水库。东河水库总库容 4 262 万立方米，兴利库容 1 194 万立方米，有效灌溉面积 1.32 千公顷；2005 年提供农灌用水 970 万立方米，工业用水 1 310 万立方米。

出水库流淌于丘陵河谷，向西南方向流经禄丰坝子，于金山镇柿花塘右纳西河，于董户村左纳南河（河长 24 千米，流域面积 192 平方千米），沿峡谷于小江口一段称星宿江。禄丰坝子坐落有禄丰县城，北有国家级石灰坝古猿化石遗址，东部的大洼恐龙山是我国发现恐龙化石资源的第一现场。禄丰县具有"恐龙之乡、化石之仓"盛名，以距今 1.8 亿年的"禄丰恐龙"和距今 800 万年的"腊玛古猿"著称于世。在禄丰境内已发掘出土较为完整的恐龙化石个体 120 余具，分布于大洼恐龙山与川街中国禄丰侏罗纪恐龙遗址公园，具有年代久远、个体数量多、种属丰富、保存完整、埋藏区域集中等特征，被国土资源部公布为第三批国家地质公园。禄丰县又为全国商品粮、优质烟叶及商品猪基地县，全国农业综合示范县。县城之西有始建于明代的星宿桥，为七孔石拱桥，全长 96.5 米，宽 9.8 米，为云南省文物保护单位。

绿汁江水系示意图

禄丰星宿桥

绿汁江出禄丰坝子向西入峡谷，于响水河村左纳稗子沟河（河长 28 千米，流域面积 109 平方千米），右纳舍资河转南流；穿流于中山峡谷，南流，于罗川镇老耳村右纳老耳河（河长 35 千米，流域面积 137 平方千米）；转东南流，至川街乡下河尾左纳洁石河（河长 21 米，流域面积 119 平方千米）；继流至大庄镇下阿柏龄右纳沙甸河后成为禄丰县与双柏县界河；于川街乡小江口左纳川街河（河长 36 千米，流域面积 186 平方千米），向南为楚雄州双柏县与玉溪市易门县的界河；南流至易门县铜厂乡窝拖左纳股水河（河长 24 千米，流域面

绿汁江

积 116 平方千米），继南流入易门县绿汁镇。《易门县志》记载，绿汁江河段"两山壁立悬崖陡壁，猴子难行，峻谷奇险如画。夏秋水泛，舟楫难通。冬春潦净清流，林木荫翳，江流掩映，有如柳汁初染"。绿汁镇产铜，有"滇中铜都"之称，东隅邻铜厂彝族乡。铜矿开采始于元代，盛于清朝。易门县志《棠阴待渡碑记》载："每当春夏之交，大雨时行，山洪暴注，江流骤涨。数十丈汪洋恣肆，势不可遏。往往历数日不能渡。厂外悬隔江外，采矿者，负矿者，炼铜者，售柴炭者，贩油者，以及行商坐贾之有事斯厂者，熙熙而来，攘攘而往，日夕待渡，不下数百千人，驼运铜斤之牛马骡驴尤难数计"。处于绿汁江左岸的万宝厂"炼铜炉火，直冲云霄。四十里外之易

门县城,历历可望。"

干流出绿汁镇,南流至双柏县法脿乡三元村右纳大田河(河长19千米,流域面积116平方千米),于易门县绿汁镇大岭岗左纳扒河后向南流,两岸山高谷深,为峨山彝族自治县与双柏县的界河;流至双柏县安龙堡乡摆夷村右纳他此河(河长19千米,流域面积115平方千米)。据洪水调查,峨山县江边村断面以上集水面积6 604平方千米,最大洪峰流量3 400立方米每秒(1940年)。设有鸦勒水文站,集水面积7 098平方千米,验河道水面宽70.0~95.0米,多年平均流量40.8立方米每秒;历年最大流量2 280立方米每秒,最小流量0.85立方米每秒。

绿汁江转向西流,为双柏县与新平彝族傣族自治县的界河,河曲蜿蜒,峡谷中有零星宽谷;于新平县新化乡阿泥旦右纳衣施河(河长26千米,流域面积151平方千米);西北流至双柏县大麦地镇峨马都右纳河口河(河长39千米,流域面积222平方千米),于小攀枝花右纳平地河(河长42千米,流域面积156平方千米);继流至克田,右纳克田河;转向西南,奔流于石质峡谷,右岸并行有双(柏)新(平)公路,于爱尼山乡下把租汇入元江,河口高程约547米。河口处建有三江口大桥。

7.13.7.1 西河
(Xihe River)

绿汁江右岸支流,发源于云南省元谋县羊街镇大龙潭,向南流经禄丰县中村乡,于金山镇汇入绿汁江上游星宿江。河长61.8千米,落差840米,流域面积417.9平方千米,涉及云南省楚雄彝族自治州元谋县与禄丰县。

星宿江—平浪镇段

流域属中亚热带季风气候,多年平均气温16.2摄氏度,多年平均年降水量910.6毫米,降水集中在5—10月,占全年降水量的90%,多年平均年径流量0.85亿立方米。

流域位于楚雄州元谋、武定、禄丰三县结合部,山川南北展延,最高峰为元谋县羊街镇高姑

禄丰五台山风景名胜区

三月山,高程2 637.8米,河口高程1 550米。上游水系扇状分布,地貌为山地,中游有中村小坝,下游入禄丰坝子。干流为域内生产生活用水的主要水源,建有河脑坝沟、摩所坝沟、丰盈坝沟,始建于清朝康熙年间的水渠有大坝沟和中坝沟。

东部有五台山省级森林公园,为省级风景名胜区,分布有众多的瀑布溪流、古树名木与奇花异石。下游段有石灰坝古猿遗址,1980年12月发掘出距今800万年的腊玛古猿头骨化石,被定名为"腊玛古猿禄丰种"。该化石具有从猿进化到人的一系列显著特征,对于探讨人类起源的早期进化有着十分重要的科学价值,为全国重点文物保护单位。

7.13.7.2 舍资河
(Shezi River)

绿汁江右岸支流,发源于云南省元谋县花同乡东南部,流经芭蕉菁、坡脚、大梨树、肖家村、王家村、大草坪、大板桥、老街、鱼坝村,于一平浪镇右纳黑苴河后由西向东流至大花桥入绿汁江上游星宿江。河长47.5千米,落差1 134.4米,流域面积397.1平方千米。涉及云南省楚雄彝族自治州元谋县与禄丰县。

流域北部山川南北排列,最高点东北部分水岭高程2 643米,最低点河口高程1 246米。最大支流为右岸的黑苴河,河长397千米,集水面积211.7平方千米。年日照时数2 643.2小

舍资河舍资村段

时,多年平均气温16摄氏度,多年平均年降水量829.6毫米,多年平均年径流量0.735亿立方米。

流域经济以农业生产为主,主要种植玉米、薯类、花生、甘蔗,中下游盛产井盐,分布有一平浪产区和元永井矿区。矿盐生产始于明洪武年间,1932年为解决制盐燃料问题,移卤就煤,创建一平浪盐矿。

舍资河上游建有总库容400万立方米的中心井水库,右岸建有舍资西大沟,减轻了元永井盐矿周边农田的盐碱危害。支流黑苴河右岸分布有雕翎山省级

舍资河流域的森林植被

自然保护区,面积1 666公顷,主要保护对象为中亚热带阔叶林,主要植被类型为半湿润常绿阔叶林,间有松栎混交林。

7.13.7.3 沙甸河
(Shadian River)

绿汁江右岸支流,发源于云南省双柏县妥甸镇东南韭菜冲,向西转北流经大庄镇,向东汇入绿汁江。河长89千米,落差802米,流域面积1 500.4平方千米。涉及云南省楚雄彝

族自治州楚雄市、双柏县与禄丰县。

沙甸河水系扇状分布，集水面积大于100平方千米的一级支流有法脿河、**瓦拖河**与阿家河。法脿河发源于双柏县法脿乡白竹山，经法脿、麦地、尹代箐，于大庄乡马街子汇入沙甸河，河长23.4千米，落差802米，集水面积111.2平方千米。

沙甸河源头高程2 120米，由南向东北流经双柏县妥甸镇、资甸、郭家村、中格拉、大罗块，于马街子右纳法脿河，经大庄折向西北流，经柏子于中村左纳瓦拖河，再折向东北流，经代么古、小平掌、坡脚底、下村，左纳阿家河后于下阿百岭汇入绿汁江，汇口高程1 318米。阿家河发源于楚雄市苍岭镇龙潭，经禄丰县南河、南平，于罗川乡平堂汇入沙甸河，河长42.6米，集水面积239.4平方千米。

流域地处滇中高原丘陵地带，分水岭高程多在2 000米左右，重峦叠嶂。属亚热带高原季风气候，双柏县城多年平均气温14.8摄氏度，多年平均年降水量849.4毫米，5—10月降水量占全年的86%，多年平均年径流量2.225亿立方米。2003年沙甸河双柏断面水质为Ⅱ类。

据洪水调查，双柏县黑普村断面以上集水面积401平方千米，最大洪峰流量421立方米每秒（1966年）。域内最大灌区为双柏县沙甸河灌区，以大庄坝子为中心，建有8座小（1）型水库及大批小（2）型水利工程，有效灌溉面积2 210公顷。

河源地处白竹山省级风景名胜区，主峰高程2 553.7米，种植有千亩茶园。景区林木茂密，生长有箭竹林、杜鹃花与马樱花，沟涧溪流潺潺。西部坐落有双柏县城，紧邻南安省级森林公园。双柏县是"彝族虎文化"的故乡，是云南省林业重点县，妥甸酱油和白竹山茶叶为地方名产。

白竹山风景名胜区

7.13.7.3.1 瓦拖河
(Watuo River)

沙甸河左岸支流，发源于云南省双柏县妥甸镇白竹山。河长56.3千米，比降11.2‰，落差888米，流域面积570.8平方千米。涉及云南省双柏县与楚雄市。

瓦拖河流经上王家、下龙打坝、田房、大河边、团结村、草堵，于双柏县大庄镇中村汇入沙甸河。河源妥甸镇为双柏县城驻地，西侧有南安省级森林公园，建有小庙河小水库。干流向西转北后向东北方向流，蜿蜒于丘陵峡谷，于下游左纳打苴河，两岸森林植被覆盖率在80%以上。打苴河为瓦拖河最大支流，发源于楚雄市苍岭镇白家田，河长36.3千米，集水面积274.9平方千米。

流域多年平均年降水量850毫米，5—10月降水量约占全年的86.2%，多年平均年径流量0.86亿立方米。

流域人口除汉族外，少数民族有彝族、白族、哈尼族、苗族、回族、布依族、傈僳族、傣族、拉祜族、纳西族等。

流域属于农业产区，基本没有工业。流域所在的大庄镇实有耕地面积1 890公顷，其中水田1 200公顷，旱地690公顷；粮食作物种植有水稻、玉米、小麦、蚕豆、杂粮、大豆，经济作物种植有花生、甘蔗、烤烟、蔬菜、西瓜、绿肥，养殖业主要养殖有猪、山羊、鸡、鸭等。

7.13.7.4 扒河
(Bahe River)

绿汁江左岸支流，又名十街河，东部与螳螂川支流**鸣矣河**相邻。发源于云南省禄丰县土官乡西部大石槽，向南流入易门县后转东再向南，向西汇入绿汁江。河长110.7千米，落差1 227米，流域面积1 583.9平方千米。涉及云南省禄丰县、安宁市、晋宁县、易门县和峨山彝族自治县。

扒河集水面积大于100平方千米的一级支流有大河（又称扒河）、小河、大河与大龙潭河。大河发源于安宁市草铺镇秧田冲，经邵龙、王家滩，于易门县六街镇白泥田汇入扒河，长31.1千米，集水面积319.4平方千米。小河发源于易门县铜厂乡普子哨，经老家村、浦贝、小河边，于易门县浦贝乡柞树村汇入扒河，河长22.9千米，集雨面积105平方千米。大河发源于峨山县甸中镇浪泥箐，河长38.7千米，集雨面积293.6平方千米。大龙潭河发源于峨山县富良棚乡大假足，河长22.6千米，集雨面积115.1平方千米。

流域地势总体上东北高西南低，中山、峡谷与盆地相间分布，最高峰老尖山高程2 608米。中亚热带气候，冬无严寒，夏无酷暑，中部河谷多年平均气温15.9摄氏度，流域多年平均年降水量817毫米，多年平均年径流量3.10亿立方米，水力资源理论蕴藏量4.0万千瓦。2000年岔河水库水质为Ⅱ～Ⅲ类，大谷厂水库水质为Ⅱ类，阿姑水文站断面为Ⅰ类。

流域内森林植被以云南松、华山松、油杉等暖性针叶林为主，间有栎类暖性阔叶林分布。

扒河源头高程2 293米，多中山与丘陵，向南流入易门县岔河水库（总库容3 121万立方米，兴利库容2 140万立方米）；出水库向东流，于六街镇左纳发源于安宁市的大河后称扒

易门国家森林公园

河，向南流入大谷厂水库（水域狭窄为南北条带，总库容3 033万立方米，兴利库容2 690万立方米）；出水库向南进入易门坝子，右岸坐落有易门县城。易门县矿产资源丰富，是云南省重要的铜、铁矿产地之一。县城西部有龙泉国家森林公园，陈列有1987年在易门十街乡脚家店发掘的恐龙化石，景区内森林茂密，分布有榉木和红豆杉等古树名木，出露有大龙洞名泉，水量大而清澈，富含锶等微量矿物元素。

扒河再向南流入峡谷，于易门县浦贝乡柞树村右纳小河。河口处设有阿姑水文站，控制流域面积870平方千米，测验河道水面宽约15米，多年平均流量5.99立方米每秒，多年平均含沙量0.76千克每立方米。干流再向南转西，于易门县十街乡新城左纳大河，于峨山县大龙潭乡大平田左纳大龙潭河后

大龙潭下游水景

称十街河，为易门县与峨山县的界河；于占马屯右纳蚂蝗箐河后再行1 600米，于绿汁镇大岭岗汇入绿汁江，河口高程约1 066米。

7.13.7.5 克田河
(Ketian River)

绿汁江右岸支流，位于云南省楚雄彝族自治州双柏县中部。发源于妥甸镇箐头，向南流经雨龙乡克田村，汇入绿汁江。河长44.4千米，落差1 493米，流域面积363.2平方千米。

流域地势北高南低，山川南北排列，中部有省道公路纵贯。水系呈扇形分布，上游分为东西两支，以西支丫口河为主源，蜿蜒穿行于中山峡谷。东支南布河为克田河最大支流，发源于双柏县妥甸镇李长田，河长23.5千米，集水面积162.1平方千米。

流域多年平均年降水量850毫米，多年平均年径流量4 745万立方米。流域内有妥甸、雨龙、爱尼山3个乡镇，总耕地面积285.5公顷。建有小（2）型水库两座，总库容26万立方米；小坝塘28个，总蓄水量22.4万立方米。

7.13.8 黄草坝水库
(Huangcaoba Reservoir)

元江右岸支流挖窑河上游的中型水库，位于云南省玉溪市新平彝族傣族自治县建兴乡黄草坝村。

属年调节水库，功能以灌溉为主，兼顾防洪、发电、集镇供水等。总库容3 460万立方米，兴利库容3 010万立方米。1986年3月开工建设，1992年7月完工。

枢纽建筑物由大坝、溢洪道和输水洞组成。大坝坝型为风化料分区坝，坝高59.20米，坝顶长226米，宽8米；右肩输水洞内径1.8米，最大泄流量38立方米每秒；左肩开敞式溢洪道堰宽4米，最大泄流量37.6立方米每秒。

坝址以上集水面积56平方千米，多年平均年降水量1 672.5毫米，多年平均年径流量4 571万立方米，泥沙侵蚀模数1 000吨每平方千米每年。2004年水库水质为Ⅰ类。

水库是挖窑河上的龙头水库，设计洪水标准100年一遇，防洪保护下游人口0.4万、耕地733公顷，有效灌溉面积3 150公顷，年供水量5 032万立方米。水库电站装机2台，装机容量1 260千瓦，年发电量153万千瓦时，并为下游已建的7个梯级水电站调节发电水量。水库淹没耕地97公顷，移民2 251人。

水库位于哀牢山延绵的群山环抱中，库周有季风常绿阔叶林，密林深处树冠如伞如盖，树干附生苔藓，冬春清晨浓雾笼罩，夏秋之际云雨挂在树梢。

7.13.9 清水河
(Qingshui River)

元江右岸支流，地跨云南省红河哈尼族彝族自治州红河县与玉溪市元江哈尼族彝族傣族自治县，大部位于元江县。

清水河发源于红河县车古乡口那族大山，向西北流入元江县路同村后转向东北流，于元江县城南侧汇入元江。河长65.3千米，落差2 109.3米，流域面积497.3平方千米，多年平均年径流量2.36亿立方米。现状水质为Ⅳ类。水力资源理论蕴藏量6.97万千瓦，技术可开发量3.10万千瓦。

流域上游地处哀牢山南段，下游地处元江河谷，地势西南高东北低。西南部阿波列山主峰高程2 580米，下游河谷高程仅300多米。低纬度高原季风气候，立体气候明显，流域年平均降水量780～2 200毫米。流域内已查明的有色金属矿产丰富，以镍矿储量大而闻名。流域内建有章巴水库（中型），总库容2 338万立方米，兴利库容2 053万立方米，有效灌溉面积1 910公顷，2005年提供农灌用水1 745万立方米、工业用水228万立方米、城市生活用水221万立方米。

河源地的口那族大山高程2 489.3米，干流向西转北流7.5千米进入元江县，两岸分水岭高程在2 200米以上，分布有针阔混交林与竹丛；向西北方向流经章巴水库后进入峡谷，于因远镇路同村转向东南流，进入元江坝子，并行有213国道，沿途建有三板桥、滑石板、清水河、漫江田与帮庄箐等多级水电站。设有漫沙田水文站，控制流域面积442平方千米，多年平均流量6.65立方米每秒，多年平均含沙量0.5千克每立方米。据洪水调查，最大洪峰流量449立方米每秒（1961年）。

黄草坝水库

元江县章巴水库

下游的元江盆地最高气温达42.3摄氏度，为全国有名的"天然温室"，作物可一年三熟，是云南省热带花卉与水果的主要产区。

7.13.10 小河底河
(Xiaohedi River)

元江左岸支流。东邻**西江**（南盘江段）的支流**曲江**和**泸江**，西邻红河干流中游。地跨云南省玉溪市峨山彝族自治县、新平彝族傣族自治县、元江哈尼族彝族傣族自治县，以及红河哈尼族彝族自治州的石屏县与建水县。发源于云南省峨山彝族自治县甸中镇黑泥哨，向南流入石屏县，于牛街镇他故租汇入元江。河长170.4米，落差1 714米，流域面积3 999.5平方千米。

流域地处滇中红色高原亚区，山川南北纵列。北部以岩溶高原湖盆为主，分布有化念盆地；南部为喀斯特中山地貌，山高谷深，岩溶发育，有巴黑结、哨冲阿嘎龙等暗河分布。石屏县境内流域面积2 225平方千米，占全流域面积的55.6%。气候总体上属亚热带季风气候，自北向南分布有中亚热带、南亚热带与北热带，流域多年平均年降水量982毫米。流域内主要矿产有铁、硅、铅、铜等，种植有水稻、玉米、烟草与甘蔗等多种粮食、经济作物。

集水面积大于100平方千米的一级支流有5条，分别为河外河、**平甸河**、**大桥河**、叉河与**五郎沟河**。流域多年平均年径流量22.58亿立方米，干流水力资源理论蕴藏量22.58万千瓦，技术可开发量1.61万千瓦。2000年化念水库水质为Ⅱ类，下游小河底断面水质为Ⅰ类。据洪水调查，石屏县小河底断面以上集水面积3 834平方千米，最大洪峰流量750立方米每秒（1986年）。

已建中型蓄水工程有**化念水库**与平甸河水库，合计总库容4 392万立方米，兴利库容3 125万立方米，有效灌溉农田1 170公顷。为解决石屏县宝秀坝农业用水问题，建成三岔河大沟，跨流域调水到南盘江支流**泸江**水系，年引水量约2 000万立方米。干流下游坡陡流急，建有岔河、小河底河与小河埂等多座小型水电站。

河源高程2 041米，干流向南流淌于中山河谷称清香河，于峨山县岔河乡河外村左纳河外河（河长19千米，流域面积146平方千米）称朵迭河；过化念水库，进入化念坝子称化念河；向南流经新平县东部，于新平县扬武镇坝分田右纳平甸河；转西南流，至石屏县大桥乡白叶寨左纳大桥河；转向西南流，为石屏县与元江县的界河。

小河底河化念段

干流于元江县青龙厂镇回水头右纳叉河（河长17千米，流域面积154平方千米）后称小河底河，转向东南，穿流于峡谷，沿岸山岩陡峭，树木稀少；至建水县青龙乡田房左纳五郎沟河，流入干热河谷，河岸多灌丛茅草，于牛街乡他故租汇入元江，河口高程约327米。

7.13.10.1 化念水库
(Huanian Reservoir)

小河底河上游河道上的中型水库。位于云南省玉溪市峨山彝族自治县化念镇。

属年调节水库，功能以灌溉、防洪、发电为主，为南北向的峡谷型水库，水域曲折多弯，回水长度约4.6千米，最大水面宽约0.5千米，2004年水质为Ⅱ类。总库容1 967万立方米，

化念水库

兴利库容1 206万立方米，死库容132万立方米。1957年9月开工建设，1960年11月坝高达38.3米时被列为"危险水库"。经多年运行和1970年元月的峨山县7.7级地震考验，于1971年8月扩建，坝顶加高5.9米，于1973年12月完工。

枢纽建筑物由大坝、输水洞与溢洪道组成。大坝为黏土心墙坝，坝高44.2米，坝顶长185米，宽10米。输水低洞为

小河底河水系示意图

钢筋混凝土城门洞,最大泄流量16.6立方米每秒;高洞为内径1.1米的钢管,最大流量3.2立方米每秒。溢洪道最大泄水流量326立方米每秒。

水库集水面积363.3平方千米,多年平均年降水量774毫米,多年平均年径流量6 980万立方米;设计洪水标准100年一遇,有效灌溉1 100公顷。2005年提供农灌用水993万立方米,工业用水700万立方米,城镇生活用水158万立方米。水库坝后电站装机容量390千瓦,年发电量约90万千瓦时。

水库淹没耕地21公顷,移民63人。

7.13.10.2 平甸河
(Pingdian River)

小河底河右岸支流,又称亚尼河。发源于云南省峨山彝族自治县富良棚乡小龙潭,向南流经亚尼村入新平县,向南转东,于新平彝族傣族自治县扬武镇坝分田汇入小河底河。河长66.5千米,落差1 150.4米,流域面积893.9平方千米。涉及云南省峨山县与新平县。

平甸河多年平均年径流量1.79亿立方米,水力资源理论蕴藏量2.67万千瓦。2000年平甸河水库水质为Ⅱ~Ⅴ类,生化需氧量时有超标现象;下游麻木水文站断面水质Ⅰ~Ⅱ类。

流域地处滇中岩溶高原湖盆区西南隅,地势西高东低,最高点为西南部的磨盘山,主峰2 614米。水系呈扇形分布,集水面积大于100平方千米的支流为新平河,河长42.8千米,集水面积247.6平方千米。

平甸河

上游多丘状峰峦,干流河源段称彩本河;向南接纳众多支流后穿流于峡谷河段,入新平县右纳新平河,其上游坐落

有新平县城。平甸河向南流,河谷宽阔,设有麻木水文站,控制流域面积692平方千米,测验河道水面宽40~60米,多年平均流量4.83立方米每秒;历年最大流量947立方米每秒,有断流记录。

支流新平河上建有平甸河水库,水库总库容2 160万立方米,兴利库容1 620万立方米,有效灌溉面积70公顷,具有灌溉、防洪与工业区供水等功能。

西南部有磨盘山省级自然保护区,主要保护对象为半湿性阔叶林,面积242平方千米。保护区内上层优势乔木主要有壳斗科、山茶科、樟科与木兰科等,下层为常绿阔叶灌木和草本植物。

7.13.10.3 大桥河
(Daqiao River)

小河底河左岸支流,又称三岔河,河长61.8千米,落差1 025米,流域面积722.6平方千米,位于云南省石屏县境内。

流域地势东高西低,山川南北排列。东北部岩溶地貌发育,有落水洞与暗河;南部分布有亚房子盆地,与南盘江支流**泸江**上游相邻。

流域属亚热带高原季风气候,多年平均气温18.4摄氏度;流域多年平均年降水量约1 000毫米、年水面蒸发量1 347毫米、年径流量1.41亿立方米,水力资源理论蕴藏量1.97万千瓦,技术可开发量1 900千瓦。

大桥河发源于石屏县龙朋镇东南部尖脑山,干流上游称白黄浪河,向西流,经鲁土格、盘指挥、下新寨、新城,河道已渠化。左岸建有引水工程,跨流域引水入南盘江流域**泸江**上游的高冲水库(中型)。干流向西过马扒岭,于哨冲乡右纳甸中河后称三岔河,流经大桥乡纳昌明河后称大桥河;经硝洞梯级水电站,于白叶寨汇入小河底河。最大支流甸中河发源于石屏县哨冲乡莫测甸,河长33.6千米,集水面积200.3平方千米。

7.13.10.4 五郎沟河
(Wulanggou River)

小河底河左岸支流,发源于云南省建水县青龙乡田房,自东向西流经石屏县异龙镇马鞍山村,于牛街乡羊奶菜坡汇入小河底河。涉及云南省建水县和石屏县。

流域北邻**异龙湖**,南邻**元江**干流,以中山峡谷地貌为主,仅马鞍山村有零星宽谷。流域大部位于石屏县中部,建水县流域面积仅为河源段的14平方千米。干流河长39.4千米,落差1 087米,流域面积391.6平方千米,多年平均年径流量5 870万立方米。

据洪水调查,石屏县龙井村断面以上集水面积261平方千米,洪峰流量186立方米每秒(1942年)。

流域属亚热带季风气候区,降水较少,多年平均年降水量约850毫米,5—10月降水量占全年的80%左右,干旱指数为0.71~1.94。五郎沟河流域多年平均水资源量5 870万立方米,区内植被较差,泥沙侵蚀模数为1 000吨每平方千米每年。

流域内居住着汉、彝、傣、哈尼等民族,主要粮食作物有大米和玉米,主要经济作物有烤烟、甘蔗等。

7.13.11 七星河
(Qixing River)

元江右岸支流,又名猛龙河,位于云南省红河哈尼族彝族自治州红河县东北部。发源于宝华乡材山马,向东转北后

新平磨盘山

复东流,于迤萨镇万年青坡汇入元江。河长 50.9 千米,落差 1 924 米,流域面积 388.7 平方千米。

流域北邻元江干流,南邻哀牢山南段余脉,地势南高北低,地形起伏急剧,最高峰阿姆山高程 2 533.9 米。属南亚热带季风气候区,多年平均气温 20.2 摄氏度,降水量由南向北递减,年平均降水量 800～1 600 毫米。七星河多年平均年径流量 1.55 亿立方米,水力资源理论蕴藏量 4.29 万千瓦。2001 年上游俄垤水库水质为Ⅱ类,下游水质为Ⅰ类。

北部分水岭地带坐落有红河县城,勐龙村以下有宽达 200～1 000 米的宽谷,种植有水稻、玉米、甘蔗、香蕉、木薯及棕榈等作物。建有俄垤中型水库,总库容 3 010 万立方米,兴利库容 2 750 万立方米,有效灌溉面积 4 120 公顷,2005 年提供农灌用水 2 200 万立方米、工业用水 90 万立方米、城市生活用水 150 万立方米、发电用水 1 900 万立方米。

俄垤水库

七星河水系不对称分布,右岸支流发育。河源高程 2 194 米,干流向东穿流于峡谷,于俄垤向北流入俄垤水库;出水库经峡谷称木龙河,下段河谷较宽,于勐龙转向东流称七星河。河口高程约 270 米,河流深切,两岸冲沟发育。据洪水调查,七星寨断面以上集水面积 288 平方千米,最大洪峰流量 295 立方米每秒(1926 年)。

7.13.12　者那河
（Zhena River）

元江右岸支流。位于云南省红河哈尼族彝族自治州元阳县中部,发源于牛角寨乡北部观音山,向南转东北方向流,于南沙镇汇入元江。河长 39.7 千米,落差 2 425 米,流域面积 432.8 平方千米。

流域属高原中亚热带山地气候,南邻哀牢山南段西支,地势由西南向东北倾斜,最高峰观音山高程 2 662.4 米。流域多年平均降水量 1 200 毫米,干旱指数为 0.71～1.94,泥沙侵蚀模数 1500 吨每平方千米每年,多年平均年径流量 2.21 亿立方米,水能资源理论蕴藏量为 6.30 万千瓦;上游建有肥香村水库,并建有呼山倒虹吸引水灌溉系统。

河源高程 2 637 米,源流向南穿行于峡谷,于牛角寨转向东北,流入总库容 430 万立方米的肥香村水库;出水库入峡谷,已建的呼山倒虹吸工程跨河而过,入南沙谷左纳最大支流丫多河(河长 27.6 千米,集水面积 129.7 平方千米),然后向东南汇入红河,河口高程约 212 米。上游峰峦叠嶂,云海浩渺,是元阳云雾茶的重要产地;下游地处红河干热河谷,作物可一年三熟。

据洪水调查,永安寨断面以上集水面积 138 平方千米,洪

者那河

峰流量 220 立方米每秒(1964 年)。

7.13.13　新现河
（Xinxian River）

元江左岸支流,地跨云南省红河哈尼族彝族自治州蒙自县、屏边苗族自治县和河口瑶族自治县。发源于蒙自县期路白乡簸米底,向南流经屏边县,于河口县莲花滩乡新街汇入元江。河长 49.9 千米,落差 1 677 米,流域面积 352.8 平方千米。

流域地处滇东喀斯特高原南缘,属深切割中山地貌类型,地势由北向南倾斜。气候属低纬亚热带山地季风气候,东部屏边县城多年平均气温 16.4 摄氏度,多年平均年降水量 1 650 毫米。新现河多年平均年径流量 2.47 亿立方米,2001 年河流水质为Ⅰ类,水力资源理论蕴藏量 6.76 万千瓦,技术可开发量 5.44 万千瓦。

河源高程 1 787 米,源流向南流经屏边县新现乡称新现河,右岸有新现大睡佛景观;继续南下穿流于中山峡谷,左纳流经屏边县城的凹夏河;滴水层乡设有滴水水文站,控制流域面积 207 平方千米,多年平均流量 2.93 立方米每秒,平均水位 982.2 米。

新现河下游河流深切,坡陡流急,建有犀牛田、九仟岩、新现河等多级小水电站,河口高程约 110 米。

流域中部的屏边县是云南省唯一的苗族自治县,境内面积约占全流域的

新现大睡佛

78%,326 国道沿干流河谷纵贯南北;下游大围山国家级自然保护区内有众多的国家级珍稀动植物。

据洪水调查,屏边县披枝村断面以上集水面积 244 平方千米,最大洪峰流量 273 立方米每秒(1945 年)。

7.13.14　南溪河
（Nanxi River）

流经中国与越南的国际河流,为中国境内**元江**最南端的左岸支流。南溪河发源于云南省红河哈尼族彝族自治州蒙自

县鸣鹫镇西南部小田坝，向西折向东南流，于河口县最南端汇入红河。全长169.2千米，落差2 043米，中国境内流域面积3 354.7平方千米。

概　述

南溪河流域东部与**盘龙河**相邻，西部为元江干河。地跨云南省红河哈尼族彝族自治州的蒙自县、屏边苗族自治县、河口瑶族自治县以及文山壮族苗族自治州的文山县与马关县。

流域地处滇东喀斯特高原南缘，地势北高南低，东北部薄竹山最高峰高程2 991米。属深切割中山地貌，峰峦叠嶂，岩溶发育，多溶蚀峰丘与地下暗河。属西南季风与东南季风交替出现的地带，由亚热带高原季风类型渐变至热带山地季风雨林湿润气候。流域多年平均年降水量1 570毫米，南部局部地区量高达2 100毫米；屏边县和河口县一带冬春季节易受冷空气影响，阴雨日数较多。

水系以左岸较为发育，集水面积大于100平方千米的一级支流有**四岔河**、金产河、**鱼塘河**与小南溪河，仅有金产河位于右岸。设有戈姑水文站与南溪街水文站，流域多年平均年径流量27.47亿立方米，泥沙侵蚀模数约783吨每平方千米每年。2001年上游水质为Ⅱ类，下游为Ⅲ类。干流水力资源理论蕴藏量28.31万千瓦，技术可开发量5.23万千瓦。

南溪河水系示意图

2005年流域总人口为30.69万，主要民族有苗族、瑶族、彝族、壮族与汉族。流域内森林覆盖率35%～61%，以南部为高。中部沿河谷铺设有滇越铁路，下游左岸有花鱼洞国家森林公园，右岸分水岭地带为大围山国家级自然保护区，南部为南溪河省级风景名胜区。最南端的河口县自古就是我国西南地区通往东南亚的重要通道，为滇越铁路、昆河公路和红河航道的枢纽，与越南隔河相望。河口县是云南省香蕉、菠萝最大的生产基地，边境贸易、跨国旅游成为流域经济的支柱产业。

域内中型蓄水工程有菲白水库与**庄寨水库**，合计总库容2 880万立方米，兴利库容2 257万立方米，有效灌溉面积2 660公顷。1960年兴建工农大沟，跨流域调水到北部的**珠江**流域蒙自坝。下游河口县城新建成防洪堤，防洪标准30年一遇。干支流水电站众多，2002年总装机容量5.7万千瓦。

纪　实

南溪河源地高程2 115米，源流向西流淌于岩溶丘陵称北溪河，流入菲白水库。菲白水库总库容1 440万立方米，兴利库容1 085万立方米，2005年提供城镇生活用水579万立方米；出水库向南转东流，两岸地势较平缓，流入庄寨水库；出水库向东南流称南溪河，两岸丘状山体起伏。设有戈姑水文站，控制流域面积302平方千米，多年平均流量3.04立方米每秒，平均水位1 312.05米；历年最大流量105立方米每秒，历年最小流量0.018立方米每秒。据洪水调查，最大洪峰流量212立方米每秒（1957年）。于此处结束上游流程，河长50.2千米，平均比降16.0‰。

南溪河

南溪河向南流入屏边县，左纳四岔河；向南蜿蜒穿流于峡谷，河段坡陡流急，两岸多疏林灌丛，于右岸纳金产河（河长30千米，流域面积137平方千米）再纳米租河，至白河乡白河桥结束中游流程。米租河上游属大围山国家级自然保护区，依次分布着湿润雨林、季节雨林、山地苔藓常绿深阔叶林和山顶苔藓矮林，是我国大陆地区唯一具有湿润雨林和热带山地森林垂直带系列最完整的地区。中游段河长48.1千米，高差1 070米，水能蕴藏量16.05万千瓦，集中了全河一半以上的落差，建有冲庄、天生桥、湾塘与白河等梯级水电站。

南溪河向南流入峡谷，为屏边县与河口县的界河；左纳鱼塘河，为马关县与河口县的界河，继而流入河口县。分水岭逐渐降低，两岸种植有橡胶、龙眼、荔枝、香蕉与菠萝等热带植物。南流为南溪河省级风景名胜区，河滩有芦苇，河边多竹丛与黄葛树，河水缓急相间。

干流于河口县南溪镇左纳小南溪河（河长33千米，流域面积246平方千米）。小南溪河下游有花鱼洞国家森林公园，分布有热带雨林、花鱼洞、望天树、热带经济林木四大风景区，核心区花鱼洞常年奔涌清泉，穿流于林间基岩之上形成瀑布，景色优美别致。南溪镇设有南溪街水文站，控制流域面积3 266平方千米，多年平均流量84.7立方米每秒；历年

南溪河岩石河段

最大流量1 450立方米每秒,最高水位108.64米;历年最小流量11.2立方米每秒。据洪水调查,最大洪峰流量1 600立方米每秒(1938年)。

花鱼洞国家自然保护区

干流续向南流,左纳中越界河八字河,转西汇入元江,河口高程76.4米,为云南省高程最低的地方。下游河长70.9千米,河道平缓,平均比降2.4‰,已开发32千米漂流河段,其中为中越界河的河段长9.2千米。

7.13.14.1 庄寨水库
(Zhuangzhai Reservoir)

南溪河上游的中型水库。位于云南省红河哈尼族彝族自治州蒙自县芷村镇南溪河与庄寨河汇口。

水库属年调节水库,具有防洪、灌溉、城镇供水等功能。2004年水库水质为Ⅱ类。湖泊型水库,坝前有北东与南西两片水域交汇,回水长度约2千米;总库容1 440万立方米,兴利库容1 384万立方米,死库容16万立方米。1958年2月开工建设,2002年进行水库除险加固,2004年11月竣工。

枢纽建筑物由大坝、输水洞与溢洪道组成。主坝为均质土坝,最大坝高27.0米,坝顶长300米,宽6米;副坝1座高10米,长700米。输水洞为砌石城门洞,最大过流量8.0立方米每秒。溢洪道最大泄流量142立方米每秒。

坝址以上集水面积137.2平方千米,多年平均年降水量1 092毫米,其中上游菲白水库集水面积59平方千米,多年平均年来水量2 807万立方米。水库具有防洪、灌溉、城镇供水等功能。水库设计防洪标准200年一遇洪水,有效灌溉面积1 330公顷,2005年提供发电用水量400万立方米。水库淹没耕地148公顷,移民677人。

水库西北部径流区内的查尼皮村,为迤南及云南省早期革命活动的重要据点之一。1928年10月,云南省临时工委在此召开了"中共云南省第一次临时代表会议",1993年公布为云南省文物保护单位。

7.13.14.2 五里冲水库
(Wulichong Reservoir)

南溪河上游支流工农大沟上的一座中型水库,位于云南省红河哈尼族彝族自治州蒙自县期路白乡,用水区域归属于南盘江的*泸江*流域。

五里冲水库

水库属多年调节水库,具有灌溉与城市生活、工业供水功能。水库总库容7 949万立方米,调洪库容323万立方米,兴利库容5 076万立方米。1991年10月开工兴建,1996年12月完工。

庄寨水库

水库为盲谷水库，防渗主体为灌浆帷幕与混凝土防渗墙。水泥灌浆防渗帷幕体长1 333米，高260米；地下溶洞超薄型钢筋混凝土防渗墙高100.4米，长50米。输水洞为钢筋混凝土、城门洞，最大过水流量10立方米每秒；放空洞最大过水流量12.38立方米每秒。库岸建有砌石堤，临水面护有混凝土面板，最大堤高23米，堤宽7.5米、长61米。2005年水质为Ⅲ类。水库淹没耕地161.53公顷，迁移人口1 744人。

水库地质结构复杂，岩溶极其发育，地下河自北向南贯穿整个库区，地表径流从暗河流往绿水河后汇入**元江**水系。水库集水面积25.4平方千米，引水渠道长20多千米，从南溪河跨流域引水入库。水库年供水量8 160万立方米，供水范围包括蒙自新、老城区周边及大屯镇、雨过铺镇一带，灌溉蒙自坝区耕地面积8 010公顷，改善灌溉面积1 635公顷，使坝区水利化程度由37%提高到75%。每年提供生活、工业用水1 200立方米。

水库是在地质条件十分复杂、岩溶极其发育的地区建成的一项水利工程。超高、超薄防渗墙的建成、加密高压灌浆技术处理特殊复杂的溶塌堆积体，为中国岩溶地区兴建无坝水库提供了一个成功的范例。五里冲水库在云南水利建设中创造了三项第一，即云南第一高的溶洞防渗墙、云南第一高的高压灌浆防渗帷幕、云南最早的多排孔灌浆处理溶塌体。水库建成后极大地改善了蒙自坝子水资源供应状况和水环境，促成红河州行政中心由开远搬迁到蒙自，推动了地方经济建设和发展。

7.13.14.3　四岔河
（Sicha River）

南溪河左岸支流。地跨云南省红河哈尼族彝族自治州屏边苗族自治县与蒙自县，主要位于屏边县。发源于屏边县新华乡马鹿塘，向南流经湾塘乡，汇入南溪河。河长31.9千米，落差1 572米，流域面积450.6平方千米，多年平均年径流量3.53亿立方米。水力资源理论蕴藏量6.23万千瓦，技术可开发量1.50万千瓦。

屏边五家寨人字桥

四岔河水系呈扇形分布。河源高程2 000米，北部多喀斯特丘陵，有地下暗河分布。下游地处中山峡谷，坡陡流急，建有白羊坪、大坪潭、四岔河与倮姑水电站。近河口段为Ｖ形峡谷，滇越铁路盘山绕行。铁道跨河大桥为始建于1907年的五家寨人字桥（钢桁架结构），净跨67米，为云南省文物保护单位。

7.13.14.4　鱼塘河
（Yutang River）

南溪河左岸支流，又称那母果河。地跨云南省文山壮族苗族自治州的文山县、马关县与红河哈尼族彝族自治州屏边苗族自治县。发源于文山县薄竹山西麓，向南流为文山州与红河州的界河，于屏边县白河乡三岔河汇入南溪河。河长81.6千米，落差2 722米，流域面积888平方千米。流域多年平均年径流量8.96亿立方米，水力资源理论蕴藏量33.94万千瓦，技术可开发量2 900千瓦。沿河已建二河沟、溜马滩与健康等多级水电站。

流域地势北高南低，河流深切，峰峦叠嶂，河源地薄竹山高程2 991米。源流向南，流经文山县新街乡那母果村又称那母果河。左岸分布有文山老君山省级风景名胜区，包括老君山原始林区、薄竹山和西华山三个片区，位于文山国家级自然保护区，森林类型以山地苔藓常绿阔叶林为主，为多树种的复层林。下游全程为峡谷，两岸植有橡胶林，河口段称鱼塘河。

7.13.15　李仙江
（Lixian River）

红河右岸单独流出国境的支流，为中越国际河流，于越南河池汇入红河。因流经云南省普洱市江城哈尼族彝族自治县嘉禾乡李仙村而得名。

概　　述

李仙江流域东邻红河，西邻**澜沧江**，南部与越南、老挝接壤。中国境内地跨云南省大理白族自治州南涧彝族自治县、弥渡县，玉溪市元江哈尼族彝族傣族自治县、新平彝族傣族自治县，普洱市景东彝族自治县、镇沅彝族哈尼族拉祜族自治县、宁洱哈尼族彝族自治县、墨江哈尼族自治县、江城哈尼族彝族自治县以及红河哈尼族彝族自治州的红河县与绿春县，流域地理位置东经100°24′～103°20′，北纬22°23′～24°56′。

流域地貌属横断山南段中山峡谷区，地势北高南低。地质构造位于阿墨江、哀牢山大断裂带，形成北窄南阔、北紧南疏的帚状地形，西北部无量山最高峰猫头山高程3 306米。山川南北纵列，上游左岸为哀牢山山脉，右岸为无量山山脉，中部河谷较开阔，谷地与小平坝相间，较大的盆地有景东县的文井、都拉等，面积3～5平方千米。中下游左右岸仍为哀牢山与无量山两大山系，河谷变窄，山势峭峻，谷宽约70～100米，沿河多有险滩，河道蜿蜒曲折。

流域气候属南亚热带湿润山地季风气候，立体气候明显；地跨南温带、北亚热带、中亚热带、南亚热带与北热带五个气候带，北回归线横穿中南部。上游冬无严寒，夏无酷暑，景东县城多年平均气温18.3摄氏度。下游高程800米以下的河谷处于热带边缘，多年平均气温大于20.4摄氏度。流域年平均降水量1 037.9～1 841.5毫米，降水量高值区分布于无量山、哀牢山一带和下游的江城县、绿春县，其中曲水站最大年降水量达3 144.2毫米、最大一日降水量达227.1毫米。

李仙江发源于大理州南涧县宝华乡东北部，向南流经普洱市景东、镇沅等县，于普洱市江城县、红河州绿春县（为两县界河）流入越南；出境后称黑水河，于河内北部越池市汇入红河。中国境内河长480.3千米，落差2 105米，流域面积19 366.3平方千米（不包括出国境后汇入的水系，下同）。水系为平行水系，主源河流与东源支流阿墨江并行南下。境内汇入集水面积大于100平方千米的一级支流有18条，大于1 000平方千米的一级支流有**阿墨江**、**勐野江**与**小黑江**，以阿墨江集水面积为最大。流域多年平均年径流量164.43亿立方米，多年平均年输沙量8 905万吨。2005年中游把边江大桥断面水质为Ⅱ类，下游李仙江大桥断面水质为Ⅲ类。李仙江水文站与忠爱桥水文站承担了对越南的水情报汛工作。

2005年流域总人口109.23万人，平均人口密度为每平方千米56人，是红河流域人口密度最小的地区。少数民族占总

珠 江 卷　　　　　　7.13.15　李仙江

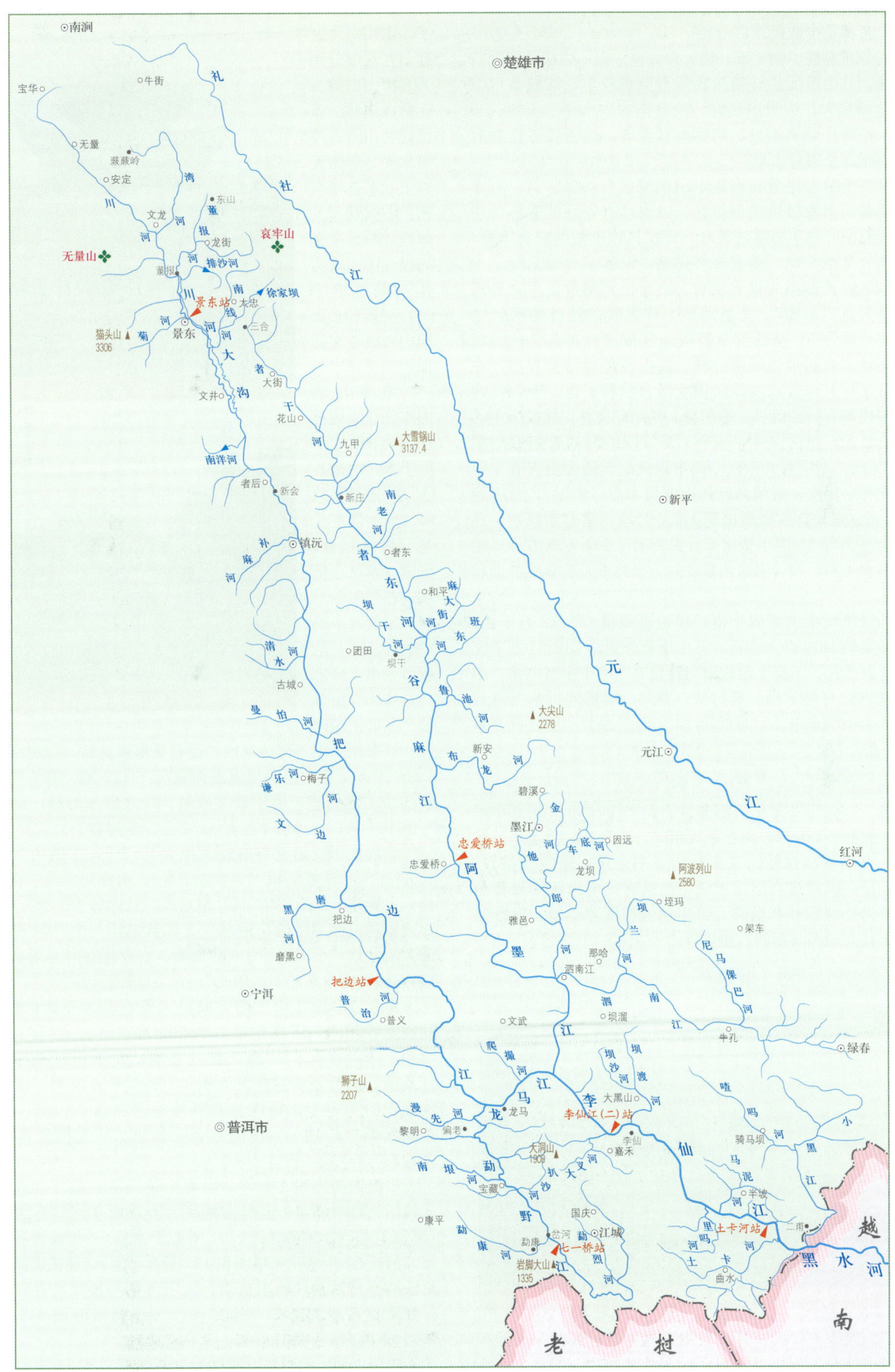

李仙江水系示意图

人口的半数以上，普洱市涉及的宁洱、景东、墨江、江城与镇沅5个县都是少数民族自治县。

域内分布有铁、铜、镍、铅、锌、金、银、岩盐、钾盐与煤等矿藏，其中镇沅县与墨江县黄金储量较丰，江城县可溶性古钾盐储量大，为全国独有。粮食作物以水稻、玉米、小麦为主，经济作物有茶叶、烤烟与甘蔗等，热带经济作物有橡胶、咖啡以及多种水果。

李仙江上游左岸分布有哀牢山国家级自然保护区，右岸分布有无量山国家级自然保护区，以保存完好的亚热带中山湿性常绿阔叶林生态系统著称。保护区内动植物资源丰富，区系复杂，类型多样，垂直带谱完整，保留了全国三分之一的物种，黑冠长臂猿为世界仅有。哀牢山延绵数百里，形成南北动物天然"走廊"，又是世界上许多候鸟迁徙的必经之地。下游植被分布，从低到高海拔地区依次分布有北热带雨林、季雨林、亚热带长绿阔叶林、高山苔藓林植被类型，在东南隅分水岭上坐落着黄连山国家级自然保护区。李仙江北热带河谷残存有沟谷雨林、季雨林，两岸经济林以橡胶为主。

上游景东、镇沅多水旱灾害。1527—1948年有记载的洪灾有20年次，旱灾有9年次。新中国成立后较大洪灾有6年次，旱灾有5年次。流域内已建南洋河水库（中型），总库容1697万立方米，有效灌溉面积1330公顷；建有徐家坝、豆地箐与会地河等15座小型水库，总库容4134万立方米；建有川河引水大沟，设计引水流量5立方米每秒，有效灌溉面积967公顷。

李仙江流域水力资源丰富，理论蕴藏量472.72万千瓦，技术可开发量189.47万千瓦，其中干流分别为181.64万千瓦与129.0万千瓦。干流上游规划与建设有4座中小型电站，中下游已建电站有崖羊山、石门坎、龙马、居甫渡、戈兰滩与土卡河6个中型水电站，总库容16.8亿立方米，总装机容量138万千瓦。

纪　实

上游　李仙江发源于南涧彝族自治县宝华镇东北部小里车，源地高程2425米，河谷束放相间；西南流，经宝华镇进入峡谷，至小铁窑村转向东南称为石硐寺河，流经无量乡。右岸为无量山国家级自然保护区，坐落有灵宝山国家森林公园。公园内常绿阔叶林荫翳，野生动植物资源丰富，保存有众多的宋代大理国时期的石建筑群。

无量山国家自然保护区

干流向东南流，入普洱市景东彝族自治县称川河，沿河建有无量电站与安定电站。川河古有银江之称，流经文龙乡左纳湾河（河长45千米，流域面积327平方千米），湾河上游地处大中山省级自然保护区；向南流至锦屏镇，左纳董报河（河长32千米，流域面积278平方千米）；经峡谷进入川河坝子，山川南北纵列，左右岸分别为哀牢山山脉与无量山山脉。该段建有川河大沟引水渠，干流流淌于景东县城东侧，右岸景东卫城遗址是云南省内仅存的四座明代卫城遗址之一，与景东文庙同为云南省文物保护单位。

景东文庙

景东县境内李仙江流域面积为2956.5平方千米，占全县土地面积的66.2%。景东县是云南省粮食、蔗糖、木材、核桃、芒果重点产区，是普洱市的"粮食肉库"，是普洱茶主产区之一，松香与松节油产品远销国内

景东卫城

外。景东川河坝子河道宽浅，设有景东水文站，控制流域面积1800平方千米，测验河道水面宽55～122米，多年平均流量58.9立方米每秒；历年最大流量553立方米每秒，最高水位1157.04米；历年最小流量1.52立方米每秒。

李仙江干流沿宽谷蜿蜒流至文井坝子，左纳南线河（河长36千米，流域面积179平方千米）。南线河发源于哀牢山腹地，上游建有徐家坝小（1）型水库，总库容652.9万立方米，库周森林浓郁多杜鹃花树丛，又称杜鹃湖。文井坝子为上游最大的盆地，水田面积2940公顷，右岸建有南洋河水库（中型），被誉为景东的"米粮仓"与"甘蔗园"。

中游　李仙江向东南方向流入镇沅县，开始中游流程，峡谷宽谷相间。于恩乐镇右纳补麻河（河长27千米，流域面积143平方千米）；流经镇沅县城，左岸相邻并行有阿墨江支流。镇沅县境内流域面积1966.1平方千米，占全县土地面积的47.8%。镇沅县森林覆盖率高达74.2%，是世界茶树起源中心之一。境内黄金矿储量大，是国家黄金生产基地。

干流向南，称恩乐河，局部为镇沅县与墨江县界河，复入镇沅县称新抚江；流经古城乡，于古城乡河口右纳清水河（河长18千米，流域面积137平方千米），于井水箐右纳曼怕河（河长22千米，流域面积124平方千米）；续流进入宁洱哈尼族彝族自治县，转东折南，为宁洱县与墨江县界河，于梅子乡堵马右纳文边河（河长41千米，流域面积343平方千米），该段穿流于中山峡谷，又称把边江。

干流向南，至普洱市把边乡，右纳磨黑河（河长38千米，流域面积293平方千米）转东南流，磨黑河上游磨黑镇旧为滇南盐都与茶马古镇。把边街村设有把边水文站，控制流域面积5 521平方千米，2003—2005年实测平均流量73.1立方米每秒，平均水位844.66米。左岸墨江县通关镇，旧时为中国通往东南亚的茶马古道的重要驿站，今有213与323国道斜贯。

磨黑镇

干流蜿蜒向东南，穿流于深山峡谷，建有崖羊山水电站，大坝总库容2.47亿立方米，水电装机容量12万千瓦。石门坎、新平寨（在建）两中型水电站，总装机容量达18万千瓦。

干流至普义乡大沟边，右纳普治河（河长27千米，流域面积142平方千米），继流至江城县宝藏乡石头寨右纳勐野江后称龙马江，为墨江县与江城县的界河，建有装机容量24万千瓦的龙马电站，一期水库总库容5.1亿立方米；于墨江县文武乡土掌房左纳爬撮河（河长19千米，流域面积107平方千米），于下甫左纳阿墨江。

李仙江下游

下游 干流接纳阿墨江后始称李仙江，向东南穿流于峡谷；于居甫渡兴建有居甫渡电站，一期水库总库容1.855亿立方米，总装机容量28.5万千瓦；出电站为江城县与绿春县的界河，进入戈兰滩水库回水区，左纳**坝渡河**，两岸植有橡胶林。其间河段曾设有李仙江水文站，控制流域面积16 524平方千米，测验河道水面宽75～120米，多年平均流量349立方米每秒，多年平均水位426.29米；历年最大流量5 920立方米每秒，历年最小流量17.5立方米每秒。戈兰滩水库以水电开发为目标，总库容3.82亿立方米，电站装机容量38.1万千瓦。

李仙江出戈兰滩电站进入土卡河电站水库回水区，两岸多橡胶林，沟谷零星分布有残次季雨林树木；于江城县曲水乡高寒右纳里吗河（河长31千米，流域面积117平方千米），

于绿春县半坡乡阿波左纳马泥河（河长22千米，流域面积146平方千米）。土卡河水库总库容1.34亿立方米，电站装机容量15万千瓦。

李仙江出电站右纳**土卡河**，流淌4.5千米后成为中国与越南的界河；于峡谷向东流3.8千米，左纳小黑江流入越南，出境后称黑水河。

另一条大的支流**藤条江**于越南境内汇入黑水河（李仙江）。

7.13.15.1 勐野江
（Mengye River）

李仙江右岸支流。北与李仙江干流相邻，南与老挝毗连。地跨云南省普洱市江城哈尼族彝族自治县和宁洱哈尼族彝族自治县，大部位于江城县中部。发源于江城县国庆乡大平寨，向南转西复向西北流，汇入李仙江上游把边江河段。河长141.9千米，落差1 150米，流域面积1 807.3平方千米，多年平均年径流量15.34亿立方米。2003年勐野江大桥断面水质为Ⅰ类。

流域地处横断山余脉无量山的尾端，为中低山地貌，最高峰狮子山高程2 207米。属低纬山区季风亚热带温润气候，中部江城县多年平均气温18.1摄氏度。流域多年平均年降水量2 224.8毫米，森林覆盖率67.3%。水系呈不对称分布，集水面积大于100平方千米的一级支流有勐康河、南垠河与漫先河，均位于左岸。流域水力资源理论蕴藏量19.40万千瓦，已建和在建水电站4座，总装机容量1.3万千瓦。已建小（1）型水库两座，总库容334.6万立方米。

勐野江源地高程1 702米，源流向南，称弄扎河，左纳苟麻河。苟麻河上建有苟麻河水库，提供江城县城生产生活用水。

干流续向南流，称腊户河，建有哈苗水电站，装机容量1 600千瓦；续流，右纳勐烈河，经河曲向西流，分布有牛洛河万亩茶园，接壤于连绵的原始森林；干流转向东北流，称勐野江，河道曲折多滩，左纳勐康河（河长38千米，流域面积240平方千米）；于宝藏乡左纳南垠河（河长29千米，流域面积243平方千米）向向西北流，为江城县与宁洱县的界河，于左岸再纳漫先河（河长30千米，流域面积150平方千米），于深山峡谷汇入李仙江。据洪水调查，宝藏断面以上集水面积1 165平方千米，最大洪峰流量2 850立方米每秒（1945年）。

支流勐烈河上游坐落有江城县县城。江城县地广人稀，土地资源丰富，是云南省畜牧基地之一，南部与越南、老挝接壤。江城县的月圆洛河茶叶闻名省内外，橡胶品质优良，优质稻以麻线谷等驰名。

7.13.15.2 阿墨江
（Amo River）

李仙江左岸支流，又名卡渡江，为李仙江最大的支流。发源于云南省景东县太忠乡方家阱里黄草坝后山，向东南流经镇沅县，于墨江县南部汇入李仙江。河长263.2千米，流域面积7 042.9平方千米，落差2 020米。

概　述

阿墨江流域东以哀牢山与**元江**干流相邻，西邻李仙江干流。地跨云南省普洱市景东彝族自治县、镇沅彝族哈尼族拉祜族自治县、墨江哈尼族自治县，玉溪市新平彝族傣族自治县、元江哈尼族彝族傣族自治县以及红河哈尼族彝族自治州的红河县与绿春县。

流域地处云南高原西南边缘，属滇西纵谷南部，哀牢山

西坡。地势北高南低，山川南北纵列，东北部哀牢山脉大雪锅山高程3 137米。南亚热带山地季风气候，立体气候明显，流域东部墨江县城多年平均气温17.8摄氏度。阿墨江河谷年降水量1 100～1 600毫米，下游支流**泗南江**2 000～2 500毫米。

阿墨江水系不对称分布，以左岸支流较发育。集水面积大于100平方千米的一级支流有南老河、坝干河、麻大街河、班东河、鲁池河、**布龙河**、**他郎河**与泗南江。流域多年平均年径流量49.88亿立方米，干流水力资源理论蕴藏量49.01万千瓦，技术可开发量6.6万千瓦。中游2005年水质为Ⅰ～Ⅱ类。

上游左岸分水岭地带为哀牢山国家级自然保护区，以中山湿性常绿阔叶林为主要森林类型，动植物资源丰富，坐落有千家山省级风景名胜区。下游地处墨江县，县境内流域面积占全县土地面积的72.2%。墨江县是全国唯一的哈尼族自治县，北回归线穿县城而过，建有世界规模最大的北回归线纪念园。境内有近万亩连片的原始桫椤林自然景观，金矿与镍矿储量大，又是全国有名的紫米、紫胶之乡。

流域内山高坡陡，沟壑纵横，易发生洪灾、山地灾害、水土流失等自然灾害。已建常林水库（中型），总库容1 374万立方米；小型水库39座，总计库容3 979.9万立方米，灌溉面积1 620.7公顷。

纪　　实

阿墨江源地高程2 500米，源流向南穿行于中山峡谷，左岸为哀牢山山脉。流经景东县太忠乡花石岩称者干河，下行河谷宽窄相间，有大街和花山两个小坝。景东县境内河长55.6千米，落差1 500米。支流上建有豆地箐、平地、大汉塘、大烂箐与东西坝5座小型水库，总库容395.5万立方米，灌溉面积906.7公顷。

千家寨大吊水瀑布

者干河向东南方向流，入镇沅县，山高坡陡，V形河谷。左岸哀牢山支流发育，分水岭高程2 800～3 165.9米，分布有千家山省级风景名胜区。景区内林海莽莽，有野生茶树群落、千家寨古战场遗址、大吊水瀑布与小吊水瀑布等景观，其中一号野生茶树王树龄2 700年，为已发现的最古老的野生茶树。干流于者东镇左纳南老河（河长19千米，流域面积115平方千米）后称者东河；向南，为普洱市墨江县与玉溪市新平县的界河；于墨江县团田乡右纳坝干河（河长36千米，流域面积270平方千米），左纳麻大街河（河长20千米，流域面积114平方千米）后称谷麻江；继流至新平县平掌乡个折复左纳班东河（河长25千米，流域面积142平方千米）。

谷麻江流入墨江县境内后蜿蜒向南流，于勐龙乡鲁池接纳左岸的鲁池河（河长28千米，流域面积190平方千米），继流至新安乡人渡左纳布龙河，流至213国道忠爱桥，桥北立有毛泽东"为帮助各兄弟民族，不怕困难，努力筑路"的题词石碑，桥南立有朱德"以一往无前的精神，战胜天险，打通昆洛交通，实现巩固国防，繁荣经济的光荣任务"的题词石

墨江县忠爱桥

碑。设有忠爱桥水文站，控制流域面积3 562平方千米，测验河道水面宽20～74米，多年平均流量80.4立方米每秒，多年平均含沙量3.03千克每立方米；历年最大流量1 970立方米每秒，最高洪水位732.83米；历年最小流量1.40立方米每秒。流向南转东流，称阿墨江，于泗南乡左纳他郎河与泗南江；向南奔流于峡谷，于文武乡东倮大寨汇入李仙江，河口高程约480米。

7.13.15.2.1　布龙河
（Bulong River）

阿墨江左岸支流，又称布竜（lóng）河。位于云南省普洱市墨江哈尼族自治县东北部。发源于联珠镇北部大尖山，向南转东后再向北转东流，于新安乡西部汇入阿墨江。河长55.7千米，落差1 400米，流域面积485.4平方千米。

流域属南亚热带山地季风气候，多年平均气温17.8摄氏度，流域多年平均年降水量约1 500毫米，多年平均年径流量3.56亿立方米，泥沙侵蚀模数700吨每平方千米每年，水力资源理论蕴藏量4.83万千瓦。

源地高程2 398米，位于哀牢山西坡。布龙河为扇形水系，支流众多，域内建有坝卡河电站，总装机容量6 400千瓦，已建坝卡河、观山、竜凯等小型水库和常林水库（中型），常林水库总库容1 374万立方米。

7.13.15.2.2　他郎河
（Talang River）

阿墨江左岸支流，又名螳螂河。地跨云南省普洱市墨江哈尼族自治县与玉溪市元江哈尼族彝族傣族自治县，主要位于墨江县。墨江县旧称他郎，河因之得名。

他郎河发源于墨江县联珠镇乌猛，向南流经墨江县城，于泗南江乡大渔洞汇入阿墨江。河长78.5千米，落差1 332米，流域面积801.4平方千米。流域多年平均年径流量6.18亿立方米，水力资源理论蕴藏量达8.18万千瓦，技术可开发量0.89万千瓦。

流域地处哀牢山西坡，山川南北纵列。地貌以中低山峡谷为主，河床深切，沟谷纵横，易于产生滑坡等地质灾害发生。流域多年平均气温17.8摄氏度，年日照时数2 161.3小时，无霜期长达306天。流域多年平均年降水量1 323.9毫米，年水面蒸发量1 183.5毫米，多年平均水资源量6.18亿立方米。

河源称碧溪河，流经碧溪古镇，向南流入总库容146.5万立方米的须立水库；出水库经宽谷从墨江县城穿过，称为联珠河；蜿蜒于雅邑乡南谷村左纳金河，称他郎河，省道公路相伴南下。建有他郎河水电站，总装机

墨江县北回归线纪念园

容量0.25万千瓦。支流金河河长42千米，集水面积324.1平方千米，上游流向与干流平行。金河的河源段有金矿。

墨江文庙

位于流域中部的墨江县城历史悠久，原名"他郎"，北回归线穿城而过，建有世界规模最大的北回归线纪念园。墨江文庙是云南省文物保护单位。县城驻地联珠镇河西村有双胞井，井水四季充盈，清冽甘美，冬暖夏凉。南部河谷束放相间，沿河有条带梯田分布。

7.13.15.2.3 泗南江
(Sinan River)

阿墨江左岸支流。地跨云南省红河哈尼族彝族自治州的红河县、绿春县与普洱市墨江哈尼族自治县，因河口位于墨江县泗南江乡得名。发源于绿春县大兴镇潘家后山，向西流入墨江县，于泗南江乡坝俄龙尖山脚注入阿墨江。河长101.2千米，落差1 745.5米，流域面积1 658.2平方千米。

泗南江泗南江乡段

流域地处哀牢山末端，地势东高西低，地貌以中低山为主，最高点为南部分水岭高程2 637米。北部哈鲁俄普山脉近于东西走向，南部黄连山为省级自然保护区，因保存有完整的亚热带常绿阔叶林而获滇南"植物基因库"之称。属亚热带山地季风气候，年平均降水量一般1 600～2 000毫米，绿春县城多年平均气温16.5摄氏度。流域多年平均年径流量14.08亿立方米，干流水力资源理论蕴藏量20.9万千瓦，技术可开发量20.1万千瓦。上游绿春县已建3座小水电站，总装机容量1.11万千瓦；墨江县境内的干流建泗南江电站，总装机容量20.1万千瓦。泗南江两岸是全国紫胶产量最高的地区。2003年新寨断面水质为Ⅱ类。

水系不对称分布，右岸支流发育，集水面积大于100平方千米的支流有尼马洛巴河与**坝兰河**。

源地高程2 291.5米，干流蜿蜒称得牛河，左岸坐落有绿春县城。绿春县素称"哈尼山乡"，是哈尼族文字的发源地。干流向西穿流于峡谷，两岸多阔叶林地，左纳尼马洛巴河称牛孔河，有省道214并行。尼马洛巴河发源于红河县哀牢山余脉，河长39.1千米，集水面积213.3平方千米。

干流入墨江县称纳卡河，过大沙铺后称泗南江，右纳坝兰河，河岸有成片原始桫椤林景观。建有以发电为目标的泗南江水库，总库容2.64亿立方米，电站总装机容量20.1万千瓦，尾水入阿墨江。

绿春县城

设有牛孔水文站，控制流域面积632平方千米，测验河道水面宽20～48米，多年平均流量21.2立方米每秒，历年最大流量386立方米每秒，最高洪水位1 033.37米；历年最小流量1.07立方米每秒。据洪水调查，最大洪峰流量794立方米每秒（1971年）。

7.13.15.2.3.1 坝兰河
(Balan River)

泗南江右岸支流，发源于云南省红河哈尼族彝族自治州红河县垤玛乡东南部。河长48.6千米，落差1 239.4米，流域面积431.8平方千米。涉及红河县和墨江哈尼族自治县。

流域地处哀牢山东南部余脉，山势巍峨，河流深切。上游水系扇形发育，东北部最高峰克那树红特高程2 489米。属南亚热带山地季风气候，多年平均气温20.2摄氏度，多年平均年降水量1 500毫米，多年平均年径流量3.06亿立方米，泥沙侵蚀模数1 500吨每平方千米每年。水力资源理论蕴藏量4.40万千瓦。

河源段称罗马河，向西流经垤玛、冬宗后称冬宗河，折南流，建有石棉矿水电站。蜿蜒穿流于峡谷，流经坝兰村进入墨江县，于那哈乡东南流4千米至河口，高程约840米。

7.13.15.3 坝渡河
(Badu River)

李仙江左岸支流，发源于云南省普洱市墨江哈尼族自治县坝溜乡东南部石碑尖山，河长38.9千米，落差1 531.4米，流域面积501.6平方千米，涉及墨江县和绿春县。

流域地处哀牢山余脉东南端，属中山峡谷地貌，地势北高南低。位于东南暖湿气流迎风坡，降水量丰沛，多年平均年降水量2 300毫米，多年平均年径流量7.63亿立方米，水力资源理论蕴藏量5.05万千瓦。

坝渡河下游峡谷河段

源地高程2 031.4米，干流在墨江县的流程仅有6.4千米，其中与绿春县的界河段长3.55千米。干流流入绿春县称月牙河，在大黑山乡接纳坝沙河（河长23千米，流域面积

138 平方千米）后称坝渡河。河岸植有橡胶林，下游为基岩裸露的石质河床，于隔界汇入李仙江，河口高程约 500 米。

7.13.15.4　土卡河
（Tuka River）

李仙江右岸支流。位于云南省普洱市江城哈尼族彝族自治县东南部，因河口位于土卡河村得名。流域东南部与越南相邻，南部与老挝毗连，是云南省边境区域中唯一与两国都相邻的支流水系。发源于江城县曲水乡老苏寨梁子，河长 57.2 千米，落差 1 047.8 米，流域面积 364.2 平方千米。

流域地处横断山脉无量山的末端，地势西北高东南低，中低山地貌，沟壑纵横。南部为中国、老挝与越南三国交界处的十层大山，最高峰高程 1 875 米，设有标明三国方位的界碑。集水面积大于 100 平方千米的支流有整康河（河长 27.2 千米，流域面积 150 平方千米）。

流域属低纬山区南亚热带季风气候，湿热多雨，四季不分明。水汽来源以东南暖湿气流为主，多年平均年降水量 2 209 毫米，多年平均年径流量 5.49 亿立方米，水力资源理论蕴藏量 4.77 万千瓦。流域内橡胶林成片，沟谷分布有暖热性阔叶林与竹丛、蕉林。

干流源地高程 1 340 米，河源段称坝卡河；东南流，经坝伞、曲水后称土卡河，于曲水乡石门坎右纳整康河转向东北流，坐落有曾以捕鱼为生的傣族村寨，于土卡河村汇入李仙江。河口高程约 317 米。

7.13.15.5　小黑江
（Xiaohei River）

李仙江左岸支流，又名勐漫河，为流经中国与越南的国际河流。发源于云南省红河哈尼族彝族自治州绿春县大兴镇西南牛尼老白轰东，向东南转西南曲折往返后，汇入李仙江。河长 83.5 米，落差 1 880 米，流域面积 1 190.5 平方千米。

东邻**红河**支流**藤条江**，西邻李仙江干流，南部为中越界河。水系为扇状分布，集水面积大于 100 平方千米的支流有**喳吗河**。

流域地处哀牢山西南端余脉，峰峦叠嶂，沟壑纵横。中部坐落有黄连山山脉，东北部为弧形状的轰东山脉环绕，峰线高程 2 000 余米。属南亚热带山地季风气候，因区域高程差异大，气候垂直变化明显。流域多年平均年降水量 3 046 毫米，多年平均年径流量 17.48 亿立方米，干流水力资源理论蕴藏量 39.68 万千瓦，技术可开发量 1.09 万千瓦。2003 年小黑江东哈断面水质为Ⅱ类。

干流源地高程 2 200 米，向西南穿流于中山峡谷称巴卡河，经倮德、三猛、埃洞、勐曼后称勐漫河。转向西南流，经东斯，于洛瓦电站右纳茶卡洛巴河，继流至阿尼附近右纳喳吗河称小黑江。折向东南流，至半坡乡苦聪新寨东约 10 千米处，又转向西南流，成为中国与越南的界河，沿国境线奔流 14.8 千米，与李仙江相汇后流入越南境内，汇口高程约 320 米。

流域中部坐落有黄连山国家级自然保护区，核心区面积 26 744 公顷，是我国唯一采集到马来熊标本的保护区，也是能证实印支虎在我国有活动和分布的重要保护区之一。北部核心区以保护常绿阔叶林的自然性为主，南部小黑江流域核心区以保护热带季节雨林生态系统和保护绿春苏铁、东京龙脑香、多毛坡垒及印支虎、白颊长臂猿等珍稀濒危物种

东京龙脑香林

为主。

小黑江上游落差大，水能资源丰富，已建成黄连山水电站和洛瓦水电站等。

7.13.15.5.1　喳吗河
（Zhama River）

小黑江右岸支流，位于云南省红河哈尼族彝族自治州绿春县中部。发源于骑马坝乡西北部干龙塘梁子，河长 42.9 千米，落差 1 540 米，流域面积 425.2 平方千米。

流域地处云南省东南部哀牢山南端，流域内峰峦叠嶂，沟壑纵横，河流深切，地势北高南低，属深切割中山峡谷地貌类型，属南亚热带山地季风气候，多年平均年降水量约 3 000 毫米，多年平均水资源量 8.80 亿立方米，水能资源理论蕴藏量 22.61 万千瓦，泥沙侵蚀模数 500 吨每平方千米每年。

河源地高程 2 040 米，上游称哈铺河，向东南流经喳吗后称喳吗河，左岸为黄连山山脉，坐落有黄连山国家级自然保护区；经骑马坝、东龙，于吗尼汇入小黑江。河口高程 500 米。

黄连山国家自然保护区

流域内世居哈尼、彝、拉祜、瑶、汉等民族，主要粮食作物为稻谷和玉米，主要经济作物有胡椒、茶叶、紫胶、草果、橡胶等。

7.13.15.6　藤条江
（Tengtiao River）

李仙江左岸支流，又名勐拉河，国际河流。发源于云南省东南部红河县架车乡甲七洞山西北，流经中国云南与越南莱州，在越南境内汇入李仙江下游黑水河。中国境内河长 168.2 千米，落差 1 940 米，流域面积 4 213.6 平方千米。

概　述

流域位于**元江**干流和李仙江之间，南部与越南交界。中国境内地跨云南省红河哈尼族彝族自治州的红河县、绿春县、

元阳县和金平苗族瑶族傣族自治县。干流发源于红河县架车乡西北部，向东南方向流经元阳县，于金平县金水河镇流入越南。

流域地貌属横断山南段中山峡谷亚区，哀牢山余脉东南支，地势总体上西北高东南低。流域内峰峦叠嶂，河流深切，最高峰为南部边界西隆山，高程3 074米。地处西南季风与东南季风交互出现的区域，属低纬山原型季风气候，自南向北分布有北热带、南亚热带、北亚热带与南温带类型，光热、水湿条件时空分布多样。流域多年平均年降水量2 120毫米，高值区位于南部的西隆山，年降水量达3 500毫米。

水系呈树枝状分布，中国境内集水面积大于100平方千米的一级支流有9条，分别为乌拉河、平坝河、南板河、**茨通坝河**、荞菜坪河、**三家河**、金平河、金水河与藤条河。流域多年平均年径流量58.76亿立方米，实测下游最大洪水流量1 900立方米每秒。干流水力资源理论蕴藏量25.28万千瓦，可开发量17.91万千瓦，已建那兰水电站工程，水库总库容2.86亿立方米，总装机容量15万千瓦。据2001年红河州水功能区划资料，藤条江上游水质为Ⅱ类，下游水质为Ⅰ类。

上游地处哀牢山余脉，右岸白岩子峰高程2 939米，斜贯元阳县西南部，干流建有多级水电站，以哈尼梯田闻名。2005年流域总人口62.65万，平均人口密度每平方千米149人。下游金平县境内集水面积2 483

长蕊木兰

平方千米，占全县土地面积的68.6%。金平县世居着苗、瑶、傣、哈尼、彝、汉、壮、拉祜等多个少数民族，占全县总人数的85.3%。经济林木中橡胶的单株产量及胶质全国有名，经济作物草果种植面积及产量居全国首位，享有"草果之乡"之誉。

域内绿春县左右岸山脉均称为分水岭山脉，呈西北向东南延展。坐落有分水岭国家级自然保护区，面积10 761公顷，主要保护对象珍稀濒危物种黑长臂猿、蜂猴等以及森林生态系统。植被类型主要为

鹅掌楸

季风常绿阔叶林、山地常绿阔叶林和山顶矮林，国家级保护植物有桫椤、福建柏、长蕊木兰、鹅掌楸、鸡毛松与干果榄仁等，珍稀保护动物有黑长臂猿、蜂猴、孔雀雉与巨蜥等。

纪　实

藤条江源头高程2 240米，河源段由东北折向东南流，称冲梅洛巴河；蜿蜒穿流于峡谷，为红河县与绿春县的界河，于戈奎成为元阳县与绿春县的界河，流入元阳县称锡欧河。

干流向东流，经攀枝花乡，左岸分布元阳哈尼梯田中的勐品景区，包括老虎嘴勐品梯田、阿猛控梯田与保山寨梯田等景点。俯瞰梯田似天落碧波，埂线如缕，田棚似小舟，被摄影家们称为世界上最壮丽的田园风光。

干流续向东流，经黄茅岭乡，设有黄茅岭水文站，控制流域面积906平方千米。测验河道水面宽7.5~61.8米，多年平均流量23.1立方米每秒。据洪水调查，最大洪峰流量441立方米每秒（1945年）。源头至黄茅岭水文站河段长90千米，高差1 640米，河流穿行于深山峡谷中。

干流向东南流，建有藤条江二级与三级水电站，于老勐右纳乌拉河（河长47千米，流域面积358平方千米）后流入金平县老勐乡，称老勐河；于营盘乡旧寨左纳平坝河（河长24千米，流域面积164平方千米），于营盘乡钟喝呆左纳南板河（河长24千米，流域面积166平方千米）；继流至南利右纳茨通坝河，入那兰水库；出库流入勐拉坝子，右岸有金平农场，于田头右纳荞菜坪河（河长35千米，流域面积133平方千米），再于勐拉左纳三家河。河谷种植水稻，河岸植有香蕉与橡胶树林，右岸分水岭与越南接壤，坐落有分水岭国家级自然保护区。

干流继续东南流，于金水河镇白石岩左纳流经金平县城的金平河（河长39千米，流域面积211平方千米），于金水河镇右纳金水河（河长41千米，流域面积351平方千米），沿岸植有橡胶林，左岸分水岭坐落有分水岭国家级自然保护区。干流续流，于金水河镇左纳中越边境支流藤条河（河长38千米，流域面积100平方千米），汇口高程约290米，流入越南境内。设有金水河水文站，控制流域面积3 725平方千米，

藤条江水系示意图

多年平均水位291.11米，多年平均流量160立方米每秒。黄茅岭水文站至金水河水文站河段长78.2千米，落差310米，比降渐于平缓。

出境口的金水河镇为国家一类口岸，与越南马鹿塘口岸对接。拥有马鞍底地西北、十里村热水塘和金水河那发3个边民互市点及66个通道，是通向越南莱州、奠边府、河内等城市和进入老挝边境的重要口岸。

金平橡胶林

毫米，多年平均水资源量4.72亿立方米，水力资源理论蕴藏量9.11万千瓦，技术可开发量6.1万千瓦。属湿润半湿润地区，森林覆盖率高，水土流失较轻，泥沙侵蚀模数500吨每平方千米每年。

河源段位于哀牢山东支南麓，河源地高程2 731米。源流向东转南流，称金子河，建有金子河一级与二级水电站。两岸多梯地，林间有竹丛，左岸分水岭地带坐落有分水岭国家级自然保护区。

干流过马店后进入金平县，向南流经金平县金河镇三家村后称三家河，左岸分水岭渐行单薄，与流经金平县城的金平河相邻，右岸有铜矿分布。河口段进入勐拉坝子，于勐拉汇入藤条江，河口高程约300米。

流域区内世居苗、傣、瑶、壮、哈尼、彝、拉祜、汉等民族，少数民族占总人口的92%。主要粮食作物为稻谷和玉米，主要经济作物有橡胶、茶叶、香蕉、甘蔗、芒果、草果等，矿产有铜、锡、镍、铁、铅、锌、金、银、水晶石及石膏等。

7.13.15.6.1　茨通坝河
(Citongba River)

藤条江右岸支流，发源于云南省红河哈尼族彝族自治州绿春县坪河乡汉人寨山，向东流经金平苗族瑶族傣族自治县者米拉祜族乡，汇入藤条江。河长66.4千米，落差1 550米，流域面积699.4平方千米。涉及绿春县和金平县，南部与越南毗邻。

流域地处云南省东南部哀牢山末端的群山之中，呈东西向长条状，两岸支流呈羽状汇入。流域内峰峦叠嶂，沟壑纵横，河流深切，属深切割中山峡谷地貌类型，地势为开口向东的马蹄形，四周高，东边低。流域南部的分水岭国家级自然保护区主峰西隆山，海拔3 074米，为红河州最高峰，亦为中越国界，南部分水岭为中越分界线。

流域属南亚热带山地季风气候，多年平均年降水量约2 200毫米，多年平均水资源量11.2亿立方米，泥沙侵蚀模数500吨每平方千米每年。水力资源理论蕴藏量10.67万千瓦，技术可开发量0.1万千瓦。属湿润半湿润地区，森林覆盖率高，水土流失较轻。

流域山高谷深，河源地高程2 030米。干流大体由西向东流，流经巴哈进入金平县，上游称者米河，穿流于中山峡谷，建有者米水电站。干流经茨通坝称茨通坝河，河谷为U形，河曲蜿蜒；向东又入峡谷，于南利附近汇入藤条江，河口高程约480米。据洪水调查，金平县茨通坝断面以上集水面积508平方千米，最大洪峰流量464立方米每秒（1968年）。

流域区内世居拉祜、苗、哈尼、壮、瑶、汉等民族，少数民族人口占总人口的99%。主要粮食作物为稻谷和玉米，主要经济作物有橡胶、香蕉、茶叶、紫胶、草果等，矿产有镍、铅、锌、金等。

7.13.15.6.2　三家河
(Sanjia River)

藤条江左岸支流，发源于云南省红河哈尼族彝族自治州元阳县小新街乡西南部望天若林山脉，河长55.6千米，落差2 431米，流域面积393.9平方千米。涉及元阳县和金平苗族瑶族傣族自治县。

流域内峰峦叠嶂，沟壑纵横，河流深切，属深切割中山峡谷地貌类型，整体地势北高南低。属南亚热带山地季风气候，多年平均气温17.7摄氏度，多年平均年降水量约2 000

7.13.16　盘龙河
(Panlong River)

红河左岸支流，古名壶水。因流经文山县城"环文城三面，计一十三曲，如游龙戏水"，称为盘龙河。为流经中国云南与越南的国际河流。

概　　述

中国境内盘龙河流域位于云南省东南边陲，地跨云南省红河哈尼族彝族自治州蒙自县与文山壮族苗族自治州的丘北县、砚山县、文山县、西畴县、马关县与麻栗坡县，地理坐标东经103°40′～104°51′，北纬22°46′～23°57′；东邻单独出境的支流**南利河**，西邻红河支流**南溪河**，北邻**西江**（南盘江段）水系，南部与越南接壤。

流域位于滇东南岩溶山原状区，地势由西北向东南倾斜。域内广泛分布碳酸盐岩类，为云南省岩溶地貌最发育的地区之一，分布有众多的峰丛、洼地、暗河与溶洞等岩溶形态。上游属丘陵地带，坐落的砚山县平远坝是云南省八大坝子之一，西部最高峰薄竹山高程2 991米。中游河谷渐行开阔，文山坝子面积约31.2平方千米。下游地处中低山峡谷，水力资源丰富。上游植被较差，土壤侵蚀较严重。

流域属亚热带季风气候，北回归线横亘东西，多年平均气温16.0～19.4摄氏度。夏秋之季的东南暖湿气流和西南暖湿气流活跃，暖湿多雨；冬春季节，多为冷高压和干暖偏西气流控制，多晴少雨。流域多年平均年降水量1 152毫米，年降水量由北向南逐渐递增。为非闭合的亏水流域，岩溶水丰富，多以泉群及地下暗河等方式排泄。

盘龙河发源于蒙自县鸣鹫镇东部三门棵，向东北入砚山县转东南流经文山县城，于麻栗坡县天保镇流入越南。中国境内河长252.6千米，落差2 014米，流域面积6 100.2平方千米（不包括单独出境后汇入的水系，下同）。集水面积大于100平方千米的一级支流有**岔河**、**德厚河**、马过河、顺甸河、布都河、**畴阳河**与猛硐河。流域多年平均年径流量35.47亿立方米。2005年盘龙河中游茨林寨断面水质为Ⅱ类，花桥断面为Ⅲ～Ⅳ类，氨氮时有超标现象；下游的天保水文站水质为Ⅱ类。

2005年流域总人口128.94万，平均人口密度为每平方千米210人，是红河流域人口密度最大的地区。流域内矿产资源储量丰富，砚山县阿舍乡斗南锰矿为云南省最大的铁合金生产基地，也是全国八大锰矿之一。文山县蕴藏锰、钨、锌等多

盘龙河水系示意图

资源理论蕴藏量 70.34 万千瓦，技术可开发量 73.61 万千瓦。建设有东方红梯级水电站、小河沟电站、曼棍梯级电站与马鹿塘电站等共计 14 座水电站，其中最大的马鹿塘电站总装机容量达 36 万千瓦。已建中型蓄水工程有**丰收水库**、**稼依水库**、回龙坝水库与暮底河水库，总库容 12 718 万立方米，兴利库容 10 827 万立方米。已建小（1）型水库 16 座，小（2）型水库 50 座。

盘龙河历史上多水灾。1672—1949 年发生大洪水 31 年 33 次，以文山坝子水灾严重。1950 年 6—8 月，盘龙河 9 次涨水，文山县城高 2.2 米的城墙被洪水冲毁两段。近来来文山县开展了盘龙河流域综合治理，减少水土流失面积近 150 平方千米，治理县城河道全长 28.5 千米，实施河道清淤约 9 千米，修筑河堤挡墙 400 米，有效地减轻了洪水威胁。

纪　实

盘龙河源头高程 2 120 米，河流切割较浅，在蒙自县的流程仅有 7.9 千米。由西北转东北流入砚山县阿舍乡坝心村，流入地下成伏流；于丘陵区出露于泥龙拱小水库，向北流入回龙坝水库。回龙坝水库最大坝高 13.4 米，总库容 1 267 万立方米，兴利库容 1 180 万立方米，2005 年提供灌溉用水 135 万立方米。

干流出水库流淌于平远坝子，进入稼依水库。平远坝子地势平坦开阔，有差黑海小湖泊与丰收、回龙坝与稼依三座中型水库。粮食作物以稻谷、玉米为主，经济作物以烤烟、辣椒、花生、蔬菜为主，是砚山县粮食主产区，文山州最大的烤烟种植基地。

干流出稼依水库称稼依河，出平远坝于稼依镇蚂蚁河村左纳源自丘北县南部的岔河；蜿蜒南流，入文山县德厚坝子，于文山县马塘镇大汤坝右纳德厚河。德厚坝子为盘龙河上游第二大盆地，面积约 3 平方千米。干流于马塘镇右纳马过河（河长 31 千米，流域面积 162 平方千米），河岸建设有文山马塘工业园区。向南河流深切，于攀枝花镇下暮底河右纳顺甸河（河长 42 千米，流域面积 296 平方千米），于龙潭寨结束上游流程。设有龙潭寨水文站，控制流域面积 3 128 平方千米，多年平均流量 24.6 立方米每秒，多年平均含沙量 0.97 千克每立方米；历年最大流量 445 立方米每秒，最高洪水位 1 268.54 米；历年最小流量 1.35 立方米每秒。据洪水调查，最大洪峰流量 524 立方米每秒（1918 年）。

稼依河向西南方向蜿蜒流淌于文山坝子，文山坝子有一、二级台地分布，高出水面 3～25 米。粮食作物以水稻、玉米与小麦为主，经济作物以三七、甘蔗、烤烟、油料、蔬菜为主，建有日处理 1 500 吨甘蔗的白糖厂，名优产品以三七闻名。左岸有罗汉山省级森林公园，右岸分布有文山国家级自然保护区的老君山片区，主要保护对象是以亚热带常绿阔叶林生态系统，以及以木兰科植物为代表的珍稀植物。老君山又为省级风景名胜区，景区由老君山原始林区、薄竹山和西华山三个片区组成，其中的老君山和薄竹山有 9 峰 16 岭 21 溪谷，有主干内可容数人的锥栗古树。文山县城中的盘龙河段长约 6 千米，河道曲折蜿蜒，河岸垂柳依依，建有大小桥梁 40 余座，

种金属矿，砒霜生产已有 40 多年历史。森林植被以针阔混交林为主，分布有文山国家级自然保护区、罗汉山省级森林公园与鸡冠山省级森林公园。北部分布有平远大型灌区，2005

鸡冠山森林公园

年有效灌溉面积 20 430 公顷，粮食播种面积 9 000 公顷，粮食总产量 3.71 万吨。中部文山县境内的集水面积 2 712 平方千米，占全县土地面积的 91.1%。文山老君山保护区有"植物宝库"之称，中药材 241 个品种中，有 30 多个品种为出省出国商品。三七种植面积、产量及质量均为全国第一。

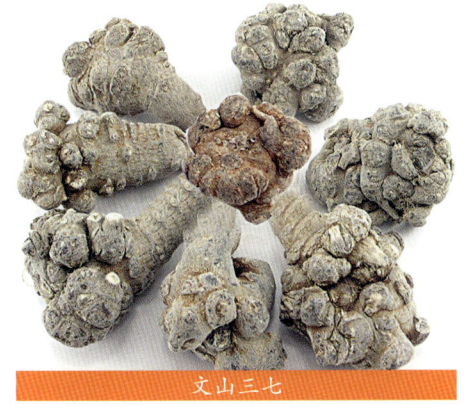

文山三七

干流水力

有"水乡桥城"之谓。干出县城于攀枝花镇右纳布都河（河长29千米，流域面积177平方千米），蜿蜒东流，于开化镇迷洒结束中游流程。

干流进入下游流程，渐入峡谷，建有东方红水电站；向东南流，为西畴县与文山县界河，长6.3千米。左岸西畴县坐落有文山国家级自然保护区的西畴片区，还有鸡冠山森林公园，气候属南亚热带北部边缘，植被类型主要有华山松林、杉树林与南亚热带常绿阔叶林。右岸文山县柳井彝族乡有天然溶洞群，其中的一号洞全长800余米，底洞有岩溶水流动。干流续向东南流，山高谷深，为西畴县与马关县界河，两岸多石山，峰丛林立。此间河长31.3千米，建有九股水、小河沟与戛机水电站。

干流流入麻栗坡县称南温河，流经南温河乡，建有马鹿塘电站水库，正常蓄水位627米，回水长度约27千米，相应库容4.85亿立方米，总装机容量36万千瓦。干流出水库于麻栗坡县南温河乡下湖田左纳流经麻栗坡县城的畴阳河，于麻栗镇达彼河右纳猛硐河（河长21千米，流域面积122平方千米），右岸分布有老君山林场。于天保口岸流入越南，改称为泸江。另一大支流南利江于越南境内汇入泸江（盘龙河）。

下游河道长89千米，落差1156米。设有天保水文站，控制流域面积6109平方千米。测验河道水面宽30～56米，多年平均流量88立方米每秒，多年平均水位116.18米；历年最大流量1212立方米每秒，历年最小流量10.6立方米每秒。据洪水调查，最大洪峰流量1580立方米每秒（1926年）。

盘龙河天保河段

麻栗坡县的天保早在元、明时期就与越南北部有商贸往来，到了清代及民国时期成为了重要通商口岸。改革开放以来，天保成为国家一类口岸，与越南河江省河江市清水河口岸相邻。南部中越边界的老山主峰，已抚平20世纪80年代边境战争的创伤，幽深小路上林木浓荫，建有爱国主义教育基地。

7.13.16.1　丰收水库
（Fengshou Reservoir）

盘龙河源头支流上的中型水库，位于云南省文山壮族苗族自治州砚山县平远坝子西部。库区北岸有323国道通过。

丰收水库属多年调节水库，具有灌溉、防洪、城市供水等功能；总库容3575万立方米，兴利库容3333万立方米，死库容24万立方米。

枢纽建筑物为大坝与输水洞。主坝为均质土坝，坝高11.9米，坝顶长1269.7米，宽7米。副坝有4座，最大坝高

丰收水库

11.9，总长2493.3米。输水洞4条，其中两条为砌石城门洞，最大过流量3.14～3.24立方米每秒；另两条为砌石矩形洞，最大过流量1.1～2.94立方米每秒。

坝址以上集水面积16.7平方千米，引水区集水面积11.5平方千米，建有白者与回丰两条引洪沟引水入库，最大引水流量6.0立方米每秒。库区多年平均年降水量953.7毫米，多年平均年径流量1940万立方米。

水库设计洪水标准100年一遇，有效灌溉面积3970公顷，2005年提供农溉用水360万立方米、工业用水20万立方米、城镇生活用水80万立方米。水库为湖泊型水库，西南部多丘陵峰丛。水库淹没耕地645公顷，迁移人口706人。

水库始建于清代同治年间（1862—1874年），库容160万立方米，灌溉面积185公顷。挡水建筑物有东坝、中坝与西坝，其中东坝高3米。1958年底扩建时，更名为丰收水库，中坝向外移560米至旧寨，西坝向外移430米。至1964年春，建成坝高8.5米，总库容1700万立方米的水库。至1978年1月，大坝填筑达到11.5米的设计高度。因水库蓄满时东、中、西三坝发现漏水点30余处，1979—1981年进行了除险加固处理。

7.13.16.2　稼依水库
（Jiayi Reservoir）

盘龙河上游河道上的中型水库，位于云南省文山壮族苗族自治州砚山县稼依镇。

属年调节水库，以防洪、灌溉、城镇供水为开发目标。总库容2091万立方米，兴利库容1742万立方米。

枢纽建筑物由大坝、输水洞与溢洪道组成。主坝为均质土坝，坝高13.9米，坝顶长358米，宽4.5米；副坝1座高13.3米，长141米。输水低涵最大过流量4.65立方米每秒；输水高洞过水流量1.41立方米每秒。溢洪道最大泄流量98.2立方米每秒。

稼依水库

水库集水面积149.5平方千米，多年平均年降水量950.0毫米，年径流量4570万立方米；设计洪水标准为100年一遇，防洪保护下游12万人、耕地1万公顷；有效灌溉面积1253公顷，年供城镇水量5.0万立方米。2000年水库水质为Ⅱ～Ⅲ类。

水库水面开阔，为湖泊型水库。水库前身称石洞坝，1939年由云南省开文垦殖局动工兴建，至1942年完成龙公东坝、龙公西坝（稼依水库主坝、副坝）、堤坝涵洞、溢洪道、灌溉干渠、支渠、桥涵等工程项目。新中国成立后，历经多年除险加固与续修配套，建成总库容2 091万立方米的中型水库，1997年9月竣工。

7.13.16.3　岔河
（Chahe River）

盘龙河左岸支流，河长26.9千米，落差330米，流域面积475.9平方千米。涉及云南省文山壮族苗族自治州丘北县和砚山县。

流域属亚热带大陆性季风气候区，多年平均气温约16摄氏度，无霜期314天。流域多年平均年降水量约880毫米，多年平均年径流量0.93亿立方米，泥沙侵蚀模数为每年每平方千米500吨。

流域位于云贵高原东南部，上游主要为中低山分布，中下游多为盆地、丘陵分布。总体地势北高南低，岩溶地貌发育。

岔河发源于丘北县树皮彝族乡南部依拖得，距源地1.4千米处流入地下成为暗河，距源地2.5千米处流出地面，之后流向大体为东北向西南流，流经距源地4.5千米处树皮乡啊奈龙村，有啊奈龙小（2）型水库；经砚山县稼依镇岔河村，进入砚山县稼依坝子，地势平坦，于稼依镇蚂蚁河村汇入盘龙河。

7.13.16.4　德厚河
（Dehou River）

盘龙河右岸支流，位于云南省文山壮族苗族自治州文山县境内。河长55千米，落差1 050米，流域面积567.1平方千米。

流域属中亚热带高原季风气候，多年平均气温17.8摄氏度，多年平均年降水量980毫米，多年平均年径流量2.15亿立方米，泥沙侵蚀模数800吨每平方千米每年。设有牛腊冲专用水文站，控制集水面积428平方千米。

流域内岩溶地貌发育，多溶蚀峰丛与洼地，总体地势西高东低。

德厚河发源于乐诗冲乡南部黄草坡，源流自南向北流，至德厚镇大龙村，经德厚镇后折向东流，过红甸乡牛腊冲村转向东南流，于马塘镇大沙坝村汇入盘龙河。上游河段位于牛克大坡的地下暗河长约5千米，中部的德厚与北部的红甸为两个山间盆地。

7.13.16.5　马鹿塘水库
（Malutang Reservoir）

盘龙河下游干流上的大型水库。坝址位于云南省文山壮族苗族自治州麻栗坡县境内的麻栗坡河汇口下游约400米处。为盘龙河干流十级开发方案中的第八级。

水库为年调节水库，分两期开发，以发电为主，混合式开发。坝址控制流域面积5 878平方千米，多年平均流量76.6立方米每秒，多年平均悬移质输沙量176万吨。大坝壅水高约140米，设计正常蓄水位627.00米。总库容5.066亿立方米，调节库容3.79亿立方米。一期工程2001年开工，首台机组2004年10月投产发电，于2005年1月建成投产。二期工程装机容量3×100兆瓦，于2010年5月建成投产。

工程主要建筑物为拦水坝、溢洪道、引水隧洞和厂房。

马鹿塘水库

拦水坝为混凝土面板堆石坝，最大坝高149米，坝顶长度514米；溢洪道采用开敞式；引水流量144立方米每秒；隧洞水电站一、二期总装机容量400兆瓦，额定水头分别为320米、340米，保证出力150.28兆瓦，多年平均年发电量18.18亿千瓦时，年利用小时数4 546小时。

坝址构造较发育，小断层多。地下水补给河水，化学类型为重碳酸钠钾钙水。库区地处云贵高原的南缘，为构造侵蚀岩溶低中山峡谷地貌。水库两岸山体宽厚，多为微透水的岩层组成。本区地震烈度为Ⅵ度。坝址河谷为深切V形谷，两岸山体陡峻，左岸约40~45度，右岸坡约35~40度。坝址处枯水期水位约486米，水面宽约20~40米，沿岸无阶地和漫滩分布。

正常蓄水位时，水库面积10.40平方千米，回水长度24.66千米。水库迁移人口1 409人，房屋46 558平方米，耕地5 890亩，林地1 680亩，园地70亩，公路27.15千米。

马鹿塘水电站是文山州境内装机容量最大的水电站，在电力系统中主要承担基荷或腰荷或调峰、调频和备用任务。

7.13.16.6　畴阳河
（Chouyang River）

盘龙河左岸支流。发源于云南省文山壮族苗族自治州西畴县兴街镇甲沟寨，向南流经麻栗坡县城，于南天保乡桥头村汇入盘龙河。河长61.3米，落差1 069米，流域面积720.8平方千米。涉及西畴县与麻栗坡县。

流域属中亚热带高原季风气候，多年平均气温17.6摄氏度，流域内多年平均年降水量约1 300毫米，多年平均年径流量3.50亿立方米，泥沙侵蚀模数1 000吨每平方千米每年。2001年畴阳河克广桥断面水质为Ⅱ类。

流域地处岩溶石山区，峰丛地貌起伏。东南部为中寨山脉，分水岭最高峰高程2 281.7米。左岸支流发育，右岸多丘陵石山，有伏流。上游沟谷、盆地相间，河床切割浅，有兴街坝子、莲花塘坝子；至兴街镇老街，跨河有始建于1748年的牛羊太平桥，为风雨长廊桥。桥全长60米，其中的悬臂双层托梁、穿斗式五架梁及通廊独具匠心，为云南省文物保护单位。

畴阳河中游流经麻栗坡县城，麻栗坡县城历来就是军事重镇，清光绪二十二年（1896年）会勘中越边界，设立界桩，于此驻绿营后，设交涉副都督，直隶省；1950年设麻栗坡市，1955年撤市改县。县城内小河洞遗址是滇东南地区迄今发现的唯一新石器时代洞穴遗址。

干流出麻栗坡县城向南流，入中山峡谷，于南天保乡桥头村汇入盘龙河。河口高程约491米。

7.13.16.7 八布河
(Babu River)

盘龙河左岸支流。为流经中国与越南的国际河流，单独出境后于越南汇入泸江（盘龙河）。发源于云南省文山壮族苗族自治州西畴县兴街镇大丫口，向南转东流经麻栗坡县八布乡，流入越南。中国境内河长50.5千米，落差1 142米，流域面积1 211平方千米，中国境内涉及云南省西畴县与麻栗坡县。

流域内以亚热带季风气候为主，多年平均气温20.4摄氏度。流域多年平均年降水量1 447毫米，降水主要集中在7—9月，多年平均年径流量8.38亿立方米，水力资源理论蕴藏量16.19万千瓦，技术可开发量1.46万千瓦。2000年水质为Ⅱ类。

流域地处滇东南岩溶山原亚区南部边缘，北邻**南利河**，南邻盘龙河，东南部与越南接壤。流域内平均高程约1 200米。集水面积大于100平方千米的一级支流有哄哈河与八斗河，均位于左岸。北部西畴县山峦起伏，岩石裸露，岩溶发育，泉水出露广泛，东北部董马乡富含铝土矿。南部麻栗坡县中低山延绵，阔叶林浓郁，河谷地种植咖啡，坡岸人工林种植杜仲。域内已建3座小型水库，总库容143.9万立方米。支流已建南令一、二级水电站，总装机容量2.09万千瓦。

八布河

干流源地高程1 602米，西畴县境内称石鹅河。干流向南，左纳哄哈河（河长19千米，流域面积120平方千米）后折向东流，入麻栗坡县八布乡称八布河，左纳八斗河（河长24千米，流域面积289平方千米），全程基本穿流于中、低山峡谷。设有八布水文站，控制流域面积681平方千米，多年平均流量22立方米每秒。据洪水调查，最大洪峰流量908立方米每秒（1913年）。出境口高程约460米，流入越南称锦江。

7.13.16.8 斋河
(Zhaihe River)

盘龙河右岸支流，为越南与中国的跨界河流。河源与河口均位于越南境内，干流中有9.1千米的河段为中国与越南的界河。中国境内位于云南省文山壮族苗族自治州的马关县，流域面积1 768平方千米，多年平均年径流量16.34亿立方米。干流右纳**白河**成为中越界河，向西北右纳**大梁子河**后折向西南，流入越南境内。

7.13.16.8.1 白河
(Baihe River)

斋河右岸支流，又称小白河，位于云南省文山壮族苗族自治州马关县境内。发源于马白镇向阳村，向东南流经都龙镇折向西南流，于金厂镇麻栗山汇入斋河。河长49.8千米，落差1 410米，中国境内流域面积404.4平方千米。

流域位于滇东南岩溶山原亚区南缘，地势东北高西南低。属亚热带季风气候，多年平均气温16.8摄氏度，多年平均年降水量约1 600毫米，多年平均年径流量3.82亿立方米。受采矿影响，2001年水质为劣Ⅴ类，砷化物超标。

马关马鞍山水库

流域北邻**盘龙河**水系，东南部与越南接壤。源头高程1 629米，干流向南流入马鞍山水库；出水库向东南蜿蜒流淌于U形河谷，左纳田房河后称白河。中下游为中低山峡谷，河流深切，至金厂镇以下左岸分水岭为中越边界，河口高程约219米。白河上游多岩溶丘陵，建有马鞍山中型水库，最大坝高23.5米，总库容1 114万立方米，有效灌溉面积1 060公顷。中游锡矿为超大型多金属矿床，储量居全国前列，稀有金属铟的储量丰富。东北部坐落有老君山省级自然保护区，面积1 696公顷，主要保护对象为南亚热带常绿阔叶林及野生动物，分布有季风常绿阔叶林、山地苔藓林、山顶苔藓林、杉木人工林、思茅松人工林和暖热性灌木林。

7.13.16.8.2 大梁子河
(Daliangzi River)

斋河右岸支流，为中国与越南的跨界河流。发源于云南省文山壮族苗族自治州马关县八寨镇大坡村，向南折东后往南流，于马关县小坝子镇西南部汇入斋河。中国境内河长68.1千米，落差1 845米，流域面积1 117.3平方千米。中国境内涉及马关县和河口瑶族苗族自治县。

东邻斋河支流**白河**，西邻元江支流**南溪河**，北邻**盘龙河**，南部与越南文界。集水面积大于100平方千米的一级支流有**响水河**。

流域地处滇东南岩溶高原南部六诏山脉南缘，地势大体西北高、东南低。属低纬亚热带东部型山地季风气候，东北部马关县城多年平均气温16.8摄氏度，多年平均年降水量1 345毫米，多年平均年径流量10.33亿立方米，水力资源理论蕴藏量6.97万千瓦。

干流源头为喀斯特丘陵区，有地下伏流河段，向南流经篾厂乡称桥头大河，坡陡流急；向东为马关县与河口县的界河，曲折穿流于峡谷，称大梁子河；左纳响水河，向南成为中国与越南的界河；沿国境线奔流10.8千米，汇入斋河，河口高程约173米。

流域大部位于马关县，中型蓄水工程有大丫口水库，总库容1 114万立方米。马关县草果栽培已有200多年的历史，被农业部命名为"中国草果之乡"；又因民族文化资源丰富，被文化部命名为"中国民间艺术之乡"。

7.13.16.8.2.1 响水河
(Xiangshui River)

大梁子河左岸支流，位于云南省文山壮族苗族自治州马关县中部。发源于大栗树乡银厂坡，向东转南流，于小坝子镇西北部汇入大梁子河。河长53.6千米，落差1 387.4米，流域面积568.2平方千米。

流域位于滇东南岩溶高原南部边缘，多喀斯特丘陵地貌，支流南山河发源于马关县木厂镇新发寨大梁子，于马关县马白镇桐子园北部汇入干流，河长32千米，集水面积234平方千米。

流域属中亚热带高原季风气候，多年平均气温16.8摄氏度，流域内多年平均年降水量约1 500毫米，多年平均年径流量4.67亿立方米，水力资源理论蕴藏量10.44万千瓦。2002年三一电站段水质为Ⅱ～劣Ⅴ类。

马关烈士陵园

干流自河源蜿蜒流入大丫口水库。大丫口水库总库容1 114万立方米，兴利库容872万立方米，有效灌溉面积1 500公顷；出水库向东转南流，左岸坐落有马关县城，建有马关烈士陵园，为云南省重点烈士纪念建筑物保护单位。向南设有落却水文站，控制流域面积203平方千米。测验河道水面宽12～20米，多年平均流量5.8立方米每秒。据洪水调查，最大洪峰流量198立方米每秒（1908年）。

干流继续向南流，右纳南山河进入下游中山峡谷，河流深切，水流湍急。已建三岔河等6座梯级水电站，总装机容量5.95万千瓦。据洪水调查，马关县老寨村断面以上集水面积430平方千米，最大洪峰流量254立方米每秒（1921年）。

7.13.16.9 南利河
(Nanli River)

盘龙河左岸支流，又称普梅江。为独立出境的流经中国与越南的国际河流。中国境内河长185.7米，落差1 386.8米，流域面积3 716.6平方千米（不含单独出境的支流）。中国境内涉及云南省文山壮族苗族自治州砚山县、西畴县、广南县、麻栗坡县与富宁县。

南利河东北部与**郁江**水系相邻，水系不对称分布，集水面积大于100平方千米的一级支流有科麻河、凹掌河、**达马河**、笼么河、芭蕉冲河、小木恩河与**百南河**（单独出境），均位于左岸。

流域地处滇东南岩溶山原亚区南部边缘，地势西北高东南低。喀斯特峰丛、洼地与地下暗河发育，各种岩溶形态齐全。属亚热带季风气候区，多年平均气温16.0～17.6摄氏度，流域多年平均年降水量1 191毫米，多年平均年径流量22.53亿立方米。干流水力资源理论蕴藏量28.61万千瓦，技术可开发量7.11万千瓦。2001年南利河上果水文站水质为Ⅰ～Ⅱ类，南利大桥断面水质为Ⅲ类。

干流发源于砚山县江那镇姑娘山，源地高程1 886.8米。向东流经路德与新民两座小水库，向南流淌于平坝缓丘。于观音洞流入地下，暗河长约3千米，出流后经八嘎乡称八嘎河；向东经三星至蚌蛾乡平掌左纳科麻河（河长23千米，流域面积164平方千米），入西畴县，于西洒镇八达左纳凹掌河（河长27千米，流域面积100平方千米）。设有上果水文站，

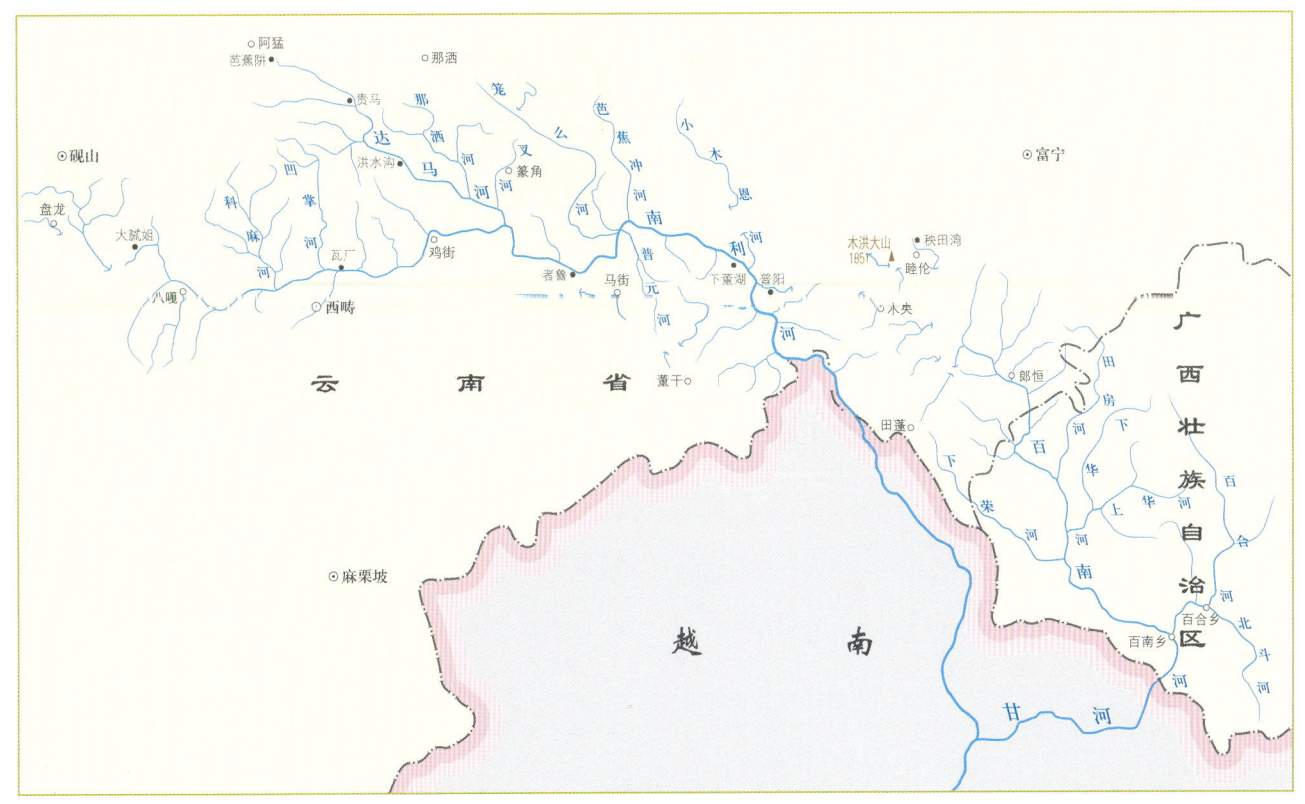
南利河水系示意图

控制流域面积704平方千米，多年平均流量6.53立方米每秒。

干流穿流于峡谷，经中寨至鸡街称鸡街河，河谷宽浅，河道蜿蜒；左纳达马河进入峡谷，向南成为西畴县与广南县及麻栗坡县的界河，转东流入麻栗坡县；经者普电站，向北为广南县与麻栗坡县的界河，又称大河；于广南县篆角乡董布左纳石笋河（河长41千米，流域面积202平方千米），于黑支果乡大山左纳芭蕉冲河（河长23千米，流域面积116平方千米）。董湖设有董湖水文站，控制流域面积2 369平方千米。测验河道水面宽16.7~66.8米，多年平均流量40.5立方米每秒。据洪水调查，最大洪峰流量1 470立方米每秒（1933年）。

干流于黑支果乡木厂左纳小木恩河（河长34千米，流域面积191平方千米），蜿蜒向南为麻栗坡县与富宁县的界河，进入中山峡谷，称为南利河；于富宁县木央镇西南隅成为中国与越南的界河，山高谷深，坡陡流急，沿国境流程长16.4千米，出境口高程约500米。流入越南后称儒桂河，汇入泸江（盘龙河）。

已建瓦厂、鸡街、者鲁与董湖等4座小型水电站。南部坐落有西畴县城，附近有仙人洞遗址。1965—1973年在此洞穴内发掘和清理出属旧石器时代晚期智人的5枚牙齿化石，经鉴定命名为"西畴人"，距今约5万年。

7.13.16.9.1 达马河
(Dama River)

南利河左岸支流，又称贵马大河。源头有两支东西流向的河流，以南支为主源。发源于云南省文山壮族苗族自治州砚山县阿勐镇南部石缸山，向东流入广南县，转东南成为广南县与西畴县的界河，汇入南利河。河长51.4千米，落差884米，流域面积664.9平方千米。涉及砚山县、西畴县和广南县。

水系不对称分布，支流主要分布于左岸。集水面积大于100平方千米的一级支流有那洒河与岔河。那洒河发源于广南县那洒镇天马山，于广南县那洒镇法门坎汇入干流，河长16千米，集水面积138.6平方千米。岔河发源于广南县那洒镇山窝子，于广南县篆角乡必边汇入干流，河长15.7千米，集水面积139.5平方千米。

流域位于云贵高原东南部，总体地势西北高东南低，流域内多为中山、低中山分布，无成规模的丘陵、坝子，岩溶地貌分布广泛，森林覆盖率为16.0%。流域属中亚热带高原季风气候，多年平均气温16.6摄氏度，多年平均年降水量约1 200毫米，多年平均年径流量3.32亿立方米，泥沙侵蚀模数1 000吨每平方千米每年。

河源段六诏尖山高程1 735.7米，河谷多呈U形。干流向东流，建有贵马水电站，左纳那洒河称贵马大河；向东南流，为广南与西畴的界河，改称达马河，穿流于深山峡谷；左纳岔河后向东转南汇入南利河，河口高程约858米。

7.13.16.9.2 百南河
(Bainan River)

南利河左岸支流，发源于云南省文山壮族苗族自治州富宁县，在越南汇入甘河。境内干流长104千米，流域面积2 023平方千米，涉及中国云南省富宁县、广西那坡县和越南高谅省。

流域平均宽度19.5千米，云南省流域面积610平方千米，广西那坡县流域面积1 404平方千米，越南流域面积9平方千米。由三叠纪砂岩、页岩及泥岩构成低山地形，高程500米左右。地势北高南低，碎屑岩土山为主，夹有岩溶山区。中国境内云南省富宁县干流长34千米，广西那坡县干流长70千米。在富宁县河流自上而下称大桥河、下木甘河、木瓦河、木甲河、郎恒河。在广西那坡县的河流百省乡以上称百都河，以下称百南河。出境在越南称甘河、锦江。100平方千米以上的一级支流有田房河、下华河、下荣河、**百合河**。

流域属亚热带季风气候，多年平均年降水1 417.9毫米，5—9月降水占79.1%，多年平均流量30.4立方米每秒，多年平均年径流量9.52亿立方米，年径流深750毫米。天然落差322米，可利用落差161米，水能理论蕴藏量87.7兆瓦，可开发量23.9兆瓦。

陡坡开荒，乱砍滥伐水源林，导致水土流失，加剧了流域灾情。1949年前，大雨大灾，无雨旱灾，抗灾能力很低。1949年后整修堤防，治理河道，筑坝引水，兴建蓄、引、提水利工程，主要有上盖、百都水电站，有效灌溉面积2 946公顷，保证灌溉面积2 520公顷；引水工程6 424处，正常引水流量6.2立方米每秒；蓄水工程27处，总库容369.54万立方米，有效库容350.54万立方米。

百南河发源于云南省富宁县里达镇达孟村以北700米处，南流经郎恒乡称郎恒河，入广西那坡县百都乡称百都河；至坡马转东偏南流，至那隆乡规任村西南纳田房河（河长40千米，流域面积146平方千米）后转南流，于下华乡那行村东南左纳下华河（河长21千米，流域面积245平方千米）；继南流于百省乡街北右纳下荣河（河长36千米，流域面积158平方千米），转向东南流，经百坎、上盖，至百南乡百南街百南桥左纳百合河；折向西南流，于中越128号界碑处流入越南，以下称甘河，经越南高平市和保乐县，于那马村附近汇入锦江。经明江、红河汇入北部湾。

百南河那坡县百南乡河段

7.13.16.9.2.1 百合河
(Baihe River)

百南河左岸支流。发源于广西壮族自治区那坡县德隆乡，在百南乡汇入百南河。流域面积580平方千米，干流长57千米，天然落差490米。

流域在云贵高原边缘，由三叠系砂岩、页岩及泥岩构成低山地形，高程500米左右。地势北高南低，碎屑岩土山为主，夹有岩溶山区。河溪纵横，林木盛长。

流域地处低纬度南亚热带，气候温和，光热充足，雨量充沛。多年平均年降水量1 517.9毫米，80%雨量集中在5—9

月，多年平均流量 10.6 立方米每秒，多年平均年径流量 3.48 亿立方米。水力理论蕴藏量 15.39 兆瓦，技术可开发量 1.92 兆瓦，有小水电站 33 处，装机 34 台，总装机容量 513 千瓦，小（2）型水库两座，有效灌溉面积 45 公顷。

百合河发源于广西那坡县德隆乡德孚村岩北屯西北方 1.7 千米处，自源头向东南流，经德隆街、德康和那造村，至清华转向西南流，再经百合街和那乐村，至百南桥下游 1 千米处从左侧汇入百南河。

流域地处桂西南边陲，有 207 千米的边境线，有平孟国家二类口岸、百南边境互市点和贸易市场。经济以农业为主，农民收入依靠种植、养殖业，粮食作物有水稻、玉米、小麦、红薯、木薯、黄豆等，其他作物有玉桂、八角、油茶、油桐、梨、板栗、李、竹、荔枝、桃等，产品有大红八角、玉桂油、茴香脑、中草药等。

海南岛诸河

Rivers of Hainan Island

9.2 海南岛诸河
（Rivers of Hainan Island）

流域范围 海南省位于中国最南端，北以琼州海峡与广东省划界，西临北部湾与越南相对，东濒南海，东南和南边在南海与菲律宾、文莱和马来西亚为邻。海南省的行政区域包括海南岛和西沙群岛、中沙群岛、南沙群岛的岛礁及其海域。陆地（包括海南岛和西沙、中沙、南沙群岛）总面积3.42万平方千米，海域面积约200万平方千米。海南岛呈东北—西南走向椭圆形状，总面积（不包括所属岛屿）3.41万平方千米，是我国仅次于台湾岛的第二大岛。海南岛与广东省雷州半岛相隔的琼州海峡平均宽度约29.5公里。

地质地貌 海南岛地貌的主要特点是由山地、丘陵、台地、阶地和平原等地貌类型构成的三大环带。内环位于中南部，由一系列中、低山组成，它们分别属于五指山、黎母岭和雅加大岭等3列山脉。中环为中、低山外围的丘陵地貌单元，其分布以北部、西部、南部面积较大。外环由台地、阶地和平原等地貌单元构成，是三大环中面积最大的一环。

气候水文 海南岛地处低纬度区，四面环海，属热带亚热带季风气候，全年暖热，年日照时数1 750～2 650小时，日照时数按地区分，西部沿海最多，中部山区最少；按季节分，依夏、春、秋、冬顺序，依次减少。岛上多年平均气温23～25摄氏度，中部山区较低，西南部较高。全年1—2月平均温度16～24摄氏度，大部分地区平均极端低温在5摄氏度以上；7—8月平均温度25～29摄氏度。西沙、南沙、中沙群岛属于热带海洋气候，长夏无冬，多年平均气温26.5摄氏度。

海南岛季风发达，湿热多雨，长期受海洋调节及台风影响频繁，气候资源多样，降雨量充沛，干湿季节明显，常风较大。降水量在空间上变化总的趋势是由中部山区向四周沿海递减，东南较大，西北较小，等值线的变化范围为1 000～2 600毫米。降水量年内分配很不均匀，随季节的变化，与上层空间水汽和风向、风力变化有密切关系。在省内明显分为多雨期与少雨期，多雨期雨量占年总量的75%～91%。

河流水系 受中部高凸四周低平的地形控制，海南岛河流均从中部山区或丘陵地区向四周分流入海，构成放射状的水系，全岛均属南海水系。全岛独流入海的河流共154条，集雨面积大于100平方千米的各级干支流共93条，其中独流入海的有39条。海南岛主要河流有**南渡江**、**昌化江**和**万泉河**，流域面积分别为7 033平方千米、5 150平方千米、3 693平方千米；集雨面积在500平方千米以上独流入海的河流还有**陵水河**、**珠碧江**、**宁远河**、**望楼河**、**文澜河**、**藤桥河**、**北门江**、**太阳河**、**春江**及**文教河**。岛上河流的基本特点是较大的河流都发源于中部山区，较小的河流多发源于山前丘陵或台地上，然后顺着地势奔流入海；河短坡陡，水流湍急，暴涨暴落，水量丰沛，含沙量小，终年不冻。

9.2.1 南渡江
（Nandu River）

海南岛第一大河流，与**昌化江**、**万泉河**并称为海南三大河流。发源于海南省白沙县南峰山，干流斜贯海南岛中北部，流经白沙、琼中、儋州、屯昌、澄迈、定安、海口等市（县），从海口市三联村汇入琼州海峡。流域东经109°12′～110°35′，北纬18°56′～20°25′。河长333.8千米，比降0.72‰，总落差703米，流域面积7 033平方千米。

概 述

流域范围 流域位于海南岛的北部，西南以雅加大岭、黎母岭山脉与昌化江流域分界，东南和东北以南吕岭、文岭、部分东线公路与万泉河流域分界，西北以多文岭、部分西线公路、马鞍岭与一些独流入海河流分界，流域面积占海南岛面积的21%。流域呈狭长形，涉及白沙、儋州、琼中、澄迈、临高、屯昌、定安、文昌和海口等市（县）。

地质地貌 南渡江上游地域是中低山地区，由雅加大岭、黎母岭等北东向山系组成，山势陡峻，高程都在500米以上，最高点为鹦哥岭1 811米；河谷狭窄，河流坡降大，险滩多。中游为低山丘陵，南高北低，一般山顶高程200～500米，最高点为黎母岭1 411米，山间沟谷发育，河道两岸地形陡峻；河道迂回弯曲，分布有大小不等的深潭浅滩；河流流程短，河谷狭窄，纵坡陡，水流急。下游属低丘、冲积平原地区，地势南高北低，纵坡平缓，河道宽阔，流速缓慢，沙洲、浅滩较多，两岸是平坦的台地，大部分为农田。

河流水系 南渡江距入海口十几千米的河段为感潮段，挟沙能力减弱，形成许多沙洲岛，其中河口有新埠岛和海甸岛，使河口段分三支注入琼州海峡，北支为干流，在三联村入海为主河道，西北支横沟河在网门港入海，西支海甸溪在海口港入海。

流域内支流众多，迂回弯曲，交错汇入干流，流域面积100平方千米以上的一级支流有南美河、南春河、南湾河、腰子河、南坤河、西昌水、绿现水、大塘河、海仔河、汶安河、**龙州河**、温村水、巡崖河等，其中河长超过50千米的有大塘河和龙州河。

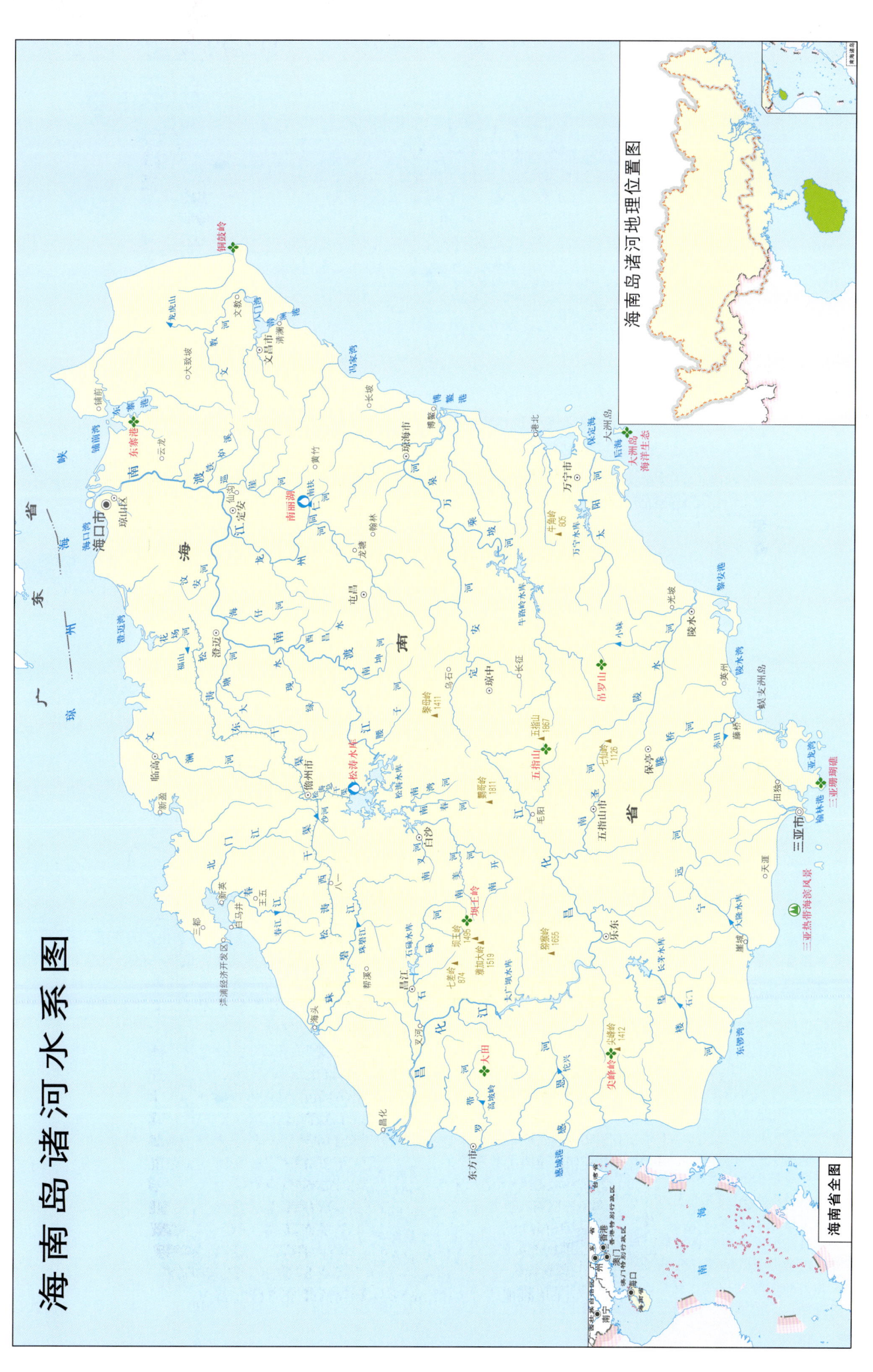

9.2.1 南渡江

南渡江水系示意图

气候水文 流域地处热带北部边缘，具有丰富的降雨、阳光和热能，台风频繁，干湿季差别显著；多年平均气温23.5摄氏度，气候温和，四季界线不明显；年平均日照2 100小时，多年平均相对湿度85%。每年8—10月的风速较高，平均每年约受7次台风影响，正面登陆1~2次。

流域多年平均年降水量1 929.2毫米。降水量自上游向下游递减，南部多于北部。南渡江上游及中游山地的仙婆岭和黎母岭一带，是海南全岛的降水和暴雨中心，年平均降水量2 000~2 400毫米，下游的琼北台地及沿海一带年平均降水量1 600~2 000毫米。

流域多年平均陆面蒸发量930毫米，年径流深985毫米，多年平均流量181立方米每秒，年径流量57.2亿立方米；实测最小流量1.40立方米每秒（1976年），实测最大流量7 550立方米每秒（1958年）。

南渡江干流水质总体良好，城镇河段和入海口河段水质较差；污染类型以耗氧有机类污染和石油类污染为主，主要污染物为高锰酸盐指数、氨氮、溶解氧和石油类；主要点污染源是糖厂、造纸厂、化肥厂、橡胶加工厂、城镇生活污染源等，面污染源主要来自农田农药和化肥的使用。

流域中上游地区森林茂密，植被良好，四季常青，地表土壤有较强的抗冲能力，水土流失轻微，实测悬移质含沙量较少，下游龙塘站多年平均含沙量0.08千克每立方米。南渡江输沙量不大，并呈减少之势。南渡江1956—2000年的多年平均年悬移质输沙量36.5万吨，输沙模数51.9吨每平方千米每年。流域多年平均水资源总量69.45亿立方米，其中多年平均地表水资源量69.07亿立方米，地表水资源可利用率47.2%。

社会经济 流域涉及海南省9个市县，2004年人口314万，地区生产总值320.1亿元，工农业总产值230.4亿元，其中工业总产值148.6亿元。

流域以农业生产为主，农民收入靠粮食、蔬菜种植和养殖业。粮食作物以水稻为主，其次是薯类、旱稻、玉米等；热带作物以橡胶为主，其次还有胡椒、椰子、槟榔、咖啡等；经济作物有甘蔗、水果、瓜菜、油类、茶叶、豆类，其中水果有菠萝、荔枝、龙眼、香蕉、西瓜、柑橘、杨桃、菠萝蜜、芒果等。流域内的重要工业城市为海口市，主要工业有食品饮料、机械、纺织、制糖、卷烟、石化、医药等。

流域内各市县经济发展不平衡，下游海口地区社会经济较为发达，已经形成了医药、食品饮料、卷烟、制糖、汽车、旅游等产业体系。

自然灾害　流域内常发生旱、洪、风、涝等灾害，以旱灾最为严重。据史料记载，流域内春秋干旱年年都有发生，且往往是干旱一大片。一般约四年出现一次较大范围的大旱，十年出现一次特大干旱。每次大的干旱都造成山塘水库干涸，河川断流，土地龟裂，人畜饮水困难，农作物严重失收。其中1988年1—10月发生全岛性特大干旱，松涛水库接近死水位。

台风侵袭是形成岛上河流洪水暴涨的主要因素。流域的洪水灾害大部分发生在汛期、中下游河段。据史料记载，自明弘治十三年（1500年）至1950年，南渡江下游发生较大洪水70余次，平均约7年一次较大水灾。1951年后，南渡江下游地区先后于1954、1957、1958、1963、1970、1976、1978、1996、1997、2005年发生过较大的洪水灾害，平均约5年一次。

1996年9月18—21日，海南岛受9618号台风影响，流域普降特大暴雨，南渡江出现30多年来未见的大洪水，海口、琼山、澄迈、定安等市（县）受灾严重，直接经济损失19亿元。

水利建设　水利工程灌溉一直是海南工农业经济发展的支柱。自1958年开始，松涛灌区内陆续兴建水利工程，松涛灌区东至南渡江左岸，北临琼州海峡，西濒北部湾，总面积5 866平方千米，现有耕地面积21.37万公顷，有效灌溉面积7.36万公顷。该灌区以松涛水库为主体，通过各级渠道连接灌区内中小型水利工程，组成大中小、蓄引提相结合的水利灌溉系统，解决琼北地区儋州市、临高县、澄迈县、白沙县、海口市等地区的灌溉与供水问题。

松涛灌区包括19个较大的灌溉系统，灌溉面积在5万～30万亩的中型灌溉系统有：黄竹分干、白莲东分干、白莲西分干、福山分干、波莲、和舍、那大、天角潭、大成等9个灌溉系统；有效灌溉面积在1万～5万亩的小型灌溉系统有：金江、多文南、凤蛟、大塘河、那英、春江、铺子、西华、八一、富盈南等10个灌溉系统。

治理开发　1951年后，南渡江作为海南岛的重要河流之一，被纳入海南水利重点，对全流域进行了全面综合治理与开发。

20世纪60年代前，南渡江的中下游可通行1～5吨木（机）船，但随后陆路交通发展，河道上建库筑坝又多不设船闸，故南渡江中下游河道疏浚、两岸筑堤主要是为防洪排涝。海口市的经济发展，市政建设的扩大，也加速了南渡江出口两岸防洪（潮）堤围建设。南渡江干流河道治理包括堤岸加高加固、新堤建设、险工处理、水土保持、河道清障和河势顺导等措施，在提高河道行洪标准的同时，基本理顺和控制主河槽，保证行洪通畅和河势稳定，确保沿河城市、乡镇、农田及人民生命财产的安全。

南渡江流域为海南省经济最发达地区，各类用水需求增长较快，流域开发主要以灌溉、城镇供水和防洪功能为主，在此前提下充分开发水力资源。

南渡江上中游山高坡陡，河床险滩较多，下游河面宽阔，沙洲多，水能理论蕴藏量21.98万千瓦。南渡江干流共分五级开发。第一级为松涛水库，共17座电站，已建14座（包括南丰坝后电站和南茶反调节电站）；另已建成15座渠道电站。第二级为迈湾水库，已完成可行性研究报告。第三级为谷石滩电站，已完成初设。第四级为九龙滩滚水坝，发电装机容量4.8兆瓦，尚可扩建1.6兆瓦。第五级为龙塘滚水坝，已建成左岸电站，右岸电站待扩建。南渡江支流水能蕴藏量大于10兆瓦的有南湾河和龙州河（其中南湾河无技术可开发量），龙州河规划共有5座小型引水电站，已建4座，尚有1座待建。

南渡江干流上游建有南伟、松涛水库，下游建有九龙滩与龙塘低坝引水灌溉和发电。已建有大中型水库15座，小（1）型水库54座，总库容38.81亿立方米，控制集水面积2 181.1平方千米。其中，松涛水库总库容33.45亿立方米，正常库容25.95亿立方米，已形成以松涛水库为骨干，大中小型水库相结合的长藤结瓜的灌溉系统；松涛灌区包括儋州、临高、澄迈、海口四市县，有效灌溉面积8.24万公顷，并向城市与开发区供水。

纪　实

上游　南渡江流域地势西南高，东北低，由较多山泉汇集而成，源头流至松涛水库坝址亲足口之前为南渡江上游段，河长137千米，流域面积1 496平方千米。

南渡江自源头向北流，上游称南开河，于南开乡同岭左纳南美河（河长32千米，流域面积124平方千米）；折向东流至元门乡印妹二队再折向北流，至叉叉镇牙港村左纳南叉河。流域坐落在白沙县城。白沙，1935始建白沙县，1987年底成立白沙黎族自治县，境内聚居着汉、黎、苗、壮等多个民族，少数民族人口占61%。白沙县属热带季风气候，气候温润，干湿季节分明，昼夜温差居全岛之首，多年平均气温23.0摄氏度。白沙县境内动植物种类繁多，热带森林资源十分丰富，有热带雨林、季雨林和常绿树林，被列为国家重点保护的特有与珍稀树木有20余种；境内有著名的坝王岭长臂猿自然保护区和坝王岭自然保护区；土特产品有白沙绿茶、胡椒及藤竹制品等，白沙绿茶以色泽光润，香浓味永，营养成分高而饮誉海内外。

坝王岭自然保护区

干流继流至细水乡于罗亲园右纳南春河（河长27千米，流域面积105平方千米），于南万岭右纳南湾河（河长39千米，流域面积184平方千米）；经松涛水库主序面，于坝址儋州市南丰镇亲口足右纳腰子河（河长42千米，流域面积356平方千米）。

松涛水库坝址位于儋州市南丰镇亲足口，距那大镇10千米，水库流域面积占南渡江流域面积的20.8%，库区北起纱帽岭，南到细水山区，东与琼中县接壤，西与白沙县毗邻。

紧傍松涛水库的蓝洋温泉国家森林公园位于儋州市蓝洋镇蓝洋农场境内，距儋州市区12千米，面积5 660公顷。公园四周由莲花岭等数十座形貌奇特的山峦环抱，峰岭起状，沟谷纵横。被称为"海南第一洞"的观音洞有上中下三层，总长500多米，洞中有洞，幽深曲折。公园内森林茂密，森林覆盖率90%以上。热带季雨林、次生阔叶林、各类经济林、果木林等植被景观丰富多彩。公园内莲花山中溪泉密布，水潭众多，瀑布气势磅礴。莲花山下的蓝洋温泉群有10多处自然泉眼，日流量8 000吨以上，水温40～93摄氏度，温泉区雾

9.2.1 南渡江

气蒸腾,其中"冷热泉"仅一石之隔却冷热分明。

中游 南渡江出儋州,从西南沿澄迈边界及屯昌西部边界流入澄迈境内,向北流经金江镇折向东出境为中游段,流程 116.3 千米,流域面积 1 578 平方千米。

干流出松涛水库后向东流,为澄迈县与琼中县界河,进入屯昌县后于合水右纳南坤河(河长 26 千米,流域面积 133 平方千米)后循屯昌与澄迈县界北流;于澄迈县加乐镇岭

蓝洋温泉国家森林公园

脚岭右纳西昌水(河长 26 千米,流域面积 144 平方千米),于中兴镇谷蚊岭左纳绿现水(河长 34 千米,流域面积 174 平方千米),于金江镇大塘村左纳大塘河(河长 56 千米,流域面积 601 平方千米)后向北流入澄迈县城。澄迈,西汉武帝元鼎六年(公元前 30 年)置为苟中县,为海南西汉时期三大名邑之一,位于海南岛的西北部,北临琼州海峡。县政府所在地金江镇旧名"打铁市",相传几户打铁匠居于此而得名,后因南渡江沙土含有金而改名"金江"。境内旅游资源丰富,自然景观有盈滨半岛、南泰鳄鱼湖动物园、济公山、福山水库、加笼坪自然保护区、加莲潭白露保护区等,人文景观有美榔双塔、金寺、大成殿、文峰塔等。

南渡江的金江河段有澄迈县金江饮用水水源地,城市年供水量 365 万立方米,供水人口 4 万。

干流出县城后流至新村仔右纳海仔河(河长 30 千米,流域面积 176 平方千米),继东流至文安村左纳汶安河(河长 25 千米,流域面积 165 平方千米),经永发镇流入海口市境。

下游 九龙滩以下为下游段,流域面积 4 017 平方千米,河长 113.8 千米,其中龙塘坝址以下称河口段,河长 25.8 千米。

南渡江流经海口市琼山区一段后成为琼山与定安县界河,至定安县溪头坡有最大支流龙州河自右岸汇入后流入定安县城。定安,元至元三十年(公元 1293 年)置定安县,距海口美兰国际机场 38 千米,距海口港 40 千米,东线高速公路纵贯全县。定安是琼剧之乡,境内环境优美,碧水蓝天,圣女果、火龙果、槟榔果为定安农业的新品牌产品。

干流出定安后,东流至仙屯村北右纳温村水(河长 25 千米,流域面积 124 平方千米),转北流至巡崖村右纳巡崖河(河长 42 千米,流域面积 445 平方千米);继流至琼山区旧州右纳铁炉溪(河长 29 千米,流域面积 105 平方千米),于蚊龙村左纳南面溪(河长 34 千米,流域面积 120 平方千米),于昌木村右纳三十六溪,经龙塘穿过海口市区东部注入琼州海峡。龙塘河段为海口市饮用水水源地,城市年供水量 1.17 亿立方米,供水人口 81 万人。

海口市是一座历史悠久的名城,海南省省会,政治、经

海南东线高速

南渡江夜景

济、文化中心,亦是全省陆、海、空交通枢纽。海口、琼山两地毗邻,建制上曾多次发生迭变,既有海口"并入"琼山的时期,也有琼山"并入"海口的时期。1988 年海南建省,定海口为省会市,升格为地级市。国务院 2002 年 10 月 16 日批准以原琼山市和海口市原秀英区、新华区、振东区的行政区划设立海口市秀英区、龙华区、琼山区、美兰区。

海南海口世纪大桥

海口市民间流行海南语系的海口方言,琼剧为海口市主要地方剧种,椰雕、贝雕是海口市主要的传统手工艺品。近年来,海口市着力发展高新技术产业,信息工业、医药产品制造逐渐成为海口经济发展的主导产业。

海口市生态环境良好,旅游资源丰富,在全长 141.25 千米的海岸线上,分布着宽阔平缓的海滩、沿海滩涂红树林、自然林、人工防护林、果树林等到处郁郁葱葱。北部面临大海,海滩坡度平缓,海水清碧,是理想的天然游泳场;著名景点有五公祠、海瑞墓园、丘浚墓园、琼台书院、东寨港红树林国家级自然保护区、玉龙泉国家森林公园、石山火山群地质公园、东山湖热带野生动物园、海底村庄等。

海口东寨港红树林

琼山位于南渡江下游，其建制历史悠久，宋、明、清时期出进士 62 人，举人 354 人，居海南之最。明代著名人物丘浚、海瑞等均出自琼山。

五公祠位于海口市的东南方，占地面积约 6.6 万平方米，由海南第一楼（五公祠）、观稼堂、学圃堂、苏公祠、伏波亭、洞酌亭、洗心轩、粟泉亭、琼园、五公祠陈列馆等建筑、遗迹组成。自北宋大文豪苏东坡在此"指双泉"开始，这里便成为崇拜先贤、教育后人的地方，素有"琼台胜景"的美誉。五公祠是海南人民为纪念忧国忧民被贬谪到海南岛的唐朝名臣李德裕、宋朝名臣忠定公李纲、忠简公赵鼎、庄简公李光、忠简公胡铨而建的，"五公祠"也因此而得名。

9.2.1.1 松涛水库

(Songtao Reservoir)

南渡江上游的大型水库，坝址位于海南省儋州市亲足口，北距那大镇 10 千米，是海南省最大的人工湖，也是最大的水利枢纽工程。

松涛水库

概　述

水库控制流域面积 1 496 平方千米，占南渡江流域面积的 20.8%，库区地跨儋州市和白沙县，总库容 33.45 亿立方米，调节水量 13.50 亿立方米，正常库面面积 130.5 平方千米，是一座以灌溉为主，结合发电、防洪、供水、养殖和旅游功用的多年调节的大型水利工程。

工程由大坝、泄洪道、输水隧洞和水电站 4 部分组成。大坝为碾压式均质土坝，主坝 1 座，坝顶长 730 米，最大坝高 80.1 米，坝顶筑有高 1.0 米的混凝土防浪墙；副坝 7 座，总长 4 026 米，最大坝高 15.0 米；泄洪道 1 座，为开敞式实用堰，最大泄洪流量 6 300 立方米每秒；输水隧洞两条，均为深式压力隧洞，一个最大泄流量 298 立方米每秒，另一个最大泄流量 103 立方米每秒；输水隧洞出口处设坝后引水式水电站 1 座。

流域地处亚热带，气温高、日照长、雨量丰沛，降水以台风雨为主，其次是热雷雨和锋面雨；多年平均年降水量 2 003 毫米，年径流深 1 104 毫米，年蒸发量 1 287 毫米，多年平均入库流量 47.8 立方米每秒，平均年入库径流总量 15 亿立方米。

建库以来，效益显著。水库设计防洪标准为 1 000 年一遇，10 000 年一遇标准校核，使水库下游地区的防洪标准提高，减缓了洪水对下游地区的安全威胁，1960—1980 年受灾耕地面积累计减少 9.7 万公顷。水库是松涛灌区的主要供水水源，灌溉地区包括儋州、临高、澄迈、海口等市（县），灌溉面积 8.6 万公顷，是海岛旱涝保收的粮、油、糖生产基地，并向儋州（那大）、海口（秀英）以及洋浦、马村、老城等城镇和开发区提供工业、生活用水，年均供水量约 11 亿立方米。水库担负着保护海口市和琼中、屯昌、临高、澄迈、定安等市（县）的 34 个乡镇、200 万人口、3.8 万公顷农田、1 条高速公路和 4 座国防公路大桥的安全。松涛水库被誉为"宝岛明珠""开发海南的第一把金钥匙"。

纪　实

1957 年春，松涛水库由水利部广州勘测设计院进行勘测。于 1958 年 3 月提出选坝报告；经水利部审查，选定亲足口坝址，坝型选用土坝；同年 5 月提出《松涛水库初步设计要点》，报经水利电力部审查批准。1958 年 7 月动工兴建，1960 年填筑至 185 米高程，开始蓄水。1961 年 9 月大坝停工，劳动力转到灌区开发，1964 年大坝复工，1967 年 6 月大坝建成，1970 年 12 月水库工程竣工。

1959 年 8 月 5 日，经松涛水库建设者的努力，在 100 年一遇的洪水到来之前将大坝填筑至 170 米高程，保护了下游三县一市沿江数十万人民的生命财产安全。

库区淹没儋州市、白沙县共 67 个自然村、1 473 户、6 980 人，迁安 55 个村、1 187 户、5 764 人；淹没耕地 1 338 公顷，其中水田 556 公顷，旱田 156 公顷，旱地 626 公顷；淹没房屋 2 845 间 7.97 万平方米，淹没国道公路 11 千米，橡胶树 3 963 株。

1958—1959 年，水库第一批迁出 26 个自然村 655 户、3 140 人；1967 年，第二批迁出 29 个自然村 532 户、2 624 人。

1975 年 8 月河南省大水后，按水电部批示改用可能最大降雨进行洪水复核，把主副坝坝顶高程由 195.7 米加高至 197.1 米，并在坝顶上游侧增建 1.0 米高防浪墙；副坝、溢洪道、进水塔等工程也相应进行加固。1984—1986 年安全加固项目包括：大坝安全试验，大坝和条形山观测系统；溢洪道闸门更换和公路桥增建；坝区公路改造；通信系统改造；福山、跃进两水库加固及总干渠塌方处理等。2002 年 7 月主要加固项目：导流洞封堵；防洪抢险公路改扩建；溢洪道挑流鼻坎下游的断层处理；主坝上游干砌石护坡翻修及南丰输水洞引水渠护坡扩建；更新改造现有水情测报、防汛通信系统和工程安全监测设施；溢洪道和南丰进水闸门及启闭机改造。

水库素有"天湖"美称，水库水面面积 130 平方千米，库岸线长 544 千米，水域主要航线 66.5 千米，其中南丰至白沙牙叉港约 39 千米（上行），南丰至松涛大坝约 27.5 千米（下行）。天湖水域辽阔，尤其是南丰洋和番加洋，酷似大海，被誉为"岛中的海"。库区峰峦驰聚，群山叠彩，平日里烟波浩渺，波光粼粼，有时巨浪翻涌，飞溅岸礁。夕照下，松涛坝区霞光灿烂，掩映着殷红的水面，水天一色，衬托着起伏的山峦和婆娑的椰林，壮美绚丽。

水库旅游资源十分丰富，主要景观有仙婆岭（卧美人）、榕岩仙迹、翠耸纱帽（纱帽岭）、猴山绝壁（猴子山）、碧漾风情、波绕雄狮（狮子岭）、进水塔、观天一线、黎王宫殿、烈日火焰、石窟水帘、巍峨大坝、松涛云雾、晨曦鱼跃、松涛晚霞、黑山幽谷、九品莲花等。2001 年在库边的一座小山岗上修建木结构的六角亭，取名"好雨亭"。2002 年松涛水库被水利部评为国家水利风景区，2006 年 6 月又被国家旅游局评为国家 AAA 旅游风景区。海南松涛自然保护区列入国家湿地自然保护区名录。

9.2.1.2 龙州河
(Longzhou River)

南渡江右岸支流，又名新吴溪。发源于海南省屯昌县枫木镇的黄竹岭。河长107.6千米，总落差476米，流域面积1 293.2平方千米，涉及屯昌县和定安县。

流域属热带海洋季风气候区，气候温润，干湿季分明。冬春季常出现干旱现象，夏秋季节多台风暴雨。多年平均气温23.7摄氏度，多年平均年降雨量2 099毫米。每年5—10月为雨量集中期，同时也是台风和热带风暴多发季节，平均每年约3.9个。

1956年定安县建设龙州河灌溉工程，1958年竣工。干渠总长30千米，灌溉农田1 800公顷，是定安县北部地区农业发展的生命线。由于年久失修，龙州河干渠渗漏、崩塌、滑坡、淤积严重，造成输水困难。2000—2004年，对干渠进行防渗加固，龙州河30千米干渠实现了全线硬化贯通，新增加灌溉面积200多公顷，有效地改善了定安北部地区10多万农民的生产、生活条件。

龙州河自源地南流，经木色转东北流，经枫木洋、大城、鹿寨等村，过坡心镇，于屯城镇福永村左纳流经屯昌县城屯城镇的吉安溪，吉安溪上有深田湖避暑山庄和良田水库。屯昌，1950年设新民县，因同辽宁省新民县重名，1952年国务院为了便于管理，遂将海南新民县，以其治所之名，更名为屯昌县，主要产业为农业和旅游业。

干流折向东流，于湾头村左纳南淀河，南淀河发源于屯昌县南吕岭，流域面积133.8平方千米，河长27.3千米，河道平均比降3.14‰，上游有民兵中型水库；至芒头折向东北流入定安县境，经长林、石奎，至文龙转向西北流，至诗礼根右纳同仁河，同仁河上游定安县雷鸣镇境内建有**南扶水库**；继向西北流，经昌源、石门、龙梅等村，至新竹镇卜南村左纳卜南河，卜南河发源于屯昌县长旦岭，流域面积147.9平方千米，河长29.0千米，河道平均比降3.89‰；折向东北流，经三外、秀龙坑、龙州，于定安县罗温村溪头坡汇入南渡江。

龙州河支流吉安溪上游的良坡水库，位于屯昌县屯城镇境内，距屯昌县城以西约6千米处。1958年3月开工，1959年竣工，是一座以灌溉为主，结合防洪、发电、供水和养鱼等综合利用的中型水利工程。水库集水面积15.67平方千米，总库容1 210万立方米，正常库容860万立方米；设计灌溉面积920公顷，有效灌溉面积467公顷，坝后水电站装机容量125千瓦，年发电量21万千瓦时。水库防洪保护下游3个乡镇、12个村庄、农田233公顷的安全。

9.2.1.2.1 南扶水库
(Nanfu Reservoir)

龙州河支流同仁河上游的中型水库，也称南丽湖，位于海南省定安县雷鸣镇与龙门镇之间。

水库是一座以灌溉为主，结合防洪、供水、养鱼及旅游观光等综合利用的多年调节水库。集雨面积64.5平方千米，总库容9 162万立方米。1959年4月开工建设，1965年2月竣工投入使用。

工程由大坝、泄洪道、输水涵及水电站组成。大坝为均质土坝，主坝坝顶长230米，坝顶高程（榆林基面，下同）73.21米，最大坝高25米，坝顶宽4米，坝顶筑有高0.9米的混凝土防浪墙；副坝有9座，其中东边5座、西边4座，副坝总长1 227千米，最大坝高12.5米。溢洪道为开敞式有闸

南扶水库

宽顶堰，最大泄洪流量474.5立方米每秒。输水涵两座，最大流量9.93立方米每秒。

水库集雨区位于龙门与黄竹一带，是海南岛降雨量较少的地区之一，降雨以台风雨为主，其次是热雷雨和锋面雨，库区多年平均气温22.5～23.7摄氏度，流域多年平均年降雨量1 952毫米，年径流深990毫米，年径流量6 301万立方米。

流域属于低丘陵区，库区为一个平底的盆地，地形开阔呈缓坡低丘岗状，总体形状呈不规则放射状，形态以南北向为主。库区山沟沿岸灌木丛生，地表植被发育，山冈环抱，谷口狭窄。由于南扶水库水面宽阔，岛屿、半岛众多，林木茂盛，碧波荡漾，形成了独特的平湖风景。

建库以来，效益显著。水库是龙州河灌区的主要供水水源，设计灌溉面积9 334公顷，有效灌溉面积4 807公顷，现灌溉面积3 607公顷，养鱼水面867公顷，年供水量0.98亿立方米。库区植被覆盖良好，水土流失程度轻微，水库淤积少，水质符合国家Ⅱ类水标准。水库防洪标准100年一遇，负担着同仁河下游村庄2 000多人口、401公顷农田的防洪安全。

同仁河是龙州河的支流，流域地形为三面低环抱丘谷地貌，河床平均比降2.68‰，河长27.2千米。

南扶水库是一座美丽的人工湖，平均水深12米，湖深处达23米，湖面12平方千米，湖区26平方千米，规划范围46平方千米，1988年被海南省政府列为首批省级风景名胜区。水库大小岛屿16座，如弯月、似清眉、像螺壳，各具特色。半岛纵横间，湖湾环绕，大小70余个，湖岸绵延138千米。湖湾与小岛岸水相拥，曲径迷离，湖水清澈，碧波荡漾，四周胶林环抱，绿树翠竹临岸，环境幽静雅逸。库区生态环境保护良好，湖区野生动物有白鹭、灰鹤、野鸭、家燕、灰嘴鸽等，湖内鱼类有白鲢、鲩鱼、鲤鱼、沙蚌鱼等20多种。2001年南扶水库与台湾日月潭结为"姐妹湖"，2002年被列为省级旅游生态示范区，2006年被列为国家水利风景区。

9.2.2 福山水库
(Fushan Reservoir)

独流入海的花场河上的中型水库，位于海南省澄迈县福山镇境内，坝址在福山镇境内的红光农场15队，距福山镇5千米。

水库是一座以灌溉为主，结合发电和养鱼等综合利用的年调节中型水库，是松涛水库灌区东干渠的主要反调节水库之一。水库控制集水面积14.8平方千米，总库容6 800万立方米。1972年动工兴建，1974年竣工蓄水。投入运行后，因大坝基础为强风化玄武岩壤土，经监测发现坝基渗漏严重，

1983年曾对坝基进行灌浆处理，取得较好效果，但未能彻底堵渗。

工程由大坝、副坝、输水隧洞、补水闸和水电站等组成。大坝为水中填土均质坝，有主坝和副坝各1座，主坝坝顶长1482米，坝顶高程（秀英基面，下同）82.5米，最大坝高31米，坝顶筑有高1.0米的混凝土防浪墙；副坝长363米，最大坝高12.5米。输水隧洞1个，最大流量12立方米每秒。输水隧洞出口处设坝后引水式水电站1座，装机容量200千瓦，年发电量60万千瓦时，发电尾水进入松涛水库灌区东干渠。

库区为缓坡低凹丘陵地形，高程一般54～85米，分水岭一般在高程80米以上。库区及库周土壤以玄武岩风化土为主，植被良好。

库区属热带海洋季风气候区，气候温和，雨量充沛，年内有干、湿季之分，旱季11月至次年4月，干燥少雨，雨季5—10月，高温多雨。多年平均年降水量1700毫米，多年平均气温23～24摄氏度，多年平均年水面蒸发量1450毫米，多年平均年陆面蒸发量960毫米，多年平均相对湿度80%。

水库作为**松涛水库**灌区东干渠的主要反调节水库之一，其主要作用是充分利用当地天然来水和松涛东干渠补水来充分调节下游灌区用水，扩大松涛东灌区灌溉面积。水库上游流域无工矿企业，水体没有受到污染，水质良好，是海南省重要生活饮用水水源地之一。

建库以来，效益显著。水库的防洪设计标准为100年一遇，洪峰流量377立方米每秒，减缓洪水对下游地区的安全威胁。福山水库是松涛东干渠的结瓜水库，用作调蓄松涛东干渠水量，补水渠长度23.2千米，混凝土防渗渠段长度为7千米，以解决干渠上下游供水矛盾，保证下游地区用水，担负向马村和老城输送工业和生活用水的重任，向老城水厂年供水量7776万立方米。水面养鱼面积400公顷；水库担负着保护下游1个乡镇、0.75万人口和800公顷农田的防洪安全。

9.2.3 龙虎山水库
(Longhushan Reservoir)

独流入海的文教河支流黑溪上游的一座中型水库，位于海南省文昌市公坡镇龙头村，处于地势平坦的沙质土地区，距文昌市抱罗镇约8千米。

水库有多年调节功能，以灌溉为主，结合防洪、发电等综合利用，集雨面积50平方千米，总库容4830万立方米，设计库容4150万立方米，正常蓄水库容3800万立方米。

工程由大坝、泄洪道、输水涵及水电站组成。大坝为均质土坝，主坝坝顶长650米，坝顶高程（榆林基面，下同）25.0米，最大坝高14.3米，坝顶宽5米，坝顶筑有高1.0米的混凝土防浪墙；副坝有两座，总长4500千米，最大坝高6.3米，较长的是西副坝，长3000米。溢洪道为深孔闸，最大泄洪流量295立方米每秒。输水涵有东、西及北输水涵3座。发电站1座，装机容量125千瓦。

降雨以台风雨为主，其次是热雷雨和锋面雨，流域多年平均年降水量1760毫米，年径流深800毫米，年来水量3900万立方米。流域内地势平坦，以砂壤土为主，土地贫瘠，树木稀少，多见荒坡草滩地带。

水库于1970年3月动工兴建，1971年夏初具规模，受1972年7220号台风袭击，大坝迎水坡护坡损毁严重，1973年以1000年一遇洪水复核进行修复，改为采用浆砌石（厚40厘米）护坡，土坝背水坡建反滤沟和改建坝趾排水棱体。1977年加固建成东西副坝，2000年加固溢洪道。

水库灌区干渠长28.5千米，支渠长30.2千米，因渠道穿过沙壤土段较长，流沙问题较突出，防渗工程投资大；防渗渠道仅长12千米，渠道防渗硬化率低，影响灌溉效益发挥。

水库设计防洪标准100年一遇，是文教河灌区的主要供水水源，设计灌溉面积1086公顷，现有效灌溉面积866公顷，养鱼水面面积125公顷，年供水2180万立方米。库区植被覆盖良好，水土流失程度轻微，水库淤积少，水质符合国家Ⅱ类水标准。水库担负着下游人口12000人、耕地1433公顷的防洪安全。

9.2.4 万泉河
(Wanquan River)

海南岛第三大河流，发源于海南省琼中县五指山风门岭，于琼海市博鳌港入南海。位于东经109°37′～110°38′、北纬18°46′～19°31′之间，流经琼中、屯昌、定安、文昌、万宁、琼海等市（县）。流域面积3693平方千米，河长170千米，落差800米，比降1.12‰。

万泉河原名多河。元武宗皇帝的太子图贴睦尔因"将构异图"被英宗放逐琼州，绅士王官忠厚待之，常从太子游览多河，饮酒消愁，"为之出三百金，以聘青梅与之完婚"。公元1324年，太子被召返京，王官率民于多河畔相送，齐呼"太子万全""一路万全"。1328年，太子即位为文宗皇帝，于1329年诏文封王官为南建知州，以报当年救主之恩，将多河改名万泉河，以报百姓"万全"相送之情。

概 述

流域范围 流域位于海南岛中东部，成带状，平均宽度约15千米。流域涉及琼中县、琼海市大部分，定安、屯昌、万宁、文昌等市（县）的一部分，以及40个区、20个国营农场。流域西部和西南部属高山、丘陵区，面积占总流域的70%，地形起伏大，在西南分水边界上，耸立着海南最高的五指山，顶峰高程1867米，与**昌化江**上游相邻；东南和东部延绵着吊罗山脉，高程600～1499米，构成与**陵水河**、**太阳河**上游的分水岭；中部乘坡河与**定安河**分水岭高程300～800米；北部地势较低，为高程150～500米丘陵区，构成与**南渡江**流域的分水岭。

地质地貌 万泉河发源于五指山脉东部，地形西南高，东北低，由西南内陆向东北沿海逐渐降低。两岸群山环抱，森林茂盛，植被良好。流域的东北部为大片平原和低丘区，平原一般高程在100米以下，主要为剥蚀波状平原、玄武岩风化台地，河流阶地及第四纪堆积物和海积物；低丘主要分布在流域北部分水岭一带，高程100～200米。

河流水系 流域水系发育，支流众多，较大的一级支流有太平溪、三更罗溪、中平溪、定安江、文曲河、加浪河和塔洋河7条。其中，定安江为最大，发源于琼中县风门岭，集水面积为1222平方千米，河长88.0千米，流经琼中、琼海等市县，于琼海市合口嘴汇入万泉河干流，河道平均比降2.89‰。

气候水文 流域属热带和亚热带海洋性季风气候，受季风影响大，四季不明显，气温高，热量丰富，日照充足，降雨集中，干湿季分明，雨量充沛。春夏之间，气温回升，天气渐热，夏秋受东南沿海气团影响，进入台风季节；冬天受南下低温控制，天气变冷。流域多年平均气温23.5摄氏度，极端最低气温3摄氏度，终年无霜。东部、东北部气温相对较高，多年平均23～24摄氏度；西南部气温相对较低，多年平均22～23摄氏度。多年平均相对湿度85%。

9.2.4 万泉河

万泉河水系示意图

流域多年平均年降水量2 280.2毫米，西南部山区可达2 880毫米。流域年降水有明显的干、湿季之分，每年5—11月为雨季，降水量约占全年的80%。旱季为12月至次年4月，降水量约占全年的20%，降水的年际变化也较大。

万泉河流域中下游居海南岛东南部，面临南海，风速大，日照长，气温高，故蒸发量大。据加积水文站多年实测资料统计，多年平均年水面蒸发量1 479毫米，多年平均年陆地蒸发量870毫米。

流域年径流的大小，在时间及空间上分布差异很大。据统计，下游加积站多年平均流量157立方米每秒，多年平均年径流量53.82亿立方米，实测最大洪峰流量10 100立方米每秒（1970年），历史最大洪峰流量11 700立方米每秒（1948年）。

流域内的主要工业污染源是糖厂、制药厂、造纸厂及橡胶加工厂。生活污染源主要是流域内各城镇的生活污水，大多数城镇没有生活污水处理系统。面源污染主要来自农田农药和化肥的施用，经雨水冲刷对河流造成污染。

据2005年统计，万泉河干流全年期Ⅱ类水以内的河长130千米，占总河长的83.0%；Ⅲ类水河长26.6千米，占河长的17.0%，总体水质较好。流域中上游森林茂盛，植被覆盖良好，水土流失轻，河水含沙量较小。万泉河多年平均含沙量0.094千克每立方米，多年平均输沙量47.2万吨，多年平均输沙模数127.8吨每平方千米每年。

1956—2000年水资源评价成果，流域多年平均地表水资源量53.82亿立方米。

社会经济 流域内海陆交通发达，东部有海榆东线、环岛东线高速公路直达海口、三亚等，中西部有海榆中线，西南部山区主要干道均为水泥混凝土公路，各县（市）及乡镇之间均有支线相连。

琼海、文昌、万宁三市是海南省工农业经济发达地区，土地资源丰富，森林覆盖率高，盛产各种热带作物；海岸线长355.5千米，有丰富的水产、矿产资源，也是海南旅游热点地区之一。流域以农业生产为主，农民收入靠粮食、蔬菜种植和水产养殖业。粮食作物以水稻为主，其次是薯类、玉米等。2004年总人口59.2万，地区生产总值42.6亿元，农业总产值34.3亿元；耕地面积5.69万公顷，粮食总产量21.5万吨。

自然灾害 据史料记载，流域内局部地区的干旱年年都有发生。约4年出现一次较大范围的大旱，10年出现一次特大干旱。1993年1月至8月下旬，各地降雨量少，且分布不均，加上上年山塘水库蓄水量不足，出现春夏连旱，琼海、定安、屯昌、文昌、琼中等市（县）受旱较严重，受旱面积均占播种面积的40%以上。

流域是台风入侵的通道，素有"台风走廊"之称。台风多造成降雨量大、容易发生洪涝灾害。万泉河洪水主要由台风暴雨造成，据加积水文站1952—1999年资料统计，最早的洪峰出现在7月（1960年7月12日），最晚的洪峰出现在11月（1982年11月26日），一场洪水过程约3~5天。

据统计，1949年以来，受淹农田面积达5万亩以上的洪涝灾害约每3年一次。万泉河及其支流塔洋河、九曲江中下游是主要的洪涝区，万泉河下游有洪涝区面积5 280公顷。较大洪水发生在1927、1948、1950、1970年，其中1948年8月发生的洪水最大，为1927年以来最大洪水。

三亚湾

治理开发 1949年前，流域几乎没有防洪、治涝措施。20世纪70年代中期开始修建防潮排涝工程，先后在万泉河、九曲江兴建防潮堤6座，总堤长23.23千米，排水涵闸21座，使1 107公顷农田得到保护。

干流河道治理以固堤、疏浚、治污和综合开发为主，包括堤坝加高加固、新堤建设、险工处理、裁弯取直、浅滩疏浚等措施。在提高河道行洪标准的同时，基本理顺和控制主河槽，保证行洪通畅和河势稳定，确保沿河城市、乡镇、农田及人民生命财产的安全。

流域已建有大、中、小型水库37座，控制集水面积1 593平方千米，总库容9.91亿立方米。**牛路岭水库**位于万泉河干流琼海会山乡境内，控制集雨面积1 236平方千米，总库容7.78亿立方米，年均来水量22.44亿立方米，年均流量71.1立方米每秒。牛路岭水利枢纽是1965年全岛水电规划所选的近期开发工程之一，1976年工程开工，1986年6月竣工。水电站装机4台容量8万千瓦。

纪　实

上游　自源地至合河嘴为上游。万泉河发源地为五指山热带天然森林保护区，区内植物资源丰富，仅兰花就有120多个品种。万泉河上游称乘坡河（又名乐会水），自五指山风门岭向东南流经上安，上安乡有五指山温泉，远近闻名；折向东流，于和平镇合水右纳太平溪（河长35千米，流域面积220平方千米），汇口附近有乘坡地质公园；经和平入牛路岭水库，至田堆村右纳三更罗溪，至灯火岭左纳中平溪（河长19千米，流域面积110平方千米），出水库后，继流约20千米至会山。其间烟园至会山，长约15千米，为万泉河漂流区，此段河谷狭窄，水流湍急，滩险浪高，加上得天独厚的气候条件，已成为一年四季都可漂流的热门景区。继北流至合口嘴左纳最大支流定安河，始称万泉河。合口嘴位于国营东太农场的东北，万泉河南北两源于此穿岸削壁而下，在一座不再延伸的山丘底下，融汇到一起。每逢暴雨，山洪突发河水暴涨，两条像奔腾的马群一样的洪流，在这里交错冲撞，气势极其壮观。

五指山原始森林

万泉河上游属中低山区，河段迂回弯曲，水流湍急，跌水礁滩较多，两岸群山环抱，森林茂密，植被良好，间有被侵蚀造成的沟谷小盆地。有何麟书先生1906年在原乐会县崇文乡创办的"琼安橡胶园"和琼崖龙江革命旧址、石虎山摩崖石刻等自然和历史人文景观。

上游合口嘴位于国营东太农场的东北。万泉河南北两源穿岸削壁而下，在一座不再延伸的山丘下融汇到一起。每逢暴雨，山洪突发河水暴涨，两条像奔腾的马群一样的洪流，在这里交汇冲撞，蔚为壮观。

乘坡河上中游属中低山区，河段迂回弯曲，水流湍急，跌水礁滩较多，两岸群山环抱，森林茂密，植被良好，间有被侵蚀造成的沟谷小盆地。

下游　合河嘴以下为下游段。万泉河南北两源向东流出琼中，进入琼海境内，东流经石壁、龙江，东北流至万泉镇左纳文曲河（河长29千米，流域面积135平方千米）后进入琼海市区，于溪边寨左纳加浪河（河长31千米，流域面积181平方千米）。琼海，唐显庆五年（660年）析容琼县置乐会县，隶琼州，为琼海县之始，现为县级市。琼海钛矿丰富且品位高。琼海生物资源丰富，森林覆盖率51.2%，林木资源有加卜、青皮、坡垒、绿楠、红椤、荔枝、樟木等树种，琼海地热资源丰富，有官塘、北岸、蓝山等著名温泉。

万泉河从石壁到椰子寨一带水流平缓，续流至文曲、温泉、沙美，河面逐渐开阔，漫江碧透，水清见底，沙礁可辨，卵石可数。两岸晨昏景色变幻神奇。位于嘉积镇西南约12千米的白石岭，山岭拔地而起，东西南北峰，峰峰景观各异，登山石径傍山而凿，切崖迂回而上，共有1 308级石阶。

万泉河贯穿琼海市区约6千米，开始自西向东流，在加浪河汇合口以下遇左岸微丘岩体阻挡，河流转了90度大弯向南流，并于弯道处由河沙冲积而成小岛——沙洲岛。岛形如一钩弯月，面积约两公顷，岛上有一碧水湖，湖水与河明隔暗连，构成"河中岛，岛中湖"的奇特景观。1969年12月，在加积公路大桥以上350米处，修建一座拦河坝，坝长400米，坝顶高程6.59米，壅水区域约10千米，形成万泉河平湖

风光。万泉河加积河段有加积饮用水水源地，城市年供水量1 004万立方米，供水人口7.9万人。

万泉河畔的官塘地热田位于海南省琼海市西南部，分布于万泉河南岸，长约9千米，宽1～1.7千米，面积约13平方千米。勘探区西起蓝山村，东北至官塘村，面积32平方千米。该地热田属低温地热田，分为官塘和蓝山两个矿热水区。出水口温度70～90摄氏度，富含偏硅酸、氟、锶、溴、碘等微量元素，是海南省唯一一家国家级大型温泉。

南流至嘉积镇南面村左纳塔洋河（河长31千米，流域面积357平方千米），于博鳌镇博鳌港注入南海。

万泉河出海口是集三河（万泉河、龙滚河、九曲江）、三岛（东屿岛、沙坡岛、鸳鸯岛）、两港（博鳌港、潭门港）、一石（砥柱中流的圣公石）等风景精华于一地，三水汇合，三岛相望，既有海水、沙滩、红礁、林带，又有明媚阳光、新鲜空气、清柔流泉，是世界河流出海口自然风光保护最好的地区之一。出海口博鳌港，港域辽阔，地势险要，水情复杂，是万泉、九曲、龙滚三条河流汇拢而来，继而流入大海的必经之口。万泉河出海口中有东屿、鸳鸯两个岛屿，使得博鳌港水中有岛，岛中有水，沙滩广阔平坦，柔软细白，水色湛蓝，岩群屹立，海岸绿林成带。

博鳌玉带滩

博鳌亚洲论坛会址建在三河出海口的西南岸边，其东面临着三河出海口的腹部，前有宽阔的港湾、洁白如银的玉沙带、巍立海面的圣公石。2001年2月26—27日，博鳌亚洲论坛成立大会在博鳌举行，该论坛是亚洲第一个永久定址中国的国际会议组织，每年召开年会一次。

9.2.4.1　牛路岭水库

（Niululing Reservoir）

万泉河上游的大型水库，位于海南省琼海市会山乡境内，距琼海市嘉积镇约70千米。

概　述

水库是一座以灌溉为主，结合防洪、发电和养鱼等功用的多年调节的大型水库。控制流域面积1 236平方千米，总库容7.78亿立方米，设计库容6.25亿立方米，正常蓄水库容5.30亿立方米，调节水量18.00亿立方米。

工程由大坝、溢洪道、输水隧洞和水电站4部分组成。大坝由1座主坝和1座副坝组成，主坝为混凝土空腹重力坝，坝顶长341.2米，坝顶高程（榆林基面，下同）115.50米，最大坝高90.5米，坝顶筑有高1.2米的混凝土防浪墙；副坝为均质土坝，坝顶长60.6米，最大坝高11.1米。溢洪道1座，为有闸宽顶实用堰，溢洪道最大泄洪流量11 230立方米每秒。大

坝左岸设输水隧洞1座，最大流量156立方米每秒。输水隧洞出口处设坝后引水式水电站1座，装机4台容量8万千瓦，年发电量2.81亿千瓦时。

牛路岭水库大坝

库区是海南岛雨量较多的地区之一，1949年后设有加积、乘坡、加报等水文（位）站4处，雨量站30处。洪水多由台风雨引起，多年平均年降水量2 600毫米，多年平均年来水量22.44亿立方米，多年平均入库流量71.1立方米每秒。据加积站观测，多年平均含沙量0.09千克每立方米，多年平均输沙量50.2万吨。

水库地处万泉河上游乐会水的中低山区，地势西高东低，呈多层山岳地形，山脉走向大致为北东至北东东。乘坡至灯火岭地形比较平缓，河谷稍开阔，由花岗岩和花岗闪长岩组成，灯火岭至坝址由寒武系陀列群岩组成，花岗闪长岩等组成中低山峡谷区，沟谷深切，谷坡陡立，坡度40度以上，河谷地貌迥然不同，河流迂回弯曲，形成连续牛轭状转弯。

牛路岭水库

建库以来，由于水库校核洪水标准达到1 000年一遇，减缓洪水对下游地区的威胁；水库是水库下游灌区的主要供水水源，且担负着保护下游的乡镇、农田及8万多人口的防洪安全。

纪　　实

牛路岭水库于1969年起开始进行选坝和初步设计等勘测工作，1976年工程开工，1979年12月1号和2号机组试机投产，1981年1月、1982年12月3号和4号机组相继发电，1986年6月竣工。大坝采用前直后弓的坝型设计，获1985年国家科技进步二等奖。1994—1997年，大坝经安全鉴定，认为大坝各部状况良好，运行正常，工程无重大隐患，无危及大坝安全的现象。

电站运行以来各方面情况良好，年最高发电量超3亿千瓦时。经历1989年10月3日高水位（107.22米）考验。

水库属琼海、万宁、琼中三市（县）交界地域，水库上游有黎族、苗族人民居住，根据原库区行政自然村就地往后迁移，另外还有乘坡、新中、朝阳、南药4个农场，以种植橡胶、槟榔等经济作物为主。

水库上下游两岸群山翠绿，由于长年的流水冲刷，在两岸的溪沟中形成形态各异的造型，可谓鬼斧神工；中段的瀑布甚为壮观，两岸生长的热带雨林具有鲜明的热带特色和观赏价值。库区湖泊以及水库建成后所形成的小岛，犹如一幅水中画，有百岛迷宫之称，水中各岛林木葱葱，百鸟争鸣。

9.2.4.2　定安河
（Dingan River）

万泉河最大的一级支流，又名大边河，发源于海南省琼中县风门岭。干流长88千米，比降2.89‰，流域面积1 221.6平方千米，涉及琼中、屯昌、琼海等市（县）。

定安河上游山高岭峻，间有沟谷小盆地；下游河床陡峻，滩险甚多。

流域内有红岭、大边河水库，位于琼中县境内。红岭水库集雨面积547平方千米，总库容5.58亿立方米，年供水量5.9亿立方米，灌溉面积3.3万公顷，发电装机容量1.13万千瓦。大边河水库集雨面积201平方千米，总库容5.08亿立方米，年供水量2.62亿立方米，灌溉面积1.3万公顷，发电装机容量1.2万千瓦。通过二级开发，大边河水库经坝后电站发电，水归入红岭水库，经红岭水库坝后电站发电，引水入**南渡江**一级支流龙州河，在该河上分设低坝形成引水灌溉系统。工程建成后，解决文昌、琼海、澄迈、海口、屯昌、定安等市县缺水地区的农业灌溉、城镇和开发区用水。

定安河上游称大边河，自源地向东流，经罗担、大敦，于琼中县湾岭镇北排双子岭东北面右纳加钗河，加钗河发源于琼中县黑沙岭（白花岭），河长27.4千米，流域面积98.36平方千米；东南流至岭头村下村园右纳营盘溪，营盘溪发源于琼中县，河长32.8千米，流域面积113.34平方千米；折东流，经上水、于中平镇白马岭十队那番茅岭左纳青溪河，青梯溪发源于屯昌县双顶岭，流域面积河长31.3千米，214.37平方千米，从白马岭林场流入琼海市境内，其间有众多支流汇入，于琼海市龙江镇合口嘴汇入万泉河。

定安河发源地琼中县是五指山、黎母山、吊罗山的所在地和万泉河、**昌化江**的发源地，这里生态环境优美，拥有"绿色宝库"之美称。琼中县境内有大小河流241条，水力资源理论蕴藏量约10.83万千瓦，已开发利用2.22万千瓦。

黎母山自古以来被誉为黎族的圣地，海南的名山。相传天上七仙女曾来此山游玩，其中桃花仙女迷恋此山美丽富饶，便化为金南蛇产下一卵，后经雷公划破，跃出为少女，号称黎母，从此诞生黎族人。黎母山森林公园位于海南省中部高峰区琼中县境内，与儋州市、白沙县交界，距省会海口市165千米；最高峰海拔1 411.7米，总面积1.3万公顷，其中天然林面积7 000公顷，地处热带常绿季雨林地带，是我国热带生物资源最丰富的地区之一。园内有植物2 000种以上，其中国家重点保护的有55种，属国家级和省级重点保护的珍稀濒危野生动物有28科58种。

黎母山国家森林公园

9.2.5 太阳河
(Taiyang River)

又名万宁河,是海南岛东部较大的河流,发源于海南省琼中县红顶岭,河流自源地向东南流,经达翁、兴隆华侨农场至万宁市龙贡湾右纳南桥水;转东北流,穿过**万宁水库**,至万宁市黄志村右纳礼纪水,于万宁市月塘村分洪从保定港入海。河长75.7千米,比降1.49‰,落差875米,流域面积592.51平方千米,涉及琼中、万宁两个县(市)。

太阳河绝大部分在万宁市境内,地势北高而东低。上游河源地区为高程500米以上山地,中游多为丘陵,下游多为河口冲积平原、台地,河道平缓。流域属热带和亚热带海洋性季风气候,冬无严寒,夏无酷暑,气候温和,四季如春,多年平均气温24.8摄氏度。雨量充沛,多年平均年降水量2 166毫米,多年平均年径流量8.44亿立方米,年均流量20.6立方米每秒。流域年内降水分配不均,5—10月的降水量占全年的85%。阳光充足,年平均日照时数2 109小时。

太阳河主要一级支流有南桥水及礼纪水。南桥水发源于万宁市麻竿树岭,河长23.0千米,流域面积164.86平方千米,于万宁市龙贡湾汇入干流。礼纪水发源于万宁市禁牌山,河长18.6千米,流域面积99.43平方千米,于万宁市黄志村汇入干流。

下游北岸北坡洋等地区常受洪涝灾害。自1972年开始,将太阳河原下游弯曲河道截弯取直,新开挖直通南海的分洪河道,从太阳河下游月塘村修建太阳河分渠,将原河道改道从东澳镇南道村直入南海,分洪河道宽200米、长8.2千米,沿河两岸填筑防洪堤。新河道设计过流量1 250立方米每秒。该分洪堤防保护着两岸2 667公顷耕地,2.2万人口的防洪安全。

太阳河分洪工程减轻了太阳河下游地区的洪涝灾害,但随着时间推移,旧太阳河地区没有持续的淡水资源补给,海水倒灌,给下游生态平衡带来影响。因人工改道,太阳河不能流入港北小海,潟湖自然生态环境被破坏,生物群落的种类和物质发生变化,潮汐通道日益堵塞,对沿岸8万多渔民的生产和生活造成影响,使港北作为避风港的作用减弱。北坡溪截流后,水质污染非常严重,对小海的生态环境极为不利。

太阳河干流水能理论蕴藏量10.17兆瓦,年发电量0.89亿千瓦时。干流规划仅有万宁水库电站1个梯级,装机容量1.83兆瓦,年发电量0.05亿千瓦时。

流域大部分面积处在万宁市境内。万宁在汉代属珠崖郡紫贝县地,唐贞观五年(631年),以平昌县拆置"万安县",迨至南宋绍兴七年(1137年),始设"万宁县";明洪武三年(1370年)改称万州,直到民国3年(1914年)复改为万宁县;1996年8月设立万宁市。万宁市政府驻地万城镇位于万宁东部,有1 360多年的历史,是海南著名古城之一。

万宁市山清水秀,景色宜人,有"海南第一山"东山岭、

东山岭

"热带花果园"兴隆温泉旅游区、"南海明珠"大洲岛,有水清浪静、滩洁沙软的石梅湾、南燕湾、日月湾、春园湾,还有"神州半岛"牛庙岭,流传着神奇传说,饶有野趣的尖岭五眼温泉等。

兴隆咖啡豆

万宁兴隆温泉号称"世界少有,海南无双",富含矿物成分,温度高达80摄氏度,地处万宁市兴隆华侨农场境内。这里具有旖旎的热带风光和浓郁的侨乡风情,是海

兴隆热带植物园

南省著名的旅游胜地。华侨农场创建于20世纪50年代,生活着从20多个国家和地区归国的2万多侨胞。在兴隆,和温泉齐名的还有咖啡,兴隆咖啡是归侨从国外引进的小粒种,炒制技术由归侨传授,咖啡浓香扑鼻。华侨农场的热带作物园有从国外引进的热带果树和药材、香料植物100多种,奇花异草千姿百态。

9.2.5.1 万宁水库
(Wanning Reservoir)

太阳河中游的大型水库,位于海南省万宁市长丰镇以南约1千米处。

万宁水库

水库有年调节功能,以灌溉为主,结合防洪、发电、供水和养鱼等综合利用。坝址以上集水面积429平方千米,总库容1.52亿立方米,设计库容8 400万立方米,正常蓄水位21.2米,正常蓄水库容7 600万立方米,调洪库容7 300万立方米。1959年3月按中型水库动工建设,1966年按大(2)型规模扩建,1968年竣工。

工程由大坝、泄洪道、输水涵及坝后电站组成。大坝分为主坝和副坝，主坝为均质土坝，坝顶长860米，最大坝高19.35米，坝顶宽6米，坝顶筑有高1.0米的混凝土防浪墙。副坝有3座，总长2 440千米，最大坝高7.5米。溢洪道为有闸实用堰，最大泄洪流量3 480立方米每秒。左、右输水涵均为钢筋混凝土圆管，最大流量34.1立方米每秒。大坝左、右输水涵洞支洞出口处设坝后引水式发电站，装机容量1 380千瓦，年发电量400万千瓦时。

万宁水库

水库集雨区位于五指山脉东侧，是海南省雨量最多的地区之一，降雨以台风雨为主，其次是热雷雨和锋面雨，流域多年平均年降水量2 560毫米，年径流深1 500毫米，年蒸发量1 430毫米，年来水量6.55亿立方米。

水库校核洪水标准达到2 000年一遇，担负着下游6个乡镇、3个厂矿、11万人口、4 700公顷农田的防洪安全。水库是太阳河灌区的主要供水水源，设计灌溉面积8 100公顷，现灌溉面积5 300公顷；年供水量1.23亿立方米，其中向万宁市年供水3 650万立方米；水面养鱼水面面积2 000公顷。库区植被覆盖良好，水土流失程度轻微，水库淤积少，水质符合国家《地表水环境质量标准》Ⅲ类水标准。

1975年前后，在闸墩上增建工作闸门室，但没有事故检修闸门。1982年11月一场洪水，库水位漫过闸顶1.6米，2号闸门失去平衡被冲毁，严重影响当年蓄水效益。1994年增建事故桥检修闸门，采用三块钢叠梁组合，并以移动式天车启闭，及在右侧墙边建闸门操作室，才得安全运作。

海南太阳湖温泉度假村建在万宁水库东侧。整个建筑设施坐落在四周环水的两个岛上，依山傍水，环境十分优雅。建筑群体现了传统民族建筑风格和现代建筑艺术，楼宇高低错落，长廊曲径通幽，园区内各种塑像和浮雕以及精心培植的热带作物、花卉强烈地烘托出度假村独特的文化氛围。

9.2.6 陵水河
(Lingshui River)

又称大溪河，古称陵木丹水、陵栅水、陵拱水，是海南岛第四大河，发源于海南省保亭县贤芳岭。流域范围东经109°36′~110°05′，北纬18°28′~18°47′，河长73.5千米，比降3.13‰，流域面积1 131平方千米。涉及保亭县和陵水县。

流域地势西北高东南低，西北、东北部是崇山峻岭，中部为低山丘陵地带，东南部是成片的沉积平原。河口段河床上沙洲零乱，河岸冲刷坍塌明显。流域属热带和亚热带海洋性季风气候，受季风影响大，四季分界不很明显，气温高，热量丰富，日照充足。降雨集中，干湿季分明，雨量充沛。流域多年平均年降水量2 040毫米，年径流量14.1亿立方米，年内降水分配不均，5—10月的降水量占全年的90%。

流域内已建有小妹水库、小南平水库、黎跃水库、走装水库等中型水库和梯村、都总、金聪等引水工程以及一些小型水库。

陵河段防洪堤位于陵水河下游，距离入海口6千米，两岸人口稠密。每年都有一两次大洪水威胁两岸人民生命财产的安全。2005年初，陵水黎族自治县把兴建陵河两岸防洪堤列入近期基础设施建设规划，完成并通过陵水河流域防洪规划报告及可行性研究报告。

陵水河源头的西北部为吊罗山山脉，有三角岭、水贤岭、七仙岭和驳白岭等海拔1 000米以上的高山群。七仙岭七峰似人的掌指竖立，直指苍穹，如仙女婷立而得名，其前峰高大，海拔1 126米，后有六峰相依相衬。七仙岭温泉就在岭脚下，一片低洼地，温泉区约有1平方千米，分布着25个温泉眼，水温大多数在70摄氏度左右，有些高达94摄氏度。在温泉区的北侧，有一个天然形成的巨大温泉池，面积约有0.2公顷，水深齐腰，水温适中，宜人沐浴。

流域多处在陵水黎族自治县境内。陵水于隋大业六年（公元611年）置县。县名由来有两种说法，一是县城东北有"陵楠水"（今港坡河）直通大海，陵楠水简称"陵水"，县以水命名；二是唐代陵水县设治于博吉村，发源于七指岭的陵栅水（今陵水河）流经县治，以"陵栅水"简称"陵水"而得名。1987年11月20日，国务院批准撤销陵水县，设立陵水黎族自治县，县政府驻椰林镇。

陵水黎族自治县属热带岛屿气候，干湿季分明，降水集中在8—10月，一般每年有4~5次热带风暴和台风影响。西北吊罗山区蕴藏丰富的热带原始珍贵林木资源，是海南岛三大林区之一，野生动物和矿产资源也较丰富。新村港和黎安港是海水养殖的天然场所，盛产珍珠和各种鱼虾贝类。陵水素有"天然温室""热作种植宝地"之美称，是我国最早的南方繁育种基地，是海南冬季瓜菜生产、海水养殖珍珠主要基地之一，这里盛产椰子、槟榔、益智、火龙果、芒果、果蔗、西瓜、香瓜等经济瓜果。

陵水河上游称什班河，自西北向东南流，于八村右纳加答河；继流经什玲镇称什玲河，至打南村右纳石硐河（又称保亭水）称陵水河。保亭水发源于保亭县九曲岭，流域面积183.48平方千米，河长73.5千米，流域内坐落着保亭县城保城镇。干流折向东流进陵水县，经群英乡治、南平农场，至黎盆上村左纳都总河，都总河发源于陵水县吊罗山，流域面积236.14平方千米，河长28.5千米，其上游建有小妹水库和黎跃水库。干流继流，入陵水县城时左纳金聪河，金聪河发源于陵水县牛上岭，流域面积127.08平方千米，河长28.9千米。陵水河继流到椰林镇水口港注入南海。

吊罗山位于陵水黎族自治县的西北部，是海南六大热带雨林地区之一，又是国家森林公园，地跨五指山、保亭、琼中、万宁、陵水等5个市（县），公园面积3.8万公顷，最高峰海拔1 499米。吊罗山森林公园拥有小妹湖、大

吊罗山

理瀑布、枫果山瀑布群等众多天然景观。热带原始森林，古树遮天蔽日，与恐龙同时代的活化石、国家一级保护植物桫椤随处可见。枫果山瀑布群，全长1.5千米，由10多级瀑布组成，最大的仙泪潭瀑布落差达150米，幅宽30米，山顶有野生的杜鹃花盛开，一条弯曲的石阶从瀑布顶端追随瀑布而下，直坠一泓潭水。仙泪瀑、冰心瀑、思归瀑、彩虹瀑等是颇有盛名的枫果山瀑布群，号称"海南第一瀑"。

枫果山瀑布群

陵水河中下游支流纵横交错。位于陵水县椰林乡排溪村入海口处，有椰子岛景区，距陵水县城仅5千米，景区内有下排岛、椰子岛、江蕊岛等3个河中绿岛，水面宽阔，椰林茂密，空气清新，野菠萝遍布，是一处汇集地质、地貌、人文景观于一体、环境优美且未受污染的河口景观区。

9.2.6.1 小妹水库
（Xiaomei Reservoir）

陵水河一级支流都总河上游的中型水库，位于海南省陵水县北部吊罗山区，坝址位于陵水县北部吊罗山林区小妹村，距离陵水县城约26千米。

小妹水库

水库是一座以灌溉为主，兼有防洪、发电等综合效益的多年调节中型水库。控制流域面积80.7平方千米，总库容4 900万立方米，正常蓄水库容4 507万立方米。水库于1966年动工兴建，几经周折，至1992年完成除险加固，至1993年大坝才告建成蓄水。灌区现有干渠57千米，其中混凝土防渗段长38千米，支渠长132千米，大部分已浇混凝土防渗层，渠道堤顶通车里程54千米，灌区效益较大。

工程由大坝、溢洪道、输水隧洞和水电站4部分组成。大坝1座，为均质土坝，坝顶长280米，坝顶高程（榆林基面，下同）144.46米，最大坝高40.5米，坝顶宽度4米，坝顶筑有高0.8米的混凝土防浪墙。大坝的右岸设溢洪道1座，最大泄洪流量1 323立方米每秒。大坝左岸设输水隧洞1条，最大流量31.4立方米每秒。输水隧洞出口处设坝后引水式水电站1座，装机容量320千瓦，年发电量300万千瓦时。

库区是海南岛雨量较多的地区之一，多年平均年降水量2 400毫米，其中1978年最大降雨量3 193.1毫米，多年平均年径流深1 500毫米，多年平均年来水量1.21亿立方米。

水库防洪设计标准100年一遇，减缓洪水对下游地区的安全威胁。水库是都总河灌区的主要供水水源，设计灌溉面积3 334公顷，现有效灌溉面积3 334公顷，年供水量6 400万立方米。水库担负着保护下游6个乡镇、8万多人口、1 333多公顷农田和海榆东线公路陵水大桥、陵保公路军昌河大桥、东线高速公路的防洪安全。

水库位于吊罗山热带雨林自然保护区南部边缘，区内四周高中间低，一般地区高程600～900米，吊罗山脉西部最高三角山顶峰高程1 499米，出露白垩系花岗岩。水库周边植被生态保护较好，区内群山缭绕，有充满神秘色彩的吊罗山原始热带雨林，还有喷珠吐玉、飞流直下的大理瀑布、白水岭瀑布、枫果山瀑布等，奇花异草，珍禽异兽，种类繁多，物种丰富，国家一级保护植物有与恐龙同时代的桫椤，二级保护植物有陆均松、坡垒、子京、野荔枝、粘木等，国家一级保护动物云豹、巨蜥、孔雀雉等；还有许多珍贵药材，野生花卉等。

9.2.7 藤桥河
（Tengqiao River）

海南岛南部较大的河流，发源于海南省保亭县昂日岭，干流长56.1千米，平均比降5.75‰，流域面积709.45平方千米，涉及保亭县和三亚市。

流域地势西北高，东南低。上游河源地区为500米以上山地，中游多为丘陵，下游多为河口冲积平原、台地，河道平缓，河床淤积，汛期洪水排泄不畅。流域内100平方千米以上的一级支流为响水河和藤桥西河。

流域属热带和亚热带海洋性季风气候，受季风影响大，四季分界不很明显，气温高，热量丰富，日照充足，降雨集中，干湿季分明，雨量充沛。流域多年平均年降水量1 653毫米，雨量总趋势是西北上游地区高，逐渐向东南下游递减，多年平均年径流深840毫米，多年平均年径流量5.96亿立方米，多年平均流量18.4平方米每秒。

2000年1月保亭黎族苗族自治县的"北水南调"工程竣工通水。"北水南调"工程位于保亭县西南部，北起新政镇，南至三道镇，把藤桥河的水引入藤桥西河。该工程由6.3千米干渠和10.4千米的东、西支渠组成，于1997年11月底动工兴建。开通隧洞1条960米，兴建渡槽4座660米和明渠4 740米，修建干渠各类排水建筑物36座，解决了保亭干旱地区的三道镇和新政镇700多公顷农田及1 340公顷红毛丹基地的灌溉和部分群众的生活用水问题。

藤桥河两岸至海棠湾地区，按照三亚市风景区规划要求严禁在重点保护区内进行任何性质的开发。还要对已经遭到破坏的生态环境进行补救，恢复和完善区内的动植物群落，逐步建设成大型滨海生态示范区。

河流自源地流向东南，流经新政镇，于合口村左纳响水河，响水河发源于保亭县昂日岭，流至保亭县合口村汇入干流，流域面积109.1平方千米，河长23.2千米，平均比降26.2‰。继流至加茂镇后左纳六弓河，向南流入三亚市境经岭仔、南田农场、海棠湾镇，右纳藤桥西河，藤桥西河发源于保亭县通打岭，于三亚市新坡子村汇入干流，流域面积273.4平方千米，河长32.9千米，平均比降4.80‰。滕桥西河上建有**赤田水库**，水库担负着下游海棠湾镇、海榆东线公路、环岛高速公路等地区及重要基础设施，人口2万、耕地800公顷、虾塘 200 公顷的防洪安全。相汇后于三亚市海棠湾镇藤桥港汇入南海。

海棠湾位于三亚东部，处在藤桥河入海口处，旧称海棠头，因过去海湾中遍长密密麻麻的海棠树而得名。海湾全长约 19 千米，东临南海，隔牙笼岭与亚龙湾相邻，为三亚五大著名海湾之一。海棠湾沙滩洁白、海水碧蓝、椰林婆娑、绿树浓荫，河口、海湾、半岛、泻湖、岛屿、山岭等集于一体，藤桥河、藤桥西河两川溶溶，流入大海。海棠湾拥有 22.4 千米的海岸线、南田温泉、蜈支洲岛，以及尚未开发的伊斯兰古墓群、铁炉港红树林、藤海岭灯塔、牛车湾、椰子洲岛等。

海棠湾

椰子洲岛是海南保留最原始的自然景观岛屿之一，位于海棠湾镇藤桥河与藤桥西河交汇处，由 17 个岛屿自然形成，总面积 330 公顷，岛上生长着上万棵椰树和各种蕨生植物，蓝天、绿洲、碧水、银滩构成美丽的群岛画卷。

椰子岛上的椰子树

9.2.7.1 赤田水库
(Chitian Reservoir)

藤桥河支流藤桥西河下游的中型水库，位于海南省三亚市海棠湾镇，坝址距海棠湾镇 4.2 千米，距三亚市区 46 千米。

水库是以城市供水为主，结合防洪、灌溉等综合开发利用，是不完全年调节的水利工程，控制流域面积 220.55 平方千米。工程于 1991 年 11 月开工，1994 年 10 月竣工。总库容 7 710 万立方米，正常蓄水库容 5 960 万立方米。

工程由主坝、副坝、溢洪道各 1 座及 1 个输水涵洞组成。大坝为均质土坝，主坝坝顶长 160.7 米，最大坝高 30.38 米，坝顶筑有高 0.9 米的混凝土防浪墙；副坝坝长 1 780 米，最大

赤田水库

坝高 6.38 米；大坝的右岸设有溢洪道，进口净宽 8 米，最大泄洪流量 2 306 立方米每秒；输水涵洞位于坝右岸，最大下泄流量 20 立方米每秒。

库区降水以台风雨为主，其次是热雷雨和锋面雨，多年平均年降水量 1 572 毫米，多年平均年径流量 1.71 亿立方米，多年平均入库流量 5.44 立方米每秒，按 50 年一遇设计洪峰流量 1 795.6 立方米每秒，1 000 年一遇校核洪峰流量 3 105.7 立方米每秒。

建库以来，效益显著：水库是藤桥西河灌区的主要供水水源，设计日供水量 15 万立方米，灌溉面积 2 667 公顷，现灌溉面积 867 公顷，干渠长 18 千米，支渠 14 千米。水库又是三亚市主要饮用水水源地，建有青山水厂，与荔枝沟水厂和金鸡岭水厂连成三亚市供水管网，向三亚市和邻近的红沙、天涯、荔枝沟、田独和羊栏等城镇供水，受益人口约 11.08 万人；水库负担下游藤桥镇、东线高速公路，以及万亩农田的防洪安全，藤桥镇的防洪设计标准达到 50 年一遇。

水库东段位于保亭黎族苗族自治县三道国营农场辖区内，这里有奇特的呀诺达欢乐雨林文化旅游区，景区面积约 20 多平方千米。库区属"五指山"支脉丘陵地带，主峰为田头岭，山势层峦起伏，植被茂密，落叶层厚，土地肥沃，登高眺望南海，可观红日喷薄而出的壮景。

库区内广布以花岗岩为主的岩石，多巨石、卵石，有的峭壁如削，有的平滑如榻，有的宛若居室，千奇百怪，不一而足，是海南岛最好的石景奇观。自然生态景观非常独特，热带雨林地貌绝佳，集山奇、林茂、水秀、谷深于一域。区域内有一纵一横两条峡谷，横向峡谷深约 35 米，河面宽 30～40 米，全长约 3 千米，整条峡谷以瀑布、奇石、巨树、龙潭、泻泉各个组合，形成 10 个各具特色、层层叠进的峡谷景观；纵向峡谷通向山顶，全长约 2 千米，峡谷两岸的巨石、大树错落有致，由下至上分为 10 多个纵剖面，将终年不断的山泉分为高低不等、形状各异、错落有致的十几个瀑布层，平缓处泉水叮咚，陡峭处飞流直下。

9.2.8 宁远河
(Ningyuan River)

为海南省第五大河流，位于海南岛南部偏西，发源于保亭县红水岭，河长 83.5 千米，比降 4.63‰，流域面积 1 020 平方千米，涉及保亭县和三亚市。

流域内 100 平方千米以上的一级支流有雅边方河和龙潭河。

流域近似长方形，平均宽度 12.2 千米，地势东北高而西南低。上游水源地区为 500 米以上山地，中游多为丘陵，抱古以下多为河口冲积平原、台地，河道平缓，河床淤积，汛期洪水排泄不畅，常造成崖城、保港一带严重洪灾。

流域属热带和亚热带海洋性季风气候，受季风影响大，四季分界不很明显，热量丰富，日照充足，降雨集中，干湿季分明，雨量充沛。降雨量总趋势是东北上游地区高，其多年平均年降水量达 1 900 毫米，逐渐向西南下游递减，至河口崖城一带多年平均年降水量只有 1 200 毫米。流域年内降水分配不均，5—10 月降水量占全年的 90%。宁远河干流上游森林植被好，清水流量大，输沙量较少。流域多年平均年径流量为 6.49 亿立方米，年均流量 20.6 立方米每秒。

1991 年 7 月 12—13 日，在 9106 号强台风的影响下，三亚市的宁远河洪水泛滥，造成崖城镇有 6 个村庄 3 500 人被洪水围困，其中水南村水深 2.3 米。

流域内已建主要水利工程有中型抱古水库及抱古引水工程。抱古水库位于三亚市崖城抱古村、宁远河一级支流抱古河上，距三亚市区 52 千米，距崖城镇 16 千米，是一座以灌溉为主，兼有防洪、发电等综合效益的中型水利工程。集水面积 28.93 平方千米，多年平均年来水量 1 916.0 万立方米，总库容 2 230 万立方米。设计灌溉面积 1 100 公顷，发电装机容量 320 千瓦。水库担负着下游崖城镇、南滨农场、黄榆铁路、

海南西经高速公路、南山电厂等地区的重要基础设施及3.5万人口、耕地1 100公顷、虾塘2 000多公顷的防洪安全。

宁远河干流已建和在建水电站共5座，规划兴建0.5兆瓦以上电站5座，总装机容量19.11兆瓦，年发电量0.85亿千瓦时。为减轻下游地区洪水灾害并解决三亚城市供水，同时兼顾发电，建成大隆水利枢纽工程。

宁远河发源地是原始林地，由若干小溪流汇集而成，离源地不远的千龙村附近有两大胜景——千龙溶洞和仙安石林。

千龙溶洞是海南发现的较大的溶洞之一，占地面积133公顷。千龙洞分上中下三层，上中两层是干洞，最下层则是有数十米深的地下河流过的水洞。千龙洞内主要由石笋、石钟乳、石幔等组成，形状千奇百怪。雪松状、塔状的石笋丛林仿佛是林海雪原中隆起的银色山冈；流水产生的石瀑布、石幔、石帘，如云如丝；仰望洞顶，无数悬垂的尖石就好像冬天屋檐下的冰凌。

保亭千龙溶洞

仙安石林总面积33多公顷，五座山岭分布在千龙村的四周。从村子里看去，它们就像是五盆巨型的假山盆景，石林由上百根高达二三十米的剑状、针状石峰组成。

仙安石林

宁远河从毛感石林出发，向南流，穿过毛拉洞水库后称南文河。东南流，于南改村西北转向西南流，上游流经崇山峻岭和原始密林，中游进入三亚北部的丘陵地区，到三亚西北部的雅亮右纳雅边方河。雅边方河发源于乐东县排子弄山，河长17.2千米，流域面积115.81平方千米。继流进入平缓的下游河谷平原，至抱古村右纳龙潭河。龙潭河发源于三亚市扎造老村，河长20.5千米，流域面积103.94平方千米；流经抱古村的抱古河上建有抱古水库（中型），经崖城镇向港门港注入南海。

三亚大东海

崖城镇境内的宁远河中下游建有宁远河引水工程，集水面积787.3平方千米，水坝采用底流消能，南北两端开渠引水，引水流量0.95立方米每秒，北干渠长19千米，南干渠长14千米，设计灌溉面积967公顷，现有效灌溉面积867公顷。

流域大部分在三亚市境。三亚市是海南省的第二大城市，又是南中国最具热带风光的国际海滨旅游城市。三亚古称崖州，地处海南岛南端，东邻陵水，北依保亭，西与乐东交界，因鹿回头景点和其美丽传说，被人们称为"鹿城"，1999年荣获"中国优秀旅游城市"称号，素有"天然温室"之称。著名景区有天涯海角、亚龙湾、大东海、三亚湾、海山奇观、落笔洞、甘什岭、崖城古城等。

崖城古城

9.2.8.1 大隆水库
（Dalong Reservoir）

宁远河中下游的大型水库，距海南省三亚市56千米，距宁远河出海口保港镇20千米。

水库为多年调节水库，是一座以防洪、供水、灌溉为主，结合发电等综合利用的水库。坝址位于宁远河下游最末一个峡谷河段的南滨农场附近，坝址以上控制流域面积749平方千米，占全流域面积的73.4%。水库总库容4.68亿立方米，正常蓄水位以下库容3.93亿立方米。

工程主要由拦河坝、开敞式溢洪道、引水隧洞发电厂房和供水旁通管等组成。拦河坝为碾压土坝，最大坝高65.5米，坝顶宽9.0米，坝长535.0米。溢洪道布置在右岸垭口，设有4孔闸门。引水隧洞布置在左岸。采用引水隧洞发电，安装混流式机组3台，总装机容量6 900千瓦，年发电量2 891万千瓦时。

大隆水库

工程建成后，承担宁远河下游崖城镇、保港镇、南滨农场沿河两岸的人口、农田、海口虾塘及一些基础设施的防洪任务，使宁远河下游地区的防洪标准达到20年一遇。水库可满足三亚市区和中西部城镇的生活用水、城区绿地的生态用水、旅游风景区的用水、南山和梅山等工业区的用水。还为宁远河下游及附近沿海地区提供灌溉用水，保灌面积6 613公顷。

宁远河属热带海洋季风气候区，台风频繁，夏秋季洪灾频繁，冬春季干旱严重。为减免宁远河下游地区的洪水灾害和解决三亚市中西部地区干旱缺水的问题，1985年规划提出兴建大隆水库，大隆水利枢纽工程于2004年底开工，于2007年6月初步验收。2008年8月5日全部工程通过验收。

水库淹没总面积15.1平方千米。淹没涉及三亚市的18个自然村和3个国营农场的7个生产队。淹没耕地218.9公顷、园地278公顷、林地374公顷、荒山草地312.7公顷、房屋5 439平方米，淹没影响人口3 065人。需安置移民2 863人，其中外迁安置2 035人，就地及就近安置828人。

工程完成水土保持植物措施面积总计85.85公顷（含南滨农场至坝址进场公路绿化面积9.19公顷），其中植树9.77万株，喷播植草21.6公顷，铺草皮2.51万平方米，挂板植草0.1万平方米。

大隆水库依靠原始、纯净、美丽的田园风光和独特的山水景色，成为"田园观光游"和"生态观赏游"的又一新景区。

9.2.9 望楼河
(Wanglou River)

又名乐罗溪，海南岛西南部较大的河流，发源于乐东县尖峰岭南侧，向东流入至坡毛园后折向西南，穿过**长茅水库**、经抱伦农场，于王文村左纳千家水后流入**石门水库**，经利国农场、利国镇，于乐东县望楼港注入南海。河长99.1千米，比降3.78‰，流域面积827.3平方千米，为乐东县境内河。

流域内100平方千米以上的一级支流有千家水，发源于三亚市串门岭，流域面积125.12平方千米，河长19.3千米，于乐东县王文村汇入干流。

流域属热带和亚热带海洋性季风气候，受季风影响大，四季分界不很明显，热量丰富，日照充足。多年平均年降水量约1 400毫米，多年平均年径流量3.98亿立方米，长茅水文站多年平均流量4.67立方米每秒。

海南尖峰岭

望楼河发源地——尖峰岭跨乐东、东方两县（市），整个山体呈北东—南西走向。植被属热带季雨林、热带季风气候，多年平均气温14.5摄氏度。2002年8月1日，海南尖峰岭自然保护区被定为国家级自然保护区，为海南省第6个国家级自然保护区。保护区面积2万公顷，保护对象为热带原始林生态系统。尖峰岭热带森林自然保护区创建于1960年，1976年10月被列入省级自然保护区。尖峰岭保护区热带雨林是我国现存纬度最低、垂直系统最完整、保护最完好的雨林，具有丰富的生物多样性以及物种的稀有性、典型性与代表性，在保持水土、调节气候、维持生态系统良性循环等方面具有重要价值。尖峰岭顶最高海拔1 412.5米，最低处海拔仅200米，相对高差千米以上。气候和土壤等生态环境因素呈多样性，植被则由海滨到山顶依次有刺灌丛、热带稀树草原或稀树灌丛、热带半落叶季雨林、热带常绿季雨林、热带北缘沟谷雨林、热带山地雨林、热带山地常绿林等七大植被类型，基本代表了海南岛南部的主要类型。尖峰岭还是天然的"物种基因库"，已发现维管束植物2 800多种，其中有桫椤等珍稀濒危植物31种、乔木400多种；有哺乳动物68种，鸟类215种，两栖动物38种，爬行动物50种，昆虫4 000多种（其中蝴蝶449种）；其生物多样性指标引起一些国际组织的广泛关注，并已有国际热带木材组织（ITTO）和亚洲开发银行相继在此实施了一批环保援助项目。

9.2.9.1 长茅水库
(Changmao Reservoir)

望楼河中游的大型水库，位于海南省乐东县千家镇北面约5千米处。

长茅水库

长茅水库是一座以灌溉为主，结合防洪、发电和养鱼的多年调节水库。水库集水面积256平方千米，总库容1.42亿立方米，设计库容1.17亿立方米，正常蓄水库容1.11亿立方米，水面面积10.75平方千米。工程于1958年12月动工兴建，1964年8月竣工蓄水，1996年进行安全加固。2000年长茅水库进行安全加固配套，于2001年1月6日全部完工。

工程由1座大坝、2座副坝、2座溢洪道、1座输水涵洞及1个坝后水电站组成。大坝为均质土坝，主坝坝顶长380米，坝顶高程（榆林基面，下同）164.5米，最大坝高36.5米，坝顶宽5.0米；主坝右边有2座副坝，总长510千米，最大坝高12米。溢洪道均为开敞式有闸宽顶堰，溢洪道最大泄洪流量2 792立方米每秒。输水涵洞为钢筋混凝土圆管，最大流量18立方米每秒。坝后引水式发电站，装机2台容量3 200千瓦，年发电量295万千瓦时。

水库集雨区为暴雨区，降水以台风雨为主，流域多年平均年降水量1 560毫米，年径流深670毫米，年径流量1.705亿立方米，年水面蒸发量2 100毫米。

水库防洪设计标准为100年一遇、2 000年一遇校核，水库是望楼河灌区的主要供水水源，设计灌溉面积1.15万公顷（包括下游的**石门水库**和三曲沟水库），现灌溉面积9 300公顷，年供水量1.9亿立方米；植被覆盖良好，水土流失程度轻

长茅水库

微，水库淤积少，水质符合国家Ⅱ类水标准。水库保护着下游九所、乐罗、冲坡等3个镇，海榆西线国防公路、八所至三亚铁路跨望楼河的公路桥、铁路桥等，以及人口10多万、耕地5 300公顷的防洪安全。

长茅水库枢纽包括石门、三曲沟、南木等3座水库。**石门水库**位于长茅水库下游18千米，区间集雨面积256.5平方千米，多年平均降雨深1 314毫米。经石门电站发电后，尾水进入东西干渠输向长茅灌区，其中东干渠长23千米，西干渠长33千米。西干渠末端有三曲沟水库，控制集雨面积39平方千米（在佛罗河上游），三曲沟干渠长8.5千米。为解决长茅水库水量不足，在20世纪70年代建成南木引水工程，引水渠道长33千米。从南木水库（在乐中河上，控制集雨面积171.4平方千米）引水入长茅水库，设计年引水量3 000~6 000万立方米。2000年该渠道采取截弯取直，建成南木引水隧洞及暗涵，裁减12千米。灌区干支渠大部分进行了防渗改造。整个长茅灌区工程自1988年后多次加固配套，各项配套和有关观测设备较为完善。

9.2.9.2 石门水库
(Shimen Reservoir)

望楼河下游的中型水库，位于海南省乐东县九所镇盗公村附近，距**长茅水库**下游18千米，是望楼河梯级开发工程之一。

水库是多年调节的中型水利枢纽，功能以灌溉为主，结合防洪、发电和养鱼。坝址以上至长茅水库区间集雨面积256.5平方千米。水库始建于1958年，原为12米高水坡，正常库容200万立方米。1969年扩建，1974年竣工，将原水坡加高至24米，总库容6 450万立方米，设计库容4 500万立方米，正常蓄水库容2 080万立方米，调洪库容4 468万立方米。

工程由大坝、溢洪道、输水涵洞及坝后水电站组成。大坝中央段为浆砌石重力坝，以混凝土护面，最大坝高15.5米，坝顶长度78米；两侧为均质土坝，最大坝高24米，坝顶长度217米。溢洪道1座，最大泄洪流量3 239立方米每秒。左右两岸有输水涵洞各1个，均为钢筋混凝土涵，最大流量15立方米每秒。右岸输水涵洞口处设坝后引水式发电站，装机2台容量2 520千瓦，年发电量267万千瓦时。水电站的尾水渠是长茅灌区渠首，其中东干渠长22千米，西干渠53千米，各级支渠长160千米。

石门水库与长茅水库区间流域属山区，降水以台风雨为主，多年平均年降水量1 380毫米，多年平均年径流深500毫米，多年平均年来水量1.39亿立方米。

石门水库防洪标准达到100年一遇，水库是下游灌区的主要供水水源，设计灌溉面积1.15万公顷，现灌溉面积9 300公顷，年供水量1.7亿立方米。库区植被覆盖良好，水土流失程度轻微，水库淤积少，水质符合国家Ⅱ类水标准。水库保护着下游九所、东罗、冲坡等3个镇，海榆西线国防公路、八所至三亚铁路跨望楼河的公路桥、铁路桥等，及人口10多万、耕地5 300公顷的防洪安全。

石门水库属长茅灌区渠道水库，长茅水库放水归河，经石门水库再分东、西干渠引水灌溉，长茅、石门以及西干渠下游的三曲沟水库组成一个灌溉系统。枢纽工程于1974年建成，运行中曾出现下游冲坑，局部冲深淘空坝基，后做填堵。1996年和1997年又进行溢流坝面和下游两侧墙加固，使水库安全运行。

9.2.10 陀兴水库
(Tuoxing Reservoir)

位于海南省东方市感城镇境内，坝址位于感恩河中游，距东方市城区约46千米。

陀兴水库是一座以灌溉为主，兼顾防洪、发电和养鱼等综合效益的多年调节的中型水库。水库集雨面积290平方千米，占感恩河流域面积的72.2%，总库容9 900万立方米，设计库容7 100万立方米，正常蓄水库容3 000万立方米。工程于1969年动工兴建，1977年完成第一期工程，建成中型水库。

陀兴水库

工程由主坝、泄水坝、输水涵洞及水电站组成。主坝为土石混合坝，坝顶长370米，坝顶高程（榆林基面，下同）54.0米，最大坝高21.0米，坝顶宽4.0米；泄水坝为浆砌石重力坝，最大泄洪流量5 015立方米每秒。输水涵洞为钢筋混凝土圆管，最大流量20立方米每秒。输水涵洞支洞出口处设坝后引水式发电站，装机3台容量3 375千瓦，年发电量68万千瓦时。

水库集雨区位于五指山西侧（背风区），是海南省降雨量较少的地区之一。降水以台风雨为主，流域多年平均年降水量1 200毫米，多年平均年径流深878毫米，多年平均年蒸发量2 400毫米，多年平均年来水量14 500万立方米。

水库防洪标准采用100年一遇设计、1 000年一遇校核，水库是感恩河灌区的主要供水水源，设计灌溉面积2 733公顷、有效灌溉面积1 600公顷，年供水量2 700万立方米；库区植被覆盖良好，水土流失程度轻微，水库淤积少，水质符合国家Ⅱ类水标准；水库保护着下游1个镇、糖厂、铁路、公路干线及5.7万人口、1 000公顷农田的防洪安全。

感恩河发源于东方市蒙瞳岭，在东方市感城流入南海，集水面积381平方千米，河长54.5千米，多年均年径流量2.24亿立方米。由于陀兴水库属大广坝灌溉系统的渠首工程，二期开发扩建为大（2）型水库，并建那文隧洞从大广坝水库补水。

9.2.11 高坡岭水库
(Gaopoling Reservoir)

罗带河下游的中型水库，位于海南省东方市八所镇以北

10.6 千米处，距 235 国道 4 千米。罗带河发源于东方市茅刀岭，集水面积 222.2 平方千米，流域大部属东方市境内，河长 47.7 千米，于东方市南边坡村汇入八所港。

高坡岭水库

高坡岭水库是以农业灌溉和城镇供水为主，兼有防洪、发电和养殖等综合效益的多年调节的水库。水库集雨面积 156.4 平方千米，占罗带河流域面积的 62.76%。经过多年扩、改建后，总库容 6 790 万立方米，设计库容 5 365 万立方米，正常蓄水库容 5 125 万立方米。水库于 1966 年 1 月动工兴建，经多年扩、改建，1971 年竣工。

工程由大坝、泄洪道、输水涵及水电站组成。大坝包括主、副坝各 1 座，均为均质土坝，主坝坝顶长 1 830 米，坝顶高程（榆林基面，下同）34.0 米，最大坝高 26 米，坝顶宽 4 米；副坝总长 530 千米，最大坝高 7.4 米。溢洪道 1 座，最大泄洪流量 1 645 立方米每秒。输水涵洞 1 个，最大流量 12.14 立方米每秒。于出口处设坝后引水式发电站，装机 2 台容量 450 千瓦，年发电量 67 万千瓦时。

水库集雨区位于五指山背风区，是海南省降雨量较少的地区之一，降雨以台风雨为主，流域多年平均年降水量 1 250 毫米，年径流深 450 毫米，年蒸发量 2 525.5 毫米，年来水量 5 474 万立方米。

水库防洪设计标准为 100 年一遇，设计灌溉面积 3 134 公顷，实际灌溉面积 867 公顷，年供水量 5 475 亿立方米，其中向八所化肥厂供水 3 650 万立方米；库区植被覆盖良好，水土流失程度轻微，水库淤积少；水库保护着下游 1 个乡、铁路和公路干线、3 200 人口、333.5 公顷农田的防洪安全。

水库西边有九龙温泉旅游度假区，九龙温泉出露于炀沟南侧，属基岩构造裂隙热矿水，每当秋冬季节，温泉区内云蒸雾蔚。水库中心有一个面积约 1.5 平方千米的沙洲岛，水库周边是农庄和广阔的牧场以及新兴的热带高效农业基地。

9.2.12 昌化江
(Changhua River)

海南岛第二大河流，位于海南岛西部，发源于海南省琼中县空示岭，横贯海南岛的中西部，于昌江县昌化港入北部湾。位于东经 108°36′～109°44′、北纬 18°32′～19°21′。干流全长 231.6 千米，流域面积 5 150 平方千米，平均比降 15.4‰，总落差 1 614 米。涉及五指山市、琼中县、保亭县、乐东县、白沙县、昌江县、东方市。

概 述

流域北、东两面与**南渡江**和**万泉河**流域相连，南接**藤桥河**、**宁远河**流域，西接**望楼河**、感恩河流域。地域形状为弯叶状，地势东南高而西北低，东部山区地势陡峻，西部沿海地形平坦，东北部以鹦哥岭、雅加大岭为分水岭与南渡江分开，东部以五指山为源头与万泉河分离，南部以马嘴岭、尖峰岭为屏障与宁远河相隔，这些分水岭高程达 800 米以上，山脊宽厚雄伟。

上游河谷由漫滩阶地和 300 米高程的剥蚀面组成槽形地形，下游为宽广的台地平原，沿海可见有海相阶地。除与感恩河、望楼河两处分水岭的地势略低外，其余各处分水岭高程均在 1 000 米以上。流域内大部分地区山岭重叠，平地很少。乐东县城及东方市周围皆为山岭区内的小盆地，是花岗岩极度侵蚀和河流局部沉积而成。

流域内大于 100 平方千米的支流有毛阳河、**南圣河**、乐中水、大安水、南巴水、南绕河、七叉河、东方河、**石碌河**等 9 条，以南圣河为最大，集水面积为 660 平方千米，河长 62 千米。

流域地处热带和亚热带海洋性季风气候区，受西南干热风影响，蒸发能力强，降雨量小，气候干燥。日照充足，热量丰富，年内降雨不均，干湿季分明，流域年平均气温 21.4～24.4 摄氏度，自上游至下游递增。多年平均相对湿度 82% 左右，多年平均年降水量 1 584.0 毫米，5—10 月降水量可占全年的 90%。多年平均年蒸发量 1 800 毫米，多年平均干旱指数变化范围为 0.7～1.0。流域多年平均年径流量 42.9 亿立方米，年径流深 833.0 毫米。

2005 年，昌化江干流及其支流南圣河全年期水质符合国家Ⅱ类标准，水质良好。流域内尖峰岭林场有大片森林，森林植被类型主要是常绿阔叶林，大广坝库区周围主要有常绿和落叶季雨林，植被覆盖良好，水土流失很少。**大广坝水库**以下河段植被覆盖一般，暴雨洪水常夹带大量泥沙。昌化江的含沙量为全省最大，多年平均含沙量 0.19 千克每立方米，年平均输沙量 83.0 万吨。

据 1956—2000 年水资源评价成果，流域多年平均地表水资源量 42.90 亿立方米。水力理论蕴藏量 30.55 万千瓦，可开发量 23.40 万千瓦，为海南省三大河流之冠。

流域所属行政区有五指山市的全部，乐东县、昌江县的大部分，琼中县、保亭县、白沙县、东方市的小部分，共 21 个乡 18 个镇 11 个国营农林场。流域内陆路交通比较发达，上游有海榆中线，下游有海榆西线、环岛西线高速公路和铁路干线穿过，各县之间均有支线相通。

流域内主要居住着汉、黎、苗、壮、回族等，主要农作物以水稻为主，其次是番薯、玉米，热带经济作物有橡胶、花生、甘蔗、剑麻等。2004 年，流域人口 61.30 万，耕地面积 4.24 万公顷，有效灌溉面积 1.9 公顷。

流域的暴雨成因主要是台风和热带低压，其中台风影响更为明显，表现为台风次数多、强度大、历时长。河流上游较陡，下游平缓，两岸多分布有农田。沿河缺乏堤围保护，每当台风雨季，河水暴涨，经常泛滥成灾，尤其是沿海低洼地区，由于堤围缺乏，常受洪潮水灾害。

昌化港位于海南省西北部昌江县昌化镇，昌化江出海口分流形成的三角洲地段。据统计，平均潮差 1.84 米，最大潮差 4.32 米，最高潮水位 2.45 米（1963 年 9 月 7 日的 6311 号台风暴雨引起）。

自 1645 年有洪灾纪录以来，流域发生较大的洪涝灾情 30 余次。1963 年 9 月 7 日，由于受 6311 号台风影响，流域突降特大暴雨，引起山洪暴发，下游大部分地区发生较大水灾，宝桥水文站水位 26.57 米，超警戒水位 3.57 米，水位变幅 12 米，流量 20 000 立方米每秒；乐东县发生较大洪水，大安水库出险，水浸九所墟 0.2～0.3 米、利国墟 1～1.4 米，损失重大。1996 年 9 月 18—22 日，由于受 9618 号强热带风暴的影

昌化江水系示意图

纪　实

干流在番阳以上为上游，河长 79 千米，河谷成 V 形，什运以上平均比降约 25.5‰，什运至番阳平均比降约 1.93‰。

昌化江源地为热带雨林区和五指山国际旅游度假区，自河源北流，上游称五指山大水河，至红毛镇番响折向西南流，红毛镇有白沙起义纪念碑，循五指山、鹦哥岭间的深谷而行，经什运乡入五指山市境，什运乡有琼崖纵队旧址；于毛阳镇毛阳村左纳毛阳河（河长 36 千米，流域面积 177 平方千米），毛阳河上游建有五指山大峡谷漂流等项目。

干流继流至番阳镇，右纳南圣河后进入乐东县境，经冲山镇乐中农场，至三平，左纳乐中河（河长 49 千米，流域面积 387 平方千米）后流向乐东县城抱由镇并左纳大安河（河长 33 千米，流域面积 146 平方千米）。乐东，民国 24 年（1935 年），析昌江、感恩、崖县部分黎区划设乐东县，治所设在抱由峒。乐东黎族自治县位于海南岛西南部，素有"天然温室""热作宝地""旅游胜地""绿色宝库"和"腰果之乡"等美称。境内有著名的尖峰岭国家森林公园，有我国南方最大的莺歌海盐场和正在开发的莺歌海油气田。

干流出乐东县城后转为西北流，经山荣农场于抱湾村左纳南巴河（河长 39 千米，流域面积 271 平方千米）后流入大广坝水库并进入东方市境；在水库中穿越江边乡和东河镇，其间于东河镇丘陵山下右纳南绕河（河长 41 千米，

五指山大峡谷漂流

流域面积 371 平方千米）；于广坝村出库后向北流，为东方市与昌江县界河，于七叉镇燕窝岭右纳七差河（河长 20 千米，流域面积 145 平方千米），于峨里赛岭左纳东方河（河长 44 千米，流域面积 215 平方千米），东方河上的东河镇为黎族传统节日三月三发祥地。

干流继流至昌江县义河镇右纳石碌河，折向西流，经三家，于昌化镇昌化港注入北部湾。

9.2.12.1　南圣河

(Nansheng River)

昌化江上游左岸支流，又名通什水。位于海南省中部，发源于保亭黎族自治县贤芳岭，从东往西穿行于五指山市南西部，流经南圣、冲山、毛道等乡镇，在乐东县的万板村汇入昌化江干流。河长 61.8 千米，落差 607 米，比降 5.03‰，流域面积 660.1 平方千米，涉及五指山市和乐东县。

南圣河的一级支流毛苗田水发源于保亭县亲母宁岭，流域面积 120.18 平方千米，河长 23.9 千米，河流平均比降 16.0‰，于保亭县毛冲村汇入南圣河。

流域植被良好，雨量充沛，年降水量 1850 毫米以上。8—10 月是台风盛行季节，往往带来暴雨和大暴雨，山洪暴发

响，流域中下游发生特大暴雨，宝桥水文站水位 25.18 米，洪峰流量 14 500 立方米每秒。据统计，流域内共有 5 个市县 65 个乡镇 623 个村庄受灾严重，受灾人口 50.18 万，损坏房屋 16.08 万平方米，死亡 56 人，农作物受灾面积 3.93 万公顷，直接经济损失 6.15 亿元。

1977 年，海南岛出现历史上的大旱，昌化江出现历史上最低水位和最小流量，有 80% 以上山塘水库干涸。

昌化江干流河道治理包括堤坝加高加固、新堤建设、险工处理、水土保持、河道清障和河势顺导等措施，以保证行洪通畅和河势稳定，确保沿河城市、乡镇、农田及人民生命财产的安全。

流域较大的灌区有大广坝灌区和石碌水库灌区。大广坝灌区设计灌溉面积 6.74 万公顷，设有 5 大灌溉系统，即大广坝高干渠灌溉系统、戈枕中干渠灌溉系统、戈枕低干渠灌溉系统、昌江干渠灌溉系统、陀兴—乐东干渠灌溉系统。石碌水库灌区还联结有鹅毛岭、山竹沟、先南等 10 座小型水库，7 座引水工程及 10 多座提灌工程，有效灌溉面积 5 000 公顷。

流域已建有大中小型水库 35 座，控制集雨面积 4 403.3 平方千米，总库容 21.0 亿立方米。其中昌化江干流中游广坝乡的大广坝大（1）型水库和昌化江支流石碌河中下游的大（2）型**石碌水库**，控制集雨面积 3 870.1 平方千米，总库容 18.5 亿立方米。已形成以大型水库为骨干，中小相结合的灌溉系统，并向多个城镇与开发区供水。

大广坝水利水电工程装机容量 24 万千瓦，多年平均发电量 5.04 亿千瓦时，在供电系统中承担调峰、调频、调相任务。

琼崖纵队旧址

携带大量泥沙和滚石入河床。

流域地处北热带与中热带接壤地区，在中、高纬度天气系统的环流作用下，形成热带岛屿季风气候，高温多雨，季节分明。农历霜降至大寒节气，地面到高空为强大的冷高压控制，雨水稀少；立春至春分，阴雨天气较多，雨量仍然较少；清明至夏至，热带高压加强，常与南下冷空气相遇形成暴雨或大暴雨；小暑至白露，冷高空气流最弱，热带辐合带活跃，是台风盛行的季节，7—9月是台风暴雨的高峰期；秋分至寒露，亦可能形成台风暴雨，特别是在10月中旬。

南圣河水文站多年平均流量21.1立方米每秒；春雷水电站以上河段为南圣河上游，干流长28.5千米，流域面积320平方千米，平均比降9.44‰，年平均流量10.9立方米每秒。春雷水电站现装机两台容量2 500千瓦，2000年发电量1 715万千瓦时。

流域大部分处在五指山市境内，五指山市辖5镇2乡，总面积1 128.98平方千米，其中城区面积5平方千米。境内热带季风性海洋气候特点明显，年平均气温22.6摄氏度，多年均年降水量1 690毫米。2004年底人口11.01万，其中少数民族人口占总人口的65.8%。

南圣河横穿五指山市区。五指山市位于海南岛中南部的五指山腹地，地势由东向西倾斜，平均高程316米，地形主要以山地和丘陵为主，是海南省平均高程最高的城市。民国时期，通什原属保亭管辖。1952年初，海南黎族苗族自治州成立，1953年自治州首府从乐东县抱由镇迁驻通什。1986年6月经国务院批准设立通什市（县级市）。"通什"，黎语原称"冲山"，"通什"二字是以黎话语音用汉字海南音注写的。2001年7月，民政部批准通什市更名为五指山市。

五指山市境内水源众多，水系纵横，大小河10多条，主要有昌化江上游支流南圣河和毛阳河，南圣河从东向西蜿蜒流过全城区；五指山市气候温和，冬无严寒，夏无酷暑，多年平均气温22.4摄氏度，山清水秀，四季如春。人均寿命72岁，是有名的长寿之乡，海南著名的民族风情旅游胜地。

南圣河综合整治工程于2002年8月启动，整治改建春雷坝为大（2）型水闸，改建防洪堤2千米，加高加固已建防洪堤2千米，新建防洪堤3千米，清挖河床1千米。南圣河五指山市区段防洪工程是综合整治工程的主体，要求结合城市防洪、城市景观、城市交通、发电及生态环境建设进行综合整治。市区段的防洪标准从不足10年一遇提高到20年一遇。南圣河橡胶坝是五指山市继春雷水电站改建工程后南圣河综合整治的一项重要内容，建成后的橡胶坝蓄水30万立方米，成为人工湖。

五指山是海南的象征，它不仅自然风光优美，而且极具神秘色彩，最高峰海拔1 867米，坐落在琼中县境内，为海南岛第一高峰。偏西为黎母岭，其中鹦哥岭海拔1 812米，为海南岛第二高峰。五指山森林成片，生长茂密，种类繁多，群落层次多而复杂，垂直地带性分异明显。有坡垒、青梅、花梨、红楼等珍贵木材，有"绿色宝库"之誉；动物种类繁多，是天然的动物家园；已建有五指山自然保护区，被列为国家级自然保护区；矿藏丰富，铁和水晶储量大、质量好，著名的石碌铁矿即位于山区西部昌江县内。

五指山为**万泉河**、**陵水河**和昌化江等河流的分水岭。山脉东南麓位于迎风坡上，又为台风路径所经，年降水量2 866毫米，是海南暴雨中心，也是全岛雨量最多地区。这里有千姿百态的瀑布群，有奇岩怪石、幽潭深洞和千百年来风雨冲刷而成的五指山大峡谷。

五指山是我国少数民族黎族、苗族集居的山区，历史上也是我国南方的革命根据地之一。

9.2.12.2　大广坝水库
(Daguangba Reservoir)

昌化江中游的大型水库，坝址位于海南省东方市东河镇，距八所港48千米，距海口市275千米。

大广坝水库是一座以灌溉为主，结合防洪、发电、供水和养鱼等综合开发利用的多年调节水库。水库控制流域面积3 498平方千米，占昌化江流域面积的69%，总库容17.1亿立方米，设计库容15.02亿立方米，正常蓄水库容14.95亿立方米，兴利库容13.15亿立方米，调节水量12.74亿立方米。

大广坝水利水电工程包括大坝、泄洪道、输水隧洞和水电站。大广坝工程按1 000年一遇洪水设计，可能最大洪水校核。大坝由1座主坝和2座副坝组成，主坝为混凝土重力坝，主坝为混凝土坝坝顶长739米，最大坝高57米，坝顶筑有1.2米的混凝土防浪墙；副坝为均质土坝，总长5 123米，最大坝高44米。溢洪道1座，最大泄洪流量3.57万立方米每秒。输水隧洞3座，为坝式进水口，最大泄量370.4立方米每秒。溢流坝后及输水隧洞出口设坝后引水式水电站，装机4台容量24万千瓦，年发电量5.04亿千瓦时。

流域降水以台风雨为主，多年平均年降水量1 565毫米，多年平均年来水量30.6亿立方米，多年平均入库流量97.0立方米每秒。

水库的修建，使水库下游地区的防洪标准分阶段提高，减缓了洪水对下游地区的威胁；水库是广坝灌区的主要供水水源，设计灌溉面积1.27万公顷，实际灌溉0.34万公顷；水库担负着保护下游西环铁路、海榆西线国道和西线高速公路，3个乡镇、0.7万人口及约666.7万公顷农田的防洪安全。

工程于1990年6月开工，自1993年12月9日下闸蓄水，1993年12月29日第一台机组并网发电，1995年3月29日4台机组全部建成投产。整个工程分二期建设，第一期建设是指由拦河大坝引水系统，地下发电厂房等组成的枢纽工程，包括大广坝至昌江变电站输电线路、昌江变电站两个间隔的土建、设备安装等，以及部分灌溉渠系工程，一期工程于1995年竣工。二期工程由戈枕枢纽工程、陀兴水库扩建工程和灌区灌系工程组成，于2007年3月26日开工建设。

库周可观山景，游溶洞，登山访幽，领略热带植物风光，也可荡舟湖面山溪之中，倾听鸟语松涛，与黎、苗族同胞欢歌共舞。两岸的山多数平地拔起，绵延不断，奇峰罗
列，形态万千，而且山多有洞，无洞不奇。

9.2.12.3　石碌河
(Shilu River)

昌化江右岸支流，发源于海南省白沙县斧头岭，自南向北流经青松乡，折向西经金波乡注入**石碌水库**，后穿过石碌镇于昌江县叉河镇老宏村注入昌化江。河长59.6千米，比降5.61‰，流域面积为545.7平方千米，涉及白沙县和昌江县。

石碌河大石滩段

石碌河源头河段称南或河，源头支流有南延河、南七河。石碌河多年平均年径流量3.82亿立方米，中上游建有石碌水库，位于海南省昌江县石碌镇东北5千米处。水库横跨白沙、昌江两县，集水面积353.6平方千米，总库容1.41亿立方米，是一座以灌溉为主，结合供水、防洪、发电和养鱼的多年调节的大型水利枢纽。

石碌水库

石碌河源地斧头岭位于坝王岭国家级自然保护区内，保护区位于海南省昌江县与白沙县的交界处，面积5 639公顷，1988年被定为国家级自然保护区，主要保护对象为黑长臂猿及其栖息生态环境。保护区内的山岭南北绵延，主峰斧头岭海拔1 438米，次峰坝王岭海拔1 390米。密林里湿热异常，多层次树木竞相生长，保存着原始古老的热带雨林环境。保护区为海南主要林区之一，森林茂密，分布在高程350～1 438米群山中。高程1 000米以上常有云雾遮盖，气候温暖湿润，雨量充沛，湿度较大。多年平均气温17～22摄氏度，年降雨量1 500～2 000毫米，全年雨旱两季分明。保护区内植物资源十分丰富，乔灌木种类1 000多种。

石碌河大石滩

核心区是典型热带山地雨林树种组成以罗汉松科、樟科、壳斗科、木兰科番荔枝科、山茶科植物较为常见。保护区内有兽类40种，鸟类1 000多种，两栖爬行类40多种。其中国家重点保护的野生动物有黑长臂猿、水鹿、猕猴、孔雀雉。保护区植被为热带雨林，原始森林古木参天，粗大的藤本植物缠绕在林木间，山涧溪水长年不断，林中花果四季皆有，为黑长臂猿的栖息和繁衍提供了良好的环境，是我国唯一的以黑长臂猿为主要保护对象的自然保护区。

风流山瀑布位于石碌镇东8千米处，发源于附近的保梅山脉，流经风流山东侧山坡，汇入石碌河。飞瀑从风流山主峰东侧700米高的岩洞中排空飞泻而下，形成汹涌澎湃的三级叠瀑，瀑面广阔，十分雄伟壮观，其落差600多米，最大流量2立方米每秒，最小流量0.6立方米每秒。

9.2.12.3.1 石碌水库
(Shilu Reservoir)

石碌河上的大型水库，位于海南省昌江县石碌镇东北5千米处。

石碌河水库是一座以灌溉为主，结合供水、防洪、发电和养鱼的年调节水库。集雨面积353.63平方千米，总库容1.41亿立方米，设计库容1.01亿立方米，正常蓄水库容0.99亿立方米，调洪库容0.58亿立方米。1958年4月工程动工时按中型水库兴建，1966—1967年大坝枢纽工程按大（2）型规模扩建，1975年水库进行安全加固，1992年对主坝、放水涵、上游护坡等加固处理，1994年枢纽工程达规模。

工程由大坝、副坝、泄洪道、输水涵及水电站组成。大坝为均质土坝，主坝坝顶长622.4米，最大坝高35米，坝顶宽5米，坝顶筑有高1米的混凝土防浪墙；有副坝3座，总长827千米。溢洪道2座，一座为深孔曲线实用堰，最大泄洪流量2 666立方米每秒；另一座为开敞式宽顶堰，最大泄洪流量3 624立方米每秒。输水涵1座，最大流量18.7立方米每秒。输水涵洞支洞出口处设坝后引水式发电站，装机两台容量2 000千瓦，年发电量400万千瓦时。

库区降雨以台风雨为主，其次是热雷雨和锋面雨，流域多年平均年降水量1 815毫米，年径流深833.8毫米，年蒸发量1 600毫米，年来水量2.65亿立方米。

石碌水库防洪设计标准100年一遇，是昌江灌区的主要供水水源，设计灌溉面积1万公顷，实际灌溉面积0.55万公顷，年供水量1.37亿立方米，其中向石碌镇供水1 600万立方米。库区植被覆盖良好，水土流失程度轻微，水库淤积少，水质为Ⅲ类；水库保护着下游海南铁矿、冶炼厂、海南水泥厂及8个乡镇、5万人口、0.27万公顷农田的防洪安全。

建库后曾发生过垮坝（1958年9月）、溢洪道被冲毁（1960年10月）、溢洪道底板被冲毁（1963年9月）、主坝背水坡大面积滑坡（1978年10月）共4次重大事故，经工程技术分析论证后，对所发生的事故均能进行合理的处理。1997—1998年按水利部颁布的《水库大坝安全鉴定办法》进行安全鉴定，评定为三类大坝。1988—1991年进行水库加固工程施工，完成主、副坝护坡和防浪墙工程、放水涵套钢管加灌浆补强工程和主坝迎水坡培厚工程等；1998—2000年编制石碌水库除险加固工程设计书，分阶段进行主坝防渗墙、溢洪道检修闸门、旧溢洪道工作闸门更换、上坝公路、防汛调度大楼等加固配套工程建设。

库区周围林海波浪起伏，群山环抱的石碌水库犹如镶嵌在翡翠丛中的一块白玉。水库岸边杨柳依依，水面碧波涟漪，小桥曲径回廊，游人泛舟湖上。每当夜幕降临，十里长街华灯齐亮，如同天上群星闪烁的银河。

9.2.13 珠碧江
(Zhubi River)

又名海头溪，发源于海南省白沙黎族自治县中部南高岭。河长 83.8 千米，流域面积 956.75 平方千米，比降 2.19‰，涉及白沙县和儋州市。

流域大部处于白沙县西北部，流域上游为丘陵地带，下游为台地和滨海平原。多年平均气温 24 摄氏度，多年平均年降水量约 1 600 毫米，多年平均年径流量 6.4 亿立方米。

流域水源林大部分被橡胶、甘蔗、水果等经济作物代替，天然林仅占总面积 17.2%。由于沿岸植被减少，珠碧江自净能力也大大降低。

珠碧江自源地向东北流，至打安镇折向西北流，流经珠碧江农场。珠碧江农场是隶属海南农垦的一个独立核算的中型企业，位于海南省儋州市与白沙县交界处，离儋州市 30 多千米，在洋浦深水港保税区辐射圈内，农场被珠碧江所环绕，由此而得名。

干流过珠碧江农场后折向西流，流经**珠碧江水库**后继流至邦溪农场四队，左纳木棉水。木棉水发源于白沙县马岭，集水面积 99.96 平方千米，为珠碧江最大支流。干流继流经芙蓉田农场，穿过 225 国道，经邦溪十队，再横穿西线高速路，经大岭一队，入儋州市境，左岸邦溪镇境内建有邦溪自然保护区；继流，经加乐村、大安村，于儋州市海头镇海头港注入北部湾。

邦溪坡鹿自然保护区建立于 1976 年 10 月，面积 357.8 公顷，高程 127～170 米，区内有两条小水溪汇入珠碧江。该保护区主要保护对象是海南坡鹿及其生态环境，保护区内主要动物有海南坡鹿、海南兔、蟒、穿山甲、原鸡、海南山鹧鸪等。邦溪地区是海南坡鹿的原生地，区内有维管束植物 101 科、284 属、374 种，其中 151 种为坡鹿喜食植物，是坡鹿生息繁衍的理想之地。20 世纪 70 年代曾有数群坡鹿；80 年代初期邦溪地区的坡鹿因各种原因，几乎灭绝，剩余为数不多的坡鹿为了生存，不得不向东方大田地区迁移；90 年

海南邦溪坡鹿自然保护

代初，为了拯救这一濒危的珍贵野生动物，在国家林业局、海南省林业局和华南濒危动物研究所及当地政府高度重视和支持下，恢复海南邦溪省级自然保护区。1990—1992 年，保护区从东方大田野外捕捉了 18 头坡鹿回来驯养，经过多年努力，坡鹿数量现已增加到几百头。

9.2.13.1 珠碧江水库
(Zhubijiang Reservoir)

海南岛西部**珠碧江**中游的一座中型水库，位于海南省白沙黎族自治县邦溪镇留眼村。

水库以灌溉为主，结合防洪、发电和养鱼等多种功用，为多年调节水库。水库集水面积 492 平方千米，总库容 5 920 万立方米，设计库容 4 120 万立方米，正常蓄水库容 1 290 万立方米，调洪库容 4 750 万立方米。

工程由大坝、溢流坝、输水涵洞及水电站组成。大坝有南、北两座，一座是非溢流的为均质土坝，坝顶长 470 米，坝顶高程（榆林基面，下同）100 米，最大坝高 25 米，坝顶宽 3 米；另一座是主坝采用实用堰型浆砌石硬壳坝作溢流坝，堰顶高程 91 米，最大坝高 8 米，溢流段净宽 100 米。南、北两座输水涵洞均为钢筋混凝土圆管，最大流量 46.3 立方米每秒。大坝南、北输水涵洞支洞出口处设坝后引水式发电站，装机 3 台容量 3 600 千瓦，年发电量 500 万千瓦时。

库区降雨以台风雨为主，其次是热雷雨和锋面雨，流域多年平均年降水量 1 400 毫米，年径流深 500 毫米，年蒸发量 695 毫米，年径流量 7.8 亿立方米。

水库防洪设计标准达到 100 年一遇，是珠碧江灌区的主要供水水源，设计灌溉面积 1 667 公顷，实际灌溉面积 800 公顷，年供水量 680.4 万立方米，水面养鱼面积 33.3 公顷；植被覆盖良好，水土流失程度轻微，水库淤积少，水质为Ⅲ类；水库担负着下游西线公路大溪桥、3 个国营农场、3 个乡镇、0.25 万人口、1 667 公顷耕地的防洪安全。

水库于 1970 年 10 月动工兴建，1972 年 12 月竣工。1998 年组织工程队进行污工连拱坝的挑鼻脚采用混凝土加固处理。

水库灌溉的农田地处山区，耕地分散，虽已配套各类渠道和附属建筑物，但灌溉效益仍较小，开发建设潜力很大。

9.2.14 春江水库
(Chunjiang Reservoir)

春江中游的中型水库，距海南省儋州市王五镇以南约 8 千米处，是一座以灌溉为主，结合防洪、养鱼及城市供水等综合利用的年调节水库。工程于 1958 年 5 月动工兴建，1959 年 4 月建成，1961 年开始发挥效益。春江发源于儋州市糠兴岭，流域面积 557.76 平方千米，处在儋州市境内，流域多年平均年径流量 2.82 亿立方米，河长 55.7 千米，于儋州市赤坎地村汇入北部湾。水库集雨面积 319.15 平方千米，总库容 5 500 万立方米，设计库容 4 745 万立方米，正常蓄水库容 2 620 万立方米。

原主坝为河床浆砌石溢流坝，长 200.5 米，左、右两侧各长 530 米、790 米均质土坝连接，最大坝高 19.08 米。春江水库加固后，溢流坝长 68 米，最大泄流量 2 910 立方米每秒；非溢流重力坝长 133 米，土坝长 1 363.12 米、

春江水库

高程 32.7 米，坝顶宽 4.5 米；堰顶高程 22.54 米；输水洞为钢筋混凝土圆管，最大泄流量 2 立方米每秒。

流域属热带岛屿季风气候，多年平均气温 23.8 摄氏度，多年平均相对湿度 80%，库面多年平均年蒸发量 1 599 毫米，多年平均风速 2.1 米每秒，风向多为偏东风，降水以台风雨为主，其次是热雷雨和锋面雨，多年平均年降水量 1 471.8 毫米，多年平均入库流量 5.28 立方米每秒，年平均入库来水量 1.66 万立方米。

水库处于琼北隆起区内，坝区主要地层由第四系砂壤土和白垩系报万群红色砂岩、砂砾岩、黏土岩及中生代燕山期花岗岩组成，沙壤土厚 0.8～2.2 米，分布两岸。库区及坝体

稳定，不存在大的岸坡再造等地质问题。沿河两岸林木茂盛，植被良好。

水库周边的地域是雅星、王五、大成三个镇的辖区。20世纪50年代国家在库区周边建有八一、西华、龙山等国营农场。库区周边以农业生产为主，主要种植橡胶等热带经济作物、甘蔗及速生林，低洼地种植水稻。

水库设计防洪标准为100年一遇，是春江灌区的主要供水水源，设计灌溉面积2 240公顷，实际灌溉面积1 480公顷，干渠3条、长62千米（混凝土防渗18千米），支渠长38千米（混凝土防渗22千米）；水面养鱼水面面积200公顷，年生活供水水量730万立方米；植被覆盖良好，水土流失程度轻微，水库淤积少，水质为Ⅱ类；水库担负着下游2个镇、633.3公顷农田的防洪安全。

1960年9月上旬，春江水库洪水溢流水深1.1米，两岸护坦底板、消力坎和二道坎后的原山坡破坏严重，当年修复。1961年按水工模型试验成果进一步加固。1964年7月，春江水库溢洪水深1.58米，下游右岸护坦浆砌石又遭破坏，次年5月修复并在护坦面铺筑20厘米厚混凝土保护层。此后每年泄洪，两岸消能防冲设施都有不同程度损坏。1984年用水泥砂浆砌结大块石加钢筋混凝土修复左右岸第一级护坦。1996年9618号强热带风暴袭击，降雨量564毫米，溢流坝溢洪水深3.58米，溢流坝两岸护坦毁坏严重。2000年，海南省水利局组织安全鉴定，鉴定结论为三类坝。同年进行加固扩建设计，除险加固工程主要有溢流坝、非溢流重力坝、土坝、低涵输水建筑物等，于2002年10月完成。总库容由原来的5 500万立方米增至6 360万立方米，正常蓄水库容增至3 730万立方米。

9.2.15　北门江
(Beimen River)

古称宜伦江，发源于海南省儋州市鹦哥岭，自源地向北流，经长田折向东北流，经南辰农场于打白入**沙河水库**，出库后转向西北流，经侨植农场、鹅城、有伦村、水流、长坡等村和中和、新州等镇，于儋州市黄木村流入北部湾。河长62.2千米，比降2.45‰，流域面积648平方千米，儋州市境内河。

东坡书院

流域属热带季风气候，冬春雨量稀少，夏秋雨水充沛。多年平均气温23.2摄氏度，多年平均年降水量1 815毫米，时有干旱、热带风暴及台风等灾害发生。多年平均年径流量4.06亿立方米。

北门江在天角潭以上河段称雅拉河，集水面积408.9平方千米，该河段上的沙河水库控制集水面积83.7平方千米，**松涛水库**西干渠直接可向沙河水库补水。

流域处在儋州市境内，儋州古迹众多，民风敦厚粗犷。1097—1100年苏东坡被贬谪到海南，居住和讲学的场所原来叫载酒堂，他在载酒堂开设学馆，讲授诗书，传播中原文化。"东坡书院"位于儋州市中和镇，书院内古木参天，由载酒亭、载酒堂、大殿、奥堂龛等古建筑组成。

1992年3月，国务院批复同意成立海南洋浦经济开发区。洋浦经济开发区位于儋州市西北角的洋浦半岛，海岸线长24千米，其新英湾是天然深水良港，与儋州湾紧紧相连，湾口两侧3千米长的洋浦与北部湾相隔，像两道堤墙筑入浩瀚的北部湾中，挡住惊涛骇浪，使洋浦港内水波不扬。离洋浦中心区几千米，有一个原始的古盐田。

9.2.15.1　沙河水库
(Shahe Reservoir)

北门江雅拉河河段上的中型水库，地处海南省儋州市境内，南距儋州市那大镇约2千米。是一座以灌溉为主，结合防洪、发电和养鱼的多年调节水库。控制流域面积83.7平方千米，总库容6 360万立方米，设计库容5 225万立方米，正常蓄水库容3 569万立方米。沙河水库于1957年11月动工兴建，1958年4月竣工。

工程由主坝、溢洪道、输水隧洞和水电站4部分组成。主坝1座，为均质土坝，坝顶长360米，坝顶高程（榆林基面，下同）140.98米，最大坝高27米。溢洪道1座，为宽顶堰，溢洪道最大泄洪流量670立方米每秒。输水隧

沙河水库

洞1条，为钢筋混凝土圆管，最大流量8.3立方米每秒。输水隧洞出口处设坝后引水式水电站1座，装机2台，容量1 280千瓦，年发电量350万千瓦时。

水库集雨区于纱帽岭脚下，降水以台风雨为主，其次是热雷雨，流域多年平均年降水量1 450毫米，多年平均蒸发量870毫米，多年平均年来水量5 831万立方米。

水库处于剥蚀残丘地貌单元，坝区主要地层，由中生代燕山第二期花岗岩、寒武系陀烈群变质石英岩组成。地表大部分为全风化层或松散堆积物所覆盖，厚1.3~4.2米，分布两岸。库区及坝体稳定，不存在大的岸坡再造等地质问题。沿河两岸林木茂盛，植被良好。库区周边以农业生产为主，主要种植橡胶、甘蔗及速生林为主的热带经济作物，低洼地种植水稻。

水库的防洪设计标准为100年一遇，减少洪水对下游地区的安全威胁；是北门江灌区的主要供水水源，沙河水库上与**松涛水库**（由松涛西干渠补水入库）、下与天角潭水坝联合运行，灌溉儋州市东成、光村、木棠、三都、峨蔓、新州等镇，设计灌溉面积5 667公顷，有效灌溉面积3 900公顷，平均年供水量300万立方米；水库担负着保护下游3个镇、长坡糖厂、6万多人口、2 967多公顷农田的防洪安全。

水库周边的土地是那大、南丰2个镇的辖区。20世纪50年代国家在库边兴建中国热带农业科学院和中国热带农业大学，为国家培养了大量的热带农业研究人才，科研成果丰硕。

库区周边青山环绕，林木叠翠。湖畔有大片橡胶林、木麻

黄林，山绿水绿，构成一幅绿色基调的水彩画。库边建有云月湖旅游风景区。

9.2.16 文澜河

(Wenlan River)

又名文澜江、临江，发源于海南省儋州市境内的大岭，于临高县博铺港注入琼州海峡。河长 86.5 千米，比降 1.47‰，流域面积 776.78 平方千米，涉及临高县和儋州市。

文澜河 100 平方千米以上的支流有加来河，发源于临高县白石岭，流域面积 152.5 平方千米，全长 34.5 千米，于临高县美梅西村汇入文澜河。

流域降雨量丰富，但时空分布不均，降雨多集中在 5—10 月，台风季节暴雨强度大，容易造成部分地区洪涝灾害。1996 年 9 月 18—22 日，9618 号台风袭击海南，文澜河洪水泛滥成灾。

文澜河自南向北贯穿临高县全境，临高县位于海南省西北部的平原地带。地势平缓，自南向北缓慢倾斜，平均海拔 80 米。土地面积 1 317 平方千米，旅游自然资源十分丰富，有素称"南海秋涛""仙人指路"的临高角，"毗耶灵石"的高山岭，"百仞滩声"的百仞滩，"三潭九曲"的古银瀑布、文庙（孔庙）、后水湾、红树林、邻昌岛等；有临高人偶戏和渔家女"哩哩美"渔歌对唱，雄伟壮观的解放海南纪念塑像等。

下游有百仞滩，距临高县城东北约 4 千米，滩中多奇岩乱石，千姿百态，远望像人头聚簇，在明朝就被赞誉为"百人头滩"。文澜河水自南往北流经此滩，由于河床弯曲，水流湍急，遇到岩石的阻拦，形成急泻而下的百仞瀑布，其浪花泛白，涛声宏大。

文澜河畔的临高文庙始建于明洪武年间，是海南省现存较完整、规模最大、历史最久的大型古建筑群。其主体建筑由大成殿、大东门、东庑、西庑、名宦祠、乡贤祠等组成。大成门前原有棂星门、泮池、金水桥、东斋、西斋等，是著名的旅游胜迹。

海南临高角

临高角是海南岛突出于琼州海峡的一个岬角，位于西北部沿海，距临高县城 10 千米，规划开发面积 20 平方千米。临高角三面临海，岬角顶端有 250 米长的天然拦潮礁石堤直插大海，古有仙人指路之说。临高角海岸有千米海滩，海水澄澈，白沙洁柔，椰林浓绿，阳光充足，是海南西海岸的优良天然泳场之一。沙滩东西两侧，西边叫"大鹏湾"，风平浪静；东边波涛滚滚，秋风吹处，涛声不绝，人称"南海秋涛"。这里有百年前建造的古灯塔，是著名的国际航标。1950 年 4 月 17 日，中国人民解放军为解放海南利用木帆船横渡琼州海峡，首先在这里登陆。

附 录
Appendix

附表一 　　　　　　　　　　　珠江卷列条河流一览表

序号	条目编号	河名	水系	发源地	入河（湖、海）口	河长(km)	流域面积(km²)	多年平均年径流量(亿m³)	行经地区
1	8	珠江		云南省曲靖市沾益县马雄山东麓	广东省磨刀门企人石入海口	2 214	453 690	3 265	云南、贵州、广西、广东、湖南、江西、越南
2	8.1	西江		云南省曲靖市沾益县马雄山东麓	广东省佛山市三水区思贤滘	2 075	353 120	2 300	云南、贵州、广西、广东、湖南
3	8.1.2	潇湘江	南盘江右岸支流	云南省曲靖市麒麟区三宝镇耗子冲	云南省曲靖市麒麟区沿江乡南河口	42.6	380	1.52	云南省曲靖市麒麟区、马龙县
4	8.1.3	龙潲河	南盘江左岸支流	云南省富源县墨红镇营盘山西南麓	云南省麒麟区越州镇朱衣山	32	376.8	1.63	云南省曲靖市麒麟区、富源县
5	8.1.4	麦田河	南盘江右岸支流	云南省马龙县纳章镇牛头山东	云南省宜良县九乡小兑冲村	64	517.9	1.80	云南省马龙县、宜良县
6	8.1.6	獐子坝河	南盘江右岸支流	云南省马龙县旧县镇烂泥中	云南省宜良县耿家营獐子坝村	86.7	598	2.26	云南省马龙县、宜良县
7	8.1.7	贾龙河	南盘江右岸支流	云南省嵩明县杨林镇五龙山北	云南省宜良县匡远镇城北村	51.8	721.1	2.74	云南省宜良县、嵩明县、呈贡县、澄江县
8	8.1.7.1	汤池河	贾龙河右岸支流	云南省澄江县阳宗镇梁王山东北麓	云南省宜良县蓬莱乡兰家营	41.4	377.2	1.13	云南省澄江县、呈贡县、宜良县
9	8.1.8	海口河	南盘江右岸支流	云南省江川县雄关乡东部马鞍桥	云南省华宁县青龙镇大革勒北	66	1 112.6	1.67	云南省江川县、华宁县、澄江县
10	8.1.9	巴江	南盘江左岸支流	云南省石林县石林镇神庙峰	云南省宜良县竹山乡下班庄	69.6	843.5	3.94	云南省石林县、宜良县、弥勒县
11	8.1.10	华溪河	南盘江右岸支流	云南省玉溪市红塔区小石桥乡新铺村	云南省华宁县盘溪镇三江口	192.5	4 107.8	9.63	云南省红塔区、江川县、峨山县、通海县、华宁县、晋宁县、石屏县、建水县
12	8.1.10.3	龙洞河	华溪河左岸支流	云南省江川县雄关乡其林山	云南省华宁县华溪镇黑牛白	47.3	450.8	1.35	云南省江川县、华宁县
13	8.1.11	泸江	南盘江右岸支流	云南省石屏县宝秀镇高家山西	云南省开远市乐白道乡南盘江大桥南	111.6	4 980	8.20	云南省石屏县、建水县、开远市、个旧市、蒙自县
14	8.1.11.3	沙甸河	泸江右岸支流	云南省蒙自县冷泉镇老官山	云南省个旧市倘甸镇小烟粉庄		1 664.7	3.73	云南省蒙自县、个旧市、开远市
15	8.1.12	甸溪河	南盘江左岸支流	云南省师宗县雄壁镇沙石坡	云南省弥勒县朋普镇岭格	195.7	3 272	9.49	云南省师宗县、陆良县、石林县、弥勒县、泸西县
16	8.1.12.3	白马河	甸溪河右岸支流	云南省师宗县雄壁镇大堵杂村	云南省弥勒县弥东镇三道桥上游	74.9	445.3	2.06	云南省师宗县、陆良县、石林县、泸西县、弥勒县
17	8.1.12.4	花口河	甸溪河右岸支流	云南省石林县圭山镇尾窄黑村	云南省弥勒县弥阳镇弥东哨	28.4	363.5	0.94	云南省石林县、弥勒县
18	8.1.13	中和营河	南盘江右岸支流	云南省开远市碑格乡大黑山	云南省开远市中和营乡绿水坛村	23.7	429	0.86	云南省开远市、砚山县

续表

序号	条目编号	河 名	水 系	发源地	入河（湖、海）口	河长(km)	流域面积(km²)	多年平均年径流量(亿 m³)	行 经 地 区
19	8.1.14	六郎洞河	南盘江右岸支流	云南省丘北县大路边寨	云南省丘北县新店乡石岩头	973.1（地下934.5）		7.28	云南省丘北县
20	8.1.15	小江	南盘江左岸支流	云南省曲靖市师宗县彩云镇大沙湾	云南省泸西县永宁乡西部	76	857	2.87	云南省师宗县、泸西县、弥勒县
21	8.1.16	补党河	南盘江左岸支流	云南省文山州丘北县官寨乡石场焰	云南省师宗县高良乡阿那黑附近梳篓	39	496.5	2.05	云南省丘北县、师宗县
22	8.1.17	设里河	南盘江右岸支流	云南省师宗县丘北县温浏乡附近	云南省师宗县高良乡盘江大桥下游	50.9	348.3	1.92	云南省丘北县、师宗县
23	8.1.18	清水江	南盘江右岸支流	云南省砚山县者腊乡老毛山北麓	云南省罗平县鲁布革乡八大河	211	5 488	20.06	云南省砚山县、丘北县、广南县、师宗县、罗平县、广西壮族自治区西林县
24	8.1.18.1	北门河	清水江左岸支流	云南省丘北县八道哨乡五家寨西缘	云南省丘北县天星乡法白村	61.5	1 533.5	3.15	云南省丘北县
25	8.1.19	黄泥河	南盘江左岸支流	云南省富源县中安镇支锅石	云南省罗平县鲁布革乡新寨三江口	257	7 645	57.71	云南省富源县、沾益县、麒麟区、陆良县、师宗县、罗平县，贵州省盘县、兴义市
26	8.1.19.1	牛街河	黄泥河右岸支流	云南省罗平县马街镇鸭格塘	云南省罗平县九龙镇大法贵	57.3	414	3.52	云南省罗平县
27	8.1.19.2	九龙河	黄泥河右岸支流	云南省富源县墨红镇者竹山	云南省罗平县长底乡龙街子	155.9	2 304.4	23.05	云南省富源县、麒麟区、陆良县、罗平县、师宗县
28	8.1.19.2.2	响水河	九龙河右岸支流	云南省师宗县大同镇色从山	云南省师宗县竹基乡响水村	37.7	583	2.31	云南省师宗县
29	8.1.19.3	小黄泥河	黄泥河左岸支流	贵州省盘县特区石桥镇家竹箐	云南省罗平县钟山乡岔江村	99.6	1 446	13.12	贵州省盘县特区、兴义市，云南省富源县
30	8.1.19.5	多衣河	黄泥河右岸支流	云南省师宗县大同镇牛速村	罗平县鲁布革乡新寨村	71.4	641.3	7.06	云南省罗平县、师宗县
31	8.1.20	古障河	南盘江右岸支流	广西壮族自治区西林县古障镇水头村	广西壮族自治区西林县马蚌乡红绸村东北	55	425	1.91	广西壮族自治区西林县
32	8.1.21	红染河	南盘江右岸支流	广西壮族自治区隆林县金钟乡王村西 500 米	广西壮族自治区隆林县革步乡革步村北 1.5 千米	40.2	470	2.59	广西壮族自治区百色隆林县
33	8.1.22	马别河	南盘江左岸支流	贵州省盘县特区老厂镇黑土坡猪场	贵州省安龙县万峰湖镇	142	2 842	16.5	贵州省盘县、普安、兴仁、兴义、安龙县
34	8.1.22.1	猪场河	马别河右岸支流	贵州省盘县大山镇大桥河电站上游林场	贵州省普安县罗汉乡陇家桥	37.6	311	2.15	贵州省盘县特区、普安
35	8.1.22.2	木浪河	马别河右岸支流	贵州省盘县特区保田镇鲁楚坡	贵州省兴义市清水河镇卡敖	28	366	2.74	贵州省盘县特区、兴义市
36	8.1.25	白水河	南盘江左岸支流	贵州省安龙县海子乡庙弯	贵州省安龙县德卧镇伏流入南盘江	59	444	3.07	贵州省安龙县
37	8.1.27	新州河	南盘江右岸支流	广西壮族自治区隆林县天生桥镇	广西壮族自治区隆林县平班镇旁	73.5	904	3.251	广西壮族自治区隆林县
38	8.1.27.1	冷水河	新州河右岸支流	广西壮族自治区隆林县克长乡卡达地下河出口	广西壮族自治区隆林县新州镇铜鼓桥腊岩村	23.1	402	2.21	广西壮族自治区隆林县者隘乡、新州镇
39	8.1.28	秧坝河	南盘江左岸支流	贵州省册亨县秧坝镇昂令当	贵州省册亨县东南百口镇	90	618	3	贵州省册亨县
40	8.1.29	百乐河	南盘江右岸支流	广西壮族自治区田林县浪平乡大盖山东北 600 米处	广西壮族自治区田林县百乐乡百乐屯	66.5	871	3.48	广西壮族自治区田林县、乐业县
41	8.1.30	北盘江	西江上游左岸大支流	云南省沾益县马雄山西北坡	云贵两省交界处望谟县双江口（蔗香）汇入南盘江	456	26 357	143	云南省、贵州省共 18 个县（市）

续表

序号	条目编号	河名	水系	发源地	入河（湖、海）口	河长(km)	流域面积(km²)	多年平均年径流量(亿 m³)	行经地区
42	8.1.30.1	亦那河	北盘江右岸支流	贵州省盘县红果镇西	云南省宣威市田坝镇米田	67	1 021.8	4.19	贵州省盘县，云南省富源县、宣威市
43	8.1.30.2	拖长江	北盘江右岸支流	贵州省盘县特区红果镇上沙陀	云南宣威市田坝镇万家口子	89	1 220	8.18	贵州省盘县特区，云南省宣威市
44	8.1.30.3	可渡河	北盘江左岸支流	云南省宣威市龙潭镇白马梁子	贵州省水城县都格乡	154.6	3 088	11.38	云南省宣威市，贵州省威宁县、水城县
45	8.1.30.3.1	八道河	可渡河右岸支流	云南省宣威市龙潭镇龙树梁子	云南省宣威市双河乡大岔河村	51.1	556.2	1.67	云南省宣威市
46	8.1.30.4	乌都河	北盘江右岸支流	贵州省盘县特区水塘镇木龙村	贵州省水城县花戛乡	106	1 997	12.46	贵州省盘县特区、普安县、水城县
47	8.1.30.4.1	乌图河	乌都河左岸支流	贵州省盘县特区鸡场坪乡赵子河	贵州省水城县花戛乡鸡关岭	48.5	472.2	2.84	贵州省盘县特区、水城县
48	8.1.30.5	巴浪河	北盘江左岸支流	贵州省水城县玉舍乡滥坝村南格垃林场	贵州省水城县果布嘎乡肖坪村大灯垭	53	611.1	4.26	贵州省水城县
49	8.1.30.6	月亮河	北盘江左岸支流	贵州省水城县陡箐乡茨冲石门坎	贵州省六枝特区扁朝	76	1 026	6.65	贵州省水城县、六枝特区
50	8.1.30.7	西泌河	北盘江右岸支流	贵州省普安县岗坡乡象鼻岭	贵州省晴隆县毛草坪渡口	53	431	2.62	贵州省普安县、晴隆县
51	8.1.30.9	麻沙河	北盘江右岸支流	贵州省兴仁县新龙场镇三道坎	贵州省晴隆县兴仁县交界处猫猫冲	95	1 434	8.26	贵州省兴仁县、晴隆县
52	8.1.30.10	打邦河	北盘江左岸一级支流	贵州省安顺市西秀区塔墓山	贵州省关岭县付家寨南部高滩瀑布	132	2 864	18.2	贵州省西秀区、镇宁县、关岭县
53	8.1.30.10.3	六枝河	打邦河右岸支流	贵州省六枝特区平寨镇六枝乡	贵州省六枝特区扁担山乡	57	739	5.77	贵州省六枝特区、关岭县、镇宁县
54	8.1.30.10.3.1	桂家河	六枝河左岸支流	贵州省安顺市西秀区幺铺镇凉水井	贵州省镇宁县黄果树镇石头寨	39	308	1.91	贵州省西秀区、六枝特区、镇宁县
55	8.1.30.10.4	坝陵河	打邦河右岸支流	贵州省六枝特区中寨乡抱木箐	贵州省关岭县断桥镇郎宫	56	550	5.33	贵州省六枝特区、关岭县
56	8.1.30.11	红辣河	北盘江左岸支流	贵州省紫云县猫营镇老凹坡	贵州省望谟县坝若	140	2 049	14.51	贵州省紫云县、镇宁县、贞丰县、望谟县
57	8.1.30.11.1	羊架河	红辣河左岸支流	贵州省紫云县猴场镇岩克寨	贵州省望谟县打尖乡平屯	75	685	2.8	贵州省紫云县、望谟县
58	8.1.30.12	大田河	北盘江右岸支流	贵州省兴仁县大丫口	贵州省册亨县浪界	142	2 220	15.39	贵州省兴仁县、贞丰县、安龙县、册亨县
59	8.1.30.12.1	鲁沟河	大田河右岸支流	贵州省安龙县海子乡烂滩	贵州省安龙县普坪镇罗卜桥	41.4	426	2.13	贵州省安龙县
60	8.1.30.12.2	庆坪河	大田河右岸支流	贵州省安龙县兴隆镇大山脚	贵州省册亨县庆坪乡这年	35	319	0.21	贵州省安龙县、册亨县
61	8.1.30.13	者楼河	北盘江右岸支流	贵州省安龙县兴隆镇仙鹤坪	贵州省册亨县岩架镇岩架村	72	486	1.02	贵州省安龙县、册亨县
62	8.1.30.14	望谟河	北盘江左岸支流	贵州省望谟县打易镇东北	贵州省望谟县油迈乡三滩	74	558	2.81	贵州省望谟县
63	8.1.31	乐康河	红水河左岸支流	贵州省望谟县霸王山	贵州省望谟县蔗香乡坝从	67	366	0.5	贵州省望谟县
64	8.1.32	桑郎河	红水河左岸支流	贵州省望谟县打易镇山王庙	贵州省望谟县昂武乡雅品	95	906	4.54	贵州省紫云县、望谟县
65	8.1.33	罗苏河	红水河左岸支流	罗甸县纳坪乡	贵州省罗甸县红水河镇八羊	29	298	1.74	贵州省罗甸县

463

续表

序号	条目编号	河 名	水 系	发源地	入 河（湖、海）口	河长(km)	流域面积(km²)	多年平均年径流量(亿 m³)	行经地区
66	8.1.34	濛江	红水河左岸支流	贵州省长顺县马路乡吴家堡	贵州省罗甸县双江口	253	8 733	52.03	贵州省贵阳市花溪区、安顺市西秀区、紫云县、长顺县、惠水县、罗甸县、平塘县、龙里县、望谟县
67	8.1.34.1	猫营河	濛江右岸支流	贵州省西秀区鸡场乡落水岩	贵州省紫云县猫营镇东南	41	398	0.86	贵州省安顺市西秀区、紫云县
68	8.1.34.2	摆所河	濛江左岸支流	贵州省长顺县广顺镇格浪	贵州省长顺县交麻乡坝屋	84	470	2.46	贵州省长顺县
69	8.1.34.3	涟江	濛江左岸支流	贵州省花溪区党武乡摆牛	贵州省罗甸县双河口	142	2 335	14.48	贵州省贵阳市花溪区、惠水惠、长顺县、龙里县、罗甸县
70	8.1.34.3.1	翁岭河	涟江右岸支流	贵州省长顺县凯左乡南	贵州省惠水县和平镇	51	381	2.44	贵州省长顺县、贵阳市花溪区、惠水县
71	8.1.34.4	坝王河	濛江左岸支流	贵州省惠水县大坝乡田坎寨	贵州省罗甸县茂井镇	121	2 576	14.6	贵州省贵阳市花溪区、惠水县、平塘县、罗甸县
72	8.1.35	牛河	红水河上游左岸支流	贵州省独山县兔场镇大坡头	贵州省罗甸县大亭乡下大湾	231	5 582	42.57	贵州省独山、都匀、平塘、贵定、惠水、罗甸 6 个县（市）及广西壮族自治区南丹、天峨两个县
73	8.1.35.1	京舟河	牛河右岸支流	贵州省都匀市石龙乡老龙骨力	贵州省平塘县苗二河乡米寅	48	599	3.78	贵州省都匀市、平塘县
74	8.1.35.2	曹渡河	牛河右岸支流	贵州省都匀市摆忙乡烂木山	贵州省罗甸县雅里	164	2 079	10.12	贵州省都匀、贵定、龙里、惠水、平塘、罗甸 6 个县（市）和广西壮族自治区天峨县
75	8.1.36	穿洞河	红水河左岸支流	广西壮族自治区南丹县六寨镇麻孔屯	广西壮族自治区天峨县坡结乡百友渡村	77	664	3.19	广西壮族自治区南丹县、天峨县
76	8.1.37	布柳河	红水河右岸支流	广西壮族自治区凌云县力洪乡尾利村	广西壮族自治区天峨县向阳镇八奈村	183	2 775	13.05	广西壮族自治区田林、凌云、乐业、凤山天峨 5 个县
77	8.1.37.1	谐里河	布柳河左岸支流	广西壮族自治区乐业县甘田镇九洞村	广西壮族自治区天峨县更新乡新林村	83	506	2.53	广西壮族自治区凌云县、乐业县、天峨县
78	8.1.39	吾隘河	红水河左岸支流	广西壮族自治区南丹县六寨镇者来村	广西壮族自治区南丹县吾隘镇同贡村	100	1 078	5.85	广西壮族自治区南丹县
79	8.1.40	大拉河	红水河右岸支流	广西壮族自治区凤山县长洲乡朗里村	广西壮族自治区东兰县长江乡板么村东南	57	663	4.64	广西壮族自治区凤山县、东兰县、天峨县
80	8.1.41	盘阳河	红水河右岸支流	广西壮族自治区天峨县纳直乡拉里村	广西壮族自治区大化县乙圩乡那当村	137	2 550	26.71	广西壮族自治区凤山县、天峨县、巴马县、大化县
81	8.1.43	良岐河（灵岐河）	红水河右岸支流	广西壮族自治区巴马县所略乡那楼村	广西壮族自治区大化县羌圩乡	173	1 930	9.14	广西壮族自治区巴马县、大化县、田东县、田阳县、平果县
82	8.1.43.1	燕洞河	良岐河左岸支流	广西壮族自治区巴马县那社乡那廷村	广西壮族自治区田东县义圩镇甲分村	77	574	2.87	广西壮族自治区巴马县、田阳县、田东县
83	8.1.44	平治河	红水河右岸支流	广西壮族自治区平果县同老乡那高村	广西壮族自治区人化县贡川乡陇眼村	81	1 258	5.2	广西壮族自治区平果县、田东县、大化县、巴马县
84	8.1.44.2	那乐河	平治河右岸支流	广西壮族自治区平果县海城乡伏山村西	广西壮族自治区平果县凤梧镇那邑村	44	417	18.76	广西壮族自治区平果县、田东县、大化县
85	8.1.46	清坡河	红水河右岸支流	广西壮族自治区马山县州圩乡渌落村西	广西壮族自治区大化县贡川乡贡川圩西南	58	427	3.42	广西壮族自治区马山县、大化县
86	8.1.47	地苏河	红水河左岸支流	广西壮族自治区都安县东庙乡东庙村	广西壮族自治区都安县地苏乡南江村入地下河	29	1 080	8.64	广西壮族自治区都安县
87	8.1.49	澄江	红水河左岸支流	广西壮族自治区都安县大兴乡九顿村大兴地下河出口	广西壮族自治区都安县澄江乡红渡村	44	926	8.33	广西壮族自治区都安县
88	8.1.50	刁江	红水河左岸支流	广西壮族自治区南丹县城关镇川马村	广西壮族自治区都安县百旺乡板依村	220	3 632	23.39	广西壮族自治区南丹县、河池市金城江区、宜州市、都安县

续表

序号	条目编号	河名	水系	发源地	入河（湖、海）口	河长(km)	流域面积(km²)	多年平均年径流量(亿 m³)	行经地区
89	8.1.50.1	仁寿河	刁江左岸支流	广西壮族自治区宜州市北牙乡六下村	广西壮族自治区都安县拉仁乡甫村西北	42	518	2.74	广西壮族自治区宜州市、都安县
90	8.1.52	古蓬河	红水河右岸支流	广西壮族自治区上林县桥贤乡贤按村板樟屯	广西壮族自治区忻城县红渡镇西江村大甫屯北	38	402	3.5	广西壮族自治区上林县、忻城县
91	8.1.53	奇庚河	红水河左岸支流	广西壮族自治区宜州市福龙乡落春村	广西壮族自治区忻城县红渡镇定南村	52	1 035	5.93	广西壮族自治区宜州市、忻城县
92	8.1.53.1	都乐河	奇庚河左岸支流	广西壮族自治区忻城县欧洞乡永合村下塘屯	广西壮族自治区忻城县关镇范团村	41	514	3.60	广西壮族自治区忻城县
93	8.1.54	清水河	红水河右岸支流	广西壮族自治区上林县西燕乡大明山	广西壮族自治区来宾市迁江镇刘家村	187	4 215	35.57	广西壮族自治区武鸣县、马山县、忻城县、上林县、宾阳县、兴宾区、港北区
94	8.1.54.1	大龙洞河	清水河左岸支流	广西壮族自治区上林县镇圩乡怀固村岩桑屯	广西壮族自治区上林县澄泰乡洋渡村	59	760	6.08	广西壮族自治区上林县
95	8.1.54.3	南河	清水河右岸支流	广西壮族自治区宾阳县黎塘镇	广西壮族自治区宾阳县邹圩镇同礼村东南	74	900	7.43	广西壮族自治区港北区、兴宾区、宾阳县
96	8.1.55	北之江	红水河左岸支流	广西壮族自治区柳江县土博镇黄甘村	广西壮族自治区兴宾区来宾镇磨东村西南的1.5km	96	1 403	9.82	广西壮族自治区柳江县、忻城县、兴宾区
97	8.1.55.1	思练河	北之江右岸支流	广西壮族自治区忻城县大塘镇木林村东北	广西壮族自治区来宾市兴宾区七洞乡古春村东	43	388	2.72	广西壮族自治区忻城县、兴宾区
98	8.1.56	止马河	红水河右岸支流	广西壮族自治区贵港市港北区古樟乡大旗村	广西壮族自治区来宾市兴宾区五山乡	60	512	3.41	广西壮族自治区贵港市、兴宾区
99	8.1.57	凤凰河	红水河左岸支流	广西壮族自治区柳江县百朋镇官塘村	广西壮族自治区来宾市大湾乡王二村南	69	642	4.49	广西壮族自治区柳江县、兴宾区
100	8.1.58	穿山河	红水河左岸支流	广西壮族自治区柳江县里雍乡新生村	广西壮族自治区象州县石龙镇青凌村西南	60	509	3.82	广西壮族自治区来宾兴宾区
101	8.1.59	柳江	西江左岸大支流	贵州省独山县尧梭乡里腊村	广西壮族自治区象州县石龙镇三江口村	751	58 270	523.5	贵州省的都匀、独山、三都、荔波、雷山、丹寨、黎平、榕江、从江等县，广西壮族自治区河池、柳州、桂林、来宾市，湖南省城步和通道县
102	8.1.59.1	马场河	柳江左岸支流	贵州省都匀市奉合乡	贵州省三都县大河镇	41	376	2.43	贵州省都匀市、三都县
103	8.1.59.2	排调河	柳江左岸支流	贵州省丹寨县兴仁镇乌寿村	贵州省三都县打鱼乡	87	783	5.96	贵州省丹寨县、雷山县、三都县
104	8.1.59.3	坝街河	柳江右岸支流	贵州省三都水族自治县水龙乡瑶山山	贵州省三都县坝街镇	49	349	2.3	贵州省三都县
105	8.1.59.4	寨蒿河	柳江左岸支流	贵州省剑河县南哨乡高定村老山界	贵州省榕江县古州镇南门外	99	2 326	15.2	贵州省剑河县、黎平县、榕江县、雷山县、三都县
106	8.1.59.4.1	瑞里河	寨蒿河右岸支流	贵州省榕江县平阳乡岭培村	贵州省榕江县寨蒿镇	42	343	2.24	贵州省榕江县
107	8.1.59.4.2	平江河	寨蒿河右岸支流	贵州省雷山县永乐镇乔洛村	贵州省榕江县城北	91	1 086	7.53	贵州省雷山县、榕江县、三都县
108	8.1.59.4.2.1	平永河	平江左岸支流	贵州省榕江县平阳乡西南的高岳山	贵州省榕江县平江乡水西寨	59	310	2.15	贵州省榕江县
109	8.1.59.5	孙览河	柳江右岸支流	贵州省从江县光辉乡太阳山南麓	贵州省从江县下江镇孖温村	75	871	6.05	贵州省榕江县、从江县
110	8.1.59.6	平正河	柳江右岸支流	广西壮族自治区融水县同练瑶族乡黑冲寨	贵州省从江县下江镇腊俄村渡口	75	749	5.05	广西壮族自治区融水县、贵州省从江县
111	8.1.59.7	双江	柳江左岸支流	贵州省黎平县九潮镇高寅村	贵州省从江县丙妹镇平亳村	93	1 377	8.23	贵州省黎平县、从江县
112	8.1.59.7.1	口江河	双江左岸支流	贵州省黎平县德凤镇西南蒲洞村	贵州省黎平县口江乡麻风病村	41	335	2.00	贵州省黎平县

续表

序号	条目编号	河 名	水 系	发源地	入河（湖、海）口	河长(km)	流域面积(km²)	多年平均年径流量(亿m³)	行经地区
113	8.1.59.8	杆洞河	柳江右岸支流	广西壮族自治区融水县同练瑶族乡摩天岭十二坪	广西壮族自治区三江县梅林乡石碑寨	77	435	2.78	广西壮族自治区融水县、三江县，贵州省从江县
114	8.1.59.9	独洞河	柳江左岸支流	贵州省黎平县永从乡高懂村	贵州省从江县贯洞镇八洛村	43	425	2.68	贵州省黎平县、从江县
115	8.1.59.10	大年河	柳江右岸支流	广西壮族自治区融水县杆洞乡摩天岭	广西壮族自治区三江仁富禄乡下仁里村	102	847	10.16	贵州省从江县，广西壮族自治区融水县、三江县
116	8.1.59.11	水口河	柳江左岸支流	贵州省黎平县雷洞乡培福村	广西壮族自治区三江县高安村	64	529	3.30	贵州省黎平县、从江县和广西壮族自治区三江县
117	8.1.59.12	古宜河	柳江左岸支流	广西壮族自治区资源县车田苗族乡脚古冲村	广西壮族自治区三江县老堡口乡	215	5 083	63.62	湖南省，广西壮族自治区资源县、龙胜县、三江县
118	8.1.59.12.1	三门河	古宜河左岸支流	广西壮族自治区临桂县黄沙乡黄沙村	广西壮族自治区龙胜各族自治县瓢里乡六漫村	91	570	8.99	广西壮族自治区龙胜县、临桂县
119	8.1.59.12.2	平等河	古宜河右岸支流	湖南省城步苗族自治县长安乡南山顶	广西壮族自治区龙胜各族自治县瓢里镇漫村田洞屯北	101	1 031	12.87	广西壮族自治区龙胜各族自治县，湖南省城步苗族自治县、道县
120	8.1.59.12.3	四甲河	古宜河左岸支流	广西壮族自治区融安县板榄乡水鸭村	广西壮族自治区三江县斗江镇	44	419	6.61	广西壮族自治区龙胜县、三江县、融安县
121	8.1.59.12.4	林溪河	古宜河右岸支流	广西壮族自治区三江县林溪乡茶溪村	广西壮族自治区三江县古宜镇黄排村	51	427	3.84	广西壮族自治区三江县，湖南省通道县
122	8.1.59.15	浪溪河	柳江左岸支流	广西壮族自治区融安县板榄镇东领村	广西壮族自治区融安县城东乡江口村	100	1 228	7.10	广西壮族自治区融安县、永福县
123	8.1.59.15.1	甫上河	浪溪河左岸支流	广西壮族自治区融安县泗顶镇永福村	广西壮族自治区融安县长安镇甫上村旁	47	430	4.57	广西壮族自治区融安县
124	8.1.59.17	贝江	柳江右岸支流	广西壮族自治区融水苗族自治县汪洞乡卡马塘村	广西壮族自治区融水苗族自治县水利村	140	1 788	25.77	广西壮族自治区融水苗族自治县
125	8.1.59.18	红岭河	柳江左岸支流	广西壮族自治区融安县东起乡安太村	广西壮族自治区融水县融水镇上罗村	63	391	3.52	广西壮族自治区融水县、融安县
126	8.1.59.20	阳江	柳江右岸支流	广西壮族自治区融水苗族自治县三防镇池洞村	广西壮族自治区罗城县善守村	77	1 316	15.25	广西壮族自治区融水县、罗城县、柳城县
127	8.1.59.22	沙浦河	柳江左岸支流	广西壮族自治区融安县桥板乡古益村	广西壮族自治区柳城县凤山镇江门村	74	695	3.22	广西壮族自治区柳城县、融安县、鹿寨县
128	8.1.59.23	龙江	柳江右岸支流	贵州省三都县恒丰乡扁豆	广西壮族自治区柳城县凤山镇南丹村	367	16 878	127	贵州省三都县、荔波县，广西壮族自治区南丹县、河池县、宜州市、柳城县
129	8.1.59.23.1	黄江	龙江右岸支流	贵州省独山县打羊乡凤凰山西面	贵州省荔波县方村乡	40	315		贵州省独山县、荔波县
130	8.1.59.23.2	台村河	龙江右岸支流	贵州省独山县董岭乡马鞍坡	贵州省荔波县播尧乡龙松	47	299		贵州省独山县、荔波县
131	8.1.59.23.3	樟江	龙江左岸支流	贵州省荔波县佳荣镇东北面月亮山次峰东麓	贵州省荔波县瑶山乡海利	103	1 673		贵州省三都县、荔波县
132	8.1.59.23.3.1	水东河	樟江右岸支流	贵州省三都县塘州乡	贵州省荔波县水春北面4千米处	45	502		贵州省三都县、荔波县
133	8.1.59.23.4	小七孔河	龙江右岸支流	贵州省独山县甲里镇拉干	贵州省荔波县瑶山乡渡假村小七孔古石桥	65	415	2.87	贵州省独山县、荔波县
134	8.1.59.23.5	大环江	龙江左岸支流	贵州省黔东南州从江县光辉乡廖家坡村	广西壮族自治区河池市环江县东江镇桥头村福来屯	154	2 891	21.6	贵州省从江县，广西壮族自治区环江县、河池市
135	8.1.59.23.5.1	古宾河	大环江右岸支流	贵州省荔波县茂兰镇罗家寨坡	广西壮族自治区环江县洛阳镇江口村东	98	1 353	11.59	贵州省荔波县，广西壮族自治区环江县

续表

序号	条目编号	河 名	水 系	发源地	入 河（湖、海）口	河长(km)	流域面积(km²)	多年平均年径流量(亿 m³)	行经地区
136	8.1.59.23.7	小环江	龙江左岸支流	贵州省荔波县尧贵乡上寨村西南2km	广西壮族自治区宜州市怀远镇旁	153	2 362	23.14	贵州省荔波县、广西壮族自治区罗城县、环江县、宜州市
137	8.1.59.23.8	东小江	龙江左岸支流	广西壮族自治区环江县东兴镇标山村沙坪屯	广西壮族自治区宜州市流河乡木棉村	139	1 904	7.62	广西壮族自治区融水县、环江县、罗城县、宜州市
138	8.1.59.24	大桥河	柳江右岸支流	广西壮族自治区柳江县里高镇拉洪村	广西壮族自治区柳州市羊角山镇鸡喇村	50	744	5.12	广西壮族自治区柳江县、柳州市
139	8.1.59.26	洛清江	柳江左岸支流	广西壮族自治区临桂县宛田乡茅针村	广西壮族自治区鹿寨县江口镇	275	7 602	83.13	广西壮族自治区临桂县、永福县、鹿寨县
140	8.1.59.26.1	相思江	洛清江左岸支流	广西壮族自治区临桂县临桂镇花堽村	广西壮族自治区永福县苏桥镇太平村	54	566	7.74	广西壮族自治区临桂县、永福县
141	8.1.59.26.2	堡里河	洛清江左岸支流	广西壮族自治区永福县堡里乡河东村	广西壮族自治区永福县永福镇中洲	57	458	6.31	广西壮族自治区永福县
142	8.1.59.26.3	西河	洛清江右岸支流	广西壮族自治区临桂县黄沙乡围岭村	广西壮族自治区永福县永福镇南	108	1 143	14.77	广西壮族自治区永福县、临桂县
143	8.1.59.26.4	古尝河	洛清江左岸支流	广西壮族自治区永福县堡里乡九槽村南	广西壮族自治区鹿寨县黄冕乡山脚村	81	389	3.25	广西壮族自治区永福县、鹿寨县
144	8.1.59.26.5	石门河	洛清江右岸支流	广西壮族自治区永福县三皇乡向阳屯	广西壮族自治区鹿寨县黄冕乡旧街村	80	1 116	9.37	广西壮族自治区鹿寨县、永福县、融安县、柳城县
145	8.1.59.26.6	石榴河	洛清江左岸支流	广西壮族自治区荔浦县蒲芦瑶族乡下龙村长屯北	广西壮族自治区鹿寨县城关镇鹅洲村西	139	1 326	11.3	广西壮族自治区鹿寨县、荔浦县、金秀瑶族县、象州县
146	8.1.59.27	运江	柳江左岸支流	广西壮族自治区金秀瑶族县大樟乡新村尾村屯东南	广西壮族自治区象州县运江镇运江村西北500m	107	2 219	9.48	广西壮族自治区象州县、鹿寨县、金秀瑶族县、桂平市
147	8.1.59.27.1	滴水河	运江右岸支流	广西壮族自治区金秀瑶族县金秀镇	广西壮族自治区象州县罗秀镇军田村	67	391	3.38	广西壮族自治区金秀瑶族县、象州县
148	8.1.59.27.2	水晶河	运江右岸支流	广西壮族自治区金秀瑶族县金秀镇长二村	广西壮族自治区象州县运江镇平庆村	74	605	5.45	广西壮族自治区金秀瑶族县、象州县、鹿寨县
149	8.1.60	马来河	黔江右岸支流	广西壮族自治区贵港市港北区中里乡平天山东麓	广西壮族自治区武宣县桐岭镇马来村	70	475	4.33	广西壮族自治区武宣县、桂平市、贵港市
150	8.1.61	郁江	西江右岸支流	云南省广南县那伦乡那省上寨	广西壮族自治区桂平市区	1 157	89 677	476.7	云南省广南县、西林县、田林县、富宁县，广西壮族自治区百色市、田阳县、田东县、平果县、隆安县、南宁市、横县、贵港市、桂平市，越南
151	8.1.61.1	那劳河	郁江右岸支流	云南省广南县莲城镇歪斜	广西壮族自治区西林县那劳乡那劳村	97	916	2.62	云南省广南县，广西壮族自治区隆林县、西林县
152	8.1.61.2	那门河	郁江左岸支流	广西壮族自治区隆林县隆或乡布蒙村	广西壮族自治区田林县定安镇	82.3	627	2.19	广西壮族自治区隆林县、田林县
153	8.1.61.3	八中河	郁江左岸支流	广西壮族自治区田林县板桃乡马逻村	广西壮族自治区田林县福达乡平封南	72	599	2.10	广西壮族自治区田林县
154	8.1.61.4	西洋江	郁江右岸支流	云南省广南县者兔乡	广西壮族自治区田林县八渡乡百嘎村	234	5 226	20.06	云南省广南县、文山县、富宁县，广西壮族自治区西林县、田林县
155	8.1.61.5	那马河	郁江右岸支流	云南省富宁县花甲乡龙旺山西北	云南省富宁县剥隘镇甲村	86.9	1 112.8	3.78	云南省富宁县
156	8.1.61.6	谷拉河	郁江右岸支流	云南省富宁县新华镇麻里湾	广西壮族自治区百色市右江区阳圩镇大罗村	162	3 362	10.06	云南省富宁县，广西壮族自治区那坡县、德保县、靖西县、百色右江区
157	8.1.61.6.1	者利河	谷拉河右岸支流	广西壮族自治区那坡县德隆乡团结村	云南省富宁县谷拉乡者利村	58	566	3.74	广西壮族自治区那坡县、靖西县，云南省富宁县

续表

序号	条目编号	河 名	水 系	发源地	入 河（湖、海）口	河长(km)	流域面积(km²)	多年平均年径流量(亿 m³)	行 经 地 区
158	8.1.61.7	者仙河	郁江左岸支流	广西壮族自治区田林县潞城瑶族乡平板村	广西壮族自治区百色市右江区阳圩镇六丰村	84	762	1.51	广西壮族自治区田林县、百色市
159	8.1.61.8	乐里河	郁江左岸支流	广西壮族自治区田林县板桃乡央弄村西北	广西壮族自治区百色市阳圩镇供元村百达屯	144	1 412	4.94	广西壮族自治区田林县、百色市
160	8.1.61.10	澄碧河	郁江左岸支流	广西壮族自治区凌云县力洪乡金保村	广西壮族自治区百色市右江区永乐乡	111	2 086	9.65	广西壮族自治区田林县、凌云县、百色市右江区
161	8.1.61.11	福禄河	郁江右岸支流	广西壮族自治区德保县东凌乡那玉村	广西壮族自治区百色市右江区那毕乡福禄村	82	1 396	6.45	广西壮族自治区德保县、百色市右江区
162	8.1.61.12	扁村河	郁江右岸支流	广西壮族自治区德保县那甲乡永宁村	广西壮族自治区田阳县百峰乡那音村	62	644	2.98	广西壮族自治区德保县、田阳县
163	8.1.61.13	田洲河	郁江左岸支流	广西壮族自治区凌云县沙里瑶族乡那伏村	广西壮族自治区田阳县田州镇河口村	131	1 299	5.60	广西壮族自治区凌云县、百色市右江区、田阳县、田东县
164	8.1.61.13.2	磺桑江	田洲河右岸支流	广西壮族自治区凌云县沙里瑶族乡	广西壮族自治区田阳县头塘镇那徐村	80	438	2.07	广西壮族自治区凌云县、百色市右江区、田阳县
165	8.1.61.14	龙须河	郁江右岸支流	广西壮族自治区靖西县魁圩乡庭那村	广西壮族自治区田东县平马镇合恒村	179	2 828	10.9	广西壮族自治区靖西县、那坡县、天等县、德保县、田阳县、田东县
166	8.1.61.14.2	通怀河	龙须河右岸支流	广西壮族自治区靖西县武平乡果能村	广西壮族自治区德保县龙光乡巴眉村东北	50	485	2.36	广西壮族自治区靖西县、德保县
167	8.1.61.15	古榕江	郁江右岸支流	广西壮族自治区天等县把荷乡汤懃村	广西壮族自治区田东县坡塘乡东龙村达陇屯	110	1 179	7.07	广西壮族自治区天等县、田东县、平果县、隆安县
168	8.1.61.16	新圩河	郁江左岸支流	广西壮族自治区平果县耶圩乡坡雷村	广西壮族自治区平果县马头镇那左村西南平果港下游	54	380	5.79	广西壮族自治区田东县、平果县
169	8.1.61.17	濑江	郁江左岸支流	广西壮族自治区平果县旧城镇谋屯村	广西壮族自治区隆安县雁江镇东义村	58	677	3.13	广西壮族自治区平果县、武鸣县、隆安县
170	8.1.61.19	渌水江	郁江右岸支流	广西壮族自治区大新县龙门乡西掌村	广西壮族自治区隆安县乔建镇龙床村	84	2 080	9.62	广西壮族自治区大新县、天等县、隆安县、扶绥县、崇左市江州区
171	8.1.61.19.1	天等河	渌水江右岸支流	广西壮族自治区天等县上映乡多腊村	广西壮族自治区天等县天等镇龙洞村	56	448	2.69	广西壮族自治区天等县
172	8.1.61.20	武鸣河	郁江左岸支流	广西壮族自治区马山县合群乡新汉村	广西壮族自治区南宁市那龙镇白马煤矿东南	212	3 991	19.73	广西壮族自治区马山县、宾阳县、上林县、武鸣县、隆安县、南宁市区
173	8.1.61.20.1	仙湖河	武鸣河右岸支流	广西壮族自治区武鸣县灵马乡三民村	广西壮族自治区武鸣县仙湖镇局乌村东南	71	479	3.11	广西壮族自治区马山县、武鸣县
174	8.1.61.20.2	香山河	武鸣河左岸支流	广西壮族自治区宾阳县高田乡义华村	广西壮族自治区武鸣县城梁同村西南	73	965	4.32	广西壮族自治区上林县、宾阳县、武鸣县
175	8.1.61.20.3	锣圩河	武鸣河左岸支流	广西壮族自治区武鸣县灵马镇青山村	广西壮族自治区武鸣县锣圩镇水响村	49	438	2.63	广西壮族自治区武鸣县
176	8.1.61.21	左江	郁江右岸支流	越南广宁省平辽县与广西壮族自治区宁明县交界的枯隆山	广西壮族自治区南宁市江西镇宋村东	591	32 379	131.8	越南，广西壮族自治区崇左、防城港、百色、南宁、钦州
177	8.1.61.21.1	水口河	左江左岸支流	广西壮族自治区那坡县平孟镇孟达村西	广西壮族自治区龙州县龙州镇青龙桥西南 700m	188	5 532	7.75	越南，广西壮族自治区那坡县、靖西县、龙州县
178	8.1.61.21.1.1	峒桂河	水口河左岸支流	广西壮族自治区靖西县龙邦镇吕那村	广西壮族自治区龙州县水口镇水口新街西南	87	984	6.89	越南，广西壮族自治区靖西县、龙州县
179	8.1.61.21.2	明江	左江右岸支流	广西壮族自治区上思县叫安乡	广西壮族自治区龙州县上金乡上金旧街西 900m	308	6 379	29.4	越南，广西壮族自治区上思县、宁明县、龙州县、凭祥市、江州区、钦北区

续表

序号	条目编号	河 名	水 系	发源地	入 河（湖、海）口	河长(km)	流域面积(km²)	多年平均年径流量(亿 m³)	行经地区
180	8.1.61.21.2.2	驮林河	明江左岸支流	广西壮族自治区上思县南屏乡十万大山	广西壮族自治区上思县平福乡平福街	55	589	5.66	广西壮族自治区上思县
181	8.1.61.21.2.3	公安河	明江左岸支流	广西壮族自治区宁明县桐棉乡板棉村	广西壮族自治区上思县在妙镇那苗村西	114	993	9.55	广西壮族自治区上思县、宁明县
182	8.1.61.21.2.4	派连河	明江左岸支流	广西壮族自治区宁明县桐棉乡茶敬村	广西壮族自治区宁明县城中镇寨板村东	108	1 569	8.9	越南，广西壮族自治区宁明县、凭祥市
183	8.1.61.21.2.4.1	板墩河	派连河左岸支流	越南高谅省禄平县	广西壮族自治区宁明县寨安乡板亮村西北	54	554	2.92	越南，广西壮族自治区凭祥市、宁明县
184	8.1.61.21.3	岭阳河	左江左岸支流	广西壮族自治区龙州县金龙镇侵笔村	广西壮族自治区龙州县响水镇响水旧街西南	45	477	2.72	广西壮族自治区龙州县、大新县
185	8.1.61.21.4	黑水河	左江左岸支流	广西壮族自治区靖西县新圩乡庞凌村	广西壮族自治区龙州县响水镇棉江村东南1km	197	6 025	47.29	越南，广西壮族自治区靖西县、德保县、天等县、大新县、崇左市江州区、龙州县
186	8.1.61.21.4.1	下雷河	黑水河左岸支流	广西壮族自治区靖西县武平乡武平街	广西壮族自治区大新县硕龙镇念底村西南	78	1 200	12.4	广西壮族自治区靖西县、德保县、大新县、天等县
187	8.1.61.21.4.2	向水河	黑水河左岸支流	广西壮族自治区天等县福新乡	广西壮族自治区大新县恩城乡新圩村	85	1 134	2.27	广西壮族自治区天等县、大新县
188	8.1.61.21.4.3	明仕河	黑水河右岸支流	广西壮族自治区龙州县金龙镇横罗村	广西壮族自治区大新县雷平镇公益村北	48	592	2.69	广西壮族自治区龙州县、大新县、越南
189	8.1.61.21.6	客兰河	左江右岸支流	广西壮族自治区扶绥县柳桥镇咘诺山	广西壮族自治区扶绥县渠旧镇新邑村	59	810	3.24	广西壮族自治区扶绥县、崇左市江州区
190	8.1.61.21.7	驮卢河	左江左岸支流	广西壮族自治区大新县昌明乡小明山	广西壮族自治区崇左市江州区驮卢镇驮卢小学	73	822	3.29	广西壮族自治区大新县、崇左市江州区
191	8.1.61.21.8	汪庄河	左江左岸支流	广西壮族自治区扶绥县柳桥镇渠良村	广西壮族自治区扶绥县新宁镇充禾村西	110	1 226	5.03	广西壮族自治区扶绥县、上思县、南宁市区
192	8.1.61.21.9	双侠河	左江左岸支流	广西壮族自治区扶绥县中乐镇那造村	广西壮族自治区扶绥县龙头乡岐山村东南	54	435	1.74	广西壮族自治区崇左市江州区、邕宁县、扶绥县
193	8.1.61.23	良凤江	郁江右岸支流	广西壮族自治区南宁市江南区苏圩镇慕村	广西壮族自治区南宁市那洪镇永新化工厂	71	505	2.68	广西壮族自治区邕宁县、扶绥县、南宁市区
194	8.1.61.24	八尺江	郁江右岸支流	广西壮族自治区上思县那琴乡	广西壮族自治区邕宁县蒲庙镇	141	2 298	27.6	广西壮族自治区邕宁县、上思县、扶绥县、钦北区
195	8.1.61.24.4	那岳河	八尺江右岸支流	广西壮族自治区邕宁县南晓镇团甘村	广西壮族自治区邕宁县那马镇	56	793	3.98	广西壮族自治区邕宁县
196	8.1.61.25	沙江	郁江左岸支流	广西壮族自治区兴宁区昆仑镇那周村	广西壮族自治区邕宁县长塘镇新村江口屯	59	762	4.19	广西壮族自治区武鸣县、宾阳县、南宁市区
197	8.1.61.26	东班江	郁江左岸支流	广西壮族自治区横县镇龙乡那托屯	广西壮族自治区横县峦城镇杨村大江口屯	82	890	5.38	广西壮族自治区宾阳县、横县
198	8.1.61.27	马峦河	郁江右岸支流	广西壮族自治区邕宁县那楼镇棠梨村	广西壮族自治区横县平朗乡双窑村旁	61	539	3.28	广西壮族自治区横县、邕宁县、灵山县
199	8.1.61.28	沙坪河	郁江右岸支流	广西壮族自治区邕宁县百济乡屯林村	广西壮族自治区横县飞龙乡平塘村江口屯	82	528	3.69	广西壮族自治区横县、邕宁县、灵山县、钦州市钦北区
200	8.1.61.30	蒙江河	郁江左岸支流	广西壮族自治区横县石塘镇	广西壮族自治区横县横州镇清江村下水车屯	54	445	3.61	广西壮族自治区横县
201	8.1.61.31	罗凤河	郁江右岸支流	广西壮族自治区灵山县丰塘镇覃村	广西壮族自治区横县百合镇江口村西南	46	564	3.81	广西壮族自治区横县、灵山县、浦北县
202	8.1.61.32	镇龙江	郁江左岸支流	广西壮族自治区宾阳县黎明乡欧阳村	广西壮族自治区横县云表镇站圩村滩头勾	83	614	4.11	广西壮族自治区横县、贵港市港北区、宾阳县
203	8.1.61.33	武思江	郁江右岸支流	广西壮族自治区浦北县官垌镇黎杜木坪村	广西壮族自治区贵港市港南区思怀乡新城村	115	1 134	10.70	广西壮族自治区浦北县、贵港市港南区、兴业县、博白县

续表

序号	条目编号	河名	水系	发源地	入河（湖、海）口	河长(km)	流域面积(km²)	多年平均年径流量(亿m³)	行经地区
204	8.1.61.34	瓦塘江	郁江右岸支流	广西壮族自治区兴业县山心镇龙江村	广西壮族自治区贵港市港南区瓦塘乡蔗沥塘村	61	664	5.33	广西壮族自治区兴业县、贵港市港南区
205	8.1.61.36	鲤鱼江	郁江左岸支流	广西壮族自治区贵港市港北区东龙镇三渌村	广西壮族自治区贵港市港北区港城镇小江村	92	1 164	7.95	广西壮族自治区贵港市港北区、武宣县、宾阳县
206	8.1.61.37	画眉河	郁江右岸支流	广西壮族自治区兴业县小平山镇四塘村	广西壮族自治区桂平市大湾镇耀团村画眉屯	70	447	1.69	广西壮族自治区玉林市港南区、兴业县、桂平市
207	8.1.61.38	大洋河	郁江右岸支流	广西壮族自治区桂平市中沙镇容北村	广西壮族自治区桂平市白沙镇大坪村	99	668	6.06	广西壮族自治区桂平市、兴业县
208	8.1.61.39	独流江	郁江左岸支流	广西壮族自治区贵港市港北区庆丰镇都炉村	广西壮族自治区桂平市西山镇永培村永江屯	83	655	5.20	广西壮族自治区桂平市、贵港市港北区
209	8.1.63	大湟江	浔江左岸支流	广西壮族自治区金秀县罗香乡罗运村	广西壮族自治区桂平县江口镇	73	874	10.91	广西壮族自治区桂平市、平南县、金秀县
210	8.1.63.1	紫荆河	大湟江右岸支流	广西壮族自治区桂平市紫荆镇衣安村	广西壮族自治区桂平市金田镇武靖村横岭屯	51	394	3.5	广西壮族自治区桂平市
211	8.1.66	白沙江	西江右岸支流	广西壮族自治区桂平市中沙镇沙木村	广西壮族自治区平南县武林镇	102	1 139	7.99	广西壮族自治区桂平市、平南县、藤县、蒙山县、昭平县、金秀县、荔浦县
212	8.1.67	蒙江	西江左岸支流	广西壮族自治区金秀县忠良乡立龙村东南	广西壮族自治区藤县蒙江镇	196	3 894	34.44	广西壮族自治区贵港市、梧州市、贺州市、来宾市、桂林市
213	8.1.67.2	大同江	蒙江右岸支流	广西壮族自治区金秀县忠良乡立龙村	广西壮族自治区藤县东荣镇三江村	108	1 140	13.7	广西壮族自治区金秀县、蒙山县、平南县、藤县
214	8.1.67.3	平福河	蒙江左岸支流	广西壮族自治区藤县平福乡桃花村	广西壮族自治区藤县太平镇下黎村江口屯	58	553	3.56	广西壮族自治区藤县、昭平县
215	8.1.68	北流河	西江右岸支流	广西壮族自治区北流市沙垌镇沙垌村	广西壮族自治区藤县藤城镇	273	9 359	81.30	广东省信宜县、罗定县，广西壮族自治区陆川县、桂平市、平南县、岑溪县
216	8.1.68.1	杨梅河	北流河右岸支流	广东省信宜市金垌镇横石村	广西壮族自治区容县石寨镇大兆村三角嘴屯	86	1 093	10.92	广西壮族自治区容县、广东省信宜市
217	8.1.68.3	泗罗河	北流河左岸支流	广西壮族自治区桂平市中和镇沙木村	广西壮族自治区藤县象棋镇道家村	99	834	4.79	广西壮族自治区桂平市、容县、平南县、藤县；138
218	8.1.68.4	黄华河	北流河右岸支流	广东省信宜市钱排镇	广西壮族自治区藤县金鸡镇光华村	228	2 398	16.85	广东省信宜市，广西壮族自治区岑溪市、容县、藤县
219	8.1.68.4.1	白石水	黄华河左岸支流	广东省信宜市大城镇钱排乡	广东省信宜市怀乡镇	96	529.5		广东省信宜市
220	8.1.68.5	义昌江	北流河右岸支流	广东省罗定市加益镇	广西壮族自治区藤县金鸡镇新民村	141	1 862	7.74	广东省罗定市，广西壮族自治区岑溪市、苍梧县、藤县
221	8.1.68.5.1	大涂河	义昌江右岸支流	广西壮族自治区苍梧县广平镇西罗村	广西壮族自治区岑溪市大业镇思回村大河坪屯	43	423	2.84	广西壮族自治区岑溪市、苍梧县、广东省
222	8.1.68.5.3	糯垌河	义昌河右岸支流	广西壮族自治区岑溪市安平镇纯塘村	广西壮族自治区岑溪市三堡镇三堡圩	50	448	2.77	广西壮族自治区岑溪市、藤县
223	8.1.70	下小河	浔江右岸支流	广西壮族自治区苍梧县广平镇平乐村	广西壮族自治区苍梧县龙圩镇恩义村河口屯	80	673	2.96	广西壮族自治区苍梧县、岑溪市、广东省
224	8.1.71	桂江	西江左岸支流	广西壮族自治区兴安县华江乡猫耳山	广西壮族自治区梧州市市区	450	18 790	199.25	广西壮族自治区桂林市、贺州市、梧州市、来宾市，湖南省江永县
225	8.1.71.1	灵渠	桂江右岸支流	广西壮族自治区兴安县越城峤南	广西壮族自治区兴安县溶江镇老水街	33	255	3.53	广西壮族自治区兴安县
226	8.1.71.2	甘棠江	桂江上游右岸支流	广西壮族自治区灵川县九屋乡半介村	广西壮族自治区灵川县灵川镇三岔尾	67	764	8.3	广西壮族自治区灵川县、临桂县
227	8.1.71.3	奇峰河	桂江中游右岸支流	广西壮族自治区临桂县南边山乡黄虎坪村	广西壮族自治区桂林市奇峰镇湖子岩	66	497	2.79	广西壮族自治区阳朔县、临桂县、桂林市区
228	8.1.71.4	潮田河	桂江左岸支流	广西壮族自治区灵川县海洋乡陶岑东坡	广西壮族自治区灵川县大圩镇南村西北	50	444	4.26	广西壮族自治区灵川县、兴安县

续表

序号	条目编号	河名	水系	发源地	入河（湖、海）口	河长(km)	流域面积(km²)	多年平均年径流量(亿m³)	行经地区
229	8.1.71.5	田家河	桂江右岸支流	广西壮族自治区临桂县南边山乡谭家村	广西壮族自治区阳朔县阳朔镇田家村东北侧书童山	54	665	5.65	广西壮族自治区阳朔县、临桂县
230	8.1.71.6	荔浦河	桂江右岸支流	广西壮族自治区金秀县忠良乡定蒲村	广西壮族自治区平乐县平乐镇南洲村	121	2 038	18.43	广西壮族自治区金秀县、荔浦县、平乐县
231	8.1.71.6.1	马岭河	荔浦河左岸支流	广西壮族自治区荔浦县蒲芦乡上石练村	广西壮族自治区荔浦县东昌镇山口村	69	600	4.7	广西壮族自治区荔浦县、阳朔县
232	8.1.71.7	恭城河	桂江左岸支流	广西壮族自治区恭城县三江乡黄坪村	广西壮族自治区平乐县平乐镇令公庙	174	4 282	41	广西壮族自治区恭城县、富川县、平乐县，湖南省江永县
233	8.1.71.7.1	西岭河	恭城河右岸支流	广西壮族自治区灵川县大境乡孟笑天狮岭	广西壮族自治区恭城县恭城镇西河村	82	598	6.04	广西壮族自治区恭城县、灵川县、平乐县、阳朔县
234	8.1.71.7.3	榕津河	恭城河左岸支流	广西壮族自治区平乐县南源头镇木林村横溪屯西	广西壮族自治区平乐县沙子镇水南村	74	901	8.11	广西壮族自治区恭城县、平乐县、钟山县
235	8.1.71.9	思勤江	桂江左岸支流	广西壮族自治区钟山县两安瑶族乡大桶村北山	广西壮族自治区昭平县昭平镇练滩口	118	1 717	12.68	广西壮族自治区贺州市钟山县、八步区、昭平县，桂林市、平乐县
236	8.1.71.9.2	珊瑚河	思勤江左岸支流	广西壮族自治区贺州市公会镇白鸟村	广西壮族自治区钟山县清塘镇新竹村	73	552	4.67	广西壮族自治区昭平县、钟山县、贺县
237	8.1.71.10	富群河	桂江左岸支流	广西壮族自治区贺州市八步区公会镇东绿村	广西壮族自治区昭平县马江镇马江街	93	1 223	6.12	广西壮族自治区昭平县、贺州市八步区
238	8.1.71.10.1	九龙河	富群河右岸支流	广西壮族自治区昭平县九龙乡猫儿山顶	广西壮族自治区昭平县富罗镇三合口村	62	411	2.08	广西壮族自治区昭平县
239	8.1.71.12	思良江	桂江左岸支流	广西壮族自治区苍梧县夏郢镇北胜村天洪岭	广西壮族自治区梧州市城东镇河口村	40	393	2.83	广西壮族自治区苍梧县
240	8.1.72	贺江	西江左岸大支流	广西壮族自治区富川县麦岭镇茗山村湖圆岭西南麓	广东省封开县江口镇	338	11 590	67.8	广西壮族自治区贺州市的八步区、富川县、钟山县，广东和梧州市苍梧县，广东省封开县、怀集县、连山壮族瑶族自治县和德庆县，湖南省江永县
241	8.1.72.2	马尾河	贺江左岸支流	广西壮族自治区贺州市八步区里松镇斧头山马鞍山顶	广西壮族自治区贺州市八步区莲塘镇松柏村	50	460	4.14	广西壮族自治区贺州市八步区
242	8.1.72.3	大宁河	贺江左岸支流	湖南省江华县新圩乡钟家村	广西壮族自治区贺州市八步区贺街镇大鸭村	110	2 419	26.8	湖南省江华县，广东省连山县，广西壮族自治区八步区
243	8.1.72.3.1	大滩河	大宁河左岸支流	广东省连山壮族自治县花园顶	广西壮族自治区贺州市八步区大宁镇平阳村	61	701	7.61	广东省连山县、连南县，广西壮族自治区贺州市八步区
244	8.1.72.5	金装水	贺江左岸支流	广东省肇庆市怀集县大帽顶	广东省怀集县南丰镇莲塘村	43	400	1.75	广东省怀集县
245	8.1.72.6	渔涝河	贺江左岸支流	广东省封开县松柏坡	广东省封开县渔涝镇河口	60	626	6.16	广东省封开县
246	8.1.72.7	东安江	贺江右岸支流	广西壮族自治区贺州市八步区大桂山	广东省封开县大洲镇	127	2 388	18.1	广东省封开县，广西壮族自治区贺州市八步区、苍梧县
247	8.1.72.7.1	大平河	东安江右岸支流	广西壮族自治区贺州市八步区沙田镇金竹村	广西壮族自治区苍梧县梨埠镇料口村	108	1 103	9.93	广西壮族自治区苍梧县、贺州市八步区
248	8.1.72.7.1.2	六堡河	大平河右岸支流	广西壮族自治区苍梧县六堡镇六堡山冻顶	广西壮族自治区苍梧县梨埠镇	57	398	3.582	广西壮族自治区苍梧县
249	8.1.73	罗旁河	西江右岸支流	广西壮族自治区岑溪县龙里坑的冲汊中勒顶	广东省郁南县罗旁镇	64	606	2.33	广西壮族自治区岑溪县，广东省信宜市、郁南县
250	8.1.74	罗定江	西江右岸支流	广东省信宜市鸡笼山	广东省郁南县南江口镇	201	4 493	34.81	广东省信宜市、罗定市、郁南县
251	8.1.74.1	罗镜河	罗定江左岸支流	广东省信宜市银岩顶	广东省罗定市罗镜镇	41	354	2.71	广东省信宜市、罗定市
252	8.1.74.4	泗纶河	罗定江左岸支流	广东省罗定市明直坑	广东省罗定市黎少镇替卜	60	464	3.72	广东省罗定市

续表

序号	条目编号	河名	水系	发源地	入河（湖、海）口	河长(km)	流域面积(km²)	多年平均年径流量(亿m³)	行经地区
253	8.1.74.5	蕾滨河	罗定江左岸支流	广东省罗定市大塘凹	广东省罗定市附城街道河仔口	46	307	2.14	广东省罗定市
254	8.1.74.6	围底河	罗定江右岸支流	广东省信宜市双洞	广东省郁南县六宅口	85	824	6.82	广东省信宜市、罗定市、郁南县
255	8.1.74.7	白石河	广东省罗定江右岸支流	广东省云安县茶洞峡坳顶	广东省郁南县河口镇河口寨	55	440	3.08	广东省云安县、郁南县
256	8.1.75	马圩河	西江左岸支流	广东省德庆县大顶山大肚塘村	广东省德庆县马圩镇上栏村	55	660	4.89	广东省德庆县
257	8.1.76	悦城河	西江左岸支流	广东省德庆县高望顶北麓	广东省德庆县悦城镇	82	877	6.29	广东省广宁县、德庆县
258	8.1.77	大迳水	西江左岸支流	广东省高要市河台镇尚德村五星坑尾	广东省高要市禄步镇迳口	56.13	458.3	3.88	广东省高要市
259	8.1.78	新兴江	西江右岸支流	广东省新兴县天露山	广东省高要市南岸镇	145	2 355	22.84	广东省新兴县、高要市
260	8.1.78.2	南河	新兴江右岸支流	广东省新兴县猫爪岭	广东省新兴县新城镇洞口墟	31	337	3.47	广东省新兴县
261	8.1.78.3	小河	新兴江左岸支流	广东省云安县南盛镇大山脚南麓	广东省云浮市云城区腰古镇	43	403	3.22	广东省云安县、云浮市云城区
262	8.1.79	宋隆水	西江右岸支流	广东省高要市蛟塘镇云路村荔枝山	广东省高要市金渡镇水口	156	417	3.75	广东省高要市
263	8.2	北江	干流	江西省信丰县油山镇大茅坑	广东省广州市三水区思贤滘北滘口	468	46 710	510.88	
264	8.2.2	凌江	北江右岸支流	广东省南雄市百顺镇杨梅村俚木山	广东省南雄市水西村	65	365	2.92	广东省南雄市
265	8.2.3	墨江	北江左岸支流	广东省始兴县棉地坑顶	广东省始兴县江口镇	89	1 367	12.41	广东省始兴县
266	8.2.3.1	罗坝水	墨江右岸支流	广东省始兴县东南部的天平架	广东省始兴县县城上游4千米	56	339	2.75	广东省始兴县
267	8.2.4	百顺水	北江右岸支流	广东省南雄市百顺镇河洞山坳	广东省仁化县天坪	59	392	3.47	广东省南雄市、仁化县、韶关市曲江区
268	8.2.5	锦江	北江右岸支流	江西省崇义县竹洞	广东省仁化县大桥镇芒坝江口	108	1 913	18.88	广东省崇义县、仁化县
269	8.2.6	枫湾河	北江左岸支流	广东省韶关市始兴县、曲江区和翁源县交界旗头山	广东省曲江区新刘堂下	56	526	1.3	广东省始兴县、韶关市曲江区
270	8.2.7	武水	北江右岸支流	湖南省临武县南岭九嶷山三峰岭	广东省韶关市沙洲尾	260	7 097	60.8	湖南省临武县城关、宜章县、桂阳县、郴州市，广东省乐昌市、乳源县、韶关市
271	8.2.7.2	长乐水	武水右岸支流	湖南省宜章县莽山相思坑	广东省乐昌市坪石镇莲塘坳	117	1 223	9.46	湖南省临武县、宜章县，广东省乐昌市、清远市
272	8.2.7.3	宜章河	武水左岸支流	湖南省郴州市骑田岭中段天湖岭西北麓	广东省乐昌市坪石镇三星坪	45	291	2.12	湖南省郴州市、宜章县，广东省乐昌市
273	8.2.7.4	章水	武水左岸支流	湖南省郴州市永春乡仰天湖	广东省乐昌市坪石镇	64	529	3.85	湖南省郴州市、宜章县，广东省乐昌市
274	8.2.7.5	田头水	武水左岸支流	湖南省郴州市大奎上乡矮家垄村	广东省乐昌市罗家渡镇	67	523	4.23	湖南省郴州市、宜章县，广东省乐昌市
275	8.2.7.6	廊田河	武水左岸支流	湖南省汝城县白云仙南面	广东省乐昌市长来镇大赛坝	51	365	2.92	湖南省汝城县、广东省乐昌市
276	8.2.7.7	杨溪河	武水右岸支流	广东省乳源县五指山老鹏顶	广东省乳源县杨溪口	64	498	4.183	广东省乳源县
277	8.2.7.8	新街水	武水右岸支流	广东省乳源县大瑶山牛角岭	广东省韶关市武江区沙园	46	339	1.19	广东省乳源县、韶关市浈江区

续表

序号	条目编号	河 名	水 系	发源地	入河(湖、海)口	河长(km)	流域面积(km²)	多年平均年径流量(亿m³)	行 经 地 区
278	8.2.9	南水	北江右岸支流	广东省乳源县五指山安墩头	广东省韶关市曲江区孟洲坝	104	1 489	20.8	广东省乳源县、韶关市武江区、曲江区
279	8.2.9.3	龙归水	南水右岸支流	广东省乳源县乐古坳	广东省韶关市武江区龙归镇龙归街	49	524	5.77	广东省乳源县、韶关市武江区
280	8.2.10	马坝河	北江左岸支流	广东省韶关市曲江区沙溪镇黄茅嶂	广东省韶关市曲江区马坝镇龙头寨	46	345	3.78	广东省韶关市曲江区
281	8.2.14	滃江	北江左岸支流	广东省翁源县船肚东	广东省英德市东岸咀	173	4 847	49.1	广东省翁源县、英德市
282	8.2.14.1	贵东水	滃江右岸支流	广东省连平县葫芦洞	广东省翁源县张背村	49	463	4.167	广东省连平县、翁源县
283	8.2.14.2	周陂水	滃江左岸支流	广东省新丰县长塘	广东省翁源县三华镇河口村	38	314	3.1	广东省新丰县、翁源县
284	8.2.14.3	青塘水	滃江左岸支流	广东省新丰县分水坳顶	广东省英德市青塘镇廖屋下	49	325	3.24	广东省新丰县、英德市
285	8.2.14.4	横石水	滃江右岸支流	广东省始兴县黄茅嶂	广东省英德市龚屋村	54	642	5.437	广东省始兴县、翁源县、英德市
286	8.2.14.6	烟岭河	滃江左岸支流	广东省佛冈县北部的羊子山	广东省英德市东华镇狮子口	61	1 029	10.73	广东省佛冈县、英德市
287	8.2.15	连江	北江右岸支流	广东省连州市星子镇潭岭三姊妹峰	广东省英德市连江口镇	275	10 061	107.25	广东省连州市、阳山县、英德市
288	8.2.15.2	黄桥水	连江左岸支流	广东省连州市西江镇鹿子洞	广东省连州市星子镇六岭坪	43	356	2.84	广东省连州市
289	8.2.15.3	保安水	连江右岸支流	广东省连州市瑶安镇刀金塘	广东省连州市保安镇程下坪	57	389	3.47	广东省连州市
290	8.2.15.4	东陂河	连江右岸支流	广东省连州市粤湘交界处的都庞岭	广东省连州市鸬鹚嘴村	72	823	9.23	广东省连州市
291	8.2.15.5	三江河	连江右岸支流	广东省连南县起微山	广东省连州市大墩村	64	680	7.63	广东省连南县、连州市
292	8.2.15.6	洞冠水	连江右岸支流	广东省连南县大麦山镇黄竹坳	广东省阳山县黎埠镇洞冠	57	655	9.62	广东省连南县、阳山县
293	8.2.15.7	七拱河	连江右岸支流	广东省阳山县观音山	广东省阳山县水口镇	61	845	10.15	广东省阳山县
294	8.2.15.8	青莲水	连江右岸支流	广东省阳山县石坑崆	广东省阳山县青莲镇	85	1 221	17.03	广东省阳山县
295	8.2.15.9	波罗河	连江左岸支流	广东省乳源县天井山北麓的蚁岩	广东省英德市大湾镇南蛇岗	75	991	10.69	广东省乳源县、英德市
296	8.2.15.10	黄洞河	连江左岸支流	广东省乳源县三碧阆下	广东省英德市洽洸镇夹河口	50	394	3.05	广东省乳源县、英德市
297	8.2.15.11	竹田河	连江左岸支流	广东省英德市石牯塘镇船底顶高山	广东省英德市石灰铺镇白洋水村	45	302	2.72	广东省英德市
298	8.2.15.12	水边河	连江右岸支流	广东省英德市洛家塘	广东省英德市水边镇口围村	78	837	9.78	广东省英德市
299	8.2.17	潖江	北江左岸支流	广东省佛冈县水头镇上潭洞村通天蜡烛	广东省清新县江口镇	82	1 386	20.88	广东省佛冈县、清新县
300	8.2.18	滨江	北江右岸支流	广东省清新县大雾山大塝	广东省清远市清城区飞水口	100	1 728	25.94	广东省清新县、清远市清城区
301	8.2.19	源潭河	北江左岸支流	广东省清新县江口圩	广东省清远市清城区大燕口	45	580		广东省清远市清新县、清远市清城区
302	8.2.20	漫水河	北江右岸支流	广东省广宁县江屯镇碰子顶	广东省佛山市三水区六和镇埠街	75	791	11.76	广东省广宁县、四会市、清远市、佛山市三水区
303	8.2.21	绥江	北江右岸支流	广东省连山县擒鸦岭	广东省四会市马房	226	7 184	78.56	广东省怀集县、广宁县、四会市
304	8.2.21.1	马宁水	绥江右岸支流	广东省怀集县蓝中镇老黄顶	广东省怀集县怀城镇怀高村	70	928	10.12	广东省怀集县

续表

序号	条目编号	河 名	水 系	发 源 地	入 河（湖、海）口	河长(km)	流域面积(km²)	多年平均年径流量(亿 m³)	行 经 地 区
305	8.2.21.2	凤岗河	绥江左岸支流	广东省连南县分水坳	广东省怀集县坳仔镇象角村	102	1 222	15.44	广东省连南县、怀集县
306	8.2.21.2.1	桃花水	凤岗河左岸支流	广东省阳山县心同顶	广东省怀集县凤岗圩	59	357	2.64	广东省阳山县、怀集县
307	8.2.21.3	诗洞水	绥江右岸支流	广东省怀集县天厌顶	广东省广宁县古水镇下坑村	81	650	4.23	广东省怀集县、广宁县
308	8.2.21.4	古水河	绥江右岸支流	广东省清新县白赤村	广东省广宁县古水镇	131	919	9.93	广东省清新县、广宁县
309	8.2.21.5	龙江	绥江左岸支流	广东省广宁县十排山	广东省四会市区小海口	63	567	4.02	广东省广宁县、四会市
310	8.3	东江	干流	江西省寻乌县桠髻钵山	广东省东莞市石龙镇	520	27 040	252.92	
311	8.3.1	龙图河	东江右岸支流	江西省寻乌县三标乡小湖紫村	江西省寻乌县留车镇鹅湖村	51.2	268	2.49	江西省寻乌县
312	8.3.3	篁乡河	东江右岸支流	江西省寻乌县桂竹帽镇龙归村担杆坳	广东省龙川县渡田乡	48.5	272	2.03	江西省寻乌县，广东省龙川县
313	8.3.4	定南水	东江右岸支流	江西省寻乌县三标乡大湖紫村基隆嶂东侧	广东省龙川县合河坝	140	2 364	20.18	江西省寻乌县、安远县、龙南县、定南县，广东省龙川县
314	8.3.4.2	老城河	定南水右岸支流	江西省定南县岿美山镇古地的画眉山和白石坳山	广东省和平县下车镇三溪口村	66.4	535	4.79	江西省定南县、龙南县，广东省和平县
315	8.3.6	浰江	东江右岸支流	广东省和平县浰源镇杨梅嶂	广东省和平县东水街	100	1 677	16.5	广东省和平县
316	8.3.6.1	贝墩水	浰江左岸支流	广东省和平县下车镇寒婆坳	广东省和平县林寨九龙口	70	707	5.48	广东省和平县
317	8.3.7	黄村河	东江左岸支流	广东省东源县白云嶂分水坳顶	广东省东源县蓝口镇塘心	55.8	415	3.69	广东省东源县
318	8.3.8	康禾河	东江左岸支流	广东省紫金县附城镇鸡母山	广东省东源县康禾镇蓝口	68	413	3.5	广东省紫金县、东源县
319	8.3.9	新丰江	东江右岸支流	广东省新丰县小正镇七星岭	广东省河源市区	163	5 813	62.06	广东省新丰县、连平县、东源县、河源市源城区
320	8.3.9.1	连平河	新丰江左岸支流	广东省连平县锅洞村黄牛石东麓	广东省连平县源塘河村	71	589	5.64	广东省连平县、新丰县
321	8.3.9.2	大席河	新丰江左岸支流	广东省连平县上坪镇三株口	广东省连平县大席水口	73	630	5.67	广东省连平县、新丰县
322	8.3.9.3	船塘河	新丰江左岸支流	广东省龙川县大影山	广东省东源县顺天墟	105	2 015	6.39	广东省龙川县、东源县
323	8.3.9.3.1	忠信河	船塘河右岸支流	广东省和平县青州镇蚬仔塘	广东省东源县羊头坝	65	622	4.49	广东省和平县、连平县、东源县
324	8.3.10	柏浦河	东江左岸支流	广东省紫金县附城镇马天寨	广东省紫金县临江圩	68	446	3.72	广东省紫金县
325	8.3.11	古竹水	东江左岸支流	广东省紫金县义容镇田心村大岭岽	广东省紫金县古竹镇潮沙	46	403	3.75	广东省紫金县
326	8.3.12	秋香江	东江右岸支流	广东省紫金县黎头寨	广东省紫金县古竹镇江口	144	1 669	14.03	广东省紫金县、惠州市惠阳区
327	8.3.13	公庄河	东江右岸支流	广东省龙门县糯米柏	广东省博罗县泰美沐村	82	1 197	11.30	广东省龙门县、博罗县
328	8.3.14	西枝江	东江左岸支流	广东省紫金县竹坳	广东省惠州市东新桥	176	4 120	47.77	广东省紫金县、惠东县、惠州市惠阳区
329	8.3.14.2	安墩河	西枝江右岸支流	广东省惠东县乌禽嶂西南麓	广东省惠东县黄石径陂	51	404	4.04	广东省惠东县
330	8.3.14.3	梁化河	西枝江右岸支流	广东省惠东县坪天嶂西南麓	广东省惠州市惠阳区平潭镇新圩	41	307	2.87	广东省惠东县、惠州市惠阳区

续表

序号	条目编号	河名	水系	发源地	入河（湖、海）口	河长(km)	流域面积(km²)	多年平均年径流量(亿 m³)	行经地区
331	8.3.14.4	淡水河	西枝江左岸支流	广东省深圳市龙岗区	广东省惠州市惠城区三栋镇紫溪	95	1 308	12.23	广东省深圳市、惠州市惠阳区
332	8.3.18	石马河	东江左岸支流	广东省深圳市宝安区大脑壳山	广东省东莞市桥头镇建塘	88	1 249	14.48	广东省深圳市宝安区、东莞市
333	8.4	珠江三角洲		广东省西、北思贤滘，东江石龙	广东省八大口门		26 820	281	广东省广州市、东莞市、佛山市、中山市、江门市、深圳市、珠海市，香港特别行政区，澳门特别行政区
334	8.4.1	西江干流入海水道	珠江三角洲·西江	广东省佛山市三水区思贤滘西滘口	广东省江门市蓬江区棠下镇的天河	139			广东省佛山市三水区、高明区，江门市新会区
335	8.4.1.1	高明河	西江干流	广东省佛山市高明区老香山托盘顶	广东省佛山市高明区河城街道海口	82.4	1 033	8.23	广东省佛山市高明区
336	8.4.1.2	沙坪河		广东省鹤山市坑口皂幕山	广东省鹤山市沙坪街道	39	328	2.92	广东省鹤山市
337	8.4.1.3	甘竹溪		广东省佛山市顺德区甘竹滩	广东省佛山市顺德水道三槽口	14.6			广东省佛山市顺德区
338	8.4.1.4	东海水道		广东省佛山市顺德区杏坛镇南华	广东省佛山市顺德区容桂镇龙涌沙顶	20			广东省佛山市顺德区、中山市
339	8.4.1.4.1	小榄水道		广东省东凤镇莺歌嘴	广东省中山市港口镇大南尾	31			广东省中山市
340	8.4.1.4.2	鸡鸦水道		广东省佛山市顺德区东凤	广东省中山市港口镇大南尾	33			广东省佛山市顺德区、中山市
341	8.4.1.4.3	横门水道		广东省中山市港口镇大南尾	广东省中山市伶仃洋横门口	18			广东省中山市
342	8.4.1.5	海洲水道		广东省佛山市顺德区太平圩	广东省中山市古镇雁尾沙	8.2			广东省佛山市顺德区、中山市
343	8.4.1.6	江门水道		广东省江门市北街街道	广东省江门市新会区滘祖咀	23			广东省江门市蓬江区、江海区、新会区
344	8.4.1.6.1	新会河		广东省江门市新会区上浅口	广东省江门市新会区河口	9			广东省江门市新会区
345	8.4.1.7	石板沙水道		广东省江门市新会区大鳌镇百顷头	广东省江门市新会区竹洲头	22			广东省江门市新会区
346	8.4.1.7.1	荷麻溪		广东省江门市新会区大鳌镇大屿	广东省珠海市斗门区上横	14			广东省江门市新会区，珠海市斗门区
347	8.4.1.7.2	泥湾门水道		广东省珠海市斗门区粉洲沙仔尾	广东省珠海市斗门区尖峰山鬼仔角	14			广东省珠海市斗门区、金湾区
348	8.4.1.7.3	鸡啼门水道		广东省珠海市斗门区尖峰山鬼仔角	广东省珠海市金湾区	20			广东省珠海市斗门区
349	8.4.1.8	螺洲溪		广东省珠海市斗门区竹洲头	广东省珠海市斗门区粉洲沙仔尾	12			广东省珠海市斗门区
350	8.4.2	北江干流水道	珠江三角洲·北江干流	广东省佛山市三水区思贤滘北滘口	广东省佛山市南海区紫洞	86			广东省佛山市三水区、禅城区、南海区、顺德区，广州市番禺区、南沙区
351	8.4.2.1	南沙涌		广东省佛山市南海区南沙咀	广东省佛山市南海区大岸	23.2			广东省佛山市南海区
352	8.4.2.2	潭洲水道		广东省佛山市南海区紫洞	广东省佛山市顺德区沙亭	31.5			广东省佛山市南海区、顺德区
353	8.4.2.2.1	佛山水道		广东省佛山市南海区沙口	广东省广州市后航道	23			广东省佛山市南海区、禅城区，广州市

续表

序号	条目编号	河 名	水 系	发源地	入 河（湖、海）口	河长(km)	流域面积(km^2)	多年平均年径流量(亿 m^3)	行经地区
354	8.4.2.2.2	平洲水道		广东省佛山市顺德区登洲头	广东省佛山市南海区平洲归石沙	17			广东省佛山市顺德区、南海区
355	8.4.2.3	李家沙水道		广东省佛山市顺德区伦教大洲口	广东省佛山市顺德区大良板沙尾	10			广东省佛山市顺德区
356	8.4.2.4	洪奇沥水道		广东省佛山市顺德区大良板沙尾	广东省广州市南沙区洪奇门	36.2			广东省佛山市顺德区，广州市番禺、南沙区，中山市
357	8.4.2.4.1	容桂水道		广东省佛山市顺德区容桂镇龙涌沙顶	广东省佛山市顺德区大良板沙尾	19.5			广东省佛山市顺德区
358	8.4.2.4.2	桂洲水道		广东省佛山市顺德区容桂细滘	广东省佛山市顺德区眉蕉尾	13			广东省佛山市顺德区
359	8.4.2.5	陈村水道		广东省广州市番禺区三水木棉	广东省广州市番禺区三善围	26			广州市番禺区、佛山市顺德区
360	8.4.2.6	蕉门水道		广东省广州市番禺区北斗坳口	广东省广州市南沙区广兴围	34			广东省广州市番禺区、南沙区
361	8.4.2.6.1	榄核涌		广东省广州市番禺区张松磨蝶头	广东省广州市番禺区沙角尾	24			广东省广州市番禺区
362	8.4.2.7	沙鼻涌		广东省广州市番禺区石基	广东省广州市番禺区龟头石	17			广东省广州市番禺区
363	8.4.2.8	流溪河	北江支流	广东从化市桂峰顶	广东省广州市白鹅潭	174	3 917	44	广东省广州从化市、花都区、白云区
364	8.4.2.8.3	白坭河	流溪河右岸支流	广东清远市石角镇扶基头	广东省广州市白云区老鸦岗	59	758		广东省清远市、广州市、佛山市
365	8.4.2.8.3.1	新街河	白坭河左岸支流	广东省广州市花都区梯面镇羊石顶	广东省广州市白云区神山	44	435		广东省广州市花都区、白云区
366	8.4.2.9	前航道		广东省广州市白鹅潭洲头嘴	广东省广州市黄埔区江心洲大蚝沙	22.8			广东省广州市区
367	8.4.2.9.1	后航道		广东省广州市白鹅潭洲头嘴	广东省广州市黄埔区黄埔水道	30			广东省广州市区、黄埔区
368	8.4.2.9.1.1	三枝香水道		广东省广州市落马洲	广东省广州市番禺区弯咀头	10			广东省广州市番禺区
369	8.4.2.10	狮子洋		广东省广州市黄埔区港剑围	广东省东莞市东莞水道口	25			广东省广州市黄埔区、番禺区、东莞市
370	8.4.2.11	虎门水道		广东省东莞市东莞水道口	广东省东莞市沙角虎门口	30			广东省东莞市
371	8.4.2.10.1	莲花山水道		广东省广州市番禺区莲花山	广东省广州市番禺区清流沙	15			广东省广州市番禺区
372	8.4.3	东江北干流	珠江三角洲·东江	广东省东莞市石龙镇石龙头	广东省东莞市麻涌镇大盛	38			广东省东莞市
373	8.4.3.1	东江南支流		广东省东莞市石龙镇石龙头	广东省东莞市沙田镇泗盛	39.5			广东省东莞市
374	8.4.3.1.1	寒溪水		广东省东莞市大屏障之观音山	广东省东莞市茶山峡口	59	720	6.48	广东省东莞市
375	8.4.3.1.2	中堂水道		广东省东莞市高埗镇卢村	广东省东莞市中堂镇小东向	6.5			广东省东莞市
376	8.4.3.1.3	厚街水道		广东省东莞市鳡鱼洲	广东省东莞市沙田镇渡船洲	11.4			广东省东莞市
377	8.4.3.2	沙河	东江右岸支流	广东省罗浮山大、小源坑	广东省博罗县石湾镇	88.3	1 020	11.22	广东省博罗县

续表

序号	条目编号	河名	水系	发源地	入河（湖、海）口	河长(km)	流域面积(km^2)	多年平均年径流量(亿m^3)	行经地区
378	8.4.3.3	增江	入东江三角洲的河流	广东省广州市从化七星岭	广东省广州市增城市石滩镇孙家埔村	203	3 114	39.58	广东省从化市、龙门县、增城市
379	8.4.3.3.2	永汉河	增江右岸支流	广东省惠州市龙门县南昆山天堂顶	广东省增城市九龙滩	52	410	6.07	广东省龙门县、增城市
380	8.4.3.3.3	派潭河	增江右岸支流	广东省增城市南昆山马坑嶂	广东省增城市小楼镇大楼山	36	357.5	4.47	广东省增城市
381	8.4.3.4	西福河	东江北干流右岸支流	广东省增城市鹧鸪山	广东省增城市巷头	58	580	5.62	广东省增城市、从化、广州市
382	8.4.3.5	倒运海水道		广东省东莞市中堂镇斗郎村	广东省东莞市麻涌镇角尾村	18.4			广东省东莞市
383	8.4.4	潭江	珠江三角洲	广东省阳江市牛尾岭	广东省江门市新会区崖门口	248	6 026	76.47	广东省阳江市、恩平市、开平市、台山市、鹤山市、江门市新会区
384	8.4.4.4	白沙水	潭江右岸支流	广东省江门市开平南端三两银山	广东省江门市开平百足尾	49	383	4.7	广东省开平市
385	8.4.4.5	镇海水	潭江左岸支流	广东省鹤山市将军岭	广东省开平市南阳里	69	1 203	13.4	广东省开平市、鹤山市
386	8.4.4.5.2	开平水	镇海水右岸支流	广东省开平市大沙天露山	广东省开平市苍城镇	56	470	5.15	广东省开平市
387	8.4.4.6	新昌水	潭江右岸支流	广东省台山市古兜山狮子头	广东省开平市三埠街道	52	576		广东省台山市、开平市
388	8.4.4.7	虎坑水道		广东省江门市新会区睦洲	广东省江门市新会区三江镇沙尾围	15	56		广东省江门市新会区
389	8.4.4.7.1	芬芬溪	虎坑水道汊流	广东省江门市新会区睦洲镇狗尾	广东省江门市新会区沙堆镇大环	12			广东省江门市新会区
390	8.4.4.7.2	虎跳门水道		广东省江门市新会区沙堆镇大环	广东省珠海市斗门区雷蛛村	19	121		广东省江门市新会区、珠海市斗门区
391	8.4.5	茅洲河	珠江三角洲独流入海河流	广东省深圳市宝安区羊台山北麓	广东省深圳市沙井民主村	48	371	3.0	广东省深圳市宝安区
392	8.4.6	深圳河	珠江三角洲独流入海河流	广东省深圳市宝安区沙湾牛尾岭	广东省深圳市深圳湾	36	306	3.19	广东省深圳市、香港新界
393	7.11	韩江	独流入海河流	广东省紫金县乌凸山七星崶	广东省澄海县北港	486	30 112	222.96	广东省紫金县、五华县、兴宁市、梅县、梅江区、平远县、蕉岭县、大埔县、丰顺县、潮安县、潮州市区、澄海县，福建省长汀县、武平县、上杭县、永定县
394	7.11.1	梅江	韩江源头之一	广东省汕尾市与河源市紫金县交界的乌凸山七星崶文笔峰	广东省梅州市三河坝	307	13 929	101	紫金县、五华县、兴宁市（县级）、梅县、梅江区、平远县、蕉岭县、大埔县
395	7.11.1.1	华阳水	梅江左岸支流	广东省紫金县中坝镇鹿子嶂	广东省五华县梅林镇琴口村	56	620	4.21	广东省紫金县、五华县
396	7.11.1.2	周江水	梅江左岸支流	广东省紫金县烂泥坳	广东省五华县安流镇蓝田村	69	314	4.96	广东省紫金县、五华县
397	7.11.1.3	五华河	梅江左岸支流	广东省龙川县亚鸡寨	广东省五华县水寨镇	105	1 832	12.35	广东省龙川县、五华县
398	7.11.1.4	宁江	梅江左岸支流	广东省兴宁市与江西省寻乌县交界的荷峰畲	广东省兴宁市水口镇	147	1 023	11.45	广东省兴宁市
399	7.11.1.5	程江	梅江左岸支流	江西省寻乌县兰峰	广东省梅州市梅江区乌蓼沙	94	718	5.74	江西省寻乌县、广东省平远县、梅县
400	7.11.1.6	石窟河	梅江左岸支流	福建省武平县洋石坝	广东省梅县丙村东洲坝	179	3 681	34.16	广东省平远县、蕉岭县、梅县；江西寻乌县；福建省武平县、上杭县
401	7.11.1.6.1	差干河	石窟河右岸支流	广东省平远县仁居镇古丁镇牛古栋	广东省平远县河子田	71	590	4.72	广东省平远县

续表

序号	条目编号	河 名	水 系	发源地	入河（湖、海）口	河长(km)	流域面积(km²)	多年平均年径流量(亿 m³)	行经地区
402	7.11.1.6.3	柚树河	石窟河右岸支流	广东省平远县八尺镇梅龙寨	广东省蕉岭县新芳里	78	909	6.8	广东省平远县、蕉岭县
403	7.11.1.8	松源河	梅江左岸支流	福建省上杭县大平山	广东省梅县松口镇下店	77	642	5.27	福建省上杭县，广东省梅县、蕉岭县
404	7.11.2	汀江	干流	福建省武夷山南段宁化县治平畲族乡木马山北坡	广东省大埔县三河坝	323	11 809	88.62	福建省长汀县、武平县、上杭县、永定县，广东省大埔县
405	7.11.2.1	濯田河	汀江右岸支流	福建省长汀县古城镇元口村	福建省长汀县濯田镇水口	63	862	8.67	福建省长汀县
406	7.11.2.2	桃兰溪	汀江右岸支流	福建省武平县大禾乡贤坑村的桐子坑	福建省武平县湘店镇河口村	57	677	6.21	福建省武平县、上杭县
407	7.11.2.4	旧县河	汀江左岸支流	福建省连城县曲溪乡黄胜村	福建省上杭县临城镇坝尾	112	1 694	16.75	福建省连城县、上杭县
408	7.11.2.5	黄潭河	汀江左岸支流	福建省上杭县步云乡	福建省永定县洪山乡河口村	139	1 222	15.58	福建省上杭县、永定县、龙岩市新罗区
409	7.11.2.7	永定河	汀江左岸支流	福建省永定县坎市镇田地竹子炉	福建省永定县芦下坝	91.5	1 075	10.31	福建省龙岩市、永定县
410	7.11.2.8	漳溪	汀江左岸支流	福建省永定县古竹乡洋竹村	广东省大埔县茶阳镇	97	825	7.35	福建省永定县，广东省大埔县
411	7.11.2.9	梅潭河	汀江左岸支流	福建省漳州市平和县双尖山北麓	广东省大埔县三河坝	137	1 603	12.7	福建省平和县，广东省大埔县
412	7.11.2.10	丰良河	韩江右岸支流	广东省兴宁市铁牛牯	广东省丰顺县隍陛站口	75	899	8.89	广东省兴宁市、丰顺县
413	7.12.1	黄冈河	独流入海河流	广东省饶平县上饶镇大崇坪山麓	广东省饶平县黄冈镇石龟头	87	317	16.37	广东省饶平县、大埔县
414	7.12.2	榕江	独流入海河流	广东省陆河县凤凰山南麓	广东省汕头市牛田洋	196	4 650	61	广东省陆河县、揭西县、普宁市、揭东县、揭阳市区、潮阳区、汕头市区
415	7.12.2.2	五经富水	榕江左岸支流	广东省丰顺县三县紫	广东省揭西县玉湖	76	719	10.07	广东省揭西县、丰顺县
416	7.12.2.3	北河	榕江左岸支流	广东省丰顺县桐子洋	广东省揭东县炮台镇双溪嘴	92	1 629	8.19	广东省丰顺县、揭东县、揭阳市区
417	7.12.2.3.2	枫江	北河左岸支流	广东省潮安县、丰顺县、揭东县交界的笔架山	广东省揭阳市揭东县枫口	71	664	2.29	广东省潮安县、揭东县
418	7.12.4	练江	独流入海河流	广东省普宁市大南山五峰尖西南麓杨梅坪的白水砾	广东省汕头市潮阳区海门镇	71.1	1 353	21.86	广东省普宁市、汕头市潮南区、潮阳区
419	7.12.5	龙江	独流入海河流	广东省普宁市南水凹	广东省惠来县南海哨所	82	1 164	17.61	广东省普宁市、惠来县、陆丰市
420	7.12.6	鳌江	独流入海河流	广东省陆丰市十八尖山	广东省陆丰市甲子港	31	273	4.64	广东省陆丰市、惠来县
421	7.12.7	乌坎河	独流入海河流	广东省陆丰市罗经嶂	广东省陆丰市烟港湾	48.5	506	15.76	广东省陆丰市
422	7.12.8	螺河	独流入海河流	广东省陆丰市三神凸	广东省陆丰市烟港	102	1 356	23.59	广东省陆丰市、陆河县、海丰县、揭西县、紫金县
423	7.12.9	黄江	独流入海河流	广东省海丰县蜡烛山	广东省陆丰市盐屿山	67	1 359	25.8	广东省海丰县、陆丰市
424	7.12.10	赤石河	独流入海河流	广东省海丰县白马山	广东省海丰县红海湾	36	382	5.27	广东省海丰县
425	7.12.11	大隆洞河	独流入海河流	广东省台山市大隆洞山系的婆髻山	广东省台山市广海镇烽火角水闸入南海	60	709	10	广东省台山市
426	7.12.12	那扶河	独流入海河流	广东省开平市金鸡镇鱼潭山	广东省开平市横山圩镇海湾	52	684	8.9	广东省台山市、开平市
427	7.12.13	漠阳江	独流入海河流	广东省阳春市河望镇云廉洒面	广东省阳东县北津港	199	6 091	82.1	广东省阳春市、阳东县、阳江市江城区、云安县、恩平市

续表

序号	条目编号	河 名	水 系	发源地	入 河（湖、海）口	河长(km)	流域面积(km^2)	多年平均年径流量(亿m^3)	行 经 地 区
428	7.12.13.1	西山河	漠阳江右岸支流	广东省阳春市永宁镇三甲顶	广东省阳春市合水镇	108	989	13.95	广东省阳春市
429	7.12.13.2	潭水河	漠阳江右岸支流	广东省阳春市双滘镇七星岭鸡笼顶西南侧	广东省阳春市岗美镇潭梅	107	1 421	21	广东省阳春市
430	7.12.13.2.1	乔连河	潭水河右岸支流	广东省阳春市八甲镇黄那村黄狮岭西	广东省阳春市乔连圩	40	317	4.67	广东省阳春市
431	7.12.13.3	那龙河	漠阳江右岸支流	广东省恩平市横陂狮子岭	广东省阳江市阳东县尖山	67	945	13.23	广东省恩平市、阳东县
432	7.12.14	洋边河	粤西沿海独流入海河流	广东省阳西县望夫山脉的鹅凰嶂南麓	广东省阳西县丰头港	45	657	9.86	广东省阳江市阳西县
433	7.12.15	儒洞河	粤西沿海独流入海河流	广东省阳西县新圩镇望夫山脉鹅凰嶂西	广东省阳西县扒沙港	54	697	8.57	广东省阳江市阳西县、电白县
434	7.12.16	鉴江	粤西沿海独流入海河流	广东省信宜市东镇庄垌虎豹坑	广东省吴川市黄坡镇沙角旋	232	6 948	90	广东省信宜市、高州市、化州市、吴川市
435	7.12.16.2	北界河	鉴江右岸支流	广东省信宜市金垌镇大人山	广东省信宜市镇隆圩	49	318.5	3.27	广东省信宜市
436	7.12.16.3	大井河	鉴江左岸支流	广东省高州市马贵镇棉被顶	广东省高州市大井墟边	68	586	5.2	广东省高州市
437	7.12.16.4	曹江	鉴江左岸支流	广东省高州市马贵镇鸡笼顶兰篷岭	广东省高州市六罗合	100	874	12	广东省高州市
438	7.12.16.5	罗江	鉴江右岸支流	广西壮族自治区北流市六靖区上珍乡山田村鸦髻顶	广东省化州市城区	143	2 618	26.44	广西壮族自治区北流市和广东省化州市
439	7.12.17	袂花江	鉴江左岸支流	广东省电白县鹅凰嶂南坡	广东省吴川市梅菉	112	2 516	30	广东省电白县、吴川市
440	7.12.17.6	梅江	袂花江右岸支流	广东省高州市官庄岭下	广东省吴川市区瓦窑口	67	1 142	9.47	广东省高州市、吴川市
441	7.12.18	遂溪河	粤西沿海独流入海河流	广东省廉江市独牛岭	广东省遂溪县黄略石门圩五里山港入湛江港	80	1 486	14.07	广东省廉江市、遂溪县、湛江市区
442	7.12.20	城月河	粤西沿海独流入海河流	广东省遂溪县城月镇大塘村	广东省湛江市建新镇库竹港	37	345	2.52	广东省遂溪县、湛江市麻章区
443	7.12.21	南渡河	粤西沿海独流入海河流	广东省遂溪县坡仔	广东省雷州市雷州湾	88	1 444	9.40	广东省遂溪县、廉江市
444	7.12.23	龙门河	粤西沿海独流入海河流	广东省雷州市西南石卯岭	广东省雷州市北和镇海康港入北部湾	65	406	2.11	广东省雷州市
445	7.12.24	乐民河	粤西沿海独流入海河流	广东省遂溪县北坡镇下担仔村老周洋	广东省雷州市北灶注入北部湾	30	361	2.10	广东省遂溪县
446	7.12.25	杨柑河	粤西沿海独流入海河流	广东省廉江市横山镇老凌村油丰塘	广东省雷州市北部湾安铺港	43	432	3.24	广东省廉江市、遂溪县
447	7.12.26	九洲江	粤西沿海独流入海河流	广西壮族自治区陆川县大化顶	广东省廉江市黎沙头	162	3 337	30.97	广西壮族自治区陆川县、博白县和广东省化州市、廉江市
448	7.12.26.3	沙铲河	九洲江右岸支流	广西壮族自治区博白县新田镇亭子村坡心肚	广东省廉江市横山镇排里村	65	890		广西壮族自治区博白县，广东省廉江市
449	7.12.27	大坝河	粤西沿海独流入海河流	广西壮族自治区博白县大坝镇径口村	广东省廉江市北部湾英罗港	45	362	1.68	广西壮族自治区博白县，广东省廉江市
450	7.12.28	白沙河	干流	广西壮族自治区博白县新田镇亭子村	广西壮族自治区合浦县山口镇山角村	71.73	654	4.7	广西壮族自治区博白县、合浦县
451	7.12.29	南流江	独流入海河流	广西壮族自治区玉林北流市与玉州区交界处	广西壮族自治区北海市合浦县党江镇木寨村牛角框屯	285	9 232	73.49	广西壮族自治区北流市、玉林市、博白县、浦北县、合浦县、兴业县、陆川县、灵山县

续表

序号	条目编号	河 名	水 系	发源地	入 河（湖、海）口	河长（km）	流域面积（km²）	多年平均年径流量（亿 m³）	行经地区
452	7.12.29.3	定川江	南流江右岸支流	广西壮族自治区兴业县葵阳镇四新村	广西壮族自治区玉林市玉州区福绵镇船埠村	59	683	6.10	广西壮族自治区玉林市玉州区、兴业县
453	7.12.29.4	丽江	南流江左岸支流	广西壮族自治区北流市六麻镇六美村	广西壮族自治区玉林市玉州区新桥镇田黄村	61	537	4.528	广西壮族自治区玉林玉州区、陆川县、北流市
454	7.12.29.6	合江	南流江左岸支流	广西壮族自治区博白县新田镇亭子村	广西壮族自治区博白县合江镇新郑村	51	581	5.344	广西壮族自治区博白县
455	7.12.29.7	马江	南流江右岸支流	广西壮族自治区浦北县福旺镇大双村	广西壮族自治区博白县菱角镇小马口村	87	905	6.47	广西壮族自治区博白县、浦北县、灵山县
456	7.12.29.9	张黄江	南流江右岸支流	广西壮族自治区浦北县龙门镇大坡村	广西壮族自治区博白县泉水镇上塘村	52.43	423.54	3.40	广西壮族自治区浦北县、合浦县
457	7.12.29.10	武利江	南流江右岸支流	广西壮族自治区浦北县福旺镇江坪铺村	广西壮族自治区合浦县石康镇江口村	127	1 223	9.78	广西壮族自治区浦北县、灵山县、合浦县
458	7.12.29.12	洪潮江	南流江下游右岸支流	广西壮族自治区灵山县伯劳镇菱塘村	广西壮族自治区合浦县石湾镇清水村	45.9	472	4.14	广西壮族自治区合浦县、灵山县、钦州市钦南区
459	7.12.30	大风河	桂南独流入海河流	广西壮族自治区灵山县伯劳镇万利村淡屋屯	广西壮族自治区钦州市钦南区犀牛脚镇沙角村	139	1 888	21.2	广西壮族自治区灵山县、合浦县、钦州市钦南区
460	7.12.32	钦江	桂南独流入海河流	广西壮族自治区灵山县平山镇思ม村	广西壮族自治区钦州市钦南区尖山镇九鸭村	195	2 391	22.11	广西壮族自治区钦州市钦南区、钦北区、灵山县、横县
461	7.12.33	茅岭江	桂南独流入海河流	广西壮族自治区钦州市钦北区板城镇屯车村	广西壮族自治区防城港市茅岭乡沙坳村	123	2 909	29.59	广西壮族自治区防城港市、南宁市、钦州市
462	7.12.33.2	那蒙江	茅岭江右岸支流	广西壮族自治区南宁市良庆区大塘镇团垌村	广西壮族自治区钦州市钦北区那蒙镇江口村	42.6	393	3.46	广西壮族自治区南宁市良庆区、钦州市钦北区
463	7.12.33.3	大寺江	茅岭江右岸支流	广西壮族自治区上思县公正乡那齐村	广西壮族自治区钦州市钦北区大寺镇屯妙村	69	586	5.60	广西壮族自治区上思县、钦州市钦北区
464	7.12.33.4	滩营河	茅岭江右岸支流	广西壮族自治区防城港市防城区大菉镇大平村	广西壮族自治区钦州市钦南区黄屋屯镇田寮村	67	829	10.93	广西壮族自治区钦州市钦南区、防城港市防城区
465	7.12.34	防城河	桂南独流入海河流	广西壮族自治区防城港市防城区扶隆乡那其村	广西壮族自治区防城港市防城区防城镇大王江村	83.8	894.6	21.05	广西壮族自治区防城港市防城区
466	7.12.36	北仑河	中国和越南的国际界河	广西壮族自治区防城港市峒中镇捕龙山东侧	广西壮族自治区东兴市友谊桥	98	830（中国境内）	16.67	广西壮族自治区防城港市防城区、东兴市（中国境内）
467	7.13	元江	流经中国云南的国际河流	云南省大理州巍山县永建镇西北部	在云南省河口县城流入越南	692.0（中国境内）	76 300（中国境内）	463.5	云南省大理州、楚雄州、玉溪市、昆明市、红河州、普洱市、文山州，广西壮族自治区百色市那坡县（中国境内）
468	7.13.2	南涧河	元江右岸支流	云南省巍山县青华乡小鸡足	云南省南涧县南涧镇小军庄	50.7	557.4	1.287	云南大理州巍山县、南涧县
469	7.13.3	苴力河	元江左岸支流	云南省祥云县象鼻乡帽花	云南省南涧县得胜乡八角地	82.6	1 015.6	1.92	云南省祥云县、弥渡县、南涧县
470	7.13.4	一街河	元江左岸支流	云南省南华县五街乡鸡子地	云南省南华县红土坡镇	57.2	1 097	2.80	云南省南华县、祥云县
471	7.13.4.1	鹿窝河	一街河右岸支流	云南省祥云县下庄镇水盆铺	云南省弥渡县德苴乡	51.9	553.3		云南省祥云县、弥渡县
472	7.13.5	三街河	元江左岸支流	云南省南华县五街镇鸡子地	云南省楚雄市八角镇	46.9	367.7	1.402	云南省南华县、楚雄市
473	7.13.6	马龙河	元江左岸支流	云南省南华县五街镇烂泥箐石冠山	云南省双柏县爱尼山乡	134.8	1 946.6	3.30	云南省南华县、楚雄市、双柏县
474	7.13.6.1	白衣河	马龙河左岸支流	云南省南华县雨露乡龙顶寺	云南省楚雄市大地基乡塔戛苴	67	481.8	0.913	云南省南华县、楚雄市

续表

序号	条目编号	河 名	水 系	发源地	入 河（湖、海）口	河长(km)	流域面积(km²)	多年平均年径流量(亿 m³)	行经地区
475	7.13.7	绿汁江	元江左岸支流	云南省禄丰县勤丰镇九龙山	云南省双柏县爱尼山乡下把租	319.1	8 613.4	15.47	云南省楚雄州禄丰县、元谋县、武定县、楚雄市、双柏县、昆明市安宁市、晋宁县、玉溪市易门县、峨山县、新平县
476	7.13.7.1	西河	绿汁江右岸支流	云南省元谋县羊街镇大龙潭	云南省禄丰县金山镇	61.8	417.9	0.85	云南省元谋县、禄丰县
477	7.13.7.2	舍资河	绿汁江右岸支流	云南省元谋县花同乡东南部	云南省禄丰县舍资镇大花桥	47.5	397.1	0.735	云南省元谋县、禄丰县
478	7.13.7.3	沙甸河	绿汁江右岸支流	云南省双柏县妥甸镇韭菜冲	云南省双柏县大庄镇下阿百岭	89	1 500.4	2.225	云南省双柏县
479	7.13.7.3.1	瓦拖河	沙甸河左岸支流	云南省双柏县妥甸镇白竹山	云南省双柏县大庄镇中村	56.3	570.8	0.86	云南省双柏县、楚雄市
480	7.13.7.4	扒河	绿汁江左岸支流	云南省禄丰县土官乡大石槽	云南省易门县绿汁镇大岭岗	110.7	1 583.9	3.10	云南省禄丰县、安宁市、晋宁县、易门县、峨山县
481	7.13.7.5	克田河	绿汁江右岸支流	云南省双柏县妥甸镇箐头	云南省双柏县雨龙乡克田村	44.4	363.2	0.475	云南省双柏县
482	7.13.9	清水河	元江右岸支流	云南省红河县车古乡口那族大山	云南省元江县城南侧	65.3	497.3	2.36	云南省红河县、元江县
483	7.13.10	小河底河	元江左岸支流	云南省峨山县甸中镇黑泥哨	云南省石屏县牛街镇他古租	170.4	3 999.5	22.58	云南省峨山县、新平县、元江县、石屏县、建水县
484	7.13.10.2	平甸河	小河底河右岸支流	云南省峨山县富良棚乡小龙潭	云南省新平县杨武镇坝分田	66.5	893.9	1.79	云南省峨山县、新平县
485	7.13.10.3	大桥河	小河底河左岸支流	云南省石屏县龙朋镇尖脑山	云南省石屏县哨冲乡莫测甸	61.8	722.6	1.41	云南省石屏县
486	7.13.10.4	五郎沟河	小河底河左岸支流	云南省建水县青龙乡田房	云南省石屏县牛街乡羊奶菜坡	39.4	391.6	0.587	云南省建水县、石屏县
487	7.13.11	七星河	元江右岸支流	云南省红河县宝华乡材山马	云南省红河县勐龙乡万年青坡	50.9	388.7	1.55	云南省红河县
488	7.13.12	者那河	元江右岸支流	云南省元阳县牛角寨乡观音山	云南省元阳县南沙镇	39.7	432.8	2.21	云南省元阳县
489	7.13.13	新现河	元江左岸支流	云南省蒙自县期路白乡簸米底	云南省河口县莲花滩乡新街	49.9	352.8	2.47	云南省蒙自县、屏边县、河口县
490	7.13.14	南溪河	元江左岸支流	云南省蒙自县鸣鹫镇丫巴山	云南省河口县河口镇	169.2	3 354.7（中国境内）	27.47	云南省蒙自县、屏边县、文山县、马关县、河口县
491	7.13.14.2	四岔河	南溪河左岸支流	云南省屏边县新华乡马鹿塘	云南省屏边县湾塘乡	31.9	450.6	3.53	云南省屏边县、蒙自县
492	7.13.14.4	鱼塘河	南溪河左岸支流	云南省文山县薄竹镇薄竹山西麓	云南省屏边县白河乡三岔河	81.6	888	8.96	云南省文山县、马关县、屏边县
493	7.13.15	李仙江	红河右岸支流	云南省南涧县宝华乡小里车	云南省绿春县半坡乡流入越南	480.3（中国境内）	19 366.3（中国境内）	164.43	云南省大理州、南涧县、弥渡县、玉溪市元江县、新平县、普洱市景东县、镇沅县、宁洱县、江城县、墨江县、红河州红河县、绿春县（中国境内）
494	7.13.15.1	勐野江	李仙江右岸支流	云南省江城县国庆乡大平寨	云南省江城县宝藏乡	141.9	1 807.3	15.34	云南省江城县、宁洱县
495	7.13.15.2	阿墨江	李仙江左岸支流	云南省景东县太忠乡黄草坝后山	云南省墨江县文武乡东俣大寨	263.2	7 042.9	49.88	云南省景东县、镇沅县、墨江县、新平县、元江县、红河县、绿春县
496	7.13.15.2.1	布龙河	阿墨江左岸支流	云南省墨江县联珠镇大尖山	云南省墨江县新安乡西部	55.7	485.4	3.56	云南省墨江县

481

续表

序号	条目编号	河 名	水 系	发源地	入 河（湖、海）口	河长(km)	流域面积(km²)	多年平均年径流量(亿 m³)	行经地区
497	7.13.15.2.2	他郎河	阿墨江左岸支流	云南省墨江县联珠镇乌猛	云南省墨江县泗南江乡大渔洞	78.5	801.4	6.18	云南省墨江县、元江县
498	7.13.15.2.3	泗南江	阿墨江左岸支流	云南省绿春县大兴镇潘家后山	云南省墨江县泗南江乡坝俄龙尖山脚	101.2	1 658.2	14.08	云南省红河县、绿春县、墨江县
499	7.13.15.2.3.1	坝兰河	泗南江右岸支流	云南省红河县垤玛乡东南部	云南省墨江县那哈乡	48.6	431.8	3.06	云南省红河县、墨江县
500	7.13.15.3	坝渡河	李仙江左岸支流	云南省墨江县坝溜乡石碑尖山	云南省绿春县大黑山乡隔界	38.9	501.6	7.63	云南省墨江县、绿春县
501	7.13.15.4	土卡河	李仙江右岸支流	云南省江城县曲水乡老苏寨梁子	云南省江城县曲水乡土卡河村	57.2	364.2	5.49	云南省江城县
502	7.13.15.5	小黑江	李仙江左岸支流	云南省绿春县大兴镇牛尼老白轰东	云南省绿春县半坡乡	83.5	1 190.5	17.48	云南省绿春县
503	7.13.15.5.1	喧吗河	小黑江右岸支流	云南省绿春县骑马坝乡千龙塘梁子	云南省绿春县骑马坝乡吗尼	42.9	425.2	8.8	云南省绿春县
504	7.13.15.6	藤条江	李仙江左岸支流	云南省红河县架车乡甲七洞山西北	在云南省金平县金水河镇流入越南	168.2（中国境内）	4 213.6（中国境内）	58.76	云南省红河县、绿春县、元阳县和金平县（中国境内）
505	7.13.15.6.1	茨通坝河	藤条江右岸支流	云南省绿春县坪河乡汉人寨山	云南省金平县勐拉乡南利	66.4	699.4	11.2	云南省绿春县、金平县
506	7.13.15.6.2	三家河	藤条江左岸支流	云南省元阳县小新街乡望天若林山脉	云南省金平县勐拉乡勐拉	55.6	393.9	4.72	云南省元阳县、金平县
507	7.13.16	盘龙河	红河左岸支流	云南省蒙自县鸣鹫镇三门棵	云南省麻栗坡县天保镇流入越南	252.6（中国境内）	6 100.2（中国境内）	35.47	云南省蒙自县、丘北县、砚山县、文山县、西畴县、马关县、麻栗坡县（中国境内）
508	7.13.16.3	岔河	盘龙河左岸支流	云南省丘北县树皮乡依拖得村	云南省砚山县稼依镇蚂蚁河村	26.9	475.9	0.93	云南省丘北县、砚山县
509	7.13.16.4	德厚河	盘龙河右岸支流	云南省文山县乐诗冲乡黄草坡	云南省文山县马塘镇大汤坝村	55	567.1	2.15	云南省文山县
510	7.13.16.6	畴阳河	盘龙河左岸支流	云南省西畴县兴街镇甲沟寨	云南省麻栗坡县南天保乡桥头村	61.3	720.8	3.50	云南省西畴县、麻栗坡县
511	7.13.16.7	八布河	盘龙河左岸支流	云南省西畴县兴街镇大丫口	云南省麻栗坡县八布乡入越南境内	50.5（中国境内）	1 210.6（中国境内）	8.38	云南省西畴县、麻栗坡县（中国境内）
512	7.13.16.8	斋河	盘龙河右岸支流	越南	越南	9.1（中国境内）	1 768（中国境内）		云南省马关县（中国境内）
513	7.13.16.8.1	白河	斋河右岸支流	云南省马关县马白镇向阳村	云南省马关县金厂镇麻栗山	49.8	404.4	3.82	云南省马关县
514	7.13.16.8.2	大梁子河	斋河右岸支流	云南省马关县八寨镇大坡村	云南省马关县小坝子镇西南	68.1	1 117.3	10.33	云南省马关县、河口县
515	7.13.16.8.2.1	响水河	大梁子河左岸支流	云南省马关县大栗树乡银厂坡	云南省马关县小坝子镇大梁子村	53.6	568.2	4.67	云南省马关县
516	7.13.16.9	南利河	盘龙河左岸支流	云南省砚山县江那镇姑娘山	云南省富宁县田蓬镇流入越南	185.7（中国境内）	3 716.6（中国境内）	22.53	云南省砚山县、西畴县、广南县、麻栗坡县、富宁县（中国境内）
517	7.13.16.9.1	达马河	南利河左岸支流	云南省砚山县阿勐镇石缸山	云南省广南县篆角乡必边	51.4	664.9	3.32	云南省砚山县、西畴县、广南县
518	7.13.16.9.2	百南河	南利河左岸支流	云南省富宁县里达镇达孟村	广西壮族自治区那坡县百南乡弄元村附近中越128号界碑处	104（中国境内）	2 014（中国境内）	9.52	云南省富宁县、广西那坡县（中国境内）

序号	条目编号	河名	水系	发源地	入河（湖、海）口	河长(km)	流域面积(km^2)	多年平均年径流量(亿m^3)	行经地区
519	7.13.16.9.2.1	百合河	百南河左岸支流	广西壮族自治区那坡县德隆乡德孚村	广西壮族自治区那坡县百南乡百南桥	57	580	3.48	广西壮族自治区那坡县
520	9.2.1	南渡江	海南岛独流入海河	海南省白沙县南峰山	海南省海口市三联村	333.8	7 033	57.2	海南省白沙县、琼中县、儋州市、澄迈县、屯昌县、定安县、海口市
521	9.2.1.2	龙州河	南渡江右岸支流	海南省屯昌县枫木镇黄竹岭	海南省定安县罗温村溪头坡	107.6	1 293.2	14.22	海南省屯昌县、定安县
522	9.2.4	万泉河	海南岛独流入海河	海南省琼中县五指山风门岭	海南省琼海市博鳌港	170	3 693	53.82	海南省琼中县、屯昌县、定安县、文昌县、万宁县、琼海市
523	9.2.4.2	定安河	万泉河左岸支流	海南省琼中县风门岭	海南省琼海市龙江镇合口嘴	88	1 221.6	18.39	海南省琼中县、屯昌县、琼海市
524	9.2.5	太阳河	海南岛独流入海河	海南省琼中县红顶岭	海南省万宁市保定港	75.7	592.51	8.44	海南省琼中县、万宁市
525	9.2.6	陵水河	海南岛独流入海河	海南省保亭县贤芳岭	海南省陵水县椰林镇水口港	73.5	1 131	14.1	海南省保亭县、陵水县
526	9.2.7	藤桥河	海南岛独流入海河	海南省保亭县昂日岭	海南省三亚市海棠湾镇藤桥港	56.1	709.45	5.96	海南省保亭县、三亚市
527	9.2.8	宁远河	海南岛独流入海河	海南省保亭县红水岭	海南省三亚市崖城镇港门港	83.5	1 020	6.49	海南省保亭县、三亚市
528	9.2.9	望楼河	海南岛独流入海河	海南省乐东县尖峰岭南侧	海南省乐东县望楼港	99.1	827.3	3.98	海南省乐东县
529	9.2.12	昌化江	海南岛独流入海河	海南省琼中县空示岭	海南省昌江县昌化镇昌化港	231.6	5 150	42.9	海南省琼中县、五指山市、保亭县、乐东县、白沙县、东方市、昌江县
530	9.2.12.1	南圣河	昌化江上游左岸支流	海南省保亭县贤芳岭	海南省乐东县万板村	61.8	660.1	6.59	海南省五指山市、乐东县
531	9.2.12.3	石碌河	昌化江右岸支流	海南省白沙县斧头岭	海南省昌江县叉河镇老宏村	59.6	545.7	3.82	海南省白沙县、昌江县
532	9.2.13	珠碧江	海南岛独流入海河	海南省白沙县南高岭	海南省儋州市海头镇海头港	83.8	956.75	6.4	海南省白沙县、儋州市
533	9.2.15	北门江	海南岛独流入海河	海南省儋州市鹦哥岭	海南省儋州市黄木村	62.2	648	4.06	海南省儋州市
534	9.2.16	文澜江	海南岛独流入海河	海南省儋州市大岭	海南省临高县博铺港	86.5	776.78	5.19	海南省临高县、儋州市

附表二　　　　　　　　　珠江卷列条湖泊一览表

序号	条目编号	湖名	湖泊性质	水系	湖面面积(km²)	蓄水量(亿m³)	所在地区	备注
1	8.1.7.1.1	阳宗海	断陷溶蚀湖泊	南盘江·贾龙河·汤池河	31.9	6.04	云南省昆明市呈贡县、宜良县，玉溪市澄江县	
2	8.1.8.1	星云湖	构造淡水湖	南盘江·海口河	34.71	1.84	云南省江川县	
3	8.1.8.2	抚仙湖	构造淡水湖	南盘江·海口河	212	191.4	云南省澄江县、江川县、华宁县	
4	8.1.10.2	杞麓湖	构造淡水湖	南盘江·华溪河	37.3	1.68	云南省通海县	
5	8.1.11.1	异龙湖	淡水湖	南盘江·泸江	34	1.13	云南省石屏县	
6	8.1.11.3.1	长桥海	淡水湖	南盘江·泸江·沙甸河	10.8	0.45	云南省红河州蒙自县十里铺乡	
7	8.1.11.3.2	大屯海	淡水湖	南盘江·泸江·沙甸河	12.33	0.45	云南省红河州蒙自县城西北	
8	8.1.18.1.1	普者黑湖	淡水湖	南盘江·清水江·北门河	6.29		云南省丘北县	
9	8.1.80	星湖	淡水湖	西江	6.49	0.2197	广东省肇庆市区	
10	8.3.15	惠州西湖	淡水湖	东江·西枝江	3.2		广东省惠州市区	
11	8.3.17	潼湖	淡水湖	东江	17.9		广东省惠州市、东莞市	
12	7.12.18	湖光岩	火山口淡水湖	粤西沿海诸河	2.3	0.3	广东省湛江市区	

附表三　　　　　　　　　　珠江卷列条水库一览表

序号	条目编号	库名	所在河流	水面面积（km²）	总库容（万 m³）	主坝类型	最大坝长（m）	最大坝高（m）	功用	所在地
1	8.1.1	花山水库	南盘江·花山河	6.55	8 233	黏土斜墙坝	175	33.5	防洪、灌溉、发电、供水	云南省沾益县花山镇
2	8.1.5	柴石滩水库	南盘江	10.7	43 700	混凝土重力坝	310.2	101.8	灌溉、发电、防洪、供水	云南省宜良县东北古城镇柴石滩村
3	8.1.9.1	黑龙潭水库	南盘江·巴江	1.32	2 434	均质土坝	340	34.1	防洪、灌溉、发电、供水	云南省石林县鹿阜镇
4	8.1.10.1	东风水库	南盘江·华溪河	3.6	9 025	黏土心墙坝	450	47.41	防洪、灌溉、供水	云南省玉溪市红塔区
5	8.1.11.2	跃进水库	南盘江·泸江·旷野河	4.37	5 370	黏土均质坝	187	29	灌溉、防洪	云南省建水县甸尾乡
6	8.1.12.1	板桥河水库	南盘江·甸溪河·板桥河	4.09	7 687	黏土斜墙坝	290	37.77	灌溉、防洪	云南省泸西县旧城镇
7	8.1.12.2	太平水库	南盘江·甸溪河·禹门河	7.15	8 589	黏土均质坝	758	28.73	防洪、灌溉、供水	云南省弥勒县弥东乡
8	8.1.19.2.1	独木水库	南盘江·黄泥河·九龙河·篆长河	10.2	10 560	均质土坝	156	36.3	防洪、灌溉、发电	云南省曲靖市麒麟区东山镇
9	8.1.19.4	鲁布革水库	南盘江·黄泥河	4	1.22	风化料心墙堆石坝	217	103	发电	云南省罗平县与贵州省兴义市界河上
10	8.1.22.2.1	木浪河水库	木浪河	2.19	4 710	双曲拱坝	120	70.5	灌溉、供水、发电	贵州省兴义市清水河镇
11	8.1.22.3	围山湖水库	马别河·纳省河	1.36	1 350	均质土坝	260	22.5	灌溉、防洪、城供、发电	贵州省兴义市万屯镇
12	8.1.22.4	兴西湖水库	锅底河	1.65	2 750	均质土坝	208	42.1	灌溉、发电、城供、防洪	贵州省兴义市坪东乡小店村
13	8.1.23	天生桥一级	南盘江	176	1 025 700	混凝土面板堆石坝	1 104	178	以发电为主，兼防洪、拦沙、航运及旅游	广西壮族自治区隆林县和贵州省安龙县交界
14	8.1.24	天生桥二级	南盘江	1.1	1 378	混凝土重力坝	470.97	60.7	发电	黔贵界河坝索
15	8.1.26	平班水库	南盘江	11.02	27 800	混凝土重力坝	395.5	62.12	发电	广西壮族自治区隆林与贵州册亨的界河上
16	8.1.27.1.1	卡达水库	南盘江·新州河·冷水河		2 144	浆砌石重力坝	148	53.6	防洪、灌溉、城市供水和发电	广西壮族自治区百色市隆林各族自治县克长乡梅达村卡达屯
17	8.1.30.5.1	玉舍水库	北盘江·巴浪河		3 380	细石混凝土砌石拱坝	238.53	78.4	供水、灌溉	贵州省水城县玉舍乡
18	8.1.30.8	光照水库	北盘江	51.5	324 500	碾压混凝土重力坝	412	195.5	发电为主结合航运，兼顾灌溉、供水	贵州省关岭县和晴隆县交界地区关岭县岗乌镇毛草坪
19	8.1.30.10.1	油菜河水库	北盘江·打邦河	0.85	5 960	四周嵌固的双曲三圆心浆砌石拱坝	37	41.5	灌溉、发电、防洪、旅游、水产	贵州省安顺市西秀区
20	8.1.30.10.2	王二河水库	北盘江·打邦河	5.9	9 930	钢筋混凝土面板堆石坝	294	51.5	综合灌溉、发电、旅游为一体	贵州省安顺市镇宁县
21	8.1.30.10.3.1.1	桂家湖水库	北盘江·打邦河·六枝河·桂家河	2.46	2 854	黏土斜墙堆石坝	440	25	以灌溉为主，兼有防洪、供水等	贵州省安顺市镇宁县丁旗镇桂家村
22	8.1.34.2.1	猛坑水库	红水河·濛江·摆所河	0.86	1 339	浆砌石拱坝	122	46.0	灌溉、防洪、旅游、供水	贵州省长顺县新寨乡
23	8.1.35.2.1	龙塘水库	红水河·牛河·曹渡河	2.06	3 220	重力坝	180.5	34.0	发电、旅游	贵州省平塘县通州镇
24	8.1.38	龙滩水库	红水河	535	2 730 000	碾压混凝土重力坝	849.44	216.5	发电为主，兼顾防洪、航运利用	广西壮族自治区天峨县
25	8.1.39.1	拉希水库	红水河·吾隘河·打牛河		3 224	埋石混凝土双曲拱坝	141	55.2	发电为主，兼顾防洪、灌溉、养鱼	广西壮族自治区南丹县芒场镇拉希村
26	8.1.42	岩滩水库	红水河	112.5	3 380 000	混凝土重力坝	525	110	发电为主，兼顾航运	广西壮族自治区大化县
27	8.1.44.1	达洪江水库	红水河·平治河	3.81	6 560	均质土坝	167	43.43	灌溉为主，兼顾发电	广西壮族自治区平果县榜圩镇春德村

续表

序号	条目编号	库名	所在河流	水面面积(km²)	总库容(万 m³)	主坝类型	最大坝长(m)	最大坝高(m)	功用	所在地
28	8.1.45	大化水库	红水河	4.58	81 500	混凝土重力坝	1 052	74.5	发电为主，兼顾防洪、航运、灌溉	广西壮族自治区大化瑶族自治县大化镇
29	8.1.48	百龙滩水库	红水河	4.58	34 000	碾压混凝土溢流坝	664	26	发电为主，兼顾航运	广西壮族自治区都安、马山两县交界处
30	8.1.51	乐滩水库	红水河		95 000	混凝土重力坝	586.3	63	发电为主，兼顾航运、灌溉	广西壮族自治区来宾市忻城县红渡镇
31	8.1.54.1.1	大龙洞水库	红水河·清水河·大龙洞河	8.03	15 100	土石混合堵洞坝	470	25	灌溉为主，兼顾发电、防洪、养鱼	广西壮族自治区上林县西燕镇大龙洞村
32	8.1.54.2	清平水库	红水河·清水河·沙江	3.8	9 710	均质填土坝	120	32.24	灌溉为主，兼顾防洪、发电、供水、养殖、旅游等	广西壮族自治区宾阳县新桥镇
33	8.1.56.1	三利水库	红水河·止马河	5.7	6 200	均质土坝	150	23.88	灌溉、防洪、人畜饮水、养殖	广西壮族自治区来宾市兴宾区五山乡
34	8.1.59.7.2	双江水库	双江	1.12	3 050	混凝土埋石抛物线双曲拱坝	205	63	发电为主，兼顾防洪、旅游、养殖	贵州省黎平县双江乡
35	8.1.59.7.3	四寨河水库	双江	1.39	3 830	浆砌石重力坝	193.56	40.7	发电为主，兼顾防洪、旅游、养殖	贵州省从江县
36	8.1.59.13	麻石水库	柳江	16.1	28 800	混凝土空腔坝	442.2	30.6	发电为主，兼顾通航	广西壮族自治区融水苗族自治县
37	8.1.59.14	泗维河水库	柳江·泗维河	3.03	6 710	黏土心墙土质坝	178	39.2	灌溉为主，兼顾发电	广西壮族自治区柳州市融安县长安镇泗朗村
38	8.1.59.16	浮石水库	柳江	19.4	45 000	混凝土重力坝	415.8	28.3	发电、航运为主，兼顾灌溉和水产养殖	广西壮族自治区柳州市融安县浮石镇
39	8.1.59.18.1	石门水库	红岭河	2.72	4 940	浆砌重力坝	36.7	49.5	灌溉为主，兼顾养鱼与供水	广西壮族自治区柳州市融安县大良镇石门村
40	8.1.59.19	古顶水库	柳江	8.87	32 500	混凝土重力坝	798	28.6	发电、航运为主，兼顾灌溉、旅游	广西壮族自治区柳州市融水苗族县和睦镇古顶村
41	8.1.59.20.1	洞坎水库	阳江·北源河		1 640	浆砌石重力坝	109.7	53.5	防洪、灌溉、发电为主，兼顾养鱼	广西壮族自治区河池市罗城仫佬族自治县龙岸镇北源村
42	8.1.59.21	大埔水库	柳江	23.17	57 800	混凝土重力坝	314.2	35.3	发电和航运为主，兼顾防洪、灌溉、供水和养鱼	广西壮族自治区柳州市柳城县大埔镇
43	8.1.59.23.6	拉浪水库	龙江	8.05	12 500	混凝土重力坝	333	40.9	发电为主，兼顾灌溉和防洪	广西壮族自治区宜州市德胜镇
44	8.1.59.23.9	土桥水库	龙江·土桥河	2.38	3 318	均质土坝	560	23.5	灌溉城市供水为主，兼顾防洪、发电	广西壮族自治区河池宜州市石别镇土桥村
45	8.1.59.23.10	洛东水库	龙江	4.8	18 500	混凝土重力坝	176.6	47	发电为主，兼顾灌溉和防洪	广西壮族自治区河池宜州市德胜镇
46	8.1.59.25	红花水库	柳江	59	300 000	均质碾压土石坝	578	48.6	发电、灌溉和航运为主，兼顾旅游和养鱼	广西壮族自治区柳州市柳江县
47	8.1.59.26.2.1	板峡水库	堡里河	3.47	8 740	混凝土砌石双曲拱坝	193	60.3	防洪、灌溉为主，兼顾发电、旅游、航运、养鱼及饮用水供应	广西壮族自治区桂林市永福县堡里乡板峡村
48	8.1.59.26.2.2	金鸡河水库	堡里河·金鸡河	2.72	3 095	混凝土心墙土坝	180	20.4	灌溉为主，兼顾防洪、发电与养鱼	广西壮族自治区桂林市永福县罗锦镇林村
49	8.1.59.28	石祥河水库	柳江河·石祥河	4.2	7 770	黏土心墙土坝	220	34.7	灌溉为主，兼顾防洪、发电、养鱼	广西壮族自治区来宾市武宣县金鸡乡大平村
50	8.1.60.1	达开水库	黔江·马来河	23.9	39 800	黏土心墙坝	330	51.5	防洪、灌溉、兼顾发电与养鱼	广西壮族自治区武宣县桐岭乡龙山雅拔屯

续表

序号	条目编号	库 名	所在河流	水面面积 (km²)	总库容 (万 m³)	主坝类型	最大坝长 (m)	最大坝高 (m)	功 用	所在地
51	8.1.61.9	百色水库	郁江	135	566 000	碾压式混凝土重力坝	720	130	防洪为主,兼顾发电、灌溉、航运、供水	广西壮族自治区百色市
52	8.1.61.10.1	澄碧河水库	澄碧河	38.8	113 000	黏土心墙和混凝土心墙结合坝	425	70.4	发电为主,兼顾灌溉、防洪、供水、旅游、养殖	广西壮族自治区百色市永乐乡南乐村那洞屯
53	8.1.61.12.1	那音水库	郁江·那音河	1.328	1 772	黏土心墙土坝	198	31.17	灌溉为主,兼顾发电、城镇供水、养鱼	广西壮族自治区百色市田阳县百峰乡那音村
54	8.1.61.13.1	百东河水库	田州河	4.11	9 192	黏土心墙土坝	346	46.5	灌溉为主,兼顾防洪、发电、养殖	广西壮族自治区百色市田阳县头塘镇百沙村
55	8.1.61.14.1	岜蒙水库	龙须河	59.2	9 228	均质土坝	1 380	19	灌溉为主,兼顾防洪、城镇供水和养殖	广西壮族自治区百色市靖西县西北部渠洋镇
56	8.1.61.14.3	龙须河水库	龙须河	2.5	3 245	均质黏土坝	92	27.46	灌溉为主,兼顾发电、城镇供水、防洪和养鱼	广西壮族自治区百色市田东县平马镇游昌村
57	8.1.61.16.1	布见水库	新圩河		4 095	黏土心墙土坝	160	28.97	灌溉为主,兼顾防洪、发电、城镇供水	广西壮族自治区百色市平果县太平镇袍烈村
58	8.1.61.18	那降水库	郁江·那降河	0.93	2 634	填土均质坝	207	47.34	防洪、灌溉和城镇供水,兼顾发电与养鱼	广西壮族自治区南宁市隆安县城厢镇宝塔村那降屯
59	8.1.61.20.1.1	仙湖水库	仙湖河	6.12	12 500	均质土坝	238	47.15	灌溉为主,兼顾防洪、乡镇供水、发电和养鱼	广西壮族自治区南宁市武鸣县仙湖镇
60	8.1.61.21.2.1	那板水库	明江	33	83 200	黏土心墙填土均质坝	313	59	防洪、灌溉和城市供水为主,兼顾发电与养殖	广西壮族自治区防城港市上思县
61	8.1.61.21.5	左江水库	左江	34.49	71 600	混凝土重力坝	177	48.8	发电为主,兼顾灌溉、航运、水产养殖和旅游	广西壮族自治区崇左市宁明县辉村和江洲区哝江村之间
62	8.1.61.21.6.1	客兰水库	客兰河	13.4	32 300	均质土坝	165	32.7	灌溉为主,兼顾防洪、发电、城镇供水、养殖	广西壮族自治区崇左市扶绥县东罗镇客兰村岜香屯
63	8.1.61.21.6.2	派关水库	客兰河·响水河	4.19	2 893	均质土坝	243	27.9	灌溉为主,兼顾防洪、乡镇供水和养殖	广西壮族自治区崇左市江州区板利乡板利村
64	8.1.61.22	天雹水库	郁江·三瀑江	0.98	1 684	均质土坝	190	32	防洪、灌溉、兼顾城镇供水、旅游和养殖	广西壮族自治区南宁市西乡塘区心圩镇
65	8.1.61.24.1	屯六水库	八尺江	19.12	22 600	塑性混凝土心墙坝	170	35.85	灌溉、防洪、兼顾发电、供水和养鱼	广西壮族自治区南宁市大塘镇、贵台镇、南晓镇
66	8.1.61.24.2	凤亭河水库	八尺江·凤亭河	23.23	50 720	塑性混凝土心墙坝	184	53.82	灌溉、防洪、兼顾发电、供水和养鱼	广西壮族自治区南宁市良庆区大塘镇和防城港市上思县公正乡、那琴乡
67	8.1.61.24.3	大王滩水库	八尺江	38	63 800	均质土坝	670	38.3	防洪、灌溉和发电、养殖、供水、旅游	广西壮族自治区南宁市良庆区那马镇
68	8.1.61.25.1	西云江水库	沙江·西云江	3.63	6 359	均质土坝	245	42.5	防洪、灌溉、兼顾供水与养殖	广西壮族自治区南宁市邕宁县五塘镇
69	8.1.61.29	西津水库	郁江	150	310 000	混凝土重力坝	833.47	41	发电为主,兼顾通航、灌溉	广西壮族自治区南宁市横县
70	8.1.61.30.1	北滩水库	蒙江河	2.89	6 500	黏土心墙土坝	95	28.42	灌溉,兼顾防洪、发电与养鱼	广西壮族自治区南宁市横县校椅镇木祥村
71	8.1.61.32.1	六兰水库	镇龙江	5.05	9 552	均质土坝	527.5	42.38	防洪、灌溉、兼顾发电与养鱼	广西壮族自治区南宁市横县校椅镇独田村
72	8.1.61.33.1	武思江水库	武思江		12 775	黏土心墙土坝	225	31.5	灌溉为主,兼顾发电	广西壮族自治区贵港市港南区木梓镇新莲村
73	8.1.61.35	仙衣滩水库	郁江	3.79	37 200	重力式混凝土闸坝	1 099.4	33	航运为主,兼顾发电、防洪、灌溉、交通	广西壮族自治区贵港市
74	8.1.61.36.1	平龙水库	鲤鱼江	11.22	12 465	黏土心墙土坝	300	28.5	灌溉为主,兼顾防洪	广西壮族自治区贵港市覃塘区蒙公乡平龙村

487

续表

序号	条目编号	库 名	所在河流	水面面积(km²)	总库容(万 m³)	主坝类型	最大坝长(m)	最大坝高(m)	功 用	所在地
75	8.1.61.40	马骝滩水库	郁江	3.4	31 900	重力式混凝土闸坝	381.42	29.8	提高天然河道通航能力,兼顾发电,以电促航	广西壮族自治区桂平市城区西南
76	8.1.62	社坡河水库	西江·社坡河		5 514	黏土心墙土坝	156	21.3	灌溉为主,兼顾发电、防洪、养鱼	广西壮族自治区桂平市东社坡镇宁明村
77	8.1.63.1.1	金田水库	浔江	4.52	6 630	浆砌石支墩坝	224	53	灌溉为主,兼顾防洪、发电	广西壮族自治区桂平市金田镇茶林村紫荆乡
78	8.1.64	田贵水库	西江·思旺河	2.15	4 887	水力冲填水坠式心墙坝	405	60.2	发电为主,兼顾养鱼	广西壮族自治区贵港市平南县国安乡田贵村
79	8.1.65	东平水库	西江·秦川河	2.06	5 740	黏土心墙外壳堆石的土石混合坝	148	56.5	灌溉为主,兼顾防洪、发电、养鱼	广西壮族自治区贵港市平南县东华乡东平村
80	8.1.66.1	六陈水库	白沙江	16.4	32 600	黏土均质土坝	345	40.62	灌溉为主,兼顾发电、防洪	广西壮族自治区贵港市平南县六陈镇新百村
81	8.1.67.1	茶山水库	蒙江·茶山河	2.33	6 300	浆砌石宽缝重力坝	206	60.2	灌溉为主,兼顾发电、防洪、养鱼及县城供水	广西壮族自治区梧州市蒙山县蒙山镇高堆村
82	8.1.67.4	大任水库	平福河·大任河	1.59	4 155	黏土心墙土坝	250	56.5	灌溉为主,兼顾防洪、发电、供水、养鱼	广西壮族自治区梧州市藤县太平镇善庆村
83	8.1.68.2	宁冲水库	北流河·石扶河	0.4	1 051	黏土心墙土坝	135	25.32	灌溉为主,兼顾防洪、城市供水、发电和养鱼	广西壮族自治区玉林市容县容州镇宁冲村
84	8.1.68.5.2	赤水水库	义昌河·赤水河	0.64	1 115	黏土防渗心墙坝	140	50.5	灌溉和城市供水,兼顾发电与养鱼	广西壮族自治区梧州岑溪市岑城镇赤水村
85	8.1.68.5.3.1	塘坪水库	糯垌河	1.3	2 413	黏土斜墙土坝	160	43.5	灌溉为主,兼顾发电和防洪	广西壮族自治区梧州岑溪市北面糯垌镇塘坪村
86	8.1.69	长洲水库	西江		560 000	混凝土重力坝	3 350	4.3	发电、航运、灌溉、养殖	广西壮族自治区梧州市长洲岛和泗化洲岛
87	8.1.71.2.1	青狮潭水库	桂江·甘棠江	28.5	60 000	混凝土刚性心墙土坝	232	62	灌溉、城市供水、防洪为主,兼顾漓江补水、发电	广西壮族自治区桂林市灵川县青狮潭镇青狮潭峡谷
88	8.1.71.6.1.1	大江水库	桂江·荔浦河·马岭河	3.37	8 140	黏土心墙多种土质坝	175	40.2	灌溉为主,兼顾防洪、养殖等	广西壮族自治区桂林市荔浦县花篢镇福灵村
89	8.1.71.7.1.1	峻山水库	桂江·恭城河·西岭河	3.12	10 370	浆砌石溢流重力坝	220	69	灌溉为主,兼顾防洪、养殖	广西壮族自治区桂林市恭城瑶族自治县西岭乡西北西塘合村
90	8.1.71.7.2	兰洞水库	桂江·恭城河·兰洞河	6.2	3 740	水泥砂浆防渗心墙土坝	122	42.8	发电为主,兼顾灌溉、防洪	广西壮族自治区恭城瑶族自治县莲花镇兰洞村
91	8.1.71.7.3.1	平口水库	桂江·恭城河·榕津河	3.35	5 960	黏土心墙多种土质坝	458	33.9	灌溉为主,兼顾发电、养鱼	广西壮族自治区桂林市平乐县阳安乡平口村
92	8.1.71.8	昭平水库	桂江	7.65	12 200	混凝土重力坝	189.5	39.5	发电为主,兼顾航运和灌溉	广西壮族自治区贺州市昭平县
93	8.1.71.9.1	花山河水库	桂江·思勤江·花山河	1.78	4 349	亚黏土心墙砂壳坝	234	49.5	灌溉为主,兼顾防洪、发电	广西壮族自治区贺州市钟山县花山瑶族乡
94	8.1.71.9.2.1	龙潭水库	桂江·思勤江·珊瑚河	1.76	3 455	黏土心墙土坝	120	35.8	灌溉为主,兼顾防洪、供水	广西壮族自治区贺州市钟山县东南部珊瑚镇
95	8.1.71.11	京南水库	桂江	11.6	24 300	混凝土重力坝	443	33.2	发电为主,兼顾灌溉、养殖和旅游	广西壮族自治区梧州市苍梧县京南镇
96	8.1.72.1	龟石水库	西江·贺江	50	59 500	浆砌石重力坝	310	42.7	灌溉为主,兼顾发电、防洪、养殖、供水	广西壮族自治区贺州市钟山镇龟石村
97	8.1.72.4	合面狮水库	西江·贺江	17.9	29 600	混凝土宽缝重力坝	190	54.5	发电为主,兼顾灌溉、航运	广西壮族自治区贺州市八步区信都镇水口村
98	8.1.72.7.1.1	爽岛水库	西江·贺江·东安江·大平河	10.31	21 200	混凝土双曲拱坝	151.4	61	发电为主,兼顾防洪、灌溉、养鱼和旅游	广西壮族自治区梧州市苍梧县梨埠镇旺湾村

续表

序号	条目编号	库 名	所在河流	水面面积（km²）	总库容（万 m³）	主坝类型	最大坝长（m）	最大坝高（m）	功 用	所在地
99	8.1.74.2	罗光水库	西江·罗定江·新榕河	1.3	3 150	碾压式均质土坝	205	53.58	灌溉、防洪、发电	广东省罗定市分界镇
100	8.1.74.3	金银河水库	西江·罗定江·金银坑	0.256	4 148	均质土坝	368	54.5	灌溉、防洪、发电	广东省罗定市生江镇碗窑村
101	8.1.78.1	合河水库	西江·新兴江	0.34	9 470	均质土坝	245	55.6	灌溉、防洪、发电、养殖	广东省新兴县大江镇
102	8.1.78.2.1	共成水库	西江·新兴江·共成河	3.9	5 082	均质土坝	400	36	防洪、灌溉、发电、养殖	广东省新兴县太平镇
103	8.1.81	九坑河水库	西江·九坑河	2.5	3 845	黏土斜墙坝	200	38	防洪、发电、灌溉、供水、养鱼、旅游	广东省肇庆市鼎湖区凤凰镇
104	8.2.1	孔江水库	北江	6.34	6 943	均质土坝	260	27.94	灌溉、防洪、发电	广东省南雄市孔江镇鸭子口村
105	8.2.5.1	锦江水库	北江·锦江	915.6	18 900	碾压混凝土坝、钢筋混凝土心墙堆石坝	229	62.45	发电、防洪、灌溉	广东省仁化县仁化镇
106	8.2.6.1	小坑水库	北江·枫湾河	3.5	11 300	均质土坝	104	50.3	防洪、灌溉、发电、供水	广东省区韶关市曲江区
107	8.2.7.1	长河水库	北江·武水	2	3 388	均质土坝	144	45	灌溉、防洪、发电、养殖、供水	湖南省临武县花塘乡
108	8.2.7.9	西牛潭水库	北江·武水·下陂水		4 389	均质土坝	195	19.2	灌溉、防洪、发电、养殖	广东省韶关市浈江区
109	8.2.8	孟洲坝水库	北江		20 400	重力坝、土坝	491	33	发电、航运	广东省韶关市武江区
110	8.2.9.1	泉水水库	北江·南水	0.875	2 160	混凝土双曲率薄拱坝	209	80	发电、防洪	广东省乳源县洛阳乡
111	8.2.9.2	南水水库	北江·南水	38.01	128 400	黏土斜墙堆石坝	215	80.2	发电、防洪、灌溉	广东省乳源县龙南镇
112	8.2.11	濛里水库	北江		18 100	均质土坝	467	9	发电、航运	广东省韶关市曲江区乌石镇韶关电厂上游约1.5千米处
113	8.2.12	罗坑水库	北江·樟市水	3.72	6 029	均质土坝	240	52.4	防洪、灌溉、供水、发电、养殖	广东省韶关市曲江区罗坑镇
114	8.2.13	白石窑水库	北江		40 600	均质土坝	1 092	30.1	发电、航运、养殖、旅游	广东省英德市坑口
115	8.2.14.5	空子水库	北江·瀍江·大镇水	0.96	3 480	浆砌石重力坝	93.6		灌溉、防洪、养殖	广东省英德市大镇镇
116	8.2.14.7	长湖水库	北江·瀍江	7.17	15 498	混凝土重力坝	181	54	防洪、灌溉、发电	广东省英德市大站镇
117	8.2.15.1	潭岭水库	连江	9.96	17 650	混凝土重力坝	156.5	47	灌溉、防洪、发电、供水	广东省连州市星子镇
118	8.2.16	飞来峡水库	北江	70.3	190 400	混凝土溢流坝	2 883	52.3	防洪、航运、发电、养殖、供水、旅游	广东省清新县飞来峡镇
119	8.2.18.1	龙须带水库	北江·滨江·黄洞水	5.6	8 845	黏土斜心墙土石混合坝	210	75	防洪、发电、灌溉、旅游	广东省清新县浸潭、桃源两镇
120	8.2.19.1	迎咀水库	北江·源潭河·迎咀河	4.4	7 265	土石混合坝	209	39.24	防洪、灌溉、供水、发电	广东省清远市新市区
121	8.2.19.2	银盏水库	北江·源潭河·银盏河	1.6	3 082	土石混合坝	280	41.67	防洪、灌溉、供水、发电	广东省清远市清城区
122	8.2.21.1.1	下竹水库	北江·绥江·马宁水	2.26	5 390	浆砌石重力挡水坝	130	51	灌溉、防洪、发电	广东省怀集县蓝中镇下竹村
123	8.2.21.5.1	江谷水库	北江·绥江·龙江河	3.4	7 031	均质土坝	320	40.5	灌溉、防洪、发电、养殖	广东省四会市江林镇
124	8.3.2	斗晏水库	东江	5.134	9 820	钢筋混凝土防渗面板堆石坝	200.53	53	发电、防洪、灌溉	江西省寻乌县龙廷乡斗晏村
125	8.3.4.1	礼亨水库	东江·定南水·下历水		3 910	混凝土防渗心墙土坝	165	30	供水、防洪、发电、养殖	江西省定南县历市镇中砂村
126	8.3.5	枫树坝水库	东江	52.4	193 200	混凝土重力坝	399	95.4	航运、发电、防洪	广东省龙川县赤光镇梅光村
127	8.3.9.4	新丰江水库	东江·新丰江	365	1 389 600	混凝土重力坝	440	105	发电、防洪、灌溉、航运、供水、养殖、压咸、旅游	广东省河源市亚婆山峡谷

续表

序号	条目编号	库　名	所在河流	水面面积(km²)	总库容(万 m³)	主坝类型	最大坝长(m)	最大坝高(m)	功　用	所在地
128	8.3.13.1	黄山洞水库	东江·公庄河·大液河	1.852	3 143	黏土心墙坝	180	36.6	灌溉、防洪、发电、供水、养殖	广东省博罗县石坝镇
129	8.3.14.1	白盆珠水库	东江·西枝江	39.7	122 000	混凝土重力坝	240	66.2	防洪、供水、发电、灌溉、航运	广东省惠东县新庵盆地
130	8.3.16	稿树下水库	东江·稿树下水	1.41	3 096	均质土坝	260	42.5	防洪、灌溉、供水、发电、养殖	广东省博罗县罗阳镇
131	8.4.1.2.1	四堡水库	珠江三角洲·西江·沙坪河·龙口河	1.95	3 340	均质土坝	123	36.2	灌溉、防洪、发电	广东省鹤山市沙坪镇
132	8.4.1.4.3.1	长江水库	珠江三角洲·西江·官花河	4.25	5 040	均质土坝	330	20.03	防洪、灌溉、供水、发电、生态效益	广东省中山市长江乡
133	8.4.1.9	大镜山水库	珠江三角洲·大境山溪	1.34	1 210				调咸、蓄水、防洪和供水	广东省珠海市香洲区
134	8.4.2.8.1	流溪河水库	珠江三角洲·北江·流溪河	14.9	38 700	混凝土双曲率单拱坝	255.5	78	防洪、供水、发电	广东省从化市良口镇小车狭谷
135	8.4.2.8.2	黄龙带水库	流溪河·汾田水	4.82	9 400	混凝土	181	61	灌溉、防洪、发电	广东省从化市良口镇胜塘村
136	8.4.3.1.1.1	同沙水库	东江·寒溪水·黄沙水	7	6 220	均质土坝	907		防洪、蓄洪、生态改善	广东省东莞市东城区同沙村
137	8.4.3.1.3.1	横岗水库	东江·厚街水道·支流	4.97	3 280	均质土坝	343	16.2	灌溉、防洪、供水、旅游	广东省东莞市厚街镇环岗村
138	8.4.3.2.1	显岗水库	珠江三角洲·东江·沙河	14.3	13 829	均质土坝	475.8	19.6	灌溉、防洪、发电、供水、养殖	广东省博罗县湖镇镇
139	8.4.3.2.2	联和水库	珠江三角洲·东江·沙河·支流	3.4	8 216	均质土坝	330	46.5	防洪、灌溉、发电、供水	广东省博罗县福田镇石巷村
140	8.4.3.3.1	天堂山水库	珠江三角洲·东江·增江	9.25	24 300	混凝土三圆心双曲率拱坝	287	70	防洪、供水、发电、旅游、养殖	广东省惠州市龙门县
141	8.4.4.1	锦江水库	珠江三角洲·潭江	18.3	41 800	浆砌石重力坝	345	63	灌溉、发电、养殖、航运	广东省恩平市大田镇
142	8.4.4.2	宝鸭仔水库	潭江·莲塘水·支流	3.49	3 300	均质土坝	143	22.3	灌溉、防洪、供水、发电、养殖	广东省恩平市沙湖镇
143	8.4.4.3	西坑水库	潭江·莲塘水	3.92	6 756	均质土坝	286	42.75	灌溉、防洪	广东省恩平市牛江镇
144	8.4.4.4.1	狮山水库	潭江·白沙水	4.5	4 647	均质土坝	450	26.3	灌溉、防洪、供水、发电、养鱼	广东省开平市南部
145	8.4.4.5.1	镇海水库	潭江·镇海水·侨乡水	11	11 400	均质土坝	163.5	23.1	灌溉、防洪、发电、养鱼	广东省开平市双合镇
146	8.4.4.5.2.1	大沙河水库	潭江·镇海水·大沙河	26	25 800	均质土坝	201	24	灌溉、供水、防洪、发电、养鱼	广东省开平市大沙镇
147	8.4.6.1	深圳水库	珠江三角洲·深圳河	4.108	4 559	均质土坝	630	24.5	供水、防洪、发电、旅游	广东省深圳市罗湖区
148	8.4.7	西丽水库	珠江三角洲·大沙河		3 239	均质土坝	486	21.7	供水、防洪、灌溉	广东省深圳市南山区
149	8.4.8	铁岗水库	珠江三角洲·西乡河	7.85	8 322	混凝土防渗墙均质土坝	320	21.6	防洪、供水、养殖	广东省深圳市宝安区
150	8.4.9	船湾淡水湖	香港		23 000		2 100		供水、观光	香港特别行政区新界大埔区
151	8.4.10	万宜水库	香港		28 000		823.3	116	供水、观光	香港特别行政区新界西贡区
152	7.11.1.3.1	益塘水库	韩江·梅江·五华河·潭下河	9.725	16 479	碾压式均质坝	270	42	防洪、灌溉、发电、养殖	广东省五华县转水镇益塘村
153	7.11.1.4.1	合水水库	韩江·梅江·宁江	6.46	11 469	黏土均质坝	590	21	防洪、灌溉、发电、供水、旅游	广东省兴宁市兴城镇
154	7.11.1.5.1	梅西水库	韩江·梅江·程江	5	5 100	均质土坝	150	27.6	防洪、灌溉、供水、发电	广东省梅县上官塘村

490

续表

序号	条目编号	库 名	所在河流	水面面积(km²)	总库容(万 m³)	主坝类型	最大坝长(m)	最大坝高(m)	功 用	所在地
155	7.11.1.6.2	长潭水库	韩江·梅江·石窟河	6	17 200	混凝土重力坝、空腹重力坝	210	71.3	发电、防洪、灌溉、航运	广东省蕉岭县长潭峡谷
156	7.11.1.6.3.1	黄田水库	韩江·梅江·石窟河·柚树河	1.67	5 230	均质土坝	400	46	防洪、灌溉、供水、发电、养鱼、旅游	广东省平远县河头镇黄田村
157	7.11.1.7	丹竹水库	韩江·梅江		15 600	均质土坝		33	发电、航运	广东省梅县松南镇单竹窝
158	7.11.1.9	蓬辣滩水库	韩江·梅江		13 200	均质土坝	6 128		发电、防洪、航运、养殖	广东省大埔县三河镇杨桃坪村
159	7.11.2.1.1	陂下水库	韩江·汀江·濯田河·梅溪	2.68	5 887	砌石双曲拱坝	195	52.1	灌溉、防洪、发电	福建省长汀县四都镇
160	7.11.2.3	金山水库	韩江·汀江	4.95	5 500	混凝土重力坝	189	39.5	发电、通航、水产养殖、旅游	福建省上杭县旧县乡迳美村
161	7.11.2.6	棉花滩水库	韩江·汀江	63.22	20.35×10⁴	碾压混凝土重力坝	300	111	发电、防洪	福建省永定县汀江干流棉花滩峡谷河段中部的福至亭处
162	7.11.2.9.1	双溪水库	韩江·汀江·梅潭河		9 460	碾压混凝土重力坝	220.6	52.2	发电、防洪、灌溉、供水	广东省大埔县双溪河套首部寺里角里村
163	7.12.1.1	汤溪水库	黄冈河	18.79	38 100	均质土坝	452	43	防洪、灌溉、供水、发电、养殖	广东省饶平县汤溪镇
164	7.12.2.1	横江水库	榕江·横江水	1.85	7 043	均质土坝	300	45	灌溉、防洪、发电	广东省揭西县横江村
165	7.12.2.2.1	龙颈水库	榕江·五经富水	1.85	16 645	土石混合坝	266	57.2	灌溉、防洪、发电	广东省揭西县五经富镇
166	7.12.2.3.1	新西河水库	榕江·北河·新西河	2.978	5 958	黏土斜墙坝	450	37	供水、灌溉、防洪	广东省揭东县新西河村
167	7.12.3	河溪水库	河溪水		1 748	碾压式均质坝	982	34.5	防洪、灌溉、发电	广东省汕头市潮阳区河溪镇的鹅槽峡谷处
168	7.12.4.1	红场水库	练江·秋风水		1 936	均质土坝	250	39	发电、灌溉	广东省汕头市潮南区
169	7.12.4.2	秋风岭水库	练江·秋风水		6 903	均质土坝	1 689	27	防洪、灌溉、供水、发电	广东省汕头市潮南区境内大南山北麓
170	7.12.4.3	大龙溪二级水库	练江·龙溪水		3 056	均质土坝	254	48.5	防洪、灌溉、供水、发电	广东省汕头市潮南区陇田镇乌石部村
171	7.12.5.1	龙潭水库	龙江	7.2	10 589	均质土坝	250	41	灌溉、防洪、供水	广东省陆丰市陂洋镇
172	7.12.5.2	石榴潭水库	龙江·罗溪水	6.79	11 080	均质土坝	438	41	灌溉、防洪、供水、发电	广东省惠来县石榴潭村
173	7.12.8.1	南告水库	螺河	3.25	7 870	浆砌石重力坝	240	78	发电、灌溉	广东省陆河县均ანი溪
174	7.12.9.1	公平水库	黄江	36.1	32 200	均质土坝	2 064	20.5	防洪、灌溉、发电、供水	广东省海丰县公平墟
175	7.12.9.2	青年水库	黄江·小液河	6.1	10 589	均质土坝	452	27	灌溉、防洪、发电、供水、养殖	广东省海丰县郊
176	7.12.11.1	大隆洞水库	大隆洞河	15.82	29 640	均质土坝	441	39.2	灌溉、防洪为主,发电、养鱼	广东省台山市端芬镇
177	7.12.13.1.1	大河水库	漠阳江·西山河	13.6	33 200	钢筋混凝土面板堆石坝	240	69.5	防洪、发电、灌溉、供水、航运	广东省阳春市圭岗镇那柳村
178	7.12.13.1.2	北河水库	漠阳江·西山河·那座河		5 700	均质土坝	180	43.4	灌溉、防洪、发电、养殖	广东省阳春市北部松柏镇
179	7.12.13.3.1	东湖水库	漠阳江·那龙河	7.5	12 223	均质土坝	130	30.3	灌溉、防洪、发电、养殖、旅游	广东省江阳市阳东县那龙镇
180	7.12.15.1	陂底水库	儒洞河		3 864	均质土坝	550	21.4	灌溉、供水、防洪	广东省阳西县沉窟尾村
181	7.12.16.1	尚文水库	鉴江·支鸦河	2.32	3 189	均质土坝	280	28.1	灌溉、发电	广东省信宜市东镇街道尚文居委会礼坑口
182	7.12.16.3.1	高州水库	鉴江·大井河和曹江	42.6、21.06	115 000	黏土斜墙复式坝	320、775	43.2、52.7	工业、农业、灌溉、防洪、发电、养殖	广东省高州市长坡镇、东岸镇

续表

序号	条目编号	库名	所在河流	水面面积 (km^2)	总库容 (万 m^3)	主坝类型	最大坝长 (m)	最大坝高 (m)	功用	所在地
183	7.12.17.1	罗坑水库	袂花江	5.282	11 375	浆砌石坝	210	35	防洪、灌溉、供水、发电、养鱼	广东省茂名市电白县罗坑镇
184	7.12.17.2	黄沙水库	袂花江·合水河		4 731	均质土坝	375	38	灌溉、防洪、发电、养殖	广东省茂名市电白县沙琅镇大历乡黄沙村
185	7.12.22	大水桥水库	大水桥河	7.34	15 490	均质土坝	2 814	27.1	防洪、灌溉、城市供水、发电、水产养殖	广东省徐闻县城东北郊
186	7.12.26.1	鹤地水库	九洲江		114 400	均质土坝	885	29.25	防洪、灌溉、城市供水、航运、发电、水产养殖、旅游	广东省廉江市河唇镇鹤地村
187	7.12.26.2	武陵水库	九洲江·武陵河	12.5	9 740	均质土坝	186	21.4	灌溉、防洪、发电、水产养殖	广东省廉江市和寮镇
188	7.12.26.3.1	长青水库	九洲江·沙铲河	11.8、2.9	14 640	均质土坝	300、800	23、18.5	灌溉、防洪、发电、供水、养殖	广东省廉江市长山镇
189	7.12.28.1	老虎头水库	白沙河	8.41	12 500	黏土心墙土坝	360	36.3	灌溉,防洪、发电、城镇供水	广西壮族自治区玉林市博白县沙陂镇那新村
190	7.12.29	牛尾岭水库	独流入海的三合江	4.12	2 550	均质土坝	570	19.2	防洪、灌溉为主,兼顾发电和养殖	广西壮族自治区北海市银海区高德镇
191	7.12.30.1	大容山水库	桂南沿海诸河·南流江·清湾江	0.89	2 124	均质土坝	420	57	发电为主,兼顾防洪、灌溉、供玉林城区用水	广西壮族自治区玉林北流市大里镇高垌村
192	7.12.30.2	苏烟水库	桂南沿海诸河·南流江·清湾江·邓江	1.174	1 863	黏土心墙坝	260	33.6	灌溉和城市供水,兼顾防洪与发电	广西壮族自治区玉林市玉州区大塘镇苏烟村
193	7.12.30.3.1	江口水库	桂南沿海诸河·南流江·定川江·平威江	1	1 902	均质土坝	110	28.5	灌溉为主,兼顾发电、防洪、养鱼	广西壮族自治区玉林市福绵区成均镇
194	7.12.30.5	罗田水库	桂南沿海诸河·南流江·旺老江	2.12	3 976	黏土心墙坝	210.1	43	灌溉为主,兼顾发电、养鱼、防洪	广西壮族自治区玉林市福绵区樟木镇罗田村
195	7.12.30.6.1	火甲水库	桂南沿海诸河·南流江·合浦·东平河·莲塘河	3.58	5 936	均质土坝	145	39	灌溉为主,兼顾防洪与发电	广西壮族自治区玉林市博白县东平镇火甲村
196	7.12.30.7.1	小江水库	南流江·马江	67.9	102 500	均质土坝	890	41.2	灌溉为主,兼顾防洪、发电、城市供水、航运和淡水养殖	广西壮族自治区玉林市博白县菱角镇与钦州市浦北县安石镇交汇处
197	7.12.30.8	旺盛江水库	南流江·旺盛江	18.88	15 040	均质土坝	288	22.9	灌溉为主,兼顾防洪、供水和养殖	广西壮族自治区钦州市浦北县石埇镇旺盛江村
198	7.12.30.11	清水江水库	南流江·清水江	6.21	7 120	均质土坝	534	21.72	灌溉为主,兼顾供水、发电、养殖等	广西壮族自治区北海市合浦县廉州镇
199	7.12.30.12.1	洪潮江水库	南流江·洪潮江	66.3	71 400	混凝土心墙坝	345	25	灌溉为主,兼顾防洪、发电、旅游、供水	广西壮族自治区北海市合浦县星岛湖乡
200	7.12.32	金窝水库	桂南独流入海·金窝江	7.28	7 900	浆砌石、堆石混合坝	249.3	26.5	向钦州港和钦州临海工业园供水为主,兼顾灌溉、防洪	广西壮族自治区钦州市钦南区犀牛脚镇
201	7.12.33.1	灵东水库	桂南独流入海钦江鸣珂江	7.15	17 900	均质土坝	1 824	30.6	防洪、灌溉为主,兼顾发电、供水、养殖和旅游	广西壮族自治区钦州市灵山县佛之镇
202	7.12.34.1	石梯水库	桂南独流入海·茅岭江·石梯江	2.27	4 683	黏心墙坝	120	35.5	防洪、灌溉为主,兼顾发电、养鱼和乡镇供水	广西壮族自治区钦州市钦北区板城镇
203	7.12.35.1	小峰水库	桂南独流入海·防城河·电六江	6.06	10 320	混凝土心墙坝	378	42.5	灌溉为主,兼顾防洪、发电、城市供水	广西壮族自治区防城港市防城区那勤乡
204	7.12.36	东兴水库	桂南独流入海·江平江	8.2	5 787	均质土坝	442	25.96	防洪、灌溉为主,兼顾发电和供水	广西壮族自治区防城港市东兴市东兴镇
205	7.13.1	福庆水库	元江·西河·麻姑冲河	2.85	2 540	黏土斜墙坝	540	32.0	灌溉、供水	云南省大理白族自治州巍山县大仓镇

续表

序号	条目编号	库 名	所在河流	水面面积（km²）	总库容（万 m³）	主坝类型	最大坝长（m）	最大坝高（m）	功 用	所在地
206	7.13.8	黄草坝水库	元江·挖窑河	1.79	3 460	风化料分区坝	226	59.2	灌溉为主,兼顾防洪、发电、供水	云南省新平县建兴乡黄草坝村
207	7.13.10.1	化念水库	元江·小河底河	3.27	1 967	黏土心墙坝	185	44.2	灌溉、防洪、发电	云南省峨山县化念镇
208	7.13.14.1	庄寨水库	元江·南溪河	0.96	1 440	均质土坝	300	27.0	防洪、灌溉、城镇供水	云南省红河蒙自县芷村镇
209	7.13.14.3	五里冲水库	元江·南溪河·工农大沟		7 949	混凝土面板砌石堤	61	23	灌溉、供水	云南省红河州蒙自县期路白乡
210	7.13.16.1	丰收水库	红河·盘龙河	4.68	3 575	均质土坝	1 269.7	11.9	灌溉、防洪、供水	云南省文山州砚山县平远镇
211	7.13.16.2	稼依水库	红河·盘龙河	10.46	2 091	均质土坝	358	13.9	防洪、灌溉、供水	云南省文山州砚山县稼依镇
212	7.13.16.5	马鹿塘水库	红河·盘龙河		50 660	混凝土面板堆石坝	514	149	发电	云南省文山州麻栗坡县境内
213	9.2.1.1	松涛水库	南渡江	130	334 500	碾压式均质土坝	730	80.1	灌溉为主,兼顾发电、防洪、供水、养殖、旅游	海南省儋州市亲足口
214	9.2.1.2.1	南扶水库	南渡江·龙州河·同仁河	14.66	9 162	均质土坝	230	25	灌溉为主,兼顾防洪、供水、养殖、旅游	海南省定安县雷鸣镇与龙门镇之间
215	9.2.2	福山水库	独流入海的花场河	6.65	6 800	水中填土均质坝	1 482	31	灌溉为主,兼顾发电、养殖	海南省澄迈县福山镇
216	9.2.3	龙虎山水库	独流入海的文教河	8.65	4 830	均质土坝	650	14.3	灌溉为主,兼顾防洪、发电	海南省文昌市公坡镇龙头村
217	9.2.4.1	牛路岭水库	万泉河	29.3	77 800	混凝土空腹重力坝	341.2	90.5	灌溉为主,兼顾防洪、发电、养鱼	海南省琼海市会山乡
218	9.2.5.1	万宁水库	太阳河	20.9	15 200	均质土坝	860	19.35	灌溉为主,兼顾防洪、发电、供水、养鱼	海南省万宁市长丰镇
219	9.2.6.1	小妹水库	陵水河·都总河	3.28	4 900	均质土坝	280	40.5	灌溉为主,兼顾防洪、发电	海南省陵水县小妹村
220	9.2.7.1	赤田水库	藤桥河·藤桥西河	6.06	7 710	均质土坝	160.7	30.38	供水为主,兼顾防洪、灌溉	海南省三亚市海棠湾镇
221	9.2.8.1	大隆水库	宁远河	14.83	46 800	碾压土坝	535.0	65.5	防洪、供水、灌溉为主,结合发电	海南省三亚市南滨农场
222	9.2.9.1	长茅水库	望楼河	10.75	14 210	均质土坝	380	36.5	灌溉为主,兼顾防洪、发电、养鱼	海南省乐东县千家镇
223	9.2.9.2	石门水库	望楼河	2.66	6 450	浆砌石重力坝	217	24	灌溉为主,兼顾防洪、发电、养鱼	海南省乐东县九所镇盗公村
224	9.2.10	陀兴水库	感恩河		9 900	土石混合坝	370	21.0	灌溉为主,兼顾防洪、发电、养鱼	海南省东方市感城镇
225	9.2.11	高坡岭水库	罗带河		6 790	均质土坝	1 830	26	灌溉、供水为主,兼顾防洪、发电、养殖	海南省东方市八所镇
226	9.2.12.2	大广坝水库	昌化江	99	171 000	混凝土重力坝	739	57	灌溉为主,兼顾发电、防洪、供水、养鱼	海南省东方市东河镇
227	9.2.12.3.1	石碌水库	昌化江·石碌河	10	14 113	均质土坝	622.4	35	灌溉为主,兼顾供水、防洪、发电、养殖	海南省昌江县石碌镇
228	9.2.13.1	珠碧江水库	珠碧江	3.43	5 920	均质土坝	470	25	灌溉为主,兼顾防洪、发电、养鱼	海南省白沙县邦溪镇留眼村
229	9.2.14	春江水库	春江	8.3	5 500	河床浆砌石溢流坝	1 564	19.08	灌溉为主,兼顾防洪、养鱼、供水	海南省儋州市王五镇
230	9.2.15.1	沙河水库	北门江	5.39	6 360	均质土坝	360	27	灌溉为主,兼顾防洪、发电、养鱼	海南省儋州市

附表四　　珠江卷灌溉面积在 2 万公顷以上的灌区一览表

序号	灌区名称	水　　源	灌溉面积（万公顷）	建成时间	受益地区	备　注
1	合浦水库灌区		4.67(2.71)	1964 年 8 月		
2	青狮潭灌区	青狮潭水库	2.79(2.63)	1958 年 5 月		
3	达开水库灌区		3.48(2.35)	1965 年 8 月		
4	武思江灌区		2.4(1.72)	1969 年		
5	洪潮江水库灌区		2.02(1.11)			
6	龟石灌区		2.03(1.55)			
7	峻山灌区		2.08(1.03)			
8	五化灌区		3.94(2.71)			
9	钦灵灌区		2.27(2.10)			
10	右江灌区		2.17(1.56)			
11	六陈灌区		2.04(1.71)			
12	曲靖灌区	南盘江、花山水库、白浪水库、西河水库、潇湘水库、响水坝水库、水城水库、莲花田水库、板桥水库、永清水库、麦子河水库等	5.626(4.288)	1996 年开工，规划 2015 年建成	曲靖市陆良县、沾益县、麒麟区	
13	蒙开个灌区	五里冲水库、菲白水库、长桥海水库、大屯海水库、南洞暗河、大庄河等	3.310(2.443)	1998 年开工，规划 2010 年建成	红河州蒙自县、开远市、个旧	
14	平远灌区	丰收水库、稼依水库、回龙坝水库等	2.147(2.047)	2001 年开工，规划 2015 年建成	文山州邱北县	
15	邱北灌区	北门河、红旗水库、宾家水库等	2.100(2.039)	2001 年开工，规划 2015 年建成	文山州邱北县	
16	鹤地水库——青年运河灌区	鹤地水库	8.466	1959 年 9 月	廉江、遂溪、海康、吴川、化州	
17	高州水库灌区	良德水库、石骨水库	7.847	1962 年		
18	流溪河水库灌区		2.17	1959 年		
19	松涛灌区	松涛水库	13.667	1967 年	儋县、临高、澄迈、琼山、海口	

索 引
Index

条题汉字笔画索引

一画

一街河 … 409

二画

七拱河 … 244
七星河 … 416
八中河 … 128
八尺江 … 160
八布河 … 432
八道河 … 51
九龙河 … 36
九龙河 … 201
九坑河水库 … 218
九洲江 … 382
刁江 … 79

三画

三门河 … 100
三江河 … 243
三利水库 … 86
三枝香水道 … 302
三家河 … 428
三街河 … 410
土卡河 … 426
土桥水库 … 115
下小河 … 185
下竹水库 … 252
下雷河 … 155
大广坝水库 … 456
大王滩水库 … 162
大井河 … 372
大屯海 … 27
大化水库 … 77
大风江 … 397
大水桥水库 … 380
大龙洞水库 … 84
大龙洞河 … 83
大龙溪二级水库 … 355
大平河 … 209
大田河 … 58
大宁河 … 206
大寺江 … 401

大同江 … 178
大年河 … 97
大任水库 … 178
大江水库 … 194
大坝河 … 386
大沙河水库 … 318
大环江 … 112
大拉河 … 73
大河水库 … 366
大迳水 … 215
大洋河 … 170
大埔水库 … 107
大桥河 … 116
大桥河 … 416
大席河 … 267
大容山水库 … 391
大涩河 … 184
大梁子河 … 432
大隆水库 … 451
大隆洞水库 … 361
大隆洞河 … 361
大湟江 … 172
大滩河 … 207
大镜山水库 … 290
万宁水库 … 447
万宜水库 … 324
万泉河 … 443
口江河 … 96
义昌江 … 183
飞来峡水库 … 246
小七孔河 … 111
小江 … 31
小江水库 … 394
小坑水库 … 227
小环江 … 113
小河 … 217
小河底河 … 415
小妹水库 … 449
小峰水库 … 402
小黄泥河 … 37
小黑江 … 426
小榄水道 … 285
马龙河 … 410
马宁水 … 252
马圩河 … 214
马场河 … 91

马江 … 393
马坝河 … 235
马来河 … 123
马别河 … 39
马尾河 … 206
马岭河 … 194
马峦河 … 164
马鹿塘水库 … 431
马骝滩水库 … 170

四画

丰收水库 … 430
丰良河 … 346
王二河水库 … 56
开平水 … 318
天生桥一级水库 … 42
天生桥二级水库 … 43
天堂山水库 … 311
天等河 … 140
天雹水库 … 160
元江 … 404
木浪河 … 41
木浪河水库 … 41
五华河 … 330
五里冲水库 … 419
五郎沟河 … 416
五经富水 … 351
太平水库 … 29
太阳河 … 447
屯六水库 … 161
瓦拖河 … 413
瓦塘江 … 168
止马河 … 86
中和营河 … 30
中堂水道 … 306
贝江 … 103
贝墩水 … 264
牛尾岭水库 … 387
牛河 … 66
牛街河 … 35
牛路岭水库 … 445
长乐水 … 230
长江水库 … 286
长青水库 … 385
长茅水库 … 452

495

长河水库 229	石马河 276	北仑河入海水道 403
长洲水库 185	石板沙水道 288	北江 219
长桥海 27	石祥河水库 122	北江干流水道 291
长湖水库 240	石梯水库 400	北河 352
长潭水库 336	石碌水库 457	北河水库 366
仁寿河 80	石碌河 456	北界河 371
化念水库 415	石窟河 334	北流河 179
公平水库 359	石榴河 121	北盘江 46
公庄河 270	石榴潭水库 356	北滩水库 165
公安河 151	布见水库 138	旧县河 342
月亮河 53	布龙河 424	田头水 231
丹竹水库 337	布柳河 70	田贵水库 174
乌坎河 357	龙门河 380	田洲河 135
乌图河 52	龙归水 235	田家河 193
乌都河 51	龙州河 442	四甲河 101
凤岗河 253	龙江 107	四岔河 420
凤亭河水库 161	龙江 254	四堡水库 284
凤凰河 86	龙江 355	四寨河水库 96
六兰水库 167	龙虎山水库 443	仙衣滩水库 168
六陈水库 175	龙图河 259	仙湖水库 142
六枝河 56	龙须河 136	仙湖河 141
六郎洞河 30	龙须河水库 137	白马河 29
六堡河 210	龙须带水库 249	白水河 43
文澜河 460	龙洞河 23	白石水 183
火甲水库 393	龙㴔河 14	白石河 214
斗晏水库 260	龙颈水库 351	白石窟水库 236
巴江 20	龙塘水库 69	白衣河 410
巴浪河 52	龙滩水库 71	白沙水 316
双江 95	龙潭水库 200	白沙江 174
双江水库 96	龙潭水库 356	白沙河 386
双侠河 159	平口水库 197	白坭河 300
双溪水库 346	平正河 95	白河 432
孔江水库 222	平龙水库 169	白盆珠水库 273
水口河 97	平永河 94	他郎河 424
水口河 147	平江河 93	乐民河 381
水东河 111	平甸河 416	乐里河 131
水边河 246	平治河 76	乐康河 61
水晶河 122	平洲水道 294	乐滩水库 80
	平班水库 44	兰洞水库 196
五画	平等河 100	汀江 339
	平福河 178	宁冲水库 181
玉舍水库 52	打邦河 54	宁江 332
甘竹溪 284	扒河 413	宁远河 450
甘棠江 191	东小江 114	礼亨水库 261
古水河 254	东风水库 22	永汉河 311
古竹水 270	东平水库 174	永定河 344
古顶水库 105	东兴水库 403	台村河 110
古宜河 98	东江 256	
古尝河 120	东江北干流 304	**六画**
古宾河 112	东江南支流 304	
古蓬河 81	东安江 209	老虎头水库 387
古障河 38	东陂河 243	老城河 262
古榕江 138	东班江 164	地苏河 78
可渡河 50	东海水道 285	共成水库 216
左江 143	东湖水库 367	西山河 365
左江水库 156	卡达水库 45	西云江水库 163
石门水库 105	北门江 459	西牛潭水库 233
石门水库 453	北门河 33	西江 6
石门河 120	北之江 85	西江干流入海水道 281

名称	页码	名称	页码	名称	页码
西坑水库	316	那蒙江	400	沙铲河	385
西丽水库	322	红场水库	354	沙鼻涌	298
西枝江	271	红花水库	116	宋隆水	217
西岭河	196	红岭河	104	良凤江	160
西河	119	红染河	39	良岐河	75
西河	412	红辣河	57	补党河	31
西泌河	53	驮卢河	158	社坡河水库	171
西洋江	128	驮林河	151	灵东水库	399
西津水库	165	孙览河	94	灵渠	189
西福河	312			张黄江	395
百龙滩水库	78	**七画**		阿墨江	423
百东河水库	135			陈村水道	297
百乐河	46	麦田河	14	陀兴水库	453
百合河	434	运江	121	陂下水库	342
百色水库	131	坝王河	66	陂底水库	369
百南河	434	坝兰河	425	鸡鸦水道	286
百顺水	224	坝陵河	57	鸡啼门水道	289
达马河	434	坝街河	91		
达开水库	123	坝渡河	425	**八画**	
达洪江水库	76	赤水水库	184		
光照水库	53	赤石河	361	武水	227
同沙水库	306	赤田水库	450	武利江	395
竹田河	246	花口河	30	武鸣河	140
乔连河	367	花山水库	13	武思江	167
华阳水	330	花山水库	199	武思江水库	167
华溪河	21	劳劳溪	320	武陵水库	384
向水河	155	克田河	414	青年水库	360
后航道	302	苏烟水库	391	青狮潭水库	191
合水水库	333	杆洞河	96	青莲水	244
合江	393	杞麓湖	22	青塘水	239
合河水库	216	杨柑河	381	者仙河	131
合面狮水库	207	杨梅河	181	者那河	417
多衣河	38	杨溪河	232	者利河	130
庄寨水库	419	李仙江	420	者楼河	60
庆坪河	59	李家沙水道	295	苴力河	408
亦那河	49	甫上河	103	茅岭江	399
羊架河	58	吾隘河	72	茅洲河	321
兴西湖水库	42	丽江	392	林溪河	101
江口水库	392	抚仙湖	18	板峡水库	119
江门水道	287	连平河	267	板桥河水库	29
江谷水库	254	连江	240	板墩河	152
汤池河	16	围山湖水库	41	松涛水库	441
汤溪水库	349	围底河	213	松源河	338
安墩河	273	邕蒙水库	137	枫江	352
设里河	31	佛山水道	294	枫树坝水库	263
异龙湖	25	谷拉河	129	枫湾河	226
阳江	106	岔河	431	画眉河	170
阳宗海	16	龟石水库	205	郁江	123
防城河	402	甸溪河	28	奇庚河	81
那门河	127	迎咀水库	249	奇峰河	192
那马河	129	冷水河	44	拖长江	49
那龙河	367	汪庄河	159	拉希水库	73
那乐河	77	沙江	163	拉浪水库	113
那劳河	127	沙甸河	26	虎门水道	303
那扶河	362	沙甸河	412	虎坑水道	319
那板水库	150	沙坪河	164	虎跳门水道	320
那岳河	163	沙坪河	284	尚文水库	371
那降水库	139	沙河	307	旺盛江水库	394
那音水库	135	沙河水库	459	昌化江	454
		沙浦河	107	明仕河	156

497

明江	148	南沙涌	293	珠江三角洲	277
忠信河	268	南河	84	珠碧江	458
岩滩水库	74	南河	216	珠碧江水库	458
罗凤河	166	南流江	387	都乐河	82
罗田水库	392	南洞河	408	恭城河	195
罗光水库	212	南渡江	436	莲花山水道	303
罗江	374	南渡河	379	荷麻溪	289
罗坝水	224	南溪河	417	桂江	186
罗坑水库	236	相思江	118	桂洲水道	296
罗坑水库	376	柚树河	336	桂家河	57
罗苏河	61	柏埔河	269	桂家湖水库	57
罗定江	211	柳江	87	桃兰溪	342
罗旁河	211	厚街水道	307	桃花水	253
罗镜河	212	显岗水库	308	贾龙河	15
舍资河	412	星云湖	17	柴石滩水库	14
金山水库	342	星湖	217	峪阳河	153
金田水库	173	昭平水库	198	峻山水库	196
金鸡河水库	119	贵东水	238	铁岗水库	323
金银河水库	213	思良江	202	秧坝河	45
金装水	208	思练河	85	倒运海水道	312
金窝水库	397	思勤江	198	翁吟河	65
周江水	330	响水河	37	高州水库	372
周陂水	238	响水河	433	高坡岭水库	453
鱼塘河	420	峒桂河	148	高明河	283
京舟河	68	钦江	398	斋河	432
京南水库	201	香山河	142	悦城河	214
河溪水库	353	秋风岭水库	355	益塘水库	331
泸江	23	秋香江	270	烟岭河	240
油菜河水库	55	保安水	243	凌江	222
泗纶河	213	泉水水库	234	涟江	64
泗罗河	182	狮山水库	316	浰江	264
泗南江	425	狮子洋	302	海口河	17
泗维河水库	102	独木水库	36	海南岛诸河	436
泥湾门水道	289	独洞河	97	海洲水道	287
波罗河	245	独流江	170	浮石水库	103
宝鸭仔水库	316	差干河	335	流溪河	298
定川江	391	前航道	301	流溪河水库	299
定安河	446	洪奇沥水道	295	浪溪河	102
定南水	260	洪潮江	396	容桂水道	296
宜章河	231	洪潮江水库	396	陵水河	448
空子水库	239	洞坎水库	106	通怀河	137
诗洞水	253	洞冠水	244	桑郎河	61
练江	353	派关水库	158	勐野江	423
孟洲坝水库	233	派连河	151	绥江	251
		派潭河	311		
		洛东水库	115		

九画

		洛清江	117		
春江水库	458	洋边河	368	黄山洞水库	271
珊瑚河	199	穿山河	87	黄冈河	348
城月河	379	穿洞河	70	黄龙带水库	300
茶山水库	177	客兰水库	157	黄田水库	337
茨通坝河	428	客兰河	157	黄华河	182
荔浦河	193	扁村河	134	黄江	110
南水	233	袂花江	375	黄江	359
南水水库	234	贺江	202	黄村河	264
南圣河	455			黄沙水库	376
南扶水库	442	## 十画		黄泥河	34
南告水库	358			黄草坝水库	414
南利河	433	珠江	1	黄洞河	245

十一画

黄桥水	242
黄潭河	343
梅西水库	333
梅江	327
梅江	377
梅潭河	345
曹江	373
曹渡河	69
爽岛水库	210
排调河	91
跃进水库	26
银盏水库	250
盘龙河	428
盘阳河	73
船湾淡水湖	323
船塘河	268
猪场河	40
猫营河	63
猛坑水库	64
麻石水库	101
麻沙河	54
廊田河	232
康禾河	265
鹿窝河	409
章水	231
望谟河	60
望楼河	452
清水江	32
清水江水库	396
清水河	82
清水河	414
清平水库	84
清坡河	77
渔涝河	208
淡水河	274
深圳水库	322
深圳河	321
渌水江	139
梁化河	274
谐里河	71
绿汁江	410

十二画

联和水库	309
韩江	325
棉花滩水库	343
惠州西湖	275
紫荆河	173
喳吗河	426
畴阳河	431
黑水河	153
黑龙潭水库	20
程江	333
堡里河	118

粤桂沿海诸河	347
鲁布革水库	37
鲁沟河	59
普者黑湖	33
遂溪河	377
湖光岩	378
寒溪水	305
富群河	200

十三画

瑞里河	92
塘坪水库	184
蓬辣滩水库	338
蒙江	176
蒙江河	165
楮滨河	213
榄核涌	297
摆所河	64
鉴江	369
锣圩河	143
锦江	225
锦江水库	226
锦江水库	315
新丰江	265
新丰江水库	268
新圩河	138
新西河水库	352
新会河	288
新州河	44
新兴江	215
新现河	417
新昌水	319
新街水	233
新街河	301
漠阳江	362
源潭河	249
溮江	237
滨江	248
滩营河	401
福山水库	442
福庆水库	408
福禄河	134

十四画

榕江	349
榕津河	197
獐子坝河	15
潇湘江	13
漫水河	250
漳溪	345
滴水河	122
寨蒿河	92

十五画

增江	309
蕉门水道	297
横门水道	286
横石水	239
横江水库	351
横岗水库	307
樟江	110
墨江	223
镇龙江	166
镇海水	317
镇海水库	318
稿树下水库	275
稼依水库	430
篁乡河	260
德厚河	431
鲤鱼江	169
湛江	247
潮田河	192
潭水河	366
潭江	313
潭岭水库	242
潭洲水道	293
潼湖	276
澄江	79
澄碧河	132
澄碧河水库	133
鹤地水库	383

十六画

燕洞河	75
磺桑江	136
儒洞河	368
濛江	62
濛里水库	236
濑江	139

十七画

螺河	357
螺洲溪	290
濯田河	341

十八画

鳌江	357
藤条江	426
藤桥河	449

二十画

| 糯垌河 | 184 |

条 题 外 文 索 引

A

Amo River	423
Andun River	273
Aojiang River	357

B

Babu River	432
Bachi River	160
Badao River	51
Badu River	425
Bahe River	413
Baibu River	269
Baidonghe Reservoir	135
Baihe River	432
Baihe River	434
Baile River	46
Bailongtan Reservoir	78
Baima River	29
Bainan River	434
Baini River	300
Baipenzhu Reservoir	273
Baise Reservoir	131
Baisha River	174
Baisha River	386
Baishashui River	316
Baishi River	214
Baishishui River	183
Baishiyao Reservoir	236
Baishui River	43
Baishunshui River	224
Baisuo River	64
Baiyi River	410
Bajiang River	20
Bajie River	91
Balang River	52
Balan River	425
Baling River	57
Bameng Reservoir	137
Bandun River	152
Banqiaohe Reservoir	29
Banxia Reservoir	119
Bao'anshui River	243
Baoyazai Reservoir	316
Bawang River	66
Bazhong River	128
Beidi Reservoir	369
Beidunshui River	264
Beihe Reservoir	366
Beihe River	352
Beijiang Main Stream Watercourse	291
Beijiang River	103
Beijiang River	219
Beijie River	371
Beiliu River	179
Beilun River	403
Beimen River	33
Beimen River	459
Beipan River	46
Beitan Reservoir	165
Beizhi River	85
Biancun River	134
Binjiang River	248
Boluo River	245
Budang River	31
Bujian Reservoir	138
Buliu River	70
Bulong River	424

C

Caodu River	69
Caojiang River	373
Chagan River	335
Chahe River	431
Chaishitan Reservoir	14
Changhe Reservoir	229
Changhua River	454
Changhu Reservoir	240
Changjiang Reservoir	286
Changleshui River	230
Changmao Reservoir	452
Changqiaohai Lake	27
Changqing Reservoir	385
Changtan Reservoir	336
Changzhou Reservoir	185
Chaotian River	192
Chashan Reservoir	177
Chencun Watercourse	297
Chengbihe Reservoir	133
Chengbi River	132
Chengjiang River	79
Chengjiang River	333
Chengyue River	379
Chishi River	361
Chishui Reservoir	184
Chitian Reservoir	450
Chouyang River	431
Chuandong River	70
Chuanshan River	87
Chuantang River	268
Chuanwandanshuihu Reservoir	323
Chunjiang Reservoir	458
Citongba River	428

D

Dabang River	54
Daban River	184
Daba River	386
Dafeng River	397
Daguangba Reservoir	456
Dahe Reservoir	366
Dahongjiang Reservoir	76
Dahuang River	172
Dahuan River	112
Dahua Reservoir	77
Dajiang Reservoir	194
Dajing River	372
Dajingshan Reservoir	290
Dajingshui River	215
Dakai Reservoir	123
Dala River	73
Daliangzi River	432
Dalongdong Reservoir	84
Dalongdong Reservoir	361
Dalongdong River	83
Dalongdong River	361
Dalong Reservoir	451
Dalongxi Reservoir II	355
Dama River	434
Danian River	97
Daning River	206
Danshui River	274
Danzhu Reservoir	337
Daoyunhai Watercourse	312
Daping River	209
Dapu Reservoir	107
Daqiao River	116
Daqiao River	416
Daren Reservoir	178
Darongshan Reservoir	391
Dashahe Reservoir	318
Dashuiqiao Reservoir	380
Dasi River	401
Datan River	207
Datian River	58
Datong River	178

Datunhai Lake 27	Ganzhuxi River 284	Huamei River 170
Dawangtan Reservoir 162	Gaoming River 283	Huangcaoba Reservoir 414
Daxi River 267	Gaopoling Reservoir 453	Huangcun River 264
Dayang River 170	Gaoshuxia Reservoir 275	Huangdong River 245
Dehou River 431	Gaozhou Reservoir 372	Huanggang River 348
Dianxi River 28	Gong'an River 151	Huanghua River 182
Diaojiang River 79	Gongcheng Reservoir 216	Huangjiang River 110
Dingan River 446	Gongcheng River 195	Huangjiang River 359
Dingchuan River 391	Gongping Reservoir 359	Huanglongdai Reservoir 300
Dingnanshui River 260	Gongzhuang River 270	Huangni River 34
Dishui River 122	Guangzhao Reservoir 53	Huangqiaoshui River 242
Disu River 78	Gubin River 112	Huangsang River 136
Dong'an River 209	Guchang River 120	Huangshandong Reservoir 271
Dongban River 164	Guding Reservoir 105	Huangsha Reservoir 376
Dongfeng Reservoir 22	Guidongshui River 238	Huangtan River 343
Dongguanshui River 244	Guijiahu Reservoir 57	Huangtian Reservoir 337
Donggui River 148	Guijiang River 186	Huangxiang River 260
Donghai Watercourse 285	Guijia River 57	Huanian Reservoir 415
Donghu Reservoir 367	Guishi Reservoir 205	Huashan Reservoir 199
Dongjiangbeiganliu River 304	Guizhou Watercourse 296	Huashan Reservoir 13
Dongjiangnanzhiliu River 304	Gula River 129	Huaxi River 21
Dongjiang River 256	Gupeng River 81	Huayangshui River 330
Dongkan Reservoir 106	Gurong River 138	Huguangyan Lake 378
Dongping Reservoir 174	Gushui River 254	Huizhouxihu Lake 275
Dongpi River 243	Guyi River 98	Hukeng Watercourse 319
Dongxiao River 114	Guzhang River 38	Humen Watercourse 303
Dongxing Reservoir 403	Guzhushui River 270	Huojia Reservoir 393
Douyan Reservoir 260		Hutiaomen Watercourse 320
Dudong River 97	**H**	
Dule River 82		**J**
Duliu River 170	Haikou River 17	
Dumu Reservoir 36	Haizhou Watercourse 287	Jialong River 15
Duoyi River 38	Hanjiang River 325	Jianggu Reservoir 254
	Hanxishui River 305	Jiangkou Reservoir 392
F	Hedi Reservoir 383	Jiangmen Watercourse 287
	Hehe Reservoir 216	Jianjiang River 369
Fangcheng River 402	Heilongtan Reservoir 20	Jiaomen Watercourse 297
Feilaixia Reservoir 246	Heishui River 153	Jiayi Reservoir 430
Fenggang River 253	Hejiang River 202	Jingnan Reservoir 201
Fenghuang River 86	Hejiang River 393	Jingzhou River 68
Fengjiang River 352	Hemaxi River 289	Jinjiang Reservoir 226
Fengliang River 346	Hemianshi Reservoir 207	Jinjiang Reservoir 315
Fengshou Reservoir 430	Henggang Reservoir 307	Jinjiang River 225
Fengshuba Reservoir 263	Hengjiang Reservoir 351	Jinjihe Reservoir 119
Fengtinghe Reservoir 161	Hengmen Watercourse 286	Jinshan Reservoir 342
Fengwan River 226	Hengshishui River 239	Jintian Reservoir 173
Foshan Watercourse 294	Heshui Reservoir 333	Jinwo Reservoir 397
Fulu River 134	Hexi Reservoir 353	Jinyinhe Reservoir 213
Fuqing Reservoir 408	Hongchang Reservoir 354	Jinzhuangshui River 208
Fuqun River 200	Hongchaojiang Reservoir 396	Jitimen Watercourse 289
Fushang River 103	Hongchao River 396	Jiukenghe Reservoir 218
Fushan Reservoir 442	Honghua Reservoir 116	Jiulong River 36
Fushi Reservoir 103	Hongla River 57	Jiulong River 201
Fuxian Lake 18	Hongling River 104	Jiuxian River 342
	Hongqili Watercourse 295	Jiuzhou River 382
G	Hongran River 39	Jiya Watercourse 286
	Houhangdao River 302	Juli River 408
Gandong River 96	Houjie Watercourse 307	Junshan Reservoir 196
Gantang River 191	Huakou River 30	

K

Kada Reservoir ... 45
Kaipingshui River ... 318
Kanghe River ... 265
Kedu River ... 50
Kelan Reservoir ... 157
Kelan River ... 157
Ketian River ... 414
Kongjiang Reservoir ... 222
Kongzi Reservoir ... 239
Koujiang River ... 96

L

Laijiang River ... 139
Lalang Reservoir ... 113
Landong Reservoir ... 196
Langtian River ... 232
Langxi River ... 102
Lanheyong River ... 297
Laocheng River ... 262
Laohutou Reservoir ... 387
Laolaoxi River ... 320
Laxi Reservoir ... 73
Lekang River ... 61
Leli River ... 131
Lemin River ... 381
Lengshui River ... 44
Letan Reservoir ... 80
Liangfeng River ... 160
Lianghua River ... 274
Liangqi River ... 75
Lianhe Reservoir ... 309
Lianhuashan Watercourse ... 303
Lianjiang River ... 64
Lianjiang River ... 240
Lianjiang River ... 353
Lianping River ... 267
Liheng Reservoir ... 261
Lijiang River ... 264
Lijiang River ... 392
Lijiasha Watercourse ... 295
Lingdong Reservoir ... 399
Lingjiang River ... 222
Lingqu Canal ... 189
Lingshui River ... 448
Linxi River ... 101
Lipu River ... 193
Liubao River ... 210
Liuchen Reservoir ... 175
Liujiang River ... 87
Liulangdong River ... 30
Liulan Reservoir ... 167
Liuxihe Reservoir ... 299
Liuxi River ... 298
Liuzhi River ... 56
Lixian River ... 420

Liyu River ... 169
Longdong River ... 23
Longguishui River ... 235
Longhushan Reservoir ... 443
Longjiang River ... 107
Longjiang River ... 254
Longjiang River ... 355
Longjing Reservoir ... 351
Longmen River ... 380
Longtang Reservoir ... 69
Longtang River ... 14
Longtan Reservoir ... 71
Longtan Reservoir ... 200
Longtan Reservoir ... 356
Longtu River ... 259
Longxudai Reservoir ... 249
Longxuhe Reservoir ... 137
Longxu River ... 136
Longzhou River ... 442
Lubuge Reservoir ... 37
Lugou River ... 59
Lujiang River ... 23
Luobashui River ... 224
Luoding River ... 211
Luodong Reservoir ... 115
Luofeng River ... 166
Luoguang Reservoir ... 212
Luohe River ... 357
Luojiang River ... 374
Luojing River ... 212
Luokeng Reservoir ... 236
Luokeng Reservoir ... 376
Luopang River ... 211
Luoqing River ... 117
Luosu River ... 61
Luotian Reservoir ... 392
Luoxu River ... 143
Luozhouxi River ... 290
Lushui River ... 139
Luwo River ... 409
Luzhi River ... 410

M

Maba River ... 235
Mabie River ... 39
Machang River ... 91
Maitian River ... 14
Majiang River ... 393
Malai River ... 123
Maling River ... 194
Maliutan Reservoir ... 170
Malong River ... 410
Maluan River ... 164
Malutang Reservoir ... 431
Maningshui River ... 252
Manshui River ... 250
Maoling River ... 399
Maoying River ... 63

Maozhou River ... 321
Masha River ... 54
Mashi Reservoir ... 101
Mawei River ... 206
Maxu River ... 214
Meihua River ... 375
Meijiang River ... 327
Meijiang River ... 377
Meitan River ... 345
Meixi Reservoir ... 333
Mengjiang River ... 62
Mengjiang River ... 165
Mengjiang River ... 176
Mengkeng Reservoir ... 64
Mengli Reservoir ... 236
Mengye River ... 423
Mengzhouba Reservoir ... 233
Mianhuatan Reservoir ... 343
Mingjiang River ... 148
Mingshi River ... 156
Mojiang River ... 223
Moyang River ... 362
Mulanghe Reservoir ... 41
Mulang River ... 41

N

Naban Reservoir ... 150
Nafu River ... 362
Najiang Reservoir ... 139
Nalao River ... 127
Nale River ... 77
Nalong River ... 367
Nama River ... 129
Nameng River ... 400
Namen River ... 127
Nandu River ... 379
Nandu River ... 436
Nanfu Reservoir ... 442
Nangao Reservoir ... 358
Nanhe River ... 84
Nanhe River ... 216
Nanjian River ... 408
Nanli River ... 433
Nanliu River ... 387
Nanshayong River ... 293
Nansheng River ... 455
Nanshui Reservoir ... 234
Nanshui River ... 233
Nanxi River ... 417
Nayin Reservoir ... 135
Nayue River ... 163
Ningchong Reservoir ... 181
Ningjiang River ... 332
Ningyuan River ... 450
Niuhe River ... 66
Niujie River ... 35
Niululing Reservoir ... 445
Niuweiling Reservoir ... 387

Niwanmen Watercourse ... 289	Rivers of Hainan Island ... 436	Sicha River ... 420
Nuodong River ... 184	Ronggui Watercourse ... 296	Sijia River ... 101
	Rongjiang River ... 349	Siliang River ... 202
P	Rongjin River ... 197	Silian River ... 85
	Rudong River ... 368	Silun River ... 213
Paidiao River ... 91	Ruili River ... 92	Siluo River ... 182
Paiguan Reservoir ... 158		Sinan River ... 425
Pailian River ... 151	**S**	Siqin River ... 198
Paitan River ... 311		Siweihe Reservoir ... 102
Pajiang River ... 247	Sanglang River ... 61	Sizhaihe Reservoir ... 96
Panlong River ... 428	Sanjiang River ... 243	Songlongshui River ... 217
Panyang River ... 73	Sanjia River ... 428	Songtao Reservoir ... 441
Pearl River ... 1	Sanjie River ... 410	Songyuan River ... 338
Penglatan Reservoir ... 338	Sanli Reservoir ... 86	Suijiang River ... 251
Pingban Reservoir ... 44	Sanmen River ... 100	Suixi River ... 377
Pingdeng River ... 100	Sanzhixiang Watercourse ... 302	Sunlan River ... 94
Pingdian River ... 416	Shabiyong River ... 298	Suyan Reservoir ... 391
Pingfu River ... 178	Shachan River ... 385	
Pingjiang River ... 93	Shadian River ... 26	**T**
Pingkou Reservoir ... 197	Shadian River ... 412	
Pinglong Reservoir ... 169	Shahe Reservoir ... 459	Taicun River ... 110
Pingyong River ... 94	Shahe River ... 307	Taiping Reservoir ... 29
Pingzheng River ... 95	Shajiang River ... 163	Taiyang River ... 447
Pingzhi River ... 76	Shangwen Reservoir ... 371	Talang River ... 424
Pingzhou Watercourse ... 294	Shanhu River ... 199	Tanbin River ... 213
Pixia Reservoir ... 342	Shaping River ... 284	Tangchi River ... 16
Puli River ... 118	Shaping River ... 164	Tangping Reservoir ... 184
Puzhehei Lake ... 33	Shapu River ... 107	Tangxi Reservoir ... 349
	Sheli River ... 31	Tanjiang River ... 313
Q	Shenzhen Reservoir ... 322	Tanling Reservoir ... 242
	Shenzhen River ... 321	Tanshui River ... 366
Qianhangdao River ... 301	Shepohe Reservoir ... 171	Tanying River ... 401
Qiaolian River ... 367	Shezi River ... 412	Tanzhou Watercourse ... 293
Qifeng River ... 192	Shibansha Watercourse ... 288	Taohuashui River ... 253
Qigeng River ... 81	Shidongshui River ... 253	Taolanxi River ... 342
Qigong River ... 244	Shiku River ... 334	Tengqiao River ... 449
Qilu Lake ... 22	Shiliu River ... 121	Tengtiao River ... 426
Qinglianshui River ... 244	Shiliutan Reservoir ... 356	Tianbao Reservoir ... 160
Qingnian Reservoir ... 360	Shilu Reservoir ... 457	Tiandeng River ... 140
Qingping Reservoir ... 84	Shilu River ... 456	Tiangui Reservoir ... 174
Qingping River ... 59	Shima River ... 276	Tianjia River ... 193
Qingpo River ... 77	Shimen Reservoir ... 105	Tianshengqiao II Reservoir ... 43
Qingshitan Reservoir ... 191	Shimen Reservoir ... 453	Tianshengqiao I Reservoir ... 42
Qingshuijiang Reservoir ... 396	Shimen River ... 120	Tiantangshan Reservoir ... 311
Qingshui River ... 32	Shishan Reservoir ... 316	Tiantoushui River ... 231
Qingshui River ... 82	Shiti Reservoir ... 400	Tianzhou River ... 135
Qingshui River ... 414	Shixianghe Reservoir ... 122	Tiegang Reservoir ... 323
Qingtangshui River ... 239	Shiziyang River ... 302	Tingjiang River ... 339
Qinjiang River ... 398	Shuangdao Reservoir ... 210	Tonghuai River ... 137
Qiufengling Reservoir ... 355	Shuangjiang Reservoir ... 96	Tonghu Lake ... 276
Qiuxiang River ... 270	Shuangjiang River ... 95	Tongsha Reservoir ... 306
Qixing River ... 416	Shuangxia River ... 159	Tuka River ... 426
Quanshui Reservoir ... 234	Shuangxi Reservoir ... 346	Tunliu Reservoir ... 161
	Shuibian River ... 246	Tuochang River ... 49
R	Shuidong River ... 111	Tuolin River ... 151
	Shuijing River ... 122	Tuolu River ... 158
Renshou River ... 80	Shuikou River ... 97	Tuoxing Reservoir ... 453
Rivers in the Coast Area of Guangdong and Guangxi ... 347	Shuikou River ... 147	Tuqiao Reservoir ... 115
	Sibao Reservoir ... 284	

W

Wangerhe Reservoir ... 56
Wanglou River ... 452
Wangmo River ... 60
Wangshengjiang Reservoir ... 394
Wangzhuang River ... 159
Wanning Reservoir ... 447
Wanquan River ... 443
Wanyi Reservoir ... 324
Watang River ... 168
Watercourse Diverting Main Stream of Xijiang River to the Sea ... 281
Watuo River ... 413
Weidi River ... 213
Weishanhu Reservoir ... 41
Wengjiang River ... 237
Wengyin River ... 65
Wenlan River ... 460
Wuai River ... 72
Wudou River ... 51
Wuhua River ... 330
Wujingfushui River ... 351
Wukan River ... 357
Wulanggou River ... 416
Wulichong Reservoir ... 419
Wuling Reservoir ... 384
Wuli River ... 395
Wuming River ... 140
Wushui River ... 227
Wusijiang Reservoir ... 167
Wusi River ... 167
Wutu River ... 52

X

Xialei River ... 155
Xiangang Reservoir ... 308
Xiangshan River ... 142
Xiangshui River ... 37
Xiangshui River ... 155
Xiangshui River ... 433
Xiangsi River ... 118
Xianhu Reservoir ... 142
Xianhu River ... 141
Xianyitan Reservoir ... 168
Xiaofeng Reservoir ... 402
Xiaohedi River ... 415
Xiaohei River ... 426
Xiaohe River ... 217
Xiaohuangni River ... 37
Xiaohuan River ... 113
Xiaojiang Reservoir ... 394
Xiaojiang River ... 31
Xiaokeng Reservoir ... 227
Xiaolan Watercourse ... 285
Xiaomei Reservoir ... 449
Xiaoqikong River ... 111
Xiaoxiang River ... 13
Xiaxiao River ... 185
Xiazhu Reservoir ... 252
Xieli River ... 71
Xifu River ... 312
Xihe River ... 119
Xihe River ... 412
Xijiang River ... 6
Xijin Reservoir ... 165
Xikeng Reservoir ... 316
Xiling River ... 196
Xili Reservoir ... 322
Ximi River ... 53
Xinchangshui River ... 319
Xinfengjiang Reservoir ... 268
Xinfeng River ... 265
Xinghu Lake ... 217
Xingxihu Reservoir ... 42
Xingyun Lake ... 17
Xinhui River ... 288
Xiniutan Reservoir ... 233
Xinjie River ... 301
Xinjieshui River ... 233
Xinxian River ... 417
Xinxihe Reservoir ... 352
Xinxing River ... 215
Xinxu River ... 138
Xinzhou River ... 44
Xishan River ... 365
Xiyang River ... 128
Xiyunjiang Reservoir ... 163
Xizhi River ... 271

Y

Yandong River ... 75
Yangba River ... 45
Yangbian River ... 368
Yanggan River ... 381
Yangjiang River ... 106
Yangjia River ... 58
Yangmei River ... 181
Yangxi River ... 232
Yangzonghai Lake ... 16
Yanling River ... 240
Yantan Reservoir ... 74
Yichang River ... 183
Yijie River ... 409
Yilong Lake ... 25
Yina River ... 49
Yingzui Reservoir ... 249
Yinzhan Reservoir ... 250
Yitang Reservoir ... 331
Yizhang River ... 231
Yongding River ... 344
Yonghan River ... 311
Youcaihe Reservoir ... 55
Youshu River ... 336
Yuanjiang River ... 404
Yuantan River ... 249
Yuecheng River ... 214
Yuejin Reservoir ... 26
Yueliang River ... 53
Yujiang River ... 123
Yulao River ... 208
Yunjiang River ... 121
Yushe Reservoir ... 52
Yutang River ... 420
Yuyang River ... 153

Z

Zengjiang River ... 309
Zhaihao River ... 92
Zhaihe River ... 432
Zhama River ... 426
Zhanghuang River ... 395
Zhangjiang River ... 110
Zhangshui River ... 231
Zhangxi River ... 345
Zhangziba River ... 15
Zhaoping Reservoir ... 198
Zheli River ... 130
Zhelou River ... 60
Zhena River ... 417
Zhenhai Reservoir ... 318
Zhenhaishui River ... 317
Zhenlong River ... 166
Zhexian River ... 131
Zhima River ... 86
Zhongheying River ... 30
Zhongtang Watercourse ... 306
Zhongxin River ... 268
Zhoujiangshui River ... 330
Zhoupishui River ... 238
Zhuangzhai Reservoir ... 419
Zhubijiang Reservoir ... 458
Zhubi River ... 458
Zhuchang River ... 40
Zhujiang Delta ... 277
Zhujiang River, Pearl River ... 1
Zhuotian River ... 341
Zhutian River ... 246
Zijing River ... 173
Zuojiang Reservoir ... 156
Zuojiang River ... 143

内 容 索 引

A

阿家河	413
阿科河	125
阿郎河	41
阿墨江	**423**
阿用河	129
阿油铺河	9
啊浪河	55
矮车河	330,331
矮岭河	98,118
隘洞河	11
安墩河	**273**
安墩水	273
安乐水	193
安宁河	156
安农河	146
安平河	12
安全水	270
安田河	244
安亭河	71
安歪河	32
安西河	57
安远水	260
昂武河	61
凹夏河	417
凹掌河	433
鳌江	**357**

B

八布河	432
八步河	61
八礴水	268
八尺江	**160**
八道河	**51**
八洞河	10
八斗河	432
八嘎河	433
八高河	131
八贯河	70
八桂河	131
八甲河	367
八江	101
八洛河	97
八茂河	63
八妹河	92
八塘江	163
八乡河	351
八中河	**128**

八庄河	404
八字河	419
巴黑结	415
巴江	**20**
巴江河	300
巴卡河	426
巴浪河	**52**
巴铃河	54
巴留河	157
巴盘江	66
巴英河	73
巴由水	300
扒河	413
扒河	**413**
芭蕉冲河	434
芭蕉溪	150
芭锡河	159
岜白河	159
岜凡河	110
岜兰河	157
岜蒙河	136,137
岜蒙水库	**137**
岜盘河	112
岜盆河	159
把边江	422
坝渡河	**425**
坝干河	424
坝街河	**91**
坝卡河	426
坝兰河	**425**
坝陵河	**57**
坝沙河	425
坝索水库	43
坝头水	336
坝王河	**66**
坝油河	45
坝仔水	248
白鹅潭	301
白宫水	329
白河	**432**
白鹤江	397
白花河	206
白花河	272
白黄浪河	416
白鸡河	183
白鸠江	389
白浪水	9
白莲水	244
白路村河	28
白马河	**29**

白马河	57
白马河	170
白马岭	386
白马岭河	385
白马溪	354
白芒河	244
白坭河	**300**
白盆珠水库	**273**
白沙河	204
白沙河	310
白沙河	**386**
白沙江	174
白沙水	231
白沙水	237
白沙水	240
白沙水	**316**
白石渡河	231
白石河	12
白石河	**214**
白石河	217
白石江	13
白石水	183
白石岩河	58
白石窑水库	**236**
白水	226
白水河	**43**
白水河	253
白藤湖	283,290
白湾水	248
白溪	347
白溪水	265
白衣河	**410**
白云村水	223
白云河	89
白云江	188
白云水	254
白云圩水	223
白竹水	234
百昂河	131
百包河	150
百岛湖	222
百东河	135
百东河水库	**135**
百都河	434
百逢河	71
百合河	125
百合河	176
百合河	**434**
百侯水	345
百华河	46

505

百及溪 150	宝溪水 272	波罗河 245
百夹河 159	**宝鸭仔水库 316**	波萝坑 221
百甲江 151	保安河 120	剥隘河 125
百康河 10，125	保安河 196，199	播立河 44
百口河 45	**保安水 243**	播仁河 45
百乐河 46	保江 89	卜南河 442
百乐河 134	保利河 125	**补党河 31**
百里河 135	保宁河 57，118	补龙 35
百龙河 68	保平河 80	补麻河 422
百龙滩水库 78	保泉水 239	补木河 35
百隆河 128	保亭水 448	布都河 430
百母河 231	**堡里河 118**	布吉河 322
百南河 434	抱古河 450	**布见水库 138**
百鸟冲 200	抱树河 51	布练河 159
百色水库 131	**陂底水库 369**	**布柳河 70**
百顺水 224	陂沟河 357	**布龙河 424**
百旺河 136	陂头水 237，238	布竜河 424
百油河 130	**陂下水库 342**	布泉河 140
柏埔河 269	北插溪 380	布心河 272
摆金河 66，69	北村河 183	步津水 242
摆浪河 69	北洞源河 195	
摆所河 64	北港水 354	**C**
稗子沟河 411	北合江 170	
班村河 46	北河 352	才合河 112
班东河 424	**北河水库 366**	才溪 341
搬江 127	北江 219	彩本河 416
板巴河 79	**北江干流水道 291**	彩上水 193
板棒河 148	北界河 371	蔡官河 55
板陈河 60	北流河 179	仓步水 283
板城江 400	北仑河 403	苍江 317
板崇河 146	北门河 33	沧江河 283
板当河 63	北门江 459	沧溪 283
板墩河 152	北盘江 46	**曹渡河 69**
板干河 46	北礁水 338	曹碓源 198
板河 81	北琴江 330	**曹江 373**
板恨河 110	北山河 112	草寺河 206
板坚河 10	北市水 254	岑江河 262
板均河 73	北泗河 11	岑元坑 208
板岭河 80	**北滩水库 165**	层坑河 266
板柳河 112	北陀冲 200，201	叉河 415
板六河 79	北溪 325，357	茶洞河 118
板六河 101	北溪河 418	茶江 195，196
板隆河 71	北源河 106	茶卡洛巴河 426
板仑河 130	**北之江 85**	茶山河 176，177
板茂河 103	**贝墩水 264**	**茶山水库 177**
板暮江 400	**贝江 103**	茶岩水 263
板桥河 9，28	贝岭水 260	岔河 49
板桥河 127	背江 103	**岔河 431**
板桥河水库 29	崩坎水 356	岔河 434
板瓦河 106	弼佑河 45	**差干河 335**
板旺河 80	碧山河 272	差江 166
板峡水库 119	碧溪河 424	柴充河 372
板县河 81	边牙河 58	**柴石滩水库 14**
板用河 45	**扁村河 134**	产溪 347
半河 52	扁牙河 44	**昌化江 454**
邦得河 48	便柳河 10	昌明河 416
帮祖河 79	宾亨河 252	昌水 220
苞竹水 193	**滨江 248**	昌耀河 372
宝江 169	炳水 248	长安河 65
宝坛河 114	波豪河 11	长安水 208

长发河	45	城隍江	167	达香河	77
长河水库	**229**	城口水	225	达衣江	136
长湖	240	城厢河	130	**打邦河**	**54**
长湖水库	**240**	**城月河**	**379**	打嘎河	58
长岌水	269	乘坡河	445	打狗河	109
长江河	397	**程江**	**333**	打贵河	69
长江水	225	**澄碧河**	**132**	打直河	413
长江水库	**286**	澄碧河水库	133	打牛河	72，73
长来水	232	澄碧水	132	打牙河	65
长老河	80	**澄江**	**79**	打羊河	58，61
长乐水	**230**	澄江	196	打鱼河	91
长乐水	345	澄江	231	大安河	455
长利涌	218	澄江海子	18	大八河	365
长麦河	46	澄江河	257	大坝河	59
长茅水库	**452**	秤架河	244	**大坝河**	**386**
长坡河	372	赤岸河	359	**大沚河**	**184**
长桥海	**27**	赤粉水道	289	大邦河	118
长青水库	**385**	赤水河	183，184	大帮河	155
长山河	357	赤水河	316	大磅河	97
长山河	385	**赤石河**	**361**	大陂江	167
长滩河	194	**赤水水库**	**184**	大陂水	237
长滩江	164	**赤田水库**	**450**	大陂水	240
长潭湖	336	充包河	397	大边河	446
长潭水库	**336**	冲口水	243	大波河	118
长塘河	264	冲梅洛巴河	427	大步江	166
长塘水	316	冲云河	319	大埠河	267
长田河	61	**畴阳河**	**431**	大埠江	166
长田河	121	处明溪	335	大才河	114
长田河	337	川河	422	大潮河	372
长溪水	234	川江	188	大池	18
长行水	185	川江	196	大冲河	199
长洲水库	**185**	川街河	411	大冲江	163
朝川水	196	**穿洞河**	**70**	大冲坑	208
朝里河	133	**穿山河**	**87**	大冲山	200
朝天桥水	243	船步河	213	大春河	406
朝阳河	84	船岗河	216	大村	158
潮田河	**192**	**船塘河**	**268**	大地河	100
车陂江	391	**船湾淡水湖**	**323**	大地河	194
车洞河	312	春江	458	大东山水	235
车干水	234	**春江水库**	**458**	大东水	234
车河	47	春坑水	224	大峒河	372
车江水	262	**茨通坝河**	**428**	大都河	329
车前水	269	茨营河	49	大筏水	274
车田河	37	赐福河	73	大丰河	342
车田河	189	从里河	63	**大风江**	**397**
车田水	258	斜峒河	361	大富水	221
车田水	353			大干河	113
沉香河	401	**D**		大岗水	252
陈村水道	**297**			大蛤河	185
陈高水	353	达寒江	125	大沟边河	9
陈家水	379	达河	132	大官坑水	301
陈江	276	达洪江	76	**大广坝水库**	**456**
陈欧河	225	**达洪江水库**	**76**	大禾水	342
陈塘河	177	**达开水库**	**123**	大河	35
陈汶江	165	达腊河	138	大河	128
晨光河	260	达力河	10	大河	413
称架河	244	达良河	125	大河	434
诚谏河	184	**达马河**	**434**	大河氽河	184
诚迳水	248	达赛河	77	**大河水库**	**366**
城濠	288	达西河	77	大黑公河	406

大湖崇河	261	大桥河	416	大洲河	175
大湖水	268	大桥河	434	大庄河	26
大化水库	**77**	大壬河	178	歹苏河	40
大环江	**112**	**大任水库**	**178**	带水	354
大黄江	172	**大容山水库**	**391**	带田水	243
大湟江	**172**	大溶江	188	丹巴河	112
大江水库	**194**	大榕水	12	丹标河	114
大江源水	193	大沙河	318	丹竹江	396
大绛水	12	大沙河	322	丹竹江	397
大锦河	184	**大沙河水库**	**318**	**丹竹水库**	**337**
大井河	372	大沙洲水	225	单竹窝水电站	337
大逕水	**215**	大山河	106	旦村河	132
大靖河	345	大山河	172	诞山江	197
大镜河	106	大山河	372	淡澳河	275
大镜山水库	**290**	大社河	375	**淡水河**	**274**
大可河	20	大胜溪	327	导江	90
大奎沥	295	大石涌	302	**倒运海水道**	**312**
大魁沥	296	大水河	268	道根河	394
大拉河	**73**	大水桥河	380	道知河	181
大岚水	259	**大水桥水库**	**380**	得禄河	50
大揽江	398	**大寺江**	**401**	得牛河	425
大榄河	159	**大滩河**	**207**	得宜河	51
大梨水	224	大潭河	234	德安河	151
大黎河	178	大潭河	245	德娥河	39
大良河	392	大塘河	194	**德厚河**	**431**
大梁子河	**432**	大塘河	398	灯塔河	268
大龙洞	83	大塘河	440	邓江	391
大龙洞河	**83**	大塘水	226	**滴水河**	**122**
大龙洞水库	**84**	**大田河**	**58**	滴水滩瀑布	57
大龙河	80	大田河	121	底拉河	51
大龙水	243	大田河	412	底色河	52
大龙潭河	413	大同河	361	地我大河	109
大龙溪二级水库	**355**	**大同江**	**178**	地理河	112
大隆洞河	**361**	**大屯海**	**27**	地龙河	106
大隆洞水库	**361**	大湾河	98	地闷河	110
大隆水库	**451**	大湾水	229	地派水	310
大炉河	166	**大王滩水库**	**162**	地泗河	53
大綦江	402	大围河	260	**地苏河**	**78**
大路边水	241	大溪河	448	电六江	402
大罗河	90	**大席河**	**267**	**甸溪河**	**28**
大罗溪	138	大席水	267	甸中河	416
大麻溪河	225	大小冲水	235	**刁江**	**79**
大马河	71	大新河	22	刁子塘水	234
大年河	**97**	大新河	155	吊贡水	359
大念河	150	大兴河	79	吊基岭水	223
大宁河	**206**	大岩	370,373	调丰河	379
大鹏水	172	大岩水	248	调和溪	343
大平河	**209**	大燕河	249	丁水	339
大平河	398	大阳河	120	丁屋江	398
大平寨	191	**大洋河**	**170**	叮当河	126
大坪河	111	大液河	359	玎珰河	140
大坪水	221	大盈河	202	定安河	127
大坡河	103	大营	49	**定安河**	**446**
大坡河	182	大玉口水	205	定边河	408
大埔水	345	大泽	16	**定川江**	**391**
大埔水库	**107**	大樟河	121	定吉河	87
大桥河	52	大柘河	337	**定南水**	**260**
大桥河	54	大镇水	238,239	**东安江**	**209**
大桥河	85	大直河	401	**东班江**	**164**
大桥河	**116**	大直江	401	东宝河	321

东陂河 **243**	都总河 448,449	丰良河 346
东陂水 243	兜坑 342	丰收水库 **430**
东博江 127	斗江河 101	丰头河 368
东大河 18	斗晏水库 **260**	风格水 226
东方河 455	陡河 189	风朗河 378
东风水库 **22**	陡江 196	风亭河 161
东宫河 75	豆玻河 381	枫江 **352**
东海河 378	独洞河 **97**	枫朗水 346
东海水道 **285**	独流江 **170**	枫树坝水库 **263**
东海运河 384	独木水库 **36**	枫湾河 **226**
东河 17	笃帮河 159	逢春岭河 407
东河 411	杜鹃湖 64	逢远河 12
东湖水库 **367**	杜鹃湖 422	凤村水 214
东江 191	杜莫河 194	凤岗河 **253**
东江 197	渡头河 364	凤岗水 253
东江 **256**	渡邑河 10	凤河 319
东江北干流 **304**	端芬水 361	凤河 361
东江河 136	断桥河 57	凤凰河 **86**
东江南支流 **304**	堆代河 94	凤凰河 150
东坑水 245	多河 443	凤凰河 290
东坑水 306	多吉河 155	凤凰江 169
东兰河 11	多贤水 202	凤凰溪 327
东南沿海诸河 **347**	**多衣河** **38**	凤山河 90
东平河 138	朵卜陇河 55	凤山河 393,394
东平河 393	朵迭河 415	凤亭河 161
东平水道 292		凤亭河水库 **161**
东平水库 **174**	**E**	凤尾河 31
东泉河 90		凤真水 208
东山溪 349	峨德江 406	佛山水道 **294**
东石河 337	峨山大河 21	佛山涌 294
东莞水道 302,303,304	鹅颈水 321	伏廖河 159
东溪 325,359	鹅坪河 259	伏杨河 138
东乡河 11	鹅泉河 154	芙蓉河 98
东小江 **114**	恶溪 325	扶村洞水 244
东兴水库 **403**	鳄湖 275	扶平河 130
东运河 384	鳄江 166	扶溪水 225
冬宗河 425	鳄溪 325	浮石水库 **103**
董报河 422	恩乐河 422	福龙河 81
董炳河 21,22	二龙河 312	福龙河 121
董大河 110	二排河 121	福龙河 169
董塘水 226		福禄河 **134**
峒巴河 155	**F**	福庆水库 **408**
峒冠水 244		福山水库 **442**
峒桂河 **148**	发乐河 47	福田河 322
洞波河 130	法腓河 413	甫上河 **103**
洞冠水 **244**	法耳河 48	抚仙湖 18
洞坎水库 **106**	矾洞水 237,239	抚仙湖 **18**
洞弄河 131	饭箩冲 201	府城河 141
洞树河 97	方田江 196	府河 186
都安河 136	防城河 **402**	府江 186
都安水 221	放溪水 235	富藏河 175
都榜河 12	飞来峡水库 **246**	富河 184
都亨水 224	飞龙江 164	富江 203
都江河 88,207	飞洒江 164	富罗冲 200
都郎河 104	分界河 212	富群河 **200**
都乐河 **82**	汾江 294	富群水 200
都柳江 87	汾田水 299,300	富水 198
都门水 213	丰大坑 208	富源水 214
都牙河 11	丰湖 275	富足水 193
都偃水 215		

G

干沟河 64
干龙洞河 30
甘河 434
甘栏河 83
甘婪河 364
甘棠河 164
甘棠江 191
甘旺分洪道 172
甘竹溪 284
甘庄河 406
杆洞河 96
泔溪水 272
柑洞水 252
赶得河 51
感恩河 453
淦江水 188
岗伟河 103
港坡河 448
高陂河 335
高旧河 89
高卷塘河 406
高里河 110
高良河 214
高林河 209
高龙河 91
高明河 283
高坡岭水库 453
高埔河 312
高埔水 356
高桥河 98
高滩河 312
高潭水 272
高田水 221
高莞河 268
高武河 54
高洋河 92
高要河 109
高增河 89
高州水库 372
搞背河 111
稿树下河 259
稿树下水 275
稿树下水库 275
革步河 39
革雷河 32
格所河 52
格凸 62，63，64
葛布水 310
隔河 17，18
隔界河 40
根标河 46
根伦河 87
更楼河 284
工农大沟 419
公安河 151
公安河 161
公革河 32

公馆河 377
公和水 380
公平水库 359
公益水 314
公正河 401
公庄河 270
宫前溪 341
巩塘河 205
拱洞河 97
共成河 216
共成水库 216
贡寨河 95，96
沟河 193
姑成河 91
姑婆山河 206
古宾河 112
古蚕水 284
古长水 178
古尝河 120
古城水 252
古春河 84
古顶水库 105
古郎河 80
古劳河 155
古乐河 193
古里河 193
古龙洞水 191
古龙河 114
古美河 134
古敏河 138
古木源河 195
古牛河 52
古蓬河 81
古榕江 138
古榕溪 138
古水河 254
古塔河 85
古瓦河 85
古屋水 329
古宜河 98
古营河 103
古有河 214
古源河 204
古障河 38
古竹水 270
谷拉河 129
谷麻江 424
谷坪河 96
谷坪小河 96
股水河 411
雇水河 254
挂白河 39
观澜水 276
观音井河 81
观珠河 375
官拱河 45
官桥河 375
官田水 221
官圩水 214
光照水库 53

广南河 100
广宁水 252
归春河 146，154
归顺水 136
圭岗河 365
圭里河 10
龟石水库 205
规沙河 47
贵东水 238
贵马大河 434
贵屿水 354
贵子河 182
桂东河 206
桂河 211
桂湖 188
桂花潭水 234
桂家河 57
桂家湖水库 57
桂江 186
桂岭河 206
桂柳运河 118
桂水 319
桂圩河 211
桂洲水道 296
锅底河 40，42
锅底河水库 42
国泰水 301
果苏河 82

H

哈铺河 426
海甸溪 436
海河 22，24
海康河 380
海口河 17
海南岛诸河 436
海田小河 35
海头溪 458
海洲水道 287
海仔河 440
海子 22
韩江 325
寒室坑 208
寒溪水 305
罕龙河 406
旱垌河 382
旱河 389
濠江 11
好义水 270
禾多河 272
合河水库 216
合江 268
合江 393
合江河 83
合口河 210
合里河 103
合林河 109
合龙河 155
合门河 232

合面狮水库	**207**	红岩河	40	黄洞河	207
合浦水	387	**洪潮江**	**396**	**黄洞河**	**245**
合水	173	**洪潮江水库**	**396**	黄洞水	248，249
合水河	376	洪冠河	183	黄坊溪	335
合水水库	**333**	洪龙河	74	**黄冈河**	**348**
合溪水	327	洪门河	130	黄岗河	208
合子水	239	**洪奇沥水道**	**295**	黄割坪水	274
何大河	158	洪湾水道	283	黄狗坳水	235
和平河	99	洪阳水	350	黄关河	403
和平水	264	侯家沟河	17	黄果树河	56
河滨河	114	猴场河	45	黄花水	248，265
河村河	104	**后航道**	**302**	**黄华河**	**182**
河口河	412	后溪河	379	黄华江	182
河来水	155	**厚街水道**	**307**	**黄江**	**110**
河山江	169	胡屋水	235	**黄江**	**359**
河田溪	340	壶水	428	黄金河	103
河外河	415	葫芦水	353	黄坑河	260
河溪水	353	湖峰溪	343	黄坑水	224
河溪水库	**353**	**湖光岩**	**378**	黄腊河	121
河中河	67	湖罗河	204	黄浪水	226
荷麻溪	289	湖润河	155	黄练河	169
荷坪水	239	湖山水	345	黄岭河	375
荷泗水	329	湖洋背水	239	黄龙带水	300
贺江	**202**	虎坑河	319	**黄龙带水库**	**300**
鹤地水库	**383**	**虎坑水道**	**319**	黄龙湖	56
鹤洲水	318	**虎门水道**	**303**	黄泥冲河	206
黑莒河	412	**虎跳门水道**	**320**	**黄泥河**	**34**
黑龙潭水库	**20**	虎爪河	361	黄泥江	191
黑水河	26	花场河	442	黄泥沥水道	303
黑水河	**153**	花贡河	125	黄牛埔水	306
黑水河	420	**花口河**	**30**	黄皮岭	276
黑溪	443	花蕾水	173	黄埔水道	302，303
横陂水	329	花桥水	380	黄圃水道	286
横岗水库	**307**	花冗河	60	黄羌水	360
横沟河	436	花山河	9，13，199	**黄桥水**	**242**
横河	69	**花山水库**	**13，199**	黄沙	276
横河	308	花孖河	96	黄沙冲	200
横江水	350	华江河	188	黄沙河	181
横江水库	**351**	**华阳水**	**330**	黄沙河	188
横坑河	272	华彰河	75	黄沙河	274
横坑水	289，320	滑坪河	172	黄沙河	305，306
横岭水	274	化念河	415	黄沙沥水道	286，295
横龙桥水	244	**化念水库**	**415**	黄沙水	378
横门水道	**286**	画眉河	170	**黄沙水库**	**376**
横浦水	222	怀放河	81	黄沙溪	231
横石水	**239**	怀江	167	**黄山洞水库**	**271**
横潭水	301	怀群河	114	黄什河	368
哄哈河	432	怀溪河	251	黄石坑河	262
红场水库	**354**	怀阳河	153	**黄潭河**	**343**
红谷河	68	淮南河	205	黄塘河	184
红花湖	275	皇华江	182	黄塘水	372
红花水库	**116**	黄柏江	188	黄田河	121
红江	160	黄宝河	199	**黄田水库**	**337**
红河	404	黄陂河	332，333	黄屋坑水	245
红辣河	**57**	黄垄水	244	黄杨河	289
红岭河	**104**	**黄草坝水库**	**414**	黄元河	118
红岭江	395	**黄村河**	**264**	黄竹水	274
红纳河	57	黄地河	337	湟水	256
红染河	**39**	黄峒河	177	潢涌河	304，306
红山河	342	黄垌江	397	璜溪水	347

璜瑶河	272	架桥河	110	金坑河	312
篁乡河	**260**	稼依河	429	金马河	28
磺桑江	**136**	**稼依水库**	**430**	金平河	427
灰河	408	尖山大河	18	**金山水库**	**342**
灰寨水	351	俭学河	141	金水河	427
回龙河	215	剪刀河	69	金田河	203,205
回龙河	239	简嘎河	58	**金田水库**	**173**
回头江	142	建城河	211	金窝江	397
汇金山水	214	建里水	191	**金窝水库**	**397**
汇水河	83	剑江河	141	金秀河	121
会城河	288	剑溪河	257	**金银河水库**	**213**
会前水	266	涧沙河	188	金银坑	213
会仙河	118	鉴河	136,137	**金装水**	**208**
惠洞河	138	**鉴江**	**369**	金子河	428
惠来河	356	鉴水	136	筋竹河	184
惠州西湖	**275**	江波河	151	**锦江**	**225**
浑龙河	406	江埠河	194	锦江	313
火甲水库	**393**	江城河	138	锦江	432
		江川海	17	锦江	434
J		江谷平湖	255	**锦江水库**	**226**
		江谷水库	**254**	**锦江水库**	**315**
鸡场河	49,64	江叫河	151	谨汤河	156
鸡家河	91	江口河	262	进结河	138
鸡叫河	81	江口河	404	**京南水库**	**201**
鸡街河	434	**江口水库**	**392**	京舟河	68
鸡笼山水	274	江门河	287	净湖	378
鸡啼门水道	**289**	**江门水道**	**287**	镜湖	378
鸡心石河	311	江宁河	394	九陂河	244
鸡鸦水道	**286**	江平江	403	九槽河	120
吉安溪	442	江上大河	49	九城河	210
吉利涌	293	江头水	221	九村溪	349
吉山水	224	江湾河	203	九峰水	229
吉潭河	257	江湾水	235	九峰溪	346
吉祥河	260	江寨河	88	九河溪	327
集成河	216	降门冲	199	九甲河	140
集水河	188	交梨河	88	九江	98
加钗河	446	郊纳河	61	九江水	276
加车河	95	蕉林河	386	九坑河	13
加答河	448	**蕉门水道**	**297**	**九龙河**	**36**
加来河	460	蕉州河	329	**九龙河**	**201**
加浪河	445	垄脚河	59	九娘河	11
加里河	71	揭阳江	349	九曲河	74
加六河	71	洁石河	411	九曲河	260,261
加勉河	94	结合河	104	九曲江	445
加牙河	94	界背水	196	九曲水	248,301
嘉河	49	界江河	127	九曲溪	343
嘉隆河	404	界桥河	37	九潭水	268
嘉明河	26,27	斤南水	143	九圩河	80
戛洒河	406	斤员水	143	九溪河	21,22
甲堡河	88	金宝河	193	九仙水	237
甲村河	129	金产河	418	**九洲江**	**382**
甲劳河	88	金场水	252	九洲水	273
甲里河	71	金城江	109	九子沙河	320
甲洒河	88	金聪河	448	久社河	258
甲旺河	112	金洞河	138	旧堡河	51
甲尧河	70	金河	425	旧莫河	128
甲站河	109	金花洞水	268	**旧县河**	**342**
贾龙河	**15**	金鸡冲	200	旧州江	398
贾沙河	407	金鸡河	118	就新河	142
架街河	130	**金鸡河水库**	**119**	**苴力河**	**408**

苴么河	409	腊户河	423	冷平河	127
桔芬河	200	腊树下水	268	**冷水河**	**44**
莒溪	343	莱苏河	314	梨埠河	209
军田水	214	赖满河	75	梨木河	183
君垌河	182	**濑江**	**139**	犁江河	27
君子河	313	兰洞河	197	漓江	188
峻山水库	196	**兰洞水库**	**196**	漓水	186

K

		兰堂河	79	黎村河	181
		兰田河	191	黎洞水	221
卡达水库	45	蓝口水	264	黎屋水	225
卡渡江	423	蓝田水	310	**礼亨水库**	**261**
卡旁河	121	蓝溪	264	礼纪水	447
卡舍河	52	篮兜河	354	礼乐河	287，320
开平水	318	**榄核涌**	**297**	礼社江	406
凯口河	69	榄圩河	155	李获江	103
堪爱河	152	郎恒河	434	**李家沙水道**	**295**
坎市溪	344	**廊田河**	**232**	李叟洞水	268
康禾河	**265**	蒗底水	313	**李仙江**	**420**
康宁河	160	浪广海	17	李依河	82
科楼河	45	浪江	90	里方河	28
科麻河	433	**浪溪河**	**102**	里呼河	130
可布河	56	**劳劳溪**	**320**	里赖河	125
可渡河	**50**	劳水河	130	里鸣河	423
可利江	160	老碑页河	407	里山大河	21
克林河	127	**老城河**	**262**	里松河	206
克田河	**414**	老邓水库	367	里溪河	207
客兰河	**157**	老耳河	411	里雍河	90
客兰水库	**157**	老虎冲	199	鲤海	27
坑背水	312	**老虎头水库**	**387**	**鲤鱼江**	**169**
坑尾水	245	老基河	260	立场河	91
坑仔水	244	老李冲河	9	立洞河	184
空子水库	**239**	老勐河	427	立化河	113
孔江水	222	老榕河	209	丽洞水	317
孔江水库	**222**	老田水	265	**丽江**	**392**
孔雀湖	319	老圩河	382	利水	17
口江河	**96**	烙烘河	55	利周河	131
枯隆河	148	涝溪	205	沥滘水道	302
跨都河	50	乐川水	195	荔江	193
块择河	35	乐会水	445	**荔浦河**	**193**
旷野河	24，26	乐纪河	58	荔水	193
葵洞河	103	**乐康河**	**61**	栗木河	194，195
		乐宽河	61	连城河	211
		乐里河	**131**	**连江**	**240**

L

		乐罗溪	452	**连平河**	**267**
		乐民河	37	连平水	267
拉摆河	79	**乐民河**	**381**	连滩水	212
拉堡河	116	乐秋河	408	连州河	212
拉钵河	88	**乐滩水库**	**80**	莲都河	205
拉达河	125	乐塘河	197	莲花河	195
拉电河	109	乐圩河	76	**莲花山水道**	**303**
拉沟河	121	乐溪水	232	莲江	160
拉朗河	106	乐运河	58	莲山河	205
拉浪水库	**113**	乐中河	455	莲塘河	126
拉平河	67，68	勒流河	285	莲塘河	321
拉仁河	80	勒竹河	178	莲塘河	393
拉旺河	67	簕竹河	215	莲塘水	314，316
拉希水库	**73**	雷洞河	98	**涟江**	**64**
拉细河	11	雷岭水	356	**联和水库**	**309**
喇塔河	120	雷州青年运河	384	联珠河	424
腊村河	90	冷坑水	252	廉江	382

513

廉江河	383	陵栅水	448	龙额河	97
练江	**353**	菱湖	275	龙岗河	196
练庄河	21	零渠	189	龙龚江	85
浰江	**264**	泽渠	189	**龙归水**	**235**
良垌河	378	领好河	39	龙龟洞水	268
良丰河	192	领好河	139	龙滚河	445
良凤江	**160**	刘村水	217	龙湖	227
良岐河	**75**	刘屋水	239	龙虎河	195
良塘河	85	留洞河	114	**龙虎山水库**	**443**
良田河	378	留利河	178	龙化水	239
良西河	314	留溪	335	**龙江**	**107**
梁村河	252	流冲河	358	龙江	120
梁化河	**274**	流洞水	268	龙江	189
梁化水	274	流河	114	**龙江**	**254**
梁王河	18	流山河	109	**龙江**	**355**
两江河	141	流田水	257，258	龙江河	121，126
两山河	163	**流溪河**	**298**	龙降河	83
两庄河	148	**流溪河水库**	**299**	龙津河	359
廖洞河	104	骝岗水道	298	**龙颈水库**	**351**
寮步水	306	**柳江**	**87**	龙颈塘河	260
寮田河	184	柳坑河	233	龙卡井河	45
料村河	11	六陈河	174	龙口河	284
烈水	156	**六陈水库**	**175**	龙腊河	72
林洞河	204	六丹河	131	龙马江	423
林驮河	125	六丁江	164	龙门河	45
林溪河	**101**	六洞河	188	龙门河	156
临安河	26	六硐河	66	龙门河	310
临潮水道	320	六凤江	169	龙门河	367
临桂陡河	118	六弓河	449	**龙门河**	**380**
临江	189	六红河	123	龙母江	168
临江	203，206	六华河	180	龙南水	248
临江	460	六靖河	374	龙弄河	48
伶俐江	126	**六兰水库**	**167**	龙坪河	194
伶站河	133	**六郎洞河**	**30**	龙山河	59
灵东水库	**399**	六浪溪	150	龙山水	232
灵河	191	六龙坑水	254	龙胜河	98
灵江水	232	六罗江	395	**龙滩水库**	**71**
灵陵水	214	六麻河	180	龙潭河	14
灵岐河	75	六马河	138	龙潭河	30
灵奇河	75	六漫河	100	龙潭河	50
灵渠	**189**	六琶河	131	龙潭河	154
灵山河	181	六坡河	109	龙潭河	356
灵山河	312	六务河	169	龙潭河	386
灵山河	398	六洋河	388	龙潭河	451
灵水	198	六谣河	112	龙潭水	299，350
灵溪水	198	**六枝河**	**56**	**龙潭水库**	**200**
灵溪水	221	六志河	58	**龙潭水库**	**356**
灵岩江	191	六竹坑	208	龙塘河	94
岭背河	245	龙安河	194	龙塘河	188
岭林水	87	龙岸河	106	龙塘河	249
岭溪水	234	龙播河	121	**龙塘水库**	**69**
岭下水	268	龙槽河	209	**龙淌河**	**14**
岭阳河	260	龙岔河	407	龙头河	86
岭寨河	114	龙场河	47，48	龙图河	81，97
凌江	**222**	龙车溪	352	**龙图河**	**259**
凌江	374	龙川江	256	龙湾河	369
凌王河	81	龙洞河	11	龙窝水	329
陵拱水	448	**龙洞河**	**23**	龙溪	347
陵木丹水	448	龙洞河	47	龙溪	354，355
陵水河	**448**	龙渡水	270	龙溪水	234

龙溪水 248	轮水河 364	
龙仙水 237	**罗坝水 224**	
龙兴河 116	罗坝水 234	**M**
龙须带水库 249	罗波河 143	
龙须河 136	罗曹坝水 239	麻陂水 270，271
龙须河水库 137	罗带河 453	麻布河 48
龙牙坡 276	**罗定江 211**	麻大街河 424
龙岩江 191	罗董河 12	麻定江 396
龙英河 125	**罗凤河 166**	麻姑冲河 408
龙州河 442	罗浮水 258	麻栗坡河 431
龙珠河 23	罗富河 72	**麻沙河 54**
泷江 211	罗富河 74	**麻石水库 101**
隆林河 44	罗伽湖 18	麻圩水 214
隆文河 330	罗岗河 332，333	麻衣河 407
隆文河 338	**罗光水库 212**	麻涌水道 303，304
陇审河 138	罗家水 229	麻乍河 51
楼船水 222	**罗江 374**	马隘河 136
楼纳河 40	罗蛟水 172	**马坝河 235**
楼下河 40	罗锦河 118	马碧河 32
楼下水 232	**罗镜河 212**	马别河 32
楼下水 272	**罗坑水库 236**	**马别河 39**
噜嘟河 51	**罗坑水库 376**	马场河 91
卢水 243	罗悃河 63	马过河 429
芦苞涌 301	罗马河 425	马河 177
芦江河 24	罗木箐河 21	马江 390
芦山河 65	**罗旁河 211**	**马江 393**
芦溪 345	罗崋水 359	马来河 123
泸江 23	**罗苏河 61**	马兰江 395
泸江 430	罗田江 168	马老河 407
鲁布革水库 37	罗田水 321	马岭大河 40
鲁池河 424	**罗田水库 392**	**马岭河 194**
鲁贡河 48	罗妥河 10	马岭水 226
鲁沟河 40	罗溪水 356	**马骝滩水库 170**
鲁沟河 59	罗细河 52	**马龙河 410**
鲁屯河 44	罗香河 178	**马鹿塘水库 431**
鲁溪江 197	罗兴江 140	马路河 404
鹿窝河 409	罗秀河 121	**马峦河 164**
渌溜 158	罗秀河 175	马泥河 423
渌水河 12	罗阳河 159	马尿河 190
渌水河 47	罗阳河 214	**马宁水 252**
渌水江 139	逻里河 131	马圈河 381
渌最河 138	逻水 155	马山河 11
路桐江 389	**锣圩河 143**	马塘河 363
路口河 195	螺岗水 254	马蹄河 15
潞城水 131	**螺河 357**	马蹄河 258
潞江 188	螺石河 207	马头河 143
吕安河 192	螺蛳铺河 18	**马圩河 214**
吕田河 299，300	螺溪 358	**马尾河 206**
绿宝河 191	**螺洲溪 290**	玛琅河 406
绿冲河 26	**洛东水库 115**	玛依河 41
绿海河 59	洛洞水 248	蚂蟥箐河 414
绿湖水 268	洛江 120	**麦田河 14**
绿蓝水 388	洛那河 9	卖皂河 386
绿水 148	**洛清江 117**	蛮纳河 66
绿水河 407	洛香河 97	曼怕河 422
绿水河 420	洛阳河 113	**漫水河 250**
绿现水 440	洛阳水 245	漫先河 423
绿汁江 410	骆湖河 268	芒铁河 407
绿珠江 390	落别河 56	芒勇河 109
略蒙河 89	落蟒河 48	莽山河 231
		猫营河 63

毛村地下河	193	庙嘴水	253	那吉河	112
毛河	118	民安水	248	那吉河	367
毛家江	395	民洞河	104	那甲河	136
毛苗田水	455	民乐河	180	那江河	159
毛阳河	455, 456	民主河	335	那降河	126
茅河	118	明德大河	51	那降河	139
茅江	118	明湖	16	**那降水库**	**139**
茅岭江	**399**	**明江**	**148**	那交河	386
茅桥河	126	明伦河	113	那堪河	401
茅洲河	**321**	明热水	361	那来河	129
茂兰河	112	**明仕河**	**156**	那兰河	75
帽村河	342	明溪水	272	那郎河	48
眉蕉海	295	明者河	406	**那劳河**	**127**
梅村水	191	鸣珂江	398, 399	那乐河	73
梅洞水	207	鸣水江	168	**那乐河**	**77**
梅花河	204	磨安河	58	那丽河	397
梅花水	229	磨刀门水道	281, 288	那利江	160
梅江	181	磨黑河	422	那连河	401
梅江	**327**	磨衣河	25	那练河	158
梅江	**377**	莫泗河	178	那良河	164
梅坑河	265	漠沙江	406	那良河	404
梅潭河	**345**	**漠阳江**	**362**	那岭河	156
梅塘水	306	墨冲河	67	那六河	136
梅西水库	**333**	墨红河	36	**那龙河**	**367**
梅溪	342	**墨江**	**223**	那隆河	44
湄江	176	墨岭水	239	那隆水	398
袂花江	**375**	牟尼河	88	那伦河	128
门头河	121	木格河	168	那洛河	365, 367
濛江	**62**	木根河	170	**那马河**	**129**
濛里水库	**236**	木果河	53	那马	158
勐康河	423	木甲河	434	**那门河**	**127**
勐拉河	426	木贾河	40	**那蒙江**	**400**
勐烈河	423	木卡河	40	那孟河	138
勐漫河	426	**木浪河**	**41**	那母果河	420
勐野江	**423**	**木浪河水库**	**41**	那能河	129
猛簸河	65	木龙河	417	那其河	402
猛硐河	430	木龙湖	188	那桥河	150
猛坑水库	**64**	木棉江	160	那渠河	146
猛龙河	416	木棉水	458	那却河	151
蒙村河	11	木坪水	235	那洒河	434
蒙公河	169	木双河	209	那市河	151
蒙江	**176**	木瓦河	434	那梭河	402
蒙江河	**165**	睦洲河	320	那陶河	146
蒙里河	39	睦洲水道	288	那桐河	126
蒙辽河	12			那威河	163
蒙平河	69	**N**		那乌水	364
蒙沙河	133			那西河	365
蒙山河	176	那巴河	159	那徐河	136
孟寨河	53	那邕河	138	那益河	131
孟洲坝水库	**233**	**那板水库**	**150**	那音河	135
弥渡河	408	那比河	129	**那音水库**	**135**
迷河	69	那便河	138	那印河	158
米补河	401	那卜河	152	那用河	129
米租河	418	那定河	131	那元河	161
棉花滩水库	**343**	那东河	10	**那岳河**	**163**
苗江河	89	那娥河	127	那仗河	130
苗攀河	69	那厄河	125	那佐河	129
妙怀河	155	**那扶河**	**362**	那座河	365, 366
庙公水	242	那海河	160	纳灰河	40
庙前溪	343	那荷河	75	纳卡河	425

纳亮河	61	南沙涌	293	牛尾岭水库	**387**
纳麻河	56	南山河	340	浓宁江	395
纳省河	40，41	南山河	433	弄福	132
纳益河	70	南山水	220	弄怀溪	150
乃言河	10	南山水	270	弄金河	127
乃勇河	92	南蛇坑水	224	弄内河	79
南巴河	406	**南圣河**	**455**	弄扎河	423
南巴河	455	南盛河	217	暖水坑	224
南板河	427	**南水**	**233**	**糯峒河**	**184**
南北仑河	404	南水湖	235		
南北溪	358	**南水水库**	**234**	**O**	
南布河	414	南泗河	11		
南岑河	97	南塘河	371	欧东水	239
南叉河	439	南湾河	439		
南春河	439	南圩河	188	**P**	
南丹河	72	南温河	430		
南淀河	442	南文河	451	爬撮河	423
南独河	406	南溪	357	湛二水	248
南渡河	**379**	南溪河	251	**湛江**	**247**
南渡河	**381**	南溪河	406	排长河	88
南渡江	**436**	**南溪河**	**417**	**排调河**	**91**
南扶水库	**442**	南线河	422	排沙水	252
南港水	304，354	南乡河	170	**派关水库**	**158**
南告水库	**358**	南晓河	401	**派连河**	**151**
南河	**84**	南延河	457	**派潭河**	**311**
南河	**216**	南阳江	164	盘龙河	47
南河	349，350	南阳溪	343	盘龙河	139
南河	411	南洋河	335	**盘龙河**	**428**
南湖	275	南垠河	423	盘石江水	196
南花溪	230	南庄河	25	**盘阳河**	**73**
南昏河	406	难滩河	154	蟠龙河	364
南或河	457	难滩水	154	蟠龙水	12
南涧河	**408**	内庇河	143	泮水河	130
南江河	97	内弄河	45	畔江河	196
南江河	103	能良河	131	滂江	81
南江河	211	尼马洛巴河	425	庞凌河	154
南江河	312	泥洞河	125	喷水洞河	15
南开河	439	泥沙角	295	朋口溪	343
南口水	333	**泥湾门水道**	**289**	彭寨水	264
南坤河	440	泥依河	51	蓬江	287
南昆水	311	念坝河	155	**蓬辣滩水库**	**338**
南老河	424	念透河	155	蓬浪河	170
南丽湖	442	**宁冲水库**	**181**	毗雌河	408，409
南利河	**433**	**宁江**	**332**	平安河	85
南岭溪	343	宁康河	178	平安水	329
南流江	**387**	宁潭河	382	平坝河	427
南美河	439	**宁远河**	**450**	平班河	127
南门河	266	牛鼻地下河	244	**半班水库**	**44**
南门河	361	牛鼻河	106	平卜河	60
南门水	360	牛昌河	52	平朝河	73
南面溪	440	牛长河	89	平川河	335
南盘江	9	**牛河**	**66**	**平等河**	**100**
南屏河	151	牛河	120	平地河	412
南七河	457	**牛街河**	**35**	**平甸河**	**416**
南磜水	338	牛街河	406	平定江	167
南桥水	447	牛孔河	425	平东水	360
南琴江	329	牛栏河	299	平洞河	60，86
南勤河	91	**牛路岭水库**	**445**	平而河	144
南丘河	32	牛坪水	234	平福河	151
南绕河	455	牛桥河	72	**平福河**	**178**
				平工溪	150
				平果河	138

平和河 231	岐岭河 330	清平水库 84
平河溪 150	岐岭溪 345	清坡河 77
平湖 275	**奇峰河 192**	清水河 17
平吉河 131	**奇庚河 81**	清水河 39
平江 147	奇罗河 163	清水河 49
平江河 394	奇穿河 144	清水河 50
平江河 93	骑马河 382	清水河 57
平口水库 197	棋盘冲 200	清水河 58
平利河 127	**杞麓湖 22**	清水河 72
平陵水 270	启龙 51	**清水河 82**
平龙河 169	启文河 131	清水河 214
平龙水库 169	荠菜坪河 427	**清水河 414**
平门河 113	千官河 212	清水河 422
平密河 129	千家水 452	**清水江 32**
平南河 44	**前航道 301**	清水江 396
平批河 151	前山水道 283	**清水江水库 396**
平塘河 40	钱相河 59	清湾江 389，391
平塘江 164	黔江 123	清香江 397
平天河 164	浅庄水 234	擎雷水 379
平威江 392	羌坑河 266	苘麻河 423
平岩河 109，151	羌圩河 75	庆丰河 170
平永河 94	乔建河 139	**庆坪河 59**
平寨河 99	乔利河 11	邱歪河 90
平正河 95	**乔连河 367**	圩头沥 295
平治河 76	侨乡水 317，318	**秋风岭水库 355**
平洲水道 294	桥江水 234	秋风水 354，355
坪埔溪 343	桥水 39	**秋香江 270**
坪山水 223，274	桥头大河 432	曲江 21，126
坪寨河 89	桥下溪 340	曲江 395
凭祥河 144	巧岭河 59	曲水 318
坡贡河 57	钦加河 152	渠荣河 159
坡拉河 11	**钦江 398**	渠围河 152
坡雷河 138	侵离水 148	泉坑水 239
坡岭河 138	秦川河 12，174	**泉水水库 234**
坡塘 136	秦皇水 249	
坡西河 10	秦凿渠 189	**R**
泼水坑 254	琴江 329，330	
葡萄河 101	琴江水 333	饶平北湖 349
蒲芦河 194	琴寨地下河 110	绕芳地下河 193
浦门河 152	溱水 219，227	仁东河 133
普安河 91	潦淋河 159	仁和河 118
普拉河 30	**青莲水 244**	仁和水 306
普梅江 433	青凌河 87	仁居河 335
普洒河 407	青龙河 9	**仁寿河 80**
普厅河 129，130	青龙江 126	仁政河 80
普陀河 194	**青年水库 360**	日础娜河 35
普者黑湖 33	青山石桥河 40	冗渡河 59
普治河 423	**青狮潭水库 191**	绒水 354
瀑布水 188	青水河 85	**容桂水道 296**
瀑布水 221	青松水 246	容江 180
	青潭河 115	榕湖 188
Q	青塘河 398	**榕江 349**
	青塘水 239	**榕津河 197**
七差河 455	青梯溪 446	融江 87，89，101，102
七洞河 85	青溪水 270	如和水 160
七都河 191	清湖水 374	**儒洞河 368**
七拱河 244	清化河 223	儒桂河 434
七拱水 244	清江 165	乳源河 233
七里河 16	清流河 104	**瑞里河 92**
七星河 416	清平河 33	

S

洒雨河 59
三八水 319
三百河 95
三百里源水 188
三百山河 261
三堡溪 344
三伯坑水 261
三泊水 265
三步水 390
三岔河 48
三岔河 56
三岔河 66
三岔河 88
三岔河 98
三岔河 416
三洞水 265
三更罗溪 445
三海子河 40
三合河 80
三合江 387
三合水 319
三和 276
三河 184
三湖河 155
三家河 428
三甲河 366
三江河 121
三江河 243
三江水 243
三街河 410
三坑河 250
三利水库 86
三连河 172
三门河 100
三瀑江 160
三千河 116
三十六溪 440
三塘河 126
三桐河 257
三乡水 329
三丫河 377
三枝香水道 302
桑江 98
桑江独车溪 100
桑郎河 61
沙鼻涌 298
沙铲河 385
沙村水 224
沙甸河 26
沙甸河 412
沙堆 276
沙河 184
沙河 244
沙河 307
沙河水库 459
沙江 83，84
沙江 163

沙江 191
沙井河 321
沙拉河 26，27，68，69
沙梨园 276
沙里河 132
沙岭背水 239
沙荫河 213
沙坪河 59
沙坪河 164
沙坪河 229
沙坪河 284
沙浦河 107
沙田河 204
沙田河 371
沙田河 390
沙田水 207
沙湾河 322
沙湾水道 297
沙溪水 235
沙洲河 204
沙洲水 257，258
沙子江 201
砂田水 327
山垌河 214
山岗河 112
山口河 167
山口河 364
山内河 381
山下水 268
山子背水 235
杉湖 188
杉木河 120
杉木桥河 128
珊瑚河 199
上滨江 249
上古河 262
上湖河 156
上澜河水 223
上良水 253
上龙河 144
上吕河 197
上孟河 140
上莫河 69
上排河 94
上坪河 259
上砂水 350
上帅水 251
上司河 110
上司庙水 233
上莞水 268
上小河 12
上笑河 118
上鱼江 151
上寨大河 52
上寨河 120
上竹水 253
上庄水 265
尚文水库 371
尚重河 92
哨冲阿嘎龙 415

蛇头湾河 303
舍打河 35
舍嘎河 52
舍戛河 52
舍资河 412
设洞河 103
设里河 31
社村河 112
社江 191
社坡河 12
社坡河 171
社坡河水库 171
社子河 185
深步河 212
深洞水 234
深井水 362
深水 173
深溪河 39
深圳河 321
深圳水库 322
深镇河 370，373
神江 269
沈所水 224
升平水 284
胜垌河 183
师宗河 31
诗洞水 253
狮江 392
狮螺河 83
狮山水库 316
狮子洋 302
十二洞 132
十街河 413
十丈河 183
什班河 448
什玲河 448
石板沙水道 288
石壁下水 224
石潮河 322
石川河 209
石吊江 164
石硐河 448
石硐寺河 422
石肚水 350
石鹅河 432
石扶河 181
石狗江 85
石骨江 373
石鼓 276
石家河 204，205
石涧河 272
石坎水 248
石窟河 334
石葵河 32
石榴河 121
石榴潭水库 356
石龙河 69
石龙河 170
石龙江 190
石碌河 456

石碌水库	**457**	水口河	147	松英河	169
石马河	168	水鸣河	390	松源河	**338**
石马河	185	水鸣江	392	松竹河	380
石马河	**276**	水塘河	63	淞江	193
石马河	332	水汶河	182	宋隆水	**217**
石门河	104	水昔河	110	宋隆河	217
石门河	**120**	水源河	65	苏陂河	195
石门水库	**105**	水源洞	132	苏桥河	118
石门水库	**453**	水源河	257	苏烟水库	**391**
石泯河	104	水寨河	260	绥福河	312
石屏湖	25	顺德水道	292	绥江	**251**
石歧河	283，286	顺德支流	285，296	遂溪河	**377**
石屈洞水	362	顺甸河	429	孙览河	**94**
石扇河	335	朔良河	75	所略河	75
石笋河	434	司寨河	41	所也河	63
石梯水库	**400**	思艾河	209	索桥河	52
石头寨河	55	思安头水	193		
石湾河	375	思江	193	**T**	
石屋寮水	274	思缴江	168		
石溪水	272	思览江	82	他此河	412
石峡水	224	思乐河	174	他郎河	**424**
石祥河	91	思练河	**85**	塔冲河	24
石祥河	122	思良江	**202**	塔洋河	445
石祥河水库	**122**	思灵江	163	台城河	319
石岩水	321	思凌河	151	台村河	**110**
石羊江	406	思令江	397	太保河	243
石邑河	21	思陇江	142	太平河	213
石子河	15	思勤江	**198**	太平水	229
食饭溪	349	思旺河	12	太平水	252
始安水	190	思旺河	174	太平水道	303
市桥水道	292	思委河	202	太平水库	**29**
势江河	195	思吾溪	114	太平溪	445
寿城河	120	思州河	150	太阳河	**447**
瘦鱼坑水	239	四堡河	106	滩散河	404
述洞河	96	四堡水库	**284**	滩营河	**401**
双垌河	202	四岔河	420	昙容河	182
双河	51	四季河	103	嵻滨河	**213**
双江	**95**	四甲河	101	潭江	**313**
双江水库	**96**	四九水	248	潭岭水库	**242**
双良河	265	四联干渠	384	潭岭天湖	242
双岭河	267	四塘河	118	潭茜河	126
双桥河	141	四塘河	163	潭水河	**366**
双桥水	317	四寨河	95，96	潭西水	223
双塘河	120	四寨河水库	**96**	潭西水	358
双溪河	96	寺背河	12	潭下河	330
双溪水库	**346**	寺田水	214	潭源洞水	241，242
双侠河	**159**	泗顶河	103	潭洲水道	**293**
双窑河	164	泗纶河	**213**	坦洲涌	283
爽岛水库	**210**	泗罗河	182	汤池河	**16**
水边河	**246**	泗南江	**425**	汤公河	199
水便河	111	泗培河	12	汤湖水	226
水冲河	54	泗水河	168	汤坑水	270
水东陂水	270	泗水河	377	汤溪	352
水东河	**111**	泗维河	89	汤溪水	226
水墩水	330	泗维河	102	汤溪水库	**349**
水豪河	110	泗维河水库	**102**	塘堡水	191
水金河	260	松林水	360	塘边河	66
水晶河	**122**	松木山水	305	塘墰河	371
水井河	97	松山河	182	塘口河	368
水口河	**97**	松涛水库	**441**	塘口水	317

塘蓬河	385	同安水	197	万宜水库	**324**
塘坪河	185	同古河	200	汪甸河	131
塘坪水库	**184**	同灌水	244	汪家河	30
塘湾河	209	同乐河	125	**汪庄河**	**159**
塘源水	224	同仁河	442	**王二河水库**	**56**
塘子河	409	**同沙水库**	**306**	王格河	109
螳螂河	424	同舍江	125	网岭水	223
倘竹源水	196	桐木河	122	旺埠水	214
淌淌河	43	铜鼓河	301	旺洞水	254
桃城河	155	铜锣陂水	274	旺甫河	202
桃川河	195	**潼湖**	**276**	旺老江	390，392
桃花湖	249	潼湖水	276	旺盛江	390，394
桃花江	188	头排河	121	**旺盛江水库**	**394**
桃花江	196	涂坊河	340	望夫河	369
桃花水	**253**	涂屋水	238	**望楼河**	**452**
桃金坑水	272	**土卡河**	**426**	**望谟河**	**60**
桃兰溪	**342**	土桥河	109，115	威远河	65
桃源河	338	**土桥水库**	**115**	威整河	250
桃源水	284	土塘河	379	巍山河	405
滕桥西河	449，450	兔场河	69	围圳水	270
藤桥河	**449**	屯笔河	401	围道河	109
藤条河	427	屯朝河	109	**围底河**	**213**
藤条江	**426**	屯江	176	**围山湖水库**	**41**
天雹水库	**160**	**屯六水库**	**161**	**围山田水库**	**41**
天等河	**140**	屯隆溪	150	维新河	85
天河	114	**拖长江**	**49**	伟江河	100
天马河	301	拖底河	9	味河	406
天沙河	287	拖竹河	37	温村水	440
天生桥二级水库	**43**	驮贯河	148	温江	241
天生桥一级水库	**42**	驮好河	139	温平河	109
天堂湖	311	驮孔水	214	温水	214
天堂山水库	**311**	驮来溪	155	文边河	422
田坝河	37	驮赖河	150	文昌水	211
田房河	432	**驮林河**	**151**	文地河	382
田房河	434	**驮卢河**	**158**	文峒河	372
田贵水库	**174**	驮命江	137	文尔河	176
田家河	**193**	驮娘江	124	文湖	371
田岭河	398	驮阳江	125	文教河	443
田美河	301	陀村河	385	文进河	97
田头水	**231**	**陀兴水库**	**453**	**文澜河**	**460**
田西河	381	驼背河	111	文澜江	460
田心河	404	驼山河	85	文曲河	445
田心水	173			文圩河	176
田州河	**135**			文兴河	51
甜茶河	69	**W**		文竹河	189
挑水河	55，56			闻韶水	224
铁冲	200	挖窑河	406，414	汶安河	440
铁岗水	310	瓦泥河	87	汶罗河	237，240
铁岗水库	**323**	瓦塘江	168	汶水溪	352
铁炉溪	440	**瓦塘江**	**168**	翁道河	58
铁山河	301	**瓦拖河**	**413**	**翁吟河**	**65**
汀村水	270	湾河	422	**瀚江**	**237**
汀江	**339**	挽澜河	59	瓮江	159
亭亮河	83	万峰湖	42	瓮树河	69
通海湖	22	万岭河	140	窝新河	94
通怀河	**137**	万绿湖	269	窝子水	235
通儒水	244	万宁河	447	**乌都河**	**51**
通什水	455	**万宁水库**	**447**	乌江	12
通仲河	53	**万泉河**	**443**	**乌坎河**	**357**
同安河	197	万松水	274	乌拉河	134
		万宜淡水湖	324		

521

乌拉河	427	西津水库	**165**	下木甘河	434
乌龙河	63	西坑水	229	下荣河	434
乌水江	160	西坑水	359，360	下松坑水	274
乌图河	**52**	西坑水库	**316**	下现河	112
乌早河	91	西拉河	406	**下小河**	**185**
邬洞水	265	西濑河	365	下营水	224
污牛河	94	**西丽水库**	**322**	下寨河	45
污秋河	94	西利河	295	**下竹水库**	**252**
吾隘河	**72**	西两河	204	吓角	276
吴屋水	239	西林河	310	仙村涌	304
五华河	**330**	**西岭河**	**196**	仙洞口水	347
五街河	406	西门河	141	**仙湖河**	**141**
五经富水	**351**	西泌河	53	**仙湖水库**	**142**
五郎沟河	**416**	西南冲	189	仙桥水	221
五里冲水库	**419**	西南涌	299，301	仙人洞水	224
五里河	109	西尼河	406	仙溪沥	330
五洛河	10	**西牛潭水库**	**233**	**仙衣滩水库**	**168**
五排河	98	西平河	127	**显岗水库**	**308**
五十水	319	西坡河	89	蚬冈水	314
五一河	272	西樵涌	297	县前河	183
五者河	31	西沙河	307	陷湖	378
五指山大水河	455	**西山河**	**365**	相思埭运河	118
武濑河	11	西山溪	352，353	相思埭运河	192
武利江	**395**	西水江	196	**相思江**	**118**
武陵河	383，384	西水江	392	香粉河	104
武陵水库	**384**	西湾河	204	香木桥河	21
武鸣河	**140**	西溪	243	**香山河**	**142**
武水	**227**	西溪	325	香溪水	310
武思江	**167**	西溪	357	湘桂运河	189
武思江水库	**167**	西溪	359	响水河	26
武溪	227	西溪河	377	响水河	35
武阳江	106	西显河	401	**响水河**	**37**
		西乡河	323	响水河	157，158
X		**西洋江**	**128**	响水河	308
		西腰河	100	**响水河**	**433**
西安河	282，284	西云江	163	响水河	449
西昌水	440	**西云江水库**	**163**	向河	72
西冲	389	西运河	384	**向水河**	**155**
西大河	18	**西枝江**	**271**	向阳河	71
西大河	31	昔仁河	134	向阳河	166
西大河	182	锡欧河	427	象冲河	25
西福河	**312**	溪墨小溪	141	**潇湘江**	**13**
西海水道	281	溪尼河	406	小拔水	330
西海运河	384	洗鸭河	58	小坝河	52
西航道	299，302	喜旧汗河	35	小白河	432
西河	9	遐龙河	84	小白江	390
西河	17	下邦河	113	小北江	240
西河	21	下陂水	233	小埠源	198
西河	47	下滨江	249	小东江	377
西河	196	下车河	262	小董江	400
西河	**119**	下村水	235	**小峰水库**	**402**
西河	222	下店溪	340	小干河	407
西河	405，408	下华河	434	小海河	299
西河	409	下甲河	132	小河	46
西河	**412**	下枧河	114，116	**小河**	**217**
西江	**6**	下举河	335	小河	413
西江干流入海水道	**281**	**下雷河**	**155**	小河槽子	15
西江干流水道	281	下历水	261	**小河底河**	**415**
西江河	371	下侣河	118	小河河	55
西江水	271	下椤河	147	**小黑江**	**426**

小环江	113	新街河	301	绣江	180
小黄泥河	**37**	新街水	**233**	徐溪河	260
小江	**31**	新街小河	22	徐溪河	337
小江	100	新开河	271	许怀河	55
小江	172，173	新乐水	213	许屋水	239
小江	393	新连河	163	续源洞水	235
小江河	240	新龙水	220	宜和溪	343
小江河	406	新隆河	182	穴口河	189
小江水库	**394**	新罗河	85	寻江	98
小金河	259	新庙水	243	寻乌水	257
小金溪	342	新平河	97	巡崖河	440
小径河	312	新平河	416	浔江	118
小靖河	341	新坪河	194	浔江	123
小坑水库	**227**	新坪水	398	循江	256
小澜溪	342	新桥河	37		
小榄水道	**285**	新桥河	44	**Y**	
小里寨河	21	新桥河	407		
小沥河	272	新桥江	165	丫多河	417
小妹水库	**449**	新桥江	392	丫口河	414
小庙水	258	新桥水	314	鸦桥江	392
小木恩河	434	新庆河	143	崖门水道	282，287，315
小南溪河	418	新泉河	343	衙门沥	274
小牛场河	63	新榕河	212	雅边方河	451
小平乐水	193	新塘河	184	雅拉河	459
小平山河	170	新田水	261	雅王江	401
小七孔河	**111**	新田水	358	雅瑶河	103
小清水河	81	新屯河	136	雅瑶涌	301
小溶江	188	**新圩河**	**138**	亚尼河	416
小三江	251	新圩河	401	亚山江	390
小沙河	410	新吴溪	442	**烟岭河**	**240**
小山水	232	新西河	352	**岩滩水库**	**74**
小水河	184	新西河水库	**352**	岩坦河	185
小水河	268	**新现河**	**417**	盐岭水	356
小水河	370	新忻河	135	滇山水	235
小笋水	226	新兴河	165	砚石水	191
小湾河	146	**新兴江**	**215**	雁田水	276
小新寨河	27	新兴水	215	燕洞河	136
小液河	360	新院河	395	**燕洞河**	**75**
小隐涌	286	新寨河	39	燕岩水	208
小镇水	239	新寨河	54	央革河	39
谐里河	**71**	新寨河	64	**秧坝河**	**45**
心圩江	126	新寨河	96	羊草河	410
忻城河	81	新寨河	125	羊场河	49
新安河	167	新展水	239	**羊架河**	**58**
新陂头河	321	**新州河**	**44**	羊街河	25
新埠江	85	新洲河	322	羊子江	405
新昌水	**319**	新洲水	248	阳河	91
新店水	223	兴安运河	189	**阳江**	**106**
新峒河	374	兴坪河	188	阳圩河	125
新丰河	180	星海	17	**阳宗海**	**16**
新丰河	272	**星湖**	**217**	阳宗河	16
新丰江	**265**	星宿江	411	杨村河	181
新丰江水库	**268**	**星云湖**	**17**	**杨柑河**	**381**
新丰水	265	星子河	241	杨柳河	50
新抚江	422	行洞河	58	**杨梅河**	**181**
新华河	205	杏花河	208	杨梅河	284
新会河	**288**	雄会江	164	杨梅水	215
新江	11	修仁河	194	杨梅水	272
新江	215	秀峰河	195	杨湾河	126
新江河	163	绣江	170	杨屋水	226

杨溪河	232	永州河	77	宰便河	94
洋边河	368	优河	329	怎冷河	93
洋溪河	356	优胜水	264	曾田水	258
腰子河	439	油菜河水库	55	增冲河	95
尧花河	109	油拉河	63	增江	309
尧梭河	88	油田河	311	增溪	341
姚江	200	油鱼塘河	92	喳吗河	426
窑冲	22	油榨溪	94	扎外河	37
野则冲河	9	柚树河	336	闸岗水	252
叶潭河	265	右江	124,134,135,136,138,139,140	乍甸河	26
叶屋水	239	幼平河	10	斋河	432
一更涌	296	鱼良河	395	宅梧河	317
一街河	409	鱼梁河	65	砦牙河	73
一六河	233	鱼沙坑水	244	寨岗河	244
衣施河	412	鱼塘河	420	寨蒿河	92
宜伦江	459	鱼庄河	406	寨群河	104
宜章河	231	渔洪江	399	寨圩河	167
矣波黑	27	渔涝河	208	湛江河	168
矣维河	30	雨打河	37	张黄江	395
矣厦河沟	28	禹乐河	10	张田溪	261
义昌江	183	禹门河	28	章水	231
义渡河	169	玉峰河	83	掌布河	69
义合河	169	玉舍河	52	獐子坝河	15
义江	117	玉舍水库	52	漳溪	345
义梅河	126	玉石河	311	漳溪河	268
义容河	270	玉溪	231	樟村河	386
亦那河	49	玉溪	300	樟江	110
异龙湖	25	玉溪水	299	樟木河	169
邑罗黑	25	芋坑水	272	樟木河	390
弈家拉河	406	郁江	123	樟木河	401
益塘水库	331	郁头鹅河	375	樟市水	221,236
肄水	227	育洞河	92	樟溪	349
意尢河	133	峪阳河	153	招贤河	200
银河	159	遇龙河	193	昭平水库	198
银江	327	鸳鸯江	189	赵渡河	118
银江	422	元丰溪	341	赵园河	22
银坡河	88	元江	404	者帮河	129
银盏河	249,250	员江	325	者东河	424
银盏水库	250	源口河	195	者干河	424
银洲湖	287,315	源潭河	249	者怀河	127
英竹河	138	月光洞河	188	者利河	130
瑛江	168	月坪水	245	者龙河	68
迎咀河	249	月田河	184	者楼河	60
迎咀水库	249	月牙河	425	者么河	39
营高河	84	岳城水	266	者米河	428
营盐溪	446	悦城河	214	者苗河	128
萦江	148	跃进水库	26	者莫河	32
雍里河	96	云表河	166	者那河	417
永定河	344	云表江	166,167	者平河	48
永丰水	207	云利水	214	者仙河	131
永福河	119	云霖河	364	蔗溪	327
永固河	253,254	云炉河	374	鹧鸪园河	59
永汉河	311	云路水	217	浈江	220
永汉水	311	允水	215	镇冲河	122
永和水	332	运河总干渠	384	镇海水	317
永江	100	运江	121	镇海水库	318
永乐河	90,93			镇江河	261
永良水	253	**Z**		镇龙江	166
永隆河	140			镇隆	276
永清河	9	栽麻河	96	镇模河	410

整康河	426	中堂水道	306	猪儿江	168
支江	82	中亭河	61	竹排江	403
支鸦河	370，371	中洲河	252	**竹田河**	**246**
止马河	**86**	中洲江	113	竹瓦江	167
址山河	314	中洲小江	113	竹寨河	384
治平水	251	忠良河	176	柱石河	261
中安河	35	**忠信河**	**268**	祝垌河	202
中坝河	330	钟鼓水	245	篆长河	36
中赤溪	335	重阳水	233	庄寨河	419
中村水	239	州大河	21	**庄寨水库**	**419**
中村溪	343	周安河	81	状元河	12
中垌河	183	**周陂水**	**238**	浊水河	181
中垌河	375	周德塘河	384	浊水河	214
中洞水	268	周亨河	367	浊水江	199
中渡河	120	**周江水**	**330**	**濯田河**	**341**
中粉坪水	226	周溪河	329	孖温河	89，94
中和河	109	洲头水	233	子午河	37
中和河	175	朱村运河	312	**紫荆河**	**173**
中和营河	**30**	朱屋水	239	紫马河	54
中河	23	**珠碧江**	**458**	自强河	114
中回河	90	**珠碧江水库**	**458**	自雄河	406
中滘河	365	**珠江**	**1**	**左江**	**143**
中平河	122	**珠江三角洲**	**277**	**左江水库**	**156**
中平溪	445	珠江水道沙田段	302	左岭水	226
中七江	85	珠水	155	左溪水	193
中三河	260	**猪场河**	**40**	座马河	58
中山河	335				

《中国河湖大典 珠江卷》编辑出版人员名单

总 编 辑：汤鑫华

副总编辑：胡昌支

特约编辑：谢良华

责任编辑：王海琴　王　丽　王德鸿　吴　娟　李金玲　吉鑫丽　冯红春

英文编辑：方　平　李金玲

美术编辑：芦　博

地图编辑：樊启玲　黄云燕

封面设计：刘一燊

版式设计：王国华　孙立新　曲大鹏　刘一燊

责任排版：吴建军　郭会东　孙　静　丁英玲　聂彦环

责任校对：张　莉　黄淑娜　陈春嫚

责任印制：崔志强　焦　岩　孙长福　刘　萍

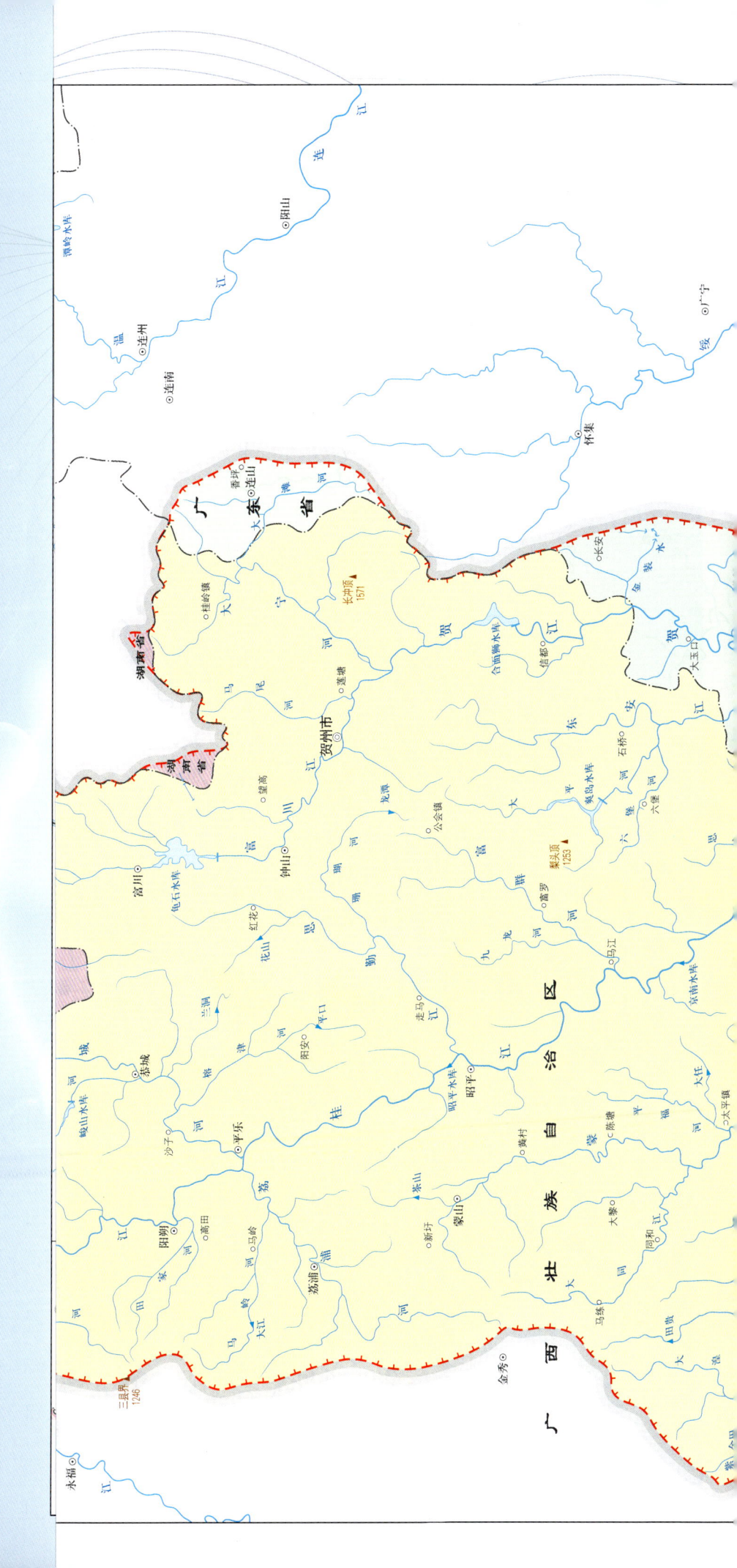

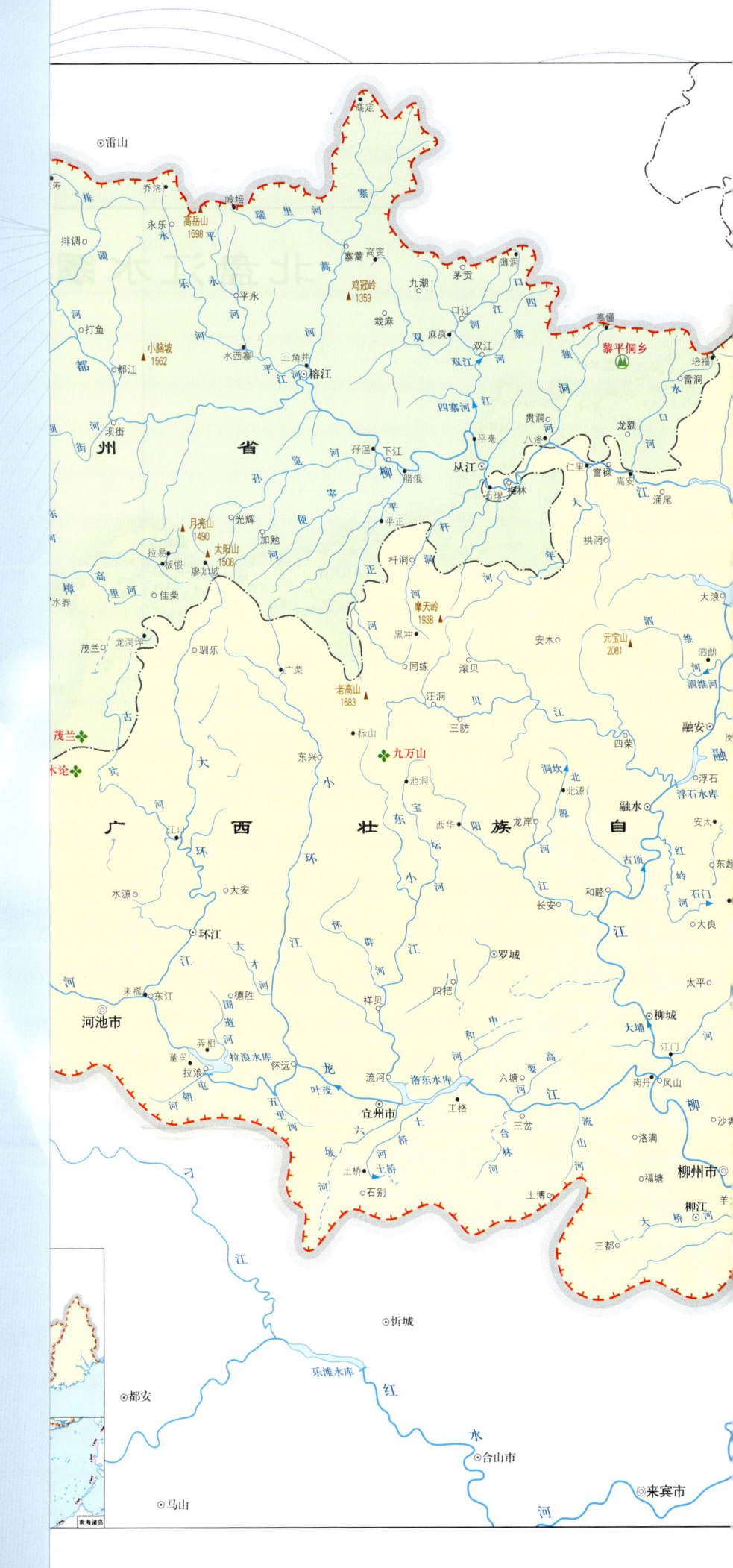

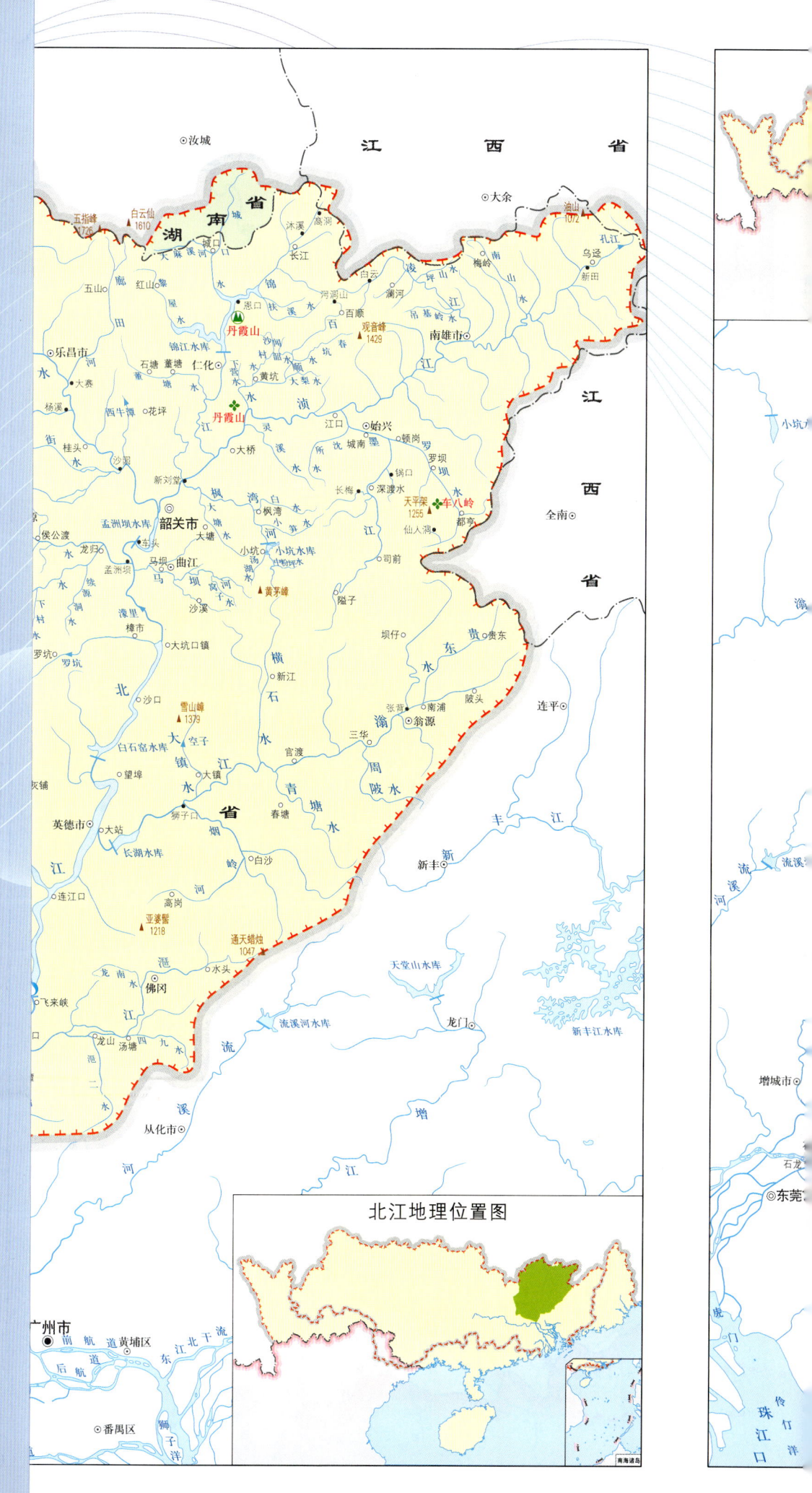

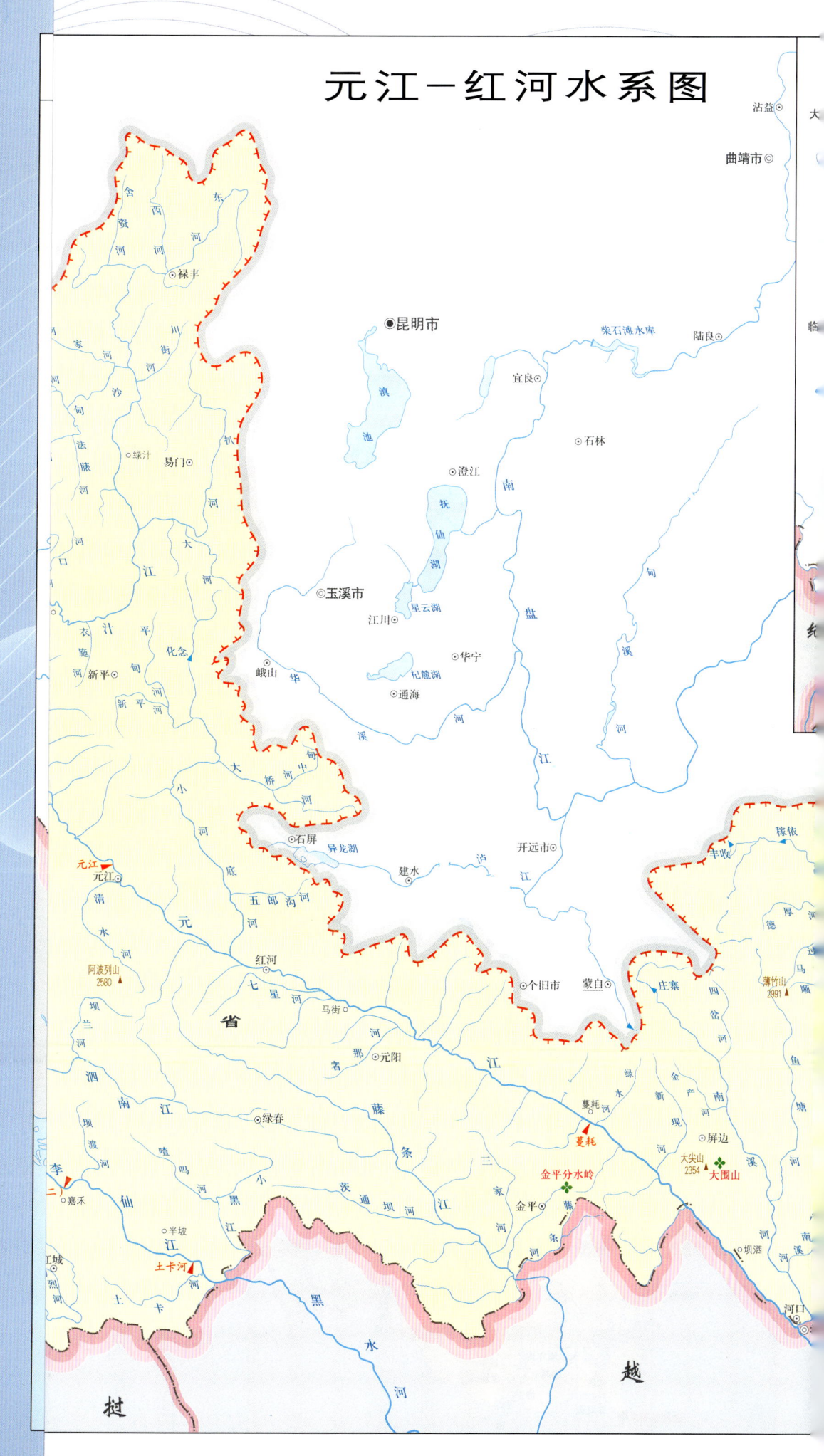

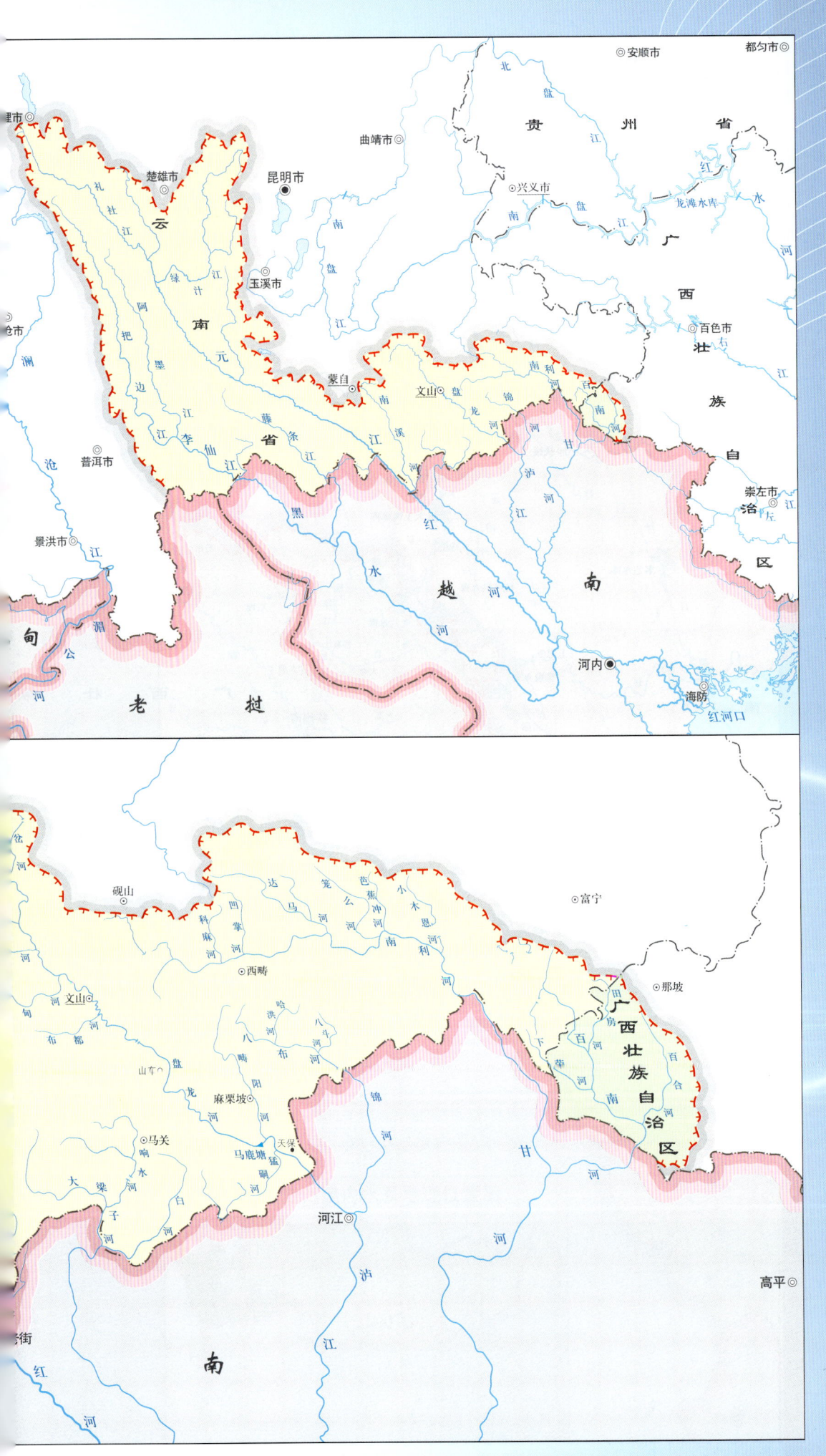